凡 例
国境
鉄道
高速自動車道
幹線道路
カーフェリー
山岳
遺跡
スイス
オーストリア
ハンガリー
スロヴェニア
クロアチア
ボスニア・ヘルツェゴビナ
フランス
アルプス山脈
アペニン山脈
湖水地方
アドリア海
リグリア海
ティレニア海
イオニア海
ターラント湾
コルシカ島
(仏領)
サルデーニャ島
SARDEGNA
シチリア島
SICILIA
エルバ島
リパリ諸島
(エオリエ諸島)
エガディ諸島
メッシーナ海峡
ミラノ
Milano
P.183
トリノ
Torino
P.284
ジェノヴァ
Genova P.350
ヴェネツィア
Venezia P.221
ボローニャ
Bologna
P.368
フィレンツェ
Firenze P.137
ローマ
Roma
P.33
ヴァティカン市国
ナポリ
Napoli
P.259
バーリ
Bari P.452
パレルモ
Palermo
P.468
カリアリ
Cagliari
P.494
サン・マリノ共和国
P.387
ヴェローナ
Verona
P.334
パドヴァ
Padova
P.326
トレント
Torento
P.341
ボルツァーノ
Bolzano
ピサ
Pisa
P.402
シエナ
Siena
P.408
ペルージャ
Perugia
P.425
アッシジ
Assisi P.420
ウルビーノ
Urbino
P.430
ラヴェンナ
Ravenna P.395
リミニ
Rimini
アンコーナ
Ancona
ペスカーラ
Pescara
カンポバッソ
Campobasso
フォッジア
Foggia
マテーラ
Matera
P.460
ターラント
Taranto
P.462
レッチェ
Lecce
P.455
ブリンディシ
Brindisi
P.463
アルベロベッロ
Alberobello P.457
カゼルタ
P.440
ポンペイ
P.434
ソレント
Sorrento
P.450
アマルフィ
Amalfi
P.446
カプリ島
P.442
イスキア島
P.444
ペストゥム
P.438
コセンツァ
Cosenza
カタンツァーロ
Catanzaro
Crotone
レッジョ・ディ・カラーブリア
Reggio di Calabria P.463
メッシーナ
Messina
タオルミーナ
Taormina P.477
カターニア
Catania P.480
シラクーサ
Siracusa P.482
ラグーザ
Ragusa
アグリジェント
Agrigento
P.486
エンナ
Enna
トラーパニ
Trapani
マルサーラ
Marsala
モンレアーレ
Monreale
P.474
チェファルー
Cefalù
アオスタ
Aosta P.295
コモ
Como
P.305
ベルガモ
Bergamo
P.311
ブレーシャ
Brescia
P.314
クレモナ
Cremona
P.317
マントヴァ
Mantova
P.319
パルマ
Parma
P.382
モデナ
Modena
P.378
フェッラーラ
Ferrara P.390
ラ・スペツィア
La Spezia P.365
チンクエテッレ
Cinqueterre P.359
ルッカ
Lucca
サンレモ
Sanremo
トリエステ
Trieste P.346
オルヴィエート
Orvieto
P.428
タルクィニア
Tarquinia
P.105
チェルヴェテリ
Cerveteri
P.105
ティヴォリ
Tivoli
P.102
ラクイラ
L'Aquila
スポレート
Spoleto
サッサリ
Sassari
P.502
アルゲーロ
Alghero
P.498
ヌーオロ
Nuoro
P.503
オルビア
Olbia
P.501
オリスターノ
Oristano
パルミニ
Barumini
P.497
イタリアの州と州都

イタリアの主要鉄道網

【主要都市間の距離（鉄道）】

km	アンコーナ	バーリ	ボローニャ	ボルツァーノ	フィレンツェ	ジェノヴァ	ミラノ	ナポリ	パレルモ	ローマ	トリノ	トリエステ	ウーディネ	ヴェネツィア
バーリ	448													
ボローニャ	204	650												
ボルツァーノ	580	912	262											
フィレンツェ	301	750	97	359										
ジェノヴァ	501	947	297	452	247									
ミラノ	423	869	219	296	316	157								
ナポリ	511	321	627	889	530	713	846							
パレルモ	1214	845	1328	1592	1233	1414	1549	703						
ローマ	297	497	413	675	316	499	632	214	917					
トリノ	576	985	335	449	413	166	153	881	1582	667				
トリエステ	594	973	317	424	487	581	424	866	1569	652	577			
ウーディネ	573	938	279	403	394	535	394	1041	1625	710	558	293		
ヴェネツィア	473	816	166	267	330	424	267	709	1412	495	420	157	136	
ヴェローナ	318	764	114	148	211	304	148	741	1442	527	301	276	220	119

地球の歩き方 A09 ● 2017～2018年版

イタリア

Italia

地球の歩き方 編集室

※🏛のマークは、ユネスコの世界遺産に登録された物件、またはその所在地

505 旅の技術編

607 索引

イタリアの歴史

イタリア美術史

州の料理

出発前に必ずお読みください！ **旅のトラブルと安全情報…570**

本書で用いられる記号・略号

本文中および地図中に出てくる記号で、ⓘはツーリストインフォメーション（観光案内所）を表します。その他のマークは、以下のとおりです。

世界遺産
ユネスコの世界遺産に登録されている物件の内容、登録年、その種類を表示。町歩きの一助にしてください。

○○への行き方
鉄道による移動を優先し目的地までの移動方法を紹介しています。

○○の歩き方
紹介している町の歩き方、概要を説明しています。

Ferrara
フェッラーラ

●郵便番号　44100

世界遺産
フェッラーラ、ルネッサンス期の市街とポー川のデルタ地帯
登録年1995/1996年
文化遺産

フェッラーラへの行き方
ボローニャとヴェネツィアの間に位置している。fs線でボローニャ中央駅からヴェネツィア行きのRVで約30分、Rで45分～1時間。ヴェネツィア・メストレ駅からFRECCIA BIANCAで44分～1時間、RVで1時間10分～1時間30分。ラヴェンナからRで1時間10分～1時間20分。

フェッラーラのⓘIAT
住 Largo Castello（エステンセ城内）
☎ 0532-209370
開 9:00～13:00
14:00～18:00
日祝 9:30～13:00
14:00～17:00
休 月　地図 P.394 A2

市バスの切符
■1回券€1.20（60分間有効）

正面右側はアーケードになっているカテドラーレ

13世紀から16世紀の間、フェッラーラを治めた**エステ家**は、芸術と美術を愛する家系で、この中でイザベッラ・デステIsabella d'Esteは育った。フェッラーラは北イタリアにおける、**ルネッサンスの華**であった。

フェッラーラの歩き方

駅は町の西側にある。駅のすぐ横に高層住宅、前にはビル。中世の町というイメージは駅付近にはないが、駅の左に延びた公園の、どの道を通っても大通りViale Cavourに出る。街灯がずっと続くその通りを行くと、赤いレンガの堂々としたエステンセ城が見える。駅から徒歩20分。バスはNo.1、9で約10～15分。すぐ隣に市庁舎、その対面にはカテドラーレが建つ。このあたりまで来ると、この地で生まれたサヴォナローラ、ここから嫁いだイザベッラ、この地に眠るルクレツィアが見たであろう風景と重なる。カテドラーレの前には、サヴォナローラの像。北イタリア的なバルコニーを持つファサードのカテドラーレとその横に続く15世紀の2階建て商店街は、建物の壁を利用していておもしろい。ここも徒歩で回る町である。
観光案内所ⓘは、エステンセ城内の中庭奥にある。

394

表記について

見どころなどの固有名詞については、原則として欧文はイタリア語表記とし、カタカナ表記はできる限り原音に近い物を基本としていますが、日本で広く普及している表記がある場合はそちらを用いた物もあります。

地図の略号

Ⓗ Ⓨ＝ホテル、ホステルなど　Ⓡ＝レストラン　Ⓢ＝ショップ　ⓘ＝観光案内所　＝教会　＝バス停　＝タクシー　Ⓟ＝駐車場
＝郵便局　Ⓑ＝銀行　＝病院　WC＝トイレ　＝空港　●＝見どころ施設　●＝そのほかの施設　＝公園・緑地
＝城壁　＝ピッツェリア　＝カフェ・バール、軽食　＝ジェラテリア　＝エノテカ　＝ビッレリア　Ⓑ＝B級グルメ

本書使用のイタリア語略称

V.	＝Via	通り	C.po	＝Campo	広場	Lungo～	＝	～沿いの道
V.le	＝Viale	大通り	P.te	＝Ponte	橋	Staz	＝Stazione	駅
C.so	＝Corso	大通り	P.ta	＝Porta	門	Ferr.	＝Ferrovia	鉄道
P.za	＝Piazza	広場	Pal.	＝Palazzo	宮殿	Funic.	＝Funicolare	ケーブルカー
P.le	＝Piazzale	広場	Fond.	＝Fondamenta	運河沿いの道	Gall.	＝Galleria	美術・絵画館
P.tta	＝Piazzetta	小広場				Naz.	＝Nazionale	国立

フェッラーラの見どころ

町を望む堂々たる城塞　MAP P.394 A2

エステンセ城 ★★
Castello Estense　カステッロ エステンセ

豪壮なエステンセ城

イザベッラ・デステが生まれたエステ家の居城。四方を堀に囲まれ、跳ね橋を渡って入る。四隅に塔を持つ、赤レンガの西洋の城らしい城。長期間の修復が終わり主要な部分が公開されている。フレスコ画の部屋、ヴェネツィアングラスの大きなシャンデリアのあるサンルーム。そこから出られる高いレンガのフェンスに囲まれたバルコニー。とても小さいが大理石の象嵌（ぞうがん）の装飾が見事なエルコレ2世の妻、レナータの礼拝堂が見どころ。

フェッラーラの守護神を祀る　MAP P.394 B2

カテドラーレ ★★★
Cattedrale　カテドラーレ

カテドラーレのファサード

フェッラーラの守護聖人、サン・ジョルジョを祀る12〜14世紀のロマネスクの堅牢さとゴシックのエレガントさを併せ持つ。2頭のライオンがバルコニーを支えるファサード（正面）が印象的だ。内部はゴシックのフレスコ画で飾られ、時を経てもエステ家らしい華やかさで彩られている。

カテドラーレの宝物を展示　MAP P.394 B2

カテドラーレ美術館
Museo del Cattedrale　ムゼオ デル カテドラーレ

カテドラーレのやや南側、小さなサン・ロマーノ教会内にあり、カテドラーレから移されたコスメトゥーラが扉に絵を描いたオルガン、各月の模様を彫刻した「毎月の扉」Porta dei Mesi、ヤコポ・デッラ・クエルチの彫刻、16世紀のタペストリーなどを展示。

●フェッラーラの歩き方
エステンセ城 P.391
↓
カテドラーレ P.392
↓
カテドラーレ美術館 P.392
↓
コルプス・ドミニ修道院 P.392
↓
スキファノイア宮殿 P.393
↓
コスタビーリ宮 P.393
↓
ディアマンティ宮殿 P.394

お得な共通入場券

共通券Biglietto Unico
①サン・ヴィターレ教会、ガッラ・プラチーディアの廟3/1〜6/15は追加料金€2、サンタポッリナーレ・ヌオーヴォ聖堂、ネオニアーノ洗礼堂との共通券€8.50、7日間有効。
②共通券Biglietto Comulativo
Ⓐ国立博物館、テオドリック王の廟、サンタポッリナーレ・イン・クラッセ聖堂の共通券€8。3日間有効。
Ⓑ国立博物館、テオドリック王の廟の共通券€6。

●カテドラーレ美術館
住 Via San Romano
☎ 0532-244949
開 9:00〜13:00
15:00〜18:00
休 ㊊
料 €6

✉ おいしい町、フェッラーラ
町の人は親切だし、レストランなども割安と感じました。パスタの種類も豊富でおいしい。ナポリ風ピッツァも手頃でかなりのレベルです。
（熊本県　S.BABA　'06）

エミリア・ロマーニャ州◆フェッラーラ

初期キリスト教期の芸術、モザイク

ラヴェンナのモザイクが作られた6世紀の中頃は、イタリア半島にキリスト教が布教された時期と異なるが、モザイクのテーマも聖書の中のエピソードや教会ゆかりの聖人の業績が中心になっている。

ギリシアやトルコで数多く見られるビザンチン文化が、ラヴェンナで見事な開花を見せたのはちょっと不思議だが、ラヴェンナの歴史をみれば、あながちおかしくもない。ラヴェンナのビザンチン文化はここからヴェネツィア、ローマ、シチリアへと受け継がれていったが、石片を埋めて作るという特徴を活かしきった力強い美しさで、ラヴェンナの右に出るモザイクはない。

今、かつての宮殿は残されていないが、小さなこの町にはビザンチンの教会がびっしり詰まっている。ビザンチン様式の教会は、外側は簡素で見落としてしまいがちだが、内部のモザイクのカラフルな豪華さには圧倒されること間違いない。

395

本文見出し
名称は、和文・欧文で表してあります。欧文上のルビは、できる限りイタリア語の発音に近く振っています。見どころ脇の★の数は歩き方が選んだおすすめ度と比例します。

○○の歩き方
町の見どころを移動する際のルートおよびそのルート上に現れる見どころを説明しています。

お得情報
共通の入場券や割引情報を紹介しています。

DATA
住＝住所、☎＝電話番号、開＝開いている時間、料＝料金、休＝閉まっている日

読者投稿✉
読者の投稿が新鮮な情報、旅のヒントとして登場しています。

コラム
知っていたら楽しくより深く町や見どころを理解できる記事です。

歴史　●地中海の王者　ジェノヴァ

ジェノヴァは、紀元前にローマと南仏を結ぶアウレリア街道Via Aureliaが建設されてから、交易地として発展してきた。しかし、第1の黄金期は、ヴェネツィア…ス期まで…ア共和国…地中海の…あり、強大… 1850年代。ナポレオンのリグーリア占領により衰退したジェノヴァだが、イタリア統一の指導者ガリバルディは、ジェノヴァ港からイタリア統一軍をシチ…

エンターテインメント　●フィレンツェの初夏の風物詩　5月音楽祭に行こう

●劇場案内
コムナーレ劇場
Teatro Comunale
住 Corso Italia 16
☎ 055-287222…

●電話予約
☎ 055-2779350
開 ㊋〜㊏10:00〜16:00
※クレジットカードでの決済

世界的に有名なフィレンツェの音楽フェスティバルがフィレンツェ5月音楽祭Maggio Musicale Fiorentino／マッジョ・ムジカーレ・フィオレンティーノ

イタリア美術史

Arte Barocca バロック美術

ベルニーニ作「アポロとダフネ」

バロックの立役者ジャン・ロレンツォ・ベルニーニGian Lorenzo Bernini（1598〜1680）は建築家、画家、彫刻家として活躍、最後の万能人といわれる。サン・ピエトロ広場の設計、彫刻では「アポロとダフネ」Apollo e Dafne、「プロセルピーナの略奪」Il Ratto di Proserpina（いずれもローマ・ボルゲーゼ美術館→P.82）、「聖女テレサの法悦」（ローマ、サンタ・マリア・デッラ・ヴィットリア聖堂）など感覚的な美を強調。またローマのバロック建築を特徴づけるフランチェスコ・ボッロミーニFrancesco Borromini（1599〜1667）の代表作は、ナヴォーナ広場のサンタ・アニェーゼ聖堂Sant'Agnese→P.73、サンティーヴォ・アッラ・サピエンツァ聖堂Sant'Ivo alla Sapienzaなど。バロック絵画は日常風俗、静物、風景などのテーマを主とし、写実主義、色彩と光の深い認識、短縮法、遠近法の巧みな使用などが特徴。（望月一史）

歴史コラム
主要都市の歴史を紹介します。ローマとフィレンツェ、ヴェネツィアは特に詳しく紹介しています。

エンタメコラム
各地のエンターテインメント情報をまとめています。

美術史コラム
年代やテーマで区切ったイタリア美術史の情報です。

レストラン

トラットリア・ラ・カーザリンガ　P.140 C2

Trattoria La Casalinga

1963年創業、これぞイタリア版おふくろの味。サント・スピリト教会の脇にある庶民に人気の店。その名もカーザリンガ（主婦）のとおり、フィレンツェ版マンマの味が楽しめる。今や、旅行者にも大人気の店なので、早めに出かけよう。 夜は要予約

住 Via dei Michelozzi 9/r
☎ 055-218624
営 12:00～14:30、19:00～22:00
休 ㊐、8月の3週間
予 €20～35(サービス料€2)
C D.M.V.
交 サント・スピリト広場から1分

ショップ

パリオーネ【文具】　P.143 B4

Parione

伝統的な紙を使った文具店
1923年創業、フィレンツェ独特の手工芸によるマーブル模様の紙を使った文具が揃う。鉛筆やトランプ、写真立てなどはおみやげにも最適。1週間程度待てるなら、オリジナルの名刺やスタンプ、レターセット、手帳の名入れができる。自分だけのお気に入りをゲットするのも長く思い出に残るはず。

住 Via dello Studio 11r
☎ 055-215030
営 9:30～19:00
休 ㊐
C A.D.J.M.V.
交 ドゥオーモそば

ホテル

★★★★ リヴォリ　P.142 A1

Hotel Rivoli

15世紀の修道院を改装したホテル。室内は明るく、近代的で清潔。客室を囲む中庭は緑と日差しが気持ちよい空間が広がり、ジャクージも設置されている。ビュッフェの朝食が充実。SITA社のバスターミナルに近いのも便利。
読者割引 3泊以上で10%

Low 1/7～3/23、7/17～9/1、11/13～12/28
URL www.hotelrivoli.it
住 Via della Scala 33
☎ 055-27861
Fax 055-294041
SB SS €100/270
TB TS €130/410
室 87室　朝食込み W-F
C A.J.M.V.

●共通の略号

住＝住所
☎＝電話
Fax＝ファクス
営＝営業時間
休＝定休日
C＝使用できるカード
A＝アメリカン・エキスプレス
D＝ダイナースカード
J＝JCBカード
M＝MasterCard
V＝VISA
　カフェ、バール、ジェラテリアなどは、クレジットカードの表示があっても、カウンターでの飲食など、少額の場合は使用できない場合があります。
交＝最寄りの見どころや駅からの徒歩、あるいはバス、地下鉄、タクシーなどの利用方法について表示してあります。ヴェネツィアではⓋでヴァポレットを表示しています。

●レストランの略号

予＝レストランでの一般的な予算。特に高価な料理を注文せず、普通に食事をしたときの目安。（　）内の～%はサービス料。コペルトは席料を指します。イタリア特有の物ですが、近年付加する店は少なくなりました。いずれも定食料金には含まれているのが一般的。定食はmenu turistico、menu completoなどを指し、各店により皿数は異なります。
日本語メニュー＝日本語メニューあり
要予約＝予約してください
できれば予約＝予約をおすすめします

●ホテルの略号

YH＝ユースホステル
読者割引はホテル側から提供のあったものです。予約時またはチェックインの際にご確認ください（→P.9）。
Low＝ローシーズン
High＝ハイシーズン
※各料金で、€60／80とあるのは、ローシーズン／ハイシーズン、または部屋の差異などによる料金の違いを示します。€は通貨ユーロ
URL＝ウエブサイトのアドレス
e-mail＝問い合わせメールの宛先
D＝ドミトリー
S＝シャワー共同シングル料金
T＝シャワー共同ツインまたはダブル料金
3＝シャワー共同トリプル料金
4＝シャワー共同4人部屋料金
SS＝シャワー付きシングル料金
TS＝シャワー付きツイン料金
SB＝シャワーまたはバス付きシングル料金
TB＝シャワーまたはバス付きツイン
　またはダブル料金
3B＝シャワーまたはバス付きトリプル料金
4B＝シャワーまたはバス付き4人部屋料金
SU＝スイート
JS＝ジュニアスイート
W-F＝Wi-Fi利用可
※TおよびTBのツインは、リクエストによって、ツインをダブルにすることができる場合もあります。希望がある場合は、予約時に確認またはリクエストすることをおすすめします
料＝ユースなどでの諸料金
室＝総客室数
※本書では、ホテル名の前に★印でカテゴリーを示しておきました。ホテルの分類については、旅の技術編「ホテルに関するすべて」の章P.535をご参照ください

読者の皆様へのお願い

　少数の読者の方からですが、ごくたまに割引の適用が受けられなかったという投稿があります。そのようなホテルについては今後の掲載に注意をしていきたいと思います。そこでお願いなのですが、読者の皆様で掲載ホテルやレストランを利用した方で、納得できない料金の請求やサービスを受けた方は、編集部まで投稿にてお知らせいただきたいと思います。あとに続く旅行者のためにも、掲載ホテルなどを利用した読者の皆様のご感想をお待ちしております。新しい投稿には必ず、地図の添付をお願いいたします。写真付きも大歓迎です。　（編集部　'16）

■本書の特徴

本書は、イタリアの5大都市(ローマ、フィレンツェ、ミラノ、ヴェネツィア、ナポリ)と地方別に分けた主要観光都市について説明しています。町の説明、その町の歩き方、見どころの解説、レストラン、ショップ、ホテルの順で記載しています。毎年データの追跡調査を実施し、読者の皆さんからの投稿を参考にして、改訂時には新投稿の差し替えをしています。

■掲載情報のご利用にあたって

編集部では、できるだけ最新で正確な情報を掲載するように努めていますが、現地の規則や手続きなどがしばしば変更されたり、またその解釈に見解の相違が生じることもあります。このような理由に基づく場合、または弊社に重大な過失がない場合は、本書を利用して生じた損失や不都合などについて、弊社は責任を負いかねますのでご了承ください。また、本書をお使いいただく際は、掲載されている情報やアドバイスがご自身の状況や立場に適しているか、すべてご自身の責任でご判断のうえでご利用ください。

■現地取材および調査時期

本書は2016年10月の取材データに基づいて作られています。"具体的ですぐ役立つ情報"を編集のモットーにしておりますが、時間の経過とともに内容に多少のズレが出てきます。ホテルは年に1~2回の料金改訂があることも含め、本書に記載されているデータはあくまでもひとつの目安として考えてご利用ください。より新しい情報が必要なときには、各地のツーリストインフォメーションへ直接問い合わせてください。

■発行後の情報の更新と訂正について

本書に掲載している情報で、発行後に変更された物につきましては、「地球の歩き方ホームページ」の『ガイドブック更新情報掲示板』で、可能な限り最新のデータに更新しています(ホテル・レストラン料金の変更は除く)。旅立つ前に、ぜひ最新情報をご確認ください。 URL support.arukikata.co.jp

■投稿記事について

投稿記事は、多少主観的になっても体験者の印象、評価などをそのまま載せるほうが、ホテルを選ぶ目安ともなりますので、原文にできるだけ忠実に掲載してあります。投稿記事のあとに、(東京都　○○太郎　'15)とあるのは、投稿者の旅行した年を表しています。しかし、ホテルなどの料金は毎年追跡調査を行い新しいデータに変えてあります。その場合は氏名でカッコを閉じ、(東京都　○○太郎)['16]というように表示しデータの調査結果および新年度設定料金を入れてあります。

●ホテルの読者割引について

編集部では、読者のみなさまの便宜をはかり、掲載したホテルと話し合い、本書持参の旅行者に宿泊の割引をお願いしてあります。同意を得たホテルについてはホテルの記事内に読者割引と明示してあります。

予約時に確認のうえチェックインの際に、下記のイタリア語の文章と本書の該当ページを提示してください。なお、本書は海外ではGlobe-Trotter Travel Guideという名称で認知されています。なお、この割引は、2016年10月の調査で同意されたもので、予告なしに廃止されることもありますので、直接ホテルに確認のうえ、利用してください。またこの割引は、旅行会社など第三者を介して予約した場合は無効となります。このほか、ホテル独自のほかの割引との併用もできませんので、ご注意ください。

確実に割引を受けるためには予約時にファクスやe-mailなどでその旨を送付し、チェックインに際し、再確認することをおすすめします。

ホテルの値段で、シングル(€50/60)と示してあるのは、オフシーズンとハイシーズンまたは部屋による差異を表します。

おおむね、ハイシーズンは、4月から10月頃、ローシーズンは、11月末から3月頃までを指しますが、各ホテルおよび町による差異がありますので、ホテルごとの記述をチェックしてください。

ミラノなどの商業都市では、見本市の期間は季節を問わずハイシーズンとなります。

Spettabile Direttore,
la scritta 読者割引 accanto al nome del Suo hotel indica, come da accordi preventivi, la Vostra disponibilità a concedere uno sconto ai lettori della nostra guida. Pertanto Le saremmo grati se volesse applicare una riduzione al conto del possessore della presente Globe-Trotter Travel Guide. Grazie

イタリアの基本情報

▶旅のイタリア語
→P.562

国　旗
緑、白、赤の縦縞の三色旗

正式国名
イタリア共和国
Repubblica Italiana

国　歌
マメリの賛歌Inno di Mameli

面　積
30万1328㎢（日本の約80%）

人　口
5979万7000人（2015年）

首　都
ローマRoma

元　首
セルジョ・マッタレッラ大統領

政　体
共和制

民族構成
ラテン系イタリア人

宗　教
カトリック（95%）

言　語
イタリア語
　地方により少しずつ異なる方言があり、また、国境に近い町では2ヵ国語を話す。

通貨と為替レート

▶お金は何で持っていくか
→P.508

▶両替について
→P.532

　通貨はEU単一通貨ユーロ。通貨単位はユーロ€（euro）とセント¢（イタリア語読みはチェンテージモcentesimo／複数形はチェンテージミcentesimi）1€＝¢100、1€＝¥121.58（2016年11月22日現在）。紙幣は€500、€200、€100、€50、€20、€10、€5。硬貨は€2、€1、¢50、¢20、¢10、¢5、¢2、¢1。

€1硬貨

€2硬貨

€20紙幣

€50紙幣

表面は数字とヨーロッパ地図の入った、EU共通デザイン。裏面はコロッセオなど、イタリア独自のデザイン

€100紙幣

€200紙幣

€500紙幣

1セント硬貨

2セント硬貨

5セント硬貨

10セント硬貨

20セント硬貨

50セント硬貨

'13年より、新デザイン登場
　'13年5月より、新5ユーロ札の図柄が刷新され、紙幣のデザインが順次数年かけて変更される見込み。新紙幣は透かし部分にギリシア神話の王女「エウロペ」の顔と左上にドラギECB（欧州中央銀行）総裁のサインが入る。新紙幣全体のデザインは URL //eumag.jpで検索可。

電話のかけ方

▶電話のかけ方
→P.529

日本からイタリアへかける場合

国際電話会社の番号
001（KDDI）※1
0033（NTTコミュニケーションズ）※1
0061（ソフトバンクテレコム）※1
005345（au携帯）※2
009130（NTTドコモ携帯）※3
0046（ソフトバンク携帯）※4

＋ 国際電話識別番号 010 ※2 ＋ イタリアの国番号 39 ＋ 相手先の電話番号 0123456789（最初の0も入れる）※5

※1 「マイライン」の国際区分に登録している場合は不要。詳細は URL www.myline.org/
※2 auは、005345をダイヤルしなくてもかけられる。
※3 NTTドコモは事前登録が必要。009130をダイヤルしなくてもかけられる。
※4 ソフトバンクは0046をダイヤルしなくてもかけられる。
※5 0からダイヤル。（ローマは06～、フィレンツェは055～、ミラノは02～など）

入出国

ビザ
観光目的での滞在の場合、90日まで不要。

パスポート
入国に際しては、原則としてパスポートの有効残存期間が90日以上必要。**出入国カードの記入の必要はない。**

▶税関関連の情報
→P.513、P.579

日本からのフライト時間

日本からイタリアまでのフライトは、直行便で約12時間。

▶イタリアへの道
→P.512

気 候

南北に細長く、温暖で四季がはっきりしている。日本の気候とよく似ており、ミラノ、ローマも東京の気候とさほど差がない。ただ、朝夕の温度差が大きく、冬季はかなり寒く、シチリア島でも雪が降ることもある。夏は乾燥し、雨は冬にやや多い。緯度が高いので、夏は夜遅くまで明るい。

イタリアと東京の気温と降水量

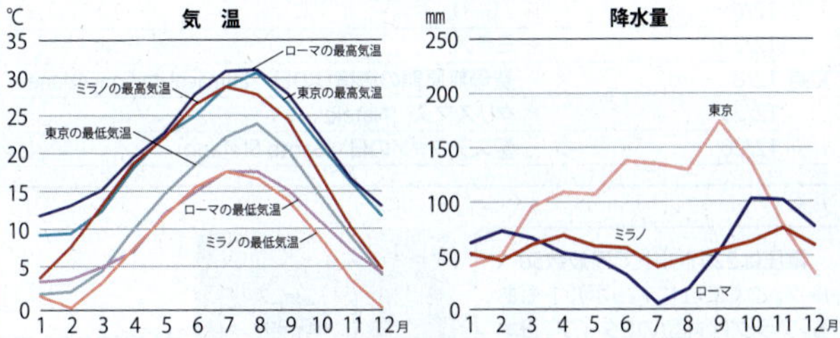

▶イタリアの気候
→P.588

時差とサマータイム

日本との時差は－8時間。イタリアの10:00が日本では18:00となる。サマータイム実施時は－7時間の差になる。

サマータイムの実施期間は3月の最終日曜から10月の最終土曜日まで。ただし、変更される年もある。

ビジネスアワー

以下は一般的な営業時間の目安。商店やレストランなどは、店や都市によって異なる。また、ローマ、ミラノ、ヴェネツィアなどの一大観光都市を中心に、ブランド店をはじめとする一部の商店、デパートなどでは昼休みなしで、日曜も営業する店も増えてきている。

銀　行
月～金曜の8:30～13:30、15:00～16:00。祝日の前日は昼までで終了する場合もある。銀行の外側や駅などのクレジットカード対応のキャッシュディスペンサーは24時間利用可能。

デパート、ブランド店、一般商店
10:00～20:00頃に通して営業する店が多い。地方や一部の商店では13:00～16:00頃を昼休みとし、日曜と祝祭日を休業とする場合も多い。

レストラン
昼食12:00～15:00頃、夕食19:00～24:00頃。北に比べ、南では開店がやや遅い傾向あり。

▶食のイタリア
→P.544

イタリアから日本へかける場合

国際電話識別番号		日本の国番号		市外局番と携帯電話の最初の0は取る		相手先の電話番号
00	+	81	+	××	+	1234-5678

▶現地での電話のかけ方
イタリアでは市外局番と市内局番の区分はない、どこにかけるときでも0からダイヤルする。

祝祭日（おもな祝祭日）

キリスト教に関する祝日が多い。年によって異なる移動祝祭日（※印）や各都市の守護聖人の祝日（★印）にも注意。

1月	1/1		元日　Capodanno
	1/6		御公現の祝日　Epifania
4月	4/16（'17）、4/1（'18）	※	復活祭　Pasqua
	4/17（'17）、4/2（'18）	※	復活祭の翌日の月曜　Pasquetta
	4/25		イタリア解放記念日　Anniversario della Liberazione d'Italia
	4/25	★	ヴェネツィア
5月	5/1		メーデー　Festa del Lavoro
6月	6/2		共和国建国記念日　Festa della Repubblica
	6/24	★	フィレンツェ、ジェノヴァ、トリノ
	6/29	★	ローマ
7月	7/15	★	パレルモ
8月	8/15		聖母被昇天祭　Ferragosto
9月	9/19	★	ナポリ
10月	10/4	★	ボローニャ
11月	11/1		諸聖人の日　Tutti Santi
12月	12/6	★	バーリ
	12/7	★	ミラノ
	12/8		聖母無原罪の御宿りの日　Immacolata Concezione
	12/25		クリスマス　Natale
	12/26		聖ステファノの日　Santo Stefano

クリスマスマーケットに出かけてみよう!

電圧とプラグ

電圧は220ボルトで周波数50ヘルツ。ごくまれに125ボルトもある。プラグは丸型のCタイプ。日本国内用の電化製品はそのままでは使えないので、変圧器が必要。

プラグはCタイプ。変圧機内蔵の電化製品ならプラグ変換アダプターを差せば使える

ビデオ／DVD方式

イタリアのテレビ・ビデオ・DVD方式（PAL方式）は日本（NTSC方式）とは異なるので、一般的な日本国内用ビデオデッキやDVDプレーヤーでは再生できない。DVDは、パソコンやPAL互換機能、リージョンフリーのついたDVDプレーヤーなら再生可能。ソフト購入時に確認を。

チップ

レストランやホテルなどの料金には、ほとんどサービス料が含まれているので、必ずしもチップ（伊語でmanciaマンチャ）は必要ではない。快いサービスを受けたときや通常以上の手間を取らせたときなどには、以下の相場を参考にしてみよう。

タクシー

料金の10%程度。

レストラン

料理代金に含まれる場合がほとんど。別計算の場合も、勘定書きには含まれている。店の格により7～15%程度。

ホテル

ポーターやルームサービスに対して、€1～5程度。

トイレ

係員が一律に徴収する場合や、机にお皿を置いて任意にとする場合がある。入口のゲートに指定料金を投入する無人タイプもある。€0.50～1程度。

滞在税

▶ローマ→P.127
フィレンツェ→P.177
ミラノ→P.216
ヴェネツィア→P.254

'11年より、イタリアの一部の都市での宿泊に滞在税が課されることとなった。各自治体により、呼び方、対象宿泊施設、金額、時期、期間などは異なる。ホテルのランク、時期などにより1泊につき、ひとり€1から5程度。チェックアウトの際に直接ホテルへ支払う。ホテルにより支払いは現金、あるいは宿泊料とまとめてカード決済も可。

滞在税が課される町はホテル掲載ページに税額などを記載。今後変更される可能性あり。

※本項目データはイタリア政府観光局、外務省、気象庁などの資料を基にしています。

飲料水

イタリアの水道水は日本とは異なり、石灰分が多い硬水。そのまま飲むことができるが、体調が不安な人はミネラルウオーターを。レストランやバールではミネラルウオーターを注文するのが普通。500mℓがスーパーで€0.30～0.80、バールで€0.50～2程度。駅の自販機で€1.20。観光地では€1～2。

郵　便

郵便局は中央郵便局と小規模の郵便局の2種があり、営業時間や小包など の取り扱い業務が異なる。切手は、郵便局のほか、Tのマークのタバッキ Tabacchi（たばこ屋）で購入でき、ポストも日本同様に各所に設置されている。

中央郵便局の営業時間は月～土曜 8:00～19:00。そのほかの郵便局は月～金曜8:00～14:00頃、土・日曜休み（一部都市により異なる）。

郵便料金

日本への航空便（ポスタ・プリオリタリア）は、はがきや20gまでの封書は€2.20。

タバッキでは切手や切符などを扱う

▶郵便→P.531

税　金

イタリアの名品をおみやげに

ほとんどの商品にIVAと呼ばれる付加価値税が10～22%かかっている。EU以外の居住者は、1店舗€154.94以上の買い物をし、所定の手続きをすれば、手数料などを引いた税金が還付されるシステムがある。買い物をするときや帰国時には、忘れずに手続きをしよう。

TAX

▶タックスフリー（免税）ショッピング
→P.557

安全とトラブル

主要駅ではチケット・コントロールが始まり、駅構内の安全度が高まった

地下鉄やバスなどの公共交通機関内でのスリ、町なかでは子供や乳飲み子を連れたスリ集団などの被害の報告が多い。力ずくで金品を奪うことは少なく、各個人の注意により未然に防ぐことができると思われる。

警察署　**113**

消防署　**115**

▶安全快適な旅のために
→P.570

▶トラブルに遭ってしまったら
→P.577

年齢制限

レンタカー会社では、21～25歳以上で運転歴が1年以上、または60～65歳以下などの年齢制限を設けている場合もある。

また数は多くないが、一部の博物館や美術館では、学生や26歳以下、65歳以上の場合に割引が受けられることもある。

▶レンタカーの貸出し条件
→P.526

度量衡

長さはセンチ、メートル、重さはグラム、キロで日本と同じ。食料品店などで表示されるettoエットは100グラムのこと。

その他

禁煙法の施行

2005年1月10日より、「禁煙法」が施行され、美術館、博物館、映画館、列車およびレストラン、バールなどを含め、すべての屋内、公共の場での喫煙は禁止。違反者には、罰金が課せられる。

IL BISONTE®
HANDCRAFTED WITH PASSION
Est. Florence 1970
FIRENZE
Via del Parione, 31r/33r
Tel. +39 055 215722
ROMA
Via dei Coronari, 105A/106
Tel. +39 06 6834092
ROMA
Via Borgognona, 13
Tel. +39 06 68808097
IL BISONTE®
ilbisonte.com

レ・オドゥレ／ガイスラー山塊を目指して続く1本道

ソン・フォルカ小屋のテラスからトファーナ山を眺める

ドロミテを歩こう

～コルティナから足を延ばして～

断崖絶壁を歩く!?実は、写真マジック。ラガツオイ小屋近く

イタリア北部、オーストリアとの国境付近に広がる**ドロミテ山塊**(Dolomiti＝ドロミーティ)。山々は切り立った岩肌を見せ、絶壁は尖塔のように空に延びる。山間に深く切り込んだ谷の麓には、豊かな緑の牧草地が広がる。山々が束の間夕日に赤く照らされる様子は息をのむほどに美しい。雪を被った高峰が雲の合間に見え隠れし、気まぐれな雨がときには虹をみせてくれる。時とともに移り変わる、その壮大な自然のドラマは神々しいほどだ。2009年にはその独特な山容、美しい自然景観、地形・地質学的な価値からユネスコの「自然遺産」に登録された。

今や、世界的に人気の山旅。イタリアで最初に挙げられるのがドロミテだ。各地でロープウエイやリフトが整備され、3000m級の山々へ簡単にアクセスでき、そのすばらしいパノラマが容易に楽しめるのが魅力だ。

ヴィア・フェッラータでクリスタッロの頂に向かう

まずは、日本から空路(ローマまたはEU域内などで要乗り換え)でのアクセスが容易なヴェネツィアからコルティナ・ダンペッツォへ向かい、ドロミテの旅を始めよう。

コルティナ・ダンペッツォ(以下、一部コルティナと略)から訪問する3日間のモデルコースとオルティセイから訪れる山々を紹介しよう。

1日目 町から簡単アクセスのファローリア山とクリスタッロ山
2日目 一番人気、バスで1時間ほどのトレ・チーメへ
3日目 大パノラマを楽しめるファルツァレーゴ峠とロッククライミングのメッカ、チンクエ・トッリへ

オルティセイからは、圧倒的な存在感、レ・オドゥレ山塊／ガイスラー山塊の眺めを楽しんでみよう

ヴェネツィアからのプルマン・バス

●コルティナ・エクスプレス Cortina Express

毎日メストレ駅そばから14:00、17:00発。ヴェネツィア空港(14:15、17:15発)を経由して、コルティナ・ダンペッツォ着16:20、19:20。切符€27。さらに、コルティナ・ダンペッツォ(8:00、17:00発)からチンクエ・トッリ、ファルツァレーゴ峠Passo Falzaregoを経由してコルヴァーラCorvaraへ運行している。

☎0436-643113

URL www.cortinaexpress.it

メストレ駅を背に右に進んだATVO社のバス停から。切符売り場あり。

●ATVO社のプルマン Cortina Express

ヴェネツィアのローマ広場、メストレ駅そば、空港などから乗車。(6月中旬～9月上旬とスキーシーズンは毎日2便、その他の期間は午前の1便または週末のみの運行)

ローマ広場発7:50、10:50、メストレ(8:05、10:40)、空港(8:20、11:20)などを経由して、コルティナ・ダンペッツォ着10:35、13:25。切符€12.90。切符売り場はローマ広場では運河を背にした広場右側、メストレでは上記と同じ、空港では切符売り場カウンターで。

URL www.atvo.it

※原則として2社とも要予約。切符売り場やウエブサイトでの事前購入可。

ファローリア山へ

コルティナのプルマン乗り場から町を背に右へ徒歩3分程度の乗り場から乗車。

Cortina-Faloria

営 '16年6/17～9/18 9:00～17:00(30分間隔)

料 往復€18.50／片道€13

ヴェネツィアからのアクセスが便利な

コルティナ・ダンペッツォ

ドロミテの玄関口は西のボルツァーノ(→P.343)と東のコルティナ・ダンペッツォ。ヴェネツィアからはプルマン・バス2社、鉄道(fs線)+バスのアクセスがある。便利なのは直通のプルマン・バス利用だ。コルティナ・ダンペッツォは交通の要所であり、各地へのプルマンが運行している。またロープウエイ乗り場へのアクセスも徒歩でOKなのもうれしい。

1日目 コルティナの町を一望 ファローリア山へ

Faloria (2123m)

町の東側、プルマン乗り場の駐車場の先に**ファローリア山行きのロープウエイ**Funivia Faloria乗り場がある。モミの木々と美しい縞模様を描く切り立った岩肌を眼下にし、途中駅のMandresで乗り換えて、頂上駅に到着。駅を下りたテラスや**ファローリア小屋**Rifugio Faloria 2123m)のテラスからはコルティナの町を一望する。小屋の先にはジープ(料片道€5、往復€9)が客待ちをしており、5分程度で山頂の**トンディ小屋**Capanna Tondi(2327m)へ運んでくれる。山小屋付近でお茶や散策を楽しんで、そのまま町へ戻るのもいい。

ファローリア山のロープウエイからコルティナの町を眺める。後方にはチンクエ・トッリ

トレッキングを楽しむなら、「**ドロミューの小道**」Sentiero panoramico Dolomieuへ。近年整備されたばかりのこのトレッキングロードはドロミテの岩の組成を最初に調べ、名前の由来となった地質学者ドロミューにささげられたもの。

ファローリア小屋(トイレあり)の裏側を進んですぐ左、標識のある小道N.212に入ろう。スキー場の広い道を歩いて下ることもできるが、間違えないようにしよう。

ハイ松とアルペンローズの間の小道を進むと、足元には可憐な高山植物、いたるところにベンチも設置され、コルティナの町を見下ろすことができる。岩肌が間近に迫る展望台

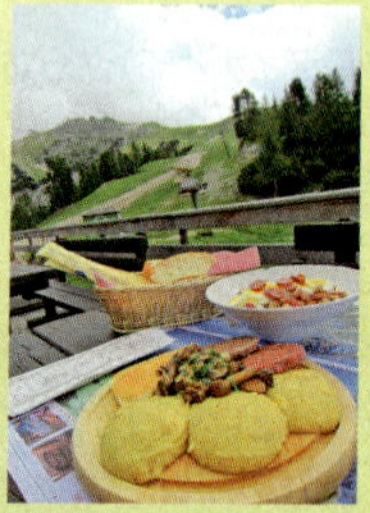

ファローリア小屋で名物のポレンタのランチ。先方の白い道をジープが上る

ジープで楽々山頂へ

Belvedereまで小屋から20～30分。**クリスタッロ山の麓**リオ・ジェーレRio Gereまで1時間40分～2時間(ほぼ下り)。リオ・ジェーレからファローリア山へは上りとなり、2時間～2時間30分程度。

コルティナへ戻る場合は、クリスタッロ山のリフト乗り場下にバス停がある。バスの切符はバス停右の山小屋Ristorante Rio Gereで販売(切符€1.20)。テラス席もあるので、カプチーノでも飲みながらバスを待とう。

山を見ながら簡単トレッキング

息をのむパノラマの

クリスタッロ山へ

Cristallo (3221m)

ドロミューの小道からRio Gereへ下ると、駐車場の先に**クリスタッロ山へのリフト乗り場**がある。4人乗りリフトは、カウベルの響く放牧地を見下ろし、どんどん高度を上げて2235mの**ソン・フォルカ小屋**Rifugio Son Forcaへ。この小屋のテラスからの眺めもすばらしいが、まずは、先へ急ごう。小屋の前から道を下ると、すぐに鳥かご型のリフトが見える。今度はこれに乗ってクリスタッロ山の頂上約3000mへ。ほぼ岩場とザレ場を見下ろすリフトだが、運がよければカモシカの親子が見られるかもしれない。上がった**ロレンツィ小屋**Rifugio Lorenzi(2932m)の近くには夏でも雪が残る。この小屋は手作りの料理が多くておすすめだ。小屋からの眺めはもちろんのことテラスからは驚きに満ちたパノラマが広がる。小屋を背にテラス左に立ち、左の緑の山肌が対面の**ファローリア山**2123m、その奥に**ソラピス山**Sorapis(3205m)、右には**チヴェッタ**Civetta(3220m)と**クローダ・ダ・ラーゴ**Croda da Lago(2715m)。テラス奥へ移って、左から**ヌヴォラウ**Nuvolau(2575m)、**アヴェラウ**Averau(2649m)、その下に**チンクエ・トッリ**CinqueTorri(2252m)の山々。右上の緩やかな雪山は氷河が残る、ドロミテ最高峰の**マルモラーダ**Marmolada(3342m)。山小屋の右側正面に見える3つの峰は**トファーナ山**Tofana(3225m、3243m、3238m)だ。

ロレンツィ小屋からの眺め

かわいらしいソン・フォルカ小屋からの眺めがすばらしい

この頂上からはヴィア・フェッラータのコースのみなので、装備がない我々はパノラマを楽しもう。ガイドに連れられた人たちがヴィア・フェッラータや岩の間のつり橋を歩いているのを下から眺めるのも臨場感あふれてスリリング。

クリスタッロ山へ

P.18のトレ・チーメ行きのバスで、クリスタッロ山のリフト乗り場前Rio Gereで下車。

※Rio Gere、ミズリーナ湖、トレ・チーメは同一路線。1日6便程度なので、帰りの便を事前に確認を。(コルティナ行きの最終17:20頃)

●クリスタッロ山へのリフト

Rio Gere-Son Forca Rifugio

Son Forca 2215mまで

営 6/18～9/25
8:30～16:30

料 往復€15／片道€10.80

Forcella Staunies 2950m

ロレンツィ小屋Rifugio Lorenziまで(かご型の立ち乗りリフト)

料 往復€23／片道€18

※下り16:15まで

※トファーナ山の呼び方

トファーナ山は3山からなり、複数形で**レ・トファーネ**le Tofaneとも呼ばれる。

かわいらしい鳥かごリフト

山歩きをするなら、地図は必携。現地なら書店やみやげ物屋でも簡単に入手可。TABACCO社製1/25000(€8.50)がおすすめ。エリアを確認して購入を

正面にはクリスタッロの頂とロレンツィ小屋。周辺には夏でも雪が残る

ドロミテ登山の気分に浸れる

2日目 トレ・チーメ Tre Cime di Lavaredoへ

(Occid.2973m、Grande2999m、Piccolo2857m)

トレ・チーメへ

コルティナのバスターミナルからDolomiti Bus 30/31番で8:38、10:00、14:05、16:35発。帰路(アウロンツォ小屋下の駐車場から)9:35、11:40、14:30、16:50発

ミズリーナ湖へは約35分、トレ・チーメまで所要1時間で料金€12.60

スタートはアウロンツォ小屋から。売店もあるので、忘れ物があったら補充しよう

展望台(左下)遠景。展望台と見上げる頂の標高差は約500m。左からピッコロ、グランデ、オッチデンターレ

ドロミテで人気の高いトレ・チーメ。天を突きさすような山々の直下の展望台まで気軽に歩けるトレッキングロードが続いている。準備があれば、トレ・チーメをぐるりと歩き、絶景を楽しめるトレッキングへ出発しよう。山の縁を巡るルートなのでアップダウンは少なく、短い急登がルートの最後にあるくらいで歩きやすい。**展望台**Forc. Lavaredoだけの訪問なら、帰路にミズリーナ湖へ寄り道するのも楽しい。展望台までは50分~1時間程度だ。すばらしい風景を前に写真撮影や食事・休憩でゆっくりしていると、思いがけず時間がかかるので、ゆったりとした計画を立てよう。

コルティナからのバスはトレ・チーメの玄関口である**アウロンツォ小屋**Rifugio Auronzo(2330m)下の駐車場に停車する。まずは坂の上に見える小屋を目指して歩こう。途中にトイレもある。アウロンツォ小屋にはレストラン、バールを併設しており、宿泊も可(ひとり2食込みでTB €60、ドミトリー€50)。

展望台へ行くには小屋の脇から延びる、広いトレッキングロードN.101を進もう。軽装の人もたくさん歩いているが、彼らは**ラヴァレード小屋**Rifugio Lavaredo (2344m)やそのすぐ上の**展望台**Forc. Lavaredoまでの人々。

お花の咲くN.101のトレッキングロード

トレ・チーメを一周する

一周のトレッキングをするなら、装備(雨具必携)や地図も忘れずに。展望台からトレ・チーメのオベリスクのようにそびえる雄姿を眺めたら、**ロカ**

ラヴァレード小屋までは軽装でもOK

展望台までは少し登りがある

ラヴァレード小屋から展望台までは15〜30分。小屋正面はやや急な上り、右に緩やかな広い坂道がある。展望台から山容を楽しむ人が多い

ロカテッリ小屋の周囲には愛らしい教会や湖が広がる

テッリ小屋Rifugio Locatelli alle Tre Cime（2405m、7〜9月のみの営業）までさらにN.101を進もう。山を縁取るようなほぼ平坦の道を45分〜1時間ほどだ。ロカテッリ小屋の裏手には小さな湖Laghi dei Pianiが広がり、雪と緑に縁取られたキバのような山々が続き、小さな鳥が群舞する。休憩をしたら、山小屋を背に右に下ってN.105へ。それまでと比べ細いトレイルとなり、左右に草地が広がりエーデルワイスやイワカガミ、黄色のポピー、シバサクラのようなピンクの植物など季節の花々が美しい姿を見せる。次の**ラングアルム小屋**Malga Langalm（2283m）まで約45分〜1時間。ここから最初のバス停までは30分〜50分程度、最後に短い急登がある。コルティナへの最終バス16:50に間に合うように行動しよう。

どこか高山の荒涼たる雰囲気のあるロカテッリ小屋裏の湖

※一般的な登山時期は5月下旬から10月だが、5月初めは雪が残り、9月には雪が降る場合があるので、7〜8月がおすすめ。歩行距離9528m、所要3時間30分〜6時間、累積登高468m。トイレは各山小屋にある。地図はTabaccoのArea03（→P.17）を用意しよう。コルティナのバスターミナル脇のキオスクや書店で入手可。
レンタカーで行く場合は、入山料と駐車料としてかなり手前のゲートで€24を支払う。バスの場合は必要ない。

よく整備されているトレイルの標識。表記時間の1.2〜1.5倍を見越して行動しよう

ロカテッリ小屋。このあたりは2000m級の山々が連なり、すばらしいパノラマが広がる

ドロミテの山小屋の多くには日本語メニューがあるので料理選びも楽々

ラングアルム小屋。このあたりはゆったりとした斜面にトレイルが続く

最後の急登の前にある国立公園の標識

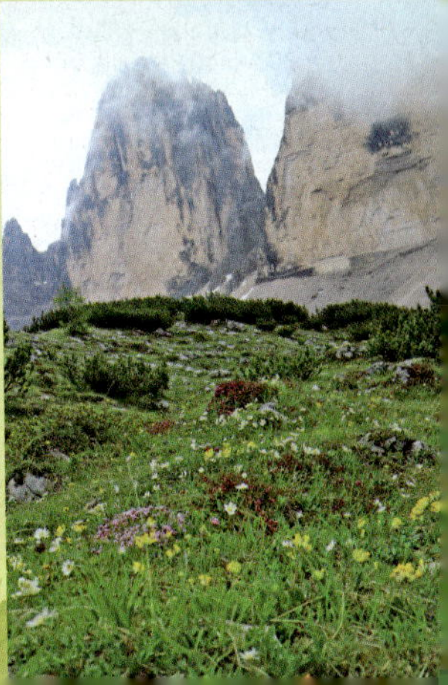

7〜8月は高山植物も短い夏を謳歌して咲き誇る。遠くの山々と足元の可憐な花々に目をやりながら進む、楽しいトレイル

ファルツァレーゴ峠とチンクエ・トッリ
コルティナからDolomiti Bus(30/31番:トレ・チーメ行きとは逆方面)またはCortina Expressでチンクエ・トッリへ22分、ファルツァレーゴ峠まで35分。8:00〜17:50に40分から3時間に1便。

Falzarego-Lagazuoi
営'16年5/28〜10/23
9:00〜17:00(10〜15分間隔、下り最終16:40)
料往復€14.80/片道€10.70

Cinque Torri
営'16年6/11〜10/2
9:00〜17:00
料往復€14.80、8月€15.40

まさに奇岩が天を刺す、チンクエ・トッリ。間近に岩峰の周りを歩くだけでもドキドキ

3日目

奇岩と絶景を楽しみに

チンクエ・トッリ Cinque Torri(2205m)と ファルツァレーゴ峠 Passo Falzarego(2105m)へ

距離は短いが、トレイルは狭く、石が転がっている。注意して歩こう

スコイアットリ小屋にて。グーラッシュとポレンタ(奥)とチロル風ニョッキ

ファルツァレーゴ峠からチンクエ・トッリ一帯は、第一次世界大戦にオーストリア軍と戦った際の前線基地で、塹壕やトンネルが残り今では観光スポットにもなっている。

チンクエ・トッリは日本語に訳せば「5つの塔」の意味。そのとおり、コルティナの高台からも5つの屹立する岩山が印象的な姿を見せている。切り立った岩壁はロッククライミングのメッカでもある。

クライミングのメッカ、チンクエ・トッリ

チンクエ・トッリの駐車場の先にあるバイ・デ・ドーネスBai de Dones 1889mからリフトでチンクエ・トッリの麓2255mに到着。**スコイアットリ小屋**Rifugio Scoiattoliのテラスでは眼前にチンクエ・トッリの岩山が迫り、右に目をやればなだらかな山から尖塔のような山々までが続き、四角い山容が**ヌヴォラウ**Nuvolau(2575m)、頂に山小屋が見えるのが**アヴェラウ**Averau(2649m)だ。ここでパノラマを楽しむだけでもいいし、ここからはいくつものトレッキングロードが続いている。一番容易で時間も短いチンクエ・トッリの周囲をぐるりと回る**ジーロ・デッレ・トッリ**Giro delle Torriを歩いてみよう。1周1時間程度。垂直に立ちはだかる岩壁と巨石の間を歩くのは、登山とはまたひと味違う大迫力だ。

右にアヴェラウ山とヌヴォラウ山。ヌヴォラウからはジアウ峠にトレイルが続く

リフトを降りて左へ進むと、すぐにGiro delle Torriの標識のある分岐。左回りでも右回りでも同じ場所へ戻るが、左へ進むと上りが少ない。歩き始めてまもなく坂の下に見える粗末な小さな小屋は傷病兵の治療院の様子を人形などでリアルに展示したもの。道はほぼ1本道なので迷う心配はない。切り立った岩壁とロッククライミングをする人たちを眺めていると、平衡感覚を失うようで不思議だ。**ソラピス山、クリスタッロ山、トレ・チーメ**などを眺め、崖下にチンクエ・トッリ小屋が見えたら、緩い坂道を上ると、最初の分岐に戻る。

緩やかな台形のラストイ・デ・フォルミンと後ろにクローダ・ダ・ラーゴ

東ドロミテとの境、ファルツァレーゴ峠

プルマン・バスが発着するファルツァレーゴ峠。周囲には緑が広がり、眺望がよい

交通の要所かつ駐車場へのアクセスも容易、各方面からのプルマン・バスの発着が多いので、いつもにぎわいを見せるファルツァレーゴ峠。道路のすぐ脇にある乗り場からロープウエイで上がると、峠の上に立つ**ラガツオイ小屋**Rifugio Lagazuoi（2750m）だ。テラスのすぐ下には夏でも雪渓が広がり、その奥に白い縞模様を描いて屏風のように連なる**ファニス**Cima Fanis（2922〜2989m）の山々、さらに奥には**クローダ・ロッサ**Croda Rossa（3146m）や**トファーナ**Tofana（3225〜3228m）の山々、さらに下ると**チンクエ・トッリ**の山並みが見渡せる。斜面を下った右の崖には塹壕があり、敵への偵察と攻撃のために開けられた窓からは大きな銃が外に向けられ、戦争の場であったことを実感させてくれる。鉄梯子でさらに下ると塹壕やトンネルが山の中腹まで続いているが、歩くには登山靴、ヘルメット、ヘッドライトの装備が必要（年代ものの軍服を着用したガイドによるツアーもあり）。スリリングな景色を楽しんだら、小屋に戻ろう。正面には丸いどっしりとした**セッラ山塊**Gruppo Sella（最高峰はサッソルンゴSassolungo 3181m）、その左の遠くに見えるのが**カティナッチョ**Catinaccio（2981m）から**ラテマール**Latemar（2842m）の山々、さらに左に雪をたっぷりと頂いているのが**マルモラーダ**Marmorada（3342m）だ。

ラガツオイ小屋遠望。手前にはペルモ（3168m）、チヴェッタ（3220m）など3000m級の山々が迫る

坂を上がって十字架を目指して少し歩こう。切り立った崖の上にテーブルのように広がるエリアで、崖に近づくのは怖いほどだが、さえぎるもののない360度のすばらしいパノラマが広がる。十字架像の前からは**トファーナの山々**、その奥に**クリスタッロ**Cristallo、さらに奥に**トレ・チーメ**Tre Cime、右には**ソラピス山**Sorapisの展望が広がる。

ラガツオイ小屋裏手には夏でも雪渓が広がる。奥の看板の所に塹壕がある

十字架像までの間にセッラ山塊やマルモラーダも遠望

プルマン・バスの後方がラガツオイ

年代ものの軍服を着用したガイド付きツアーの案内。ⓘで予約してもらおう

小屋裏手、ピズ・ドゥレス・コントゥリネスPiz dles Conturines（3064m）

西ドロミテの中心

オルティセイから訪ねる山々へ

レシエーザ線ケーブルカー乗り場

オルティセイはドロミテ西側に位置する、チャーミングな町。町からロープウエイが3本運行しており、トレッキングや山登りの基地。ゆったりとした放牧地が広がる**シウジ**(㊶ミラノ・ヴェネツィア編参照)でのトレッキングならアルペ・ディ・シウジ線Ortisei-Alpe di Siusi(川を渡った町の北側に駅)もよいし、簡単に**サッソルンゴ**や**セッラ山塊**の眺めを楽しむなら**レシエーザ線**Ortisei-Resciesa、**レ・オドゥレ／ガイスラー山塊**の圧倒的な姿を見るなら**セチェーダ線**Ortisei-Furnes-Secedaへ。

かわいらしいオルティセイの町

バスの発着する広場に建つ教会の裏を右へ進もう。ガルデーナ博物館Museo della Val Gardenaの脇を抜けると、エスカレーターと動く歩道が続いている。ここにあるのがセチェーダ線の乗り場。広場を出て、橋を渡り、標識に沿って坂を上り、左へ左へと3～5分ほど歩くと右にレシエーザ線のケーブルカーの駅舎がある。

オルティセイへ

コルティナからCortina Express(8:00発→9:05)でコルヴァーラCorvara di Badia乗り換えで所要約1時間30分。コルヴァーラからは1時間に1便程度の運行。

路線バスを利用する場合は、ドッビアーコ経由となり、4時間30分～5時間。

ブレッサノーネ、ボルツァーノからプルマン・バスの運行あり。

ボルツァーノからSAD社のプルマン・バスで所要1時間～1時間30分。約1時間に1便の運行。

Ortisei-Resciesa

営 5/15～6/3　9:00～16:00
6/4～6/25、9/26～10/9　8:30～17:00
6/26～9/25　8:30～18:00
20分間隔
料 往復€18
片道 上り€9.50／下り€13

Ortisei-Furnes-Seceda

営 '16年6/11～10/9
8:30～17:30
料 往復€29.80／片道€19.50

緩やかなトレイルだが、雄大な山塊が

まずはレシエーザ線に乗り込み、上駅を出たら左にN.35を進もう。最初の山小屋**レシエーザ小屋**Rifugio Resciesaまで行き30～40分、帰りは20分程度だ。最初に上りがあるだけで、犬を連れた人、子供、マウンテンバイクも通る、歩きやすい広く緩やかなトレイルが続く。左手にひときわ高く、雄大な姿を見せるのは、左が**サッソルンゴ**Sassolungo(3181m)、右のやや低い三角形の山が**サッソピアット**Sassopiatto(2956m)。

緑のなかに立つレシエーザ小屋。広く、傾斜の少ないトレイルはマウンテンバイク乗りにも人気

レシエーザ線上駅。ここにも世界遺産のしるしが。緩やかなトレイルでシニアの姿も多い

かつては牛の放牧地。牛の水飲み場やベンチも点在している。マウンテンバイクの気配を感じたら、道を譲ろう

トレイルからはいつもサッソルンゴが眺められる。ときには雲に覆われるが、全貌を見せてくれたときの感動はいっそう高まる

セチェーダへ向かうロープウエイ。眼下には、針葉樹の森にトレイルが続く、印象的な風景が広がる

牙のようなレ・オドゥレと緑の放牧地のコントラストが美しい上駅近くからの眺め

レ・オドゥレ／ガイスラー山塊を目指してセチェーダ高原へ

次は、圧倒的な**レ・オドゥレ／ガイスラー山塊**Gruppo "Le Odle" / Geisler Gruppeの山並みを求めて**セチェーダ**を目指そう。オルティセイのバス乗り場近くの乗り場からフルネスFurnesで一度乗り換えて2518mのセチェーダに到着。山裾に目をやると車や人家が見えるものの、冬にはスキーのゲレンデとなる傾斜のある緑の草原が高地へ来たような気分にさせてくれる。花畑に1本細いトレイルがレ・オドゥレ／ガイスラー山塊へ向かうのも印象的な風景だ。キバのような岩肌が重なり、深く谷に落ちる迫力ある風景を眼前にして進むのはなぜか高揚した気分にさせてくれる。

1本道を20分ほど進むと行き止まり。レ・オドゥレ／ガイスラー山塊の西側部分、横顔だけを見るだけだが、周囲の風景とも相まって感動的。

ここから坂を下るとレシエーザ線の上駅、あるいはオルティセイやサンタ・クリスティーナへ向かうトレイルもあるが、ロープウエイの最終下りの時間は早いのでこのまま下りよう。

歩くならしっかりとした装備と地図を持つこと

お花畑のなかに1本のトレイル、フォトジェニックな風景

※プルマン・バスの時刻表は2016年6月上旬から9月上旬のもの。

●バスの運行期間や時刻表は
Dolomiti Bus社
URL www.dolomitibus.it
SAD社
URL www.sad.it
ロープウエイ、リフト、ケーブルカーの営業期間は毎年変更される。URL www.dolomitisuperski.comなどで確認を。

また、夏季の週末を中心に、自転車やクラシックカーのレースなどが開催される場合があり、大規模な交通規制も敷かれ、プルマン・バスも運休となる。滞在先のⓘなどで、プルマン・バスの運行状況を確認して計画を立てよう。

ドロミテを旅する際は、季節の選定が最も大切。6月下旬から9月上旬がおすすめだ。より詳しい情報は、地球の歩き方「ミラノ ヴェネツィアと湖水地方」参照を。

ドロミテではどこに泊まる?

世界的なリゾートでありアクセスが便利なことから、多くの観光客や登山者を集める**コルティナ・ダンペッツォ**。高級ホテルが多く、料金もやや高めだが、数日滞在して各地へ足を延ばそう。より経済性や山岳都市らしさを求めるなら、**ガルデーナ渓谷**Val Gardenaがおすすめ。中心地の**オルティセイ**はおしゃれな山岳リゾートでカラフルな色彩があふれ、周囲にはゆったりとした山並みが広がる。オルティセイにはホテルは少なく、やや高額だが、オルティセイの手前の**セルヴァ**周辺には手頃なホテルも多く、路線バスで約25分、15〜30分に1便程度あるので、おすすめ。また、ホテルではバスの無料券も配布しているところもある。
ドロミテのホテル情報は URL www.cortina.dolomiti.org
セルヴァなどガルデーナ渓谷のホテル情報は URL www.valgardena.it

ガルデーナ渓谷の観光看板。今も見られる民族衣装がモチーフ

おすすめのホテル ★★★★ ホテル・ドルファー Hotel Dorfer

住 Via Cir 5, SELVA, VAL GARDENA
☎ 0471-795204 Fax 0471-795068
URL www.hoteldorfer.com
料 1人(2食付き) €92〜179
交 SelvaのPiazza Nivesのバス停から徒歩3分。
オルティセイまでバスで25分。

セルヴァにあるチロル・スタイルの家族経営のホテル。ベランダや庭園には季節の花々が咲き誇り、上階のベランダからはセッラ山塊やサッソルンゴの眺めがすばらしい。シェフ特製の食事も充実しており、長期滞在もおすすめ。スパも併設。

マテーラ再発見

新オープンの洞窟教会案内

サッシの町、マテーラ（→P.460）。**サッシ**Sassiとはイタリア語で「石ころ」とか「岩」を指すが、マテーラでは石灰岩をくり抜いて造られた**洞窟住居**のこと。

旧石器時代から天然の洞窟を住居とし、人々がここに暮らしはじめたが、戦後は貧しさの象徴のサッシ＝「イタリアの恥部」とされ、強制的に移住が推進され、サッシは一時無人の廃墟と化した。

しかし、先史時代からの人類の営みを残す**天然の洞窟の住居**が、地中海沿岸唯一、最大規模のものとして、1993年に**世界遺産**に登録されると、サッシは観光客のためにホテルやレストランなどに転用されることとなった。とりわけ、この10年ほどのにぎわいは目を見張るものがあり、それに伴い新たに整備、公開された**洞窟教会**がある。

2019年の欧州文化都市Capitale Europa della Culturaの開催を控え、注目のデスティネーションだ。

高台の大きな洞窟に築かれた洞窟教会

サンタ・マリア・デ・イドリス教会 S. M. Madonna de Idris

まるで巨大な岩のよう。サッシ地域のどこからでも眺められる

サッソ・カヴェオーゾ地区の高台に建ち、どこからでも巨大な岩に十字架が載る風変わりな姿を見ることができる。オリジナルは大きな洞窟を掘って造られ、後年天井部分が崩落したためファサード部分に石のブロックを積んで現在の姿となった。正面の祭壇には『聖母子』のフレスコ画、その足元に描かれた「水入れ」＝イドゥリアIdriaがこの教会の名前の由来とされている。フレスコ画は判別するのが難しいほど傷みが進んでいるが、その横、鹿に向かって手を差し出しているのが、マテーラの守護聖人「聖エウスタキオの改宗」。狩りの最中に鹿の角の間に磔刑図を見、これを機にキリスト教に改宗したといわれる聖人だ。

祭壇左から、**サン・ジョヴァンニ・イン・モンテローネ教会**へと続いている。改築され、当時の教会の趣は残されていないが、壁には11～12世紀の美しいフレスコ画が残っている。

『聖母子』が描かれた主祭壇

奥に続く、サン・ジョヴァンニ・イン・モンテローネ教会内部

隠修士と洞窟教会

マテーラが町として形成されたのは、8世紀。現在のトルコ中部アナトリアから迫害を逃れて移住した隠修士によるとされる。**隠修士**（いんしゅうし）とは、現世とのつながりを嫌い、自給自足で神と向き合い、祈りをささげた宗教者のこと。町がにぎわいを増すと、外へ外へと移り住んでいった。町の東、川を挟んだ荒涼とした丘には、今もぽっかりと口を開けたサッシがいくつも残り、隠修士の住居とされる。

隠修士が立ち去った教会は、住居や家畜小屋などに転用されたため、ほとんどの教会はオリジナルの姿をとどめていない。しかし、その改築の跡はマテーラの人々の厳しい生活を物語っている。人力で掘られ、縦横に延びる内部はそれだけでも人々の忍耐強さ、そして壁面に描かれた絵に、あつい信仰をうかがい知ることができて興味深い。

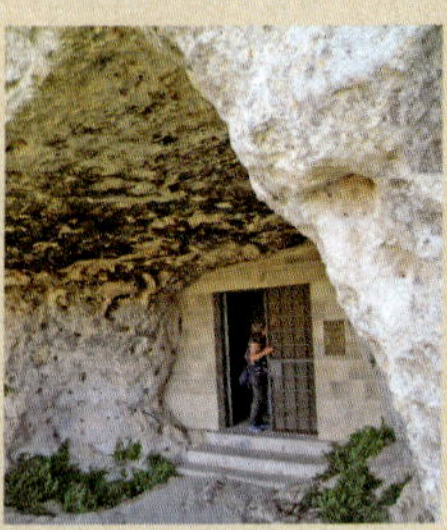

隠修士の住んだ洞窟

美しいフレスコ画が印象的な小さな洞窟教会

サンタ・ルチア・アッレ・マルヴェ教会

S.Lucia alle Malve

『授乳の聖母』のフレスコ画が美しい

規模は小さいながら、構造が簡素、かつフレスコ画がよく保存されているので、ひとつだけ洞窟教会を見るならここがおすすめだ。8世紀創建で、左側にはマテーラ初の女子修道院(非公開)がおかれていた。内部に入ると、窓のような空間と細かに分割された部屋が奇異な印象を受けるが、これは後年の改築によるもの。オリジナルでは、宗教儀式が行われる内陣と信者が集う会衆席とは柱で仕切られていたが、住居として転用された際に柱は切られ、壁の一部はかまどを作るために切り取られた。入口左には今もかまどが残されている。右の祭壇側は家畜小屋として使われていた。

フレスコ画は修復が施され、美しい姿をとどめている。入口左の壁には13世紀の『授乳の聖母』と『大天使ミカエル』。中央の柱には『聖グレゴリウス』。右の祭壇奥の左には「聖女ルチア」。

写真は右の側廊部分。奥の身廊と左の側廊は、1960年までは民家に転用されていた

パノラマ通りにある大規模な複合サッシ

マドンナ・デッレ・ヴィルトゥ教会 Madonna delle Virtù e サン・ニコロ・デイ・グレーチ S.Nicolo dei Greci

内部は現代彫刻が置かれたアートスペースとなっている

パノラマ通りに面して建つ、洞窟教会と修道院の2階建ての大きな複合建築。11世紀頃に石灰岩を掘って造られたもの。1階は3廊式の聖堂で、柱の上部にはアーチが大きく弧を描く。さらにクーポラが載り、十字架が彫り込まれた祭壇が置かれている。天井は高く、滑らかな柱や壁面に、人力で掘られたことに感嘆するほどだ。後陣には17世紀の『磔刑図』、その脇には聖母マリアと聖ヨハネが描かれている。奥に進むと、雨水を貯めた貯水槽(後年ワイン作りの桶vascaとして転用)なども見られる。

上階は修道院として利用され、閉鎖後は1956年まで住居として利用されていた。いくつもの小部屋が続き、壁のニッチの椅子のようなスペースは遺体を安置した場所。壁に描かれているのは13~14世紀の聖人像だ。

マドンナ・デッレ・ヴィルトゥ・エ・サン・ニコロ・デイ・グレーチ
住 Rioni Sassi
☎ 377-4448885
開 6~9月 10:00~20:00
10月 10:00~18:00
11~3月 10:00~13:30
3月の㊏㊐ 15:00~18:00も
4~5月 10:00~13:30
15:00~18:00
料 €5

※その他の教会の開休料についてはP.460参照

上部には十字架が刻まれた後陣と『磔刑図』のフレスコ画

石灰岩の岩盤を掘削して造られた内部。滑らかな仕上がりに驚嘆

パンのおいしいマテーラでグルメを楽しむ

イタリアでもパンのおいしさに定評のあるマテーラ。ひと抱えもありそうな大きなパンは小麦の味わいが強く感じられモチっとした食感。周辺地域からもたらされる野菜もさまざまに料理され、前菜Antipastoが充実している。皿の中央の乾燥ソラマメのピューレとチコーリアFave e cicoriaは第一に挙げられる伝統料理。

野菜を多用したマテーラの前菜

ラヴェンナ美術散歩

色彩のハーモニー 8つの世界遺産を訪ねる

ガッラ・プラチーディアの廟のアーチ型天井を飾るモザイク。濃紺の地に小円と花形模様が連続して美しい

世界遺産に登録された建築群やモザイクが誕生したのは、ラヴェンナが東ローマ帝国（ビザンティン帝国）の支配のもと、栄華を極めた時期のこと。

モザイクの聖堂で有名なクラッセは、中心から約5キロ離れているが、当時は港であり、ラヴェンナはアドリア海を挟み東地中海世界に開かれていた。

402年**ホノリウス帝**が、この地を西ローマ帝国の首都に定めた。493年には**テオドリック王**が東ゴート族の王国の首都とし、その後540年には、東ローマ帝国出身の**ユスティニアヌス帝**により東ゴート族は追い出され、東ローマ帝国のイタリア統治機関であるラヴェンナ総督府がおかれた。

751年にロンゴバルド族に征服されるまで、東ローマ帝国からの文化（モザイク芸術など）を吸収し続けて栄華を極め、当時の初期中世建築やモザイクが今に残る。

天空にきらめく星々に抱かれたキリストや聖人、威厳あふれる皇帝と美しい妃……まるでひとつの時代絵巻のようなきらびやかなモザイク画。それでは、その物語をひも解く散歩を始めよう！

ビザンチンの豪華な衣装と王冠を身に付けたテオドラ妃。高貴さを表す紫のマント姿

世俗権力の象徴の王冠を付けた皇帝ユスティニアヌス。帝の肖像画をもとに製作された

8つの世界遺産とは

「ラヴェンナの初期キリスト教建築群」として、1996年に8つの世界遺産が登録された。これらの建築群は、西ローマ帝国末期から東ローマ帝国のイタリア統治機関であったラヴェンナ総督府が解体するまでの、ほぼ250年の間に建てられたものだ。

本特集では、これらの世界遺産に付随して残るモザイク芸術を中心に、P.28～29で紹介した。そのなかでも、特に訪れてほしいのは、①東ローマ帝国出身のユスティニアヌスと皇妃テオドラのモザイクで有名な**サン・ヴィターレ聖堂**、②モザイクを詰めた宝石箱のような**ガッラ・プラチーディアの廟**、⑥東ゴート王国のテオドリック王が、王宮付属教会として建立した**サンタポッリナーレ・ヌオーヴォ聖堂**だ。(→P.395)

1 サン・ヴィターレ聖堂

(→P.397)

Basilica di S.Vitale

『ユスティニアヌス帝が宮廷人を従えた図』中央には、皇帝と司教マクシミアヌス。両者は、世俗権力と精神世界の象徴として描かれる

若きキリストが、花咲く楽園で天球(宇宙)に座る図では、多彩な雲の描き方にラヴェンナ・モザイクの芸術性が光る

2 ガッラ・プラチーディアの廟

(→P.397)

Mausoleo di Galla Placidia

中央のクーポラに描かれた、800の金色の星と金のラテン十字架。夜空を思わせる濃紺の背景が美しい

聖人が描かれる壁前の装飾モチーフが美しい。6～7世紀の織物(コプト織)に見られる珍しい図柄

聖ペテロと聖パウロに導かれた12人の使徒の行列は、十字架を戴いた玉座へと続いている。この洗礼堂は、ゴート族のテオドリック王が創建。彼はキリスト論においてアリウス派を奉じていたので「アリアーニ」と呼ばれる。

5世紀末に建てられたアリウス派洗礼堂のクーポラを飾るモザイク。中央のメダイヨンには、ヨルダン川に下半身を浸すキリストと洗礼者ヨハネ(右)が描かれる。ヨルダン川は老人(左)として擬人化され、老人の背後の壺からは川が流れ出ている。洗礼の場を囲むのは12人の使徒たち

3 アリアーニ(アリウス派)洗礼堂

Battistero degli Ariani

4 ネオニアーノ洗礼堂

(→P.398)

Battistero degli Ortodossi (o Neoniano)

3つの部分に分かれているクーポラの天井モザイク。中央から、「キリストの洗礼」、「12使徒の行列」、「玉座と福音書の置かれた祭壇」

ヨルダン川に身を浸すキリスト、洗礼者ヨハネが儀式を執り行い、右側のヨルダン川は擬人化され、体を拭く布をキリストに手渡している

ヴォールトに描かれた4人の天使は、キリストの頭文字のモノグラムを支えている。天使の間には、福音書記者の有翼のシンボルが、多彩な雲間に描かれている。アーチ下のメダイヨンは、使徒、聖人、聖女

モザイクで覆われていた礼拝堂だが、現在一部はテンペラで再現されている。入口の「戦うキリストのモザイク」も、キリストの胸から下は、忠実に再現されたテンペラ画

5 サンタンドレア礼拝堂

Cappella di S.Andrea

6 サンタポッリナーレ・ヌオーヴォ聖堂

Basilica di S.Apollinare Nuovo

聖堂を飾るモザイクの主要部分は、テオドリック王時代のもの。壁のモザイクは、3つの部分に分かれ、最上部はキリストの奇跡と受難の物語。中間部の窓と窓の間には、本や巻紙を持った「預言者」。下部には、「殉教者と聖女の行列」、「テオドリック王の宮殿とクラッセの町」、「天使を伴う玉座のキリスト（右）と聖母子像（左）」。「3人のマギたち」の動きがとてもリズミカルで印象的

ラヴェンナの町はずれ、糸杉の林にたたずむ霊廟。ゴート族の墓地だった場所にあり、テオドリック王は存命中にこの霊廟を築いたとされる

7 テオドリック王の廟

（→P.399）

Mausoleo di Teodorico

8 サンタポッリナーレ・イン・クラッセ聖堂

（→P.398）

Basilica di S.Apollinare in Classe

内陣の下部に描かれているのは、祈りのポーズでたたずむ聖アッポリナーレと預言者（信者とも）を象徴する12匹の羊。松の木や岩のある緑の野辺が美しい

内陣窓の右側には、アベル、アブラハム、メルキゼデグの犠牲が描かれる

イタリアの5大都市

さまざまに異なる歴史、文化に育まれ個性あふれるイタリアの町々。町ごとに異なる顔を見つけるのも、旅の楽しみ。なかでもとりわけ魅力的な５つの都市。バロックの町ローマ、ルネッサンス都市フィレンツェ、芸術とファッションの都ミラノ、水の都ヴェネツィア、永遠の劇場ナポリ。さぁ、イタリアへ旅立とう！

Italy Trip STWorld

イタリア旅行は
STWを選ばないと損する
5つの理由

Welcome to Italy

1. 現地アシスタントはSTW正社員!
ローマっ子が日本語で誠意を持ってお出迎えします。
2. WiFi利用、お荷物お預かり、ローマっ子からの
情報をゲットできるラウンジを無料で使い放題!
3. STWのイタリア周遊プランは
鉄道の移動時間・ホテルを自由にチョイス可能!
4. STWはイタリアが大好きな
現地視察済みスタッフ多数在籍!
5. 1日500円でキャンセルチャージも保障
「トラベルプラスガード」

Barefoot Tour

海外旅行専門店のエス・ティー・ワールドオリジナル!
顧客満足度高評価の **ベアフットツアー**
自分の足で歩きながらローマを深く知る午前プランと
ちょっとおとなタイムとイタリア文化を楽しめる午後プラン。
エス・ティー・ワールドのイタリアツアーには
ローマっ子との街歩きプラン付パッケージツアーが大人気!
ローマのみでもイタリア周遊プランでも
アレンジ力の高いスタッフがご来店お待ちしてます!

あなたならどっち派??

午前発 ベアフットツアー

午前:ローマっ子と歩いてローマを徹底深掘り!
- トレビの泉〜サンピエトロ寺院へ!
- 下町でピザのテイスティング
- 本場のジェラートをテイスティング

午後発 ベアフットツアー

午後:ローマっ子と友達みたいにのんびり散策!
- スペイン広場〜ナヴォーナ広場を優雅に‥♪
- 国民的デザートティラミスをテイスティング
- イタリア文化のアペリティーボタイム体験

**STWオリジナル!
イタリア小冊子プレゼント!**

旅行企画・実施 観光庁長官登録旅行業第1022 一般社団法人 日本旅行業協会 旅行業公正取引協議会会員

株式会社エス・ティー・ワールド ベアフットツアー 検索

渋谷駅前店 ヨーロッパファクトリー 〒150-0043 東京都渋谷区道玄坂2-6-17 渋東シネタワー14階
TEL.03-6415-8613 shibuya@stworld.co.jp

新宿駅前店 TEL.03-3320-4000	キラリトギンザ店 TEL.03-6415-8639	横浜西口店 TEL.045-328-3344	札幌大通店 TEL.011-210-2290
大阪マルビル店 06-4300-7654	名古屋栄店 TEL.052-238-3801	広島紙屋町シャレオ店 TEL.082-258-3322	福岡天神店 TEL.092-736-6780

ローマの歴史地区、およびヴァティカン市国と
サン・パオロ・フオーリ・レ・ムーラ
登録年1980／1990年　文化遺産
世界遺産

La Vita nella Città

歴史と夢を紡ぐ永遠の都、ローマ

いつの時代も訪れる人を魅了してやまない官能の町ローマ。2500年の歴史の舞台にふさわしいさまざまなモニュメントは、宝の山を前にしたようで、どこから見学したらよいか頭を悩ますほどだ。

かの法王グレゴリオ14世は、3週間に満たない旅行者への別れには「ごきげんよう、さらば！」、何ヵ月かの滞在者には「またローマで会いましょう」とあいさつしたという。この愛すべき町を知るにはひと筋縄ではいかないものの、一度魅せられたら再訪を願ってやまなくなる、というエピソードを言い得た名言。トレヴィの泉にコインを投げる観光客も、そんなローマに魅せられてしまった人たち。

古代エトルリア時代、ローマ帝国時代、迫害甚だしかったキリスト教布教時代から、キリスト教の総本山としての黄金期、そしてイタリア統一からムッソリーニの出現と、幾多の歴史の変遷に培われたローマっ子気質。そして、首都ローマに夢を求めて、イタリア各地から集まった人々の織りなす人間模様も興味深いものだ。さまざまな個性ある人々を、すんなりと受け入れてしまうのも、あの古代ローマ帝国の時代から首都ローマとして栄えた、永遠の都ローマの自信なんだろうか？

そうそう「すべての道はローマに通ず」という名言もありました。

旅も終わりに近づいたある日、ローマとのお別れに感無量になっているとイタリア人の友達が「Romaを逆につづるとAmor、ラテン語で『愛』になるんだよ」と教えてくれた。それが単なる言葉遊びには思えなかったのは、この町とここに住む人々に魅せられた、旅行者の私だったからだろうか。

ROMA ローマ

ラツィオ州／Lazio

ローマの四季

Primavera プリマヴェーラ 春

「花の広場」の春

春の訪れは、**黄色いミモザの花束**とともにやって来る。３月８日の**「女性の日」**Festa della（フェスタ デッラ）Donna（ドンナ）には、男性が奥さんや恋人にミモザの花をプレゼントするのが恒例行事だ。市場の八百屋のおじさんも屋台にミモザの大枝を飾り、おなじみのシニョーラにプレゼント。お金のない子供たちは、どこからか失敬してきたミモザをマンマ・ミーア(いとしいお母さん)に贈るほのぼのとしたお祭りだ。

そんな頃、お菓子屋の店先にはラグビーボールほどの大きさの復活祭Pasquaのための**卵形のチョコレート**が美しく飾られ、まるで花畑のよう。親しい者同士は、生命の復活を意味するこの卵形のチョコや平和の印の**白い鳩の形をしたケーキ“コロンバ”**を贈り合うのが習慣。

復活祭の当日は、**卵入りのマルサラ酒とゆで卵の朝食**を食べたら、おめかしして教会のミサへ出かけるのだ。去年１年の平穏な生活を守ってくれた古いオリーブの枝を火にくべ、教会でいただいたばかりの新枝を枕元の十字架に飾らなくては、よき年を過ごせないのがイタリア人。この日のサン・ピエトロ広場はまさに、キリストがシュロやオリーブの枝を振りかざした人々に熱狂的に迎えられた日を思わせる。枝を手に法王の祝福を待ち受ける世界中からの信者で、足の踏み場もないほどだ。

敬虔なお祈りのあとは、親戚が集まっての大宴会。ローマっ子のいつもの決まりは、マンマの特製パスタと**仔羊のロースト**の大ごちそう。すっかりワインでできあがった頃には、卵形チョコを割って、中のおまけで１年の運試しだ。

Estate エスターテ 夏

ローマの夏は祭りで始まる。６月23日と24日の**サン・ジョヴァンニの祭り**には、**かたつむりと豚の丸焼き**を食べ、ワインを片手に夜遅くまで歌合戦だ。そして７月の中旬には、これまたにぎやかな**ノアントリの祭り**がトラステヴェレで始まるのだ。そして、にぎやかな祭りで陽気づいた彼らのエネルギーは、**ヴァカンス**に向けて全開だ。

町からローマ名物の交通渋滞が消えうせ、いつもは30分の道のりが、10分で行けるようになったら確実に夏。ヴァカンスの季節の到来だ。**バーゲン**SALDI（サルディ）の終わった店先には長い休暇のお知らせが張られ、真夏のローマで目につくのは観光客ばかり。

イタリア人のヴァカンスの過ごし方はさまざまだ。海外へ出かける人、実家のある田舎で過ごす人、親戚や友人とリゾートのアパートをシェアする人……。タイプは異なれど、自然のなかでゆったりと過ごすのがイタリア流だ。一方、ヴァカンスに出かける家族も恋人もいない独身貴族のマリオは「なじみのレストランはヴァカンス、バールは早じまい、友達は出払っちゃったし、家に帰ってTVをひねりゃ人気番組もヴァカンスで古い映画ばっかし。俺は何をすりゃいいのよ」とぼやくことしきり。そんな彼も、週末にはオスティアの海へ出かけ、ヴァカンスの終わる頃には小麦色の肌自慢だ。

涼を求めてトレヴィの泉へ

小麦色に焼けた人たちがオフィスに戻ると、学校も新学年の始まりだ。テヴェレ川のマロニエ並木がすっかり色づく頃には、夏時間も終わりを告げる。**ある日、いっせいに時計の針を1時間遅らせる**のだ。突然冬がやってきたようで、1時間早くなった夕暮れはさびしい。

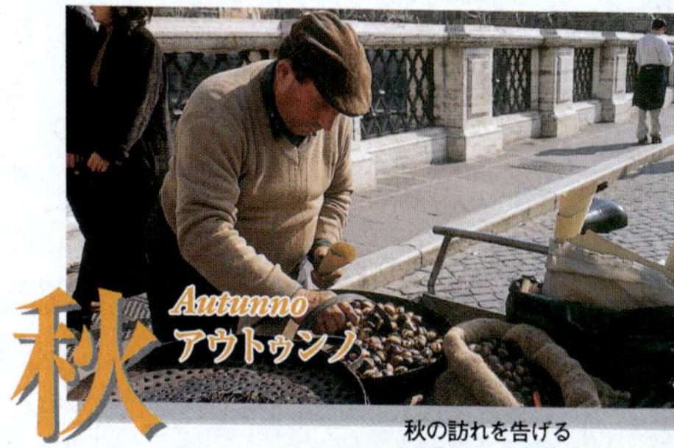

秋の訪れを告げる
街頭の焼き栗売り

しかしこれからがローマっ子の楽しみの季節だ。近郊のワインの産地フラスカーティでは、噴水からワインが噴き出す、**ワイン祭り**が始まるし、何といっても国民的スポーツ、**サッカーの季節**の到来だ。ローマっ子のごひいきは、やっぱり地元チームの**ローマ**。試合当日は、黒い狼のマークとオレンジとエビ茶のローマカラーで町は埋まる。その熱狂ぶりは、日本のプロ野球の比ではない。まして、大試合でローマが勝った日など、窓から身を乗り出して旗を振り回す若者や、勝利に酔う車のクラクションが町中に鳴り響き、イタリアの熱い血がまさにここにたぎっているという感じだ。もちろん試合のもうひとつの楽しみは、イタリア・サッカーチームの、勝敗当ての**トトカルチョ**Totocalcioだ。13試合全部、勝敗を当てれば、一生遊んで暮らせる大金も夢ではない。賭け目指して、男たちはバールで用紙Schedinaを前に頭をひねるのだ。

12月の声を聞いたとたんローマっ子の足はナヴォーナ広場へ向かう。広場には早々とイタリア独特の**プレゼーピオ**Presepio（クリスマスの登場人物、マリアやキリストなどのミニチュアを物語風に飾った人形）やお菓子やおもちゃの屋台が並ぶ。町はめっきり寒くなりさびしげだが、ここだけは別だ。トナカイやサンタクロースの**バッボナターレ**、ほうきに乗った魔女の**ベファーナおばあさん**が入り乱れ、子供たちに大サービスだ。

イタリアのクリスマス**「ナターレ」**には、キリスト生誕をモチーフとした模型のプレゼーピオを飾るのが習慣だ。家庭では子供たちが、木の皮や小枝を上手に使ってわびしい馬小屋風景をこしらえて、小さなキリストを飾る。サン・ピエトロ広場やスペイン階段、町の教会には、大がかりな物が作られる。そして、この周りでは、山から下りてきた羊飼いが、羊の皮で作ったバグパイプの**ザンポーニャ**を鳴らし、道行く人たちからお布施をいただくのが年末の風物詩だ。

12月24日のナターレには、各家庭では精進のため**魚**を中心とした特別のごちそうを用意し、**真夜中のミサ**に家族揃って出かけるのが習慣だ。

静かな家庭的なナターレが終わると、打って変わってにぎやかな新年のお祭りだ。友人や親戚が集まって遅い夕食を取ったあとは、ゲームやトランプを楽しみながら12時の鐘の鳴るのを待つのだ。この鐘を合図にポンポンと景気よく**スプマンテ（シャンパン）**を開け、グラス片手に周り中の人にキスの嵐。続いて町中に花火と爆竹が鳴り響く。

続く**1月6日**は子供のお祭りの**エピファニア**Epifaniaだ。東方の三賢王が幼いイエスへ貢ぎ物をささげたと伝えられるこの日は、子供たちが、おもちゃのプレゼントをもらう日だ。この翌日から町のクリスマスの飾り物は片付けられて、次のお祭りのカルネヴァーレCarnevaleまで町は落ち着きを見せる。

カルネヴァーレ（謝肉祭（カーニバル））は、復活祭に先立つ断食や贖罪（しょくざい）の期間を前に思いっきり楽しもうという、にぎやかなお祭りだ。春の訪れを告げる復活祭の日までローマの冬空の下では、寒さを吹き飛ばす熱い祭りが続く。

冬枯れのテヴェレ川

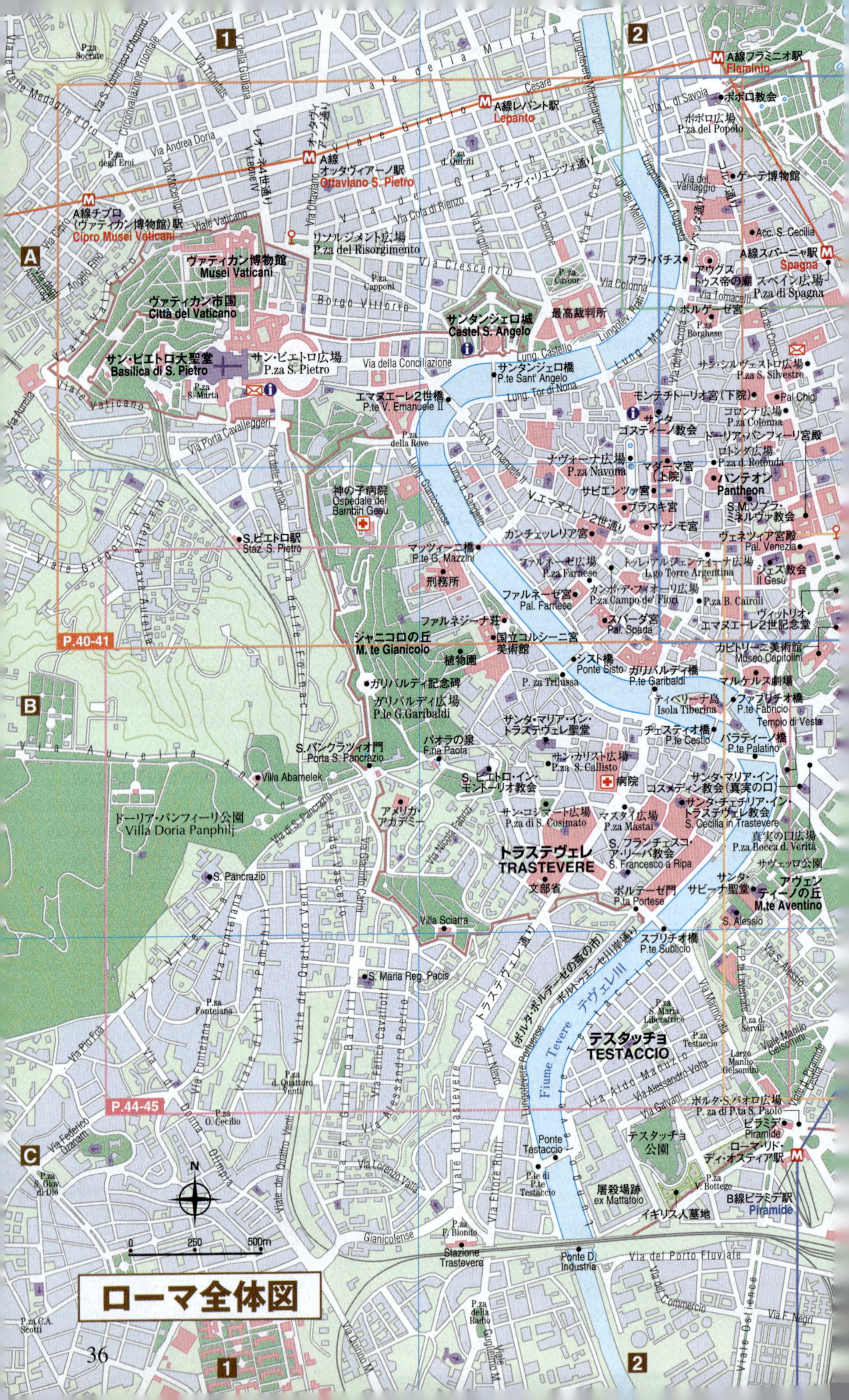

ローマ全体図
A線フラミニオ駅
Flaminio
ポポロ教会
ポポロ広場
P.za del Popolo
A線レパント駅
Lepanto
A線オッタヴィアーノ駅
Ottaviano S. Pietro
A線チプロ（ヴァティカン博物館）駅
Cipro Musei Vaticani
リソルジメント広場
P.za del Risorgimento
ヴァティカン博物館
Musei Vaticani
ヴァティカン市国
Città del Vaticano
サン・ピエトロ大聖堂
Basilica di S. Pietro
サン・ピエトロ広場
P.za S. Pietro
サンタンジェロ城
Castel S. Angelo
サンタンジェロ橋
P.te Sant' Angelo
最高裁判所
エマヌエーレ2世橋
P.te V. Emanuele II
ゲーテ博物館
Acc. S. Cecilia
A線スパーニャ駅
Spagna
スペイン広場
P.za di Spagna
アラ・パチス
アウグストゥス帝の廟
ボルゲーゼ宮
サン・シルヴェストロ広場
P.za S. Silvestro
モンテチトーリオ宮（下院）
Pal Chigi
コロンナ広場
P.za Colonna
サンタゴスティーノ教会
ドーリア・パンフィーリ宮殿
ロトンダ広場
P.za d. Rotonda
ナヴォーナ広場
P.za Navona
マダーマ宮（上院）
パンテオン
Pantheon
S.M.ソプラ・ミネルヴァ教会
ブラスキ宮
マッシモ宮
カンチェッレリア宮
ヴェネツィア宮殿
Pal. Venezia
ジェズ教会
Il Gesù
ファルネーゼ広場
P.za Farnese
トッレ・アルジェンティーナ広場
L.go Torre Argentina
カンポ・デ・フィオーリ広場
P.za Campo de' Fiori
ファルネーゼ宮
Pal. Farnese
スパーダ宮
Pal. Spada
ヴィットリオ・エマヌエーレ2世記念堂
カピトリーニ美術館
Museo Capitolini
マッツィーニ橋
P.te G. Mazzini
刑務所
ファルネジーナ荘
国立コルシーニ宮美術館
植物園
シスト橋
Ponte Sisto
ガリバルディ橋
P.te Garibaldi
マルケルス劇場
ティベリーナ島
Isola Tiberina
ファブリチオ橋
P.te Fabricio
チェスティオ橋
P.te Cestio
パラティーノ橋
P.te Palatino
S.ピエトロ駅
Staz. S. Pietro
神の子病院
Ospedale del Bambin Gesù
ジャニコロの丘
M. te Gianicolo
ガリバルディ記念碑
ガリバルディ広場
P.le G.Garibaldi
サンタ・マリア・イン・トラステヴェレ聖堂
パオラの泉
F.na Paola
S.パンクラツィオ門
Porta S. Pancrazio
Villa Abamelek
ドーリア・パンフィーリ公園
Villa Doria Panphilj
サン・ピエトロ・イン・モントーリオ教会
サン・カリスト広場
P.za S. Callisto
病院
サンタ・マリア・イン・コスメディン教会（真実の口）
サンタ・チェチリア・イン・トラステヴェレ教会
S. Cecilia in Trastevere
真実の口広場
P.za Bocca d. Verità
アメリカ・アカデミー
サン・コジモート広場
P.za di S. Cosimato
マスタイ広場
P.za Mastai
S. フランチェスコ・ア・リーパ教会
S. Francesco a Ripa
トラステヴェレ
TRASTEVERE
文部省
ポルテーゼ門
P.ta Portese
サンタ・サビーナ聖堂
アヴェンティーノの丘
M.te Aventino
S. Alessio
S. Pancrazio
Villa Sciarra
スブリチオ橋
P.te Sublicio
S. Maria Reg. Pacis
テヴェレ川
Fiume Tevere
テスタッチョ
TESTACCIO
テスタッチョ公園
ポルタ・S.パオロ広場
P.za di P.ta S. Paolo
ピラミデ
Piramide
ローマ・リド・ディ・オスティア駅
B線ピラミデ駅
Piramide
屠殺場跡
ex Mattatoio
イギリス人墓地
Ponte Testaccio
Stazione Trastevere
Ponte Di Industria
P.40-41
P.44-45
1
2
A
B
C
0
250
500m
N

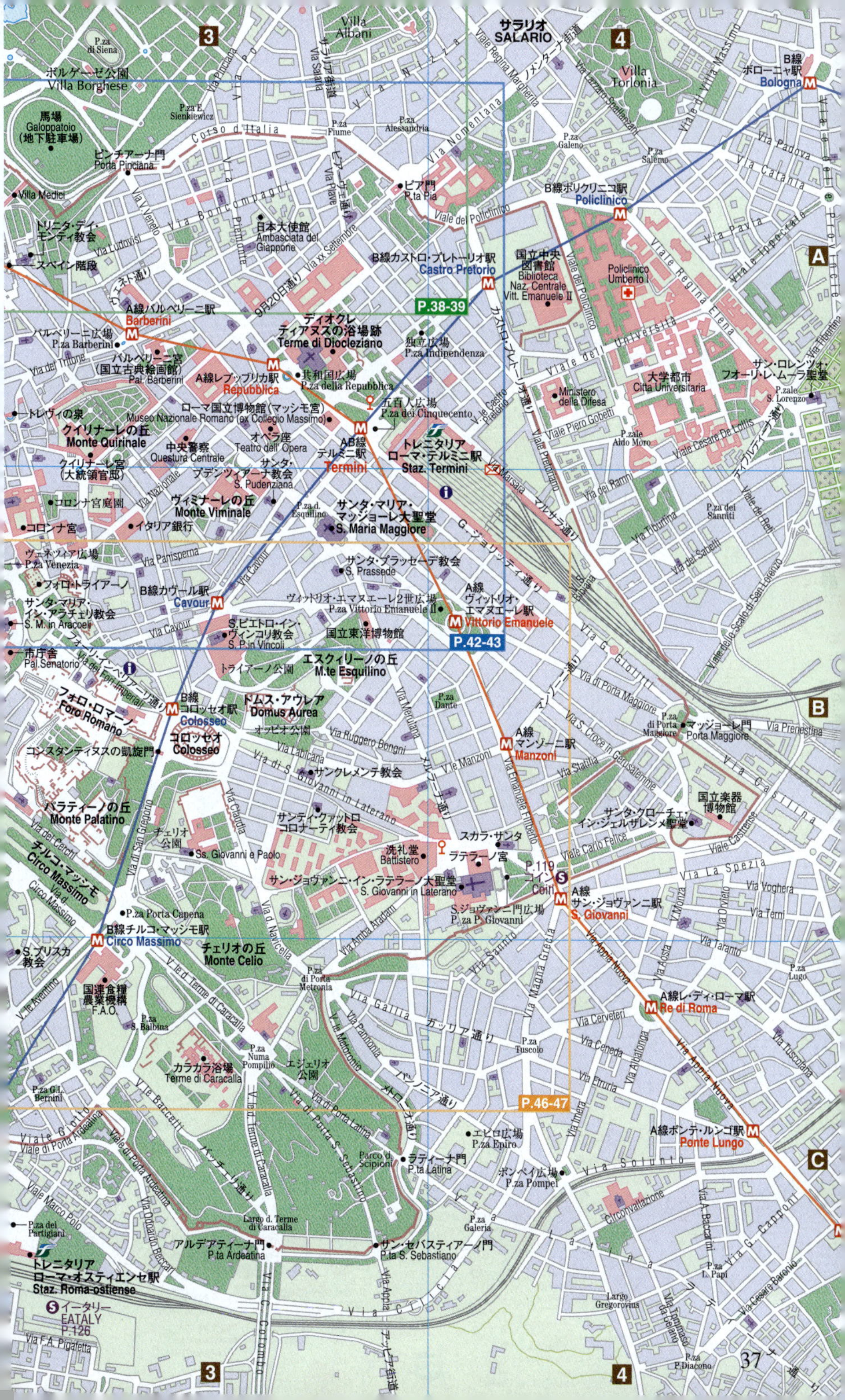
3
4
A
B
C
Villa Albani
サラリオ
SALARIO
Villa Torlonia
B線
ボローニャ駅
Bologna
ボルゲーゼ公園
Villa Borghese
P.za di Siena
馬場
Galoppatoio
（地下駐車場）
ピンチアーナ門
Porta Pinciana
Villa Medici
トリニタ・デイ・モンティ教会
スペイン階段
P.za Fiume
P.za Alessandria
ピア門
P.ta Pia
日本大使館
Ambasciata del Giappone
B線ポリクリニコ駅
Policlinico
Policlinico Umberto I
B線カストロ・プレトーリオ駅
Castro Pretorio
国立中央図書館
Biblioteca Naz. Centrale Vitt. Emanuele II
P.38-39
A線バルベリーニ駅
Barberini
バルベリーニ広場
P.za Barberini
ディオクレティアヌスの浴場跡
Terme di Diocleziano
独立広場
P.za Indipendenza
バルベリーニ宮
（国立古典絵画館）
Pal. Barberini
A線レプッブリカ駅
Repubblica
共和国広場
P.za della Repubblica
五百人広場
P.za dei Cinquecento
大学都市
Città Universitaria
サン・ロレンツォ・フオーリ・レ・ムーラ聖堂
Ministero della Difesa
トレヴィの泉
ローマ国立博物館（マッシモ宮）
Museo Nazionale Romano (ex Collegio Massimo)
クイリナーレの丘
Monte Quirinale
中央警察
Questura Centrale
オペラ座
Teatro dell' Opera
AB線テルミニ駅
Termini
トレニタリア ローマ・テルミニ駅
Staz. Termini
クイリナーレ宮
（大統領官邸）
サンタ・プデンツィアーナ教会
S. Pudenziana
ヴィミナーレの丘
Monte Viminale
コロンナ宮庭園
コロンナ宮
イタリア銀行
サンタ・マリア・マッジョーレ大聖堂
S. Maria Maggiore
ヴェネツィア広場
P.za Venezia
フォロ・トライアーノ
サンタ・プラッセーデ教会
S. Prassede
B線カヴール駅
Cavour
サンタ・マリア・イン・アラチェリ教会
S. M. in Aracoeli
ヴィットリオ・エマヌエーレ2世広場
P.za Vittorio Emanuele II
A線ヴィットリオ・エマヌエーレ駅
Vittorio Emanuele
S.ピエトロ・イン・ヴィンコリ教会
S. P.in Vincoli
国立東洋博物館
P.42-43
市庁舎
Pal. Senatorio
トライアーノ公園
エスクィリーノの丘
M.te Esquilino
フォロ・ロマーノ
Foro Romano
B線コロッセオ駅
Colosseo
ドムス・アウレア
Domus Aurea
オッピオ公園
コロッセオ
Colosseo
マッジョーレ門
Porta Maggiore
A線マンゾーニ駅
Manzoni
コンスタンティヌスの凱旋門
サンクレメンテ教会
パラティーノの丘
Monte Palatino
サンティ・クァットロ・コロナーティ教会
サンタ・クローチェ・イン・ジェルサレンメ聖堂
国立楽器博物館
チェリオ公園
Ss. Giovanni e Paolo
スカラ・サンタ
洗礼堂
Battistero
ラテラーノ宮
チルコ・マッシモ
Circo Massimo
サン・ジョヴァンニ・イン・ラテラーノ大聖堂
S. Giovanni in Laterano
P.119 コイン Coin
A線サン・ジョヴァンニ駅
S. Giovanni
S.ジョヴァンニ門広場
P.za P. Giovanni
B線チルコ・マッシモ駅
Circo Massimo
S.プリスカ教会
チェリオの丘
Monte Celio
国連食糧農業機構
F.A.O.
A線レ・ディ・ローマ駅
Re di Roma
カラカラ浴場
Terme di Caracalla
エジェリオ公園
P.46-47
エピロ広場
P.za Epiro
A線ポンテ・ルンゴ駅
Ponte Lungo
ラティーナ門
P.ta Latina
ポンペイ広場
P.za Pompei
アルデアティーナ門
P.ta Ardeatina
サン・セバスティアーノ門
P.ta S. Sebastiano
トレニタリア ローマ・オスティエンセ駅
Staz. Roma-ostiense
イータリー
EATALY
P.126
Via Appia Nuova
Via Tuscolana
Via Nomentana
Via Salaria
Via Cavour
Via Merulana
Via Labicana
Via Prenestina
Viale Aventino
Via Cristoforo Colombo
Via Appia Antica
Viale Regina Elena
Viale del Policlinico
Viale Castro Pretorio
Via Marsala
Via Veneto
Via del Tritone
Via Nazionale
Via Barberini

1
2
A
B
C
Villa Balestra
Via P. Bartolotti
Via J. da Ponte
Via A. Spadini
Via B. Ammannati
V.le Tiziano
Via F. Jacovacci
Via dei Monti Parioli
Via Antonio Gramsci
Via dei Monti Parioli
Via Pomarancio
Via L. Luciani
Via G. Schiaparelli
Via A. Tigri
Via P. Tacchini
Viale Bruno Buozzi
Via D. Cirillo
Via di Villa Sacchetti
P.le Don Minzoni
Via Michele Mercati
Via G. Cuboni
Via Giuseppe Mangili
Via C. Linneo
Via G. De Notaris
ヴィッラ・スヴェツィア
Villa Svezia
Via Ulisse
Viale delle Belle Arti
Viale Bruno Buozzi
Via di Villa Giulia
ローマ大学
建築学部
日本文化会館
イギリス美術学校
ベッレ・アルティ通り
ヴィッラ・ジュリア・
エトルスコ博物館
Museo Nazionale
Etrusco di Villa Giulia
P.83
ウリッセ・アルドロヴァンディ通り
動物園
Giardino Zoologico
BIO PARCO
P.83
国立近代美術館
Galleria Nazionale
d' Arte Moderna
P.le Thorvaldsen
フラミニア街道
ルーマニア学術協会
オランダ学士院
ベルギー学術協会
V.le delle Belle Arti
フィルドゥシ広場
P.le Firdusi
Viale dei Giardino
動物園広場
P.za del Giardino Zoologico
P.83
ボルゲーゼ公園
Villa Borghese
Largo P. Picasso
P.le P. Borghese
ストロール・フェルン公園
Villa Strohl-Fern
V.le Bernadotte
エスクラピオ神殿
湖の庭園
Giardino del Lago
城砦（カノニカ博物館）
Fortezzuola(Moseo Canonica)
V.le d. Valle Giulia
Via D. A. Azuni
Via P. S. Mancini
Via Flaminia
Via G. B. Vico
Via d. Scialoia
Via G. Romagnosi
Via C. Beccaria
ヴィッラ・ルッフォ
Villa Ruffo
フィオッコ広場
P.le d. Fiocco
V.le del Lago
時計の館
Casina dell' Orologio
シエナ広場
P.za di Siena
ローマ・ヴィテルボ駅
Staz. Roma Viterbo
A線フラミニオ駅
Flaminio
V.le G. Washington
V.le dell' Aranciera
V.le F. La Guardia
V.le P. Canonica
V.le di Casina di Raffaello
V.ユーゴ広場
P.le V. Hugo
ムーロ・トルト通り
Viale del Muro Tor
Viale Valadier
カネストレ広場
P.le d. Canestre
V.le dei Pupazzi
フラミニオ広場
P. le Flaminio
P.81
サンタ・マリア・デル・ポポロ教会
S. Maria del Popolo
ポポロ門
P.ta del Popolo
Via L. di Savoia
ディアナの神殿
Tempietto di Diana
Via d. Magnolie
ナポレオン1世広場
P. le Napoleone I
カジーナ・
デッロロロージオ
ゲーテ像
V.le Goethe
41
オベリスク
P.81
ポポロ広場
P.za del Popolo
Via F. di Savoia
V.le G. d'Annunzio
Viale d. Obelisco
P.81
ピンチョの丘
Monte Pincio
Viale del Galoppatoio
バラの家
V.le S. Paolo del Brasile
馬場
Galoppatoio
（地下駐車場）
サンタ・マリア・
イン・モンテサント教会
S. Maria in Montesanto
サンタ・マリア・
デイ・ミラーコリ教会
S. Maria dei Miracoli
Via della Penna
V.le Villa Medici
ムーロ・トルト通り
ブラジル広場
P. le Brasile
アウグスタ川岸通り
V.A. Brunetti
バブイーノ通り
マルグッタ通り
庭園
ゲーテ博物館
Via del Vantaggio
V. Laurina
Viale Trinità dei Monti
ヴィッラ・メディチ
Villa Medici
Viale del Muro Torto
V. di G. e Maria
サン・ジャコモ病院
Ospedale S. Giacomo
カノーヴァ・
タドリーニ
博物館
カフェ・
チャンピーニ
Caffè
Ciampini
P.117
P.133
スプレンディッド・
ロワイヤル
Splendide Royal
V. di Porta Pinciana
美術学校
Accademia di Belle Arti
Via S. Giacomo
リペッタ通り
Via di Ripetta
モーツァルト
Mozart
P.133
Via del Greci
Via Margutta
Via del Babuino
Via S. Sebastianello
Via Lombardia
ピンチアーナ門通り
Casino dell'Aurora
V. Aurora
V. d. Frezza
S.チェチリア音楽院
Acc. S. Cecilia
A線スパーニャ駅
Spagna
P.117
バビントン
Babington
ルドヴィジ通り
Via Ludovisi
Lungotevere in Augusta
Lungotevere dei Mellini
Via Ara Pacis
コルソ通り
V. Vittoria
ヴェルテッキ
Vertecchi P.123
C.I.
トリニタ・デイ・モンティ教会
Trinità dei Monti
Via Cavallini
アラ・パチス
Ara Pacis
アウグストゥス帝の廟
Mausoleo di Augusto
クローチェ通り
V. d. Croce
P.82
スペイン広場
P.za di Spagna
スペイン階段
P.82
トリニタ・デイ・モンティ広場
P.za della Trinità dei Monti
P.117
カフェ・グレコ
Caffè Greco
舟の噴水
P.82
キーツ・シェリー記念館
Keats-Shelley Memorial House
V. degli Artisti
P.za Augusto Imperatore
Ss. Ambrogio e Carlo al Corso
V. d. Carrozze
Belsiana
Via Mario de' Fiori
P.za Mignanelli
怪物の家
カヴール橋
P.te Cavour
P.za d. Porto di Ripetta
Via Tomacelli
L. go Goldoni
42

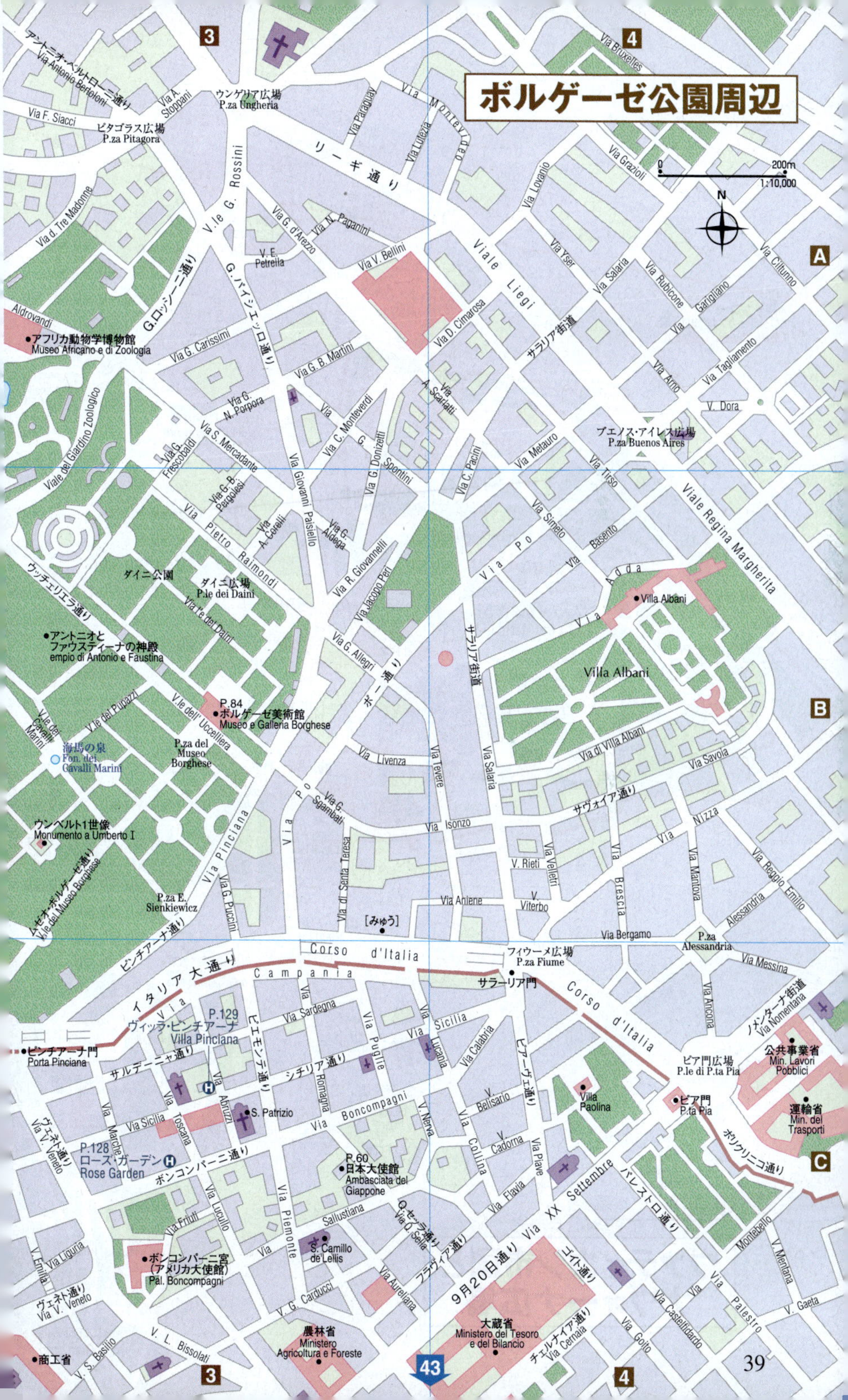

ボルゲーゼ公園周辺
0
200m
1:10,000
N
3
4
A
B
C
アントニオ・ベルトローニ通り
Via Antonio Bertoloni
Via A. Stoppani
ウンゲリア広場
P.za Ungheria
Via F. Siacci
ピタゴラス広場
P.za Pitagora
Via Paraguay
Via Lutezia
Via Monteverde
Via Bruxelles
リーギ通り
Via Grazioli
Via Lovanio
Via d. Tre Madonne
V.le G. Rossini
G.ロッシーニ通り
Via G. d'Arezzo
Via N. Paganini
V. E. Petrella
Via V. Bellini
Viale Liegi
Via Yser
Via Salaria
Via Rubicone
Via Gargiliano
Via Clitunno
Aldrovandi
アフリカ動物学博物館
Museo Africano e di Zoologia
G.パイジエッロ通り
Via G. Carissimi
Via G. B. Martini
Via D. Cimarosa
サラリア街道
Via Arno
Via Tagliamento
V. Dora
Via A. Scarlatti
Via G. N. Porpora
Via C. Monteverdi
Via S. Mercadante
Via G. Frescobaldi
Viale del Giardino Zoologico
Via G. Donizetti
G. Spontini
Via C. Pacini
Via Metauro
ブエノス・アイレス広場
P.za Buenos Aires
Via Tirso
Viale Regina Margherita
Via G. B. Pergolesi
Via Giovanni Paisiello
Via A. Corelli
Via G. Aldega
Via Pietro Raimondi
Via Simeto
Via Basento
Via Po
Via Adda
ダイニ公園
ダイニ広場
P.le dei Daini
Via R. Giovannelli
Via Jacopo Peri
ウッチェリエラ通り
Via le dei Daini
Villa Albani
アントニオとファウスティーナの神殿
empio di Antonio e Faustina
Via G. Allegri
ポー通り
サラリア街道
P.84
ボルゲーゼ美術館
Museo e Galleria Borghese
V.le dei Pupazzi
V.le dell' Uccelliera
V.le dei Cavalli Marini
海馬の泉
Fon. dei Cavalli Marini
P.za del Museo Borghese
Via Livenza
Via Tevere
Via Salaria
Via di Villa Albani
Via Savoia
Via Po
Via G. Sgambati
サヴォイア通り
Via Isonzo
Via Nizza
ウンベルト1世像
Monumento a Umberto I
Via Pinciana
Via di Santa Teresa
Via Velletri
V. Rieti
Via Brescia
Via Mantova
Via Reggio Emilia
ムゼオ・ボルゲーゼ通り
V.le del Museo Borghese
P.za E. Sienkiewicz
Via G. Puccini
Via Aniene
V. Viterbo
Via Alessandria
[みゅう]
Via Bergamo
P.za Alessandria
ピンチアーナ通り
Corso d'Italia
フィウーメ広場
P.za Fiume
Via Messina
イタリア大通り
Via Campania
サラーリア門
Corso d'Italia
P.129
ヴィッラ・ピンチアーナ
Villa Pinciana
Via Sardegna
ピエモンテ通り
Via Puglie
Via Sicilia
Via Lucania
Via Calabria
ピアーヴェ通り
Via Ancona
ノメンターナ街道
Via Nomentana
ピンチアーナ門
Porta Pinciana
サルデーニャ通り
Via Abruzzi
シチリア通り
Via Romagna
ピア門広場
P.le di P.ta Pia
公共事業省
Min. Lavori Pobblici
Villa Paolina
ピア門
P.ta Pia
運輸省
Min. del Trasporti
Via Sicilia
Via Toscana
S. Patrizio
Via Boncompagni
V. Nerva
V. Belisario
Via Collina
V. Cadorna
Via Piave
ヴェネト通り
Via V. Veneto
Via Marche
P.128
ローズ・ガーデン
Rose Garden
ボンコンパーニ通り
P.60
日本大使館
Ambasciata del Giappone
ポリクリニコ通り
Via Lucullo
Via Piemonte
Via Sallustiana
Q.セッラ通り
Via Q. Sella
Via Flavia
Via XX Settembre
パレストロ通り
Via Friuli
Via Liguria
V. Emilia
ボンコンパーニ宮
(アメリカ大使館)
Pal. Boncompagni
Via
S. Camillo de'Lellis
フラヴィア通り
9月20日通り
ゴイト通り
Montebello
V. Mentana
ヴェネト通り
Via V. Veneto
Via Aureliana
V. G. Carducci
Via Castelfidardo
Via Palestro
V. Gaeta
V. S. Basilio
V. L. Bissolati
農林省
Ministero Agricoltura e Foreste
大蔵省
Ministero del Tesoro e del Bilancio
チェルナイア通り
Via Cernaia
Via Goito
商工省
43

ヴァティカン市国とナヴォーナ広場

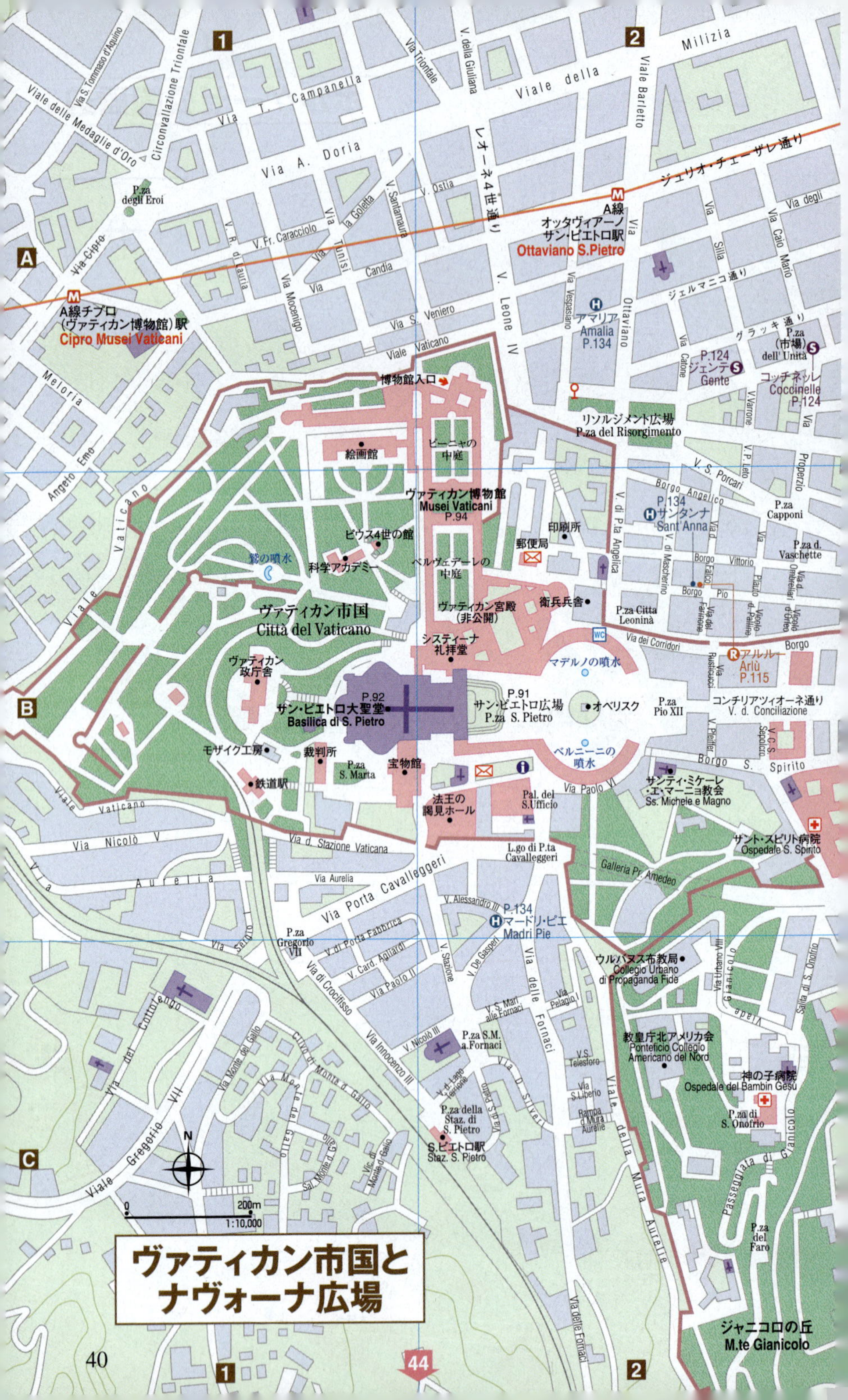
ヴァティカン市国
Città del Vaticano
サン・ピエトロ大聖堂
Basilica di S. Pietro
P.92
サン・ピエトロ広場
P.za S. Pietro
P.91
ヴァティカン博物館
Musei Vaticani
P.94
博物館入口
絵画館
ピーニャの中庭
ピウス4世の館
科学アカデミー
鷲の噴水
ベルヴェデーレの中庭
ヴァティカン宮殿（非公開）
システィーナ礼拝堂
ヴァティカン政庁舎
モザイク工房
裁判所
P.za S. Marta
宝物館
鉄道駅
法王の謁見ホール
マデルノの噴水
オベリスク
ベルニーニの噴水
衛兵兵舎
郵便局
印刷所
Pal. del S.Uffizio
L.go di P.ta Cavalleggeri
Via d. Stazione Vaticana
Via Porta Cavalleggeri
Via Aurelia
Viale Vaticano
Via Nicolò V
A線チプロ（ヴァティカン博物館）駅
Cipro Musei Vaticani
A線 オッタヴィアーノ サン・ピエトロ駅
Ottaviano S.Pietro
レオーネ4世通り
V. Leone IV
ジュリオ・チェーザレ通り
ジェルマニコ通り
グラッキ通り
コンチリアツィオーネ通り
V. d. Conciliazione
リソルジメント広場
P.za del Risorgimento
アマリア Amalia P.134
サンタンナ Sant'Anna P.134
マードリ・ピエ Madri Pie P.134
ジェンテ Gente P.124
コッチネッレ Coccinelle P.124
アルルー Arlù P.115
P.za (市場) dell' Unità
P.za Cavour
P.za Capponi
P.za d. Vaschette
P.za Città Leonina
P.za Pio XII
Via dei Corridori
Borgo Pio
Borgo Vittorio
Borgo Angelico
Borgo S. Spirito
V. di P.ta Angelica
サンティ・ミケーレ・エ・マーニョ教会
Ss. Michele e Magno
サント・スピリト病院
Ospedale S. Spirito
Galleria Pr. Amedeo
ウルバヌス布教局
Collegio Urbano di Propaganda Fide
教皇庁北アメリカ会
Pontificio Collegio Americano del Nord
神の子病院
Ospedale del Bambin Gesù
P.za di S. Onofrio
P.za del Faro
ジャニコロの丘
M.te Gianicolo
Passeggiata di Gianicolo
Viale delle Mura Aurelie
Via delle Fornaci
P.za S.M. a.Fornaci
P.za della Staz. di S. Pietro
S.ピエトロ駅
Staz. S. Pietro
P.za Gregorio VII
Viale Gregorio VII
Via di Crocifisso
Via Innocenzo III
V. Alessandro III
Via Paolo II
Viale delle Medaglie d'Oro
Circonvallazione Trionfale
Via Trionfale
Via A. Doria
Via T. Campanella
Viale della Milizia
Viale Barletto
V. della Giuliana
P.za degli Eroi
Via Candia
Via Cipro
Via Ottaviano
Via Crescenzio
Via Properzio
Via dei Gracchi
200m
1:10,000
N
A
B
C
1
2
44

3
4
A線レパント駅
Lepanto
P.129
ファルネーゼ
Farnese
P.134
ジェルベール
Gerber
P.115
ラ・プラトリーナ
La Pratolina
Ponte P. Nenni
フラミニオ広場
P. le Flaminio
サンタ・マリア・デル・ポポロ教会
S.Maria del Popolo
ポポロ門
P.ta del Popolo
オベリスク
ポポロ広場
P.za del Popolo
V. Giulio Cesare
Via Duilio
Via Scipioni
Via Paolo
Via Ezio
Via M.A. Colonna
Via A. Farnese
Via degli Scipioni
Via Pompeo Magno
Lungotevere Michelangelo
Via L. di Savoia
Via F. di Savoia
Via della Penna
Ponte Reg. Margherita
クィリティ広場
P.za d. Quiriti
Via dei Gracchi
リベルタ広場
P.za della Libertà
サンタ・マリア・デイ・ミラーコリ教会
S.Maria dei Miracoli
コルソ通り
アウグスタ川岸通り
Via Germanico
Via A. Regolo
Via Emilio
Via Fabio Massimo
Via Cola di Rienzo
P.za Cola di Rienzo
ゲーテ博物館
A
P.124
コイン・エクセルシオール
Coin Excelsior
Via del Gracchi
コーラ・ディ・リエンツォ通り
Via Valadier
Via Cicerone
Via Lucrezio Caro
Via E.Q. Visconti
F.チェージ通り
Lungotevere dei Mellini
Via del Vantaggio
サン・ジャコモ病院
Ospedale S. Giacomo
Via del Corso
カストローニ
Castroni
P.126
Via Catullo
Via Plinio
Via Boezio
E.Q.ヴィスコンティ通り
Via G. Belli
Via F. Cesi
Via Palestrina
Via Clementini
デイ・メッリーニ
Dei Mellini
P.129
美術学校
Accademia di Belle Art
リペッタ通り
Via di Ripetta
P.134
アルカンジェロ
Arcangelo
V. Terenzio
Via Orazio
Via Tacito
G.ベッリ通り
Via P. Cossa
V. d. Frezza
Via Ara Pacis
ツイン・セット
Twin Set
P.124
Via Ovidio
Via Virgilio
Via Cassiodoro
アドリアーノ劇場
Teatro Adriano
Lungotevere in Augusta
38
クレシェンツィオ通り
Via Crescenzio
Via Dionigi
Via Cavallini
アラ・パチス
Ara Pacis
アウグストゥス帝の廟
Mausoleo di Augusto
P.115
チェーザレ
Cesare
カヴール広場
P.za Cavour
Via Tribuniano
P.za Augusto Imperatore
Via S. Pallavicini
Via Alberico II
P.115
カンティーナ・ティロレーゼ
Cantina Tirolese
P. za Adriana
Via Colonna
Via L. Calamatta
Via Ulpiano
Via Mercuri
カヴール橋
P.te Cavour
P.za d. Porto di Ripetta
V. G. Vitelleschi
Via Porta Castello
P.93
サンタンジェロ城
Castel Sant' Angelo
最高裁判所
Pal. di Giustizia
Via Tomacelli
Via d'Arancio
ボルゲーゼ宮
Palazzo Borghese
P.115
リストキッコ
Ristochicco
傷痍軍人会館
Casa Madre dei Mutilati
Lungotevere Prati
Tevere
P.za Borghese
S. Angelo
Piazza Pia
ハドリアヌス帝の廟
Mausoleo di Adriano
傷痍軍人広場
Largo Mutilati e Invalidi di Guerra
トリブナーリ広場
P.za dei Tribunali
P.114
ラ・カンパーナ
La Campana
V. d. Clementino
Via Traspontina
ピウス12世ホール
Auditorio Pio XII
Lung. Castello
P.te Umberto I
Lungotevere Marzio
P.za Nicosia
Via della Scrofa
Via della Lupa
B
サンタ・マリア・イン・トラスポンティーナ教会
S.M. in Traspontina
Lung. Vaticano
P.za Ponte Umberto
Via di Monte Brianzo
P.114
ロルソ・オッタンタ
L'Orso 80
P.132
ポルトゲーシ
Portoghesi
V. Ascanio
V. dei Prefetti
Via S. Pio X
サンタンジェロ橋
P.te Sant' Angelo
P.78
アルテンプス宮
Pal. Altemps
P.118
ジョリッティ
Giolitti
エマヌエーレ2世橋
P.te V. Emanuele II
Lungotevere Tor di Nona
P.117
キオストロ・デル・ブラマンテ
Chiostro del Bramante
サンタ・アゴスティーノ教会
S. Agostino
遊覧船乗り場
ローマ国立博物館
Museo Nazionale Romano
WC
Via dell' Orso
V. d. Pin
Via Metastasio
V. Uffici d. Vicario
Via di Campo Marzio
Lung. in Sassia
P.za P. Paoli
V. Paola
P.za d. Coronari
P.za Sal. in Lauro
コロナーリ通り
V. d. M. d. Oro
P.132
P.za Tor Sanguigna
アンティクアリウス
Antiquarius
P.123
P.za d. Coppelle
Pal Baldassini
ラファエル
Raphael
P.za Cinque Lune
P.za S.Agostino
V. dell Coppelle
Palazzo Capranica
テアトロ
Gelateria del Teatro
P.118
デッラ・パーチェ教会
S. M. della Pace
競技場の遺跡
S.M.マッダレーナ教会
S. M.Maddalena
V. Pozzo d. Cornacchie
P.za della Rove
P.te Pr. Amedeo Savoia Aosta
Via Acciaioli
V.エマヌエーレ2世通り
Via di Monte Giordano
S.M.デッラニマ教会
S.M. dell' Anima
ネプチューンの噴水
P.76
サン・ルイージ・デイ・フランチェージ教会
S. Luigi dei Francesi
42
Lgo d. Fiorentini
V. Banchi Nuovi
P.za d. Orologio
トレ・スカリーニ
Tre Scalini
P.118
V. Salvatore
V. Giustiniani
Pal. Sacchetti
ジュリア通り
V. d. Pavone
Pal. del Governo Vecchio
P.114
ダ・フランチェスコ
Da Francesco
4大河の噴水
Fna dei Fiumi
Corso del Rinascimento
マダーマ宮(上院)
Pal. Madama
P.114
ダ・アルマンド
Da Armando
ロトンダ広場
P.za d. Rotonda
P.76
パンテオン
Pantheon
サルヴィアティ宮
Palazzo Salviati
Pal. Sforza Cesarini
ヌオーヴァ教会
P.za d.Chiesa Nuova
サンタ・アニェーゼ・イン・アゴーネ教会
S. Agnese in Agone
ナヴォーナ広場
P.za Navona
P.77
サピエンツァ宮(国立文書館)
Pal. d. Sapienza
サンテウスタキオ
Sant' Eustachio
P.117
クチーナ
Cucina
P.123
ムーア人の噴水
サンティーヴォ教会
Sant'Ivo
ミネルヴァ広場
P.za d. Minerva
Lungotevere Gianicolense
Via Giulia
Via dei Banchi Vecchi
V. d. Cartari
Via del Governo Vecchio
V. d. Cancelleria
ブラスキ宮
Pal. Braschi
ナヴォーナ
Navona
P.132
V. di S. Chiara
サンタ・キアーラ
Santa Chiara
P.132
Lung. dei Sangallo
C. so V. Emanuele II
クル・デ・サック・ワン
Cul de Sac 1
P.114
Via del Pellegrino
P.114
ラ・モンテカルロ
La Montecarlo
サン・パンタレオ広場
P.za S. Pantaleo
イスティテゥート
Istituto
マッシモ宮
Pal. Massimo
ヴァッレ劇場
Via Monterone
Via di Torre Argentina
V. d. Cestari
Lango L. Perosi
Via d. Orti d' Alibert
カンチェッレリア宮
Pal. d. Cancelleria
P.za S. Andrea d. Valle
C
小ファルネジーナ宮
Pal. Piccola Farnesina
バッラッコ美術館
Museo Barracco
サンタンドレア・デッラ・ヴァッレ教会
S.Andrea d. Valle
G.マッツィーニ橋
Ponte G. Mazzini
Via del Monserrato
Via dei Cappellari
V. d. Sudario
トッレ・アルジェンティーナ広場
L.go Torre Argentina
アレア・サクラ
Area Sacra d. Argentina
Via delle Mantellate
テヴェレ川
Tevere
Lungotevere dei Tebaldi
S.E.オレフィチ教会
カンポ・デ・フィオーリ広場
Campo de' Fiori
P.79
アルジェンティーナ劇場
刑務所
Via della Lungara
ファルネーゼ広場
P.za Farnese
ポンペイ劇場
Teatro di Pompeo
テアトロ・ディ・ポンペオ
Teatro di Pompeo
P.132
V. Barbieri
Via Florida
Lungotevere d. Farnesina
ファルコニエーリ宮
P.79
ファルネーゼ宮(フランス大使館)
Pal. Farnese
Via dei Giubbonari
Largo Arenula
Vic. di S. Francesco di Sales
P.88
ファルネジーナ荘
Villa Farnesina
S.M.デッロラツィオーネ・エ・モルテ教会
S.M.dell'Orazione e Morte
P.79
スパーダ宮
Pal. Spada
スパーダ絵画館
Galleria Spada
Via d. Penitenza
Via dei Riari
国立コルシーニ宮美術館
Galleria Naz.di. Palazzo Corsini
45
P.za B. Cairoli
アレヌーラ通り
V. Arenula
V. d. Falegnami

フラミニオ広場
P.le Flaminio
P.81
サンタ・マリア・デル・ポポロ教会
S. Maria del Popolo
ポポロ門
P.ta del Popolo
ナポレオン1世広場
P.le Napoleone I
オベリスク
ポポロ広場
P.za del Popolo
P.81
カジーナ・デッロロロージオ
ピンチョの丘
Monte Pincio
馬場
Galoppatoio
（地下駐車場）
ディアナの神殿
Tempietto di Diana
ゲーテ像
バラの家
ブラジル広場
P. le Brasile
ピンチアーナ門
Porta Pinciana
サンタ・マリア・ディ・ミラーコリ教会
S. Maria dei Miracoli
サンタ・マリア・イン・モンテサント教会
S. Maria in Montesanto
P.124
ファブリアーノ
Fabriano
ゲーテ博物館
庭園
ヴィラ・メディチ
Villa Medici
美術学校
Accademia di Belle Art
サン・ジャコモ病院
Ospedale S. Giacomo
P.133
モーツァルト
Mozart
カノーヴァ・タドリーニ博物館
P.133
マンフレーディ
Manfredi
S.チェチリア音楽院
Acc. S. Cecilia
P.113
フレッツァ・グスト
Frezza-Gusto
P.123
ヴェルテッキ
Vertecchi
P.113
コンコルディア
Concordia
A線スパーニャ駅
Spagna
C.I.
トリニタ・デイ・モンティ教会
Trinità dei Monti
アラ・パチス
Ara Pacis
アウグストゥス帝の廟
Mausoleo di Augusto
クチーナ
Cucina
P.123
P.82
スペイン広場
P.za di Spagna
スペイン階段
P.82
トリニタ・デイ・モンティ広場
P.za della Trinità dei Monti
Ss. Ambrogio e Carlo al Corso
P.za Augusto Imperatore
舟の噴水
カフェ・グレコ
Caffè Greco
P.117
キーツ・シェリー記念館
Keats-Shelley Memorial House
P.82
怪物の家
P.126
カストローニ
Castroni
イル・ビゾンテ
Il Bisonte
P.125
P.za Mignanelli
カプチン派修道会博物館
Museo e Cripta dei Cappuccini
P.85
商工省
P.za d. Porto di Ripetta
L. go Goldoni
蜂の噴水
A線バルベリーニ駅
Barberini
ボルゲーゼ宮
Palazzo Borghese
P.za Borghes
P.118
チャンピーニ
Ciampini
チャンピーニ2
Ciampini 2
P.118
P.za S. Lorenzo in Lucina
P.113
レジョナーレ・パラティウム
Regionale Palatium
P.133
マドリッド
Madrid
プロパガンダ・フィーデ宮
Pal. di Propaganda Fide
スオレ・デッリンマコラータ
Suore dell'Immcolata
P.135
トリトーネの噴水
P.85
バルベリーニ広場
P.za Barberini
P.123
カンポ・マルツィオ・デザイン
Campo Marzio Design
中央郵便局
Posta Centrale
サンタンドレア・デッレ・フラッテ教会
S. Andrea delle Fratte
P.113
コッリーネ・エミリアーネ
Colline Emiliane
P.133
パルラメント
Parlamento
サン・シルヴェストロ広場
P.za S. Silvestro
P.za d. Parlamento
ミエリ・グローブス
Mieli Gloves
P.125
トリトーネ通り
ボッカチオ
Boccaccio
P.133
モンテチトーリオ宮（下院）
Pal. di Montecitorio
(Camera dei Deputati)
キージ宮
Pal. Chigi
ガッレリア・アルベルト・ソルディ
Galleria Alberto Sordi
ラ・リナシェンテ
La Rinascente
P.119
アカデミア・ディ・サン・ルーカ
Accademia di S. Luca
P.118
サン・クリスピーノ
San Crispino
クイリナーレの丘
Monte Quirinale
国立パスタ博物館
Museo Nazionale delle Paste Alimentari
サンタンドレア・アル・クイリナーレ教会
S. Andrea al Quirinale
P.za d. Coppelle
Pal Baldassini
P.86
P.za Montecitorio
コロンナ広場
P.za Colonna
マルクス・アウレリウスの記念柱
トレヴィの泉
F.na di Trevi
P.86
S.M.マッダレーナ教会
S. M. Maddalena
Palazzo Capranica
ローマ・ストアー
Roma Store
P.86
クイリナーレ宮（大統領官邸）
Palazzo del Quirinale
ピエトラ広場
P.za di Pietra
P.za Capranica
ラ・カフェティエーラ
Gran Caffè La Caffettiera
P.117
クイリーノ劇場
Teatro Quirino
神殿跡
P.za S. Ignazio
クイリナーレ広場
P.za del Quirinale
P.86
市立展示館
マダーマ宮（上院）
Pal. Madama
ロトンダ広場
P.za d. Rotonda
パンテオン
Pantheon
P.76
旧イエズス会ローマ学寮
Collegio Romano
ローマ銀行
Banco di Roma
P.za d. Pilotta
グレゴリオ神学大学
Univ. Gregoriana
コンスルタ宮殿
Pal. d. Consulta
サンティーヴォ教会
Sant'Ivo
ミネルヴァ広場
P.za d. Minerva
P.75
S.M.ソプラ・ミネルヴァ教会
S.M. Sopra Minerva
サンティ・アポストリ教会
Santi Apostoli
P.za Ss. Apostoli
コロンナ宮庭園
ロスピリョージ・パッラヴィチーニ宮
Pal. Rospigliosi-Pallavicini
P.132
ラ・ミネルヴェ
la Minerve
P.za d. Coll. Romano
P.75
ドーリア・パンフィーリ宮殿
Pal. Doria Pamphilj
（ドーリア・パンフィーリ美術館）
Galleria Doria Pamphilj
入口
P.75
コロンナ宮
Pal. Colonna
（コロンナ美術館）
Galleria Colonna
全国労災保険協会
I.N.A.I.L.
イタリア銀行
Banca d'Italia
P.111
ホスタリア・アル・ボスケット
Hostaria C. al Boschetto
ヴァッレ劇場
P.za d. Pigna
P.za Grazioli
BNL
ナツィオナーレ通り
トッレ・アルジェンティーナ広場
L.go Torre Argentina
アレア・サクラ
Area Sacra d. Argentina
アルジェンティーナ劇場
ジェズ教会
Il Gesù
P.za d. Gesù
S. Marco
ヴェネツィア広場
P.za Venezia
P.66
L. go Magnanapoli
P.71
フォロ・トライアーノ
Foro Traiano
バッレッテ
Barrette
P.133
ヴェネツィア宮殿
Pal. Venezia
（ヴェネツィア宮殿博物館）
Museo di Pal. Venezia
トラヤヌスの記念柱
トラヤヌス帝のマーケット
Largo Arenula
クリプタ・バルビ
Crypta Balbi
P.62
P.66
ヴィットリオ・エマヌエーレ2世記念堂
Monumento a Vittorio Emanuele II
P.za Margana
フォーリ・インペリアーリ通り
アウグストゥス帝のフォロ
P.za d'Aracoeli
サンタ・マリア・イン・アラチェリ教会
S. M. in Aracoeli
P.66
カエサルのフォロ
P.za Capizucchi
Via del Corso
Via del Tritone
Via Ludovisi
Viale Trinità dei Monti
Viale del Muro Torto
V. Vittorio Veneto
Via Nazionale
Via IV Novembre
Via d. Plebiscito
Via Florida
Via del Babuino
Via Margutta
Via Sistina
Via Frattina
Via Condotti
Via Borgognona
Via della Scrofa
Lungotevere in Augusta
Via di Ripetta
Via Ara Pacis
Via Tomacelli
ムーロ・トルト通り
ルドヴィシ通り
ピンチアーナ門通り
コンドッティ通り
ボルゴニョーナ通り
フラッティーナ通り
バブイーノ通り
マルグッタ通り
コルソ通り
クローチェ通り
システィーナ通り
ヴェネト通り
5月24日通り
11月4日通り
38
41
41
46
1
2
A
B
C

クイリナーレの丘とスペイン広場
1:10,000
200m
39
47
3
4
A
B
C
N
ラ・リナシェンテ La Rinascente P.119
フィウーメ広場 P.za Fiume
サラーリア門
イタリア大通り Corso d'Italia
Corso d'Italia
ピンチアーナ通り
ポー通り Via Po
P.za E. Sienkiewicz
[みゅう]
Via Campania
ピエモンテ通り
サルデーニャ通り
シチリア通り
Via Sicilia
Via Boncompagni
S. Patrizio
ボンコンパーニ通り
P.60 日本大使館 Ambasciata del Giappone
ピアーヴェ通り
Villa Paolina
ピア門広場 P.le di P.ta Pia
ピア門 P.ta Pia 歩兵部隊歴史博物館
公共事業省 Min. Lavori Pobblici
運輸省 Min. del Trasporti
ノメンターナ街道 Via Nomentana
ポリクリニコ通り
Viale del Policlinico
P.za d. C. Rossa
パレストロ通り
カストロ・プレトーリオ通り
ダ・ヴィンチェンツォ Da Vincenzo P.111
S. Camillo de'Lellis
ボンコンパーニ宮（アメリカ大使館） Pal. Boncompagni
Via Piemonte
ゴイト通り
9月20日通り Via XX Settembre
P.131 ラッツァーリ Lazzari
B線カストロ・プレトーリオ駅 Castro Pretorio
大蔵省 Ministero del Tesoro e del Bilancio
P.123 トリマーニ Torimani
モンテ・アルチ Monte Arci P.111
P.130 アルピ Alpi
P.130 デザルティス Des Artistes
農林省 Ministero Agricoltura e Foreste
サンタ・マリア・デッラ・ヴィットリア教会 S. Maria della Vittoria
バルベリーニ通り Via Barberini
フィナンツェ広場 P.za Finanze
P.131 パパ・ジェルマーノ Papa Germano
P.131 アスコット Ascot
インディペンデンス・スクエア・イン B&B Independence Square Inn P.131
独立広場 P.za Indipendenza
P.131 アレッサンドロ Alessandro
カナダ Canada P.128
エイチ・アイ・エス ローマ支店
B.C.I
サンタ・スザンナ教会 S. Susanna
モーゼの噴水
サン・ベルナルド広場 P.za S.Bernardo
P.85 バルベリーニ宮（国立古典絵画館） Pal. Barberini Galleria Naz.d'Arte Antica
チェルナイア通り
P.63 ディオクレティアヌスの浴場跡 Museo Naz. Romano Terme di Diocleziano
アストリア・ガーデン Astoria Garden P.130
JCBプラザ
アウラ・オッタゴナ Aula Ottagona
A線レプッブリカ駅 Repubblica
サンタ・マリア・デッリ・アンジェリ教会 S. Maria degli Angeli P.62
P.130 アバディーン Aberdeen
陸軍省 Min. Difesa Esercito
ナイアディの噴水
出入口
E.デ・ニーコラ通り V.le E. De Nicola
空港バス
Sacro Cuore di Gesù
メイド・イン・ネポルス Meid in Nepols P.111
9月20日通り
4つの噴水
サン・カルロ・アッレ・クアットロ・フォンターネ教会 S. Carlo alle Quattro Fontana
ローマ三越 Roma Mitsukoshi P.125
共和国広場 P.za della Repubblica P.62
P.126 イータリー Eataly
P.63 ローマ国立博物館（マッシモ宮） Museo Nazionale Romano (Palazzo Massimo alle Terme)
マルサラ通り
P.130 コルンビア Columbia
消防署 Vigile d.Fuoco
中央警察 Questura Centrale
P.130 アルテミーデ Artemide
インターネットポイント
P.64 オペラ座 Teatro dell'Opera
エル・ブケット Er Buchetto P.112
五百人広場 P.za dei Cinquecento
AB線テルミニ駅 Termini
サポーリ・ディントルニ Sapori&Dintorni P.126
トレニタリア ローマ・テルミニ駅 Staz. Termini P.62
P.131 イタリア Italia
デプレティス通り
P.za del Viminale
P.112 イル・ガッロ・ネーロ Il Gallo Nero
P.135 YWCA U.C.D.G
P.112 パスタリート・ピッツァリート Pastarito Pizzarito
空港バス
ジョリッティ通り
カストローニ Castroni
エスト!エスト!!エスト!!! フラテッリ・リッチ Est! Est!! Est!!! Fratelli Ricci P.111
サンタ・プデンツィアーナ教会 S. Pudenziana
内務省 Min. d. Interno
ヴィミナーレの丘 Monte Viminale
サンティ Santi P.112
オルランダ Orlanda P.131
ディ・リエンツォ Di Rienzo P.131
Ex Antiquario Romano
P.za M. Fanti
ダウンタウン・ホステル Downtown Hostel P.135
Bambin Gesù
エスクイリーノ広場 P.za dell' Esquilino
ミラノ通り
カーサ・サンタ・プデンツィアーナ Casa S.Pudenziana P.135
サンタ・マリア・マッジョーレ大聖堂 S. Maria Maggiore P.64
カーサ・デル・ロザリオ Casa del Rosario P.123
P.za S. M. Maggiore
S. Antonio Abate
ウピム Upim P.119
スマ Sma P.126
P.112 ラ・カルボナーラ La Carbonara
カヴール通り
サンタ・プラッセーデ教会 S. Prassede
メルラーナ通り
P.111 モンティ Monti
P.za d. Zingari
B線カヴール駅 Cavour
ヴェノスタ広場 L.go V. Venosta
G.ランツァ通り Via G. Lanza
P.za S. Martino ai Monti
L. go Brancaccio
ヴィットリオ・エマヌエーレ2世広場 P.za Vittorio Emanuele II
A線ヴィットリオ・エマヌエーレ駅 Vittorio Emanuele
国立東洋博物館 Museo Naz. dell' Arte Orientale
S.ピエトロ・イン・ヴィンコリ教会 S. P.in Vincoli

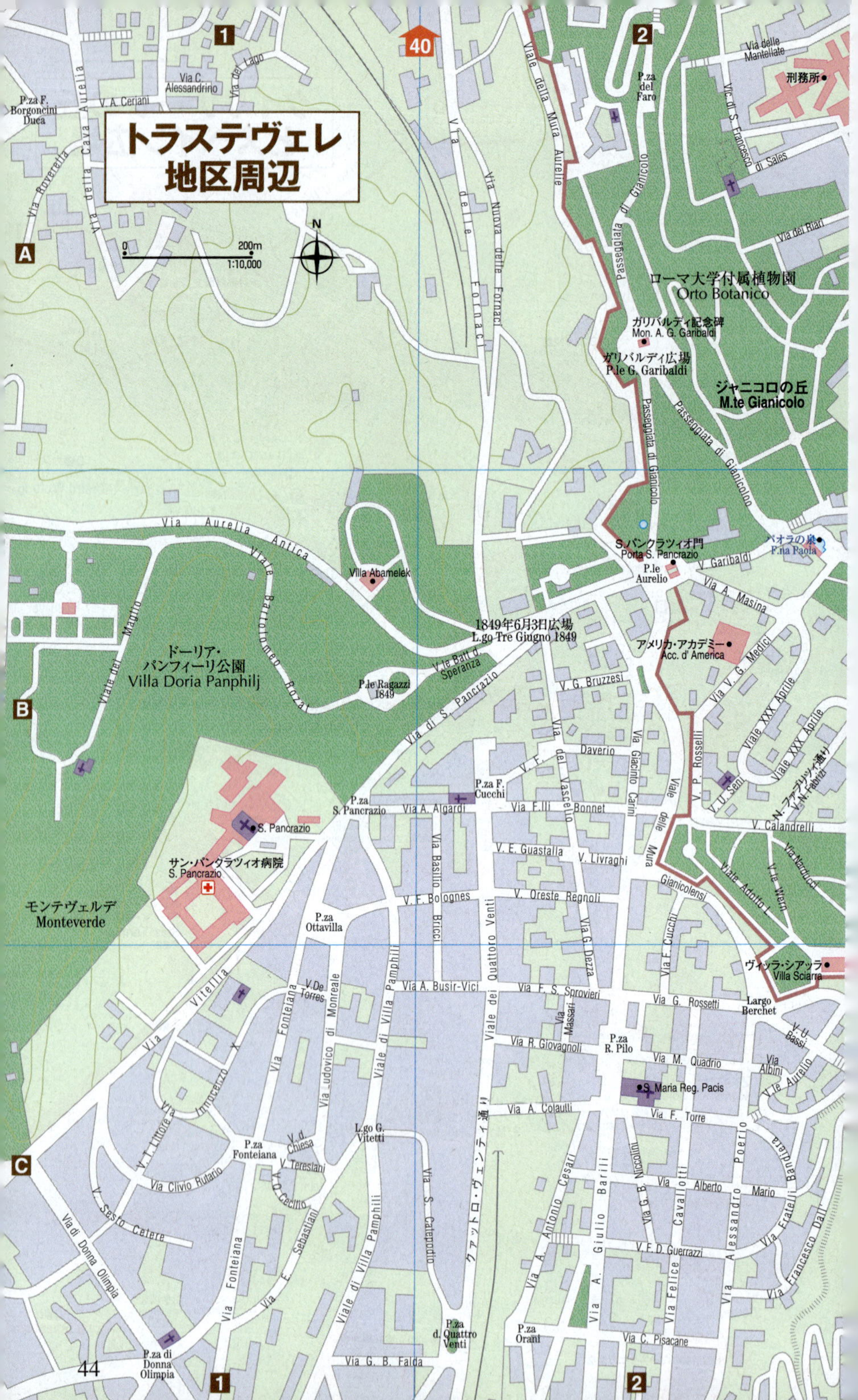
トラステヴェレ
地区周辺
40
1
2
A
B
C
0
200m
1:10,000
N
P.za F. Borgoncini Duca
V. A. Ceriani
Via C. Alessandrino
Via del Lago
Via della Cava Aurelia
Via Roverella
Via delle Fornaci
Via Nuova delle Fornaci
Viale delle Mura Aurelie
P.za del Faro
Via delle Mantellate
刑務所
Vic. di S. Francesco di Sales
Via dei Riari
Passeggiata di Gianicolo
ローマ大学付属植物園
Orto Botanico
ガリバルディ記念碑
Mon. A. G. Garibaldi
ガリバルディ広場
P.le G. Garibaldi
ジャニコロの丘
M.te Gianicolo
Passeggiata di Gianicolo
Via Aurelia Antica
Viale Bartolomeo Rozat
Villa Abamelek
S.パンクラツィオ門
Porta S. Pancrazio
パオラの泉
F.na Paola
P.le Aurelio
V. Garibaldi
Via A. Masina
1849年6月3日広場
L.go Tre Giugno 1849
V.le Batt. d. Speranza
P.le Ragazzi 1849
Via di S. Pancrazio
アメリカ・アカデミー
Acc. d' America
Via V. G. Medici
Viale XXX Aprile
ドーリア・パンフィーリ公園
Villa Doria Panphilj
Viale del Maglio
V. G. Bruzzesi
Via Daverio
Via del Vascello
Via Giacinto Carini
Viale delle Mura Gianicolensi
V. P. Rosselli
V. U. Seni
N・ファブリツィ通り
V. N. Fabrizi
V. Calandrelli
P.za S. Pancrazio
Via A. Algardi
P.za F. Cucchi
Via F.lli Bonnet
S. Pancrazio
サン・パンクラツィオ病院
S. Pancrazio
V. E. Guastalla
V. Livraghi
Via Basilio Bricci
V. F. Bolognes
V. Oreste Regnoli
Via G. Dezza
Via F. Cucchi
Viale Adolfo L.
Via Nardini
V.le Wern
ヴィッラ・シアッラ
Villa Sciarra
モンテヴェルデ
Monteverde
P.za Ottavilla
Viale dei Quattro Venti
Via Vitellia
V. De Torres
Via Fonteiana
Via Ludovico di Monreale
Viale di Villa Pamphili
Via A. Busir-Vici
Via F. S. Sprovieri
Via G. Rossetti
Largo Berchet
V. U. Bassi
Via Massari
Via R. Giovagnoli
P.za R. Pilo
Via M. Quadrio
Via Albini
V.le Aurelio
S. Maria Reg. Pacis
Via Innocenzo X
Via A. Colautti
Via F. Torre
Via T. Littore
P.za Fonteiana
V. d. Chiesa
V. Tereslani
V. D. Cecilio
L.go G. Vitetti
Via Clivio Rutario
V. Sesto Celere
Via di Donna Olimpia
Via F. Sebastiani
Via S. Calepodio
クァットロ・ヴェンティ通り
Via Antonio Cesari
Via Giulio Barili
Via G. B. Niccolini
Via Cavallotti
Via Felice
Via Alessandro Poerio
Via Alberto Mario
Via Fratelli Bandiera
Via Francesco Dall'
V. F. D. Guerrazzi
Via A. Cesari
Via A.
P.za Orani
Via C. Pisacane
P.za d. Quattro Venti
Via G. B. Falda
P.za di Donna Olimpia

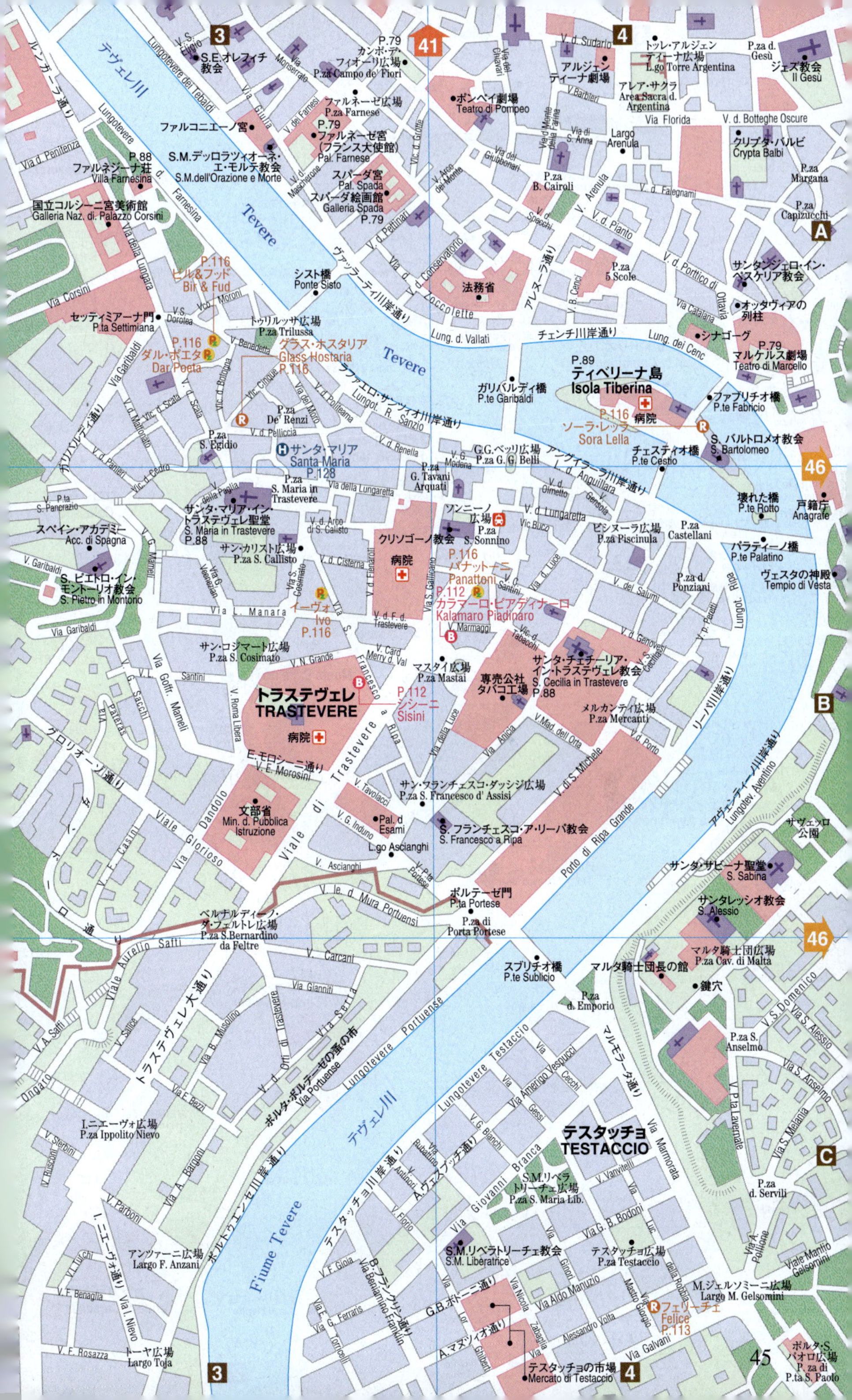

3
4
41
45
46
A
B
C
テヴェレ川
Tevere
Fiume Tevere
S.E.オレフィチ教会
P.79
カンポ・デ・フィオーリ広場
P.za Campo de' Fiori
ファルネーゼ広場
P.za Farnese
ファルコニエーノ宮
ファルネーゼ宮（フランス大使館）
Pal. Farnese
S.M.デッロラツィオーネ・エ・モルテ教会
S.M.dell'Orazione e Morte
スパーダ宮
Pal. Spada
スパーダ絵画館
Galleria Spada
P.88
ファルネジーナ荘
Villa Farnesina
国立コルシーニ宮美術館
Galleria Naz. di Palazzo Corsini
ポンペイ劇場
Teatro di Pompeo
アルジェンティーナ劇場
トッレ・アルジェンティーナ広場
L.go Torre Argentina
アレア・サクラ
Area Sacra d. Argentina
ジェズ教会
Il Gesù
P.za d. Gesù
クリプタ・バルビ
Crypta Balbi
P.za Margana
P.za Capizzucchi
P.za B. Cairoli
Largo Arenula
Via Florida
V. d. Botteghe Oscure
P.za 5 Scole
サンタンジェロ・イン・ペスケリア教会
オッタヴィアの列柱
シナゴーグ
マルケルス劇場
Teatro di Marcello
法務省
シスト橋
Ponte Sisto
ヴァッリャーティ川岸通り
チェンチ川岸通り
Lung. d. Vallati
Lung. dei Cenci
P.116
ビル＆フッド
Bir & Fud
セッティミアーナ門
P.ta Settimiana
トゥリルッサ広場
P.za Trilussa
ダル・ポエタ
Dar Poeta
グラス・ホスタリア
Glass Hostaria
ラファエロ・サンツィオ川岸通り
Lungot. R. Sanzio
ガリバルディ橋
P.te Garibaldi
P.89
ティベリーナ島
Isola Tiberina
病院
ファブリチオ橋
P.te Fabricio
ソーラ・レッラ
Sora Lella
S.バルトロメオ教会
S. Bartolomeo
チェスティオ橋
P.te Cestio
P.za De' Renzi
P.za S. Egidio
サンタ・マリア
Santa Maria
P.128
G.G.ベッリ広場
P.za G.G. Belli
P.za G. Tavani Arquati
アングイッラーラ川岸通り
L. d. Anguillara
ソンニーノ広場
P.za S. Sonnino
壊れた橋
P.te Rotto
戸籍庁
Anagrafe
P.za S. Maria in Trastevere
サンタ・マリア・イン・トラステヴェレ聖堂
S. Maria in Trastevere
スペイン・アカデミー
Acc. di Spagna
サン・カリスト広場
P.za S. Callisto
クリソゴーノ教会
ピシヌーラ広場
P.za Piscinula
P.za Castellani
パラティーノ橋
P.te Palatino
ヴェスタの神殿
Tempio di Vesta
S.ピエトロ・イン・モントーリオ教会
S. Pietro in Montorio
P.116
パナットーニ
Panattoni
P.112
カラマーロ・ピアディナーロ
Kalamaro Piadinaro
P.za d. Ponziani
イーヴォ
Ivo
Via L. Manara
サン・コジマート広場
P.za S. Cosimato
マスタイ広場
P.za Mastai
専売公社タバコ工場
サンタ・チェチーリア・イン・トラステヴェレ教会
S. Cecilia in Trastevere
P.88
トラステヴェレ
TRASTEVERE
シシーニ
Sisini
メルカンティ広場
P.za Mercanti
リーパ川岸通り
グロリオーソ通り
E.モロシーニ通り
V. E. Morosini
サン・フランチェスコ・ダッシジ広場
P.za S. Francesco d' Assisi
文部省
Min. d. Pubblica Istruzione
Pal. d. Esami
S.フランチェスコ・ア・リーパ教会
S. Francesco a Ripa
L.go Ascianghi
Viale di Trastevere
Viale Glorioso
アヴェンティーノ川岸通り
Lungotev. Aventino
サヴェッロ公園
サンタ・サビーナ聖堂
S. Sabina
サンタレッシオ教会
S. Alessio
ポルテーゼ門
P.ta Portese
P.za di Porta Portese
ベルナルディーノ・ダ・フェルトレ広場
P.za S.Bernardino da Feltre
マルタ騎士団広場
P.za Cav. di Malta
マルタ騎士団長の館
鍵穴
スブリチオ橋
P.te Sublicio
P.za d. Emporio
マルモラータ通り
トラステヴェレ大通り
ポルタ・ポルテーゼの蚤の市
Via Portuense
P.za S. Anselmo
I.ニエーヴォ広場
P.za Ippolito Nievo
テスタッチョ
TESTACCIO
S.M.リベラトリーチェ広場
P.za S. Maria Lib.
P.za d. Servili
テスタッチョ川岸通り
ポルトゥエンセ川岸通り
アンツァーニ広場
Largo F. Anzani
I.ニエーヴォ通り
S.M.リベラトリーチェ教会
S.M. Liberatrice
テスタッチョ広場
P.za Testaccio
M.ジェルソミーニ広場
Largo M. Gelsomini
フェリーチェ
Felice
P.113
B.フランクリン通り
G.B.ボドーニ通り
A.マヌツィオ通り
トーヤ広場
Largo Toja
テスタッチョの市場
Mercato di Testaccio
ポルタ・S.パオロ広場
P.za di P.ta S. Paolo

1
2
BNL
42
ヴェネツィア広場
P.za Venezia
P.66
Via d. Plebiscito
P.za d. Gesù
ジェズ教会
Il Gesù
S. Marco
ヴェネツィア宮殿
Pal. Venezia
(ヴェネツィア宮殿博物館)
Museo di Pal. Venezia
V. S. Marco
L. go Magnanapoli
Via IV Novembre
トラヤヌスの記念柱
フォロ・トライアーノ
Foro di Traiano
P.71
トラヤヌスのマーケット
Salita d. Grillo
V. Panisperna
Via Panisperna
Via Cimarra
V. Clementina
Via dei Serpenti
Via del Boschetto
V. S. Agata d. Goti
P.za d. Zingari
Via degli Zingari
B線
カヴール駅
Cavour
V. d. Botteghe Oscure
V. d'Aracoeli
クリプタ・バルビ
Crypta Balbi
P.66
ヴィットリオ・エマヌエーレ2世記念堂
Monumento a Vittorio Emanuele II
P.za Margana
フォーリ・インペリアーリ通り
Fori Imperiali
Via Baccina
アウグストゥス帝のフォロ
P.113
アッレ・カッレッテ
Alle Carrette
Via M. d. Monti
Via Cavour
カヴール通り
P.za d'Aracoeli
P.66
サンタ・マリア・イン・アラチェリ教会
S. M. in Aracoeli
P.za Capizucchi
カエサルのフォロ
パバ
Paba
P.134
S.ピエトロ・イン・ヴィンコリ教会
S. P.in Vincoli
P.71
A
P.67
カンピドーリオ広場
P.za del Campidoglio
出口
マメルティーノの牢獄
サン・ルーカ・エ・マルティーナ教会
ヴェスパシアヌスのフォロ
Via d. T. Marcello
サンタンジェロ・イン・ペスケリア教会
クーリア
ネルヴァのフォロ
出入口
P.67
カピトリーニ美術館
Musei Capitolini
市庁舎
Pal. Senatorio
セヴェルス帝の凱旋門
エミリアのバジリカ
切符売り場
フォーリ・インペリアーリ通り
Via dei Fori Imperiali
Via degli Annibaldi
オッタヴィアの列柱
タブラリウム(現市庁舎)下の遺跡群
Via d. Colosseo
P.79
マルケルス劇場
Teatro di Marcello
カンピドーリオの丘
M.te Campidoglio
サンタ・コズマ・エ・ダミアーノ教会
SS. Cosma e Damiano
テアトロ・マルチェッロ通り
V. d. Consolazione
ユリウスのバジリカ
マクセンティウス帝のバジリカ
B線
コロッセオ駅
Colosseo
タルペイヤの岩
ヴェスタの巫女の家
出口
ファブリチオ橋
P.te Fabricio
P.za d. Consolazione
博物館
45
Vico Jugario
フォロ・ロマーノ
Foro Romano
ティトゥス帝の凱旋門
切符売り場
コロッセオ広場
P.za Colosseo
入口
118番
戸籍庁
Anagrafe
V. Petroselli
V. d. Fienili
Via di S. Teodoro
入口
V. Sacra
P.70
コロッセオ
Colosseo
S. バルトロメオ教会
S. Bartolomeo
V.S. Giov. Decollato
アルジェンターリのアーチ
ファルネジアーニ庭園
Clivus Palatinus
壊れた橋
P.te Rotto
フォルトゥーナの神殿
Tempio della Fortuna Virile
サン・ジョルジョ・イン・ヴェラブロ教会
コンスタンティヌス帝の凱旋門
Arco di Constantino
P.70
ジャーノ門
パラティーノ橋
P.te Palatino
真実の口広場
P.za Bocca d. Verità
P.89
リヴィアの家
Lungot. Ripa
V. Celio Vibenna
ヴェスタの神殿
Tempio di Vesta
ドムス・フラヴィア
Via di San Gregorio
P.za S. Anastasia
サンタ・マリア・イン・コスメディン教会
(真実の口)
S. Maria in Cosmedin
P.89
考古学博物館
クラウディオの神殿跡
(ネロの庭園)
P.69
パラティーノの丘
Monte Palatino
出入口
切符売り場
ドムス・アウグスターナ
リーパ川岸通り
B
チェルキ通り
サン・グレゴーリオ通り
チェリオ公園
サン・ジョヴァンニ・エ・パオロ教会
Ss. Giovanni e Paolo
アヴェンティーノ川岸通り
Lungotev. Aventino
Via del Circo Massimo
P.71
チルコ・マッシモ
Circo Massimo
Via dei Cerchi
Clivo di Scauro
V. S. Paolo d. Croce
アヴェンティーノの丘
M.te Aventino
P.za S. Gregorio
45
Clivo dei Publicii
Via di Valle Murcia
Piazzale Ugo La Malfa
サン・グレゴリオ・マーニョ教会
S. Gregorio Magno
サヴェッロ公園
Via di S. Sabina
ジュゼッペ・マツィーニ像
Mon.A Giuseppe Mazzini
サンタ・サビーナ聖堂
S. Sabina
モレッタの塔
P.za Porta Capena
サンタレッシオ教会
S. Alessio
Via S. A. Magno
Via Terme Deciane
Via di Valle d. Camene
マルタ騎士団広場
P.za Cav. di Malta
P.za G. Regina
ザッペロ公園
B線
チルコ・マッシモ駅
Circo Massimo
L.go V. Terrorismo
V. S. Domenico
P.za d. Tempio di Diana
S.プリスカ教会
Via di Fonte di Fauno
V. le d. Terme di Caracalla
P.za S. Prisca
Viale Aventino
P.za S. Anselmo
V. Lcina
V. S. Melania
V. Marcella
V. S. Giosafat
S. Prisca
国連食糧農業機構
F.A.O.
浴場競技場
Stadio d. Terme
V. P.ta Lavernale
Alessio
Icilio
Via dei Deci
Anselmo
C
アヴェンティーノ通り
Via Aventina
カペーナ門公園
Parco di P.ta Capena
Viale G. Baccelli
P.za S. Balbina
V. Antonina
入口
P.za d. Servili
アルバニア広場
P.za Albania
V. B. Peruzzi
Via P. Ligorio
Via A. Pollione
Viale Manlio Gelsomini
Via Cestia
V. di Balbina
レムリア広場
P.za Remuria
V. Ponzio F.
Via E. Rosa
M.ジェルソミーニ広場
Largo M. Gelsomini
Viale d. Piramide Cestia
Via Annia Faustina
サン・サーバ教会
San Saba
フィオリット広場
Largo Fioritto
カラカラ浴場
Terme di Caracalla
P.100
Via Salvatore Rosa
Via L. B. Alberti
Viale Giotto
バッチェリ通り
V. le Baccelli
ポルタ・S.パオロ広場
P. za di P.ta S. Paolo
Via Ponzio
P.za G.L. Bernini
1
2

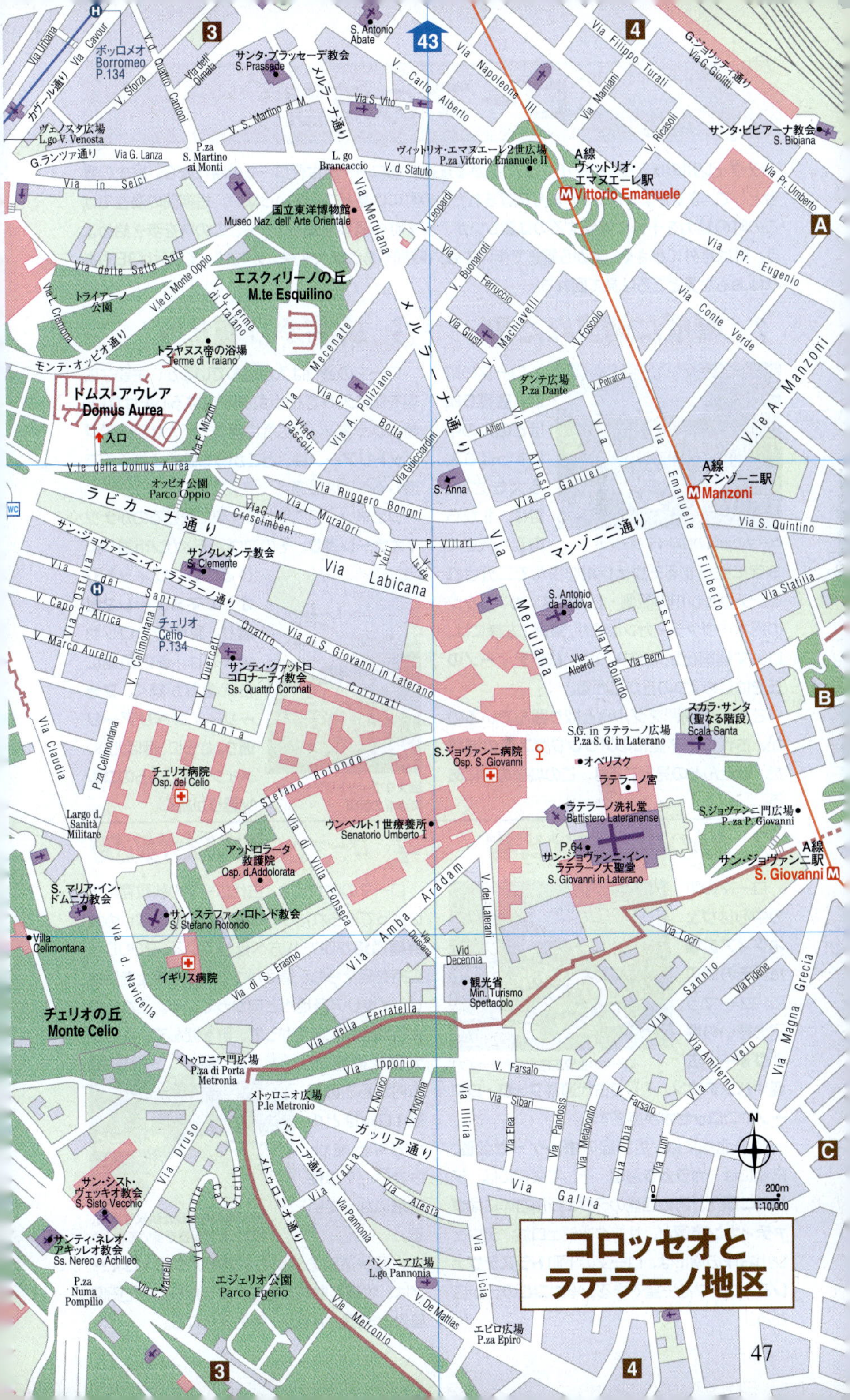

3
4
43
A
B
C
ボッロメオ
Borromeo
P.134
S. Antonio Abate
サンタ・プラッセーデ教会
S. Prassede
Via Urbana
Via Cavour
カヴール通り
V. Sforza
V. d. Quattro Cantoni
Via dell' Olmata
V. S. Martino ai M.
メルラーナ通り
Via S. Vito
V. Carlo Alberto
Via Napoleone III
Via Filippo Turati
G.ジョリッティ通り
Via G. Giolitti
Via Mamiani
V. Ricasoli
サンタ・ビビアーナ教会
S. Bibiana
ヴェノスタ広場
L.go V. Venosta
G.ランツァ通り
Via G. Lanza
P.za S. Martino ai Monti
L. go Brancaccio
V. d. Statuto
ヴィットリオ・エマヌエーレ2世広場
P.za Vittorio Emanuele II
A線
ヴィットリオ・エマヌエーレ駅
Vittorio Emanuele
Via Pr. Umberto
Via in Selci
国立東洋博物館
Museo Naz. dell' Arte Orientale
Via Merulana
V. Leopardi
Via Pr. Eugenio
Via delle Sette Sale
V.le d. Monte Oppio
V. d. Terme di Traiano
エスクィリーノの丘
M.te Esquilino
トライアーノ公園
Via L. Cremona
V. Buonarroti
Via Ferruccio
Via Giusti
V. Machiavelli
V. Foscolo
Via Conte Verde
モンテ・オッピオ通り
トラヤヌス帝の浴場
Terme di Traiano
Via Mecenate
ドムス・アウレア
Domus Aurea
入口
Via F. Mizzini
Via C. Botta
Via A. Poliziano
ViaG. Pascoli
Via Guicciardini
ダンテ広場
P.za Dante
V. Petrarca
V. Alfieri
Via Ariosto
Via Emanuele Filiberto
V.le A. Manzoni
V.le della Domus Aurea
オッピオ公園
Parco Oppio
ラビカーナ通り
ViaG. M. Crescimbeni
Via L. Muratori
Via Ruggero Bonghi
S. Anna
Via Galilei
A線
マンゾーニ駅
Manzoni
Via S. Quintino
サン・ジョヴァンニ・イン・ラテラーノ通り
サンクレメンテ教会
S. Clemente
V. P. Villari
Via Labicana
マンゾーニ通り
Via Statilia
Via dei Santi Quattro
V. Capo d'Africa
Via Ostilia
チェリオ
Celio
P.134
V. Marco Aurelio
V. Celimontana
V. Querceti
サンティ・クァットロ・コロナーティ教会
Ss. Quattro Coronati
Via di S. Giovanni in Laterano
S. Antonio da Padova
Via Aleardi
Via M. Boiardo
Via Berni
Tasso
Via Claudia
P.za Celimontana
V. Annia
スカラ・サンタ（聖なる階段）
Scala Santa
S.G. in ラテラーノ広場
P.za S. G. in Laterano
S.ジョヴァンニ病院
Osp. S. Giovanni
オベリスク
ラテラーノ宮
チェリオ病院
Osp. del Celio
Via S. Stefano Rotondo
ラテラーノ洗礼堂
Battistero Lateranense
S.ジョヴァンニ門広場
P. za P. Giovanni
Largo d. Sanità Militare
ウンベルト1世療養所
Senatorio Umberto I
P.64
サン・ジョヴァンニ・イン・ラテラーノ大聖堂
S. Giovanni in Laterano
A線
サン・ジョヴァンニ駅
S. Giovanni
アッドロラータ救護院
Osp. d.Addolorata
Via di Villa Fonseca
Via Amba Aradam
V. dei Laterani
S. マリア・イン・ドムニカ教会
サン・ステファノ・ロトンド教会
S. Stefano Rotondo
Villa Celimontana
Via d. Navicella
Via Drusiana
Vid Decennia
Via Locri
Via Sannio
Via Fidene
Via Magna Grecia
イギリス病院
Via di S. Erasmo
観光省
Min. Turismo Spettacolo
チェリオの丘
Monte Celio
Via della Ferratella
Via Amiterno
Via Veio
メトゥロニア門広場
P.za di Porta Metronia
Via Ipponio
V. Farsalo
メトゥロニオ広場
P.le Metronio
V. Norico
V. Angiona
Via Illiria
Via Sibari
Via Pandosia
Via Metaponto
Via Olbia
Via Luni
Via Elea
パンノニア通り
ガッリア通り
Via Druso
メトゥロニオ通り
Via Tracia
Via Gallia
Via Alesia
Via Pannonia
Via Licia
サン・シスト・ヴェッキオ教会
S. Sisto Vecchio
Via Marco Caffarello
サンティ・ネレオ・アキッレオ教会
Ss. Nereo e Achilleo
P.za Numa Pompilio
エジェリオ公園
Parco Egerio
パンノニア広場
L.go Pannonia
V. De Mattias
V.le Metronio
エピロ広場
P.za Epiro
N
0
200m
1:10,000

コロッセオとラテラーノ地区

ローマの概観

テヴェレ川のほとり、7つの丘の上に広がる永遠の都ローマ。古代ローマの時代から、歴史の舞台として、さまざまなドラマが繰り広げられたこの町には見どころがいっぱい。短期間の滞在ではこの町の魅力を十分に満喫するのは難しいが、まず町の概要を知ってから、この町を歩き始めよう。町は意外に小さく、端から端まで歩いても、1時間もあれば大丈夫。がんばって歩けば3日もあればおもな見どころは見て回れる。

1 城壁に囲まれた町

ローマの地図の目印はテヴェレ川

ローマの町は、**直径5㎞**ほどの丸の中にすっぽり入る大きさだ。町は、北から南西へ大きくＳ字に蛇行する**テヴェレ川**を挟んで二分される。テヴェレ川の西側・右岸には、カソリックの総本山ヴァティカン市国が、東側・左岸には、ローマ建国伝説の発祥の地、**パラティーノの丘**をはじめ7つの丘が広がる。

この丘の周囲をグルッと取り囲んでいるのが、古代ローマ皇帝の**アウレリウス帝の城壁**だ。ほとんどの見どころは、この城壁の中にある。

2 町の中心には広場

ローマの主要広場をまずチェック！

ローマの町の中心は**ヴェネツィア広場**だ。その周辺に、ローマっ子の憩いの場**ナヴォーナ広場**や**パンテオン**、そして古代遺跡**フォロ・ロマーノ**や**コロッセオ**が点在する。

町の北側には、広い緑の**ボルゲーゼ公園**、南側には、**カラカラ浴場**、そして東側には、**テルミニ駅**だ。町の西側のテヴェレ川右岸には**ヴァティカン市国**と、サンタンジェロ城。テヴェレ川右岸の南には、ローマの下町**トラステヴェレ**と、ローマを一望できる**ジャニコロ**の丘が広がる。

3 広場から通りへ

ローマの通りは入り組んでいるが、主要な広場を頭に入れておけば、迷子になる心配はない。特にヴェネツィア広場に建つ、巨大な記念堂**ヴィットリアーノ**は、どこからも眺められるので道しるべには最適。

ヴェネツィア広場から北東に延びるのが**ナツィオナーレ通り**、その逆ヴァティカン市国へ延びるのが、**ヴィットリオ・エマヌエーレ2世通り**。東南のコロッセオまでは、道の両側に古代遺跡が続く、**フォーリ・インペリアーリ通り**。さらに、ほぼ北へ、メインストリートの**コルソ通り**が続く。

巨大なヴィットリアーノが町歩きの目印

4 ローマから延びる大幹線道路

ローマの町からは、古代ローマの執政官たちによって造られた8つの**執政官道路**をはじめ**大幹線道路**が四方八方へ延びている。2000年の時を経た今も、道はかつての帝国領土を目指し、イタリア各地へと向かっている。これらの大幹線道路にまたがって、町を囲んでいるのが大環状道路だ。市内からこの**半径10㎞**ほどの大きな区域が、今やローマの**住宅地**になっている。

2000年の時を経た執政官道路、旧アッピア街道を歩いてみよう

大環状道路の外側の平野部**アグロ・ロマーノ**は、牧畜と農業が盛ん。ゆったりとした田園風景と羊飼いの姿が、今も見られる。

空港からローマ市内へのアクセス

レオナルド・ダ・ヴィンチ空港（現地では通常フィウミチーノ空港と呼ばれている）は、ローマ市街の南西約30kmの郊外にある。空港から市内へはfs線フィウミチーノ線（以下**1.2.**の2線あり）やプルマン利用で。終電後は**3.**の夜間バスや**4.**のタクシーを利用しよう。

近代的な空港駅

●1.空港―テルミニ間の直通電車　Leonardo Express

クレジットカード専用の券売機

全車1等で、テルミニ駅までノンストップで所要約30分、料金€14。テルミニ駅で、地下鉄A・B線、fs線に連絡している。テルミニ駅ではおもに24番線ホームから発着（変更も少なくないので、掲示板に注意）。空港からは始発6:23、終電23:23、ほぼ15分ごとの発車（航空機の延着により終電延長の場合もあり）。テルミニからは、始発5:35、終電22:35。毎時(20分)、35分、50分発('16年)。

●2.空港―ティブルティーナ駅経由ファラ・サビーナ行きFR1線

ティブルティーナTiburtina*駅は、ローマの郊外北東にあり、Ponte Galeria、Muratella、Magliana、Trastevere、Ostiense*、Tuscolanaに停まり、ティブルティーナ駅まで€8（*駅で地下鉄B線に連絡）。空港からは、5:57～23:27までの約15～30分ごとの運行。

空港駅の切符売り場

空港ターミナルとフィウミチーノ駅は2階の連絡通路で結ばれている。切符はホーム手前の券売機か窓口で購入。fs線なのでユーレイルなどのパス類も利用できるが、**全車1等**のため、2等パスの所有者は追加料金が必要だ。券売機はクレジットカードも利用できる。紙幣だとおつりは出ず、汚い紙幣は受け付けないことが多いので、両替時にきれいなお札を用意しておくとよい。また、ローマ以遠へ向かう人は、切符を目的地まで買っておくと、再購入の手間が省ける。

ホームでは表示を確認し、直通のテルミニ行きLINEA-DIRETTA TERMINI／Treno non StopまたはFM1 per Fara Sabina（またはOrte)を選んで乗車しよう。

切符はテルミニ駅では切符売り場や自販機のほか、タバッキ、キオスクでも購入可。

空港からパス類を使用するには

パスの種類によっては使用開始のスタンプや日付の記入が必要。スタンプが必要な場合は、フィウミチーノ駅の窓口でパスポートを呈示して、スタンプを押してもらおう。

切符はタバッキでも販売

空港線の切符はfs線の切符窓口、自動券売機、切符窓口横のたばこ屋でも販売している。

空港線の切符は予約は不要。

空港線利用には時間の余裕をもって!!

空港駅とテルミニ駅を結ぶ空港線は、いずれも終着駅のため、先頭車両に乗ると出入口に近い。

テルミニ駅ではおもに24番線の発着。ただし、25～28番線に変更もあるので、最初に行き先案内板で確認を。25番線以降はホームに向かって右側奥で、荷物があるとホーム手前からは7～8分はかかるので、時間の余裕をもって移動しよう。

✉ 空港と市内間のプルマンと列車、どっちを選ぶ？

fs線テルミニ駅発は23または24番線発が多い。ホーム手前と奥にふたつの車両が止まっていて、ホーム奥が先発です。青色ランプの点灯はドア開閉可のサインです。

プルマンバスのTerravisione社は往復€8、市内発€6、空港発€5。人気なので満員で次便になることも多い。1便後でも大丈夫な時間的余裕をもつべき。急ぐなら、fs線がベター。ちなみに、往復切符は返金不可。

（兵庫県　片倉康彰　'16）

空港行きのプルマンは発車時点で20分遅れ、発車1分で渋滞にはまり、空港到着は定刻から10分遅れでした（もっと遅れる場合も）。料金は安いですが、時間が読めないので、よほど時間的余裕がなければレオナルド・エクスプレスを利用すべきだと思います。

ただ、レオナルド・エクスプレスは1等料金なのに、Rの2等車で落書きだらけの場合も。ほぼ定時到着の安心をお金で買うと考えればよいのですが、時間に余裕があれば1本遅らせてきれいで荷物の上げ下ろしも容易なノンステップの列車で行くのもありです。

（大阪府　片倉康彰　'12）

✉ 検札機で打刻を忘れずに

レオナルド・エクスプレスを利用。切符は持っていたものの、検札機を通していなかったので、車内検札の際€10の罰金を取られてしまいました。車掌さんは「本当はひとり€50だけどね……」とのこと。

（匿名希望　'14）

空港と市内を結ぶリムジンサービス

空港とローマ市内のホテルなどを結ぶ送迎サービス。リムジンやミニバスで運行している。1台ごとの料金で、セダン(3人まで) €60、ミニバン(8人まで) €85。テルミニ駅までのミニバス1人€10〜。いずれも荷物代込み。到着ロビーのT3に受付カウンターあり。

Consorzio Trasporto Personale社
URL www.consorziotrasportopersonale.it(予約可)
☎ 06-6581911
※ウェブサイトから予約可能

カートは有料!?

到着ロビーのカート利用には€2(€1や€0.50硬貨も使用可)が必要。料金を投入するとロックが外れるので、引き出して利用する。必要なら両替時に用意しておこう。

プルマンで市内へ

※到着地西・東はテルミニ駅の該当場所。各社プロモーション料金の設定の場合あり

空港バスのバス停

SIT社以外のバスはすべてテルミニ駅西側からの発着となった。道路沿いに各社のバス停がズラリと並んでいるので、往復券を購入した場合は、該当会社のバス停へ。ちなみにTerravision社は一番奥(後方)。

もうひとつの空港チャンピーノ空港

チャーター便や格安航空LCCなどを利用した場合にはチャンピーノ空港Aeroporto G.B.Pastine-Ciampino発着の場合もある。空港↔テルミニ駅間はSIT社、COTRAL社、TERRAVISION社の3社がプルマンを運行。SIT社空港発7:45〜23:59、市内発4:30〜21:30。所要25分〜45分。料金€4〜6。乗り場は空港ゲート2番を出てすぐ。市内乗り場はP.50と同じ。または、ATRALのバス(€1.20)でfs線Ciampino駅か地下鉄A線アナニーナAnagnina駅へ出て、鉄道fs線または地下鉄(€1.50)で市内へ。バスの空港始発6:40、最終23:30(㊐㊗23:35)。チャンピーノ駅始発5:50(㊐㊗7:40)、最終22:20。約20分〜40分間隔の運行。

●3.プルマンで市内へ

各社のバス便が運行。ホテル近くに到着する便を利用しよう

テルミニ駅と空港を結んで数社が運行。空港での乗車地、経由地、到着地(テルミニ駅の西・東口)、料金などが異なるので、滞在ホテルの場所に合わせて選ぼう。

多くのプルマンのバス停は空港の到着ターミナルT3を出て、右に建物沿いに進んだところ(Piazza A.D.Gasperi=バス駐車場)。バス停手前に切符売り場があるので、発車時間、行き先などを確認して切符を購入しよう。SIT社は(ヴァティカン近くカヴール広場を経てテルミニ駅東口行き)バス乗車口で係員が切符を販売。会社を問わなければさほど待つことはない。各URLから時刻表調べ、切符の購入可。

○ターミナル3　Piazza A.D.Gasperi発

SIT BUS SHUTTLE社　URL www.sitbusshuttle.it
料金 片道€5〜6、往復€8〜11
経由地 カヴール広場　到着地 東：マルサラ通りHotel Royal Santina向かい

TERRAVISION社　URL www.terravision.eu
料金 片道€5〜6、往復€8〜11(ネット予約€4、往復€8)
経由地 直通　到着地 西

ATRAL-SCHIAFFINI社　URL www.atral-lazio.com
料金 片道€4、往復€8　経由地 直通　到着地 西：コイン前

T.A.M.社　URL www.tambus.it
料金 片道€4〜、往復€8　経由地 fs線オスティエンセ駅　到着地 西：コイン前

○ターミナル2　Reggional Bus Station発

COTRAL社　URL www.cotralspa.it
料金 片道€5(車内購入€7)　経由地 テルミニ駅を経てティブルティーナ駅
到着地 テルミニ駅前広場(マッシモ宮側)

夜間バスNOTTURNOも運行(空港発2:15、5:00、10:55、15:30、19:05、㊐㊗1:15、2:15、3:30、5:00　テルミニ発㊊〜㊎1:23、3:53、10:08、13:13、18:08、㊏1:20、3:50、9:35、12:40、17:32、㊐㊗24:35、1:20、2:35、3:50)

切符売り場：空港ではバールAutogrill、タバッキFerretti Tobacconist、市内ではCOTRALの表示のあるタバッキや新聞売り場

●4.タクシー

タクシーを利用する場合は、空港正面出口前のタクシー乗り場に並び、認可されたタクシーに必ず乗ること。無認可の白タク、空港係員を装って近づいてくる客引きなどの車は避けること。空港↔市内間は固定料金で€48。車体に料金を明示してあるタクシーの利用(→P.57)を。

ローマへの行き方

[空港からのアクセス(→P.515、P.43)]

鉄道trenitalia(fs線)
ローマ・テルミニ駅Roma Termini下車が便利

- ●ミラノ中央駅からFRECCIAROSSAで2時間55分〜3時間20分
- ●ヴェネツィア・サンタ・ルチア駅からFRECCIAROSSA、FRECCIARGENTOで3時間45分。
- ●フィレンツェ・サンタ・マリア・ノヴェッラ駅からFRECCIAROSSAで1時間31分、RV(Regionale Veloce)で3時間39分
- ●ナポリ中央駅からFRECCIAROSSAで約1時間10分、ICで2時間3分、Rで約2時間45分

ローマ　　Roma

フィウミチーノ空港　Fiumicino Airport

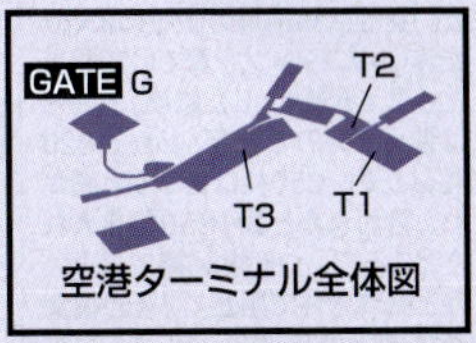

1階到着ロビー　ターミナル3　TERMINAL T3

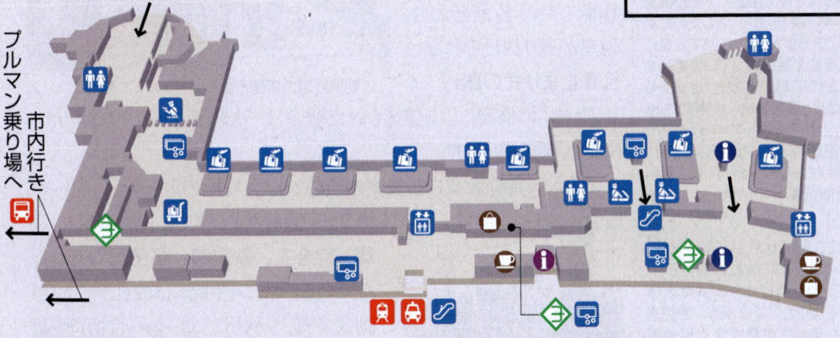

2階出発ロビー　ターミナル3　TERMINAL T3

- トイレ
- エスカレーター
- エレベーター
- 両替所
- 税関
- セキュリティコントロール
- パスポート検査
- チェックインカウンター
- VAT タックスフリー払い戻し
- 荷物受け取り
- 航空券売場
- GATE 搭乗口
- カート置き場
- バール・飲食店
- ショップ
- ATM機
- タクシー
- バス
- 鉄道
- 観光局インフォメーション
- 空港インフォメーション

✉ 切符の自動販売機のおつり泥棒

テルミニ駅の切符の自動販売機の前に立っていた女性に行き先を聞かれ勝手に機械を操作されました。女性は鉄道員の制服によく似た赤いポロシャツを着ていて駅員とも思える堂々とした態度。カードは使えないので現金、しかも€20札はだめ、€50札はあるかと聞かれ、言われたとおり€50札を入れたところで、つり銭泥棒ではないかと気づき体で阻止。すると彼女が素早く切符を取ろうとしたので制止し、チップとして€1渡すと急に態度を変え私の持っていた€20を奪ったので取り返すと「けがをした!」などと暴言の嵐。大声で「知らない」と叫ぶと去っていった。もし社員証を付けていない人に勝手に操作されたらきっぱり明確に「No Grazie!」と断ってください。

(もめみ '13)

テルミニ駅はセキュリティー向上

ホーム手前に改札が設けられ、切符がなければホームには入場不可となった。このため、悪評高かったチップを要求する荷物運びやホームや列車内に出没したスリは激減。また、fs線の自動販売機前には操作を案内してくれるfsの係員と警備員が常駐。操作を手伝ってチップを要求する者やおつりをかすめとる輩も激減した模様だ。

ホーム出入口での切符呈示が厳密になったため、切符がない場合はホームの通り抜けや地下通路の利用は出来なくなった。出入口には係員がいるので、指示に従おう。

✉ 改札ができました

テルミニ駅の改札エリアには検札があり、切符を持っている人だけがホーム側に入れるようになっています。フィウミチーノ空港行きのレオナルド・エクスプレスの切符は係員が携帯端末で入場時刻を印字していました。このため、ホームの自動検札機に通す必要はなく、車内検札もありませんでした。ホームの治安向上と外国人の打刻忘れ対策のようです。(小松洋治 '15)

手荷物預けは移動

手荷物預けは1階のⓘ近くにKi Pointがオープン。利用する際は入口近くにある機械から番号札を取ろう。荷物を預ける場合はConsegna Bagagli=Baggage Drop Off、引き出す場合はRitro Bagagli=Baggage Claimの札を。利用にはパスポートが必要。開9:00～23:00、料5時間まで€6、以降1時間ごとに€0.90、13時間以降は1時間ごとに€0.40。季節や時間帯によっては長蛇の列ができるので、時間の余裕をもって利用を。

ローマの交通について

●テルミニ駅

期間限定の店舗が楽しい、テルミニ駅コンコース

列車でローマに到着する場合は、**テルミニ駅** Stazione Terminiが玄関口だ。テルミニ駅は終着駅という名前どおり、列車が通り抜けられない**行き止まり式の駅**だ。ムッソリーニの構想により建てられた駅舎は、大理石とガラスをふんだんに使い、明るく近代的。

ホーム24番線脇奥に**観光案内所ⓘ**がある。左右のホーム端に沿って、**カフェや銀行**などが並び、1番線脇には**薬局、待合室、鉄道ⓘ、郵便局**などが並んでいる。ホーム手前には改札ゲート(移動式で有人)があり、ホームへは切符を提示して入場する。出る場合には改札はノーチェックだ。改札を出ると、たくさんの人が行き交う広いコンコースだ。ショッピングゾーンが充実したコンコースには、**大型書店、衣料品店、期間限定の各種店舗、セルフサービスレストラン、ファストフードショップ**などが並ぶ。コンコースの両端には**ATM機**が設置され、**タクシー乗り場**がある。コンコースを渡って正面に進めば、手前側に**切符売り場**と座席予約などの窓口が、その隣と向かい側は**自動券売機**が並んでいる。中2階は2ヵ所に分かれ、切符売り場上にはセルフレストランやバール、ホーム側上には2016年6月にホームを見下ろす開放的なテラッツァ・テルミニがオープン。各種飲食店(22:00頃まで)が並び、今、注目のスポットとなっている。

改札ゲートを通らなければホームには入れない

最近は自動券売機が便利になり、窓口の職員は少ない

ガラス張りの正面前は、オレンジ色や緑色の市内バスの発着する**一大バスターミナルとタクシー乗り場**のあるチンクエチェント広場だ。

広場の先にバスターミナルが広がっている。

Ⓜのマークに従ってコンコースから地下に下りると、スーパーマーケット、各種ブティック、ファストフードショップなどが揃っている。そして、さらに地下を進むと、**地下鉄A・B2線**が乗り入れる地下鉄駅だ。また、地下街には動く歩道が通じ、駅の東西も地下道で結ばれ、大きな荷物がある場合などのアクセスも便利になった(切符呈示が必要)。地下鉄出入口は、駅前広場のタクシー乗り場の先にも増設された。

ローマ　Roma

テルミニ駅構内図　Termini

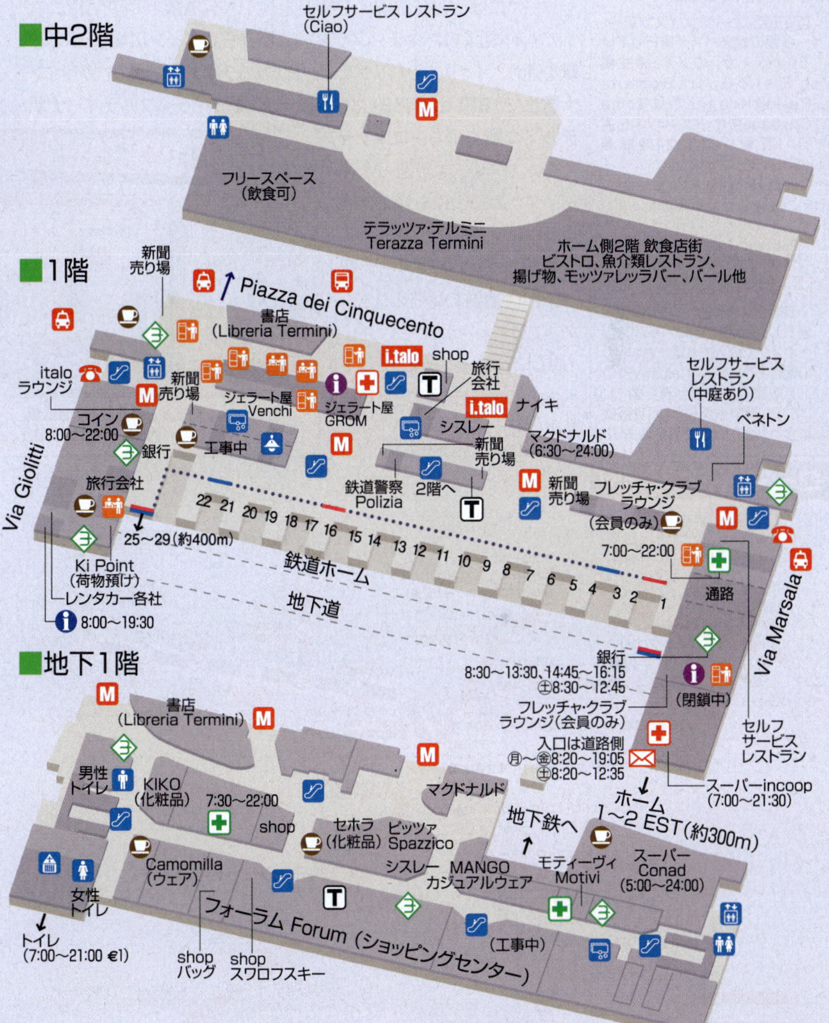

('16、10月現在)

- トイレ
- エスカレーター
- エレベーター
- カラビニエーリ
- カフェテリア
- 両替所
- ATM機
- 教会
- タクシー
- バス
- 地下鉄
- 薬局
- 旅行者救援室
- バール
- 切符売り場
- fs自動券売機
- i.talo イタロ切符売り場
- 待合室
- タバッキ
- 郵便局
- 電話
- 有人改札ゲート
- 入口
- 出口
- 出入口
- 観光局インフォメーション
- fs鉄道インフォメーション

地下鉄切符の自動券売機
紙幣が使え、画面に英語、仏語などの説明が出る。だが、おつりに制限があり、駅員も両替してくれないので、小銭がないときには切符はあらかじめキオスクなどで買っておいたほうがいい。

百花繚乱オープンバスツアー
各種の観光バスが運行している。バティカンのツアーを主催しているOpera Romana PelleglinaggiではRoma Cristianaのオープンバスを運行。1回乗り€15、24時間券€20、48時間券€23。
Opera Romana Pelleglinaggi
URL www.romacristiana.org

✉ 地下鉄自販機
自販機のどれもが€5の紙幣か硬貨しか利用できませんでした。キオスクで購入すれば、おつりの心配はありません。(izumi '10)
自販機で「おつりが戻らない」、「切符も紙幣も戻らない(自販機に食われた!)」との投稿多数あり。

●地下鉄 Metropolitana（メトロポリターナ）

交通渋滞もなく、治安もそこそこよく、終電まで頻繁に運転しているので便利だ。運行時間は5:30～23:30で、㊎㊏は翌1:30まで。地下鉄の表示は赤地に白のMマークですぐ目につく。

ローマには、A線とB線の2線が走っている。**A線(リネアA)**は、ヴァティカン近くの**バッティスティーニ駅からスペイン広場、テルミニ駅**を通り、イタリアのハリウッドと呼ばれる**チネチッタ駅**の次**アナニーナ駅**まで。**B線(リネアB)**は、**レビッビア駅**から**ティブルティーナ駅、テルミニ駅**を通り、**コロッセオ**やムッソリーニが造ったニュータウンE.U.R.を経て、終点**ラウレンティーナ駅**までだ。この線は途中**マリアーナ駅**で、古代遺跡のあるオスティア・アンティーカやローマっ子の海水浴場オスティア・リドへ向かう**オスティア・リド線**と連絡している。

地下鉄、切符購入の自販機。つり銭のないように使おう

ローマ地下鉄路線図

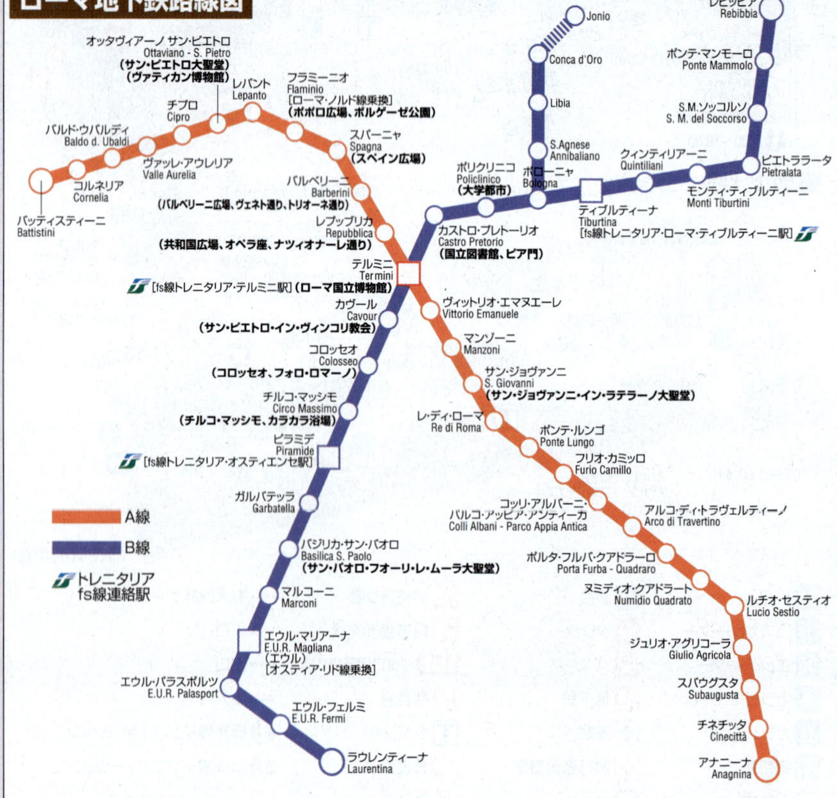

●バス Autobus

バスはイタリア語でアウトブスだ。ローマ市内を走るバスはおもにオレンジ色や緑色のワンマンカーだ。一日中、真夜中でも走っているし、路線網も細かいので使いこなせれば、ローマでは旅行者の強い味方になる。朝夕は交通渋滞でかなり時間がかかることもあるが、外を眺めながらエトランゼ気分を楽しむのも一興だ。詳しい路線図(€6)はキオスクなどで販売。

このテルミニ駅前のバスターミナルには、たくさんの市バスが停まっているので、目指すバスに乗るのには都合がよいが、普通はバス停からの乗車だ。バス停は日本と同様で道端にありFermata(フェルマータ)という表示がある。この下に路線番号と路線、バスが向かう方向、各停留所名(現在地は赤枠)が書いてある。バス停にNotturno(ノットゥールノ)(フクロウマークが目印)と表示してあるのは**深夜路線**で日中は運行されないので注意すること。なお、バスは行きと帰りに同じ路線を通らないこともあるので、路線を確かめずに慌てて、来たときと同じバスに乗らないように。

真実の口に行くなら170番

さて、バスの乗り方だがまず行き先の番号を確かめ、その番号がフロントガラスの上に書かれたバスが近づいたら、手を挙げて運転手に合図しよう。バスには扉が3つあり、**前扉**は定期券専用、**中央**は降車専用、**後ろ扉**が定期券と切符用になっている。乗り込んだら切符を機械の矢印に合わせて自動刻印機に入れよう。刻印機を上下して乗車日時が書き込まれる。作動しないと、刻印され

交通機関の切符

地下鉄、バス、トラム(路面電車)、近郊鉄道の切符は共通で€1.50。100分有効で、この時間内なら何回でも乗り換え可。ただし、地下鉄や鉄道は一度改札を出ると、再び利用することができない(バスやトラムへの乗り継ぎは可)。

バスと地下鉄の切符の種類

■1回券100分有効(BIT=Biglietto Integrato a Tempo) €1.50
■24時間券ROMA 24H €7
■48時間券ROMA 48H €12.5
■72時間券ROMA 78H €18
■1週間券(CIS=Carta Integrato Settimanale) €24(最終日の24:00まで)

切符を使用するときは、バスの車内や地下鉄の改札口にある自動刻印機に入れて、日付と時間を刻印すること。この使用開始時間が基準。突然の検札があるので、切符は下車まで保持のこと。

購入場所は、バスターミナルや地下鉄駅の窓口や自動販売機、ATACの表示のあるたばこ屋、新聞売り場、バールなどで。

✉ 1日券は€7に値上がり。有効期間は当日24:00ではなく、改札機で刻印後24時間となりました。(匿名希望 '15)

バスATACの案内所

テルミニ駅前広場にある。目的地を告げるとバス路線を教えてくれる。ここでは市内路線バスの切符は販売していない。
※'16年10月現在、テルミニ駅を背にしたほぼ中央。

2階建てバスでローマのオリエンテーション

手軽にローマ観光できる2階建てバスが観光客に人気。風を受けて、高みから見学するのは気分がいいし、主要な見どころを回るので、ローマ観光の初日に利用すると町の理解を助けてくれる。ライトアップされた魅力的な夜のローマを、眺めてみたい人にもおすすめ。観光客しかいないので、スリなどの心配も少ない。

数社が運行しており、バスは新型の2階建て。運行ルートもほぼ同様で8～10ヵ所の専用停留所で乗り降り自由で、自分の観光に合わせて後続のバスを利用できる。下車せずに1周すると1時間30分～2時間。始発・終点は各社で異なるが、テルミニ駅周辺には各社のバス停がある。テルミニ駅周辺では客引きが勧誘してくるし、ホテルにパンフレットも置かれているので申し込みも簡単。

City Sightseeing Rome社

コースはマルサラ通り(テルミニ駅東側)→サンタ・マリア・マッジョーレ大聖堂→コロッセオ→チルコ・マッシモ→ヴェネツィア広場→ヴァティカン→トレヴィの泉→バルベリーニ広場→マルサラ通り

9:00～17:00の15～20分間隔の運行。夏季は夜間運行あり。

料 24時間券 €25 48時間券 €28

問い合わせ

☎ 06-69797554 URL www.roma.city-sightseeing.it(切符購入可、割引切符掲載の場合あり)

ローマ・オープン・ツアー Rome Open Tour

24時間券 €20(オンライン購入€17.99)
早期購入 €14.99 月曜券 €15.99
48時間券 €25(オンライン購入€22.49)
早期購入 €18.49 月曜券 €19.99など

☎ 06-45555270 URL www.romeopentour.it

※いずれのツアーも㊐㊗は歩行者天国などにより、運行時間、一部のルート、バス停位置の変更あり。また、一部のバス停からは表記見どころ(トレヴィの泉は車両乗り入れ禁止の細い路地のためなど)へは徒歩の必要あり。

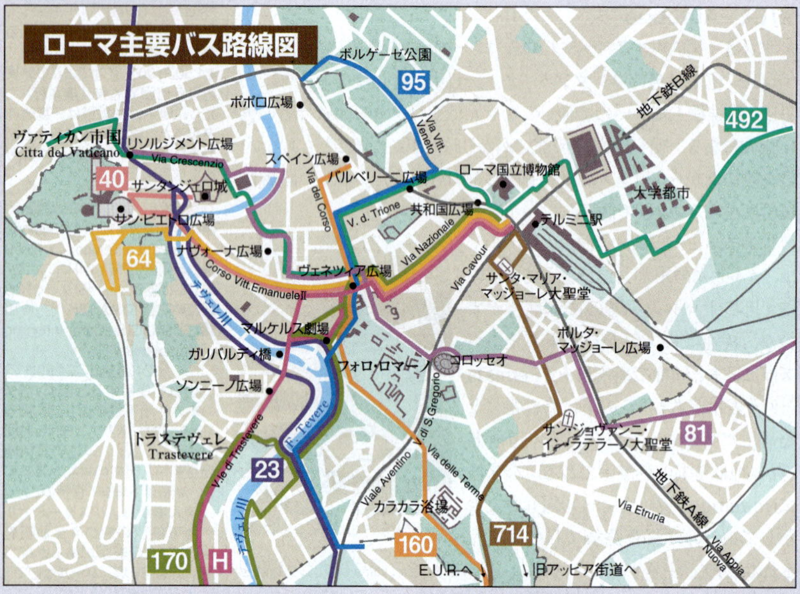

ないので、検札のときあらぬ疑いをかけられてしまう。観光に便利なバス路線は次のとおりなので路線図とともに研究して町に繰り出そう。

バス内部

40 急行 テルミニ駅↔ナツィオナーレ通り↔ヴェネツィア広場↔トッレ・アルジェンティーナ広場↔V.エマヌエーレ2世通り↔ピオ10世通り↔ピア広場(サンタンジェロ城近く)

64 テルミニ駅↔ナツィオナーレ通り↔ヴェネツィア広場↔V.エマヌエーレ2世通り↔ヴァティカン市国(サン・ピエトロ駅前広場)

492 ティブルティーナ駅↔テルミニ駅↔バルベリーニ広場↔ヴェネツィア広場↔トッレ・アルジェンティーナ広場↔カヴール広場↔リソルジメント広場↔地下鉄チプロ駅(ヴァティカン博物館)

23 リソルジメント広場↔V.エマヌエーレ2世橋↔トラステヴェレ地区↔サン・パオロ・フオーリ・レ・ムーラ大聖堂

スリ対策

1.バッグ類は体の前に。
2.混んだバスには乗らないくらいのつもりで。
3.スリは真ん中の扉と後ろの扉の付近に多く、複数で仕事をするので(ひとりが乗客の目を遮り、残りの人が扉の付近で物を盗む)、できれば座席を確保する。
※テルミニ駅からヴェネツィア広場へ行く人は、No.64よりNo.170やNo.40がベター。

バス・地下鉄の自動刻印機

バスは車内、地下鉄は入場口で切符を自動刻印機に通すのがきまり。切符の表裏を逆に入れると自動刻印機は作動せず、刻印済みの音がしないので注意。刻印をしていないと切符を持っていても罰金となる。

自動刻印機が故障!?

ときとして刻印機が故障していたら、刻印ができない。この場合は、乗車時間、日時をペンで自分で記入すればOKだ。心配なら、運転手に書いてもらおう。

真夜中のバス

真夜中24:00を過ぎて運行されるのがノットゥールノNotturno(バス停ではフクロウマークで表示)だ。このバスのみ車掌が乗り込み、切符の販売をしている。運行本数は日中に比べ、めっきり少ないが、バス停の下に時間も表示され運行も正確なので利用価値は大きい。これを使えばローマのどこへでも真夜中に行くことができる。

170 テルミニ駅 ↔ 共和国広場 ↔ ナツィオナーレ通り ↔ ヴェネツィア広場 ↔ マルケルス劇場 ↔ 真実の口広場 ↔ アヴェンティーノ通り ↔ テスタッチョ橋 ↔ トラステヴェレ駅 ↔ アグリコルトゥーラ広場(エウルE.U.R.)

ATACの大型連絡バス

714 テルミニ駅 ↔ S.M.マッジョーレ広場 ↔ S.G.イン・ラテラーノ広場 ↔ カラカラ浴場 ↔ E.U.R.地区

660 地下鉄A線コッリ・アルバーニ駅 ↔ 地下鉄A線アルコ・ディ・トラヴェルティーノ駅 ↔ アッピア新街道 ↔ アッピア旧街道 ↔ チェチーリア・メテッラの墓(20:30まで)

H 急行 テルミニ駅 ↔ ヴェネツィア広場 ↔ ソンニーノ広場 (トラステヴェレ) ↔ トラステヴェレ駅 ↔ サン・カミッロ病院 ↔ カサレット (9:00〜20:00)

●タクシー Taxi(タッシー)

タクシーは白の車体だ

イタリア語ではタッシーと呼ぶ。

町を流しているのをつかまえるのは難しいので、ほとんどの広場にあるタクシースタンドから乗ろう。白色の車体で、車体にローマ市の紋章とRoma Capitaleの文字、屋根の上にTAXIと表示してある。車は手動式ドアで4人乗りが多い。空車は日本同様赤ランプでLIBERO(リーベロ)と表示してある。

ホテルやレストランなどから呼ぶ場合は、タクシーの車体の横に書いてある(2桁・2桁)の数字、または(数字2桁・地名)をあらかじめ教えてくれるので、この番号の車に乗り込む。この場合は、すでに迎車料金がメーターに表示してあるはずだ。乗り込んでメーターを確かめ、作動していない場合は、ひとこと「メーター」と叫ぼう。

料金は運転手の言う金額(メーターより少し多め)を払えば、すでにチップも含んでいるので問題はない。22:00から翌朝6:00までは割増料金が適用される。タクシーの運転手は、あまり英語は話せないが、紙に書いた住所を見せれば十分。おおむね日本人には好意的だ。

地下鉄・バスでのマナー

降りる駅のひとつ手前になったら扉に近づいて、降りる準備。前にいる人に「シェンデScende?(降りますか?)」と聞き、「ノー」と言われたら「ペルメッソPermesso!(失礼)」と声をかけつつ前に出ること。これをしないと、周りのヒンシュクを買うので注意。

タクシー料金

距離・時間併用制。

月〜土初乗り	€3
日祝初乗り	€4.50
夜間(22:00〜翌6:00)初乗り	€6.50

以後153.8m/3分ごとに、€0.10ずつ加算

荷物(35×25×50cm) 1個は無料。2個目から€1。

そのほか、深夜割増(22:00〜7:00)、休日割増、大型荷物割増、待機料金などがある。良心的な運転手には料金の10%くらいをチップとして渡す。必ず正規のタクシーを利用し、ボラれたりしないよう注意。

タクシーを呼ぶなら RADIO TAXI

☎ 06-0606、06-3570、06-6645

バスや地下鉄の検札はキビシイ!

月末と月初めには、頻繁に抜き打ちの検札が回る。無賃乗車が見つかると高額(約€50)の罰金と外国人の場合にはパスポートの呈示を求められ、運が悪いと大使館へ通報されるそうなので注意しよう。

白タクには乗らない

白タクとは、無認可タクシーのこと。タクシー乗り場近くで愛想よく客引きをしている場合があるが、本物のタクシー運転手は客引きをしないのでダマサれないように。白タクは安い料金を提示してくるが、それは1人分で降車の際に人数分を要求される場合もある。

空港・市内間に定額タクシー制導入

タクシーの定額制Tariffa Fissaが実施されている。荷物・人数(最高4人まで。荷物・チップなどの追加料金なし)に関係なく、1台でフィウミチーノ空港から市内(アウレリアヌスの城壁内:P.30〜31の城壁とほぼ同エリア)まで€48、チャンピーノ空港からは€30。予約の必要はなく、運転手にその旨を告げればOK。タクシーの車体に料金掲示があるので、行き先と料金の確認をして乗り込もう。逆ルートの市内・空港間も同料金。['16]

タクシーの車体に料金を表示

馬車の料金
約1時間のコースで€70以上する。財布に余裕のある人向き。

レンタバイク
トレノ・エ・スクーター・レント
Treno e Scooter rent
住 Piazza dei Cinquecento
テルミニ駅前広場、駐車場入口そば
☎ Fax 06-48905823
URL www.trenoescooter.com
※自転車は、スペイン広場地下鉄駅の出入口そば、コルソ通りなどでレンタルできる。

●馬車 Carrozzella（カロッツェッラ）

教会で式を挙げたばかりのカップルが、花で飾られた馬車に揺られていたり、アメリカ人観光客がビデオを回しながら石畳の道を走っていたりとローマ名物のひとつだ。

絵になるローマの馬車

コロッセオ、サン・ピエトロ広場、トレヴィの泉周辺、スペイン広場など主要な観光名所で客待ちをしている。ほぼ5人乗りで、料金は行き先と時間により交渉で決めるので、トラブルのないように初めにはっきりさせておくことが必要だ。

●スクーター、自転車

スクーターは、ローマのすさまじい交通事情のなかでも、走りこなせる自信のある人向き。自転車は7つの丘の町といわれる坂の多いローマを走れる体力自慢の人におすすめだ。

バイクの運転は慎重に

これらはバスの通らないアッピア旧街道の外れの古い遺跡を訪れたりするのには強い味方になるはずだ。49cc以上のオートバイ運転には国際運転免許証が必要(→P.507)。

■観光ツアー催行旅行社

[みゅう]ローマ
☎ 06-8414698
開 ㊊～㊎9:00～17:00
URL www.myushop.net
※日本語ツアーを実施。日本語での申し込みも可

My Bus Italy
住 Piazza di San Bernard 105
☎ 06-4827150
e-mail my.bus@falshnet.it

JCBプラザ
住 Via Vittorio Emanuele Orlando 73
☎ 06-4820764
営 9:15～17:45
※㊏㊐㊗は電話受付のみ
地 P.43 B3

●観光バス

どのホテルにもパンフレットが置いてあり、申し込みもできる。駆け足で見どころを効率よく見て回りたい人に。半日コースからイタリア各地を回るコースなど各種あり、日本語によるツアーも催行している。(→P.55)

各社が運行する2階建て市内観光バス

「タクシーに問題あり」という投稿のほとんどはローマ。先輩たちに学ぼう!

真実の口から
真実の口からパンテオンまでわずかな距離なのに€25を請求されました。メーターは動いていると思ったのですが、運転手は壊れているなどと言って適当な値段を言ってきたのです。おかしいと思い「No!」と伝えたのですが、運転手がしだいに怒り出し、怖くなった母が結局€35も渡してしまいました。メーターの確認をしなかったこと、女ふたり連れ、日本人と言ってしまったことなどいろいろ反省材料がありました。（東京都　母娘旅　'12）
※真実の口広場のタクシーは苦情投稿複数あり。

ローマ到着時のタクシー
ローマ・テルミニ駅から徒歩5～6分のホテルまでタクシーを利用しようと思いました。テルミニ駅の外に出ると運転手が現れ、スーツケースを運びはじめました。場所を言うと「€30」、高いと答えると「€28」というので荷物を奪い返し、他のタクシー乗り場に行って料金を尋ねたものの、€25とふっかけられました。テルミニからタクシーに乗る予定ならば、空港から固定料金('16年現在は€48)でホテルへ向かうのがいいです。（神奈川県　アキリン　'11）

タクシーと小銭
タクシーを利用する際は、支払いのために€1を多く持っているといいです。チップを含んで€7と請求され、€10で支払うと、「おつりがない。Thank you」と連呼され、おつりを諦めるハメに。本来のタクシー料金は手頃で、ヴァティカンからヴェネツィア広場まで€6.50。コロッセオからサン・シルヴェストロ広場まで€5でした。（神奈川県　アキリン　'11）

ローマの役立つ情報

●ローマの観光案内所

テルミニ駅のⓘは24番線ホーム脇(建物内、ジョリッティ通り側)にあり、地図やガイドの販売やホテルや観光の相談にのってくれる。ホテルリストは希望の地域やカテゴリーを伝えると、該当の物をプリントアウトしてくれる。また、ローマパスなども販売。

ローマパスも販売しているテルミニ駅のⓘ

テルミニ駅のチンクエチェント広場にあるバスの案内所

窓口はローマ各所にあり、一部は緑色のキオスク風のブース内にあるので、気づいたときに必要な資料を入手しよう。一部美術・博物館の入館予約や切符の前売りもしている。

●両替　Cambio（カンビオ）

手持ちのお金を有利に使いたいとは、誰もが考えること。一般的に、両替率(レート)は小都市より大都市、南より北の方がよい。両替は**銀行、駅や空港にある銀行の出先機関、町の両替所、一部のホテルやYHなど**でできる。ただ、両替には手数料がかかることがほとんど。両替率は毎日変わり、手数料もいろいろ。手数料は1回いくらという所と、割合の場合がある。手数料20%以上などという所もあるので、両替前に手取りがいくらになるかを最初に確認しよう。みやげ物屋や商店などでも、買い物をすると両替してくれる所もある。

ATMを活用しよう

しかし最近は、両替所や自動両替機は減少。空港や駅、銀行に設置された**ATM機**でクレジットカードや銀行カードを利用してキャッシングする人が多い。通常の両替より有利だ。旅行前に暗証番号や限度額の確認、カードによっては保留設定などをしておこう。

●郵便番号　00100

ローマのⓘ
コールセンター
☎06-0608

テルミニ駅のⓘ
住 Via Giolitti 34(ホーム24脇)
営 8:00〜19:30

サンタンジェロ城のⓘ
住 Piazza Pia
営 9:30〜19:00

S.M.マッジョーレ大聖堂のⓘ
住 Via dell'Olmata
営 9:30〜19:00

ナツィオナーレ通りのⓘ
住 Altezza Palazzo Esposizioni内
営 9:30〜19:00

トレヴィの泉近くのⓘ
住 Via Minghetti
営 9:30〜19:00

レオナルド・ダ・ヴィンチ空港のⓘ
住 ターミナルT1、国際線到着ロビー
営 8:00〜19:30
※休 1/1、5/1、12/25は共通

✉ ローマパス

ローマパスでバスを利用する場合は、最初に氏名、開始日時を記入。バスは刻印が不要で、そのまま乗るだけ。提示を要求されたら見せるだけでOKです。初めてバスに乗るとき、わからず困りました。地下鉄はバーコードを改札機にかざせばOK。見どころは1〜2カ所フリー入場ができ、入場待ちもなし。コロッセオなどの入場混雑場所で使い、行列を横目に入場できて、すごく気分がよかった。　(ふろー　'11)['16]

ⓘ、主要見どころ、テルミニ駅構内などの新聞売り場などで販売。

市中銀行
開 8:30〜13:30
　15:00〜16:00
休 ㊐㊗
※営業時間は各銀行により多少の変更あり。一部㊏午前の営業あり
※自動両替機よりもATM機が主流。キャッシングできるカードがあると便利だ

駅の両替所
開 8:30〜19:30

お得な割引パス ローマパスROMAPASS

ローマ市内の公共交通と見どころ1〜2カ所の入館料(ヴァティカン博物館は除く)が含まれたパス。バスなどの切符購入の手間が省け、入場の長蛇の列もパスできるのが利点。パス提示で美術・博物館の入館割引、館内ブックショップでの割引あり。種類は2種類。

①**ROMA PASS 72 hours**　最初の見どころ2カ所無料、公共交通は72時間有効。料金€38.50

②**ROMA PASS 48 hours**　最初の見どころ(1カ所)無料、公共交通は48時間有効。料金€28

販売場所
各所のⓘ、見どころの切符窓口、キオスク(新聞売り場)、タバッキなど。

問い合わせ
URL www.romapass.it　☎06-0608

中央郵便局
Posta Centrale
住 Piazza S. Silvestro 19
☎ 06-69737216
開 月〜金8:20〜19:05
　土　8:00〜12:35
地 P.42 B1
※電報は毎日24時間発信できる（☎186で受付）

中央警察外国人事務所
Questura, Centrale
Ufficio Stranieri
住 Via S.Vitale 15
☎ 06-46861
開 8:00〜20:00
地 P.43 B3(中央警察内)
※被害届けなどは各所の最寄り警察でも可

日本大使館
Ambasciata del Giappone
住 Via Quintino Sella 60
☎ 06-487991
休 土日祝　地 P.43 A3
URL www.it.emb-japan.go.jp/index_j.htm

✉ ヴァティカン郵便局

ヴァティカン博物館の郵便局で切手を購入したところ、ヴァティカン発行のユーロをゲットできました。絵はがきを買って、書いて、そばにあるポストに投函。ヴァティカンの思い出になりますヨ。
（東京都　萩原雅子　'10）

✉ 荷物を送るなら

ローマ三越のヤマト運輸から荷物を送ることができます。DHLより安いし、日本語が使えて便利。€100〜。
（茨城県　鈴木祥絵　'12）

公衆電話はカードが主流

ユーロへの切り替えにともない、機種も新しくなった公衆電話。テレホンカード使用が主流。一番安い€3のテレホンカードをタバッキなどで買っておくと便利。

クレジットカードを利用しての国際電話

他の国を経由したり、料金体系が複雑だったりと、思いがけず高い料金を請求される場合がある。料金が心配な場合は、国際電話用のプリペイドカードを購入し、ホテルの自室からかけるのが安心だ(→P.529)。

●郵便局 L'ufficio Postale（ルフィッチョ ポスターレ）

中央郵便局は、サン・シルヴェストロ広場にある。この郵便局では、開封小包1kgまでと書籍小包5kgまでを取り扱う。テルミニ駅構内東側にもある（入口は、マルサラ通りVia Marsala側）。ただし、郵便局は日本同様、各種の支払いや手続きなどで、地元の人で混み合っている場合が多い。入口の番号札を取って順番を待とう。**切手**Francobolliは、町なかのたばこ屋Tabacchiでも販売している。

中央郵便局

小包を取り扱う郵便局は少ないので、最初にホテルなどで確認してから出かけよう。上記の中央郵便局やテルミニ駅周辺では共和国広場のTerme di Diocleziano局（マッシモ宮入口の道を挟んだほぼ向かい）が取り扱う。小包取り扱いの郵便局では各種ボックスの販売もしているので、これに入れて付属のテープなどで封をすればいい。専用窓口で手続きしよう。

また、サン・ピエトロ広場のヴァティカン郵便局から手紙を発送すると、どこよりも早く日本へ着くと評判だ。

●電話局 L'ufficio Telefonico（ルフィッチョ テレフォーニコ）

小銭をたくさん用意するか、テレホンカードを使えば手近の公衆電話から日本へ直接ダイヤルできる。しかし、町の騒音を考えれば電話局かホテルの自室からがベターだ。

テルミニ駅や主要見どころの近くには各電話会社が簡易電話ブースを設けている。料金はまちまちだが従来よりも安い。料金を比較検討して利用しよう。

最新型の電話の横には、最新のパソコンが。メールも送れるテレコムイタリアのブース

●Wi-Fi事情

ホテルやカフェなど各所でWi-Fiのサービスを提供している。ホテルは無料の所が多いが、高級ホテルでは有料の場合もある。町なかの無料スポットは時間制限（30分程度）が設けられている場合が多い。フィウミチーノ空港、市バスのバスターミナル、8番などの新型トラムでは車内でも利用できる。使用できる場所にはWi-Fi表示があるのでチェックしてみよう。

ローマでオペラ体験

✉ 古代遺跡で野外オペラはいかが？

夏はカラカラ浴場でオペラ鑑賞ができます。日によって演目は異なり、私は「ラ・ボエーム」を鑑賞。次第に暮れゆく空に遺跡がスクリーン……。開演前から気分が盛り上がります。ソデに英語字幕も出ますが、野外でのオペラの雰囲気を味わうだけでも十分楽しめます。服装もラフでも臆することはありません。切符はオペラ座の切符売り場で座席表の画面を見ながらシートを選びました。当日券は安くなっていておすすめです。最寄り駅のチルコ・マッシモから徒歩で10分ほどです。終電の時間を確認してどうぞ。　（かなぶーん　'15）

●オペラ座(→P.64)
住 Piazza Beniamino Gigli 1
URL www.operaroma.it

テルミニ駅周辺

テルミニ駅正面は市バスの発着する一大バスターミナルのチンクエチェント広場。広場の奥に**ディオクレティアヌスの浴場跡**(現在はローマ国立博物館のひとつ)と**共和国広場**。共和国広場はエセドラ広場とも呼ばれ、妖精が水を噴く、ローマらしい美しい風景が広がる。この先に左に延びるのがナツィオナーレ通り。駅前広場左側は**ローマの国立博物館マッシモ宮**があり、古代ローマ美術ファンはぜひ訪ねたい場所だ。

駅前広場の左から続く大通りを500mほど行くと、史上初めて聖母マリアにささげられた**サンタ・マリア・マッジョーレ大聖堂**の大きな後ろ姿が現れる。サンタ・マリア・マッジョーレ大聖堂と次のサン・ジョヴァンニ・イン・ラテラーノ大聖堂は「ローマの四大聖堂」と呼ばれ、カトリック信者にとって重要な巡礼地であり、いつも敬虔な信者の姿がある。

サン・ジョヴァンニ・イン・ラテラーノ大聖堂へは地下鉄を利用しよう。サン・ジョヴァンニ・イン・ラテラーノ大聖堂は、法王庁がヴァティカンに移るまでカトリック教会の中心的存在だった場所だ。

S.M.マッジョーレ大聖堂のシスティーナ礼拝堂Cappella di Sisto Ⅴはひときわ豪華

テルミニ駅への行き方

テルミニ駅はfs線、地下鉄A・B線が連絡。地上に出れば、チンクエチェント広場。

サン・ジョヴァンニ・イン・ラテラーノ大聖堂への行き方

テルミニ駅からサン・ジョヴァンニ・イン・ラテラーノ大聖堂へは、地下鉄A線サン・ジョヴァンニSan Giovanni駅下車。

国立美術・博物館の新サービス

①国立の美術・博物館、考古学エリアなどの見どころは毎月第1㊐は無料。特別展は会場により異なるが、別途切符購入が必要な場合あり。

②夏季を中心に、主要な美術・博物館などで夜間開館実施（有料）。見どころにより、事前予約が必要。20:00～22:00の2時間に実施する所が多いが、コロッセオは4～10月の㊊㊍㊎㊏の20:10～24:00(入場は閉場1時間前まで)。

詳細はURL www.beniculturali.it

おもな見どころ

ローマの交通の中心 MAP P.43 B・C4

テルミニ駅
Stazione Termini スタツィオーネ テルミニ

国際線、国内線の鉄道が頻繁に発着するローマで最大の駅。法王ピウス9世の発案で1870年に建造。その後、1938年にムッソリーニの命により、「20世紀の時代に即した」新しい駅の建設が始められ、現在の姿になった。

終着駅、テルミニ駅

噴水が水を噴く、大きなロータリー MAP P.43 B3

共和国広場 ★
Piazza della Repubblica ピアッツァ デッラ レプッブリカ

半円形の建物に囲まれた共和国広場

中央には優美な4人の妖精が飾る「ナイアディの噴水」が水を噴き、周囲を回廊のある建物で囲まれている広場。ロータリーでもあるため、一日中車が行き交う。ときには、噴水の周りで日光浴する人もいて、イタリアらしい一面も見せる。

広場の右側、崩れかけたドームのような建物はサンタ・マリア・デッリ・アンジェリ教会。

古代ローマのバジリカを生かして改修されたもの。

ミケランジェロのデザイン S.M.アンジェリ教会

●サンタ・マリア・デッリ・アンジェリ教会
住 Piazza della Repubblica
☎ 06-4880812
開 7:00～18:30
㊐㊗7:00～19:30

一般的な休館日

ほとんどの美術・博物館は週に1度休館する。国立のほとんどの美術・博物館は月曜が休館となる。祝日の休館は、各館により異なる。とりわけ重要な祝日の1/1、12/25はほぼすべてが休館。さらに小さな美術・博物館などは、復活祭の日曜と翌月曜、8/15、12/8、12/26なども休館とすることがある。

主要な教会はほぼ一年中開いているので、祝日にかかったら教会巡りをするのもいい。ただし、ミサなどの宗教儀式の際は見学を遠慮するか、じゃまにならないように心がけよう。

✉ バロックはひと休み

カタコンベに残る初期キリスト教美術はこれまでの美術館や教会で見た物とまったく異なる雰囲気でした。キリストもより人間らしく、キリスト教が庶民に信仰されていた身近なものだったということが感じられて新鮮でした。ローマの中心からはテルミニ駅から86、92、310番のバスで簡単に行けるプリシッラのカタコンベがおすすめ。　(東京都　モビ　'13)

国立博物館と考古学遺跡のお得な共通券

◆国立博物館カード
Museo Nazionale Romano Card :€7　3日間有効

ローマの各所に分館しているローマ国立博物館Museo Nazionale Romanoの共通券。対象となるのは、マッシモ宮、アルテンプス宮、ディオクレティアヌスの浴場跡、クリプタ・バルビ。

◆ローマ・アルケオロジア・カード
Roma Archeologia Card:€23　7日間有効

上記のほか、コロッセオ、パラティーノの丘、カラカラ浴場、チェチーリア・メテッラの墓、クインティーリ荘に共通。

◆アッピア旧街道全体券
Appia Antica Intero:€6　7日間有効

カラカラ浴場、クインティーリ荘、チェチーリア・メテッラの墓の3カ所に共通。

■切符は各見どころで販売。
※特別展の場合は料金の変更(+€3)あり。

※クリプタ・バルビ　Crypta Balbi

紀元前に建設された劇場跡に中世の工房、墓、神殿跡などが残る。中世までのローマ人の生活を知る博物館。
住 Via delle Botteghe Oscure 31
☎ 06-39967700
開 9:00～19:45
休 ㊊、1/1、12/25
料 共通券　地 P.42 C1

◆予約および前売り券(各+€2)
URL www.coopculture.it

ローマ時代の古代美を展示 MAP P.43 B3・4

ローマ国立博物館 マッシモ宮 ★★

Museo Nazionale Romano Palazzo Massimo alle Terme
ムゼオ ナツィオナーレ ロマーノ パラッツォ マッシモ アッレ テルメ

マッシモ宮

紀元前2世紀から紀元後4世紀の作品をおもに展示。以前のローマ国立博物館から運ばれた数々の彫像やコインをはじめ、3階のセクションは必見だ。3階、第2室の『リヴィアの家のフレスコ画』Villa di Livia（ヴィッラ ディ リヴィア）は紀元前20～10年に描かれた物で、アウグストゥス帝と妃リヴィアの家から発掘された物。緑の庭園が壁面いっぱいに広がり、豊かな生活を感じさせる。ギャラリーⅡおよび第3～5室はテヴェレ川の護岸工事の際に発見された『ファルネジーナ荘の壁画』Villa della Farnesina（ヴィッラ デッラ ファルネジーナ）を展示。いずれも古代ローマの高い絵画技法を伝える物として重要だ。細密でありながら、おおらかな紋様、人物、風景が壁面を飾っている。このほか、当時は絵画のように用いられていた完成度の高いモザイクも興味深い。

2階には彫像、レリーフ、石棺を展示。とりわけ第5～10室は重要な作品が並ぶ。第5室『アンツィオの乙女』Fanciulla di Anzio（ファンチュッラ ディアンツィオ）、『ランチェロッティの円盤投げ』Discobolo Lancellotti（ディスコボーロ ランチェロッティ）、『眠れるヘルメス-アフロディーテ』Ermafrodito addormentato（エルマフロディート アッドルメンタート）は必見だ。

1階は中庭を中心に歴代皇帝の彫像、フレスコ、モザイクなどを展示。『ティヴォリの将軍』Generale di Tivoli（ジェネラーレ ディ ティヴォリ）、『ラビカーナ通りのアウグストゥス帝』Augusto dalla via Labicana（アウグスト ダッラ ヴィア ラビカーナ）、『傷ついたニオベの娘』Niobi de Ferita（ニオビ デ フェリータ）、『メルポメネーの女神』Musa Tipo Melpomene Farnese（ムーザ ティーポ メルポメーネ ファルネーゼ）などの彫像も見逃せない。

ローマ時代の巨大な浴場跡 MAP P.43 B3・4

ディオクレティアヌスの浴場跡 ★

Museo Nazionale Romano Terme di Diocleziano
ムゼオ ナツィオナーレ ロマーノ テルメ ディ ディオクレツィアーノ

298～309年の間に帝の命により造られ、ローマ時代最大の370×380mの広さを誇り、一度に3000人が使用できたという。湯や水をたたえた浴槽、運動室、更衣室を完備し、ローマ市民の憩いの場であった。ローマ国立博物館所蔵の彫像、石碑、青銅器時代から紀元前12～7世紀の発掘品を展示。

テルミニ駅近くにある、ディオクレティアヌスの浴場跡

見どころの入場時間
ローマの美術館、博物館などの見どころは、閉館30分～1時間前で入場終了。

●マッシモ宮 Palazzo Massimo
住 Largo di Villa Peretti 1（テルミニ駅を背に左側）
☎ 06-39967700（予約）
開 9:00～19:45
5/1　14:00～20:00
休 ㊊、1/1、12/25
料 共通券€7（特別展の場合€10）（P.62）
※見学は3階から。3階のみガイド付き見学（約30分ごとのスタート）
※オーディオガイド（英語）€4

✉ ローマパスは順番が大事！
到着した当日午後にローマパスを購入。パスは時間制ではなく日数分なので半日損をしてしまいました。それに始めの2ヵ所のみ無料になるので、ちゃんと入場料の高い所から回るべきでした。市内バスと地下鉄の交通券としてはよかったです。
（埼玉県　水野美生子　'13）

✉ 夜景が美しいローマ
共和国広場は夜はライトアップされ、噴水が本当にきれいです。
（東京都　安藤直樹　'09）

マッシモ宮の至宝
『リヴィアの家のフレスコ画』

●ディオクレティアヌスの浴場跡
住 Via Enrico De Nicola 78
☎ 06-39967700（予約）
開 9:00～19:30
休 ㊊、1/1、12/25
料 共通券€7（→P.62）
※浴場跡は後年のたび重なる改修のため古代浴場としての姿はない。しかし、明るい日差しの差し込む回廊や、ところどころに残る遺構に、いにしえの面影をしのぶことができる
※コロッセオの切符購入可
切符売り場で、コロッセオとフォロ・ロマーノ、パラティーノの丘の共通券の前売り券を販売。前売り券は通常料金に+€2。

聖母マリアにささげられた　MAP P.43 C3・4

サンタ・マリア・マッジョーレ大聖堂 ★★

Santa Maria Maggiore　サンタ マリア マッジョーレ

内部のモザイクは必見の、S.M.マッジョーレ大聖堂

テルミニ駅の左側カヴール通りVia Cavourの500m先、階段を上った高台に堂々と建つ。4世紀時の法王リベリウスの夢に聖母マリアが現れ、「今晩雪の降った所に教会を建てよ」と命じた。時、8月にもかかわらずこの場所には雪が降ったという伝説がある。4世紀に建築されて以来何度も改築されたので、各時代の芸術的手法を見ることができる。

内部の36本の柱は、古代ローマの神殿から運ばれた物だ。この柱と中央祭壇の後ろを飾るモザイクは5世紀の物。後陣の金色に輝く天井のモザイク『マリアの戴冠』は13世紀。法王のシスト5世の礼拝堂Cappella di Sisto V（カッペッラ ディ シスト クイント）はルネッサンス後期、左のパオリーナの礼拝堂Cappella di Paolina（カッペッラ ディ パオリーナ）は17世紀初期バロックの物だ。

長い伝統と格式を誇る大聖堂　MAP P.47 B4

サン・ジョヴァンニ・イン・ラテラーノ大聖堂 ★★

San Giovanni in Laterano　サン ジョヴァンニ イン ラテラーノ

中央には法王の専用祭壇

ローマで、そして世界で最も重要で由緒ある教会だ。初めてキリスト教を公認したコンスタンティヌス帝が314年に建設し法王に寄進した物だ。

教会は17世紀にバロックの代表的建築家ボッロミーニにより大改築がなされた。ガリレイによる正面上部には高さ6mもあるキリストと聖人の像が並ぶ。内部左側にはコンスタンティヌス大帝の像がある。高い格天井には法王の紋章が描かれ、天蓋の棚の中にあるペテロとパウロの像の頭の中には、それぞれの頭骨が収められているともいわれる。

左の側廊の円陣寄りに回廊キオストロに通じる通路がある。コズマ風の床装飾や異なった柱を用いた柱廊、小アーチの上のモザイクなど、ローマでも一、二を競うすばらしい回廊だ。

教会隣りのラテラーノ宮殿Palazzo Lateranoは、アヴィニョンに幽閉されるまで歴代の法王の住居だった所。この宮殿斜め前の建物には「聖なる階段」Scala Santa（スカラ サンタ）と呼ばれる28段の階段がある。十字架に架けられる前にキリストが使った物で、エルサレムから運ばれたという。いつも、たくさんの敬虔な信者がお祈りをささげながら膝で階段を上っている。

●S.M.マッジョーレ大聖堂
住 Piazza di S. M. Maggiore
☎ 06-69886800
開 7:00～18:45

●サン・ジョヴァンニ・イン・ラテラーノ大聖堂
住 Piazza S. Giovanni in Laterano 4
☎ 06-69886493
開 7:00～18:30
※キオストロChiostroは 9:00～18:00
料 €2
※聖なる階段Scala Santaは 6:30～12:00 15:00～18:00
※洗礼堂Battisteroは 9:00～12:30 16:00～18:30
●行き方
■地下鉄 A線サン・ジョヴァンニS. Giovanni下車
■バス ヴェネツィア広場からNo. 85。テルミニからNo.16、714で

宗教史に残るS.G.イン・ラテラーノ大聖堂

オペラ座(ローマ歌劇場)
Teatro dell' Opera di Roma
Teatro Costanzi
地 P.43 B3
●切符売り場
住 Piazza Beniamino Gigli 1
☎ 06-4817003
開 ㊋～㊏9:00～17:00 (㊐9:00～13:30)
休 ㊊㊗
C A.D.M.V.

ミラノのスカラ座、ナポリのサン・カルロ歌劇場と並ぶイタリアの三大歌劇場のひとつ。白大理石の大きな建物。11～6月までオペラやバレエが上演される。当日券も比較的入手しやすいので、シーズン中にローマへ来た人は窓口で尋ねてみるとよい。

オペラ座、正面玄関

ヴェネツィア広場からコロッセオへ

ヴェネツィア広場でひときわ目を引くのが白亜の**ヴィットリアーノ**。上階からはローマの旧市街が一望できるので、その美しさと位置関係を知るためにも、ぜひ上ってみよう。正面右を回り込んだ長い階段の先には**サンタ・マリア・イン・アラチェリ教会**、さらにその隣が**カンピドーリオ広場**で**カピトリーニ美術館**はここにある。カンピドーリオ広場をさらに奥へ進み、高台からフォロ・ロマーノとコロッセオを一望しよう。階段を下ったゲートは出口専用なので、コロッセオへ向かう大通りフォーリ・インペリアーリ通りへ出よう。通りの左右に古代遺跡が広がり、コロッセオに向かって左が**フォロ・トライアーノ**、右側が**フォロ・ロマーノ**。コロッセオへと向かう途中にフォロ・ロマーノへの切符売り場と入場口がある。パラティーノの丘へは遺跡内部で続いている。

遠くからでもその威容が見え、ローマに来たことを実感させてくれる**コロッセオ**。脇に建つのが**コンスタンティヌス帝の凱旋門**。この手前右側の坂道は「聖なる道」で**フォロ・ロマーノ**への入口がある。凱旋門の裏側から続く緑陰の通りを真っすぐ進むと右側に**チルコ・マッシモ**で、途中右側にパラティーナの丘への出入口がある。時間が許せば、コロッセオの北にある**サン・ピエトロ・イン・ヴィンコリ教会**でミケランジェロの『モーゼ像』を見学したい。

ヴェネツィア広場への行き方

テルミニ駅からバスNo.40、64、492、170などで。

ローマ早回り

時間がなくて、有名どころをひととおり見たい場合の提案です。朝まず、地下鉄でヴァティカンへ。午前中にサン・ピエトロ大聖堂→サンタンジェロ城、午後はナヴォーナ広場→パンテオン(このあたりで昼食やジェラートで軽食)、その後ポポロ広場→スペイン階段→トレヴィの泉と回ると一気に見られると思います。ただ、かなり歩きます。午前をコロッセオにするのもありです。　(初海外　関西　'14)

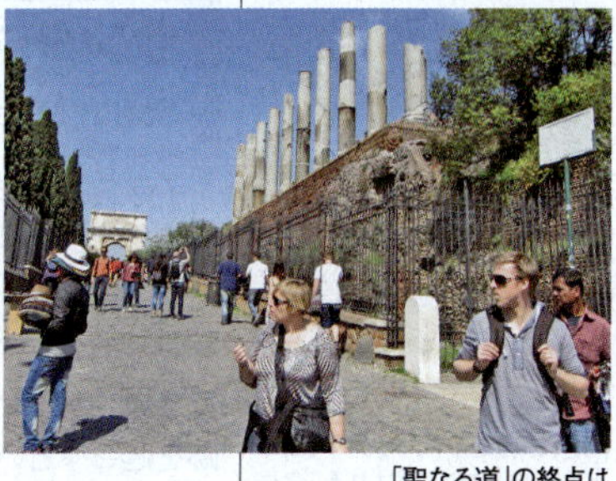

「聖なる道」の終点はティトゥスの凱旋門

おもな見どころ

ローマの中心 MAP P.42 C1・2、P.46 A1

ヴェネツィア広場 ★

Piazza Venezia ピアッツァ ヴェネツィア

芝の中に美しい菊の絵文字が映えるヴェネツィア広場とヴィットリアーノ

コルソ通り、ヴィットリオ・エマヌエーレ2世通りなど、ローマの主要な道路が四方へ延びる、交通の中心地。次のヴィットリオ・エマヌエーレ2世記念堂（ヴィットリアーノ）とともに、ローマを歩くときの目安となる。しばし立ち止まって位置関係を把握しよう。

ローマのランドマーク MAP P.42 C1・2、P.46 A1

ヴィットリオ・エマヌエーレ2世記念堂(ヴィットリアーノ) ★★

Monumento a Vittorio Emanuele II モニュメント ア ヴィットリオ エマヌエーレ セコンド

イタリア統一記念を祝し、1911年に完成した物で、ヴィットリアーノVittorianoとも呼ばれる。ネオ・クラシック様式で、16の円柱が弧を描くコロナーデは圧巻。階段下両脇の噴水は、右側が「ティレニア海」、左側が「アドリア海」を表し、中央の騎馬像はイタリア統一を成し遂げたヴィットリオ・エマヌエーレ2世だ。建物の台座の中央には「ローマの像」。右側が「祖国愛と勝利」、左側は「労働の勝利」を表している。その前では、雨の日も雪の日も、ふたりの兵士が直立不動で無名戦士の墓守りをしている。

ローマのランドマーク、ヴィットリアーノ

奇跡を起こす「聖幼な子」を祀る MAP P.42 C2、P.46 A1

サンタ・マリア・イン・アラチェリ教会 ★

Santa Maria in Aracoeli サンタ マリア イン アラチェリ

アウグストゥス帝が聞いたキリスト到来の予告に基づいて建てられた教会。7世紀には、すでにここに建てられていたという。簡素ながらも美しく、階段から望む外観も頂からの眺めも印象的だ。必見は右側廊の最初の礼拝堂にあるピントゥリッキオによるフレスコ画『聖ベルナルドの生涯』Vita di S. Bernardino（ヴィータ ディ サン ベルナルディーノ）。また、奇跡を起こすといわれ、信仰を集めている『聖幼な子』の像が主祭壇近くの礼拝堂にある。

●V.エマヌエーレ2世記念堂

住 Piazza Venezia
開 夏季　9:30～17:30
　冬季　9:30～16:30
料 無料
※入場は閉場30分前まで
※途中階(カフェそば)から、これまでの最上階よりさらに上部に上れるパノラマ・エレベーターが新設された。

パノラマ・エレベーター
営 9:30～19:30(入場18:45まで)
休 1/1、12/25
料 €7、10～18歳€3.50

ヴィットリアーノに上ろう！

大理石の長い階段が続くが、頂上部の天井にはフレスコ画が描かれた美しい建物だ。また、ここからはローマの町並みを一望でき、コロッセオやパラティーノの丘、色とりどりの花が咲くヴェネツィア広場から続くコルソ通りまで眺められる。ローマ観光の最初に訪ねると、ローマの大きさや地理が把握できる。

内部はリソルジメント博物館になっており、中階段と外階段がある。博物館内部に入ってしまうとカフェやトイレのある途中階(ここからの見晴らしもよい)までしか行けない。最上階へは正面から続く外階段のみが通じているので、博物館を見学した場合は、再び階段を下りて、正面外階段から最上階へ。

✉ ちょっとご注意を

ヴィットリアーノでは階段に座ったりすると容赦なく係員が笛を吹いて「座らないで!」と注意します。座ることに気づくのがすごく早くて驚きでした。
（大阪府　菅沼尚子　'15）

ヴィットリアーノは12/31は15:00頃締め切りとなりました。
（東京都　ドラゴン　'14）

●サンタ・マリア・イン・アラチェリ教会

住 Scala dell'Arce Capitolina 14
☎ 06-69763839
開 5～9月　9:00～18:30
　10～4月　9:00～17:30

読み方は？

正式にはラテン語読みでサンタ・マリア・イン・アラチェリ教会。現在はイタリア語読みと混同され、サンタ・マリア・イン・アラコエリ教会と呼ばれることも少なくない。

ミケランジェロの意匠の美しい広場 MAP P.46 A1

カンピドーリオ広場 ★★
Piazza del Campidoglio ピアッツァ デル カンピドーリオ

ミケランジェロの構想による敷石の美しい広場。正面はローマ市役所。左右にはカピトリーニ美術館

カンピドーリオとは英語の首都Capitalの語源で、かつては**古代ローマの中心**として、最高神ジュピターの神殿をはじめ、この丘には25もの神殿があったといわれている。後に、ミケランジェロの構想により今のような美しい広場となった。

広場の**敷石**は、鮮やかな幾何学模様を描き三方を取り囲むルネッサンス建築とともに、調和の取れた優美な空間を構成している。

世界最古の美術館 MAP P.46 A1

カピトリーニ美術館 ★★★
Musei Capitolini e Pinacoteca ムゼイ カピトリーニ エ ピナコテーカ

1471年、法王シスト４世により創設された**世界最古の美術館**だ。市庁舎Palazzo Senatorio、新宮Palazzo Nuovo、**コンセルヴァトーリ館**Palazzo dei Conservatoriの３館、地上３階地下１階の６つのフロアで構成され、市庁舎地下で結ばれている。

市庁舎に向かって右側のコンセルヴァトーリ宮に切符売り場があり、ここから階段で2階へ向かおう。名高いブロンズ像の『**トゲを抜く少年**』Spinario（8室）、ローマ建国の祖ロムルスとその双子の弟レムスが狼の乳を飲む『**カピトリーノの雌狼**』Lupa Capitolina（9室）は必見。双子の像は15世紀に付け加えられた物。自然光あふれる16室には、帝政時代のオリジナルである『**マルクス・アウレリウス帝の騎馬像**』Statua Equestre di Marco Aurelioが鎮座し、周囲には大きな『**ブロンズ製のコスタンティヌス帝の頭部**』Testa Bronzea di Costantinoなど貴重な像が並ぶ。

３階の絵画館Pinacotecaには、**ティツィアーノ**、**カラヴァッジョ**、**ベラスケス**などの作品がある。**ルーヴェンスの『ロムルスとレムス』**は彼がローマの思い出を込めて描き、死ぬまで手放さなかった物。明るいキャンバスには光と彼のローマへの思いがあふれている。

3階の見学後はタブラリウムを通って新宮へ向かおう。タブラリウムからはフォロ・ロマーノが一望でき、絶好のビュー・ポイント。新宮2階にはハドリアヌス帝の別荘を飾った『**鳩のモザイク**』Mosaico delle Colombe（45室）や**皇帝の間**Sala degli Imperatori（48室）の60もの皇帝やその妃の胸像が圧巻。50室のハドリアヌス帝の時代に作られた『**ケンタウロス**』Centauriは現存するローマ時代の摸刻で最良の作品といわれている。

絶好のビューポイント
高低差のあるカンピドーリオ広場周辺はビューポイントがいっぱい。カピトリーニ美術館のカフェのテラス、カピトリーニ美術館の地下通路Galleria del Tabularium、ヴィットリアーノの最上階など、お気に入りを探してみよう。

●カピトリーニ美術館
住 Piazza del Campidoglio 1
☎ 06-0608
開 9:30〜19:30
12/24、12/31 9:00〜14:00
料 €11.50（特別展の場合€16）
休 ㊊、1/1、5/1、12/25
※入館は閉館1時間前まで

『マルクス・アウレリウス帝の騎馬像』

中庭には巨大彫刻が置かれる

●フォロ・ロマーノ
住 Via della Salara Vecchia
☎ 06-39967700
開 8:30～日没1時間前
5/1　9:00～15:00
休 1/1、12/25
料 €12（コロッセオ、パラティーノの丘と共通、2日間有効）

✉ フォロ・ロマーノとパラティーノの丘は一緒に

最初はパラティーノの丘→フォロ・ロマーノ→コロッセオの順で回ることを予定していましたが、変更してパラティーノの丘→コロッセオ→フォロ・ロマーノとしました。フォロ・ロマーノへの入場の際に、入場不可のブザーが鳴ってしまいました。切符の裏面にも記載がありますが、フォロ・ロマーノとパラティーナの丘は2カ所で1カウントです。切符を無駄にしないために、続けて見学しましょう。
（大阪府　菅沼尚子　'15）

✉ コロッセオの無料日

毎月第一日は無料です。8:00に行きましたが、切符売り場（無料切符をもらうため）はすでに先が見えないほどの行列でした。そこで、フォロ・ロマーノ側の入口で切符をゲットして、コロッセオの入場の列に並びました。それでも30分待ちでした。（神奈川県　kyon子　'15）

✉ 聖なる道の入口に新切符売り場

クレジットカード専用の切符売り場です。私が利用した際は、前には2組しかおらず、また、窓口も4～5カ所あり、決済もスピーディーですぐに購入できました。
（東京都　山口実　'16）

ヴェスタの神殿

マクセンティウス帝のバジリカ

古代ローマの民主政治の中心　MAP P.46 A・B1・2

フォロ・ロマーノ ★★★

Foro Romano　フォロ ロマーノ

ヴェネツィア広場とコロッセオの間に広がる大きなフォロは、ローマ時代の市民の生活の中心であった。

カピトリーノの丘から見たフォロ・ロマーノ

フォーリ・インペリアーリ通りから内部に入ると、すぐ右側に並ぶ円柱が**エミリアのバジリカ**Basilica Emiliaだ。紀元前179年に建てられ金融の中心として商取引などに使われたが、410年の西ゴート族のローマ占領の際火事になり、そのときの溶けた貨幣の跡が今も残っている。この西のれんが造りの4階建ての建物は**元老院**Curia。共和制時代の政治の最高機関だ。

元老院（クーリア）の脇にあるのが**セヴェルス帝の凱旋門**Arco di Settimio Severo。高さ23m、幅25mの堂々とした門は、セヴェルス帝の東方辺境における戦勝記念として203年に建てられた。凱旋門の正面左にある細長い台座は**演壇**Rostriで、かつては**キケロ**などの**雄弁家**がその弁を振るった所だ。この左奥にある8本の円柱は、ローマの農業神**サトゥルヌスの神殿**Tempio di Saturno。当時一番重要視された宮殿で、12月のこの神の祭りの日には奴隷も主人と対等の無礼講が許され、人々は贈り物を贈り合い、これがクリスマスの風習となったとも伝えられている。

ここからフォロ中央部を抜ける道が、かつて宗教的な行列や凱旋の行進が通った**聖なる道**Via Sacraである。その右には今は廃虚と化している**ユリウスのバジリカ**Basilica Giulia(Cesare)がある。

聖なる道を進むと、右に円形の小さな神殿がある。火の神、**ヴェスタの神殿**Tempio di Vestaだ。この神殿に燃える火はローマの生命を象徴する不断の聖火とされたという。その後方がこの神殿を守っていた、**ヴェスタの巫女の家**Casa delle Vestaliだ。台所、食堂、応接間の跡が見られる。この先左側、雄大なアーチを描く建物が**マクセンティウス帝（とコンスタンティヌス帝）のバジリカ**Basilica di Massenzio (di Constantino)。この前方に**ティトゥス帝の凱旋門**Arco di Titoが見える。ローマに現存する最古の凱旋門だ。ここでフォロ・ロマーノは終わり、この凱旋門右から緩やかな坂道を上ると**パラティーノの丘**に続く。

遺跡を出る場合は、サン・フランチェスコ・ロマーナ教会脇から坂道を下ろう。フォーリ・インペリアーリ通りへと続いている。

フォロ・ロマーノの見学には最低2時間はみてほしい。パラティーノの丘を含めると半日は必要だ。

見学ルート入口と出口に注意

コロッセオ、パラティーノの丘、フォロ・ロマーノは共通券。フォロ・ロマーノの入口は、コロッセオとヴェネツィア広場を結んだ中間あたりにあるVia della Salaria Vecchia 5/6とコロッセオと南側のVia di S.Gregorio、コロッセオ西側の聖なる道Via Sacra。遺跡内でフォロ・ロマーノとパラティーノの丘は続いているので、一度に見学しよう。出口は、上記の入口（聖なる道を除く）のほか、出口専用としてカピトリーノの丘下の階段、サン・フランチェスコ・ロマーナ教会脇がある。

日没1時間前って？

夏季は18:00頃、冬季は15:00頃。コロッセオはじめ入館に長蛇の列ができている見どころも、時間になると容赦なく切符売り場はクローズされる。冬季は午後早い時間までの入館がおすすめ。

コロッセオ（→P.70）を目安にプランニングを。

●アウグストゥスの家とリヴィアの家

入場券のほか、別途見学券が必要。切符は各切符売り場で。パラティーノの丘に入場後はティトゥスの凱旋門そばのオーディオガイド返却場（クレジットカードのみ）で購入可。

開 見学のみ㊊～㊐　12:45

料 €4　所要60分

ガイド付き見学　㊏㊐㊗のみ　英語　13:45　イタリア語　10:45、12:15　€9　所要75分

集合場所はティトゥスの凱旋門そばに立て札あり。時間厳守。1回最大20人まで。

予約 URL www.coopculture.it/heritage.cgm?=19

古代ローマの高級住宅地　MAP P.46 B2

パラティーノの丘 ★★

Monte Palatino　モンテ パラティーノ

古代ローマ共和政期の高級住宅地であり、帝政期は皇帝たちが宮殿を建造した地である。ファルネーゼ庭園Orti Farnesiani（オルティ ファルネジアーニ）、皇帝の公邸として利用されたドムス・フラヴィアDomus Flavia（ドムス フラヴィア）、ドムス・アウグスターナ（アウグストゥスの宮殿）Domus Augustana（ドムス アウグスターナ）などが残っている。2015年からはアウグストゥス帝の妻であった「リヴィアの家」Casa di Liviaと「アウグストゥスの家」Casa di Augustoの内部公開が始まり、2000年の時を経た当時の装飾を見ることができる（別途見学券が必要。P.69欄外参照）。

花綱（スカラップ）の装飾が印象的な「リヴィアの家」

●パラティーノの丘

住 Via di S. Gregorio 30／Piazza Santa Maria Nova 53

☎ 06-0608

開 8:30～日没1時間前
5/1　9:00～15:00

休 1/1、12/25

料 €12（コロッセオ、フォロ・ロマーノと共通、2日間有効）

フォロ・ロマーノ、パラティーノへ行く前に

ほぼ日差しをさえぎる物のない、フォロ・ロマーノ。徒歩での移動距離が長く、夏は暑さと日差しが厳しい。飲み物や日焼け止め、サングラス、帽子などがあるといい。

フォロ・ロマーノ、パラティーノの丘の施設内にはカフェや売店はない。

●コロッセオ
住 Piazza del Colosseo
☎ 06-39967700(予約)
開 8:30～日没1時間前
1/2～2/15、10月最終㊐～12/31 8:30～16:30
2/16～3/15 8:30～17:00
3/16～3月の最終㊏ 8:30～17:30
3月の最終㊐～8/31 8:30～19:15
9/1～9/30 8:30～19:00
10/1～10月最終㊏ 8:30～18:30
休 1/1、12/25
料 €12(パラティーノの丘、フォロ・ロマーノと共通、2日間有効)
※切符売り場は大通りから凱旋門に向かい、左側のコロッセオ内の1階通路。日本語のオーディオガイド(€5.50、約70分、要証明書)あり
※切符売り場は閉場1時間前まで

切符売り場の行列回避法

コロッセオの切符売り場は行列ができていることがほとんど。その場合はコロッセオ西側の聖なる道の切符売り場で購入しよう。ローマパス所有者は直接入場口へ進もう。入場の列は短い。入場口はコロッセオ内の切符売り場を越えた先にある。

現代の噴水!?

コロッセオ駅を出た右側（おみやげ屋そば）にミネラルウォーターの給水機あり。スティルと発泡性の2種類あり。ペットボトル持参でどうぞ。1回500ccまで。 ('15)

日本から300mℓのボトルを1本持っていくといいです。バッグの中でかさばらず便利でした。
(東京都 ルル '15)

ローマを代表する見どころ MAP P.46 B2

コロッセオ ★★★

Colosseo コロッセオ

修復が終わった2016年のコロッセオ全景

ヴェスパシアヌス帝の命により80年に完成した円形闘技場。外観は4階建て、下の層からドーリス、イオニア、コリント式の柱で飾られ、高さ57m、長径188m、短径156m、周囲527mと、文字どおり巨大（コロッサーレ）な建物だ。当時は収容人員5万人以上を誇り、観客席は身分、性別により仕切られていた。猛獣と剣闘士、または剣闘士同士の凄惨な戦いが見世物にされた。こうした見世物を提供して庶民の人気を稼ぎ、社会に山積みする問題から目をそらさせることは、当時の支配者の重要な政策のひとつでもあった。キリスト教の公認後、これらの血なまぐさい見世物はしだいに下火になった。アレーナ部分に見えているのは、当時猛獣の檻(おり)などに使われていた所。後世に建築資材として大理石が持ち去られていたため、現在のような姿になってしまった。

コロッセオの内部

ローマ最大の凱旋門 MAP P.46 B2

コンスタンティヌス帝の凱旋門 ★★

Arco di Constantino アルコ ディ コンスタンティーノ

レリーフが見事な
コンスタンティヌス帝の凱旋門

高さ28mを誇る堂々とした凱旋門。315年、ミルヴィオ橋の勝利を記念して、ローマ元老院と市民により建てられた物。表面を飾る数々のレリーフは建造当時、トラヤヌス、ハドリアヌスなどの帝の建造物から運ばれた物。

復活祭のコロッセオ

復活祭の3日前、聖なる金曜日の夜には、法王も列席されて、キリスト復活のセレモニーがコロッセオを中心に行われる。春まだ早い夜の寒空の下、ろうそくを片手に、1時間近く身じろぎもせず、お祈りを唱え続ける人々の声が、広場に響き渡り、敬虔な雰囲気が広がる。灯明がつけられたコロッセオから、西側の小高い丘まで、キリストの受難を伝える「13留」の行列が進む。静かに祈りをささげる法王と人々の姿に、生活に根ざした強い人々のあつい信仰を実感させてくれる。

古代の戦車競技場　MAP P.46 B1・2

チルコ・マッシモ ★

Circo Massimo　チルコ マッシモ

現在は緑のジョギング場の趣だが、かつては長さ620m、幅120m、15万人収容のローマ時代最大の円形競技場。ここで馬の引く戦車競技が盛大に催された。あたりの遺構とも相まって、今でも古代のロマンを誘う場である。

古代の戦車競技場、チルコ・マッシモ

剣闘士との記念撮影
コロッセオ前などに出没する古代の剣闘士。観光客と写真を撮ってお金を稼いでいる集団だ。ボラれる人が続出し、苦情も多かったことから、最近は€1が統一料金とか。写真を撮る場合は、まず料金を確認すること。2万円取られた人もいる。

聖ピエトロがつながれた鎖を祀る　MAP P.46 A2

サン・ピエトロ・イン・ヴィンコリ教会 ★

San Pietro in Vincoli　サン ピエトロ イン ヴィンコリ

ここは、聖ピエトロがエルサレムとローマで捕らわれたときの鎖を祀るために5世紀に建てられ、その後15世紀に再建された物。聖ピエトロの鎖はブロンズの天蓋の下、祭壇下にある。ミケランジェロによるモーゼ像は遠くを見つめ、不屈の精神をみなぎらせている。

ミケランジェロ作『モーゼ像』は必見

●S.ピエトロ・イン ヴィンコリ教会
住 Piazza di S. Pietro in Vincoli 4/a、コロッセオの北約300m
☎ 06-97844950
開 8:00～12:30
4～9月　15:00～19:00
10～3月　15:00～18:00
※'16年10月現在、内部は工事中

トイレ情報
カヴール通り近くやサン・グレゴリオ通りの切符売り場裏、コロッセオ内、パラティーノの丘入口階段近く、パラティーノ博物館、コロッセオからヴェネツィア広場へ向かう右側のインフォメーションセンター内などにある。

巨大さと見事なレリーフが目を引く　MAP P.42 C2

フォロ・トライアーノ ★★

Foro Traiano　フォロ トライアーノ

ヴェネツィア広場、ヴィットリアーノの左にある、**トラヤヌス帝のフォロ**だ。かつては広大な広場、神殿、バジリカ、大きなふたつの図書館があったといわれている。現在見るべき物は、フォロの一番西側にある大円柱、**トラヤヌス帝の記念柱** Colonna Traiana（コロンナ トライアーナ）だ。皇帝のルーマニア地方における戦勝（101～103年と107～108年）を祝して造られた。ギリシア産の大理石を19個積み上げた高さ40mもの円柱で、その表面には2500人の人物の見事な浮き彫りが施され、一枚の絵画のようだ。物語は下から上へらせん状に200mほどつながっている。1992年に修復を終え、その見事な威容を現した。

フォロ・トライアーノ

復活祭のローマ
復活祭前の金曜にコロッセオでローマ法王が列席してのお祈りがあります。ミーハー気分で行くと、信者の方々には失礼になる雰囲気です。その日は18:30で地下鉄B線の運行は終了で、お祈りは21:00過ぎから1時間以上行われます。　（サトエリ　'13）

トラヤヌス帝の記念柱

イタリア美術史

Arte Romana
ローマ美術

双子の兄弟**ロムルスとレムス**が紀元前753年に建国したと伝えられるローマは、南のギリシア植民都市と北のエトルリアを結ぶ交易都市として発達した。紀元前5世紀前半から中部イタリアに領土を拡大、紀元前3世紀には南イタリアのギリシア植民都市を政略し、**シチリア島**の**シラクーサ**では戦利品として多数の**ギリシア美術の傑作**を持ち帰る。ローマ人はその豪華で美しい美術品に目を見張り、急速にギリシア愛好家となってゆく。紀元前3世紀頃のローマ固有の美術と言えるものは軍事上の勝利を示す**凱旋画**と、政治的な意図から公共広場に設置する肖像彫刻**『ブルートゥス像』Bruto**(紀元前3世紀、ブロンズ、ローマ、カピトリーニ美術館→P.67)であった。紀元前2世紀になると東地中海世界にローマ勢力を確立し、質実剛健な**ローマ的徳性**と**ギリシア・ヘレニズム的人間性**が融合するに従い、紀元前1世紀頃に**ローマ美術の様式**がしだいに明確になってゆく。

『ブルートゥス』像

建築においては、**ヘレニズム建築**の装飾様式と建築様式を模した例が多いが、**ローマ的な装飾性**も表れている。コンクリート工法の発達とアーチ構造の併用により、複雑な構造と広大な空間を有する建物が建てられる。ローマ近郊**パレストリーナ**の**フォルトゥーナ神殿**Tempio della Fortuna (紀元前1世紀)は、連続アーチを多用して装飾性を高めている。これは、さらに装飾としてのオーダーを加えて**マルケルス劇場**Teatro di Marcello→P.79(紀元前1世紀、ローマ)で完成された形態を示す。こうした新しい建築様式によって、政治と市民生活の中心であった**フォロ・ロマーノ**Foro Romano→P.68(ローマ広場)を整備し、都市計画を立案し、アウグストゥス帝の時代にローマは世界の都にふさわしい都市となる。建築に採用された大理石は彫刻にも用いられ、古典主義的な帝国様式として開花する。さらに、紀元前86年のアテネ征服にともない、多くの美術家がローマに移住し、**新古典主義**をもたらす。このような状況の中でおびただしい数の**皇帝像**が制作され、神格化された皇帝崇拝が帝国で定着する。この種の像に見られるイタリア的自然主義とギリシア的古典主義の調和は、アウグストゥス帝が帝国の平和を祝して紀元前9年に完成した**アラ・パチス Ara Pacis(平和の祭壇)**にも見られる。

『カエサル(シーザー)』像

絵画では、彫像や工芸品と同じく**ヘレニズム絵画**の傑作を数多くローマに運んだが、いずれも移動可能な**タブロー画**であり、ローマの住宅、公共建築の壁画を飾ったのはヘレニズム世界で流行していた**壁面装飾法**であった。ローマ絵画の発展はポンペイの遺跡を中心として以下のように分類できる。

■第1様式　紀元前2～3世紀に行われ、**漆喰と絵の具**を用いて大理石のような壁画を模し、**表面には凹凸**をつける。

■第2様式　紀元前90年頃から行われ、ローマ壁画の全盛期にあたる。第1様式が浮き彫り的であるのに対し、これは純粋に絵画的で、**陰影や古代遠近法**を用いて奥行きのある空間を表現している。代表作は、**庭園の木立**を写した**大フレスコ画Affreschi dalla Villa Livia a Prima Porta(プリマ・ポルタのリヴィア別荘**→P.63『リヴィアの家のフレスコ画』、ローマ、マッシモ宮美術館)、ポンペイの〈**秘儀荘**〉の**壁画**→P.436(紀元前150年頃)が挙げられる。

秘儀荘『壁画』

■第3様式　アウグストゥス帝時代の様式で、奥行きの表現を抑え**装飾的なモチーフ**を多用した華麗な表現。風景画の要素が強い**神話画**が多い。

■第4様式　50年頃からポンペイ埋没の79年までの様式を指し、第2様式の空間表現をより**幻想的に視覚化**して、装飾性を高めている。ネロ帝の［**黄金宮Domus Aurea/ドムス アウレア**］の壁画やポンペイの［**ヴェッティの家Casa dei Vetti**］の壁画→P.435が代表作。

ローマ建築史上重要なこの**ネロ帝の黄金宮**は、64年のローマ大火後に建設が始められ、それまで公共浴場などにしか用いられなかった**ドーム天井**を採用した斬新な建物で、屋根は黄金色に輝いていたという。また神殿は、エトルスク神殿にギリシアの建築オーダーと装飾法が応用され、**ローマ式神殿**が確立する。さらに、ギリシア式オーダーは装飾としての要素を強め、**コロッセオColosseo**→P.70（円形闘技場、81年）という大建築を実現する。また、テイトゥス帝のエルサレム攻略を記念する**凱旋門Arco di Tito**→P.68は古典様式の手本といわれ、その記念浮き彫りは、絵画的な陰影の効果を考慮した空間表現を有し、ローマ彫刻の代表作である。さらに、**トラヤヌス帝の記念柱Colonna Traiana**→P.71の浮き彫りには、ダキア人との戦闘と勝利の場面114が連続的に表され、ローマ美術特有の形式を示している。史上最大の版図を有するハドリアヌス帝時代に帝国の理念の視覚化として再び古典主義が採用された。かつてアグリッパが建てた**パンテオン神殿Pantheon**→P.76を改修し、ローマ的宇宙観の結晶を見せ、**ティヴォリの別荘Villa Adriana**→P.104（ヴィッラ・アドリアーナ）のような壮大な建造物を実現。

「マルクス・アウレリウス帝の青銅騎馬像」Statua di Marco Aurelio→P.67（160～180年頃、ローマ、カピトリーニ美術館）は盛期ローマの古典的性格を有するが、同帝の記念柱（180年）の浮き彫りは、粗い肉付けで、絵画的、表現主義的傾向が著しい。末期的様相を示すローマにおいて、大規模な建造物は依然として衰えず、**カラカラ帝の浴場Terme di Caracalla**→P.100（212～216年）の内部は彫像群、モザイク装飾で覆われていた。コンスタンティヌス帝の凱旋門ではすでに創造的な力が衰え、おもな浮き彫りは、ハドリアヌス、マルクス・アウレリウス時代のものを借用している。

ヴィッラ・アドリアーナ（ティヴォリの別荘）

395年の帝国の東西分裂によって**芸術の中心**は［**新ローマ**］の**コンスタンティノポリスに移行し**［**旧ローマ**］では**キリスト教美術**が徐々に形成されてゆくのである。　（望月一史）

コロッセオ

黄金宮に残るネロ時代の壁画

ナヴォーナ広場周辺

ナヴォーナ広場への行き方

このプランではヴェネツィア広場(行き方→P.65)からスタート。直接ナヴォーナ広場へ向かう場合はテルミニ駅からバスNo.40(急行)でトッレ・アルジェンティーナ下車でヴィットリオ・エマヌエーレ2世大通りを進み、サン・パンタレオ広場を右へ、No.64ならトッレ・アルジェンティーナ広場のひとつ先のバス停下車で進行方向右に入ろう。

ヴェネツィア広場からスタートしよう。土曜なら、広場北側のナツィオナーレ通り側から左に歩き出そう。テルミニ駅からのバスが通った道だ。道が大きくカーブする手前、頭上に橋の架かった小路を左に入ると左側に**コロンナ美術館**の扉がある。㈰〜㈮ならコルソ通りを進もう。通りの左側、柵の先に庭園が見えたら、その先に**ドーリア・パンフィーリ美術館**の入口がある。さらに進んだ、最初の角を左に入ると、小さな広場に象のオベリスクが立つ**サンタ・マリア・ソプラ・ミネルヴァ教会**。その先、ドームが載る古い建物の裏側が見えるのが**パンテオン**だ。道なりに進むと、カフェが店開きするにぎやかなロトンダ広場で、パンテオンの正面。パンテオンを出て左、突き当たりを右へ行った角にカラヴァッジョの傑作がある**サン・ルイージ・フランチェージ教会**。このあたりは、ナヴォーナ広場へ向かう観光客の姿が多いので、人波に乗って西へ進めば**ナヴォーナ広場**だ。ナヴォーナ広場の北側に**ローマ国立博物館アルテンプス宮**、南側のサン・パンタレオ広場から道を渡ると**カンポ・デ・フィオーリ広場**、さらに先に**ファルネーゼ広場**。**ファルネーゼ宮**を正面に見て左に行くと**スパーダ宮**。ここから東へ700〜800mほど東に**マルケルス劇場**が位置している。

ローマ旧市街の中心、ロトンダ広場とパンテオン

おもな見どころ

映画『ローマの休日』の舞台 MAP P.42 C2

コロンナ美術館 ★

Galleria Colonna　ガッレリア コロンナ

美術館の宝、カラッチ作『豆を食べる男』

名家コロンナ家のコレクションを展示。広々とした重厚な広間の壁は、16〜17世紀の絵画で埋め尽くされて圧巻。代表的な作品はカラッチの『豆を食べる男』Il mangia fagioliなど。映画『ローマの休日』Roman Holidayの舞台としても有名だ。オードリー・ヘップバーン扮するアン王女が、ローマ滞在最後に記者会見する印象的なシーンが撮影された場所。

豪華な私邸の美術館 MAP P.42 C1

ドーリア・パンフィーリ美術館 ★★

Galleria Doria Pamphilj　ガッレリア ドーリア パンフィーリ

100以上もの部屋と5つの中庭があるローマ一大きなお屋敷の一部に設けられた美術館。必見はカラヴァッジョの『エジプトへの逃避途中の休息』Il riposo nella fuga in Egitto、ヴェラスケスの『イノケンティウス10世の肖像』Ritratto di Innocenzo X Pamphiljなど。法王を輩出した当時の貴族階級の優雅な生活がしのばれて興味深い。

カラヴァッジョ作
『エジプトへの逃避途中の休息』

小美術館とも呼ばれる MAP P.42 C1

サンタ・マリア・ソプラ・ミネルヴァ教会 ★★

Santa Maria Sopra Minerva　サンタ マリア ソプラ ミネルヴァ

ミケランジェロ作『あがないの主イエス・キリスト』

古代ローマの知恵の女神ミネルヴァの神殿の上に(英語on=伊語sopra)建てられたので、この名前がついた。簡素な外観に反して、内部は美術館と呼ばれるほどだ。とりわけ、フィリッピーノ・リッピのフレスコ画で飾られた右翼廊奥の「カラファの礼拝堂」Cappella Carafa、内陣柱のミケランジェロによる『あがないの主イエス・キリスト』Redentoreなどは必見。

●コロンナ美術館
住 Via della Pilotta 17
☎ 06-6784350
開 ㊏9:00〜13:15のみ
休 8月
料 €12(60歳以上13〜17歳、4人以上の家族、5人以上のグループ、大学生€10)
※ガイド付きツアー(入場料に含む)
伊語10:00、11:00、英語12:00

コロンナ美術館の入場

入口はややわかりづらい。ヴェネツィア広場からテルミニ駅方向への坂を上り、突き当たりを左。頭上に橋の架かった小路の左側。入口の扉は閉まっていることも多い。
10名以上のグループの場合は、書面で下記に見学を申し出れば、㊏以外でも美術館および居室の見学可。
e-mail info@galleriacolonna.it

コロンナ宮内部
(ローマの休日のロケ舞台)

●ドーリア・パンフィーリ美術館
住 Via del Corso 305
☎ 06-6797323
開 9:00〜19:00
(切符売り場 〜18:00)
休 1/1、復活祭の㊐、12/25
料 €12、6〜26歳€8(オーディオガイドを含む)

ローマの有力貴族の居室

●サンタ・マリア・ソプラ・ミネルヴァ教会
住 Piazza della Minerva 42
☎ 06-6793926
開 7:30〜19:00
㊏㊐ 8:00(㊏7:30)〜12:30
15:30〜19:00

●パンテオン
住 Piazza della Rotonda
☎ 06-68300230
開 9:00～19:30
　日9:00～18:00
　祝9:00～13:00
休 1/1、12/25
料 無料
※ミサの時間
　土17:00　日祝10:30
　ミサ時は観光客入場不可の場合あり
※ノースリーブ、短パンなど肌が露出した服装での入場不可

「天使の設計」がなされた完全なるローマ建築　MAP P.41 C4

パンテオン ★★★

Pantheon (Chiesa di S. M. ad Martyres)　パンテオン

今に残る完全なローマ建築パンテオン

クーポラの天窓からの光がおごそか

現存するローマ建築の最も完全な遺構であり、世界最大のコンクリートおよび石造り建築。広さ、大きさ、建築技術の高さに驚嘆すべきもののひとつだ。かのミケランジェロが「天使の設計」と称賛した万神殿。Panとはすべて、theonは神の意味でローマのすべての神にささげられるべく、紀元前27～25年にかけてアグリッパが創建し、118年にハドリアヌス帝が再建した。正面には、古代ギリシア建築を思わせる堂々とした柱が並ぶ。入口のブロンズ製の扉は建築当時の物という。円形の内部は直径、高さともに43.3mというサン・ピエトロ大聖堂をしのぐ大きなクーポラで覆われている。クーポラの頂上には直径9mの天窓が開き、差し込む光がモザイクの床を照らし、荘厳な雰囲気だ。かつては神々が祀られていたが、現在はラファエッロやイタリア統一に力を尽くしたエマヌエーレ2世、ウンベルト1世らの墓がある。ローマ時代のオリジナルの姿を最もよく残している建造物。

✉ パンテオンは古代ローマのコンクリート造り

パンテオンは深さ4.5mのローマン・コンクリートの上に円堂とドームが載った構造で、コンクリート造りです。コンクリート造りが最大の特徴であり、古代ローマの重要な発明であるコンクリートの現存する貴重な建築物です。
（東京都　山口実　'16）
壁面の厚さは6m、高さによって材質が異なり、ドームには凝灰岩と軽石が用いられている。

●サン・ルイージ・デイ・フランチェージ教会
住 Piazza di S. Luigi dei Francesi 5
☎ 06-688271
開 月～金 9:30～13:30
　　14:30～18:30
　土 9:30～12:15
　　14:30～19:00
　日祝 11:30～13:00
　　14:30～19:00
※ミサなどの宗教行事の際は拝観不可
　ミサ月～金19:00
　　土 12:30
　　日祝 10:30

カラヴァッジョのファン必見　MAP P.41 B4

サン・ルイージ・デイ・フランチェージ教会 ★★

San Luigi dei Francesi　サン ルイージ デイ フランチェージ

フランスの守護聖人を祀る教会。左側廊5番目の礼拝堂はカラヴァッジョの3部作『聖マタイと天使』S. Matteo e l'angelo、『聖マタイの召し出し』Vocazione di S. Matteo、『聖マタイの殉教』Martirio di S. Matteoが並び、彼の美術館の趣もある。光と影、鮮烈な描写が印象的だ。

カラヴァッジョ作『聖マタイの召し出し』

噴水が彩る華やかな広場　MAP P.41 B・C4

ナヴォーナ広場 ★★★

Piazza Navona　ピアッツァ ナヴォーナ

車の入り込めないこの広場は、ローマのどの広場よりも落ち着いた空間をつくり上げている。昼間はハトが飛び交い、のんびりした雰囲気だが、夜は着飾った紳士淑女や観光客でにぎわい、それを目当てに大道芸人や似顔絵描きたちが繰り出す。

特に12月初めから1月6日までは、エピファニアの祭りで広場いっぱいにクリスマスの飾り物やおもちゃの屋台が立ち並び、中世以来のローマの冬の伝統的行事となっている。

広場が細長い形をしているのは、古代ローマ時代にはここで戦車競技が行われたためだ。中世にはこの広場一面に水を張り、水浴やボート遊びの場所となったという。周囲の建物との調和の美しい**3つの噴水**、『ネプチューンの噴水』『四大河の噴水』『ムーア人の噴水』がある。中央の**『四大河の噴水』**はベルニーニBerniniによるもので、世界の四大河川――ナイル、ガンジス、ドナウ、ラプラタを擬人化した力強いバロック彫刻の傑作だ。このベルニーニと、噴水前の**サンタ・アニェーゼ・イン・アゴーネ教会**S. Agnese in Agoneを設計した**ボッロミーニ**Borrominiのふたりは、当時のバロックの担い手として活躍したが、ひどく仲が悪かった。そこでベルニーニは、この噴水を制作するにあたって「**見るに堪えない教会だ**」とナイルの頭に布をかぶせ、「**教会が倒れたら困る**」とラプラタの腕を教会に向かって伸ばしたのは有名なエピソードだ。

教会と『ムーア人の噴水』

広場北側にあるのが、**『ネプチューンの噴水』**(デッラ・ポルタ作)、南側が**『ムーア人の噴水』**(ベルニーニ作)。ムーア人の噴水脇から広場を背にし右に30mも歩くと、三差路の左側に崩れかかった像が立っている。これが**パスクィーノ**Pasquinoだ。時の愚政や社会を嘆く市民が、為政者や法王にあてて風刺と中傷に満ちた手紙をこの像に引っかけておくのが中世からの習わしだった。すると翌日通りがかりに市民はこれを読んでせせら笑ったりおしゃべりしてウサを晴らした、というものだ。今では言論統制もない世の中だけれど、そこは皮肉大好きのローマっ子、今もローマ方言で書かれた辛口の手紙がパスクィーノの像にはかかっている。それをニヤニヤ読むローマっ子たちも昔と変わっていないに違いない。

『ネプチューンの噴水』

夜はロマンティック

車の入らないナヴォーナ広場周辺は夕食後のそぞろ歩きも楽しい。噴水や周囲の建物がライトアップされ、昼間とは別の顔を見せる。カフェに座って、大道芸人や人の流れを眺めるのも楽しい思い出になるはず。夜間には、安全に注意して出かけてみよう。

『四大河の噴水』

✉ 教会見学はコインを持って

ナヴォーナ広場周辺にはサンタ・マリア・ソプラ・ミネルヴァ教会、サン・ルイージ・デイ・フランチェージ教会など美術館のような教会があって見逃せません。ただし、教会内なので薄暗く、有名な作品もあまりよく見えなかったりします。でも、重要作品には有料のライトが設けられ、お金を入れると数分だけ作品を照らしてくれます。ライトの機械は€0.50～2のコインのみが使えます。教会は見学料がかからないのですから、ぜひ機械にコインを入れて作品を堪能してください。ときどき、持参のライトで照らして見学している人がいますが、芸術作品保護のためにやってはいけないことだと思います。　(東京都　mimmo)

✉ エピファニアのナヴォーナ広場

12月初旬から1/6までナヴォーナ広場はクリスマス一色です。特にエピファニアの1/6は「クリスマス大子供祭り」と呼ぶべき風情でした。お菓子やクリスマス・グッズを盛大に売る屋台、移動式メリーゴーランドに大道芸人がひしめいていました。色鮮やかな風船や魔女べファーナの人形(体を押すと目が光り、ケケケと笑い声を発する)などが€5程度で売られていました。プレゼーピオの手作りパーツ(馬屋、イエス、マリア、ニワトリや牛などの粘土細工)などの屋台もあります。子連れ家族のうれしそうな姿を見ているだけでこっちも幸せな気分になり、イタリアのクリスマスの雰囲気を存分に味わえました。ただ、人がすごく多いので、噴水を見るためには別の機会がいいです。

(東京都　黒臼拓)

●ローマ国立博物館
アルテンプス宮
住 Via di Sant'Apollinare 44/46
☎ 06-39967700(予約)
開 9:00～19:45
5/1 14:00～20:00
休 ㊊、1/1、12/25
料 共通券€7(P.62)
※切符売り場は閉館1時間前まで

望楼のあるアルテンプス宮

✉ のど潤す ローマの地下水

ローマではあちこちに水の蛇口があります。多くの人がペットボトルに水を汲んでいました。お腹の弱い私もあまりの暑さにチャレンジ。冷たくておいしい! お腹がゆるくなることは一度もありませんでした。水代も浮いて助かりました。(かなぶーん '15)

古代芸術の館

MAP P.41 B4

ローマ国立博物館 アルテンプス宮 ★★

Museo Nazionale Romano Palazzo Altemps

ムゼオ ナツィオナーレ ロマーノ パラッツォ アルテンプス

古代芸術で名高いルドヴィシ・コレクションを展示する、15世紀の枢機卿の館。ローマ国立博物館のひとつとして約10年の修復を経て、公開されている。中庭から上を見上げると、2階の美しく彩色されたロッジアが目を引き、内部にも当時のフレスコ画や暖炉、礼拝堂などが残り、展示品とともに印象的な美術館になっている。この美術館の至宝は、紀元前460年のギリシアの作品で、ふたりの乙女に海から引き上げられるアフロディーテが刻まれた『ルドヴィシの玉座』Trono(トゥロノ) Ludovisi(ルドヴィーシ)(2階第21室)だ。側面のフルートを吹く乙女と香をたく乙女も忘れずに見学しよう。このほか、1階では『竪琴を弾くアポロ』Apollo Citaredo(アポロ チタレード)(第7室)、2階では『ヘルメス』Hermes Loghios(ヘルメス ロギオス)(第21室)、『(妻を殺して)自害するガリア人』Galata Suicida(ガラータ スイチーダ)(第26室)、『水浴するアフロディーテ』Afrodite al bagno(アフロディーテ アル バーニョ)(第34室)なども必見だ。

『水浴するアフロディーテ』

イタリア美術史

Arte Barocca バロック美術

ベルニーニ作『アポロとダフネ』

バロックの立役者**ジャン・ロレンツォ・ベルニーニ**Gian Lorenzo Bernini(1598～1680)は**建築家、画家、彫刻家**として活躍、最後の万能人といわれる。**サン・ピエトロ広場の設計、彫刻**では『**アポロとダフネ**』Apollo e Dafne、『**プロセルピーナの略奪**』il Ratto di Proserpina(いずれもローマ・ボルゲーゼ美術館→P.84)、『**聖女テレサの法悦**』(ローマ、サンタ・マリア・デッラ・ヴィットリア聖堂)など感覚的な美を強調。またローマのバロック建築を特徴づける**フランチェスコ・ボッロミーニ**Francesco Borromini(1599～1667)の代表作は、ナヴォーナ広場の**サンタ・アニェーゼ聖堂**Sant'Agnese→P.77、**サンティーヴォ・アッラ・サピエンツァ聖堂**Sant'Ivo alla Sapienzaなど。バロック絵画は**日常風俗、静物、風景**などのテーマを主とし、**写実主義、色彩と光の深い認識、短縮法、遠近法の巧みな使用**などが特徴。古典主義の**カッラッチ**Carracci**一族(ルドヴィーコ**Ludovico、**アゴスティーノ**Agostino、**アンニーバレ**Annibale)、自然主義と独特な明暗様式の**カラヴァッジョ**Caravaggio(1571～1610)、『**聖マタイの召命**』ローマ、サン・ルイージ・デイ・フランチェージ聖堂→P.76)、盛期バロックを代表する**ピエトロ・ダ・コルトーナ**Pietro da Cortona(1596～1669)、そして絵画の中心地となったナポリでは**サルヴァトーレ・ローザ**Salvatore Rosa(1615～1673)、**ルーカ・ジョルダーノ**Luca Giordano(1632～1705)が活躍している。

(望月一史)

色彩のあふれるにぎやかな広場　MAP P.41 C4

カンポ・デ・フィオーリ広場 ★★

Piazza Campo de' Fiori　ピアッツァ カンポ デ フィオーリ

カンポ・デ・フィオーリの花市

カンポ・デ・フィオーリとは、「花の野」の意味。現在は野菜、花屋、魚屋などの屋台が並び、ローマのバイタリティーがあふれている。にぎやかな市場もかつては処刑場で、広場中央の像は、1600年に異端の罪で火あぶりに処されたジョルダーノ・ブルーノだ。

噴水が静かに水をたたえる広場とルネッサンス様式の宮殿　MAP P.41 C4

ファルネーゼ広場とファルネーゼ宮 ★

Piazza Farnese / Palazzo Farnese

ピアッツァ ファルネーゼ/パラッツォ ファルネーゼ

法王を輩出した名家ファルネーゼ家の宮殿が建つ広場。

ローマで最も壮麗なルネッサンス様式の宮殿で、16世紀に後の法王パウロ3世、ファルネーゼ枢機卿のためにアントニオ・ダ・サンガッロが設計し、その後ミケランジェロらによって完成された物だ。現在はフランス大使館として使用されている。

広場には、カラカラ浴場などから運ばれた石材で造られた対称的なふたつの噴水がおかれ、風情を添えている。

●ファルネーゼ宮
※現在はフランス大使館がおかれている。

ファサードの軒蛇腹に注目

巧みな遠近法とスタッコで飾られた　MAP P.41 C4

スパーダ宮(スパーダ絵画館) ★

Palazzo Spada(Galleria Spada)　パラッツォ スパーダ(ガッレリア スパーダ)

美しいスタッコ（漆喰（しっくい））装飾で飾られた壮麗な宮殿。現在は国務院がおかれ、中庭と絵画館のみが見学可能だ。中庭では、遠近法を好んだスパーダ枢機卿が造らせた「遠近法の間」Galleria Prospettica（プロスペッティカ）が必見。絵画館では、枢機卿のコレクションが往時のままに飾られている。

●スパーダ絵画館
住 Vicolo del Polverone 15/b
Piazza Capo di Ferro 13
☎ 06-6832409
開 8:30～19:30
休 ㊋、1/1、12/25
料 €5
※切符売り場は建物に入り、玄関ホールを抜けた右側。左のブックショップでガイド付き見学(＋€1)の申し込みを受け付ける
※毎月第1㊐無料

スタッコ装飾で飾られたスパーダ宮

コロッセオのお手本となった　MAP P.45 A4

マルケルス劇場 ★

Teatro di Marcello　テアトロ ディ マルチェッロ

紀元前11年頃の古代劇場で、当時は1万5000人を収容した。4世紀にはテヴェレ川に架ける橋のための石材供出地、中世には城砦として利用された。16世紀にはオルシーニ家の豪壮な館に組み込まれ、2層のアーチの上にルネッサンス後期の建物がある。この劇場右側には、エレガントな3本の柱が美しいアポロ神殿Tempio di Apolloがある。

シーザーが着手した円形劇場

●劇場周辺は考古学公園に
マルケルス劇場周辺は工事が続くが、劇場を縁取るように通路が設けられ近くで見学することが可能。内部見学は不可。
開 9:00～18:00
料 無料

ポポロ広場からスペイン広場、ボルゲーゼ公園へ

ポポロ広場への行き方

テルミニからは地下鉄A線フラミニオFlaminio駅下車が便利。駅を出ると大きなポポロ門が見える。この門を入ればポポロ広場だ。

このエリアは広く、かなりの距離があり、美術・博物館も多い。エリアの半分ずつを日を分けて歩くか、興味に合わせて見どころを絞るのがいい。

庶民的なショッピングストリートのコルソ通り、有名ブランドが軒を連ねるコンドッティ通りが続くので、ウインドーショッピングも楽しみな界隈でもある。誘惑をどうするかが、スケジュールのキモ。

ボルゲーゼ美術館へ

地下鉄A線スパーニャ駅構内からボルゲーゼ公園入口のPorta Pinciana近く（ヴェネト通り）までエスカレーターがある。駅構内をBorghese/Porta Pincianaの矢印に従って進もう。地下鉄駅からボルゲーゼ美術館までの一番の近道だ。

スペイン階段下やトリニタ・ディ・モンティ教会からはピンチアーナ門通りを上がろう。

ポポロ広場の中央にはオベリスクが建ち、高台にはボルゲーゼ公園から続く**ピンチョの丘**が続き、広々とした気持ちよい空間が広がる。**ポポロ門**近くに**サンタ・マリア・デル・ポポロ教会**、双子のように似たふたつの教会の間からはコルソ通りがヴェネツィア広場まで通じ、ポポロ門左からはボルゲーゼ公園へ通じる。

商店が並び、いつもにぎわうコルソ通りを進もう。通りの途中右にフェンディ宮殿とも呼ばれる堂々たるフェンディの店舗が見えたら、左に入ろう。高級ショッピングストリートのコンドッティ通りで、通りの先にスペイン階段とオベリスクが見える。階段手前にあるのは、小舟（バルカッチャ）の噴水。**スペイン階段**を上るとトリニタ・ディ・モンティ広場だ。同名の教会正面を左に進むと**ボルゲーゼ公園**で、最初に見たピンチョの丘へ続いている。**ボルゲーゼ美術館**は広大なボルゲーゼ公園にある。ここからは2kmほどあるので、スパーニャ駅構内を抜けるのが近道だ。ピンチアーナ門通りを横切って進むとヴェネト通り。通りを左に坂を上れば再度ボルゲーゼ公園、坂を下ると**カプチン派修道会博物館**、さらに**バルベリーニ広場**だ。バルベリーニ広場の先の坂道を上がると**バルベリーニ宮**だ。絵画館前の坂をさらに進み、最初の角の4つの噴水を右折して進むとオベリスクが立つ**クイリナーレ広場**だ。広場から続く小路を下るとトレヴィの泉へと続いている。**トレヴィの泉**からコルソ通りへ出れば、**コロンナ広場**も近い。

おもな見どころ

かつてのローマの玄関口　MAP P.38 B・C1

ポポロ門とポポロ広場 ★★

Porta di Popolo & Piazza del Popolo

ポルタ ディ ポポロ&ピアッツァ デル ポポロ

双子教会とポポロ広場

まだ鉄道のなかった時代の旅人は、フラミニア街道からこのポポロ門をくぐってローマに入るのが決まりだった。ゲーテもバイロンもキーツもこの門をくぐったのだ。この門は3世紀の物だが、17世紀にスウェーデンの女王クリスティーヌのローマ訪問を記念してベルニーニにより装飾が施された。

門の内側がポポロ広場。広場中央には高さ24mのオベリスクが建ち、ライオンの噴水が四方を守っている。この広場の南側には**双子教会**とも呼ばれるふたつのよく似た教会が建っている。

芸術作品で飾られた　MAP P.38 B1

サンタ・マリア・デル・ポポロ教会 ★★

Santa Maria del Popolo　サンタ マリア デル ポポロ

カラヴァッジョ作
『聖ピエトロの逆さ磔』

建設基金を市民(Popoloポポロ)が出したことから、この名前がつけられた。内部には芸術作品が並ぶ。必見は入口右側のロヴェーレ礼拝堂祭壇の『**幼な子キリストの礼拝**』L'adorazione del Bambino(ラドラツィオーネ デル バンビーノ)、主祭壇左側の**カラヴァッジョの礼拝堂**と呼ばれるチェラージ礼拝堂がある。左右の側壁を飾るカラヴァッジョの2作品、『**聖パオロの改宗**』Conversione di S. Paoloと『**聖ピエトロの逆さ磔**(はりつけ)』Crocifissione di S. Pietroが名高い。

ローマを一望する高台　MAP P.38 C1・2

ピンチョの丘 ★

Monte Pincio　モンテ ピンチョ

かつてピンチ家が所有していた公園の一角。ポポロ広場へ張り出したテラスからは、遠くにサン・ピエトロ大聖堂の大ドーム、サンタンジェロ城、ジャニコロの丘、ヴィットリアーノとローマの町並みを一望することができる。

ピンチョの丘の展望台

コルソ通りと平行する3本の通り

双子教会を挟んで3本の道がポポロ広場から放射状に延びている。向かって左のバブイーノ通りVia del Babuinoと途中からそれに平行して走るマルグッタ通りVia Marguttaは、細い路地に高級アンティークのお店やブティックが並び、由緒あるローマを感じさせる。向かって右側のリペッタ通りVia di Ripettaは、バールや食料品の並ぶ庶民的な通りで、昔ながらの魚料理を出す、うまいトラットリアやリストランテもある。

ポポロ広場とオベリスク

●S.M.デル・ポポロ教会
住 Piazza del Popolo 12
☎ 06-3610836
開 7:30〜12:30
16:00〜19:00
金土7:30〜19:00
※ミサなどの宗教行事の際は拝観不可
ミサ月〜土8:00、10:00、18:30
日祝8:00、10:00、11:00、12:00、13:00、18:30

革新的な『聖パオロの改宗』

ローマの一大観光名所　**MAP** P.38 C2、P.42 A1

スペイン広場　★★★

Piazza di Spagna　ピアッツァ ディ スパーニャ

観光客でにぎわうスペイン階段

正面のスペイン階段は映画『ローマの休日』の舞台としてあまりにも有名だ。似顔絵描きや花屋の鮮やかな屋台が並ぶこの階段に腰を下ろすと、明るい雰囲気に吸い込まれたようにゆったりとした気分になってしまうから不思議だ。階段前の『**舟の噴水**』Fontana della Barcaccia(フォンターナ デッラ バルカッチャ)の前では、いつも誰かがギターを弾いていたり、カメラを構えたりとにぎやかだ。この噴水はベルニーニの父の作で、かつてテヴェレ川が決壊した際ここまで小舟が水で運ばれたエピソードに由来する。3ヵ所に踊り場をもつスペイン階段の上には**古代エジプトのオベリスク**が建ち、その後ろにはトリニタ・デイ・モンティ教会が広場を見下ろしている。

スペイン広場にある『舟の噴水』

「イタリア人が設計し、フランス人が払い、イギリス人が徘徊(はいかい)し、今ではアメリカ人が占領する」といわれるスペイン階段だが、実際、1725年にフランスの大使の援助により造られ、名前はここにスペイン大使館があることに由来する。広場周辺には**英国風のティールーム**が18世紀同様に今も残り、かつては英国人のゲットーともあだ名された所だ。

この界隈には、スタンダール、バルザック、ワーグナー、リスト、ブラウニングといった文豪、芸術家たちも住み着き、スペイン階段右側には**キーツの家**Casina di Keats(カシーナ ディ キーツ)が残っている。今では、**キーツ・シェリー記念館**としてふたりのほかバイロンなどの自筆原稿や手紙、デスマスクや写真など豊富な資料が展示されている。愛好家には必見の場所。

スペイン階段の修復工事終了

約1年間にわたる修復工事が終了し、2016年9/23より通行が可能となった。階段での飲食や座ることは禁止されているので注意しよう。係員や警察官が巡回している。

●キーツ・シェリー記念館

住 Piazza di Spagna 26
☎ 06-6784235
開 10:00〜13:00
　14:00〜18:00
休 ㊐、1/1、8/15、12/8、12/24〜1/1
料 €5、18歳以下65歳以上€4
URL www.keats-shelley-house.org

✉ ミサンガ売り

夕方のスペイン階段でのこと。20代くらいの若者が「日本人か？ナガトモすごいな!」と言いながら話しかけて来ました。無視すればよかったものの、つい応じたところ、握手を求めるフリをしたので、差し出したこちらの手をつかみ、リボン(ミサンガ)を巻き付け、「これは友情の印。€25支払え」と言ってきました。いつの間にか仲間4人に取り囲まれ、支払いを求められました。こちらが拒否し続けたところ諦めたので被害はありませんでしたが、非常に不快な思いをしました。　(櫻井雄一　'11)['16]

✉ 観光バスいろいろ

安全で、何度も乗り降り自由なので便利。数社が運行していますが、それぞれテルミニ駅とヴァティカンの間を中心に少しずつバス停やルート、運行時間を変えています。テルミニ駅周辺で切符を購入する場合は、声をかけてきた人から買うのではなく、全社の切符を扱っているスタンドで内容を確認してからの購入がベターです。切符のスタンドはテルミニ駅正面を出た、市バスターミナルにあります。
(東京都　ARI・MORI　'13)['16]

スペイン階段上の眺めのよい広場　**MAP** P.38 C2、P.42 B2

トリニタ・デイ・モンティ広場　★

Piazza della Trinità dei Monti　ピアッツァ デッラ トリニタ デイ モンティ

1502年、フランス王ルイ12世により建てられた、南フランスのゴシック風の同名教会の建つ広場。正面のオベリスクは、巡礼者の道しるべとして18世紀に法王ピウス6世によって建てられた。ここからはS.マリア・マッジョーレ大聖堂のオベリスクがシスティーナ通りVia Sistina越しに遠望できるようになっている。

トリニタ・デイ・モンティ教会と同名の広場

広大な緑に美術館が点在する MAP P.38 B2

ボルゲーゼ公園 ★★

Villa Borghese　ヴィッラ ボルゲーゼ

トスカーナ地方シエナの名門出身の枢機卿ボルゲーゼが17世紀に彼の家族のために造った庭園。広大な敷地には森や池、ふたつの博物館とひとつの美術館、動物園、馬事公苑、各国のアカデミーなどがおかれている。いつも家族連れやカップルが散歩を楽しむプロムナードだ。新緑の美しい4月末から5月には、シエナ広場では時代装束の騎馬憲兵による優雅な競技会が開かれる。

緑深きボルゲーゼ公園

庭園内には、ヴィッラ・ジュリア・エトルスコ博物館と、国立近代美術館がある。なかでも「個人コレクションの女王」と呼ばれるほど豪華で華麗なボルゲーゼ美術館は必ず訪れたい。

エトルリア人の高度な文明を知る MAP P.38 A1

国立ヴィッラ・ジュリア・エトルスコ博物館 ★★

Museo Nazionale Etrusco di Villa Giulia　ムゼオ ナツィオナーレ エトルスコ ディ ヴィッラ ジュリア

ローマのルネッサンス様式の典型、ヴィッラ・ジュリア博物館

エトルリア人の高度な文明と芸術性がわかる博物館。

1階第7室Sala7はエトルリアの芸術家の中で唯一、その名が今日まで伝えられているヴルカによる『ヘラクレスと戦うアポロ』Apollo che combatte con Eracle、『子供を抱く女神像』Una dea con Bambinoなど、ヴェイオからの出土品。第9室Sala9の『夫婦の寝棺』Sarcofago degli Sposiは、エトルリア美術のひとつの頂点だ。寄り添うカップルは、愛と優しさに満ちあふれている。紀元前6世紀の作で、ローマの西北のエトルリアの古代都市から発掘された。第29室Sala29には、ファレリイ・ヴェテレス神殿の装飾を復元。第32室Sala32には『フィコローニの器』Cista Ficoroni。青銅の大きな円筒形の容器一面にレリーフが施され美しい。

●ヴィッラ・ジュリア・エトルスコ博物館
住 Piazzale di Villa Giulia 9
☎ 06-3226571
開 8:30～19:30
休 ㊊、1/1、5/1、12/25
料 €8
※切符売り場は18:30まで
※第1㊐は無料

エトルリア美術の頂点『夫婦の寝棺』(部分)

私のおすすめ エトルスコ博物館

金、銀、銅、琥珀などさまざまな素材から生み出された工芸品が並んでいます。芸術性や技術の高さ、そしてどこか笑えるような親しみやすさがあります。謎を秘めたエトルリア文明に、ますます興味が惹かれました。
(京都府　小久保碧　'07)

近代絵画を幅広く集めた MAP P.38 A・B2

国立近代美術館 ★

Galleria Nazionale d'Arte Moderna e Contemporanea(GNAM)
ガッレリア ナツィオナーレ ダルテ モデールナ エ コンテンポラネア

19世紀以降の絵画が収められている。イタリア人の画家はもとより、クリムト、モネからアメリカンポップアートまで勢揃いだ。ここの美しい中庭も見逃せない。

●国立近代美術館
住 Viale delle Belle Arti 131
☎ 06-32298221
開 8:30～19:30
休 ㊊、1/1、5/1、12/25
料 €10
※切符売り場は閉場45分前まで
※第1㊐は無料

●ボルゲーゼ美術館
住 Piazzale del Museo Borghese 5
開 9:00、11:00、13:00、15:00、17:00の2時間ごとの入場
料 €13＋予約料€2(特別展の場合追加料金の場合あり)
休 ㊊、1/1、12/24、12/25、12/31
※見学は☎06-32810(㊊～㊎9:00～18:00、㊏9:00～13:00)へ要予約
※第1㊐は無料(€2は必要)

✉ 電話予約は?

日本から電話で予約しました。自動応答システムで指示に従って、番号などをインプットすると、オペレーターが出て、直接話して予約できます。オペレーターは親切で英語も優しく話してくれて問題はありませんでした。ただ、オペレーターが出るまで、録音の音声が続き、重要なことを話しているのかと思いましたが、ローマの観光案内でした。
(東京都　杏子　'16)

✉ ボルゲーゼ美術館予約

4日前の12/24、ネットで予約。午後は予約がとりやすいようですが、午前中の予約なら2～3週間前の予約がベターの模様。見学後17:00頃外へ出ると真っ暗。ただ、庭園はよく手入れされているので気味悪い感じはありませんでした。

見学時間に制限があるにもかかわらず、音声ガイドの説明が長い。まともに聞いていたら、すべての美術品を見ることができないと思いました。(東京都　ドラゴン　'15)

個人コレクションの女王　MAP P.39 B3

ボルゲーゼ美術館 ★★★

Museo e Galleria Borghese　ムゼオ エ ガッレリア ボルゲーゼ

白亜に輝く、ファサード

1613年に建てられたシピオーネ・ボルゲーゼ枢機卿の館を、そのまま美術館にしたもので、収蔵品は彼のコレクションが中心になっている。彫刻、絵画とも有名な作品が数多い。

おもなものは、1階第1室のカノーヴァ作『パオリーナ・ボルゲーゼ像』Paolina Borghese、ベルニーニの手になる第3室の『アポロとダフネ』Apollo e Dafne、第4室の『プルートとプロセルピーナ』Pluto e Proserpinaなど、どれも冷たい石の彫刻とは思えない。第8室はカラヴァッジョによる『果物籠と青年』Ragazzo con il cesto di frutta、『馬丁の聖母』『ゴリアテ(自画像)の頭を持つダヴィデ』Davide con la testa di Goliaなど。皇帝のギャラリーから階段を上がった2階には第9室にラファエッロ作『キリスト降架』Trasporto del Cristo、第20室にティツィアーノ作『聖愛と俗愛』Amor sacro e Amor profanoなど。第11室はG.L.ベルニーニの作品を展示。彼自身による肖像彫刻と世代別の自画像に興味を引かれるだろう。

カラヴァッジョの作品が集まる第8室は、じっくり鑑賞しよう

✉ ボルゲーゼ美術館は予約が必要

インターネットで予約しました。予約回答書(英語)が送られて来ますので読んでおきましょう。行き方や入場場所などが書かれています。地下の切符売り場で切符を入手したら、一度外に出て階段を上り、ロッジアで待って入館します。1階の見学後は皇帝のギャラリーから階段で2階へ向かいます。2階の見学後は階段の途中から庭に出ると見学は終了です。途中に係員がいて、指示されます。私たちはボルゲーゼ美術館までスパーニャ駅から歩きましたが、所要15分程度です。イタリア旅行中ずっと石畳の上を歩いていたので、ボルゲーゼ公園の木立のなか土の上を歩くのはとても気持ちよく、公園もすいていて、人混みだらけの観光地から一瞬でも開放されたようで楽しい経験でした。　(大阪府　匿名希望)['16]

●ボルゲーゼ美術館の予約

インターネットURL www.tosc.itや電話(☎06-32810)で予約を。必ず、予約番号(アルファベットと数字)をメモしておこう。予約は、URL、電話ともに英語でOK。心配なら、ローマの宿泊ホテルに依頼してみるのもいい。見学希望日の1週間前には予約をするのがベター。

見学当日は予約時間の30分前に予約番号を提示し、切符を購入しよう。手荷物は切符売り場横のクロークに預けること。ガイドブックと財布程度の荷物しか見学持ち込みはできない。入館時間近くになると、クロークも混み合うので、早めの準備を。切符売り場近くには、ブックショップやトイレもある。

修道僧の人骨を祀る通称「骸骨寺」 MAP P.42 B2

カプチン派修道会博物館 ★

Museo e Cripta dei Cappuccini　ムゼオ エ クリプタ デイ カップチーニ

ヴェネト通りの途中でふたつの階段が目を引く教会。通称「骸骨寺」。現在は博物館となっており、見学は1階のカプチン派修道院、博物館から骸骨寺と呼ばれるクリプタCripta地下墓所へ進む。地下墓所の5つの堂には約4000体のカプチン派の修道僧の骨が収められ、シャンデリアをはじめ、天井、壁など一面が人骨で飾られている。一種異様な感があるが、宗教観、死後の世界観について考えさせられる神聖な場でもある。

●カプチン派修道会博物館
住 Via Vittorio Veneto 27
☎ 06-88803695
開 9:00～19:00(入場18:30まで)
休 1/1、復活祭の㊐、12/25
料 €8.50、18歳以下、65歳以上€5

「骸骨寺」とも呼ばれる

海神トリトーネが水を噴く MAP P.42 B2

バルベリーニ広場 ★★

Piazza Barberini　ピアッツァ バルベリーニ

バルベリーニ広場のトリトーネの噴水

交通の要所でもあり、いつも多くの車が往来している。広場の中央には貝の上にひざまずいたトリトーネと4頭のイルカを配したトリトーネの泉Fontana del Tritoneがある。ベルニーニの作で、ローマ・バロックの傑作。

●蜂の噴水
Fontana delle Api
ヴェネト通りを下ると左側にある、バルベリーニ家の紋章の蜂が飾る小さな水飲み場。これもベルニーニの作だ。

バロックに彩られた建築と名画の館 MAP P.43 B3

バルベリーニ宮(国立古典絵画館) ★★

Palazzo Barberini (Galleria Nazionale d'Arte Antica in Palazzo Barberini)
パラッツォ バルベリーニ(ガッレリア ナツィオナーレ ダルテ アンティカ イン パラッツォ バルベリーニ)

バルベリーニ広場南東のバルベリーニ宮殿2階にある。宮殿はバロック建築の代表ともいうべき壮麗さでその威容を誇る。各室は趣向を凝らした装飾がされ、とりわけ、コルトーナによる2階の大サロンの天井画『神の摂理の勝利』Trionfo della Divina Provvidenzaがすばらしい。バルベリーニ家出身のウルバヌス8世が造らせた物で、バルベリーニ家の栄光が一族の紋章でもある蜂とともに華やかに描かれている。内部はシモーネ・マルティーニ、フラ・アンジェリコ、ラファエッロ、ティツィアーノなどルネッサンス時代の絵画を中心に展示。フィレンツェやヴェネツィアに行けない人には必見だ。ここに、ラファエッロが描いた彼の恋人の肖像といわれる『La Fornarina(ラ フォルナリーナ)』もある。

粉屋の娘『ラ・フォルナリーナ』

●バルベリーニ宮(国立古典絵画館)
住 Via Barberini 18/Via delle Quattro Fontane 13
☎ 06-4824184
開 8:30～19:00
休 ㊊、1/1、12/25
料 €7
※切符売り場は閉場1時間前まで
※第1㊐は無料

2階の大サロンの天井画『神の摂理の勝利』

✉ 大晦日は?
多くの施設は14:00、15:00台で閉館になります。
(東京都　ドラゴン　'15)

衛兵交代
6〜9月㊐18:00、10〜5月㊐16:00にクイリナーレ宮前の広場で行われる。官邸行事の際は内部で実施のため、見学不可。

眺めのよい丘に建つ大統領官邸 MAP P.42 B2

クイリナーレ広場とクイリナーレ宮 ★

Piazza del Quirinale / Palazzo del Quirinale ピアッツァ デル クイリナーレ/パラッツォ デル クイリナーレ

ローマの7つの丘のひとつクイリナーレの丘にある広場。かつての歴代法王の住まいで、その後はサヴォイア王家の夏の離宮となり、1947年以降は共和国大統領官邸として使われているクイリナーレ宮がある。広場にはオベリスクが建ち、遠くにはサン・ピエトロのドームも望め、眺めがよい。

広場に建つ、クイリナーレ宮

トレヴィの泉への行き方
トレヴィの泉は細い路地の先にあるので、バスなどは入らない。最寄りの地下鉄駅やバス停からやや歩く必要があるが、近くには行き先表示があるので、迷う心配はない。
地下鉄の場合はA線バルベリーニで下車。トリトーネ通りを下り、サン・シルヴェストロ広場手前の小さな広場(いつもたくさんのバイクなどが駐輪してある)を左に入る。
バスの場合は、テルミニ駅からNo.175などで、バルベリーニ広場を過ぎたトリトーネ通りで下車し、あとは上記地下鉄同様に歩こう。
コルソ通りからはコロンナ広場南のIntesa BCI銀行の脇からVia delle Muratte(ⓘの緑のキオスクあり)を入ると近い。

圧倒されるほどの力強さに満ちている MAP P.42 B2

トレヴィの泉 ★★★

Fontana di Trevi フォンタナ ディ トレヴィ

ローマ・バロックの傑作、トレヴィの泉

肩越しにコインを投げると再びローマを訪れることができる、というエピソードはあまりにも有名だ。多くの旅行者が泉の縁に陣取ってコインを投げ入れているのは、この町に魅せられてしまった印だ。トレヴィとは三差路の意味で、泉の前から3本の道が延びているのがネーミングの由来。法王クレメンス12世主催の噴水コンクールで優勝したニコラ・サルヴィの設計で、背後の宮殿を巧みに借景として取り入れ、海神ネプチューンとトリトンがダイナミックに躍動する。完成は1762年。泉に通じる道が細く、ややわかりづらい場所にある。

記念撮影のメッカ

サッカーファン必見
ASローマのオフィシャルショップがコロンナ広場にある。試合の切符やグッズもあるので、ファンには必訪の場所。コルソ通りから噴水を見た左側、入口が小さいので注意！

アウレリウス帝の円柱コロンナが建つコロンナ広場

大きな円柱が目印 MAP P.42 B1

コロンナ広場 ★

Piazza Colonna ピアッツァ コロンナ

トリトーネ通りがコルソ通りとぶつかった左側にある広場。大きな円柱colonnaが建っているのでこの名がある。

ヴェネツィア広場左にあるトラヤヌス帝のコロンナを模した物で、アウレリウス帝の戦勝記念として193年に完成した。コロンナの上には、かつてはアウレリウス大帝の像が建っていたが現在は聖パオロの像。この右側、キージ宮Palazzo Chigiは、大統領の閣議場。その奥、エジプトから運ばれたという紀元前6世紀のオベリスクが正面に建つ大きな建物がモンテチトーリオ宮Palazzo di Montecitorioで、国会議事堂だ。

トラステヴェレ地区と真実の口広場

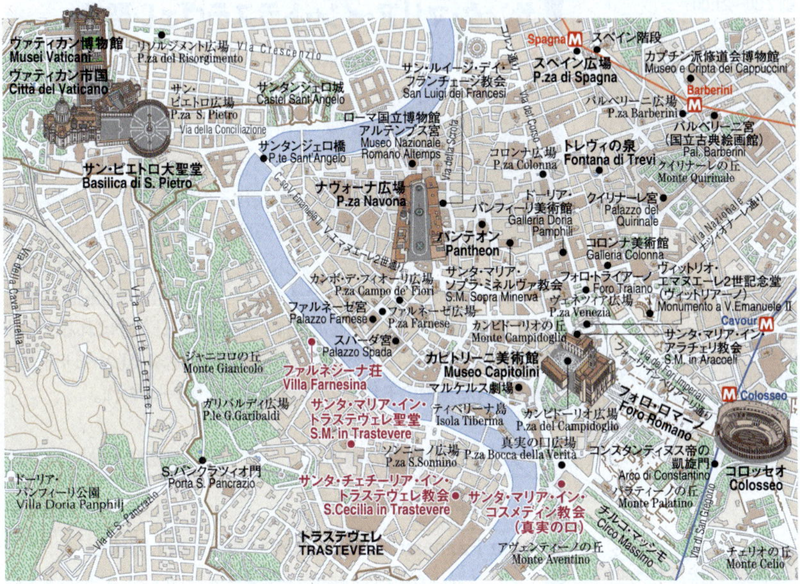

ローマの下町として、ローマっ子に愛されるトラステヴェレ。まずはバスやトラムなどでトラステヴェレへ向かい、散策後、橋を渡って「真実の口」を経て旧市街へ戻ろう。

バスなどが停車するソンニーノ広場から**サンタ・マリア・イン・トラステヴェレ聖堂**へ向かおう。バスの進行方向右側の小路に入って真っすぐ進むと、噴水と金色に輝くモザイクで美しいファサードが見える。このあたりは最もトラステヴェレらしい界隈だ。聖堂のある広場から北西へ進むと、美しいルネッサンスの館の**ファルネジーナ荘**。再び同じ道を戻り、トラステヴェレ大通りを横切ると**サンタ・チェチーリア・イン・トラステヴェレ教会**。細い小路が幾重にも通り、表情を変えるトラステヴェレは気ままに歩いてみるのもおもしろい。

川岸通りからチェスティオ橋を通って**ティベリーナ島**へ。ガリバルディ橋からの眺めもいいが、古代からの歴史を紡ぐ島は時間があればそぞろ歩きが楽しい。橋を渡りきるとほぼ正面がマルケルス劇場。ここから真実の口広場までに古代ローマの神殿が点在する。交通の激しい道沿いだが、現代と過去が共存するまさにローマらしい風景が広がる。左側に鐘楼が見えるのが、**「真実の口」**のある**サンタ・マリア・コスメディン教会**だ。

トラステヴェレへの行き方

テルミニ駅からはバスNo.Hでソンニーノ広場下車。またはテルミニ駅からバスNo.40などでヴェネツィア広場下車で、ヴェネツィア宮殿南側(バスターミナル前)に停まっている新型のトラムNo.8を利用し、橋を渡ったら下車しよう。ソンニーノ広場もすぐだ。

日曜日のS.M.イン・トラステヴェレ広場。普段着のローマに会える場所

おもな見どころ

静かな広場に建ち、黄金に輝く MAP P.45 B3

サンタ・マリア・イン・トラステヴェレ聖堂 ★★

Santa Maria in Trastevere サンタ マリア イン トラステヴェレ

サンタ・マリア・イン・トラステヴェレ聖堂

紀元前38年、ここに一日中油が湧き出る奇跡が起こり、キリストの世界制覇の恩寵を意味したといわれる。この教会はその場に建てられた物。3世紀からは地下教会の建造が始まっており、ローマで最古の教会といわれる。正面部分は12世紀に付けられたもので、この教会は19世紀まで何度も手を加えられた。正面の高みには『**玉座の聖母**』と呼ばれる、聖母マリアを中心に左右に明かりを手にした乙女が並ぶ美しいモザイク画が輝く。内部**後陣のモザイク**は13世紀カヴァッリーニの作。

ラファエッロの作品の残る MAP P.45 A3、P.41 C3

ファルネジーナ荘 ★★

Villa Farnesina Chigi(Accademia dei Lincei)

ヴィッラ ファルネジーナ キージ(アッカデミア デイ リンチェイ)

ラファエッロ作『ガラテア』

テヴェレ川に面した公園の中に建っている美しい16世紀のルネッサンス様式の館で、芸術愛好家の銀行家アゴスティーノ・キージの別荘だった物。この設計にはラファエッロも参加した。内部には彼の傑作『**ガラテア**』Galateaがありファン必見だ。そのほか、天井画の『**プシケの物語**』Favola di Psicheなどがある。

殉教した聖チェチーリアにささげられた MAP P.45 B4

サンタ・チェチーリア・イン・トラステヴェレ教会 ★

Santa Cecilia in Trastevere サンタ チェチーリア イン トラステヴェレ

敬虔なキリスト教徒であったサンタ・チェチーリアは3世紀に殉教したが、1599年にカタコンベで彼女の遺体が発見された。1000年以上の時を経ながらも遺体は腐敗を免れて、葬られたときと同様、三位一体と唯一神を指で示していたといわれている。教会は彼女の夫の古代住居跡に建てられた物だ。内部**主祭壇下の聖チェチーリアの像**はマデルノ作。後陣のビザンチン風の美しいモザイクにも彼女や彼女の夫が描かれている。**地下墓地**には、**古代住居や穀物貯蔵所**が見られる。またピエトロ・カヴァッリーニによる『**最後の審判**』Giudizio Universale(1293年作)は重要。

●**サンタ・マリア・イン・トラステヴェレ聖堂**
住 Piazza S. Maria in Trastevere
☎ 06-5814802
開 7:30～21:00
8月 8:00～12:00
16:00～21:00

後陣のモザイク『キリストと聖母』

●**ファルネジーナ荘**
住 Via della Lungara 230
☎ 06-68027268
開 9:00～14:00
休 ㊐㊗(第2㊐を除く)
料 €6
※第2㊐は特別開館9:00～17:00(音楽会15:00、16:00も開催。要予約。料€12)
※ガイド付き見学㊏10:00～(英語)、㊏12:30～(イタリア語)。+€4

ファルネジーナ荘へのバス
テルミニ駅からバスNo.40などでヴェネツィア広場で下車し、トラムNo.8でガリバルディ橋を渡ったら下車して徒歩。トッレ・アルジェンティーナ広場から徒歩でシスト橋を渡るコースも楽しい。

●**サンタ・チェチーリア・イン・トラステヴェレ教会**
住 Piazza S. Cecilia 22
☎ 06-5899289
開 10:00～13:00
16:00～19:00
『最後の審判』
10:00～12:30
料 地下遺構€2.50
『最後の審判』€2.50

音楽の守護聖人、聖チェチーリアが祀られる

テヴェレ川に浮かぶ船のような　MAP P.45 A4

ティベリーナ島 ★
Isola Tiberina　イソラ ティベリーナ

ティベリーナ島全景

伝説によると「誇り高き王タルクィーノの追放に怒った市民が、収穫した穀物を投げ込んでできた島」といわれている。そこに医術の神アエスクラピオが蛇に姿を変えて現れ、神殿を建立させたという。今では神殿跡にはサン・バルトロメオ教会が建っているが、その並びには現代的な病院が建ち、今なお伝説を伝えている。島は船の形をしており、南側にはマストを模してオベリスクが建っている。多くの詩人が町の雑踏を逃れこの島で詩を書いたといわれている。

映画「ローマの休日」でおなじみ　MAP P.46 B1

真実の口広場 ★★
Piazza Bocca della Verità　ピアッツァ ボッカ デッラ ヴェリタ

鐘楼の美しいS.M.イン・コスメディン教会

周囲のローマ遺跡や鐘楼などが相まってローマでも指折りの美しい広場。バラ色の鐘楼が目を引くのが**サンタ・マリア・イン・コスメディン教会**。6世紀に創建され、何度も改築が行われたが、内部は創建当時のままに極力再現されている。入口の柱廊左側にあるのが、**「真実の口」**Bocca della Verità。「嘘を言った者がこの口の中に手を入れると手を食べられてしまう」というのは、中世からの言い伝え。古代の井戸かローマが誇った大下水溝(クロアーカ・マッシモ)のフタではないかと推測されている。

ローマの下町　トラステヴェレ

トラステヴェレとはテヴェレの川向こうの意味で、川がティベリーナ島を挟んで大きく蛇行する右岸からジャニコロの丘あたりまでを指す。ピッツェリアやトラットリア、ビッレリア、小さな商店などが軒を連ね、夕方から繰り出す人が多く、一昔前は昼間営業する店は少なかった。現在は昼もにぎやかだが、週末の夜のにぎわいは特別。機会があれば一度足を運んでみよう。

ちょっと路地に入ると今も洗濯物がはためき、夜は通りに椅子を出しておしゃべりに興じる人たちの姿があり、昔の映画を見ているような雰囲気がある。とりわけにぎやかなのが、**ノアントリの祭り**(毎年7/16以降の最初の土曜日)の時期。祭り当日だけでなく、その数日前から盛り上がりを見せる。ガリバルディ橋を渡るベルサリエーリ(歩兵部隊)の競争で幕を開け、「ノアントリの聖母」が町を練り歩く。通りを埋め尽くすようにテーブルが並び、広場は一大宴会場のようだ。

●真実の口
(サンタ・マリア・イン・コスメディン教会の入口回廊)
住 Piazza Bocca della Verità 18
☎ 06-6787759
開 夏季9:30〜17:50
冬季9:30〜16:50
料 喜捨
地 P.46 B1
※バス44、715番などがヴェネツィア広場へ向かう。歩いても約1km

✉「真実の口」での撮影、無料に
'16年夏に突然、入場料が€2になりましたが、10月現在は以前と同様に無料になりました。でも、喜捨(少額の寄付)はお忘れなく。
(在ローマ　ローマが大好き　'16)

✉時間の余裕を
オープンは9:30〜16:50でした。閉場時間になると、並んでいる人がいても入口は閉められてしまいます。時間に厳格で入場時間の変更もあるようなので、余裕をもって出かけるのをおすすめします。
(大阪府　こたろー　'13年2月)

✉1/1は閉場でした。
(東京都　ドラゴン　'15)

真実の口で記念撮影

✉いつ行く?真実の口
午前中は明るい感じ、太陽が傾く頃にはたそがれた感じの雰囲気のある写真が撮れます。時間によっていろいろな表情が楽しめます。鉄柵の外からなら24時間いつでも見学できます。
(在ローマ　ローマ好き　'14)['16]

✉ポルタポルテーゼへ
日曜の滞在だったのでポルタポルテーゼの市へ行きました。本当にたくさんの屋台があり、掘り出し物もたくさん。みやげ探しやそぞろ歩きが楽しい！　懐中ものに注意してgo！　(あなご　'16)

ヴァティカン市国 世界遺産

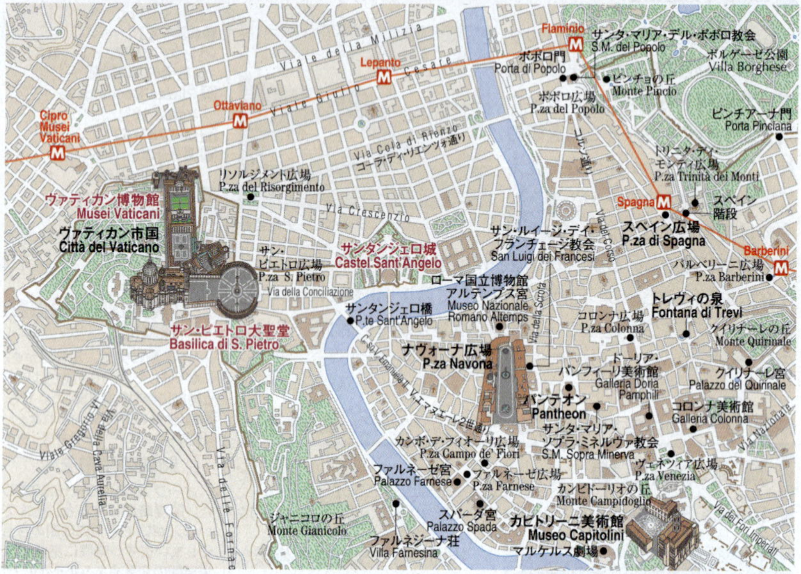

世界遺産

ローマの歴史地区、およびヴァティカン市国とサン・パオロ・フオーリ・レ・ムーラ
登録年1980／1990年
文化遺産

ヴァティカン市国への行き方

■バス

サン・ピエトロ大聖堂へはテルミニ駅前ホームGから急行バスNo.40でサン・ピエトロ広場手前のコンチリアツィオーネ通り脇の終点で下車（ここで全員下車となる）。バスNo.40はサンタンジェロ城そば、ピア広場のバスターミナルへ行き、ここが始発となる。帰りもNo.40のバスを利用する場合はピア広場から乗車。

テルミニ駅からNo.64のバス（テルミニ駅での乗り場はホームH）で、バス停Porta Cavalleggeri下車。バス停手前を右に進むと、すぐにサン・ピエトロ広場が見える。

■地下鉄 A線オッタヴィアーノ駅Ottaviano(広場の北800m)。博物館へはチプロ駅Cipro下車がやや近い。ただし、博物館には長蛇の列ができていることがほとんど。列は博物館入口から城壁沿いにリソルジメント広場方面にできるので、行列の後ろに付くには、オッタヴィアーノ駅下車が近い。

ローマ観光のハイライトのひとつ、**ヴァティカン市国**。サン・ピエトロ大聖堂とヴァティカン博物館はいつも入場に長い行列ができている。また、ヴァティカン博物館の見学には最低半日、1日かけても納得できるのは難しいほどに見どころが満載。自分の興味やスケジュール、予約時間に合わせて、計画を立てるのが納得できる攻略方法だ。

まずはカトリックの総本山、サン・ピエトロ大聖堂へ。神の手に包まれるような**サン・ピエトロ広場**の奥、大クーポラが載る堂々たる建物が**サン・ピエトロ大聖堂**だ。この裏手に**ヴァティカン博物館**が続いている。ヴァティカン博物館へは城壁沿いに坂道を上ると入口だ。坂道の途中から行列ができていることがほとんどなので、迷う心配は少ない。見学予約した場合は、入口の右側に並ぼう。

サン・ピエトロ大聖堂から続く大通りの先にあるのが**サンタンジェロ城**。城手前のサンタンジェロ橋からの眺めがすばらしいのでぜひ足を延ばしてみよう。ローマでも指折の撮影ポイントとして有名だ。

サン・ピエトロ大聖堂内部はおごそか

おもな見どころ

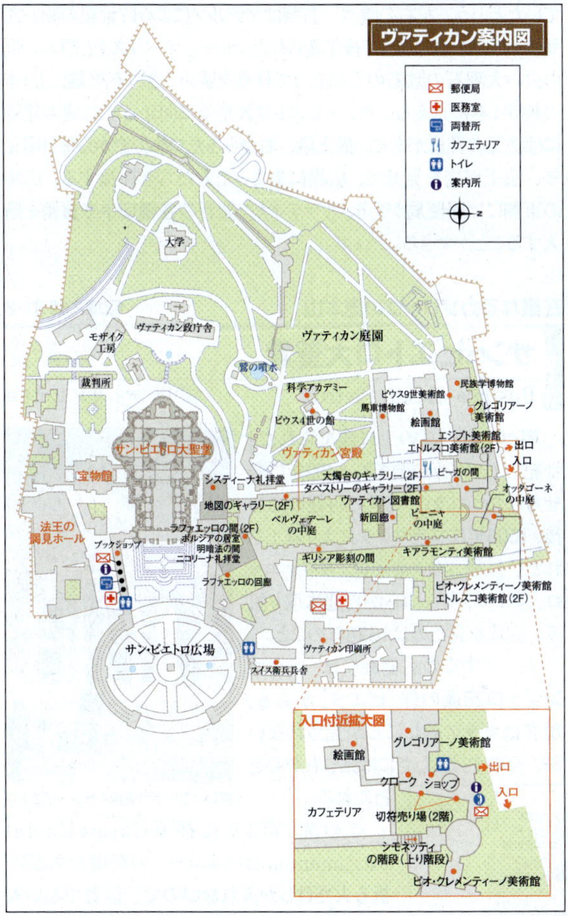

ヴァティカン市国

聖人が高みから見守る　MAP P.40 B2

サン・ピエトロ広場 ★★★

Piazza San Pietro　ピアッツァ サン ピエトロ

オベリスクが目立つサン・ピエトロ広場

各時代の粋を集めたこの広場は、ベルニーニのデザインにより1667年に完成した物。広場をぐるっと取り囲む半円型の回廊には4列にドーリス式円柱284本が並び、その上部は140人の聖人像で飾られている。中央には40年にエジプトか

行列回避は朝イチが勝負!

行列回避には朝一番に訪れるのがベスト。私はサン・ピエトロ大聖堂は開門の7:00、ヴァティカン博物館は開館1時間前の8:00に行きました。どちらも難なくクリア。出てくるときはいずれも長い行列でした。また、ヴァティカン見学が目的なら、ヴァティカン周辺のホテルに宿泊するのがいいです。テルミニ周辺からは交通機関を利用しなければならないので、時間のロスになります。私は徒歩5分のVatican084に宿泊、朝イチで出かけました。　(yummy　'14)

12/31のサン・ピエトロ大聖堂は8:00頃は並ばずに入れました。オーディオガイドは9:00から。9:00台になると、長蛇の列になっていました。オーディオガイドを借りて大聖堂、地下納骨堂、クーポラなど、すべてじっくり見て回ると5時間かかりました。

(東京都　ドラゴン　'15)

ヴァティカン博物館の予約

12/24をネット予約して見学。朝一番は予約が取りやすかったです。公式ホームページには9:00〜とありますが、レシートを見ると8:00〜16:30とありました。私は8:20に到着し8:40頃から見学開始。全部を見て、システィーナ礼拝堂にたどり着いたのが12:00過ぎ。全部屋を見終えて外に出たのが17:00過ぎでした。

(東京都　ドラゴン　'15)

14:00の入館予約でしたが13:00に到着。1時間待ちだと思っていると、すんなり入れてもらえました。記載時間はあまり見ていない模様でした。

(神奈川県　kyon子　'15)

日曜のヴァティカン博物館

最終日曜は無料のため、いつにも増して混雑すると❶で言われました。タクシーで出かけ7:40から並び、9:00過ぎには入館できました。内部もゆっくり見られ、ここまで早く来なくてもと思いました。しかし、昼前に外へ出てみると、延々と行列が続き、閉館までに入れきれないのでは?と思いました。　(埼玉県　まり　'16)

サン・ピエトロ広場を見下ろす聖人像

ら運ばれた巨大な**オベリスク**(高さ25.5m、重さ320t)が建っている。

聖人ペテロ(サン・ピエトロ)は、このあたりで逆十字架にかけられていたという。左右の噴水、右側は**マデルノ**による17世紀の物。左側はベルニーニによって後年造られたコピー。オベリスクと噴水の間の白い大理石の敷石の上に立って柱廊を眺めると、不思議にも4本の柱が1本に見える。サン・ピエトロ大聖堂に向かって右側の建物には法王の書斎がある。**最上階、右からふたつめの窓から毎日曜正午**、法王が姿を見せて、広場に集まった人たちを祝福する。広場の東側には**郵便局**があり、ヴァティカン発行の**各種切手や貨幣**を購入することができる。

●サン・ピエトロ大聖堂
住 Piazza San Pietro
開 4/1〜9/30　7:00〜19:00
10/1〜3/31　7:00〜18:30

●クーポラと屋上
開 4/1〜9/30　8:00〜18:00
10/1〜3/31　8:00〜17:00
料 エレベーター　€8
階段　€6
地 P.40 B1·2

クーポラ情報

クーポラの切符売り場は、サン・ピエトロ大聖堂正面柱廊右奥。内部には入らずに正面入口脇に進もう。エレベーター利用でも、320段もの階段が続き、一部やや狭い部分もある。クーポラに描かれたフレスコ画や広い堂内を上から眺めながらゆっくり進もう。クーポラの最上部は広くないものの、360度のパノラマが広がり、ローマの町並みからヴァティカン庭園まで詳細に見ることができる。下りのエレベーターは上りの場所と違い、大聖堂内部地下の法王の墓近くに着く。

サン・ピエトロ大聖堂ではセキュリティチェックあり

入口に係員がいて保安上のためのボディチェックと簡単な手荷物検査、服装チェックがあります。肌の露出の多い、短パン、ノースリーブ、ビーチサンダルなどは拝観不可。また大きなリュックも不可。

荘厳なるカソリックの総本山　MAP P.40 B1·2

サン・ピエトロ大聖堂　★★★
Basilica di San Pietro　バジリカ ディ サン ピエトロ

聖ペテロの墓の上に建てられた4世紀のバジリカが始まり。1452年に発せられたニコラウス5世の再建の命の後、1506年にブラマンテにより着工された。以後、サンガッロ、ラファエッロ、ミケランジェロらが再建に取り組み、完成を見たのは**1626年**のこと。

美しいクーポラを抱くサン・ピエトロ

入ってすぐの右側廊には、ミケランジェロ25歳の作**『ピエタ』**がある。現在はガラス越しにしか見られないが、そのすばらしさには誰しもが心を打たれる。

その先、第3の礼拝堂Cappella del Sacramento（カッペッラ デル サクラメント）にはベルニーニの祭壇があるが、**祈る人だけしか入れないので**、信者でない人は遠慮すること。中央右側には、**『聖ピエトロ(ペテロ)のブロンズ像』**Statua di San Pietro（スタトゥア ディ サン ピエトロ）があり、訪れる信者の接吻や手に触れ、金色に輝いている。左側と第2、第3の礼拝堂の向かいの壁面には**ポッライウォーロ作**のブロンズの**『イノケンティウス8世の墓』**Monumento di Innocenzo Ⅷ（モニュメント ディ イノチェンツォ オッターヴォ）がある。

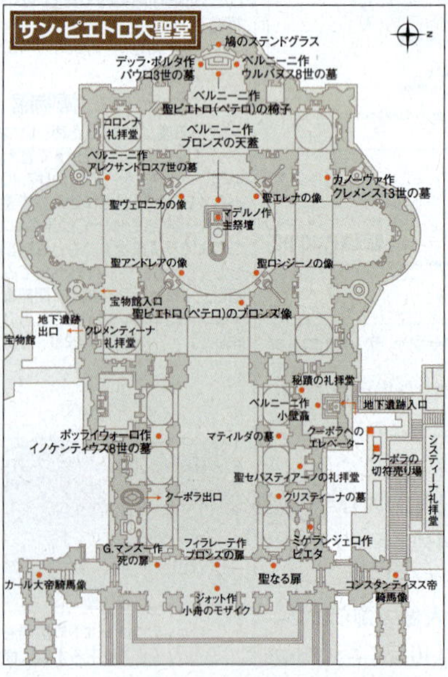

屋上の大クーポラに昇るエレベーターは大聖堂入口外の右側にある。切符を購入して、エレベーターを利用する。エレベーターを降りてからも、テラスまでは階段を320段上らなくてはならない。このテラスから眺めるサン・ピエトロ広場の夕焼けは圧巻だ。

中央の大クーポラはミケランジェロの設計に

荘厳な大聖堂内部。
ブロンズの天蓋がすばらしい

よる物で構造は二重になっておりとても明るい。クーポラ下には法王の祭壇があり、ベルニーニのブロンズの天蓋で覆われている。その太いうねるような独特な柱の形に目を引かれる。この下の礼拝堂にはサン・ピエトロの墓がある。墓の前にひざまずいているのは、新古典主義彫刻家カノーヴァによるクレメンス13世の墓だ。その奥上部には**鳩のステンドグラス**、その下にはベルニーニによる巨大な**『聖ピエトロ（ペテロ）の椅子』**Cattedra di S. Pietro（カッテッドラ ディ サン ピエトロ）が飾られ、この内部には聖ピエトロが使ったといわれる木製の司教座が包み込まれている。この左の階段は、地下の法王の墓へ向かう。また、その手前左側には**宝物館**の入口があり、その豪華な聖器類はヴァティカンの力の大きさを示している。

●宝物館
Museo del Tesoro della Basilica di S. Pietro
開 4/1〜9/30 9:00〜18:30
10/1〜3/31 8:00〜17:40
休 復活祭の㊐、12/25
料 €6 地 P.40 B1

●サンタンジェロ城国立博物館
住 Lungotevere Castello 50
☎ 06-6819111
開 9:00〜19:30
休 ㊊、1/1、12/25
料 €10(特別展の場合€12〜)
※切符売り場は閉場1時間前まで
※第1㊐は無料

写真撮影に最適
サンタンジェロ城のテラスから見下ろすサン・ピエトロ大聖堂のクーポラをはじめ、サンタンジェロ橋の天使像と城、秋には色づいたマロニエの木々……。サンタンジェロ城周辺はフォトジェニックな界隈。写真撮影やスケッチが目的の人は足を延ばしてみよう。

サンタンジェロ城付近

テラスからは絶景が広がる MAP P.41 B3

サンタンジェロ城 ★★

Castel Sant' Angelo　カステル サンタンジェロ

歌劇「トスカ」の舞台にもなった
サンタンジェロ城

元来は、135年にハドリアヌス帝が自分の廟（びょう）として建造した物。その後、ローマ歴代皇帝の墓となった。中世以降は、要塞や法王の住まい、牢獄などさまざまに使われたが、オリジナルの部分もよく残っている。現在、内部は**国立博物館**Museo Nazionale di Castel Sant' Angeloとなっており、武具などが展示されているが、このテラスから眺めるローマ市街の風景は絶景だ。法王庁からここまで、城壁内部の小道を通ると、外部との接触なしに往来することができるという。聖天使城の名は、590年のペスト禍の際、この城の上に剣で悪疫を打ち払う天使が現れると、間もなくペストは消え平穏が訪れた、という伝説による。

城の前にかかるのが**サンタンジェロ橋**Ponte Sant' Angelo。

ベルニーニによる天使（依頼したクレメンス9世が傷むのを嫌ったためコピー。オリジナルはS.アンドレア・デル・フラッテ教会にある）で飾られた石造りの風情ある橋。後方のサンタンジェロ城とともに、絶好のカメラアングルだ。

✉ 服装に配慮を
大聖堂はミニスカートなどは禁じられていると多くのガイドブックで書かれているにもかかわらず、ミニワンピースの日本の女の子が案の定注意され、彼女は不服そうに友人の上着で隠して入場。彼女は入場すると即座に上着を取り、ミニスカートで歩き回っていました。ルールは守りたいものですネ。（東京都　Tomacchu'　'10）

✉ おみやげもおすすめ
サン・ピエトロ大聖堂は大行列ができますが、8:30には並ばずに入れました。また、聖堂内のブックショップ兼おみやげ屋のパワーストーンや聖水は手頃でおみやげによいですヨ。
（愛媛県　スカルノ　'14）

ベルニーニ作『天使像』（コピー）

ヴァティカン宮殿（博物館）

歴代法王による世界有数の美術・博物館 Palazzi e Musei Vaticani

ヴァティカン博物館への行き方
地下鉄A線オッタヴィアーノ駅下車が便利。オッタヴィアーノ駅からは大通りをリソルジメント広場へ向かおう。広場から城壁沿いに坂道を上れば入口だ。入口でボディチェックと手荷物検査があり、切符売り場は2階。（P.91も参照）

入口に注意！
城壁沿いの坂道に長い行列ができていることがほとんど。予約なしの場合は行列の後ろに並ぼう。予約してある場合は、入口近く予約者専用レーンに並ぼう。

●ヴァティカン宮殿（博物館）
住 Viale Vaticano 100
☎ 06-69884947
開 9:00～16:00（閉館18:00、17:30より展示室から退出）
毎月最終㊐、9/27（無料）
9:00～12:30(14:00)
休 ㊐(ただし、毎月最終㊐は入館無料の開館日) 1/1、1/6、2/11、復活祭の㊐、復活祭の翌日の㊊('17年は4/16、4/17)、5/1、6/29、8/15、8/16、11/1、12/8、12/25、12/26、およびすべての宗教祭日(→P.96)
料 €16　学割　€8
※学生割引は、切符売り場の専用窓口で国際学生証を呈示
※オーディオガイド(日本語あり)€7
地 P.40 A･B1･2
※内部にはセルフサービスレストラン、バールなどもあり
URL mv.vatican.va

車椅子の事前受け付け
ヴァティカン博物館では事前申し込み e-mail accoglienza.musei@scv.vaで車椅子の貸し出しあり。

ラファエッロの間

14世紀にフランスのアヴィニョンから法王庁が戻って以来、法王の住居となった所だ。広大な宮殿には、法王庁や法王の部屋もあるがそのほとんどが、20もの**博物館、美術館、絵画館、図書館**で占められている。コレクションは、歴代の法王が集めた物が中心で、古代ギリシア美術から始まり、さまざまな時代の美術的価値の高い物ばかり。全部を丹念に見て回るには**1週間**は必要だが、限られた時間で見学するには、あらかじめ見学したい見どころを決めておくのが効率的だ。

見どころは1階と2階に分かれている。1階には①絵画館②ピオ・クレメンティーノ美術館③エジプト博物館④図書館（一般非公開）⑤キアーラモンティ博物館⑥システィーナ礼拝堂などがある。2階には⑦エトルリア美術館⑧地図のギャラリー⑨ラファエッロの間⑩ラファエッロの廊下がある。

ここで絶対見逃せない場所は、**ピオ・クレメンティーノ美術館、絵画館、システィーナ礼拝堂、ラファエッロの間**だ（なお内部は、混乱を避けるため、係員の指示に従っての一方通行が原則）。

システィーナ礼拝堂

ヴァティカン博物館の予約

URL mv.vatican.va からBiglietteria onlineに進むと予約が可能。予約申し込みは見学の60日前から1回に10人までの受付、支払いはクレジットカード(M.V.)で。予約料€4。

ガイド付きツアーも上記URLから申し込み可。現地で直接申し込むなら、サン・ピエトロ広場手前（広場に向って左側）のOPERA ROMANA PELLEGRINAGGIの窓口で。ヴァティカン博物館（システィーナ礼拝堂を含む）と一般非公開のヴァティカン庭園見学、英・伊・西の各オーディオガイド、案内係、ヴァティカン庭園内のミニバス込みで1人€47、6～17歳€34、6歳以下無料。㊐を除く10:30、11:15に上記申し込み場所に集合。

窓口
住 Piazza Pio Ⅻ 9(Via della Conciliazione)
☎ 06-69896375
URL www.operaromanapellegrinaggi.org（予約可）

ピオ・クレメンティーノ美術館 Museo Pio-Clementino ★★

中庭を経て、入口を左側に入った所だ。ヴァティカン宮殿の前身であったベルヴェデーレ宮殿の中庭に18世紀には、クレメンス14世とピウス6世の収集による彫刻群が置かれていたが、19世紀にピウス7世によって現在の姿となった。

ギリシア十字の広間Sala a Croce Grecaには、『**聖ヘレナの石棺**』Sarcofago di S. Elenaや**コンスタンティヌス大帝の娘の『コスタンティアの石棺』**Sarcofago di Costanzaなどいずれも4世紀の物がある。**ミューズの間**Sala delle Museには古代アテネの名彫刻家アポロニウスによる紀元前1世紀の大理石像『**ベルヴェデーレのトルソ**』Torso del Belvedereがある。**円形の間**Sala Rotondaでは1世紀の床モザイクが必見。ベルヴェデーレの中庭は、オッタゴーネ（八角形）の中庭とも呼ばれ、古代彫刻を展示する。後期ヘレニズム時代の傑作の『**ラオコーン**』Laocoonteは、大蛇に捕らわれ苦悩するラオコーンの姿が劇的だ。古代ギリシアの青銅像（紀元前4世紀）をローマ時代にコピーした優美な『**アポロ像**』Apolloも必見。そのほかには、古代ギリシアの『**ヘルメス像**』Hermesや左側のメドゥーサの首を掲げた『**ペルセウス**』Perseoなどもおもしろい。

迫力満点の『ラオコーン』は、ベルヴェデーレの中庭に展示

予約者の入口と見学順路

坂道に行列ができていますが、予約済みの人は博物館入口までどんどん進みましょう。入口右側の列が予約者専用です（表示あり）。ほとんど行列はできていませんでした。時間はあまり関係ないようで、予約時間の20分程前でしたが、予約書を見せるとするすると入場できました。セキュリティチェックを抜けて、2階の切符売り場に行くと「すでに支払い済み」ということで、ここも超短時間でクリア。

予約したおかげで簡単に入れたものの、内部は団体客が多くびっくりの混雑ぶり。システィーナ礼拝堂、絵画館など、おもなところには大きな表示があるので迷うことはありません。どこも混雑していますが、団体客は早めに移動するし、行くところは同じ……。やっぱり、ラファエッロの間からシスティーナ礼拝堂が一番の混雑でした。

私的には最初に絵画館→ピオ・クレメンティーノ美術館→システィーナ礼拝堂→大聖堂の見学順路が効率的だと思います。

広いシスティーナ礼拝堂を抜けると、突き当りの左右に扉があります。右が大聖堂への近道、左はもとに戻ります。オーディオガイドは出口の階段途中の箱へ返せばOKです。

（東京都　山田千代子　'16）

絵画館 Pinacoteca ★★★

ビザンチンから現代までの宗教絵画を展示。ルネッサンス絵画が充実

美術館の入口を入った中庭右にある。ビザンチン時代から現代までの宗教画主体の絵画を年代順に展示。

第2室 SalaⅡはジョットとジョット派の作品。**第3室**SalaⅢは、フィレンツェ派。**フラ・アンジェリコ、フィリッポ・リッピ**らの作品。**第4室**SalaⅣでは、**メロッツォ・ダ・フォルリによる『奏楽の天使』**Angeli Musicanti。**第5室**SalaⅤは、15世紀ウンブリア派の**ペルジーノ・ピントゥルッキオ**の作品。**第8室**SalaⅧでは、ラファエッロの傑作『**聖母の載冠**』Incoronazione della Vergine『**フォリーニョの聖母**』Madonna di Foligno『**キリストの変容**』Trasfigurazioneなどが必見。『キリストの変容』は、彼の最後の作品で、下方は弟子により完成された。そのほか、ラファエッロが下絵を描き、ブリュッセルで織った**タペストリー10枚**が並ぶ。**第9室**SaraⅨには**レオナルド・ダ・ヴィンチの未完の『聖ヒエロニムス』**San Girolamo、バロックの巨匠**ベルニーニの『キリスト降架』**Deposizione dalla Croceがある。**第12室**SaraⅫ、マニエリズムに多大な影響を与えた**カラヴァッジョ**とその弟子の作品『**キリスト降架**』Deposizioneは必見。

メロッツォ・ダ・フォルリ作『奏楽の天使』

『最後の審判』

2017年
ヴァティカン博物館休館日

1/1、1/6、1/8、1/15、1/22、2/5、2/11、2/12、2/19、3/5、3/12、3/19、4/2、4/9、4/16、4/17、4/23、5/1、5/7、5/14、5/21、6/4、6/11、6/18、6/29、7/2、7/9、7/16、7/23、8/6、8/13、8/15、8/16、8/20、9/3、9/10、9/17、10/1、10/8、10/15、10/22、11/1、11/5、11/12、11/19、12/3、12/8、12/10、12/17、12/25、12/26、12/31　('16年11月現在)

'17年の夜間開館日

開 5〜7月、9〜10月の毎週㊎
19:00〜23:00(最終入場21:30)
※要予約、割増料金が必要な場合あり

システィーナ礼拝堂 Cappella Sistina ★★★

(カッペッラ システィーナ)

宮殿の一番裏にある。ここは法王の**公的礼拝堂**で法王選挙の会場でもある。絵画史上の大傑作、**"描かれた神曲"**といわれる**ミケランジェロの『最後の審判』**のある所だ。1473年に法王シクストゥス4世が法王の廟(びょう)として造らせた物で、当時のボッティチェッリ、ギルランダイオ、ペルジーノらにより両壁が描かれ、その後ジュリオ2世の命によりミケランジェロが**天井と残った壁画**を描いた。彼とジュリオ2世との芸術的確執や天井に絵を描くための無理な姿勢がたたって、彼のひざには水がたまり背中が猫のように曲がってしまったというエピソードはあまりにも有名。その苦しいエピソードもうなずけるほど、この劇的な構成は見る者を圧倒する。

たびたび行われる修復(洗浄)作業によりミケランジェロの傑作は描かれた当時の鮮やかさを取り戻し、また近年のLEDライトの導入でより鮮明に見ることができ、新たな感動を与えている。

天井画は、当初ユリウス2世のプランでは12使徒を配するものであったが、ミケランジェロは天地創造から人類再生の歴史を描くことを考え、**旧約聖書の創世記**を中央に、**預言者、巫女**の姿が描かれている。特に**『アダムの創造』、『楽園追放』、『ノアの洪水』**は見事だ。

祭壇の奥の壁面にはミケランジェロの傑作**『最後の審判』**Giudizio Universale(ジュディツィオ ウニヴェルサーレ)がある。天井画から24年後、60歳を過ぎてから着手した作品。当時のローマは「ローマの略奪」で破壊され、宗教改革の嵐が吹き荒れていた。ミケランジェロは腐敗堕落した教会の権威に、怒りをこめて描いたという。横13m、縦14.5mの画面は450に分割され、1日1区画と決めて仕上げたという。絵の**中央**には**マリアと聖人を従えたキリストが審判**を下し、**右側には選ばれた人が天へと昇り、左側は罪深い人間が地獄へ落ちていく**。キリストの足元の**バルトロメオ**は人間の皮を示しているが、その皮のグロテスクな顔は**ミケランジェロの自画像**といわれている。

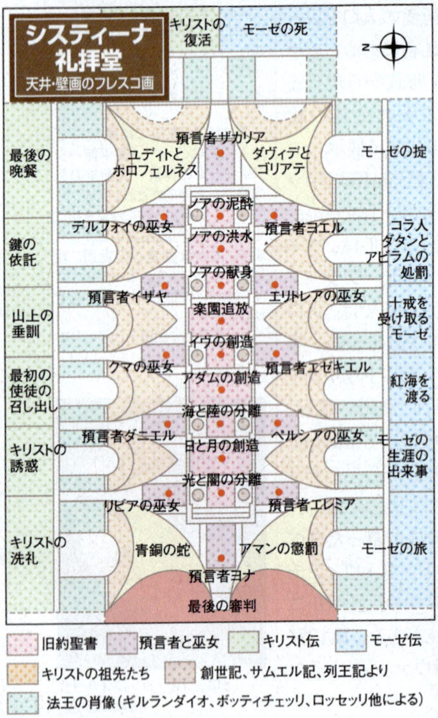

『アダムの創造』(部分)

ラファエッロの間　Stanze di Raffaello　★★★

ラファエッロ作『アテネの学堂』

宮殿の右端、2階にある4部屋。25歳のラファエッロが37歳でこの世を去るまで描き続け、彼の死の4年後に弟子たちによって完成された部屋だ。静かな優美さと理性的な構成で、彼の芸術的理想をよく表現している。当時、システィーナ礼拝堂を描いていたミケランジェロが、法王との意見対立で一時フィレンツェに帰郷した際に、助手しか入室を許可されなかった礼拝堂にラファエッロは入り込み、彼の芸術的技法を学び応用してしまったというのは有名な話。ここは①**コンスタンティヌスの間**Sala di Constantino ②**ヘリオドロスの間**Stanza di Eliodoro ③**署名の間**Stanza della Segnatura ④**火災の間**Stanza dell'Incendio di Borgo に分かれている。

①コンスタンティヌスの間は、4部屋のうちで一番大きい。ここは、ラファエッロの死後弟子のジュリアーノ・ロマーノによって描かれた物。この戦いを機にキリスト教が公認されたといわれる『**ミルヴィオ橋の戦い**』の様子が描かれている。②ヘリオドロスの間に入ると、『**法王レオとアッティラの王の対面**』の絵。内部の壁には『**ボルセーナのミサの奇跡**』、対面には教会の敵に対する法王の勝利を表す『**神殿から追放されるヘリオドロス**』、入って左の窓のある壁には『**聖ピエトロ(ペテロ)の解放**』がある。③署名の間は4部屋のうちで**一番美しいもの**。壁面も天井もすべてラファエッロの手による。入って右側『**聖体の論議**』、それに向き合う哲学の勝利を描いた『**アテネの学堂**』。右端下方のグループの中に、彼は自画像を描いた。左の窓のある壁には詩と芸術の勝利を表す『**パルナッソス**』がある。④火災の間にある『**ボルゴの火災**』はラファエッロの下絵によって愛弟子ジュリアーノ・ロマーノが描いた。

オーディオ・ガイド

オーディオ・ガイド(€7)は日本語もあり、主要作品の約350を網羅。じっくりと見学したい場合には、理解を助けてくれる。レンタルには、免許証、パスポート(コピー不可)、クレジットカードなどのデポジットが必要。係員によっては日本語で使用方法を説明してくれる。使用方法は掲示されている作品番号を入力、PLAYボタンを押して、該当作品の説明を聞く仕組みでリピートも可能だ。出口近くに返却場所が設けられている。

システィーナ礼拝堂は大きな声や帽子禁止

ラファエッロの間とシスティーナ礼拝堂は、時間によっては歩くのも大変なほどの混雑です。礼拝堂では警備員が、帽子、大きな声でのおしゃべり、床に座ること、写真やビデオ撮影を厳しく注意していましたので、気をつけてください。　(早起き　'03)['16]

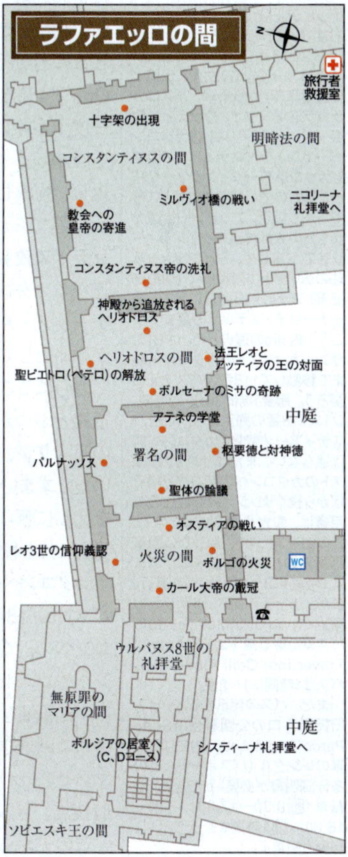

アッピア旧街道

アッピア旧街道とサン・カッリストのカタコンベへの行き方

地下鉄A線サン・ジョヴァンニ駅からバス218番(サン・ジョヴァンニ広場にバス停あり 地 P.47 B4)でFosse Ardeatineのバス停下車。

または地下鉄B線コロッセオ駅前(地 P.46 A2)から、バス118番でCatacombe di S.Callisto(ドミネ・クオ・ヴァディス教会の次)のバス停下車。

バスの運休に注意!!

'16年11月現在、バス118番は㊐㊗運休。また、季節により、㊐㊗はコロッセオ前には停車せず、ヴェネツィア広場からカラカラ浴場へ向かう場合がある。

詳しい運行状況は URL //viaggiacon.atac.roma.itで検索可

アッピア旧街道へおすすめコースは?

バス118番をコロッセオ前(バス停は地下鉄出口左側、出口とは反対車線)から乗車。バスはカラカラ浴場→クオ・ヴァディス教会→サン・カッリストのカタコンベ→サン・セバスティアーノ聖堂とカタコンベ→クインティーリ荘へと進むので、興味ある見どころで下車しよう。アッピア旧街道を歩きたい人は終点のクインティーリ荘で下車して、クインティーリ荘の広い敷地を横切って(切符が必要)アッピア旧街道に出て、チェチーリア・メテッラの墓まで歩こう。約3kmの道のりだ。さらに、サン・カッリストのカタコンベ前まで移動して118番のバスで元に戻ろう。所要1時間30分～2時間。(バス118番の帰路はサン・セバスティアーノ聖堂とカタコンベ前は通らない。またはサン・カッリストのカタコンベの切符売り場そばから続くサレジオ教会経由の専用道は、車が少なく快適なので、この道を真っすぐ進んで公園事務所前のバス停から乗車。)バスは1時間に2～5便程度の運行。また、チェチーリア・メテッラの墓近く、Via di C.Metella経由のバス660番で地下鉄B線Arco di Travertino、Colli Albani駅へ。バスは1時間に1～2便。

また、バスの停車するアッピア旧街道入口の公園事務所Sede Parco Appia Antica内では自転車のレンタル(パスポートなどの身分証明書が必要)ができる。自転車(開9:30～17:30 冬季～16:30 料1時間€3)を使えば、移動も簡単だ。

古代の軍用道路

"女王の道"とカタコンベ

「すべての道はローマに通ず」という諺どおりローマを起点に広大な支配地へたくさんの軍用道路が張り巡らされた。このアッピア旧街道もそのような道のひとつで、紀元前312年にローマ執政官アッピウス・クラウディウスがカプアまで開通させた。その後イタリア半島の東南端ブリンディシまで延び、その重要性から、"女王の道"と呼ばれた。今、街道沿いには、広大なヴィッラが目につくが、カラカサ松の続く道の両脇には多くの墓や祠、廃虚が続き古代の面影をよく残している。

女王の道、アッピア旧街道

緑に映えるチェチーリア・メテッラの墓

アッピア旧街道をたどるには、カラカラ浴場の遺構を見て、ネロの迫害を逃れ町を抜け出したペテロがアッピア街道でキリストに出会い「主よ、どこに行かれるのですかDomine Quo Vadis?」と尋ねると、主は「もう一度十字架にかけられにローマに行く」と答え、ペテロは恥じて町へ引き返し、殉教したといわれる伝説の場所に建てられた、ドミネ・クオ・ヴァディス教会からアッピア旧街道に連なるカタコンベなどを経て、チェチーリア・メテッラの墓へと進むのが順番としてはよい。

さらにここから約5km先の大環状道路とぶつかるCasal Rotondoまでの道のりが、一番アッピア街道らしいたたずまいを残している。各見どころを巡るには、かなりの距離を徒歩に頼らざるを得ないので、歩きやすい靴で、夏は帽子も用意。見どころを絞って見学するのがおすすめだ。

カタコンベを中心に見学するなら、地下鉄B線コロッセオ駅からバスNo.118がサン・カッリストのカタコンベとドミティッラのカタコンベの近くを通る。ここから、サン・セバスティアーノのカタコンベやロムルスの廟へも1kmほどの距離だ。このあたりは道幅も狭く、交通量も多いので自動車に注意して歩こう。カタコンベで初期キリスト教文化をしのび、アッピア旧街道へ戻りさらに進むと左に、マクセンティウス帝の息子のロムルスの墓とマクセンティウス帝の競技場、さらに進むとチェチーリア・メテッラの墓だ。

この先からは、カラカサ松と道のところどころにある遺跡や轍の

サン・セバスティアーノのカタコンベは、サン・セバスティアーノ聖堂の脇から入る

残る石畳、遠くにアーチを描く水道橋など、まさに静かな古代ローマの面影が漂う。小鳥のさえずりや羊の群れる緑の丘など、ローマの田舎をも感じることができる。

公園事務所やチェチリア・メテッラ近くのバールには自転車のレンタルがあるので、これを利用するのも楽しい。いずれにしても、旧街道は人通りが少ない。夕暮れ前には必ず引き揚げよう。また、徒歩や自転車での女性ひとりでの行動は避けたほうが賢明だ。

✉ アッピア旧街道へ

バス218番はサン・セバスティアーノ門からドミネ・クオ・ヴァディス教会まではアッピア旧街道を通りますが、それ以降は西側のアルデアティーナ通りを走ります。（匿名希望　'11）['16]

バス118番はカラカラ浴場を経てドミネ・クオ・ヴァディス教会からさらに旧アッピア街道を走ってサン・カッリストのカタコンベ、サン・セバスティアーノのカタコンベのそばを通ってアッピア・ピニャテッリ通りに入り、クインティーリ荘近くまで行きほぼ同じ道を戻る。旧アッピア街道の面影が色濃いのは、チェチーリア・メテッラの墓のさらに南側だが、バスの運行はない。

※地図上のバス停は入口がわかりづらいサン・セバスティアーノのカタコンベへのバス停のみ「行き」を示したもの。

マクセンティウス帝の競技場

おもな見どころ

世界最大の浴場 MAP P.99 A、P.46 C2

カラカラ浴場 ★★

Terme di Caracalla テルメ ディ カラカッラ

カラカラ帝により217年に完成した世界最大の浴場。緑が多い広大な庭園の周囲には水を引いた水道施設が石垣のように巡る。建物の中央には3つの温度の違う浴槽と巨大なホール、その両脇にはアスレチック施設や汗を流すための部屋や更衣室が左右対称におかれた。その周囲には図書館、講義のための広間、スタジアム、商店までが並び、社交場としての役割も果たしていた。床や壁はモザイクで飾られ、彫刻があちこちに置かれていたという。各所に置かれたモザイクの断片や案内板から古代ローマ人を魅了したすばらしいリラックスの場であったことを実感させてくれる。

広々としたカラカラ浴場

●カラカラ浴場
住 Viale delle Terme di Caracalla 52
☎ 06-39967700(予約)
開 9:00～日没1時間前
㊊9:00～14:00
休 1/1、5/1、12/25
料 共通券€6(P.62)
※地下鉄B線チルコ・マッシモから約500m。テルミニ駅からバスNo.714で
※切符売り場は入場1時間前まで

名門貴族の墓 MAP P.99 C

チェチーリア・メテッラの墓 ★

Tomba(Mausoleo) di Cecilia Metella トンバ(マウソレオ) ディ チェチーリア メテッラ

大きな円筒形の墓でアッピア旧街道で一番有名な遺跡だ。墓の主はローマ最高貴族の娘で、三頭政治を成立させたクラッススの長男と結婚したといわれているチェチーリア・メテッラ。直径20mの円形の墓であったが、14世紀にこれを城塞として利用したため上部に城部分が付け加えられた。

●チェチーリア・メテッラの墓
住 Via Appia Antica 161
☎ 06-39967700(予約)
開 料 カラカラ浴場と同じ
休 ㊊、1/1、5/1、12/25

チェチーリア・メテッラの墓の内部には小さな博物館がある

歴代法王を祀った MAP P.99 B

サン・カッリストのカタコンベ ★

Catacombe di San Callisto カタコンベ ディ サン カッリスト

このあたりには約30ものカタコンベが残るが、そのなかで最大かつ重要な物。カタコンベとは、初期キリスト教の時代に迫害されていたキリスト教徒たちの地下墓地であった所だ。公認後も地下墓地は拡張され、このあたりだけでも墓地は延べ500kmに及ぶといわれている。内部の壁画や装飾は初期キリスト教美術を語る際には欠かせない物だ。

ここの墓地は地下4層で長さ20km以上、約10万人が葬られているといわれる。内部には、3世紀の法王の墓、聖チェチーリアの墓、3世紀のフレスコ画で飾られた「秘蹟の埋葬所」Cubicoli(クビコリ) dei Sacramenti(ディ サクラメンティ)などがある。

カタコンベの内部

●サン・カッリストのカタコンベ
住 Via Appia Antica 110/126
☎ 06-51301580
開 9:00～12:00
14:00～17:00
休 ㊌、1/1、復活祭の㊐、12/25、1/28～2/24
料 €8
※ローマのカタコンベは11～2月中の1ヵ月間、持ち回りで休場となるので注意

緑のなかに広がる古代のヴィッラ　MAP 地図外

クインティーリ荘 ★

Villa dei Quintili　ヴィッラ デイ クインティーリ

春には草花の美しい遺跡

アッピア旧街道と新街道の間に広がる広大な古代遺跡。151年頃、貴族のクインティーリにより基礎が築かれ、後の皇帝により拡大され、当時のローマ郊外で最も広い住まいだったといわれている。高台には高さ14mもの天井の浴場施設や住居が築かれ、庭園には井戸やニンフェウムが配されていた。現在もその遺構を見ることができる。アッピア新街道に面した入口に**小さな博物館**があり、遺跡や周辺で発掘された彫像やモザイクを展示。庭園を抜けた**旧アッピア街道側の門**が利用できるので、古代ローマの風情あふれる街道を少し散歩してみるのも楽しい(通り抜けには切符が必要)。

●クインティーリ荘
住 Via Appia Nuova 1092
☎ 06-39967700
開 9:00～日没1時間前
休 ㊊、1/1、12/25
料 共通券€6(→P.62)
●行き方
地下鉄A線コッリ・アルバーニColli Albani駅から664番のバスでAppia/Squillace（バス停11個目、所要20～40分）下車。またはコロッセオ駅前からアッピア街道を通る118番の終点下車(→P.98)。チェチーリア・メテッラの墓までアッピア旧街道を歩いて約1時間30分～2時間。
※第1㊐無料

博物館の展示

イタリア美術史

サン・カッリストのカタコンベに描かれた壁画

『ユスティニアヌス帝が宮廷人を従えた図』として知られる金色をバックにしたモザイク

Arte paleocristiana
初期キリスト教美術

2世紀以降イタリア半島、北アフリカの諸都市にキリスト教徒の**地下墓地(カタコンベCatacombe)**が現れ、とりわけローマに多く見られる。従来カタコンベはキリスト教徒迫害期の避難所ないし集会所といわれていたが、実際はローマ法の保護下にあった個人の墓であった。**カタコンベの美術**は**約3世紀間**（3～5世紀）続き、主要なモチーフは**彼岸の世界の表現**で、**古典的なテーマ**（オルフェウス、クピド、プシュケ）をキリスト教の象徴とみる。しかしヘレニズムの絵画的自然主義はキリスト教思想の伝達のための象徴的なものとなる。

キリスト教徒の集会所として**バシリカ形式の教会堂**がコンスタンティヌス大帝の治世に建設される。初期の**サン・ピエトロ聖堂**San Pietro、**サン・ジョヴァンニ・イン・ラテラーノ大聖堂**San Giovanni in Laterano(→P.64)、**サン・パオロ・フオリ・レ・ムーラ聖堂**San Paolo fuori le muraなどは、俗界からキリスト教的信仰の世界へ入る空間を形成している。また**円堂**（集中式プラン）の代表としては**サンタ・コスタンツァ聖堂**Santa Costanza(350年頃、ローマ)がある。

西ローマ帝国の末期には首都がローマからミラノ、ラヴェンナへと移り、**ラヴェンナ**は後にビザンチンの支配下に入り、華麗な**モザイク美術**が開花する。色彩を光の集中と考えるビザンチンの人々にとって、モザイクはうってつけの材料であった。**ガッラ・プラチディア廟**Mausoleo di Galla Placidia（→P.397）(450年以前)、**サンタポリナーレ・ヌオーヴォ聖堂**Sant'Apollinare Nuovo(→P.396)(505年頃)、そして**サン・ヴィターレ聖堂(教会)**San Vitale(→P.397)(522～547年)のユスティニアヌス帝、テオドラ妃のモザイクパネルは象徴主義の典型として忘れられない。

（望月一史）

円堂の代表として名高いサンタ・コスタンツァ聖堂は、ローマのノメンターナ街道にある

ローマ近郊

古代ローマの面影とエトルリアの町を訪ねる

ローマ――ティヴォリ
所要約40分から1時間半。
バス片道€2.50

世界遺産
ヴィッラ・デステ
登録年2001年　文化遺産

「百の噴水」

古代ローマの別荘地

ティヴォリ

Tivoli　ティヴォリ

ローマの東約30km、かつてのローマ貴族や皇帝の愛した美しい町だ。水の饗宴で名高いヴィッラ・デステやハドリアヌス帝の別荘がオリーブの茂る静かな谷間に建つ。

緑あふれる水の庭園　MAP P.103

ヴィッラ・デステ 世界遺産 ★★★

Villa d' Este　ヴィッラ デステ

中世の修道院を1550年に枢機卿イッポリート・デステが豪華な別荘に改築したヴィッラ。広い緑の庭園には大小さまざまな噴水が水を噴き上げ、緑の木陰と水の音が何よりも印象的だ。夏の夜には照明がともされ幻想の世界へと誘ってくれる。邸内には**フレスコ画**や家具が展示されているが、見どころは何といっても**庭園**だ。数え切れないほどの噴水があり、とりわけ印象的なのが、**「百の噴水」**が続く小道Via delle 100 Fontane。コケやシダに覆われた彫刻群と水が作り出す風景は、すがすがしく、どこか心楽しい気分にさせてくれる。

ティヴォリへの行き方

①プルマンバスで

地下鉄B線の終点ひとつ手前のポンテ・マンモーラ駅下車。地上のバスターミナルからプルマンに乗車。10～20分間隔の運行で所要約50分（切符売り場は改札を出た先。切符€2.40）。**ヴィッラ・デステ**へはVilla d'Este/Largo Nazioni Unite下車。進行方向左奥（駐車場と広場の先）がヴィッラ・デステ。

ヴィッラ・アドリアーナへはティヴォリ行きプレネスティーナ経由Via Prenestinaまたはアウトストラーダ経由Via Autostradaに乗車。Villa Adrianaのバス停で下車し、約400m（緩やかな坂を上がり、案内板を右折）。他のティヴォリ行きではバス停から約1km。また、便は少ないがヴィッラ・アドリアーナすぐ近くに停車するものもあるので、切符売り場で確認を。

②鉄道で

fs線ティブルティーナ駅からRV、R利用で所要34分から1時間8分（切符€2.60）。1時間に1便程度。地下鉄駅からホームまでは距離があるので余裕をもって。ティヴォリ駅前から左前方に見える歩行者専用の橋を渡り、広場を越えてViale Tomeiを直進、そのまま道なりに進めば約10分で上記Largo Nazioni Unite。**ヴィッラ・アドリアーナ**へはViale Tomeiの左にあるタバッキでバスの切符（COTRAL社€1.10）を購入し、広場に戻り1本北側に平行して走るViale Triesteの階段前から①のPrenestinaまたはAutostrada経由のバスに乗車。

③ティヴォリの町からヴィッラ・アドリアーナへ

町から**ヴィッラ・アドリアーナ**へは市バス4、4X番で。Piazzale Nazioni Uniteなどから平日30分～45分に1本、最終20:00、㊐㊗は1時間10分に1本で最終12:50。ヴィッラ・アドリアーナの正面出入口前にバス停あり。切符（市バス€1）は市内ではタバッキ、ヴィッラ・アドリアーナでは切符売り場で販売。窓口に時刻表の掲載あり。

庭園と調和した、「楕円の噴水」

この小道の両端には「噴水の女王」と呼ばれるダイナミックで美しい「**楕円の噴水**」Fontana dell'Ovatoと、「**ロメッタの噴水**」が配置されている。古代ローマの町並みを縮小して再現したロメッタは、ローマの町を思い起こして見ると興味深い。庭園のほぼ中央の「ペスキエーレ」(養魚場) 近く、ひときわ高く水を上げるのが「**ネットゥーノの噴水**」Fontana di Nettuno、さらに高みに「**オルガンの噴水**」Fontana dell'Organoがある。今も水力を利用してパイプオルガンが演奏される。近くでないと聞こえないので、2時間おきの演奏時間 (10:30～) に合わせて近くに行ってみよう。

ネットゥーノの噴水

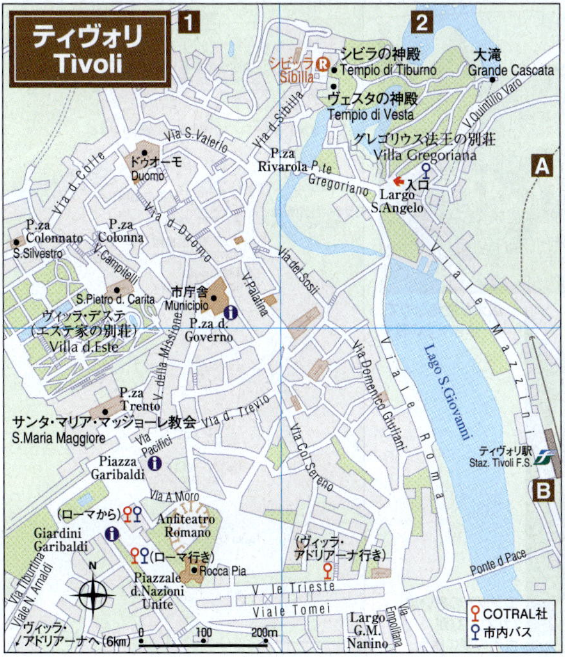

●**ヴィッラ・デステ**

住 Piazza Trento 2
☎ 199-766166(コールセンター)
開 5～8月　8:30～18:45(閉場19:45)
9月　8:30～18:15(19:15)
10月　8:30～17:30(18:30)
11～1月　8:30～16:00(17:00)
2月　8:30～16:30(17:30)
3月　8:30～17:15(18:15)
4月　8:30～18:30(19:30)
休 ㊊、1/1、12/25
料 €8(特別展の場合€11)
※夏季に夜間開館 (20:30～24:00、入場は23:00まで) の場合あり

●**オルガンの噴水の演奏時間**

10:30～　2時間ごと

✉ ヴィッラ・デステへ

地下鉄B線のRebbibia方面に乗り、終点からひとつ手前のPonte Mammolo下車。切符€1.50、町中から25分くらい。駅構内の売り場でティヴォリ行きの切符€2.50を買い、地上に出て青いバスに乗車。30分くらいで到着です。帰りは、行きに降りたバス停の反対側の通り、保育所のような所の前にバス停があります。帰りはRebbibia駅前下車も可。行きのバスは1時間に1便、毎時15分発だそうです。ローマの町から離れて静かで穏やかな時間を過ごせます。　(埼玉県　IKO　'13)

✉ 私たちの行き方

ティブルティーナ駅からfs線を利用してティヴォリへ。ティヴォリ駅前にバス停があると思いましたがバスはなく、バールと新聞売り場はあるもののかなり寂しい駅。目の前の川の橋を渡り、町のタバッキで切符を購入してまずヴィッラ・アドリアーナへ。バスはいろいろあるようで、運転手に「ヴィッラ・アドリアーナへ」と聞くと次のバスを教えてくれました。言われたところで下車したバス停から畑と家が続く道を10分ほど歩きました(バス停はわかりにくいので運転手に教えてもらうのがいいです)。帰りは、出口そばからバス4番に乗車して終点のVilla Gregorianaで下車。リストランテ・シビッラでランチをしてからヴィッラ・デステへ向かいました。商店街や古い町並みを見ながら徒歩10分程度で到着でした。帰りはLargo Nazioni Uniteからプルマンに乗車、Rebbibiaで地下鉄に乗り換えてローマへ戻りました。バス4番を上手に利用するのが疲れないティヴォリ観光のキモです。古代ローマと噴水にいやされ、おいしい食事……魅力いっぱいの日帰り旅となりました。
(東京都　MCM　'15)

世界遺産

ヴィッラ・アドリアーナ
登録年1999年　文化遺産

●ハドリアヌス帝の別荘
☎ 0774-382733
開 5～8月　9:00～19:30
9月　9:00～19:00
10/1～10月最終㊏　9:00～18:30
10月最終㊐～1/31　9:00～17:00
2月　9:00～18:00
3/1～3月最終㊏　9:00～18:30
3月最終㊐～4/30　9:00～19:00
休 考古学地域のみ1/1、12/25
※特別展は13:15～14:15に休の場合あり
料 €8(特別展の場合€11)
※切符売り場は閉場1時間30分前まで

帰りのバス
出口そばから市バス4番が町まで戻るので簡単で便利。切符売り場でバスの切符を販売。時刻表も掲示してある。

ローマ皇帝の夢の帝国

MAP P.104

ハドリアヌス帝の別荘/ヴィッラ・アドリアーナ　世界遺産　★★★

Villa Adriana　ヴィッラ　アドリアーナ

ハドリアヌス帝が広いローマ帝国を旅行して見た、すばらしい建物や景観をここに再現したもの。広大な敷地内には、**噴水やプール、ギリシア劇場、宮殿**が残り、ひとつの町を形作っている。ギリシアのアテネを模した庭園「**ポイキレ**」Pecile(ペチーレ)、エジプトのセラーピス神殿とその門前町を再現させた「**カノプス**」Canopo(カノーポ)は絶対に見逃せない。池には白鳥が泳ぎ、その水面には古代彫刻が優しく影を写し、まるで時が止まったかのようだ。ここからの出土品は併設の博物館はもとより、ローマ国立博物館にも展示されている。ゆっくりと時間をかけて古代の夢に浸りながら散策したい所だ。

1999年にユネスコの世界遺産に登録された。現在も大がかりな修復作業が続けられ、整備が進みつつある。広大な敷地なので、歩きやすい靴で。夏は帽子やサングラス必携。

広大な敷地なので、歩きやすい靴で

エジプトの思い出『カノプス』が古代の夢に誘う

高度な文明をもった先住民族ゆかりの地

エトルリアの町 世界遺産 Città Etrusche チッテ エトルスケ

古代ローマ以前にイタリア半島に君臨したエトルリア民族の都市が、イタリア中部にはたくさんある。高い文明をもったエトルリア人はローマの水道橋に見られるアーチ構造の意匠をはじめ、さまざまな芸術的、技術的手法をローマ人に伝えた。が、その文明の高さゆえ、その知識を学び取ったローマ人に壊滅的に破壊され（あるいは吸収され）、今でも多くが謎に包まれている。エトルリア人は死後の世界を信じ、墓を生前の住居のようにしつらえたのが特徴だ。墓（ネクロポリ）は玄関、召し使いの部屋、居間と分かれた大規模な物で、内部には美しい壁画が描かれさまざまな生活用品が置かれていたという。

タルクィニア　Tarquinia　★★★

ネクロポリ。小さな小屋の下の地下に壁画の残る墓が保存されている

エトルリアの都市のなかでも最も重要な物。紀元前12～13世紀頃、エトルリアの英雄Tarconte（タルコンテ）が造ったとされる。ここでの見どころは、**国立タルクィニア博物館**Museo Nazionale Tarquinienseと**ネクロポリ**Necropoliだ。

国立博物館はエトルリア芸術とネクロポリを理解する上で欠かせない。数多の石棺、陶器、アクセサリーなどの収集品も見事だ。とりわけ見逃せないのが、紀元前400～300年作の通称『**有翼馬**』Cavalli Alati（カヴァッリ アラーティ）や生きいきとした人物や動物が描かれたネクロポリの墓を再現した展示室など。

エトルリア芸術の頂点を示す『有翼馬』

ネクロポリまでは徒歩約10分。エトルリア文明を知るためにも必ず足を延ばしたい。緑の草原の地下、紀元前7～3世紀に造られた墓ではエトルリアの人々が楽しげに彼岸の姿を刻んでいる。

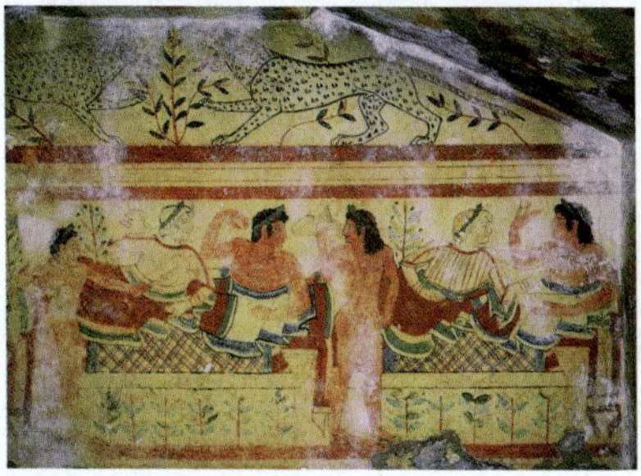

色彩と躍動感にあふれたすばらしい傑作、『豹の墓』

世界遺産

チェルヴェテリとタルクィニアのエトルリア遺跡
登録年2004年　文化遺産

タルクィニアへの行き方

ローマ・テルミニ駅からfs線ピサ行きでタルクィニア駅下車、RVやRで所要1時間15分～1時間30分。駅から町へはバスで約5分。列車に合わせてミニバス（切符€1）が運行している。ネクロポリは町から約1km。

タルクィニアのⓘ IAT
住 Piazza Cavour 23/ Barriera San Giusto
☎ 0766-849282
開 9:30～12:30
15:00～18:00

●ネクロポリ
☎ 0766-856308
開 夏季8:30～19:30
冬季8:30～17:00
休 ㊊、1/1、12/25
料 €6（博物館との共通券€8）
※博物館から約1km、徒歩で約10分。切符売り場は閉場1時間前まで

●国立タルクィニア博物館
住 Corso Vittorio Emanuele
☎ 0766-856036
開 8:30～19:30
※7～8月のみ9:00、10:00、12:00、13:30、15:00、16:00、18:00のみの入場の場合あり
休 料はネクロポリと同じ

どっちに行く!?

ローマからの日帰りでエトルリアの町ふたつに行くのはかなり強行軍です。どちらかひとつを選ぶなら、やや遠いですがタルクィニアをおすすめします。野原の地下に色鮮やかに残る壁画の数々はまさに驚きですし、今まで残っていることが奇跡のようにも思えました。国立博物館では「有翼馬」をはじめ当時のように再現された壁画、色絵の壷など見事な収蔵品が古代への夢をかきたててくれます。チェルヴェテリもよいですが、ちょっと地味な印象です。また、私はfs線利用が便利だと思います。その場合は、テルミニ駅で往復分の切符の購入を。現地の駅の切符売り場は閉まっていて、自販機も壊れていました。
（東京都　蘭子　'09）
※fs線片道€6.90、BIRGの1日券はゾーン5で€12。1日券が便利でお得。（'16）

チェルヴェテリへの行き方

ローマ・テルミニ駅からfs線ピサ行きでラディスポリLadispoli駅下車。所要約45分。15分〜1時間に1便、㊐㊗は1時間30分〜3時間に1便。駅からチェルヴェテリへはバス利用で5〜10分。

プルマン利用の場合は、ローマの地下鉄A線コルネリア駅上のバスターミナルからCOTRAL社のラディスポリ-チェルヴェテリ行きで所要約1時間〜1時間30分、終点下車。切符はバスターミナルそばのバールで販売。

チェルヴェテリのⓘ Pro Loco
住 Piazza Risorgimento 19
☎ 06-99551971
開 9:30〜12:30
15:30〜17:30
㊐10:30〜12:30
休 ㊐午後、㊊
※プルマンの到着するPizza A. Moroにもボックスあり

●ネクロポリ
住 Piazzale delle Tombe
☎ 06-9940001
開 8:30〜日没1時間前
休 ㊊、1/1、復活祭の㊐、5/1、12/25
料 €6(共通券€8)

●国立チェリテ博物館
住 Piazza S. Maria Maggiore
☎ 06-9941354
開 8:30〜19:00
休 料 はネクロポリと同じ

チェルヴェテリ　Cerveteri　★★

緑のなかに点在する墳墓

海上貿易で紀元前7世紀頃に栄えたというチェルヴェテリ。現在の町の中心からネクロポリまでは約2km。緑の木立と田園風景が楽しい道のりだ。ここのネクロポリはまるでひとつの町のように、道に沿って墳墓が広がることで知られている。凝灰岩を掘った円形の土台に円錐形の屋根を乗せたトゥムーロと呼ばれる墳墓が特徴的で、これはエトルリア人の住居を再現した物といわれる。内部は部屋のようにきれいに掘られ、ベッドをはじめとして、暮らしていたかのように石で作られたさまざまな日用品が並べられていたという。

発掘品は国立チェリテ博物館に展示されているが、セポルクラーレ通りVia Sepolcraleの「浮き彫りの墓」Tomba dei Rilieviでは日用品を浮き彫りにした装飾を見ることができる。

「浮き彫りの墓」では、日用品の漆喰の浮き彫りが見られる

イタリア美術史

Arte etrusca
エトルリア美術

南イタリアのギリシア文化とほぼ同時代に、中部イタリア地方のティレニア海沿岸にエトルリア人の都市が建設される。彼らは小アジア起源といわれるが定かではなく、すでに紀元前8世紀頃から文化的に見るべきものを残しており、紀元前4〜3世紀にはローマの勢力下に入るが、紀元前1世紀頃までローマ文化の核心をなしている。その石積法とアーチ構造はローマ建築に採用された(ヴォルテッラ、ペルージャの城壁)。現生を実際的なものとしてとらえるエトルリア人にとって、死は極めて神秘的で畏怖の対象であった。そのため死後の世界にあっても現世と同様の状態を保つ墓室芸術が栄え、その壁にはフレスコで、神話競技、饗宴、舞踏、狩猟、など生前の楽しい場面が描かれている。彫刻も陶棺を飾る大型の肖像彫刻があり、これらの人物もリアルに把握されている。ギリシア芸術の影響は根強いが、それにもかかわらず基本的には反古典主義的な側面をもっており、これはローマ美術の源流として残る。遺跡は、最も栄えたチェルヴェテリ、タルクィニアをはじめアレッツォ、コルトーナ、キウシなどに残っている。　(望月一史)

狩りと漁の様子が描かれた墓の壁画

双児の伝説

●ローマの歴史はテヴェレ川から始まった

パリがセーヌ川、ロンドンがテームズ川と深く結びついているように、**テヴェレ川**を抜きにしてローマを語ることはできない。このテヴェレ川にはローマの中心部にティベリーナ島という島があるが、この島がローマの誕生に強くかかわっていた。川沿いに都市を建設する場合、通常渡河に都合のよい地点が選ばれるが、ティベリーナ島の存在はこの条件を満たしていた。伝説では、雌オオカミの乳で育てられた双児の兄弟のひとり、ロムルスが、紀元前753年に**パラティーノの丘に都市を建設したのが、ローマの起源**とされている。パラティーノの丘がローマ誕生の中核となったが、それはこの丘がティベリーナ島に近く、テヴェレ川の渡河に便利だったためと思われる。また、丘の上に都市が建設されたのは低地が、マラリア伝染のもとになる蚊の棲息する湿地帯で、人間の居住に適さなかったからである。

現在のフォロ・ロマーノが、古代ローマの中心地だった

今日の歴史家は**ローマ建国を紀元前600年頃**と推定しているが、ローマが都市としての形態を整えたのは紀元前6世紀のことで、**現在フォロ・ロマーノの遺跡**がある地域を都市の公共生活の中心として整備すべく、湿地を乾燥した大地に変えるための排水溝が建設された。ローマが都市として発展するためには、テヴェレ川の洪水の問題を克服しなければならなかった。古代ローマというと、その**優れた土木技術**が常に挙げられるが、それはこんなことに関係していたのかもしれない。

領土拡張

●ローマ市からローマ帝国へ

紀元前6世紀の末、ローマはエトルリア人の王を追放、共和政を成立させた。そしてこれ以後、近隣地域の征服に乗り出した。現在、ローマ近郊にアッピア街道の跡を見ることができるが、ローマは征服した地域にこのような**軍用道路を建設**、それに沿って**軍事基地の機能をもった植民地**を設けた。それらの植民地はやがて都市へ発展した。ローマは、このような都市や、古くから存在する都市と個別に条約を結んで統治を行った。この統治の方式は「**分離して統治せよ**」という言葉で表現されている。一都市国家であるローマが他の自治都市の上に立って、いわば都市連合の盟主として統治を行うという伝統は、ローマが地中海全域に支配を拡大した後も基本的には存続した。古代ローマの歴史を考える場合、**ローマ市がローマ帝国の首都とされたのではなく、ローマ市がローマ帝国を建設したのだ**という事実を、忘れてはならない。

ローマが支配地域を拡大するにつれて、ローマ市も膨張を続け、**紀元前300年**には**市の人口は10万に達した**。最初の水道が建設されたのもこの頃である。ローマが地中海各地で征服戦を繰り広げている間に、イタリアでは**自作農の没落**が進み、土地を失った人々はローマ市へ流入した。こうして、紀元前3世紀の初めには早くも有名な**ローマのスラム**が形成されていた。遊民と化した人々にパンと見世物を提供することは、ローマの為政者にとって頭の痛い問題であった。ローマの人々の**見世物好き**は**コロッセウム**などの遺跡によってもわかる。『ベン・ハー』という映画には、大競技場での戦車競走に市民が熱狂する場面があった。もうひとつ、ローマの人々の気晴らしに、**入浴**があった。歴代の皇帝は市民の歓心を買うために大浴場を建設したが、そのなかでは**カラカラ帝の大浴場**が最もよく原型を保っている。

皇帝たちの時代

●皇帝たちの時代

初代皇帝アウグストゥス（在位紀元前27年～紀元後14年）の時代、**ローマ市の人口は100万**に達した。ローマの都市改造を指揮した皇帝は、ローマをれんがの都市から大理石の都市に造り変えた、と自負している。しかし、この時代の建物で今日残っているものは少ない。それは、歴代の皇帝がさらに大規模な造営事業を行う際、古い建物を取り壊したこと、それに度重なる大火がローマを襲ったためである。

ネロ帝がローマの大火の後に建設した黄金宮殿「八角形の間」

なかでも、**64年、ネロ帝の治下に起きた火災**はよく知られている。この火災でローマは9日間燃え続け、市の3分の2が灰燼に帰した。ネロはローマ市民に不人気なキリスト教徒を放火犯人に仕立てあげ、キリスト教徒に対する迫害を行ったが、市民は自らの手で新しいローマを建設するため皇帝自身が放火の命令を下したのだ、とうわさした。

帝政時代、コロッセウムをはじめとして大規模な造営事業が盛んに行われた。歴代の皇帝にとって、壮大な建物を造営することは、**自己の威信**を世に示すばかりでなく、多くの人々に仕事を与えることで**富の再分配**を図るという働きをもっていた。ヴェスパシアヌス帝は、起重機のような機械が発明されたとき、人間の仕事を奪うことになるその機械の使用を許可しなかった、と伝えられている。

キリスト教の台頭と衰退

●教会国家の首都として

ローマが広大な帝国の首都として繁栄していた時代、さまざまな**異教**がローマへ伝えられた。**東方パレスティナ起源のキリスト教**もそのような異教のひとつだった。初め、皇帝への崇拝を拒んだためキリスト教徒は厳しく弾圧されたが、**カタコンベ**という地下の墓所を集会所として彼らは信仰を守り通した。**4世紀にキリスト教が公認される**と**ローマはキリスト教文化の中心**となった。そして帝国崩壊後の混乱期に、**聖ペテロの後継者**と称する**ローマ法王**はしだいに権威を確立、キリスト教世界で特別の地位を占めるようになった。ローマが「**永遠の都**」と呼ばれるようになったのは、このローマ法王の存在による。

フランク王ピピンが756年に法王に土地を寄進したが、これが**法王領**の始まりである。これ以降ローマは、中部イタリアに形成された**教会国家の首都**として、法王権の盛衰と運命を共にすることになった。法王権が絶頂に達した**12、13世紀**、ローマは**各地から巡礼を集め繁栄**した。しかし、1307年に法王庁がフランス王によって南仏アヴィニョンへ移されると、法王不在のローマでは**豪族間の闘争**が吹き荒れ、ローマの町は灯が消えたようなありさまとなり、1348年のペスト流行の際には、市の人口は2万人以下にまで減少した。

法王権の復活

●ローマ再生

1420年に**新任の法王マルティヌス5世**がようやくローマへ入ったとき、ローマの町には盗賊が出没し、由緒ある教会堂は家畜小屋として使用されるといったありさまだった。そのローマが**ルネッサンスの中心として繁栄の道**を歩み始めるのは、**15世紀半ば以降**のことである。1450年の聖年にはおびただしい数の巡礼がローマへ殺到、教会とローマへ莫大な富をもたらした。この機会にローマの町は面目を一新したが、その事情は、オリンピックや万博によって現代の都市が再生するのと似ている。この時代の法王は**ニコラウス5世**だったが、建築熱に駆られたこの法王は**ヴァチカン宮殿やサン・ピエトロ聖堂の改築**を命じ、それに必要な資材を得るためにはコロッセウムなど古代遺跡の破壊も辞さなかった。我々には理解しにくいことだが、古代の文物にあれほどの情熱を傾けたルネッサンスの人々は、その一方で、実はゲルマンの蛮族以上に古代の破壊者だったのである。後年、ローマの古代遺跡を調査したラファエッロは、レオ10世への報告書のなかで古代遺跡の保存を訴えねばならなかった。

ルネッサンスの開花

●法王たちの時代

1471年に法王位に就いたシクストゥス4世の教会国家強化へ向けての強引な政策は、イタリアに戦乱を引き起こしはしたものの、これによって**教会国家**がイタリアにおいて、ミラノ、ヴェネツィア、フィレンツェ、ナポリと肩を並べる**大国として確立された**ことも事実である。その一方で、この法王はヴァチカン図書館を充実したり、ローマの美化に尽力したことでも知られている。**ミケランジェロの『最後の審判』**で名高い**システィーナ礼拝堂**の名は、この法王が建立したことに由来している。

強大な教会国家の建設というシクストゥス4世の政策を引き継いだのが、**アレクサンデル6世**であり、**ユリウス2世**であった。アレクサンデル6世は、**息子のチェーザレ・ボルジア**を使って法王領各地に割拠する**小君主**達を駆逐、教会国家における**絶対君主としての法王の立場を確立**した。法王に息子がいるところがいかにもルネッサンス的だが、この法王の場合、わが国ではむしろ、息子のチェーザレ・ボルジアや**娘のルクレツィア**の名前のほうが知られているかもしれない。

1503年に法王に就任したユリウス2世は、軍隊を率いて出陣することを好むという、典型的なルネッ

ミケランジェロの傑作、システィーナ礼拝堂の天井画

サンスの法王だった。この法王の下で、**ルネッサンスの中心はフィレンツェからローマへ移った**。法王は老朽化したサン・ピエトロ聖堂を取り壊し、永遠の都ローマにふさわしい**新聖堂の着工**を命じた。**ミケランジェロやラファエッロをローマに招いた**のもこの法王である。ミケランジェロには**システィーナ礼拝堂の天井画**の制作を命じた。法王とミケランジェロの葛藤は、ルネッサンスの芸術史を彩るエピソードとしてよく知られている。法王はラファエッロにはヴァチカン宮殿の「**署名の間**」に壁画を描くことを命じた。『**アテネの学堂**』はこのとき描かれたものである。

ユリウス2世の後を継いだ**レオ10世**は、**フィレンツェのメディチ家出身**だった。ロレンツォ・イル・マニーフィコの息子であるこの法王は、学芸の保護ということでは洗練された感覚の持ち主だった。法王お気に入りの芸術家はラファエッロで、法王はラファエッロに次々と作品を依頼するとともに、彼をサン・ピエトロ聖堂の建設責任者に任命した。聖堂建設の資金調達のための**免罪符の発行**が、この法王の在任中に**ルターの宗教改革を引き起こした**ことは、よく知られている。1520年にラファエッロが37歳という若さで亡くなると、後を追うようにその翌年、レオ10世も世を去った。このとき、法王もまだ45歳という働き盛りだった。レオ10世とラファエッロという、若い法王と芸術家の下で、**ローマのルネッサンスは頂点を極めた**のである。

バロックへの道のり

●ルネッサンスの終焉(しゅうえん)とミケランジェロの活躍

ローマのルネッサンスが終焉を迎えたのは、同じメディチ家出身のクレメンス7世の下でだった。ローマは**1527年**、**ルター派新教徒を中核**とする**神聖ローマ皇帝カール1世の軍**による**略奪**を受け、ローマの人々は文字どおりこの世の地獄を体験した。法王は**サンタンジェロ城**へ難を逃れたが、この城は古代のハドリアヌス帝の霊廟を城塞に改造したもので、**ヴァチカン宮殿とは地下通路でつながっていた**。このときの模様は**チェリーニ**の「**自伝**」に詳しい。この作品は彫刻家チェリーニが自らの波瀾万丈の生涯を自由に綴ったもので、ゲーテがドイツ語に訳したという、自伝文学の傑作である。邦訳もあるので、ルネッサンスの芸術に興味のある方には一読をおすすめしたい。

歴史家の多くは、この**ローマ略奪**をもって**イタリア・ルネッサンスの終焉**としている。このとき、**ローマの人口は9万から3万**へと激減した。しかし、これでローマが衰退してしまったわけではない。ローマは略奪の痛手からすぐに回復したし、**カトリック教会**も、新教徒の勢力伸張に対し、組織を粛正強化することで**失地回復に努めた**。この運動を推し進めたのが、**1534年に法王に就任したパウルス3世**である。この法王は、ミケランジェロに**システィーナ礼拝堂の「最後の審判」の制作を依頼した**こと、彼をサン・ピエトロ聖堂の建設責任者に任命したことで、文化的にも多大の貢献をした。ミケランジェロが設計した**サン・ピエトロ聖堂の円屋根**は、フィレンツェのサンタ・マリア・デル・フィオーレ教会の円屋根と並ぶ、**ルネッサンスの円屋根の傑作**である。

ミケランジェロはフィレンツェの人であるが、本当に彼を受け入れたのはローマのほうかもしれない。ミケランジェロは彫刻家として、画家として、建築家として、実に多くの仕事をローマに残している。カンピドーリオの丘にある**カピトリーニ美術館**や**コンセルヴァトーリ宮殿**を見学する際は、どうか建物にも目を向けていただきたい。このふたつの建物は**ミケランジェロの設計**だし、建物の間の**広場**も、この広場へ通ずる**階段**も彼の設計である。**ミケランジェロこそローマのルネッサンスを代表する芸術家**である、といえる。古代から現代までが混在するローマをただ漫然と見るのではなく、例えばミケランジェロというひとりの芸術家に焦点を当て、その仕事の跡をローマにたどるのも、興味深いのではないだろうか。ミケランジェロは1564年にローマで亡くなるが、彼の死後、**ローマはバロック芸術の都へと変容を遂げる**ことになった。　(小林　勝)

カンピドーリオの丘

ローマのレストランガイド

ローマで食べるイタリア各州の郷土料理もいい。サルデーニャ州の海の幸の料理は日本人好み

■地元の人の多い店を探そう

国際観光都市ローマには、観光客相手のレストランも多いが、最近では値段と味のバランスの取れた、いわゆるコストパフォーマンスのよい店は、地元の人にも観光客にも大人気だ。人気のある手軽なお店はナヴォーナ広場や、テルミニ駅周辺、テヴェレ川沿いと、トラステヴェレに集中している。

おいしい食事を済ませ、夜遅く宿に帰ることになっても上記の場所はそれほど治安も悪くないし、深夜バスも運行しているので心配はない。おしゃれして高級レストランで優雅にお食事した場合は、心地よく酔っているところをお店の裏手で貴重品目当てのひったくりに狙われる場合もあるらしいので、タクシーを店で呼んでもらい、レストランの入口から乗って帰ること。

■ローマではピッツァとジェラートを

趣向を凝らしたピッツァを召し上がれ！

ローマの名物料理としゃれた雰囲気を楽しむためには、それなりの出費が必要だ。楽しい夕食はそれだけで旅の思い出としていつまでも残る。リストランテには、夜は**電話予約**をして出かけるのがよい。

さくさくとしたローマのピッツァのおいしさはひと口食べれば納得だ。ピッツァに欠かせないモッツァレッラチーズは、実は水に漬けて保存して3日ももたないフレッシュな物。日本のチーズとは全然違う。そして薪（まき）を燃やして窯で焼くのが本当のピッツァ。従来イタリア人にとっては、ピッツァは軽い夕食として食べる物だったが、最近は昼間に営業する店も増えた。**テルミニ駅周辺や人の集まる所**に必ずある立ち食いのピッツァ屋さんは看板に**Pizza Rustica**（ピッツァ ルースティカ）とか**al taglio**（アル タリオ）と表示している。カウンターに並んだピッツァを指せば、量り売りしてくれ、その場で食べることもできるので、お昼前から午後までいつも大繁盛だ。

チョコレートだけでも何種類あるの？

世界中にアイスクリームのおいしさを伝えたイタリア。日本でも**ジェラートGelato**の店が続々出現。どこで食べてもおいしいけれど、アイスクリームグルメに、覚えていてほしい言葉が**"Produzione propria"**（プロドゥツィオーネ プロプリア）（自家製）。看板にこの表示のあるお店では手作りのこだわりの味が楽しめる。

悪質レストランに注意

ときとして「法外な料金を請求された」という投稿が届きます。多くは、客引きに釣られて入店したり、店の人の言われるままに注文をして被害に遭うようです。

客引きしている店に入る場合は、値段を事前にチェックし、注文していない物が運ばれた場合はハッキリ拒否すること。

お会計チェックは必ず

どこのレストランでも共通なのは、会計の際には1皿ごとの値段、総額をチェックすること。料理の値段のほかに、コペルト（テーブルチャージ）、パーネ（パン代）、サービス料が加算される場合もあるが、この旨はメニューに明記されている。心配なら、入店前にお店の前に掲示してあるメニューでチェックしよう。

以前は多くの店で、コペルトとパーネを合わせて請求していたが、現在は少額をパーネとして請求する店もある。この場合、パンを食べなかったのに、「パン代を請求された」という声もあるが、一般的にコペルト同様に席に着いたら、パンに手をつけなくても請求される。

夕暮れ迫るカフェでひと休み

トラットリア・モンティ P.43 C4

Trattoria Monti

シンプルでモダンなトラットリア。マルケ州出身の家族の経営で、新感覚のマルケ風ローマ料理が味わえる。人気料理は大きなラヴィオリRavioliや野菜のムースSformatoなど、季節の素材によりさまざまに姿を変える料理が楽しい。 要予約

住 Via San Vito 13/A
☎ 06-4466573
営 13:00〜14:45、20:00〜23:45
休 ㊐夜、㊊、8月、クリスマスと復活祭の1週間 予 €43〜55、定食€45、50 C D.J.M.V.
交 地下鉄A線ヴィットリオ・エマヌエーレ駅から徒歩3分。テルミニ駅から徒歩10分

ダ・ヴィンチェンツォ P.43 A4

Da Vincenzo

ローマ料理と魚介類専門のレストラン。官庁街が近いためか、味にうるさいビジネスマンの利用が多く、広い店内はクラシックで落ち着いた雰囲気。魚介類が入った豪華なパスタや伝統料理が人気。

日本語メニュー

住 Via Castelfidardo 6
☎ 06-484596
営 12:30〜15:00、19:30〜23:00
休 ㊐、8月
予 €35〜50(コペルト€1)
C A.D.J.M.V.
交 テルミニ駅から徒歩約12分

ホスタリア・アル・ボスケット P.42 C2

Hostaria Crisciotti al Boschetto

庶民的なローマ料理と魚介類が楽しめる一軒。中庭での食事も夏には気持ちよい。セルフサービスの野菜の前菜(€7.50)や魚のグリル(€14)などがおすすめ。サービス料が15%なので、一皿の注文でもOK。ピッツァもある。中庭利用(喫煙席あり)は4/1〜9/30のみ。

住 Via del Boschetto 30
☎ 06-4744770
営 12:00〜15:00、18:00〜23:00
休 無休
予 €18〜55 (15%)、定食€16 (平日昼のみ) C A.D.M.V.
交 共和国広場から徒歩約7〜8分

モンテ・アルチ P.43 B4

Monte Arci

庶民的なレストランやトラットリアが並ぶカステルフィダルド通りで、いつも地元の人でにぎわっている一軒。ローマ料理とサルデーニャ料理、さらにピッツァも味わえるので家族連れやグループにも最適。

日本語メニュー

住 Via Castelfidardo 33/35
☎ 06-4941347
営 12:00〜15:00、18:00〜23:30
休 ㊐、8/10〜8/25
予 €12〜31
C A.J.M.V.
交 テルミニ駅から徒歩10分

"エスト!エスト!!エスト!!!"フラテッリ・リッチ P.43 C3

"Est! Est!! Est!!!" Fratelli Ricci

1888年から同一の家族経営による長い歴史を誇る店で、テルミニ駅からも近い。各種の特製ピッツァのほか、ローマ名物のバッカラ(鱈)のフライ、スプリーなどのフリット(揚げ物)類も充実。㊏夜は 要予約

住 Via Genova 32
☎ 06-4881107
営 18:30〜24:00
休 ㊊、8月
予 €20〜45
C M.V.
交 地下鉄A線 Repubblica駅から徒歩7〜8分

メイド・イン・ネポルス P.43 B4

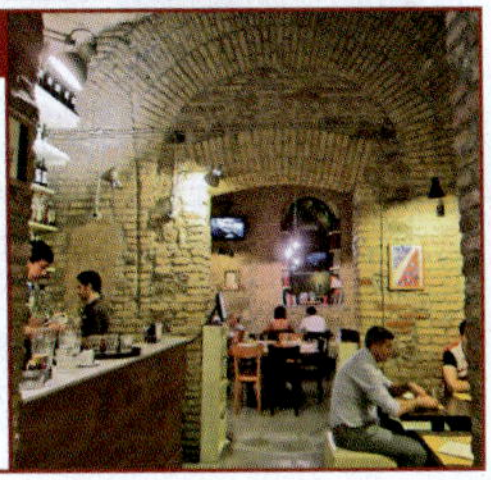

Meid in Nepols

テルミニ駅にほど近いピッツェリア。間口は狭いが、店内は明るく広く、いつもローマっ子や観光客で大にぎわい。名前通り、種類豊富な本場ナポリのピッツァ(€6〜)やナポリ料理をはじめ前菜、魚介類、肉料理も充実しており、料金もリーズナブル。ただし、夜はかなり混雑するので、予約して出かけよう。 要予約

URL www.meidinnepols.it
住 Via Varese 54
☎ 06-44704131
営 12:30〜15:00、19:30〜23:00
休 ㊐ 予 €10〜25 C A.D.M.V.
交 テルミニ駅から徒歩3分

テルミニ駅周辺

ホスタリア・ラ・カルボナーラ Hostaria La Carbonara

P.43 C3

✉カルボナーラ発祥の店だそうです。カルボナーラは、日本の物のようにクリーミーではありませんが、コクがあっておいしかった。前菜の生ハムとモッツァレッラチーズ€10もおすすめです。
（兵庫県　ローマ大好き　'12)['16]

要予約
URL www.lacarbonara.it
住 Via Panisperna 214
☎ 06-4825176
営 12:30～14:30、19:00～23:00
休 日　C A.D.V.
予 €30～60　交 エスクイリーノ広場から徒歩7～8分

サンティ Ristorante Santi

P.43 C4

ローマ料理のリストランテ兼ピッツェリア。家族経営のあたたかさと魚料理、自家製デザートがお店の人のご自慢。もちろん、肉料理も充実している。前菜やパスタが€7～がうれしい。隣によく似たトルコ料理の店があるので注意。日本語メニュー

住 Via Daniele Manin 55-57　☎ 06-4820651
営 11:00～15:00、17:30～23:00　休 日、8月
予 €10～25(コペルト€1)、定食€10～　C A.D.J.M.V.
交 テルミニ駅西側、マニン通りをサンタ・マッジョーレ方向へ歩き、プリンチペ・アメデオ通りを渡ってすぐ

イル・ガッロ・ネーロ Trattoria Il Gallo Nero

P.43 B3

夜も早い時間から営業している便利な一軒。歩道にもテーブルが出て、店内も思ったより広くてこぎれい。ローマの家庭料理が手頃な値段で食べられる。
日本語メニュー

住 Via Principe Amadeo 7H　☎ 06-4740626
営 12:00～23:00
休 火　予 €30～55、定食€18(肉)、20(魚)
C A.D.J.M.V.
交 テルミニ駅西口から徒歩5～6分

パスタリート・ピッツァリート Pastarito Pizzarito

P.43 C4

チェーン展開するパスタとピッツァの専門店。種類豊富なパスタとソースを選んで注文するので、組み合わせは自由自在。量もタップリで、サラダやデザートも充実。手早く簡単に食事したいときに便利。

住 Via Gioberti 25/35　☎ 06-4882252
営 9:30～24:00
休 無休
予 €15～25(10%)、定食€10～　C D.J.M.V.
交 テルミニ駅西口から徒歩5分

ローマのB級グルメ

ローマのあるラツィオ州をはじめとする中部イタリアの伝統的なB級グルメは**豚の丸焼きポルケッタ**Porchetta。薄切り（€4.50）にしてそのまま食べたり、パニーノ(€3)にする。ローマで5世代、1890年から続くのが、テルミニ駅近くの**エル・ブケット**Er Buchetto（住 Via Viminale 2-F 営 10:00～15:00、17:00～21:00 休 土午後、日祝 地 P.43 B3)テーブル席もあるので、店内で食べるのもいい。

こんな風に切り分けてくれる

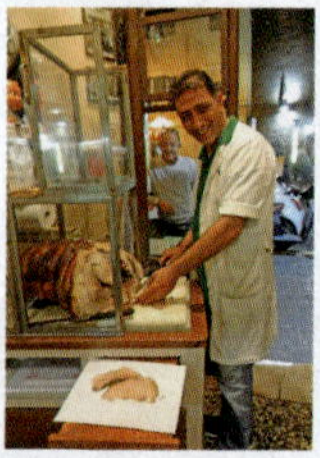

ポルケッタはB級グルメの王様！

トラステヴェレで大人気の**シシーニ**Sisini(住 Via Sanfrancesco a Ripa 137 営 9:30～22:00 休 日祝、8月 地 P.45 B3)はライスコロッケの**スプリー**Suppliなどの揚げ物からピッツァ、パスタ、鶏の丸焼き、野菜まで何でもあり、ローマの庶民の味が勢ぞろい。その場で食べる人からお総菜としてテイクアウトする人などで、店頭はいつも大混雑。少し時間をずらして出かけるのがおすすめ。

客足の途絶えることのないシッシーニ

日本人の口に合い、軽い食事にもピッタリなのが**ピアディーナ**Piadina。本来は北部ロマーニャ地方の無発酵の平らなパンで、ハムやチーズなどを挟んだ物。ブリトーに似ていて、今やイタリア各地でもおなじみだ。トラステヴェレの**カラマーロ・ピアディナーロ**Kalamaro Piadinaro(住 Viale di Trastevere 83 営 11:30～24:00頃 休 月、一部の祝 地 P.45 B4)では作り立てが食べられる。店名どおり揚げたてのイカやエビの揚げ物もあり、クルッと丸めた紙筒カルトッチョCartoccioに入れてもらって立ち食いするのが楽しい。カウンター席もあり。

ピアディーナと揚げ物

コッリーネ・エミリアーネ

P.42 B2

Colline Emiliane

小さなリストランテだが、出てくるエミリア・ロマーニャ州の料理がおいしい。自家製の手打ちパスタや、子牛の煮込みGiambonetto di Vitello、自家製デザートなどがおすすめ。人気店なので早めの入店か予約を。

要予約

住 Via degli Avignonesi 22
☎ 06-4817538
営 12:45～14:45、19:30～22:45
休 ㊐夜、㊊、8月、12/24～1/6、復活祭の1週間
予 €45～60
C A.J.M.V.
交 A線Barberini駅から徒歩2～3分

オテッロ・アッラ・コンコルディア

P.42 A1

Otello alla Concordia

ローマの庶民的な料理が売り物。ローマの名物料理、アバッキオと魚介のフリットミストがお店の人のおすすめ。1年中、店の奥の中庭で食事ができるのも楽しい。

要予約 日本語メニュー

URL www.ristoranteotelloallaconcordia.it

住 Via della Croce 81
☎ 06-6791178
営 12:15～15:00、19:00～23:00
休 ㊐夜、7月下旬と2月上旬の2～3週間
予 €25～40(コペルト€1)、定食€25
C A.D.J.M.V.
交 A線Spagna駅から徒歩2～3分

エノテーカ・レジョナーレ・パラティウム

P.42 B1

Enoteca Regionale Palatium

ローマのあるラツィオ州の州立エノテカ。ラツィオ州のワイン、ハム、チーズをはじめ、土地の料理も味わえる。店内にはワイン以外にも蜂蜜、ジャム、お菓子なども並び、販売もしている。その土地ならではの味わいを見つけたい人におすすめ。

住 Via Frattina 94
☎ 06-69202132
営 12:30～15:00、17:00～22:30
休 8月
予 €10～
C A.D.J.M.V.
交 スペイン広場から徒歩3分

オステリア・デッラ・フレッツァ グスト

P.42 A1

Osteria della Frezza-Gusto

風情ある小路にテーブルを広げる、モダンな複合店舗。レストラン、ピッツェリア、ワインバー、オステリアなどが軒を並べる。

✉いくつものお店が並んでいますが、チーズのお店ではチケットCichettoという小皿料理があります。メニューのほとんどの料理がチケットで注文でき、1皿一律€3なので、いろいろ食べたいときに便利です。（東京都 SYSYK '10)['16]

住 Via della Frezza 16 / Vicolo del corea ☎ 06-32111482
営 12:30～24:30 休 無休
予 €15～(コペルト€2、7%)
C A.D.J.M.V.
交 アウグストゥス帝の廟(びょう)から徒歩2分

フェリーチェ

P.45 C4

Felice a Testaccio

飾らない雰囲気の庶民派ローマ料理のトラットリア。手頃で飲みやすいハウスワインが用意され、1皿のボリュームも十分。季節の野菜のオムレツFrittaやカッチョ・エ・ペペ、アバッキオなどがおすすめ。

要予約

住 Via Mastro Giorgio 29
☎ 06-5746800
営 12:30～15:00、19:00～23:30
休 8/12～8/17
予 €40～55
C A.M.V.
交 B線Piramide駅から徒歩7～8分

アッレ・カッレッテ

P.46 A2

Alle Carrette

飾り気のない昔ながらのピッレリアの雰囲気のなか、ローマ風の、生地の薄いピッツァと揚げ物Frittiが味わえる。ピッツァは軽い食感で女性でも1枚ペロリといける。ルーコラとエビのピッツァPizza Ruchetta e Gamberiやソーセージとモッツァレッラ、キノコのFrancescanaなどがおすすめ。

住 Via della Madonna dei Monti 95
☎ 06-6792770
営 12:00～15:30、19:00～23:30
休 ㊌昼、12/24、12/25、12/31
予 €10～16 C D.J.M.V.
交 地下鉄B線Cavour駅、A線Colosseo駅から徒歩7～8分

レストランピクト案内 高級店 中級店 庶民的な店 ピッツェリア エノテカ ビッレリア B級グルメ

ローマのレストランガイド

ダ・アルマンド・アル・パンテオン P.41 C4

Da Armando al Pantheon

パンテオンのすぐ近く、気取らない雰囲気のなかローマ料理が味わえる。パスタなら、カルボナーラCarbonaraやその原型といわれるグリーチャGricia、セコンドなら子羊(アバッキオ) Abbacchioやサルティンボッカ Saltin boccaをはじめ、伝統的な料理が揃う。 要予約 日本語メニュー

- 住 Salita de' Crescenzi 31
- ☎ 06-68803034
- 営 12:30～15:00、19:00～23:00
- 休 ㊏夜、㊐、㊗、8月
- 予 €40～60、定食€50
- C A.D.M.V.
- 交 パンテオンから徒歩1分

ラ・カンパーナ P.41 B4

La Campana

ローマの郷土料理を中心に幅広い料理が揃う。夏にはカボチャの花のフライ、冬にはトリフのパスタなどと、季節の味わいも充実している。地元の人の利用が多い一軒。
できれば予約 日本語メニュー

- 住 Vicolo della Campana 18-20
- ☎ 06-6875273
- 営 12:30～15:00、19:30～23:00
- 休 ㊊、8月
- 予 €35～45(パーネ€2)、定食€50
- C A.D.J.M.V.
- 交 ナヴォーナ広場から徒歩5～6分

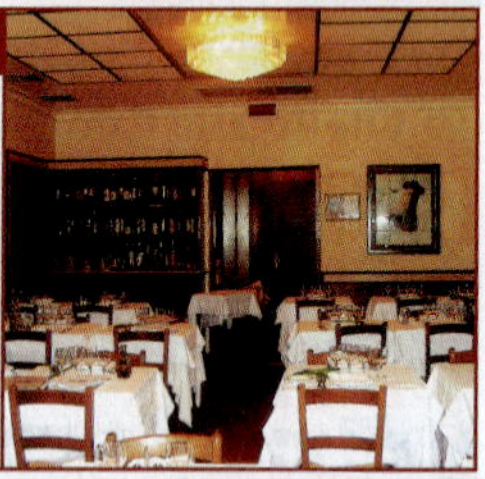

ロルソ・オッタンタ P.41 B4

Hostaria L' Orso 80

店の前の石畳の小路から店内にいたるまで古いトラットリアの雰囲気にあふれるお店。料理はクラシックなアマトリーチェ地方の物で、さまざまなアンティパスト(16種類の前菜Misti della Casa1人€15)や選ぶのに困るプリモ(€10～)はボリュームも十分。4人以上は 要予約

- 住 Via dell'Orso 33
- ☎ 06-6864904
- 営 13:00～15:30、19:00～23:30
- 休 ㊊、8月
- 予 €25～60(コペルト€1)、定食€50.70
- C A.D.J.M.V.
- 交 ナヴォーナ広場から徒歩2～3分

ダ・フランチェスコ P.41 C4

Da Francesco

ナヴォーナ広場の西側、ローマっ子に愛される界隈にあるローマ料理の店。路地の石畳にテーブルが並ぶたたずまいや店の雰囲気に古きよき時代のローマらしい風情が広がる。ピッツァ(夜のみ)をはじめ、各種のローマ料理が味わえる。

できれば予約 日本語メニュー

- 住 Piazza del Fico 29
- ☎ 06-6864009
- 営 12:00～15:30、19:00～24:30
- 休 一部の㊗
- 予 €20～40
- C M.V.
- 交 ナヴォーナ広場から徒歩3分

ラ・モンテカルロ P.41 C4

La Montecarlo

薄くて香ばしいピッツァのほか、フリット(揚げ物)類、パスタ、自家製のお菓子も充実している一軒。昼は界隈で働く人でいつも大にぎわい。手頃な値段とボリューミーさと便利な立地で利用価値が高い店。 日本語メニュー

- 住 Vicolo Savelli 13
- ☎ 06-6861877
- 営 12:00～翌1:00
- 休 ㊊、8/16～8/26頃
- 予 €12～15、定食€12
- C 不可
- 交 ナヴォーナ広場から徒歩3分

クル・デ・サック・ウーノ P.41 C4

Cul de Sac 1

普段着感覚で利用できる1軒。高級感のあるエノテカが多いなか、庶民的な雰囲気。ワインの品揃え1500種類、食事も充実しているので、観光の合間に利用するのにも最適。
URL www.enotecaculdesac.com

- 住 Piazza Pasquino 73
- ☎ 06-68801094
- 営 12:00～24:30
- 休 無休
- 予 €4～、食事€25～39
- C J.M.V.
- 交 ナヴォーナ広場から徒歩2～3分

チェーザレ

P.41 B3

Da Cesare dal 1921

ローマ料理にトスカーナ料理、魚・肉、ピッツァ（夜のみ）と、品揃えも充実したうれしい1軒。夏には気持ちよいテラス席もオープン。自家製のお菓子やワインの品揃えも、お店の人の自慢。

要予約　日本語メニュー

URL www.ristorantecesare.com

住 Via Crescenzio 13
☎ 06-6861227
営 12:30～15:00、19:30～23:00
休 8月の10日間
予 €35～50（コペルト€2.50）、定食€30
C A.D.M.V.
交 サンタンジェロ城から徒歩5分

アルルー・サン・ピエトロ

P.40 B2

Arlù San Pietro

サン・ピエトロ広場からほど近い路地にある、白を基調にした女性好みのしつらえのカジュアルレストラン。伝統的なローマ料理がおしゃれに盛りつけられ、食事を盛り上げてくれる。よい季節には店頭に並べられたテーブルでの食事もおすすめ。

URL www.ristorantearlu.it
住 Borgo Pio 135
☎ 06-6868936
営 11:30～17:30、18:30～23:30
休 ㊐
予 €20～
C A.D.M.V.
交 サン・ピエトロ広場から徒歩5分

リストキッコ

P.41 B3

Ristochicco

ヴァティカン観光の後に食事するのに最適のロケーション。ローマの名物のパスタ、カルボナーラ、アマトリチャーナをはじめ、肉、魚介類が味わえ、ワインも充実の品揃え。アツアツのフライパンでサービスされるパスタ類はボリューミーで、量・質ともに食べ応え十分。

URL www.ristochicco.it
住 Borgo Pio 186
☎ 06-68308360
営 12:00～15:00、19:00～23:00
休 ㊐　予 €20～（パン€1.50、注文で）　C A.D.M.V.　交 サン・ピエトロ広場から徒歩6分　※2016年11月現在、改装のため休業中

ラ・プラトリーナ

P.41 A3

La Pratolina

ヴァティカン地区の若者や家族連れでいつもにぎわうピッツェリア。ここではピッツァはPinsaピンサと呼ばれる。ピンサとは、生地をていねいに長時間発酵させ、薪を燃やした本格的な釜で焼かれた物で細長い卵型。組み合わせの楽しい特製ピンサが約40種類。要予約

住 Via degli Scipioni 248
☎ 06-36004409
営 19:00～23:00
休 ㊐、8月の第2・3週、1/1、12/25
予 €9～20、定食€15
C A.J.M.V.
交 A線Lepanto駅から徒歩5分

カンティーナ・ティロレーゼ

P.41 B3

Cantina Tirolese

うっかりすると見逃してしまうようなビッレリア。グーラッシュやチーズフォンデュ、ストゥルーデルなどのチロル料理がオーストリアのワインやビールとともに味わえる。ランチブッフェは€9.50（スープ、各種料理（1回盛り）、水、デザート）。

✉ お昼のビュッフェはすっごく充実していて、お腹いっぱいになりました。
（東京都　ファーメ　'06）['16]

住 Via G. Vitelleschi 23
☎ 06-68135297　営 10:00～14:00、19:00～24:00　休 ㊊、7、8月
予 €20～40　C D.J.M.V.
交 S. アンジェロ城から徒歩2～3分

ラツィオ州のDOCGワイン

イタリアワインの格付けで一番にランクされるのがDOCG。イタリア全土で約70種が承認されている。ラツィオ州はこれまでチェザネーゼ1種のみだったが、2011年4月、ラツィオ州にふたつのDOCGが追加承認された。機会があったら、味わってみよう。

●チェザネーゼ・デル・ピーリオ Cesanese del Piglio

伝統的に白が好まれるラツィオ州で意外な感もあるが、最初のDOCGはこの赤ワイン。土地特有のブドウ品種チェザネーゼ種で作られ、しなやかで芳醇。

●フラスカーティ・スーペリオーレ Frascati Superiore

ローマといえばフラスカーティ。マルヴァジア種を主体にした軽くてフルーティーな白。スーペリオーレは熟成を経、エレガントでより豊かな香りと味わいが特徴。

●カンネッリーノ・ディ・フラスカーティ Cannellino di Frascati

フラスカーティの甘口ワイン。黄金色と花を思わす香りが幸福気分を運んでくれる。ローマの午後の明るい日差しの下で冷やして飲みたいワイン。

グラス・ホスタリア

P.45 A3

Glass Hostaria

下町トラステヴェレになじむ外観とは異なり、店内は鉄とガラスを多用した、モダンなインテリア。現代的で創造的な料理が味わえる、今注目の一軒だ。美しい盛りつけと素材への火入れ具合、ちょっと驚かされる味の組み合わせも楽しい。ミシュランの1つ星。 要予約

住 Vicolo del Cinque 58
☎ 06-58335903
営 20:00〜23:30
休 ㊊、1/2〜1/27、7/13〜8/4、12/24〜12/26 予 €80〜300、定食€95
C A.D.M.V.
交 S.M.イン・トラステヴェレ聖堂から徒歩2分

ソーラ・レッラ

P.45 A4

Sora Lella

風情あるティベリーナ島にある、1940年から続く家族経営のローマ料理の店。おばあちゃんのミートボールPolpettine della Nonna、子羊のロースト、アーティチョーク詰めSella d'Abbacchio Farcita con Carciofi、リコッタチーズのケーキTorta di Ricottaなどがおすすめ。 要予約

URL www.soralella.com
住 Via Ponte Quattro Capi 16
☎ 06-6861601
営 12:30〜14:45、19:30〜23:00
休 ㊋、8/15前後の5日間、クリスマス期間
予 €48〜60(10%)、定食€75
C A.D.J.M.V.
交 マルケルス劇場から徒歩3分

ダル・ポエタ

P.45 A3

Dar Poeta

ローマのピッツァ・チャンピオンの店。生地やトッピングに工夫を凝らしたボリュームたっぷりのピッツァが売り物。チョコとリコッタ入りのカルツォーネも人気のデザート。週末は30分〜1時間待ちの行列ができる。

住 Vicolo del Bologna 45/46
☎ 06-5880516
営 12:00〜24:00
休 無休
予 €10〜20
C A.D.J.M.V.
交 シスト橋から徒歩3分

ビル&フッド

P.45 A3

Bir & Fud

素材にこだわった料理と150種ものイタリアのビールが味わえるカジュアルな一軒。揚げ物を中心とした種類豊富な前菜やピッツァが充実。お店のおすすめは、3種のスプリー盛り合わせTris di Suppli、水牛のモッツァレッラを倍使ったピッツァのマルゲリータ・ドッピアMargherita Doppiaなど。 要予約

住 Via Benedetta 23
☎ 06-5894016
営 12:00〜翌2:00
休 一部の㊗
予 €20〜35 C A.D.M.V.
交 トゥリルッサ広場から徒歩2分

アイ・マルミ・パナットーニ

P.45 B4

Ai Marmi Panattoni

いつも夜遅くまでにぎわう大衆的なピッツェリア兼ローマ・トスカーナ料理の店。1932年からの長い歴史を誇り、ローマっ子に愛されてきた。ローマでも指折りの経済的な店。お店のおすすめは、ピッツァのほか、ハムやサラミの盛り合わせAntipasto Misto alla'Italianaやインゲン豆のスープZuppa Fagioliなど。

住 Viale di Trastevere 53/59
☎ 06-5800919
営 18:30〜翌2:20
休 ㊌、8/10〜8/28
予 €15〜20、定食€18 C M.V.
交 S.M.イン・トラステヴェレ聖堂から徒歩3〜4分

イーヴォ・ア・トラステヴェレ

P.45 B3

Ivo a Trastevere

サッカーの写真がいたるところに飾られた、若者に人気の活気あふれるピッツェリア。気取らないローマならではの雰囲気を味わいたい人におすすめ。前菜やパスタ、ピッツァもボリュームタップリ。自家製デザートもお店の人のおすすめ。 要予約

住 Via di S. Francesco a Ripa 158
☎ 06-5817082
営 18:00〜24:30
休 ㊋
予 €15〜23
C A.D.M.V.
交 S.M.イン・トラステヴェレ聖堂から徒歩3〜4分

アンティコ・カフェ・グレコ

P.42 B1

Antico Caffè Greco

カサノヴァ、キーツ、シェリーとヨーロッパ中の芸術家が愛したカフェ。奥のサロンには彼らのポートレートがかかり、燕尾服の給仕人がサービスする店内は昔の面影そのままだ。

住 Via Condotti 86
☎ 06-69788427
営 9:00～21:00
休 8/15
予 €5～
C A.J.M.V.
交 スペイン階段から徒歩2分

サンテウスタキオ

P.41 C4

Caffè Sant'Eustachio

こだわりのコーヒー店。薪の火による焙煎で有名。「グラン・カフェ」と呼ばれる、秘伝のブレンドによるコーヒーはローマでも知る人ぞ知る逸品。グランカフェのほかコーヒー風味のバッチョ、グラニータなどもおすすめ。古きよきローマの雰囲気に浸れる。

住 Piazza S. Eustachio 82
☎ 06-68802048
営 8:30～翌1:30
休 無休
予 €2.20～
交 パンテオンから徒歩2分

チャンピーニ

P.38 C2

Caffè Ciampini

スペイン階段上、トリニタ・デイ・モンティ教会を左に進んだ高台の緑のなかにある見晴らしのいいカフェ兼ジェラテリア兼レストラン。コルソ通り近くのサン・ロレンツォ・ルチーナ広場などにあるローマっ子に人気のある同名店の支店。スペイン階段の観光後のお茶や休憩にピッタリのロケーション。夕暮れ時はロマンティックな雰囲気。

住 Viale Trinita dei Monti 1
☎ 06-675678
営 8:00～翌1:00
休 一部の㊗　予 €4～
C J.M.V.
交 スペイン階段上から徒歩2分

キオストロ・デル・ブラマンテ

P.41 B4

Chiostro del Bramante

15世紀にブラマンテが設計した建物内。1階美術館の切符売り場を抜けて階段を上ると、柱廊の光と陰が美しい歴史ある空間にモダンなカフェが広がる。飲み物のほか、サラダやサンドウィッチ類などもあり、観光途中の休息にも最適。

住 Via Arco della Pace 5
☎ 06-68809036
営 カフェテリア10:00～20:00　ランチ12:00～15:00　㊏㊐ブランチ10:00～15:00　休 8月
予 €1.50～、食事€10～20
C A.D.M.V.
交 ナヴォーナ広場から徒歩5分

グラン・カフェ・ラ・カフェティエーラ

P.42 B1

Gran Caffè La Caffettiera

✉ 古代神殿の柱列が残る、神秘的なピエトロ広場にあるおしゃれなナポリ風カフェです。優雅な内装とゆったりとしたソファがリッチな気分でくつろがせてくれます。飲み物のほか、ナポリのお菓子や軽食も充実しています。
（在ローマ　ナディア　'08)['16]

住 Piazza di Pietra 65
☎ 06-6798147
営 7:00～22:00
休 無休
予 €3～
C D.J.M.V.
交 パンテオンから徒歩2～3分

バビントン

P.38 C2

Sala Da Tè Babington

ローマで暮らしたA.ヘップバーンも愛したスペイン階段脇にある、歴史ある優雅な雰囲気のティールーム。イタリアでは珍しく、本格的な英国風ティーが味わえると定評の一軒。30種以上の紅茶とともにイングリッシュ・ブレックファスト、アフタヌーンー・ティーのほか、カレーなども味わえる。

URL www.babingtons.com
住 Piazza di Spagna 23/25
☎ 06-6786027
営 10:00～21:15　休 無休
予 飲みもの€6～10、定食€12～20、定食(ブランチなど)€34～40
C A.D.J.M.V.
交 スペイン広場の一角

ローマのカフェ、ジェラテリアガイド

ジョリッティ

P.41 B4

Giolitti dal 1900

おいしいアイスクリームにシャンデリアの輝く広いサロンがすてきだ。生クリームいっぱいのボリュームあるパフェがおすすめ。簡単な食事もできる。

ジェラートのカウンターは人であふれていて、注文するのも大変なほど。私たちは奥のサロンに陣取ってパフェを注文して、ゆっくり味わいました。1食パスできるくらいのボリュームです。
(東京都　ショコラ　'07)['16]

住 Via Uffici del Vicario 40
☎ 06-6991243
営 7:00〜翌1:30　休 無休
予 €2.50〜　C A.D.J.M.V.
交 コロンナ広場から徒歩4〜5分

テアトロ

P.41 B3

Gelateria del Teatro

ナヴォーナ広場近く、風情ある小路にある。定番のジェラートのほか、ちょっと新しい味わいも揃っている。素材を生かした繊細な味わいはクセになりそう。店内にはテーブルもあり、そこで食べることができるのもうれしい。冬季はチョコレートも販売。市内に2軒あり。

住 Via di San Simone 70
☎ 06-45474880
営 夏季10:30〜24:00、冬季10:30〜21:30
休 一部の㊗
予 €2.50〜
交 ナヴォーナ広場から徒歩5分

トレ・スカリーニ

P.41 B·C4

Tre Scalini

カフェ兼レストランだがジェラートで有名。タルトゥーフォ(トリフ)という名のとおり、黒くて丸いアイスクリーム。ぎゅっと押さえて食べやすくしてから出してくれる。ほとんどチョコそのものなのに全然甘くない。

住 Piazza Navona 28/30
☎ 06-68806209
営 9:00〜翌2:00
休 1/7〜2/7
予 €2.50〜45
C A.J.M.V.
交 ナヴォーナ広場の一角

チャンピーニ

P.42 B1

Ciampini

落ち着いたカフェ兼ジェラテリア。おすすめはジェラート。味には定評があり、ローマっ子のファンが多い。タルトゥーフォが一番人気。外のテーブルも気持ちよい。簡単な食事もできる。いつも混んでいるので、すぐ近くのチャンピーニ・ドゥーエなら座れる可能性大。

住 Piazza S. Lorenzo in Lucina 29
☎ 06-6876606
営 7:30〜21:30
休 8月の1週間
予 €3.50〜15、定食€35〜55
C A.D.J.M.V.
交 地下鉄A線Spagna駅から徒歩5〜6分

サン・クリスピーノ

P.42 B2

San Crispino

素材のよさと豊富な種類が自慢のジェラテリア。コーンはなく、カップだけなのもお店のこだわり。店内奥にテーブル席のあるサロンも併設。細い路地の続くトレヴィの泉近くにあり、ちょっと見つけにくいかも。パンテオン近くにも支店(住 Piazza della Maddalena 3a)あり。 日本語メニュー

住 Via della Panetteria 42
☎ 06-6793924
営 11:00〜24:30
予 €2.70〜10
C 不可
交 トレヴィの泉近く

ジェラートの注文の仕方

まずは店内の値段表示をチェック。観光客の多い地域では、値段表示がなく、事情がよくわからない旅行者に超大型に盛りつけて売りつける場合があるので注意。

さて、場所にもよるが一番小さいコーン(Conoコーノ)か紙製のカップ(Coppaコッパ)を選ぶと€1.50〜2で2〜3種類を選べる。これに生クリームを付けるのがイタリア人のお好み。パンナはサービスの所と有料(€0.50くらい)の所とさまざまだ。生クリームが欲しかったら、「コン・パンナcon Panna」とひと言付け加えよう。

ノッチョーラ(ヘーゼルナッツ)やピスタチオがローマっ子の好みとか……

ローマのショッピングガイド

■キュートなローマファッションを

イタリア中を旅行して驚くのがイタリア人のファッションセンスのすばらしさ。特に男は男らしく、女は女っぽくて、ちょっぴりセクシーでキュートなローマっ子ファッションには脱帽だ。町を歩いておしゃれを盗んだら、あなたもイタリアファッションに身を包んで陽気なローマっ子の仲間入り。

ローマでは超高級品からおしゃれな小物まで何でも揃うし、何よりもイタリア中で一番安くてよい物が手に入る。ここで買い物しなかったら後悔する筈。イタリアのバーゲンセールSaldiのシーズンは年2回、冬は年明けから約1ヵ月、夏は7月上旬から8月いっぱいだ。各店によって期間は違うけれど、店中に張り紙がいっぱいなのですぐわかる。人気のお店には朝早くから行列ができるほどだ。専門店ではむやみに商品を棚から引っぱり出さないこと。まずは自分の希望を言って商品を見せてもらおう。営業時間は9:00～13:00、16:00～20:00。日曜と月曜の午前中はほとんどの店が休業だ。ただ、ブランド店を中心に10:00～19:00頃まで通しで営業する所も増えてきた。ちなみに衣服と靴はイタリアサイズ(P.559参照)。フランスサイズとは異なる。

■デパート／スーパーマーケット

専門店が発達し量販店の少ないイタリアだが、イタリア中どこにでもあるスーパーマーケットの代表格がビッラBilla／スタンダStanda、オヴィエッセOviesse、ウピムUPIMだ。品揃えは多いが中級品程度の物しかない。でも、食料品を扱う店舗もあるので、旅の必需品を揃えたりするのには強い味方。

日本のデパートに似た雰囲気でやや高級なのがラ・リナシェンテLa RinascenteとコインCoinだ。イタリア製ならではのカラフルな台所用品、シックなひげ剃り、髪飾りと掘り出し物がいっぱい。イタリア人の日常生活を知るためや、おみやげに悩んでる人には最適。

●UPIM
住 Piazza S. Maria Maggiore
営 9:30～20:30(日～20:00)
休 不定期の日
地 P.43 C4

●Coin Excelsior
住 Via Cola di Rienzo 173
営 10:00～20:00(日祝10:30～)
休 1/1、12/25
地 P.41 A3
※→P.124

ローマの流行は、セレクトショップのジェンテ(→P.124)から。

●La Rinascente
中心街のラ・リナシェンテは、コロンナ広場前のガッレリア・アルベルト・ソルディ内。
住 Piazza Colonna
開 9:30(日10:00～)～21:00
地 P.42 B1

●Coin
住 Piazzale Appio(サン・ジョヴァンニ駅上)
営 10:00～20:00
地 P.37 B4

私のおすすめ

ローマ三越(→P.125)は円での買い物で、ユーロでお釣りがもらえます。日本人の店員さんもグッドでした。
(宮崎県　おばさん2　'16)

ローマのショッピング・エリア

若いおしゃれな普通のローマっ子の買い物街を紹介。安いしセンスはいいし、ここから流行は生まれるのだ。

1.ナツィオナーレ通り
Via Nazionale
テルミニ駅前の共和国広場から左側約1kmの通りにお店がぎっしり並ぶ。高級ブティックからいつも大安売りのお店まで揃って、まるで横に長いデパートみたいだ。三越もこの通りにある。

2.オッタヴィアーノ通り
Via Ottaviano
地下鉄A線のOttaviano駅下車。駅の左側、サン・ピエトロ広場に向かう通りだ。どこのお店も入りやすい気軽な雰囲気で、いつも活気がある。クラブミュージックをガンガンにかけた店内では10代の女の子が友達と試着しながら、おしゃれ研究に余念がない。若者向けのカジュアルな洋服がどのウインドーにもぎっしりだ。

3.コーラ・ディ・リエンツォ通り
Via Cola di Rienzo
ヴァティカン市国そばのリソルジメント広場からポポロ広場までの並木道にあるショッピング街だ。高級ブティックから庶民的なお店までゆったり並び、散歩しながら買い物する雰囲気だ。

4.チネチッタ・ドゥーエ
Cinecittà Due
地下鉄A線Subaugusta駅下車。スーパーをはじめ、100店以上のお店が並ぶ大ショッピングセンター。

コーラ・ディ・リエンツォ通りの屋台は充実の品揃え

ローマのショッピングガイド

●スペイン広場のブティックガイド

高級ブランドのブティックは、スペイン広場前のコンドッティ通りとこれに並行するボルゴニョーナ通り、フラッティーナ通りに集中している。有名ブランドのお店でもバーゲン期間を設けることがあるが、ときにはおばあちゃんも着ないような流行遅れの物もあるので、まずはウインドーショッピングをして目を養ってから出かけよう。また、コルソ通りの東側に位置するサン・ロレンツォ・イン・ルチーナ広場Piazza S. Lorenzo in Lucinaには、ルイ・ヴィトンの新店舗などが開店。注目のスポットだ。

プラダ【ブランド】 P.121 ❶

Prada

人気ブランドの新ショップ

今、話題の商品を展示。広くはないがトータルな品揃え。ポコノ(ナイロン素材)の種類も豊富。日本語を話す店員が常勤。

住 Via Condotti 92/95
☎ 06-6790897
営 10:00〜19:30
㊐10:00〜19:00
休 無休
C A.D.J.M.V.
交 地下鉄A線Spagna駅から徒歩3分

グッチ【ブランド】 P.121 ❷

Gucci

クール・モダンがグッチの身上

1階には、バッグ、スカーフなどの人気のアイテムが並ぶ。2階は、靴やウエア。日本人店員も常勤し、気持ちよく相談にのってくれる。

住 Via Condotti 8
☎ 06-6790405
営 10:00〜19:30
㊐10:00〜19:00
休 無休
C A.D.J.M.V.
交 地下鉄A線Spagna駅から徒歩3分

ブルガリ【宝飾】 P.121 ❸

Bvlgari

世界の三大宝飾店のひとつ

イタリアを代表する宝飾店の本店。ため息の出る豪華な宝石のディスプレイが見事。機能的で、モダンなデザインの時計が日本でも大人気だが、現地では、値頃感がある。

住 Via Condotti 10
☎ 06-6793876
営 10:00(㊊15:00)〜19:00
休 ㊐
C A.D.J.M.V.
交 地下鉄A線Spagna駅から徒歩3分

ルイ・ヴィトン【ブランド】 P.121 ❹

Louis Vuitton

永遠の人気、L.V.マーク

世界中どこでもほとんど値段が変わらないルイ・ヴィトンだから、タックス・リファンドを利用して賢くショッピングしよう。世界中からの観光客用に品揃えは豊富で一見の価値あり。サン・ロレンツォ・イン・ルチーナ広場にも大型店舗あり。

住 Via Condotti 13
☎ 06-69940000
営 10:00〜19:30
㊐11:00〜19:30
休 無休
C A.D.J.M.V.
交 地下鉄A線Spagna駅から徒歩3分

ジョルジオ・アルマーニ【ブランド】 P.121 ❺

Giorgio Armani

シックな女性の憧れ

どんな女性も、男性もすっきりと包む、アルマーニのジャケット。コンサヴァな、一度着たら手放せない服。働くイタリア人の支持No.1。現地調達は、かなりの値頃感がある。

住 Via Condotti 77
住 06-6991460
営 ㊊〜㊏10:00〜19:00
㊐10:00〜14:00、15:00〜19:00
休 一部の㊗
C A.D.J.M.V.
交 地下鉄A線Spagna駅から徒歩5分

サルヴァトーレ・フェラガモ【ブランド】 P.121 ⑥

Salvatore Ferragamo

完璧な履き心地の靴が勢揃い

飽きのこないデザインと完璧なシルエット。日本では超有名なフェラガモの代表作ヴァラだけではない、フェラガモのエレガントな靴を探してみたい。メンズ用ショップは66番地に。

住 Via Condotti 73/74
☎ 06-6791565
営 10:00～19:30
㊐10:30～19:30
休 無休
C A.D.J.M.V.
交 地下鉄A線Spagna駅から徒歩5分

マックス・マーラ【ブランド】 P.121 ⑦

Max Mara

すべてのラインが揃う本店

マックス・マーラ、スポーツ・マックスなどの6つのラインが部屋ごとに分かれ、充実した品揃え。マックス・マーラのファンには必訪の本店だ。ローマ本店の品揃えは、特に充実。

住 Via Condotti 19
☎ 06-69922104
営 10:00～20:00
㊐10:30～20:00
休 一部の㊗
C A.D.J.M.V.
交 地下鉄A線Spagna駅から徒歩5分

フェデリコ・ブッチェッラッティ【宝飾】 P.121 ⑧

Federico Buccellati

金・銀製品の加工が見事

ブルガリと肩を並べる老舗宝飾店。リーフをデザインした繊細な細工の指輪が有名。ヨーロッパの伝統を感じさせる銀製品のカトラリーは一見の価値あり。

住 Via Condotti 31
☎ 06-6790329
営 10:30(㊊15:30)～19:00
㊏10:30～13:30、14:30～19:00
休 ㊐
C A.D.J.M.V.
交 地下鉄A線Spagna駅から徒歩5分

ゼニア【ブランド】 P.121 ⑨

Ermenegildo Zegna

コンサバなイタリア男性御用達

服地メーカーだったゼニアは、派手さはないが長く着られるデザインが魅力の男性ブランド。イタリア式の対面販売が健在で、体にフィットしたスーツを店員と相談して選ぶ楽しさが味わえる。

住 Via Condotti 58
☎ 06-69940678
営 10:00～19:30
㊐10:00～19:00
C A.D.J.M.V.
交 地下鉄A線Spagna駅から徒歩5分

コンドッティ通り Via Condotti 周辺

ドルチェ&ガッバーナ【ブランド】

P.121 ⑩

Dolce & Gabbana

大胆かつ斬新なデザイン

光る素材やフェミニンな透ける素材がボーイッシュなスタイルにマッチしたデザイン。ふたりのデザイナー率いる前衛派を自認する、イタリアンブランド。モダン志向の根強いファンに支持されている。

住 Via Condotti 51
☎ 06-69924999
営 10:30〜19:30
C A.D.J.M.V.
交 地下鉄A線Spagna駅から徒歩5分

マックス・エ・コ【ブランド】

P.121 ⑪

Max & Co.

マックス・マーラの妹分

価格も抑えられた、普段着用のシンプルなデザインが多い。トレンドを意識した仕上がり。イタリア物の流行をゲットしよう。コンドッティ店は、シックなコンサバ路線。通勤着に最適。

住 Via Condotti 46/46A
☎ 06-6787946
営 10:00〜19:30
㊐11:00〜19:30
C A.D.J.M.V.
交 地下鉄A線Spagna駅から徒歩5〜6分

フェンディ【ブランド】

P.121 ⑫

Fendi

本店ならではの風格と品揃え

毛皮店としてスタートした、ローマを代表するブランド。'05年に創業80年を記念してこの「フェンディ宮殿」が誕生。バッグ、ウエアなど本店ならではの充実した品揃えを誇り、特に2階の上質な毛皮類は圧巻。

住 Via di Fontanella Borghese 48
☎ 06-686641
営 10:00〜19:30
C A.D.J.M.V.
交 地下鉄A線Spagna駅から徒歩5〜6分

モンクレール【ブランド】

P.121 ⑬

Moncler

おしゃれな高級ダウンなら

高級ダウンメーカーとして人気の高い、フランス生まれでミラノに本拠地をおくメーカー。フィウミチーノ空港内にも店舗あり。

✉ 売り場は狭く、飾ってあるのは一部だが、カタログから欲しい色や形を伝えると地下の倉庫から出してくれます。カタログにない物でも、希望の形を伝えると、いくつも出してくれました。
（匿名匿住所　'11)['16]

住 Piazza di Spagna 77
☎ 06-69940292
営 10:30〜19:30
休 一部の㊗　C A.D.J.M.V.
交 地下鉄A線Spagna駅から徒歩2分

フルラ【ブランド】

P.121 ⑭

Furla

新装開店のフルラ店

日本でもすっかりおなじみのボローニャ生まれのフルラ。スペイン階段横にあるローマのフラッグショップ。カジュアルからシックなバッグはもちろんのこと小物やアクセサリーも揃う。

住 P.za di Spagna 22
☎ 06-69200363
営 10:00〜19:30
休 一部の㊗
C A.D.J.M.V.
交 地下鉄A線Spagna駅から徒歩3分

ディーゼル【ブランド】

P.121 ⑮

Diesel

イタリアン・カジュアルの代表

高級カジュアルとして人気の高いディーゼル。スペイン広場に2015年に大型店舗をオープン。デニムをはじめレディス・メンズ、キッズのウエア、バッグ、アクセサリーなど豊富な品揃え。店内はディーゼルらしい斬新な雰囲気。

住 Piazza di Spagna 18, Via del Bottinoとの角
☎ 06-6786817
営 10:30〜20:30
休 一部の㊗
C A.D.J.M.V.
交 スペイン階段から徒歩1分

ブランド巡りにはうんざりという人。ローマらしいおみやげを持ち帰りたい人は、イタリアならではのおみやげを探してみよう。修道院グッズでは、ハーブ類や自然食品を。改装されたテルミニ駅にある大型書店や大型CD店では、写真集やイタリア・オペラ、現地アーティストなどのCDを。日本よりも割安感がありおすすめだ。老舗のワイン商で、思い出のワインを一本。文具店では、イタリアンカラーあふれるイタリアらしい一品を見つけたい。

アンティクアリウス・ステファーノ・ビフォルコ【版画】 P.41 B4

Antiquarius Stefano Bifolco

アンティーク版画をおみやげに

アンティーク版画の専門店。扱っているのはすべてオリジナルで1400年代～1800年頃の物。古いローマの町並みの版画はインテリアのグレードアップ間違いなし。価格は€25～300くらい。2～3日あれば、額入れ(€400～500)も可能。

住 Corso Rinascimento 63
☎ 06-68802941
営 9:30～13:00、16:00～19:30
休 ㊏、㊐、8月の3週間
C A.J.M.V.
交 ナヴォーナ広場から徒歩1分

トリマーニ【酒屋】 P.43 B4

Trimani

ワインを買うなら専門店で

1821年創業、ローマ有数のワインショップ。店内には地域、種類別などに並んだワインなどが約5000種も揃う。手頃な価格から貴重なヴィンテージまであり、店員さんのアドバイスも的確なので相談してみよう。ヤマト便による日本への配送サービスあり。

URL www.trimani.com
住 Via Goito 20
☎ 06-4469661
営 9:00～20:30
休 ㊐㊗
C A.D.J.M.V.
交 テルミニ駅から徒歩7～8分

ヴェルテッキ【文具】 P.42 A1

Vertecchi

品揃え豊富な有名文具店

イタリア製のシステム手帳や万年筆から、画材やデザイン用品まで。カード類、ラッピングペーパー、メモパッド、キッチン用品、ローマらしいノートなども揃い、手頃なおみやげ向けの商品も充実。

URL www.vertecchi.com

住 Via della Croce 70
☎ 06-3322821
営 10:00～19:30
休 8月中旬1週間、12/25、12/26、1/1、1/6
C A.D.J.M.V.
交 地下鉄A線Spagna駅から徒歩5分

クチーナ【キッチン雑貨】 c.u.c.i.n.a. P.42 A1

お料理好きに

細長い店内には料理道具、カトラリー、リネン類などキッチングッズがいっぱい。チーズおろしなどイタリアならではの物を探すのも楽しい。手頃なおみやげ探しに最適。ナヴォーナ広場近くVia di Parione 31(地 P.41 C4)など市内に4軒あり。

住 Via Mario de' Fiori 65
☎ 06-6791275 営 10:00～19:30 休 1/1、復活祭とその翌㊊、8/15、12/25、12/26 C A.D.J.M.V.
交 地下鉄A線Spagna駅から徒歩3分

カンポ・マルツィオ・デザイン【文具】 Campo Marzio Design P.42 B1

おしゃれなペンの専門店

万年筆をはじめとするペンの専門店。明るい店内にはペン先、筆、インク、手帳などの文具が並ぶ。技術とデザインの粋を集めた高級万年筆からおみやげにも最適なおしゃれなペン(€10～)まで揃う。

住 Via Campo Marzio 41
☎ 06-68807877
営 10:30～19:30 休 8/15
C A.D.J.M.V.
交 コロンナ広場から徒歩５分

カーサ・デル・ロザリオ【宗教グッズとおみやげ】 Casa del Rosario P.43 C4

信者には欠かせない宗教グッズ

S.M.マッジョーレ教会の近くに位置する宗教用具の店。十字架などを買い求める敬虔な信者でいつもにぎわっている。手頃な十字架などはアクセサリーとしても最適。絵はがきやおみやげ物も充実。店内では静かに。

住 Via Esquilino 33-34
☎ 06-486991
営 9:00～13:00、16:00～19:00
休 ㊐ C J.M.V.
交 S.M.マッジョーレ教会北側沿い

ローマのショッピングガイド

地元っ子が注目するのは、ヴァティカン地区の通り。コーラ・ディ・リエンツォ通りは、コインをはじめ、イタリアを代表する堅実なブランドやセレクトショップが軒を連ねる。背後に高級住宅地を控えて、食料品店や化粧品店も充実。

一方、テルミニ駅近くのナツィオナーレ通りは、ちょっと高級感のある庶民ストリート。ローマの庶民街の心意気が感じられるショップが多く楽しい。

ローマのスーパーマーケットは、テルミニ駅地下の大手のコナド経営のサポーリ・ディントルニSapori & Dintorniと、S.M.マッジョーレ大聖堂前のズマSmaが便利でおすすめだ。

コイン・エクセルシオール【デパート】 P.41 A3

Coin Excelsior

高級感あるデパート

2014年4月にCoin Excelsiorとしてより高級感ある店舗に生まれ変わった。1階は化粧品とティファニー、2階はマーク・ジェイコブス、ヴァレンティーノ・レッドなどの人気ブランドや高級雑貨などの充実の品揃え。かつてスーパーのあった地下はEat'sと呼ぶ、ちょっと高級な食料品コーナーになった。

住 Via Cola di Rienzo 173
☎ 06-36004298
営 10:00～20:00、㊐㊗10:30～20:00
C A.D.J.M.V.
交 地下鉄A線Ottaviano駅から徒歩12分

ジェンテ【セレクト】 P.40 A2

Gente

最新ファッションをチェック

世界のファッションの最新トレンドを扱う高級セレクトショップ。ファッショニスタに愛され、ローマで約30年の歴史を誇る。市内に6軒あり、ここはレディスとシューズが中心。ショーウインドーを見るだけで流行がわかる。

住 Via Cola di Rienzo 277
☎ 06-3211516
営 10:30～19:30、㊐10:30～14:00、15:00～19:00
休 1/1　C A.D.M.V.
交 地下鉄A線Ottaviano駅から徒歩5分

ツイン・セット【カジュアル】 P.41 A3

Twin-Set

リボンが目印

1990年、モデナ近くで創業のレディスブランド。リボンがブランドの目印のように効果的に使われ、シックで落ち着いたイメージだが、イタリア的な華やかさとセクシーさを併せもつ。ニット、ドレス、コートをはじめ、バッグや靴などの小物類も揃う。

住 Via Cola di Rienzo 245/249
☎ 06-3218479
営 10:00～20:00、㊐11:00～14:00、15:00～19:00
休 一部の㊗
C A.D.J.M.V.
交 地下鉄A線Ottaviano駅から徒歩7～8分

コッチネッレ【バッグ】 P.40 A2

Coccinelle

人気上昇中

流行を取り入れた革のバッグが中心。手頃で機能的、加えておしゃれなのが人気の秘密。店内は広くはないが、地下に倉庫があるので品揃えは充実。

住 Via Cola di Rienzo 255
☎ 06-3241749
営 9:30～20:00
㊐㊊16:00～20:00
休 一部の㊗
C A.D.J.M.V.
交 地下鉄A線Ottaviano駅から徒歩7～8分

ファブリアーノ【紙製品】 P.42 A1

Fabriano

紙製品の老舗

1200年創業の紙製品の専門店。かのラファエッロやダ・ヴィンチも愛用したという。明るい店内にはカラフルなノート、手帳、革製品などが並ぶ。旅ノートやワインノートなども楽しい。

URL www.fabrianoboutique.com
住 Via del Babuino 173
☎ 06-32600361
営 10:00～20:00
休 ㊐、12/25、1/1
C A.J.M.V.
交 地下鉄A線Spagna駅から徒歩3分

ローマ三越【デパート】

P.43 B3

Roma Mitsukoshi

有名ブランドが一堂に

日本語が通じるうれしいデパート。フェラガモ、トッズ、グッチなどのイタリアブランド以外にもリモワなどのヨーロッパの主要ブランドが揃うので便利。日本人好みのおみやげが充実。宅配便の取り扱いあり。

URL www.mitsukoshi.it/ja
住 Via Nazionale 259
☎ 06-4827828
営 10:45〜19:15
休 復活祭の㊐と翌㊊、12/25、12/26、ほか館内メンテナンスの日など
C A.D.J.M.V.
交 地下鉄A線Repubblica駅から徒歩1分

ミエリ・グローブズ【手袋】

P.42 B1

Mieli Gloves

種類豊富な手袋なら

サン・シルヴェストロ広場のすぐそばにある革の手袋専門店。1924年創業の歴史を誇り、狭い店内に張られた顧客の写真には有名人が並ぶ。ナポリ近郊で作られる手袋は、€19の手頃な物から、ペッカリーやシカ革の高級品まで、素材、色、サイズが豊富。おみやげにも最適。

住 Via S. Claudio 70
☎ 206-6785979
営 12:00〜19:00
休 ㊐(12月を除く)、8月
C A.D.M.V.
交 地下鉄A線Barberini/Spagnaから徒歩7〜8分

イル・ビゾンテ【ブランド】

P.42 B2

Il Bisonte

ハンドメイドの皮革製品が揃う

ナチュラルな革を使い職人がハンドメイドで作り上げたバッグやレザーグッズが揃う。世界中に店舗を構える人気ブランド。商品は上質で、触れただけであたたかみを感じる。日本よりも2〜3割程度安く購入できるのも魅力。

URL www.ilbisonte.com
住 Via Borgognona 13
☎ 06-68808097
営 ㊊〜㊏10:00〜19:00、㊐㊗11:30〜18:30
休 1/1、8/15、12/8、12/25、12/26
C A.D.J.M.V.
交 スペイン階段から徒歩3分

ローマの食料品店とスーパーマーケット

カストローニ【食料品】 P.41 A3

Castroni

輸入食品も揃う食料品店

ヴァティカン周辺で、最も有名な高級食料品店。高級オリーブ油、パスタをはじめイタリアン、フレンチからオリエンタルフーズまで充実の品揃え。コーヒー豆も地元の人に人気が高い。スペイン広場近くのVia Frattina 79に支店あり（地 P.42 B1）。

URL www.castronicoladirienzoshop.com
住 Via Cola di Rienzo 196
☎ 06-6874383
営 8:30～20:00
C A.J.M.V.
交 地下鉄A線 Ottaviano駅から徒歩7分

ズマ【スーパー】 P.43 C4

Sma

大型食料品スーパー

ローマの旧市街には大型の食料品スーパーは少ない。ウピムの地下にある広々とした店舗。テルミニ駅地下のスーパーよりも大規模で、おみやげに最適なお菓子やワインなどが充実。

住 Piazza S. M. Maggiore 1～5
☎ 06-44360225
営 8:00～21:00
C M.V.
交 S.M.マッジョーレ大聖堂前

サポーリ・ディントルニ【スーパー】 P.43 B4

Conad Sapori & Dintorni

テルミニ駅地下で何でも揃う

観光客にとって最も便利でわかりやすい、テルミニ駅地下のスーパー。果物、お総菜、お菓子、日用品などがコンパクトに揃う。カード支払いの際に身分証明書の呈示を求められることがある。

住 Stazione Termini
☎ 06-87406055
営 5:00～24:00
休 無休
C A.D.J.M.V.
交 テルミニ駅地下構内

■イタリア最大店舗■

ローマのイータリー EATALY

✉日本でもおなじみのイータリー。えりすぐりの高品質の食材が揃っていることで有名ですが、イタリア最大規模の店舗が'12年6月にローマにオープン。食材からキッチングッズまで並び、店内のあちこちにバールやレストランがあるので、その場で味わうこともできます。珍しい食材探しやおみやげ探しにおすすめ。でも、普通のスーパーにあるような物がない場合もあります。テルミニ駅から地下鉄で約10分、そこから徒歩で7～8分です。　(ローマ在住　'12)['16]

夜遅くまでの営業なので、食事を兼ねて買い物に出かけるのもいい。時間帯によってはモッツァレッラ作りやコーヒーの焙煎の様子などを見ることもできる。各階に食品売り場のほか、イートインも併設。1階は軽食。2～3階はパスタ、魚介、揚げ物、肉などに分かれ、階が同じなら、ブースが異なっていても同時にオーダー可。最初に席を取り、その番号札を持ってレジで注文。テーブルまで料理は運んでくれる。1皿€10～15(コペルト€1)。買い物のカートを横に置いて食事ができるのも便利。買い物は最後に精算できる。

各種料理のそろうイート・インが楽しい

住 Piazzale XII Ottobre 1492
(オスティエンセ駅脇)
開 9:00～24:00(イベントなどにより変更の場合あり)
休 一部の㊗　URL www.eataly.it　地 P.37 C3
行き方 地下鉄B線ピラミデ駅下車、エアー・ターミナルAir Terminal方面出口を出て地下通路からオスティエンセ駅構内を抜け、15番ホームを過ぎた一番奥の出口を上がる。正面のイタロ窓口の右を建物沿いに進む

※2015年にテルミニ駅近くの共和国広場に新店舗オープン。小規模ながら、売場とカジュアルなレストランあり。

Eataly incontra Gruppo Ethos-Roma Repubblica

住 Piazza della Repubblica 41
☎ 06-4550913O
開 店舗8:00～24:00 (㊎㊏翌1:00)、食事12:00～16:00、19:00～翌1:00、ピッツァ12:00～翌1:00
テラスと2階にテーブル席あり
地 P.43 B3

ローマのホテルガイド

世界的な観光地ローマには、世界中の人が憧れる豪華なホテルから、エコノミー旅行者用のホテルやホステル、ドミトリー(相部屋)まで充実している。加えて、宗教施設の経営する女性やファミリー向けのホステルや個性的なB&Bなど、宿泊施設の種類の多さでも群を抜く。一般的に快適に過ごせるというレベルなのは、3〜4つ星ホテル。宿泊代を抑えたい旅行者には、1〜2つ星ホテルやホステルを。コストパフォーマンスに優れたところに宿泊しよう!!

■ローマの地域別ホテル案内

旅行者の利便性を第一に考えると、宿泊料金が安くたくさんのホテルが軒を競う、**テルミニ駅周辺**が一番のおすすめ地域だ。手頃なレストランや庶民的なショッピング通りが近くにあり、活気もある。ローマらしい界隈に滞在してみたいなら、テヴェレ川とコルソ通りに挟まれた**ナヴォーナ広場周辺**は、ローマでもとりわけ歴史ある界隈。古きよきローマの面影を残す界隈で、経済的なホテルは少ないが、ローマの雰囲気にどっぷり浸ることができる。また、ローマ観光のハイライトとも呼べる**スペイン広場周辺**は、洗練されたおしゃれな界隈だ。ローマ一のショッピングストリートを控え、ショッピングや夜の食事にも便利な場所だ。駅からは少し遠くなるが、**ヴァティカン周辺**は、こぢんまりした質のよい3〜4つ星ホテルの宝庫。並木道にベンチの点在するコーラ・ディ・リエンツォ通りは、ローカルなショッピングゾーン。周囲には町の人向きのトラットリアやピッツェリアが多い。

■ローマの宿泊、安い時期は?

ホテル代が高いのが春と秋というのは、観光立国イタリアの常識だが、ローマの場合には、あまり安い時期はない。強いて**オフシーズンをいえば、11〜2月、7・8月**になる。この時期うまくすると、かなりの割安な値段で泊まれる可能性がある。部屋数の多い4つ星のチェーンホテル(スターホテルズ Star Hotels、ウナホテル Una Hotel、エヌ・エイチ・ホテル NH Hotel)などをチェックしてみよう。

Wi-Fiについて

イタリアの多くの宿泊施設でWi-Fiを利用できる。本書では利用可能のホテルには W-F マークで表示した。多くの宿泊施設で無料だが、有料の場合は時間制、1回の料金で滞在中使える、一定時間無料でそれ以降は有料など課金方法と料金はさまざま。また、宿泊料金が安ければ有料の場合が多いと思いがちだが、むしろ若者が利用する宿泊施設の方が無料の率が高い。宿泊予約の前に確認を。利用範囲は客室で使えることが多いが、レセプション周りやロビー限定などの場合もある。パスワードは客室のインフォメーションなどに書かれている場合もあるし、レセプションで教えてもらう必要がある場合も(→P.135)。

イタリアのホテル 最近の傾向

とりわけ値上がりしたという感じはないが、ここ数年の傾向として、料金の幅が広がっている。ハイシーズンの高い料金は困りものだが、ローシーズンなら高級ホテルもちょっとお手頃価格になることもあるのがうれしい。この価格差の大きいのが4つ星クラス。ローシーズンに旅するなら、トライしてみよう。

ローマ市滞在税 Contributo di Soggiorno

2011年1/1より、ローマのホテルに宿泊の際、1泊当たりひとり最大**€**7、最長10泊まで課税され、10歳未満は免除。現金または宿泊代と合わせてカードで、直接ホテルへの支払いとなるので、チェックアウト時に慌てないように準備を。

このほか市立美術・博物館の入館、観光バスを利用したときなどにも適用され、税はローマを訪れる観光客のサービスの向上や観光PRに利用されるとのこと。

個人手配で直接予約をした場合、ホテル・バウチャーを利用する場合やパッケージツアーのいずれでも課金。日本でバウチャーを購入したりツアーなどで宿泊料金を前払いした場合も同様(旅行会社により異なる)。購入時や申し込み時に確認を。

宿泊施設と滞在税	
1〜2つ星ホテル	€3
3つ星ホテル	€4
4つ星ホテル	€6
5つ星ホテル	€7
B&B、貸し部屋 Affittacamera/Casa Vacanza/Casa per ferie	€3.50
アグリトゥーリズモ Agriturismi レジデンス Residenza	€4
キャンプ場 Campeggi	€2
YH(私営を除く)	除外

※ひとり1泊当たり、10泊まで。2014年9/1改訂

地球の歩き方　ローマの注目ホテル!!

イタリアのチェーンホテルの進出も見られる最近のローマだが、クラシックな**邸宅ホテル**に魅力的なところが多いのがこの町の特徴だ。また一方では、イタリアンテイストのセンスにあふれる**デザイナーズホテル**も増えてきた。その中での、おすすめのホテルをご紹介！

ここで紹介した3つ星の2軒のホテルは、食事や内装の雰囲気、緑いっぱいの庭付きなど、3つ星のホテルではローマでも高評価なところ。なるべく早い予約を心がけよう。

テルミニ駅周辺

★★★ カナダ　P.43 B4

Hotel Canada

伝統あるパラッツォに最新の設備が整ったホテル。エレガントな家庭のサロン風のロビーや落ち着けるバーもありイタリア人の宿泊が多い。イタリアらしいクラシックさと現代的なデザインが組み合わされた客室は、天井が高く、清潔で居心地がよく広め。明るい1階での朝食は定番の卵、ハム、サラミ類から果物、種類豊富なパンやお菓子類まで並び充実。スタッフもフレンドリー。地下鉄B線Castro Pretorioから1～2分。

読者割引 直接予約の上、本書提示で10%

Low 1/2～3/26、7/31～9/3、11/1～12/28(クリスマス、新年を除く)

URL www.hotelcanadaroma.com

住 Via Vicenza 58

☎ 06-4457770　Fax 06-4450749

SB €128/178(ツインのシングルユース)

TB €146/198、デラックス€164/223

3B €128/188　室 70室　ビュッフェの朝食€6 W-F　C A.D.J.M.V.

交 テルミニ駅東口から徒歩7～8分

トラステヴェレ地区

★★★ サンタ・マリア　P.45 A3

Hotel Santa Maria

古い町並みのトラステヴェレの一角、高い塀と緑で囲まれた隠れ家のようなホテル。15世紀の館とキオストロを利用し、庭園にはオレンジの木々がたわわに実をつけ、静かに影を落とす。客室は古きよき雰囲気とモダンの組み合わせで、ロフト付きの部屋やフレスコ画が残る部屋がある。無料の自転車のレンタルあり。

ヴェネツィア広場からトラム8番、テルミニ駅からはバスH番（急行）が、トラステヴェレ入口のソンニーノ広場まで頻繁にある。

URL www.hotelsantamariatrastevere.it

住 Vicolo del Piede 2

☎ 06-5894626　Fax 06-5894815

SB €109/229　TB €115/478

室 20室　朝食込み W-F

C A.D.M.V.

交 S.M.トラステヴェレ聖堂から徒歩3分

ボルゲーゼ公園周辺

★★★★ ローズ・ガーデン　P.39 C3

Hotel Rose Garden Palace

ヴェネト通りにほど近く、アメリカ大使館近くにある、1900年代初頭の邸宅を全面改装した静かなホテル。ロビーにはモンセラムが天井に伸び、その上に空が広がる。グリーンと現代彫刻がマッチした開放的なロビーが印象的。ホテルの名前どおり、季節にはバラが咲くテラスレストランを併設。客室はモダンで機能的で清潔。スパ、ジム、地下にはプールも併設。

URL www.rosegardenpalace.com

住 Via Boncompagni 19

☎ 06-421741　Fax 06-4815608

SB €132/256　TB €212/350

室 65室　朝食込み W-F

C A.D.J.M.V.

交 地下鉄A線Barberini駅から徒歩7分

邸宅ホテルと機能的なデザイナーズホテル。どちらを選ぶかはお好みだが、ここではローマの4つ星ホテルでのおすすめを紹介した。ボルゲーゼ公園に続く、ヴェネト通りはローマ随一の高級ホテル街。ローズガーデンはモダンなセンスが光り、ヴィッラ・ピンチアーナは我が家のような居心地のよさがある。同様に、ヴァティカン周辺のデイ・メッリーニはモダンな美しさを兼ね備え、ファルネーゼは咲き競う花々が美しい小さな邸宅ホテルだ。

ボルゲーゼ公園周辺

★★★★ ヴィッラ・ピンチアーナ P.39 C3

Villa Pinciana

ヴェネト通りからほど近く、ヴィッラが続く静かな住宅街にある邸宅ホテル。1900年代初頭の小さなヴィッラを改装し、2009年にオープン。白亜の邸宅は、どこか私邸に招かれたような気分にさせてくれる。客室は、邸宅にふさわしく優雅な雰囲気。ヴィッラの周囲には気持ちのよい庭園が広がり、夏にはここで朝食がサービスされる。無料の駐車場を併設。

URL www.villapinciana.it

住 Via Abruzzi 9/11
☎ 06-96042921
Fax 06-96042923
SB €101/220 TB €139/400
室 25室 朝食込み W-F
C A.D.J.M.V.
交 地下鉄A線Barberini駅から徒歩7分

ヴァティカン周辺

★★★★ デイ・メッリーニ P.41 A4

Dei Mellini

サンタンジェロ城近くのビジネス街にある近代的なホテル。入ってすぐのアールデコ調の中庭は、雰囲気よくまとめられ印象的。最近の改装後、最新かつ機能的な設備を備えた客室は、モダンなインテリアでまとめられている。ヴァティカンへも徒歩圏内、ローマっ子のショッピングゾーンのコーラ・ディ・リエンツォや空港からのプルマンが停車するカヴール広場に近く、商店や飲食店が多い地区なので便利。

読者割引 3泊以上10%

URL www.hotelmellini.com

住 Via Muzio Clementi 81
☎ 06-324771
Fax 06-32477801
SB €138/180 TB €148/260
室 66室 朝食込み W-F
C A.D.M.V.
交 A線Lepanto駅から徒歩7～8分

★★★★ ファルネーゼ P.41 A3

Hotel Farnese

1900年代の貴族の邸宅を利用した全22室のプチホテル。ローマのお屋敷街に立つ白亜の4階建て。季節には美しい花々が咲くテラスをはじめ、エレガントなサロンには本物のアンティーク家具が置かれ、くつろぎのひとときを約束してくれる。客室は当時のままのオリジナルと近代的な設備がマッチし、数室はテラス付き。季候のよいときには朝食がサービスされるルーフガーデンからの眺めもよい。

URL www.hotelfarnese.com

住 Via Alessandro Farnese 30
☎ 06-3212553
Fax 06-3215129
SB €84/240 TB €99/410
室 23室 朝食込み W-F
C A.D.J.M.V.
交 A線Lepanto駅から徒歩3分

★★★★ アルテミーデ　P.43 B3

Hotel Artemide

19世紀末のリバティ様式の館にある、優美でエレガントなホテル。ビジネス客の利用も多く、明るく快適な室内はリラックスできる。イタリア人に人気の一軒。カフェ、レストラン併設。
URL www.hotelartemide.it

住 Via Nazionale 22
☎ 06-489911
Fax 06-48991700
SB €154/322
TB €160/350
室 85室　ビュッフェの朝食込み W-F
C A.D.J.M.V.
交 A線Repubblica駅から徒歩5分。テルミニ駅から64番のバス利用可

★★★★ アルピ　P.43 B4

Hotel Alpi

独立広場のすぐ脇、19世紀の館を改装したホテル。部屋ごとに異なるインテリアはエレガントでクラシック。モダンなバスルームは使いやすく、ジャクージ付きの部屋もある。
URL www.hotelalpi.com

住 Via Castel Fidardo 84/A
☎ 06-4441235
Fax 06-4441257
SB €76/212
TB €83/250
室 48室　朝食込み W-F
C A.D.J.M.V.
交 テルミニ駅から徒歩3～4分

★★★ コルンビア　P.43 B3

Hotel Columbia

テルミニ駅とオペラ座の間に位置し、観光や買い物にも便利。室内は明るくあたたかい雰囲気。光が差し込むルーフガーデンでのビュッフェの朝食も好評。
読者割引 ウェルカムグッズプレゼント
Low 1/4～3/19、6/21～9/6、11/1～12/25

URL www.hotelcolumbia.com
住 Via del Viminale 15
☎ 06-4883509
Fax 06-4740209
SS €135/157
TS TB €184/213
室 45室　朝食込み W-F
C A.D.J.M.V.
交 テルミニ駅から徒歩5分

★★★ アバディーン　P.43 B3

Hotel Aberdeen

国防省の近くに位置し、夜でも安全な界隈。テルミニ駅やバルベリーニ広場へも近くて便利な立地。部屋は広くて清潔で、あたたかい雰囲気。
Low 1～3月、8月、11～12月
URL www.hotelaberdeen.it

住 Via Firenze 48
☎ 06-4823920
Fax 06-4821092
SS €51/115　TS TB €59/200
3B €79/210
室 37室　朝食込み W-F
C A.D.J.M.V.
交 地下鉄A線Repubblica駅から徒歩6～7分

★★★ アストリア・ガーデン　P.43 B4

Astoria Garden

テルミニ駅近く、静かで落ち着いたホテル。外観からはうかがえないが、緑の中庭があり、よい季節には中庭で朝食やお茶も楽しめる。ジャクージ付きの部屋もある。
読者割引 ローシーズンの㊐を含む3泊で10%

Low 1/7～3/15、11/15～12/28
URL www.hotelastoriagarden.it
住 Via Vittorio Bachelet 8/10
☎ 06-4469908
Fax 06-4453329
SB €45/180　TS TB €54/210
室 16室 朝食込み W-F
C A.D.J.M.V.
交 テルミニ駅から徒歩5分

★★★ デザルティス　P.43 B4

Hotel Des Artistes

周囲にはトラットリアやセルフランドリーなどもあって便利な立地。室内は明るい雰囲気。ルーフガーデンもあり、ひとときくつろぐのには最適。インターネットの利用可(有料)。
URL www.hoteldesartistes.com

住 Via Villafranca 20
☎ 06-4454365
Fax 06-4462368
SS €42/220
TB €47/243
室 32室　朝食€8 W-F
C A.D.J.M.V.
交 テルミニ駅から徒歩8分

S シャワー共同シングル料金　T シャワー共同ツイン料金　D ドミトリー料金　SS シャワー付きシングル料金　SB シャワーまたはバス付きシングル料金　TB シャワーまたはバス付きツイン料金　3B シャワーまたはバス付きトリプル料金　4B シャワーまたはバス付き4人部屋料金　SU スイート　JS ジュニアスイート

★★ イタリア Hotel Italia

P.43 B3

ナツィオナーレ通りの裏、テルミニ駅へも近い。2つ星ながら、雰囲気のあるモダンなインテリアで、清潔。リーズナブルな料金も魅力。
✉スタッフはフレンドリーでした。
（熊本県　ayako　'09）['16]
Low 1、2、7、8月、11/1～12/20

URL www.hotelitaliaroma.it
住 Via Venezia 18
☎ 06-4828355　Fax 06-4745550
SS €49/147
TB €58/168
3B €84/241　朝食込み W-F
C A.M.V.
交 地下鉄A線Repubblica駅から徒歩7～8分

★★ オルランダ Hotel Orlanda

P.43 C4

テルミニ駅近くの小規模なホテル。2つ星ながら、室内は、明るくモダンな雰囲気で、サービスも充実。若々しいスタッフも感じがよい。無線LAN無料。
読者割引 ローシーズンの3泊以上HPから直接予約で10%

Low 11～2月
URL www.hotelorlanda.com
住 Via Principe Amedeo 76
☎ 06-4880124　Fax 06-23326970
SS €40/70　TS €50/120
3S €70/140　4S €90/160
室 17室　朝食込み W-F
C A.D.J.M.V.
交 テルミニ駅から徒歩5分

★★ アスコット Hotel Ascot

P.43 B4

テルミニ駅周辺の2つ星ホテルのなかでも、手頃な料金。室内は清潔。英語OK。駅東口を出て、真っすぐ進んで約5分。エアコンは別料金との投稿あり。
読者割引 3泊以上で10%
Low 1、2、3、8、11、12月（12/29～1/2と3/1～3/12を除く）

URL www.hotelascotroma.com
住 Via Montebello 22
☎ 06-4741675　Fax 06-4740165　SS €37/72
TS TB €49/104　3S €71/131　室 19室　朝食込み W-F　C A.M.V.　交 テルミニ駅から徒歩5分

★★ パパ・ジェルマーノ Papa Germano

P.43 B4

テルミニ駅東口から真っすぐ進み、ちょっと路地を入った所にある。お湯の出もよく、ドライヤーも完備。平日の朝には、すぐ近くで野菜や日用品の市が立ちローマの下町の雰囲気も満喫できる。　読者割引 ハイシーズンに2泊で10%
Low 11/5～3/5（クリスマス、新年、復活祭時期を除く）

URL www.hotelpapagermano.com
住 Via Calatafimi 14　☎ 06-486919　Fax 06-47825202
D €15/33　S €30/55　SS €45/70　T €40/70
TS €45/90　朝食€7 W-F　C A.M.V.　交 テルミニ駅から徒歩5分、Via Calatafimiの左側14a.apt-6-2floor

★★ ラッツァーリ Hotel Lazzari

P.43 B4

全室シャワー・トイレ付きに改装された。調度が美しいホテル。
✉部屋は清潔、機能的で、セキュリティもしっかりしていました。スタッフもよい人でした。
（愛知県　水野歩子　'04）['16]

読者割引 10%　URL www.hotellazzari.com
住 Via Castelfidardo 31
☎ 06-4941378　Fax 06-45436125
SS €40/50　TS €50/85　3S €60/100　朝食込み W-F
C A.M.V.　交 テルミニ駅から徒歩10分

★★ インデペンデンス・スクエア・イン B&B Independence Square Inn

P.43 B4

✉室内は広くて明るく清潔です。お湯もタップリ使えて、居心地がよかったです。1階には同経営のレストランあり。　（大阪府　Yubokumin　'06）['16]
読者割引 2泊以上10%、同経営のレストラン10%引き
Low 11～2月、8月

URL www.independencesquareinn.com
住 Via Castelfidardo 78
☎ 3475730310
S €35/58　SS €40/65　T €45/70　TS €50/80
3S €55/90　室 18室　朝食€3 W-F　C M.V.

★ ディ・リエンツォ Albergo Di Rienzo

P.43 C4

サンタ・マリア・マッジョーレ大聖堂近く、周囲にはスーパーや手頃な飲食店も多い。家庭的な雰囲気と清潔さがうれしいホテル。小さな黄色い看板が目印。
読者割引 20%　Low 11～3月頃（除外期間あり）
URL www.hoteldirienzo.it

住 Via Principe Amedeo 79/a（右側1階）
☎ 06-4467131　Fax 06-4466980
S €35/55　T €45/80
TS TB €50/100　W-F　C M.V.
交 テルミニ駅から徒歩4分

★ アレッサンドロ・パレス Alessandro Palace Hostels

P.43 B4

4～8人部屋のドミトリーが中心のホステル。宿泊者無料のピッツァ・パスタパーティーも随時開催。隣接しておしゃれなバール・レストラン（朝食はここで）がオープン。日本人マネージャーなので緊急時に心強い。
読者割引 右記 URL からの直接予約または直接訪問で5%

Low 1/2～3/24、11/2～3/15（2018）
URL www.hostelsalessandro.com（日本語あり）
住 Via Vicenza 42　☎ 06-4461958
Fax 06-49380534　D €17/35　TB €70/110　朝食€4 W-F　C J.M.V.　交 テルミニ駅から徒歩5分

★★★★★L グランド・ホテル・デ・ラ・ミネルヴェ P.42 C1

Grand Hotel de la Minerve

パラッツォを完全にひとつ占有する、この地区には珍しいデラックスな宿。パブリックスペースも豪華。屋上テラスからは、パンテオンのドームに手が届きそうなすばらしい景色が広がる。古きよきローマの雰囲気を色濃く残す地区にある。

URL www.grandhoteldelaminerve.it
住 Piazza della Minerva 69
☎ 06-695201
Fax 06-6794165
SB €187/382
TB €229/700
室 123室　朝食€35 W-F
C A.D.J.M.V.
交 パンテオンから徒歩2分

★★★★★L ラファエル P.41 B4

Raphael

建物を覆い隠すツタが、歴史を感じさせる、誰もが泊まってみたくなるようなホテル。この界隈に多い骨董店のような調度がロビーを飾り、クラシックで落ち着いた雰囲気。テラスからの眺めもすばらしい。ナヴォーナ広場へ徒歩1分。

URL www.raphaelhotel.com
住 Largo Febo 2
☎ 06-682831
Fax 06-6878993
SB €196/330　TB €238/740
室 49室　朝食込み W-F
C A.D.J.M.V.
交 テルミニ駅からV.Emanuele Ⅱ通りへバス64番利用、徒歩10分

★★★ サンタ・キアーラ P.41 C4

Albergo Santa Chiara

清潔で感じのよいホテルで、イタリア人に愛されている宿。絨毯を敷き詰めた客室がレトロ。バスルームは清潔でモダン。窓から眺めるローマの町並みがすてきだ。
読者割引 ハイシーズンに TS TB €250、SS €140に

Low 8月、1〜2月
URL www.albergosantachiara.com
住 Via di Santa Chiara 21
☎ 06-6872979
Fax 06-6873144
SS €144/155　TS TB €225/275
室 49室　朝食込み W-F
C A.D.J.M.V.
交 テルミニ駅からバスNo.40、64利用

★★★ ポルトゲージ P.41 B4

Hotel Portoghesi

コルソ通りからテヴェレ川寄りに行った地区にある、古いアルベルゴの雰囲気を残す宿。ここもローマ通のなじみ客が多い。
Low 1/4〜4/23、6/19〜9/10、10/23〜12/28
URL www.hotelportoghesiroma.it

住 Via dei Portoghesi 1
☎ 06-6864231
Fax 06-6876976
SS €130/160　TS €160/200
TB €190/230　SU €210/260
室 30室　朝食込み W-F
C J.M.V.
交 テルミニ駅からバスNo.492利用。ナヴォーナ広場から徒歩6〜7分

★★★ テアトロ・ディ・ポンペオ P.41 C4

Hotel Teatro di Pompeo

客室13と小さいながら定評のある3つ星ホテル。カンポ・デ・フィオーリ広場から徒歩2分。ホテル内には、古代ローマ(紀元前55年)の劇場跡が残っている。HPに割引価格表記。
Low 1/6〜3/31、7/1〜9/7、11/1〜12/26

URL www.hotelteatrodipompeo.it
住 Largo del Pallaro 8
☎ 06-68300170
Fax 06-68805531
SB €145/165
TS TB €190/220
室 13室　朝食込み W-F
C A.D.J.M.V.
交 テルミニ駅からバス64番利用

★★ ナヴォーナ P.41 C4

Hotel Navona

ナヴォーナ広場にほど近く、観光や食事にも便利な立地。風情ある館を改装し、客室は女性好みのアンティーク風。小さいながら、清潔で落ち着いた2つ星ホテル。
Low 11〜2月、7〜8月
URL www.hotelnavona.com

住 Via dei Sediari 8
☎ 06-68301252
Fax 06-68803802
SS €107/200
TB €112/219
室 35室　朝食€10 W-F
C A.D.M.V.
交 テルミニ駅からバスNo.40、64、70利用

S シャワー共同シングル料金　T シャワー共同ツイン料金　D ドミトリー料金　SS シャワー付きシングル料金　SB シャワーまたはバス付きシングル料金　TS シャワー付きツイン料金　TB シャワーまたはバス付きツイン料金　3S シャワー付きトリプル料金　4B シャワーまたはバス付き4人部屋料金

★★★★★L スプランディッド・ロワイヤル P.38 C2

Splendide Royal

17世紀の貴族の館を改装したホテル。エレガントで華やかな室内は金色に輝くスタッコ装飾ときらめくシャンデリアで飾られ、バロックの町ローマを十分に堪能させてくれる。一部の客室のテラスからはボルゲーゼ公園を見渡せる緑のパノラマが広がる。軽やかな地中海料理が味わえる、レストラン「ミラベルMirabelle」のルーフガーデンからの眺望もすばらしい。

URL www.splendideroyal.com
住 Via di Porta Pinciana 14
☎ 06-421689 Fax 06-42168800
TB €275/814 SU €600/1265
室 68室 朝食€35 W-F
C A.D.J.M.V.
交 A線Barberini駅から徒歩7分

★★★★ モーツァルト P.42 A1

Hotel Mozart

コンセルヴァトーリ（音楽院）の前にある小さなホテル。改装後は設備も充実。親切であたたかみのあるサービスで、ヨーロッパからの旅行者に人気がある。5階のルーフガーデンからはローマの町が眺められる。

読者割引 URL からcodice sconto JP1386を入力して10%
Low 1/3～3/15、7/1～8/31、11/1～12/26頃
URL www.hotelmozart.com
住 Via dei Greci 23/B
☎ 06-36001915 Fax 06-36001735
SB €99/299 TB €119/449
室 56室 朝食込み W-F
C A.D.J.M.V.
交 地下鉄A線Spagna駅から徒歩7分

★★★ マンフレーディ P.42 A1

Hotel Manfredi Suite in Rome

スペイン階段近く、「ローマの休日」に登場した風情あるマルグッタ通りに建つ。客室にはジャクージ、サウナ、日本語衛星放送完備。19世紀風内装でロマンティックな雰囲気。

読者割引 直接電話でCODICE SCONTO “Globlel 2017”と告げて15%
Low 1～3月、8、11、12月（除外期間あり）
URL www.hotelmanfredi.it
住 Via Margutta 61
☎ 06-3207676 Fax 06-3207736
SS €80/289 TS TB €90/299
JS €120/330
室 16室 朝食込み W-F
C A.D.J.M.V.
交 A線Spagna駅から徒歩5分

★★★ マドリッド P.42 B2

Hotel Madrid

中心街にあって、スペイン広場やトレヴィの泉にも徒歩圏内にあり、観光はもちろんのことショッピングにも食事にも便利な宿。改装後、明るくなった。町並みを望む、ルーフガーデンでの朝食も楽しい。

読者割引 10%
Low 1、2、7、8、11、12月
URL www.hotelmadridroma.com
住 Via Mario de' Fiori 93/95
☎ 06-6991510 Fax 06-6791653
SS SB €100/170
TS TB €140/250
SU €200/425（4～5人） 室 26室
朝食込み W-F C A.M.V.
交 A線Spagna駅から徒歩7分

★★★ ペンショーネ・バッレッテ Pensione Barrette P.42 C1

町の中心、トッレ・アルジェンティーナ広場の遺跡を間近に見下ろす家族経営のペンショーネ。ナヴォーナ広場やトラステヴェレへも近く、観光やショッピングに便利。15世紀の建物を改装した室内は華やかなバロック風。

URL www.pensionebarrette.com
住 Via Torre Argentina 47
☎ 06-6868481 Fax 06-6892971
SS €120 TS €135
3S €165 朝食€8 W-F
C M.V. 交 テルミニ駅からバス40、46番などで

★★ パルラメント Hotel Parlamento P.42 B1

名前どおり、イタリア下院のすぐ近くにあり、昼も夜も警備が厳重な地域だ。17世紀の館を改装したホテルで、インテリアやサービスも居心地よく、特にローマの町を一望するルーフガーデンは人気のあるくつろぎの場所。

Low 1、2、7、8、11月（除外期間あり）
URL www.hotelparlamento.it
住 Via delle Convertite 5 ☎ Fax 06-69921000
SS €90/146 TS €98/195
室 23室 朝食込み W-F
C A.D.J.M.V. 交 テルミニ駅からバス85番などで

★ ボッカチオ Hotel Boccaccio P.42 B2

バルベリーニ広場やスペイン階段にも近く、観光にもショッピングにも便利な立地。部屋はそれほど広くないものの、お湯もよく出るし、清潔で安全。

Low 11/20～12/25、1/2～3/20頃
URL www.hotelboccaccio.com
住 Via del Boccaccio 25 1°Piano（2階）
☎ 06-4885962 Fax 06-39798125
S SS €59/63 T TS €65/118
室 8室 朝食なし W-F C M.V.
交 地下鉄A線Barberini駅より徒歩5分

★★★ サンタンナ P.40 B2

Hotel Sant' Anna

中世の館を改装した、趣のあるホテル。外観はそっけないが、客室はロマンティックな雰囲気でまとめられ、そして、どこも清潔。世界中の神父さんたちの集う宿でもあるとか。

URL www.hotelsantanna.com

住 Borgo Pio 134
☎ 06-68801602
Fax 06-68308717
SS SB €119/140
TS TB €129/210
室 18室 朝食込み W-F
C A.J.M.V.
交 サン・ピエトロ広場から徒歩3分

★★★ ジェルベール P.41 A3

Hotel Gerber

簡素ながら清潔であたたかい雰囲気の宿。家族経営の心配りがあり、サービス、居心地ともによい。中庭がある。

読者割引 10%
Low 1、2、8、11月
URL www.hotelgerber.it

住 Via degli Scipioni 241
☎ 06-3216485
Fax 06-3217048
S €50/80 SS €70/140
TS TB €90/180 3B €100/200
室 27室 朝食込み W-F
C A.D.J.M.V.
交 地下鉄A線Lepanto駅から徒歩2分。テルミニ駅からバスNo.70で

★★★ アルカンジェロ Hotel Arcangelo P.41 A3

歴史のある小さな館を改装したホテル。コーラ・ディ・リエンツォ通りにも近く、ショッピングや観光にも便利。室内装飾は洗練され、居心地もよい。イタリア人の常連が多い。

URL www.hotelarcangeloroma.com

住 Via Boezio 15
☎ 06-6874143 Fax 06-6893050
SB €60/169 TB €71/199 室 33室 朝食込み W-F C A.D.M.V. 交 テルミニ駅からバスNo.64、492利用。地下鉄A線Lepanto駅から徒歩10分

★★★ アマリア Hotel Amalia Vaticano P.40 A2

1800年代の美しい建物の2階部分がホテル。家族経営で親しみやすく、値段に比べ質もよいと評判だ。2階にエステとマッサージ店もオープン。

読者割引 電話またはEメールで直接予約、または右記URLから割り引きコードGLOBE16と入力して5%

URL www.hotelamalia.com 住 Via Germanico 66
☎ 06-39723356 Fax 06-39038490 SS €59/130
SB €99/159 TS €69/210 TB €79/210
室 11室 朝食込み W-F C A.D.J.M.V.
交 地下鉄A線Ottaviano駅から徒歩5分

★ レジデンツァ・マードリ・ピエ Residenza Madri Pie P.40 B2

修道会が経営する宿泊施設で、サン・ピエトロ大聖堂の南側にある。清潔で居心地がよい。4人部屋もあり、家族連れに最適。宿泊制限はない。

Low 1、2、7、8月
URL www.residenzamadripie.it

住 Via A. de Gasperi 4/Via Alessandro Ⅲ 3
☎ 06-631967 Fax 06-631989
SS €70/90 TS €100/140 3S 4S €120/220
室 60室 朝食込み W-F
C M.V. 交 テルミニ駅からバス64番利用

★★★ チェリオ Hotel Celio P.47 B3

コロッセオのすぐ東にあるプチホテル。クラシックとモダンが調和した室内はおしゃれで快適。コロッセオを見下ろすテラスとジャクージを備えたペントハウスのスイートルームもある。

読者割引 10% Low 7/1～8/31、11/3～12/28
URL www.hotelcelio.com

住 Via dei Santi Quattro 35/C ☎ 06-70495333
Fax 06-23328754 SS €100/150 SB €130/180
TB €130/190(シャワー付)、€140/230(バス付)
室 19室 朝食込み W-F C M.V. 交 B線Colosseo駅から徒歩3分テルミニ駅からバス87番利用

★★★ ボッロメオ Hotel Borromeo P.47 A3

地下鉄駅からも近く、場所柄料金のほうも抑えられているおすすめの一軒。フォロ・ロマーノやコロッセオ観光の宿として最適。改装後備品なども一新され、使い勝手がよくなった。

URL www.hotelborromeo.com

住 Via Cavour 117
☎ 06-485856 Fax 06-4882541
SB €60/140 TB €70/200 3B €90/250
室 30室 ビュッフェの朝食込み W-F
C A.D.J.M.V. 交 B線Cavour駅から徒歩3分

★★ パバ Hotel Paba P.46 A2

外観はやや古いものの、客室は改装済みで清潔できれい。従業員も親切。エレベーター、湯沸かしポットあり。

読者割引 5%
Low 1、2、8月、11/1～12/23
URL www.hotelpaba.com

住 Via Cavour 266(3階)
☎ 06-47824902 Fax 06-47881225
TS €65/150 3S €80/190 4S €120/220
室 7室 W-F C M.V.
交 地下鉄B線Cavour駅から徒歩3分

S シャワー共同シングル料金 T シャワー共同ツイン料金 D ドミトリー料金 SS シャワー付きシングル料金 SB シャワーまたはバス付きシングル料金 TS シャワー付きツイン料金 TB シャワーまたはバス付きツイン料金 3B シャワーまたはバス付きトリプル料金 4B シャワーまたはバス付き4人部屋料金 SU スイート JS ジュニアスイート

プロテツィオーネ・デッラ・ジョーヴァネ・カーサ・サンタ・プデンツィアーナ

P.43 C3

Protezione della Giovane ACISJF-Casa S. Pudenziana

YH 宗教団体の経営による、30歳までの女子のみの宿泊施設。シスターたちは親切で家庭的な雰囲気。部屋は清潔で洗面台も完備。シャワーも熱いお湯が出る。夕食のサービスもあり（要予約）。細かな決まりが日本語でも掲示してあるので、守ろう。門限は22:30（㊏24:00）、洗濯不可（Via Urbana 29/39にコインランドリーあり）、飲食は食堂か庭で、シャワー利用時間6:30〜8:00、17:00〜21:00、電気製品の部屋での使用不可（シャワー室でドライヤーのみ可）などの決まりは、安全と引き替えと割り切って我慢。受付時間7:00〜22:00。予約はFax、電話、e-mailで。

e-mail info@santapudenziana.it

URL www.acisjf.it

住 Via Urbana 158
☎ 06-4880056
Fax 06-4827989
S €32
SS €40
T €48
D 1人€20
朝食込み（7:00〜9:00）、夕食€10、19:30〜20:30、朝必ず申し込む。チェックアウト11:00 W-F
C 不可
交 テルミニ駅から500m、徒歩約7分、Via Cavourを下ってS.M.マッジョーレ教会前の広場にぶつかったら、一番手前の角を右に折れ、すぐ左折した右側

YWCA Foyer di Roma

P.43 C3

YWCA U.C.D.G Foyer di Roma

YH 男性、女性、年齢などの宿泊制限なし。洗面台、トイレ・シャワー付きの部屋も多数ある。テルミニ駅へも近く、便利な立地。受付8:00〜24:00、門限24:00、チェックアウト10:00。

URL www.ywca-ucdg.it

住 Via Cesare Balbo 4
☎ 06-4880460
Fax 06-4871028
D €20 S €35
SS €50 T €60
TS €70 朝食込み（7:30〜9:00）、夕食€12（19:30〜20:30） W-F
C J.M.V.
交 テルミニ駅から徒歩5分

スオレ・デッリンマコラータ・コンチェツィオーネ・ディ・ルールド

P.42 B2

Suore dell'Immacolata Concezione di Lourdes/Nostra Signora di Lourdes

スペイン広場にほど近く、観光に便利な立地。親切なシスターが迎えてくれ、家族連れを中心とした各国の旅行者に人気がある。受け入れ制限なし、受付9:30〜22:00、門限22:00。朝食8:00〜9:00。予約はFaxで。

住 Via Sistina 113
☎ 06-4745324
Fax 06-4741422
S €43.75 SS €50
T €70
TS €75 3B €112.50
室 30室 朝食込み
交 A線Spagna駅から徒歩3分、Barberini駅から徒歩5分

アレッサンドロ・ダウンタウン・ホステル

P.43 C4

Alessandro Downtown Hostel

YH ローマで唯一のユースホステル協会加盟のYH。テルミニ駅やスーパーへも近くて便利。宿泊受け付け15:00〜翌2:00。10:00〜15:00の清掃時間は自室内に残ることはできない。P.131のアレッサンドロ・パレスと同系列。広めのドミトリー、ワイドスクリーンのあるラウンジルーム、無線LAN、PCの利用可、各部屋ごとに冷暖房完備など設備やサービスも充実。日本人マネージャーなので、緊急時に心強い。隣にオーナー経営の手頃なレストランオープン。

URL www.hostelsalessandro.com（日本語あり）
Low 1/2〜3/24、11/2〜3/15（2018）
住 Via Carlo Cattaneo 23
☎ 06-44340147 Fax 06-4938053
D €17/35 TS €60/95
室 100ベッド W-F 朝食€4（7:30〜10:30）
C J.M.V. 交 テルミニ駅から徒歩5分

ホテルでのWi-Fi（ワイファイ）

Wi-Fi利用可の目印

✉スマートフォンやタブレットがあれば交通機関の最新情報・地図・天候・イベントなどがチェックできるのでおすすめです！私の泊まった3つ星、4つ星のホテルではFree Wi-Fiが利用できたので、無料で日本と電話をしたり、その日撮った写真を送ることもできました。

Wi-Fiにログインするためのパスワードは、フロントやラウンジのテーブル上に表示されていたり、メモをもらえます。

客室を含め、ホテル内ではどこの場所でも不自由なく使うことができましたが、広い庭園の外れなどでは通信速度が落ちることもありました。

（東京都　Perugino夫人　'13）

山の幸も海の幸も食卓に上る首都ローマの食卓風景

ショートパスタのアマトリチアーナはおしゃれに仕上げたローマ料理

■ラツィオ州の料理

この州の名物料理の多くは今やローマ風と呼ばれるが、実は周辺住民が大都市ローマに流入することによってもたらされた物なのだ。ローマ名物のひとつに、ペコリーノチーズの利いたBucatini all' Amatricianaというパスタ料理がある。これも、ローマから120km離れたアペニン山脈の村アマトリーチェの羊飼いのオリジナル料理といった具合だ。このあたりでは豚の飼育も盛んで、そのため料理にラードが多く使われるのも特徴である。

ローマの南近郊の丘陵地帯Castelli Romaniは、初夏には野生イチゴの一大産地となり、その甘酸っぱい味わいにローマっ子は舌鼓を打つ。ここは、州の酒蔵ともいうべきワインの一大産地である。ここでは白ワインが中心で、透明度の高いなめらかなFrascatiや果実の香りのするColli Albaniなど多くの良質なワインを産出する。トスカーナ寄りのモンテフィアスコーネは、名高いワインEst!Est!!Est!!!の産地である。かつて法王にお目通りを許された僧が、おいしいワインのある宿を見つけるため、従者を先に立て、おいしいワインを見つけたら、その宿の扉に"est!"(ある!)と書くよう命じたという。その従者がここで飲んだワインのあまりのおいしさにest!を3つも書いてしまったというのが名前の由来だ。しかし、この僧、あまりのうまさに飲み過ぎて命を落としてしまったとか。またこのあたりで採れるAleatico di Gradoliのリキュールタイプの物はこの州唯一のデザートワイン。チェリーを思わせるこの一杯、田舎風のデザートによく合うのだ。

モンテフィアスコーネのワイン組合の看板

もう少し、ローマに近づくとブラッチャーノ湖。うまくて安いトラットリアが揃っていると評判のこの地の名物は**ウナギの狩人風Anguilla alla Cacciatora**。ぶつ切りのウナギに、ニンニク、唐辛子を利かせ白ワインで煮込んだ物。

ここから東へ目をやればティレニア海が広がる。各地へのフェリーの運航するチビタヴェッキアやローマっ子の海水浴場オスティアでは、今もおいしい魚が水揚げされ、道端では、取れたての魚を売る屋台が立つ。何よりも驚くのは、海水浴がてらムール貝を取り夜の食卓にのせることができる自然が残されていることだ。新鮮な魚は、イタリア各地と同様にフライやグリルで食べる。この地では車エビの一種Gamberoneを、ローマ方言ではMazzancollaと呼ぶのがおもしろい。そしてローマを取り巻く平野部Agro Romanoは今も2000年の歴史をもつ羊乳のチーズPecorino Romanoの一大産地である。

ローマ名物、子羊のグリル

世界に名立たる大都会ローマの周辺には今も豊かな自然が残り、そこには昔ながらの食事風景が繰り広げられている。

おみやげ情報

●ワイン●

アレアティコ・ディ・グラードリ
Aleatico di Gradoli ★★★
DOC・赤・デザートワイン

フラスカーティ Frascati ★★
DOC・白・辛口・半甘口・甘口(発泡性)

●みやげ物●

ヴァティカン市国の切手

セリエAのサポーター・グッズ

■ローマ・ストアー
住 Piazza Colonna 360 ☎06-69781232

■ラツィオ・スタイル 1900
住 Via G.Calderini 66/C ☎06-32541745

フィレンツェの歴史地区
登録年1982年
世界遺産

La Vita nella Città

ルネッサンスの栄光を今に伝える「花の都」

「花の都」フィレンツェには、今もルネッサンスの華やかかりし往時そのままに、馬のひずめの音が聞こえてきそうな細い路地と、ルネッサンスの栄光に輝いた建築や絵画が残る。「花の都」という美しい響きに魅了され、幾多の芸術家が、詩人が、この町を訪れ、そして愛したことだろう。

町を自分の足で歩いてみると、百合の花と丸薬をかたどったメディチ家の紋章が、まず目に飛び込んでくる。出身は薬屋だといわれる町の大パトロン、メディチ家を抜きにしては、この「花の都」を語ることはできない。13歳のミケランジェロを見いだし、彼に彫刻の勉強を始めさせたのも、ラファエッロを援助し、その芸術を開花させたのもメディチ家の人々だ。フィレンツェを代表する花の聖母教会・ドゥオーモに、クーポラ（円天蓋）を完成させたブルネッレスキや放蕩三昧の画家フィリッポ・リッピの後ろ盾になったのもメディチの者だった。これらの数多くの芸術家の足跡が、キラ星のようにメディチという太陽の周りを取り囲んだのが、ルネッサンス（この時代のことをイタリアではルネッサンスが1400年代に起こったことからクワトロチェント＝400と呼ぶ）だった。

時は移ろい、今や華のクワトロチェント（1400年代）は夢になってしまったのだろうか。さあ、町に出てみよう。あでやかなドゥオーモは、春霞の中で危うげに、輝く夏の太陽の下では、くっきりとその威光を放っている。アルノ川は、夕暮れ時には黄金色に輝く。町並みは、ルネッサンスの遺品とともに強烈にあなたの中に残るだろう。実感しなければわからない町、それがフィレンツェだ。

FIRENZE
フィレンツェ

トスカーナ州／Toscana

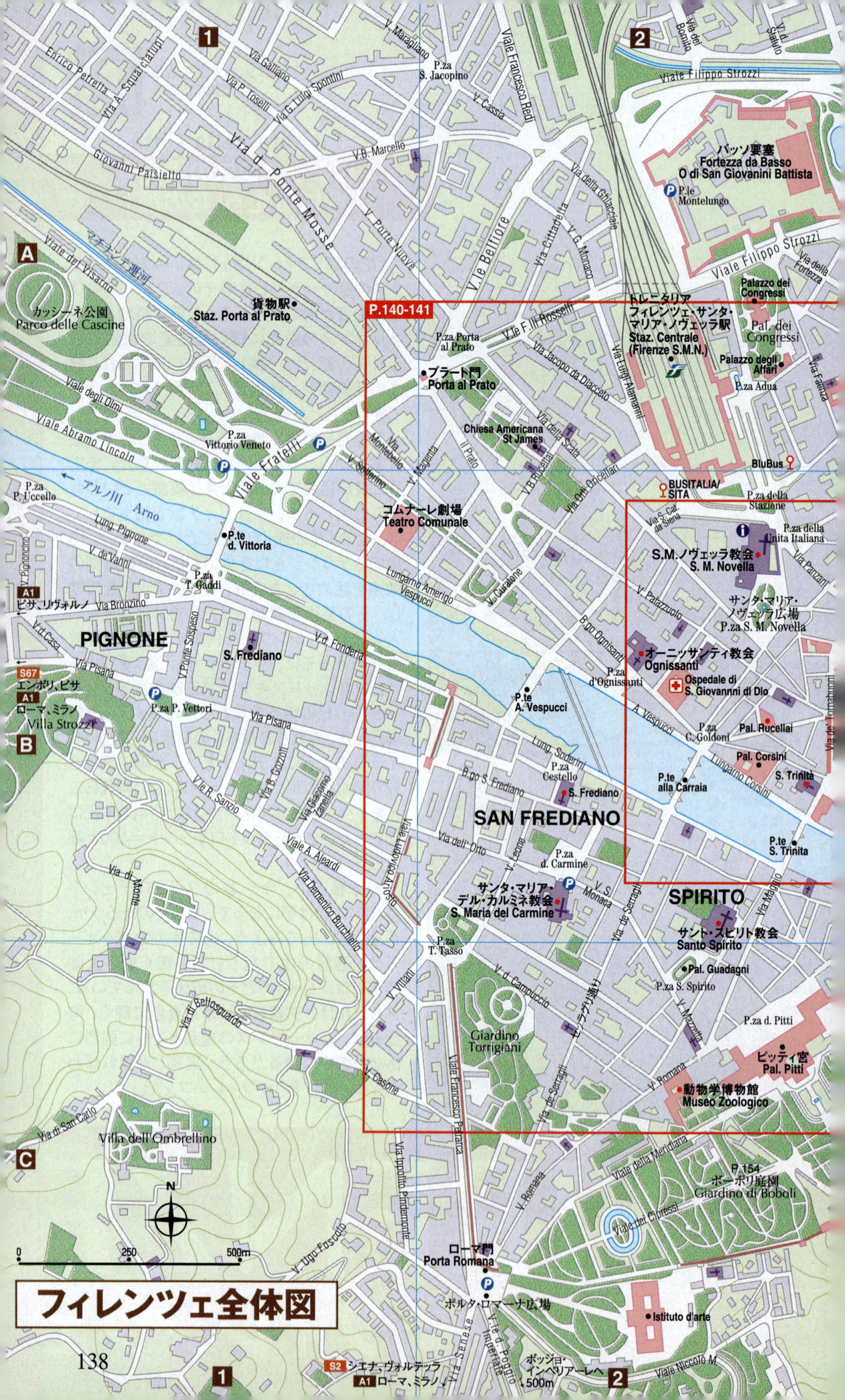

1
2
A
B
C
P.140-141
バッソ要塞
Fortezza da Basso
O di San Giovanni Battista
P.le Montelungo
Viale Filippo Strozzi
Palazzo dei Congressi
Pal. dei Congressi
Palazzo degli Affari
P.za Adua
トレニタリア
フィレンツェ・サンタ・マリア・ノヴェッラ駅
Staz. Centrale (Firenze S.M.N.)
BluBus
BUSITALIA/SITA
P.za della Stazione
P.za della Unità Italiana
S.M.ノヴェッラ教会
S. M. Novella
サンタ・マリア・ノヴェッラ広場
P.za S. M. Novella
オーニッサンティ教会
Ognissanti
Ospedale di S. Giovanni di Dio
P.za d'Ognissanti
P.za C. Goldoni
Pal. Rucellai
Pal. Corsini
S. Trinità
P.te alla Carraia
Lungarno Corsini
P.te S. Trinità
カッシーネ公園
Parco delle Cascine
貨物駅
Staz. Porta al Prato
P.za Porta al Prato
プラート門
Porta al Prato
Chiesa Americana St James
P.za Vittorio Veneto
Viale Fratelli
Viale Abramo Lincoln
Viale degli Olmi
Viale del Visarno
P.za P. Uccello
アルノ川 Arno
P.te d. Vittoria
コムナーレ劇場
Teatro Comunale
Lungarno Amerigo Vespucci
P.za T. Gaddi
A1 ピサ、リヴォルノ
PIGNONE
S. Frediano
S67 エンポリ、ピサ
A1 ローマ、ミラノ
Villa Strozzi
P.za P. Vettori
P.te A. Vespucci
P.za Cestello
S. Frediano
SAN FREDIANO
P.za d. Carmine
サンタ・マリア・デル・カルミネ教会
S. Maria del Carmine
SPIRITO
サント・スピリト教会
Santo Spirito
Pal. Guadagni
P.za S. Spirito
P.za T. Tasso
Giardino Torrigiani
P.za d. Pitti
ピッティ宮
Pal. Pitti
動物学博物館
Museo Zoologico
P.154
ボーボリ庭園
Giardino di Boboli
Villa dell'Ombrellino
ローマ門
Porta Romana
ポルタ・ロマーナ広場
Istituto d'arte
S2 シエナ、ヴォルテッラ
A1 ローマ、ミラノ
ポッジョ・インペリアーレへ 500m
N
0 250 500m

フィレンツェ全体図

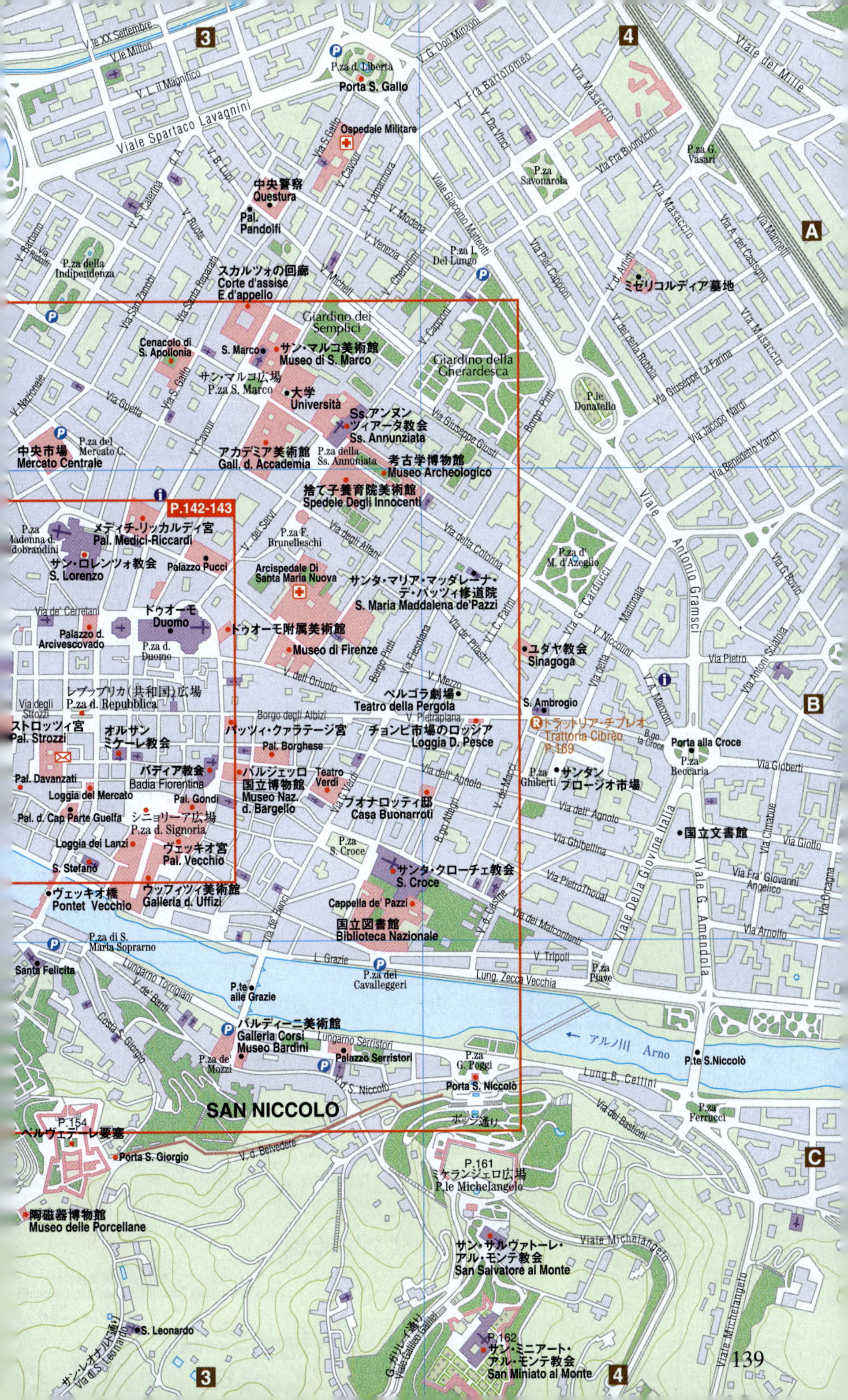

3
4
A
B
C
P.za d. Libertà
Porta S. Gallo
Ospedale Militare
中央警察
Questura
Pal. Pandolfi
Viale Spartaco Lavagnini
V.le XX Settembre
V.le Milton
P.za della Indipendenza
P.za Savonarola
P.za G. Vasari
Viale dei Mille
ミゼリコルディア墓地
スカルツォの回廊
Corte d'assise
E d'appello
Giardino dei Semplici
Giardino della Gherardesca
Cenacolo di S. Apollonia
S. Marco
サン・マルコ美術館
Museo di S. Marco
サン・マルコ広場
P.za S. Marco
大学
Università
Ss.アンヌン ツィアータ教会
Ss. Annunziata
P.le Donatello
中央市場
Mercato Centrale
P.za del Mercato C.
アカデミア美術館
Gall. d. Accademia
P.za della Ss. Annunziata
考古学博物館
Museo Archeologico
捨て子養育院美術館
Spedele Degli Innocenti
P.142-143
メディチ・リッカルディ宮
Pal. Medici-Riccardi
サン・ロレンツォ教会
S. Lorenzo
Palazzo Pucci
P.za F. Brunelleschi
Arcispedale Di Santa Maria Nuova
サンタ・マリア・マッダレーナ・デ・パッツィ修道院
S. Maria Maddalena de'Pazzi
P.za d' M. d'Azeglio
Viale Antonio Gramsci
ドゥオーモ
Duomo
Palazzo d. Arcivescovado
P.za d. Duomo
ドゥオーモ附属美術館
Museo di Firenze
ユダヤ教会
Sinagoga
レプッブリカ(共和国)広場
P.za d. Repubblica
ペルゴラ劇場
Teatro della Pergola
S. Ambrogio
ストロッツィ宮
Pal. Strozzi
オルサン ミケーレ教会
パッツィ・クァラテージ宮
Pal. Borghese
チョンピ市場のロッジア
Loggia D. Pesce
トラットリア・チブレオ
Trattoria Cibreo
P.169
Porta alla Croce
P.za Beccaria
Pal. Davanzati
バディア教会
Badia Fiorentina
バルジェッロ 国立博物館
Museo Naz. d. Bargello
Teatro Verdi
ブオナロッティ邸
Casa Buonarroti
P.za Ghiberti
サンタン ブロージオ市場
Loggia del Mercato
Pal. Gondi
シニョリーア広場
P.za d. Signoria
Pal. d. Cap Parte Guelfa
Loggia dei Lanzi
ヴェッキオ宮
Pal. Vecchio
国立文書館
P.za S. Croce
サンタ・クローチェ教会
S. Croce
S. Stefano
ヴェッキオ橋
Pontet Vecchio
ウッフィツィ美術館
Galleria d. Uffizi
Cappella de' Pazzi
国立図書館
Biblioteca Nazionale
P.za di S. Maria Soprarno
Santa Felicita
P.te alle Grazie
P.za dei Cavalleggeri
Lung. Zecca Vecchia
P.za Piave
アルノ川 Arno
P.te S.Niccolò
バルディーニ美術館
Galleria Corsi
Museo Bardini
Palazzo Serristori
P.za de' Mozzi
P.za G. Poggi
Porta S. Niccolò
Lung.B. Cellini
P.za Ferrucci
SAN NICCOLO
ポッジ通り
P.154
ベルヴェデーレ要塞
Porta S. Giorgio
P.161
ミケランジェロ広場
P.le Michelangelo
陶磁器博物館
Museo delle Porcellane
サン・サルヴァトーレ・アル・モンテ教会
San Salvatore al Monte
Viale Michelangelo
S. Leonardo
P.162
サン・ミニアート・アル・モンテ教会
San Miniato al Monte

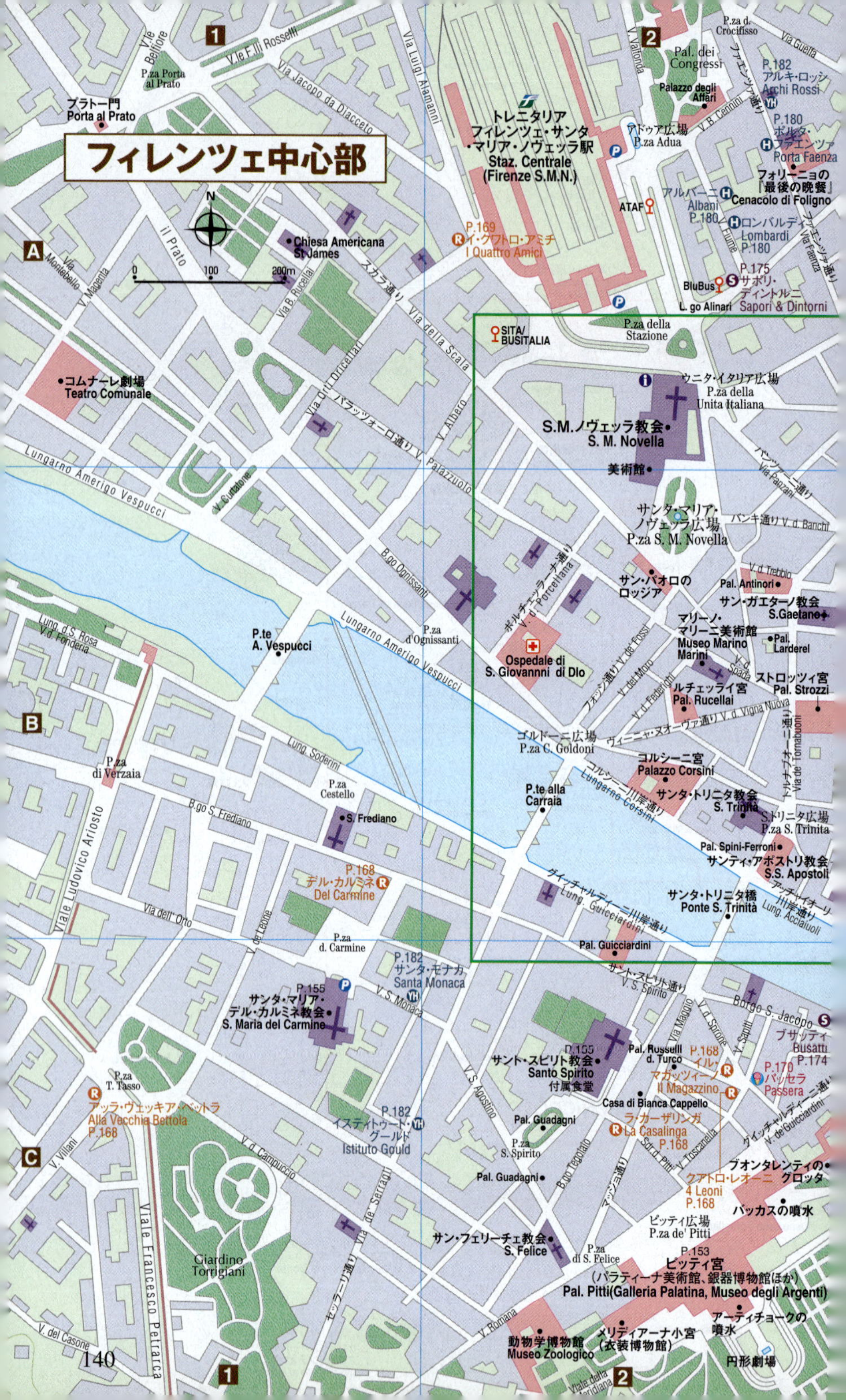
フィレンツェ中心部
1
2
A
B
C
プラトー門
Porta al Prato
P.za Porta al Prato
V.le Belfiore
V.le F.lli Rosselli
Via Jacopo da Diacceto
Via Luigi Alamanni
トレニタリア
フィレンツェ・サンタ・マリア・ノヴェッラ駅
Staz. Centrale
(Firenze S.M.N.)
V. Valfonda
Pal. dei Congressi
Palazzo degli Affari
P.za d. Crocifisso
Via Guelfa
P.182
アルキ・ロッシ
Archi Rossi
P.180
ポルタ・ファエンツァ
Porta Faenza
V. B. Cennini
ファエンツァ通り
アドゥア広場
P.za Adua
フォリーニョの『最後の晩餐』
Cenacolo di Foligno
アルバーニ
Albani
P.180
ロンバルディ
Lombardi
P.180
V. Fiume
Via Faenza
ATAF
P.175
サポリ・ディントルニ
Sapori & Dintorni
BluBus
L. go Alinari
P.169
イ・クワトロ・アミチ
I Quattro Amici
Chiesa Americana
St.James
il Prato
Via Montebello
V. Magenta
Via B. Rucellai
スカラ通り
Via della Scala
P.za della Stazione
SITA/BUSITALIA
コムナーレ劇場
Teatro Comunale
Via Orti Oricellari
パラッツォーロ通り
V. Palazzuolo
V. Alamanni
ウニタ・イタリア広場
P.za della Unita Italiana
S.M.ノヴェッラ教会
S. M. Novella
美術館
パンザーニ通り
Via Panzani
サンタ・マリア・ノヴェッラ広場
P.za S. M. Novella
バンキ通り V. d. Banchi
Lungarno Amerigo Vespucci
V. Curtatone
B.go Ognissanti
P.za d'Ognissanti
ポルチェッラーナ通り
V. d. Porcellana
サン・パオロのロッジア
V. d. Trebbio
Pal. Antinori
サン・ガエターノ教会
S.Gaetano
マリーノ・マリーニ美術館
Museo Marino Marini
Pal. Larderel
Ospedale di S. Giovannni di Dio
フォッシ通り V. de' Fossi
V. del Moro
V. d. Federighi
V. d. Spada
ルチェッライ宮
Pal. Rucellai
ストロッツィ宮
Pal. Strozzi
ヴィーニャ・ヌオーヴァ通り V. d. Vigna Nuova
トルナブオーニ通り
Via de' Tornabuoni
P.te A. Vespucci
Luno d.S. Rosa
V.d. Fonderia
ゴルドーニ広場
P.za C. Goldoni
コルシーニ宮
Palazzo Corsini
コルシーニ川岸通り
Lungarno Corsini
サンタ・トリニタ教会
S. Trinita
S.トリニタ広場
P.za S. Trinita
P.za di Verzaia
Lung. Soderini
P.za Cestello
S. Frediano
B.go S. Frediano
P.te alla Carraia
Pal. Spini-Ferroni
サンティ・アポストリ教会
S.S. Apostoli
アッチャイオーリ川岸通り
Lung. Acciaiuoli
サンタ・トリニタ橋
Ponte S. Trinità
グイッチャルディーニ川岸通り
Lung. Guicciardini
Pal. Guicciardini
Viale Ludovico Ariosto
P.168
デル・カルミネ
Del Carmine
Via dell' Orto
V. del Leone
P.za d. Carmine
P.182
サンタ・モナカ
Santa Monaca
V. S. Monaca
P.155
サンタ・マリア・デル・カルミネ教会
S. Maria del Carmine
サント・スピリト通り
V. S. Spirito
Borgo S. Jacopo
ブサッティ
Busatti
P.174
V. d. Sprone
V. Maggio
P.155
サント・スピリト教会
Santo Spirito
付属食堂
Pal. Rosselli d. Turco
P.168
イル・マガッツィーノ
Il Magazzino
P.170
パッセラ
Passera
P.za T. Tasso
アッラ・ヴェッキア・ベットラ
Alla Vecchia Bettola
P.168
P.182
イスティテゥート・グールド
Istituto Gould
V.S. Agostino
Pal. Guadagni
P.za S. Spirito
Casa di Bianca Cappello
ラ・カーザリンガ
La Casalinga
P.168
グイッチャルディーニ通り
V. de' Guicciardini
V. Villani
V. d. Campuccio
Pal. Guadagni
B.go Tegolaio
マッジョ通り
V. Toscanella
ブオンタレンティのグロッタ
クアトロ・レオーニ
4 Leoni
P.168
バッカスの噴水
ピッティ広場
P.za de' Pitti
Viale Francesco Petrarca
Giardino Torrigiani
セッラーリ通り
Via de' Serragli
サン・フェリーチェ教会
S. Felice
P.za di S. Felice
P.153
ピッティ宮
(パラティーナ美術館、銀器博物館ほか)
Pal. Pitti(Galleria Palatina, Museo degli Argenti)
アーティチョークの噴水
V. Romana
動物学博物館
Museo Zoologico
メリディアーナ小宮
(衣装博物館)
円形劇場
V. del Casone
Viale della Meridiana

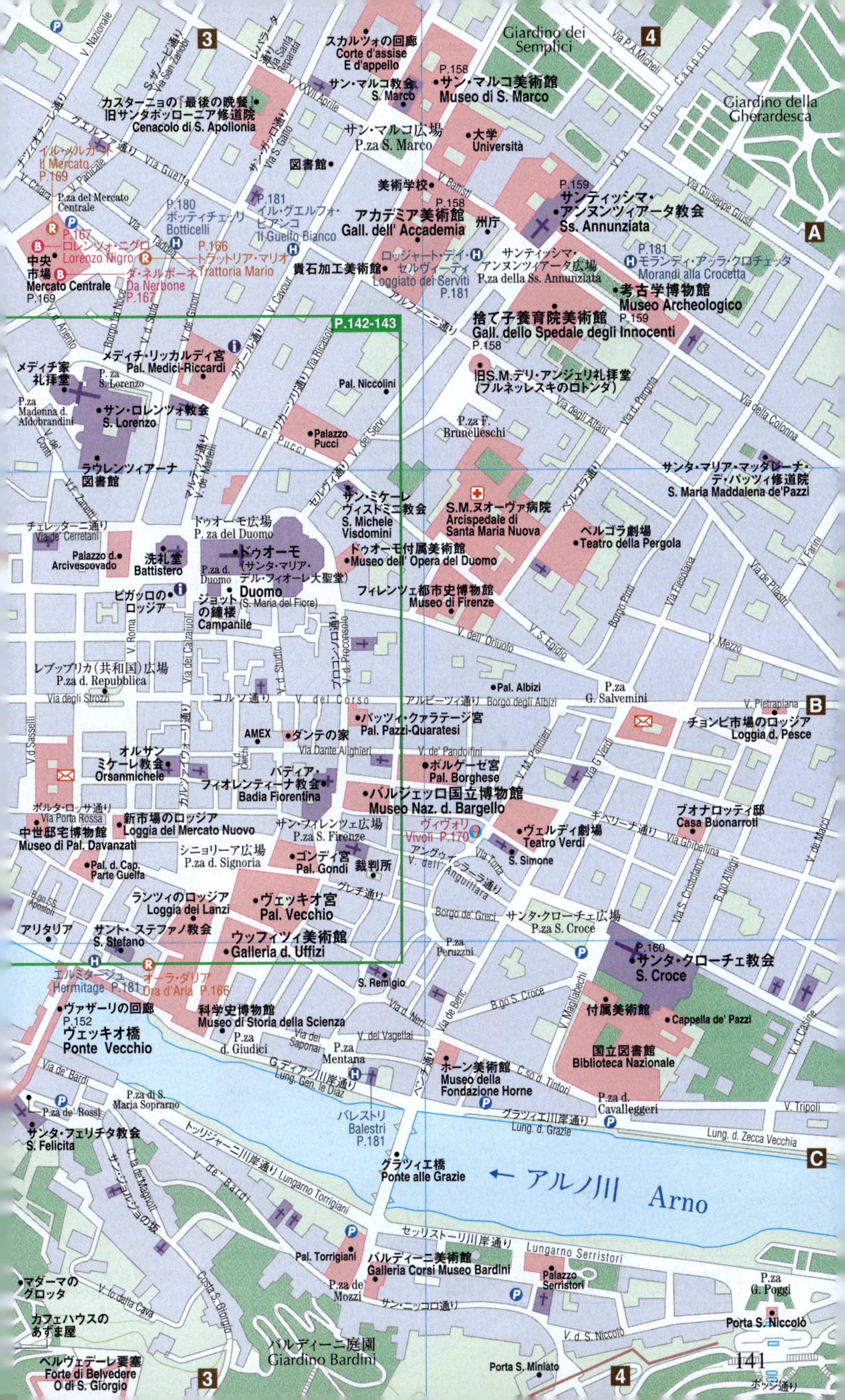

スカルツォの回廊
Corte d'assise
E d'appello
Giardino dei Semplici
Giardino della Gherardesca
P.158
サン・マルコ教会
S. Marco
サン・マルコ美術館
Museo di S. Marco
カスターニョの『最後の晩餐』
旧サンタポッローニア修道院
Cenacolo di S. Apollonia
サン・マルコ広場
P.za S. Marco
大学
Università
図書館
美術学校
P.159
サンティッシマ・アンヌンツィアータ教会
Ss. Annunziata
イル・メルカート
Il Mercato
P.169
P.za del Mercato Centrale
P.180
ボッティチェッリ
Botticelli
P.181
イル・グエルフォ・ビアンコ
Il Guelfo Bianco
P.158
アカデミア美術館
Gall. dell' Accademia
州庁
P.167
ロレンツォ・ニグロ
Lorenzo Nigro
P.166
トラットリア・マリオ
Trattoria Mario
中央市場
Mercato Centrale
P.169
ダ・ネルボーネ
Da Nerbone
P.167
ロッジャート・デイ・セルヴィーティ
Loggiato dei Serviti
P.181
貴石加工美術館
サンティッシマ・アンヌンツィアータ広場
P.za della Ss. Annunziata
P.181
モランディ・アッラ・クロチェッタ
Morandi alla Crocetta
考古学博物館
Museo Archeologico
P.159
捨て子養育院美術館
Gall. dello Spedale degli Innocenti
P.158
P.142-143
メディチ・リッカルディ宮
Pal. Medici-Riccardi
メディチ家礼拝堂
P.za S. Lorenzo
Pal. Niccolini
旧S.M.デリ・アンジェリ礼拝堂
(ブルネッレスキのロトンダ)
P.za Madonna d. Aldobrandini
サン・ロレンツォ教会
S. Lorenzo
Palazzo Pucci
P.za F. Brunelleschi
サンタ・マリア・マッダレーナ・デ・パッツィ修道院
S. Maria Maddalena de'Pazzi
ラウレンツィアーナ図書館
サン・ミケーレ・ヴィスドミニ教会
S. Michele Visdomini
S.M.ヌオーヴァ病院
Arcispedale di Santa Maria Nuova
チェレッターニ通り
ドゥオーモ広場
P. za del Duomo
ペルゴラ劇場
Teatro della Pergola
Palazzo d. Arcivescovado
洗礼堂
Battistero
ドゥオーモ
(サンタ・マリア・デル・フィオーレ大聖堂)
ドゥオーモ付属美術館
Museo dell' Opera del Duomo
ビガッロのロッジア
ジョットの鐘楼
Campanile
Duomo
(S. Maria del Fiore)
フィレンツェ都市史博物館
Museo di Firenze
レプッブリカ(共和国)広場
P.za d. Repubblica
Pal. Albizi
P.za G. Salvemini
コルソ通り
V. del Corso
アルビーツィ通り
Borgo degli Albizi
パッツィ・クァラテージ宮
Pal. Pazzi-Quaratesi
チョンピ市場のロッジア
Loggia d. Pesce
AMEX
ダンテの家
オルサンミケーレ教会
Orsanmichele
バディア・フィオレンティーナ教会
Badia Fiorentina
ボルゲーゼ宮
Pal. Borghese
バルジェッロ国立博物館
Museo Naz. d. Bargello
ブオナロッティ邸
Casa Buonarroti
ポルタ・ロッサ通り
Via Porta Rossa
中世邸宅博物館
Museo di Pal. Davanzati
新市場のロッジア
Loggia del Mercato Nuovo
サン・フィレンツェ広場
P.za S. Firenze
ヴィヴォリ
Vivoli P.170
ヴェルディ劇場
Teatro Verdi
S. Simone
シニョーリーア広場
P.za d. Signoria
ゴンディ宮
Pal. Gondi
裁判所
Pal. d. Cap. Parte Guelfa
ランツィのロッジア
Loggia dei Lanzi
ヴェッキオ宮
Pal. Vecchio
アリタリア
サント・ステファノ教会
S. Stefano
ウッフィツィ美術館
Galleria d. Uffizi
サンタ・クローチェ広場
P.za S. Croce
P.za Peruzzi
P.160
サンタ・クローチェ教会
S. Croce
エルミタージュ
Hermitage P.181
オーラ・ダリア
Ora d'Aria P.166
S. Remigio
ヴァザーリの回廊
P.152
ヴェッキオ橋
Ponte Vecchio
科学史博物館
Museo di Storia della Scienza
付属美術館
Cappella de' Pazzi
P.za d. Giudici
P.za Mentana
ホーン美術館
Museo della Fondazione Horne
国立図書館
Biblioteca Nazionale
P.za de' Rossi
P.za di S. Maria Soprarno
グラツィエ川岸通り
Lung. d. Grazie
P.za d. Cavalleggeri
サンタ・フェリチタ教会
S. Felicita
バレストリ
Balestri
P.181
Lung. d. Zecca Vecchia
グラツィエ橋
Ponte alle Grazie
← アルノ川 Arno
Pal. Torrigiani
バルディーニ美術館
Galleria Corsi Museo Bardini
Palazzo Serristori
P.za G. Poggi
マダーマのグロッタ
P.za de' Mozzi
サン・ニッコロ通り
Porta S. Niccolò
カフェハウスのあずま屋
バルディーニ庭園
Giardino Bardini
ベルヴェデーレ要塞
Forte di Belvedere
O di S. Giorgio
Porta S. Miniato
ポッジ通り
3
4
A
B
C

ドゥオーモ周辺拡大図

SITA/BUSITALIA
P.za della Stazione
L. go Alinari
P.175 カルフール Carrefour
S.アントニーノ通り
V. S.Antonino
ウニタ・イタリア広場 P.za della Unità Italiana
Via del Melarancio
スカラ通り
P.161 S.M.ノヴェッラ教会 S.M. Novella
パンツァーニ通り
Via del Giglio
Via Panzani
P.174 サンタ・マリア・ノヴェッラ薬局 Ufficina Profumo Farmaceutica d. S.M. Novella
教会美術館
P.180 リヴォリ Rivoli
Via della Scala
サンタ・マリア・ノヴェッラ広場 P.za S.M. Novella
バンキ通り
V. d. Banchi
サンタ・マリア・ノヴェッラ Santa Maria Novella P.178
P.174 ボヨラ Bojola
リチャード・ジノリ Richard Ginori P.174
Via Palazzuolo
V. d. Porcellana
P.169 チェントポーヴェリ Centopoveri
サン・パオロのロッジア
V. d. Trebbio
Pal. Antinori
Via degli Agli
オーニッサンティ教会 Ognissanti
ポルチェッラーナ通り
P.179 デ・ラ・ヴィッレ De La Ville
サン・ガエターノ教会 S.Gaetano
P.169 ソスタンツァ・トロイア Sostanza Troia
P.za Ottaviani
Via del Sole
ブーカ・マリオ Buca Mario P.166
Via dei Corsi
Pal. Larderel
Ospedale di S. Giovanni di Dio
V. de' Fossi
P.173 マックス・マーラ Max Mara
マリーノ・マリーニ美術館 Museo Marino Marini
P.179 ヘルヴェティア&ブリストル Helvetia&Bristol
Via del Moro
Via de' Pescioni
Borgo Ognissanti
フォッシ通り
Via d. Palchetti
P.169 イル・ラティーニ Il Latini
マリオーネ Marione P.167
V. d. Spada
ロベルト・カヴァッリ Roberto Cavalli P.172
Via de' Tornabuoni
ルチェッライ宮 Pal. Rucellai
Via dei Federighi
P.172 グッチ Gucci
Lungarno Amerigo Vespucci
ヴィーニャ・ヌオーヴァ通り
ストロッツィ宮 Pal. Strozzi
Piazza d. Strozzi
P.za C. Goldoni
P.za de' Rucellai
V. d. Vigna Nuova
プラダ Prada P.173
カフェ・アメリーニ Caffè Amerini P.170
ピネイデル Pineidel P.174
Via del Purgatorio
トルナブオーニ通り
Via del Parione
Pal. Corsini
P.178 トルナブオーニ・ベアッチ Tornabuoni Beacci
P.173 エミリオ・プッチ Emilio Pucci
Via Monalda
P.174 イル・ビゾンテ Il Bisonte
Via Parioncino
P.te alla Carraia
Lungarno Corsini
サンタ・トリニタ教会 S. Trinita P.159
P.181 ブレターニャ Bretagna
P.za S. Trinita
Via delle
C
← アルノ川 Arno
フェラガモ Ferragamo P.172
Lungarno Guicciardini
Pal Spini Ferroni
Borgo S. S.
0 50 100m
サンティ・アポストリ教会 S.S. Apostoli
P.te S. Trinita
Lungarno degli
P.168 イル・サント・ベヴィトーレ Il Santo Bevitore
1
2
A
B

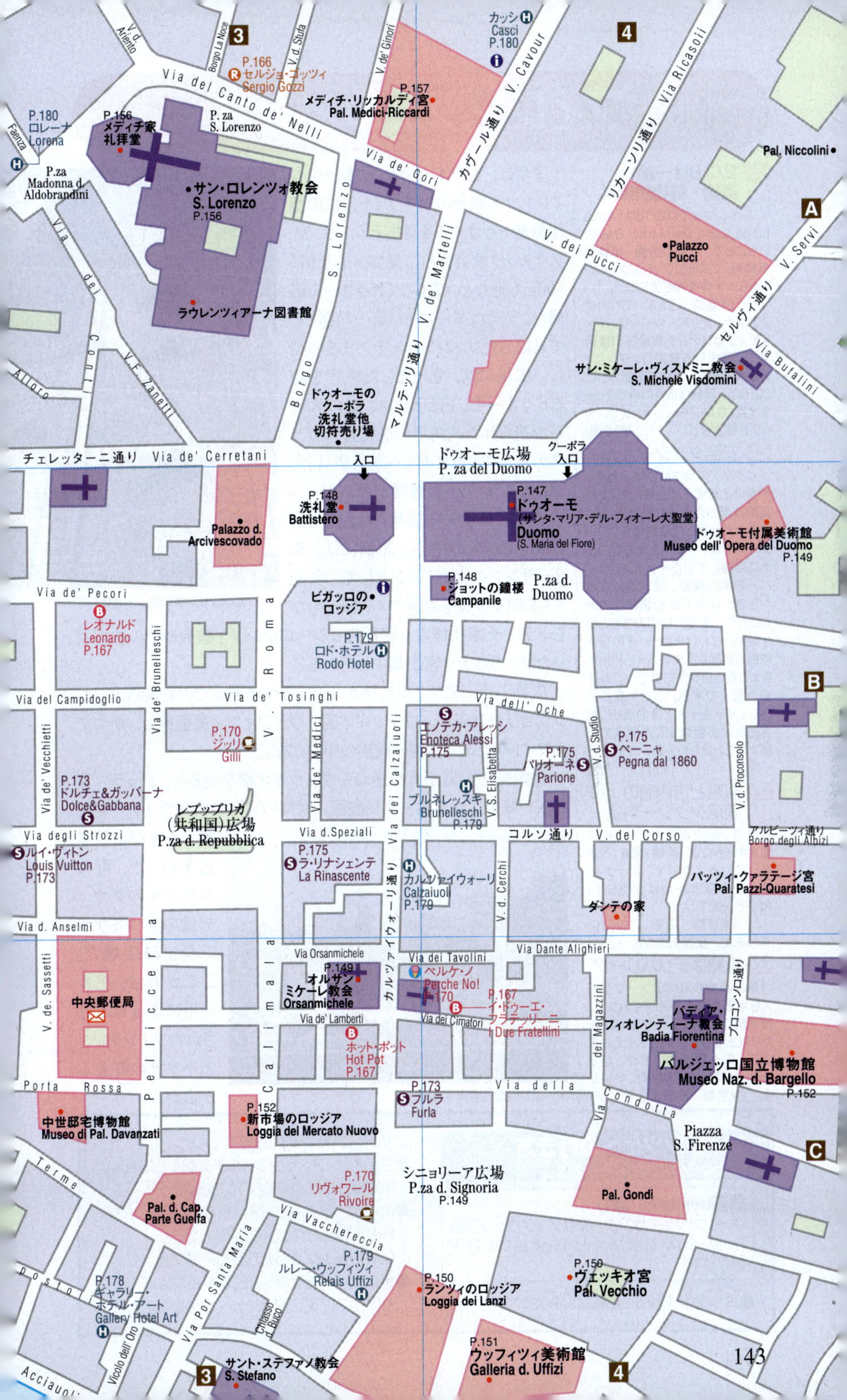

3
4
A
B
C
カッシ Casci P.180
V. d. Ariento
Borgo La Noce
V. d. Stufa
V. de' Ginori
P.166 セルジョ・ゴッツィ Sergio Gozzi
Via del Canto de' Nelli
P.157 メディチ・リッカルディ宮 Pal. Medici-Riccardi
V. Cavour
カヴール通り
Via Ricasoli
リカーソリ通り
P.180 ロレーナ Lorena
Faenza
P.156 メディチ家礼拝堂
P.za S. Lorenzo
P.za Madonna d. Aldobrandini
サン・ロレンツォ教会 S. Lorenzo P.156
Via de' Gori
Pal. Niccolini
S. Lorenzo
V. de' Martelli
V. dei Pucci
Palazzo Pucci
V. Servi
セルヴィ通り
Via dei Conti
ラウレンツィアーナ図書館
V. F. Zanetti
Alloro
Borgo
マルテッリ通り
ドゥオーモのクーポラ 洗礼堂他 切符売り場
サン・ミケーレ・ヴィストドミニ教会 S. Michele Visdomini
Via Bufalini
チェレッターニ通り Via de' Cerretani
入口
ドゥオーモ広場 P. za del Duomo
クーポラ入口
P.148 洗礼堂 Battistero
P.147 ドゥオーモ (サンタ・マリア・デル・フィオーレ大聖堂) Duomo (S. Maria del Fiore)
Palazzo d. Arcivescovado
ドゥオーモ付属美術館 Museo dell' Opera del Duomo P.149
Via de' Pecori
ビガッロのロッジア
P.148 ジョットの鐘楼 Campanile
P.za d. Duomo
レオナルド Leonardo P.167
P.179 ロド・ホテル Rodo Hotel
V. Roma
Via de' Brunelleschi
Via del Campidoglio
Via de' Tosinghi
Via dell' Oche
エノテカ・アレッシ Enoteca Alessi P.175
P.175 ペーニャ Pegna dal 1860
P.175 パリオーネ Parione
V. d. Studio
P.170 ジッリ Gilli
Via de' Vecchietti
Via de' Medici
Via dei Calzaiuoli
V. S. Elisabetta
ブルネレッスキ Brunelleschi P.179
V. d. Proconsolo
P.173 ドルチェ&ガッバーナ Dolce&Gabbana
レプッブリカ(共和国)広場 P.za d. Repubblica
Via degli Strozzi
Via d. Speziali
コルソ通り V. del Corso
アルビーツィ通り Borgo degli Albizi
ルイ・ヴィトン Louis Vuitton P.173
P.175 ラ・リナシェンテ La Rinascente
カルツァイウォーリ Calzaiuoli P.179
カルツァイウォーリ通り
V. d. Cerchi
パッツィ・クァラテージ宮 Pal. Pazzi-Quaratesi
ダンテの家
Via d. Anselmi
Via Pellicceria
Via Calimala
Via Orsanmichele
Via dei Tavolini
Via Dante Alighieri
プロコンソロ通り
V. de. Sassetti
中央郵便局
P.149 オルサンミケーレ教会 Orsanmichele
ペルケ・ノ Perche No! P.170
P.167 イ・ドゥーエ・フラテッリーニ I Due Fratellini
Via dei Cimatori
Via de' Lamberti
ホット・ポット Hot Pot P.167
Via dei Magazzini
バディア・フィオレンティーナ教会 Badia Fiorentina
バルジェッロ国立博物館 Museo Naz. d. Bargello P.152
Porta Rossa
P.173 フルラ Furla
Via della Condotta
中世邸宅博物館 Museo di Pal. Davanzati
P.152 新市場のロッジア Loggia del Mercato Nuovo
Piazza S. Firenze
Terme
シニョリーア広場 P.za d. Signoria P.149
P.170 リヴォワール Rivoire
Pal. d. Cap. Parte Guelfa
Pal. Gondi
Via Vacchereccia
P.179 ルレー・ウッフィツィ Relais Uffizi
Borgo Santi Apostoli
P.178 ギャラリー・ホテル・アート Gallery Hotel Art
Via Por Santa Maria
Chiasso d. Buco
P.150 ランツィのロッジア Loggia dei Lanzi
P.150 ヴェッキオ宮 Pal. Vecchio
Vicolo dell' Oro
Acciaiuoli
サント・ステファノ教会 S. Stefano
P.151 ウッフィツィ美術館 Galleria d. Uffizi

フィレンツェの歩き方

✉ 2/18は一部美術・博物館無料

フィレンツェでは2/18は「Anna Maria Luisa De'Medici Day」ということで、一部の美術・博物館が無料。この日にフィレンツェにいるなら、ぜひ美術鑑賞三昧を。
(大阪府　うさぎ　'07)['16]
※アンナ・マリア・ルイーザ・デ・メディチはメディチ家最後の後継者で、莫大なる美術コレクションを公共財産として市に寄贈した人。2016年、無料は市立のみでヴェッキオ宮、S.M.ノヴェッラ、ブランカッチ礼拝堂など。(編集部)

✉ 安全タクシー

イタリアではスリやぼったくりが多いと身構えて出発しましたが実際は思ったよりも安全でした。空港に降り立って最初のタクシー乗り場ではトランクを次の客のために掃除していたイケメンドライバーの車へ乗車。発車前に空港からホテルまでは定額料金であることや、車中では街のあちこちを説明してくれました。その後も何回も問題なくタクシーを利用できました。白タクに気をつければ安全なんですね。スリや夜道に関しても、ちゃんと身の回りに気を配れば必要以上に身構えて行動することはないと思います。
(majigaji　'13)

✉ 空港と市内間の固定タクシー料金

空港と旧市街間のタクシーは固定料金€20、荷物1個€1と決まっているようです。ホテルに呼んでも迎車料金はかからず、€20で快適でした。
(東京都　淑子　'10)['16]
㊐㊗€22、夜間€23.50。　['16]

✉ 荷物はデリバリー!?

駅の荷物預けではスーツケースをホテルまで運んでくれます。荷物預け+デリバリーで€10。ふたり以上ならタクシーでホテルまで行くのが経済的ですが、ひとりなら時間とお金の節約にいいかも。(東京都　前田百合子　'15)

まずは、S.M.ノヴェッラ駅からフィレンツェ観光のハイライト、**花の聖母教会ドゥオーモ**を目指そう。S.M.ノヴェッラ教会を右に見て、道なりに500mも進むと、間もなく**ドゥオーモ広場**だ。かつてヨーロッパ第一の都として君臨したフィレンツェそのままの美しい広場には、堂々とした威容を誇る**ドゥオーモ**。白とピンク、緑の大理石で造られた八角形の**洗礼堂**。「ガラスケースに入れておくべき工芸品」と称される**ジョットの鐘楼**が並ぶ。

ルネッサンスの花、ドゥオーモ

このドゥオーモ広場**Piazza del Duomo**が町の中心。北側には、ルネッサンスの大パトロンとして、名実ともに町を支配したメディチ家にちなむ**メディチ家礼拝堂**、菩提寺**サン・ロレンツォ教会**やその住居だった**リッカルディ宮**が集中している。

広場の南、アルノ川に架かる**ヴェッキオ橋**までの約500mには、**シニョリーア広場**、**ヴェッキオ宮**、**ウッフィツィ美術館**と、かつてのフィレンツェ共和国の政治の中心が続く。

金銀細工の店が軒を連ねるヴェッキオ橋を渡ると、**ピッティ宮**と広い緑の広がる**ボーボリ庭園**。庭園の高台の**ベルヴェデーレ要塞**から延びる散歩道を行くと、町のシンボルのダヴィデ像の立つ**ミケランジェロ広場**だ。ここからは、アルノ川によって二分されたフィレンツェのバラ色の町並みが広がる。

ボーボリ庭園にも足を延ばそう

フィレンツェへの行き方

[空港からのアクセス(→P.145)]

鉄道trenitalia(fs線)
フィレンツェ・サンタ・マリア・ノヴェッラ駅 Firenze Santa Maria Novella (Firenze S.M.N.) 下車が便利

- ●ミラノ中央駅からFRECCIAROSSAで約1時間40分、ICで約3時間35分
- ●ヴェネツィア・サンタ・ルチア駅からFRECCIA ROSSA、FRECCIARGENTOで2時間5分
- ●ローマ・テルミニ駅からFRECCIAROSSA、FRECCIARGENTOで約1時間30分、RV(Regionale Veloce)で約3時間50分
- ●ナポリ中央駅からFRECCIAROSSA、FRECCI ARGENTOで約2時間30分～2時間50分

フィレンツェの交通について

●フィレンツェの鉄道駅

フィレンツェの中央駅は見どころへも近いサンタ・マリア・ノヴェッラ(S.M.N.)駅で、多くの列車が発着する。一部のIC、RなどはS.M.N.駅には停車せず、リフレーディRifredi駅、カンポ・ディ・マルテCampo di Marte駅のみの場合があるので、乗車時に確認しておこう。

●フィレンツェ中央駅 Stazione Centrale S. M. Novella

ホームを背に、右からイタロ待合室、fs線の切符自動販売機、売店などが続き、一番左(16番線脇)やや奥に荷物の一時預かり所。中央奥に切符売り場。

簡素なフィレンツェ中央駅のコンコース

●フィレンツェの交通

町の端から端まで歩いて1時間かからないし、また歩いて楽しい町だ。少し外れた観光ポイントを回るにはバスを利用しよう。

●バスターミナル

近郊へのプルマンバスのターミナルはS.M.ノヴェッラ駅近く2ヵ所にある。駅の5番ホーム近くの出口から徒歩約1分にシエナ、サン・ジミニャーノ(ポッジボンシで要乗り換え)、アウトレットのザ・モール、空港行きのバスが発着するSITA/BUSITALIA社。駅前広場に隣接したLargo Alinari周辺の路上からはプラート、ルッカ方面へのBluBus社プルマンが運行。切符売り場は広場に面したスーパーCONADの隣。

シエナ行きなどのバスの発着するSITA社のターミナル

●観光に役立つ市内バス

12 S.M.ノヴェッラ駅前 ↔ ローマ門 ↔ ミケランジェロ広場 ↔ 鉄道fsカンポ・ディ・マルテ駅 ↔ S.M.ノヴェッラ駅前

13 S.M.ノヴェッラ駅前 ↔ ベッカリア広場 ↔ グラツィエ橋 ↔ ミケランジェロ広場 ↔ ローマ門 ↔ S.M.ノヴェッラ駅前

7 サン・マルコ広場 ↔ フィエーゾレ

●郵便番号 50100

空港からのアクセス
バスはVOLA IN BUS

SITA/BUSITALIA社とATAF社の共同運行で、空港正面の発着。フィレンツェでは中央駅(S.M.N.駅)そばのSITA社ターミナル発着。空港発5:30〜24:30、ターミナル発5:00〜24:10(航空機遅延の場合1:00まで)、所要20〜30分、30分間隔、21:00以降1時間間隔の運行。ターミナル発21:00〜翌6:00台、空港発21:30〜最終便はS.M.N.駅発着。

空港→S.M.ノヴェッラ駅前→バスターミナル→空港の順に停車。切符は車内または空港内の書店Giunti、バスターミナルの切符売り場で。片道€6、往復券€10。往復券のみ車内販売はしていない。空港内、チェックインカウンターは2階。

バスターミナル
BluBus社
住 Largo Alinari
中央駅東口そば
☎ 055-214673
開 6:40〜19:55 地 P.140 A2
URL www.lazzi.it

SITA/BUSITALIA社
住 Via S. Caterina daSiena 17
free 800373760
開 6:40(日祝7:00)〜19:55
URL www.fsbusitalia.it
地 P.140 A2
※BluBus、SITA社ともにURLに時刻表掲載

バスの切符

■1枚(90分有効)	€1.20
■2回綴り(90分有効)	€2.40
■4回綴り(90分有効)	€4.70
■1日券(24時間有効)	€5
■3日券	€12
■7日券	€18
■夜間券Notturno	€4

※車内購入は1枚€2(90分有効)。運転手に持ち合わせがないと乗車拒否の場合あり
URL www.ataf.net

フィレンツェ・カードFIRENZE CARD登場

予約なしでも切符売り場の行列に並ぶことなく美術・博物館に入館できるカード。72ヵ所の国立・市立の美術・博物館のほか、バスなどの公共交通機関(空港発着のVOLA IN BUSは除く)やWi-Fiが利用でき、72時間有効で€72。

利用方法 購入時にカード裏面に氏名を記入。最初の使用から72時間有効で、美術・博物館は各1回のみの利用。バスなどに乗車時はカードを自動改札機にタッチすればOK。

販売場所 webサイト(右記のURLより)、空港駅前広場やカヴール通り、ビガッロのロッジアの❶、ウッフィツィ美術館(2番窓口)、ヴェッキオ宮、ブランカッチ礼拝堂などの窓口。

URL www.firenzecard.it(英語あり) web購入の場合は、各❶(空港を除く)および左記販売場所で、バウチャーを提示してカードを受け取る。

✉ 便利なフィレンツェカード

行列を回避でき、とても便利なカードです。洗礼堂とクーポラに入場の際は、洗礼堂向かいにある切符売り場で切符を発行してもらう必要あり。 (匿名希望 '14)

✉ どこまで必要?

入館待ちの行列ができるアカデミア美術館とウッフィツィ美術館だけを予約すればOK。予約バウチャーを窓口で見せ、切符に引き換えて予約専用列から入るだけ。フィレンツェは歩いて回れるので、交通機関の切符も不要です。滞在期間や行きたい場所を考えてから購入するかしないかを決めましょう。(かなぶーん '15)

S. M. N教会横のℹ
住 Piazza della Stazione 4/5
☎ 055-212245
開 9:00〜19:00
　㊐㊗9:00〜14:00
地 P.142 A1

リッカルディ宮そばのℹ
住 Via Cavour 1/r
☎ 055-290832
開 9:00〜18:00
　㊏9:00〜14:00
休 ㊐㊗　地 P.143 A4

ビガッロのロッジアのℹ
住 Loggia del Bigallo, Piazza S.Giovanni 1
☎ 055-288496
開 9:00〜19:00
　㊐㊗9:00〜14:00
地 P.143 B3

"A. Vespucci"空港内ℹ
☎ 055-315874
開 9:00〜19:00
　㊐㊗9:00〜14:00
到着ターミナル内

中央郵便局
住 Via Pellicceria 3
開 8:15〜19:00
　㊏8:15〜12:30
休 ㊐㊗　地 P.143 C3

中央警察　Questura
住 Via Zara 2
☎ 055-49771　地 P.139 A3

ウッフィツィ美術館などの人気見どころの前売り券
オルサンミケーレ教会、アカデミア美術館そばのブックショップにフィレンツェ・ムゼイがブースを設置し、前売り券を販売。ウッフィツィ美術館内にも独自の前売り券売り場あり。当日〜数日後の時間指定の切符を販売。
①オルサンミケーレ教会（カルツァイウォーリ通り側）
開 ㊊〜㊏9:00〜16:15
②アカデミア美術館
ブックショップBookshop My Accademia
住 Via Ricasoli 105r
開 ㊋〜㊐8:15〜17:00
※予約料：ウッフィツィ美術館、アカデミア美術館€4、その他の美術・博物館€3

市バスATAFの切符自販機

フィレンツェの役立つ情報

●フィレンツェの観光案内所

ホテルの予約はしていないが、予算や希望地域などを伝えると紹介してくれる。行列必須の人気見どころの前売り券はオルサンミケーレ教会、アカデミア美術館などの専用窓口で販売（欄外参照）。**地方観光協会APTℹ**は、中央駅前S.M.ノヴェッラ教会横やリッカルディ宮近くのカヴール通り、洗礼堂そばのビガッロのロッジアなどにあり、フィレンツェのパンフレットや地図などの配布のほか、フィレンツェカード、コムナーレ劇場などの前売り券も販売。

オルサンミケーレ教会にある美術館などの予約受付窓口

●郵便局・電話局

レプッブリカ広場の西側アーケードの真ん中。入って左側が郵便局。小包の受付窓口は、同じ建物の裏側にあり、階段を上って右側。

●トイレ

公衆トイレは、中央駅のホームを背に右の線路沿い、ドゥオーモ施設の切符売り場そば、ピッティ宮中庭に入って右奥、サン・ロレンツォ教会北側の中央市場2階にある。ほとんどが有料で€1程度。

フィレンツェ　Firenze
サンタ・マリア・ノヴェッラ駅構内図

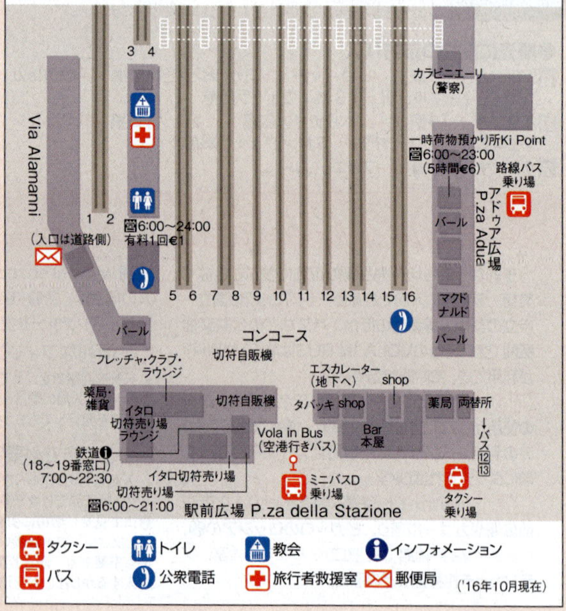

おもな見どころ

ドゥオーモからヴェッキオ橋まで

フィレンツェの象徴　MAP P.143 B4

花の聖母教会ドゥオーモ／カテドラーレ ★★★

Duomo/Cattedrale(Santa Maria del Fiore)

ドゥオーモ/カテドラーレ（サンタ マリア デル フィオーレ）

ブルネッレスキのクーポラが目を引くドゥオーモ

かつてのフィレンツェ共和国の宗教の中心。白、ピンク、グリーンの大理石の幾何学模様で飾られた美しい大聖堂だ。

4世紀のサンタ・レパラータ教会の上に、当時のフィレンツェの隆盛にふさわしく「できる限り荘厳に、かつ豪勢である」ことを旨として、1296年から172年間の歳月をかけて建設され、約3万人が一堂に会することができる大きさだ。「丘のようだ」と形容される大クーポラはブルネッレスキの設計による。

華やかな外側とは対照的な内部には、ベネデット・マイアーノの十字架、アンドレア・デル・カスターニョとパオロ・ウッチェッロによるふたつの大規模な騎馬肖像画や、ロッビアの彩色陶板による美しいレリーフで飾られている。また、クーポラ内側に描かれたヴァザーリやその弟子たちによるフレスコ画『最後の審判』も見逃せない。このクーポラには463段の階段で上ることができ、フィレンツェの町並みを一望できる。なお、地下のサンタ・レパラータ教会跡Cripta di S. Reparata（クリプタ ディ サンタレパラータ）には、このクーポラの設計者ブルネッレスキの墓がある。

すっきりとしたドゥオーモ内部

クーポラの展望台からはすばらしい眺望が楽しめる

国立美術館・博物館の予約システム（→P.146）

ウッフィツィ美術館、アカデミア美術館、パラティーナ美術館、メディチ家礼拝堂、サン・マルコ美術館、バルジェッロ国立博物館、考古学博物館、銀器博物館、近代美術館、サン・サルヴィの晩餐、中世邸宅博物館では入館予約が可能。予約料€3～4。

予約センター

フィレンツェ・ムゼイFirenze Musei
オンライン予約
URL www.firenzemusei.it
☎055-294883
開 ㊊～㊎8:30～18:30
　㊏　8:30～12:30

予約センターに電話（英語可）し、希望の日時・人数を告げる。予約が可能なら、予約番号、切符購入場所を教えてくれるので控えておこう。当日は予約時間の10分前に指定場所で番号と名前を告げて切符を購入する。ウッフィツィの場合は、一般入場口左に予約者専用入口と切符売り場がある。日時を指定する場合は、最低10日前には予約したい。２時間待つこともあるウッフィツィには予約がベター。

●ドゥオーモ/カテドラーレ

住 Piazza del Duomo
☎055-2302885
開 10:00～17:00
　㊏10:00～16:45
　㊐13:30～16:45
料 無料

●クーポラ

開 8:30～19:00
　㊏ 8:30～17:40
　㊐13:00～16:00
料 共通券€15
地 P.143 B4
※2016年11/1からクーポラは予約制（無料）。共通券売り場（→P.148）で申し込む
※ドゥオーモと関連施設は復活祭の数日前から行事準備のため、開短縮の場合あり。
ドゥオーモ関連施設の日にちごとの開館情報
URL www.ilgrandemuseodelduomo.it

ドゥオーモ周辺の共通券
Biglietto Integrato

ドゥオーモ付属美術館＋鐘楼＋洗礼堂＋クリプタ＋クーポラ€15（48時間有効）

フィレンツェの歩き方　見どころはサンタ・マリア・ノヴェッラ駅の南東3km四方に凝縮されている。まずはドゥオーモ周辺へ向かい、ウッフィツィ美術館から、ヴェッキオ橋を渡ってピッティ宮へ。再び橋を戻り、ドゥオーモ広場を経て北側のメディチ家礼拝堂、アカデミア美術館などへ。優雅なたたずまいのこの町には徒歩が最適。

ドゥオーモ周辺→P.147 ▶ シニョリーア広場周辺→P.149 ▶ ウッフィツィ美術館→P.151 ▶ ヴェッキオ橋→P.152 ▶ ピッティ宮→P.153 ▶ メディチ家礼拝堂→P.156 ▼ サン・マルコ美術館→P.158 ◀ 捨て子養育院美術館→P.158 ◀ サンタ・クローチェ教会→P.160 ◀ S.M.ノヴェッラ教会→P.161 ◀ ミケランジェロ広場→P.161

●洗礼堂
住 Piazza S. Giovanni
☎ 055-2302885
開 8:15～19:00
火～木　8:15～10:15
11:15～18:30
第1土、日　8:30～14:00
料 共通券€15

ドゥオーモ共通券

48時間有効になりました。専用切符売り場のほか、ジョットの鐘楼の入口、クリプタの入口でも購入可。（匿名希望　'16）

48時間券になったので、午前はピサ観光にあて、午後の空いた時間を狙ってジョットの鐘楼やクーポラに充てれば、時間を有効に使えます。2日間に分ければ、体力的にも楽です。（東京都　利佳　'16）

ドゥオーモ共通券売り場

ドゥオーモ関連施設の切符売り場は洗礼堂入口の道を挟んだ向かい側奥。トイレ（€1）あり。フィレンツェカード保持者は切符売り場で切符引き換えの必要あり。ドゥオーモは入場無料。

●天国の扉・洗礼堂東側

①	②
③	④
⑤	⑥
⑦	⑧
⑨	⑩

①人間創造原罪
②アベルの犠牲
カインのアベル殺し
③ノアの箱舟　ノアの泥酔
ノアの犠牲
④アブラハムの物語
イサクの犠牲
⑤ヤコブとエサウの物語
⑥ヨゼフと兄弟達
⑦モーゼの十戒
⑧ヨシュアの物語
⑨サウルとダヴィデの物語
⑩ソロモンとシバの女王

礼拝堂の「天国の扉」は日本人の寄付によるレプリカ。オリジナルはドゥオーモ博物館に収められている。

●ジョットの鐘楼
住 Piazza del Duomo
☎ 055-2302885
開 8:30～19:30
休 1/1、復活祭の日、9/8、12/25
料 共通券€15
※入場は閉場40分前まで

●ドゥオーモ付属美術館
住 Piazza del Duomo 9
☎ 055-2302885
開 9:00～19:00
月金土9:00～21:00
休 第1火
料 上記と同じ

『天国の扉』とモザイクが彩る　MAP P.143 B3

洗礼堂 ★★★

Battistero San Giovanni　バッティステロ サン ジョヴァンニ

宝石箱のような洗礼堂

ドゥオーモ前の八角形の建築で、ドゥオーモ同様美しい色大理石で造られている。11～12世紀の建築。町の守護聖人（聖ジョヴァンニ）にささげられた物で、ドゥオーモができるまで聖堂として使われていた。ダンテも、ここで洗礼を受けたという。

3つのブロンズの扉が出入口になっていて南の扉はアンドレア・ピサーノ、北と東の扉はギベルティによる。東の扉は、ミケランジェロが『天国の扉』と名づけたすばらしい物で、人々の手に触れ、今では扉全体が金色に輝いている。内部、クーポラ部分は『最後の審判』『創世記』などを主題としたビザンチン風のモザイクで飾られている。

『天国の扉』は必見

内部は八角形で、クーポラは『最後の晩餐』などの金色に輝くビザンチン風のモザイク（13世紀半ば）で飾られ、厳粛な雰囲気。

ひとつの大工芸品　MAP P.143 B4

ジョットの鐘楼 ★★★

Campanile di Giotto (del Duomo)　カンパニーレ ディ ジョット（デル ドゥオーモ）

高さ85mのジョット設計の鐘楼。ジョットの芸術性はダンテが『神曲』の中でも触れたほどで、当時は「過去の芸術よりも完全なものである」と言わしめた。この塔のデザインと色彩の妙、そして繊細なレリーフを見れば、誰もがこの言葉に納得するはず。414段の階段で上部テラスへ上ることもできる。

繊細なレリーフで飾られた鐘楼

ドゥオーモのオリジナルが並ぶ MAP P.143 B4

ドゥオーモ付属美術館 ★

Museo dell' Opera di Santa Maria del Fiore(Museo dell' Opera del Duomo)

ムゼオ デッロペラ ディ サンタ マリア デル フィオーレ(ムゼオ デッロペラ デル ドゥオーモ)

ミケランジェロ作『ピエタ』

ドゥオーモのために制作された美術品を収蔵。2階が美術館となっている。階段中ほどにある、80歳のミケランジェロによる**未完のピエタ像**がまず目を引くはずだ。ドナテッロによる**三体の彫刻**もすばらしい。

そのほか、ロッビアとドナテッロの作風のまったく異なるふたつの**聖歌隊席**Cantoria(カントリア)や15世紀のフィレンツェ金細工師による**祭壇掛け**も見逃せない物だ。

かつての穀物倉庫 MAP P.143 C3

オルサンミケーレ教会 ★

Orsanmichele オルサンミケーレ

守護聖人の像で飾られたオルサンミケーレ教会

かつての穀物倉庫からフィレンツェの商工会館となり、今は教会。

建物外壁に飾られているさまざまな像は、当時のフィレンツェを牛耳っていた銀行家、商人、手工業の職人など、**各業種の守護聖人**だ(像をよく見ると、持っている物で何の業種かわかるのだ!)。当時ヨーロッパ第一の商業の都として栄えたフィレンツェの面影を今に見るようで興味深い。内部には、14世紀の**小礼拝堂**Tabernacolo(タベルナコロ)があり見逃せない。大理石、金で細工されたレリーフが見事だ。内部壁面のところどころには、上部から小麦を下に通す管など、穀物倉庫の名残が今も残っている。

フィレンツェの歴史を刻む MAP P.143 C3･4

シニョリーア広場 ★★★

Piazza della Signoria ピアッツァ デッラ シニョリーア

かつて、そして今もフィレンツェの行政の中心。共和政を旨としたフィレンツェ人は、事あるごとに、ここに集まり議論を戦わせ、挙手によって採決を行ったといわれている。

広場は、ヴェッキオ宮とたくさんの**彫刻の並ぶ彫刻廊ロッジア・デイ・ランツィ**からなり、さながら屋外美術館の趣だ。広場のダヴィデ像(コピー)やネプチューンの**噴水**の周りには、いつもたくさんの人が集い憩う。この噴水近く、**丸いブロンズの敷石**が埋まっている所が、あのサヴォナローラが火あぶりの刑に処せられた場所。

どっちに上る!?

ドゥオーモのクーポラはいつも入場待ちの長い行列。途中、ドゥオーモ内部を上から見られるのが楽しい。途中狭くなっている部分もあるので、後ろの人に迷惑にならないように上るとかなりきつい。ジョットの鐘楼の行列は短く、途中に何ヵ所か休めるようなスペースがあるので、列に並びたくない人や自分のペースで上りたい人におすすめ。でも、目の前のより高いクーポラを見ると、「あっちへ上った方が……」と思うのは人の常。クーポラを入れて写真を撮るなら鐘楼がいいですが、金網の柵があります。映画「冷静と情熱の間」を見て行きたくなった人は、やはりクーポラですね。柵はなく、360度のパノラマが楽しめます。いずれも夕日が町を金色に染める頃がおすすめ。

(在フィレンツェ　みっちゃん　'12)

クーポラから見るフィレンツェの日没の光景は、フィレンツェ観光でも目玉のひとつですが同じ考えの人もたくさん。そして階段の狭さからクーポラまでの混雑があり時間がかかります。当日の日没時間を調べたうえで、地上入口に行列がなくても1時間は余裕を見ておきましょう。(天野良隆　'14)

'15年8月初旬、8:30には並ばずに切符をゲット。しかし、入口にはすでに長蛇の列。炎天下のなか80分並んでようやく入場。しかし、地獄はここから。人ひとりが通れるらせん階段をひたすら上り、しかも5分ほどで止まり、皆、無言。この繰り返しで、人の熱気と閉塞感で気分が悪くなっても休憩できる場所はありません。やっと上っても人が多く、映画「情熱と冷静の間」の感動も今ひとつ……。季節にもよるでしょうが、時間のない人や体調が優れない人にはおすすめできません。眺望ならミケランジェロ広場の方がすばらしいものがありました。

(かなぶーん　'15)

●オルサンミケーレ教会
住 Via Arte della Lana/ Via Calzaiuoli 13
☎ 055-284944
開 10:00～17:00

屋外美術館、シニョリーア広場

✉ 朝イチなら行列回避

朝一番ならクーポラの階段の乗降を待つことはありません。
(yummy　'14)

✉ 現地購入の前売り券もおすすめ

ウッフィツィ美術館を予約していなかったので、長時間並ぶのを覚悟で出かけました。でも、当日昼頃にP.149のオルサンミケーレ教会の前売り券売り場で15:00の切符を購入。10分前に美術館の1番入口へ行くと、セキュリティチェックを受けて(ペットボトル持ち込み不可)すぐに入れました。上階のカフェテリアからヴェッキオ宮が身近に見えたのも感激。
(大阪府　中崎道子　'12年1月)

日本から予約した場合は入場券を受け取るために行列に並ばなければなりませんが、前売り券の場合はそれが不要で、直接入場口へ並べます。余裕がある日程なら、私もこちらがおすすめ。FIRENZE CARD(→P.145)はちょっと高いですが、これも切符購入には並ばずに済むし、特別展でも追加料金がかからないので、美術鑑賞が目的の旅行なら有効活用できます。
(東京都　マンマミーア　'12)

✉ 有効活用しよう水飲み場

シニョリーア広場のヴェッキオ宮出口付近にある「水飲み場」はおすすめです。石灰分が少なく日本人に飲みやすいとか。左がガス入り、右がガスなしです。(あなご　'16)

●ヴェッキオ宮
住 Piazza della Signoria
☎ 055-2768325
開 4～9月　9:00～23:00
10～3月　9:00～19:00
通年㊍　9:00～14:00
休 無休
料 €6.50(特別展の場合€10、アルノルフォの塔との共通券€14)
※市庁舎としても使用されているためか、入館の際のセキュリティチェックが厳しい。係員の指示に従おう

✉ 塔Torre di Arnolfoへ

ヴェッキオ宮の塔から町並みを眺めることができます。できれば日没後に上ることをおすすめします。暗闇にドゥオーモがほの白く浮き上がるさまがとても幻想的です。
開 4/1～9/30
㊋㊌㊎㊏㊐　9:00～21:00
㊍　9:00～14:00
10/1～3/31
㊋㊌㊎㊏㊐　10:00～17:00
㊍　9:00～14:00
料 塔のみ€10、ヴェッキオ宮との共通券€14
※入場は閉場30分前まで。雨天は閉鎖　(kikkertje　'13)['16]

屋外彫刻ギャラリー　MAP P.143 C3・4

ランツィのロッジア ★★

Loggia dei Lanzi　ロッジア デイ ランツィ

共和国の時代、シニョリーア広場では市民集会がしばしば開かれ政治の中心地だった。その集会が雨でも続けられるようにと1382年に建設された。

古代そしてルネッサンス彫刻のギャラリー。チェッリーニの『ペルセウス像』やジャンボローニャの『サビーネの女達の強奪』などがある。

屋外ギャラリー、ランツィのロッジア

栄光に輝く共和国政庁　MAP P.143 C4

ヴェッキオ宮 ★★

Palazzo Vecchio　パラッツォ ヴェッキオ

フィレンツェ共和国の政庁舎だったヴェッキオ宮

シニョリーア広場を見下ろす、94mの塔を抱く力強く優美なゴシック建築は、かつてのフィレンツェ共和国政庁舎だ。建物入口には、町の紋章を持つフィレンツェの獅子像Marzocco(マルゾッコ)が飾られている。

繊細な中庭中央には、ヴェロッキオ作のイルカを抱くキューピッド(コピー)の噴水がある。内部は2階、3階に分かれており、宮殿内部を見学することができる。

2階の「五百人広間」Salone dei Cinquecento(サローネ デイ チンクエチェント)は、フィレンツェ共和国の会議場だった所で、ヴァザーリ派の絵画やミケランジェロの彫刻「勝利」で飾られている。

3階に上ると、ヴァザーリにより設計された、コジモ1世とその妻エレオノーラの住居が続く。さらに進むと「謁見の間」Sala dell' Udienza(サラ デル ウディエンツァ)に出る。共和国時代には総督(プリオリ)の会議や法廷として使われた部屋で、格天井や大理石の入口がすばらしい。

ヴェッキオ宮の中庭。中央にはイルカを持つ天使の噴水がある

絶対見逃せない珠玉コレクション

MAP P.143 C4

ウッフィツィ美術館 ★★★

Galleria degli Uffizi ガッレリア デッリ ウッフィツィ

かつてはメディチ家の事務局(ウッフィツィ)だった美術館

かつてメディチ家の事務局、フィレンツェ公国の行政局uffici＝(英) officeがおかれていたのでこの名がついた。メディチ家の財力を結集したルネッサンス美術のすべてがここにある。あの官能的なボッティチェッリの『春』もラファエッロの『ひわの聖母』もここで待っている。2500もの展示品が並び、見学には少なくとも半日、納得するまで見るには1週間は必要だ。

さて、美術館は2階と3階に分かれ、**2階はダ・ヴィンチ、ミケランジェロらのデッサンと版画の部屋**。**3階が絵画館**となり、3つの廊下を挟み45の展示室が続く。さらに、ここから川向こうのピッティ宮までを結ぶ**ヴァザーリの回廊**があり、ダ・ヴィンチ、ティツィアーノなどの画家たちの自画像ギャラリーとなっている。また、近くには、バールもあるので疲れたら一服するのもよい。

ボッティチェッリ作『春：プリマヴェーラ』

では、忙しい旅人に3階絵画館の展示作品で見落とせない物を紹介。第2室(Sala II) 初期ルネッサンスに多大な影響を与えたジョットの**『玉座の聖母子』**La Madonna in Maestà。第3室14世紀のシエナ派シモーネ・マルティーニの**『受胎告知』**Annunciazione。第7室フラ・アンジェリコ作**『聖母子』**La Madonna col Bambino、パオロ・ウッチェッロ作**『サン・ロマーノの戦』**Battaglia di S. Romano、ピカソも毎日デッサンに通ったといわれる物。第8室フィリッポ・リッピの作品群。第10〜14室ボッティチェッリの作品。**『春』**Primavera、**『ヴィーナスの誕生』**Nascita di Venereは必見。第15〜16室ダ・ヴィンチの作品群、なかでも**『マギの礼拝』**Adorazione dei Magi。第25室ミケランジェロの、通称Tondo doni＝**『聖家族』**Sacra Famiglia。第26室ラファエッロの**『ひわの聖母』**Madonna del Cardellino。第28室ティツィアーノの代表作**『ウルビーノのヴィーナス』**Venere di Urbino。第41室ルーヴェンスの作品群。2階第46室カラヴァッジョ作**『イサクの犠牲』**Sacrificio di Isacco。

ジョット作『玉座の聖母子』を鑑賞する

●ウッフィツィ美術館

住 Piazzale degli Uffizi 1
☎ 055-2388651
開 8:15〜18:50
休 ㊊、1/1、5/1、12/25
料 €8
(特別展を含む場合は€12.50)
※夏季を中心に夜間開館の場合あり。開6月末〜9月下旬頃、㊏8:15〜23:00、7〜9月の㊋8:15〜22:00
切符売り場は閉館45分前まで、18:35から退室開始。予約については(→P.147)

オーディオガイド

主要作品を解説する日本語のオーディオガイドは、1階内部ボディチェック手前あたりでレンタルしている。
料 1人用　€6／2人用　€10
※パスポートなどが必要

✉ ウッフィツィ美術館行列情報

事前予約の時間が8:30だったので8:10に行くと、8:15予約の人が私の後ろになりました。結局切符の引き換えは8:20頃からで、後ろの人はクレームを言っていました。私は指定時間前でもスルスルと中へ入れ、まだ人のいない館内をゆっくり鑑賞できました。見逃しはないかと後戻りすると、ツアーの団体でいっぱいでした。
(神奈川県　kyon子　'15)

予約せずに2/15日曜に8:15頃から並び、10分程度で入場できました。オフシーズンの場合は、朝早くなら予約は不要かも。
(東京都　女性ひとり旅　'14)

✉ 事前予約切符は？

入場口の筋向い(西側の棟)の3番窓口に並び、ネット予約のプリントアウトを提示して入場券を発券してもらう。ここもかなりの行列になっており、平日15:00の予約で15分ほど並びました。発券後は東側の予約専用の1番入口から入館します。(野尻晃史　'11)

✉ 写真撮影OK

写真撮影が可です。フラッシュは利用不可なので、フラッシュなしできれいに撮れる操作方法を覚えて行きましょう。
(大阪府　ハル　'14)

ウッフィツィトイレ情報

入口を入った地下(出口からも近い、やや歩く必要があるが広い)、3階バール近くや2階にもあり。

●バルジェッロ国立博物館
住 Via del Proconsolo 4
☎ 055-2388606
開 8:15～17:00
休 第1、3、5㊊、第2、4㊐、1/1、5/1、12/25
料 €4(特別展の場合€8)
※夏季を中心に夜間開館の場合あり。8～9月の㊍17:00～20:00
['16]

バルジェッロ国立博物館の美しい中庭

ルネッサンス彫刻の傑作を飾る

MAP P.143 C4

バルジェッロ国立博物館 ★★

Museo Nazionale del Bargello　ムゼオ ナツィオナーレ デル バルジェッロ

典型的中世建築の館で、中世には**執政長官の館**、その後トスカーナ大公国の時代には、**警察本部**Bargelloがおかれた所。

博物館は、彫刻で囲まれた中庭と1、2、3階に分かれている。

■1階　ミケランジェロと16世紀フィレンツェ派の彫刻。ミケランジェロによる『バッカス』Bacco、『聖母子』Tondo Pittiが必見。

■2階　ドナテッロの作品が並ぶ。『ダヴィデ像』Davideはルネッサンスにおける最初の裸体像として有名。そのほか『聖ゲオルギウス像』San Giorgioなど。

■3階　デッラ・ロッビアによる美しい彩色陶板とルネッサンス彫刻、武具などが並ぶ。

✉ ジェラート注文時の注意

ドゥオーモ広場のself serviceと書いてある店でジェラートを注文しました。このあたりは€3が相場でしたが、ここは€2.50が最小サイズだったので、ここに決めました。カップで食べたいとカップを指さすと、「どの味?」、「ほかの味はいらない?」と聞いてくるので、「この味とこの味」というふうに答えると、モリモリ盛られて€10を請求されました。向こうからサイズを聞いてくることはありませんでした。最初にカップのサイズを指して注文しましょう。
(菊池ぽんちょ　'14)

宝石店が並ぶ、一大名所

MAP P.141 C3

ヴェッキオ橋 ★★★

Ponte Vecchio　ポンテ ヴェッキオ

アルノ川に架かるフィレンツェ最古の橋。**彫金細工店や宝石店**が橋の両側にぎっしりと並ぶ。このしゃれたプロムナードも、13世紀には、なめし革屋や肉屋が並び、異臭を放っていたとか。宮殿近くに臭い市場があることを嫌ったフェルディナンド1世の命令により、1593年に市場は撤去され、宮殿周辺にふさわしい宝石店が並ぶようになった。階上は、かつて**ウッフィツィ宮とピッティ宮を結ぶ通路**としてヴァザーリにより建設された物で、当時は、小さな車も通ったという。戦時中、唯一破壊を免れたこの橋の上をヒトラーや、それに対抗するパルチザンが歩いたのも今や遠い思い出。ここから、トリニタ橋を望んでの夕焼けは、フィレンツェNo.1の絶対おすすめ観光ポイント。

昔も今も、宝石店が軒を連ねるヴェッキオ橋

●ヴァザーリの回廊
Corridoio Vasariano
住 Loggiato degli Uffizi 6
※期間限定、事前予約のみ、可能の場合あり。またはツアー(€89)で見学。
URL www.uffizi.com

イノシシが目印の市場

MAP P.143 C3

新市場のロッジア

Loggia del Mercato Nuovo　ロッジア デル メルカート ヌオーヴォ

16世紀にメディチのコジモ１世の命で造られた柱廊の続く市場。通称「麦わら市場」と呼ばれ、かつては近郊産の麦わら細工などを売っていた。現在はみやげ物屋の屋台が並ぶ。南側にあるイノシシの像はウッフィツィにあるローマ時代の彫刻のコピー。皆にかわいがられ、鼻はピカピカに光っている。

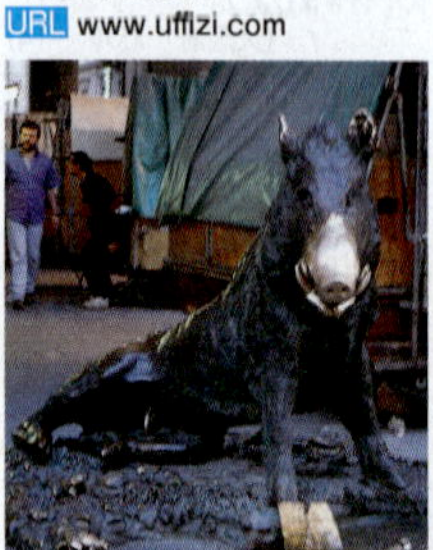
鼻はピカピカ、イノシシ君

アルノ川左岸

壮大なルネッサンス宮殿　MAP P.140 C2

ピッティ宮 ★★

Palazzo Pitti　パラッツォ ピッティ

フィレンツェ風の切り石積みのピッティ宮

フィレンツェ・ルネッサンスの典型的宮殿。フィレンツェの商人ピッティが、宮殿建設に着工したのでこの名前がある。その後、当時はヴェッキオ宮に住んでいたメディチ家のコジモ1世に売却され現在の姿となった。宮殿内部には、ラファエッロの11の作品を収めたパラティーナ美術館や銀器博物館、近代美術館、衣装博物館、陶磁器博物館、コンサートホールなどがあり、まとめてピッティ美術館と呼ばれている。宮殿の裏側には自然を愛するコジモの妻エレオノーラのために造られた、広大なボーボリ庭園が広がる。今や市民の散歩道だが、当時は、まだ珍重されていたトマトやジャガイモが植えられていたという。

ラファエッロ・ファン必見　MAP P.140 C2

パラティーナ美術館 ★★★

Galleria Palatina　ガッレリア パラティーナ

ピッティ宮の2階にあり、ラファエッロ作品11点を収めた、ラファエッロ・ファン必訪の美術館だ。ラファエッロの『大公の聖母(マドンナ)』Madonna del Granduca(デル グランドゥーカ)、『小椅子の聖母』Madonna della Seggiola(マドンナ デッラ セッジョーラ)などは必見。また、ティツィアーノの『コンチェルト』Concerto(コンチェルト)や『若者の肖像』Ritratto Virile(リトゥラット ヴィリーレ)も見落とせない。そのほか、ルーヴェンス、カラヴァッジョ、フィリッポ・リッピらの作品がある。

ラファエッロ作『小椅子の聖母』

メディチ家ゆかりの豪華な品々を展示　MAP P.140 C2

銀器博物館 ★

Museo degli Argenti　ムゼオ デッリ アルジェンティ

宮殿1階にあり、すばらしい宝石、金銀細工、象牙やエナメルなどメディチ家の富と権力に思いをはせることができる。ロレンツォ・イル・マニーフィコの所有していた花瓶のコレクションも有名。

共通券のみ3種類、どれを選ぶ?

広い庭園といくつもの美術・博物館が続くピッティ宮。各見どころの個別の入場券はなく、共通入場券Biglietto cumulativo/Combined Ticketのみなので、興味や滞在日数によって選ぼう。

①パラティーナ美術館、近代美術館に共通　€8.50（特別展の場合€13)、有効1日

②銀器博物館、衣装博物館、陶磁器博物館、ボーボリ庭園、バルディーニ庭園　€7(特別展の場合　€10)、有効1日

③①+②　€11.50（特別展の場合販売休止)有効3日

③A　③と同じ内容で、入場16:00～の制限あり　€9

切符売り場(18:05まで)は、ピッティ宮入口手前の右奥。

①②は当日限りなので、午前中に購入して見学するなど上手にプランニングしよう。

※第1㊐は無料

●銀器博物館
●陶磁器博物館
●衣装博物館
●ボーボリ庭園
●バルディーニ庭園

☎ 055-2388709

開 6～8月　8:15～19:30
3/27～3/31、4、5、9、10月　8:15～18:30
11～2月　8:15～16:30
3/1～3/26　8:15～17:30

休 第1と最終㊊、1/1､5/1､12/25

料 共通券€7（特別展を含む場合は€10、上記4ヵ所共通)

●パラティーナ美術館
●近代美術館

☎ 055-2388614

開 8:15～18:50

休 ㊊、1/1、5/1、12/25

料 共通券€8.50（特別展を含む場合€13、近代美術館と共通)

※18:30～退室開始

✉ パラティーナ美術館公認ブック

たくさんの美術品を鑑賞するのにイタリア語、または英語で解説を読むのは大変という人には入場してすぐのブックショップで日本語の公認ブックを購入するのがおすすめ。絵の位置、写真、解説が記載されていて、よりいっそう楽しめます。（あかしねこ　'13)

退室時間と時間短縮

各美術・博物館は閉館時間の30分から1時間前に退出が開始。また、1/1、復活祭の日、8/8、8/15、8/25は開館している場合でも時間短縮の場合あり。この期間に滞在している場合は、時間を無駄にしないように最初に❶などで確認を。

●ベルヴェデーレ要塞
Forte di Belvedere
開 10:30〜19:30
休 月
地 P.139 C3
※夏季のみの公開。('16年は5/14〜10/2まで。'17年は未定) 要塞内部に入らないと、町を見下ろす風景は楽しめないが、周囲にはトスカーナ的田園風景が広がる。サン・ミニアート教会を眺めながら、オリーブの茂る、のどかなベルヴェデーレ通りVia del Belvedereを下るのも楽しい

パノラマで楽しむなら

簡単にフィレンツェの町のパノラマを楽しむなら、たぶんほとんどの人が行くであろうウッフィツィ美術館の3階のバール奥のテラス。デパートのラ・リナシェンテ(→P.175) の最上階のバールのテラスもおすすめです。
(在フィレンツェ　みっちゃん　'12)

便利なミニバスだけど

市内循環のミニバス (C1、C2、C3、D) は、石畳の道をかなりのスピードでクネクネ行くので、とにかく揺れます。油断していると、車内で転んでしまいそうなのでご注意を。
町の人は親切で「このバスは○○へ行きますか?」と声をかけると、「次、あなたの降りる所ですよ」と教えてくれました。
(めーぷる　'14)

●サント・スピリト教会
住 Piazza S. Spirito
☎ 055-210030
開 10:00〜12:30
16:00〜17:30
日16:00〜17:30
休 水
美術館
開 土日月のみ10:00〜16:00
料 美術館のみ€4

眺めのよい広場から望む、古代の夢の跡　MAP P.138 C2

ボーボリ庭園 世界遺産 ★★★
Giardino di Boboli
ジャルディーノ ディ ボーボリ

緑深きボーボリ庭園

2013年、「トスカーナのメディチ家の12のヴィッラとふたつの庭園」のひとつとして世界遺産に登録されたボーボリ庭園。ピッティ宮の裏手、4万5000㎡の広大な丘陵地に広がる。トスカーナ大公の妃、エレオノーラ・ディ・トレドが造営した物で、うっそうとした森と手入れの行き届いた区域が広がり、そこに彫像、洞窟、噴水などが点在し、まさに野外美術館のよう。後のヨーロッパ宮廷の造園モデルといわれている。

ピッティ宮中庭から入ると「円形劇場」、続く高台に「ネプチューンの噴水」、さらに上部に「陶磁器博物館」。開場していれば、西側の「ベルヴェデーレ要塞」からフィレンツェの町のパノラマを楽しもう。坂を下る途中にある「カフェハウス」は小美術館となっており、バッカスの噴水のオリジナルなどを展示。バッカスとも呼ばれる、亀にまたがった『小人モルガンテ』はコジモ1世に仕えた道化のひとり。さらに下った「ブオンタレンティの洞窟」は内部が3室に分かれ、幻想的な雰囲気。ギリシア神話から想を得たというミケランジェロとジャンボローニャの彫像 (コピー) が飾られ、水に打たれた姿は艶めいた美しさだったという。時間が許せば、「糸杉の大通り」からスペクタルな光景が広がる「島の噴水」まで足を延ばそう。池の中央には「大洋の噴水」があり、周囲の彫像と相まってドラマチックな風景が広がる。

彫刻で飾られたブオンタレンティの洞窟

空を切り取るようなファサードが印象的　MAP P.140 C2

サント・スピリト教会 ★★

Santo Spirito　サント スピリト

内部の美術品も見事なサント・スピリト教会

午前中には市場が立ち、夏の夜には、スイカ売りやカフェのテーブルがところ狭しと並ぶサント・スピリト広場の一角にある教会で、晩年のブルネッレスキによる。素朴で簡素ながらも、内部は壮重な雰囲気で、フィリッポ・リッピによる『聖母』(正面右側5番目の礼拝堂内)、オルカーニャの『最後の晩餐』(美術館内)、ミケランジェロによる木製の『十字架像』など美術的価値の高い物が多い。

ルネッサンス美術の幕開けを告げる　MAP P.140 C1

サンタ・マリア・デル・カルミネ教会 ★★

Santa Maria del Carmine　サンタ マリア デル カルミネ

教会内部右側のブランカッチ礼拝堂Cappella Brancacciのマザッチョとマゾリーノによるフレスコ画を抜きに、フィレンツェ・ルネッサンスは語れない。26歳の若さでこの世を去った、若き天才マザッチョは、ルネッサンスにおいて発展した、透視画法や明暗による肉付け法を用い、絵画に存在感を与えた。彼は、人間の姿を堂々と表現した時代の革新者であった。

礼拝堂入口、柱の上の『アダムとイヴ(原罪)』(マゾリーノ)や『貢の銭』『楽園追放』(マザッチョ)は、今なおみずみずしい感動を与えてくれる。

天才マザッチョの傑作『貢の銭』(部分)

●サンタ・マリア・デル・カルミネ教会「ブランカッチ礼拝堂」
住 Piazza del Carmine 14
☎ 055-2382195
開 10:00～17:00
㊐㊗13:00～17:00
休 ㊋、1/1、1/7、復活祭の㊐、7/16、8/15、12/25
料 €6
※ブランカッチ礼拝堂には教会横の専用入口から入る。フレスコ画の保護のため、入場は1回30人で15分間の入替制
※原則として見学は要予約。予約料は無料　予約☎055-2768224／055-2768558

ペトライア、カステッロの別荘への行き方

ペトライアの別荘へはS.M.ノヴェッラ駅前からバス2番または28番で所要20～30分。(駅前広場東側、アドゥア広場手前のバーガーキング前にバス停あり。15～20分間隔の運行)Sestese3下車。バスの進行方向に進み、右の小路Via Umberto Crocettaに入ると標識あり。バス停から徒歩約20分。見学はガイド付き(イタリア語と英語)で約40分、ほぼ1時間ごとのスタート。最初に入口のガイド時間を確認してから庭園散策を。

カステッロの別荘へは、ペトライアの別荘の門を右に出て、右に進み、左折(標識あり)。

●ペトライアの別荘
Villa Petraia
住 Via Medicea La Petraia 40
☎ 055-452691
開 11～2月　8:15～16:30
3月、10/30～10/31　8:15～17:30
4～5月、9/1～10/29　8:15～18:30
6～8月　8:15～19:30
休 第2・3㊊
料 無料

●カステッロの別荘
Villa Medicea di Castello(庭園のみ)
住 Via di Castello 47
☎ 055-452691
開 休 料 は上記と同じ

世界遺産「メディチのヴィッラ」へ 世界遺産

フィレンツェから約6km、メディチ家の豪奢な邸宅と庭園の2ヵ所を見学しに出かけよう。

ペトライアの別荘は、段丘状の庭園上部に位置し、フィレンツェの町を遠望するパノラマが広がる。イタリア国王も暮らした豪奢な邸宅の一番の見どころは壁一面を「メディチ一族の栄華」のフレスコ画で装飾された中庭(舞踏室)。ジャンボローニャの優美な「花の女神」の彫像も見逃せない(庭園のものはコピー、オリジナルは内部に展示)。

すぐ近くのカステッロの別荘は、上部には森が広がり、庭園にはレモンの大鉢が並び、季節の花々が咲く。中央にはアンマンナーティの彫像で飾られた噴水が水を噴く。庭園奥の「動物の洞窟」は滝のような噴水のなかで動物はまるで生きているかのようだったと伝えられている。

ペトライアの別荘

●サン・ロレンツォ教会
住 Piazza S. Lorenzo 9
☎ 055-214042
開 10:00〜17:30
㊐13:30〜17:30
休 11〜2月㊐、1/1、1/6、復活祭前の㊎、復活祭の㊐、8/10、8/15、11/1、12/8、12/25
料 €5(ラウレンツィアーナ図書館との共通券€7.50)

●ラウレンツィアーナ図書館
開 9:30〜13:30
休 ㊏㊐㊗
料 €3(共通券€7.50)
※本来は図書館として利用されているため、見学は見どころの階段やサロンのみ。

✉ コジモのお墓

サン・ロレンツォ教会地下のコジモ・イル・ヴェッキオのお墓は教会をいったん出て地下に行って見ることができます。教会の券を購入するときにもれなく券もついてきます。 (ミッキー '13)

✉ メディチ家の栄光を感じて

必見です。メディチ家の権力、財力を象徴するかのようにきらびやかな装飾が施され、突き抜けるように高い天井……。すばらしさに圧倒され涙が出てきました。 (にゃん '14)

●メディチ家礼拝堂
住 Piazza Madonna degli Aldobrandini
☎ 055-2388602
開 8:15〜16:50
休 第1、3、5㊊、第2、4㊐、1/1、5/1、12/25
料 €6(特別展の場合€8〜11)
※切符売り場は閉場30分前まで。閉場15分前から退室開始。

✉ 中央市場へ

7:00〜ということで朝一番に行きました。さすがに開いている店は少ないですが、日本人の店員さんがいるおみやげ屋さんでいろいろ試食して、一気におみやげが買えました。こちらの希望を聞いてくれ、押し付けがましくなく相談にのってくれ、とても助かりました。 (神奈川県 kyon子 '15)

✉ おみやげ情報

中央市場を囲む革製品の屋台はお買い得です。しっかり品質を見定めて、すぐには買わないこと。すてきなバッグがはじめの言い値の半値で買えました。中央市場では乾燥ポルチーニやドライトマトの真空パックが軽くておみやげに最適。薬局ファルマチア・サンティッシマ・アンヌンツィアータ(住 Via dei Servi 80/r)は、アロマオイル、石鹸など見ているだけで品質のよさが伝わるのはさすが伝統店と思いました。 (滋賀県 滋賀ママン '15)

寺院建築の傑作 MAP P.143 A4

サン・ロレンツォ教会 ★★

San Lorenzo サン ロレンツォ

メディチ家代々の菩提寺であり、時代、様式の異なる3つの墓地空間（ブルネッレスキによる旧聖具室、ミケランジェロによる新聖具室、そして17世紀の君主の礼拝堂）からなる。

ここには旧聖具室のみがおかれ、ほかのふたつは、メディチ家礼拝堂にあり、この教会裏側より入場する。

余計な装飾を排し、優雅で清澄な雰囲気がいっぱいの旧聖具室は必見。ドナテッロ作の胸像がある。愛らしい中庭から続くミケランジェロのデザインによる階段を上った2階には、同じく彼によるラウレンツィアーナ図書館（ビブリオテーカ メディチェア ラウレンツィアーナ）Biblioteca Medicea-Laurenzianaがある。この図書館には、メディチ家代々により収集された古文書1万冊が収められている。

メディチ家ゆかりのサン・ロレンツォ地区。サン・ロレンツォ教会と礼拝堂

メディチ家ゆかりの人々を祀る MAP P.143 A4

メディチ家礼拝堂 ★★★

Cappelle Medicee カッペッレ メディチェエ

サン・ロレンツォ教会裏手に入口があり、君主の礼拝堂とミケランジェロによるあまりにも有名な『曙』『黄昏』『昼』『夜』の4体の像がおかれた新聖具室がある。

見事な貴石細工に圧倒

君主の礼拝堂 La cappella dei Principi（ラ カッペッラ デイ プリンチピ） ★★★

すでに政治権力を失ったメディチ家が17世紀にその富と虚栄を誇示すべく建てた礼拝堂で、歴代トスカーナ大公家の墓所。壁面にはトスカーナ地方16の都市の紋章も象嵌（ぞうがん）細工で刻まれている。数百種類におよぶという色彩豊富な大理石と貴石をふんだんに用い、莫大な時間と富を費やした豪華さは、私たちを息苦しいまでに圧倒する。

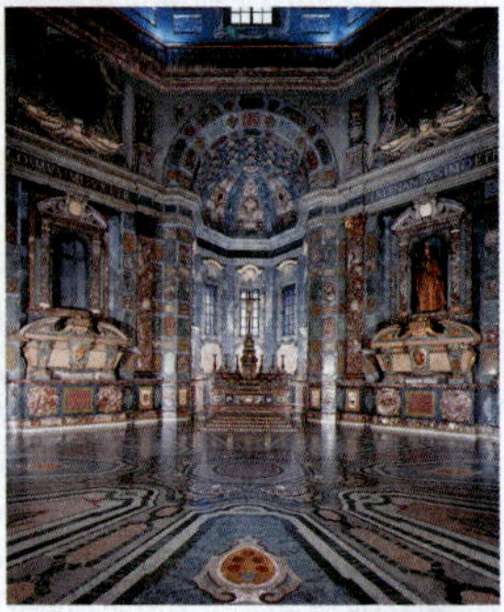

君主の礼拝堂

ミケランジェロの彫像が飾る

新聖具室　Sacrestia Nuova　★★★

あたかも天に昇るかのような錯覚を受ける明るい新聖具室は**ミケランジェロの設計**。この町でさまざまなフィレンツェ・ルネッサンスの遺品たる芸術品を見た目には、新しい時代の到来を感じさせるダイナミックな空間だ。ミケランジェロの残した苦悩、困惑する4体の像は、今まで忘れ去られていた人間心理を訴えるかのように強く心に残る。

入口の右側、**ロレンツォ2世の墓**とそれに向き合うジュリアーノの墓のふたつが、彼の彫刻で飾られている。瞑想するロレンツォ像の下に女性像『**曙**』と男性像『**黄昏**』。ジュリアーノ像の下に男性像『**昼**』と女性像『**夜**』が配されている。この地下の壁には、ミケランジェロが休憩時に描いたデッサンが残されている('15年現在、非公開)。

ミケランジェロ作『ロレンツォ2世の墓』左『黄昏』、右『曙』

✉ トイレ情報

入館前にはウッフィツィ美術館などと同じくセキュリティチェックがあります。2階へ行く階段の途中にトイレがあります。

(埼玉県　中西良　'08)

武骨な外観はメディチの証し　MAP P.143 A3・4

メディチ・リッカルディ宮　★★
Palazzo Medici-Riccardi　パラッツォ メディチ リッカルディ

ゴッツォリ作『東方三賢王の礼拝』

粗石を積み上げげたかのような飾り気のない外観は、当時のメディチ家の隆盛を思うと、あっけないほどの素朴さだ。ヨーロッパ一の巨万の富を手にし、名実ともにフィレンツェの支配者となった**コジモ・イル・ヴェッキオ**も、一度は町を追われた身だった。民衆の「ねたみ」「そねみ」が何よりも恐ろしいということを身をもって体験した彼は、友人の建築家**ミケロッツォ**と相談して、このような簡素な宮殿を造らせたのだった。1460年から約100年間メディチ家の住まいとして使われた。

内部、中庭右の階段を上った所にある「三賢王の礼拝堂 Cappella dei Magi」にはゴッツォリ作の**『東方三賢王の礼拝』**のフレスコ画がある。この絵の馬上の勇士は、メディチ家の**ロレンツォ豪華王**。美しい貴公子然だが、実は、すごい醜男だったとか。赤いベレーをかぶって絵の中にいるのは当の画家、ゴッツォリだ。

●メディチ・リッカルディ宮「三賢王の礼拝堂」
住 Via Cavour 1/3
☎ 055-2760340
開 8:30〜19:00
休 ㊌
料 €7

特別展と特別料金
美術・博物館では随時特別展が開催される、入場料は€2〜4程度値上げされるが、一部では常設展のみの見学も可能。

簡素なリッカルディ宮

✉ おすすめスポット

ドゥオーモの裏側に図書館&カフェがあります。上層階のカフェからはドゥオーモのクーポラが近くにみえます。トイレもあり。日中は勉強している人もいるのでお静かにネ。

Biblioteca della Oblate
住 Via dell'Oriuolo 26
☎ 055-2639685
営 9:00〜24:00(㊊14:00〜)

(あなご　'16)

時間を有効利用
夜間開館
ウッフィツィ美術館、アカデミア美術館、ヴェッキオ宮とバルジェッロ国立博物館など、夏季を中心に夜間開館を実施している所が多い。夜の美術館は昼間とは別の顔を見せ魅力的だ。年により変更されるので、ℹなどで確認してから出かけてみよう　('16)

フラ・アンジェリコのフレスコ画がいっぱい MAP P.141 A3・4

サン・マルコ美術館 ★★★

Museo di San Marco ムゼオ ディ サン マルコ

フラ・アンジェリコ作『受胎告知』

かつてはドメニコ会修道院だった物で、内部は、ここの修道僧であったフラ（ベアート）・アンジェリコとその弟子による、優美で清らかなフレスコ画で飾られている。2階奥には、虚飾の焼却をシニョリーア広場で行った、サヴォナローラの僧房や、かつてここの絶対的財政保護者であったメディチ家のコジモ・イル・ヴェッキオの瞑想室も残っている。特に見逃せないのが2階への階段を上りきった正面にあるフラ・アンジェリコ作の『受胎告知』Annunciazione（アンヌンチャツィオーネ）。

ミケランジェロの美術館 MAP P.141 A3・4

アカデミア美術館 ★★★

Galleria dell' Accademia ガッレリア デッラッカデミア

ミケランジェロの彫刻とフィレンツェ派絵画を収めた美術館。生涯を芸術にかけたミケランジェロの魂が、彼のダイナミックな彫刻を通して多くを語りかける。『奴隷』Schiavi（スキアーヴィ）は、ジュリオ2世の墓を飾るために彫られた未完成の2体。『ダヴィデ像』Davide（ダヴィデ）は、フィレンツェ共和国の自由のシンボルとしてシニョリーア広場、ミケランジェロ広場に置かれているダヴィデ像のオリジナル。

そのほか、『サン・マッテオ像』San Matteo（サン マッテオ）、『パレストリーナのピエタ像』Pietà di Palestrina（ピエタ ディ パレストリーナ）、リッピ、ボッティチェッリ、ガッディらの作品、2階には14、15世紀の祭壇画などがある。

ダヴィデ像

ヨーロッパ最古の養育院 MAP P.141 A4

捨て子養育院美術館 ★★

Galleria dello Spedale degli Innocenti ガッレリア デッロ スペダーレ デッリ インノチェンティ

フィレンツェには、このような慈善事業がよく発達し、ドゥオーモ脇には、未婚の母のための施設もあったという。15世紀ブル

●サン・マルコ美術館
住 Piazza S. Marco 1
☎ 055-2388608
開 8:15～13:50
　土日祝8:15～16:50
休 第1、3、5日、第2、4月、1/1、5/1、12/25
料 €4（特別展の場合€6～8）

✉ **夜は広場へ**

夜になると、シニョリーア広場周辺にはストリート・ミュージシャンが出没。周囲の人も歌ったり、踊ったりして、とても楽しい雰囲気でした。子供連れなら、共和国広場へ。移動メリーゴーランドがまるでおとぎの国のようでした。
（東京都　夢子）

✉ **月曜日はご用心**

月曜はウッフィツィ美術館やアカデミア美術館ともに休館になるため、他の名所に観光客が集中します。特にドゥオーモのクーポラは9:00前に約250人の大行列。しかも入場制限（10～15分毎に約10名の入場）のため、約3時間待ちました。入場してからはスイスイ上ることができましたが、月曜にクーポラ観光を予定している場合はご注意ください。
（埼玉県　熊田晋也　'16）

●アカデミア美術館
住 Via Ricasoli 60
　（66番地はGalleriaではなく学校のほうの入口）
☎ 055-2388609
開 8:15～18:50
休 月、1/1、5/1、12/25
料 €8（特別展を含む場合€12.50）
※夏季を中心に夜間開館の場合あり。開7～9月の火金8:15～22:00［'16］

✉ **アカデミア情報**

58番地の標識の所が入口です。7:30に行けば予約なしでも開館とともに入場できました。
（埼玉たけ　'13）

5月はフィレンツェカードを持っていても30～40分待ちのすごい人でした。
（三重県　豊田明美　'13）

トイレは出口の目の前にあり、美術館に入る前か出た後にのみ利用できます。
（東京都　フォンタナ　'07）

✉ **コインランドリーが便利**

WASH&DRY

市内8ヵ所にあり、便利で使いやすいです。
開 8:00～22:00　休 無休
洗濯€3.50乾燥€3.50で洗剤€1、所要約1時間です。
URL washedry.it
（在ドイツ　lahm 16　'09）

落ち着いた空間、捨て子養育院の中庭

ネッレスキの設計により、正面は9つのアーチで構成されたアーケードになっている。そのアーチの間に白い布を巻いた幼児像の美しい陶板メダルが付いている。

内部には若きボッティチェッリによる『聖母子と天使』Madonna col Bambino e un angeloやギルランダイオによる大きな『東方三賢王の礼拝』Adorazione dei Magiがあり見逃せない。

柱廊に囲まれた優美な広場と教会　MAP P.141 A4

サンティッシマ・アンヌンツィアータ教会 ★★

Santissima Annunziata　サンティッシマ アンヌンツィアータ

フィレンツェ一美しい同名広場に建つ教会。内部には天使が描いたと伝えられる聖母像があり、町の人のあつい信仰を集める。サッコやポントルモらによる貴重なフレスコ画も必見。

ファサードの柱廊が優美な、アンヌンツィアータ教会

イタリア原始、エトルリアを知るには欠かせない　MAP P.141 A4

考古学博物館 ★★

Museo Archeologico　ムゼオ アルケオロージコ

エトルリアの文明と芸術を知るのに欠かせない博物館。内部は、発掘の様子がわかるエトルリア部門、エジプト部門、ギリシア・エトルスク・ローマ彫刻部門などに分かれている。

エトルリア芸術の宝庫、考古学博物館

ストロッツィ宮周辺

フィレンツェ・ゴシック建築の好例　MAP P.142 C2

サンタ・トリニタ教会 ★

Santa Trinità　サンタ トリニタ

ルネッサンス期に多くの画家たちが受けたフランドル絵画の影響を見ることができる。中央祭壇右側2つめサッセッティ礼拝堂Cappella Sassettiにあるギルランダイオによるふたつのフレスコ画『聖フランチェスコの生涯』La vita di San Francescoと『牧者の礼拝』Adorazione dei Pastoriが典型。

珍しいフィレンツェ・ゴシック様式のサンタ・トリニタ教会

●捨て子養育院美術館
住 Piazza d. Ss. Annunziata 12
☎ 055-2037308
開 10:00～19:00
休 1/1、復活祭の㊐、5/1、12/25
料 €7
※'16年6/24に修復を終了し、全オープン。カフェも併設

●サンティッシマ・アンヌンツィアータ教会
住 Piazza d. Ss. Annunziata
☎ 055-266181
開 16:00～17:15

✉ ツアー利用も一考を
現地ツアーに申し込みました。前日の夜23:30にもかかわらず予約OK。ホテルのフロントの方が予約してくれました。サン・ジミニャーノ、シエナ、ワイナリー見学と昼食、モンテリッジョーニと効率よく回れ、自由時間も充分でトスカーナ地方の自然と文化に触れ、またキャンティワインも堪能できて、大満足でした。　（かなぶーん　'15）

●考古学博物館
住 Piazza Ss.Annunziata 9b
☎ 055-23575
開 ㊋～㊎　8:30～19:00
㊊㊏㊐㊗ 8:30～14:00
休 1/1、5/1、12/25
料 €4（特別展の場合€7）

●サンタ・トリニタ教会
住 Piazza S. Trinità
☎ 055-216912
開 8:00～12:00
16:00～18:00
㊐ 8:00～10:45
16:00～18:00

✉ 絶景のミケランジェロ広場
歩き方の投稿（P.161）どおり、徒歩でミケランジェロ広場へ。大パノラマに感動!! ドゥオーモはもちろん、ゆったり流れるアルノ川とバラ色の町並み、周囲の自然が一望できます。★ふたつでは足りないと思いました。近くのサン・ミニアート・モンテ教会も素朴で心地よいです。帰りの坂道を下るとき、右側のバラ園に立ち寄ってみて。かわいいアートと猫が迎えてくれました。
（かなぶーん　'15）

町を代表する人々を祀る

MAP P.141 C4

サンタ・クローチェ教会 ★★★

Santa Croce

サンタ クローチェ

多くの文化人が埋葬されている、サンタ・クローチェ教会

趣のあるフィレンツェ最古の広場に面した大教会。横に付属した**僧院中庭**と**ブルネッレスキによるパッツィ家礼拝堂**の生み出す空間は類まれな美を作り上げ、フィレンツェ・ルネッサンスの凝縮といわれている。

さて、140×40mという広い教会内部には、この町を追われラヴェンナで死んだダンテの記念廟からミケランジェロ、マキャヴェリ、ロッシーニ、G.ガリレイなど276の墓が収められ、一大墓地の趣だ。これらの人々にふさわしく、内部もさまざまな芸術家たちの手によって飾られている。見逃せないのが、右側廊5本目の柱部分にあるドナテッロによる金色のレリーフ**『受胎告知』**や内陣バルディ礼拝堂のジョットのフレスコ画**『聖フランチェスコ伝』**Storie di S. Francesco（ストリエ ディ サン フランチェスコ）、左翼廊のドナテッロによる**十字架**Crocifisso（クローチフィッソ）。

また、パッツィ家礼拝堂の並びには**付属美術館**Museo dell' Opera di S. Croceがあり、チマブーエやドナテッロの作品などを見ることができる。

フィレンツェのクリスマスマーケットでは一番有名。教会前広場の食べ物屋台が充実

●サンタ・クローチェ教会
●サンタ・クローチェ付属美術館

住 Piazza S. Croce
☎ 055-2466105
開 9:30〜17:30
㊐㊗14:00〜17:30
休 1/1、復活祭前の㊐、6/13、10/4、12/25、12/26
料 €8（教会、付属美術館と共通）
※切符売り場は教会正面から外側左奥へ。付属美術館やレザースクールへは教会内部（中央右）から中庭を通るとある

知ってる!?

教会内部には、レザースクールの店と工房がある。聖書にかける革カバー制作から始まり、メディチ家の保護のもとでスクールとして発足。現在も工房があり、職人の手仕事が見学できる（昼休みを除く）。店内では、手頃なコイン入れなどから、伝統技術を駆使した高級バッグなども販売している。時間はかかるが製品によっては、名入れも可。

付属美術館にあるチマブーエ作『十字架像』

エンターテインメント　●時代装束が練り歩く伝統の祭りとサッカー

●伝統行事

春のフィレンツェの呼び物は、復活祭当日の**Scoppio del Carro／スコッピオ・デル・カッロ**。大聖堂前で行われる、6世紀から続く伝統行事。大きな山車に取り付けられたたくさんの爆竹を爆破させる勇壮なもの。

6月には、中世装束に身を包んだ選手によるサッカー試合**Calcio Storico in Fiorentino／カルチョ・ストーリコ・イン・フィオレンティーノ**。試合前後に町を練り歩くきらびやかな時代衣装行列とは違い、いざ試合が始まると、サッカーというよりもプロレス。総勢28人の屈強な男たちの戦いは、見ているほうも熱くなる。例年救急車が出動し、ある年には、耳が取れるといった事故もあったとか。切符は共和国広場そば中央郵便局並びの**サッカーの切符売り場Chiosco degli Sportivi**
住 Via de' Anselmi
☎ 055-292363で。
6月の日曜に3回催される。

時代装束の行列

フィレンツェ・ゴシックの大輪の花 MAP P.142 A1・2

サンタ・マリア・ノヴェッラ教会 ★★★

Santa Maria Novella サンタ マリア ノヴェッラ

寄せ木細工のような美しいファサードをもった、奥行き100mもある教会。14世紀にドメニコ派の説教の場として造られた。内部には、マザッチョによる『三位一体』やロッビアの彩色テラコッタによる洗礼盤Lavabo（ラヴァーボ）。左側のゴンディ家礼拝堂には、ブルネッレスキの十字架、内陣部にはギルランダイオによる『マリアとサン・ジョヴァンニの生涯』のフレスコ画などがあり、見逃せない物ばかり。駅前広場の❶横からも入場でき、こちら側では緑の僧院のフレスコ画、スペイン礼拝堂、ストロッツィ礼拝堂などが見どころ(内部は続いている)。

フィレンツェ・ゴシックの典型、S. M. ノヴェッラ教会

●サンタ・マリア・ノヴェッラ教会
●S. M. ノヴェッラ博物館
住 Piazza S. M. Novella/Piazza della Stazione 4
☎ 055-219257／055-282187
開 ㊊～㊍ 9:00～19:00
　㊎ 11:00～19:00
　㊏ 9:00～17:30
　㊐㊗ 13:00～17:30
休 1/1、12/25
料 €5(共通券)
※駅前広場の❶カウンター横からも入場可

フィレンツェの町並みを一望 MAP P.139 C4

ミケランジェロ広場 ★★

Piazzale Michelangelo ピアッツァーレ ミケランジェロ

中央にミケランジェロの大きな『ダヴィデ像』(コピー)の建つ広場。町の東南、小高いこの丘から望むアルノ川に二分されたフィレンツェのバラ色の町並みとドゥオーモのクーポラは、印象的だ。フィレンツェのすべてが、この風景のなかにある。

フィレンツェを一望できるミケランジェロ広場の絶景を楽しもう！

ミケランジェロ広場へ

ミケランジェロ広場へは、S.M.N.駅東側からバス12番が10～13分間隔で運行している。所要20～30分。12番と逆回りの13番もほぼ同じ場所からの発車。13番は逆回りで、やや遠回りになる。また、12/24夕方、12/25、1/1など、バスは短縮運転になる場合があるので、帰りの便の確認を。

町の中心から徒歩で向かう場合は、グラツィエ橋Ponte alle Grazieとサン・ニッコロ橋Ponte S.Niccolóの間のポッジ広場Piazza G.Poggiからポッジ通りViale G.Poggiの坂道を上ろう。この場合は足元はしっかりした靴で。

✉ 徒歩でミケランジェロ広場へ

時間に余裕があり、体力に自信があるのなら徒歩で行くのをおすすめします。ヴェッキオ橋を渡り、アルノ川沿いをトッリジャーニ川岸通り、セッリストーリ川岸通りを歩くのはとても快適です。途中からミケランジェロ広場への案内板もあちこちに出てくるので、迷うことはないです。ただ、最後の坂道と階段は少々厳しいので、スニーカーがおすすめです。
(にゃん　'14)

エンターテインメント　●フィレンツェの初夏の風物詩　5月音楽祭に行こう

世界的に有名なフィレンツェの音楽フェスティバルがフィレンツェ5月音楽祭**Maggio Musicale Fiorentino／マッジョ・ムジカーレ・フィオレンティーノ**。4月から7月の間、盛りだくさんのプログラムが繰り広げられる。

夏の夜は、新趣向のオペラやバレエが催されたり、各教会での小さな音楽会など町のいたるところに楽しみがいっぱいだ。

●電話予約
☎ 055-2779309
開 ㊋～㊎10:00～18:00
※クレジットカードでの決済

●当日券
公演の1時間前から劇場の切符売り場で販売。
☎ 055-2779309
(㊋～㊏10:00～18:00)

●劇場案内
コムナーレ劇場
Teatro Comunale
住 Corso Italia 12
切符売り場
住 Corso Italia 15
☎ 055-2779309
開 ㊋～㊎10:00～18:00
　㊏10:00～13:00
休 7/31～9/1 地 P.138 B1
URL www.operadifirenze.it
●オンライン予約や演目調べに便利。公演日の1週間前までの切符を販売。

●サン・ミニアート・アル・モンテ教会
住 Vie del Monte alla Croci
☎ 055-2342731
開 9:30〜13:00
15:00〜19:00
㊐15:00〜19:00

サン・サルヴァトーレ・アル・モンテ教会
開 8:00〜20:00

静かにパノラマを楽しむなら

ミケランジェロ広場まで行ったら、サン・ミニアート・アル・モンテ教会へ足を運ぼう。鐘楼を従えたファサードはもちろん色大理石で装飾された内部も美しい。また、教会は階段上に位置しているため、フィレンツェを一望するすばらしいパノラマが広がる。ミケランジェロ広場のにぎわいがうそのように静か。ベンチで風景を楽しみながらひと休みしよう。

ロマネスク建築の美しき小品

MAP P.139 C4

サン・ミニアート・アル・モンテ教会 ★★

San Miniato al Monte サン ミニアート アル モンテ

ミケランジェロ広場の南に徒歩3分、さらに高い丘の上にある。内部の床、祭壇などは見事な貴石細工で飾られている。夕焼けに映える色大理石のファサードの美しさは壮麗だ。

サン・ミニアート・アル・モンテ教会へ向かう手前、慎ましやかに建つのはミケランジェロが**「美しい田舎娘」**とたたえたと伝えられる**サン・サルヴァトーレ・アル・モンテ教会**San Salvatore al Monte。クロナカの設計によるルネッサンス様式。

モンテ教会からのフィレンツェの町の眺め

色大理石のファサードがすばらしい

イタリア美術史

Arte rinascimentale
ルネッサンス美術(後期)

●天才たちの時代

16世紀にルネッサンスは各分野でその最盛期に達し、美術ではレオナルド、ミケランジェロ、ラファエッロという大天才を生む。

レオナルド・ダ・ヴィンチ Leonardo da Vinci(1452〜1519)はボッティチェッリとほぼ同時代であるが、盛期ルネッサンスの古典様式を確立する。万能人として**科学、芸術**の双方に通じ、絵画制作以外に自然を探究した膨大な素描と手稿を残している。**遠近法**を集大成し、**〈スフマート〉**と呼ばれる新しい明暗法を駆使して、形態と精神の統一的表現を達成する**『最後の晩餐』**Ultima Cenaミラノ、サンタ・マリア・デッレ・グラツィエ聖堂(→P.204)や、**『モナ・リザ』**La Gioconda、パリ、ルーヴル美術館が有名。

ミケランジェロ・ブオナローティ Michelangelo Buonarroti (1475〜1564)はフィレンツェの人文主義的環境で育ち、ローマでは出世作**『ピエタ』**Pietà(ヴァチカン・サン・ピエトロ大聖堂→P.92)、フィレンツェでは**「ダヴィデ」**Davide像(アカデミア美術館→P.158)を制作し評価を得る。さらにフレスコ画**『天地創造』**Genesi、**『最後の審判』**Giudizio Universale (いずれもヴァチカン、システィーナ礼拝堂→P.96)の大作では超人的な技量を見せ、その無数の人体像のムーヴマンと統一は来るべきバロックの先駆をなす。

ラファエッロ作『ひわの聖母』

このふたりに続いてルネッサンスの巨匠のひとりとして名を連ねるのが、**ラファエッロ・サンツィオ**Raffaello Sanzio (1483〜1520)である。同時代の巨匠達が達成した成果を吸収し、**天性の優美(グラツィア)の心情**により理想美を構築する。ヴァティカーノ宮(ヴァティカン宮殿→P.94)の諸室を飾るフレスコ画連作(**『アテナイ(アテネ)の学堂』**Accademia di Ateneなど)のほかに多数の聖母子像(**『ひわの聖母』**フィレンツェ、ウフィーツィ(ウッフィツィ)美術館→P.151、**『小椅子の聖母』**同、パラティーナ美術館→P.153)を残している。

(望月一史)

フィレンツェの歴史

うるわしき若さも　とどむすべなし
愉しみてあれ　明日知らぬ身なれば

—辻邦生"春の戴冠"より

この詩に、どこかはかない哀愁をたたえた、**ボッティチェッリの『春』や『ヴィーナスの誕生』**のイメージを思い浮かべる人もいるかもしれない。これは、フィレンツェの黄金時代を築いたといわれる、**ロレンツォ・デ・メディチ**の詩である。彼の生きた時代のフィレンツェは、華やかな外観をよそに、ひそやかに退廃が浸透しつつあった時代であり、1500年という大きな節目を前に終末意識を人々が感じ始めていた頃でもあった。1480年に南イタリアのオトラントを攻撃したトルコの脅威も、人々の心に暗い影を投げかけていた。この詩は、時代の雰囲気をよく伝えていると同時に、ボッティチェッリの官能的で甘い絵との共通項をもっているようでもある。ボッティチェッリもまた、この時代のフィレンツェを最もよく代表する画家であった。

ボッティチェッリの描くところの『ヴィーナス誕生』は、世紀末の雰囲気を残す

さて、フィレンツェの歴史をどこから語り始めようか。まずはカエサルに登場してもらうのがよいと思う。

●フィレンツェ誕生と毛織物の町としての発展

古代ローマの**名将カエサル**が紀元前59年にアルノ川北岸に植民地を築いたことが、フィレンツェの町の始まりである。カエサルはこの地に渡船場を整備し、アルノ川の安全な渡河を保証することでローマと北イタリアを結ぶ交通路の確保を図った。ローマ帝国の崩壊に続く混乱のために停滞したフィレンツェが、徐々に発展を再開するのは、9世紀以降のことである。1082年に神聖ローマ皇帝ハインリッヒ4世の軍を撃破したフィレンツェは、1125年には**自治都市を宣言**した。

フィレンツェ躍進の原動力となったのは、**毛織物業の発展**である。この点が、東西貿易から出発したヴェネツィアやジェノヴァと異なっている。フィレンツェの毛織物業者は、フランスやフランドル地方から輸入した羊毛と東方のレヴァント地方から輸入した染色材料を用いて上質の毛織物を生産、それをヨーロッパ諸国やエジプトなどへ輸出した。後年、イギリスなど新興国で毛織物業が盛んになると、フィレンツェの業者は、品質を高めることと、デザインの美しさに磨きをかけることで対抗した。現在、フィレンツェの**トルナブオーニ通り**にはグッチなど有名店が軒を連ね、フィレンツェではファッションが観光と並んで二大産業を形作っているが、案外、毛織物業の伝統が今のファッション産業に生かされているのかもしれない。

●金融の首府、フィレンツェ

次いで、フィレンツェの人々は、毛織物業で得た利益を国王や諸侯に貸し付けることで、**銀行業**を発展させた。フィレンツェで鋳造された**フローリン金貨**は、この時代のヨーロッパで最も権威ある通貨とされ、フィレンツェは13世紀末から2世紀にわたってヨーロッパの**金融の首府**として君臨した。つまり、この時代、フィレンツェがニューヨークのウォール・ストリートの役割を果たしていた。この銀行業の繁栄を抜きにしては、フィレンツェにおけるルネッサンスの開花は考えられない。後にフィレンツェの支配者となるメディチ家も、銀行業で財をなした一族であった。

フィレンツェの発展を担った商工業者は、1293年の「正義の規定」の布告によって豪族を市政から追放し、政治的にも権力を握った。**商人が都市の主人公となった**のである。この点でもフィレンツェは、早くにヴィスコンティ家が支配者となったミラノや、教皇のお膝元のローマとは異なっている。**1290年代**のフィレンツェでは、**サンタ・クローチェ教会、サンタ・マリア・デル・フィオーレ聖堂(ドゥオーモ)**、**ヴェッキオ宮**などの建設が相次いで着工されたが、それは、このとき権力を握った大商人の富と意気込みを示すものであった。今、フィレンツェで、これらの建物に接すると、人口10万の一都市がわずか数年の間にこれだけの建物を着工させたことに、驚嘆せざるをえない。1406年に宿敵ピサを征服したことで海への出口を確保したフィレンツェは、今や名実ともに**西欧経済の中心に位置**することになった。

1417年に**建築家ブルネッレスキ**によって着工された、**ドゥオーモの円屋根**は、このフィレンツェ繁栄のシンボルであった。町のどこからでも望むことのできる、その小山のような威容は、建築学上も奇跡とされている。その昔、フィレンツェを留守にした旅人は、帰郷の際、遠い丘の上からこの**赤い円屋根**の姿を認め、故郷に戻ったのだと安堵の息をついた、と伝えられている。フィレンツェの経済繁栄は、やがてメディチ家のもとでフィレンツェを芸術の都へ昇華させることになる。

●大パトローネ　コジモ・デ・メディチ登場

1434年、亡命先からフィレンツェへ戻ったコジモ・デ・メディチは、メディチ家を支持するグループによって市政を掌握した。コジモはフィレンツェ市民の自由への情熱を配慮し、自らは政治の第一線に立つことを避け、メディチ家の富と民衆のメディチ家に対する好意を利用して、**間接的**にフィレンツェを支配することに意を尽した。そして、有能な経営者として事業の発展へ努力を傾注した。コジモ自身の生活は非常に簡素なものだったが、**学芸の発展には費用を惜しまず**、ギリシア人の碩学(せきがく)をフィレンツェに招き、さらに諸国から貴重な書籍を購入し、学問を志す人々に公開した。この時代、コジモの保護のもとにフィレンツェで活躍した芸術家に、**ギベルティ、ドナテッロ、フラ・アンジェリコ、フィリッポ・リッピ、ウッチェッロ、アルベルティ**らがいる。

●天才、ブルネッレスキの町

コジモはまた、**ブルネッレスキやミケロッツォ**を使って大造営事業を行った。このブルネッレスキの手でルネッサンスのフィレンツェは面目を一新した。自分の足でフィレンツェの町を歩いてみると、フィレンツェを代表する芸術家は、レオナルドやミケランジェロではなく、実は建築家のブルネッレスキなのだ、ということに気づくはずである。**ドゥオーモの円屋根**をはじめとして、**サン・ロレンツォやサント・スピリト**の両教会など、都市のいたるところにブルネッレスキの仕事の跡が認められる。フィレンツェで最も美しい広場である**サンティッシマ・アンヌンツィアータ広場**もブルネッレスキの設計だし、壮麗な**ピッティ宮**も彼の設計に基づいたものである。フィレンツェの町の美しさは、ブルネッレスキの天才とフィレンツェの経済的繁栄によって生まれた、といえる。そして、このフィレンツェでは、**都市そのものがルネッサンス文化が生み出した完璧な作品**であり、街並みにルネッサンスが生き続けているということを、忘れてはならない。

●ロレンツォ・デ・メディチの野心と復しゅう

1469年にフィレンツェの支配者の地位に就いた、**コジモの孫ロレンツォ**は、このとき20歳の若者だった。しかし、権力の座に就くや非凡な政治的手腕を発揮、メディチ家を支持するグループに権力を集中させた。だが、ロレンツォの辣腕ぶりは反対派の焦りを招き、1478年、**パッツィ家の陰謀事件**が発生した。復活祭の最中の4月26日、日曜のミサが行われているドゥオーモで、陰謀の実行グループはロレンツォとジュリアーノのメディチ兄弟を襲った。弟ジュリアーノは暗殺者の凶刃に倒れたが、ロレンツォは軽い傷を負っただけで、仲間に守られて聖具室へ逃れた。

ドゥオーモでの暗殺と並行して、別のグループが、市庁舎のあるヴェッキオ宮を占拠すべく、シニョリーア広場で民衆を煽動(せんどう)した。だが、ジュリアーノの死に激昂したフィレンツェ市民は彼らの自由への訴えに耳を貸さず、**クーデターは失敗**に終わった。この事件に対するメディチ家の復しゅうは苛烈を極めた。3日の間に、陰謀に加担したとみられる70人以上の人々が、ヴェッキオ宮やバルジェッロ宮の窓から縛り首の刑に処された。ジュリアーノ暗殺の下手人は、コンスタティノープルで捕らえられ、トルコのスルタンからロレンツォに引き渡され、1年半後にバルジェッロ宮の窓から絞首された。**レオナルド**がその処刑の模様をデッサンに描いている。

この事件後、**ナポリ軍がフィレンツェ領内に攻め込み**、一時フィレンツェは苦境に立たされたが、ロレンツォは、生命の危険も顧みず単身ナポリ王のもとへ乗り込むという、起死回生の手段に訴え、**平和の実現に成功**した。フィレンツェへ戻ったロレンツォは、メディチ家によるフィレンツェ支配を確立。これ以降、祖父コジモの政策を受け継いでイタリアの平和維持に努めた。フィレンツェではルネッサンス文化が花開き、後年、ロレンツォの時代は**フィレンツェの黄金時代**である、とされた。

繁栄のシンボル、ドゥオーモの円屋根

●フィレンツェの黄昏

しかし、実はそれは、フィレンツェのルネッサンスが生命を終える直前の、最後の一瞬の輝きだったのである。ロレンツォの時代、メディチ家の**事業は衰退**に向かっていたが、これは、ロレンツォの経営能力の欠如というより、この時代の一般情勢によるものであった。ロレンツォはしだいに事業から手を引き、資金を土地購入に充てるようになっていった。そして、政治活動の余暇は、カレッジの別荘でネオ・プラトニズムの文人グループと優雅な哲学論議に時を過ごすようになった。

哲学者や詩人の集う
プラトン・アカデミーがおかれたカレッジの別荘

●怪僧サヴォナローラ登場

ロレンツォの晩年、フィレンツェでは、サン・マルコ修道院長サヴォナローラの説教が人々の心をとらえていた。彼はフィレンツェ市民の享楽的な生活を激しく非難、神の教えに従って清貧の暮らしを送ることを説いた。**フラ・アンジェリコの『受胎告知』**で名高い**サン・マルコ修道院**（現在のサン・マルコ美術館）はコジモ・デ・メディチの建立によるもので、一番奥の三室は院長の居室で、現在はサヴォナローラの肖像画や遺品が収められている。メディチ家にゆかりの深いサン・マルコ修道院の院長が、ロレンツォを専制君主として告発したのである。それは、**ロレンツォに体現されたルネッサンスの理想に対する中世の挑戦**だった。病床のロレンツォはどんな思いでそれを聞いたことだろう。

自由と独立のシンボル、ミケランジェロ作のダヴィデ像

サヴォナローラの名声をさらに高めたのは、ロレンツォの死と外敵の侵入を**予言**したことである。説教の会場はサン・マルコ修道院からドゥオーモへ移されたが、それでも中に入りきれない聴衆がドゥオーモ周辺にあふれた、という。1494年、フランス軍の侵入後**メディチ家が追放**され、フィレンツェでは民主的な政府が成立したが、深刻な内部対立により**市政は混乱**が続いた。この混乱を切り抜けるには、サヴォナローラの威信に頼るしかなかった。

サヴォナローラのもとで、フィレンツェの街は灯が消えたようになった。彼は純真な少年たちによって**風紀取締隊**を組織、人々の生活を監視した。1497年のカーニバルの最終日、シニョリーア広場に**ばくちの道具、化粧品、華美な衣服、卑猥（ひわい）な書物**などが集められ、**虚栄の焼却**が行われた。しかし、これがサヴォナローラの威勢の頂点だった。フィレンツェのような都市で、このような禁欲的な生活が長続きするわけはなかった。サヴォナローラが教会の改革を主張して教皇アレクサンデル6世と対立し、教皇から破門されるとフィレンツェの民心は彼から離れた。1498年5月、サヴォナローラは異端の罪により**シニョリーア広場で火刑に処され**、遺灰はアルノ川に投げ捨てられた。現在、広場の処刑跡にはそれを伝える碑が埋め込まれている。

サヴォナローラの処刑の直後にフィレンツェ共和国第二書記官長に就任した**マキャヴェリ**の努力により、フィレンツェは、教皇アレクサンデル6世の庶子、**チェーザレ・ボルジア**の野望をくじき、自由と独立を守った。**ミケランジェロのダヴィデ像**は、このフィレンツェの自由と独立を象徴した作品で、作られた当初は、シニョリーア広場に置かれていた。しかし、1512年、フィレンツェに進攻した**スペイン軍**の前に、マキャヴェリによって組織された**市民軍は壊滅**し、メディチ家がそのあと押しでフィレンツェへ復帰すると、フィレンツェでは自由が失われ、再びこの地でルネッサンス文化が花開くことはなかった。

（小林　勝）

フィレンツェのレストランガイド

豪快なフィレンツェ風ステーキは
リストランテで

落ち着いた雰囲気、行き届いたサービス、そして、十分に吟味された材料と確かなシェフの腕。"旅の楽しみは食なり"と主張するグルメなら、一度は評判の高い店へ足を運びたい。リストランテならば、予約はしたほうがベターだ。英語も通じることが多い。もし予約なしならば、開店直後なら席が取れる可能性がある。

フィレンツェの町の雰囲気に浸りながら、家庭的でおいしい料理を肩ひじ張らずに食べたい人にはトラットリアがよい。どこも€25〜35あれば大丈夫。開店直後夕方なら7時に出かけ、相席もいとわないことが必要。何しろ地元の人、観光客で大にぎわいのお店が多いからだ。時間もお金も節約したい人には強い味方がピッツェリアやセルフサービスのレストラン。観光地だけあってたくさんあるが、そのなかのおすすめを紹介しよう。

定番料理のトリッパのフィレンツェ風

チェントロ地区

オーラ・ダリア

P.141 C3

Ora d'Aria

ウッフィツィ美術館の裏側、小路に面したガラス張りのキッチンが目印。明るくモダンでエレガントな雰囲気。トスカーナ料理をベースにした若々しい感性を感じさせる創造的料理がお得意。おしゃれして行きたいレストラン。ミシュランの1つ星。 要予約

住 Via dei Georgofili 11/13r
☎ 055-2001699
営 12:30〜14:30、19:30〜22:00
休 ㊐、㊊昼、1/25〜2/7、8/8〜8/28
予 €80〜120、定食€120(コペルト€5)
C A.D.J.M.V.
交 シニョリーア広場から徒歩3分

ブーカ・マリオ

P.142 B1

Buca Mario dal 1886

フィレンツェの典型的なトラットリア。気取らぬ雰囲気のなか、おいしいフィレンツェ料理とワインが味わえる。豪快なフィレンツェ風ステーキ（ビステッカ・フィオレンティーナ）やポルチーニ茸のグリルにファンが多い。
要予約

住 Piazza degli Ottaviani 16/r
☎ 055-214179
営 19:00〜22:00
休 12/10〜12/21
予 €55〜90(コペルト€4)
C A.J.M.V.
交 S.M.ノヴェッラ教会と広場を背に、ほぼ正面100mの小さな広場に面して建つ

トラットリア・マリオ

P.141 A3

Trattoria Mario

中央市場のすぐ近く、1953年創業の店。店内は狭く相席は当たり前にもかかわらず、いつも満員の人気店だ。日替わりのメニューには伝統的なフィレンツェの家庭料理が並ぶ。予約は受け付けない。
✉ メニューはレジ横に張ってあるだけ。それも手書きで、読むのが難しかったが、選んでいると店員さんが注文を取りに来てくれました。地元の人で大混雑、料理は味も量も値段も大満足。
（東京都　富田夏帆　'12)['16]

住 Via Rosina 2/r　☎ 055-218550
営 12:00〜15:30　休 ㊐㊗、8月
予 €18〜35(コペルト€0.50)
C M.V.　交 中央市場から徒歩1分

セルジョ・ゴッツィ

P.143 A3

Sergio Gozzi

サン・ロレンツォ教会のすぐ近く、露店が店を並べるにぎやかな広場の一角にある庶民的なトラットリア。1915年創業、4代にわたる家族経営だ。伝統的なしつらえの店内で家庭的なフィレンツェ料理が味わえる。手軽に早く、伝統料理を味わいたいときに最適。

住 Piazza S.Lorenzo 8r
☎ 055-281941
営 12:00〜15:00
休 ㊐、7月下旬の2週間、8月
予 €18〜28(コペルト€2)
C A.M.V.
交 中央市場から徒歩2分

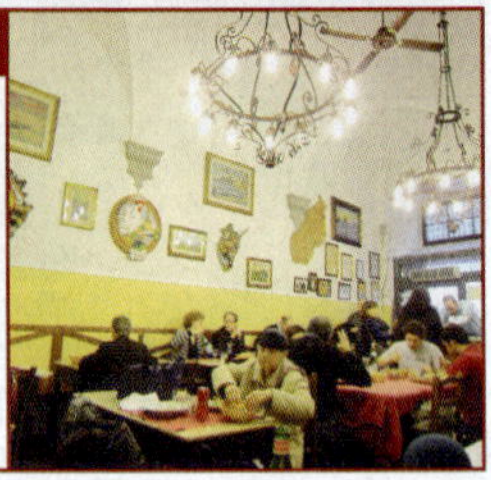

マリオーネ　P.142 B2

Marione

フィレンツェの家庭料理の店で、雰囲気もアットホーム。シンプルな店内は昼時は近隣で働くサラリーマンなどでにぎわう。お財布の心配のいらない一軒。
✉いつも混んでいるので、電話予約か名前を言って店の前のベンチでワインを飲んでいると、割合早く席に着くことができます。（東京都　茶々丸　'09）['16]

- 住 Via della Spada 27/r
- ☎ 055-214756
- 営 12:00～17:00、19:00～23:00
- 休 無休
- 予 €20～35（コペルト€1）
- C A.D.J.M.V.
- 交 ドゥオーモから徒歩7分

B ダ・ネルボーネ　P.141 A3

Da Nerbone

中央市場1階で、常に行列ができている店。長い歴史を誇り、フィレンツェっ子の愛する、ランプレドットやボッリートのパニーノで有名。簡単なテーブルもあり、安くて味のよいフィレンツェ庶民の伝統料理が味わえる。

- 住 Mercato Centorale 1階
- ☎ 055-219949
- 営 7:00～14:00
- 休 ㊐
- 予 €3.5～25
- C 不可
- 交 中央市場内

B レオナルド　Self Service Leonardo　P.143 B3

中央郵便局の近くで、観光の途中にも便利な立地。界隈で働くサラリーマンや学生に人気のセルフサービスレストラン。夏や年末年始も営業しているのも便利。「味より量」の人におすすめとの投稿あり。
日本語メニュー

- 住 Via dei Pecori 11（2階）
- ☎ 055-284446
- 営 11:45～14:45、18:45～21:45
- 休 無休　予 €4.50～20　C M.V.
- 交 ドゥオーモから徒歩3分

B ホット・ポット　Hot Pot　P.143 C3

ピッツァ、トスカーナ料理、デザートなどが好きに選べる、広いセルフサービスレストラン。金曜は魚料理のメニューが増える。ランチタイムには、地元の人やツーリストでいっぱい。味より「値段で勝負」の投稿あり。
日本語メニュー

- 住 Via dei Lamberti 5～7/r
- ☎ 055-213381
- 営 10:00～22:00
- 休 無休　予 €6～20　C J.M.V.
- 交 シニョリーア広場から徒歩2分

B イ・ドゥーエ・フラテッリーニ　I Due Fratellini　P.143 C4

シニョリーア広場周辺では地元っ子がパニーノをほお張る姿を目にするはず。そのパニーノを作っているのがここ。ごくごく狭い店頭に昼時は列ができる。パニーノは1個€3～、グラスワイン€2～なども揃う。
日本語メニュー

- 住 Via de' Cimatori 38/r
- ☎ 055-2396096
- 営 10:00～18:00
- 休 8月1週間　予 €3.20～　C M.V.
- 交 シニョリーア広場から徒歩2分

フィレンツェのB級グルメ

フィレンツェを代表するB級グルメといえば、**トリッパ**Trippa（牛の第2胃袋）や**ランプレドット**Lampredotto（牛の第4胃袋）などの**モツ類**。町角には、移動屋台が店開きしているが、まずはグルメスポットが集結している**中央市場**Mercato Centrale（→P.169）へ行こう。1階ではトリッパやランプレドットのパニーノで有名な**ダ・ネルボーネ**Da Nerboneはいつも大行列。魚売場では魚介類の揚げ物も人気。
2階は広々としたフードコートの**イル・メルカート**Il Mercatoだ。利用の仕方は簡単。各売り場で注文し、支払い、料理を持って好きなテーブルへ。飲み物は各売り場でワインやビールなど好きな物を選んでもいいし、係が注文を取りにもきてくれる。モツ類ならランプレドットで有名な**ロレンツォ・ニグロ**Lorenzo Nigroのパニーノがおすすめ。入口近くの肉屋では、メニュー以外にも肉を自分で選んでビステッカ・フィオレンティーナ（600g以上なので、大勢で出かけよう）を焼いてもらうことができ、味も好評だ。

ランプレドットのカウンター

肉屋でディナーを注文。合計で24ユーロ

イル・サント・ベヴィトーレ

P.142 C1

Il Santo Bevitore

店内にはズラリとワインボトルが並び、ワイン庫に迷い込んだようなワインバー兼レストラン。トスカーナ産を中心に品揃えしたワインやチーズをはじめ、量もタップリなパスタやセコンドなどが味わえる。カジュアルでちょっとおしゃれな雰囲気。 要予約

住 Via Santo Spirito 64/66
☎ 055-211264
営 12:30～14:30、19:30～23:30
休 ㊐昼、8月2週間
予 €25～50（コペルト€2.50）、定食€36
C J.M.V.
交 カライア橋左岸から徒歩2分

アッラ・ヴェッキア・ベットラ

P.140 C1

Alla Vecchia Bettola

大きなテーブルが庶民的な雰囲気。メニューは毎日替わり、ワインも120種と充実の品揃え。家庭的なトスカーナ料理を味わえる。トマトと生クリームのソースに唐辛子がきいたペンネ・アッラ・ベットラがお店のおすすめ。 できれば予約

住 Viale Vasco Pratolini 3/7
☎ 055-224158
営 12:00～14:30、19:30～22:30
休 ㊐㊊、8月中旬10日間、12/24～1/5
予 €30～50(コペルト€2)、定食€50 C D.J.M.V
交 カルミネ教会から徒歩6分

トラットリア・クワトロ・レオーニ

P.140 C2

Trattoria 4 Leoni

地元っ子に人気のパッセラ広場にあるトラットリア。リボリータやパッパ、ビステッカ、フリットなど季節のトスカーナ料理が味わえ、昼から夜まで通して営業しているので、お昼を食べ損ねたときや早めに夕食をしたいときにも便利。金曜は魚料理が充実。 できれば予約

住 Via dei Vellutini 1/r, Piazza della Passera
☎ 055-218562
営 12:00～24:00
休 一部の㊗
予 €25～50(コペルト€2)
C A.D.J.M.V.
交 ピッティ広場から2～3分

デル・カルミネ

P.140 B1

Del Carmine

カルミネ教会のすぐそばにある家族経営のトラットリア。気取りのない雰囲気のなか、トスカーナ・フィレンツェ料理が楽しめる。夏の夜は古い町並みを見渡す広場に並べられたテーブルでの食事も楽しい。 できれば予約

住 Piazza del Carmine 18/r
☎ 055-218601
営 12:15～14:30、19:15～22:30
休 ㊐、6/1～9/30
予 €30～35(コペルト€2)
C A.D.J.M.V.
交 カルミネ教会から徒歩1分

トラットリア・ラ・カーザリンガ

P.140 C2

Trattoria La Casalinga

1963年創業、これぞイタリア版おふくろの味。サント・スピリト教会の脇にある庶民に人気の店。その名もカーザリンガ（主婦）のとおり、フィレンツェ版マンマの味が楽しめる。今や、旅行者にも大人気の店なので、早めに出かけよう。 夜は要予約

住 Via dei Michelozzi 9/r
☎ 055-218624
営 12:00～14:30、19:00～22:00
休 ㊐、8月の3週間
予 €20～35(サービス料€2)
C D.J.M.V.
交 サント・スピリト広場から1分

イル・マガッツィーノ

P.140 C2

Il Magazzino

フィレンツェを代表する郷土料理、トリッパやランプレドットの専門店。昼夜問わず地元の人々に愛されている。温かみのあるインテリアの店内はジューシーな香りで満たされている。 要予約

住 Piazza della Passera 2/3
☎ 055-215969
営 12:00～15:00、19:30～23:00
休 12/24、12/25
予 €20～30(コペルト€2)
C A.D.J.M.V.
交 ピッティ宮から徒歩2分

サンタ・マリア・ノヴェッラ駅周辺

イ・クワトロ・アミチ P.140 A2

I 4 Amici

新鮮な魚介類が人気の一軒。魚料理を中心に定番のトスカーナ料理もあるので、魚・肉好きどちらにもうれしい。広い店内は明るくモダンな雰囲気にまとめられ、サービス係も親切で定食も充実。自家製のパンやデザートもいい。

できれば予約　日本語メニュー

住 Via degli Orti Oricellari 29/r
☎ 055-215413
営 12:00～14:30、19:00～23:00
休 クリスマス
予 €30～80（コペルト€2.50）、定食€35
C A.D.J.M.V.
交 S.M.ノヴェッラ駅から徒歩3分

イル・ラティーニ P.142 B2

Il Latini

開店前から行列ができる人気の1軒。オーナー自ら迫力ある声で店内を仕切り、男性スタッフも元気いっぱい。ワイルドなトスカーナ料理をお望みの向きにおすすめ。

要予約　日本語メニュー

住 Via dei Palchetti 6/r
☎ 055-210916
営 12:30～14:30、19:30～22:00
休 ㊊、12/20～1/2
予 €38～77、定食€45
C D.J.M.V.
交 S.M.ノヴェッラ駅から徒歩8分

ソスタンツァ・トロイア P.142 B1

Sostanza Troia

1869年創業の歴史を誇る、庶民的な下町風トラットリア。家庭料理が売り物だ。田舎風スープのズッパ・ディ・パエザーナやビステッカ、煮込みのストラコットなどがおすすめ。

できれば予約

住 Via del Porcellana 25/r
☎ 055-212691
営 12:30～14:00、19:30～21:45
休 ㊏㊐（4～5月、9～10月は㊐のみ）、8月、12/23～1/7
予 €40～70（コペルト€3）、定食€40、70　C 不可
交 S.M.ノヴェッラ教会から徒歩4分

チェントポーヴェリ P.142 B1

Osteria Pizzeria Centopoveri

✉ 明るくモダンなお店。お昼の定食が充実。お店の人も親切。夜は本格的なピッツァが楽しめます。（東京都　ココロ　'09）

✉ 昼定食はプリモ、セコンドをそれぞれ2種類から選べ、ミネラルウォーターのほかにワイン（白または赤）、パン、コーヒーまでついて€10。量・質ともにこの値段で大満足でした。（junboya　'12）['16]

日本語メニュー

住 Via Palazzuolo 31/rとVia del Porcellanaの角
☎ 055-218847　営 12:00～15:00、19:00～23:30　休 無休
予 €10～35（コペルト€1.50）、定食€10（昼のみ）、€35　C A.D.J.M.V.
交 S.M.N.広場から徒歩2～3分

そのほかの地区

トラットリア・チブレオ-チブレイノ P.139 B4

Trattoria Cibrèo-Cibreino

フィレンツェの名店、チブレオの隣にある姉妹店。手頃な料金で味わえるのとカジュアルさが魅力。田舎家風のインテリアで味もサービスもグッド。相席覚悟、予約不可、現金のみ。

✉ 店員さんが日本語が上手でビックリ。とてもよいのですが、ビステッカはありません。（福岡県　エリカ　'12）['16]

住 Via de'Macci 122/r
営 12:50～14:30、19:00～23:15
休 ㊊、2月の1週間、7月末～8月
予 €30～38、定食€35
C 不可
交 チョンピ市場のロッジアから徒歩2分

新名所、中央市場のイル・メルカートへ行こう!

鉄骨とガラス造りが目を引く、大きな中央市場はすでに140年余。一時期少しさびれた感じがあったが、2014年春に斬新に生まれ変わった。1階は以前のように生鮮食品中心の市場。2階に大規模なフードコート**イル・メルカート**Il Mercato（住 Mercato Centrale Firenze, Piazza del Mercato Centrale　営 10:00～24:00（1階は7:00～14:00頃）　休 無休　地 P.141 A3）が誕生した。パニーノからTボーンステーキ、揚げ物、ケーキ、ワイン、ビールまで何でもありの、楽しめる食のパラダイス。

イル・メルカートの様子

ペルケ・ノ！

P.143 C3

Perchè No !

1939年創業の歴史のある有名なジェラテリア。老若男女を問わずこの店のファンは多い。40種類もの味が勢揃い。人気があるのが、ピスタチオPistacchio、フィオーリ・ディ・ラッテFiori di Latte、ハチミツMiele、季節限定もの（9月はイチジクFico）など。英語OK。 日本語メニュー

住 Via del Tavollini 19/r
☎ 055-2398969
営 11～2月　12:00～20:00
　3～10月　11:00～23:00
休 11～2月の㊋
予 €2～10
C 不可
交 ドゥオーモより徒歩4分

ジェラテリア・デッラ・パッセラ

P.140 C2

Gelateria della Passera

パッセラ広場の一角、いつも行列のできるジェラテリア。間口は狭く、フタ付きのアルミの容器がいくつも並んだ店内はどこかノスタルジック。見慣れないフタ付きの容器は味わいを損ねないためという。ジェラートは素材にこだわり、季節の素材と無添加が売りの手作り。他では見かけないオリジナルの味わいにもトライしてみたい。

住 Via Toscanella 15/r
☎ 055-291882
営 12:00～24:00
休 一部の㊗
予 €1.50～　C 不可
交 ピッティ広場から2～3分

ヴィヴォリ

P.141 B4

Vivoli

伝統的な作り方をそのまま残し、カップのみの、誇りと自信のジェラテリア。色鮮やかなフルーツ味の種類も充実。毎日35～40種勢揃いする。季節のフルーツを使ったジェラートやチョコレートが特におすすめ。昼はパスタやパニーノなどの軽食あり。店内はクラシックな雰囲気。

住 Via Isola delle Stinche 7/r
☎ 055-292334
営 4～10月　7:30～24:00　㊐9:00～24:00
11～3月　7:30～21:00　㊐9:00～21:00
休 ㊊、1月3週間、8月1週間
予 €2.50～　C M.V.
交 バルジェッロ国立博物館から徒歩3分

カフェ・アメリーニ

P.142 B2

Caffè Amerini

トルナブオーニ通りから続くショッピング街にある町の人が集うカフェ。昼食時には、周辺で働く人たちでにぎわう。テーブル席も広く、パスタ（€4.50～）やサラダ（€8.50）、パニーノ（€4.50）、お菓子も充実しているので、簡単に食事したいときにも最適。18:00～はビュッフェ付きのハッピーアワー。

住 Via della Vigna Nuova 63/r
☎ 055-284941
営 9:00～20:00
休 ㊐、8月の2週間
予 €1.50～10　C D.J.M.V.
交 トルナブオーニ通りから徒歩3～4分

ジッリ

P.143 B3

Gilli

レプッブリカ（共和国）広場の老舗のカフェ。カプチーノの泡立ちは秀逸。お菓子のおいしさも有名だ。パスタやサラダなどの簡単なランチも食べられる。 日本語メニュー

✉ 以前の投稿に「強引に食べ物をすすめられて不快」とありましたが'14年3月の利用時はそんなことはありませんでした。また、おみやげにチョコを購入する際も、店員さんに非常に好感をもちました。　（小上雄矢　'14)['16]

住 Piazza della Repubblica 39
☎ 055-213896
営 7:30～24:00　休 一部の㊗
予 €2～、テーブル席€28～
C A.D.J.M.V.

リヴォワール

P.143 C3

Rivoire

シニョリーア広場に面した老舗のカフェ。町の人にとって冬に味わうここのホットチョコレートは格別なもの。サンドイッチやサラダなどの軽食もある。英仏語OK。

✉ 眺めのいい席で昼食を楽しくいただきましたが、注文とレシートがあっていませんでした。お会計はしっかり確認を。　（東京都　茶々丸　'09)['16]

住 Piazza della Signoria 5
☎ 055-214412
営 7:30～22:30（24:00夏季のみ）
休 ㊊、1/15～1/30
予 €2.50、テーブル席€10～
C A.D.J.M.V.
交 シニョリーア広場の一角

食べる! フィレンツェ

華やかなるルネッサンスの町、フィレンツェ。世界中がまだ指で料理をつまんで食べていた頃、世界に数百年先駆けて、ナイフとフォークを使い始め、今のフランス料理に欠かせない、さまざまな料理法をフランスに伝えたフィレンツェ。今も昔も豊かな自然に囲まれたこの町の食卓には、緑濃い山あいからは**イノシシ、野ウサギ、ポルチーニ茸**。キアーナ峡谷からはフィレンツェ風Ｔボーンステーキに欠かせない**最高級牛肉のキアーナ牛や鶏肉**。そして**キャンティワイン**と**最上のオリーブ油**とおいしい素材が盛りだくさん。そんなフィレンツェの郷土料理は、素材を生かしたシンプルかつ上品で文化の高さがよくわかる確かな味。そして、もうひとつ忘れてならないのはフィレンツェっ子気質からくる、フィレンツェ料理がたいへん経済的な物だということ。世界の一大商業地として君臨した商人の末裔ながら、自らをイタリア一のしまり屋と言う彼らは、固くなった残り物のパンさえ、おいしく料理してしまう。フィレンツェでは、まだ文字の読めない幼児でも、お金の勘定だけはできるといわれるくらい、フィレンツェ人の経済感覚は鋭い。

実践的なフィレンツェ料理解説といこう。目指すお店のテーブルに着いたら、前菜から味わおう。まずはトスカーナ産の**ハムやサラミの盛り合わせ**、**イノシシのハムProsciutto di Cinghiale**や**ウイキョウの種の入ったスパイシーな大型ソーセージFinocchiona**がおすすめ。トスカーナのパンは無塩なのでこれら保存食と食べるとおいしい。イタリアでも珍しい、無塩パンの由来は、ただケチだからとか戦いのときの塩不足からと人それぞれ。そのパンの上に鶏のレバーペーストをのせたカナッペCrostini di Fegatoもよく食べられる。

生ハムやサラミ、ラルド(ラード)の盛り合わせ

レバーペースト、白インゲン、トマトのヘルシーなクロスティーニ

前菜にも**1皿目**としても食べられるのが、**パンのサラダPanzanella**。生のトマト、玉ねぎ、アンチョヴィ、バジリコ、オリーブ油で味付けした物。夏の暑い盛りには食欲をそそる。そして肌寒くなる頃には、極上の緑のオリーブ油を一筋加えて食べる**パン入り野菜スープRibollita**が欠かせない。体の芯まで温めてくれるこの料理は、かつては近郊の農夫が日曜に食べるために、金曜から煮込んだといわれるごちそうだ。乾燥パスタ料理にはあまり特色がない土地ながら、秋から冬にかけては、**野ウサギのソースであえた幅広手打ち麺Pappardelle alla Lepre**がおいしい。

ポルチーニやミートソースとも合わせるパッパルデッレ

2皿目には、**Tボーンステーキ**のBistecca alla Fiorentinaがあまりにも有名。塩、胡椒、オリーブ油をまぶしただけの炭火焼きのステーキは絶品。メニューに表示してある（1etto）とは100g当たりの値段。ひと皿2人前、500gは優にある大きさ。お財布の中身と相談？　なんていう人へのおすすめは、**豚背肉のロースト、Arista**。ニンニク、ローズマリーの香りが食欲をそそる。そのほか**鶏の唐揚げのようなPollo fritto alla Toscana**、**牛の胃袋をトマトで煮込んだTrippa alla Fiorentina**や**秋の味覚の王様ポルチーニ茸のグリルPorcini alla Griglia**もぜひ試してみたい。

日本人好みの一品、アリスタ

付け合わせには、**白インゲンをトマト味で煮込んだFagioli all'Uccelletto**や細口の瓶に豆を入れ暖炉の灰の中に埋め、ゆっくり煮るというFagioli al Fiascoがおすすめだ。イタリア人がトスカーナの人を陰で「豆食い」と呼ぶほど、彼らは豆が大好き。さて、残るはデザートだ。地方色の濃い伝統的なお菓子は、家庭では作られるものの、その素朴な持ち味のためか、あまりリストランテには登場しないのが残念。フィレンツェっ子がお菓子の次に注文するのが**甘口デザートワインVin Santo(聖なるワイン)**。**特産のアーモンド入りハードビスケットBiscotti di Prato**をワインに浸しながら食べるのが決まり。ここからコーヒーまで、夜の更けるのも忘れておしゃべりが弾むのが、フィレンツェそして、イタリアでのお楽しみ。

庶民的なトラットリのデザートの定番

私のおすすめ情報

コナド（→P.175）のエコバッグはお店のマークのお花がとてもかわいい。値段も€2、軽くて使いやすくて、おみやげにおすすめ。
（宮城県　ユウニャン　'16）

フィレンツェのコイン3階の女性下着売り場そばのトイレは無料で比較的空いてます。
（宮城県　ユウニャン　'16）

こだわりの格安カフェ

サンドウィシック
SandwiChic

フレンドリーなスタッフがサンドイッチを目の前で作ってくれます。1個€4～6。フォカッチャと自家製のサラミ&マッシュルームがおいしかった。材料は地元の新鮮なものにこだわっているそうです。
（Emi　'15）

住 Via San Gallo 3/r
☎ 055-281157
営 10:30～20:30

●のみの市Mercato delle pulci

ドゥオーモの東700m、チョンピ広場Piazza del Ciompi（チョンピ市場のロッジア）で、7月を除く毎月最終日曜日に開かれる。家具、骨董品、書籍、コインなどが並ぶ。
地 P.141 B4

フィレンツェの紙製品は格調高いおみやげ

世界に名立たるグッチの本店や日本でも大人気のフェラガモの本店。あのジノリの発祥の地もフィレンツェと、イタリアのブランドを語る上で欠かせない町がフィレンツェだ。ヴェッキオ橋に並ぶたくさんの金銀細工は、400年来の伝統を誇る。プッチーニのオペラ「ジャンニ・スキッキ」で、ヒロインが金の指輪を買ったのもヴェッキオ橋だった。

ブランドフリークにとって外せない、フィレンツェの買い物ゾーンといえば、トルナブオーニ通りVia de' Tornabuoniやヴィーニャ・ヌオーヴァ通りV. d. Vigna Nuova。ショーウインドーのディスプレイを眺めるだけでも十分に楽しい。日本人が大挙押しかける、ミラノやローマでは入手不可能な品が残っていたりもする。ショッピングに興味のある人には、シニョリーア広場とドゥオーモを結ぶ、広い歩行者天国のカルツァイウォーリ通りVia de' Calzaiuoliも必訪だ。

伝統技法が伝わるフィレンツェの皮革製品

グッチ［ブランド］　P.142 B2

Gucci

デザイン、機能性ともに充実

さすが本店の貫録。品揃えが充実。店内もすっきりと見やすくなっている。小物シリーズはおみやげにも最適。新ショップがVia della Vigna Nuova 11/rにもある。

住 Via de' Tornabuoni 73/r
☎ 055-264011
営 10:00～19:30
休 ㊐
C A.D.J.M.V.
交 サンタ・マリア・ノヴェッラ広場から徒歩6分

サルヴァトーレ・フェラガモ［ブランド］　P.142 C2

Salvatore Ferragamo

伝説の靴職人、フェラガモ

今やフィレンツェのシンボルのひとつといってもよいほどのフェラガモの店。館内には創立者の歴史がのぞける美術館があり興味深い（写真は、フェラガモズという復刻作品）。

住 Via de' Tornabuoni 14/r
☎ 055-292123
営 10:00～19:30、㊐11:00～19:00
C A.D.J.M.V.
交 サンタ・マリア・ノヴェッラ広場から徒歩9分

ロベルト・カヴァッリ［ブランド］　P.142 B2

Roberto Cavalli

人気急上昇の注目ブランド

トルナブオーニ通りの名物カフェ、ジャコーザの場所にオープン以来、フィレンツェのおしゃれ人間の熱い注目を浴びている。トスカーナ生まれのブランド。派手で華やかなのにエレガントで素材もよい。

住 Via de' Tornabuoni 83/r
☎ 055-2396226
営 10:00～19:00
休 ㊐（最終㊐除く）
C A.D.J.M.V.
交 サンタ・マリア・ノヴェッラ広場から徒歩5分

プラダ【ブランド】

P.142 B2

Prada

フィレンツェの新しい顔

今までセレクトショップのみで売られていたフィレンツェのプラダ。直営店が誕生して、買い物もしやすくなった。シンプルな室内、常時警備員がいるほどの大人気。リラックスして着られる、プラダの洋服に力を入れている。

住 Via de' Tornabuoni 53/r, 67r
☎ 055-267471
営 10:00〜19:30、㊐10:00〜19:00
C A.D.J.M.V.
交 サンタ・マリア・ノヴェッラ広場から徒歩6分

エミリオ・プッチ【ブランド】

P.142 C2

Emilio Pucci

地中海の色、プッチ・カラー

プッチワールドが醸し出す美しい色彩の世界が広がる店内。2階のサロンは上流の奥様が集うだけあり、シンプルだが高価。今、注目ブランドのひとつ。

住 Via de' Tornabuoni 20/22/r
☎ 055-2658082
営 10:00〜19:00、㊐11:00〜14:00、15:00〜19:00
C A.D.J.M.V.
交 サンタ・マリア・ノヴェッラ広場から徒歩7分

マックス・マーラ【ブランド】

P.142 B2

Max Mara

リラックスしたエレガンス

優しいデザインと洗練された生地のマックス・マーラ。イタリア女性の求める"女性らしさ"を演出できる服として人気のブランド。

住 Via de' Tornabuoni 68
☎ 055-214133
営 10:00〜19:30、㊐11:00〜19:00
C A.D.J.M.V.
交 サンタ・マリア・ノヴェッラ広場から徒歩4分

ルイ・ヴィトン【ブランド】

P.143 B3

Louis Vuitton

大店舗になり新作も充実

ストロッツィ広場の一角に大店舗を構え、ますます人気のルイ・ヴィトン。2階建てのパラッツォ全体が店舗になり、商品の数もスペースも増えた。新商品を探すなら2階で。

住 Piazza degli Strozzi 1
☎ 055-266981
営 10:00〜20:00、㊐11:00〜19:30
C A.D.J.M.V.
交 レプッブリカ広場から徒歩2分

ドルチェ&ガッバーナ【ブランド】

P.143 B3

Dolce&Gabbana

大胆で繊細なデザイン

エレガントの中にも遊び心がいっぱいの個性的なデザイン、ドルチェ&ガッバーナ。ふたりのシチリア生まれのデザイナーが率いる前衛的なデザインのイタリアンブランド。レディス、メンズともに充実。

住 Via degli Strozzi 12
☎ 055-281003
営 10:30〜19:30、㊐14:00〜
休 一部の㊗
C A.D.J.M.V.
交 レプッブリカ広場から徒歩1分

フルラ【ブランド】

P.143 C3

Furla

美しいデザイン、そして機能性

新装移転した、新しく大きな店舗。店内にはさまざまな素材、そしてデザインされたバッグと小物が並ぶ。日本に比較して値頃感がある。日本未入荷の品々は要チェック。手頃でおしゃれな小物類はおみやげにもおすすめ。

住 Via Calzaiuoli 10/12
☎ 055-2382883
営 10:00〜19:00、㊐11:00〜19:30
休 一部の㊗
C A.D.J.M.V.
交 ドゥオーモ広場から徒歩2分

リチャード・ジノリ【ブランド】

P.142 B2

Richard Ginori

新生ジノリの象徴

1735年、ジノリ公爵によって創業されたイタリアを代表する陶磁器メーカーの本店。経営危機を乗り越え、2014年全面改装された。定番の「ベッキオホワイト」から豪華に色付けされた歴史的名品までが並び店内はまるで美術館のよう。テーブルセッティングは、一見の価値あり。

住 Via de' Rondinelli 17/r
☎ 055-210041
営 10:00〜19:00
休 ㊗、8/1〜8/20
C A.D.J.M.V.
交 サンタ・マリア・ノヴェッラ教会から徒歩3分

ピネイデル【文具】

P.142 B2

Pineider

フィレンツェを代表する老舗

最高級の素材とフィレンツェの一流職人が作り上げる高級文房具。世界中に顧客をもつカードや便箋を手にすれば、ナポレオンが愛用したのもうなずける。手帳やペンなどのほか、かばんも有名。使えば使うほどなじむ革製品を味わえる。

住 Piazza de' Rucellai 4/7r
☎ 055-284656
営 10:00〜19:00
休 ㊗
C A.D.M.V.
交 サンタ・マリア・ノヴェッラ広場から徒歩4分

サンタ・マリア・ノヴェッラ薬局【化粧品など】

P.142 A1

Ufficina Profumo Farmaceutica di S.M.Novella

かつての教会付属施薬院

建物も一見の価値のある、13世紀から続く施薬院（薬局）。石鹸やコロンは当時の庶民には高嶺の花だった。商品は商品目録（日本語あり）から選んで見せてもらう。
✉ある意味観光地化しており、商品説明を聞きながらゆっくり選んで買い物するのは無理。欲しい物を事前に調べて、購入を。　（ART '11）['16]

住 Via della Scala 16
☎ 055-216276
営 9:00〜20:00
休 ㊗　C A.D.J.M.V.
交 サンタ・マリア・ノヴェッラ広場から徒歩1〜2分

ボヨラ【皮革】

P.142 B2

Bojola

1892年創業の老舗

伝統ある手作りの革製品を揃えたボヨラ。カバンを主体にていねいかつ優美な仕上がり。書類バッグ、旅行かばんなどが充実。皮革製造の伝統を誇るフィレンツェならではの店。

住 Via de' Rondinelli 25/r
☎ 055-215361
営 10:00〜19:30
休 ㊐㊗、8/15前後1週間
C A.D.J.M.V.
交 サンタ・マリア・ノヴェッラ教会から徒歩3分

ブサッティ【布製品】

P.140 C2

Busatti

セレブを魅了する洗練された布製品

トスカーナの伝統的な製法で作られる高級リネンの老舗。明るい店内には、キッチン用品、ベビーグッズなどが並ぶ。コジモ・イル・ヴェッキオが好んだという意匠を使ったランチョンマットや季節の草花が刺繍された小物など、どれも美しい織りとセンスが光る。

住 Borgo S. Jacopo 38/r
☎ 055-289268
営 10:00〜18:30
休 ㊊、㊗
C A.D.J.M.V.
交 ヴェッキオ橋から徒歩2分

イル・ビゾンテ【ブランド】

P.142 C2

Il Bisonte

ハンドメイドの皮革製品が揃う

ナチュラルな革を使い職人がハンドメイドで作り上げたバッグやレザーグッズが揃う。世界中に店舗を構える人気ブランド。商品は上質で、触れただけであたたかみを感じる。日本よりも2〜3割程度安く購入できるのも魅力。

URL www.ilbisonte.com
住 Via del Parione, 31-33r
☎ 055-215722
営 ㊊〜㊏10:00〜19:00
　㊐11:30〜18:30
休 1/1、8/15、12/25、12/26
C A.D.J.M.V.
交 トルナブオーニ通りから徒歩2〜3分

パリオーネ【文具】 P.143 B4

Parione

伝統的な紙を使った文具店

1923年創業、フィレンツェ独特の手工芸によるマーブル模様の紙を使った文具が揃う。鉛筆やトランプ、写真立てなどはおみやげにも最適。1週間程度待てるなら、オリジナルの名刺やスタンプ、レターセット、手帳の名入れができる。自分だけのお気に入りをゲットするのも長く思い出に残るはず。

住 Via dello Studio 11r
☎ 055-215030
営 9:30〜19:00
休 ㊐
C A.D.J.M.V.
交 ドゥオーモそば

エノテカ・アレッシ【ワイン】 P.143 B4

Enoteca Alessi

全地方のイタリアワインが揃う

地下にはワインが地方別に展示してあり、ヤマト運輸で日本発送も可能。1階には食品とトスカーナ自慢のオリーブ油も充実。ワインバーを併設。日本人スタッフ常駐。

✉ 親身になってワイン購入の相談にのってくれました。とてもおすすめの1軒。　（小上雄矢　'14）['16]

住 Via delle Oche 29/r
☎ 055-214966　営 9:30〜19:30
11:00〜19:00(ワインバー)
休 ㊐、8/15前後の2〜3日
C A.D.J.M.V.
交 ドゥオーモから徒歩2分

ラ・リナシェンテ【デパート】 P.143 B3

La Rinascente

コスメから生活雑貨まで

比較的遅くまで開いているのがうれしい。メンズ＆レディスとも衣類も充実。おみやげで悩んでいる人も訪ねてみる価値あり。

✉ 同店発行のメンバーカード会員のみの割引があります。年会費は無料で、イタリア国内の全店で利用できます。　（山梨県　匿名希望　'13）['16]

住 Piazza della Repubblica 3
☎ 055-219113
営 ㊊〜㊏9:00〜21:00、㊐10:30〜20:30　休 1/1、復活祭の㊐、5/1、12/25　C A.D.J.M.V.
交 レプッブリカ広場の一角

サポーリ・ディントルニ【スーパー】 P.140 A2

Conad Sapori & Dintorni

駅近充実のスーパー

駅近にある、おなじみコナドCONADの系列店。広い店内は地元の人たちや観光客でにぎわっている。ワインやオリーブオイル、パスタやお菓子などのおみやげ向けの物から、パン、ハムや飲み物などの軽食も購入できる。

住 Largo Alinari 6/7
☎ 055-2399317
営 8:30〜21:00、㊐9:30〜21:00
休 無休
C A.D.J.M.V.
交 中央駅からすぐ

ペーニャ【食料品】 P.143 B4

Pegna dal 1860

高級スーパー

1860年から続く老舗の高級スーパー。規模は小さいが世界各地からのお菓子をはじめ、パスタやソースから香り豊かなトリュフオイルやペースト、シャンパン、日用品までたくさんの商品が並んでいる。

住 Via dello Studio 8
☎ 055-282701
営 10:00〜19:30、㊐11:00〜19:00
休 一部の㊗
C A.D.J.M.V.
交 ドゥオーモすぐ

カルフール【スーパー】 P.142 A1

Carrefour

中央駅西側にオープン！

✉ 駅から荷物も引いて行けて、見どころにも近いスカラ通り。手ごろなレストランも多くてホテルはいつもこのあたりですが、スーパーがなくて不便でしたが、とうとうできました!!　シエナなどへのバスが発着するSITA社のバスターミナル入口の脇という好立地。部屋食用のハム、チーズ、お総菜、パンなどの食品も充実しておすすめです。　（東京都　ストマコ　'16）

住 Via Santa Caterina da Siena 11
☎ 055-2741494
営 8:00〜23:30
休 無休
C M.V.
交 S.M.ノヴェッラ駅から徒歩2分

フィレンツェ郊外の
Outlet Spaccio アウトレット

●ブランド・フリークのパラダイス

ブランド大好き人間にとって欠かせない巡礼地、アウトレット。イタリア語でスパッチオとも呼ばれ、ブランド直営やそれ専門のお店がある。試作品やシーズン遅れの品が半額程度でお買い物ができる場所。日本で話題になった当初は、売れ残ったわけが歴然とした商品や品薄が問題だった。しかし、昨今のアウトレット・ブームで売り場は拡張され、品揃えもかなり充実してきた。クレジットカードも使えるし、ブランドの直営店ではタックスフリーもOK。

しかし、少々の覚悟が必要だ。❶「雑誌で見たあの商品が欲し～い」と思っても人気の高い最新モデルはない。❷ほとんどのアウトレットまでの公共交通が不便。フィレンツェ近郊のプラダなどへは、3つ星クラス以上のホテルで紹介してくれるシャトルバスが便利。日本人の利用の多いホテルではロビーにもよく掲示されているのでチェック。または、タクシーのチャーター。いずれも前日までに要予約。

大規模アウトレットにはおしゃれなカフェが併設されているので、簡単な食事や休憩もできる。

ザ・モールはグッチをはじめ、ボッテガ・ヴェネタ、フェンディ、ホーガン、プッチ、フェラガモ、セルジオ・ロッシなど幅広いブランドが揃う。飲食施設も充実しており、プルマンでのアクセスも容易で行きやすい。

プラダ／イ・ペッレティエーリ・ディタリア
I Pelletieri d'Italia

工場のようなプラダのアウトレット

住 Località Levanella 69
MONTEVARCHI(フィレンツェの南東40km)
☎ 055-9789481、055-91901
営 (月)～(金)、(日)10:30～20:00
(土) 9:30～20:00
休 (祝)

●行き方(列車利用の場合)

フィレンツェS.M.ノヴェッラ駅からアレッツォまたはキウージChiusi行きの列車でモンテヴァルキMontevarchi下車。所要40～60分、30分～1時間おきの運行。タクシー(料 €12程度)は3台しかなく、これを確保するために駅を走る日本人はモンテヴァルキの名物と呼ばれる。

✉タクシーでプラダのアウトレットへ

電車利用でプラダのアウトレットへ行きました。モンテヴァルキ駅を出た左側にタクシー乗り場があり、プラダまで€12で統一されているようでした。車内で運転手が電話番号の書いてあるカードをくれます。プラダには客待ちのタクシーはいないので、帰りはこのカードを店員に渡してタクシーを呼んでもらいます。僕の感想ではウエア類の品揃えが多いようでした。 (広島県 石丸尚之 '09)

ザ・モール
The Mall

グッチとセルジオ・ロッシに注目。ザ・モール

住 Via Europe 8 LECCIO REGGELLO
(フィレンツェの東20km)
URL www.themall.it(日本語あり)
☎ 055-8657775 Fax 055-8657801(日本語可)
営 10:00～19:00
12/24 10:00～16:00、12/31 10:00～14:00
休 1/1、復活祭の(日)、12/25、12/26

●行き方

S.M.N.駅そばのSITA/BUSITALIA社のバスターミナルから30分ごとのプルマン利用で約45分。切符€7。

市内主要ホテルからは専用シャトルバスNavetta(ミニバン)も運行。シャトルバスの申し込みはザ・モール・インフォメーションへ。(1人往復€35)
☎ 055-8657775 e-mail info@themall.it(日本語可)

✉バスでアウトレットへ

SITAのバスターミナルでバスの切符を購入するとThe Mallのマップをくれました。切符は往復€13。行きの車内は余裕でしたが、帰りは皆すごい荷物なので、早めの乗車を。山奥だからか、天候の変化がすごく、私が行ったときは、晴れ→雷→大雨→晴れの繰り返しでした。 (Maiko '16)

発着場所の確認のため、前日に窓口に行くと、翌日の切符を購入できました。 (東京都 利佳 '16)

'16年10月の時刻表(SITA/BUSITALIA社)

フィレンツェ発
8:50、9:10、9:30、10:00、10:30、11:00、11:30、12:00、13:00、13:30、14:00、14:30、15:00、15:30、16:00、17:00、18:00

ザ・モール発
9:45、10:50、12:30、13:00、13:30、14:00、14:30、15:00、15:30、16:00、16:30、17:00、17:30、18:00、18:30、19:00、19:20 バス停はザ・モール敷地内にあり
※冬季は減便の場合あり URL www.fsbusitalia.it

アウトレット・ツアー

フィレンツェのS.M.ノヴェッラ駅前から各アウトレットにシャトルバスが運行している。下記URLでツアー内容や料金調べ、予約も可能。また、ホテルでも紹介してくれる。

●エンジョイ フローレンス enjoy florence
☎ 055-0515485 携帯☎ 349-7774610(日本語可)
URL www.enjoyflorence.com
ザ・モール・ツアー €30 (月)～(土)9:30または14:30発
ザ・モール＋プラダ＋D&Gツアー €60など各種あり

●カフ・ツアー&トラベル CAF Tours &Travel
URL www.caftours.com
ザ・モール＋プラダ €37～

ドゥオーモを中心にこぢんまりまとまっているフィレンツェでの観光は、徒歩で十分。荷物がある場合、少し遠いと駅前からタクシーで向かうようになるので、なるべく駅から徒歩圏のホテルを探すのがおすすめだ。

■フィレンツェのホテル分布

オーニッサンティ広場にある高級ホテル、セント・レージスのサロン

S.M.ノヴェッラ駅の東側からサン・ロレンツォ教会あたりまでが、経済的なホテルの密集地。2つ星ホテルを中心に、お値頃ホテルが点在する。何世紀にもわたって世界中の旅人を受け入れてきたこの町の2つ星ホテルは、かなりの高水準。駅近くでも、西側を走る**スカラ通りからS.M.ノヴェッラ広場**までは、東側よりも高級なホテルが軒を連ねる。最近のS.M.ノヴェッラ広場では、広場に面した邸宅を改装した4つ星ホテルが次々とオープンし、お値頃で注目されている。駅からスーツケースを引いていける距離だ。

一方、駅南のオーニッサンティ広場や旧市街の共和国広場周辺には、フィレンツェを代表する超高級ホテルがある。ミケランジェロの丘の麓、サン・マルコ広場の東側の緑の多い地域など、超高級ホテルはチェントロの外れに立地し、緑のなかでのんびりとしたトスカーナの休日を楽しめるようなコンセプトのところが多い。

個人旅行者が泊まりやすい3〜4つ星ホテルは、**眺望のよいアルノ川沿いから町の2本のショッピングストリートの、トルナブオーニ通りとカルツァイウォーリ通りに囲まれた地域**に多く、観光にもショッピングにも便利な場所だ。

■ベストシーズンの料金は？

ヴェネツィアほどではないが、春秋の観光シーズンの料金はかなり高い。晩秋から初春までは、寒くどんよりした日が多く観光にはあまり向かないので、ホテル代も安め。季節を選ばない美術館巡りが旅の目的なら、かなり抑えた料金で4つ星ホテルにも宿泊可能だ。

✉ ホテルへの移動は?

ホテルはサンタ・マリア・ノヴェッラ駅そばに多くあります。でも、駅前広場が広く、またボコボコの歩道と道を横断する際の段差なども多く、重いスーツケースを持っての移動は想像以上に苦戦しました。

事前にホテルの位置をしっかり把握して最短距離を行きましょう。ホームにある荷物預けでは、ホテルまでスーツケースを運んでくれるサービス（1個€10）をしています。でも、ふたりならタクシーの利用がおすすめ。フィレンツェのタクシーはメーターも作動して、日本の感覚で利用できます。特にフィレンツェの空港は町に近くてとても便利で、さらに空港からは定額料金（€20）なので絶対タクシー利用がおすすめです。空港バス＋駅前からタクシー利用は、不経済で時間のロスになります。　（東京都　ゆきな　'14）

✉ おすすめ情報

ヴィヴォリ（→P.170）は老舗の雰囲気がとてもよいです。繁華街から少し離れているためか、混雑もしていなくて優雅にランチしました。パスタ類を少量ずつお皿に盛ってくれたりと、量も調整でき、味も大満足でした。ワインもグラスでいただき、ジェラートももちろんおいしかったです。ひとりで簡単にランチを済ませたい女子におすすめです。

（にゃん　'16）

フィレンツェ市滞在税　Imposta di Soggiorno

2011年7月1日より、フィレンツェのホテルなどに宿泊の際、1泊当たりひとり最大€5、最長7泊まで課税されることになった。ホテル、アグリトゥーリズモなど施設やランクに応じて課税額は異なる。以下、いずれも1泊につきひとり分の税額、最大7泊まで。10歳以下は免除。

ホテル

1つ星	€1.50
2つ星	€2.50
3つ星	€3.50
4つ星	€4.50
5つ星	€5

レジデンス

2つ鍵	€2.50
3つ鍵	€3.50
4つ鍵	€4.50

アグリトゥーリズモ

1つ穂	€1.50
2つ穂	€2.50
3つ穂	€3.50

ヴィラなどの歴史的建造物　€4、**キャンプ場、YH、貸し部屋などで**　€1.50〜2.50　※ひとり1泊当たり

※レジデンスの鍵、アグリトゥーリズモの穂はホテルの星にあたるカテゴリーの印　（2015年4月改訂）

地球の歩き方　フィレンツェの注目ホテル!!

この数年ホテルの新規オープンが続いているS.M.ノヴェッラ広場。そのなかでもホテル・S.M.ノヴェッラは、設備、サービス、価格とのバランスがよいと評判の小さな邸宅ホテル。格式あるショップが並ぶトルナブオーニ通りは意外にも、ショップの間に小規模なホテルがある。屋上のスペースが緑いっぱいのベアッチで、町並みを眺めながらのフィレツェの休日を。モダン志向の方には、町なかの充実したデザイナーズホテルがおすすめ。

チェントロ（旧市街）地区

★★★★ トルナブオーニ・ベアッチ P.142 C2

Tornabuoni Beacci

フィレンツェ1のブランド通りであるトルナブオーニ通りにある、シンプルで優雅なホテル。
夏季には朝食の場にもなる屋上の庭園からは、フィレンツェの美しい景色が一望できる。アンティーク家具やムラーノグラスのシャンデリアをあしらった客室は各部屋ごとに内装が異なる。
URL www.tornabuonihotels.com

住 Via de' Tornabuoni n° 3
☎ 055-212645
Fax 055-283594
SB €173/398　TB €191/431
室 56室　朝食込み W-F
C A.D.J.M.V.
交 ドゥオーモから500m

★★★★ ギャラリー・ホテル・アート P.143 C3

Gallery Hotel Art

ヴェッキオ橋のすぐそばに位置しているイタリア人に定評のあるホテル。ショッピングにも、観光にも便利な立地。最上階の部屋のバルコニーからのフィレンツェの眺めはすばらしい。
女性建築家が設計し、どことなくフェミニンな室内装飾。朝食はビュッフェ式で充実。
Low 8、11、12月
URL www.lungarnohotels.com

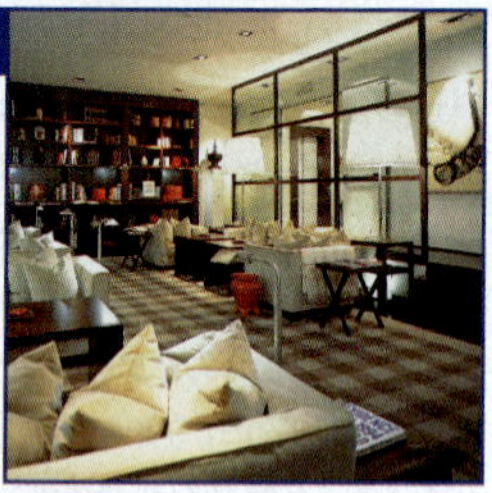

住 Vicolo dell'Oro 5
☎ 055-27263
Fax 055-268557
TB €189/440　3B €248/484
室 71室　朝食込み W-F
C A.D.J.M.V.
交 ヴェッキオ橋から徒歩1分

S.M.ノヴェッラ駅周辺

★★★★ サンタ・マリア・ノヴェッラ P.142 A・B 2

Santa Maria Novella

S.M.ノヴェッラ駅から近く、サンタ・マリア・ノヴェッラ広場の一角にできた新しいホテル。エレガントな内装とテキパキした従業員も感じがよいホテル。屋上のバーでフィレンツェの夕暮れを楽しむのがおすすめ。フィットネスジムやサウナなどの施設も充実。朝食の種類も豊富。
URL www.hotelsantamarianovella.it

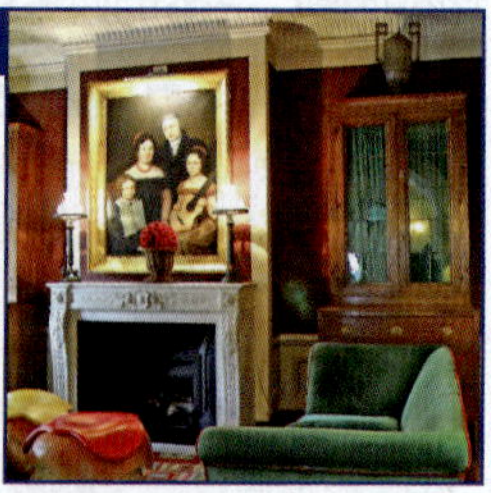

住 Piazza Santa Maria Novella 1
☎ 055-271840
Fax 055-27184199
SB €126/255　TB €167/415
室 71室　朝食込み W-F
C A.D.J.M.V.
交 S.M.ノヴェッラ駅から徒歩5分

S シャワー共同シングル料金　T シャワー共同ツイン料金　D ドミトリー料金　SS シャワー付きシングル料金　SB シャワーまたはバス付きシングル料金　TB シャワーまたはバス付きツイン料金　3B シャワーまたはバス付きトリプル料金　4B シャワーまたはバス付き4人部屋料金　SU スイート　JS ジュニアスイート

★★★★★L ヘルヴェティア&ブリストル P.142 B2

Hotel Helvetia & Bristol

レプッブリカ広場とトルナブオーニ通りに挟まれた最高の立地にあるエレガントなホテル。19世紀末の開業以来、数多の芸術家や貴族たちに愛されてきた。ルネッサンスの頃の雰囲気を残す室内調度は、鑑賞に値する名品揃い。世界で最も内装が美しいホテルのひとつといわれる。レストランとカクテルバーも併設。

URL www.royaldemeure.com
住 Via dei Pescioni 2
☎ 055-26651 Fax 055-2399897
SB €216/470 TB €243/655
室 67室　朝食込み W-F
C A.D.J.M.V.
交 レプッブリカ広場から徒歩2分

★★★★★ ブルネレッスキ P.143 B4

Hotel Brunelleschi

ビザンチンの塔と中世の教会を現代的に改装したホテル。趣のある客室は広く、部屋によってはドゥオーモのクーポラやヴェッキオ宮を間近に眺められる。博物館を併設し、古代ローマの浴場跡や中世の陶器が見学可。レストラン併設。

URL www.hotelbrunelleschi.it
住 Piazza Santa Elisabetta 3
☎ 055-27370
Fax 055-219653
SB €165/880
TB €190/980
室 82室　朝食込み
C A.D.J.M.V.
交 ドゥオーモから徒歩3分

★★★★ デ・ラ・ヴィッレ P.142 B2

Hotel de la Ville

フィレンツェーのショッピングゾーン、トルナブオーニ通りの入口に建つ古い邸宅を改装したホテル。客室はハイセンスで機能的で女性好み。ロビーやバーは重厚で落ち着いた雰囲気。バーで簡単な食事ができるのも便利。

URL www.hoteldelaville.it
住 Piazza Antinori 1
☎ 055-2381805
Fax 055-2381809
SS SB €102/238
TS TB €110/321
室 54室　朝食込み W-F
C A.D.J.M.V.
交 レップブリカ広場から徒歩3分

★★★ カルツァイウォーリ P.143 B3

Hotel Calzaiuoli

ショッピングストリートのカルツァイウォーリ通りの真ん中に位置している。典型的なフィレンツェのパラッツォを改装したホテル。ショッピング、美術館巡りには便利なロケーション。入口は狭いが落ち着いて、室内は広々として明るい。ホテルの入浴グッズもかわいい。

URL www.calzaiuoli.it
住 Via Calzaiuoli 6
☎ 055-212456
Fax 055-268310
SB €161/339
TB €179/369
室 52室　朝食込み W-F
C A.D.J.M.V.
交 ドゥオーモから徒歩3分

★★★ ルレー・ウッフィツィ P.143 C3

Hotel Relais Uffizi

15世紀の邸宅を改装した、優雅な雰囲気のプチホテル。清潔な客室には天蓋付きのベッドやアンティークな調度が置かれる。朝食室を兼ねたサロンから見下ろすシニョリーア広場の風景もすばらしい。ホテルの隣にキッチン付きアパートがオープン。日本人スタッフ在駐。

読者割引 冬季に3泊以上で10%
Low 8月、11〜3月(見本市、年末年始を除く)
URL www.relaisuffizi.it
住 Chiasso del Buco 16
☎ 055-2676239 Fax 055-2657909
SS SB €80〜/130〜
TS TB €120〜/200〜 室 12室　朝食込み W-F C A.J.M.V.
交 シニョリーア広場から徒歩1分

★★ ロド・ホテル P.143 B3

Rodo Hotel Fashion Delight

外観から、今もわずかに以前塔だったのがわかるように、15世紀マディアーリ家のふたつの塔がそびえ立っていたものを改装したホテル。ドゥオーモのすぐ横に位置している。全室シャワーのみだが、必要な設備は整っている。

High 3/16〜7/10、9/1〜11/10、12/24〜1/11
URL www.rodohotel.com
住 Via Calzaiuoli 13
☎ 055-214752
Fax 055-212448
SS €58/118 TS €123/251
室 14室　朝食込み W-F
C A.J.M.V.
交 ドゥオーモから徒歩1分

★★★★ アルバーニ P.140 A2

Hotel Albani

S.M.ノヴェッラ駅にもほど近く、便利な立地。約100年前の古い館を改装した内部は、ルネッサンスの時代を思い起こさせるようにクラシックで落ち着いた雰囲気。浴室も清潔感あふれる。レストラン併設。

URL www.albanihotels.com

住 Via Fiume 12
☎ 055-26030
Fax 055-211045
SB €100/460
TB €120/660
室 102室　朝食込み
C A.D.J.M.V.
交 S.M.ノヴェッラ駅から徒歩4分

★★★★ リヴォリ P.142 A1

Hotel Rivoli

15世紀の修道院を改装したホテル。室内は明るく、近代的で清潔。客室を囲む中庭は緑と日差しが気持ちよい空間が広がり、ジャクージも設置されている。ビュッフェの朝食が充実。SITA社のバスターミナルに近いのも便利。

読者割引 3泊以上で10%

Low 1/1～3/31、7/17～8/31、11/13～12/28
URL www.hotelrivoli.it
住 Via della Scala 33
☎ 055-27861
Fax 055-294041
SB SS €100/280
TB TS €140/410
室 87室　朝食込み W-F
C A.J.M.V.

★★★ ポルタ・ファエンツァ P.140 A2

Porta Faenza

S.M.ノヴェッラ駅から200mと、便利な立地。18世紀の建物を改装した、明るく現代的なホテル。2代にわたる家族経営のあたたかい雰囲気とサービスも魅力。24時間利用できるガレージも近くにあり、レンタカー派にも便利。

URL www.hotelportafaenza.it
住 Via Faenza 77
☎ 055-217975
Fax 055-210101
SB €120/134
TB €147/224
室 25室　朝食込み W-F
C A.D.M.V.
交 S.M.ノヴェッラ駅から徒歩3分

★★★ ボッティチェッリ P.141 A3

Hotel Botticelli

16世紀の邸宅を改装したホテル。ホールの天井にはフレスコ画が描かれ、エレガントな雰囲気。客室はモダンで洗練された雰囲気にまとめられ、浴室も使い勝手がいい。花の咲く、ルーフガーデンでくつろぎのひとときを。

読者割引 3泊以上で10%

Low 11/16～3/15
URL www.hotelbotticelli.it
住 Via Taddea 8
☎ 055-290905 Fax 055-294322
SS SB €69/129 TS TB €99/189
3B €129/249
室 34室　朝食込み W-F
C A.D.J.M.V.
交 S.M.ノヴェッラ駅から徒歩9分

★★ カッシ Hotel Casci P.143 A4

19世紀の館を改装した家族経営のホテル。中心地に位置するのでアクティブに歩き回りたい人向け。作曲家ロッシーニが5年間暮らした家。改装後、全室エアコン完備。

読者割引 現金払いで10%
Low 11～2月(年末年始を除く)

URL www.hotelcasci.com(日本語あり)
住 Via Cavour 13 ☎ 055-211686 Fax 055-2396461
SS €50/110 TS TB €75/160 3B €100/190
4B €120/230 室 25室　朝食込み W-F
C M.V. 交 ドゥオーモから徒歩4分

★★ ロンバルディ Hotel Lombardi P.140 A2

古い邸宅を改装した家族経営のホテル。室内は、明るく清潔。フロントは英語が通じ、親切。美術館などの予約手配可。すべての部屋がトイレ、シャワー付き。

読者割引 10%　Low 11～12月、2～3月
URL www.hotel-lombardi.net

住 Via Fiume 8
☎ 055-283151 Fax 055-284808
SS €40/80 TS €50/120 3S €70/140
室 15室 W-F C A.D.J.M.V.
交 S.M.ノヴェッラ駅から徒歩3分

★★ ロレーナ Hotel Lorena P.143 A3

メディチ家礼拝堂そばにあり、中央市場にも近く、周囲には手頃なバールやピッツェリアもある。部屋は広くて清潔。読者割引 HPからの予約と現金払いで朝食無料

✉ 窓からドゥオーモが見える部屋に宿泊し、大満足。チェックアウト後も荷物を預かってもらい、助かりました。 (埼玉県　立石将人　'04)['16]

URL www.hotellorena.com
住 Via Faenza 1 ☎ 055-282785
Fax 055-288300 S €25/50 SS SB €35/80
T €40/85 TS TB €60/115
室 19室　朝食€5 W-F C A.D.J.M.V

S シャワー共同シングル料金　T シャワー共同ツイン料金　D ドミトリー料金　SS シャワー付きシングル料金　SB シャワーまたはバス付きシングル料金　TB シャワーまたはバス付きツイン料金　3B シャワーまたはバス付きトリプル料金　4B シャワーまたはバス付き4人部屋料金　SU スイート　JS ジュニアスイート

サン・マルコ広場周辺

★★★★ モランディ・アッラ・クロチェッタ P.141 A4

Morandi alla Crocetta

考古学博物館の北側、歴史を感じさせる静かな界隈に建つ、かつての修道院を改装したホテル。高い天井には太い梁が渡り、古きよき時代をしのばせる。見どころへのアクセスのよさとこの町ならではの雰囲気にリピーターも多い。

Low 1、3、8、11、12月

URL www.hotelmorandi.it
住 Via Laura 50
☎ 055-2344747
Fax 055-2480954
SS €50/120 TS €70/190
TB €90/190 JS €100/220
室 17室 朝食込み W-F
C A.D.J.M.V. 交 Ss.アンヌンツィアータ広場から徒歩2分

★★★ ロッジャート・デイ・セルヴィーティ P.141 A4

Loggiato dei Serviti

16世紀の由緒ある館にあるホテル。アンティーク家具が置かれた客室は木を多用し、重厚で洗練された雰囲気。天蓋付きのベッドでルネッサンスの夢が見られそう。

読者割引 HPから直接予約で3%
URL www.loggiatodeiservitihotel.it

住 Piazza d. Ss. Annunziata 3
☎ 055-289592
Fax 055-289595
SS €90/150 TS TB €120/250
SU €280～
室 29室 朝食込み W-F
C A.D.J.M.V.
交 ドゥオーモから徒歩6分

★★★ イル・グエルフォ・ビアンコ P.141 A3

Hotel Il Guelfo Bianco

17世紀のパラッツォを近代的に改装したホテル。当時の大理石の床や天井も部分的に残り、歴史を感じさせる。部屋はやや小ぶりながら、かわいらしくまとめられていて清潔。浴室なども機能的。ビストロ併設。

読者割引 3泊以上で10%(返金不可の予約を除く)
Low 11～3月、8月、11～12月

URL www.ilguelfobianco.it
住 Via Cavour 29
☎ 055-288330 Fax 055-295203
SS €90/155 TB TS €100/195、110/230(スーペリア) 125/260 (デラックス) JS €140/280
室 40室 朝食込み W-F
C A.D.J.M.V.
交 ドゥオーモから徒歩5分

アルノ川沿い

★★★★ バレストリ P.141 C3

Hotel Balestri

由緒あるパラッツォを改装し、1888年から続く家族経営のホテル。長年のサービスには定評がある。アルノ川右岸に位置し、川に向かって設けられた窓からはヴェッキオ橋のパノラマが広がる。

URL www.hotel-balestri.it

住 Piazza Mentana 7
☎ 055-214743
Fax 055-2398042
SS SB €121/213
TS TB €135/366
室 46室 朝食込み W-F
C A.D.J.M.V.
交 S.M.ノヴェッラ駅からバスNo.23利用

★★★ エルミタージュ P.141 C3

Hotel Hermitage

アルノ川のすぐ脇に建ち、花と緑で飾られたテラスからはヴェッキオ橋が眼下に広がる。クラシックで落ち着いた雰囲気。フロントは5階、6階の屋上庭園でくつろぎたい。

読者割引 3泊以上10%
Low 11/2～2/26

URL www.hermitagehotel.com
住 Vicolo Marzio 1/P.za del Pesce
☎ 055-287216 Fax 055-212208
SS €100/158(ツインのシングルユース)
TS €130/209
TB €150/220
室 28室 朝食込み W-F
C A.J.M.V.
交 ヴェッキオ橋そば

★★★ ブレターニャ P.142 C2

Hotel Bretagna

高級ショッピング街のトルナブオーニ通りからすぐ、アルノ川右岸に建つホテル。由緒あるパラッツォを改装し、サロンや食堂にはシャンデリアが輝き、重厚でエレガントな雰囲気。

Low 11～3月(12/25～1/6は除く)
URL www.hotelbretagna.net

住 Lungarno Corsini 6
☎ 055-289618
Fax 055-289619
SS €41/109
TS €63/164
TB €72/230(バス付き)
室 18室 朝食込み W-F
C A.D.J.M.V.
交 S.トリニタ橋から徒歩1分

フィレンツェのホテルガイド

ホステル・アルキ・ロッシ　P.140 A2

Hostel Archi Rossi

YH 町の中心に位置しながら、お値頃の料金がうれしい。ロッカーと部屋の鍵が提供されるので安全。客室は清潔。ランドリーサービス(€4)あり。冷蔵庫や電子レンジ、インターネットも利用可。11:00～14:30は入室不可。予約はURLからのみ。

Low 11～3月
URL www.hostelarchirossi.com
住 Via Faenza 94/r
☎ 055-290804　Fax 055-2302601
D €21/30　TS €50/90
3S €75/120　4S €80/140
朝食込み　各室4～8ベッド。24時間受付
休 無休　室 147床 W-F　C J.M.V.
交 S.M.ノヴェッラ駅から徒歩4分

イスティトゥート・グールド　P.140 C1・2

C.S.D.Istituto Gould Foresteria Valdese

YH パスポートと交換に鍵をもらう。週末はオフィスが無人となるため、宿泊受け入れはできない。事前支払いで週末のチェックアウトは可能。予約はURLから。宿泊受付8:30～13:30、14:30～20:00、㊐㊗は受付なし。

URL www.firenzeforesteria.it
住 Via de' Serragli 49
☎ 055-212576　Fax 055-280274
SS €50　TS €55～80　3B €82
4S €100　朝食€5.50(7:30～9:30)、夕食€13 W-F　C D.M.V.
交 S.M.ノヴェッラ駅から徒歩20分。S.M.ノヴェッラ広場からバスNo.11、36、37で橋を越えたふたつめの停留所下車

サンタ・モナカ　P.140 C1

Ostello Santa Monaca

YH キッチンあり、鍋および食器の貸し出しなし。コインランドリー(€6.50)あり。YH会員証は不要。13:00～15:00は自室内に残ることはできない。受付に貴重品預けあり。受付6:00～翌2:00（門限）。チェックアウト10:00。ロッカーに鍵はないので持参を。宿泊料は前払い。

URL www.ostellosantamonaca.com
住 Via Santa Monaca 6
☎ 055-268338
D €14/24　T TS €44/54
室 13室120床 W-F　C D.M.V.
交 S.M.ノヴェッラ駅から徒歩18分。カライア橋Ponte alla Caraiaを渡ると、すぐに標識あり。バスならNo.36、37で。

オステッロ・エウローパ・ヴィッラ・カメラータ　地図外

Ostello Europa Villa Camerata (IYHF)

YH 糸杉とブドウ畑の広がる緑のなかに建つ、17世紀のヴィラを改装したYH。ファミリー・ルームもあり、シャワーの数も多く清潔。夕食も充実。ロッカーには鍵がないので注意。

URL www.ostellodifirenze.it
住 Viale Augusto Righi 4
☎ 055-601451　Fax 055-610300
受付14:00～24:00。(門限) 4～10月要予約、YH会員のみ。予約はネット、メール、FAXで。
D 朝食込み1人€19/21　最長3泊まで。
S €25/28　TS €45/55　夕食€10
室 322床 W-F
C A.M.V.　交 S.M.ノヴェッラ駅からバスNo.11、17で約20分、Salviatin 2下車

キャンピング　パノラミコ　地図外

Camping Panoramico Fiesole

フィエーゾレの奥にあり、緑に囲まれ、空気はおいしく、静か。バンガローは比較的新しく、部屋もきれいで、キッチン、シャワー付きの物もある。また、共同のシャワー室は清潔で数も多い。バール、レストラン、プール、キッチン、インターネットポイントもあり。受付8:00～20:00(門限24:00)。車での入場24:00まで。

High 7/1～8/21
URL www.florencevillage.com
住 Via Peramonda 1, FIESOLE
☎ 055-599069　Fax 055-59186
バンガロー TS €50/78　C J.M.V.
休 11/4～3/18 W-F
交 フィレンツェのサン・マルコ広場からバスNo.7利用で終点下車（フィエーゾレ）、徒歩10分。またはフィエーゾレからバスNo.45、47利用。キャンプ場からフィエーゾレまで無料のシャトルバスあり。

フィレンツェ滞在にアパート

✉ フィレンツェに3週間滞在して各地への旅を楽しみました。事前に日本人仲介のアパートをインターネットで探しました。広々とした部屋でヴェッキオ橋へも近く、バスタブ、キッチン付きの2LDKが3週間すべて込みで€1620でした。ここでは料理教室も開催していて、イタリア料理をコースで学べ、試食の際のワイン込みで1人€75も楽しめました。時間に余裕がある方にはおすすめします。市場で安くて新鮮な材料が手に入ります。
（長崎県　榎幸司　'10）

※旅行者用アパートAppartamentoはレジデンツァResidenzaとも呼ばれ、キッチンには簡単な調理器具や食器も完備されている。各地の❶でも紹介してくれる。

La Vita nella Città

イタリアンファッションの発信地、そして古都

ミラノには訪れた者を惹きつけて放さないふたつのアートがある。

ひとつは、何百年もの歴史に培われてきた建築物や芸術作品群だ。ゴシック建築の最高傑作ドゥオーモDuomoに始まり、レオナルド・ダ・ヴィンチの名画「最後の晩餐」にいたる数々の歴史的遺産は、ヨーロッパにおけるキリスト教の歴史の一端を物語っている。そのスケールの大きさは人々を感動に震わせ、ときには度肝を抜くこともあるだろう。

そしてもうひとつは、「ミラノ・ファッション」という言葉まで生んだ、世界最先端の流行に代表される、現代のアートであるファッションだ。今や世界の流行はミラノが発信基地だと言っても過言ではない。事実、町のあちこちを見渡せば、ファッション雑誌から抜け出したようなすてきな人々が、そういう自分を十分意識しながらも何気ない風情で歩いている。

さて、世界も認める「ミラノ・ファッション」をひとつぐらい、自分の物にして帰りたいという人にアドバイスをしよう。

だいたい、イタリアの専門店で、並んだ品物をいじったり手に取ってみることは、不可能に近い。店に入ると、「どんな形の、どんな色」が欲しいのかという、質問が待ち構えているのだ。買いたい物が決まっていない人には売るべからず。そこで、道行く人たちを参考に事前に研究をして、一番すてきな物を選んでしまおう。ミラノで見つけたお気に入りの服や小物は、旅の楽しい思い出の品になること、請け合いだ。

MILANO ミラノ

ロンバルディア州／Lombardia

●郵便番号　20100

マルペンサ空港発着バス乗り場変更
中央駅を正面に見て左側のやや奥Via Giovanni Battista Sammartiniの発着。空港からは日本からの便が到着するターミナル1の2～4番出口を出た車道からの発車(ターミナル内に標識あり)。

空港・中央駅間のプルマン
Autostradale/SITE社
☎02-30089100
URL www.site.it
切符€8、往復€14
Air Pullman社
☎02-58583185
URL www.malpensashuttle.com
切符€10、往復€16
TERRAVISION社
URL www.terravision.eu
切符€8
マルペンサ・エクスプレス
☎02-72494949
URL www.malpensaexpress.it
タクシーRadio Taxi
☎02-5353

空港からミラノ市内へのタクシー固定料金(荷物込み　'15)
マルペンサ空港→ミラノ市内　€90

中央駅に乗り入れた、マルペンサ・エクスプレス

鉄道パスは使えない
マルペンサ・エクスプレスはミラノ中央駅発着なので、鉄道パスが使えるかと思いましたがダメでした。切符はfs線の窓口で購入できます。空港行きの専用列車だと思いましたが、いくつもの駅に停車する車両も普通(荷物置き場あり)のものでした。時間は正確。(東京都　Me　'16)

空港からミラノ市内へのアクセス

●マルペンサ空港からミラノ市内へのアクセス

市内への交通手段はプルマンと鉄道、タクシーだ。タクシー乗り場は空港出口の正面にある。プルマンは中央駅に到着。鉄道はマルペンサ・エクスプレスがミラノの中央駅およびスフォルツァ城近くのノルド・カドルナ駅へ行く。宿泊場所によって、交通手段を選ぼう。

①マルペンサ空港↔ミラノ中央駅のプルマン

空港出口そばから中央駅まで所要約50分～1時間10分。3社が運行しており、料金は€8～10、往復€14～16。空港発6:00～翌日0:30、中央駅発4:00～23:00で時間帯によっては約15～30分間隔の運行。切符はバス乗車口で係員が販売しているので、停車しているバスに乗り込むのが待ち時間がなくて便利。

2015年5月、中央駅のプルマン乗り場が移動した

②ミラノ中央駅↔マルペンサ空港の列車

マルペンサ空港と中央駅間の列車はマルペンサ・エクスプレスMalpensa Expressが運行。2系統あり、ノルド・カドルナ駅Nord Cadorna (私鉄FN線ミラノ北駅Stazione Milano Nord、地下鉄1線カドルナ駅と連絡)発空港行き、fs線ミラノ中央駅発空港行きがある。

空港発00:28～23:58(深夜を除き毎時13、43分発)、中央駅発4:12～23:25 (深夜を除き毎時25、55分発)、所要約50分。空港・中央駅直通とノルド・カドルナ駅で乗り換えの必要の便があるので、荷物がある場合は直通が便利。ミラノ中央駅ではほぼ3番線ホームの発着。空港ではターミナル1の地下駅から。料金:中央駅、カドルナ駅までいずれも€12、往復€18。切符は空港駅、ノルド・カドルナ駅、またはfs線の切符売り場や自動券売機で。マルペンサ・エクスプレスのホームページ(左記参照)からも購入可。

●マルペンサ、リナーテに続くもうひとつの空港Bergamo(BGY)

格安航空会社などを利用し、ベルガモのオリオ・アル・セリオ空港発着の場合は、アウトストラダーレ社、テッラヴィジョンTERRAVISION社、オリオシャトル社などのプルマンが運行。会社により経由地が異なる。ミラノ市内では中央駅を挟んでマルペンサ空港行きと反対側の広場Piazza Luigi di Savoiaから発車。

空港発4:30～翌1:00、ミラノ発2:45～23:30で、20～30分間隔の運行。所要約50分～1時間。料金€4～。

ミラノ市内からマルペンサ空港へ

●どこで降りるの?
マルペンサ空港行きのプルマンは、まずおもにチャーター便が発着するターミナル2に停車。一般利用者は次(終点)のターミナル1で下車しよう。

●プルマンの行き先確認を
中央駅のプルマン乗り場は2ヵ所。駅を正面に見て左側がマルペンサ空港行き。右側がリナーテ空港行きとベルガモのオリオ・アル・セリオ空港Orio al Serio行き。プルマンの行き先を確認して乗り込もう。

ミラノ　　Milano

マルペンサ空港　Malpensa Airport

Terminal 1

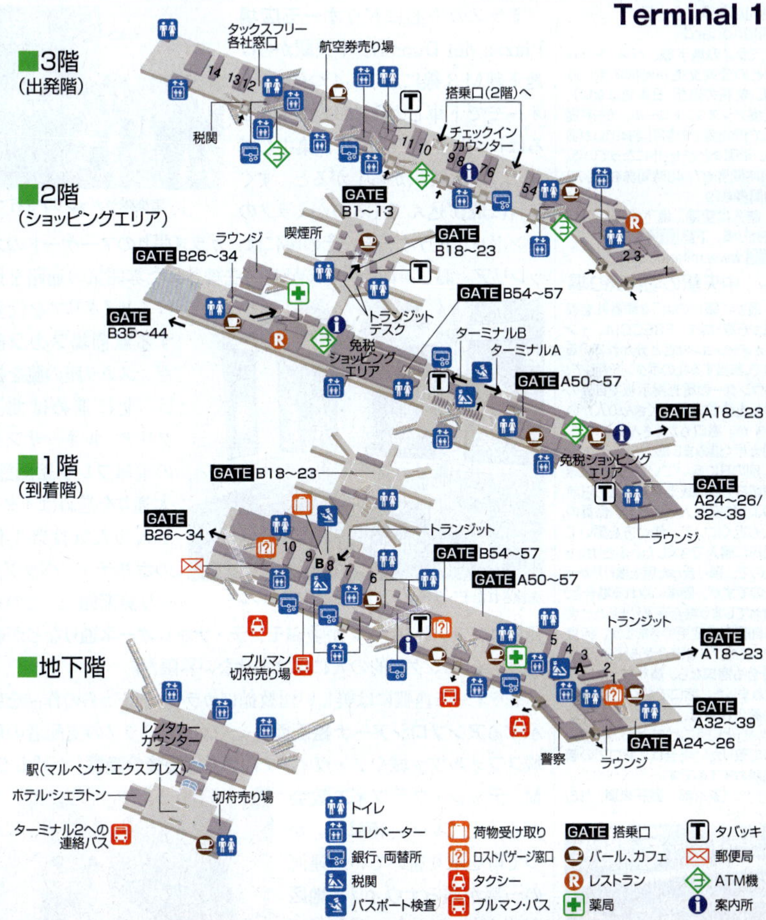

リナーテ空港から市内へ

プルマンや市バスが中央駅へ、市バスATMの73番が町の中心のサン・バビラ広場へ運行している。切符の購入は、①は車内で、②は空港内の切符売り場やタバッキで事前に購入を。

①リナーテ空港 ↔ 中央駅

市バスATM社とAir Pullman社との共同でAir Bus Linateを運行。切符は車内で購入可。空港から中央駅脇のルイジ・ディ・サヴォイア広場Piazza Luigi di Savoiaまで所要約25分。空港発6:30～23:30、中央駅発6:00～23:00で約30分間隔の運行。料金€5、往復€9。

②リナーテ空港 ↔ サン・バビラ広場

市バスATM社のNo.X73（直通）と73が空港からドゥオーモ広場東のサン・バビラ広場まで25～35分。空港発6:05～翌1:00、広場発5:35～翌0:35、約10～15分間隔の運行。料金€1.50。

マルペンサ空港 ↔ リナーテ空港

ふたつの空港を直接結ぶプルマンをAir Pullman社が運行している。所要約90分、料金€13。ただし、1日約5便と運行本数は多くないので、中央駅での乗り換えが便利だ。

ミラノの歩き方

ミラノの中心はドゥオーモ広場Piazza del Duomo。**中央駅**からは地下鉄M３線に乗り、４つ目のドゥオーモで下車しよう。おもな見どころはドゥオーモ広場周辺に集中している。地下鉄駅から上がると、すぐに目に飛び込んでくるのがミラノのシンボル、**ドゥオーモ**。その脇には、ガラス張りのアーケードの**ガッレリア**。おしゃれなカフェが並ぶ洗練された雰囲気の通路を抜けるとイタリアを代表する歌劇場**スカラ座**だ。スカラ座の脇を抜け、北に進めば北イタリア・ルネッサンスの宝庫**ブレラ絵画館**、大通りを進めばイタリア人の人気投票１位の**ポルディ・ペッツォーリ美術館**だ。この東側にはブランドショップが並ぶ**モンテ・ナポレオーネ通り**などが続き、ショッピング目的の人にははずせない界隈だ。

音楽隊がガッレリアを行く！

洗練されたモンテ・ナポレオーネ通りのショップ

ドゥオーモ西側には美しい司教館にカラヴァッジョらの作品を展示する**アンブロジアーナ絵画館**。やや離れてミラノの支配者の居城**スフォルツァ城**やダ・ヴィンチの傑作『**最後の晩餐**』が残る**S. M. デッレ・グラツィエ教会**が点在している。南には、かつて町を取り巻いていた運河の一部が残る**ナヴィリオ地区**が広がり、ミラネーゼお気に入りのスポットになっている。

ダ・ヴィンチの傑作の残るS.M.デッレ・グラツィエ教会は、ブラマンテの作り出したルネッサンス空間

便利なミラノカード
Milanocard

ミラノの地下鉄、バス、トラムなどの公共交通が時間内乗り放題、無料の通訳（日本語はない）、医療アシスタントコール、カード提示で博物館での割引（約40％）があり、地図などがセットになっている。24時間券€7、48時間券€13、72時間券€19

購入は空港、地下鉄の駅の切符売り場、下記URLなどで。

URL www.milanocard.it

✉ 中央駅の切符売り場

最初に銀行のような順番札を機械から取ります。FRECCIA、インフォメーションなどと分かれているので、該当する札のボタンを押して、カウンターの電光掲示板で自分の番号を待ちます。たくさんの人がいますが、窓口もたくさんあるので、割合早く進みました。

別の日に急いでいたときにfs線の切符を自動販売機で購入。以前のように変な人もおらず、係員の人も近くにいて、使い方を聞いて簡単に購入できました。ふたりだったので、隣り合った席を取りたかったのですが、簡単に取れる場合と、離れてしまう場合がありました。席は自販機で変更できますが、何度やってもダメな場合があり、そんな場合も窓口なら、隣り合った席がとれました。窓口で聞くと「自販機の席の精度は、窓口にはまだ及ばない！」ということでした。席をまとめて取りたい場合は、窓口での購入がおすすめです。

（東京都　鉄子未満　'16）

中央駅構内には切符がなければ入れなくなった

ミラノへの行き方

［空港からのアクセス（→P.515、P.184～185）］

鉄道trenitalia（fs線）
ミラノ中央駅Milano Centrale（Milano C.le）下車が便利

- ●ヴェネツィア・サンタ・ルチア駅からFRECCIA BIANCA、Eurocityで2時間35分
- ●フィレンツェ・サンタ・マリア・ノヴェッラ駅からFRECCIAROSSAで1時間40分
- ●ローマ・テルミニ駅からFRECCIAROSSAで2時間55分～3時間20分
- ●ナポリ中央駅からFRECCIAROSSAで4時間15分～4時間40分

ミラノの交通について

●ミラノの鉄道駅

ミラノには10を超えるfs線の駅があるが、幹線がおもに停車するのは中央駅Milano Centrale（ミラノ チェントラーレ）。路線または列車の種類(IC、Rなど)により、ランブラーテMilano Lambrate、ポルタ・ガリバルディMilano Porta Garibaldi、ロゴレードMilano Rogoredoに停車。いずれの駅も地下鉄と連絡。

●中央駅は芸術品

白亜の美しい堂々とした駅で、店舗やカフェなどの飲食施設も充実している。列車が発着する2階から緩やかなスロープの動く舗道で中2階、1階、半地下を結んだ4階建て。2階には各種売店やfs切符の自販機がある。中2階は店舗、右の階段を上ると薬局。1階奥に切符売り場と荷物預け、正面（1階と半地下の2ヵ所）から地下鉄へ連絡。タクシー乗り場は駅舎の左右、各空港行きのプルマンは駅舎正面を左右に回り込んだ2ヵ所の広場発着。

ミラノ　Milano
ミラノ中央駅構内　Milano Centrale

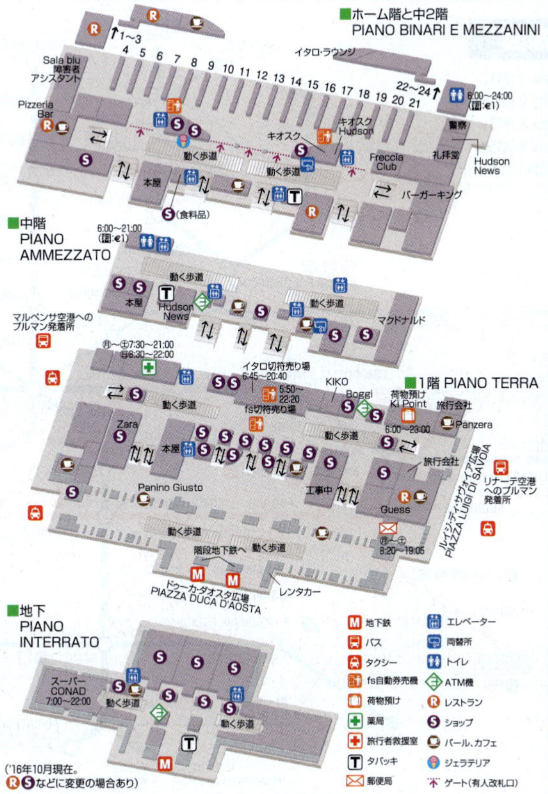

列車に乗車する前に!

R(レッジョナーレ)など、乗車時刻、座席指定のない切符を利用する場合は、ホームの入口などにある自動刻印機に切符を入れ、日付と時間を必ず刻印すること。忘れると車内で高額の違反金を取られるので要注意。

パス類は種類により、窓口で日付を入れてもらってから使用を開始しよう。

ホーム階には改札ゲートが設けられ、係員が切符をチェックする。ホームには切符がないと入場不可となった。

ミラノ中央駅

ムッソリーニ時代の建築を代表するミラノ中央駅

ミラノ中央駅手荷物預け

開 6:00〜23:00
料 5時間まで　€6
6〜12時間　1時間ごとに　€0.90
13時間以上　1時間ごとに　€0.40
※1個25kg、5日まで

改札ゲート出現

ミラノ中央駅のホーム階入口に有人の改札ゲートが設置された。係員に切符を提示して、ホームに入り、乗車。いつも混雑していたホーム階は人が少なくなり、移動もスムーズに。

中央駅はご用心!

乗降客が多く、たいへんな混雑模様の中央駅。手荷物には十分注意しよう。切符を見せてゲートを抜け、ホームに入ってすでに入線している目当ての列車内で発車を待つと、混雑と危険を避けられる。また、中2階の動くスロープの近くに長椅子が配置されている。

切符売り場

1階奥が切符売り場。いつも行列ができているので、早めの準備を。切符売り場そばやホーム階にも自動券売機あり。

スーパー開店!!

中央駅の地下にスーパーCONADがオープン。定番の切り売りピッツァやお総菜が充実していて助かりました。
（匿名希望　'15）

市内交通ATMの❶
ATM Point
住 Stazione Duomo
開 7:45～19:15
☎ 800808181（イタリア国内フリーダイヤル）、02-48607607
※地下鉄ドゥオーモ駅地下通路内。1日券、1週間券、定期券なども販売

ミラノだけ!?
改札出口で切符を

ミラノのいくつかの駅（ドゥオーモ駅など）では、出口で切符を改札機に入れるシステム。日本と同様だが、ローマなどとは異なるので、下車まで切符をなくさないように。順次、各駅の出口に設置の見込み。　['16]

✉ 便利なトラム情報

乗車前に進行方向に間違いないか確認しましょう。
2番：中央駅から中心街へ。
3番：サン・ロレンツォ・マッジョーレ教会、ティチネーゼ門方面へ
16番：サンタ・マリア・デッレ・グラツィエ教会へ
9番：ポルタ・ジェノヴァへ。
（東京都　AUGSTA　'06)['16]

3線は色分けされわかりやすい。
M3線の自動改札

●ミラノの交通

ミラノ市内の足としては、**地下鉄（メトロ）**、**バス**、**トラム（市電）**や**フィロブス**と呼ばれるトロリーバスなどが走り、交通網が充実している。

これらの公共交通機関は**90分有効の切符**Bigliettoで、何回も乗り継げる（ただし、地下鉄は乗り継ぎは可能だが、一度改札を出たら無効になる）。

この中で観光客が最も手軽に使いこなせるのは地下鉄だろう。バスやトラムはややわかりづらいが、地下鉄は**M1（赤）**、**M2（緑）**、**M3（黄）**の3線があり、比較的単純なうえにおもな観光ポイントもカバーされている。fsのいくつもの近郊線が郊外へ向かって延びている。

切符売り場が
混んでいるときには、キオスクで

バスターミナル

●バスターミナル

地下鉄1線ランプニャーノ駅上にバスターミナルがある。長距離のトリノやアオスタ行き、国際路線のバルセロナやロンドン行きなども発着。乗り場手前に切符売り場があり、発車時間や料金などの情報も得られる。イタリア国内はおもにアウトストラダーレAutostradale社、国際線はユーロラインEuroline社が運行。

環境都市ミラノでは、トラム(市電)が復活。これは最新型の車両

到着時間が表示されるバス停

市内交通の切符

■1回券(90分有効、時間内なら乗り換え可。ただし地下鉄は1回の乗車)
Biglietto Ordinario/ビリエット・オルディナリオ　€1.50
■24時間券　Abbonamento Giornaliero/アッボナメント・ジョルナリエーロ　€4.50
■48時間券　Abbonamento Bigiornaliero/アッボナメント・ビジョルナリエーロ　€8.25
■4回券　Biglietto 4 Viaggi (Bi4) /ビリエット・クアトロ・ヴィアッジ(ビ・クワトロ)　€6
■10回券 Carnet/カルネ　€13.80

✉ ルート検索で素早く移動

少し大きい道路にはほとんどトラムやバスが走っています。これを活用すると素早く移動できます。ルートはURL www.atm.it/en/から検索できます。ただ、㊏㊐㊗は運行本数が少なくなるので、時間に余裕を持って移動を。
(yk_tani　'14)

✉ 地下鉄の出入口

地下鉄を利用の際は駅に入る出入口の場所を覚えておきましょう。私は反対口に出てしまい、ホテルへの道を迷ってしまいました。
(東京都　クッキングサラダ　'14)

✉ ノルド・カドルナ駅は?

ノルド駅では通じません。切符の駅の表示もカドルナ駅でした。タクシーに乗車の際、ノルド駅と言うと通じなくて、困りました。
(兵庫県　福田守男　'16)
fs線のホームページでは、Milano Nord Cadornaと表示。

バス、地下鉄などの切符

市内公共交通の切符は共通。タバッキや駅構内のキオスク、自動券売機で販売。自動券売機は深夜も利用できるものの、故障の場合もあるので、1日の必要枚数をあらかじめキオスク(新聞売り場)などで購入しておくと便利。

切符はバスやトラムでは車内の自動検札機に入れて、打刻する。地下鉄の場合は自動改札機を通す。1日券も同様に。

地下鉄の自動券売機

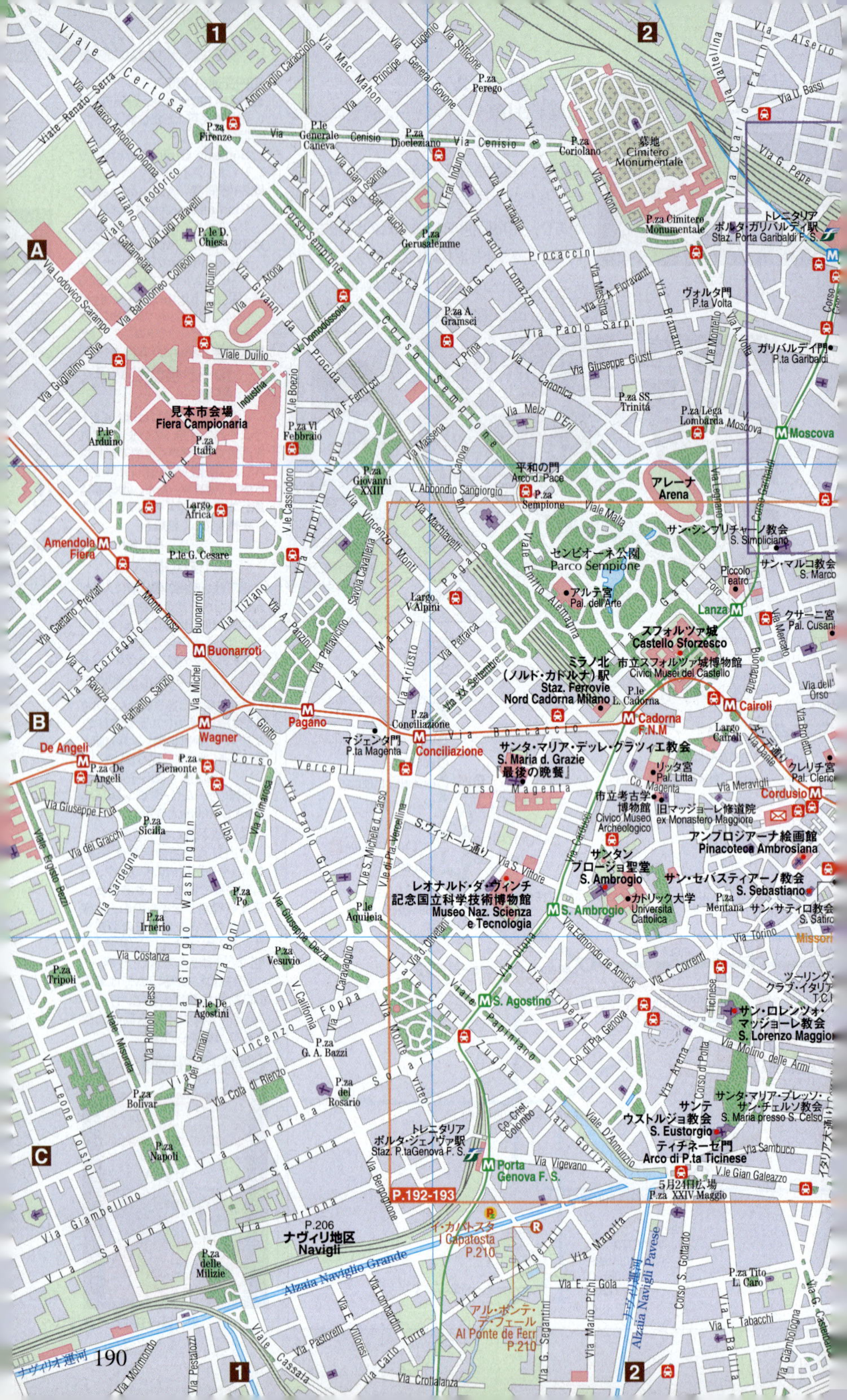
1
2
A
B
C
墓地
Cimitero Monumentale
P.za Cimitero Monumentale
トレニタリア
ポルタ・ガリバルディ駅
Staz. Porta Garibaldi F. S.
ヴォルタ門
P.ta Volta
ガリバルディ門
P.ta Garibaldi
Moscova
見本市会場
Fiera Campionaria
P.za Italia
P.za Firenze
P.le Generale Caneva
P.za Diocleziano
P.za Coriolano
P.za Perego
P.le De D. Chiesa
P.za Gerusalemme
P.za A. Gramsci
P.za SS. Trinità
P.za Lega Lombarda
P.le Arduino
P.za VI Febbraio
P.za Giovanni XXIII
平和の門
Arco d. Pace
P.za Sempione
アレーナ
Arena
サン・シンプリチャーノ教会
S. Simpliciano
サン・マルコ教会
S. Marco
センピオーネ公園
Parco Sempione
アルテ宮
Pal. dell'Arte
Piccolo Teatro
Lanza
クサーニ宮
Pal. Cusani
スフォルツァ城
Castello Sforzesco
市立スフォルツァ城博物館
Civici Musei del Castello
ミラノ北（ノルド・カドルナ）駅
Staz. Ferrovie Nord Cadorna Milano
P.le L. Cadorna
Cadorna F.N.M
Cairoli
Largo Cairoli
Largo Africa
Amendola Fiera
P.le G. Cesare
Buonarroti
Largo V. Alpini
Pagano
Wagner
De Angeli
P.za De Angeli
P.za Piemonte
マジェンタ門
P.ta Magenta
P.za Conciliazione
Conciliazione
サンタ・マリア・デッレ・グラツィエ教会
S. Maria d. Grazie
『最後の晩餐』
リッタ宮
Pal. Litta
クレリチ宮
Pal. Clerici
Cordusio
市立考古学博物館
Civico Museo Archeologico
旧マッジョーレ修道院
ex Monastero Maggiore
アンブロジアーナ絵画館
Pinacoteca Ambrosiana
サンタンブロージョ聖堂
S. Ambrogio
サン・セバスティアーノ教会
S. Sebastiano
カトリック大学
Università Cattolica
S. Ambrogio
P.za Mentana
サン・サティロ教会
S. Satiro
Missori
レオナルド・ダ・ヴィンチ記念国立科学技術博物館
Museo Naz. Scienza e Tecnologia
P.za Sicilia
P.za Po
P.le Aquileia
P.za Irnerio
P.za Vesuvio
P.za Tripoli
P.le De Agostini
P.za G. A. Bazzi
P.za del Rosario
P.za Bolivar
P.za Napoli
S. Agostino
ツーリング・クラブ・イタリア
T.C.I
サン・ロレンツォ・マッジョーレ教会
S. Lorenzo Maggiore
サンタ・マリア・プレッソ・サン・チェルソ教会
S. Maria presso S. Celso
サンテウストルジョ教会
S. Eustorgio
ティチネーゼ門
Arco di P.ta Ticinese
5月24日広場
P.za XXIV Maggio
トレニタリア
ポルタ・ジェノヴァ駅
Staz. P.ta Genova F. S.
Porta Genova F. S.
P.192-193
P.206
ナヴィリ地区
Navigli
イ・カパトスタ
I Capatosta
P.210
アル・ポンテ・デ・フェール
Al Ponte de Ferr
P.210
P.za delle Milizie
P.za Tito L. Caro
Alzaia Naviglio Grande
Alzaia Naviglio Pavese
ナヴィリオ運河
Corso Sempione
Via Paolo Sarpi
Corso Magenta
Corso Vercelli
Via Boccaccio
Via Vincenzo Monti
Via Torino
Via Solari
Via Savona
Via Tortona
Viale Papiniano
Corso di P.ta Ticinese
Corso Genova
Via Vigevano
Viale Gorizia
Viale D'Annunzio
Via Dante
Foro Buonaparte
Corso Garibaldi
Via Procaccini
Via Canonica
Via Cenisio
Viale Certosa
Via Washington
Via Giambellino
Via Lorenteggio

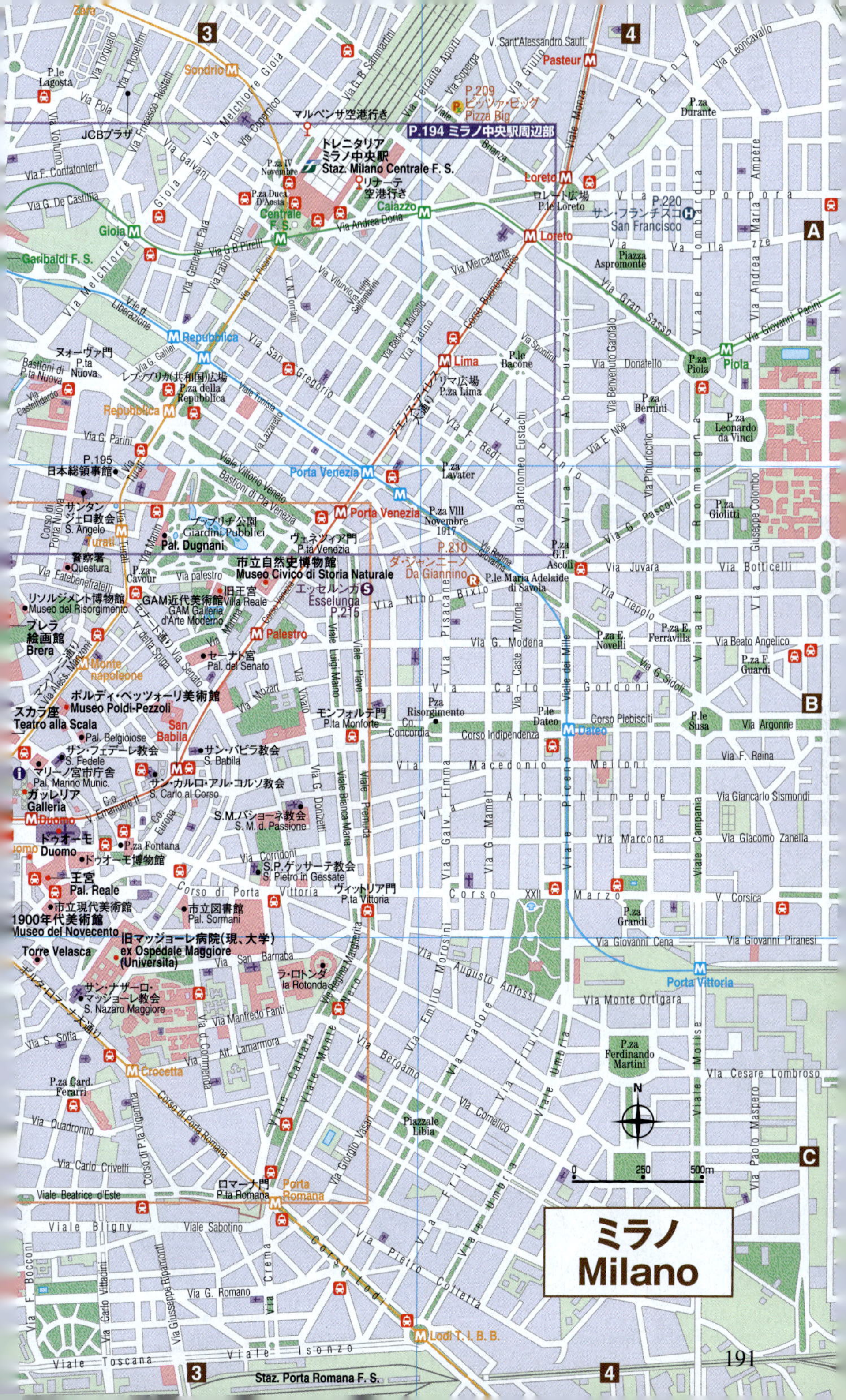
ミラノ
Milano
P.194 ミラノ中央駅周辺部
トレニタリア
ミラノ中央駅
Staz. Milano Centrale F. S.
マルペンサ空港行き
リナーテ
空港行き
Centrale F.S.
Gioia
Garibaldi F. S.
Sondrio
Caiazzo
Loreto
ロレート広場
P.le Loreto
Pasteur
P.209
ピッツァ・ビッグ
Pizza Big
P.220
サン・フランチェスコ
San Francisco
Repubblica
レプッブリカ（共和国）広場
P.za della Repubblica
ヌォーヴァ門
P.ta Nuova
Lima
リマ広場
P.za Lima
ブエノスアイレス大通り
Porta Venezia
ヴェネツィア門
P.ta Venezia
P.195
日本総領事館
Turati
サンタンジェロ教会
S. Angelo
Pal. Dugnani
プップリチ公園
Giardini Pubblici
市立自然史博物館
Museo Civico di Storia Naturale
P.210
ダ・ジャンニーノ
Da Giannino
エッセルンガ
Esselunga
P.215
警察署
Questura
リソルジメント博物館
Museo del Risorgimento
GAM近代美術館
GAM Galleria d'Arte Moderno
旧王宮
Villa Reale
ブレラ絵画館
Brera
Palestro
セーナト宮
Pal. del Senato
Montenapoleone
ボルディ・ペッツォーリ美術館
Museo Poldi-Pezzoli
スカラ座
Teatro alla Scala
San Babila
サン・バビラ教会
S. Babila
サン・フェデーレ教会
S. Fedele
マリーノ宮市庁舎
Pal. Marino Munic.
ガッレリア
Galleria
Duomo
ドゥオーモ
Duomo
ドゥオーモ博物館
王宮
Pal. Reale
1900年代美術館
Museo del Novecento
サン・カルロ・アル・コルソ教会
S. Carlo al Corso
S.M.パッショーネ教会
S. M. d. Passione
S.P.ゲッサーテ教会
S. Pietro in Gessate
ヴィットリア門
P.ta Vittoria
市立図書館
Pal. Sormani
モンフォルテ門
P.ta Monforte
旧マッジョーレ病院（現、大学）
ex Ospedale Maggiore (Università)
Torre Velasca
ラ・ロトンダ
la Rotonda
サン・ナザーロ・マッジョーレ教会
S. Nazaro Maggiore
Crocetta
ロマーナ門
P.ta Romana
Porta Romana
Lodi T. I. B. B.
Staz. Porta Romana F. S.
Dateo
Piola
Porta Vittoria
Corso Buenos Aires
Corso Venezia
Corso Vittorio Emanuele II
Corso di Porta Romana
Corso di Porta Vittoria
Corso Indipendenza
Corso XXII Marzo
Corso Lodi
Viale Piceno
Viale Abruzzi
Viale Monza
Viale Tunisia
Viale Bligny
Viale Sabotino
Viale Isonzo
Viale Toscana
Viale Beatrice d'Este
Via Melchiorre Gioia
Via Pirelli
Via Vittor Pisani
Via Andrea Doria
Via Vitruvio
Via San Gregorio
Via Settembrini
Via Palestro
Via Manin
Via Montenapoleone
Via della Spiga
Via Senato
Via Mozart
Via Serbelloni
Via Cappuccini
Via Donizetti
Via Marcona
Via Corridoni
Via Bergamo
Via Sidoli
Via Argonne
Via Giacomo Zanella
Via Cesare Lombroso
Via Monte Ortigara
P.za Piola
P.za Leonardo da Vinci
P.za Giolitti
P.za Grandi
P.za Ferdinando Martini
Piazzale Libia
P.za Risorgimento
P.le Dateo
P.za Fontana
P.za Cavour
P.za Card. Ferrari
0
250
500m
N
A
B
C
3
4

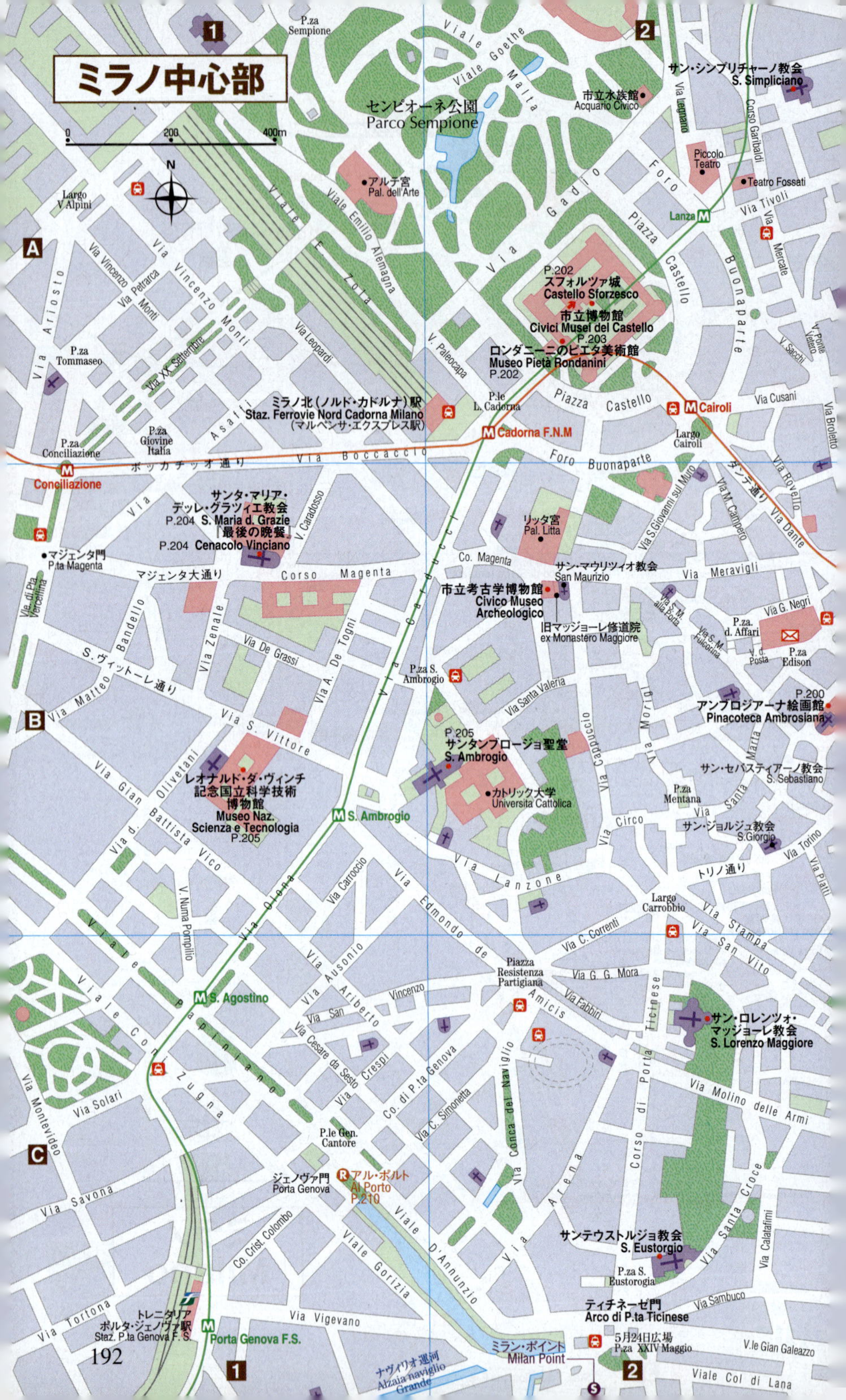

ミラノ中心部
センピオーネ公園
Parco Sempione
アルテ宮
Pal. dell'Arte
市立水族館
Acquario Civico
サン・シンプリチャーノ教会
S. Simpliciano
Piccolo Teatro
Teatro Fossati
Lanza
P.202
スフォルツァ城
Castello Sforzesco
市立博物館
Civici Musei del Castello
P.203
ロンダニーニのピエタ美術館
Museo Pietà Rondanini
P.202
ミラノ北（ノルド・カドルナ）駅
Staz. Ferrovie Nord Cadorna Milano
（マルペンサ・エクスプレス駅）
Cadorna F.N.M
Cairoli
Largo Cairoli
Conciliazione
ボッカチッオ通り
サンタ・マリア・デッレ・グラツィエ教会
P.204 S. Maria d. Grazie
『最後の晩餐』
P.204 Cenacolo Vinciano
マジェンタ門
P.ta Magenta
マジェンタ大通り
リッタ宮
Pal. Litta
サン・マウリツィオ教会
San Maurizio
市立考古学博物館
Civico Museo Archeologico
旧マッジョーレ修道院
ex Monastero Maggiore
P.za Edison
S.ヴィットーレ通り
P.za S. Ambrogio
P.200
アンブロジアーナ絵画館
Pinacoteca Ambrosiana
P.205
サンタンブロージョ聖堂
S. Ambrogio
カトリック大学
Università Cattolica
サン・セバスティアーノ教会
S. Sebastiano
レオナルド・ダ・ヴィンチ記念国立科学技術博物館
Museo Naz. Scienza e Tecnologia
P.205
S. Ambrogio
サン・ジョルジュ教会
S.Giorgio
トリノ通り
Largo Carrobbio
Piazza Resistenza Partigiana
S. Agostino
サン・ロレンツォ・マッジョーレ教会
S. Lorenzo Maggiore
P.le Gen. Cantore
ジェノヴァ門
Porta Genova
アル・ポルト
Al Porto
P.210
サンテウストルジョ教会
S. Eustorgio
P.za S. Eustorgio
ティチネーゼ門
Arco di P.ta Ticinese
トレニタリア
ポルタ・ジェノヴァ駅
Staz. P.ta Genova F.S.
Porta Genova F.S.
ミラン・ポイント
Milan Point
5月24日広場
P.za XXIV Maggio
ナヴィリオ運河
Alzaia naviglio Grande

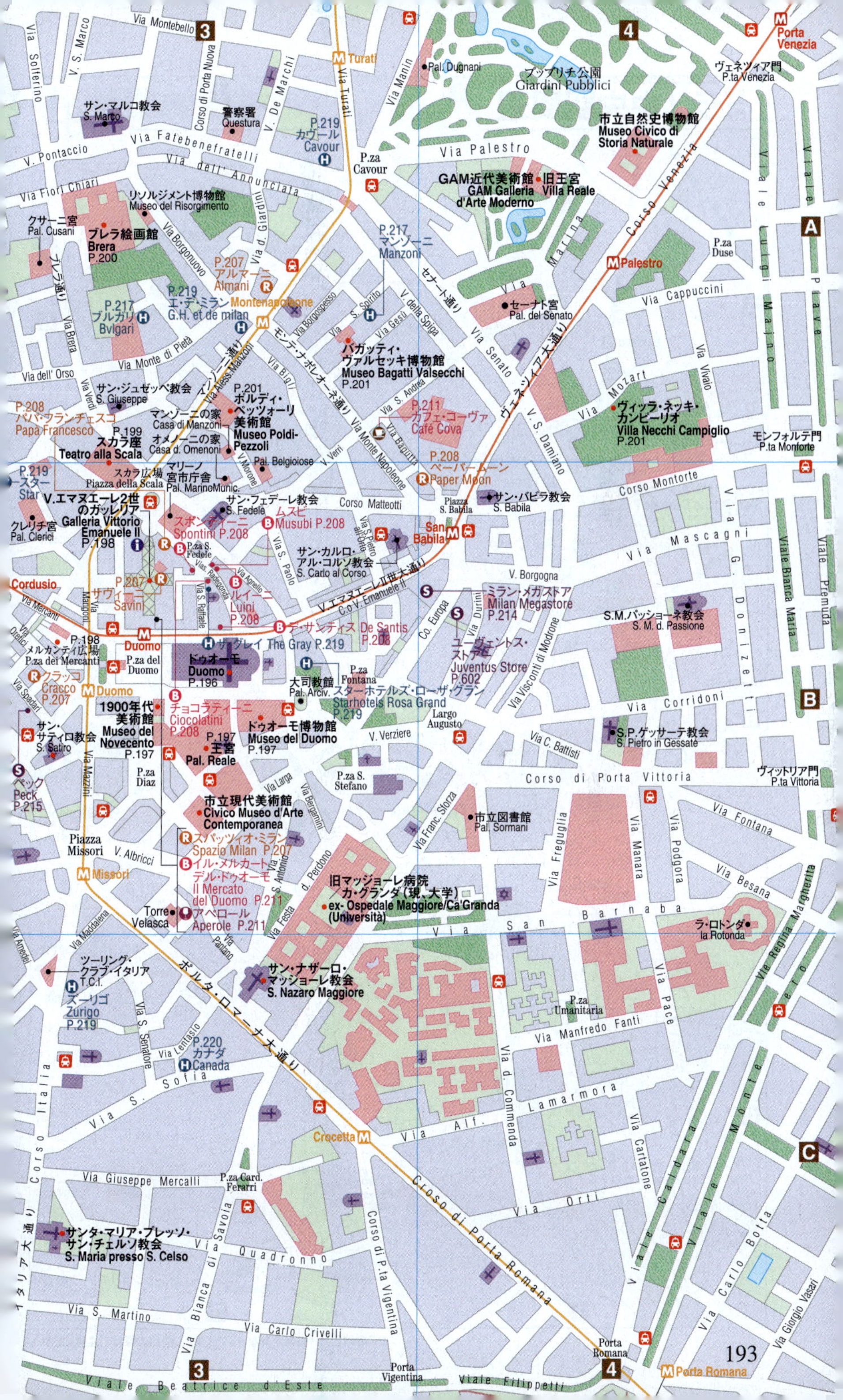

3
4
A
B
C
Via Montebello
Via Solferino
V. S. Marco
Corso di Porta Nuova
V. De Marchi
Turati
Via Turati
Via Manin
Pal. Dugnani
ブッブリチ公園
Giardini Pubblici
Porta Venezia
ヴェネツィア門
P.ta Venezia
サン・マルコ教会
S. Marco
警察署
Questura
P.219
カヴール
Cavour
Via Fatebenefratelli
V. Pontaccio
Via dell' Annunciata
P.za Cavour
Via Palestro
市立自然史博物館
Museo Civico di Storia Naturale
GAM近代美術館
GAM Galleria d'Arte Moderno
旧王宮
Villa Reale
Via Fiori Chiari
リソルジメント博物館
Museo del Risorgimento
クサーニ宮
Pal. Cusani
ブレラ絵画館
Brera
P.200
ブレラ通り
Via Borgonuovo
Via d. Giardini
P.207
アルマーニ
Armani
P.217
マンゾーニ
Manzoni
Corso Venezia
Via Marina
Palestro
P.za Duse
Viale Luigi Majno
Viale Piave
Via Cappuccini
P.217
ブルガリ
Bvlgari
P.219
エ・デ・ミラン
G.H. et de milan
Montenapoleone
Via Borgospesso
Via S. Spirito
Via Gesù
V. della Spiga
セナート通り
Via Senato
セーナト宮
Pal. del Senato
Via Brera
Via Monte di Pietà
マンゾーニ通り
Via Alessandro Manzoni
Via Bigli
モンテ・ナポレオーネ通り
バガッティ・ヴァルセッキ博物館
Museo Bagatti Valsecchi
P.201
ヴェネツィア大通り
Via Vivaio
Via Mozart
Via dell' Orso
Via Verdi
サン・ジュゼッペ教会
S. Giuseppe
P.201
ポルディ・ペッツォーリ美術館
Museo Poldi-Pezzoli
Via S. Andrea
P.211
カフェ・コーヴァ
Cafe Cova
V. S. Damiano
ヴィッラ・ネッキ・カンピーリオ
Villa Necchi Campiglio
P.201
P.208
パパ・フランチェスコ
Papa Francesco
P.199
スカラ座
Teatro alla Scala
マンゾーニの家
Casa di Manzoni
オメノーニの家
Casa d. Omenoni
Via Monte Napoleone
Via Bagutta
モンフォルテ門
P.ta Monforte
P.219
スター
Star
スカラ広場
Piazza della Scala
マリーノ宮市庁舎
Pal. MarinoMunic.
Pal. Belgioioso
V. Verri
P.208
ペーパームーン
Paper Moon
Corso Monforte
V.エマヌエーレ2世のガッレリア
Galleria Vittorio Emanuele II
P.198
クレリチ宮
Pal. Clerici
サン・フェデーレ教会
S. Fedele
スポンティーニ
Spontini P.208
ムスビ
Musubi P.208
Corso Matteotti
Piazza S. Babila
サン・バビラ教会
S. Babila
San Babila
Via Mascagni
Viale Bianca Maria
Viale Premuda
P.za S. Fedele
Via S. Paolo
サン・カルロ・アル・コルソ教会
S. Carlo al Corso
V.エマヌエーレII世大通り
C.o V. Emanuele II
V. Borgogna
Cordusio
P.207
サヴィーニ
Savini
ルイーニ
Luini
P.208
ミラン・メガストア
Milan Megastore
P.214
Via Mercanti
Via Manzoni
Via S. Raffaele
デ・サンティス
De Santis
P.208
Co. Europa
Via Durini
S.M.パッショーネ教会
S. M. d. Passione
Via G. Donizetti
P.198
メルカンティ広場
P.za dei Mercanti
Duomo
P.za del Duomo
ザ・グレイ
The Gray P.219
ドゥオーモ
Duomo
P.196
P.za Fontana
ユーヴェントス・ストア
Juventus Store
P.602
Via Visconti di Modrone
クラッコ
Cracco
P.207
Duomo
大司教館
Pal. Arciv.
スターホテルズ・ローザ・グラン
Starhotels Rosa Grand
P.219
Via Corridoni
1900年代美術館
Museo del Novecento
P.197
チョコラティーニ
Ciocolatini
P.208
ドゥオーモ博物館
Museo del Duomo
P.197
Largo Augusto
サン・サティロ教会
S. Satiro
P.197
王宮
Pal. Reale
V. Verziere
Via C. Battisti
S.P.ゲッサーテ教会
S. Pietro in Gessate
ペック
Peck
P.215
Via Mazzini
P.za Diaz
Via Larga
Via Bergamini
P.za S. Stefano
Corso di Porta Vittoria
ヴィットリア門
P.ta Vittoria
市立現代美術館
Civico Museo d'Arte Contemporanea
Via Franc. Sforza
市立図書館
Pal. Sormani
Via Fontana
Piazza Missori
V. Albricci
スパッツィオ・ミラン
Spazio Milan P.207
イル・メルカート・デル・ドゥオーモ
Il Mercato del Duomo P.211
Via S. Antonio
Via Festa d. Perdono
Via Freguglia
Via Manara
Via Podgora
Via Besana
Missori
旧マッジョーレ病院
カ・グランダ（現、大学）
ex- Ospedale Maggiore/Ca'Granda (Università)
Torre Velasca
アペロール
Aperole P.211
Via San Barnaba
ラ・ロトンダ
la Rotonda
Vle Regina Margherita
Via Maddalena
Via Amedei
ツーリング・クラブ・イタリア
T.C.I.
ズーリゴ
Zurigo
P.219
Via Pantano
サン・ナザーロ・マッジョーレ教会
S. Nazaro Maggiore
ポルタ・ロマーナ大通り
Via Pace
P.za Umanitaria
Via S. Senatore
Via Lentasio
P.220
カナダ
Canada
Via Manfredo Fanti
Via S. Sofia
Corso Italia
Via d. Commenda
Via Lamarmora
Crocetta
Via Alf.
Via Cartatone
Via Giuseppe Mercalli
P.za Card. Ferarri
Via Orti
Viale Caldara
Viale Monte Nero
サンタ・マリア・プレッソ・サン・チェルソ教会
S. Maria presso S. Celso
Via Quadronno
Corso di P.ta Vigentina
Croso di Porta Romana
Via Carlo Botta
イタリア大通り
Via Bianca di Savoia
Via S. Martino
Via Carlo Crivelli
Via Giorgio Vasari
Porta Romana
Porta Vigentina
Viale Beatrice d'Este
Viale Filippetti
Porta Romana

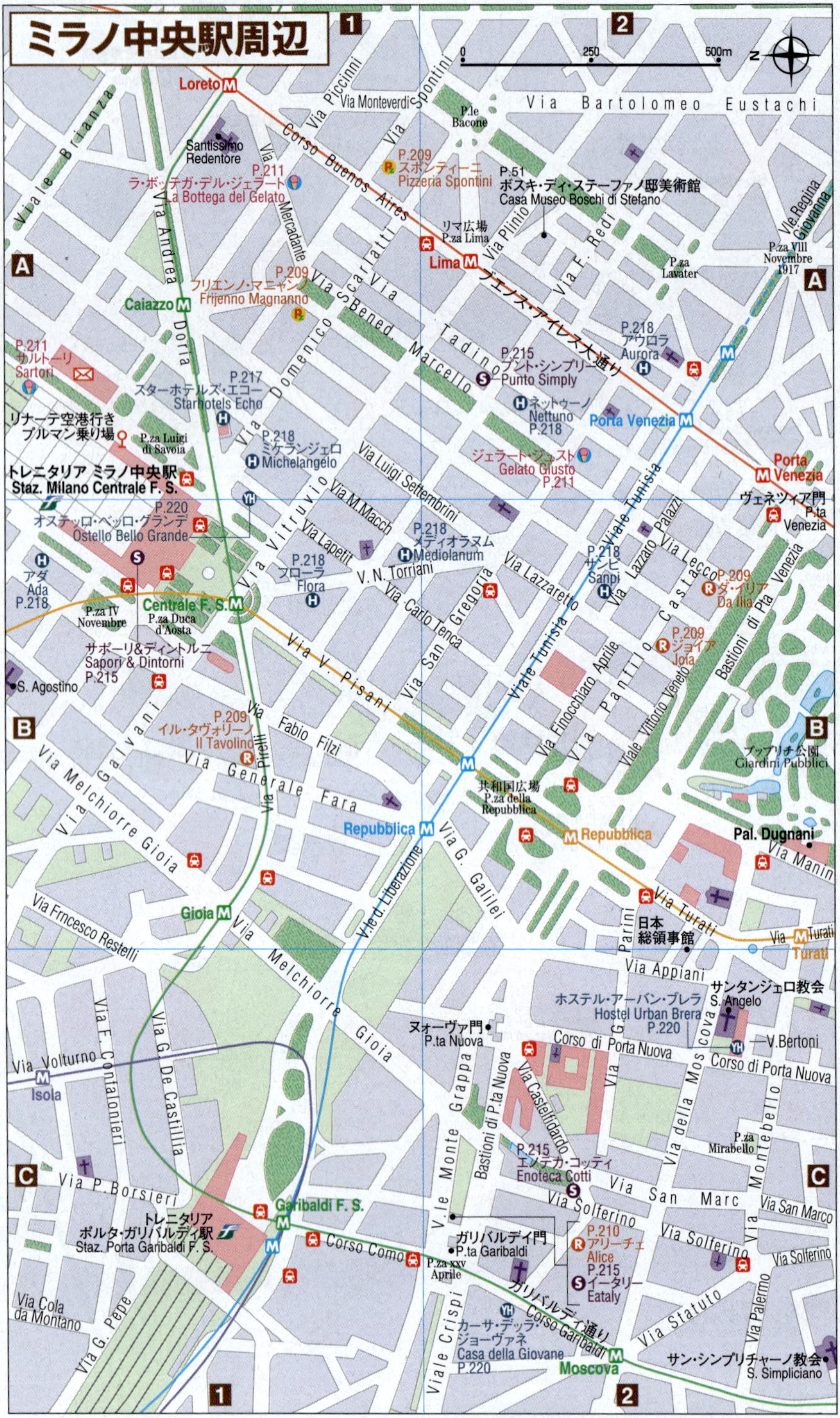
ミラノ中央駅周辺
0
250
500m
N
Loreto
Via Piccinni
Via Monteverdi
Via Spontini
P.le Bacone
Via Bartolomeo Eustachi
Viale Brianza
Santissimo Redentore
Corso Buenos Aires
P.209
スポンティーニ
Pizzeria Spontini
P.211
ラ・ボッテガ・デル・ジェラート
La Bottega del Gelato
Via Mercadante
P.51
ボスキ・ディ・ステーファノ邸美術館
Casa Museo Boschi di Stefano
Via Andrea Doria
リマ広場
P.za Lima
Via Plinio
Via F. Redi
Vle.Regina Giovanna
P.za VIII Novembre 1917
P.za Lavater
Lima
ブエノス・アイレス大通り
P.209
フリエンノ・マニャンノ
Frijenno Magnanno
Via Scarlatti
Via Bened. Marcello
Via Tadino
Caiazzo
Via Domenico Scarlatti
P.218
アウロラ
Aurora
P.211
サルトーリ
Sartori
P.217
スターホテルズ・エコー
Starhotels Echo
P.215
プント・シンプリー
Punto Simply
ネットゥーノ
Nettuno
P.218
Porta Venezia
リナーテ空港行き
プルマン乗り場
P.za Luigi di Savoia
P.218
ミケランジェロ
Michelangelo
ジェラート・ジュスト
Gelato Giusto
P.211
Porta Venezia
トレニタリア ミラノ中央駅
Staz. Milano Centrale F. S.
Via Luigi Settembrini
Via M.Macchi
Via Vitruvio
ヴェネツィア門
P.ta Venezia
P.220
オステッロ・ベッロ・グランデ
Ostello Bello Grande
P.218
メディオラヌム
Mediolanum
Via Lapetit
Via Lazzaro Palazzi
Viale Tunisia
Via Lecco
アダ
Ada
P.218
P.218
フローラ
Flora
V. N. Torriani
P.218
サンピ
Sanpi
P.209
ダ・イリア
Da Ilia
Via Carlo Tenca
Via San Gregorio
Via Lazzaretto
Centrale F. S.
P.za IV Novembre
P.za Duca d'Aosta
Via Panfilo Castaldi
P.209
ジョイア
Joia
Bastioni di P.ta Venezia
サポーリ&ディントルニ
Sapori & Dintorni
P.215
Via V. Pisani
Via Finocchiaro Aprile
Viale Vittorio Veneto
S. Agostino
Via Galvani
Via Fabio Filzi
Via Pirelli
P.209
イル・タヴォリーノ
Il Tavolino
ブッブリチ公園
Giardini Pubblici
Via Generale Fara
共和国広場
P.za della Repubblica
Via Melchiorre Gioia
Repubblica
Repubblica
Via G. Galilei
Pal. Dugnani
Via Manin
Via Frncesco Restelli
V.le d. Liberazione
Via Turati
Gioia
日本総領事館
Via Parini
Via Turati
Turati
Via Appiani
Via Melchiorre Gioia
サンタンジェロ教会
S. Angelo
ホステル・アーバン・ブレラ
Hostel Urban Brera
P.220
ヌォーヴァ門
P.ta Nuova
Corso di Porta Nuova
Via della Moscova
V.Bertoni
Corso di Porta Nuova
Via Volturno
Isola
Via F. Confalonieri
Via G. De Castillia
Via Monte Grappa
Bastioni di P.ta Nuova
Via Castelfidardo
P.za Mirabello
Via Montebello
P.215
エノテカ・コッティ
Enoteca Cotti
Via P. Borsieri
Via San Marco
Via Solferino
Via San Marco
Garibaldi F. S.
トレニタリア
ポルタ・ガリバルディ駅
Staz. Porta Garibaldi F. S.
P.210
アリーチェ
Alice
Via Solferino
Via Solferino
ガリバルディ門
P.ta Garibaldi
Corso Como
P.za xxv Aprile
P.215
イータリー
Eataly
Via Cola da Montano
Via G. Pepe
Viale Crispi
ガリバルディ通り
Corso Garibaldi
カーサ・デッラ・ジョーヴァネ
Casa della Giovane
P.220
Via Statuto
Via Palermo
Moscova
サン・シンプリチャーノ教会
S. Simpliciano
A
B
C
1
2

※この地図だけ方角が異なっています。ご使用の際はご注意ください。

ミラノの役立つ情報

●ミラノの観光案内所

ガッレリア、スカラ座出口にあるミラノ市のⓘ

メインオフィスはヴィットリオ・エマヌエーレ2世の**ガッレリア内**、スカラ座広場との角にある。新設された近代的なブースで、ミラノをはじめロンバルディア州に関するパンフレット、地図などを配布。各種ツアー、市主催のコンサートなどの催事の切符も販売。

スカラ座のⓘは、
ドゥオーモ広場の地下にある

●両替

中央駅2階には、コンコースやホームへの中央出入口付近などに両替所がある。また、同階には複数の現金自動預払機ATMが設置されている。このほか、駅構内の各所にもATM機がある。

町なかの銀行では、ドゥオーモ広場、ガッレリア近くのBanca Cesare Pontiのレートがまあまあ。便利で利用価値大。両替レートのよさで知られるBanca Nazionale del Lavoroなど銀行の数には事欠かない。

キャッシングが便利で有利

営業時間は月曜から金曜8:30〜13:30、土・日曜は休みが一般的。午後14:30〜16:30に営業する銀行も増えてきた。ほとんどの銀行の道路に面して、24時間使用可のクレジットカードが使えるATMが設置されている。

●郵便局

中央郵便局は、ドゥオーモの西300mのP.za Edisonにある（P.za Cordusioに面した建物は振替などの業務が専門なので間違えないように）。切手の窓口は**30番**、日本からの連絡に便利な**局留郵便**Fermopostaは**34番**で扱っている。小包は手前の通路右側の部屋で扱っている。町なかには小規模の郵便局が点在し、局内にはATM機も設置されている。

ガッレリアのⓘ
住 Galleria Vittorio Emanuele II（スカラ広場Piazza della Scalaとの角）
☎ 02-8884555550
開 9:00〜19:00
　㊏ 9:00〜18:00
　㊐10:00〜18:00
休 1/1、12/25
地 P.193 B3
※ヴィットリオ・エマヌエーレ2世のガッレリア内。スカラ広場手前左側。

日本総領事館Consolato Generale del Giappone
住 Via Privata C. Mangili 2/4
☎ 02-6241141
Fax 02-6597201
開 ㊊〜㊎ 9:00〜12:30
　13:30〜17:00
地 P.191 B3

警察　Questura
住 Via Fatebenefratelli 11
☎ 02-62261内線327
地 P.193 A3

中央郵便局
住 Via della Posta 4
☎ 02-8056430
開 8:30〜19:00
　㊏8:30〜12:00
休 ㊐
地 P.192 B2

JCBプラザ
住 Via Ippolito Rosellini 12
☎ 02-683086
開 9:15〜17:45
休 ㊏㊐㊗
地 P.191 A3

✉ 両替情報
中央駅の両替所はレートが驚くほど悪い。円安（'14年11月）のせいもありましたが、1万円で€45。換算すると€1=約¥222。両替するならドゥオーモ近くの両替所がまだいいです。何軒か並んでいるので、レートを確認しよう。私はこの時1万円=€55で両替しました。　(yummy　'14)

カードでキャッシング
自動両替機よりクレジットカードなどで現金を引き出す24時間利用可能のATM機が主流。

スーパー情報
中央駅地下にCONAD(サポーリ・ディントルニ)がオープン。旧市街の大規模スーパーはドゥオーモ近くならビッラ(→P.215)、エッセ・ルンガ(→P.215)など。コンビニ程度の小規模のスーパーなら、旧市街でも裏通りに見つけられる。やや郊外に宿泊するなら、ホテル近くにも大規模店舗を見つけられる可能性大。まずはホテルの人に尋ねてみよう。

●ドゥオーモ
開 8:00〜19:00
料 €2(博物館と共通、72時間有効)

●屋上テラス、考古学エリア
開 9:00〜19:00
料 屋上テラス€13（エレベーター利用）
€8(階段利用)
考古学エリア　€6
※屋上テラスへのエレベーターはドゥオーモ外側（正面左右奥）。左側中ほどに階段用入口がある。
※切符売り場はドゥオーモ周囲に6ヵ所あり、ドゥオーモ正面右には臨時トイレも併設。空いている窓口に並ぼう。
※切符売り場は閉場1時間前、入場は閉場50分前まで
※共通切符
屋上テラス、ドゥオーモ、博物館、サン・ジョヴァンニ・アッレ・フォンティ洗礼堂(北側エレベーター利用)に共通。屋上テラスへのアクセスで料金が異なり、エレベーター利用のドゥオーモ・パスA／Duomo Pass A　€15、階段利用のドゥオーモ・パスB／Duomo Pass B　€11
※催事により時間短縮の場合あり

服装と荷物チェックあり
ドゥオーモ内部拝観の際は、服装チェックがある。ショートパンツ、ミニスカート、ノースリーブなどでは入場できない場合もある。1枚羽織る物や、大判のスカーフなど肌を隠す物があるといい。荷物は開けさせられる場合があるので、係員の指示に従おう。

テラス／屋上見学
屋上からはすばらしいパノラマが広がる。空を突き刺すような尖塔も間近に見られ、晴れていればアルプスの山並みも見渡すことができる。ただし、傾斜のある狭い空間を歩くので、滑らない歩きやすい靴で出かけよう。

おもな見どころ

ドゥオーモ周辺

荘厳なるゴシック建築の傑作　MAP P.191 B3、P193 B3

ドゥオーモ ★★★
Duomo　ドゥオーモ

町の中心に構えるドゥオーモは、町のシンボルであるとともに、ミラノの町のヘソにもあたる。

化粧直しの終ったドゥオーモ

ゴシック建築の大傑作であるドゥオーモは、135本もの尖塔が天を突き刺すように延びている。14世紀後半に着工され、正面の完成を見たのは、19世紀初めナポレオンによってであった。

堂々とした正面を飾るのは、20世紀に造られた5枚のブロンズ製の扉。左から、キリスト教の信仰の自由を認めた『ミラノ勅令』、ミラノの守護聖人『聖アンブロージョの生涯』、特に豪華な中央扉は『聖母マリアの生涯』、『ミラノの中世の歴史』、『ドゥオーモの歴史』となっている。

ドゥオーモの屋上に上ってみよう！

内部は非常に広く、天井高く仰ぎ見る美しいステンドグラスは見る者のため息を誘う。教会の地下は、れんが積みの深さ4〜8mの空間になっている。ここには、現在のドゥオーモの基礎となったサンタ・テクラ教会の跡が見られる。また、正面奥近くの入口からは地下の宝物庫Tesoro（テゾーロ）へ続いている。

屋上テラスへの入口は外側に3ヵ所。正面左に回り込むと階段用入口、その先にエレベーター用入口がある。正面右側奥にもエレベーター用入口が新設された。尖塔に囲まれた屋上は、天気に恵まれた日には本当に気持ちのよい所で、町を眺めるのにもってこいだ。

荘厳な空間、ドゥオーモ内部

ミラノの歩き方　ミラノ中央駅から地下鉄3線（黄色）でドゥオーモDuomoへ。ドゥオーモを中心にした半径500〜800m内に多くの見どころが集中しているので、ここからは徒歩で十分観光できる。

ドゥオーモ →P.196 ▶ ガッレリア →P.198 ▶ スカラ座 →P.199 ▶ ポルディ・P.美術館 →P.201 ▶ ブレラ絵画館 →P.200 ▼ スフォルツァ城 →P.202 ◀ S.M.デッレ・グラツィエ教会 →P.204 ◀ サンタンブロージョ聖堂 →P.205 ◀ アンブロジアーナ絵画館 →P.200

ミラノの芸術活動の歴史を紡ぐ　MAP P.193 B3

1900年代美術館 ★★

Museo del Novecento　ムゼオ デル ノヴェチェント

ミラノを代表する絵画『第四階級』

ドゥオーモ正面右側にあるアレンガリオ宮と一部王宮内に2010年12月に誕生した近・現代絵画、彫刻を中心にした美術館。近代的に改装された内部には、ピカソの『**アヴィニョンの娘**』、モジリアーニの『**ポール・ギヨームの肖像**』など世界的に名高い傑作のほか、G.ペッリッツァの『**第四階級**』をはじめ、ボッチョーニ、モランディ、デ・キリコ、マルティーニ、ルーチョ・フォンターナなどの作品を展示。イタリアの近代絵画、彫刻が作家や潮流ごとに並べられ、戦後に活発になったミラノの芸術活動の変遷やその嗜好を知ることができる。

●1900年代美術館
住 Piazza Duomo,
Palazzo dell'Arengario
☎ 02-88444061
開 9:30〜19:30
㊊14:30〜19:30
㊍㊏〜22:30)
料 €5、65歳以上€3(特別展の場合€10、€8)
※'17年3/12まで特別展『60年代ブーム BOOM! 60』

歴史あるアレンガリオ宮に展示される

歴代支配者たちが暮らした　MAP P.193 B3

王宮 ★

Palazzo Reale　パラッツォ レアーレ

ドゥオーモの右側に建つネオクラシック様式の建物。町の統治者であったヴィスコンティ家の14世紀の館をピエルマリーニが改築したもの。かつては、スペイン、オーストリア総督の官邸となった。第2次世界大戦の戦火により、内部の美しい装飾は失われたが、現在はドゥオーモ博物館と現代美術館(特別展のみ開館)がおかれている。

●王宮
住 Piazza del Duomo 12
☎ 02-860165
※催事のみ一部公開

堂々とした新古典様式

ドゥオーモの歴史を一堂に展示　MAP P.193 B3

ドゥオーモ博物館 ★★

Museo del Duomo　ムゼオ デル ドゥオーモ

王宮1階(切符売り場は王宮内左側)にあり、ドゥオーモ500年の歴史を紹介している。ドゥオーモを飾ったロンバルディア派ゴシック、フランス・ゴシック様式などの彫刻のオリジナルをはじめ、設計図、模型、ステンドグラスなどを展示。壮大なドゥオーモを身近に見ることができる場だ。2013年11月に長期の修復を終えて、再開された。

ドゥオーモの歴史を今に伝える博物館

●ドゥオーモ博物館
住 Piazza del Duomo 14
☎ 02-860358
開 10:00〜18:00
休 ㊌
料 €2(ドゥオーモと共通)
→共通券P.196
※切符売り場は閉場1時間前まで

ドゥオーモ見学時間短縮

屋上テラスの切符購入のため窓口に並んでいると、突然係の人が見学時間についての説明をはじめました。金曜の夕方でしたが、ガイドブックにあるように催事のため、時間が短縮されるようでした。階段の入口でも再度時間の確認がありました。　(東京都　利佳　'16)

5/1に行きましたが、この日は18:00終了。列に並んでいても時間になると入れません。

(豊田達也　'16)

✉ ドゥオーモ広場にて

ドゥオーモ広場にはミサンガ売り、ハトの餌売りなど、いろんな人がいます。相手にするとお金を要求してきます。無視が一番です。
（千葉県　ヨギー　'15）

✉ ガッレリアでおまじない

ガッレリアの雄牛のモザイクの所に多くの観光客がいました。順番に反時計回りに3回ずつ回っていました。牛の股間もモザイクは昨年補修され、もうすり減ってはいませんでした。
（東京都　遠藤親子　'12）
雄牛の上でクルリは、場所ゆえに子宝に恵まれるという説も。

✉ 地下鉄の運行時間

5/1メーデーのためか、19:00で運転終了。ドゥオーモの前のタクシー待ちの人は長蛇の列でした。何とか路上でタクシーを見つけて中央駅まで戻りました。翌日ミラノの地下鉄の車内に掲示があることに気づきました。4月末に旅行する人はチェックを。（豊田達也　'16）

✉ 1月のミラノ

私が訪れた年は雨の日が非常に多く、シトシト降り続くので折り畳み傘が必携。また、大きな水たまりができていることが多いので、車が通過する際に水がかなり飛び散ります。靴、ボトムは濡れてもいいものや速乾性のものがおすすめ。　（千葉県　岡田明宏　'14）

✉ 穴場カフェ！

ガッレリア付近で休憩をしたいとカフェを探しましたが、雨のせいかどこも大混雑。空いてるお店はどこもお値段が……ということで、周辺を探索してみたらグッチGucci併設のカフェが意外とお手頃なことを発見！（カプチーノが約€5）ガッレリア内なので雰囲気もよいし少しリッチな気分になれました。住 Via Ugo Foscolo 5　☎ 02-8597-9932
（兵庫県　Alice　'14）

ミラノを象徴する美しいガッレリア　MAP P.193 B3

ヴィットリオ・エマヌエーレ2世のガッレリア ★★★

Galleria Vittorio Emanuele II　ガッレリア ヴィットリオ エマヌエーレ セコンド

ドゥオーモ広場からの眺め

ドゥオーモを背にして右側は高く美しいアーチ型ガラス天井のアーケードがスカラ広場へと通じている。1877年に完成したこのアーケードは天井付近の絵画、舗道のモザイク模様といずれも見事な物なのでお見逃しなく。中央十字路の頭上の4枚のフレスコ画は、ミラノから見た東西南北にある、アメリカ、中国、アフリカ、北ヨーロッパを象徴的に描いた物という。道の両側にはカフェ、レストラン、イタリアを代表するブランド店が揃い、憩う市民、観光客でいつもにぎわっている。通りを抜けた**スカラ広場Piazza della Scala**にはレオナルド・ダ・ヴィンチの像がある。広場右の建物はマリーノ宮。マリーノ宮裏の小道を入った左には、8人の巨人に支えられた16世紀のユニークな邸宅、**オメノーニの家Casa degli Omenoni**がある。

エレガントな芸術品としてのガッレリア

ミラノの歴史を伝える広場　MAP P.193 B3

メルカンティ広場 ★

Piazza Mercanti　ピアッツァ メルカンティ

ゆったりとした、メルカンティ広場

ドゥオーモの西側にある風情あふれる広場。中央には井戸、周囲にはアーチを描く長い柱廊が続く。幾度となく改修が施されたが、中世の風情が残されている。近代的ミラノの町では稀有な場だ。

週末には屋台が並び、12月には小さなクリスマスマーケットも開かれる。屋外催事場の趣もある楽しい広場だ。

ミラノにも登場 オープンデッキの赤い観光バスCitysightseeing Milano

ミラノの町を周遊する観光バス。乗り降り自由で、日本語のイヤフォンガイド付き。切符は車内、ホテル、ⓘなどで販売。

コースA カステッロ→カドルナ→『最後の晩餐』→サンタンブロージョ→ナヴィリ地区→バジリケ公園→旧マッジョーレ病院→ドゥオーモ→スカラ座→マニン→モスコヴァ

コースB カステッロ→トリエンナーレ→ガリバルディ→コルソ・コモ→レプッブリカ広場→中央駅→ブエノス・アイレス通り→ヴェネツィア門→サン・バビラ→ドゥオーモ→スカラ座→ブレラ

コースC カステッロ→水族館→ガリバルディ地区→記念墓地→センピオーネ→MICO会議場→フィエラ・ミラノ→ロット→競馬場→サン・シーロ→ロット→音楽家の家コンチリアツィオーネ→センピオーネ公園

コースAB　30分ごと
コースC　90分ごと、いずれも所要90分。
料金　A+B+C　1日券€22（5～15歳　€10）
28時間券€25（5～15歳　€10）

問い合わせ
住 Foro Bonaparte 76（カステッロ広場そば）
☎ 02-867131
URL www.milano.city-sightseeing.it

オペラの殿堂　MAP P.193 A・B3

スカラ座 ★★

Teatro alla Scala　テアトロ アッラ スカーラ

スカラ座博物館

レオナルドの像の正面の建物が、オペラの殿堂スカラ座だ。1778年にサンタ・マリア・デッラ・スカラ教会の跡地に建てられたが、1943年の空襲によって壊されてしまった。現在の建物は1946年に再建されている。近年では、2002～2004年に改装工事が施された。機会があったらオペラ鑑賞とシャレたいものだ。

また、内部には**スカラ座博物館**Museo Teatrale alla Scala（ムゼオ テアトラーレ アッラ スカーラ）があり、楽譜、衣装などの展示とともに劇場の内部をのぞくこともできるので、公演を見られない人にもおすすめだ。

オペラの殿堂、スカラ座

●スカラ座
住 Piazza della Scala 2
☎ 02-8879473

●スカラ座博物館
住 Piazza Scala / Largo Ghiringhelli 1
※入口は劇場に向かって左側奥
☎ 02-88792473
開 9:00～17:30
休 1/1、復活祭の㈰、5/1、8/15、12/7、12/24午後、12/25、12/26、12/31午後
料 €7、学生€3、65歳以上€5
地 P.193 A・B3
交 M1・3線Duomo
※㈪のみの入館割引でポルディ・ペッツォーリ美術館との共通券€10

ゆったり見学

スカラ座博物館では劇場見学できます。公演を見られなくても、ちょっと気分に浸れます。とてもすいてるので休息気分の見学もおすすめ。（もっち　'12）

ガッレリア・ディタリア美術館

イタリア最大手の銀行の所有する美術品を展示する美術館。スカラ広場に面し、内部はまるで宮殿のよう。イタリア近代アートの軌跡がたどれて見応えがあります。（長野一隆　'14）

Galleria d'Italia
住 Piazza della Scala 6
☎ 02-724341
開 9:30～19:30(㈭～23:30)
休 ㈪、1/1、1/2、5/1、12/24、12/25、12/31
料 €10、18～25歳、65歳以上€8
URL www.galleriaditalia.com
※第1㈰無料

ミラノのショッピング・エリア

モンテ・ナポレオーネ通り周辺

モンテ・ナポレオーネ通りと東側のスピーガ通り、そしてこのふたつの通りを結ぶサンタンドレア通り。この3つの通りがミラノを代表する高級ショッピングゾーン。ここには世界中のブランドが集まっているといっても過言ではない。買い物する人、ウインドーショッピングに余念のない人でいつもにぎやか。ミラノ・コレクションの時期にはファッション関係者が繰り出すので、世界各地からのファッションピープルをウオッチするのも楽しい。

ヴィットリオ・エマヌエーレⅡ世大通り

ドゥオーモ正面左からモンテ・ナポレオーネ通り方向へ続く通り。車の乗り入れが制限された広い通りの左右には、デパートや有名ブランドをはじめ、世界的に人気の手頃なカジュアル系ブランドZARA、H&M、ベネトンなどの大型店が軒を並べる。若者や観光客に人気のエリア。オープンカフェやバールが軒を連ね、昼夜ともにたいへんなにぎわいを見せる。

ブエノス・アイレス大通り

町の東側、ポルタ・ヴェネツィアからロレート広場までの長い通りに、大小さまざまな店舗が並ぶ。ひと昔前は危険な界隈といわれたこともあったが、周辺一帯が都市整備の下に生まれ変わり、新しい店舗が続々進出している。若者向きの、手頃なカジュアルウェアの店が多い。月に一度程度（不定期）、日曜は歩行者天国となり、食べ物や雑貨の屋台、簡易遊園地も登場して、まるでお祭りのよう。

トリノ通り

ドゥオーモから南西へ向かう通り。週末は人とぶつからずには歩けないほどに、人があふれるにぎやかな通り。スポーツ用品やスポーツウエアの大型店舗、スーパー、元気のいい若者向けファッションショップ、割引のある化粧品店などがズラリと並ぶ。通りから続く路地に入ると、手頃なレストランが多い。

元気でチープな若者ファッションならトリノ通りへ

訪ねてみたい ミラノの美術館と博物館

●ブレラ絵画館
住 Via Brera 28
☎ 02-722631
開 8:30〜19:15
㊍8:30〜22:15
切符売り場閉館35分前まで
休 ㊊、1/1、5/1、12/25
料 €10
※車椅子の利用可
※入口は中庭を抜け、階段を上った2階。ギフトショップから続いている
※日本語のオーディオガイド（€5、要パスポート）

㊍18:00から割引

'16年10月、ブレラ絵画館は㊍は夜もオープン。18:00からの入館は€2で見学できます。時間を有効に使えて節約になってラッキーでした。
（神奈川県　リスパルミオ　'16）

ポルディ・ペッツォーリ美術館にて

入場料込みの無料オーディオガイドが利用でき、日本語もありますが、オーディオガイド表示がある作品でも解説音声が作られておらず、利用できないものもありました。　（yk_tani　'14）

歴史的建造物に飽きたら、バガッティ・ヴァルセッキ博物館へ

1976年まで住居として使われていたことを考えつつ、オーディオガイド（日本語あり）を聞きつつ回ると、教会などに飽きた人も感動できますヨ。
（兵庫県　アミーカ・ディ・カミーラ　'13）

●アンブロジアーナ絵画館
住 Piazza Pio Ⅺ 2
☎ 02-806921
開 10:00〜18:00(最終入場17:30)
休 ㊊、1/1、復活祭の㊐、12/25
料 €15、18歳以下、学生、65歳以上€10

カラヴァッジョ作『果物篭』は絵画館を代表する作品

北イタリア・ルネッサンスを集約　MAP P.193 A3

ブレラ絵画館 ★★★

Pinacoteca di Brera　ピナコテーカ ディ ブレーラ

ミラノを代表する絵画館で、特に15〜18世紀のロンバルディア派やヴェネツィア派の作品が主体。北イタリアのルネッサンスの息吹を感じるためには必見の所。ラファエッロRaffaelloの『マリアの結婚』やジョヴァンニ・ベッリーニGiovanni Belliniの『ピエタ』、『聖母子』などはぜひ見たい。また、北イタリアを代表するマンテーニャMantegnaの『死せるキリスト』Cristo Morto（クリスト モルト）には中部イタリアのルネッサンスとの違いが感じられる。遠近法を利用し、横たわるキリストを目の高さに位置させて、足元から描いた独特のもの。一度見たら忘れられない作品なので、ぜひ鑑賞しよう。ほかにはティントレットTintoretto、ピエロ・デッラ・フランチェスカPiero della Francesca、ヴェロネーゼVeroneseなどの作品が重要。

『マリアの結婚』

カノーヴァ作の『ナポレオンⅠ世の銅像』が迎えてくれる

絵画の巨匠たちが彩るかつての司教館　MAP P.192 B2

アンブロジアーナ絵画館 ★★

Pinacoteca Ambrosiana　ピナコテーカ アンブロジアーナ

17世紀のミラノの司教フェデリコ・ボッロメオの住居を、彼の遺志により後に絵画館とした物。かつての司教館ならではの、贅を尽くした館内も美しい。

17世紀の司教館

展示品はロンバルディア派とヴェネツィア派の絵画が中心。レオナルド・ダ・ヴィンチLeonardo da Vinciの『音楽家』Musicista（ムジチスタ）は必見。ほかにラファエッロの『アテネの学堂』のカルトーネCartone（下絵用のデッサン）やカラヴァッジョCaravaggioなど、巨匠の手によるデッサンが多い。

豊かな時の流れる邸宅美術・博物館 MAP P.193 A3

ポルディ・ペッツォーリ美術館 ★★

Museo Poldi-Pezzoli ムゼオ ポルディ ペッツォーリ

ミラノの貴族の邸宅が美術館となった

貴族ジャン・ジャコモ・ポルディ・ペッツォーリ(1822〜1879)の死後2年たってから開設。ジャンが収集した輝かしいコレクションの数々はヨーロッパでも屈指の物。1300年代から1800年代の彫刻、絵画、武具、ガラス、時計、陶器、布地など。まさに貴族の生活の息吹を感じさせる。第2次世界大戦の爆撃により建物は損傷したが、ジャンが息を引き取った**母の彫像が飾られた書斎** Gabinetto Dantescoは近年復元され、当時のままのよう。ボッティチェッリ、ピエロ・デッラ・フランチェスカ、マンテーニャなどの絵画も見逃せない。2階に明るいカフェテラスもオープンした。

ルネッサンス回帰の館 MAP P.193 A3

バガッティ・ヴァルセッキ博物館 ★

Museo Bagatti Valsecchi ムゼオ バガッティ ヴァルセッキ

祖父から受け継いだ武具のコレクションがズラリと並ぶ廊下

貴族であったヴァルセッキ兄弟により、1880年代にネオ・ルネッサンス様式に改装された住居を後に博物館として公開。ルネッサンス回帰への熱情は今も、私たちを15世紀へとタイムスリップさせてくれるようだ。調度、ジョヴァンニ・ベッリーニの祭壇画をはじめとする絵画、武具などのコレクションはもとより、洗面台、歩行器やオマルなど子供たちの生活用品もあり、楽しませてくれる。

ミラノ最盛期の豪邸 MAP P.193 A4

ヴィッラ・ネッキ・カンピーリオ ★

Villa Necchi Campiglio ヴィッラ ネッキ カンピーリオ

緑に囲まれたヴィッラ・ネッキ・カンピーリオ邸の大理石のプール

ミシン製造で財をなした実業家のミラノ滞在の際の別邸として、1932〜1935年にかけて建設された。広い庭にプールやテニスコートがある豪邸だ。階段をはじめ、大扉、各所に置かれた彫刻や絵画などにスタイリッシュな当時の豊かな生活が存分に感じられる。バスルーム、キッチンをはじめ、クローゼットにはグッチのバッグやドレスなど当時のままの生活が残る。

●ポルディ・ペッツォーリ美術館
住 Via Alessandro Manzoni 12
☎ 02-796334
開 10:00〜18:00
休 ㊋、1/1、復活祭の㊐、4/25、5/1、8/15、11/1、12/8、12/25、12/26 C V.M.
料 €10(共通券€10、→P.199、201)

『若い貴婦人の肖像』ポッライウォーロ作が愛らしい

●バガッティ・ヴァルセッキ博物館
住 Via Santo Spirito 10/Via Gesù 5
☎ 02-76006132
開 13:00〜17:45
休 ㊊㊗
料 €9、㊗ではない㊌€6
※日本語オーディオガイドあり(入場料に含む)

水道や暖房などの工夫にも注目

●ヴィッラ・ネッキ・カンピーリオ
住 Via Mozart 14
☎ 02-76340121
開 10:00〜18:00(最終入場 17:15)
休 ㊊㊋㊗
料 €10(ガイド付き見学のみ) 庭園のみ無料。館内写真撮影券Biglietto Fotografico €3
※プール横にガラス張りのカフェ兼レストランがオープン(開美術館と同じ)時間調整に。

ダイニング。置かれた家具や調度にも注目

共通券

Casa Museo Card

ポルディ・ペッツォーリ美術館、ヴィッラ・ネッキ・カンピーリオ、バガッティ・ヴァルセッキ美術館と共通。€15、6ヵ月有効。

●スフォルツァ城の美術・博物館
住 Piazza Castello
☎ 02-88463700
開 9:00～17:30(入館17:00)まで
休 ㊊、1/1、復活祭の㊐、5/1、12/25
料 €5(特別展の場合€8)
※毎週㊋は14:00～、夏季の㊌～㊐は18:00～は無料

ミラノ公国の歴史を伝える要塞 MAP P.192 A2

スフォルツァ城 ★★★

Castello Sforzesco　カステッロ スフォルツェスコ

ミラノのルネッサンス期の最大の建物で、ミラノのシンボル。かつての領主ヴィスコンティ家の城跡にF.スフォルツァ侯爵により1450年に城兼要塞として建てられ、続くL.イル・モーロの時代にはここで宮廷文化が花開いた。ダ・ヴィンチをはじめイタリア各地から芸術家が集い、その才能を発揮した場でもあり、現在はいくつもの**美術・博物館**がおかれている。

赤いれんがが美しい堂々とした城門から入ると、練兵場だった「**緑の武器**」の中庭が広がり、堀と跳ね橋を渡ると宮殿だ。宮殿手前、中庭左に「**ロンダニーニのピエタ美術館**」、宮殿の左はかつての領主の住まい、右側が美術・博物館の入口だ。

ライトアップされた武器の中庭。入場無料の庭園は、ミラノっ子の散歩道。ここだけでも訪れたい

ミケランジェロ晩年の傑作を展示 MAP P.192 A2

ロンダニーニのピエタ美術館 ★★

Museo Pietà Rondanini-Michelangelo　ムゼオ ピエタ ロンダニーニ-ミケランジェロ

武器の中庭に面して、2015年にオープン。16世紀、イタリアに駐屯していたスペイン兵の病院跡にある。美術館とはいえ飾られているのは『ピエタ像』Pietàのみ。素早く仕事を仕上げたというミケランジェロが89歳で死ぬ間際まで10年以上の歳月をかけて手掛けたものだ。像に向かって左のつややかな異質な腕は最初の構想で彫られたもので、その後天に上るように背後からイエスを抱くマリアを以前の彫像の上に彫り重ねた。荒々しい表面から「未完」、あるいは晩年に心血を注いだ完成像、と研究者の意見も分かれるが、死を意識したミケランジェロの心の内を見るようでもある。

ミケランジェロ晩年の傑作『ロンダニーニのピエタ』

歴史

●商業・経済都市ミラノの発展と沈滞

ヨーロッパの東西および南北を結ぶ位置にあり、かつロンバルディアという肥沃な平原の中心にあるミラノは、商業・経済都市として大きく発展する要素を兼ね備えていた。

西ローマ帝国は、ゲルマン民族の大移動により大きく混乱するが、ミラノは一時帝国の首府であり、西方キリスト教の中心地として栄えた。以後、ゴート族、ロンゴバルド族の移動などにより混乱するが、12世紀頃の社会意識の芽生えから起こったコミューン時代は、再びミラノに繁栄をもたらした。町の中心ドゥオーモから放射状に延びる道路は、この時代に造られた城壁の城門へと通じている。

北イタリアに飛躍的発展をもたらしたのは十字軍による東方遠征だ。各都市は富み、勢い、ほかの都市を征服しようと争いが起きた。ミラノも例外ではなく、1395年来ミラノ公国として、ヴィスコンティ家、続くスフォルツァ家の支配を受けた。この小国的都市の発達は、富裕市民を生み、彼らによる学芸の保護・奨励が、やがて花開くルネッサンス文化となっていった。

新大陸発見などにより、15世紀末貿易体系が大きく変わってしまうと、ミラノなどイタリア各都市は沈滞を始める。小国割拠の状況にあるイタリア半島は、ドイツ、フランス、スペインなどの侵略、攻撃を受け、1870年のイタリア統一まで長く不幸な時代が続いた。

ミラノの歴史を凝縮させた

MAP P.192 A2

市立博物館 ★★★

Civici Musei　チヴィチ ムゼイ

城内にはいくつもの美術・博物館がおかれている。フレスコ画が残る部屋に古代からルネッサンス期の彫刻2000点を展示する「**古代美術館**」Museo d'Arte Antica、マンテーニャ、コレッジョをはじめ傑作揃いの「**絵画館**」Pinacoteca、ミラノ・デザインを手軽に知ることができる「**家具と木工彫刻博物館**」Museo dei Mobili e delle Scalture Lignee、ヨーロッパでも屈指の規模を誇る「**楽器博物館**」Museo degli Strumenti Musicali、陶磁器やカトラリーなどミラノの貴族の日常を知る「**装飾芸術博物館**」Museo delle Arti Decorativeと続く。

聖アンブロージョを讃える、16世紀のミラノのゴンフォーネ(都市国家の旗)

特に見逃せないのは「古代美術館」8室の『**板張りの間**』Salla delle Asseと2階の絵画館。『板張りの間』はダ・ヴィンチによる設計で天井と壁面に彼自身による巨大な桑の木が描かれている。

全体を見るには駆け足でも2時間、じっくり見学するなら半日でも足りないので、自分の興味に合わせて回ろう。

絵画館にある15世紀のフレスコ画『グリセルダの物語』が一面に描かれたグリセルダの部屋

手前の切符売り場から、中世ミラノの城門を抜けて展示室へ

切符売り場と日本語解説

切符売り場はロンダニーニのピエタ美術館と古代美術館入口の2ヵ所にある。

各展示室(絵画館と一部の展示室を除く)には、日本語の説明プリントが置かれ、理解を助けてくれる。

カフェもオープン

スフォルツァ城の中庭は入場無料。歴史あるれんがの城門に囲まれ、緑の芝生の広がる気持ちよい空間だ。博物館の近くには季節の植栽が美しい花壇や、ガラス張りのモダンなカフェもあるので、休息の場としてもおすすめ。

新設された、おしゃれなガラス張りのカフェ。見学途中にひと休み

スフォルツァ城美術館・博物館案内

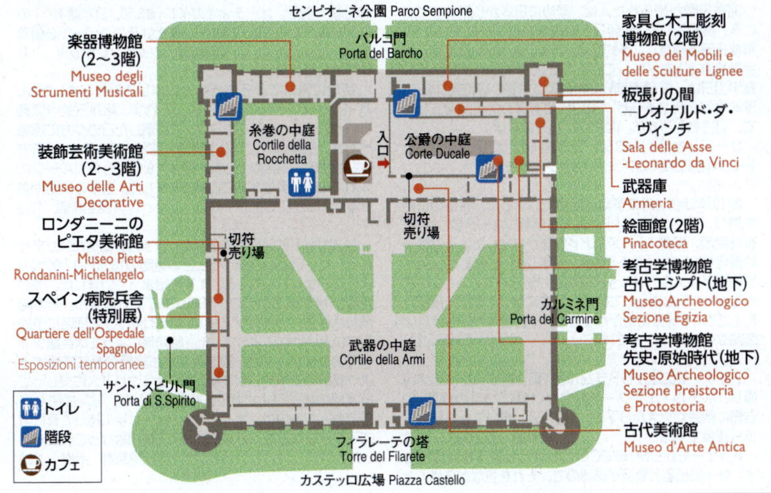

世界遺産

サンタ・マリア・デッレ・グラツィエ教会および修道院とレオナルド・ダ・ヴィンチによる「最後の晩餐」
登録年1980年　文化遺産

●『最後の晩餐』S.M.デッレ・グラツィエ教会

住 Piazza S. M. delle Grazie2
開 7:00〜12:00
15:30〜19:30
㊐㊗ 7:30〜12:30
16:00〜21:00
「最後の晩餐」
開 8:15〜18:45
料 €10+(€2予約料)
C A.D.J.M.V.
休 ㊊、1/1、5/1、12/25
※見学は要予約。予約電話はミラノ☎02-92800360(㊊〜㊏8:00〜18:30)。ネットからは URL www.vivaticket.it指示に従い、入館20分前にS.M.グラツィエ教会脇の窓口で切符を受け取る。

世界遺産の『最後の晩餐』は必見

MAP P.192 B1

サンタ・マリア・デッレ・グラツィエ教会 世界遺産 ★★★

Santa Maria delle Grazie　サンタ マリア デッレ グラツィエ

ミラノ・ルネッサンス様式のサンタ・マリア・デッレ・グラツィエ教会

ノルド駅前を走るボッカッチオ通りVia Boccaccioを200mほど行き左折すると茶褐色の、大きなクーポラのある教会が見えてくる。教会は古きよき時代のミラノの面影を色濃く残すマジェンタ通りCorso Magentaに面している。

教会に向かって左側にある修道院の食堂にレオナルド・ダ・ヴィンチの『最後の晩餐』Cenacolo Vinciano（チェナーコロ ヴィンチャーノ）がある。北イタリア・ルネッサンスの大パトロンだったミラノの当主ルドヴィーコ・イル・モーロの依頼で描いたのがこの作品。ダ・ヴィンチは、さまざまな分野で天才と称されただけに、芸術においても常に革新的で、この絵は当時の常識を覆し、フレスコ画とは異なる手法で描かれている。結局その後修復が何度も繰り返されるのは、フレスコ画ではないので傷みが著しいからだともいわれている。「汝らのひとり、我を売らん」というキリストの言葉が発せられた瞬間が、ドラマチックに描かれている。

レオナルド・ダ・ヴィンチ作『最後の晩餐』

『最後の晩餐』入館情報

滞在日数が限られた人は、早めに日本から予約しておこう。英語でOK。希望日と時間を告げ、予約できたら、再度日時を確認し、予約番号（アルファベット数文字と数字数桁など）をメモしておくのを忘れないようにしよう。見学当日は、指定時間前に教会入口左側の切符売り場で、予約番号と氏名を告げ、予約代金を含めた料金を支払って、切符を入手する。1回25人、15分の見学。

オーディオガイド€3.50、日本語あり（要身分証明書）。トイレは出口近くのブックショップ内にあり。

電話予約

2010年3月に4月の予約を電話でしました。希望の日時を選び、氏名、クレジットカード情報（カード名、番号、有効期限、名義人）、メルアドを聞かれました。その後予約番号(アルファベット5文字、数字13桁)を教えてもらい、予約完了。メルアドに予約確認書が送られてくるということでした。何も送られて来ず、不安になり、電話で確認したところ「予約確認書がなくても、予約番号が正しければ問題ない」ということでした。　（ミホ　'10）

『最後の晩餐』への行き方

ドゥオーモ広場からトラム16番（乗り場はVia Mazzini通り、ホテル・エドワードの向かい側。5つ目の停留所、右側に教会が見えたら下車）で約10分。歩いても早足なら15分程度で到着。　（東京都　石原麻紀　'07）

ドゥオーモからM1線でConciliazione駅下車が便利です。地上に出ると看板があるので、それを見ながら歩くと10分弱で到着。オーディオガイド（€3.50、日本語あり）のレンタルのためにはパスポートまたはそのコピーが必要です。　（東京都　クッキングサラダ　'14）

予約なしでの「最後の晩餐」

現地に着いてから旅行会社に申し込みをしましたが、ハイシーズンとのことで予約がとれず、朝から並べば見られるとのこと。そこでミラノに到着した日の夕方に現地へ行き、道順、入口などを確認。翌朝7:30に行くと「切符ない組」の一番乗りでした。運よく9:00からのグループに入れてもらい見学することができました。ちなみに切符売り場は8:00からです。　（匿名希望　'15）

ネットで予約

公式サイトに発売開始日がありますが、時間がありませんでした。いろいろ調べると日本時間の16:00〜17:00頃のようで、サイトを開くと、すでに始まっていました。予約可能な枠を選ぶものの、予約が完了できません。その時間枠は伊語のガイドツアー（追加€3.50/人）と同時に予約しないといけないようでした。時間帯によっては英語ツアーもあります。ツアー代を入れても旅行会社に依頼するより安いので予約しました。当日はイタリア人に交じって日本語のオーディオガイドを借りて入場。写真撮影も可能で喜んだものの、オーディオガイドは手に持って耳に当てるタイプなので、カメラとの両刀使いはけっこう大変でした。　（東京都　利佳　'16）

科学者ダ・ヴィンチの偉業を展示　MAP P.192 B1

レオナルド・ダ・ヴィンチ記念国立科学技術博物館 ★

Museo Nazionale della Scienza e Tecnologia"Leonardo da Vinci"

ムゼオ ナツィオナーレ デッラ シエンツァ エ テクノロジア レオナルド・ダ・ヴィンチ

ダ・ヴィンチの才能を感じさせる作品群

ダ・ヴィンチに関する展示室のほか、天文、農業、電気、SL車両20台などを展示。11世紀に建てられた僧院が博物館となっており、建物の趣を壊さない展示方法が取られている。展示物の数が多いので、興味のある人はゆっくり時間を取って見学するとよい。

ミラノの守護聖人を祀る　MAP P.192 B2

サンタンブロージョ聖堂 ★★

Sant' Ambrogio　サンタンブロージョ

ミラノの守護聖人である大司教アンブロージョを祀る教会で、386年にアンブロージョ自身によって着手された。その後9〜11世紀に再建され、ロンバルディア・ロマネスク様式の傑作とたたえられる。印象的な赤茶のれんが造りのアーチを描く回廊とふたつの鐘楼に挟まれて教会正面が見える。内部の主祭壇上部には、キリストと聖アンブロージョの伝説を金色の漆喰（しっくい）で描いた祭壇天蓋Altare Maggioreが載り、この下には宝石や七宝で飾られた見事な黄金祭壇がある。

祭壇右側奥のサン・ヴィットーレ・イン・チェル・ドーロの礼拝堂Sacello di S. Vittore in Ciel d'Oroは５世紀のモザイクで飾られ、アンブロージョの肖像も描かれている。

ツアーで「最後の晩餐」を観賞

予約が取れなかったら、「最後の晩餐」見学を確約した現地ツアーに参加するのもひとつの手段。数社が催行している。

ザーニ社
Zani Viaggio
URL www.zaniviaggio.it
9:30または14:30発、
所要3時間30分　料金€75〜

ヴェディタリア社
Veditalia
URL www.lastsuppertours.com
所要45分、料金€44

●レオナルド・ダ・ヴィンチ記念国立科学技術博物館
住 Via S. Vittore 21
☎ 02-485551
開 9:30〜17:00
㊏㊐㊗9:30〜18:30
休 ㊗以外の㊊、1/1、12/24、12/25
料 €10、学生 €7.50
※入場は閉場30分前まで

●サンタンブロージョ聖堂
住 Piazza S. Ambrogio
☎ 02-86450895
開 10:00〜12:00
14:30〜18:00
㊐㊗15:00〜17:00

ロンバルディア・ロマネスク様式のサンタンブロージョ聖堂

イタリア美術史
Arte romanica　ロマネスク美術

11世紀の都市の再生によりロマネスク美術が開花する。キリスト教的労働観、すなわち人間の日々の営みにより精神的な救いが得られるという思想は、貧弱な素材を人間の労働により価値あるものに変える。建築ではそれまでの大理石の素材が壁材に代わり、彫刻ではやはり大理石が通常の石材に、絵画では高価なモザイクがフレスコ画に取って代わる。

自治都市の中心に位置するのは大聖堂（カテドラル）である。大聖堂は単に宗教的役割を果たすだけでなく、ローマ時代の集会場バジリカの役割同様、市民が市政を論じ、ときには商売も行われる場であった。ミラノのサンタンブロージョ聖堂Sant' Ambrogio（→P.205）がその代表である。ほかに代表的な聖堂は、ヴェローナのサン・ゼーノ聖堂San Zeno（→P.338）、フィレンツェのサン・ミニアート・アル・モンテ聖堂San Miniato al Monte（→P.162）、ピサ大聖堂Duomo di Pisa（→P.404）、ルッカのサン・マルティーノ聖堂San Martino、ピストイアのサン・ジョヴァンニ・フォルチヴィタス聖堂San Giovanni Fuorcivitas、アンコーナのサン・チリアーコ聖堂San Ciriaco、南イタリアでは、バーリのサン・ニコラ聖堂San Nicola（→P.454）、シチリアのチェファル、モンレアーレ（→P.474）両大聖堂が挙げられる。ロンバルド様式としては北イタリアのモーデナ（→P.380）、フェッラーラ（→P.392 カテドラーレ）両大聖堂がある。絵画ではビザンチンの影響を受けたヴェネツィアとシチリアのモザイク画が特筆される。　（望月一史）

●ナヴィリオ・グランデ骨董市
Mercato dell'antiquariato sul Naviglio Grande
ナヴィリオ運河沿いのRipa Ticinese、Alzaia Navigli Grandeで、毎月最終日曜日に骨董市が開かれる。

月1回開催のアンティーク市

古きミラノの面影を残す　MAP P.190 C1

ナヴィリ地区
Navigli　ナヴィリ

サンテウストルジョ教会のすぐ南、新古典様式で装飾されたティチネーゼ門Porta Ticineseを越えると、船着場ダルセーナDarsenaと運河ナヴィリが見えてくる。このあたりは古いミラノの面影が今も残っている界隈だ。昔の洗濯場跡があるかと思えば、若いアーティストのスタジオがあったりと、新旧ふたつのミラノが混在している。6月の第1日曜には運河祭Festa dei Navigliが行われて、ジャズ演奏があったり屋台が出てにぎやかな雰囲気だ。また、毎月1回アンティーク市が開かれる。

ミラノのエンターテインメント　オペラとサッカー

●スカラ座
ミラノを語るときに忘れてならないのが、世界的にも有名なオペラの殿堂スカラ座Teatro alla Scalaだ。スカラ座の初日は毎年、ミラノの守護聖人・サンタンブロージョの祝日12月7日。この日は着飾った人々で劇場は埋まり、イタリア全土にもその華やかさが放送される。オペラシーズンは冬季と決まっていたが、近年は夏の一時期を除き、オペラのほか、バレエ、コンサートなど多くの演目がかけられている。
多くの開演は20:00、演目によっては終演は深夜になることも覚えておこう。

オペラの殿堂スカラ座内部

●切符売り場
ドゥオーモの正面右側から下る地下鉄通路内、ATMのℹ前。空席状況を調べられるモニターも設置されていて便利。
開 12:00～18:00　休 日、一部の祝
料 オペラ€2000（シーズン初日）～11、バレエ€180～5.50、立ち見席は原則としてない
C A.D.J.M.V.
劇場でも、公演の2時間30分前より当日券を販売。

●電話、インターネットによる予約および案内
☎ 02-72003744(9:00～18:00)
☎ 02-860775(24時間可の録音、英語可)
URL www.teatroallascala.ticketone.it(英語あり)
電話、インターネット、自動券売機での販売は20%増し。指示に従い、予約レシートの印刷・保管、96時間以内のFAXでの予約確認、公演当日1時間前の切符引き取りなどを忘れずに。予約変更、返金不可。

天井桟敷席ゲット!!
当日券（天井桟敷席）を求めて1/16の午前中にスカラ座に行くと「20:00開演の2時間30分前=17:30に来てください」と言われました。その時刻に再訪するともうすでに、整理券を手にしている人ばかりで、16:40頃に配布したとのことでした。でも、整理券所持者が購入した後、1枚€11で天井桟敷の席をゲットできました。実際、開演後も6割程度の入りだったので、演目によっては取りやすいこともあるようです。オペラやバレエを体験したい、内部をじっくり味わいたいけど、なるべく手頃な料金を希望する人にはおすすめです。ちなみにこの日はバレエでした。　（千葉県　岡田明宏　'14）

引き換えそこねたら…
現地引き換えで切符を購入した場合はドゥオーモ前の地下の切符売り場で引き取ることができますが、18:00で窓口は終了。切符をもらいそこねてしまった場合は、当日の開演1時間前から開演15分後まで、スカラ座を左に入った奥の博物館入口で受け取ることができます。　（豊田達也　'16）

●サン・シーロ／ジョセッペ・メアッツァ競技場
San Siro/G.Meazza
スタジアムを回る、ガイド付きツアーを実施。ツアーは観覧席、グラウンド、VIPルーム、インタビューゾーンなど（メンテナンスなどで変更の場合あり）を回り、最後にACミランとインテルの歴史を展示した付属博物館Museo Inter&Milanを自由見学。サッカーグッズの売店もあり。

オフィシャル・ショップ情報
ミラン・メガストアー Milan Megastore
住 Corso Vittorio Emanuele, Galleria San Carlo
☎ 02-49580176
営 10:00～20:00
休 一部の祝
地 P.193 B4

※切符の販売なし
●競技場への行き方はP.602参照。

●競技場と博物館のガイド付き見学
STADIUM & MUSEUM TOURS
住 Via Piccolomini 5
☎ 02-4042432
Fax 02-4042251
（20人以上の場合は要予約）
開 夏季10:00～18:00、冬季10:00～17:00（入場は閉場1時間前まで）（試合日は変更あり）（ゲート8から入場）
※ツアーは毎時00分と30分に出発(最終17:00)、所要約1時間
休 試合のない日、日以外の試合日
料 博物館のみ€7　博物館とガイド付き見学€17
URL www.sansiro.net
●博物館のみ、試合開催日も開館。試合2時間前から入場可。ただし、試合の入場券所有者のみの見学。

ミラノのレストランガイド

ミラノのレストランは、華やかな歴史をもつ名店を筆頭に、伝統的な郷土料理の店、今話題の店、おしゃれなピッツェリア、昼食時にはミラノのビジネスマンでにぎわうセルフサービスレストランと多種多様だ。

大都会ミラノだけに、さまざまな場所にレストランが点在するが、本書では、観光やショッピングの途中に立ち寄れるドゥオーモ周辺の店を中心に紹介した。かつてのミラノを取り囲んでいた運河が残るナヴィリオ地区のグランデ運河の周辺は、伝統的なピッツェリアやトラットリアが点在する界隈だったが、若者やアーティストたちに好まれるおしゃれな店も増えている。セルフサービスレストランは、中央駅やドゥオーモ周辺に多く、Brek（ブレーク）、Ciao（チャオ）など、どこでもひとり€15ぐらいでコースが楽しめる。営業時間も11:30～15:00、18:30～23:30と長いし、日曜営業の店も多い。カフェやバールは、ガッレリアやモンテ・ナポレオーネ通り周辺に高級店が集中している。また、ビジネスの町らしく、8月と年末年始は休業とする店が多いのも特徴だ。また、ミラノ・コレクションや大きな見本市が行われる時期は大人数の予約でテーブルが埋まることも多い。これらの時期、特に夜は予約がベターだ。

クラッコ

P.193 B3

Cracco

ミラノを代表する名店のひとつで、ミシュランの2つ星。エレガントでモダンな店内。1800種類ものワインをはじめ、オリーブ油やチーズの品揃えも見事。新イタリア料理の旗手マルケージ氏のもとで研鑽を積んだクラッコ氏による独創的な料理が味わえる。 要予約

- 住 Via Victor Hugo 4
- ☎ 02-876774
- 営 12:30～14:00、19:30～23:00
- 休 ㊏昼、㊐、クリスマスと復活祭期間
- 予 €120～200、定食€180
- C A.J.M.V.
- 交 地下鉄M1・3線Duomo駅から徒歩約4～5分

アルマーニ

P.193 A3

Ristorante Armani

アルマーニ・メガストアーの正面からエレベーターで上がったアルマーニホテル内にある。フロントから続くガラス張りのラウンジの先にあり、ミラノの街を見下ろし、まるで空に浮かんでいるかのよう。 要予約

- 住 Via Manzoni 31
- ☎ 02-88838888
- 営 12:30～14:30、19:30～22:30
- 休 ㊐
- 予 €100～140、定食€150
- C A.D.J.M.V.
- 交 地下鉄3線Montenapoleone駅すぐ

サヴィーニ

P.193 B3

Savini

ガッレリア内にあるミラノを代表するリストランテ。マリア・カラスやマリオ・デル・モナコの楽しんだ店で雰囲気にも酔いたい。1階は手頃なカフェ・ビストロ、2階がグルメ・レストラン、地下には厳選したイタリア食材が並ぶGalleria del Gusto。食事、お茶、ショッピングが楽しめる。 できれば予約

- 住 Galleria V. Emanuele Ⅱ
- ☎ 02-72003433
- 営 12:00～14:30、19:00～22:30
- 休 ㊏昼、㊐、1月の10日間、8月3週間(レストランのみ)
- 予 €80～135(ビストロのみ、コペルト€5) C A.D.J.M.V.
- 交 M1・3線Duomo駅から徒歩1分

スパツィオ・ミラン

P.193 B3

Spazio Milan

ドゥオーモ広場に面した総合レストランビル、イル・メルカート・デル・ドゥオーモ4階にある、3つ星シェフNiko Romitoによるレストラン。繊細で素材にこだわった創作イタリア料理が味わえる。ドゥオーモの眺めも楽しめる。

- 住 Galleria Vittorio Emanuele Piazza del Duomo
- ☎ 02-878400
- 営 13:00～15:30、19:30～23:30
- 休 ㊐
- 予 €35～60 C A.D.J.M.V.
- 交 ガッレリア内Il Mercato del Duomo 4階

ペーパー・ムーン　P.193 B3・4

Paper Moon

ピッツェリアというよりも都会的なレストラン。ビジネスマンやファッション関係者、観光客で、昼も夜も大にぎわい。おすすめはエビのサラダやペーパームーン風パッパルデッラ、アツアツの牛肉のタタキ風ロベスピエールなど。デザートもおいしい。 要予約

住 Via Bagutta 1
☎ 02-76022297
営 12:30～15:30、19:30～24:00
休 ㊐
予 €50～70（コペルト€3.50）、定食€50～100　C A.M.V.
交 地下鉄M1線San Babila駅から徒歩約1分

パパ・フランチェスコ　P.193 B3

Papà Francesco

ガッレリアの北、S.フェデーレ広場に面した、伝統的なイタリア料理とサルディーニャ料理の店。町の人に長く親しまれている一軒。壁いっぱいにドミンゴやカレーラスなど、訪れた有名人の写真が飾られている店内は明るく、テラスでの食事も楽しい。サービスも充実。 要予約 日本語メニュー

住 Via Marino Tommaso 7
☎ 02-862177
営 12:00～22:30
休 無休
予 €50～70(コペルト€3.50)
C J.M.V.
交 M1・3線Duomo駅から徒歩3分

デ・サンティス　P.193 B3

De Santis

リナシェンテの最上階のフードコートにあるパニネリエ（パニーノ屋）。ちょっと軟らかめのフランスパン風のパンに、たっぷりの具が挟まれている。定番のハム、チーズ、野菜から神戸ビーフとワサビまである種類豊富さ。1個€6.50～12。作りたてが座って食べられる。

住 Piazza Duomio, La Rinascente内、8階（7° Piamo）
☎ 02-8852457
営 9:30（㊐10:00）～24:00
休 一部の㊗
予 €8～15
C A.D.J.M.V.
交 ドゥオーモから徒歩3分

ルイーニ　P.193 B3

Luini

ピッツァの生地にチーズやトマトソースを挟んで揚げた大きな半月状のパンツェロッティのお店。アツアツをその場でかじりつくミラノっ子で、毎日大にぎわい。おやつにはもちろんのこと、ボリュームもたっぷりで簡単な食事にもピッタリ。菓子類もあり。

住 Via S. Radegonda 16
☎ 02-86461917
営 10:00～20:00
休 ㊐、㊊午後、8月
予 €3.80～10
C 不可
交 地下鉄M1・3線Duomo駅から徒歩2分

ミラノのB級グルメ

ミラノで今、ストリートフードが集中しているのが、ドゥオーモのすぐ近く、ガッレリアの**サヴィーニ側から出た小路**だ。日によっては食事時にはパンやピッツァ、おむすびなどを立ち食いする人でいっぱい。揚げパンの**パンツァロッティ**Panzarottiやイタリア各地のお菓子が揃う**ルイーニ**（→P.210）やフカフカで**ボリューミーなピッツァ**で有名な**スポンティーニ**Spontini（→P.210）（住 Via Santa Radegonda 11　営 11:00～翌1:00　地 P.193 B3）の支店ができた。ガラス張りのモダンな店内で、いつも行列ができているジェラテリアは**チョコラティーニ・イタリアーニ**Ciocolatini Italiani（住 Via San Raffaele 6　営 7:30～24:00　休 一部の㊗　地 P.193 B3）。コーンに溶かしたチョコを入れたジェラートが人気。イタリアの街角でおむすびをほお張っている人を見るのは驚きだが、これは**ムスビ**Musubi（住 Via Santa Radegondola 16　地 P.193 B3）のもの。1個€3くらい、日本で食すのに軍配。

揚げパンのパンツァロッティ

ジェラートのコーンも人気のチョコラティーニ・イタリアーニ

ジョイア　P.194 B2

Joia-Alta Cucina Vegetariana

シンプルで現代的な店内とマッチした料理は、世界各地の料理からインスピレーションを受けたという斬新な野菜料理。色合い、盛りつけ、味わいに驚きの連続。メニューはまるで詩のようでもあり、味わいが重ならないように、お店の人のアドバイスに従うのもいい。ミシュランの1つ星。　できれば予約

住 Via Panfilo Castaldi 18
☎ 02-29522124、02-2049244
営 12:30～14:30、19:30～23:00
休 ㊐、8/7～8/15、12/24～1/7
予 €100～150、定食€100
C A.D.J.M.V.
交 M3線Repubblica駅から徒歩7～8分

ダ・イリア　P.194 B2

Da Ilia

長く続く家族経営のレストラン。トスカーナとミラノの料理が味わえ、魚・肉料理をはじめ自家製デザートも充実。突き出しに出されるポテト・フライが食欲をそそる。平日のランチには、プリモやセコンドが選べ、水、カフェが付いた定食(€15)がある。　できれば予約

住 Via Lecco 1/A
☎ 02-29521895
営 12:30～15:00、19:30～23:00
休 ㊎、8/10～8/22
予 €20～50(コペルト€3.50)、定食€50
C A.D.J.M.V.
交 M1線Porta Venezia駅から徒歩5分

イル・タヴォリーノ　P.194 B1

Il Tavolino

駅から徒歩圏の、窯で焼くパリパリのピッツァがおいしい! と定評のある、モダンなカジュアルレストラン。ピッツァ以外のメニューも充実。ランチ時には近くで働くビジネスマンたち、週末は地元客でにぎわう。夕食時は近所のホテルに宿泊している観光客で混雑が予想されるので、できれば予約を。　できれば予約

住 Via Fara 23
☎ 02-6703520
営 12:00～24:00
休 無休
予 €20～45　C A.M.V.
交 中央駅から徒歩7～8分

フリエンノ・マニャンノ　P.194 A1

Frijenno Magnanno

長い歴史を誇る家族経営のナポリ料理の店。ブルーと白を基調にした店内はおしゃれな雰囲気でカウンターにはモッツァレッラチーズや魚が並ぶ。ピッツァ、パスタ、揚げ物、魚料理など充実。カンパニア直送のDOCGの水牛のモッツァレッラも試したい。中央駅からも徒歩圏内。メニューはナポリ方言で表記。

住 Via Benedetto Marcello 93
☎ 02-29403654
営 12:00～14:30、19:00～23:30
休 ㊐、8/15前後5日間
予 €15～30　C J.M.V.
交 地下鉄2線Caiazzoから300m

ピッツァ・ビッグ　P.191 A4

Pizza Big

中央駅北東、住宅街を控えた地域にある地元の人が普段着で通う店。メニューはピッツァ、飲み物、デザートのみ。ピッツァの生地はごくごく薄く、軽くヘルシーな仕上がり。女性でも1枚ペロリといける。ピッツァの種類は約70種。　できれば予約

住 Viale Brianza 30
☎ 02-2846548
営 12:15～14:15、19:00～23:00
休 ㊐昼
予 €9～15(コペルト€2)
C M.V.
交 地下鉄M1線Loreto駅から徒歩5分、中央駅から10分

スポンティーニ　P.194 A1

Pizzeria Spontini

1953年から続く、切りピッツァの店。店内にはテーブル席もあり、食事する人、テイクアウトする人で毎晩にぎわう。飲み物とピッツァ1種類(大Abbondante、小Normale)とラザーニャ(昼のみ)のお店。厚くて軟らかな生地の上にタップリとのったモッツァレッラチーズが食欲をそそる。

住 Corso Buenos Aires 60(Via Spontini 4 との角を少し入る)
☎ 02-2047444
営 11:45～14:30、18:00～23:30
㊏11:45～15:00、18:00～24:00
休 ㊊、8月、一部㊗
予 €5～　C 不可　交 地下鉄M1線Lima、Loreto駅から徒歩5分

アル・ポンテ・デ・フェール　P.190 C2

Al Ponte de Ferr

ナヴィリオ運河に面して建つ、古きよき昔の風情を残したオステリア。料理は店の外観に反し、斬新なテクニックと楽しいサプライズにあふれた現代的な物。料理選びに迷ったら、スペチャリテを盛り込んだ充実した定食がおすすめ。 要予約

住 Ripa di Porta Ticinese 55
☎ 02-89406277
営 12:30～14:30、20:00～23:00
休 無休
予 €60～90、定食€60/120
C J.M.V.
交 M2線Porta Genova駅から徒歩7～8分

アル・ポルト　P.192 C1

Al Porto

ナヴィリオ地区にある、魚料理の有名店。昔の税関の建物を利用した店内は船を模したように飾られて雰囲気もいい。生のマグロのカルパッチョやイカ墨のパスタ、大エビのワサビ（ホースラディッシュ）風味などがお店のおすすめ。 要予約 日本語メニュー

住 Piazza Antonio Cantore
☎ 02-89407425
営 12:30～14:30、19:30～22:30
休 ㊐、㊊昼、8月3週間、12/25～1/4
予 €60～80（コペルト€3）
C A.D.J.M.V.
交 地下鉄M2線Porta Genova F.S.駅から300m。ドゥオーモからトラムNo.2、14

イ・カパトスタ　P.190 C2

I Capatosta

ナヴィリオ・グランデ運河沿いにある、薪で焼かれた、生地が厚めのナポリのピッツァで人気の店。ティチネーゼ門側からはやや歩くものの、週末はいつも行列ができている。ピッツァのほか、ボリュームたっぷりのCalzoneやフリットをはじめとするナポリ料理も試してみたい。フレンドリーな雰囲気。 できれば予約

住 Alzaia Naviglio Grande 56
☎ 02-89415910
営 10:30～14:30、19:00～24:00
休 12月中旬の1週間
予 €15～25　C A.J.M.V.
交 ティチネーゼ門から徒歩7分

リストランテ・アリーチェ　P.194 C2

Ristorante Alice

イータリーの上階にある眺めのよいレストラン。イタリアでは有名な女性シェフとマネージャーによりカンパーニア州の料理をベースにした独創的な魚料理が味わえる。芸術的な盛りつけと繊細な味わいが特徴だ。ミシュランの1つ星。 要予約

住 Piazza XXV Aprile 10（Eataly内）
☎ 02-49497340
営 12:30～14:00、19:30～22:00
休 ㊐　予 €60～100（コペルト€4）、定食€89、90
C A.D.J.M.V.
交 地下鉄2線Moscovaから300m

カーサ・フォンターナ　P.191 A3外

Casa Fontana

中央駅からはやや遠いが徒歩圏。住宅街の一角にあるリゾット専門のリストランテ。稲作地帯のロンバルディアにふさわしい素材のよいリゾット23種が堪能できる。コトレッタ・ミラネーゼはバターの香る伝統の味。

住 Piazza Carbonari 5
☎ 02-6704710
営 12:00～14:15、20:00～22:30
休 ㊊
予 €35～50
C A.D.M.V.
交 地下鉄3線Zara駅から徒歩5分

ダ・ジャンニーノ-ランゴロ・ダブルッツォ　P.191 B4

Da Giannino-l'Angolo d'Abruzzo

中心街からやや離れるものの、その分落ち着いて料金も手頃なアブルッツォ料理の店。約50年続く家族経営で、夜は常連や故郷の味を求める人たちでいっぱい。量もタップリの骨太な料理が楽しめる。 夜は要予約

住 Via Pilo 20
☎ 02-29406526
営 12:00～15:30、19:30～24:00
休 無休
予 €20～38
C M.V.
交 地下鉄1線Porta Veneziaから徒歩7～8分

ミラノのジェラテリア カフェガイド

ジェラート・ジュスト
P.194 A2

Gelato Giusto

イギリスやパリでパティシエの修行を重ねた女性がオープンしたジェラテリア。白を基調にした店内は明るく女性的な雰囲気。ロンバルディアの牛乳と季節の果物を使い、添加物は不使用で、優しい味わい。冬はチョコレートや焼き菓子が並ぶ。2種で€2.50、2〜3種で€2.80。

住 Via San Gregorio 17
☎ 02-29510284
営 12:00〜21:00
休 ㊊、一部の㊗
予 €2.50〜
C A.D.M.V.
交 地下鉄1線Lima駅から徒歩5分

ラ・ボッテガ・デル・ジェラート
P.194 A1

La Bottega del Gelato

1964年から親子2代で続く、昔ながらの雰囲気のジェラテリア。果物を丸ごと使ったシャーベットが壁際のショーケースにズラリと並び、正面のケースにはシャーベットSorbettiやジェラート。50種を超えるという品揃えに圧倒される。

日本語メニュー

住 Via G.B.Pergolesi 3
☎ 02-29400076
営 10:00〜24:00
休 ㊌、8/10〜8/20
予 €2〜
C V.
交 地下鉄1線Loreto駅から徒歩5分

サルトーリ
P.194 A1

Sartori

中央駅東側の長い駅舎の軒下にあるキオスク風のジェラテリア。気取らない雰囲気ながら、1937年創業の長い歴史を誇り、自家製のシチリアンジェラートは濃厚な味わい。ピスタチオやノッチョーラが人気。シチリア風のブリオッシュやグラニータもある。

URL www.gelateriasartori.it
住 Piazza Luigi di Savoia /Via Pergolesiとの角
営 11:00〜24:00
休 11〜2月
予 €2〜
交 中央駅東側

カフェ・コーヴァ
P.193 A3

Caffè Cova

ショッピング中のお茶タイムに便利な高級カフェバール。老舗カフェとして有名な店。種類豊富な人気のプチケーキはぜひおすすめ。おみやげに最適なチョコレートやマロングラッセなども充実している。昼時には日替わりのプリモやセコンドも食べられる。

住 Via Monte Napoleone 8
☎ 02-76005599
営 7:45〜20:30、㊐10:00〜19:00
休 8月
予 €5〜
C A.J.M.V.
交 地下鉄M3線Montenapoleone駅から徒歩2分

イル・メルカート・デル・ドゥオーモ
P.193 B3

Il Mercato del Duomo

カジュアルなランチから繊細で工夫を凝らしたディナー、優雅な食前酒までなんでも楽しめる総合レストランビル、イル・メルカート・デル・ドゥオーモ。3階建ての巨大なフードコートで、**ビストロ・ミラノ・ドゥオーモ**Bistro Milano Duomoは、観光客から大人気のセルフレストラン。ピッツァ、パニーニ、パスタ、ハンバーガー、サラダにスイーツなどカジュアルでお手軽なメニューが多く、観光中に立ち寄るのに便利。

同階南側には**ベルルッキ・フランチャコルタ・ラウンジ**Berlucchi Franciacorta Loungeがあり、今をときめくフランチャコルタのスプマンテが楽しめる。

中2階には食前酒のアペロールをメインにして、食事が楽しめる**アペロール**Aperoleがある。オープンエアのサロンからは、ドゥオーモ広場の眺めが楽しめる。

住 Piazza del Duomo
☎ 02-86331924
営 11:30〜16:00、18:00〜22:00
休 無休
予 €5〜60
C A.D.J.M.V.
交 ドゥオーモそばIl Mercato del Duomo 2階〜3階

ミラノのショッピングガイド

イタリア経済の首都ミラノは、ファッションの中心でもある。ミラノ・ファッションをまとった人々が通るのを眺めているだけでも楽しいが、いざ買い物となるとかなり高い！　もちろん、素材もデザインもとびっきりの物だから仕方ない。

まず訪れてみたいのが、ドゥオーモ北東に高級ブティックが集中するモンテ・ナポレオーネ通りVia Monte Napoleone。並行して走るスピーガ通りVia della Spigaと、その間のあたりには、ウインドーディスプレイのすてきな有名店が目白押しだ。ブランド物の欲しい人なら直行するべき界隈だ。ドゥオーモ横には大きなデパート、リナシェンテRinascenteがあるのでちょっとのぞいてみるとおもしろい。しかしこのV.エマヌエーレ2世大通りCorso V. Emanuele Ⅱあたりは、高級品が多い。地下鉄M3線ドゥオーモから4つ目のリマ広場Piazza Limaからポルタ・ヴェネツィアの間のブエノス・アイレス通りCorso Buenos Airesは、さながら下町といった風情で、買い物するならこちらがおすすめだ。

人気のフェラーリショップ

ミラノらしい品物を扱う店や食料品店ものぞいてみよう。

グッチ【ブランド】 P.213 ❶

Gucci

新作を求めるのならミラノ店で

靴やバッグはもちろん、さまざまなオリジナル製品が揃う。新作商品の充実ぶりは特筆。世界のブランドの最先端を走るグッチ詣はやめられない。

住 Via Monte Napoleone 5
☎ 02-771271
営 10:00～19:30
休 ㊗
C A.D.J.M.V.
交 地下鉄M1線San Babila駅から徒歩3分

プラダ【ブランド】 P.213 ❷

Prada

モーダなプラダのバッグを

ミラノ最大のプラダ店。洋服を中心にバッグなども充実。メンズ物の新作が並ぶブティックは、6番地に。サンタンドレア店には、少しカジュアルな洋服などが揃う。

住 Via Monte Napoleone 8
☎ 02-77771771
営 10:00～19:30
休 無休
C A.D.J.M.V.
交 地下鉄M1線San Babila駅から徒歩3分

エトロ【ブランド】 P.213 ❸

Etro

ペイズリー柄で名高い

バッグやストールで有名なエトロだが、シルクのブラウスの美しさにはため息が。品揃え豊富な本店は必訪。
地階と1階はバッグなどで、洋服、スカーフ類は2階。

住 Via Monte Napoleone 5
☎ 02-76005049
営 10:00～19:30
休 無休
C A.D.J.M.V.
交 地下鉄M1線San Babila駅から徒歩3分

ルイ・ヴィトン【ブランド】 P.213 ❹

Louis Vuitton

永遠の人気LVマーク

モンテ・ナポレオーネ通りの角にある、パリ本店に次ぐ規模のショップ。1階はバッグとアクセサリーが中心。地下にはレディスのドレスと靴が充実の品揃えだ。V.エマヌエーレⅡ世のガッレリア中央に新店舗ができた。

住 Via Monte Napoleone 2
☎ 02-7771711
営 10:00～20:00
㊐㊗10:30～20:00
休 8月㊐
C A.D.J.M.V.
交 地下鉄M1線San Babila駅から徒歩3分

ドルチェ&ガッバーナ【ブランド】 P.213 ⑤

Dolce&Gabbana

遊び心を入れたデザイン
ミラノに何軒も店舗があるドルチェ&ガッバーナの本店。おしゃれなミラネーゼのハートをつかんだ人気のショップ。スピーガ通りでひときわ目を引くディスプレイ。

住 Via della Spiga 2
☎ 02-76001155
営 10:30〜19:30
休 一部の㊗
C A.D.J.M.V.
交 地下鉄M1線San Babila駅から徒歩3分

ジェイ・ピー・トッズ【ブランド】 P.213 ⑥

J. P. Tod's

カラフルなモカシンを
故ダイアナ妃も大ファンだったトッズのドライビング・モカシン。一枚革を使ったハンドメイドだけに履き心地がよい。現地調達なら割安だ。レディス、メンズとも品揃えの充実したスピーガ通り店。

住 Via della Spiga 22
☎ 02-76002423
営 10:00〜19:30
㊐㊗13:00〜19:00
休 無休
C A.D.J.M.V.
交 地下鉄M1線San Babila駅から徒歩5分

アルマーニ/ヴィア・マンゾーニ31【ブランド】 P.213 ⑦

Armani/Via Manzoni 31

アルマーニのメガショップ
デパートのようなアルマーニのメガショップ。1階には洋服、靴・バッグ、アクセサリー、化粧品。2階はアルマーニ・ジーンズや食器、インテリア家具などのホームコレクションや書店。アルマーニファンには欠かせないスポットだ。

住 Via Alessandro Manzoni 31
☎ 02-72318605
営 10:30〜19:30
休 ㊐㊗
C A.D.J.M.V.
交 M3線Montenapoleone駅入口の横

モンテ・ナポレオーネ通り周辺

ミラノでショッピング ● ブランド

ミラノのショッピングガイド

ラ・リナシェンテ【デパート】 P.213 ⑧

La Rinascente

イタリアのデパートで ゆっくりショッピング

ショッピングの町ミラノを象徴するかのようなたくさんの品揃え。衣類、コスメ、香水、雑貨などなどおみやげ品が見つかるはず。

住 Piazza del Duomo
☎ 02-8852
営 ㊐～㊍9:30～21:00
㊎㊏9:30～22:00
休 無休(夏季一部㊐)
C A.D.J.M.V.
交 M1・3線Duomo駅から徒歩1分

フルラ【皮革】 P.213 ⑨

Furla

女子に安定の人気

イタリアンブランドの仲間入りを果たしたフルラ。シンプルなデザインが特徴のバッグは、通勤にもお稽古用にも使えそう。

住 P.za Duomo 31
☎ 02-89096794
営 10:00～21:00
休 一部の㊗
C A.D.J.M.V.
交 M1・3線Duomo駅から徒歩3分

マックス・マーラ【ブランド】 P.213 ⑩

Max Mara

イタリア女性に一番人気

ウインドーディスプレイがすばらしいミラノ店。1階にスポーツ・マックス、2階はウイークエンドとブルースクラブ、地下にマックス・マーラと豊富な品揃え。雑貨のカーサも取扱いあり。

住 Piazza del Liberty 4
☎ 02-76008849
営 10:00～20:00
㊐10:30～20:00
休 一部の㊗
C A.D.J.M.V.
交 M1・3線Duomo駅から徒歩3分

ディーゼル【カジュアル】 P.213 ⑪

Diesel

大人のカジュアルなら

イタリアを代表する、プレミアム・カジュアル・ブランド。大人気のジーンズをはじめ、レディス、メンズ、小物類も充実。遊び心あふれる、おしゃれなディスプレイは眺めるだけでも楽しい。

住 Piazza San Babila 1/3
☎ 02-76396762
営 10:00～20:00
㊐11:00～20:00
休 無休
C A.D.J.M.V.
交 M1線San Babila駅から徒歩2分

ボッジ【ブランド】 P.213 ⑫

Boggi

カッコいいイタリア男になろう

ミラノの老舗紳士服ブランドでビジネスマンに人気。フォーマルからカジュアルまで揃い、良質で値頃感のあるミラネーゼ風ファッションをゲットするのにおすすめ。ミラノ中央駅、マルペンサ・リナーテ空港など、イタリア各地に支店あり。

住 Piazza San Babila 3
☎ 02-76000366
営 10:00～19:30
㊐10:30～13:30、15:00～19:30
休 一部の㊗
C A.D.J.M.V.
交 M1線San Babila駅から徒歩1分

ミラン・メガストアー【サッカー・グッズ】 P.193 B4

Milan Megastore

ミランファンなら

メガストアーの名前通り、ガッレリア内に大店舗を構える。ユニホームから練習着、キッズ用ウエア、人形やカップ、ポスター、ステッカーなどの雑貨までミランの赤一色。日本語を話す販売員がいる場合もあるので、何かあったら尋ねてみよう。

住 Corso Vittorio Emanuele II, Galleria San Carlo
☎ 02-49580176
営 10:00～20:00
休 一部の㊗
C A.D.J.M.V.
交 M1線San Babila駅から徒歩3分

ペック【食料品】 P.193 B3

Peck

高級イタリア食材が勢揃い

イタリアならではの高級食材が揃う。1階は肉、魚、野菜、果物などの生鮮食品とソースやお菓子など、2階はチョコレートや紅茶売り場とおしゃれなティールーム、地下にはワインがところ狭しと並ぶ。

✉ パスタ(500g)が€3で、空港では€5.30。個別包装してくれるので、ばらまきみやげに。 (匿名希望 '11)['16]

住 Via Spadari 9
☎ 02-8023161
営 ㊋〜㊏9:00(㊊15:00)〜20:00、㊐10:00〜17:00
休 ㊊午前 C A.D.J.M.V. 交 地下鉄M1·3線Duomo駅から徒歩3〜4分

エノテカ・コッティ【ワイン】 P.194 C2

Enoteca Cotti dal 1952

品揃えならミラノNo.1が自慢

20世紀初頭のリバティ様式の建物にイタリアワインはもちろん世界中のワインが揃うエノテカ。広い店内とその倍あるワイン倉庫には1300種のワインが眠る。1本€5ぐらいから。日本への発送も可。ワイン以外にも厳選したイタリア産の食材や菓子類も並ぶ。

住 Via Solferino 42
☎ 02-29001096
営 9:00〜13:00、15:00〜20:00
休 ㊐㊊、8月
C M.V.
交 M2線Moscova駅から徒歩5分

エッセルンガ【スーパー】 P.191 B3

Esselunga

珍しい食品を探すなら

ミラネーゼが毎日の買い出しに足を運ぶ、旧市街では数少ない大規模食品スーパー。イタリア料理に使う、日本では珍しい調味料がきっと見つかるはず。

✉ 日曜は非常に混み、時間帯によってはレジで1時間待ちもあります。余裕をもってどうぞ。 (東京都 パッツァ '08)

住 Viale Piave 38/40
☎ 02-2047871
営 8:00〜21:00、㊐9:00〜20:00
休 無休
C A.D.M.V.
交 地下鉄M1線Porta Venezia駅から徒歩5分

プント・シンプリー【スーパー】 P.194 A2

Punto Simply

新店舗で手軽で便利

中央駅近くには小規模のスーパーが多い。ここはプント・シンプリーの新店舗。切り売りや量り売りのコーナーが充実して、店内は明るくおしゃれで買い物が楽しい。総菜、パン、飲み物、菓子類、アルコールなど豊富な品揃え。レジは横に並んで順番を待つシステム。

住 Via R.Boscovich 49/angolo Via Benedetto
☎ 02-2951976
営 8:30〜20:30
休 ㊐、一部の㊗ C A.M.V.
交 M1・S線Porta Veneziaから徒歩3〜5分

サポーリ&ディントルニ【スーパー】 P.194 B1

Conad Sapori & Dintorni

中央駅地下で便利

イタリアのおなじみスーパー、コナドConadの新傾向のスーパー。きれいな包装でおみやげにぴったりのパスタやパスタソース、オリーブオイルなどの調味料、お菓子などが並ぶ。もちろん生鮮食品やワインなども充実。

住 Piazza Duca D'aosta-Stazione Centrale
☎ 02-67072225
営 7:00〜22:00
休 一部の㊗
C A.D.J.M.V.
交 中央駅地下

ミラノのイータリー EATALY

かつての劇場が変身

都市計画で注目を集めるガリバルディ地区に、2014年3月、かつてのスメラルド劇場を改装してイータリーが開店。明るい店内の各売り場にはイートインコーナーが設けられている。◇1階 野菜、パン、ジェラテリア、ピッツェリア、チョコレートの量り売り ◇2階 肉・魚、チーズ、フレッシュパスタ、モッツァレッラの実演 ◇3階 ワイン、ビール、レストラン(肉・魚) イートインは、最初に席を取り、その番号札を持ってレジで注文。料理はテーブルまで運んでくれる。1皿€10〜15程度(コペルト€1)。買い物のカートを横に置いて食事ができ、買い物は最後にレジで精算。

Eataly Milano Smeraldo MAP P.194 C2

住 Piazza XXV Aprilre 10 ☎ 02-49497301
営 10:00〜24:00 休 一部の㊗ C A.D.J.M.V.
交 地下鉄2線Moscova駅から300m、fs線・地下鉄2・3線Porta Garibaldi駅から400m URL www.eataly.it

ミラノのホテルガイド

イタリアきっての経済都市ミラノのホテル代は、他の都市に比べてやや高め。特に見本市の開催される春(3～5月)と秋(9～11月)は、観光シーズンとも相まって料金の高騰とホテル不足が重なることがある。この時期の予約は早めを心がけよう。一方、日本人の休暇が取りやすい、8月と1月はミラノのホテルのローシーズンにあたり、値段も安めだ。また、ビジネスマンの利用するホテルでは、週末の部屋代も安めのところが多い。

■ミラノのホテルはどこに集中?

ビジネスマン向きの4つ星ホテルから格安ホテルまでと、多様なホテルが集中しているのが**中央駅周辺**。駅の東側には4つ星ホテルが、西側の周辺のビルには1～2つ星の格安ホテルが多い。ドゥオーモ広場周辺は、歴史ある界隈で**チェントロ地区**と呼ばれるが、この地区にはミラノを代表する伝統的な名門ホテルがめじろ押し。最近ではファッションの街ミラノにふさわしい、ブティックホテルやデザイナーズホテルの進出が目立つ。一方経済的なホテルは少ないが、家族経営の3つ星ホテルも少しあるので、ローシーズンなら宿泊できる可能性がある。また、町の南側の**ロマーナ門周辺**や中央駅の東側の**ロレート広場**の東にも手頃なホテルが点在する。町の西側の**フィエラ(見本市)会場近く**はビジネスマン向けのホテルが、昔日の運河の残る**ナヴィリ地区**にも風情あるホテルや、イタリアのチェーンホテルが建設されている。最近注目を浴びているおしゃれな**ガリバルディ地区**の4つ星ホテルにも注目してみたい。

ミラノの5つ星ホテルの朝食室

■イタリアのチェーンホテルが狙い目

ミラノでは、中央駅周辺、チェントロ地区、ガリバルディ地区などには、**スターホテルズ**、**ウナホテル**、**NHホテル**などのイタリアのチェーンホテルが、数多く進出している。これらのホテルは、日本人が快適と思う必要十分なものを兼ね備えているし、部屋数も多い。ホテル探しに迷ったら、これらのホテルのサイトを見てみよう。

4つ星ホテルには
ジャクージ付きの部屋もある

イタリアの大型チェーンホテル

シーズンによってかなりお安く宿泊できるのは大型チェーンならでは。安定したサービスも大型ホテルの良さ。

Star Hotels
スターホテルズ
URL www.starhotels.com

Una Hotel
ウナ　ホテル
URL www.unahotels.it

NH Hotel
エヌ・エイチ・ホテル
URL www.nh-hotels.com

✉ 空港バスのバス停変更で

マルペンサ空港からのプルマンのバス停が中央駅のこれまでと反対側に移動(駅の正面に向かって右側から左側に変更)しました。今までなら、バスを降りたらほぼ正面にいくつものホテルが並んでいて便利でした。新バス停のある逆側は、ちょっと雑多な感じで、ホテルはエコノミータイプの小規模なホテルがチラホラある程度。なんか、ミラノ中央駅前のホテルに宿泊する利便性がやや下がったな、と感じました。

駅の反対側へ移動する場合は、バス停そばの入口から駅に入って駅構内を抜けるのが、近道で段差も少なくていいです。

(東京都　辛口大根　'15)

ミラノ市滞在税　Imposta di Soggiorno

ミラノ市内のホテルに宿泊の際、1泊当たりひとり最大€5、最長14泊まで課税されることになった。シーズン別で、ローシーズンの7～8月、12/15～1/10は半額。18歳以下免除。

支払いはチェックアウトの際、直接ホテルへ。ホテルにより、現金で徴収される場合と宿泊料と込みでクレジットカード決済できる場合がある。旅も終わりに近づき、手持ちのユーロが心配な場合は、最初に支払い方法を確認しておこう。
※ローシーズン期間は年により変更の場合あり

宿泊施設と滞在税	
1つ星ホテル、2つ星レジデンツァ	€1
2つ星ホテル、3つ星レジデンツァ	€2
3つ星ホテル、4つ星レジデンツァ	€3
4つ星ホテル	€4
5つ星ホテル	€5

※ひとり1泊当たり、14泊まで

地球の歩き方　ミラノの注目ホテル!!

経済都市ミラノではデザイナーズホテルが高級ホテルとして進出。特にブルガリの経営するホテルは、中心街に近いのに緑に囲まれたオアシスとミラノでは一番人気。エレガントで上品な4つ星ホテルは、チェーンホテルには飽き足らない人に。その筆頭がマンゾーニホテル。ショッピング街に近いのにとっても静かだ。先進的な環境都市ミラノのイメージを生かしたスターホテルズのエコー。地球環境に優しい未来志向のホテルとして人気だ。

ドゥオーモ周辺（チェントロ地区）

★★★★★L　ブルガリ　ホテル&リゾート　P.193 A3

Bvlgari Hotel&Resort

世界的宝石店として名高いブルガリが手がけたホテル。18世紀のパラッツォをモダンでエレガントに改装。隣接する植物園と広大な緑の庭園が周囲を取り囲み、ミラノの中心街にいるとは思えない落ち着きと静寂にあふれている。客室は広々としていて、シックで落ち着いた雰囲気。部屋によっては、暖炉もあり、まさに気持ちよいくつろぎのひとときを約束してくれる。
緑の庭園が眼前に広がるすがすがしいレストランでは、クラシックで現代的なイタリア料理が味わえる。
URL www.bvlgarihotels.com

住 Via Privata Fratelli Gabba 7b
☎ 02-8058051
Fax 02-805805222
TB €748/1034　SU €1760/2233
室 58室　朝食€23～30 W-F
C A.D.J.M.V.
交 M3線Montenapoleone駅から徒歩10分

★★★★　マンゾーニ　P.193 A3

Hotel Manzoni

モンテ・ナポレオーネ通りとスピーガ通りを結ぶ通りに位置し、ショッピングに最適。観光へのアクセスもよい。控え目ながらも上品でエレガントな内装、町の中心部にあるにもかかわらず、静かで清潔な客室内はホテルのホスピタリティー意識の高さがうかがえる。スタッフの親切さにも定評があり、ファンやリピーターの多さも納得だ。
URL www.hotelmanzoni.com

住 Via Santo Spirito 20
☎ 02-76005700　Fax 02-784212
SB €185/270　TB €250/325
室 52室　朝食€20 W-F
休 8月、12/23～1/2頃
C A.D.J.M.V.
交 M3線Montenapoleone駅から徒歩2分

中央駅周辺

★★★★　スターホテルズ・エコー　P.194 A1

Starhotels Echo

ミラノ中央駅すぐ近く。モダンデザインとエコをコンセプトにしたスターホテルグループの新感覚ホテル。環境に優しく、ナチュラルで自然な居心地のよさに視点をおいている。木目調のブラウンとグリーンの多い内装や家具はモダンで質がよい。ライティングにも気を使っている環境都市ミラノらしいホテルと支持されている。
URL www.starhotels.com

住 Via Andrea Doria 4
☎ 02-67891
Fax 02-66713369
SB €144/205　TB €153/215
室 143室　朝食込み W-F
C A.D.J.M.V.
交 中央駅から100m

★★★★ ミケランジェロ
P.194 A1

Hotel Michelangelo

中央駅を背にすぐ左に位置する高層ビルの大型ホテル。ツーリスト、ビジネスマンと利用客はさまざまだが、長い間支持されている。朝食のビュッフェが充実しておいしい。

URL www.milanhotel.it

住 Via Scarlatti 33
☎ 02-67551
Fax 02-6694232
SB TB €100/500
室 300室　朝食込み W-F
C A.D.J.M.V.
交 地下鉄M2・3線Centrale駅から徒歩2分

★★★★ サンピ
P.194 B2

Hotel Sanpi

ホテルの建物に囲まれた静かで気持ちのよい中庭が自慢。よき時代を感じさせる建物と客室に、常連も多い。レストラン併設。

Low 7～8、12月(見本市期間を除く)
URL www.hotelsanpimilano.it

住 Via Lazzaro Palazzi 18
☎ 02-29513341
Fax 02-29402451
SB €90/350
TB €108/600
室 79室　朝食込み W-F
C A.D.J.M.V.
交 地下鉄M3線Repubblica駅から徒歩3分

★★★★ メディオラヌム
P.194 B1

Mediolanum Hotel

ビジネスマンの利用が多い、サービスも充実したホテル。中央駅近く、食事にも便利な立地。

Low 1/4～1/15、7、8、12月(見本市期間を除く)
URL www.mediolanumhotel.com

住 Via Mauro Macchi 1
☎ 02-6705312
Fax 02-66981921
SS SB €87/620　TS TB €102/743
室 52室　朝食込み W-F
休 12/21～1/3
C A.D.J.M.V.
交 地下鉄M2・3線Centrale駅から徒歩5分

★★★ フローラ
P.194 B1

Hotel Flora

中央駅からも近くて便利な立地。室内はモダンで居心地よくまとめられている。バスルームも機能的で使い勝手がよい。

読者割引 5%
URL www.hotelfloramilano.com

住 Via Napo Torriani 23
☎ 02-66988242
Fax 02-66983594
SS €49/450
TS €69/500
室 50室　朝食込み W-F
C A.D.J.M.V.
交 地下鉄M2・3線Centrale駅から徒歩3分

★★ アダ Hotel Ada
P.194 B1

中央駅からも近く、便利な立地。客室にはTVもあり、清潔で快適。冷房(時間制限あり)完備。シャワーも常に熱いお湯が出る。小さなホテルなので、なるべく早めに到着するか、予約しておこう。料金は変動幅あり。事前に確認を。

読者割引 ローシーズンに3泊以上で　Low 11～1月、6～8月

URL www.hotelada.it
住 Via G. B. Sammartini 15　☎ 02-66982632
S €40/80　SS €45/180　TS €55/180
3S €75/210　室 18室　朝食込み W-F
C M.V.　休 8月　交 中央駅から60m

★ アウロラ Hotel Aurora
P.194 A2

庶民的なショッピング通りにあり、周囲の探索も楽しい界隈だ。8月や年末年始に休業するホテルが多いミラノで年中無休で営業している。

✉ 客室は、トイレ・シャワー付きのほか、シャワーのみもあります。予約時にリクエストがベターです。　(東京都　匿名レディ)['16]

Low 6～8月、12月

URL www.hotelauroramilano.com
住 Corso Buenos Aires 18　☎ 02-2047960
Fax 02-2049285　S SS €57/160　TS TB €76/240
室 16室　朝食€5 W-F　C A.D.J.M.V.
交 地下鉄M1線 Porta Venezia駅から徒歩1分

★ ネットゥーノ Hotel Nettuno
P.194 A2

中央駅近くより割安感がある。部屋は静かで、二重窓なので安全。冷房完備。フロントにはひと晩中人がいて安心。中央駅から徒歩だと15分くらい。

読者割引 HPから直接予約で10%
URL www.nettunomilano.it

住 Via Alessandro Tadino 27
☎ 02-29404481　Fax 02-29523819
SS €28/370　TS €42/550　3S €60/700
朝食€4.50 W-F　休 8月　C A.D.M.V.
交 地下鉄1線 Lima駅下車。中央駅からバス60、8番

S シャワー共同シングル料金　T シャワー共同ツイン料金　D ドミトリー料金　SS シャワー付きシングル料金　SB シャワーまたはバス付きシングル料金　TS シャワー付きツイン料金　TB シャワーまたはバス付きツイン料金　3B シャワーまたはバス付きトリプル料金

★★★★★L グランド・ホテル・エ・デ・ミラン P.193 A3

Grand Hotel et de Milan

1863年の創業より、数多の芸術家の常宿、芸術的な雰囲気に満たされてきた。当時の雰囲気を残す館内は美術館のよう。客室は個性的で、設備は現代的。

URL www.grandhoteletdemilan.it

- 住 Via Aless. Manzoni 29
- ☎ 02-723141
- Fax 02-86460861
- SB €273/712 TB €330/760
- SU €1430/4610
- 室 95室　朝食込み W-F
- C A.D.J.M.V.
- 交 M3線Montenapoleone駅から徒歩1分

★★★★★ シーナ・ザ・グレイ P.193 B3

Sina The Gray

外観は歴史ある邸宅風ながら、アフリカンテイストを取り入れた個性的でスタイリッシュなデザイナーズ・ホテル。観光にもショッピングにも便利な立地。

URL www.sinahotels.com

- 住 Via San Raffaele 6
- ☎ 02-7208951
- Fax 02-866526
- TS TB €298/1030
- SU €410/3750
- 室 21室　朝食込み W-F
- C A.D.J.M.V.
- 交 M1・3線Duomoから徒歩2分

★★★★ スターホテルズ・ローザ・グラン P.193 B3

Starhotels Rosa Grand

ドゥオーモのすぐ裏に位置し、モンテ・ナポレオーネなどのショッピング街へも徒歩圏の便利な立地。2012年、全面改装されて機能もインテリアもグレードアップした。広さ、設備、インテリアが充実したエクゼクティブ・ルームもおすすめ。レストランも好評。

- URL www.starhotels.com
- 住 Via Pattari 5/Piazza Fontana 3
- ☎ 02-88311
- Fax 02-8057964
- SB €158/910
- TS TB €298/1300
- 室 320室　朝食込み W-F
- C A.D.J.M.V.
- 交 ドゥオーモから徒歩2分

★★★★ カヴール P.193 A3

Hotel Cavour

ドゥオーモやショッピングエリアからも近くて便利。白を基調としたロビーは、落ち着いた雰囲気。従業員も感じがよい。併設のリストランテは、エレガントで洗練されている。

URL www.hotelcavour.it

- 住 Via Fatebenefratelli 21
- ☎ 02-620001
- Fax 02-6592263
- SB €148/600
- TS €186/750
- 室 114室　朝食込み W-F
- C A.D.J.M.V.
- 交 M3線Turati駅から徒歩2〜3分、トラムNo.1・2

★★★ ズーリゴ P.193 C3

Hotel Zurigo

ドゥオーモからも徒歩圏にあるこぢんまりとしたホテル。室内にはセーフティボックスやドライヤー、ミニバーも備えられ過不足ない内容。サービスも行き届き、無料のレンタサイクルが用意されているのがうれしい。

読者割引 3泊以上で10%

- URL www.zurigo.com
- 住 Corso Italia 11/a
- ☎ 02-72022260
- Fax 02-72000013
- SS €85/450
- TS TB €85/700
- 室 47室　朝食込み W-F
- C A.D.J.M.V.
- 交 M3線Missori駅から徒歩3分

★★★ スター P.193 B3

Hotel Star

スカラ座の西に位置し、旧市街までは徒歩圏の立地。部屋にはハイドロマッサージのシャワーやサウナなどの設備がある。イタリア人の常連が多い宿。URL に割引情報あり。

URL www.hotelstar.it

- 住 Via dei Bossi 5
- ☎ 02-801501
- Fax 02-861787
- SS €85/210 TS TB €85/250
- 室 30室　朝食込み W-F
- 休 8月中旬、クリスマスから新年の期間　C A.J.M.V.
- 交 M1・3線のDuomo駅から徒歩5分、M1線Cordusio駅から徒歩2分

★★★ カナダ P.193 C3

Hotel Canada

ポルタ・ロマーナ大通りの裏手に位置しており、健脚派ならドゥオーモからも徒歩圏。客室は近代的で明るく、ミラノにしてはバスルームが広めで機能的なのもうれしい。行き届いたサロンでの朝食も充実している。

URL www.canadahotel.it

住 Via Santa Sofia 16
☎ 02-58304844
Fax 02-58300282
SS TS €135/228
室 35室　朝食込み W-F
C A.D.M.V.
交 地下鉄M3線Missori駅、Crocetta駅から徒歩5分。中央駅からはバスNo.94で。

★★★ サン・フランチスコ P.191 A4

Hotel San Francisco

地下鉄駅近くの便利な場所にあるホテル。料金に十分見合ったサービスと雰囲気。中庭があり、心地よいときが過ごせそう。

Low 12～1月、8月
URL www.hotel-sanfrancisco.it

住 Viale Lombardia 55
☎ 02-2360302
Fax 02-26680377
SS SB €45/130
TS €65/150　3B €75/220
室 28室　朝食込み W-F
C A.D.J.M.V.
交 地下鉄M1・2線Loreto駅から徒歩5分

ニュー・ジェネレーション・ホステル・アーバン・ブレラ P.194 C2

New Generation Hostel Urban Brera

YH ツタのからまる風情ある修道院の一角にあるモダンな雰囲気のユースホステル。キッチン、セルフランドリー、貸し自転車あり。24時間受付（チェックイン14:00～23:00）、全14室。8人部屋のDは男女混合の場合あり。

URL www.themonasteryhostel.it
住 Via Renzo Bertoni 3
☎ 02-65560201
Fax 02-39195704
料 D €28～/55
S €30～/56
T €35/150 W-F
交 M3線Turati駅から徒歩2分

オステッロ・ベッロ・グランデ P.194 A・B1

Ostello Bello Grande

YH 中央駅すぐの人気ユースホステル。清潔で施設も充実。スタッフの親切さも人気の秘訣。フロントは24時間対応。無料で、鍵、タオル、シャンプーなどの貸し出しもしている。食材つきのキッチンの利用(19:00～21:00) 可。右記料金は滞在税込み。URL からの直接予約が、最も予約がとりやすい。

URL www.ostellobello.com
住 Via R.Lepetit 33
☎ 02-6705921　Fax 02-6792867
D €25/39　SS €59/79　TS €98/118
室 13室　朝食込み W-F
C M.V.
交 中央駅から100m

カーサ・デッラ・ジョーヴァネ P.194 C2

Casa della Giovane(ACISJF)

YH 30歳までの女性のみ利用可能な宗教団体経営の宿泊施設。快適さに加え安全も保証つき。一人ひとりに鍵のかかる引き出しやデスクもある。夕食も充実している。決まりを守って利用しよう。部屋はTのみ。

e-mail protezione@acisjf-milano.it

URL www.acisjf-milano.it
住 Corso Garibaldi 123
☎ 02-29000164　Fax 02-29004252
S €50　T 1人€40　朝食込み、夕食€10(要予約)　門限23:00　受付時間8:00～21:00　休 8月中旬
室 60室 W-F　C 不可
交 地下鉄M2線Moscova駅下車または、中央駅よりバスNo.94、70、57で

オステッロ・ピエロ・ロッタ 地図外

Ostello Piero Rotta

YH 緑に囲まれた郊外に位置し、プールやテニスコート、ジョギングロード、無料ロッカーなども完備。IYHFカードの呈示が厳格。受付24時間可能、10:00～15:30は清掃のため入室不可。チェックアウト10:00。近くにはセルフサービスレストランや大型スーパーもあって不便はない。

URL www.hostelmilan.org
住 Via Salmoiraghi 1(ang.Via Callianoとの角)
☎ 02-39267095　Fax 02-33000191
料 朝食付きで　D €16～22　SS €30/60
TS €50/80　3S €60/90　W-F
休 12/24～1/12　C J.M.V.
交 中央駅からは地下鉄M2線でCadornaへ。M1線に乗り換え、Q.T.8で降りる。中央駅からバスNo.90、91、68で20分

S シャワー共同シングル料金　T シャワー共同ツイン料金　D ドミトリー料金　SS シャワー付きシングル料金　SB シャワーまたはバス付きシングル料金　TS シャワー付きツイン料金　TB シャワーまたはバス付きツイン料金　3B シャワーまたはバス付きトリプル料金

ヴェネツィアとラグーン
登録年1987年　文化遺産
世界遺産

La Vita nella Città

アドリア海の女王、夢の浮き島

一度訪れた者には、また何度でも戻って来たいと思わせ、まだ訪れたことのない者には、一生に一度は行ってみたいという憧れを抱かせる魅惑の町、ヴェネツィア。この水上都市は、夏と冬とではまったく違う顔を見せる。

観光客でにぎわった夏の終わりを締めくくるのは9月の第1日曜に行われるゴンドラ船の祭り「レガータ・ストリカ」。大運河に繰り広げられるこの華やかな祭りは、その昔「アドリア海の女王」とその名をはせたヴェネツィアの栄光を彷彿とさせ、最もヴェネツィアらしさを満喫できる一日だ。きらめく衣装を着飾った人々による、中世を模した船のパレードで祭りの幕は切って落とされる。町には音楽が鳴り響き、運河の周囲は人であふれる。夏の暑い日差しが残るなか、なにか壮大な野外劇を観ているような気分になってしまう。

旅行者もめっきり減って、普通の町の顔を少し取り戻す冬のヴェネツィア。霧に煙るサン・マルコ広場を訪れ、「カフェ・フローリアン」で一杯のカフェを飲む。冷えた体が温まると、創業1720年、昔の風情そのままのたたずまいに、このカフェの常連だったゲーテやカサノヴァが憩う風景が見えてくるようで、自分が生きている今がいつなのかわからなくなってしまう。ゆっくりできる贅沢な冬のヴェネツィアも魅力的だ。

そして時間にも車にも追われることなく、町をゆっくりと散歩してほしい。周りの小さな島々にも、ぜひ足を延ばしてほしい。そうすることで、この町を愛して暮らす人々の生活に触れることができるからだ。

VENEZIA ヴェネツィア

ヴェネト州／Veneto

ヴェネツィアの歩き方

空港からのアクセス

●船で(サン・マルコ広場など)
Servizio Motoscafi Alilaguna

空港からAlilaguna社の船で、所要約80分、片道€15、往復€27。空港発6:15〜翌24:40、本島発3:50〜22:50で、30分〜1時間に1本程度の運航。発着は空港出口そば。5系統あり、青、赤、オレンジ線が本島行き。

●バスで
Servizio Autobus

空港からヴェネツィア本島入口のローマ広場Piazzale RomaまでATVO社またはACTV社のバスで、所要20〜25分。料金はプルマン、路線バスNo.5ともに€8、往復€15。ATVO社のバスは、空港発5:20〜翌1:20、ローマ広場発4:20〜23:30で、約30分間隔の運行。

●メストレへ、トラムも新登場

空港からメストレ駅前へは市バスNo.15で所要約20分。メストレ駅前からローマ広場までは市バスNo.2で約15分。またはトラムT1で約20分。切符€1.50。ATVO社のプルマンも運行。

バス乗り場

空港の到着ロビーを出るとATVO社のバス乗り場は目の前。切符はバス停横の自販機や空港内の切符売り場で購入。市バス乗り場は左に進む。市バス(ACTV社)の切符は空港内売店で。

ローマ広場では市バスはA1乗り場、ATVO社はD2乗り場からの発車。乗り場は変更の場合もあるので注意。また、ほかの近隣空港行きもあるので乗車前に確認を。

✉ どっちに乗る!?

結論から言うと、ATVO社のバスがおすすめ。車体横に荷物入れがあるし、運行本数も多いです。ACTV社のバスは普通の市バス。ATVO社の切符は乗り場の自販機で購入可で、係員も近くにいて安心。(東京都　百合子　'14)

●ヴェネツィア観光のハイライト

まずは、サンタ・ルチア駅からサン・マルコ広場に向かおう。ヴァポレットなら❶番線で大運河を巡りながら、徒歩なら路地を抜けて壁にある「サン・マルコ広場へ」Per San Marco(ペル サン マルコ)の矢印に沿って進むのも楽しい。

サンタ・ルチア駅には**列車のインフォメーション**(切符売り場(6:00〜21:00)内、左カウンター)、**両替所**、**荷物の一時預かり所**(1番ホーム脇中頃。開 6:00〜23:00)、**トイレ** (8:00〜18:30、€1)、**バール**などがある。

ℹは、サンタ・ルチア駅前のveneziaunica/veneziaSiブース、ローマ広場やサン・マルコ広場、空港などにもある。サン・マルコ広場内のℹは聖堂から広場に向かって正面左奥にあり、ここではホテルの紹介はしていない。

この町は自動車が走らないため、足で石畳の路地を歩くか、運河を行く**ゴンドラ**、**モーターボートのタクシー**、**あるいはヴァポレットVaporetto**と呼ばれる水上乗合バスだけが移動手段だ。

ヴァポレットはいくつかの路線があるが、おすすめは**各駅停車の❶番線**。逆Sの字をした大運河のすべての停船所に停まり、歩くのに飽きたら運河に出てヒョイと乗れる気安さがある。**ローマ広場**から**サンタ・ルチア駅**、**サン・マルコ広場**、**リド島**を結んでいる。

名物ゴンドラは1隻に5〜6人乗れる。運河のあちこちに客待ち顔のゴンドラ漕ぎがいるので、事前に料金交渉をして乗ろう。アコーディオンと歌手付きなんて豪華版もある。

モーターボートは**モトスカーフィ**Motoscafiと呼ばれ、タクシーとして利用されるが、大きな荷物でもなければあまり必要はない。

町自体が狭いので最初はぜひ歩いてサン・マルコまで行ってみることをおすすめする。どう迷っても1時間あれば着くだろう。まず駅を出て左の**スカルツィ橋**を渡るか、**左の通り**Lista di Spagnaを真っすぐ行くか。迷うのは最初だけ。あとは**路地の角々**に「Per San Marco」という表示があるのでその矢印のとおりに行けばよい。サンタ・ルチア駅へは「Per Ferrovia」が目印だ。

ヴェネツィアへの行き方

[空港からのアクセス(→P.222)]

鉄道trenitalia(fs線)
ヴェネツィア・サンタ・ルチア駅Venezia Santa Lucia(Venezia S.L.)下車が便利

- ●ミラノ中央駅からFRECCIABIANCA、Eurocityで2時間35分
- ●フィレンツェ・サンタ・マリア・ノヴェッラ駅からFRECCIARGENTO、FRECCIAROSSAで2時間5分
- ●ローマ・テルミニ駅からFRECCIARGENTO、FRECCIAROSSAで3時間45分
- ●ナポリ中央駅からFRECCIAROSSAの直通で5時間5分、FRECCIAROSSA+FRECCIARGENTO(ローマ・テルミニ、ティブルティーナまたはボローニャ乗り換え)で4時間49分〜5時間35分

ヴェネツィアの交通について

●ヴァポレット　Vaporetto

市民と観光客の足、ヴァポレット

ローマ広場から駅、リアルト、アカデミア、サン・マルコ、リドと多くの見どころを通るのが、各駅停車❶番。❷番はサン・ザッカリア（サン・マルコ広場東側）から外回りでローマ広場へ向かい、大運河（リアルト、アカデミアなど）を通る。ムラーノ島へは直通の❸番のほか、4.1 4.2番。ブラーノ島へは⓬番。YHのあるジューデッカ島へは❷❽番。時間券は、バスにも利用できる。

眺めのよい席に座ってみよう！

大運河を橋のない所で横断したいときには、**トラゲットTraghetto**という乗り合いの渡しゴンドラ（€2）やヴァポレット（€5）が利用できる。

●モーターボート

決まった路線を運航するものと、メーター制がある。歴史地区の初乗り料金は€15。以降、60秒ごとに€2加算。深夜（22:00～翌6:00）割増€10。空港から本島（サン・マルコ広場周辺）までは€100程度。

●ローマ広場バスターミナル

ミラノ、パドヴァなどあちこちへ行くバスがあり、その多くがメストレMestreの町の中心部を通る。コルティナ・ダンペッツォなどのドロミテ方面行きのプルマン（曜日限定）も発着。

ゴンドラについて　ゴンドラに乗ってみよう

ヴェネツィアに来たらゴンドラを楽しみたいが、“高いのでは？”と尻込みをしてしまいそう。基本料金は、6人まで30分で€80。以後15分ごとに€40。19：00～翌8：00は夜間料金となり、基本料金35分で€100。

おすすめは、夜の大運河をゴンドリエーレ（ゴンドラ漕ぎ）の歌を楽しみながらの舟旅。光に浮かび上がる建物を眺めながらヴェネツィアの旅情を味わいたい。春から秋の夕方から夜にかけては、ゴンドラに乗って、カンツォーネを楽しむゴンドラ・セレナーデというツアー（ひとり€41～、約30分）もある。乗り合いなので、個人チャーターに比べて料金も安めだし、料金交渉の手間もない。申し込みは、サン・マルコ広場などにある旅行会社やホテルなどでできる。

ゴンドラ体験を！

Information

ヴァポレットの切符

【1回券】
1回乗り券（60分有効）
Biglietto 1 corsa　€7.50
トラゲット券（主に運河横断用：サン・ザッカリア→サン・ジョルジョなど）　€5

【時間券】
24時間券 Biglietto 24 Ore €20
48時間券 Biglietto 48 Ore €30
72時間券 Biglietto 72 Ore €40
7日券　Biglietto 7 Giorni €60
※若者3日券
Biglietto 3 Giorni Giovani €28
16～29歳に適用。購入にはローリング・ヴェニス・カード€6（P.234）が必要。
※大運河巡り（❶❷）を何度もしたい人や島巡りをする人は、24時間券、72時間券の利用が便利で節約になる。ヴェネツィアを徒歩で楽しむ場合は、1回券の購入がよい。
※切符売り場で質問に応じてくれるので、利用ルートや切符を確認しよう。検札はよく回ってくる。

電子切符

ヴァポレットの切符は、ICチップ内蔵券。改札機の近くに専用機（6cmほどの大きさ）が設置され、これにかざして使用する。

ヴァポレットの切符

サンタ・ルチア駅正面のヴァポレット乗り場の切符売り場は夏季には切符を求める人の列ができる。ここでは24時間券、72時間券などを大きく表示して販売しているが、1回券もあるのでホテルにまず向かう場合は1回券を購入しよう。ときには長蛇の列ができているので、つい滞在日数分の切符を購入しがちだが、ほかの切符売り場はすいていることがほとんどだし、ヴェネツィアは徒歩で十分な町でもある。また、ヴァポレットの切符売り場で販売する切符は、販売時点で日付と時間が刻印され、規定時間を過ぎると無効になるので、まとめ買いはやめよう。まとめ買いする場合はℹの窓口やたばこ屋で。

自動券売機も設置

サンタ・ルチア駅前など、乗降客の多い乗り場には自動券売機が設置されている。

✉ ヴァポレット1番線

夕方を回ってからサンタ・ルチア駅前からサン・マルコ広場へ向かうと、切符売り場の行列も船内の混雑もなく、静かに夕日で染まった運河を見ることができます。
（マックス　'10）

ゴンドラツアー

日中、所要約35分　€31～
音楽付き　所要約40分　€41～
※6人での乗り合い
URL www.venicewelcome.com

ヴェネツィア
Venezia
S. Alvise
サンタルヴィーゼ教会
S. Alvise
Mad. dell'Orto
マドンナ・デッロルト教会
Madonna dell'Orto
アニス・ステラート
Anice Stellato
P.248
アル・ティモン
Al Timon P.247
ゲットー・ヌオーヴォ
Ghetto Nuovo
C.po Ghetto Nuovo
Sacca della Misericórdia
Abbazia della Misericórdia
イエズス会
Gesuiti
Fond. Nuove
メストレへ8km
リベルタ橋
P.te della Liberta
サン・ジョッベ教会
S. Giobbe
トレニタリア
サンタ・ルチア駅
Staz. F. S. Venezia S. Lucia
リ・スカッツィ教会
Gli Scalzi
サン・ジェレミア広場
Campo S. Geremia
S. Geremia
C.カレルジ宮
Pal. V. Calelgi
S. Fosca
カナル・グランデ
Ferrovia
P.te d. Scalzi
サン・スタエ教会
S. Stae
カ・ペーザロ
Ca' Pesaro
カ・ドーロ
Ca' d'Oro
サンティ・アポストリ教会
Ss. Apostoli
S.G.オリオ教会
S. Giacomo d. Orio
魚市場
C.po della Pescaria
サンタ・マリア・デイ・ミラーコリ教会
S. M. d. Miracoli
S.カッシアーノ教会
S. Cassiano
S.G.リアルト教会
S. Giacomo di Rialto
S.G.クリソストーモ教会
S. G. Crisostomo
ドイツ商館
リアルト橋
P.te di Rialto
Ponte de Calatrava
P.le Roma
ACTV社
コープ
Coop
P.253
ローマ広場
Piazzale Roma
S. N. d. Tolentino
サン・ロッコ教会
S. Rocco
サンタ・マリア・グロリオーサ・ディ・フラーリ教会
S. M. G. d. Frari
スクオーラ・グランデ・ディ・サン・ロッコ（大同信組合）
Scuola Grande di San Rocco
S.シルヴェストロ教会
S. Silvestro
サン・サルヴァドール教会
S. Salvador
S.M.フォルモーザ教会
S. M. Formosa
グリマーニ宮
Pal. Grimani
CANAL GRANDE
コルネール・スピネッリ宮
Pal. Corner Spinelli
S.ズリアン教会
S. Zulian
サン・マルコ寺院
S. Marco
サン・マルコ広場
P.za S. Marco
鐘楼
S.マルゲリータ広場
Campo S. Margherita
スクオーラ・グランデ・デイ・カルミニ（大同信組合）
Scuola Grande dei Carmini
カ・レッツォーニコ
Ca' Rezzónico
S.ステファーノ教会
S. Stefano
S.ファンティン教会
S. Fantin
P.258
カーザ・カブルロット
Casa Caburlotto
カルミニ教会
I Carmini
アンジェロ・ラッファエレ教会
Angelo Raffaele
サン・ニコロ教会
S. Nicolo dei Mendicoli
S.モイゼ教会
S. Moisè
ドゥカーレ宮殿
Palazzo Ducale
サン・セバスティアーノ教会
S. Sebastiano
アカデミア橋
Ponte dell'Accademia
コルネール宮（カ・グランデ）
Pal. Corner Ca' Grande
Vallaresso
S.Marco
アカデミア美術館
Gallerie dell'Accademia
S.トロヴァーゾ教会
S. Trovaso
ペギー・グッゲンハイム美術館
Collezione P. Guggenheim
S.M.デッラ・サルーテ教会
S. Maria d. Salute
P.236
プンタ・デッラ・ドガーナ
Punta della Dogana
ザッテレ
Fondamenta Zattere Ponte Lungo
Zattere
Sacca Fisola
Spirito Santo
CANALE DELLA GIUDECCA
ジューデッカ運河
S. Eufemia
Palanca
Zitelle
le Zitelle
P.258
ジェネレイター・ホステル・ヴェニス
Generator Hostel Venice
ジューデッカ島
LA GIUDECCA
Redentore
レデントーレ教会
Il Redentore
N
0
250
500m

ヴェネツィア周辺
0 2 4km
A27
14b
14
トルチェッロ島
Torcello
メストレ地区
Mestre
カ・ダリオ
Ca'da Lio
マルコ・ポーロ空港
Aeroporto
Marco Polo
ブラーノ島
Burano
リベルタ橋
Ponte della
Libertà
ムラーノ島
Murano
サンテラズモ
Sant' Erasmo
ローマ広場
Piazzale Roma
サン・ミケーレ島
San Michele
サン・マルコ広場
レ・ヴィニョーレ島
Le Vignole
ジューデッカ島
La Giudecca
リド島
Lido
サン・ジョルジョ・
マッジョーレ島
S.G. Maggiore
ヴェネタ潟
La Giudecca
アドリア海
Mare Adriatico
サン・ミケーレ教会
S. Michele
サン・ミケーレ島
Isola di S. Michele
P.226-227
コッレオーニ騎馬像
Mon. al Colleoni
サンティ・ジョヴァンニ・エ・パオロ教会
Ss. Giovanni e Paolo
Celestia
Bacini
サン・フランチェスコ教会
S. Francesco d. Vigna
Campo d. Celestia
Can. delle Galeazze
S. Lorenzo
Campo S. Lorenzo
スクオーラ・ダルマータ・サン・ジョルジョ・デッリ・スキアヴォーニ（同信組合）
Scuola Dalmata S. Giorgio degli Schiavoni
Dársena Grande
Can. di Pta. Nuova
サン・ザッカリア教会
S. Zaccaria
Campo S. Zaccaria
アルセナーレ（造船所）
Arsenale
造船所の塔
Torri dell' Arsenale
S. M. d. Pietà
S. Giovanni in Brágora
S. Pietro di Castello
Riva degli Schiavoni
S. Zaccaria
Arsenale
P.239
海洋史博物館
Museo Storico
Navale
サン・ピエトロ島
Isola di S.Pietro
C.po di Ruga
Can. di San Pietro
Rio della Tana
C.po S. Biágio
Via Giuseppe Garibaldi
Fondam. S. Anna
C.po d. Pomeri
Rio di Quintavalle
ダルミ広場
Piazza d'Armi
サン・マルコ運河
CANALE DI S. MARCO
Riva dei 7 Martiri
Viale Garibaldi
Secco Marina
Rio di San Giuseppe
C.po S. Giuseppe
S. Giorgio
Bacino
サン・ジョルジョ・マッジョーレ教会
S. Giorgio Maggiore
P.240
サン・ジョルジョ・マッジョーレ島
Isola di S. Giorgio Maggiore
Teatro Verde
Giardini
Esposizione
Riva dei Partigiani
現代美術国際展示場
（ヴィエンナーレ会場）
Esposizione Internazionale d'Arte Moderna
Dársena di S. Élena
市立公園
Giardini Pubblici
Calle del Pasubio
Calle Osláva
運動場
Campo Sportivo
C.po d. Chiesa
S. Élena
Calle del Carnaro
サンテレナ島
Isola di S. Élena
Viale IV Novembre
Viale Vittorio Veneto
S. Élena
B
C
3
3
4

P.258
アロッジ・ジェロット・カルデラン
Alloggi Gerotto Calderan
オステッロ・サンタ・フォスカ
Ostello Santa Fosca
P.258
Rio Terrà S.Leonardo
ロカンダ・ディ・オルサリア
Locanda di Orsaria
P.258
サン・ジェレミア広場
Campo S. Geremia
S. Geremia
ヴェンドラミン・カレルジ宮
Pal. Vendramin Calergi
(カジノ)
S.Marcuola
アバッツィア
Abbazia
P.255
ダル・マス
Dal Mas
P.253
Riva di Biasio
カナル・グランデ
リ・スカッツィ教会
Gli Scalzi
Ferrovia
トレニタリア
サンタ・ルチア駅
Staz. F. S. Venezia
S. Lucia
P.248
アッランフォラ
All' Anfora
ペッローニ・バッタジア宮
Pal. Belloni Battagia
S. Stae
サン・スタエ教会
S. Stae
P.234
カ・ペーザロ
Ca' Pesaro
P.234
カ・ドーロ
Ca' d'Oro
ヴィーニ・ダ・ジージョ
Vini da Gigio
P.248
Ca'd'Oro
P.253
コープ
Coop
Campo S. Simeon Profeta
S.G.オリオ教会
S. Giacomo d. Orio
Campo S. Giacomo dell'Orio
サンタ・マリア・マーテル・ドミニ教会
S. Maria Mater Domini
サンタ・マリア・マーテル・ドミニ広場
Campo S. Maria Mater Domini
Rialto Mercat
魚市場
Pescheria
P.235
S.カッシアーノ教会
S. Cassiano
Campo S. Cassiano
スクオーラ・ディ・サン・ジョヴァンニ・エヴァンジェリスタ(同信組合)
Scuola di San Giovanni Evangelista
Scuola di S. Giovanni Evangelista
S. N. d. Tolentino
P.248
リボット
Ribot
オステリア・ダ・フィオーレ
Osteria da Fiore
P.249
P.249
カンティーナ・ド・モーリ
Cantina do Mori
エミリオ・チェッカート
Emilio Ceccato
P.253
サン・ポーロ広場
Campo S. Polo
サン・ポーロ教会
S. Polo
P.238
サンタ・マリア・グロリオーサ・デイ・フラーリ教会
S. M. G. d. Frari
Campo dei Frari
サン・ロッコ教会
S. Rocco
Campo S.Rocco
スクオーラ・グランデ・ディ・サン・ロッコ(大同信組合)
Scuola Grande di San Rocco
P.238
パパドーポリ宮
Pal. Papadopoli
S.シルヴェストロ教会
S. Silvestro
S. Silvestro
CANAL GRANDE
グリマーニ宮
Pal. Grimani
S. Toma
S. Angelo
コルネール・スピネッリ宮
Pal. Corner Spinelli
Campo S. Pantalon
S.マルゲリータ広場
Campo S. Margherita
コンタリーニ・デル・ボーヴォロ階段
Scala Contarini del Bovolo
スクオーラ・グランデ・デイ・カルミニ(大同信組合)
Scuola Grande dei Carmini
カ・フォスカリ
Ca' Fóscari
P.252
カ・マカーナ
Ca' Macana
P.235
カ・レッツォーニコ
Ca'Rezzonico
グラッシ宮
Pal. Grassi
S. Samuele
リゾラ
Lisora
P.252
S.ステファーノ教会
S. Stefano
S.ファンティン教会
S. Fantin
カルミニ教会
i Carmini
サン・バルナバ教会
S. Barnaba
Ca'Rezzonico
フェニーチェ劇場
Teatro la Fenice
P.256
サトゥルニア
Saturnia
サン・バルナバ広場
Campo San Barnaba
サント・ステファーノ広場
Campo S. Stéfano
スコーラ・サン・ザッカリア
Scola San Zaccaria
P.252
3月22日通り
Calle Larga 22 Marzo
Pal. Contarini D'Scrigni
バルバロ宮
Pal. Barbaro
コルネール宮(カ・グランデ)
Pal. Corner Ca'Grande
ヴェネティア・スタジアム
Venetia Stadium
P.253
タヴェルナ・サン・トロヴァーゾ
Taverna San Trovaso
P.249
Accademia
アカデミア橋
Ponte dell'Accademia
Giglio
フローラ
Flora
P.257
P.235
アカデミア美術館
Gallerie dell' Accademia
S.トロヴァーゾ教会
S. Trovaso
カンティノーネ
Cantinone
P.249
ダリオ宮
Pal.Dario
Salute
ペギー・グッゲンハイム美術館
Collezione P. Guggenheim
P.236
S.M.デッラ・サルーテ教会
S. Maria d. Salute
P.236
ザッテレ
Fondamenta Zattere Ponte Lungo
ゴンドラ造船所(スクエーロ)
Squero di S. Trovaso
ジューデッカ運河
CANALE DELLA GIUDECCA
Zattere
P.257
ラ・カルチーナ
La Calcina
Gesuati

ヴェネツィア中心部
0
100
200m
N
A
B
C
3
4
Abbazia della Misericórdia
Canale della Misericordia
Fondamenta Nuove
Fond. Nuove
イエズス会
Gesuiti
フォンダメンタ・ヌオーヴェ
Rio di S. Caterina
Calle Racchetta
P.255
ウナホテル・ヴェネツィア
UNA Hotel Venezia
Due Pozzi
Rio di Ca' Dolce
Rio dei Gesuiti
C. C. Pieta
P.252
ティポグラフィア・バッソ・ジャンニ
Tipografia B.Gianni
Calle del Fumo
Rio di S. Sofia
Rio terrà Barba Fruttariol
Madonna
アッラ・ヴェドーヴァ
Alla Vedova
P.249
P.258
ジョルジョーネ
Giorgione
P.252
コスタンティーニ
Costantini
Rio terrà dei Biri
Rio della Panada
C.d. Squero
Rio dei Mendicanti
P.230
Fondamenta Nuove
Ospedale
Strada Nova
Pal. Foscari
Pal. Michiel d. Colonne
Pal. Mangilli-Valmarana
サンティ・アポストリ教会
Ss. Apostoli
Campo Ss. Apostoli
Rio dei Santi Apostoli
カ・ダ・モスト
Ca'da Mosto
P.248
フィアスケッテリア・トスカーナ
Fiaschetteria Toscana
オステリア・ダ・アルベルト
Osteria da Alberto
P.249
Calle della Testa
Fabbriche Nuove
Fabbriche Vecchie
S. Giov. Elemosinario
Pal. Dieci Savi
サン・ジョヴァンニ・クリソストーモ教会
S. G. Crisostomo
Pal. Civran
P.248
バラババオ
Barababao
P.237
サンタ・マリア・デイ・ミラーコリ教会
S. M. d. Miracoli
スクオーラ・ディ・サン・マルコ（同信組合）
Scuola di S. Marco
Campo Ss. Giov. e Paolo
コッレオーニ騎馬像
Mon. al Colleoni
P.237
サンティ・ジョヴァンニ・エ・パオロ教会
Ss. Giovanni e Paolo
Calle della Cappuccine
S. Giustina
Rio di S. Giustina
サン・ジャコモ・リアルト教会
S. Giacomo di Rialto
P.253
ジャコモ・リッツォ
Giacomo Rizzo
ドイツ人商館
Fondaco dei Tedeschi
Campo S. Marina
Rio di San Marina
Pindemonte di Borgoloco
Barbaria delle Tole
Rio di S. Giovanni Laterano
リアルト橋
P.te di Rialto
P.234
P.253
ティー・エフ・エス
DFS
P.247
ロスティチェリア・ジスロン
Rosticceria Gislon
サンタ・マリア・フォルモーザ広場
C. S. Maria Formosa
サン・フランチェスコ教会
S. Francesco d. Vigna
Campo S. Giustina
Rialto
サン・バルトロメオ広場
Campo S. Bartolomeo
P.247
チップ・チャップ
Cip Ciap
C. Lunga S. M. Formosa
アル・マスカロン
Al Mascaron
P.248
Pal. Dolfin-Manin
サン・バルトロメオ教会
S. Bartolomeo
ペンボ宮
Pal. Bembo
C.po della Fava
アイ・レアリ
Ai Reali
P.256
Salizzada S. Lio
S.M.フォルモーザ教会
S. M. Formosa
C. larga S. Lorenzo
Campo S. Lorenzo
S. Lorenzo
P.239
スクオーラ・ダルマータ・サン・ジョルジョ・デッリ・スキアヴォーニ（同信組合）
Scuola Dalmata S. Giorgio degli Schiavoni
サン・サルヴァドール教会
S. Salvador
Rio di S. Zulian
P.257
リーヴァ
Riva
クエリーニ・スタンパリア絵画館
Pinacoteca Querini Stamparia
Rio di San Severo
Fond. di S. Severo
Rio di S. Lorenzo
サン・ルカ広場
S. Luca
Calle dei Fabbri
メルチェリエ
Mercerie
S.ズリアン教会
S. Zulian
ロカンダ・シルヴァ
Locanda Silva
P.257
P.246
イル・リドット
Il Ridotto
P.247
アッラチューゲッタ
All'Acciugheta
Calle del Lion
Calle dei Furlani
セレニッシマ
Serenissima
P.257
スプレンディッド・ヴェネス
Splendid Venice
P.256
Calle Fiubera
P.229
P.231
時計塔
Torre dell'Orologio
C. larga S. Marco
コンコルディア
Concordia
P.256
Fond. dell'Osmarin
P.239
サン・ザッカリア教会
S. Zaccaria
Calle Bosello
P.246
メット
Met
Rio dei Greci
Rio dell Pietà
P.257
ラ・レジデンツァ
La Residenza
オルセオロ
Bacino Orseol
P.251
モンクレール
Moncler
P.232
コッレール博物館
MuseoCorrer
P.230
サン・マルコ寺院
S. Marco
P.250
カフェ・クアードリ
Caffè Quadri
P.247
トラットリア・アッラ・リヴェッタ
Trattoria Alla Rivetta
Salizz. S. Provolo
P.256
サヴォイア・エ・ヨランダ
Savoia & Jolanda
Campo S. Zaccaria
Calle dietrola Pietà
Campo Bandiera e Moro
コルテ・スコンタ
Corte Sconta
P.246
サン・マルコ広場
P.za S. Marco
P.252
パウリー
Pauly
P.229
鐘楼
Campanile
P.230
P.231
ドゥカーレ宮殿
Palazzo Ducale
牢獄
Prigioni
Calle delle Rasse
Pal. Dandolo
P.257
パガネッリ
Paganelli
ピエタ教会
La Pietà
P.255
メトロポール
Metropole
S. Giovanni in Brágola
アル・コーヴォ
Al Covo
P.246
P.251
プラダ
Prada
P.251
ルイ・ヴィトン
Louis Vuitton
Rio dei Giardinetti
サン・マルコ小広場
Piazzetta S. Marco
フォルスト
Forst
P.247
スキアヴォーニ河岸
Riva degli Schiavoni
S. Zaccaria
Riva Schiavoni
Salizz. S. Moisè
S.モイゼ教会
S. Moisè
カフェ・フローリアン
Caffè Florian
P.250
国立マルチャーナ図書館
Liberia Marciana
溜息の橋
P.te dei Sospiri
P.232
グッチ
Gucci
P.251
Ca' Giustinian
Capitan di Porto
Vallaresso
S. Marco
Arsenale
Pal. Tiepolo
Fondam. d. Farine
ハリーズ・バー
Harry's Bar
P.250
サン・マルコ運河
CANALE DI S. MARCO
モナコ
Monaco e Grand Canal
P.256
P.236
プンタ・デッラ・ドガーナ
Punta della Dogana
サン・ジョルジョ・マッジョーレ島
Isola di S. Giorgio Maggiore
S. Giórgio
Bacino

●郵便番号　30124

ローマ広場のⓘ
住 Piazza Roma, Garage ASM
☎ 041-5298711
開 8:30～14:00
休 1/1、12/25　地 P.224 B1

サン・マルコ広場のⓘ
住 San Marco 71/f
☎ 041-5298711
開 8:30～19:00
休 1/1、12/25　地 P.227 C3

マルコ・ポーロ空港のⓘ
住 空港到着ロビー内
☎ 041-5298711
開 8:30～20:00
休 1/1、12/25

サンタ・ルチア駅のveneziaSi
☎ 041-715288
開 8:00～21:00
休 無休　地 P.224 B1
URL www.veneziasi.it

郵便局
住 Calle S.Salvador 5016
☎ 041-2404149
開 8:30～18:30
　㊏8:30～13:00
休 ㊐　地 P.227 B3

✉ 両替はヴェネツィア以外で

ほかの町に比べ、ヴェネツィアは物価が高いうえに、両替のレートも悪いです。駅の両替所では手数料を17.9%も取られました。ヴェネツィアに入る前の両替をおすすめします。
（奈良県　杉本秀子）['15]

ヴェネツィアの役立つ情報

●ヴェネツィアの観光案内所

サン・マルコ広場のⓘ

ⓘはサンタ・ルチア駅前、ローマ広場（ヴァポレット乗り場を背にした右前方。建物内部）、サン・マルコ広場、空港などにあり、観光案内や地図の販売（有料€3）のほか、ヴァポレットの切符や見どころの共通券(→P.228)の販売、ローリング・ヴェニス・カード(→P.234)などの発行もしている。ホテル紹介をしているveneziaSiはサンタ・ルチア駅前、空港内などにある。

観光シーズンの、サンタ・ルチア駅前臨時のⓘ

●両替

ヴェネツィアのレートはあまりよくない。また、場所によってかなりレートにバラツキがあり、繁華街をはずすとややレートがよくなる傾向だ。ただし、レートがよければ手数料が高く、手数料が安ければレートが悪いのが普通。数軒を比較して、有利な所を探そう。銀行や両替所は、サンタ・ルチア駅構内、リアルト橋近く、サン・マルコ広場などに集中している。

●郵便と電話

fs駅近くなら、住 Lista di Spagna 233(㊊～㊏8:20～13:35)、本局はリアルト橋近くのサン・サルヴァドール教会そば住 S. Marco 5016, Ca' Faccanonにある。本島にも約10ヵ所あるので、ホテルで一番近い所を聞いてみよう。

各種共通切符を賢く利用しよう

各見どころをまとめた共通入場券が発行されている。各券とも1ヵ所に1回入場可。①については、各見どころの個別の入場券はない。①②③の販売は各見どころやⓘで。④はサンタ・ルチア駅前、ヴァポレットの主要切符売り場などのHelloveneziaのカウンターで。

①サン・マルコ広場周辺共通券　Biglietto per I Musei di Piazza San Marco

対象 ドゥカーレ宮殿、コッレール博物館、国立考古学博物館、国立マルチャーナ図書館
料金 €19、割引券（6～25歳、65歳以上、ローリング・ヴェニス・カード所有者など）€12（3ヵ月有効）

②美術・博物館パス　Museum Pass

対象 ①の見どころ、カ・レッツォーニコ、モチェニーゴ宮、ゴルドーニの家、カ・ペーザロ、ガラス博物館（ムラーノ島）、レース博物館（ブラーノ島）、自然史博物館
料金 €24、割引券（ローリング・ヴェニス・カード所有者など）€18（6ヵ月有効）

※①②は家族割引Offerta Famiglie Biglietto per I Musei di Piazza San Marco/Museum passあり。大人2人、子供1人以上の家族が大人券1枚を購入すると、同一家族の割引券利用可

③教会加盟コールス共通　Chorus Pass

サンタ・マリア・デイ・ミラーコリ教会、サンタ・マリア・グロリオーサ・デイ・フラーリ教会ほか、全16教会に共通。
料金 €12（1年間有効）、割引券€8、コールス・スクール・パス€3、コールス・ファミリー・パス€24
URL www.chorusvenezia.org　☎ 041-2750462

④ヴェネツィアウニカ　VENEZIAUNICA

ACTV社、Alilaguna社の空港線、ヴァポレットの切符、①～③の共通券、有料公衆トイレの利用やWi-Fiサービスなどから自分の好みに合わせて利用路線、期間、時間などを選んでカスタマイズして利用する共通券。現地ではHelloveneziaのカウンター（駅前、ローマ広場のヴァポレットの切符売り場など各所にあり）で。ネットでも購入可。ネットで購入した場合は上記カウンターで受け取りの必要がある。
URL www.veneziaunica.it（英語あり）

サン・マルコ広場周辺

鳩が飛び、音楽の流れる大広場　MAP P.227 B・C3、P.229

サン・マルコ広場 ★★★

Piazza San Marco　ピアッツァ サン マルコ

ヴェネツィアの中心サン・マルコ寺院前に広がるこの広場は、世界中の旅行者の集いの場である。正面に**サン・マルコ寺院**Basilica di San Marco、その右には**ドゥカーレ宮殿**Palazzo Ducale、その前にある翼をもつライオン像はヴェネツィアの守護神、聖マルコの象徴として造られている。寺院正面には**コッレール博物館**Museo Civico Correrと**新政庁**(インフォメーションはこの1階にある)がある。広場には、教会とは対照的にシンプルな四角い**鐘楼**Campanileがありエレベーターで上まで昇れる。

広場の正面にはサン・マルコ寺院がある

鐘楼から見たサン・マルコ広場

サン・マルコ広場への行き方

サン・マルコ広場へはヴァポレット1番または2番でサン・マルコSan Marcoまたはサン・ザッカリアSan Zaccaria下船

トイレ事情

サン・マルコ寺院の2階をはじめ、ヴェネツィアには各所に公衆トイレが整備され、町角にToiletteと矢印で示されている。利用方法は係員が入口で利用料を徴収する所と、カードや硬貨をゲートに投入するものがある。また、バールでは「トイレを拝借」の気分で飲み物を注文する場合は、ちょっと大きめのお店が狙い目。

切符売り場の閉場

ヴェネツィアの美術館、博物館などの見どころは、特別に記載したものを除いて、閉場1時間前に切符売り場が閉まる。

✉ サン・マルコ広場の眺めを楽しむなら

多くの人がサン・マルコで下船しますが、ひとつ先のスキアヴォーニまで乗るとドゥカーレ宮殿や鐘楼などが大運河から眺められておすすめです。

(神奈川県　アキリン　'11)

✉ どう動く？

滞在期間が短いならヴァポレットの1日券などを買うより、1回券€7,50+歩きの方が効率的で経済的。

(兵庫県　アミーカ・ディ・カミーラ　'13['16]

ヴェネツィアの町は歩いて回れる広さですが、地図どおりに歩くのが難しいくらい道は複雑。1日だけ滞在の人はヴァポレットを利用する方が予定どおりに回れると思います。

(愛知県　ヒロコ414　'13)['16]

✉ ヴェネツィア交通情報

空港行きプルマン

ローマ広場のA1乗り場発、ACTV社のマルコ・ポーロ空港行きのバス5番は子供料金の設定なし。切符はヴァポレット乗り場に設置されている自動券売機で購入可。ローマ広場発4:40～17:40、7:00～16:00は毎時10分、25分、40分、55分の発車、他の時間帯は便数が少なくなります。所要20～30分。　(kipea　'11)

空港行きのATVO社のバスは20分遅れでバス停に到着。前日に確かめて出かけたものの、まさかの誤算でした。予定より1本早いバスにしていたらよかったと思いました。ヴァポレットやバス利用で移動する際はちょっと早すぎる計画を立てましょう。　(かなぶーん　'15)

空港バスの切符に注意

ヴェネツィアの空港でローマ広場行きのバスの切符を、空港内のチケットカウンターで「往復」と言って€11で購入してローマ広場に無事到着。先に到着していた友人と切符の話になり、私の物とは違いました。翌日、サンタ・ルチア駅の❶で尋ねたところ、「あなたの切符は12時間券だからもう使えません。」とのこと。切符は電子切符で、すべて同じなので、外見上は何の切符かわかりません。バスの切符は片道ずつの購入が安全かもしれません。また、ローマ広場のバスカウンターは混んでいますが、サンタ・ルチア駅の❶が比較的空いています。時間があるときに購入しておくといいです。(氏々　'14)

ATVO社のバスの切符は空港のバス乗り場の近くに自販機あり。また、ヴァポレットと市バスを運行するACTV社の切符は改札の機械にタッチして有効時間の確認可。　(編集部　'15)

クーポラが異国趣味の
サン・マルコ寺院

●サン・マルコ寺院
住 Piazza San Marco
☎ 041-5225205
開 9:45～17:00
㊐㊗14:00～16:00
4～11月の㊐㊗
14:00～17:00
料 パラ・ドーロ €2.50
宝物庫 €3
博物館 €4
※サン・マルコ寺院への入場には、服装チェックあり。ノースリーブ、短パン、ミニスカートなど、肌を露出させた服装は不可。また、内部では帽子は脱ぎ、静かに拝観しよう。撮影も禁止。宗教施設だということを忘れずに。リュックなどの大型荷物はやや離れたクロークへ預ける
行列を避けるなら予約を
URL venetoinside.com
予約料€1

●鐘楼
住 Piazza San Marco
☎ 041-5224064
開 復活祭～6/30、10月 9:00～19:00
7/1～9/30 9:00～21:00
11/1～復活祭 9:00～15:45
※7～9月は、～24:00の延長の場合あり
休 12/25頃～約20日間
料 €8

町を一望したいなら鐘楼へ上ろう

町の守護聖人サン・マルコを祀る

MAP P.227 B3

サン・マルコ寺院 ★★★

Basilica di San Marco　バジリカ ディ サン マルコ

9世紀エジプトから運ばれた聖マルコの遺体を収めるために建てられた。大火のあとに再建されたりと、何度か修復を重ねている。冬には水に浸っていることもあるので足元には注意！

守護聖人聖マルコを祀る

入口上部にある4頭の青銅馬像（コピー）は、13世紀ヴェネツィアの十字軍がコンスタンティノープルより持ち帰った物で、紀元前400～200年頃の作品といわれる。後に、ナポレオンが一時戦利品としてパリへ持っていったが、また戻された物。オリジナルは内部に展示されている。丸天井の**モザイク画**は旧約聖書よりテーマを取っている。

重厚なサン・マルコ寺院内部

右側にある**洗礼堂**も**モザイク画**が美しい。中央祭壇の後ろにある、**パラ・ドーロ**Pala d'Oroはこの寺院を代表する宝物といわれる。976年に造られ、その後補修されている。宝石類がちりばめられ、非常に美しい物だ。寺院右端には**宝物庫**Tesoro（テゾーロ）があり、1204年十字軍がコンスタンティノープルより持ち帰った戦利品などが並べられている。

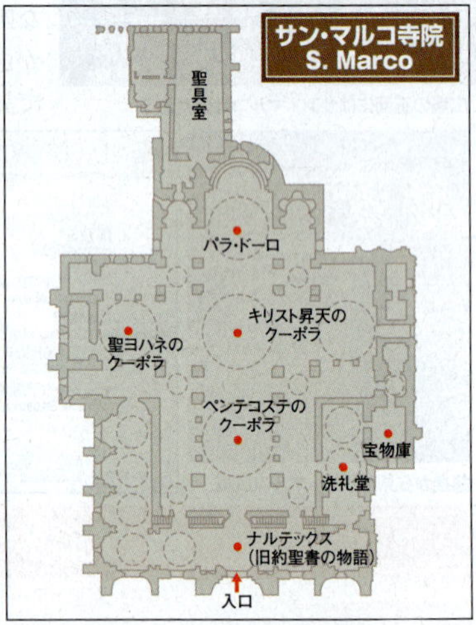

高くそびえ天を突く

MAP P.227 C3

鐘楼 ★★

Campanile　カンパニーレ

サン・マルコ広場にそびえる高さ96.8mの鐘楼。赤いれんが造りで天を突くようなシンプルなフォルムは寺院とは対照的な美しさだ。鐘楼下の大理石とブロンズのエレガントな装飾はサンソヴィーノによる16世紀の物。鐘楼は1912年に再建された。エレベーターで屋上まで昇れ、ラグーナと町を一望できる。

ムーア人が時を告げる MAP P.227 B3

時計塔 ★

Torre dell' Orologio　トッレ デッロロロージョ

サン・マルコ広場の北側、ロッジアの建物の一部を占めている。15世紀にM. コドゥッチによって建てられた物で、頂にはブロンズ像のふたりのムーア人が載り、大きな鐘を打って時を告げる。内部は狭く、急な階段になっている。

サン・マルコ広場のもうひとつの展望台、時計塔

栄えあるヴェネツィア総督の政庁 MAP P.227 C3

ドゥカーレ宮殿 ★★★

Palazzo Ducale　パラッツォ ドゥカーレ

大運河から眺めたドゥカーレ宮殿(右)と鐘楼

ヴェネツィア共和国総督の政庁として9世紀に建てられたが、何度かの火災に遭い、現在の建物は15世紀の物。入口は寺院右側、宝物館の裏にある。いくつもの評議員の部屋、そして大会議室などがあり、ティントレット、ヴェロネーゼなどのすばらしい絵画が飾られている。なかでも2階大評議の間にあるティントレットの『天国』Paradiso(パラディーゾ)は7×22mもあり世界最大の油絵といわれる。そのスケールの大きさは見る者を圧倒するはずだ。

ドゥカーレ宮殿の中庭にはブロンズ製の井戸がある

●時計塔
■Mercerie, San Marco
☎848082000（予約、イタリア国内フリーダイヤル）
休 1/1、12/25
※要予約で見学可。
料 €12

●ドゥカーレ宮殿
☎041-2715911
開 3/26～11/1　8:30～19:00
11/2～3/25　8:30～17:30
休 1/1、12/25
料 共通券€19または€24
※切符売り場は閉館1時間前まで

鐘楼からの眺め

エレベーターで屋上へ楽に昇れますし、なにより眺めが本当にすばらしいです。真っ青な運河と茶色の家並みが非常に美しく、ヴェネツィアならではの風景です。閉館30分前に切符売り場はクローズ。（サザエさん　'11)['16]

鐘楼は早めに出かけよう

3月も17:00頃まででした。閉める時間は適当のようなので、昇りたい場合は早めに出かけるのがよいです。（佐藤愛実　'15)

水上タクシーで

ヴァポレットはとても混雑していて、スーツケースを持っての移動はつらいと感じました。リアルト橋に停まっていた水上タクシーで駅まで乗船。料金€50は交渉次第。少し安くなるので少し粘って交渉を。風が心地よく、ゆったりと座って運河とそこに広がる建物を眺めたのは最高のひとときでした。安くはないですが、時間と快適さを買えたと思いました。
（岐阜県　古橋敦子　'11)['16]

ドゥカーレ宮殿内、大評議の間

ヴェネツィアの歩き方 駅はヴェネツィア・サンタ・ルチア駅で下車。駅を出ると、目の前に大運河が広がっている。まずは一番の見どころのサン・マルコ広場へ向かおう。リアルト橋はその途中にある。移動手段はヴァポレットと呼ばれる乗合船か徒歩。各駅停車のヴァポレットで駅前からサン・マルコ広場まで約1時間。徒歩でも1時間程度。各所に書かれたサン・マルコSan Marco→を目印にすれば迷うことはない。

サン・マルコ広場 →P.229 ▶ サン・マルコ寺院 →P.230 ▶ ドゥカーレ宮殿 →P.231 ▶ 大運河に沿って →P.233 ▼ リアルト橋 →P.234 ◀ アカデミア美術館 →P.235 ◀ Ss.G.パオロ教会 →P.237 ◀ サン・ロッコ大同信組合 →P.238

✉ ヴェネツィア雑感

ℹでは地図は有料ですし、ℹの業務も観光案内というよりも、美術・博物館のセット券や各種ツアー、ヴァポレットの切符の販売所という感じ。世界的観光地なので仕方ないことかもしれませんが、利益至上主義と思うのは私の偏見?……。

でも、やはりこの町このシチュエーションは格別です。そこで、①町を歩いて回る日とか、②美術・博物館のセット券をフル活用する日とか、③ヴァポレットを利用して島へ行く日、大運河周遊をする日とか決めて動くとムダがありません。ヴァポレットで遠出をした後のシメは、眺めのよい席をゲットして、ゆったりと大運河めぐりを楽しみましょう。定番の1番はもちろんのこと、2番の外回りも意外な風景(豪華客船や素顔の町の風景)が楽しめます。　(栃木県　唐沢真子　'16)

✉ 物価は高いヨ!!

ホテルも高く、滞在税もかかります。ホステルもシーツやタオル代がかかるところもありました。レストランは場所によりサービス料が異なります。ピッツァ+コーヒーで€14でもサービス料€6というところもありました。ヴェネツィアでは総じて店内の食事にはサービス料が加わるよう。メリハリをつけて食事するのがいいかも。

(愛媛県　スカルノ　'14)

✉ 束の間のゴンドラ体験

サン・マルコ広場のGiglioから対岸のサンタ・マリア・デッラ・サルーテ側への渡しTraghettoのゴンドラがあります。ほんの短い時間で座り方も違いますが、ゴンドラに乗ることができてよかったです。片道€2でした。

(東京都　匿名希望　'14)

●コッレール博物館
☎ 848082000
開 4/1～10/31　10:00～19:00
　11/1～3/31　10:00～17:00
休 料 ドゥカーレ宮殿と同じ
※切符売り場は閉館1時間前まで

●溜息の橋
■サン・マルコ広場裏手
■ヴァポレット1番または2番サン・ザッカリアSan Zaccaria下船

溜息の橋

かつてのヴェネツィアの行政の中心　MAP P.229

政庁(行政長官府) ★

Procuratie　プロクラティエ

サン・マルコ寺院に向かって凹型に広場を囲むのが政庁だ。今や、カフェや宝石店、みやげ物屋に軒を奪われた感があるが、サン・マルコ寺院に向かって左が旧政庁、右が新政庁だ。ヴェネツィア共和国の行政長官の執務室がおかれていた。

旧政庁は12世紀に完成し、その後の火災により16世紀に再建。新政庁は町の発展にともなう業務拡張により16～17世紀にかけて建てられた。

左が旧政庁、右が新政庁

昔日の暮らしを伝える博物館　MAP P.227 C3

コッレール博物館 ★★

Museo Civico Correr　ムゼオ チヴィコ コッレール

広場西側、寺院正面の建物の2階と3階。ヴェネツィアの歴史と人々の暮らしぶりをしのばせる展示品が多い。昔のメニュー、ゴンドラの図なども興味深い。アントネッロ・ダ・メッシーナの『ピエタ』Pietà(ピエタ)やカルパッチョの『ヴェネツィアの二人の婦人』Le due Veneziane(レ ドゥエ ヴェネツィアーネ)は有名。

人々の暮らしを伝える
コッレール博物館

絶望の溜息が聞こえる　MAP P.227 C3

溜息の橋 ★★

Ponte dei Sospiri　ポンテ デイ ソスピーリ

ドゥカーレ宮殿内部の階段を下りるか、河岸に面したパリア橋Ponte Paglia(ポンテ パリア)から見えるのが溜息の橋。ドゥカーレ宮の地下牢獄は満水時には水牢になったり、この橋を渡ると2度とこの世に戻ってこられないといわれ、橋の小窓からこの世に別れを惜しみ溜息をついたという逸話が残っている。しかし、カサノヴァがこの牢から脱獄したのは有名な話。ドゥカーレ宮殿から内部の見学可。

大運河周辺

大運河に沿って

ヴァポレットに乗って大運河を一望する

サンタ・ルチア駅と、サン・マルコ広場の間を町を二分して逆S字に蛇行する約3800mの**大運河**Canal Grandeに沿って、ヴァポレットによる最もヴェネツィアらしい船旅を楽しんでみよう。

ヴァポレットに乗り大運河を行く

ヴァポレット❶番の各駅停車が、ゆっくり風景を楽しめるのでおすすめ。乗り場は駅を出てほぼ正面なのでわかりやすい。右に約400m行って橋を渡った始発の**ローマ広場**から乗ってもよい。

駅の乗り場から対岸正面にある小さなドームは**サン・シメオン・ピッコロ教会**San Simeon Piccolo。船は左に**リ・スカルツィ教会**Gli Scalziを見ながら**スカルツィ橋**をくぐる。運河は広さを増し、時間によっては水面が陽の光で輝き、両側の古い館と美しいコントラストを描いている。間もなく運河は右にゆったりと曲がっていく。左側にアーチ窓の3階建の16世紀ルネッサンス様式の**ヴェンドラミン・カレルジ宮**Palazzo Vendramin Calergi(現在はカジノ)が見える。1883年2月13日作曲家ワーグナーはここで亡くなった。

間もなく右にバロック様式3階建ての**カ・ペーザロ**Ca' Pesaroが見える。一部は**近代美術館**になっている。左前方の、バルコニーが立派なゴシック建築は**カ・ドーロ**Ca' d'Oro。右側には魚市場があり、小さな船がたくさん出入りしている。運河が大きく右に曲がっていくとヴェネツィアの名所**リアルト橋**Ponte di Rialtoが目に入ってくる。ここからはサン・マルコ広場も近いので乗降客も一段と増えてくる。

リアルト橋を後にすると間もなく左に、12世紀ロマネスク建築の**市庁舎**が見える。その先の16世紀ルネッサンス様式の3階建ては**グリマーニ宮**Palazzo Grimani。間もなく運河が初めて左に大きく曲がるが、その正面にある4階建ての建物は14世紀ゴシック建築の傑作**カ・フォスカリ**Ca' Foscari。現在は大学になっている。その先には16世紀貴族の館**カ・レッツォーニコ**Ca' Rezzonicoがある。今は17世紀のヴェネツィア美術の博物館になっている。正面に見えてくる橋は**アカデミア美術館**Galleria dell'Accademiaへ渡るアカデミア橋だ。橋をくぐると先に運河は大きく開け、右に**サンタ・マリア・デッラ・サルーテ教会**Santa Maria della Saluteの美しい八角形の建物が見えてくる頃、大運河の旅も終わりを告げようとしている。

16世紀建造のリアルト橋

■カフェの掟

生演奏が流れるロマンティックなサン・マルコ広場のカフェ。演奏時には飲み物代金のほか、テーブル・チャージ(1人€3～6、店により異なる)が取られる。注文する飲み物によるが、安いトラットリアで食事するくらいかかる。のどを潤すだけなら、立ち飲みを利用するのがベター。座るなら、せっかくなので1時間くらいタップリ雰囲気を満喫したい。

✉ 初日にヴァポレットで

ヴァポレットは狭い水路を走るので、ヴェネツィア初日に回ると地形が理解できて旅をさらに楽しめます。(アノアルコ '13)

ヴェネツィアの気候と服装

冬の寒さは厳しい。ゴンドラやヴァポレットで景色を楽しみたい人は厚手のコート、帽子、手袋、マフラー、簡易カイロなどの準備を。冬の終わりから春にかけて、ときにはアクアアルタ(高潮)が発生し、通りには簡易橋が設けられる。午後には水は引くが、濡れてもいい靴があると安心。

大運河の貴婦人、
S.M.デッラ・サルーテ教会

おもな見どころ

サン・マルコ寺院の行政官の館 MAP P.226 A2

カ・ペーザロ ★

Ca' Pesaro　カ・ペーザロ

13世紀に運送業で富を築いた行政官ペーザロ家が、17～18世紀に建てたバロック様式の館。飾り柱を多用した優雅な姿は運河にひときわ映えて美しい。

ヴェネツィア貴族の館

内部の２階と３階の一部には**現代美術館**Galleria Internazionale d' Arte Modernaがおかれ、ヴェネツィア・ビエンナーレ展に出品された作品を中心に展示している。４階は、**東洋美術館**Museo Orientaleで、日本や中国から運ばれた象牙細工、衣装、陶器などが展示されていて興味深い。

ヴェネツィア・ゴシックの最高建築 MAP P.226 A2

カ・ドーロ ★★

Ca' d' Oro　カ・ドーロ

華麗な黄金宮殿

1440年に完成したヴェネツィアン・ゴシックの最高建築。見事な造形を施されたバルコニーが目を引く。かつては「黄金の宮殿」といわれ、金を塗った建物は光り輝いていたという。現在はヴァン・ダイク、マンテーニャなどを収蔵する**フランケッティ美術館**Galleria Franchettiとして一般に公開されている。

行き交うゴンドラを眺めたい MAP P.227 B3

リアルト橋 ★★

Ponte di Rialto　ポンテ ディ リアルト

以前は木製だったが、16世紀末に現在の石造りに変えられている。この界隈は一日中人であふれており、活気に満ちている。橋から運河を眺めるもよし、両側の店でショッピングを楽しむもよし。たっぷりとヴェネツィア気分に浸れる場所だ。

ヴァポレットやモトスカーフィが行き交うリアルト橋

●カ・ペーザロ
現代美術館・東洋美術館共通
住 Santa Croce 2076
☎ 041-5241173
開 4/1～10/31　10:00～18:00
　11/1～3/31　10:00～17:00
休 ㊊、1/1、5/1、12/25
料 €10(2館共通)、割引券€7.50
※第1㊐は無料

若者なら上手に節約

ローリング・ヴェニス・カード
Rolling Venice Card
15～29歳を対象に、一部の美術・博物館、ヴァポレットの切符(72時間券€40が€28)やレストラン、ホテルなどで割引が受けられるカード。ヴェネツィア各所にある❶やHelloveneziaで発行(€6)。パスポートや証明用の顔写真が必要だ。

✉ おすすめスポット
カ・ドーロのテラスからは大運河のすばらしい景色が広がります。ひとときヴェネツィア貴族の気分になれます。（東京都　姫　'06）

●カ・ドーロ
（フランケッティ美術館）
住 S. Sofia, Cannaregio 3932
☎ 041-5222349
開 8:15～19:15
　㊊8:15～14:00
休 1/1、5/1、12/25
料 €6（特別展の場合€10）
※第1㊐は無料　※クローク€1
■ヴァポレット1番でカ・ドーロCa' d'Oro下船

●リアルト橋
■ヴァポレット1番または2番でリアルトRialto下船

✉ スーパー発見
ヴァポレットの停留所のS.Babilaの前にスーパーマーケットがあります。入口は地味なので見落としそうですが、店内は広く、総菜も充実しています。日曜も営業していました。ちなみにこの通りにはおしゃれなレストランもあり、穴場のおすすめスポットです。（氏々　'14)['16]

✉ リアルト橋から空港までの水上タクシー
リアルト橋近くのホテルから水上タクシーで空港まで3人と人数分の大きな荷物で€120でした。一律のようです。（与儀恵美子　'13）

リアルト橋の下に広がる市場街

美術鑑賞に疲れたら、にぎやかな市場へ MAP P.226 A2

魚市場

Pescheria ペスケリア

リアルト橋の近く、カ・ドーロの対岸に位置する市場。運河を行くヴァポレットからも一部が見える。アドリア海で取れた魚介類をはじめ、野菜や果物も並び、色彩の洪水だ。早朝からお昼過ぎまで開かれているが、にぎやかな様子を見学するなら早めに出かけよう。

魚市場では、魚介類の豊富さにびっくり

古のヴェネツィア博物館 MAP P.226 C1

カ・レッツォーニコ ★★

Ca' Rezzonico カ・レッツォーニコ

バロック様式の典型

この18世紀の館の内部は、1700年代ヴェネツィア博物館Museo del' 700 Venezianoになっており、当時の生活を家具調度品などから垣間見ることができる。**舞踏の間**Salone da Ballo（サローネ ダ バッロ）とティエポロの絵の華やかさや、ピエトロ・ロンギの絵の不思議な雰囲気などが味わえる。4階には、風俗画ギャラリーと当時の薬屋を再現したコーナーなどがある。

ヴェネツィア派絵画の傑作を集結 MAP P.226 C1

アカデミア美術館 ★★★

Gallerie dell' Accademia ガッレリエ デッラッカデミア

サン・マルコ寺院とともにヴェネツィアで忘れてはならない見どころ。ジョルジョーネ、ジョヴァンニ・ベッリーニなど14～18世紀にかけてのヴェネツィア派や、トスカーナ派の作品が収められている。

ティツィアーノの未完の『ピエタ』Pietà、壁一面に描かれたヴェロネーゼの『レヴィ家の饗宴』Convinto in Casa di Levi/Banchetto del Levi（コンヴィント イン カーサ ディ レーヴィ／バンケット デル レーヴィ）、ティントレットの6枚の大きな作品『聖マルコの奇跡』Miracolo di S. Marco（ミラーコロ ディ サンマルコ）ジョルジョーネの『嵐』Tempesta（テンペスタ）、ジェンティーレ・ベッリーニの

『サン・マルコ広場の祝祭行列』には15世紀末の様子が描かれている

●魚市場

東側からリアルト橋を渡ったら、右手奥に進もう。トラゲット(渡し船)で対岸のカ・ドーロからも行ける。休 ㊐㊊

✉ どこに泊まる?

「狭い、高い、道が悪い(石畳と橋が多い)」ヴェネツィア本島ではなく、メストレに宿泊しました。宿泊費や滞在税も安いですし、駅前のプラザやトリトーネホテルに泊まれば、目の前から本島や空港へ行くバス(本島へは10～15分、空港へ約30分)が出ていて便利です。(みわ '12)

同意見も多いものの、「夢の浮島」からあっという間に現実回帰して興ざめ、バスにスリ出没などの投稿も寄せられています。(編集部)

●カ・レッツォーニコ(1700年代ヴェネツィア博物館)

住 S. Barnaba, Dorsoduro 3136
☎ 848082000
開 4/1～10/31 10:00～18:00
11/1～3/31 10:00～17:00
休 ㊋、1/1、5/1、12/25
料 €10(共通券€24)
■ヴァポレット1番カ・レッツォーニコCa' Rezzonico下船

18世紀のゴンドラが飾られる1階サロン

●アカデミア美術館

住 Accademia, Dorsoduro 1050
☎ 041-5222247
開 ㊊ 8:15～14:00
㊋～㊐ 8:15～19:15
㊎ 20:00～22:00も
休 1/1、5/1、12/25
料 €12(特別展の場合は変更あり)
※入館は閉館30分前まで
■ヴァポレット1、2番でアカデミアAccademia下船
※クロークは€1、貴重品ロッカー€1。日本語のオーディオガイドもあり(1人用€6。要パスポート)

傑作は集中展示!?

長期にわたり改修工事が続くアカデミア美術館。一部の展示室は閉鎖されているため、見学順路のほぼ最後の23室に傑作が集中している。ベッリーニ、マンテーニャ、ピエロ・デッラ・フランチェスカ、ジョルジョーネなど、ゆっくり鑑賞しよう。

『サン・マルコ広場の祝祭行列』Procession in Piazza S.Marcoなどヴェネツィア絵画の傑作が並んでいる。

かつてのカリタ会修道院、アカデミア美術館

緑のあふれる現代美術館 MAP P.226 C2

ペギー・グッゲンハイム美術館 ★★

Collezione Peggy Guggenheim コレッツィオーネ ペギー グッゲンハイム

アカデミア美術館から3分。運河沿いの館と、小さいながらも緑のあふれる庭園に広がる現代美術館。ピカソ、ジャコメッティ、デ・キリコ、カンディンスキーらの現代美術を代表するアーティストの絵画、彫刻を展示。

庭園にも作品が飾られている

ペスト終焉を感謝して聖母マリアにささげられた MAP P.226 C2

サンタ・マリア・デッラ・サルーテ教会 ★★

Santa Maria della Salute サンタ マリア デッラ サルーテ

対岸から眺めた
S.M.デッラ・サルーテ教会

丸い大きなクーポラが載り、真っ白な大理石が八角形を描き、運河の水と太陽に照らし出されて輝く姿は、この町の象徴とも言える。ヴェネツィアン・バロックの傑作だ。中央祭壇左側にある聖具室Sagrestiaは必訪。壁面と天井が、ティツィアーノとティントレットの絵で飾られている。壁の『カナの結婚』Nozze di Canaはティントレット、天井の『カインとアベル』Caino e Abele、『ダヴィデとゴリアテ』Davide e Golia、『イサクの犠牲』Sacrificio d' Isaccoなどはティツィアーノの手による。

現代美術の粋を集めた、中世の「海の税関」 MAP P.227 C3

プンタ・デッラ・ドガーナ ★★

Punta della Dogana Centro d'Arte Contemporanea

プンタ デッラ ドガーナ チェントロ ダルテ コンテンポラネア

15世紀に船荷の荷揚げ場だった「海の税関」を日本人建築家の安藤忠雄が古い建物の構造を生かしながら改装した美術館。収蔵品は、「現代を代表する芸術家たちの傑作揃い」と称される。

✉ ゴンドラ体験記

サン・マルコ広場から家族4人で19:00前に乗船。乗り場はいくつもあり、呼び込みが各所に立っています。「歩き方」では相場€100とありますが、€300からふっかけて来ました。断って帰ろうとすると、向こうから交渉して来ました。地図を見せて、ルートと乗船時間40～50分で交渉して、最終的に€120でした。乗り場によって標準的なコースがある程度決まっているようです。

（兵庫県　中谷佳代子　'11）['16]

✉ 宗教画に疲れたら

ペギー・グッゲンハイム美術館がおすすめです。ミロやアンディ・ウォホールといった現代美術がズラリ。目の前が大運河でテラスに出てひと休みもできます。建物や庭もすばらしく、庭に面したカフェもおすすめです。

（かなぶーん　'15）

●P.グッゲンハイム美術館
住 San Gregorio, Dorsoduro 701
☎ 041-2405411
開 10:00～18:00
休 ㊋（㊗は除く）、12/25
料 €15、学生€9、65歳以上€13
■ヴァポレット1番でサルーテSalute下船

●サンタ・マリア・デッラ・サルーテ教会
☎ 041-2743928
開 教会　9:30～17:30
　㊐ 9:30～12:00
　15:00～17:30
聖具室10:00～12:00
　15:00～17:00
　㊐15:00～17:00
料 €4（聖具室のみ）
※ザッテレの埠頭、ドガーナ手前
■ヴァポレット1番でサルーテSalute下船

●プンタ・デッラ・ドガーナ
住 Dorsoduro 2
☎ 199112112
開 10:00～19:00（入館18:00まで）
休 ㊋、12/25
料 €15
■ヴァポレット1番でサルーテSalute下船

「海の税関」を改装した
現代美術館

歴代の総督を祀った壮麗な教会

MAP P.227 B4

サンティ・ジョヴァンニ・エ・パオロ教会 ★★★

Santi Giovanni e Paolo サンティ ジョヴァンニ エ パオロ

リアルト橋から北東400mほどにある13〜15世紀に建造されたゴシック様式の壮麗な教会。3廊式の広い内部には歴代のドージェの墓や記念碑が置かれている。まず、目を引くのが中央祭壇脇のヴェネツィアングラスの粋を集結させたステンドグラス。必見は、ベッリーニによる『聖ヴィンチェンツォ・フェッレーリの多翼祭壇画』Polittico di S. Vincenzo Ferreri (ポリッティコ ディ サン ヴィンチェンツォ フェッレーリ)（入口の右、2番目の礼拝堂）と、ロザリオの礼拝堂Cappella del Rosario (カッペッラ デル ロザリオ)（中央祭壇の左）のヴェロネーゼによる『受胎告知』Annunciazione (アンヌンツィアツィオーネ)、『牧者の礼拝』Adorazione dei pastori (アドラツィオーネ デイ パストーリ)『聖母被昇天』Assunta (アッスンタ)など。

広場の前には、ヴェロッキオによる『コッレオーニ騎馬像』Monumento al B. Colleoni (モニュメント アル コッレオーニ)が威風堂々と立っている。コッレオーニは、ベルガモの領主で、ヴェネツィアの傭兵隊長だった。パドヴァにあるドナテッロの「ガッタメラータ像」とともに、ルネッサンス時代の代表作。

壮麗なSs. ジョヴァンニ・パオロ教会

必見はベッリーニ作の多翼祭壇画

『コッレオーニ騎馬像』

●サンティ・ジョヴァンニ・エ・パオロ教会
☎ 041-5235913
開 9:00〜18:00
㊐㊗12:00〜18:00
料 €2.50、学生€1.25
■ヴァポレット41、42、51、52番オスペダーレOspedale下船

初期ヴェネツィア・ルネッサンスの宝石

MAP P.227 B3

サンタ・マリア・デイ・ミラーコリ教会 ★

Santa Maria dei Miracoli サンタ マリア デイ ミラーコリ

外観も内部も色大理石を多用された美しいたたずまいから、「ヴェネツィア・ルネッサンスの宝石」とたたえられる教会。工芸品を思わせる細やかな意匠がいたるところに見られる。とりわけ、T.ロンバルドによる後陣の手すりを支える小柱の洗練された彫刻は見事だ。

愛らしいS.M.ディ・ミラーコリ教会

バカーロへ行くなら

昼にバカーロを利用するなら、12:00過ぎがいいと思います。11:00過ぎに入ると、出る頃におつまみの数が増えていました。早く行くとすいているというメリットがありますが、まだ準備の途中でおつまみが少ないかも。
(ペコリーノチーズ '14)

●サンタ・マリア・デイ・ミラーコリ教会
開 ㊊10:30〜16:00
㊌〜㊏10:30〜16:30
休 ㊐、㊋、1/1、8/15、12/25
料 €3(P.228共通券)
■ヴァポレット1、2番でカ・ドーロCa d'Oro、またはリアルトRialto下船

ヴェネツィア その他の地区

ティントレット渾身の傑作で埋め尽くされる

MAP P.226 B1

スクオーラ・グランデ・ディ・サン・ロッコ(大同信組合) ★★★

Scuola Grande di San Rocco　スクオーラ グランデ ディ サン ロッコ

16世紀に建てられたルネッサンス様式の建物。内部の壁、天井などはティントレットが20年の歳月をかけた70余点もの巨大な絵で埋め尽くされている。必見は1階では、『受胎告知』Annunciazione、『嬰児虐殺』Strage degli Innocenti、2階では『ブロンズ蛇の奇跡』Il Miracolo del Serpente di Bronzo、『マナの収拾』Caduta della Manna、『最後の晩餐』Ultima Cena、『キリストの磔刑』Crocifissione。このほか、ティツィアーノらの作品もある。天井画を見るときは、大広間に置いてある鏡を使って鑑賞すると首が疲れない。建物の向かい側には、同教会がある。

●スクオーラ・グランデ・ディ・サン・ロッコ(大同信組合)
住 Campo San Rocco, San Polo 3052
☎ 041-5234864
開 9:30～17:30
休 1/1、12/25
料 サン・ロッコ教会と共通で€10、26歳以下、65歳以上€8
※入場は閉場30分前まで
■ヴァポレット1番または2番でサン・トーマSan Toma下船

✉ カーニバル時期が楽しい
ヴェネツィアはカーニバル時期に行くべき!! お祭りの中心はサン・マルコ広場で23:00頃までイベントが開催。仮装している人に声をかければ、快く写真も撮らせてくれます。
(茨城県　鈴木祥絵　'12)

大同信組合2階は豪華な大広間

サン・ロッコ大同信組合外観(左)とサン・ロッコ教会

ティツィアーノ・ファン必見

MAP P.226 B1

サンタ・マリア・グロリオーサ・デイ・フラーリ教会 ★★

Basilica di Santa Maria Gloriosa dei Frari
バジリカ ディ サンタ マリア グロリオーサ デイ フラーリ

S.M.グロリオーサ・デイ・フラーリ教会のファサード

リアルト橋から歩いて、サン・ポーロ広場の少し先にある14～15世紀のゴシック式教会。入って正面奥にあるティツィアーノの代表作『聖母被昇天』Assuntaは必見。同じくティツィアーノのもうひとつの傑作『ペーザロ家の祭壇画』Madonna di Ca'Pesaroは左の第2祭壇に置かれている。

ティツィアーノ作、『聖母被昇天』

●S.M.グロリオーサ・デイ・フラーリ教会
開 9:00～18:00(入場～17:30)
㊐㊗13:00～18:00
休 ㊐午前、1/1、復活祭の㊐、8/15、12/25
料 €3(P.228共通券)
■ヴァポレット1番または2番でサン・トーマSan Toma下船

✉ 海洋史博物館にワクワク
1、2階は船の模型が多く、3、4階には部屋に入るギリギリの大きさの船が展示されています。イタリア海軍の運営なので、軍事に興味がある人には好奇心を刺激される展示が多いです。
(ぽるて　'12)

✉ クレジットカード利用可?
ヴェネツィアではカジュアルなレストランやテイクアウトのピッツァ店ではカードが使えないことがたびたびありました。1回ずつ使えるかどうか確認して利用しました。
(兵庫県　Merci　'14)

Scuolaスクオーラ(同信組合)とは……

ヴェネツィア特有の制度で、商人や貴族を中心にした慈善事業を行う友好団体のこと。当時のこの町の興隆とそこに加入していた人々の社会的地位や経済力、宗教心を誇示するようにスクオーラ内には立派な礼拝堂、集会場、救済院がある。

ヴェネツィア・ルネッサンスの典型　MAP P.227 B4

サン・ザッカリア教会 ★★

San Zaccaria　サン ザッカリア

アーチが優美な曲線を描く外観同様、内部も豊かな装飾が施されている。必見は左の第2祭壇のベッリーニの傑作の『玉座の聖母と諸聖人』Madonna in trono e santi、身廊右側の礼拝堂のティントレットの『洗礼者ヨハネの誕生』Nascità del Battista、後陣にはカスターニョらによるフレスコ画『キリストと諸聖人』Padre Eterno e santiなど。

優美な教会正面

カルパッチョの連作が並ぶ　MAP P.227 B4

スクオーラ・ダルマータ・サン・ジョルジョ・デッリ・スキアヴォーニ ★★

Scuola Dalmata San Giorgio degli Schiavoni

スクオーラ ダルマータ サン ジョルジョ デッリ スキアヴォーニ

16世紀に建てられた、ダルマチア(スキアヴォーニ)人の同信組合。ヴェネツィア派の巨匠カルパッチョの『サン・ジョルジョの伝説』、『聖トリフォンの奇跡』をはじめとする傑作が残されている。

カルパッチョが10年をかけて描いた傑作が残る。聖人たちの生涯の逸話を描いた物のひとつ、『サンタゴスティーノの幻影』

海洋王国ならではの船の博物館　MAP P.225 B3

海洋史博物館 ★

Museo Storico Navale　ムゼオ ストーリコ ナヴァーレ

かつての国営造船所アルセナーレ

サン・マルコ広場から運河沿いに、東へ徒歩10分。船の模型や儀礼用ゴンドラ、船首像など、海洋王国ヴェネツィアの歴史をしのばせる品々が並んでいる。さらに、小運河に沿って歩くと、海洋時代に商船を造っていた造船所Arsenaleがある。現在は海軍基地となっており、内部見学は不可。

●サン・ザッカリア教会
住 Castello, Campo S. Zaccaria
開 10:00～12:00　16:00～18:00
㈰㈷16:00～18:00
料 €2（聖具室、S.タナシオ礼拝堂）
■ヴァポレット1番または2番でサン・ザッカリアSan Zaccaria下船

●スクオーラ・ダルマータ・サン・ジョルジョ・デッリ・スキアヴォーニ
住 Calle dei Furlani, Castello 3259/a
☎ 041-5228828
開 ㈪　14:45～18:00
㈫～㈯　9:15～13:00
14:45～18:00
㈰㈷　9:15～13:00
休 ㈰午後、㈪午前、1/1、5/1、6/2、8/15、11/21、12/8、12/25
料 €5
■ヴァポレット1番または2番でサン・ザッカリアSan Zaccaria下船
※服装チェックあり。切符売り場は閉場1時間前まで

外観は地味ながら、内部はカルパッチョの絵画であふれている

●海洋史博物館
住 Castello, Arsenale 2148
☎ 041-2441399
開 6～12月　8:45～17:00
1～5月㈪～㈭　8:45～13:30
㈮　8:45～17:00
㈯㈰㈷　10:00～17:00
休 1/1、5/1、12/25
料 €5、11～16歳€3.50
■ヴァポレット1番アルセナーレArsenale下船

海洋国ヴェネツィアの遺産でいっぱい

ヴェネツィアの島巡り

アドリア海に広がるラグーンを訪ねて

リド島の海岸風景

サン・マルコ広場やリアルト橋付近の雑踏に疲れたら、近在の島々を訪ねてみよう。ガラスで有名なムラーノ島をはじめ、ひなびた漁村の雰囲気の残るブラーノ島、ヴェネツィア発祥の地トルチェッロ島など、3島の島巡りを楽しみたい。

高級なリゾートの島リド島を訪れ、ヴィスコンティの映画『ベニスに死す』の雰囲気に浸るのも悪くない。また、サン・マルコ広場から400mの海上に浮かぶサン・ジョルジョ・マッジョーレ島S. Giorgio Maggioreの鐘楼から、ヴェネツィアの町を眺めるのもよい。ほかには、市営の墓地の島となっているサン・ミケーレ島San Micheleやユースホステルのあるジューデッカ島La Giudeccaなど、静かな島が旅人の訪れを待っている。

●S.G.マッジョーレ教会
開 4～10月　9:00～19:00
　 11～3月　8:30～18:00
料 鐘楼€6(エレベーター)
■ヴァポレット❷番でサン・ジョルジョSan Giorgio下船
※エレベーターの切符売り場は左奥。ミサなどの宗教行事の際は観光客の見学不可。エレベーターもこの時間は休止。

サン・ジョルジョ・マッジョーレ島の鐘楼からの絶景

おすすめスポット

サン・ジョルジョ教会の鐘楼からの眺望は格別です。サン・マルコ広場と周辺を歩く人たちの様子は、美術館で見た時代絵巻そのままの眺めですし、周囲の島々も360度一望できます。

(東京都　また行くわ!)['16]

ヴェネツィア本島の遠方にアルプスの山々が望め、サン・マルコ広場の鐘楼よりはるかにすばらしい、印象深いものとなりました。

(与儀恵美子　'13)

サン・マルコ広場の対岸の島

サン・ジョルジョ・マッジョーレ島 ★★

San Giorgio Maggiore　サン ジョルジョ マッジョーレ

本島からヴァポレットでほんの数分で到着。白亜の同名教会が美しい小島。ヨットが浮かぶ海沿いには現代美術のオブジェが置かれ、非日常な空間が楽しい。島にはヴェネツィアの文化・芸術活動を支援するチーニ財団がおかれ、ムラーノ・グラスの美術館や現代美術館を開設。今、注目を集める島だ。

パッラーディアン様式と現代美術の妙

サン・ジョルジョ・マッジョーレ島の見どころ

サン・ジョルジョ・マッジョーレ教会 San Giorgio Maggiore ★★

『マナの収拾』

サン・マルコ広場の対岸に位置するサン・ジョルジョ・マッジョーレ島に建つ堂々たる教会。16世紀にパッラーディオが着手し、完成したのは17世紀。古代ローマ建築を模したファサードと水のたたずまいは実に印象的だ。内部はティントレットの美術館の趣だ。必見は内陣右側の『最後の晩餐』Ultima Cena（ウルティマ チェーナ）、同左側の大作『マナの収拾』Caduta della Manna（カドゥータ デッラ マンナ）、最晩年の傑作『キリスト降架』Deposizione（デポジツィオーネ）など。また、エレベーターで鐘楼に上がると、サン・マルコ広場、ラグーナ、点在する島々などが一望できる。

ヴェネツィアングラスの島

ムラーノ島 ★★

Murano ムラーノ

そぞろ歩きが楽しい、ムラーノ島

ヴェネツィアの北、1.5kmにある島。15～16世紀には、ヴェネツィアの貴族や金持ちが都会の忙しさから逃れて静かな時を過ごした島だった。

13世紀からこの島に閉じ込められた職人たちによって作られたガラスは、ヨーロッパの人々の憧れの品であり、ヴェネツィアの東方貿易の貴重な輸出品となり、ヴェネツィア共和国に莫大な富をもたらした。

ムラーノ島の見どころ

ガラス博物館 Museo del Vetro（ムゼオ デル ヴェトロ）★★

17世紀のパラッツォ・ジュスティニアーニ館の中は、古代ガラスから現代のガラス作品までが展示されている。ヴェネツィアの最盛期だった15世紀頃の物に、すばらしい作品が多い。

ガラス博物館で、アンティークの名品を鑑賞

漁村とレース編みの村

ブラーノ島 ★

Burano ブラーノ

カラフルな家並みが続く、ブラーノ島

ヴェネツィアから約40分。ピンクや淡いグリーンのペンキで塗られた家並みが運河の両側に建ち、旅人の心を和ませる。レース博物館を見学したら、そぞろ歩きを楽しもう。

16世紀から続くレース編みの伝統が息づき、小さな島の売店には、ところ狭しとレース編みが積まれているが、本来のブラーノ島のレースはとても貴重な逸品。

ブラーノ島の見どころ

レース博物館 Museo del Merletto（ムゼオ デル メルレット）★★

1872年、マルゲリータ王妃の命により開校したかつてのレース学校にある博物館。その技法をDVDで知ることができ、また貴重なレースを間近で鑑賞できる。

当時の学校の様子のパネル展示

ムラーノ島への行き方

サン・ザッカリア（サン・マルコ広場東）のヴァポレット乗り場から、㊶、㊷番で約50分。ローマ広場から直通❸で約28分。ガラス博物館へはいずれもMurano- Museo下船。地 P.225

●ガラス博物館

住 Murano, Fondamenta Giustinian 8

☎ 041-739586

開 4/1～10/31　10:00～18:00
　11/1～3/31　10:00～17:00

休 ㊌、1/1、12/25

料 €10、レース博物館との共通券€12（→P.228共通券あり）

※入場は閉場1時間前まで

※ヴァポレット停船所近くなどで工場やショールーム見学の勧誘があるが、多くの場合は高い商品を押し売りされる。付近にはガラス工場もあり、10:00～12:00頃、15:00～16:00頃に無料で製作過程を見せてくれる。見学後は寄付箱にチップを入れよう

✉ 島の博物館は新装オープン

20年ぶりに訪れました。ガラス博物館はDVDの鑑賞、新展示室のオープンなどずいぶん変化がありました。DVDで歴史や作製方法を知ることができ、新展示ではビーズやボタンの展示室が興味深かったです。ブラーノ島のレース博物館にも行きました。ブラーノレースは細かで地味な作業のため後継者は少ないようで、実演は見ることはできませんでしたが、DVDで知ることができました。編むというよりも細かな刺繍のようで、本物を目の前にして、気の遠くなるような芸術品と感じました。

（東京都　りこ　'15）

ブラーノ島への行き方

島の北側にあるフォンダメンタ・ヌオーヴェFondamenta Nuoveから⑫番で42分。

地 P.225

●レース博物館
Museo del Merletto

住 Piazza B. Galuppi 187

☎ 041-730034

開 4/1～11/1　10:00～18:00
　11/2～3/31　10:00～17:00

休 ㊊、1/1、12/25

料 €5（→P.228共通券）

※アンティークのメルレット編みなどを展示。

繊細な芸術作品

ヴェネツィアの歴史を誇る

トルチェッロ島 ★★

Torcello トルチェッロ

トルチェッロ島はヴェネツィア発祥の地のひとつ。今でこそヴェネツィアの島々の中で最も寂しい島になってしまったが、7〜10世紀には人口は2万人を超えたという。繁栄を続けた歴史の面影は残された教会に見ることができる。

雰囲気のよいトルチェッロ島

トルチェッロ島の見どころ

サンタ・マリア・アッスンタ聖堂 Cattedrale di Santa Maria Assunta ★★

サンタ・フォスカ教会に隣接するこの教会の歴史は639年に遡る。**ヴェネツィアで最も古い教会**といわれる。

建築様式は中部イタリアのビザンチンの都市ラヴェンナRavennaの教会をモデルにした初期キリスト教建築。床と教会の壁面を飾るモザイクは必見。かつての島の栄華をしのばせてくれる。

サンタ・フォスカ教会 Santa Fosca ★

11世紀の終わりに建てられた、**後期ビザンチン様式とヴェネツィア風ロマネスク様式の混ざった物**。ヴェネツィアを代表する教会のひとつ。この教会は当初、殉教者を葬るために建てられた。教会の建物を取り巻くポルティコ(柱廊)の八角形が珍しい。

『ベニスに死す』の舞台

リド島 ★★

Lido リド

ヴェネツィアの東南に横たわる長さ約12kmの細長い島。ここはフランスのリビエラ、アメリカのマイアミ、ハワイのワイキキと並ぶ国際的なリゾートだ。マルコーニ広場近くに建つ、かつてのカジノPalazzo del Casinòを中心に**ヴェネツィア映画祭**や**ヴェネツィア・ビエンナーレ展**が開催される。毎年9月の映画祭には、有名俳優やセレブ、映画関係者が世界中から集まり、島はいっそうの華やぎを見せる。映画や展示は切符を購入すれば一般人も見ることができるので、時期や興味があれば出かけてみるのも楽しい。

リド島の砂浜には、映画『ベニスに死す』に登場するような着替えや休息用の小屋が建ち並び、歴史を感じさせるリゾートの面影十分。有料のプライベートの砂浜が多いが、島の東側には、**市営の(無料)海水浴場Spiaggia libera**(スピアッジャ・リーベラ)もある。

手軽に3島を訪ねるなら

ヴァポレットを利用して3島を訪ねるのは1日がかり。❶などでは3島を4時間〜4時間30分で巡るツアーを販売。料金€20。下記URLから予約も可。
URL www.venetoinside.com
9:30(夏季のみ)、14:30発
URL www.alilaguna.it
9:30〜14:30のほぼ1時間おきの出発

トルチェッロ島への行き方

フォンダメンタ・ヌオーヴェFondamenta Nuoveからヴァポレット⑫番でブラーノ島経由で45分。ヴァポレットの便は少ないので、帰りの時間を確認してから見学しよう。
地 P.225

●S.M.アッスンタ聖堂
●鐘楼 ●博物館
☎ 041-730119
開 3〜10月 10:30〜17:30
11〜2月 10:00〜16:30
休 ㈪㈷
料 聖堂€5、聖堂と博物館€8、鐘楼€5、3ヵ所券€12(オーディオガイド込み)

素朴な初期キリスト教建築、アッスンタ教会

●サンタ・フォスカ教会
開 10:00〜16:30

ランチにおすすめ

3島巡りは思いのほか時間がかかり、トルチェッロ島に着いたのは15:00過ぎ。この島にもおしゃれな雰囲気のレストランがありますが、すでに時遅し!! でも、聖堂へ向かう間に手頃なお店Taverna Tipica Venezianaがありました。地元の人で混んでいて、庭にテーブルが並んでいます。郷土料理の定食が€16.50(リゾット、魚介のフリットミスト、ポレンタ)〜。ふたりでシェアしました。 (東京都 '15)

リド島への行き方

駅前、サン・マルコ広場東のS.Zaccariaからヴァポレット❶、❷、❻番など。S.Zaccariaから約15分。サンタ・ルチア駅前から❶で約1時間、52番で約45分。Lido下船。
地 P.225

映画祭やビエンナーレ展の情報はURL www.labiennale.org
※❶で予定表などを配布

ヴェネツィアの歴史

●誕生と興隆

ヴェネツィアから10㎞ほど東にトルチェッロという島がある。かつては繁栄したこの島も今は住む人もなく、生い茂るアシの中、ふたつの古い教会だけが往時をしのばせる。5世紀に蛮族の侵攻を逃れて、人々が本土からアドリア海の干潟に移り住んだとき、彼らがそこに見た風景は、現在のトルチェッロのような、荒涼としたものだったに違いない。伝説では、アッティラに率いられたフン族の侵攻を避けるため本土の住民が干潟へと移り住んだ**425年が、ヴェネツィア誕生の年**とされている。人々は初め漁業で細々と暮らしを立てていたが、しだいに製塩業と水上運送業を発展させ、やがてブレンタ川、ポー川を船で遡って塩との交換による河川交易に乗り出した。697年には**住民投票によって最初の元首(ドージェ)が選出**された。

●フランク軍を打ち破る

しかし、810年、フランクの脅威がヴェネツィアを襲った。カール大帝の長子でイタリア王のピピンがヴェネツィア攻めを行ったのである。首都マラモッコを占領されたヴェネツィアは、フランクの艦隊をアルトの泥湿地帯へ誘い込んで浅瀬に座礁させ、フランク軍を打ち破った。翌年、カール大帝と東ローマの条約でヴェネツィアの東ローマへの帰属が決定したが、これは実質的には**ヴェネツィアの独立**を意味していた。813年、ヴェネツィアは首都をリド島のマラモッコから、防衛の容易な**リアルト**に移した。これが現在のヴェネツィアの起源である。

ヴェネツィアの守護聖人聖マルコの伝説を描いたティントレット作『聖マルコの遺骸の運搬』アカデミア美術館蔵

●守護聖人サン・マルコのもとに

823年にはヴェネツィアの商人がエジプトのアレクサンドリアから**聖マルコの遺体**を持ち帰ったが、この事件は、フランク軍を退け、首都を移したヴェネツィアの人々には吉兆と思われていた。これ以降、ヴェネツィアは、**聖マルコを守護聖人**に頂き、発展の道を歩むことになった。

●十字軍とヴェネツィアの繁栄

1096年に始まる十字軍の遠征は、ヴェネツィアにパレスチナ地域へ商業網を広げる機会を提供した。しかし、同じ時期にライバルの**ピサ**や**ジェノヴァ**もこの地域への進出を果たし、これ以後地中海を舞台にヴェネツィアとの間に激烈な闘争を繰り広げることになった。

●国営造船所の設立

1104年、ヴェネツィアに**国営造船所**(アルセナーレ)が設立された。現在、その跡は**海洋史博物館**となっているが、この国営造船所の設立は、その後のヴェネツィアの繁栄を理解する上で極めて重要である。これを機にヴェネツィアの海軍力は**質量ともに飛躍的に充実した**。また、部品の標準化を図ることで、ヴェネツィアのすべての船は地中海に設けられた**補給基地**でたちどころに部品の交換を行うことができるようになった。

12世紀のヴェネツィアは、パレスチナ方面への進出を果たす一方、ハンガリーの**ダルマツィア**の勢力拡大に対処しなければならなかった。アドリア海の安全航行を確保するためには、ダルマツィア沿岸地域の支配は絶対に譲ることができなかったからである。

●東西貿易の発展とヴェネツィアの繁栄

この時代のヴェネツィアやイタリア諸都市の繁栄は、当時のヨーロッパの全般的な状況にも助けられていた。ヴェネツィアの交易はもともとポー川流域への塩の供給から出発したものだったが、12、13世紀の農業の発展と人口の増加は、**穀物や塩**、**ワイン**などの取引をこれまで以上に重要なものにしていた。13世紀には黒海沿岸の穀倉地帯からイタリアの諸都市へ穀物が供給されるようになった。また、イタリアやフランドルでは**高級織物業**が発展し、染色に用いられるミョウバンが重要な商品となった。このような状況が香料を中心とする東西交易の発展を刺激していったのである。

この時代の航海技術の進歩も重要である。1270年頃、ヨーロッパに**羅針盤**がもたらされ、冬の曇天のもとでも航海が可能になった。また、1280年頃、遠洋航海用の大型船が登場した。1291年、ジェノヴァはモロッコの水軍を壊滅させ、ジブラルタル海峡の安全航行を確保した。これ以降、イタリアの商船が遠く北海にまで進出し、フランドルや北ドイツの港に帰港するようになった。

●コンスタンティノープルの占領

1204年、ヴェネツィアは、第4回十字軍を先導して**コンスタンティノープルを占領**、東ローマを滅ぼしラテン帝国を打ち建てた。この機会にヴェネツィアはクレタ島を獲得し、ギリシア沿岸に基地網を完成させ東地中海の制海権を確立、東西貿易によって莫大な利益を上げることになった。ヴェネツィアにとって、コンスタンティノープル占領のもうひとつの意義は、これによって**黒海沿岸へ進出する可能性が開けた**ことである。中国、インドの物産は隊商路を経由して小アジア北岸のトレビゾンドへ運ばれていくが、イタリア商人はこの地へ赴き、直接これを買い付けることができるようになった。ヴェネツィア人マルコ・ポーロの大旅行は、この黒海ルートの繁栄という背景によって理解できる。

●組織の勝利とヴェネツィアの繁栄

13世紀末から14世紀の初めにかけて、ヴェネツィアでは貴族による寡頭支配体制が強化された。1310年には防衛と治安を担当する十人委員会が設置され、1330年代には遠距離交易のための制度が定められた。このような統制の強化は、14、15世紀のヴェネツィアを政治的、経済的に安定させ、フィレンツェやジェノヴァのような、内部対立による混乱を回避させた。このことの意味は大きい。というのはヴェネツィアの繁栄は、つまるところ、組織の勝利だったからである。ジェノヴァに対する勝利もこれで説明できる。1378年に起こったジェノヴァとの戦争は、ヴェネツィアにとって国の存立を危うくするような危機だった。ヴェネツィアから目と鼻の先のキオッジャを占領したジェノヴァ軍は、ヴェネツィアへの直接攻撃を準備していた。だが、ヴェネツィアは市民の団結によってキオッジャのジェノヴァ軍を逆に包囲し、1381年の平和条約にこぎつけることができた。これ以後、ジェノヴァは内紛によって停滞し、コロンブスをはじめとして才能あるジェノヴァ人は外国の君主に仕えるようになっていた。

●ルネッサンスのヴェネツィア

宿敵ジェノヴァを蹴落としたとき、ヴェネツィアの衰退は始まった。しかし、そのことがはっきりと理解されるのはもっと後のことで、15世紀前半のヴェネツィアは繁栄を謳歌していた。オスマン・トルコの進出は必ずしもヴェネツィアにとってマイナスではなかった。ギリシアの小領主達がトルコの脅威の前にヴェネツィアの保護を求めたことで、ヴェネツィアはこの地域に多くの海外植民地を獲得した。また、1402年のジャン・ガレアッツォ・ヴィスコンティの死に続くミラノの混乱に乗じて、イタリア本土に領土を拡大し、1405年にはパドヴァを支配下においた。この時期、**ガラス器や織物**などの工業も順調に発展してきた。15世紀初頭のヴェネツィアの**歳入**は、イタリアのすべての国家を上回り、おそらくフランス、イギリスなどヨーロッパの王国をもしのいでいた。この経済力がヴェネツィアに強力な**軍事力を保証**していたのである。

1453年、オスマン・トルコがコンスタンティノープルを占領したとき、ヴェネツィアはこの都市の防衛にあまり熱心ではなかった。トルコと妥協することで自らの権益を維持することを図ったのである。1454年には、2%の税を払うことを条件にトルコ領内で自由な交易を行う権利を、スルタンのメフメトから手に入れた。しかし、この間に強力な海軍をつくり上げたトルコは、1460年にはヴェネツィアの海外領土である**アルゴス**を占領、1470年にはネグロポンテへの攻撃を開始した。1479年の平和条約で**ネグロポンテ**をトルコに譲ったことは、地中海においてヴェネツィアが二流の位置に転落したことを意味していた。

15世紀に入るとヴェネツィアングラスの傑作が次々と生まれた。天才バロヴィエール作『婚礼の杯』

ヴェネツィアでも活躍したパッラーディオ作の
「サン・ジョルジョ・マッジョーレ教会」

●芸術と学問の都市へと変わる

しかしながら、ヴェネツィアの衰退が確定したこの時期以降にヴェネツィアは、絵画を中心とする魅力あふれる**文化**を**開花**させた。**絵画**では、15世紀から16世紀にかけて、**ベッリーニ兄弟**、**ジョルジョーネ**、**ティツィアーノ**、**ティントレット**、**ヴェロネーゼ**らが**活躍**。**建築**では、**サンソヴィーノ**や**パッラーディオ**が優れた作品を残している。1494年、**アルド・マヌッツィオ**がヴェネツィアに印刷所を設立、ギリシア古典の刊行に努め、ヴェネツィアの出版文化を隆盛へ導いた。

また、本土のヴェネツィア領にある**パドヴァ大学**は16世紀にはヨーロッパ一の名声を確立した。このことは、この時代ヨーロッパに吹き荒れた宗教抗争に巻き込まれることなく、ヴェネツィア領内では比較的自由な言論が保障されていたことと関係している。だからこそ、**ヴェサリウス**は**解剖学**を、**ガリレオ**は**天文学**をパドヴァ大学で講じることができたのである。

●平和な国内の繁栄

トルコの進出によってヴェネツィアは地中海では二流の地位に転落したが、**イタリア国内**では**列強のひとつ**として、16世紀の半ば過ぎまでかなりの繁栄を維持することができた。1508年に起こった、教皇、フランス、スペイン、ドイツなどによるカンブレー同盟との戦争でも、ヴェネツィアは巧みな外交によって敵の分裂を策し、1517年までに本土のヴェネツィア領を回復した。1494年のフランス王シャルル8世のイタリア侵入以後、イタリアの多くの地域が外国の支配を受けることになったが、ヴェネツィアは1797年まで独立を保持した。

ポルトガルによる**インド航路**の発見は、ヴェネツィアの香料貿易にとってそれほどの打撃とはならなかった。喜望峰回りの航路はあまりにも危険が大きかったからである。この時代、ヴェネツィアの**工業も順調な繁栄**を示しており、**ガラス器の製造**、**モザイク**、**金銀宝石細工**、**織物業**などはヴェネツィアに大きな富をもたらしていた。16世紀初めのフィレンツェの毛織物業の衰退は相対的にヴェネツィアの毛織物業の地位を高め、本土にも織物工場が造られた。また、造船業と並んで、大砲の鋳造や航海用具の製造も盛んだった。

●農業の発達と保守化傾向

クレタ島や、1489年にヴェネツィア領となった**キプロス**では**ワイン**や**木綿**が生産された。本土のヴェネツィア領でも農業生産は伸びていたが、このことは一面ではヴェネツィアの活力を奪うことになった。ヴェネツィアの富裕層が事業から手を引いて、資金を土地購入に充てるようになったからである。冒険的な企業家の精神を喪失したヴェネツィアの貴族は、内陸のヴィラや都市での安楽な生活を好むようになっていた。

●ヴェネツィアの没落

1571年、スペインとヴェネツィアの連合軍はレパント沖でトルコ海軍を破った。この勝利にもかかわらず、1573年、ヴェネツィアはキプロスをトルコに奪われ、これ以後、トルコとの戦いはますます防衛的なものになっていった。1590年以降はイギリスやオランダの船が地中海へ進出し、海運国ヴェネツィアの没落に拍車をかけた。1600年に設立させた**オランダ東インド会社**は、香料貿易の主役を完全にヴェネツィアから奪った。そして、16世紀末以降地中海域で深刻になっていた木材の不足は、ヴェネツィアの造船業に打撃を与えたばかりでなく、燃料の高騰によってほかの産業も衰退させ、1630年以降ヴェネツィアでは**不況が慢性化**した。ヴェネツィアは1699年にクレタ島を奪われ、18世紀初めまでに海外植民地のほとんどを失った。

しかし、その一方で、没落期のヴェネツィアは、**カーニヴァル**などの祝祭に見られるように、その文化を洗練させることにエネルギーを費やした。あの**カサノヴァ**は、この時代のヴェネツィアが生んだ典型的な人物である。18世紀のヴェネツィアでは、**音楽のヴィヴァルディ**、**演劇のゴルドーニ**、**絵画のティエポロ**、**カナレット**、**グァルディ**、**ロンギ**らが活躍した。

（小林　勝）

ヴェネツィアのレストランガイド

魚市場

ツーリストであふれるヴェネツィアでツーリストメニュー（€15～20くらいまでいろいろ）のないレストランというのは、かなり高級な所といっていい。サンタ・ルチア駅からサン・マルコ広場までの通りで手頃な店を見つけるのは苦労しないし、リアルト橋からサン・マルコ広場に抜ける通りにはセルフサービスやファストフードの店もけっこう見つかる。

そういうありふれた食事に飽きた人は、ヴェネツィア特有の居酒屋バカリBacariへ行ってみよう。カウンターから好きな物を選んで盛り合わせにしてもらって店先で食べるのだが、これがけっこういける。飲み物はヴェネト地方の地酒の白ワインVino biancoで決まり。色も香りも味も日本産のそれとは全然違うのでぜひ１本はおみやげに持って帰りたくなる。

名物のカニの前菜

サン・マルコ広場周辺

メット P.227 C4

Met

ヴェネツィアらしい優雅なメトロポールホテル内にあるミシュランの1つ星レストラン。キャンドルがともる店内はエレガントな大人の隠れ家のよう。土地の郷土料理と洗練された創作料理が味わえる。 要予約

住 Riva degli Schiavoni 4149, Castello(Metropole Hotel内)
☎ 041-5240034
営 12:30～14:30、19:30～22:30
休 ㊊、㊋～㊎の昼 予 €130～219、定食€100(3皿)、200(8皿)
C A.D.M.V 交 ⓥNo.1などでSan Zaccaria下船徒歩3分

イル・リドット P.227 B3・4

Il Ridotto

サン・マルコ広場の裏手、たくさんの観光客が行き交うにぎやかな界隈にあるミシュランの1つ星。モダンな店内はさほど広くないが、新鮮な野菜と魚介類を使い、見た目も味わいも洗練された料理が味わえる。 要予約

住 Campo SS.Filippo e Giacomo 4509, Castello
☎ 041-5208280
営 12:00～15:00、18:45～24:00
休 ㊌、㊍昼 予 €95～130（コペルト€4）、定食€95 C J.M.V
交 ⓥNo1、5.1 San Zaccariaから徒歩3分

アル・コーヴォ P.227 C4

Al Covo

新鮮なシーフードを使い、ひと工夫凝らしたヴェネツィア料理が味わえる。田舎家風のインテリアと落ち着いたサービスも心地よく、ワインの品揃えも充実している。メニューは日替わりで種類は多くないが、料理の満足度は高い。 要予約

住 Campiello della Pescheria, Castello 3968 ☎ 041-5223812
営 12:45～14:00、19:30～22:00
休 ㊌㊍、8月1週間、1月の3週間
予 €55～90(コペルト€5)、定食€60
C M.V.
交 ⓥNo.1 Arsenaleより徒歩3分。スキアヴォーニ河岸の路地の奥

コルテ・スコンタ P.227 B4

Corte Sconta

サン・マルコ広場から海沿いに進み、橋を3つ渡った左の路地にある、知る人ぞ知るおいしい店。カニの前菜やイカスミのパスタなどのヴェネツィアの魚介類がおすすめ。夏は、ブドウ棚の下の食事が最高。 要予約

住 Calle del Pestrin, Castello 3886
☎ 041-5227024
営 12:30～14:15、19:00～21:30
休 ㊐㊊、1/9～1/31
予 €60～80（コペルト€3）、定食€80 C J.M.V.
交 ⓥNo.1、4.1 Arsenaleから徒歩4～5分

トラットリア・アッラ・リヴェッタ P.227 B4

Trattoria alla Rivetta

小さな橋のたもとにある、バカリ兼トラットリア。ヴェネツィア料理が充実し、値段も手頃で、給仕係も愛想がよく陽気な雰囲気。いつも混雑しているので、早めに出かけよう。 日本語メニュー

住 Salizzada S. Provolo, Castello 4625
☎ 041-5287302
営 10:00～22:00
休 ㊊、7月下旬～8月下旬
予 €30～40(コペルト€1.50、12%)
C M.V.
交 サン・マルコ寺院の裏(東側)、溜息の橋を右に見て渡った橋の先の小さな広場をさらに東に進んだ橋の手前右側

アッラチゲータ P.227 B3

All'Aciugheta

サン・マルコ広場裏、飲食店が集中する小さな広場にあるバカリ兼オステリア兼ピッツェリア。モダンな店内のカウンターにはチッケッティが並ぶ。ここでは、前菜盛り合わせとしてテーブルに運んでもらってゆったり食事するのがおすすめ。すぐそばのミシュランの1つ星のイル・リドットIl Ridotto(P.246)と同じ経営。

住 Campo Santi Filippo e Giacomo Castello 4357
☎ 041-5224292
営 9:00～23:30
休 一部の㊗
予 €10～30、定食14～

ロスティチェリア・ジスロン P.227 B3

Ristorante Rosticceria Gislon

1階がカウンター形式で、2階がテーブル席。メニューはパスタから郷土料理までバリエーション豊富で値段も手頃。また手早いサービスと1階は朝から夜までのほぼノンストップ営業で便利。2階は明るく落ち着いたレストラン。

住 Calle della Bissa, San Marco 5424/A
☎ 041-5223569
営 9:00～21:30
休 12/25
予 €23～32、定食€23
C A.D.J.M.V.
交 リアルト橋より2～3分

チップ・チャップ P.227 B3

Cip Ciap La Bottega della Pizza

テイクアウト専門のピッツァ店。サンタ・マリア・フォルモーザ広場近くの橋のたもとにある。さまざまなカットピッツァ100g€1.50～のほか、小さなパイやキッシュなど100g€1.70～が軽食におすすめ。

住 Calle del Mondo Novo, Castello 5799/A
☎ 041-5236621
営 10:00～21:00
休 ㊋、1月
予 €1.50～7 C 不可
交 ⓋNo.1、2 RialtoまたはSan Marcoより徒歩7分、Salizzada di San LioからCalle del Mondo Novoへ

ヴェネツィアのB級グルメ

ヴェネツィアではスタンディング形式の居酒屋バカリが欠かせない。**チッケッティ**Cicchettiと呼ばれるつまみとワインで過ごすひとときは、この地ならではの思い出。**アル・ティモン**Al Timon(住 Fondamenta ormesini, Sestiere Cannaregio 2754 営 18:00～24:00 休 一部の㊗ 地 P.224 A2)は駅からほど近い、バカリ兼ステーキハウス。カウンターに並ぶ約20種のチッケッティはどれも€1とわかりやすい。運河のほとりのテーブルや運河に浮かぶ船が利用できるのもおもしろい。サン・マルコ広場近くの**ビッレリア・フォルスト**Birreria Forst(住 Calle delle Rasse, San Marco 4540 営 9:30～23:00 休 一部の㊗ 地 P.227 C3)はビール醸造所が経営するビールとパニーノの店。暑い夏の冷たい生ビールSpinaの1杯は格別。小腹を満たすのにピッタリの黒パンのサンドイッチは**ローストビーフとサラダ**Manzo Verdure Senapeがおすすめ。テーブル席とカウンターは料金が少し異なる。

どれもひとつ1ユーロ!

ビールとローストビーフサンドがよく合う

ヴェネツィアのレストランガイド

フィアスケッテリア・トスカーナ
P.227 B3

Fiaschetteria Toscana

内部は1階と2階に分かれており広い。メニューは日替わりだが、シーフード料理が中心で魚介類のフライFritto misto di mareなど軽い仕上がりで美味。メニューの種類が魚料理から肉料理まで幅広いのもうれしい。ワインも充実。 要予約

住 Cannaregio 5719
☎ 041-5285281
営 12:30〜14:30、19:30〜22:30
休 ㊋、㊌昼、7〜8月の2週間、12/8〜12/22頃 予 €60〜80
C J.M.V. 交 ⓋNo.1、2 Rialtoより徒歩3分、駅方向へ約200m。サン・ジョヴァンニ・クリソストーモ教会の向かい

ヴィーニ・ダ・ジージョ
P.226 A2

Vini da Gigio

小さな運河のほとりにある家族経営のレストラン。太い梁が渡る店内はあたたかな雰囲気、ヴェネツィアの郷土料理が充実しているが、肉料理も揃う。店内は狭く、人気店なので夜は必ず予約をして出かけよう。
要予約

住 Fondamenta S.Felice, Cannaregio 3628/a
☎ 041-5285140
営 12:00〜14:00、19:00〜22:00
休 ㊊㊋、1〜2月、8〜9月の各3週間
予 €40〜75 C J.M.V.
交 ⓋNo.1、Ca'd'Oro下船徒歩3〜4分

アニス・ステラット
P.224 A2

Anice Stellato

サンタ・ルチア駅の東側、かつてのゲットーを越えた静かな運河沿いにある。天井には太い梁が渡り、大きなテーブルが並ぶ店内は古きよき昔の雰囲気。伝統的なヴェネツィア料理にひとひねりした料理が味わえる。ワインも充実の品揃え。早めに予約して出かけよう。 要予約

住 Fondamenta della Sensa, Cannaregio 3272
☎ 041-720744 営 ㊋〜㊐18:30〜24:00、㊌〜㊐10:30〜15:30
休 ㊊、㊋昼、3月の1週間、11月末〜12月中旬 予 €32〜65 C M.V.
交 ゲットー・ヌオーヴォから徒歩4〜5分

バラババオ
P.227 B3

Osteria Barababao

リアルト橋近く、裏道の路地の一角にあり地元の人でにぎわう店。ヴェネツィアの郷土料理を中心に魚、肉料理ともに充実した品揃え。お店の人も親切。階上には手頃なB&B(€90〜)もある。

住 San Giovanni Cristomoso, Cannaregio 5838
☎ 041-5221061
営 12:00〜15:00、18:00〜23:00
休 一部の㊗ 予 €35〜50(コペルト€2)、定食€20 C A.D.J.M.V.
交 サン・ジョヴァンニ・クリストモーゾ教会裏

リボット
P.226 B1

Ribot

小さな運河に面した入り口は狭いが、中におしゃれな雰囲気のサロンが広がり、その奥には緑の中庭にテーブルが続く。リラックスした雰囲気の落ち着いたレストラン。夜はピアノのライブ演奏もあり。
隣りには同経営の1つ星ホテル、ロカンダ・サニエリがある。

住 Fondamenta Minotto, Santa Croce 160
☎ 041-5242486
営 12:00〜14:30、19:00〜22:30
休 ㊐
予 €40〜66、定食€20(昼)、58
C A.D.M.V 交 ⓋNo.1、2、41、42、51、52 Piazzale Romaから徒歩2分

アッランフォラ
P.226 A1

Pizzeria Trattoria All'Anfora

サンタ・ルチア駅からスカルツィ橋を渡り、ヴェネツィアらしい小路にあるピッツェリア兼トラットリア。サロンの奥に緑に囲まれた愛らしい中庭があり、夏は気持ちいい。50以上の種類豊富で、薄くて大きなピッツァが人気。

住 Calle dei Bari, S.Croce 1223
☎ 041-5240325
営 12:00〜22:30
休 ㊌
予 €13〜30(コペルト€2)
C A.M.V.
交 サンタ・ルチア駅から徒歩7〜8分

アッラ・ヴェドーヴァ
P.227 A3

alla Vedova

アドリア海の新鮮な魚介料理とミートボールが名物のバカリ&トラットリア。お店の人のおすすめがいい。看板には、大きくalla Vedovaと書かれているが、Trattoria Ca'd'Oroとも呼ばれる。地元の人と観光客でいつもいっぱい。開店時間早々を狙うか予約を。 できれば予約

住 Ramo Ca'd'Oro, Cannaregio 3912
☎ 041-5285324
営 11:30～14:30、18:30～22:30
休 ㊐昼、㊍、7/25～8/25
予 €30～35 C M.V.
交 ⓋNo.1 Ca'd'Oroより徒歩2～3分

オステリア・ダ・アルベルト
P.227 A3

Osteria da Alberto

1920年代から続く、時代を感じさせるオステリア兼トラットリア。店頭はワインを立ち飲みする地元の人でいつもにぎわい、カウンターにはおいしそうな前菜がズラリと並ぶ。奥のテーブルではヴェネツィアの伝統的な食事が楽しめる。 できれば予約

住 Calle Giacinto Gallina, Cannaregio 5401
☎ 041-5238153
営 10:00～23:00
休 一部の㊗、1/9～1/17 予 €30～45(コペルト€1.80)、定食€50
C M.V. 交 サンティ・ジョヴァンニ・エ・パオラ教会前から橋を渡った所

オステリア・ダ・フィオーレ
P.226 B2

Osteria da Fiore

地元の人にも大人気のミシュランの1つ星レストラン。伝統的であり繊細なヴェネツィア料理が楽しめる。こだわりの季節の素材とアドリア海の魚介類との調和がすばらしい。ランチの定食が値ごろ感ありおすすめ。 要予約

住 Calle del Scaleter, San Polo 2202/a
☎ 041-721308
営 12:30～14:30、19:00～22:30
休 ㊐㊊、8月2週間、1月2週間
予 €70～150、定食€140
C A.D.J.M.V.
交 ⓋNo.1、2 San Toma下船、徒歩7～8分

タヴェルナ・サン・トロヴァーゾ
P.226 C1

Taverna S. Trovaso

手頃なトラットリアが少ないアカデミア地区でのおすすめの店。運河沿いの小さな路地に建つが内部は広く、いつも地元の人や観光客でにぎわっている。ヴェネツィアの郷土料理をはじめ、ピッツァのメニューも充実している。 日本語メニュー 要予約

住 Dorsoduro 1016
☎ 041-5203703
営 12:00～14:45、19:00～21:45
休 無休
予 €25～50(コペルト€2)、定食€35 C A.J.M.V.
交 ⓋNo.1、2 Accademia下船、アカデミア美術館から徒歩4～5分

カンティーナ・ド・モーリ
P.226 B2

Cantina do Mori

1462年創業の最も古いバカリといわれる。カウンターでつまみと飲み物を注文する立食式。天井からはその昔井戸水を汲むのに使ったという銅の桶がたくさん下がっている。ワインは一杯約€2.50～。

住 Calle dei Do Mori, Sestiere San Polo 429
☎ 041-5225401
営 8:30～20:00頃 休 ㊐
予 €10～15 C A.D.J.M.V.
交 ⓋNo.1 Rialtoより徒歩3分。リアルト橋を渡り、アーケードを抜けた先の通りを左折した先の路地の奥

カンティノーネ
P.226 C1

Cantinone Gia Schiavi

小さな運河沿いにある、いつも地元の人でいっぱいの気取りのないバカリ。カウンターにはさまざまな前菜、壁際にはワインボトルがズラリと並ぶ。カウンターのみなので、バカリ初心者は少し時間をずらしてトライしてみよう。

住 Fondamenta Nani 9, Dorsoduro 992
☎ 041-5230034
営 8:00～20:00
休 ㊐
予 €5～25 C 不可
交 ⓋNo.1、2 Accademiaより徒歩2分

ヴェネツィアのカフェ・バールガイド

カフェ・フローリアン

P.227 C3

Caffè Florian

1720年創業。多くの詩人、作家たちに愛されたヴェネツィアを代表するカフェ。3つに分かれたサロンに入れば、当時の雰囲気をたっぷりと味わうことができる。食事もできる。楽団の演奏時のテーブルチャージ€6は、初回注文時のみ。店内にコーヒーやチョコのおみやげコーナーもある。

住 Piazza San Marco 56-59
☎ 041-5205641
営 4～10月9:00～24:00、11～3月㊊～㊍10:00～21:00、㊎㊏とクリスマス、カーニバル期間9:00～23:00、㊐9:00～21:00 休 1月5日間
予 €5～40（食事） C A.D.J.M.V.
交 サン・マルコ広場 新政庁側

カフェ・クアードリ

P.227 B3

Caffè Quadri

1638年創業の老舗カフェ＆バー。店内は1800年代のカーニバルを描いた絵画などで飾られ、内装も華やかな雰囲気。ケーキなどお菓子もおいしい。広場での楽団の演奏は4～10月。2階は上着着用のフォーマルなミシュランの1つ星レストラン。

住 Piazza San Marco 121
☎ 041-5222105
営 9:00～24:00、レストランは12:30～14:30、19:30～22:30
休 ㊊ 予 €4～14.50(喫茶)、€180～280、定食€170、225(レストラン)
C A.D.J.M.V.
交 サン・マルコ広場 旧政庁側

ハリーズ・バー

P.227 C3

Harry's Bar

ヴェネツィアを代表する高級バー＆レストラン。2階はフォーマルなダイニングだが、1階のカウンターやテーブルで飲み物と軽食が楽しめる。ここが発祥のカクテル、ベッリーニ（桃のジュースとプロセッコ）€16は絶品でおすすめ。1階でも服装チェックあり。

住 Calle Vallaresso, San Marco 1323
☎ 041-5285777
営 10:30～23:00 休 無休
予 バー€8～20、食事€80(昼)、€120(夜)くらい
C A.D.J.M.V.
交 ⓋNo.1、2 Vallaresso下船すぐ

ヴェネツィアのカフェ

クラシックでエレガントなヴェネツィアのカフェ

ヴェネツィアで最も由緒あり、最も有名なカフェは、サン・マルコ広場に面したカフェ・フローリアンCaffè Florian。創業は1720年の老舗。250年以上にわたって、ヴェネツィアの人々に愛されたこの店は、現在でも18世紀初期の姿をそのままに残している。クラシックで、エレガントなムードが訪れる客を魅了し、お茶を飲ませる博物館とでもいうべき造り。

夏の間は、この店も広場にテーブルを広げ、カフェテラスを開くが、できればカフェの中に入り、いくつか仕切られた部屋のひとつに座って雰囲気を味わいたい。この店には、ヴェネツィアの景色を描いたことで有名なカナレットの手になる、18世紀のこの店から見た風景画があるが、内部から見るサン・マルコ寺院や鐘楼などは当時とあまり変わらず、ここに座って広場の光景を眺めていると18世紀の世界にタイムスリップをした気分になってくる。

この店のもつ雰囲気のよさは、多くの有名人を引き付けた。18世紀の有名なプレイボーイ、カサノヴァもこの店の常連で、ドージェ宮殿の牢から逃げ出し、高飛びする前にここに立ち寄って、エスプレッソを飲んだという。またドージェ宮殿にいたヴェネツィア共和国の元首は非公式なミーティングに、しばしばこの店を利用したとのこと。バイロンやゲーテらの文学者たちにも愛好され、ヴェネツィアの社交界の歴史そのもののカフェとして、今も魅力的な顔で、サン・マルコ広場に君臨している。

フローリアンの向かい側には、カフェ・クアードリCaffè Quadriという店もあり、どちらもアイスクリームがおいしい。

カフェ・フローリアンの店内

ヴェネツィアのショッピングガイド

ヴェネツィアみやげといえば、何といってもヴェネツィアングラスだ。日本では、"高価"といわれているヴェネツィアのガラスも、手頃なみやげ物なら、€5（500～600円）ぐらいから手に入る。ムラーノ島などで多発する「押し売り」などに負けないためにも、ヴェネツィア本島をはじめとするガラス店の店頭で、じっくりガラスの値段をチェックしてほしい。

そのほか、紙製品、レターセットや手帳などもヴェネツィアの華やかさと合っている。カーニバルで使う仮面も、ヴェネツィアみやげとしては印象的だ。バウタと呼ばれる伝統的なお面は地味な物だが、伝統的なコンメディア・デッラルテ(仮面即興劇)のマスケラ(仮面)は、おもしろい。

手頃な商店街はリアルト橋からサン・マルコ広場を結ぶ界隈とサンタ・ルチア駅前から北東に延びるLista di Spagna周辺に多い。サン・マルコ広場付近の店の物は、ヴェネツィアングラスにしても芸術品に近い高級品が多い。ウインドーショッピングが楽しい界隈だ。

実用的なヴェネツィアングラスを！

グッチ【ブランド】 P.227 C3

Gucci

新作もズラリと並ぶ大型店舗

メルチェリエ店に比べて店内はかなり広々としており、入りやすく見やすいのが魅力。アクセサリーからバッグ、靴、スーツなど幅広い品揃え。人気のグッチッシマも充実した品揃え。

住 Calle Larga XXII Marzo, San Marco 2102
☎ 041-2413968
営 10:00～19:30
休 無休
C A.D.J.M.V.
交 サン・マルコ広場西端より徒歩2～3分

プラダ【ブランド】 P.227 C3

Prada

都会的で活用的なデザイン

「ポコノ」と呼ばれるナイロン地を使ったバッグのほか、シンプルなカッティングの服や靴が今を感じさせる。すぐ近くにメンズ店あり。

住 Salizzada San Moisè, San Marco 1464
☎ 041-5283966
営 10:00～19:30
休 無休
C A.D.J.M.V.
交 サン・マルコ広場西口から徒歩1～2分

ルイ・ヴィトン【ブランド】 P.227 C3

Louis Vuitton

新着商品も豊富に揃う

機能性と優雅さを併せもった憧れのブランド。この店で扱っているのはバッグと革製品のみ。新着モノグラム・ヴェルニシリーズが人気。

住 San Marco 1345
☎ 041-8844310
営 10:00(㊐10:30)～19:30
休 無休
C A.D.J.M.V.
交 サン・マルコ広場西口から徒歩1～2分

モンクレール【ブランド】 P.227 C3

Moncler

おしゃれな高級ダウン

フランス生まれの高級ダウンメーカー。ヴェネツィアにもオープンした。メンズ、レディスからサングラス、ブーツなど小物までの幅広い品揃えだが、ディスプレイされている商品は一部なので、店員さんに好みを伝えて、商品を見せてもらおう。

住 Calle Larga XXII Marzo, San Marco 2088
☎ 041-2960605
営 10:00～19:00、㊐㊗10:30～19:00
休 一部の㊗ C A.D.J.M.V.
交 サン・マルコ広場西端より徒歩2～3分

パウリー 【ガラス】 P.227 C3

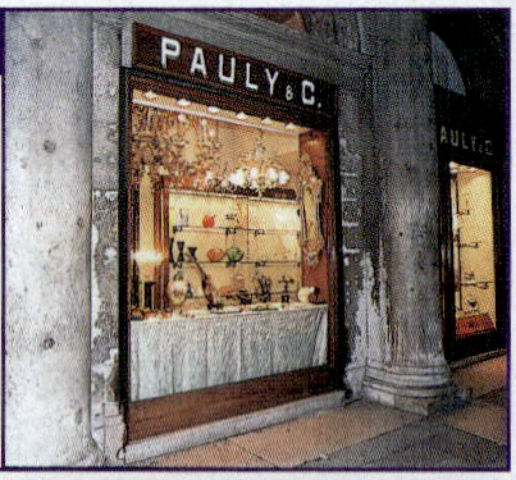

Pauly

ヨーロッパ王室御用達の品々
みやげ物のヴェネツィアングラスとはひと味もふた味も違う高級品で一見の価値あり。デザインはクラシック。広場周辺に3店舗あるが、広場に面した店にはエレガントなアクセサリー、グラスがある。15日以上前に予約すれば工場見学(㊊～㊎のみ)も可。

住 Piazza San Marco 73～77, San Marco 316
☎ 041-5235484
営 10:00～19:00
休 12/24～1/1
C A.D.J.M.V.
交 サン・マルコ広場の一角

リゾラ 【ガラス】 P.226 C2

L'isola

毎年限定のグラスが人気
ヴェネツィアングラスに現代感覚を取り入れたことで知られるカルロ・モレッティ氏の店。斬新な色合わせやデザイン性あふれるフォルムが特徴。日本への発送も可。

住 Calle de le Botteghe 2970, San Maro
☎ 041-5231973
営 10:30～19:30
休 1/1、8/15、12/25、12/26
C A.D.J.M.V.
交 サン・マルコ広場西側より徒歩10分

ヴィットリオ・コスタンティーニ 【ガラス】 P.227 A3

Vittorio Costantini

繊細な作りの海の生物たち
海の生物をイメージした作品で著名な作家コスタンティーニ氏の工房兼ショップ。本物と見まがうばかりの美しさと繊細さにため息。魚のオブジェひとつ€40くらいから。最近作の昆虫や蝶も傑作。

住 Calle del Fumo 5311, Cannaregio
☎ 041-5222265
営 9:30～13:00、14:15～17:30
休 ㊏㊐、7/15～8/15
C M.V.
交 フォンダメンテ・ヌオーヴェ船着場より徒歩3分

カ・マカーナ 【仮面】 P.226 C1

Ca' Macana

インテリアに最適な仮面
紙を張り合わせて作られる仮面は思ったよりも軽い仕上がり。部屋のアクセントになるような個性的な仮面が多く、店内では製作実演も見られる。

住 Calle delle Botteghe, Dorsoduro 3172
☎ 041-2776142
営 夏季10:00～19:30、冬季10:00～18:30
休 1/7～1/21、12/25、12/26
C A.J.M.V.
交 ⓋNo.1 Ca' Rezzonico下船、徒歩3分

スコーラ・サン・ザッカリア 【ギャラリー】 P.226 C2

Schola San Zaccaria

中世の即興仮面劇の絵画
中世イタリアで流行したコンメディア・デッラルテという即興仮面喜劇中の人物を独自のタッチで描いたミッシアイヤ氏のギャラリー。カステッロ(住 Castello 3456)にもギャラリー兼アトリエあり。

住 Campo S.Maurizio, San Marco 2664
☎ 041-5234343
営 16:00～19:00
休 ㊐
C A.M.V.
交 サン・マルコ広場より徒歩6～7分

ティポグラフィア・バッソ・ジャンニ 【名刺】 P.227 A3

Tipografia Basso Gianni

オリジナルの名刺が作れる
活版印刷でオリジナルの名刺やカードが作ってもらえる。デザインは数多くのサンプルの中から相談。名刺100枚€50、3日くらいでできる。

住 Calle del Fumo, Cannaregio 5306
☎ 041-5234681
営 9:00～13:00、14:00～18:30
休 ㊐、㊏午後、8月
C A.M.V.
交 フォンダメンテ・ヌオーヴェ船着場から徒歩3分

ヴェネティア・スタジアム【シルク】 P.226 C2

Venetia Studium

ハンド・メイドのシルク生地

手触りのよいシルク・プリーツの加工品専門店。色の美しさと多さに、ため息が。ポケットチーフ、大小ストールのほか、ドレスやインテリア小物も充実。

住 San Marco 2428
☎ 041-5236953
営 11:00～18:00
休 無休
C A.D.J.M.V.
交 ⓥNo.1、2 San Marco下船、サン・マルコ広場から徒歩5分

エミリオ・チェッカート【制服】 P.227 B3

Emilio Ceccato 1902

✉ゴンドリエーレの制服ゲット

メルチェリア側からリアルト橋を渡ったたもと（左岸）にゴンドリエーレの本物の制服を売る店があります。おみやげ屋でない、おしゃれな作業服屋さんです。ボーダーのシャツ、セーターなど普段着として着こなせるかわいいものばかり、シャツは€24～とお手頃でした。メルチェリエにも店舗あり。
（山梨県　佐藤聖美　'14）['16]

住 Orafecio 16, San Polo
☎ 041-5222700/5208989
営 10:00～13:30、14:30～21:00
㊐11:00～13:30、14:30～21:00
休 一部の㊗　C M.V.
交 リアルト橋の下

ジャコモ・リッツォ【パスタ】 P.227 B3

Pastificio Giacomo Rizzo

カラフルなパスタはおみやげに最適

1905年から続く、自家製造のパスタ店。30種類にもおよぶカラフルなパスタは味も形もさまざま。ゴンドラや仮面の形の物もありかわいらしい。小さな瓶入りのオリーブオイルなどもある。

住 San Giovanni Crisostomo, Cannaregio 5778
☎ 041-5222824
営 8:30～13:00、15:30～19:30
休 ㊐
C A.J.M.V.
交 リアルト橋から北（駅方向）へ徒歩2～3分

ダル・マス【お菓子】 P.226 A1

Pasticceria Cioccolateria DAL MAS

駅近くで一番のおすすめ!

駅近く、いつも地元の人でにぎわう、1906年創業のお菓子屋兼バール。隣のチョコレートショップには、裏のキッチンで作られた手作りのチョコやクッキーなどが並ぶ。仮面型のチョコや伝統的なクッキーはおみやげにも最適。

住 Lista di Spagna, Cannaregio 149-150/A
☎ 041-715101
営 7:00～22:00
C M.V.
交 S.Lucia駅から徒歩2～3分

コープ【スーパー】 P.226 A2

Coop

コープとなって再オープン

カ・ドーロ近く、Strada Novaの角に建つ、食料品を中心とした大型スーパー。店内は広く、近代的で品揃えも豊富。物価の高いヴェネツィアではありがたい存在だ。このほか、ローマ広場、ヴァポレット乗り場の一番奥、運河に面して広いコープの店舗あり（住 Piazzale Roma, Santa Croce 地 P.224 B1）。

住 Cannaregio 3660
☎ 041-5236970
営 8:00～22:00
休 無休　C A.D.M.V.
交 ⓥNo.1 Ca' d'Oroから徒歩1～2分

ディー・エフ・エス【ブランドなど】 P.227 B3

DFS

ドイツ人商館がDFSとしてオープン

リアルト橋すぐ近くにDFSが誕生した。ブランド品のほか、イタリアの食材や工芸品などの品揃えも豊富。最上階のテラスからはカナル・グランデを見渡すこともできる。

住 Calle del Fontego dei Tedeschi
☎ 041-3142000
営 4～9月9:30～21:30、10～3月9:30～19:30
C M.V.
交 リアルト橋より1～2分

イタリアの大型チェーンホテル
シーズンによってかなりお安く宿泊できるのは大型チェーンならでは。安定したサービスも大型ホテルのよさ。

Star Hotels
スターホテルズ
URL www.starhotels.com

Una Hotel
ウナ　ホテル
URL www.unahotels.it

NH Hotel
エヌ・エイチ・ホテル
URL www.nh-hotels.com

旅人憧れの地、ヴェネツィアのホテル探しは難しいことを肝に銘じよう。ここでは限られた土地(建物)に古い建物が多く、安くない料金のわりに満足感がない。「狭い、高い」は、ヴェネツィアの宿命!と考えよう。

ヴェネツィアの歴史ある5つ星ホテルの室内

まず注意することは、この町のホテル代は季節によって、大幅に変化すること。ヴェネツィアのホテルでは、春と秋の観光シーズンとカーニバルの期間(ハイシーズン)は、ローシーズン(11月〜3月中旬)の2〜4倍の料金ということもあり得る。また、最近では、春の復活祭、クリスマスから年末年始、そのほかの連休を利用してやってくるイタリア人が多いので、週末にかけての宿泊は連泊客を希望するホテル側から断られることもある。

■ヴェネツィアのホテルの分布?

サンタ・ルチア駅を出て左方向に延びるリスタ・ディ・スパーニャ通りのあたりには、経済的なホテルが多い。定評ある3つ星ホテルもあるが、料金はサン・マルコ広場あたりよりかなり安め。サン・マルコ広場から西側の大運河沿いと東のスキアヴォーニ河岸には、ヴェネツィアを代表する名門ホテルが並ぶ。探せば、サン・マルコ広場周辺の小路に経済的な1つ星ホテルもある。ヴェネツィアの1〜2つ星ホテルはまずまず好評。コストパフォーマンス考えるのが、ヴェネツィアでの賢いホテル選びだ。

ヴェネツィアの1つ星ホテル、悪くない!

ヴェネツィア市滞在税　Imposta di Soggiorno

2011年8月24日より、ヴェネツィアのホテルなどに宿泊の際、1泊当たりひとり最大€5、最長5泊まで課税されることになった。シーズン(ローシーズンはハイシーズンの70%)、地域(3ゾーン)、ホテルのランクにより税額は細分化されている。支払いは直接ホテルへ。

シーズナリティ
ハイシーズンは、2/1〜11/30、ローシーズンは12/1〜1/31。年により変更の場合あり。

地域=ゾーン
A：歴史地区=ヴェネツィア本島、ジューデッカ島、サンクレメンテ島
B：リド島、ブラーノ島、ムラーノ島
C：本土地域(島しょ部以外)　メストレなど

ホテルのランクと地域(ゾーン)別課税額(左：ハイシーズン、右：ローシーズン)

(ひとり1泊当たりの税額、単位：ユーロ、最大5泊まで課税)

施設＼ゾーン	A　歴史地区など ヴェネツィア本島、ジューデッカ島他		B　その他、島しょ部 リド島、ブラーノ島、ムラーノ島		C　本土地域 メストレなど	
5つ星ホテル	5	3.50	4.50	3.15	3.50	2.45
4つ星ホテル	4	2.80	3.10	2.80	2.80	1.96
3つ星ホテル	3	2.10	2.40	2.10	2.10	1.47
2つ星ホテル	2	1.40	1.60	1.40	1.40	0.98
1つ星ホテル	1	0.70	0.80	0.70	0.70	0.49
ヴィッラなどの歴史的建造物	4	2.80	3.20	2.24	2.80	1.96
B&B	3	2.10	2.40	1.68	2.10	1.47

※5泊まで、10〜16歳は半額。10歳以下は免除

地球の歩き方　ヴェネツィアの注目ホテル!!

ヴェネツィアの5つ星ホテルには、世界の王族や賓客を迎え、伝説として語られるような名門ホテルが多い。それだけにヴェネツィアの伝統と歴史を知るためにも一度は宿泊してみたい。5つ星のなかでは値ごろ感があり、日本人に親切なメトロポールはおすすめ。立地もよい。また4つ星ホテルで注目したいのは、イタリアンのチェーンホテル。季節を選べば、納得の値段で泊まれるし、部屋も広めだ。駅周辺では3つ星ホテルがおすすめ。

サン・マルコ広場周辺

★★★★★ メトロポール P.227 C4

Metropole

目の前に運河が広がるスキアヴォーニ河岸に建つ16世紀の邸宅にあるホテル。1900年代初頭のインテリアと当時のアンティークが豊富に飾られ、内部は華やかなヴェネツィアの時代感にあふれている。緑の中庭での朝食が格別な一日を約束してくれる。併設のレストランMet (→P.246) やクラシックなバーも評判がよい。
ヴェネツィアの5つ星ホテルの中では値ごろ感あり。ヴァポレットの乗り場からは橋をふたつ渡る。
URL www.hotelmetropole.com

住 Riva del Schiavoni 4149
☎ 041-5205044　Fax 041-5223679
TB €225/850　SU €850/2500
室 67室　朝食€35 W-F
C A.D.J.M.V.
交 ⓥNo.1、2、4.1、5.1、5.2 San Zaccaria下船徒歩3分

サンタ・ルチア駅周辺

★★★★ ウナホテル・ヴェネツィア P.227 A3

UNA Hotel Venezia

カ・ドーロとフォンダメンテ・ヌオーヴェのほぼ中ほど、観光客の少ない静かな界隈にある。運河に面した歴史ある邸宅を近代的に改装したホテル。客室はヴェネツィア風にまとめられ、優雅で機能的。特別な看板はないが季節の鉢植えが彩りを添える外観で、近づけばわかるはず。
ヴァポレットの乗り場カ・ドーロからは橋をひとつ渡るだけ。
URL www.unahotels.it

住 Ruga Do Pozzi, Cannaregio 4173
☎ 041-2442711
Fax 041-2442712
SS SB €102/184　TS TB €116/329
室 34室　朝食込み W-F
C A.D.J.M.V.
交 ⓥNo.1 Ca'd'Oro下船、徒歩6~7分

★★★ アッバツィア P.226 A1

Hotel Abbazia

アッバツィア (修道院) の名前どおり、古い修道院を改装したホテルで、木を多用した室内は当時の雰囲気を残す。小さな庭園もあり、静かで落ち着いている。
サンタ・ルチア駅からは荷物を引いてきても苦にならないので便利。
読者割引 10%
URL www.abbaziahotel. com

住 Calle Priuli, Cannaregio 68
☎ 041-717333　Fax 041-717949
SS SB €70/230　TS TB €80/270
3B €105/350　室 39室　朝食込み W-F　C A.D.J.M.V.
交 サンタ・ルチア駅からLista di Spagnaを100m、左側

ヴェネツィアのホテルガイド

★★★★ アイ・レアリ P.227 B3

Ai Reali

17世紀の貴族の邸宅にあり、当時の雰囲気を生かしたクラシックで華やかな雰囲気のホテル。最上階にはスパもあり、ゆったりとリラックスしたヴェネツィア滞在におすすめ。

URL www.hotelaireali.com

住 Campo della Fava 5527, Castello
☎ 041-2410253
Fax 041-2415562
SB €200/300 TB €250/400
JS €400/800 SU €600/900
室 30室 朝食込み W-F
C A.J.M.V
交 リアルト橋から徒歩3分

★★★★ サヴォイア・エ・ヨランダ P.227 C4

Hotel Savoia & Jolanda

スキアヴォーニ河岸、高級ホテルが並ぶ一角にある。サン・ザッカリア船着場の前にあり、交通の便もよい。運河側の部屋からのサン・マルコ運河とサン・ジョルジョ・マッジョーレ島の眺めも絶品。1階にはテラスレストラン併設。

URL www.hotelsavoiajolanda.com
住 Riva degli Schiavoni, Castello 4187
☎ 041-5206644
Fax 041-5207494
TB €90/450
室 51室 朝食込み W-F
C A.D.J.M.V.
交 ⓋNo.1、2 San Zaccaria下船、徒歩1分

★★★★ コンコルディア P.227 B3

Hotel Concordia

サン・マルコ寺院に向かって左側奥にあり、唯一サン・マルコ広場に面したホテル。広場に面した部屋は全部で15室。入口は反対側の通りに面してあり、階段を上った2階がフロント。

Low 1/1～2/20、3/5～3/31、7/1～8/28、11/2～12/23

URL www.hotelconcordia.com
住 Calle Larga, San Marco 367
☎ 041-5206866 Fax 041-5206775
SS SB €120/580 TS TB €160/650
JS €250/850 SU €300/900
室 51室 朝食込み W-F
C A.D.J.M.V.
交 ⓋNo.1、2 San Marco下船、徒歩3分

★★★★ サトゥルニア&インターナショナル P.226 C2

Hotel Saturnia & International

サン・マルコ広場から徒歩5分、ブランドショップが並ぶ3月22日通りにある。ピサーニ家の住居だった14世紀の館を改造しており、落ち着いたなかにも華やかさが感じられるインテリアがすてき。レストランLa Caravella併設。

Low 11～2月（カーニバル期間と年末年始を除く）

URL www.hotelsaturnia.it
住 Via XXII Marzo, San Marco 2398
☎ 041-5208377
Fax 041-5207131
SB €142/470 TB €189/630
室 87室 ビュッフェの朝食込み W-F
C A.J.M.V.
交 ⓋNo.1、2 Vallaresso下船徒歩5分

★★★★ スターホテルズ・スプレンディッド・ヴェニス P.227 B3

Starhotels Splendid Venice

サン・マルコ広場のほど近く、にぎやかな商店街のメルチェリアにあり観光やショッピングに便利。運河沿いに建ち、真紅のベルベットと鏡を多用したロビーは華やかなヴェネツィアを象徴しているよう。客室は近代的で、機能的。客室によっては運河を眺められる。朝食室やルーフガーデンからの眺めもすばらしい。

URL www.starhotels.com
住 Mercerie,S.Marco 760
☎ 041-5200755
Fax 041-5286498
TS TB €150/560 室 165室 朝食込み W-F C A.D.J.M.V.
交 サン・マルコ広場から徒歩4～5分

★★★★ モナコ・エ・グランド・カナル P.227 C3

Monaco e Grand Canal

サン・マルコ広場に近い、ヴァポレットの停留所Vallaressoからすぐ。ヴェネツィアらしい光と雰囲気にあふれたロマンティックなホテル。一部の客室や大運河に面したテラスからはジューデッカ島を望むすばらしい風景が広がる。

URL www.hotelmonaco.it
住 Calle Vallaresso 1332, San Marco
☎ 041-5200211
Fax 041-5200501
SB €150/355 TB €171/590
室 92室 朝食込み W-F
C A.D.J.M.V
交 サン・マルコ広場から徒歩3分

S シャワー共同シングル料金 T シャワー共同ツイン料金 D ドミトリー料金 SS シャワー付きシングル料金 SB シャワーまたはバス付きシングル料金 TS シャワー付きツイン料金 TB シャワーまたはバス付きツイン料金 3B シャワーまたはバス付きトリプル料金 SU スイート JS ジュニアスイート

★★★ フローラ　P.226 C2

Hotel Flora

ホテル・サトゥルニア向かいの路地を入った奥にある、家族経営の小さなホテル。特に欧米人に人気が高く、シーズン中は早めの予約が必要だ。ホテル自慢の中庭での朝食が快適。

High 2～11月

URL www.hotelflora.it

住 Calle dei Bergamaschi, San Marco 2283/A
☎ 041-5225324
Fax 041-5228640
SS €77/230　TS €97/350
室 44室　朝食込み W-F
C A.J.M.V.
交 ⓋNo.1 Santa Maria del Giglio下船徒歩5分

★★★ ラ・カルチーナ　P.226 C2

Pensione La Calcina

ジューデッカ島を望む、明るい日差しのあふれるザッテレ河岸に建つ。スーパーやヴァポレットの停船場も近くにあって便利。運河を眺めながらのテラスでの朝食も楽しい。部屋は清潔でくつろげる。

Low 11～4月、7、8月(除外期間あり)

読者割引 前払いで5%
URL www.lacalcina.com
住 Zattere, Dorsoduro 780
☎ 041-5206466　Fax 041-5227045
S €70/150　SS SB €80/170
TS TB €100/390
室 29室　朝食込み W-F
C A.D.J.M.V.　交 ⓋNo.2 Zattereで下船し、岸を右へ約100m

★★★ パガネッリ　P.227 C4

Hotel Paganelli

サン・マルコ広場の東側。超高級ホテルDanieliダニエリやLondra Palaceロンドラ・パラスなどが建ち並ぶスキアヴォーニ河岸の一角にある。

読者割引 下記URL直接予約(プロモーションコード:500)で15%

URL www.hotelpaganelli.com

住 Riva degli Schiavoni, Castello 4182
☎ 041-5224324　Fax 041-5239267
SS €70/260　TS TB €70/350
JS €130/450(ラグーンビュー)
室 20室　朝食込み W-F
C A.J.M.V.
交 ⓋNo.4.1、5.1 San Zaccaria 下船、徒歩2分

★★ ラ・レジデンツァ　P.227 B4

Hotel La Residenza

カステッロ地区、サン・ザッカリア教会そば、14世紀の由緒ある建物の中にある。サロンや客室は古きよきヴェネツィアンスタイル。

読者割引 5%

URL www.venicelaresidenza.com

住 Campo Bandiera e Moro, Castello 3608
☎ 041-5285315
Fax 041-5238859
SS €50/130　TS €60/230
室 13室　朝食込み W-F
C M.V.
交 ⓋNo.1、2 San Zaccaria下船が便利

★★ セレニッシマ　Hotel Serenissima　P.227 B3

サン・マルコ広場にも近く、便利な立地。このクラスのホテルにしては、38室と部屋数も多い。

読者割引 直接予約のうえ本書提示で10%

Low 3月、7～8月、10/22～11/15

URL www.hotelserenissima.it

住 Calle Goldoni, San Marco 4486
☎ 041-5200011　Fax 041-5223292　S €70/95
SS SB €80/110　T €90/130　TS TB €120/150
室 38室　朝食込み W-F　C A.J.M.V.
交 ⓋNo.1、2 Rialto下船

★ リーヴァ　Hotel Riva　P.227 B3

サン・マルコ広場近くの運河と小路に面したプチホテル。部屋は広くて清潔で、お得感ありの投稿あり。大運河を望む部屋もある。

URL www.hotelriva.it

住 Ponte dell'Angelo, Castello 5310
☎ 041-5227034　Fax 041-5285551
S €60/70　SS €80/90　T €80/100　TS €90/120 (運河側)
3S €140/170　休 11月上旬～2月上旬　室 29室　朝食込み
C 不可　交 ⓋNo.1、2 San Zaccaria下船、徒歩5分

★ ロカンダ・シルヴァ　Locanda Silva　P.227 B3

昔からのヴェネツィアらしいたたずまいを残した、小運河に囲まれた地域にある。夏場は早めに到着すること。

Low 11～3月(カーニバル期間を除く)

URL www.locandasilva.it

住 Fondamenta del Rimedio, Castello 4423
☎ 041-5227643　Fax 041-5286817　S €40/70
T €50/90　SS €50/85　TS €70/140
3S €90/160　室 24室　朝食込み　休 12～1月
C J.M.V.　交 ⓋNo.1、2 San Zaccaria下船

ヴェネツィアのホテルガイド

サンタ・ルチア駅周辺

★★★★ ジョルジョーネ　P.227 A3

Giorgione

古い邸宅の趣がよく残り、かつての貴族の暮らしを想像できるような愛らしいホテル。ムラーノグラスのシャンデリアをはじめ、この町らしいインテリアで装飾されたあたたかな雰囲気。ジャクージのある中庭は夜にはライトアップされて幻想的。スパを併設。

URL www.hotelgiorgione.com
住 SS.Apostoli, Cannaregio 4587
☎ 041-5225810
Fax 041-5239092
SB €67/300
TB €79/700
室 76室　朝食込み W-F
C A.D.J.M.V.
交 ⓋNo.1 Ca'd'oroから徒歩2分

★★★ ロカンダ・ディ・オルサリア　P.226 A1

Locanda di Orsaria

駅に近くて便利で優雅なプチホテル。18世紀のヴェネツィア風インテリアの明るいスーペリアルームからは、隣接の庭園の緑が望めるのがすがすがしい。

読者割引 3泊で8%
High 4月～10月

URL www.locandaorsaria.com
住 Calle Priuli dei Cavalletti 103, Cannaregio
☎ 041-715254　Fax 041-715433
SS €70/130　TS €80/130
TB €100/210(スーペリア)　3S €110/240
4S €130/280　室 15室　朝食込み W-F
C A.D.J.M.V.
交 サンタ・ルチア駅から徒歩5分

アロッジ・ジェロット・カルデラン　P.226 A1

Alloggi Gerotto Calderan

かつての邸宅を改装した内部は広々としてきれい。共同シャワーが各部屋ごとに分かれているのも使いやすい。冷房完備。夏は1週間以上前に予約を。

✉ 駅からも近くて便利ですし、室内は清潔でした。受付の人は英語も通じ、親切でした。　(東京都　田沼利規　'05)['16]

読者割引 Tel予約でハイシーズンに8%（週末および、D を除く）　High 3/15～11/2、年末年始、カーニバル期間　URL www.283.it
住 Campo S. Geremia, Cannaregio 283
☎ 041-715562　Fax 041-715361
SS €35/70　T €40/80　TS €50/100
3S €72/120　室 36室　朝食なし（隣のバールで半額に） W-F　C 不可
交 サンタ・ルチア駅から徒歩3分

ユースホステル

ジェネレイター・ホステル・ヴェニス　P.224 C2

Generator Hostel Venice

YH 本島の向かい、ジューデッカ島にある。かつての穀物倉庫を近代的に改装したユースで、運河に面して建ち、開放的な雰囲気。運河を挟んだサン・マルコ広場方面の美しい夜景も楽しめる。受付時間は14:00～24:00。15泊まで。レストラン、バール、無料のロッカー完備。202ベッド。

e-mail venice@generatorhostels.com
URL www.generatorhostels.com
住 Fondamenta della Zitelle,Giudecca 84/86　☎ 041-8778288　D €16/50
TS €45/300　4S €65/450　朝食€4.50 (7:00～10:00)、夕食€10.50(19:00～22:30)
予約は URL から。 W-F　C D.M.V.
交 ⓋNo.2、4.1 Zitelle(Ostello)下船

オステッロ・サンタ・フォスカ　Ostello Santa Fosca　P.226 A2

YH 古い教会の一部を利用した100人以上収容の大型YH。キッチン利用可。チェックイン9:00～12:00、15:00～20:00。21:30以降のチェックインは事前連絡を。有料の場合あり(€15)。
URL www.ostellosantafosca.it

住 Cannaregio 2372
☎ 041-715775
料 D €15～　T €39～　朝食€1 W-F
C M.V.
交 ⓋNo.1、S. Marcuola下船。駅から徒歩10分

カーサ・カブルロット　Casa Caburlotto　P.224 B1

YH ✉ サンタルチア駅からもローマ広場からも近く、修道院を改装した建物でYHとか宿舎という感じですが、朝食付きでシングル€40はホテル代の高いヴェネツィアではうれしい。バス・トイレは共同ですが、清潔でした。無料 W-F あり。　(KIYO　'14)['16]

URL www.monasterystays.com
住 Fondamenta Rizzi Santa Croce 316
☎ 041-710877　Fax 041-710875　休 冬季2ヶ月位
SS €35～　TS €57～　朝食込み　室 64室　94床
(門限23:00)　交 ローマ広場から7～8分

荷物を持っての移動に便利

①便利なのが荷物運び屋さんPortabagagliポルタバガーリ(☎041-713719:本部)。サンタ・ルチア駅前、サン・マルコ広場などで待機し、ホテルなど希望の場所まで荷物を運んでくれる。基本料金は駅前からヴェネツィア本島内で、1個€24、2個€30、3～4個€36。以降1つ増えるごとに€6追加。

②荷物も多く、人数も多いときに便利なのが水上タクシーTaxi Acquei＝モーターボートだ。高級ホテルでは宿泊者専用の船着場があるし、経済的なホテルでもボートですぐ脇まで行くことができる。空港からサン・マルコ広場周辺まで約€100～120。Radio Taxi☎041-5222303

S シャワー共同シングル料金　T シャワー共同ツイン料金　D ドミトリー料金　SS シャワー付きシングル料金　SB シャワーまたはバス付きシングル料金　TS シャワー付きツイン料金　TB シャワーまたはバス付きツイン料金　3B シャワーまたはバス付きトリプル料金

ナポリの歴史地区
登録年1995年
世界遺産

La Vita nella Città

大いなる自然に彩られた「イタリアの永遠の劇場」

古代ローマの皇帝から始まり、数多くの芸術家をも魅了してきた土地、ナポリ。紺碧の海、雲ひとつない青空、雄大なヴェスーヴィオ火山を望む風光は、今なお、旅人たちを魅了してやまない。

明るい太陽、狭い石畳、はためく洗濯物。お調子者でも憎めないナポリ男に、情深く、たくましいナポリ女。善くも悪しくもイタリアとイタリア人が凝縮された町、それがナポリだ。町では、ナポリっ子の一大ドラマが繰り広げられている。私たち日本人から見れば、誰もがひとかどの俳優に思えるイタリア人。その彼らさえも、ナポリを「イタリアの永遠の劇場」と呼ぶ。

したたかで、ウイットとユーモアに富んだナポリっ子気質は、町の歴史を抜きにしては語れない。古代ギリシア時代からイタリア統一までの2000年、ナポリはヨーロッパのおもな人種に支配され続けた。入れ代わり立ち代わり変化した支配者たちと、うまく付き合う知恵のなかから、ナポリっ子の処世術が生まれたことは間違いない。ときには、権力に屈しながらも、それぞれの体制のなかで、巧みに庶民の知恵を生かして生き抜いてきたのが、正真正銘のナポリっ子だ。そんな彼らが、イタリアーのエンターテイナーであるのは、当たり前だ。

さあ、ナポリへ出かけよう。“Vedi Napoli e poi muori!”「ナポリを見て死ね」の名言どおり、ナポリを見ずして、「恋」も「人生」も「芸術」も、そして「死」さえも、語れないのだから。

NAPOLI ナポリ

カンパニア州／Campania

ナポリの歩き方

空港からのアクセス

●アリバスAlibus

空港から市内へはシャトル便のアリバスが運行。経路は、空港↔中央駅前（ガリバルディ）広場↔マリーナ通りVia Marina（マッサ港Porto Massa）。中央駅前広場では広場中ほどの小さなバスターミナルにバス停あり。空港行きもほぼ同場所からの乗車。

空港発6:30～24:45、20分～1時間30分間隔の運行。中央駅前広場まで所要15～20分。切符€4は車内または空港内チェックインカウンターを背にほぼ一番左側のSun storeで販売。乗り場はSunstore側出口からほぼ正面に200mほど進んだBanco di Napoliやマクドナルドそばの車道から。切符Unico Alibus券はアリバス片道と市内交通への乗り換え可。90分有効。

URL www.sitabus.it

✉ アリバスの切符

切符は車内で運転手から購入できます。'16年8月から車内購入の割り増しも不要になりました。

（栃木県　眉猫　'16）

✉ 中央駅は進化中

中央駅正面の右、書店の隣にスーパーのConadや雑貨店Tiger、さらにコンコースにモッツァレッラ専門店とカンパーニャのお菓子類を売るバールがオープン。おみやげ購入に便利！　明るく便利な駅に進化中です。

（長野県　久間由紀子　'16）

ナポリの鉄道fs駅は複数

ローマなどからの主要列車は、中央駅Napoli Centrale(Napoli C.leと略)、その地下にあるガリバルディ広場駅Napoli Piazza Garibaldi、港近くのメルジェッリーナ駅Napoli Mergellina、カンピ・フレグレイ駅Napoli Campi Flegrei(Napoli C.F.と略)などに停車。各駅は地下鉄で結ばれている。乗車前に、行先、下車・乗車駅の確認を。

ナポリ庶民の台所、カプアーナ門近くのメルカートの混雑

中央駅からバスR 2番に乗ると、約10～20分で交通の要所**ムニチーピオ広場**へ到着だ。緑の芝生のなかに立つのが**ヌオーヴォ城**。その先には海が広がり、カプリ島などへのフェリー乗り場だ。このまま海岸沿いに行けば、歌にも歌われる**サンタ・ルチア湾**や**卵城**に続く。サンタ・ルチア湾から**メルジェッリーナ港**までの散歩道は右に市立公園の緑、左に**ヴェスーヴィオ火山**、**サンタ・ルチア湾**、**卵城**が眺められ、まるで一枚の絵のように美しい。夕暮れに赤く染まる頃はひときわ印象的だ。

ヌオーヴォ城から続く赤い建物が**王宮**と**イタリア三大歌劇場**のひとつの**サン・カルロ劇場**。劇場前を抜けると、半円形に柱が連なる大広場**プレビシート広場**だ。この広場から北へ真っすぐ延びるのがナポリのメインストリートの**トレド通り**（または**ローマ通り**）。通りの途中には、**ヴォメロの丘**へのケーブルカー乗り場があり、さらに先には古代芸術の宝庫、**国立考古学博物館**。さらに進むと**カポディモンテの丘**が広がり**国立カポディモンテ美術館**がある。やや距離があるので、考古学博物館からはバスNo.178の利用が便利。

トレド通り途中のカリタ広場北から東側は**スパッカ・ナポリ**と呼ばれるナポリの下町。狭い路地に洗濯物がはためき、どこか懐かしい映画でも観ているような光景が広がる。

スパッカ・ナポリから**ドゥオーモ**を目指せば、中央駅へ約1km。

カポディモンテ美術館のプレゼーピオでナポリの昔を知る！

ナポリへの行き方

[空港からのアクセス(→P.260)]

鉄道trenitalia(fs線)

ナポリ中央駅Napoli Centrale（Napoli C.le）下車が便利

- ●ミラノ中央駅からFRECCIAROSSAで4時間15分～4時間40分、IC(乗り換えなし)で8時間40分
- ●ヴェネツィア・サンタ・ルチア駅からFRECCIAROSSAで5時間5分(直通)、FRECCIARGENTO＋FRECCIAROSSA(ボローニャ乗り換え)で4時間49分～5時間35分
- ●フィレンツェ・サンタ・マリア・ノヴェッラ駅からFRECCIAROSSAで2時間31分～2時間57分
- ●ローマ・テルミニ駅からFRECCIAROSSAやFRECCIARGENTOで約1時間10分、ICで2時間3分、Rで約2時間40分

ナポリの交通について

●ナポリの鉄道駅

ナポリの鉄道fs線の駅は、町の西、海に近い**メルジェッリーナ駅**と東の**ナポリ中央駅など**がある（この2駅間は地下鉄で行き来することができる）。中央駅地下には、fs線と**地下鉄**（fsが運行）共用の**ナポリ・ガリバルディ駅**がある。中央駅のコンコースから矢印に従い脇（ホームを背に左の通路）に進むか、構内中央または駅正面のエスカレーターで下れば、ポンペイ、ソレント行き**ヴェスーヴィオ周遊鉄道**の乗り場へと通じている。

中央駅前のガリバルディ広場が整備された

●ナポリの交通

バス、市電、地下鉄そして坂の町にふさわしいケーブルカーと、交通機関はバラエティに富んでいる。

●バスターミナル

中・長距離バス（プルマン）のターミナルは、中央駅に向かって右の駐車場奥にある。バーリ行きなどはここから発着。多くのバスはムニチーピオ広場（P.265 B3）、ヴィットリア広場（P.264 C2）にも停車する。近距離バスは**ムニチーピオ広場**の西側に停車している**青いバス**。中央駅前にプルマン案内のBOXあり。

空港と市内を結ぶアリバスは中央駅前に発着

交通機関の料金

ナポリ市内および近郊へも使用できるバス、トラム、フニコラーレ、地下鉄などに共通。1回券は制限があるので、観光客には90分券または1日券が便利。1日券は当日24:00まで利用可。1週間券は週半ばでの購入は損。

公共交通機関の切符、種類は以下の通り。

- ■1回券Corsa Semplice　€1（バス、トラム、1と6番地下鉄、フニコラーレ。乗り換え不可）
- ■1回券Corsa Semplice2　€1.20（市内および近郊バス、EAVまたはRFI線。乗り換え不可）
- ■90分券Biglietto Orario Integrato　€1.50（市内交通機関に共通。時間内乗り換え可）
- ■1日券Biglietto Giornaliero　€3.50（市内交通機関に共通。当日24:00まで有効）
- ■1週間券Abbonamento Settimanale　€12（市内交通機関に共通。購入日直近の日曜の24:00まで有効）

※時間券は時間内ならバス、トラムは何度でも乗り換え可。ただし、ケーブルカー、地下鉄は1回のみ。
※1日券は、バス、トラム、ケーブルカー、地下鉄に共通。
※バス、地下鉄、フニコラーレの検札は厳しいので、切符は必ず乗車時に打刻し、下車するまで持っていよう。1日券などの場合はバスでは最初の乗車時に打刻すればOK。

地下鉄やフニコラーレ利用の場合は、そのつど改札機に通して入場しよう。

中央駅のトイレ

コンコース中央部から地下へ下りた右奥。自動入口で料金€1を投入して中へ。

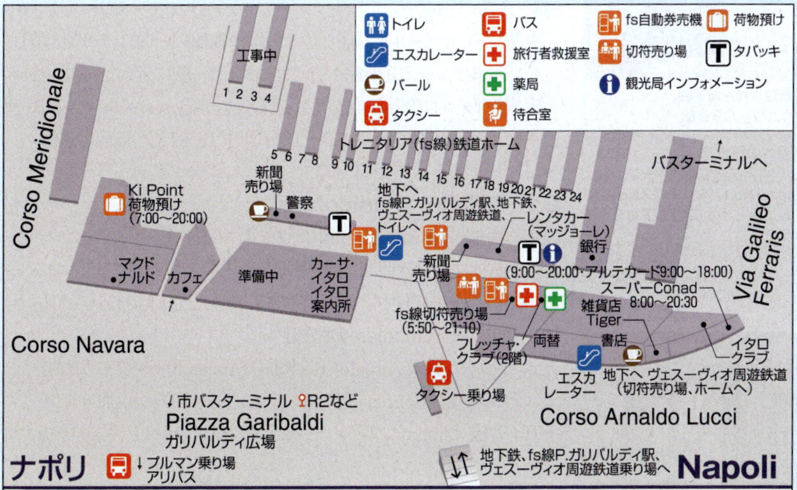

ナポリ中央駅構内（'16年11月現在、一部工事中。配置は変更の可能性あり）

バス
バスのターミナルとなっているのが、中央駅前のガリバルディ広場と町の中心やベヴェレッロ港にも近いムニチーピオ広場。ムニチーピオ広場では広場内や周辺道路にバス停が点在しているので、下車したバス停を覚えておくと帰りの便を利用する際に便利。

観光に便利な路線がNo.R2。ガリバルディ広場からウンベルト1世大通り、王宮、ムニチーピオ広場を経由してガリバルディ広場へ戻る。循環バスなので、もし降り損ねても、元の場所に戻るので安心だ。バス停やバスの正面には行き先が表示してあるので、まずは確認を。(→P.262)

また、車内前方の電光掲示板には次の停留所が表示されるバスもある。

ナポリのバス
かなり混雑するナポリのバス。これに乗じてスリも出没する。お財布や貴重品はなるべく持ち歩かない。あらかじめバスの切符などは購入しておき、小銭とカードくらいの身軽さで町歩きにでかけよう。座っていれば被害はかなり防げる。乗降時も注意しよう。

町なかのWi-Fiゾーン
ナポリ中央駅、中央駅前のガリバルディ広場、ダンテ広場、サンタ・ルチアの海岸通りなどで無料で1日2時間まで接続可。重要情報は送付しないなど、セキュリティ管理を。

新設された地下鉄、ウニヴェルシタ駅

港への行き方
ベヴェレッロ港：中央駅からはトラムNo.1。またはバスNo.R2でムニチーピオ広場で下車し、徒歩で。

メルジェッリーナ港：中央駅からは地下鉄2線で4つ目メルジェッリーナ駅下車。

フニコラーレは便利な市民の足

●バス
ナポリは交通渋滞が激しく、待てど暮らせど目指すバスが来ないことも多い。次に挙げるのは観光に役立つ路線。

R2: 中央駅前ガリバルディ広場↔ウンベルト1世通り↔G.ボヴィオ広場↔ムニチーピオ広場↔V.エマヌエーレ3世通り↔サン・カルロ通り↔ガリバルディ広場

R1: メダリエ・ドーロ広場↔ダンテ広場↔トレド通り↔G.マッテオッティ広場↔G.ボヴィオ広場↔ムニチーピオ広場↔国立考古学博物館↔メダリエ・ドーロ広場

140: ポシリッポ↔メルジェッリーナ↔キアイア通り↔ムニチーピオ広場↔サン・カルロ通り(王宮)

C63: 国立考古学博物館↔国立カポディモンテ美術館

1(トラム): 中央駅前↔ベヴェレッロ港

●地下鉄　Metropolitana（メトロポリターナ）
ナポリ名物の渋滞に悩まされることもなく、バスよりも混雑は少ない。路線は1線Linea 1(赤色)と2線Linea 2(水色、旧fs線)、6線Linea 6(ピンク色)の3線。1線は旧市街を一周し、町の北側の郊外が終点。観光に利用できるのは、ダンテ広場からP.ヴァンヴィテッリ駅くらいまで。2線は町を東西に横断し、西のポッツォーリPozzuoliまで。6線はメルジェッリーナから西、モストラまで。

地下鉄切符もバスなどの交通機関と共通。

1線：ガリバルディ(中央駅)↔ウニヴェルシタ(ボヴィオ広場)↔ムニチーピオ↔トレド↔ダンテ広場↔ムゼオ(国立考古学博物館、地下道で2線カヴール駅と連絡)↔マーテルデイ↔サルヴァトーレ・ローザ↔クアトロ・ジョルナーテ↔ヴァンヴィテッリ(ケーブルカー駅と連絡)↔メダリエ・ドーロ↔(略)↔ピシノーラ　※8～20分間隔の運行

2線：サン・ジョヴァンニ・バッラ↔ジャントゥルコ↔ガリバルディ(中央駅)↔カヴール広場(国立考古学博物館)↔モンテサント(国立サン・マルティーノ美術館へ行くケーブルカー駅に近い)↔アメデオ広場(ヴォメロの丘に向かうケーブルカー駅)↔メルジェッリーナ↔(略)↔ポッツォーリへ　※7～12分(㊏㊐13～18分)間隔の運行

●ケーブルカー　Funicolare（フニコラーレ）
市の西側に4本あり、うち3本はヴォメロの丘に行く。サン・マルティーノ美術館へはモンテサント線が便利。ケーブルカー駅まで続くエレベーターも町中にあって便利。運行時間は7:00～22:00頃で約10分間隔。

【ケーブルカーFunicolareの路線】

チェントラーレ線 Centrale: トレド通り(Augusto)↔フーガ広場

モンテサント線 Montesanto: モンテサント↔モルゲン通り

キアイア線 Chiaia: マルゲリータ公園通り(アメデオ広場)↔チマローザ通り

メルジェッリーナ線 Mergellina: メルジェッリーナ通り↔マンツォーニ通り

●ヴェスーヴィオ周遊鉄道　Ferrovia Circumvesuviana（フェロヴィア チルクムヴェスヴィアーナ）

エルコラーノ、ポンペイ、ソレントに最も早く行ける。この路線ではユーレイルパスは通用しない。車内では切符がないと通常の運賃のほか反則金を取られることもあるので、切符はあらかじめ窓口で購入のこと。

カプリ島への水中翼船

●船

世界のリゾート地、**カプリ島、イスキア島、プローチダ島**への航路がある。海からソレントへ渡ることもできる。フェリーと水中翼船などがある。どの港からも平日と休日では運航スケジュールは異なり、冬場は就航する船会社も減るので、出航場所や運航時刻についてはホテルや❶などで調べておくことが必要。

■ベヴェレッロ港　Molo Beverello

カプリ、イスキア、プローチダ、ソレントへのフェリーTraghetto（トラゲット）と水中翼船Aliscafo（アリスカーフォ）、シチリアやジェノヴァへの大型フェリーが出ている。季節により異なるものの、メルジェッリーナ港より運航本数は多い。

シチリア、サルデーニャへの
大型フェリーの出るマリッティマ駅

■メルジェッリーナ港 Mergellina

カプリ、イスキア、プローチダなどへ水中翼船が出ている。またマリッティマ駅Stazione Marittimaからは、シチリアやサルデーニャ行きのフェリーも就航している。

フェリー
ナポリ─カプリ（50～80分）片道€11.30～16.50
水中翼船
ナポリ─カプリ（35～45分）片道€17.60～20.50

船はナニを選ぶ!?
安さで選ぶならフェリー、時間短縮なら水中翼船。ただどちらも欠点があり、フェリーは運航本数が少なめ。水中翼船は天候によってはかなり揺れる場合があるので心配な人は酔い止め薬の持参を。

どの会社、港を選ぶ?
カプリ島やイスキア島への船は複数の会社が運航し、季節や会社により多少料金も異なる。船の待ち時間を最短にするには片道切符の購入がいい。港に着いたら、最初に出発する船の切符を購入しよう。往復券を購入してしまうと、季節によっては該当の会社の船が来るまで3～4時間待つこともある。また冬季は、メルジェッリーナ港からの出航は減便になる。

期間限定の観光列車登場
ヴェスーヴィオ周遊鉄道に期間限定（'16年は5/15～10/15）で観光列車Campania Expressが1日4～6便登場。冷房の効いた列車で混雑も避けられる。ナポリからエルコラーノ、ポンペイのみに停車し終点はソレント。ポンペイまで片道€6、往復€11、ソレントまで片道€8、往復€15。購入は、ナポリではヴェスーヴィオ周遊鉄道切符売り場横の鉄道❶の窓口で。URLからも購入可。
URL www.eavsrl.it

ナポリ観光に最適　カンパニア・アルテカード・プラスcampania>artecard plus

ナポリをはじめカンパニア州の観光や移動に便利なアルテカード。最初の2～5ヵ所が無料で入場でき、見どころへの交通機関の切符も含まれている（③④は除く）。バスや地下鉄、ケーブルカーなどの交通機関は時間内（最終日の24:00まで）なら何度でも利用可なので町歩きにも活用できる。数種類あるので、旅の予定や興味に合わせて購入しよう。

①**ナポリ3日2ヵ所券** Napoli 3 giorni　€21（18～25歳€12）
ナポリだけを観光するのに最適。

②**州内全域3日2ヵ所券** Tutta la Regione 3 giorni　€32（€25）

③**州内全域7日5ヵ所券** Tutta la Regione 7 giorni　€34
（交通機関を含まない）ナポリのほかにポンペイ、ペストゥム、カゼルタなどカンパニア州内を観光するのに便利。

④**年間券365** giorni　€43（交通機関を含まない）（€33）
ゆったり滞在派やじっくり見学したい人に。

特典　①ではナポリ国立考古学博物館、国立カポディモンティ美術館、王宮、国立サン・マルティーノ美術館など約40ヵ所、②～④では①のほかカンパニア州内のポンペイ遺跡、エルコラーノ遺跡、ペストゥムの遺跡、カゼルタ王宮、ラヴェッロのヴィッラなど広範囲で利用できる。また、各見どころのブックショップ、劇場、City Sightseeing Napoli（→P.271）などでも割引きあり。

販売場所　下記URL、主要見どころ、空港、中央駅の❶など、campania>artecard plusの表示のある場所で。

使用方法　カードは見どころ用と交通機関用の2枚組。見どころカードは使用前に名前と開始日時を記入し、各見どころの専用機械に通すか係員に呈示。交通機関用は最初に刻印すればOK。簡単なガイド（日本語あり）と交通マップもセットされている。

詳しい情報は☎800600601（イタリア国内無料通話）
URL www.campaniaartecard.it

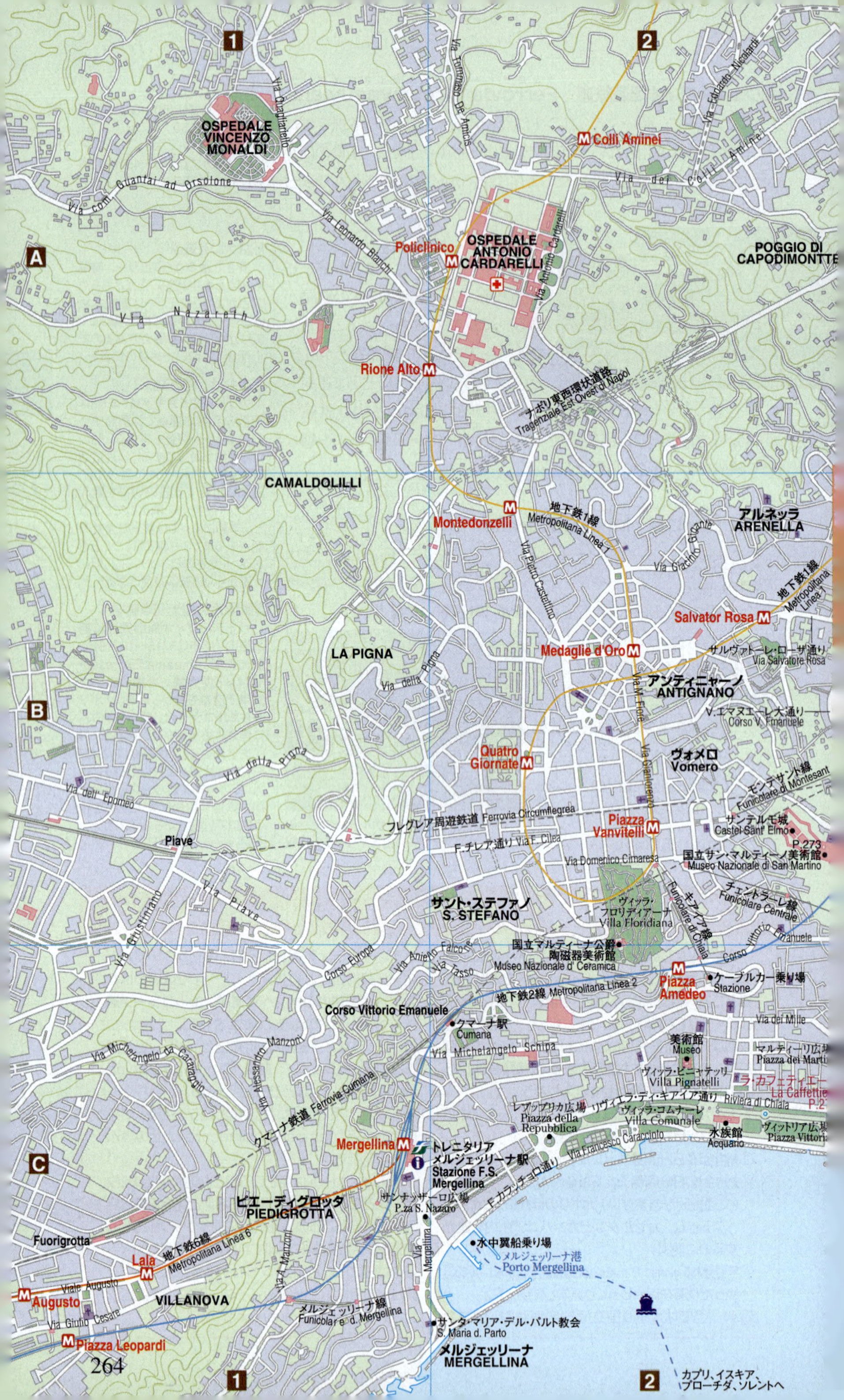

1
2
A
B
C
OSPEDALE VINCENZO MONALDI
Via Quagliariello
Via Tommaso De Amicis
Colli Aminei
Via Edoardo Nicolardi
Via dei Colli Aminei
Via com. Guantai ad Orsolone
Via Lenardo Bianchi
Policlinico
OSPEDALE ANTONIO CARDARELLI
Via Antonio Cardarelli
POGGIO DI CAPODIMONTE
Via Nazareth
Rione Alto
ナポリ東西環状道路
Tangenziale Est-Ovest di Napoli
CAMALDOLILLI
Montedonzelli
地下鉄1線
Metropolitana Linea 1
Via Pietro Castellino
アルネッラ
ARENELLA
Via Giacinto Gigante
Salvator Rosa
Medaglie d'Oro
サルヴァトーレ・ローザ通り
Via Salvatore Rosa
LA PIGNA
Via della Pigna
アンティニャーノ
ANTIGNANO
V.エマヌエーレ大通り
Corso V. Emanuele
Via M. Fiore
Quatro Giornate
ヴォメロ
Vomero
Via Giordano
モンテサント線
Funicolare di Montesanto
Via dell'Epomeo
フレグレア周遊鉄道 Ferrovia Circumflegrea
Piazza Vanvitelli
サンテルモ城
Castel Sant' Elmo
P.273
Piave
F.チレア通り Via F. Cilea
Via Domenico Cimarosa
国立サン・マルティーノ美術館
Museo Nazionale di San Martino
Via Piave
サント・ステファノ
S. STEFANO
ヴィッラ・フロリディアーナ
Villa Floridiana
キアイア線
Funicolare di Chiaia
チェントラーレ線
Funicolare Centrale
Via Giustiniano
Corso Europa
Via Aniello Falcone
Via Tasso
国立マルティーナ公爵陶磁器美術館
Museo Nazionale d' Ceramica
Corso Vittorio Emanuele
Piazza Amedeo
ケーブルカー乗り場
Stazione
地下鉄2線 Metropolitana Linea 2
Corso Vittorio Emanuele
クマーナ駅
Cumana
Via dei Mille
Via Michelangelo Schipa
美術館
Museo
マルティーリ広場
Piazza dei Martiri
Via Michelangelo da Caravaggio
Via Alessandro Manzoni
ヴィッラ・ピニャテッリ
Villa Pignatelli
ラ・カフェティエーラ
La Caffettiera
P.2
クマーナ鉄道 Ferrovia Cumana
レプッブリカ広場
Piazza della Repubblica
リヴィエラ・ディ・キアイア通り
Riviera di Chiaia
ヴィッラ・コムナーレ
Villa Comunale
ヴィットリア広場
Piazza Vittoria
水族館
Acquario
Via Francesco Caracciolo
Mergellina
トレニタリア メルジェッリーナ駅
Stazione F.S. Mergellina
F.カラッチョロ通り
サンナッザーロ広場
P.za S. Nazaro
ピエーディグロッタ
PIEDIGROTTA
Fuorigrotta
地下鉄6線
Metropolitana Linea 6
Lala
Via Mergellina
水中翼船乗り場
メルジェッリーナ港
Porto Mergellina
Viale Augusto
Augusto
VILLANOVA
Via A. Manzoni
Via Giulio Cesare
メルジェッリーナ線
Funicolare d. Mergellina
サンタ・マリア・デル・パルト教会
S. Maria d. Parto
Piazza Leopardi
メルジェッリーナ
MERGELLINA
カプリ、イスキア、プローチダ、ソレントへ

ナポリ
カポディモンテ公園
Parco di Capodimonte
P.270
国立カポディモンテ美術館
Museo e Gallerie Nazionali di Capodimonte
(カポディモンテの王宮
Palazzo Reale di Capodimonte)
マードレ・デル・ブオン・コンシリオ教会
Madre del Buon Consiglio
カポディモンテ
CAPODIMONTE
サンジェンナーロのカタコンベ
Catacombe di S. Gennaro
サン・ジェンナーロ・エクストラ・モエニア教会
S. Gennaro Extra Moenia
サンタ・マリア・デッラ・サニタ教会
S. Maria D. Sanità
サニタ
SANITA
イル・モイアリエッロ
IL MOIARIELLO
救貧院
Albergo dei Poveri
カルロ3世広場
P.za Carlo III
植物園
Orto Botanico
ピアッツォラ
PIAZZOLA
自転車競技場
Velodromo
拘置所
Carceri Giudiziare di Poggioreale
ナツィオナーレ広場
P.za Nazionale
Centro Direzione
周遊鉄道路線
空港へ 3km
Materdei
Cavour
地下鉄2線
Metropolitana Linea 2
国立考古学博物館
Museo Archeologico Nazionale
Museo
ドゥオーモ
Duomo
カプアーノ城
Castel Capuano
アリバス
トレニタリアナポリ中央駅
Stazione F.S. Napoli Centrale
Gianturco
Piazza Garibaldi
サン・ロレンツォ
S. LORENZO
バスターミナル
周遊鉄道
S.F.S.M.駅
私鉄 ヴェスーヴィオ周遊鉄道駅
Stazione FE-RR.Circumvesuviana
モンテサント
MONTE SANTO
ダンテ広場とポルタルバ
P.za Dante / Port' Alba
Dante
スパッカ・ナポリ
SPACCA NAPOLI
サン・ドメニコ・マッジョーレ教会
S.Domenico Maggiore
Montesanto
ケーブルカー乗り場
Stazione
ポンペイへ 25km
サレルノへ 55km
カリタ広場
P.za Carità
Università
スペイン地区
QUARTIERI SPAGNOLI
Toledo
Molo C.Pisacane
Calata Porta di Massa
港
Bacino del Piliero
Molo Martello
Molo C.Console
Pontile V. Emanuele II
ムニチーピオ広場
Piazza Municipio
Municipio
トレニタリアマリッティマ駅
Stazione F.S. Marittima
ヌオーヴォ城
Castel Nuovo
アリバス
ウンベルト1世のガッレリア
Galleria Umberto I
サン・カルロ劇場
Teatro S.Carlo
フェリー乗り場
フェリー乗り場
ベヴェレッロ埠頭
Molo Beverello
王宮
Palazzo Reale
キアイア通り
Via Chiaia
プレビシート広場
Piazza Plebiscito
Bacino Angioino
P.266-267
PIZZOFALCONE
サンタ・ルチア
SANTA LUCIA
ミラマーレ
Miramare P.279
ラ・カンティネッラ
La Cantinella P.275
P.275
マリーノ
Marino
レックス
Rex P.279
エクセルシオール
Excelsior
P.279
P.272
卵城
Castel dell'Ovo
サンタ・ルチア港
Porto Santa Lucia
ヴェスーヴィオ G.H.Vesuvio P.279
カルーソ Caruso P.275
ナポリ湾
Golfo di Napoli
サルデーニャ、シチリア、マルタ、エオリエ諸島へ
カプリ、イスキア、プローチダ、ソレントへ
N
0 250 500m
Via Miano
Via N. Nicolini
Calata di Capodichino
Viale Umberto Maddalena
Via Nuova del Campo
Via Don Bosco
マルタ大通り
Corso Malta
Via Nuova Poggioreale
Via Arenaccia
Via Foria
フォリーア通り
G.ガリバルディ大通り
Via Casanova
Corso Novara
Via Giovanni Porzio
Via Cesare Rosaroll
Via Taddeo da Sessa
Corso Meridionale
Via Carbonara
Corso G. Garibaldi
Via Tribunali
Via Duomo
Corso Umberto I
Via Amerigo Vespucci
Via Nuova Marina
ウンベルト1世大通り(レッティフィーロ)
Via Cristoforo Colombo
Via Salvator Rosa
Corso Amedeo di Savoia Duca d'Aosta
トレド通り
Via Toledo
Corso Vittorio Emanuele
サンタ・ルチア通り
Via Santa Lucia

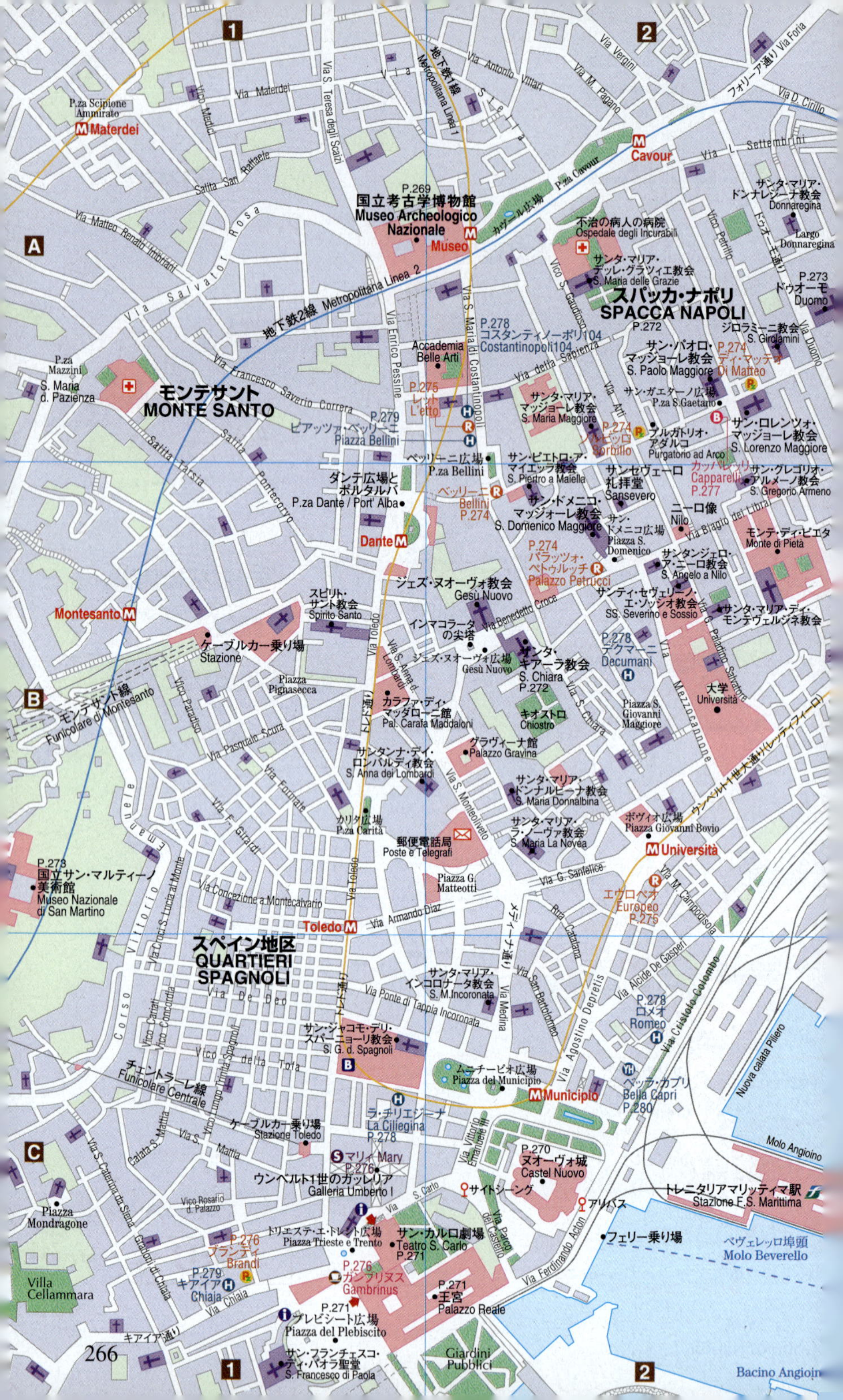
1
2
A
B
C
P.za Scipione Ammirato
Materdei
Via Materdei
Via S. Teresa degli Scalzi
地下鉄1線 Metropolitana Linea 1
Via Antonio Villari
Via Vergini
Via M. Pagano
フォリーア通り Via Foria
Via D. Cirillo
Cavour
Via L. Settembrini
P.za Cavour
カヴール広場
Salita San Raffaele
Via Matteo Renato Imbriani
Via Salvator Rosa
P.269
国立考古学博物館
Museo Archeologico Nazionale
Museo
地下鉄2線 Metropolitana Linea 2
サンタ・マリア・ドンナレジーナ教会
Donnaregina
Largo Donnaregina
不治の病人の病院
Ospedale degli Incurabili
サンタ・マリア・デッレ・グラツィエ教会
S. Maria delle Grazie
スパッカ・ナポリ
SPACCA NAPOLI
P.272
P.273
ドゥオーモ
Duomo
ジロラミーニ教会
S. Girolamini
Via Duomo
Via Enrico Pessina
Via S. Maria di Costantinopoli
P.278
コスタンティノーポリ104
Costantinopoli104
Accademia Belle Arti
Via della Sapienza
P.za Mazzini
S. Maria d. Pazienza
モンテサント
MONTE SANTO
Via Francesco Saverio Correra
P.275
レット
L'etto
P.279
ピアッツァ・ベッリーニ
Piazza Bellini
サン・パオロ・マッジョーレ教会
S. Paolo Maggiore
P.274
ディ・マッテオ
Di Matteo
サン・ガエターノ広場
P.za S.Gaetano
サンタ・マリア・マッジョーレ教会
S. Maria Maggiore
ソルビッロ
Sorbillo
プルガトリオ・アダルコ
Purgatorio ad Arco
サン・ロレンツォ・マッジョーレ教会
S. Lorenzo Maggiore
カッパレッリ
Capparelli
P.277
サン・グレゴリオ・アルメーノ教会
S. Gregorio Armeno
Salita Tarsia
Salita Pontecorvo
ベッリーニ広場
P.za Bellini
ダンテ広場とポルタルバ
P.za Dante / Port' Alba
ベッリーニ
Bellini
サン・ピエトロ・ア・マイエッラ教会
S. Pietro a Maiella
サンセヴェーロ礼拝堂
Sansevero
サン・ドメニコ・マッジョーレ教会
S. Domenico Maggiore
サン・ドメニコ広場
Piazza S. Domenico
ニーロ像
Nilo
Via Biagio dei Librai
モンテ・ディ・ピエタ
Monte di Pietà
Dante
パラッツォ・ペトゥルッチ
Palazzo Petrucci
サンタンジェロ・ア・ニーロ教会
S. Angelo a Nilo
ジェズ・ヌオーヴォ教会
Gesù Nuovo
スピリト・サント教会
Spirito Santo
サンティ・セヴェリーノ・エ・ソッシオ教会
SS. Severino e Sossio
サンタ・マリア・ディ・モンテヴェルジネ教会
Montesanto
インマコラータの尖塔
Via Benedetto Croce
ケーブルカー乗り場
Stazione
ジェズ・ヌオーヴォ広場
Gesù Nuovo
サンタ・キアーラ教会
S. Chiara
デクマーニ
Decumani
Via Mezzocannone
Via Paladino
Via Salvatore
大学
Università
Piazza Pignasecca
モンテサント線
Funicolare di Montesanto
Vico Paradiso
カラファ・ディ・マッダローニ館
Pal. Carafa Maddaloni
キオストロ
Chiostro
Via S. Chiara
Piazza S. Giovanni Maggiore
Via Pasquale Scura
グラヴィーナ館
Palazzo Gravina
サンタンナ・ディ・ロンバルディ教会
S. Anna dei Lombardi
トレド通り
Via Toledo
Via Forno
Via S. Monteoliveto
サンタ・マリア・ドンナルビーナ教会
S. Maria Donnalbina
ウンベルト1世大通り(レッティフィーロ)
カリタ広場
P.za Carità
郵便電話局
Poste e Telegrafi
サンタ・マリア・ラ・ノーヴァ教会
S. Maria La Novea
ボヴィオ広場
Piazza Giovanni Bovio
Università
P.273
国立サン・マルティーノ美術館
Museo Nazionale di San Martino
Via Concezione a Montecalvario
Piazza G. Matteotti
Via G. Sanfelice
Via M. Campodisola
エウロペオ
Europeo
P.275
Toledo
Via Armando Diaz
メディーナ通り
Via Medina
スペイン地区
QUARTIERI SPAGNOLI
Via De Deo
サンタ・マリア・インコロナータ教会
S. M.Incoronata
Via Ponte di Tappia Incoronata
Via San Bartolomeo
Via Agostino Depretis
Via Alcide De Gasperi
Via Cristoforo Colombo
P.278
ロメオ
Romeo
Nuova calata Piliero
Corso Vittorio Emanuele
Vico Cariati
Vico Concordia
サン・ジャコモ・デリ・スパーニョーリ教会
S. G. d. Spagnoli
Vico della Tofa
ムニチーピオ広場
Piazza del Municipio
チェントラーレ線
Funicolare Centrale
ベッラ・カプリ
Bella Capri
P.280
Municipio
ケーブルカー乗り場
Stazione Toledo
ラ・チリエジーナ
La Ciliegina
P.278
Via S. Mattia
Calata S. Mattia
P.270
ヌオーヴォ城
Castel Nuovo
Molo Angioino
マリー
Mary
P.276
ウンベルト1世のガッレリア
Galleria Umberto I
サイトシーイング
アリバス
トレニタリア マリッティマ駅
Stazione F.S. Marittima
Via S. Caterina da Siena
Piazza Mondragone
Vico Rosario d. Palazzo
トリエステ・エ・トレント広場
Piazza Trieste e Trento
サン・カルロ劇場
Teatro S. Carlo
P.271
Via Parco del Castello
フェリー乗り場
ベヴェレッロ埠頭
Molo Beverello
Via Ferdinando Acton
P.276
ブランディ
Brandi
P.279
キアイア
Chiaia
Via Chiaia
P.276
ガンブリヌス
Gambrinus
P.271
王宮
Palazzo Reale
Villa Cellammara
P.271
プレビシート広場
Piazza del Plebiscito
キアイア通り
サン・フランチェスコ・ディ・パオラ聖堂
S. Francesco di Paola
Giardini Pubblici
Bacino Angioino

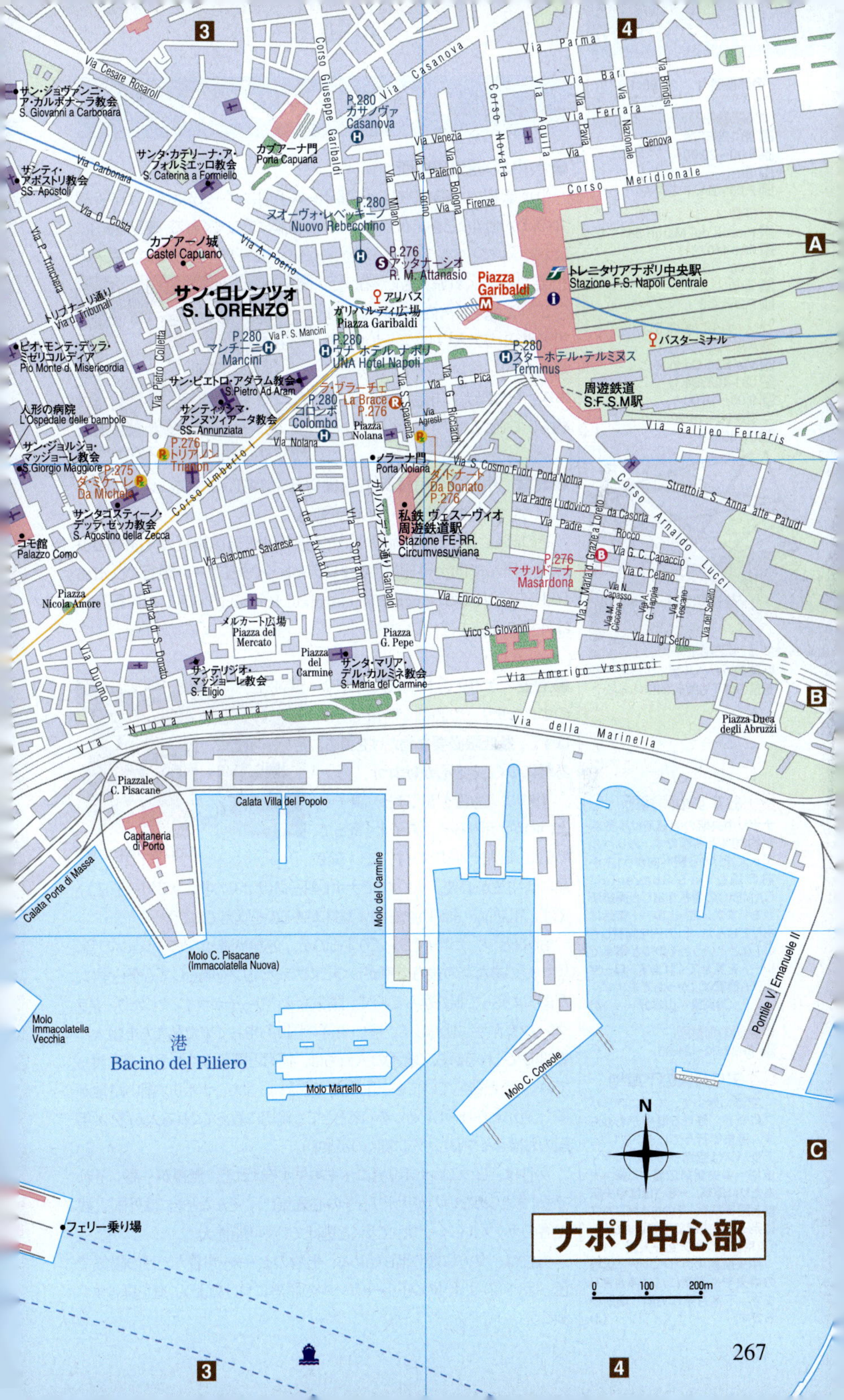
ナポリ中心部
サン・ロレンツォ
S. LORENZO
サン・ジョヴァンニ・ア・カルボナーラ教会
S. Giovanni a Carbonara
サンティ・アポストリ教会
SS. Apostoli
サンタ・カテリーナ・ア・フォルミエッロ教会
S. Caterina a Formiello
カプアーナ門
Porta Capuana
カプアーノ城
Castel Capuano
P.280 カサノヴァ
Casanova
P.280 ヌオーヴォ・レベッキーノ
Nuovo Rebecchino
P.276 アッタナーシオ
R. M. Attanasio
Piazza Garibaldi
アリバス
ガリバルディ広場
Piazza Garibaldi
トレニタリアナポリ中央駅
Stazione F.S. Napoli Centrale
バスターミナル
P.280 マンチーニ
Mancini
P.280 ウナ・ホテル・ナポリ
UNA Hotel Napoli
P.280 スターホテル・テルミヌス
Terminus
周遊鉄道
S.F.S.M駅
ピオ・モンテ・デッラ・ミゼリコルディア
Pio Monte d. Misericordia
サン・ピエトロ・アダラム教会
S.Pietro Ad Aram
ラ・ブラーチェ
La Brace
P.276
P.280 コロンボ
Colombo
サンティッシマ・アンヌンツィアータ教会
SS. Annunziata
人形の病院
L'Ospedale delle bambole
サン・ジョルジョ・マッジョーレ教会
S.Giorgio Maggiore
P.276 トリアノン
Trianon
P.275 ダ・ミケーレ
Da Michele
ノラーナ門
Porta Nolana
ダ・ドナート
Da Donato
P.276
私鉄 ヴェスーヴィオ周遊鉄道駅
Stazione FE-RR. Circumvesuviana
P.276 マサルドーナ
Masardona
サンタゴスティーノ・デッラ・ゼッカ教会
S. Agostino della Zecca
コモ館
Palazzo Como
Piazza Nicola Amore
メルカート広場
Piazza del Mercato
Piazza del Carmine
Piazza G. Pepe
サンテリジオ・マッジョーレ教会
S. Eligio
サンタ・マリア・デル・カルミネ教会
S. Maria del Carmine
Piazza Nolana
Piazza Duca degli Abruzzi
Piazzale C. Pisacane
Capitaneria di Porto
Calata Villa del Popolo
Calata Porta di Massa
Molo del Carmine
Molo C. Pisacane (Immacolatella Nuova)
Molo Immacolatella Vecchia
港
Bacino del Piliero
Molo Martello
Molo C. Console
Pontile V. Emanuele II
フェリー乗り場
Via Cesare Rosaroll
Via Carbonara
Via O. Costa
Via P. Trinchera
Via A. Poerio
トリブナーリ通り
Via dei Tribunali
Via Pietro Colletta
Corso Umberto I
Via P. S. Mancini
Corso Giuseppe Garibaldi
Via Casanova
Corso Novara
Via Venezia
Via Palermo
Via Milano
Via Torino
Via Bologna
Via Firenze
Via Parma
Via Bari
Via Ferrara
Via Aquila
Via Pavia
Via Nazionale
Via Genova
Via Brindisi
Corso Meridionale
Via G. Pica
Via S. Spaventa
Via Agresti
Via G. Ricciardi
Via Nolana
Via Galileo Ferraris
Via S. Cosmo Fuori Porta Nolana
Via Padre Ludovico da Casoria
Via Padre Rocco
Corso Arnaldo Lucci
Strettoia S. Anna alle Paludi
Via G. C. Capaccio
Via C. Celano
Via N. Capasso
Via M. Cicone
Via A. G. Tappia
Via A. Toscano
Via del Sebeto
Via S. Maria d. Grazie a Loreto
Via Luigi Serio
Via Enrico Cosenz
Vico S. Giovanni
Via Amerigo Vespucci
Via Giacomo Savarese
Via del Lavinaio
Via Sopramuro
ガリバルディ大通り
Garibaldi
Via Duca di S. Donato
Via Duomo
Via Nuova Marina
Via della Marinella
0 100 200m

●郵便番号　80100

中央駅ⓘEPT
☎ 081-268779
開 9:00～20:00
休 ㊗
地 P.265 B4、P.267 A4

EPTⓘメインオフィス
住 Piazza dei Martiri 58
☎ 081-4107211
開 9:00～15:30
休 ㊏㊐
地 P.264 C2

サン・カルロ劇場そば ⓘAASCT
住 Via San Carlo 9
☎ 081-402394
開 9:00～18:00
　㊐9:00～14:00
地 P.266 C1

駅前のガリバルディ広場の改装整備の終了も間近な2016年秋

✉ おすすめ両替所

ナポリ中央駅の両替所は手数料が約30%と高額です。ガリバルディ大通りから駅へ向かう1本手前の通りVia S.SpaventaにCAMBIOの看板を出した両替所があります。店頭にレート表示はありませんが、「1万円を両替したい」などというとそのつど電卓でレートを見せてくれます。ローマよりも換算はよかったです。
（静岡県　山本好一　'14）

中央駅の両替所
開 毎日7:00～21:00

✉ アリバスの下車地

空港に着いて、すぐにアリバスに乗車。降りる場所がわからず、港まで行ってしまいました。アリバスは空港→ガリバルディ広場＝中央駅前広場（広場中央あたりに停車）→港→ほぼ中央駅前と回るので、そのまま同じバスに乗って中央駅で下車しました。
（東京都　シニア女一人旅　'12）
中央駅前のガリバルディ広場の中央やや西側にバス停があります。下車も乗車も同じ場所からです。　（イシン　'14）

ナポリの役立つ情報

●ナポリの観光案内所

中央駅構内のⓘEPTは、23番ホーム手前にブースがある。ホテル紹介のほか地図などを配布。ていねいに相談に応じてくれる。駅のⓘ内にはカンパニア・アルテカードのカウンター（9：00～18：00）があり、購入の相談に応じてくれ購入もできる。

新設されたナポリ駅のインフォメーション

このほか、王宮内、ウンベルト1世のガッレリア入口（サン・カルロ劇場向かい）、プレビシート広場などにあり、市内観光の相談やホテル予約をしてくれる。

●両替　**中央駅の両替所**は、fs線切符売り場近くにある。レートはあまりよくないが、営業時間が長いのが魅力。

そのほか、駅付近で両替のできる銀行は駅前広場P.za Garibaldiの道を挟んで向かい側にある**クレディト・イタリアーノ銀行**Credito Italiano。広場のBanca Commerciale ItalianaやB.N.Lの各銀行では外貨の両替を行っていない。

●治安　ナポリでは、用心のため金のアクセサリーや高価な時計などははずし、**最低限必要な物だけを持ち、身軽に歩くことを心がけよう。**

駅では懐中物に注意！

イタリア人も舌を巻くほど、調子がよいのがナポリっ子。調子よく寄ってくる人、破格の値段の付いている商品には注意が必要。イタリアで**ナポレターノ**（ナポリの物、ナポリっ子）といえば、粗悪品、まがい物を指す意味があるのを覚えておこう。

もうひとつ、ナポリでびっくりするのが、交通渋滞と、クラクションの音。黒い髪のあなたの後ろで車がしつこくクラクションを鳴らしても怒らずに、たまには笑って振り返ってみて。陽気なナポリっ子がウインクしたり、クラクションを派手に鳴らして、遠い東洋の国からやって来た私たちを盛大に歓迎してくれるから。地元の人たちは、信号と関係なく上手に道を渡っていく。ただ待っていても一生横断できない。また、ナポリは細い路地が多く、道がわかりづらいが、尋ねるととても親切に教えてくれる人が多い（年配のおばさんやおじさんに聞くのがよい）。

女性は、しつこいナポリ男にヘキエキするけれど、無視が一番。それでも、あきらめないのがナポリっ子の心意気(?)。そんなときには外国人観光客のカップルにくっついて歩くと逃げていく可能性大。

男性は、夕方に繰り出し始める、男物のセーターを着ただけの陽気で色っぽい(!?)ナポリのストリートガールの誘惑に負けぬよう、道を真っすぐ歩こう。

おもな見どころ

古代文明の宝物庫 MAP P.266 A1・2

国立考古学博物館 ★★★

Museo Archeologico Nazionale ムゼオ アルケオロジコ ナツィオナーレ

世界でも屈指のギリシア・ローマ美術を収集した博物館。ポンペイやエルコラーノの遺跡をより知るために必見の場所だ。

大広間のように広がる1階にはファルネーゼ・コレクションの彫像を展示。とりわけ名高いのは、紀元前4世紀の模刻『**ファルネーゼのヘラクレス**』Ercole Farnese (11室)、ダイナミックなひとつのドラマを見るような『**ファルネーゼの雄牛**』Torro Farnese (16室)、紀元前5世紀の名彫刻の模刻『**槍兵**』Doriforo (45室) など。9～10室は宝石類の展示でメノウの細工を施した『**ファルネーゼの皿**』Tazza Farnese は紀元前2世紀の物。

『ファルネーゼの雄牛』

『踊る牧神像』

中2階は古代遺跡から発掘された紀元前1世紀頃のモザイクや彫像などを展示。鮮やかで写実的なモザイク画は当時の様子を雄弁に物語るかのようだ。『**メナンドロスの喜劇**』Commedia di Menandroはぼかしの技法がすばらしい。5.83×3.13mという大モザイク画の『**アレクサンドロ大王の戦い**』Battaglia di Alessandro Magno (61室) はポンペイの「牧神の家」の床を飾った物で、近くの『**踊る牧神像**』Fauno (60室) も同じ場所からの発掘品。ポンペイで見られる物のオリジナルだ。

2階には、美意識の高さをうかがわせる、ポンペイ絵画と多数のブロンズ像を展示。

国立考古学博物館、2階大広間

1時間前までの入館
各美術・博物館の入館は閉場1時間前まで。また、特別展などでは料金変更の場合あり。

●国立考古学博物館
住 Piazza Museo 19
☎ 081-4422149
開 9:00～19:30
休 ㊋、1/1、12/25
料 €12
※第1㊐は無料
※入口近くのロッカー（無料）にリュックなどは入れて見学
※中央駅からは地下鉄2線でカヴールCavour駅下車。ダンテ広場からは地下鉄1線でムゼオMuseo駅下車。ムゼオ駅は巨大なヘラクレス像が飾られた近代的な駅。
バスならヌオーヴォ城やジェズ・ヌオーヴァ広場からはNo.R4で。
※カヴール駅とムゼオ駅は地下道で連絡
※オーディオガイド（英・仏・伊語）はアルテカード提示で€4が€2.50に割引
※切符売り場は19:00まで。19:00～退室開始
※5月中旬～9月の㊍に23:00(入館22:15)までの夜間開館の場合あり

✉ 地下鉄1線開通
中央駅からトレド通り、ダンテ広場方向も開通してすごく便利になりました。大混雑のバスに乗る必要がなく、渋滞も関係ないので効率的に移動できました。駅はかなり地中深い感じでアート感があってきれいで近代的。ウニヴェルシタUniversitàからガリバルディPiazza Garibaldi間はまだすべての駅が使用されていないので、駅の間が長かったです。
（東京都　フーディー　'14）

✉ 治安は!?
ナポリの治安はそう悪くありません。70代の夫婦ふたりで2泊しました。夕方の空港到着、ポンペイへの電車往復、地下鉄内、町歩き……いずれでも危険は感じず、スリにも遭いませんでした。注意して行けばよいでしょう。
（イシン　'14）

ナポリの歩き方 ナポリらしい雰囲気を知るなら、まずは王宮から卵城、サンタ・ルチア界隈へ。中央駅前のバスターミナル(→P.262)からバスR2利用が便利。始発で座って行こう。見逃せない国立考古学博物館へは地下鉄1線で。バスやタクシーはかなりの渋滞があるので時間の余裕をもって利用しよう。

ヌオーヴォ城 →P.270 ▶ 王宮 →P.271 ▶ プレビシート広場 →P.271 ▶ 卵城とサンタ・ルチア →P.272 ▼ 国立サン・マルティーノ美術館→P.273 ◀ スパッカ・ナポリ →P.272 ◀ 国立考古学博物館 →P.269 ◀ 国立カポディモンテ美術館→P.270

国立カポディモンテ美術館には
ナポリの歴史が詰まっている

●国立カポディモンテ美術館
住 Via Miano 2/Parco di Capodimonte
☎ 081-7499111
開 8:30〜19:30
休 ㊌、1/1、12/25　料 €8
※第1㊐は無料
※入館18:30まで、19:00〜退出開始
※中央駅から地下鉄2線カヴールCavour下車、考古学博物館前のPiazza Museoのバス停から、168番（ダンテ広場にもバス停あり）、178番はバス停Porta Piccolo(Via Miano)下車。C63(ダンテ広場も）の下車バス停はPorta Grande（Via Capodimonte）。王宮近くやダンテ広場からはバスR4でバス停Viale Colli Aminei下車。Via Capodimonteのバス停からさらに約200m離れている。ときには渋滞で非常に時間がかかるのは覚悟のこと。

✉ カポディモンテの行き方

バス停Via Capodimonte下車後、坂を上ってすぐ左折して直進。5分ほどで敷地の入口が見えてきます。ここまで、ほぼバス1区間はあります。下車したバス停は坂の途中で、上にも下にも立派な建物があってどちらに進むか迷いました。Via Mianoのバス停が入口近くです。（マルク '16）

新登場!　便利で快適

Citysightseeing busがShuttle Museo Capodimonteを運行。車内の混雑を避け、美術館入口で乗り降りできる。中心街から約22分（渋滞の場合あり）。50分ごとの運行。サン・カルロ劇場そばのPiazza Trieste Tronto発でムニチーピオ広場、ダンテ広場、考古学博物館、カポディモンテ美術館に停車。
料 シャトルバス往復　€8　片道 €5
シャトルバス往復+カポディモンテ美術館入場券（有効1日）　€12
5〜26歳　€6
※休館日の㊌は運休

●ヌオーヴォ城
住 Piazza Municipio
☎ 081-7955877
開 9:00〜19:00
休 ㊗　料 €6
※切符売り場は閉館1時間前まで

緑の丘の王宮美術館　MAP P.265 A3

国立カポディモンテ美術館 ★★★

Museo e Gallerie Nazionali di Capodimonte
ムゼオ エ ガッレリエ ナツィオナーリ ディ カポディモンテ

ベルサイユのトリアノン庭園をモデルにした、緑濃い庭園に建つ、18世紀の旧王宮内にある美術館。博物館は4階からなり、見学は2階から。２階はおもにルネッサンス絵画からヴェネツィア派の絵画を展示。見逃せないものを挙げると、この美術館の代表作のひとつである、マザッチョの『磔刑図』Crocifissione、ジョヴァンニ・ベッリーニの円熟期の傑作『キリストの変容』Trasfigurazione、ヴェネツィア派を代表するティツィアーノの『ダナエ』Danae、『マッダレーナ』Maddalena。ブリューゲルの『盲者の寓話』Parabola dei Cierchiなど。

美術館を代表する傑作のひとつ、ベッリーニ作『キリストの変容』

２階の一角を占める旧居室Appartamento Storicoは華やかなナポリ宮廷の歴史を鮮明に伝えてくれる場だ。カポディモンテ焼をはじめヨーロッパの名品を集めた陶磁器コレクションや『磁器の間』Gabinetto di Porcellana del Palazzo di Porticiは必見だ。

ナポリ派に影響を与えたカラヴァッジョの、『キリストの笞打ち』

３階はナポリ派を中心に展示。ナポリ派の黄金期に影響を与えたシモーネ・マルティーニの傑作『トゥールーズの聖ルイ』San Ludovico di Tolosa、ナポリで暮らし、17世紀のナポリ絵画に多大な影響を与えたカラヴァッジョの『キリストの笞打ち』Flagellazioneをはじめ充実したナポリ絵画が続く。

４階は1800年代および近・現代絵画やオブジェを展示している。

ルネッサンス建築の華麗な城　MAP P.266 C2、P265 C3

ヌオーヴォ城（アンジュー家の城） ★

Castel Nuovo (Maschio Angioino)　カステル ヌオーヴォ（マスキオ アンジョイーノ）

地元では“アンジュー家の城”とよばれる

13世紀のアンジュー家の城が、15世紀になってアラゴン家の手によって再建された物。5つの円筒状の塔を持つ城壁で囲まれている。正面右ふたつの塔の間は、大理石のレリーフを施した凱旋門で、ルネッサンス様式の傑作のひとつ。内部は市立博物館となっており、パラティーノ礼拝堂には14〜15世紀の彫刻とフレスコ画、3階の南翼廊には15〜20世紀の銀器などを展示。

ナポリ王宮の歴史を展示 MAP P.266 C1・2、P265 C3

王宮 ★★

Palazzo Reale パラッツォ レアーレ

ナポリの歴史を担った王宮

17世紀スペイン治政下に造られたものの、18世紀まではナポリ王が住まなかった王宮。正面のプレビシート広場に面して、ノルマンのルッジェーロ王からヴィットリオ・エマヌエーレ2世まで8人のナポリ王の立像が収められている。

内部は**王宮歴史的住居博物館**Museo dell'appartamento storico di Palazzo Realeとなっており、南イタリアの首都として君臨したナポリ宮廷の歴史を物語る豪華な空間が続く。飾られた絵画や調度などにも注目したい。

豪奢(ごうしゃ)な大階段を上った2階から見学を開始。**『宮廷劇場』**Teatro di Corteはフェルディナンド4世の婚礼を祝して1768年に造られ、小規模ながら、金色に彩色された音楽の女神などで飾られた華麗な空間だ。**『外交の間』**Sala Diplomaticaはブルボン家のカルロと王妃を擬人化したフレスコ画が描かれている。ひときわ豪華で金色に輝く**『玉座の間』**Sala del Tronoには、王家の肖像画が飾られ、正面はフェルディナンド1世だ。さらに『王の書斎』Studio del Re、『王の礼拝堂』Cappella Realeなどが続く。

列柱の連なるたおやかな広場 MAP P.266 C1

プレビシート広場 ★

Piazza del Plebiscito ピアッツァ デル プレビシート

王宮正面とサン・フランチェスコ・ディ・パオラ聖堂に囲まれた広場。教会の列柱が広場を包み、中央にはカノーヴァによるカルロ3世とこの広場を建造したフェルディナンド1世の騎馬像が立つ。

イタリア三大歌劇場 MAP P.266 C1

サン・カルロ劇場 ★

Teatro San Carlo テアトロ サン カルロ

サン・カルロ劇場（右）と
ウンベルトⅠ世のガッレリア

1737年ブルボン家のカルロ3世により建てられた**イタリア三大歌劇場**のひとつ。正面とロビーを除けば、すべて当時のままで、抜群の音響効果と豪華な内部装飾は有名。オペラが上演されない午前中、見学することができる。また、劇場の向かいにあるのは、ミラノのガッレリアを小ぶりにしたような**ウンベルト1世のガッレリア**Galleria Umberto I。

ヌオーヴォ城、王宮博物館へ

地下鉄M1線Municipio下車。バスなら中央駅からNo.R2、国立考古学博物館からNo.R1、または徒歩でも楽しい。ヌオーヴォ城へはM.Angioino下車。王宮博物館はひとつ先のバス停サン・カルロ劇場前で下車。バスの進行方向に進み、左に曲がったプレビシート広場正面が入口。

●王宮博物館

住 Piazza Plebiscito 1
☎ 081-5808111
開 9:00〜20:00
休 ㊌、1/1、12/25
料 €4

便利で安全な観光バス

City Sightseeing Napoli

車内大混雑のナポリの市バスを避けたい人や手軽に町を眺めて観光したい人には最適。おもな始発地はヌオーヴォ城前（Largo Castello/Piazza Municipio）。

切符€22、24時間有効。乗り降り自由で何度でも乗車可。日本語のオーディオガイドつき。3/24〜10/31頃の運行。

URL www.napoli.city-sightseeing.it

ルート

Ⓐ芸術の地 Luoghi dell'Arte

9:45〜16:50に30〜40分間隔、1周72分●始発地→ダンテ広場→考古学博物館→カポディモンテ→S.ジェンナーロのカタコンベ→マードレ→カプアーナ門（Via Muzii）→ボヴィオ広場（Università）↔ベヴェレッロ港→始発地

Ⓑナポリ湾の眺望 Le Vedute del Golfo

9:30〜16:45に約40分間隔 1周61分●始発地↔ヴィッラ・ピニャテッリ↔メルジェッリーナ→ポシリッポ（眺望）→ヴィルジリアーノ公園→ヴィア・ペトラルカ（眺望）→卵城→ベヴェレッロ港→始発地

Ⓒサン・マルティーノの丘 San Martino

㊏㊐㊗のみ12:10〜16:20に約2時間ごと●始発地→マルティーリ広場→アメデオ広場→ヴァンヴィテッリ広場→サン・マルティーノ美術館→サルヴァトーレ・ローザ通り→始発地

プレビシート広場

●サン・カルロ劇場

住 Via S. Carlo 98F
☎ 081-7972468
開 切符売り場10:00〜13:00
16:30〜18:30
休 ㊐㊗
※ガイド付き見学
平日10:30〜16:30（13:30を除く）、㊐10:30〜12:30の毎時30分発、所要45分。料 €6

歌にうたわれた風情あるたたずまい

MAP P.265 C3

卵城とサンタ・ルチア ★

Castel dell' Ovo / Santa Lucia　カステル デッローヴォ／サンタ ルチア

かつては漁村だった、サンタ・ルチア地区の美しい海岸通りから、海に張り出して建てられた12世紀の古城。ここから眺めるナポリ湾とヴェスーヴィオ火山の姿は絵はがきのようだ。夜間は、照明に浮かび上がる卵城が幻想的な雰囲気を醸し出し、メルジェッリーナにかけての海岸通りは散歩を楽しむカップルでいっぱい。

卵城とサンタ・ルチアの海

ナポリならではの情趣あふれる下町

MAP P.265 B3、P266 A・B2

スパッカ・ナポリ ★

Spacca Napoli　スパッカ・ナポリ

スパッカ・ナポリの広場でひと休み

ダンテ広場とカリタ広場の中間あたりから中央駅方向に走る道が古くはスパッカ・ナポリと呼ばれた。この界隈は今でもナポリ情趣の残る古い町。陽気で人懐っこいナポリっ子、興味深い仕事ぶりを見せる職人たち。青い空に翻る洗濯物や活気あふれるにぎやかな市場と、ナポリのすべてがここにある。

たくさんのゴシック教会が並び、信心深いナポリっ子が朝・夕の祈りをささげている。

ナポリの王族や貴族の眠る

MAP P.266 B2

サンタ・キアーラ教会 ★★

Santa Chiara　サンタ キアーラ

14世紀創建のゴシックの教会で、第2次世界大戦による破壊の後、元どおり再建された。裏側にある**修道院回廊**（キオストロ）Chiostroは陶板タイルで装飾された柱廊の美しさで有名。キオストロに付随して、ローマ時代の浴場跡、博物館、巨大なプレゼーピオなどがある。入口は教会正面左。

陶板タイルで装飾された柱廊

●卵城
住 Borgo Marinari
☎ 081-7956180
開 月～土　9:00～19:30（冬季18:30）
日祝　9:00～14:00
休 1/1、5/1、12/25　料 無料

✉ 卵城でのんびり

ヴェスーヴィオ山を眺めながら海風を受けてのサンタ・ルチアの海岸通りの散歩は、ナポリに来たことを実感させてくれます。とても気持ちいいですヨ。疲れたら、卵城のテラスで風景を眺めて休息を。無料で入れて、眺めも最高です。（長野県　久間由紀子　'16）

✉ カラヴァッジョ・ファン必見

トレド通りに面したイタリア最大手の銀行の所有する美術品を展示。内部はまるで宮殿のよう。カラヴァッジョ最後の「聖ウルスラの殉教」が圧巻でした。
ゼヴァロス・スティリアーノ宮美術館
Galleria d'Italia Palazzo Zevallos Stigliano
住 Via Toledo 185
開 10:00～18:00
土日10:00～20:00
休 月
料 €5、18～25歳、65歳以上€3
（長野一隆　'14）['16]

名の由来
スパッカ・ナポリとは、「ナポリを真っ二つに分けるもの」という意味。

スパッカ・ナポリの顔、ニーロ像

●サンタ・キアーラ教会
●修道院回廊（キオストロ）
住 Via Santa Chiara 49
☎ 081-5516673
開 9:30～17:30
日祝10:30～14:30
料 €6（キオストロのみ）
地 P.266 B2

✉ 明朗会計ナポリタクシー

悪いうわさの多いナポリのタクシーですが、中央駅前のタクシー乗り場には警察官とタクシーの人員整理の人が各1人ずついて長蛇の列はさばいているし、乗車後行き先を伝えると運転手が最初に料金の目安を記入した伝票を渡してくれました。駅前からだけではなくどこから乗っても同様の提示がありました。フレンドリーな人も多く会話も弾み楽しかったです。
（兵庫県　山崎典子　'13）

ナポリっ子の心のよりどころ　MAP P.266 A2

ドゥオーモ ★

Duomo (San Gennaro)　ドゥオーモ(サン ジェンナーロ)

ナポリの守護聖人サン・ジェンナーロを祀った教会で、ナポリっ子の信仰のよりどころ。礼拝堂に保存されている聖人の血が、年2回の祭りの日には「液化」する奇跡で、ナポリはもちろんのことイタリア中に知られている。5月の第1土曜日と9月19日の祭りの日には、盛大な行事が催され、町は奇跡を喜び合う人々で、祭り一色に染まる。

サン・ジェンナーロの礼拝堂

ナポリの暮らし美術館　MAP P.264 B2、P266 B1

国立サン・マルティーノ美術館 ★★

Museo Nazionale di San Martino

ムゼオ ナツィオナーレ ディ サン マルティーノ

春にはミモザの咲く、ナポリを見下ろすヴォメロの丘に建つ修道院の美術館。バス乗り場のある展望台や見晴らしのよい館内テラスからは、ナポリの町並みやカプリ島も望める。また、隣接して建っているのは、16世紀の要塞のサンテルモ城Castel Sant' Elmo。ひときわ高い要塞の上からはナポリ湾と旧市街の眺望がすばらしい。

美術館へ入り、中庭を抜けた**教会**は、17世紀のナポリ・バロック様式の最高傑作のひとつ。天井は金や銀に装飾され、壁面には輝くばかりのフレスコ画が描かれ、絢爛たる雰囲気だ。後陣裏手からは17世紀の**回廊**(キオストロ)へ続き、これを出た左に**プレゼーピオ**(キリスト生誕を物語風に模した、クリスマスの飾り物)の大コレクションを展示。圧巻は『クチニエッロのプレゼーピオ』Il Presepe Cucinello。18世紀のナポリの風俗を知る貴重な資料でもある。このほか、華麗な船や絵画や彫刻などを展示。

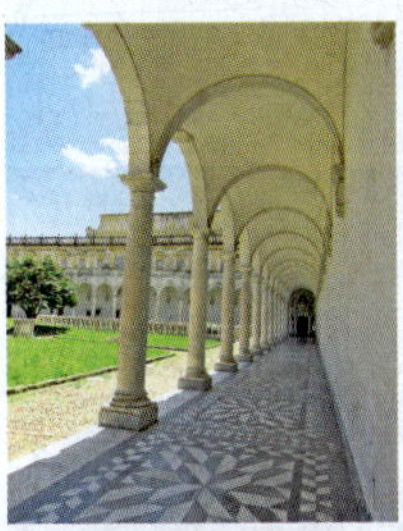

かつての修道院をしのばせる
キオストロ・グランデの中庭

●ドゥオーモ
住 Via Duomo 147
☎ 081-449065
開 8:30～13:30
14:30～19:30
㊐ 8:00～13:00
16:30～19:30

タクシー固定料金　Tariffe Predeterminate['16]
空港→サンタ・ルチア周辺ホテル　€19～23
空港→中央駅周辺ホテル　€16
空港→ベヴェレッロ港　€19
中央駅→ベヴェレッロ港　€11
ナポリ↔ポンペイ・エルコラーノ(往復、3時間の遺跡見学待ちを含む)　€130
※発車前に固定料金を選ぶ旨を伝え、行き先、料金、タクシー番号を書いた伝票を必ずもらう。
クレーム受付
URL www.comune.napoli.it
Fax 081-7952936

ナポリ・バロックの最高傑作、付属教会

●国立サン・マルティーノ美術館、サンテルモ城
住 Largo San Martino 5
☎ 081-2294541
開 8:30～19:30
休 ㊌
料 €6

サン・マルティーノ美術館、サンテルモ城へ
地下鉄1線P.ヴァンヴィテッリ駅、ケーブルカーのチェントラーレ線(フーガ駅)、キアイア(チマローザ駅)、モンテサント線(モルゲン駅)から徒歩5～10分。または、各駅近くに停車するヴォメロの丘を循環するミニバスV1で終点下車。

歴史　●文化と人種の交差点　ナポリ

美しい自然環境と温暖な気候に引かれて古代ギリシア人がやって来たのは紀元前7世紀。ナポリの名称は、ギリシア語の新都市(Neapolis)が語源。その後、紀元前4世紀には古代ローマの支配下におかれた。アウグストゥス、ネロなどの皇帝にとってナポリはお気に入りの避寒地であった。

ローマ帝国の衰退とともに、北方からの侵略が始まりゴート人、ロンゴバルド人などに支配された。落ち着きを見せるようになるのは8世紀の中頃から11世紀まで、ナポリ公国がここを首都と定めたため。12世紀になると北フランス出身のノルマン人の王が治めるシチリア王国に併合される。以後、ドイツのシュワビア家、フランスのアンジュー家、スペインのアラゴン王国の支配下におかれた。たび重なる外国支配による、さまざまな文化の摂取は、ナポリに独自の文化をもたらした。特筆すべきはバロック芸術。

ナポリのレストランガイド

ナポリでレストランが集中しているのは、サンタ・ルチア界隈とスパッカ・ナポリ。サンタ・ルチアの海沿いにはズラリとレストランが並び、海風に吹かれてヴェスーヴィオ山を眺めながらの食事はナポリならではのもの。スパッカ・ナポリはナポリの下町。庶民的でバイタリティーあふれる雰囲気が楽しい。

スパッカ・ナポリでピッツェリアの順番を待つ

ナポリと言えばピッツァ。ピッツェリアが集中しているのは、スペイン人地区やスパッカ・ナポリ。どこでもマキを燃やす本格的な窯がスタンバイ。モチモチとしたちょっと厚めの生地が特徴の、ナポリのピッツァは実にシンプル。ナポリっ子に一番人気のマルゲリータは、トマトソースとモッツァレッラチーズにバジリコをのせた物。まずはこれにトライしてみよう。人気のピッツェリアは行列覚悟。時間に余裕をもって出かけよう。

スパッカ・ナポリ地区

パラッツォ・ペトゥルッチ P.266 B2

Palazzo Petrucci

スパッカ・ナポリの16世紀の館にあるモダンなレストラン。土地の素材と料理にこだわった、軽やかな新感覚の料理が売り物。複雑で繊細な味わいと盛りつけに楽しい驚きがある。お店のおすすめのモッツァレッラの小さなラザーニャLasagnetta di Mozzarellaは新鮮なチーズとエビを生のまま使ったひと皿。ミシュランの1つ星。 要予約

住 P. za San Domenico Maggiore 4
☎ 081-5524068
営 12:30~14:30、19:00~22:45
休 ㊊昼、㊐夜、6~7月の㊐昼、8/2~8/24頃、12/24~1/7頃
予 €45~85、定食€60 C A.D.M.V.
交 ジェズ・ヌオーヴァ広場から徒歩2分

ベッリーニ P.266 B2

Bellini dal 1946

おいしいシーフードのパスタだけでなく、ちょっと固めのピッツァも地元の人には大人気。紙包みのリングイーネCartoccioが名物でおいしい。
✉ 2階席がゆったりとしておすすめ。取り分けて食べれてよかった。
(神奈川県　モモ　'05) 要予約

住 Via S. M. di Costantinopoli 79/80
☎ 081-459774
営 11:00~17:00、19:00~翌1:00
休 ㊐夜、夏季の㊐昼、8月15日前後1週間
予 €28~40(コペルト€2、13%)
C D.J.M.V. 交 ダンテ広場からポルタルバ通りを抜けた突き当たり

ソルビッロ P.266 A2

Sorbillo

スパッカ・ナポリでひときわ行列が目を引くピッツェリア。30分~2時間待ちもありとはナポリっ子の弁。1935年からの歴史を誇り、一族21人の息子全員がピッツァ職人というピッツァ一筋、生粋のピッツェリアだ。ピッツァ本来の個性を生かしながら種類豊富な味わいが揃う。

住 Via Tribunali 32/38
☎ 081-0331009
営 12:00~15:30、19:00~24:00
休 ㊐(10~12月、4~5月は除く)、8/8~8/22頃
予 €8~21 C J.M.V.
交 ドゥオーモから徒歩3分

ディ・マッテオ P.266 A2

Di Matteo

スパッカ・ナポリの中心部に位置する庶民派ピッツェリア。クリントン大統領が訪れた時の写真が壁に飾ってある。ここのマルゲリータは薄く柔らかい生地に、トマトソースとモッツァレッラがスープのように溶け合っているのが特徴。ボリューム満点の揚げピッツァPizza Frittaも人気。

住 Via dei Tribunali 94
☎ 081-455262 営 9:00~24:00
休 ㊐(11~12月は除く)、8月の2週間
予 €7~15(コペルト€1、15%)
C A.J.M.V. 交 ウンベルト1世大通りからドゥオーモに向かって進み、ドゥオーモの手前の道を左に入って2~3分の右側にある

サンタ・ルチア地区

カルーソ　P.265 C3

Caruso

ナポリを代表する高級ホテル・ヴェスーヴィオの最上階にあるルーフガーデンレストラン。テラスレストランからはサンタ・ルチア湾や卵城はもとより、ヴェスーヴィオ山やソレントへと続く海岸線、カプリ島までを見渡すことができる。料理は魚介類を中心にした洗練されたナポリ料理。男性はジャケット着用のこと。要予約

住 Via Partenope 45、9階
☎ 081-7640044
営 12:00～15:00、20:30～24:00
休 ㊊、8月2週間
予 €50～100　C A.D.J.M.V.
交 グランドホテル・ヴェスーヴィオ9階(→P.279)

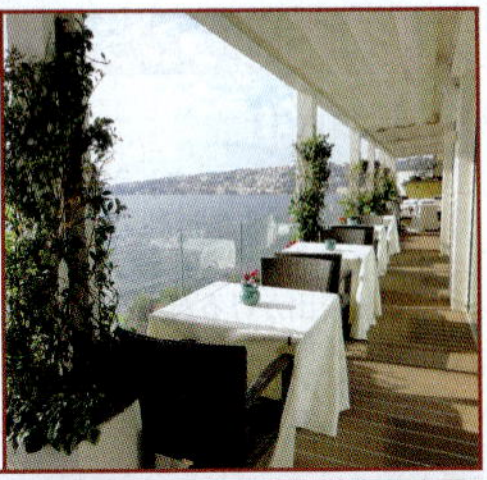

ラ・カンティネッラ　P.265 C3

La Cantinella

遠くにサンタ・ルチア湾を望み、ヨシズが使われた店内は地中海風ながら優雅な雰囲気。新鮮な魚介類と自家製パスタがおいしい。夏は海を眺められるテラス席もオープン。また、膨大なワインコレクションで知られる高級店。ミシュランの1つ星。夜と8月は要予約

住 Via Cuma 42
☎ 081-7648684
営 12:30～15:30、19:30～23:30
休 ㊐夜
予 €45～80、定食€25/60
C A.M.V.
交 サンタ・ルチア港北西側

マリーノ　P.265 C3

Marino

卵城の近く、サンタ・ルチア通りにある。地元の人たちで夜遅くまでにぎわっている。おすすめは、新鮮なプチ・トマトののったピッツァ“サンタナスターシャSant'Anastasia”。ピッツァのほか、ナポリ料理もおすすめ。要予約

住 Via Santa Lucia 118/120
☎ 081-7640280
営 12:00～15:30、19:30～23:30
休 ㊊、8/10～8/28
予 €20～50(コペルト€1、15%)
C A.J.M.V.
交 卵城から徒歩3分

チェントロ地区

エウロペオ・ディ・マトッツィ　P.266 B2

Europeo di Mattozzi

ウンベルト1世大通りの端、ボヴィオBovio広場の近く。壁には小さな額縁とワインが並ぶ、伝統的なナポリ料理とピッツァのお店。豆のスープPasta e Fagioliや魚介のアクア・パッツァがおすすめ。1852年からの歴史を誇る店。

住 Via Marchese Campodisola 4/5/8/10
☎ 081-5521323
営 12:00～16:00、19:00～23:00
休 ㊐(11～1月を除く)、8月下旬2週間　予 €40～60(12%)、定食€50
C A.D.J.M.V.
交 ボヴィオ広場そば

レット　P.266 A2

L'etto

店名のL'ettoとは、イタリア語で100グラムのこと。オープンキッチンの明るい店内にはビュッフェスタイルで前菜から魚料理まで並び、料金は食べた量で払うシステム。実際に料理を見て選べるのがうれしい。

✉ 量り売りのビュッフェスタイル。店内、メニューともに洗練された感じ。不足しがちな野菜料理が多いのがうれしかった。　(兵庫県　石川　'14)['16]

住 Via S. Maria di Costantinopoli 103
☎ 081-19320967
営 12:30～15:15、19:30～24:00
休 無休　予 €7～20　C D.J.M.V.
交 ナポリ国立考古学博物館から300m

ダ・ミケーレ　P.267 B3

Da Michele

大理石のテーブルからピッツァの作り方まで130年以上も続くスタイルを決して変えない頑固な老舗。メニューはマリナーラとマルゲリータの大・中・小のみというこだわり。行列ができている場合は番号札をもらい、番号が呼ばれるのを外で待つ。

住 Via Cesare Sersale 1/3
☎ 081-5539204
営 10:00～23:00
休 ㊐(12月を除く)、8/12～8/28
予 €4～5、定食€6～7
C 不可
交 中央駅から徒歩10分。バス利用ならR5番で

チェントロ地区

ブランディ
P.266 C1

Brandi

ピッツェリア&レストラン。ピッツァ・マルゲリータを発明した老舗。創業は1780年。いつもにぎわっているので早めに出かけるか、できれば予約を。ピッツァ・マルゲリータ以外にも名物ピッツァが揃い、地元の人も多い。
住 Salita S. Anna di Palazzo 1
☎ 081-416928
営 12:30～15:30、19:30～24:00
休 月、復活祭、8/14～8/16頃、12/25
予 €10～34(コペルト€1.80、12%)
C A.D.J.M.V. 交 プレビシート広場からトレド通りをガッレリアに向かった左手の細い道を入った所にある

トリアノン ダ・チーロ1923
P.267 A3

Trianon Da Ciro 1923

ダ・ミケーレの向かい、二股に分かれた道の右側にある。トッピングの種類が豊富なことでも有名(ラザーニアをのせたピッツァもある!)。Pizza Trianon(€10)は8種類の味わい。
要予約
住 Via Pietro Colletta 42/46
☎ 081-5539426
営 11:00～15:30、18:30～23:30
休 1/1、復活祭、12/25
予 €10～18(15%)、定食€20
C J.M.V.
交 ドゥオーモから徒歩5分。中央駅からバスR2番で

中央駅周辺

ダ・ドナート Antica Trattoria e Pizzeria da Donato
P.267 A3

ナポリ中央駅付近で一番人気。本格的なピッツァ、パスタや魚介料理は、おいしいのに値段が安い。自家製デザートもいい。スタッフもいい感じ。地元の人、観光客にも、超人気の店なので、ディナーは予約したほうがよい。ナポリの値段にびっくり!!
住 Via Silvio Spaventa 41
☎ 081-287828
営 12:30～14:30、19:30～22:00
休 月 予 €12～25 C M.
交 ガリバルディ広場から徒歩2～3分

ラ・ブラーチェ La Brace
P.267 A3

中央駅前、ガリバルディ広場からちょっと小路を入った所にある、庶民的なレストラン。気取りのない雰囲気で地元の人や若者の利用が多い。ボリューミーなクリーム系のパスタやピッツァが人気。肉・魚料理も充実。
住 Via Silvio Spaventa 14
☎ 081-261526
営 11:00～15:00、18:00～23:00
休 日祝 予 €12～20 C A.M.V.
交 ガリバルディ広場すぐ

アンティカ・フリッジトリア・マサルドーナ Antica Friggitoria Masardona
P.267 B4

ナポリ名物の揚げピッツァPizza Frittaの店。趣向を凝らした揚げピッツァが楽しめる。テーブル席とテイクアウトがあり、店頭は揚げたてをほおばる人たちでいっぱい。ナポリのB級グルメが味わえる。港近くのメルカート地区は雑多な地区なので、身軽な服装で。
住 Via Giulio Cesare Capaccio 27
☎ 081-281057
営 7:00～15:30、土18:30～22:00
休 日 予 €2～ C 不可
交 ナポリ中央駅から徒歩5分

ナポリのカフェとお菓子屋

イタリアでも指折りのおいしさといわれる、ナポリ菓子と香り高い濃厚なコーヒー。ぜひ、最高の味わいを試してみたい。おすすめのカフェは、1890年創業のナポリで一番有名なガンブリヌス

屋外の席も楽しいが内部は豪華なサロン

Gambrinus(住 Via Chiaia 1/2 ☎ 081-417582 地 P.266 C1)、ブランド店が並ぶマルティーリ広場の一角にある風格あるラ・カフェティエーラLa Caffettiera (住 Piazza dei Martiri 30 ☎ 081-7644243 地 P.264 C2)。ナポリ名物のスフォリアテッラならテイクアウトのみの専門店

テイクアウトして味わってみたいマリィのお菓子

マリィMary(住 Galleria Umberto I 66 ☎ 081-402218 地 P.266 C1)や中央駅近くのアッタナーシオR. M. Attanasio (住 Vico Ferrovia 1-4 ☎ 081-285675 地 P.267 A3)が有名だ。

食べる! ナポリ

ナポリといえば、世界中で食べられるピッツァPizzaの発祥の地。

古代ローマ人も食したピッツァ。その頃は、トマトもチーズものっていない今のFocacciaフォカッチャだけ。トマトが登場するのは、それから十数世紀後、コロンブスの新大陸発見から。その1世紀後には、モッツァレッラチーズも用いられ現在のピッツァとなった。今やすっかり庶民的な食べ物のピッツァも、当時は贅沢品で、宮廷でも好まれ、その頃、ピッツァ好きのブルボン家のマルゲリータ王女様がピッツァコンクールを催し、1等賞に選ばれ彼女の名をつけたのが**Pizza Margheritaピッツァ・マルゲリータ**。トマトとモッツァレッラチーズのシンプルなピッツァながら、今ではイタリア中で食べられ、そして一番人気のある物。

日本のチーズとはまったく違う、ピッツァに使われる真っ白い卵型の**モッツァレッラチーズ**は、本来はカンパニア地方の水牛の乳のみで作られた物。この特産チーズを使った物が**Mozzarella in Carrozzaモッツァレッラ・イン・カロッツァ**(モッツァレッラチーズを挟んだサンドイッチのフライ)や**Melanzane alla Parmigianaメランザーネ・アッラ・パルミジャーナ**(なすとチーズのトマトソース風味グラタン)。アツアツの糸を引くチーズとその香りが食欲をそそる。前菜としても1皿目でも2皿目でも通用するこんな料理には、よく冷えた**白ワインGreco di Tufoグレコ・ディ・トゥーホ**やデリケートな辛口**ロゼワインLacrimarosa d'Irpiniaラクリーマローザ・ディルピニア**がよく合う。

新鮮な魚介類が並ぶナポリの魚屋の店先

ナポリのトマト「ポンマローラ」

ナポリで忘れてはならないのがスパゲッティの原点とも言える**トマトのスパゲッティ、Spaghetti al Pomodoroスパゲッティ・アル・ポモドーロ**。イタリア中どこでも食べられるが、ナポリではよく熟した新鮮なトマトを使い最高の味。ちなみにナポリ方言ではトマトはPommarolaポンマローラ。冬でも、保存用のうずらの卵くらいのトマトの束が、日本の干し柿のように軒先に下げられ、鮮やかな赤が目を奪う。

歌にも歌われるサンタ・ルチア湾から水揚げされた、新鮮な魚介類も絶対のおすすめ。おなじみ**あさりのスパゲッテイSpaghetti alle vongole rossiスパゲッティ・アッレ・ボンゴレ・ロッソ**(赤)はトマト入り、**bianchiビアンキ**(白)は、トマトなし。デザート類としてはナポリっ子の朝食やおやつに欠かせないのが、リコッタチーズ入りの**貝型のパイSfogliatellaスフォリアテッラ**。なめらかなチーズとパリッとしたパイ皮のハーモニーは脱帽もの。

ナポリのB級グルメ

バールの店頭にパニーノや揚げ物などが入ったガラスケースが並び、町角にB級グルメがあふれるナポリ。おすすめの界隈は下町**スパッカ・ナポリ**(地下鉄ダンテ駅下車で徒歩)の**トリブナーリ通り**Via Tribunali。細い路地にピッツェリアや食料品店などがギッシリ並ぶにぎやかな通りだ。おすすめは、**ディ・マッテオ(→P.274)の店頭の焼きたて、揚げたてのピッツァ**€1や**揚げ物**€0.50〜1。パスタをホワイトソースで合えて丸型にして揚げた**フリッタティーナ**Frittatinaやイタリア風コロッケ**クロケット**Crochetto。その場でアツアツをほお張ろう。ナポリ名物の**ババ**Babaなら、イタリアチャンピオンの店**カッパレッリ**Capparelli(住 Via dei Tribunali 324/327 営 10:00〜20:00頃 休 月 地 P.266 A2)へ。巨大なババが€1.50、普通サイズが€1.20で、シロップをふりかけて渡してくれる。店内にはババ以外にもおいしそうなケーキやクッキーが並ぶ。このあたりの小さな広場や小路は椅子があるので、座って食べるのもおすすめ。手拭き用のウエットティッシュをお忘れなく!

ピッツァはどれも1ユーロ。安い!!
「あっ」という間に売り切れる

ババも1ユーロ。B級天国のナポリ

私のおすすめ界隈と中央駅前のホテルとレストラン

少し長期にナポリに滞在するなら風光明媚で各種レストランが充実したサンタ・ルチア周辺のホテルがおすすめです。海に面した開放感と伝統的ホテルの重厚な雰囲気はナポリならではと思います。でも、短期の滞在では駅から悪名高い!?ナポリのタクシーを利用して行くのはちょっと面倒。旅行者にとっては中央駅近くの宿泊はやはり便利。ただ、駅前のレストラン状況はかなり寂しい。また、夜の駅前広場を歩くのを躊躇する人も多いはず。そんな時はホテルのレストランがおすすめ。土地の名物料理の定食が手頃な値段で食べられることが多いです。私はスターホテルズとウナホテルで食事しました。ウナホテルの方が満足度は高かったですが、どちらも駅前なら味、値段、雰囲気を含めて高水準だと思いました。宿泊者以外でも利用できます。
（神奈川県　只野奈美　'15）

眺望のよい高級ホテルはサンタ・ルチア地区、庶民的なホテルは中央駅周辺といわれて久しかったナポリ。1985年の世界遺産登録から時がたち、観光地としての整備が進み、最近ではナポリのホテルにも変化が見られる。古い邸宅を改装したホテルや新感覚のホテルが、**ナポリの旧市街**(スパッカ・ナポリ)周辺に次々と誕生した。個人旅行者におすすめのこれらのホテルには、地下鉄の新駅が開業してアクセスもしやすくなった。

また、経済旅行者のためのホテルが多かった**中央駅界隈**は、駅前のガリバルディ広場の改修も終わりに近づき、モダンな駅前に変化している。この広場の西と東に位置する、イタリアのチェーンホテルは部屋数が多く、レストランも併設しており便利な存在。

風光明媚なナポリらしさを求めるなら、やはり**サンタ・ルチア地区**にホテルをとりたい。

チェントロ地区（旧市街）

★★★★★L　ロメオ　P.266 C2

Romeo

ベヴェレッロ港のすぐ近く、丹下アソシエイツによる現代的な外観が美しい。ガラスと水、現代美術とアンティーク、東洋と西洋がマッチした新感覚のホテル。最新の設備を備えた客室の窓からはナポリ湾やヴェスーヴィオ火山などの眺めが広がる。ミシュランの1つ星レストランIl Comandante(夜のみ)をはじめ、寿司バー、テラスレストラン(昼のみ)、スパなど設備も充実。

URL www.romeohotel.it
住 Via Cristoforo Colombo 45
☎ 081-0175001　Fax 081-0175999
SB €220/420　TB €230/460
室 83室　朝食込み W-F
C A.D.J.M.V.
交 ボヴィオ広場から徒歩5分

★★★★　コスタンティーノーポリ・チェントクワトロ　P.266 A2

Costantinopoli 104

大扉の奥にひっそりとたたずむ、19世紀のヴィッラを改装したプチホテル。小さな庭園には、プールが水をたたえ、レモンが実る。ロビーや客室はエレガントでロマンティックな雰囲気。表にホテルの看板はない。インターフォンを鳴らして大扉を開けてもらう。

URL www.costantinopoli104.it
住 Via S. Maria di Costantinopoli 104
☎ 081-5571035　Fax 081-5571051
SB €90/160　TB €120/200
3B €150/220
室 19室　朝食込み W-F
C A.D.M.V.
交 国立考古学博物館から徒歩3分

★★★★　ラ・チリエジーナ　P.266 C1

La Ciliegina

ムニチーピオ広場近くにある、プチホテル。ナポリの建築家が内装を手がけ、手造りのナポリ家具が配された白を基調にした客室はモダンでエレガント。テラスからは、ヴェスーヴィオ山からガッレリアまでナポリを一望することができる。

URL www.cilieginahotel.it
住 Via P. E. Imbriani 30
☎ 081-19718800
Fax 081-19718829
SB €70/100　TB €140/230
JS €200/300
室 13室　朝食込み W-F
C A.D.M.V.
交 ヌオーヴォ城から200m

★★★　デクマーニ　P.266 B2

Decumani Hotel de Charme

17世紀の枢機卿の館を当時の豪奢な雰囲気を残したまま改装したホテル。朝食室のサロンは金色の漆喰で紋様が描かれた華麗なバロック様式。客室はクラシックでエレガントな雰囲気。
読者割引 3泊以上5%

URL www.decumani.com
住 Via san Giovanni Maggiore Pignatelli 15、3階(2 piano)
☎ Fax 081-5518188
TS €129/169　TB €149/189
室 39室　朝食込み W-F
C A.M.V.
交 地下鉄1号線Università駅から徒歩5分

S シャワー共同シングル料金　T シャワー共同ツイン料金　D ドミトリー料金　SS シャワー付きシングル料金　SB シャワーまたはバス付きシングル料金　TS シャワー付きツイン料金　TB シャワーまたはバス付きツイン料金　3B シャワーまたはバス付きトリプル料金

チェントロ地区（旧市街）

★★★ キアイア P.266 C1

Chiaja Hotel de charme

観光やショッピングにも便利な立地。大扉の奥に構える19世紀の貴族の館を改装したホテル。室内は明るく清潔で静か。スタッフも親切。看板はなく、インターフォンを鳴らして中に入る。午後はサロンでお菓子のサービスあり。

URL www.hotelchiaia.it
住 Via Chiaia 216 1°Piano(2階)
☎ 081-415555
Fax 081-422344
SB €70/123
TB €75/189
室 27室　朝食込み W-F
C A.D.M.V.
交 プレビシート広場から徒歩3分

★★★ ピアッツァ・ベッリーニ P.266 A2

Piazza Bellini

緑が茂り、個性的なカフェが並ぶベッリーニ広場近くにある16世紀の邸宅を利用したホテル。入口近く、緑が配された広い中庭が気持ちよい。客室は清潔で使い勝手がよい。周囲には飲食店が多く、見どころへも近くて便利。

URL www.hotelpiazzabellini.com
住 Via Santa Maria di Costantinopoli 101
☎ 081-451732
Fax 081-4420107
SB €75/140
TB €85/150
室 48室　朝食込み W-F
C A.M.V.
交 ナポリ国立考古学博物館から300m

サンタ・ルチア地区

★★★★★L グランドホテル・ヴェスーヴィオ P.265 C3

Grand Hotel Vesuvio

サンタ・ルチア湾に面して建つ19世紀の館を改装した、ナポリならではのエレガントで洗練された雰囲気をもつ豪華ホテル。世界中の要人たちに愛されてきた。レストラン、「カルーソ」からの眺望は最高。
URL www.vesuvio.it

住 Via Partenope 45
☎ 081-7640044
Fax 081-7614483
SB €189/410
TB €199/440
SU €800～
室 139室(スイート21室)　朝食込み
W-F　C A.D.J.M.V.
交 プレビシート広場から徒歩10分

★★★★ エクセルシオール P.265 C3

Excelsior

サンタ・ルチア湾に面して建つベル・エポックの雰囲気を残す優雅なホテル。ロビーは大理石の床にシャンデリアが輝く。客室やバルコニーからはナポリ湾と卵城の眺望が開け、屋上テラスのレストランLa Terrazzaからの眺めもすばらしく、朝食はここでサービスされる。客室はクラシックなタイプと明るいモダンなタイプがある。

URL www.excelsior.it
住 Via Partenope 48
☎ 081-7640111　Fax 081-7649743
SB €115/270　TB €223/384
室 111室　朝食込み W-F
C A.D.J.M.V.
交 プレビシート広場から徒歩10分

★★★★ ミラマーレ P.265 C3

Miramare

20世紀初めの邸宅を改装したホテル。サンタ・ルチア湾を一望するテラスでは日光浴も楽しめ、また客室の装飾にも、リゾート感覚があふれている。
読者割引 週末を含む3泊で、3泊目50%

URL www.hotelmiramare.com
住 Via N. Sauro 24
☎ 081-7647589　Fax 081-7640775
SS €115/155　SB €140/169
TS €145/215　TB €165/250
TB €210/325(デラックス・シービュー)
室 31室　朝食€15 W-F
C A.D.J.M.V.
交 中央駅からバスNo.152、R3

★★★ レックス P.265 C3

Hotel Rex

サンタ・ルチアの海岸近く。部屋から海は見えないが、清潔で落ち着いたホテル。駅前のように騒々しくないので安心して滞在できる地域。中心街には徒歩圏。
Low 11～3月、8月
URL www.hotel-rex.it

住 Via Palepoli 12
☎ 081-7649389
Fax 081-7649227
SB €60/85
TB €64/200
室 34室　朝食込み W-F
C A.J.M.V.
交 駅前広場からバスNo.152サンタ・ルチア通りの中ほどで下車

※ナポリの滞在税　B&B、YH、★€1　★★€1.50　★★★€2　★★★★€3　★★★★★€4　★★★★★L€5　最長10泊、18歳以下免除

★★★★ ウナホテル・ナポリ P.267 A3

UNA Hotel Napoli

ナポリ中央駅前のガリバルディ広場に面したホテル。1800年代の歴史ある大パラッツォを全面改装して'05年にオープン。モダンな室内はナポリ風を意識したインテリア。ビュッフェの朝食も充実している。屋上階のレストランは、お値頃でおすすめ。

URL www.unahotels.it
住 Piazza Galibardi 9/10
☎ 081-5636901
Fax 081-5636972
SB €78/235
TB €86/654
室 89室　朝食込み W-F
C A.D.J.M.V.
交 中央駅から徒歩3分

★★★★ スターホテルズ・テルミヌス P.267 A4

Starhotels Terminus

中央駅を出て、すぐ左にある近代的で明るいホテル。客室は駅前広場に面しているが、内部は静か。より静かな部屋を望むなら、中庭側の部屋をリクエストしよう。ビュッフェの朝食には、ナポリ名物のスフォリアテッラなども並ぶ。団体ツアーの利用も多いが、駅至近の便利さは格別。レストラン併設。

URL www.starhotels.com
住 Piazza Garibaldi 91
☎ 081-7793111
Fax 081-206689
SB €68/150　TB €82/200
室 145室　朝食込み W-F
C A.D.J.M.V.
交 中央駅前広場

★★★ ヌオーヴォ・レベッキーノ P.267 A3

Hotel Nuovo Rebecchino

駅前広場からガリバルディ大通りへ出る右角に建つホテル。改装後、より明るくエレガントで快適になった。ビュッフェの朝食も充実している。エアコン完備。インターネット無料。

読者割引 本書提示で10%
Low 1～2月、7月、11月

URL www.nuovorebecchino.it
住 Corso G. Garibaldi 356
☎ 081-5535327
Fax 081-268026
SS €50/100　SB €70/120
TS €60/140　TB €80/160
室 58室　朝食込み W-F
C A.D.J.M.V.
交 中央駅から徒歩3分

★★★ コロンボ Hotel Colombo P.267 A3

夕方、市場が終わると人気の少ない道に早変わりする。フロントが奥まっていて、入口もしっかり鍵がかかるので安心。モダンな内装で清潔、全室シャワー、TV付きで料金も格安。

読者割引 10%、3泊以上15%
Low 1/7～3/31、11/2～12/6

URL www.hotelcolombonapoli.it
住 Via Nolana 35　☎ 081-269254　Fax 081-264756
SS €35/55　TS €50/80　3S €60/120　室 22室　朝食込み W-F　C A.D.J.M.V.　交 ウンベルト1世大通りを少し進み左に市場が立つ雑然とした道の100mほど先の左側

★★ カサノヴァ Hotel Casanova P.267 A3

中央駅からも近い、小さな静かな広場に面したツタのからまるホテル。家族経営のあたたかい雰囲気で、客室は広々として、清潔。無料インターネット、チェックアウト後の荷物預けも無料。

読者割引 直接予約の上、本書提示で10%

URL www.hotelcasanova.com
住 Via Venezia 2/Corso Garibaldi 333　☎ 081-268287
Fax 081-269792　S SS €20/38　T TS €38/49
3B €65/85　室 18室　朝食込み W-F　C A.D.J.M.V.
交 中央駅から約500m。大通りからは、看板を目印に商店の小路を入る

マンチーニ P.267 A3

Hostel Mancini

YH 中央駅からも近い。'11年よりYHに変更。ドミトリーのほか、シングル、ツインの部屋もある。インターネットやキッチンの利用も可。無料のロッカーあり、チェックアウト後も荷物を預かってくれる。24時間受付。

URL www.hostelmancininaples.com

住 Via P. S. Mancini 33
☎ 081-200800
Fax 081-19721066
D €15/25　S €35/45
SS €50/70　T €45/60
TS €55/80　3S €70/90
室 20室　朝食込み W-F
C A.J.M.V.
交 中央駅から徒歩5～6分

ベッラ・カプリ Hostel & Hotel Bella Capri P.266 C2

YH 近代的なYH兼ホテル。ナポリ湾を望むバルコニー付きの部屋もある。全室TV、エアコン完備、門限なし。チェックアウト後に荷物も預かってくれる。カプリ島行きの船が出るベヴェレッロ港や空港発のエアバスの停留所も近くて便利。6:00～翌2:00(門限3:00)の受付。

URL www.bellacapri.it
住 Via Melisurgo 4　☎ 081-5529494　Fax 081-5529265
D €15/20　S €35/50　SS €40/60　T €40/60
TS €48/66　朝食込み W-F　C M.V.
交 ベヴェレッロ港から徒歩5分

魅力あふれるイタリアの州
各州へのインデックス

町ごとにさまざまな魅力にあふれるイタリア。鮮烈な山々が縁取る北イタリア、やわらかな光と海を背景にカラフルな家並みが続く海岸沿いの町々、長い歴史の重みを感じさせる中部イタリア……。魅力あふれる地方を訪ねてみよう！

「地球の歩き方 旅スケ」で… カワズ さん が作成された旅スケジュール

突然得た6日間の休暇。目的地はイタリアのチヴィタとオルヴィエート!

休みの2日前に航空券購入! 仕事で疲れ果てた中でのホテル予約…。

Pick Up Travel Photo

この旅スケのURL http://tabisuke.arukikata.co.jp/schedule/73656/
旅行時期 2016/01
旅行先 【イタリア】ローマ、オルヴィエート
旅行期間 6日間
旅行目的 世界遺産
コピーされた数 1 拍手数 2 ※2016年10月7日時点でのデータによる

この旅スケジュールの予算(1人分)

移動	54,480円	観光	10,000円
宿泊	22,000円	ツアー代	0円
食事	10,000円	その他	20,000円
		合計	116,480円

1日目 1月12日(火)

11:00 **移動(飛行機) / アリタリア-イタリア航空**
13:10発のアエロフロートの予定がチェックインカウンターで変更。ラッキーなことに直行便となりました。

19:30 **フィウミチーノ空港(レオナルド・ダ・ヴィンチ国際空港)**
ほぼ定刻にて空港到着。

20:40 **移動(バス)**
テルミニ駅行きバス乗車。料金は5ユーロ。

21:30 **テルミニ駅**
駅の北東、マルサラ通り側に到着。ジョリッティ通り側にホテルを予約していたので歩いて移動。
その前に、ホテルで飲む用のビールを購入!

二つ星ホテル
駅から5分?シングルルームだがダブルベットだったので眠るだけなら問題なし!

夜 **移動(徒歩)**
近くのレストランでピザを。う～～～んイマイチ…。

2日目 1月13日(水)

06:55 **移動(徒歩)**
ホテル出発!

07:00 **サンタ・マリア・マッジョーレ大聖堂**
入口前にはテントが設営されており、中で荷物検査が。これもテロの影響なのか…。

08:30 **テルミニ駅**
ホテルで朝食を食べて、余裕を持って出発! 電車のホームが一番遠い所だったので、早く出て正解でした。5分前にはなんとか到着。

08:58 **移動(電車)**
オルヴィエート到着。
駅前からフニコラーレに乗車して旧市街へ。

午前 **Hotel Corso**
チェックインよりだいぶ早い時間だったのに、チェックインさせてもらえました。

11:00 **ぶらつく**
荷物を置いてさっそく街ぶら!

午前 **ドゥオーモ**

12:30 **移動(バス)**
45分発のバスに乗るべくバス停を探すがわからない…。しかも誰に聞いても場所を特定できない。オルヴィエート駅まで行って14時のバスを待つことに。乗ったバスも違ったようで、途中の『カスティリョーネ』というバス停で乗り替えた。助けてくれた学生さんたちに感謝。

15:00 **チヴィタ・ディ・バニョレージョ**
15時過ぎ、バニョレージョになんとか到着。
あんまり時間がないのに、猫と遊んで時間ロスしてしまった。

17:25 **移動(バス)**

続きは旅スケで

出発前に旅スケジュールをつくって…
プリントアウトして、旅行に持参・散策…
帰ってきたら、写真を載せてみんなに自慢…
過去の旅行、空想旅行、海外・国内OK!

朝霧に包まれた
モンフェッラートのブドウ畑

ピエモンテ州
Piemonte

ヴァッレ・ダオスタ州
Valle d'aosta

ピエモンテ州は、スイスとフランスの国境に接し、北・西・南をアルプスとアペニン山脈に囲まれ、ポー川流域の広大なパダナ平野を抱えている。トリノの南に広がるモンフェッラートの丘陵は、ワインとチーズの生産で有名。州都トリノは、フィアットの自動車産業を中核とする大工業都市であるとともに、洗練された気風の残る文化都市でもある。

ヴァッレ・ダオスタ州は、アルプス山中の小さな州だが、モンテ・ビアンコ（モンブラン）、チェルヴィーノ（マッターホルン）、モンテ・ローザなどの名峰と、高山植物群や珍しい野生動物の生息するアオスタ溪谷を擁している。冬はウインタースポーツのメッカとなり、夏はトレッキングやアルピニストの憧れの地になっている。ただアルプスを眺めるだけでも、訪れる価値のある所だ。

Torino
トリノ

世界遺産

イタリアの北西部、ピエモンテ州の州都であり、人口約87万。ドーラ・リパリ川とイタリア最大のポー川の合流する地点にあり、イタリアの穀倉地帯、ポー平原の西側に位置する。町の東部は丘になっていて、ピエモンテ産のワインの産地として有名。北西部にはアルプスが連なり、晴れた日にはアルプス山脈が町の北側にくっきりと浮かぶ。

壮大なバロック様式の
建築物のびっしり詰まった町

●郵便番号　10100

世界遺産

サヴォイア王家住居
登録年1997年　文化遺産
※王宮(P.290)、ストゥピニージ狩猟宮殿(P.292)、スペルガ聖堂(P.292)、ヴェナリーアの王宮(P.291)など

トリノへの行き方

fs線でミラノ中央駅からトリノのポルタ・ヌオーヴァ駅までFRECCIAROSSAで約1時間、RVで1時間52分、7分～1時間に1便程度の運行。

トリノのカセッレCaselle空港から市内へはバス(SADEM社)と列車(GTT社)が運行。バスは空港からスーザ駅を経てポルタ・ヌオーヴァ駅西側に到着。所要45分。ポルタ・ヌオーヴァ駅発4:45～23:30(㊐㊗6:30～23:00)、空港発6:10～24:30(㊐㊗6:35～23:45)の15～30分間隔の運行。料金€6.50(車内購入€7.50)、トリノ＋ピエモンテカード提示で€5。(切符は到着ロビーの窓口や自販機で)

列車(GTT社：地下鉄と同じ)はドーラDora DDT駅と空港間を結ぶ。ドーラ駅から市内へのアクセスはわかりづらいので、空港バスの利用が便利。

空港から市内へは、タクシー利用で€35～50というところ。

SADEM社
URL www.sadem.it
GTT社
URL www.gtt.to.it

トリノの地下鉄

駅の電光掲示板にその日の運行時間が表示されています。通常は深夜1:00頃までですが、21:00頃に終了する場合があります。21:00に終了後はMetrobusという行先案内板をつけたトラムやバスが走っています。　（豊田達也　'16）

トリノの歩き方

トリノは、17世紀後期バロックの建築家、グアリーノ・グアリーニG. Guariniの造った建物であふれている。彼は建築を、「厳正な幾何学と官能的な表現の複合」と考えていたという。

市街には、広い通りと美しい広場が多く、これらが碁盤の目のように直交している。町の中心部にある旧市街では、まず道に迷う心配はない。市街の東側には幅100mのポー川Poが満々と水をたたえ流れている。

国際列車や長距離列車の着く**ポルタ・ヌオーヴァ駅**Stazione Porta Nuovaは町の中央にある。ここから北に延びる**ローマ通り**Via Romaに沿って、トリノの繁華街が続く。

■トリノでは広場がランドマーク

ローマ通りには、トリノで有名な3つの広場がある。駅前の**カルロ・フェリーチェ広場**Piazza Carlo Feliceは、芝生と噴水の美しい公園にもなっていて、市民の憩いの場。ローマ通りのなかほどにあるのが、**サン・カルロ広場**Piazza San Carloだ。中央には、16世紀にトリノを発展に導いた、エマヌエーレ・フィリベルトの騎馬像がある。最後の広場は**カステッロ広場**Piazza Castello。この広場からトリノの

歴史は始まった、といってもおかしくないほど、広場にある建物は重要な物ばかり。中央にあるのが、**マダーマ宮殿**Palazzo Madama。ここには、サヴォイア家の二人の未亡人（令夫人）が住んだことから、令夫人（マダーマ）宮殿と呼ばれる。広場の北の突き当たりには1865年までサヴォイア家の宮殿だった**王宮**Palazzo Reale（パラッツォ レアーレ）がある。

「トリノの客間」と呼ばれるサン・カルロ広場

●トリノの歩き方

サン・カルロ広場 P.287
↓
王　宮 P.290
↓
エジプト博物館 P.288
↓
自動車博物館 P.289

■そぞろ歩きも楽しい通りが多い

トリノらしい堂々とした建物が並ぶのは、王宮やカステッロ広場周辺。**ポー通り**Via Poは中世の建物が多く、「ポルティコ」と呼ばれるアーケードで結ばれている。ポルティコの下には古本屋やカフェが店開きして、トリノ市民に愛される活気のある通り。ローマ時代からの歴史的遺跡、古代ローマ劇場とパラティーナ門は、王宮の西側に残っている。

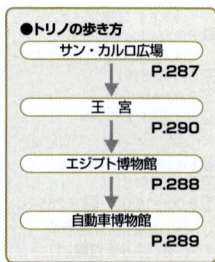

✉ トリノ～ミラノの列車

Porta Nuova駅の自販機で購入しました。Frecciarossaは€32で所要55分。ミラノまで専用線を通ります。Frecciabiancaは€26、所要1時間40分。別会社のイタロは€29で所要1時間。同じFrecciarossaでもミラノでの到着駅が異なるので注意を。 （豊田達也　'16）

Information

APTⓘメインオフィス
住 Piazza Castello/
Via Garibaldi
☎ 011-535181
開 9:00〜18:00
休 ㊗ 地 P.285 A1

ポルタ・ヌオーヴァ駅前のⓘ
住 Piazza Carlo Felice
☎ 011-535181
開 9:00〜18:00 地 P.285 B1

カゼッレCaselle空港ⓘ
※タッチパネルを設置。

バス・地下鉄の切符

1回券(市内)	€1.50
1回券(市内+近郊)	€1.70
1日券	€5
2日券	€7.50(€4.50)
3日券	€10(€6)

※バス、トラムは90分有効。地下鉄は1回のみ。
※トリノ・ピエモンテカード購入時のみ2〜3日券の割引販売( )内あり。ⓘで。

中央郵便局
住 Via Alfieri 10
☎ 011-547097
開 8:30〜12:30、15:30〜18:30
㊏8:30〜13:00
休 ㊐ 地 P.285 A1

ポー川遊覧
Navigazione sul Po
町の東側に流れるポー川を船に乗り、中世の村を再現したBorgo Medioevaleやお城、植物園などを巡る。6〜9月の週末、クリスマス時期などを中心に運航。ⓘで確認のこと。

マダーマ宮殿のテラスからポー通り方面を望む。丘陵に囲まれたトリノの町

●トリノの観光案内所 メインオフィスは、カステッロ広場の一角にある。地図やパンフレット類など資料が豊富。ⓘでは無料でホテルの紹介をしてくれる。また、観光シーズンには町の各所に小さなデスクが設けられる。

●市内の交通 バスとトラム、地下鉄が走っている。切符はTabacchi(たばこ屋)や駅構内のⓘ横の**バス案内所OGT**で買うこと。

ローマ通りと平行して走る9月20日通りVia XX Settembreを4本のバスが走っているので、駅から王宮に行く場合に利用してもよい。

空港行きのプルマンはポルタ・ヌオーヴァ駅近くに停車

●郵便局と電話局 APTⓘメインオフィスの近くの**中央郵便局**は、クラシックな建物で一見の価値あり。記念切手専用の窓口もあって楽しい。日本に便りをするなら、めいっぱいイタリアっぽい切手を貼ろう。

歴 史

●サヴォイア家支配の下、華開くバロック都市

トリノの歴史のなかで、華麗な時代は何といっても17世紀だ。サヴォイア家の安定した支配の下、都市整備と建築活動が進み、今に残るイタリアン・バロック様式の美しい町並みが造られた。これらの建物は、当時は2階には所有者の貴族が住み、3階には奉公人、4階には手工業者や小商人が住んでいて、さまざまな階級の人々がひとつ屋根の下で暮らしていたのだという。その後、サヴォイア家はスペイン継承戦争で、サルデーニャ島を手に入れ、サルデーニャ王国と名を変えた。

●近代イタリアはトリノから産声を上げた

1861年、サルデーニャ王国の主導の下、イタリア統一が実現した。リソルジメントと呼ばれるイタリア統一運動の指導者のひとり、カヴールはサルデーニャ王国の宰相でもあった。イタリア王国の首都となったトリノだがその寿命は3年と短く、すぐにフィレンツェに遷都された。伝統的な行政都市の機能を失ったトリノは、しばらく沈滞する。

●イタリア有数の工業都市に生まれ変わる

アルプスの山を懐に抱くトリノでは、豊富な水力発電によるエネルギーが確保された。18世紀末には新たな工業都市としてよみがえり、1899年にはイタリア自動車産業のリーダーであったフィアット社が設立され、一時は国内自動車生産の90%を占めるほどになった。「フィアットの町トリノ」として隆盛を誇ったものの、20世紀後半からは衰退が始まり、2002年にフィアット社が経営危機に陥ったため、トリノの経済も沈滞。1997年の「世界遺産」登録や2006年の冬季オリンピック開催を機に観光都市として、再生の道を模索し、成功しつつ現在にいたる。

トリノ近郊はベルモットやバローロ、バルバレスコをはじめとするワイン産業、チョコレートなどの製菓工業の中心地でもある。

トリノの見どころ

風情あるトリノのふたつの広場 MAP P.285 A1・2

サン・カルロ広場とカステッロ広場 ★★

Piazza San Carlo & Piazza Castello　ピアッツァ サン カルロ&ピアッツァ カステッロ

町の中心に位置し、トリノに華やかさを加えているふたつの美しい広場。ローマ通りの中央にある**サン・カルロ広場**は、ポルティコと装飾豊かなかつての貴族の館が、長方形の大きな広場を彩る。一方、**カステッロ広場**は、ユネスコ世界遺産にも登録されているトリノの歴史と関わる由緒ある宮殿群が取り囲んでいる。特筆すべきは**マダーマ宮殿**。古代ローマ時代の門が、中世期の要塞、城を経てバロック様式の館へと変容した。

バロック建築の美しい館が囲むカステッロ広場

トリノのシンボル MAP P.285 A2

モーレ・アントネッリアーナ ★★

Mole Antonelliana　モーレ　アントネッリアーナ

トリノの市街を遠望する絵はがきなどにはアルプスの雪を頂く白い峰々とともに、奇妙な形をした塔が写っている。これがモーレ・アントネッリアーナだ。平べったく見えるトリノの町並みのなかで、167.5mの高さを誇るこの塔はよく目立つ。塔上の**展望台**へはパノラマ・エレベーターで昇れるので、観光をここから始めるのもよい。眼下には、緑の街路樹が真っすぐに町を貫き、トリノが都市計画によって造られた町であることがわかる。

観光客の人気スポット

年齢割引を上手に活用

市内の多くの見どころの入場料は、6～12歳、16歳または18歳以下、25歳以下の大学生、65歳以上は無料または割引になる。該当する人は切符を購入する前に尋ねてみよう。要証明書。車椅子利用者も無料または割引。

●モーレ・アントネッリアーナ
●国立映画博物館(→P.289)
住 Via Montebello 20
☎ 011-8138560
パノラマ・エレベーター／国立映画博物館
開 月水木金日9:00～20:00
土 9:00～23:00
休 火
料 パノラマ・エレベーター＋国立映画館 €14
トリノ・ピエモンテカード、26歳以下の学生、65歳以上 €11
6～18歳 €8
パノラマ・エレベーター €7
トリノ・ピエモンテカード、6～18歳、26歳以下の学生、65歳以上 €5
国立映画博物館 €10
トリノ・ピエモンテカード、26歳以下の学生、65歳以上 €8
6～18歳 €3

パノラマ・エレベーター

便利でお得なトリノ・ピエモンテカードTorino+Piemonte Cardを作ろう!

たくさんの特典が付いた、トリノ・ピエモンテカード。一部の交通機関Trasportiを含んだカードも登場してますます便利。

1.トリノの主要な美術・博物館、宮殿などの見どころやガイド付きツアーが無料。

2.市内交通を含んだカードは市内と空港間の列車、モーレ・アントネッリアーナのパノラマ・エレベーター、スペルガへの登山列車、ポー川遊覧、観光路線専用バス(ヴェナリーアの王宮など)が無料。

3.City Sightseeingの観光バスが€5の割引をはじめ、交通機関、レージョ劇場やサッカー、各種催事の切符など各所で割引あり。

※使い方：カード裏面に氏名を記入し、署名。使用開始時に日時を記入し、ここから期間内有効。各切符売り場で呈示し、切符を発行してもらって入場。観光路線専用バスなどは運転手に呈示。

1day€23（最高3ヵ所まで）、2day€35［€39.50］、2day junior18歳以下€15［€19.50］、3day€42［48］、5 day€51、［ ］内は2の交通機関Trasportiを含む。市内バス・地下鉄は含まない。割引きで別途購入可(→P.286)。

※月は多くの見どころが休館や時間短縮となるので、利用日は月を含まないのがベター。購入はℹやURLから。1日券はℹのみで販売。

詳細はURL www.turismotorino.org(英語あり)

(2016年11月現在)

●エジプト博物館
住 Via Accademia delle Scienze 6
☎ 011-5617776
開 9:00～18:30
㊊9:00～14:00
休 ㊊午後、12/25
料 €13(特別展の場合€15)
15～18歳　€9
6～14歳　€1
トリノ・ピエモンテカードで無料
※入館は閉館1時間前まで

ぜひ、エジプト博物館へ

カイロのエジプト博物館に次ぐ膨大なコレクションを誇り、女性館長による2005年のリニューアルにより、一大人気スポットになったことを知り、訪ねてみたい場所でした。どの展示もシンプルで見やすく大満足でした。特に第3会場の彫像の間は圧巻。訪れる人が少なく、彫像に囲まれた空間でのひとときは至福の時間でした。　(神戸市　あやめ　'11)

入場料は音声ガイド込みで€15。大きな荷物は預けます。有料で2個€2でした。彫像の間は順路の最後にあります。
(豊田達也　'16)

端正な『ラムセス2世』像

●サバウダ美術館
住 Via XX Settembre 86
☎ 011-5641729
開 9:00～19:00(入館18:00まで)
休 ㊊、1/1、5/1、8/15、12/25
料 共通券€12、18～25歳€6、18歳以下、トリノ・ピエモンテカードで無料
※王宮武器庫、王宮(1階)、古代博物館に共通。切符は王宮の切符売り場で購入。

壮大な王宮の切符は共通券

王宮(1階)、王宮武器庫、サバウダ美術館、古代博物館(＝古代ローマ劇場。ローマサバウダ博物館側庭園地下)はひとつの壮大な建築群で延べ3km、4万6000㎡にまたがり、宮殿奥には噴水や緑豊かな庭園が広がる。いずれも入口は異なるが切符は共通。王宮内には歴史を感じさせるカフェも再オープンした。

訪ねてみたい
トリノの美術館と博物館

カイロに次ぐ収集を誇る　MAP P.285 A1

エジプト博物館　★★★
Museo Egizio　ムゼオ エジツィオ

「彫像の間」は照明も美しく圧倒される

19世紀のサヴォイア家の古代エジプト・コレクションをもとに創立され、その後E．スキアパレッリの発掘により収集品が充実し、ヨーロッパでもっとも優れたエジプト・コレクションとして有名。注目されるのは、1階の展示品の数々。たくさんのファラオの彫像の中でも、黒花崗岩(かこうがん)で作られた『**ラムセス2世**』RamusesⅡ(紀元前1290～1224年)は必見。紀元前1450年に作られたとされる、『**エル・レシア**』El Lesiyaの浅浮き彫りの岩窟神殿にも注目。２階は古代エジプトの生活を展示。特に埋葬に使われた石棺、ミイラ、装飾品などの収集が興味深い。2006年のトリノ・オリンピックを機に新設された「**彫像の間**」Statuarioでは、スフィンクス、ファラオや神々など、多数の彫像のなかを歩き回ることができ、斬新な展示方法の体験型博物館としても人気を博している。

三重の棺に入れられる高貴な人のミイラ。これは2番目の棺

サヴォイア王家のコレクション　MAP P.285 A2

サバウダ美術館　★★
Galleria Sabauda　ガッレリア サバウダ

サヴォイア王家の収集した私的なコレクションを中心に、超一級の作品が揃った美術館。特に重要なのは、トスカーナ派の作品。アンジェリコの『**聖母と天使**』、ポッライウォーロの『**トビアスと天使**』などは必見。ヴェネツィア派では、マンテーニャやヴェロネーゼ、バロック絵画では、カラッチやレーニ。フランドル派やオランダ派の作品にも傑作が揃っている。サヴォイア王家の肖像やグアリーノ・コレクションにも注目。

広大な王宮内にあるサバウダ美術館

魅力的な展示で知られる MAP P.285 A2

国立映画博物館 ★★

Museo Nazionale del Cinema ムゼオ ナツィオナーレ デル チネマ

大ホールでは
映画が楽しめる

モーレ・アントネッリアーナの構造を利用した5階建ての博物館。らせん型の通路を歩くことによって、映画の歴史、撮影技術、機材、特殊撮影、特殊メークなど、映画の世界を散歩できるようになっている。見学者が参加できる双方向方式の展示が主流で、楽しい。ラウンジチェアの並ぶ大ホールでは映画鑑賞ができる。

ピエモンテの歴史の詰まった MAP P.285 A2

市立古典美術館(マダーマ宮殿) ★★

Museo Civico d'Arte Antica/Palazzo Madama ムゼオ チヴィコ ダルテ アンティーカ／パラッツォ マダーマ

中世から19世紀までのピエモンテの美術品を収蔵。2006年の改装を経て、時代順のわかりやすい展示となった。地階の中世から始まり、1階はゴシックとルネッサンス、２階はバロック。３階の陶磁器やレース、ガラスの収集もすばらしい。特筆すべきは、１階のダ・メッシーナやポントルモの絵画作品。

1階の展示が興味深い

「フィアット」の創業者らの手による自動車博物館 MAP P.284 B1

自動車博物館 ★★★

MAUTO Museo Nazionale dell' Automobile "Carlo Biscaretti di Ruffia"

ムゼオ ナツィオナーレ デッラウトモビーレ カルロ ビスカレッティ ディ ルッフィア

新しい博物館が
建設された

1960年にイタリアの自動車産業の先駆者、カルロ・ビスカレッティ・ディ・ルッフィアによって設立された博物館が、イタリア統一150周年を記念して全面的にリニューアルされた。C.ズッキの設計、F.コンフィーノの斬新な展示方法によって、クラシックカーを集めた博物館というだけでなく、人々の憧れの乗り物であった自動車の社会的な変遷を、わかりやすく解説する楽しい博物館になった。老若男女、誰もが楽しめる展示方法と、歴史的なクラシックカーやスーパーカーの展示に、時のたつのも忘れてしまう。時代が自動車を変化させてきたということがわかり、興味深い。

映像とクラシックカーの展示が楽しい

●映画博物館(→P.287)

✉ モーレ・アントネッリと映画博物館

ピエモンテ・カードを購入して、「何でも見てやろう!」精神で歩き回りました。トリノは見どころがいっぱいで、駆け足の3日間でも足りませんでした。モーレ・アントネッリの展望エレベーターはガラスの箱が宙吊りになって映画博物館の中を上がって行きます。眺めているのも、乗るのも近未来のようなロマンティックのような不思議な光景でした。眼下にはトリノの町、そして遠くにアルプスの山々がすばらしい勇姿を見せるということでしたが、あいにく湿気の多い季節で、アルプスの山はかすんでいました。観光シーズンの週末は行列ができて、1時間待ち。「夜景もすてきだ」と、係の人が言っていました。

(東京都　冬美　'12)

●市立古典美術館

住 Piazza Castello 10

☎ 011-4433501

開 10:00〜19:00(冬季18:00)

休 ㊋

料 €10(特別展の場合€14)、毎月第1㊌無料
18〜25歳、65歳以上€8
※毎月第1㊌無料

●自動車博物館

住 Corso Unità d'Italia 40

☎ 011-677666

開 ㊊10:00〜14:00
㊋14:00〜19:00
㊌㊍㊐10:00〜19:00
㊎㊏　10:00〜21:00

休 一部の㊗

料 €12、6〜14歳、65歳以上€8
トリノ・ピエモンテカードで無料

※地下鉄リンゴット駅Lingotto下車。駅(NHホテル)を背に左に大通りを進み、すぐに見えるフィアット社前から道を渡り、Via Garessioをポー川方向へ進み、突き当たったら左へ。駅から徒歩7〜8分。

●レージョ劇場の切符売り場

住 Piazza Castello 215
Via Garibaldiとの角

切符販売

URL www.vivaticket.it

電話での切符販売(クレジットカードのみ)

☎ 011-8815270

営 ㊊〜㊎9:00〜12:00

✉ 旧市街の市場情報!

旧市街にあるレプッブリカ広場Piazza della Repubblicaでは毎日13時まで巨大な市場が開催されています。新鮮な食料品から衣料品、雑貨店がずらり。付近の建物のお店もみな食料品店のようでした。さすが美食の町!北イタリアで最大規模だと思いました。

(柴田洋美　'14)

●王宮と王宮武器庫
住 Piazza Castello/Piazzetta Reale 1
☎ 011-5184358
開 9:00～19:00(入館18:00まで)
休 ㊊、1/1、5/1、8/15、12/25
料 共通券€12(→P.288)
※上記2ヵ所は内部で連絡

知ってた!?

イタリア人にとって、キリストの奇跡のひとつである「聖骸布シンドーネ」は、あつい信仰の対象だ。ドゥオーモの火災の際も難を逃れたりと、数々のエピソードも事欠かない。非公開。公開は聖年など特別の時期のみ。それほど貴重でありがたい物なのだ。ドゥオーモで一部見られる物はコピー。

●ドゥオーモ
住 Piazza San Giovanni 87
☎ 011-4361540
開 9:00～12:30
15:00～19:00
※宗教儀式中は拝観不可
ミサ：9:00、10:30、18:00
㊐㊗7:00、18:00

巡礼者の絶えないドゥオーモ

美しい様式美に満たされた館 MAP P.285 A2

王宮と王宮武器庫 世界遺産 ★★★

Palazzo Reale e Armeria Reale パラッツォ レアーレ エ アルメリア レアーレ

サヴォイア一族の居城

サヴォイア王家の公式宮殿として1865年まで使用されていた、バロック、ネオクラシック、ロココとさまざまな建築様式の融合が美しい白亜の宮殿。F.ユヴァッラの設計による「はさみの階段」Scala delle forbiciで、玄関広間から階上に向かうと、天井画などと一体になった、すばらしいバロック空間が広がる。王宮内部はガイド付きのみの見学。サヴォイア王家の美意識によって集められた調度品が飾られた居室の数々にはため息が。王宮武器庫には、イタリアらしい優美さと華麗さを備えた、12世紀から18世紀の甲冑(かっちゅう)や武具のコレクションがある。

圧倒される武器庫の展示

ルネッサンス様式の大聖堂 MAP P.285 A2

ドゥオーモ ★★

Duomo di San Giovanni ドゥオーモ ディ サン ジョヴァンニ

王宮の脇にぴったり寄り添うように建っているのがドゥオーモ。内部の礼拝堂Cappella della Santa Sindoneは、G.グアリーニの作品。ここには、キリストの処刑後、その身体を包んだ聖骸布Santa Sindoneがあることで有名。手足に釘(くぎ)を打ち込まれて十字架にかけられた男性が、写真のネガのような状態で布に写っている。科学調査によると、この布は13世紀頃の物だという。この人物がキリストではないということを除けば、この不思議な像は実物である。銀の箱に収められた聖骸布は **"奇跡の布"** であり、今でも巡礼者は後を絶たない。

食べる! トリノ

フランス料理の多大な影響を受けたピエモンテ料理。そのなかでも、フィアットをはじめとする自動車工業の町として有名なトリノの料理は、これらの工場の発展を支えた、周辺農村部から移入した人々からもたらされた物。フランス風ながら田舎らしい野趣あふれる物だ。

さて、料理以外でこの町で絶対忘れてならないのが、おいしいお菓子と細長い乾いたパンのグリッシーニだ。トリノのお菓子はイタリアでも定評がある。特にカーニバルの仮面の名を取ったジャンドゥイオッティGianduiottiは、ナッツの風味とコクのある良質チョコレートで独特なおいしさ。コーヒーのお供に最適。老舗はBaratti&MilanoやRoma gia Talmoneだ。

もうひとつの名物グリッシーニは、17世紀の初めに、サヴォイア家のお抱え医師が考案し、ナポレオンも好み、ナポレオンの小杖という愛称もある棒状の乾パン。きれいに包装された物は、イタリアのみならず日本でもお目にかかるが、本場トリノのは、一本一本手作りの物。50cmほどの長さで、サクッともろくくだける香ばしいおいしさは、ほかでは味わえない。

フランス風のおいしいお菓子が豊富

トリノ・バロックの傑作 MAP P.285 A1

サン・ロレンツォ教会 ★★

San Lorenzo サン ロレンツォ

G.グアリーニの最高傑作と称される教会。教会のファサードはなく、カステッロ広場に向かって建つ邸宅の正面がその部分に当たる。建物の間からは、トリノ・バロックの最高傑作とされる美しいクーポラが顔をのぞかせ、カステッロ広場に花を添えている。内部は、大理石やスタッコの彫刻で装飾され、金箔が施された絢爛豪華なバロック空間。

トリノの楽しみ方

●トリノのカフェ

トリノには、フランス風のカフェCaffèが多い。サンドイッチやお菓子のおいしいバールBarは、アーケードの下にサラ・ダ・テSala da teという座れる場所をもっていて、トリノ名物のビチェリンBicerinやカフェを飲んだりしてのんびり過ごせる。トリノで最も有名なカフェといえば、Barattino（バラッティーノ）。バラッティというのは、三日月形をしたような高級なチョコレートの代名詞。この店から作られたバラッティは今やイタリア中で見かける。そのほかの歴史あるカフェは、Caffè San Carlo（カフェ サン カルロ）とCaffè Torino（カフェ トリノ）。どちらもサン・カルロ広場のアーケードにある。すばらしいシャンデリアの下がる優雅な店内には、ゆったりと食前酒や軽食を楽しむ人が集う。

●サン・ロレンツォ教会
開 7:30〜12:00
16:00〜19:00
日祝 9:00〜13:00
15:00〜19:30

トリノで最も美しい教会

●カフェ・バラッティーノ
住 Piazza Castello 27
地 P.285 A2

●カフェ・サン・カルロ
住 Piazza San Carlo 156
地 P.285 A1

伝統のカフェ、バラッティーノ

トリノ郊外の見どころ

自然のなかに点在するサヴォイア家ゆかりの地

壮大なる白亜の宮殿 MAP 地図外

ヴェナリーアの王宮 世界遺産 ★★★

La Reggia di Venaria ラ レッジア ディ ヴェナリーア

王宮出口手前、「栄光の中庭」。「鹿の噴水」

トリノ市内から北へ約10km、ベルサイユ宮殿をモデルにした壮大な白亜の宮殿。1660年、サヴォイア家の**夏の別荘**として造られ、後年ユヴァッラにより大改築が行われた。**ディアナの間**Reggia(Sala)di Diana(16〜26室)はフレスコ画やスタッコで華麗に装飾され、27〜54室は18世紀には王が居住し、31〜35室は私邸だった所。39室の**大広間**Galleria Grandeはユヴァッラの傑作。長さ80mにおよび、庭園からの光が大理石に反射して「光の劇場」とも呼ばれる美しい空間だ。宮殿前には**広大な庭園**が広がり、当時のままにバラ園、果樹園、畑、ゴンドラが浮かぶ池、水路などが点在する。出口近くの栄光の中庭Corte d'Onoreの鹿の噴水Fontana del Cervoは夏の週末の夜にはライトアップされ、光と水の競演が見事。

ヴェナリーアの王宮への行き方

カステッロ広場(地P.285 A2)やV.ヴェネト広場(地P.285 B2)のバス停から専用バスGTT Venaria Expressで所要約40分、Reggia Venaria下車。カステッロ広場発㊋〜㊎8:10〜18:10、㊏8:40〜18:40、㊐㊗8:40〜19:40の1時間間隔の運行。切符は㊏㊐㊗は車内で購入可、1日券で往復€7、㊋〜㊎は1回券€1.70、biglietto singolo urbano+suburbanoの往復分を事前購入で。トリノ・ピエモンテカード呈示で無料。また、市バス11番（切符€1.70）で。夏季はCitysightseeing社のバスも運行。

●ヴェナリーアの王宮
住 Venaria Reale, Piazza della Repubblica 4
☎ 011-4992333
開 王宮 ㊋〜㊎9:00〜17:00
㊏㊐㊗9:00〜19:30
庭園 9:00〜日没1時間前
休 ㊊、庭園のみ2月
料 €25(王宮、庭園、特別展に共通)
※夏季は庭園のカフェ近くから園内を一周(約20分)するバスが運行。切符€4はカフェで販売。

ストゥピニージ宮殿への行き方

ポルタ・ヌオーヴァ駅そばやカルロ・フェリーチェ広場西側のVia Arsenale/Via San Quintinoからトラム4番でCaio Marinoで下車し、バス41番に乗り換えてStupinigi下車。所要30〜50分。

●ストゥピニージ宮殿
住 Piazza Principe Amedeo 7, Stupinigi
☎ 011-3581220
開 10:00〜17:30
㊏㊐㊗10:00〜18:30
休 ㊊
料 €12　6〜18歳、65歳以上€8

✉ 楽しいハッピーアワー！

食前酒と楽しむ充実したビュッフェメニューを揃えているお店がたくさんありました。軽食からほぼ夕食のようなメニューも！　店内の雰囲気も楽しかったです。私のおすすめはカフェ・ガリバルディCaffé Garibaldi　住 Via Garibaldi 34　食前酒1杯と軽食付きで€11でした。(柴田洋美　'14)

スペルガ聖堂への行き方

ポルタ・ヌオーヴァ駅前やヴィットリオ広場からバス68、61番、カステッロ広場から15番でSassi下車(所要約30分)。登山電車(約20分、料 往復€6　休 ㊋)に乗り換え、終点下車。道なりに山頂へ進む。

歴史を感じる登山電車で

●スペルガ聖堂
住 Strada della Basilica di Superga 73
☎ 011-8997456
休 ㊌
墓所と王の居室
開 3〜10月、12/25〜1/6
㊊〜㊐ 9:30〜13:30
14:30〜19:00
(入場18:15まで)
11〜1月㊏㊐㊗、2月㊐㊗
10:00〜13:00
14:00〜18:00
(入場17:15まで)
料 €5　65歳以上、トリノ・ピエモンテカードで€4
※墓所と王の居室はガイド付き見学のみ。各約45分。入口は聖堂横
クーポラ
開 3〜10月
10:00〜13:30
14:30〜19:00(入場18:40まで)
料 €3、ピエモンテカードで無料

豪壮な狩りの館　　MAP 地図外

ストゥピニージ狩猟宮殿 世界遺産 ★★

Palazzina di caccia di Stupinigi/Museo d'Arredamento e Ammobiliamento
パラッツィーナ ディ カッチャ ディ ストゥピニージ/ムゼオ ダッレダメント エ アンモビリアメント

トリノの中央駅から、西南に延びる大通りを約10km行った突き当たりに、そびえる宮殿。建築家F.ユヴァッラにより建てられた、典型的なピエモンテ・バロック様式。18世紀の初め、宮殿の背後に広がる森を利用して、**狩りをするための館として造られた**。

狩りの館というよりも、豪壮な森の別荘、いや森の宮殿と呼ぶのにふさわしい。上に延びるデザインではなく、中央から左右に向かって広がる造りは、どこかフランス風でエレガント。馬小屋から、犬舎、臣下の者たちの住居などが周囲を取り囲み、自給のための農園もある。現在でも、当時のままの姿を保っている。

豪壮なサヴォイア家の館、ストゥピニージ狩猟宮殿

内部は、**美術館や家具博物館など**になっていて、大領主サヴォイア家の豪華だった生活もしのばれる。60万坪の庭園の敷地のかなたには、緑濃い静かな森が広がっている。

ピエモンテ建築の大傑作　　MAP 地図外

スペルガ聖堂 世界遺産 ★★

Basilica di Superga　　バジリカ ディ スペルガ

トリノの市街を見下ろす丘に立つ聖堂。この聖堂のあたりは、トリノっ子の散策の場にもなっている。狩猟宮殿を建てたF.ユヴァッラの大傑作。18世紀のピエモンテ建築を代表する物だという誉れが高い。地下には**サヴォイア家の墓所**Tombe di Casa Savoiaがある。

F.ユヴァッラの傑作

入口近くのらせん階段から75mの高さをもつクーポラに上がることができ、ポー川とドーラ川に囲まれたトリノの市街地やアルプスの山々を望むことができる。麓のサッシ駅からスペルガ駅まで、全長3kmの登山電車も楽しい。

Ristorante トリノのレストラン

トリノには、伝統店のDel Cambioからミシュランの星付き、町なかの小さなお店まで、ピエモンテ料理とピエモンテ特産のワインが味わえる店がたくさんある。値段のほうも、超高級店でもひとり1万円ぐらい。多くの店では、ワインも入れて1人3500～5000円ぐらいの予算で"ピエモンテ料理"が堪能できる。簡単に食事するなら、町なかのカフェのビュッフェがおすすめ。ポー通りなどに多く、店頭に「ビュッフェ€10」などと表示されているので、チェックを。

カーサ・ヴィチーナ Casa Vicina

P.284 B1

ミシュランの1つ星

イータリーの地下にある、シックでモダンな一軒。1902年からレストラン経営に携わるヴィチーナ家による、斬新で、味も見た目もすばらしいピエモンテ料理が味わえる。ランチの前菜盛り合わせとデザートのコースMisto di Antipasto Piemontese e Dessertがおすすめ。 要予約

住 Via Nizza 224
☎ 011-19506840
営 12:30～13:45、19:45～21:30
休 ㊐夜、㊊、8月初旬～9月初旬、12/25
予 €60～120、定食€65～110
C A.J.M.V.
交 地下鉄Lingotto駅下車、駅（NHホテル）を背に左に徒歩7～8分

ソット・ラ・モーレ Sotto La Mole

P.285 A2

町の中心、見どころ近く

モーレ・アントネッリアーナのすぐ近く、呼び鈴を押して入店。郷土料理定番の生肉の前菜Timballo di Carne Crudoや手打ちパスタTajarin、詰め物をしたパスタAgnolottiなどが揃い、ピエモンテ料理を堪能できる。
できれば予約

住 Via Montebello 9
☎ 011-8179398
営 12:30～14:00、19:30～22:00
休 ㊊、不定休あり
予 €52.50～71、定食€37
C M.V.

デル・カンビオ Del Cambio

P.285 A1

トリノの歴史と味わいを堪能

18世紀後半から続く、長い伝統に培われた名店。店内はトリノの歴史を物語るように、エレガントで重厚な雰囲気。伝統的なピエモンテ料理が味わえる。ミシュランの1つ星。 要予約 日本語メニュー

住 Piazza Carignano 2
☎ 011-546690
営 12:30～14:30、19:30～22:30
休 ㊐夜、㊊
予 €95～180、定食€110、140
C A.D.J.M.V.

チェラ・ウナ・ヴォルタ Ristorante "C'era Una Volta"

P.285 B1

おまかせコースで安心

アラカルトのほか、賞味コースDegustazione€26、季節の味わいStagione€28の2種の定食がある。手軽にピエモンテ料理が味わえて、おすすめ。
要予約

住 Corso Vittorio Emanuele II 41
☎ 011-655498
営 20:00～23:00
休 ㊐
予 €31～46、定食€26、28
C A.J.M.V.

スパッカナポリ Pizzeria & Ristorante Spaccanapoli

P.285 B2

ピッツァを食べるならここ

南部出身のピッツァ職人が多いトリノでは、おいしいピッツァが味わえる。おすすめは、店名と同じスパッカナポリで、ハムとゴルゴンゾーラ、玉ねぎの組み合わせ。夜は行列ができるので、予約しておくのが望ましい。

住 Via G.Mazzini 19
☎ 011-19450409
営 8:00～翌2:00
休 7/15～7/30
予 €15～25(コペルト€2)
C A.D.J.M.V.

ラ・ピラミデ La Piramide

P.285 A2

アツアツの立ち食いピッツァを

大学近くで、人気の一軒。次から次へと売れているので、熱いピッツァが食べられる。マルゲリータ€2。シチリア風アイスクリームとグラニータ（€2.50～3.50）もおいしい。

住 Via Po 43/b
☎ 011-835410
営 10:30～20:00
休 ㊐、8月
予 €2～6
C 不可

イータリーの本店

個性的な建物の店舗

日本でもおなじみ、高級スーパーマーケットのイータリー。発祥の地トリノの本店は、数ある店舗のなかでも広さ、品揃えが群を抜いている。イートインスペースも充実しており、ミシュランの星付きレストラン（上記参照）もあるので、食事がてら出かけるのも楽しい。

EATALY Torino

住 Via Nizza 230/14 ☎ 011-19506801
営 10:00～22:30 休 一部の㊗ C A.D.J.M.V.
交 上記カーサ・ヴィチーナ参照
URL www.eataly.net

Hotel トリノのホテル

トリノのホテルはイタリアの大都市のなかでは、部屋は広く設備も充実している印象だ。ポルタ・ヌオーヴァ駅周辺には多くの中級ホテルが並び、料金表を店頭に大きく表示してアピールしている所もある。夏には3つ星以上のホテルでは割引料金を適用する所が多い。一方、ユヴェントスの試合や大きな国際会議や見本市の期間はハイシーズン料金が適用されて割高となる。

★★★★★ プリンチーピ・ディ・ピエモンテ
Principi di Piemonte
P.285 B1

トリノの歴史を刻む
おしゃれなブティックの並ぶローマ通りに近い洗練された雰囲気のホテル。上階からは、アルプスの山並みとトリノの町を見下ろすすばらしい景色が広がる。大理石を多用したバスルームは広くて快適。朝食も充実。エステ併設。

URL www.atahotels.it
住 Via P. Gobetti 15
☎ 011-55151
Fax 011-5185870
SB €148.50/350
TB €166/600
室 81室　朝食込み W-F
C A.D.J.M.V.

★★★★ ヴィクトリア
Victoria Hotel
P.285 B2

インテリアのセンス抜群
部屋ごとに趣が異なるクラシックなホテル。インテリアの美しさではトリノ一番との評判。町の中心で、観光にも買い物にも便利な立地。温水プールやサウナ、エステ施設も完備。
URL www.hotelvictoria-torino.com

住 Via Nino Costa 4
☎ 011-5611909
Fax 011-5611806
SB €170/250
TB €225/320
室 106室　朝食込み W-F
C A.D.M.V.

★★★ ローマ・エ・ロッカ・カヴール
Hotel Roma e Rocca Cavour
P.285 B1

駅近く、緑の広場に面した
緑と噴水のある駅前広場に面して緑あふれる立地。でも、窓は防音なので駅前でも静かなホテル。近くにセルフサービスレストランのブレークもあって便利。
読者割引 3泊以上で10%
Low 8月、12/20～1/31頃、復活祭
URL www.romarocca.it

住 Piazza Carlo Felice 60
☎ Fax 011-5612772
S €62
SS SB €83/110
T €94
TS TB €121/151
室 86室　朝食込み W-F
C A.D.J.M.V.

★★ モンテヴェッキオ
Hotel Montevecchio
P.284 A1

経済的で快適
快適なホテル。冷房はないが、そのぶん割安感あり。ポルタ・ヌオーヴァ駅からは500m。
✉ 冷房はありませんが、駅から近く、料金も安く、清潔で満足。ホテルから駅寄り20mにスーパーのカルフールがあって何でも調達できるのも便利。（天田良隆　'13）['16]
URL www.hotelmontevecchio.com
住 Via Montevecchio 13b
☎ 011-5620023
Fax 011-5623047
SS €55/280
TS €72/295
室 29室　朝食込み W-F
C A.D.J.M.V.

★★ スタトゥート
Hotel Statuto Eco Art
P.284 A1

家族経営のホテル
ポルタ・スーザ駅の西側、あたたかい雰囲気のホテル。ビュッフェの朝食も充実している。小さな庭園もあり、ガレージ1日€12。
URL www.gaiahotels.it

住 Via Principi d'Acaja 17
☎ 011-4344638
Fax 011-4344380
SS €55/135
TS €70/210
3S €105/320
室 24室　朝食€4～10 W-F
C A.D.M.V.

オステッロ・トリノ
Ostello Torino
地図外

日本人女性のアシストがうれしい
YH リンゴット地区の旧オリンピック村に、'12年に移転オープンしたまだ新しいモダンで明るいYH。トリノで唯一の国際ユースホステル協会所属で要会員証。受付14:30～22:30。コインランドリーあり。到着日と出発日は無料で荷物を預かってくれる。持参PCでのインターネット接続、Wi-Fi無料(1階受付近くのエリアのみ)。
URL www.ostellotorino.it(日本語あり)

住 Corso Giambone 87/34, Via Giordano Bruno 191 (入口)
☎ 011-6602939　Fax 011-6604445
料 S €25　SS €30　T €42　TS €50　D €17～20
全99床　朝食込み W-F　C J.M.V.
交 ポルタ・ヌオーヴァ駅からはトラム4番Strada del Drosso行きで、S.Marino下車。リンゴット駅からは標識に沿って徒歩8分。

※トリノの滞在税　YH€1.80　★€1.80　★★€2.30　★★★€2.80　★★★★€3.70　★★★★★€5　最長4泊、12歳以下免除

ローマ時代から続く美しき町

アオスタ

Aosta アオスタ

雪を抱いたアルプスの山々が迫る町

四方を4000m級の山に囲まれたヴァッレ・ダオスタ州の中心に位置する州都。

長い間、アオスタの谷は、大サン・ベルナール峠を越えてスイスへ行く道と、小サン・ベルナール峠を越えてフランスへ抜ける道の分岐点だった。アオスタの町はこれら峠道の起点となりローマ時代より栄え、今に続いている。アオスタの町を造ったのは初代のローマ皇帝アウグストゥス。現在のアオスタの町は、ローマの都市だった2000年前の姿をほぼ完璧に引き継ぎながら、アルプスの麓でひっそりと旅人の訪れを待っている。

アオスタの歩き方

ファサードが見事なローマ劇場

ローマ時代の遺跡がアオスタ観光の中心だ。町の東の城門にあたる**プレトリア門**Porta Pretoriaや**ローマ劇場**Teatro Romano、**アウグストゥス帝の凱旋門**Arco di Augusto、**地下回廊**Criptoportico Forense、**ローマ時代の橋**などいまだに見事な姿をとどめる。町を囲む城壁Muraの大部分は、中世に再建された物。こぢんまりとした町なので、徒歩で十分。**サントルソ教会**Collegiata di Sant' Orsoには、12世紀のロマネスク様式の修道院と**回廊**Chiostro(キオストロ)が残る。

●郵便番号 11100

アオスタへの行き方

アオスタへはトリノ・ポルタ・ヌオーヴァ駅からfs線Pre Saint Didier行きのRまたはRV利用。Ivrea乗り換えで2時間6分～2時間23分。ChiavassoとIvreaで乗り換えで2時間18分～3時間11分。20分～1時間に1便程度。

プルマンはミラノの地下鉄1線ランプニャーノ駅上からSAVDA社が1日4～5便を運行。所要2時間30分。片道€17(65歳以上€12)、往復€34。

アオスタの i

住 Piazza E. Chanoux 2と Piazza Porta Pretoria 3
☎ 0165-236627
開 9:00～19:00
1/1、12/25　15:00～19:00
地 P.295 B1・2

美しいシャノー広場

散策が楽しい

町の中心はPiazza E. Chanoux(シャノー)。カフェや商店が並ぶ美しい広場だ。長距離バスのターミナルは駅前右側にある。市庁舎からアウグストゥス帝の凱旋門へ続く通りは、民芸品やワインを揃えたみやげ物屋、レストランが並び、そぞろ歩きが楽しい。町の人のショッピングストリートは市庁舎のあるシャノー広場から西側。市庁舎を背に右に進むとブティックや飲食店などが並ぶにぎやかな通りが続く。

アオスタの名物／テゴーレ・ダオスタ Tegole d'Aosta

アーモンドやヘーゼルナッツの粉末と卵白をあわせて、丸く極薄に焼いたクッキー。ラングドシャのような味わいで、軽くて優しい口どけ。チョコでコーティングした物もある。アオスタの町の人のおすすめのお店は

ボッシュ
Pasticceria Caffè BOCH

住 Via de Tillier Jean Baptiste 2
☎ 0165-44406
営 7:45～19:00
休 ㊋ 地 P.295 B1

市庁舎のあるシャノー広場の角。気取らない雰囲気の菓子店兼バール。そのほかのクッキーやケーキ、甘いパンやお菓子での朝食にもおすすめ。

❶があるプレトリア門

●サントルソ教会
開 9:00～17:30
休 1/1、12/25

ロマネスク様式の彫刻が美しい、回廊を訪ねたい

●ローマ劇場
住 Via Porta Pretoria/ Via du Baillageとの角
開 3/1～9/30　9:00～18:30
10/1～12/31　10:00～13:00
14:00～16:30
料 共通券€7、6～18歳€2
休 1/1、12/25
地 P.295 A1・2

●大聖堂／大聖堂宝物館
住 Piazza Giovanni XXIII
☎ 0165-40413
開 6:30(㊐㊗7:00)～12:00
15:00～20:00(冬季～19:00)
料 大聖堂(フレスコ画)€5、宝物庫€4、2ヵ所共通券€6
地 P.295 A・B1

●その他の共通券見どころ

●サン・ロレンツォ教会

サン・トルソ教会前の小教会の地下にある5世紀の初期キリスト教教会。殉教者や聖職者の墓地。

住 Piazza Sant'Orso
開 4～9月　9:00～18:45
10～3月　10:00～13:00
14:00～17:00
休 1/1、12/25
料 共通券€7、6～18歳€2

●州立考古学博物館

かつての修道院を利用し、新石器時代からローマ時代の発掘品を展示。

住 Piazza Roncas
開 3/25～9/30　9:00～18:30
10/1～12/31　10:00～13:00
14:00～17:30
休 1/1、12/25
料 共通券€7、6～18歳€2
地 P.295 A1

アオスタの見どころ

紀元前から町を見守る　MAP P.295 A2

アウグストゥスの凱旋門 ★★★

Arco di Augusto　アルコ ディ アウグスト

紀元前25年、町が築かれたときにカエサル・アウグストゥスにささげられた門。町の目抜き通りを抜けた車の行き交う広場に建つ。少し先のビュティエ川にはアーチ式の**ローマ時代の橋Ponte Romano**が残る。

町の歴史を見守る門

山岳都市らしい、印象的なキオストロ　MAP P.295 A2

サントルソ教会 ★★

Collegiata Sant'Orso　コッレジャータ サントルソ

尖頭形のファサードが素朴な教会

12世紀のロマネスク様式の鐘楼脇に教会が尖頭形のファサードを見せる。たびたび改築が行われたものの、創建当時の雰囲気をよく残しているといわれる。内部には11世紀のフレスコ画などが残る。隣接する**キオストロ（回廊）**は12世紀、アーチと柱は15世紀の物で、柱頭に刻まれた美しいロマネスク紋様と風情あるキオストロは山岳都市らしいこの町の魅力にあふれている。

山々を望む古代遺跡　MAP P.295 A2

ローマ劇場 ★★

Teatro Romano　テアトロ ロマーノ

プレトリア門のすぐ近くにある、ローマ時代の劇場。最初に目に入る22mもの高い壁はかつてのファサードの一部、舞台や4000人を収容したという観客席を見ることができる。ローマ劇場と周囲の山々の風景が美しいスポット。

町の人の信仰のよりどころ　MAP P.295 A・B1

大聖堂 ★★

Cattedrale　カッテドラーレ

ロマネスク様式の高い鐘楼が目印。正面扉口上部の彩色された**彫刻群（16世紀）**が美しい。内部はロマネスク様式で、後陣近くに**宝物庫**があり、アウグストゥス帝の凱旋門を飾っていたキリストの十字架像（14世紀）を始め、貴重な聖遺物や美術品を展示。

ファサードとふたつの鐘楼の調和が美しい

ライトに照らされ、神秘的な　MAP P.295 A1

地下回廊 ★★

Criptoportico Forense　クリプトポルティコ フォレンセェ

クリプトポルティコの入口

大聖堂のすぐ近く、一段下がった小さな庭園に入口がある。フォロと神殿に隣接し、ローマ時代には聖域を囲んでいた地下回廊。凝灰岩のアーチが89m×73mにわたって広がる神秘的な空間だ。

古代ローマ遺跡を中心とした共通入場券導入

ローマ劇場Teatro Romano、地下回廊Criptoportico Forense、初期キリスト教サン・ロレンツォ教会Chiesa Paleocristina di San Lorenzo、州立考古学博物館Museo Archeologico Regionaleに共通€7、6～18歳€2。

●地下回廊
開 3/25～9/30　9:00～18:45
10/1～12/31　10:00～13:00
14:00～16:45
料 共通券€7、6～18歳€2

Ristorante & Hotel　アオスタのレストラン&ホテル

都市に比べ、この町では手頃な料金で食事を楽しめる。風情ある路地に軒を連ねるレストランを品定めするのも、旅の楽しみのひとつだ。新しいホテルの建設も始まったアオスタ。避暑地であるアオスタでは7月末～8月にかけてのホテル探しがやや難しい。郊外のリゾートホテルがすばらしい。

ヴェッキオ・リストロ　Vecchio Ristoro　P.295 A1

雰囲気のよい小路に立つ
入口近くには水車小屋が再現され、店内はエレガントな雰囲気。料理は郷土料理をモダンなテイストで仕上げた創作料理。ミシュランの1つ星。
要予約

住 Via Tourneuve 4
☎ 0165-33238
予 €55～75、お味見コース€65、80
営 12:30～14:30、19:30～22:30 休 日、月、6月、11/1～11/10
C A.D.M.V.

ヴェッキア・アオスタ　Ristorante Vecchia Aosta　P.295 B2

アオスタの郷土料理の名店
プレトリア門に隣接した重厚な建物内にあり、夏はテラス席もオープン。山岳都市ならではの伝統的雰囲気と郷土料理が味わえる。

住 P.za Porte Pretoriane 4
☎ 0165-361186
予 €38～55（コペルト€2.50）、定食€28
営 12:15～14:30、19:15～22:30
休 水、10/25～11/25
C M.V.

ブレークハウス　Break House　P.295 B1

薪焼きピッツァもある!
小路にある、地元の人でいっぱいの店。特産のフォンティーナチーズやポルチーニ茸のピッツァがある。1枚€7～10ぐらいとお値頃。パスタや肉料理などもあり、定食もリーズナブルでアットホームな雰囲気。

住 Via Lostan 3/5
☎ 0165-361534
予 €18～25（コペルト€1）、アオスタ定食€22
営 12:00～14:30、19:00～22:30　休 日（8月と12月を除く）　C A.D.J.M.V.

★★★★ ミッレルーチ　Milleluci　地図外

眼下にすばらしい眺望が広がる
町並みを見下ろす高台に位置し、ベランダからは周囲の山並みが手に取るよう。季節にはラベンダーが咲き誇り、木を多用したアオスタ風の室内はアルプスの雰囲気にあふれている。レンタカー利用者に便利。

URL www.hotelmilleluci.com
住 Roppoz 15, Loc.Porossan
☎ 0165-235278
Fax 0165-235284
TB €190/210　JS €230
室 31室　朝食込み W-F
C A.D.J.M.V.
交 町から徒歩約20分

★★★ H.B.アオスタ　H.B.Aosta Hotel　P.295 B1

上層階からは山々を望む
町の西側、静かな界隈にある近代的で清潔なホテル。上階の部屋の窓からは山を見渡す景色もすばらしい。朝食も充実。レストラン併設（夜のみ€25～50）。
URL www.hbaostahotel.com

住 Via Malherbes 18/A
☎ 0165-43645
Fax 0165-236962
SB €70/100
TS €100/140　TB €115/160
JS €130/180
室 32室　朝食込み W-F
C A.D.J.M.V.

★★★★ ドゥーカ・ダオスタ　Duca d'Aosta Hotel　P.295 B1

伝統を残し機能的
市庁舎のあるシャノー広場の手前、2015年に改装オープンしたばかりのホテル。この地の雰囲気を大切にしながら、設備はモダンで機能的。フランス風のブラッスリー兼カフェを併設。

URL www.alpissima.it
住 Piazza Narbonne 8
☎ 0165-236363
Fax 0165-844030
TB €121/166
SU €244/305
室 60室　朝食込み W-F

★★★ ホテル・トゥーリン　Hotel Turin　P.295 B2

観光に便利で、眺めもよし
駅から約400m、やや古いながら家庭的雰囲気で居心地のよいホテル。部屋によっては旧市街や3000m級の山々を見渡すことができる。レストラン併設。
読者割引 ローシーズンに10%
High 2/26～3/5、7/23～8/31、12/26～1/7

URL www.hotelturin.it
住 Via Torino 14
☎ 0165-44593
Fax 0165-1845154
SS €57/75　TB €93/108
室 43室　朝食込み W-F
休 11月　C J.D.M.V.

※アオスタの滞在税　1泊料金で区分け€20以下 €0.50　€20.01～40 €0.50　€40.01～70 €0.80　€70.01～100 €1　€100.1～200 €2　€200以上 €3

クールマイユールへの行き方

アオスタから夏季は約1時間おきにプルマンSAVDA社が運行(所要約1時間)、片道€3.50、往復€6(30日間有効)。プルマン利用でミラノから3時間15分～3時間40分、一部アオスタ乗り換え(1日4便、片道€19.50)。鉄道の最寄り駅はPre St. Didierでアオスタからほぼ1時間に1便、所要50分。さらにバスで約10分。

クールマイユールのℹ

住 Piazzale Monte Bianco15
☎ 0165-842060
開 夏季・冬季 9:00～19:00
春季・秋季 9:00～13:00
14:30～18:00

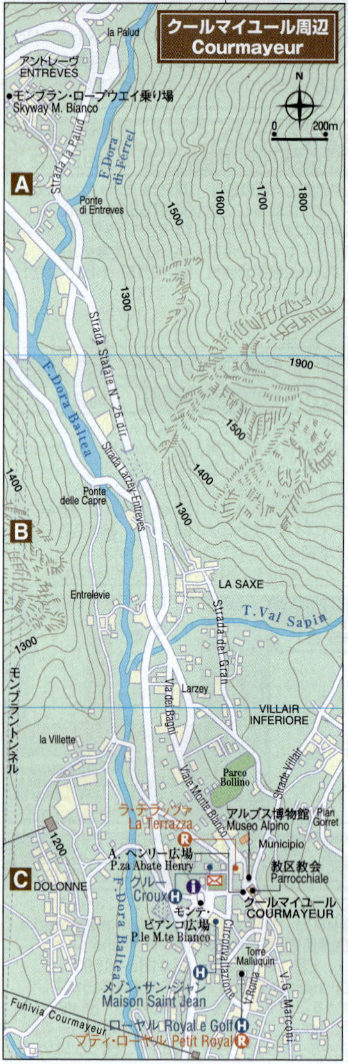

モンブランの麓に広がる世界的なリゾート

クールマイユール

Courmayeur クールマイユール

モンブランの懐に抱かれて

イタリア・アルプスの指折りのリゾート地。冬はスキー客で、夏は避暑客でにぎわう。モンテ・ビアンコMonte Bianco(モンブラン)が背後に迫り、雄大なパノラマを楽しめることで人気が高い。

モンブラン・トンネルを抜ければ、フランスのシャモニーだ。クールマイユール近くの**アントレーヴ**Entrevesからロープウエイを利用して、モンブラン越えで、フランスに入ることができる。また、アオスタからクールマイユールまでの車窓からはすばらしい景色が楽しめる。

クールマイユールの歩き方

バスターミナルのあるモンテ・ビアンコ広場Piazza Monte Biancoから脇の階段を上がり、坂道を左に上ろう。町のメインロードの**ローマ通り**Via Romaに出る。道の両側にアルプスらしいみやげ物屋や登山用品の店、バールなどが並び、その先にアルプス登頂の歴史を展示するアブルッツィ公**アルプス博物館**Museo Alpino Duca degli Abruzzi兼ガイド協会がある。博物館前の**展望台**Piazza Abate Henryからはアルプスの雄大な山々を眺めることができる。その後方には**教区教会**Parrocchileがひっそりとある。

登頂と冒険を語るアルプス博物館

さらに、Strada Villairを上がれば、整備された遊歩道が広がり、木漏れ日のなか散策が楽しい。道は登山ルートへと続き、瀟洒(しょうしゃ)な別荘が建ち並び、アルプスの保養地としての一面を見せてくれる。

素朴な教区教会

フェレの谷、ヴェニの谷とアルプスの眺め

クールマイユールからドーラ川に沿って北にフェレの谷Val Ferret、南にヴェニの谷Val Venyが広がる。いずれもクールマイユールの町から市バスが運行し、夏でも初春を思わす柔らかな緑と可憐な花々の咲く風景に手軽にアクセスできる。清冽(せいれつ)な雪解け水が流れる川やアルプスの山々と大氷河の風景は絶景だ。フェレの谷からはグラン・ジョラスやモンブラン、ヴェニの谷からはエギーユ・ノワールやプレンヴァ氷河を見渡せる雄大な景色が広がる。眺めを楽しむなら、フェレの谷はPlanpinceur、ヴェニの谷ならNotre Dame Guerisonあたりがアクセスが便利。近くにホテルや山小屋があるので、ランチと景色を楽しもう。

※ⓘはバスターミナルとなっている広場のほぼ正面。バス、プルマンの切符売り場は、ⓘ横の旅行会社内の左のカウンター。

谷へのバス

クールマイユールから市バスが運行(ミニバス1日周遊券€2)。6月下旬～8/31のみに40分ごとの運行。

9/1～12/24は事前予約で利用。☎0165-1854653または上記切符売り場で申し込む。希望日時と乗降バス停を告げればOK。料金は通常切符＋€1。

●アルプス博物館

☎ 0165-842064
開 9:00～12:30
16:00～19:00
休 ㊌、6月㊊、6月午前　料 €5

Ristorante & Hotel　クールマイユールのレストラン&ホテル

プティ ローヤル
Petit Royal　P.298 C

思い出に残る一軒

グランド・ホテル・ローヤル・エ・ゴルフの1階にある小さな隠れ家のようなレストラン。木々の枝が影を作り、椅子は大鹿の角でデコレーション。料理は創造的で美しい。郷土料理に飽きた人やグルメに最適。ミシュランの1つ星。ワインの品揃えが秀逸。要予約

住 Via Roma 87(Grand Hotel Royal e Golf内)
☎ 016-5831611
営 12/6～4/25、6/28～9/13 12:30～15:00、20:00～22:30
休 季節によりランチは休の場合あり
予 €70～85、定食4皿€85～6皿€110(定食に合わせたワインの組み合わせ€30～50)
C A.D.J.M.V.

ラ・テラッツァ
La Terrazza　P.298 C

地元の人と観光客で大にぎわい

ローマ通りから続くPiazza Brocherel脇の階段を下るとすぐ。木を多用したアオスタ風の落ち着いた雰囲気でピッツァから郷土料理、アオスタ風のコーヒーまでなんでも楽しめる。いつも混んでいるので予約がベター。

住 Via Circonvallazioe 73
☎ 0165-843330
営 12:00～14:30、19:00～22:30
休 ㊍昼、一部の㊗
予 €25～、定食€22
C A.D.J.M.V.

★★★★★ ローヤル・エ・ゴルフ
Grand Hotel Royal e Golf　P.298 C

セレブも集った歴史あるホテル

歩行者天国のローマ通りを上り切ったあたり、200年に渡って続く、正統派のグランド・ホテル。王族を始めさまざまな賓客がここでリゾートライフを楽しんだ。広々とした朝食用ダイニング、暖炉の燃えるバー、庭園のプールなどどこも歴史と伝統を感じさせる。従業員もフレンドリーで親切。

URL www.hotelroyalegolf.com
住 Via Roma 87
☎ 0165-831611
Fax 0165-842093
SB €100/359　TB €100/800
室 70室　朝食込み W-F
休 4/26～6/27、9/14～12/5頃
交 バスターミナルから徒歩7分

★★★ メゾン・サン・ジャン
Maison Saint Jean　P.298 C

季節の花々が飾る

プルマンの到着する広場からすぐ、季節の花々で飾られたこの町独特の伝統的建築様式のホテル。地下には室内プールとサウナ(1日€13)など施設も充実。レストラン併設。2食付き(1人€75～)や3食付き(1人€90～)もおすすめ。

URL www.msj.it
住 Vicolo Saint Jean
☎ 0165-842880
Fax 0165-841390
SB €55/138　TB €75/165
室 20室　朝食込み W-F
交 バスターミナルから徒歩2分

★★★ クルー
Hotel Croux　P.298 C

高い峰々を望む

部屋からはアルプスの山々が望める。モダンで快適なホテル。無料のインターネット、サウナも完備。ⓘやアルプス博物館にも近く、中心街にあり便利。バスターミナルから1分程度。

High 7/20～8/20、12/20～3/20
URL www.hotelcroux.it
住 Via Croux 8
☎ 0165-846735
Fax 0165-845180
SS €88/110　TB €138/180
室 31室　朝食込み W-F
休 5月、10～11月　C A.D.M.V.

※クールマイユールの滞在税　1泊料金で区分け€20以下 €0.50　€20.01～40 €0.50　€40.01～70 €0.80　€70.01～100 €1　€100.1～200 €2　€200以上 €3

モンブラン・ロープウェイへのバス

クールマイユールのバスターミナル(ⓘの前)からオレンジ色の市バス5番で、約10分のアントレーヴEntrèvesで下車。運転手に下りる場所を教えてもらうように伝えておくと安心だ。バス停からは道を渡り、そのまま道なりに約10分集落のなかを進むとスカイウエイSkyway乗り場だ。バスの切符は、乗車前にⓘ横の旅行会社の左側のカウンターで、往復分（1枚€1×2）を購入しておこう。下車したバス停付近には購入場所はない。アントレーヴはアルプスらしい美しい集落なので、バスの時間があれば散策してみよう。バスは30分～1時間間隔の運行。

スカイウェイ・モンテ・ビアンコ Skyway Monte Bianco

営 6/1～6/24　7:30～16:20
6/25～8/21　6:30～16:20
8/22～8/28　7:00～16:20
8/29～11/1　8:30～16:00
12/2～5/31　7:00～16:00
料 ポンタル↔プンタ・エルブロンネール往復€48、片道€36
ポンタル↔パヴィヨン・デュ・モン・フレティ往復€27、片道€18.50
※スキーシーズン（12/2～5/31）は1日券€52
Funivia Monte Bianco S.p.A.
☎ 0165-89925
URL www.montebianco.com

服装

天気がよければ半袖でもOKだが、3000mを超えると夏の日中でも氷点下になる。半ズボンは避け、セーター、ウインドブレーカー、春や秋には軽ダウンは必携だ。特に子供やお年寄りをともなう場合はしっかりとした服装計画を。また、展望テラスは雪や霜が残っていることがあるので滑らない靴がベター。多くの人は登山の服装だ。紫外線対策も忘れずに。

一気に標高高くへ移動するので、体調によっては軽い高山病の症状がでることがある。水分を補給し、ゆっくりと行動することを心がけよう。

山の天気は午前中が安定している。午前中早めの行動開始がおすすめ。

展望台と植物園

各所に展望台やバールが設けられている。いずれも新しく、展望もよいので気ままに過ごそう。エルブロンネールには周辺で採掘された水晶などを展示する鉱物博物館、モンフレティには世界一標高が高いという植物園や散歩道が整備されている。モンフレティあたりまでは天候が比較的安定しているので、帰路に可憐な花々を眺めながら散策してみよう。

アルプス山脈の最高峰 モンブランを見に行こう!!

Monte Bianco（モンテ ビアンコ）

氷河が続くモンブランを横断し、フランス領まで続くモンブラン・ロープウエイ=スカイウエイ・モンテ・ビアンコ。2015年6月に架線が新たになり運転が再開された。最新鋭のロープウエイは360度ゆっくり回転しながら3466mまであっという間に運んでくれる。

近未来的なポンタルの駅舎（始発地）

ロープウエイはふたつの区間に分けられ、下駅のポンタルPontal(1300m)→パヴィヨン・デュ・モンフレティPavillion du Mont Frety(2173m)乗り換え→プンタ・エルブロンネールPunta Helbronner(3466m)と進む。通しで乗車して約20分。

パヴィヨンまでは緑の谷を行く

最高点のエルブロンネールの直径14mの円形の展望テラスはイタリアとフランス領。ここまで来ると、急に気温が下がり風が冷たい。眼前に広がるのは4000m級の山々。目の前のキバのような山は奇峰デンテ・デル・ジガンテ、右後方にグラン・ジョラス。左に目を移し、雲に隠れた優しい稜線を見せるのがモンテ・ビアンコ4810m。その手前がモン・モーディ4468mだ。この先はフランス領で、エギーユ・デュ・ミディAiguille du Midi 3842mまでテレキャビン、さらにロープウエイでシャモニChamonixまで下ることができる。

テラスからは眼前にジガンテ山の雄姿が。雲の中に入るので天気が悪い

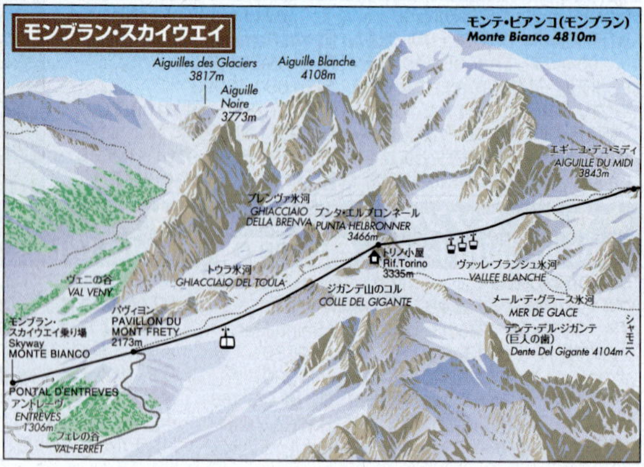

マッターホルンの下、雪に親しむアルペンリゾート

チェルヴィニア

Breuil-Cervinia　チェルヴィニア

アオスタ渓谷の中ほどにあり、チェルヴィーノCervino（マッターホルン4477m）の山麓にある町。雄大なヘリスキーなども楽しめる、有名なスキー場。初夏でも一面の雪。渓谷の奥にあるので年間を通じてスキーが楽しめる。

冬のチェルヴィニアの町とチェルヴィーノ（マッターホルン）

ここでは、チェルヴィーノや、その東に位置するモンテ・ローザMonte Rosa（4634m）を眺め、のんびり過ごしたい。

背後にはチェルヴィーノが迫る山小屋で

間近に迫る「白いピラミッド」

チェルヴィーノ／マッターホルン　Cervino/Matterhorn

1786年のモンブラン初登頂以降、次々に踏破されたアルプスの山々。しかし、最後まで登頂を阻み「魔の白いピラミッド」と呼ばれた、チェルヴィーノ（マッターホルン）。

その登山基地として名高いのがチェルヴィニアの町だ。アルペン・ガイドの碑やみやげ物屋、ホテルなどが並ぶ町並みを抜けると、チェルヴィーノの雄姿がすぐに見えてくる。町から頂上までは直線距離にしてわずか5㎞。冬はスキー場になる坂を登ると、チェルヴィーノはもう目の前。今にも手が届きそうだ。高い峰々に囲まれ、麓には氷河と白く飛沫を上げる滝が見える。滝の水音が山に響き、清涼な空気とともにひときわすがすがしい気分にさせてくれる。空にそびえる孤高の頂はすぐに雲に覆われ、なかなかその全容を見せてくれないが、自然のドラマはいつまでも見飽きることがない。

少し登ると、夏でもスキーのゲレンデが広がる。リフトやロープウエイに乗れば、スキーヤーでなくてもプラトー・ローザ（3480m）やプラン・メゾンPlan Maison（2561m）まで行くことが可能だ。

チェルヴィニアへの行き方

プルマン利用（savda社）の場合は、ミラノの地下鉄1線ランプニャーノLampugnano駅上のバスターミナルからシャティヨンへ行き（約2時間）、チェルヴィニア行きに乗り換える。1～2時間に1便。片道€18.40（65歳以上€13.90）。鉄道の最寄り駅はシャティヨンChatillon-Saint Vincentで、fs線Rでトリノのポルタ・ヌオーヴァ駅から約1時間50分、ミラノ中央駅から約3時間（chiavassoで要乗り換え）、アオスタからは約25分。シャティヨンからバス（SAVDA社 切符€2.90）で30㎞北上、約1時間の道程。バス停は駅そば、切符は車内購入可。
プルマンの時刻表は
URL www.savda.itで検索可。

チェルヴィニアの❶
住 Via Circonvallazione 2
☎ 0166-949136
開 9:00～12:30
14:30～18:30
休 12/25午前

逆さチェルヴィーノ（マッターホルン）を見に行こう

町へ入るトンネル近くから散歩道が整備されラーゴ・ブルーLago Bluへと続いている。町から坂を下り、トンネル手前右側の駐車場を過ぎたら、左の坂を上がろう。徒歩で約30分、緑のトレイルが続く気持ちよい散歩道だ。晴れて風のない日には湖面に逆さチェルヴィーノが映し出される。湖から国道へすぐに下りられので、バス利用で簡単に町へ戻ることができる（バスの切符€1.10、車内購入可）。
冬季は湖面は凍結。

滝の音だけが静かに響く丘から、夏のチェルヴィーノを眺める

Hotel　チェルヴィニアのホテル

★★★★ セルトレッリ・スポーツホテル Sertorelli Sporthotel

マッターホルンを望む
町の中心の近代的ホテル。客室はアルペン風で、マッターホルンなどの山並みが望める。レストラン併設で食事が充実。時期により宿泊数条件あり。
URL www.hotelsertorelli.it

住 Piazza Guido Rey 28
☎ 0166-949797
Fax 0166-948155
SB €100/180　TB €110/260
2食付き1人€100～、3食付きは+€25
室 69室　朝食込み W-F
休 5/2～7/1、9/4～11/10
C A.D.M.V.

★★ ホテル・ブレイソルン Hotel Breithorn

眺めのよいホテル
左記ホテルのすぐ近く、窓からはマッターホルンを望む絶景が広がる。古きよきたたずまいを残した家族経営のホテル。
URL www.hotelbreithorn.com

住 Piazza Guido Rey 10
☎ 0166-949042
TB €70/140　2食付1人€50～100
1週間1人2食付€240～455
室 23室　朝食€10～15 W-F
休 5/3～7/10、9/10～11/25頃
C M.V.

※チェルヴィニアの滞在税　1泊料金で区分け€20以下 €0.20　€20.01～40 €0.50　€40.01～70 €0.80　€70.01～100 €1　€100.1～200 €2　€200以上 €3

名物・フォンティーナチーズと乾燥肉をお試しあれ

■ヴァッレ・ダオスタ州の料理

厳しい自然のなかで暮らすこの地の料理は、野性味濃く、栄養がいっぱいだ。特に珍しいのはカモシカや山羊の**乾燥肉Mocetta**。カモシカや野ウサギなどはミンチにしてパスタソースとしても使われ、**Pappardelle al Sugo di Selvaggina**は、これらのジビエ類（伊語でSelvaggina）のパッパルデッレあえだ。特産のフォンティーナ・チーズFontinaは、クレープに挟んでグラタンに、子牛のカツレツの上に乗せて溶かした**Cotoletta alla Valdostana**などに使われ、欠かせない料理の脇役だ。この地のワインの多くはフランスから持ち込まれた苗から生まれ、フランス名がついているのも特徴。軽い**赤ワインのEnfer d' Arvier**や**白ワインのBlanc de Morgex**などが知られている。

特産のチーズを味わってみよう！

冬にはすっかり雪で埋もれ寒いこの地で欠かせないのが、**アオスタ風コーヒーCaffe alla Valdostana**だ。木をくり抜き、人数分の飲み口を付けた容器にアツアツのコーヒー、レモンの皮、砂糖、グラッパ（アルコール度の高いリキュール）を注ぎ、マッチで火をつけてアルコール分をとばした物である。目の前で青く燃える炎を見るのも楽しい驚きだが、寒いときなど体が温まって何よりもおいしいものだ。

コッパ・デッラミチッツィアの容器

「王」のワインとともに味わう濃厚な料理

■ピエモンテ州の料理

ピエモンテとはAi piedi del monte（山の足）、山の麓の意味だ。フランスとの境界にはアルプス山脈の険しい山々が連なり、続いてイタリア屈指の米作地帯の平野が広がる。

ここの料理も野性味が濃い。食卓には特産の米はもちろんのこと、山間で捕った**ジビエ類**（カモシカ、野ウサギ、キジなど）やキノコ、そして清流からは鱒が並ぶ。ここで忘れてならないのが「食卓のダイヤモンド」と呼ばれる**アルバの白トリフTartufo Bianco**だ。その香り高さと産出量の少なさのため珍重されて、秋から冬のシーズンのフィーバーぶりは驚くばかり。アルバの町では、トリフ尽くしのメニューを供するレストランもあり、グルメたちでにぎわう。

ピエモンテの前菜は見事だ

「王のワイン、ワインの王」と呼ばれる**バローロBarolo**をはじめ、**バルバレスコBarbaresco**、**バルベーラBarbera**など品質の高いワインを生み出しているこの地では、ワインを使った料理も多い。**牛肉のバローロワイン煮Bue brasato al barolo**は、牛肉をバローロワインに漬け、各種の香味野菜やトマトとともに煮込んだ物。これには、やはりバローロワイン。デザートには、卵の黄身と砂糖とマルサラ酒で風味付けしたクリーミーな**Zabaione**。これに合うワインは世界に知られる甘口の発泡性ワイン**Moscato d' Asti**だ。フレッシュなマスカットの香りと口当たりのよさが、デザートに最適だ。

おみやげ情報

●ワイン●

バローロ Barolo ★★★★
DOCG・赤・辛口
イタリアで最高の赤ワインのひとつ

●みやげ物●

コッパ・デッラミチッツィア Coppa dell'Amicizia **の容器**
アオスタの町の民芸品店で

ジャンドゥイオッティ Gianduiotti
ナッツ味のトリノ名物のチョコレート

ロンバルディア州

Lombardia

風情あるヴィッラが連なるコモ湖畔

州都にミラノを据える、商・工業の発達した豊かなロンバルディア州。州の北側には、アルプスの山々と、その麓にちりばめられた宝石のような湖水の数々。これらの湖から流れ出した川は、やがて南の州境付近を東に向かうポー川となる。流域に広がる中部の平原地帯では稲作が盛んで、春先には早苗が伸びた田園風景が広がる。ミラノだけでなく州内に点在する、ブレーシャ、マントヴァ、ベルガモ、クレモナなどの美しい町も訪れたい。

■ロンバルディア州に関するより詳しい情報は、
『地球の歩き方㉑ミラノ　ヴェネツィアと湖水地方』をご覧ください。

北イタリアの湖水地方

あまたの芸術家の愛した湖水の風光

湖畔のヴィッラの庭園

アルプスの南山麓に散らばるイタリアの湖水地方。イタリアに憧れ、アルプスを越えてきた人々を優しく抱き迎えたこの地方を、数多くの芸術家や作家もまた愛した。西端にある、小さな湖のオルタ湖には静かな雰囲気が残る。マッジョーレ湖は、北の一部がスイス領となっている。見どころは、湖に散らばるボッロメオの島々だ。ルガーノ湖は、北側の一部と南の湖畔以外は、ほとんどスイス領。ミラノの北50kmには、Yの文字をひっくり返したような形で南北に広がるコモ湖。古代からその美しさがたたえられてきた湖で、イギリスの詩人シェリーは「あらゆる美を超えた」ものとしてコモ湖を賞讃した。湖水地方東端のイセオ湖には、北イタリアの湖中で最大の島モンテ・イソラ島がある。

最後を飾るのは、マントヴァの北約50kmにあるガルダ湖。湖水地方最大の湖だ。この湖の特徴は地中海的気候に恵まれていること。夏は水温23℃になる湖では、水泳やヨットが楽しめる。どこを訪ねても、独自の魅力にあふれるイタリア湖水地方の湖。美術館歩きに疲れたら、イタリア的自然美が満喫できる湖水地方にでかけてみよう。

水辺に華やかな避暑地が広がる

コモ湖 Lago di Como

ラーゴ ディ コモ

コモ湖は、長さ50km、最大幅4.4kmの湖。深い所は410mもあり、ヨーロッパ最深の湖といわれる。周囲は切り立った高い山々に囲まれ、深い緑のオリーブの木(このあたりが北限とか)、クルミやイチジクの木々や花々が陽光を浴びて美しい。

コモ湖は、古くはカエサルやアウグストゥスというローマの皇帝に愛され、18～19世紀には、ヨーロッパの各国王室や富豪、芸術家が競って湖畔に壮大で瀟洒(しょうしゃ)なヴィッラを建てた。今ではイタリアきっての避暑地となっている。

中心の町コモ以外で、訪れたい観光スポットとして、Y字型のコモ湖の股の部分にあるベッラージオは、**セルベッローニ邸**、**メルツィ邸**の美しい庭園で有名な避暑地。対岸のトレメッゾからのフェリー便利用で10分。**メナッジョ**はコモ湖畔西側に開けた、わりと庶民的な保養地。**トレメッゾ**は、別荘が広がる高級な避暑地として有名だ。新古典様式の**カルロッタ邸**では、レモンの木々に囲まれ、見事なイタリア庭園が出迎えてくれる。ガーデニングに興味のある人は必見の庭園がめじろ押しのコモ湖畔だ。

カルロッタ邸の庭園はすばらしい

歴史ある落ち着いた町並み

コモ Como

コモのドゥオーモ

コモ湖の南端にある湖畔の中心の町。歴史ある町の落ち着きと、避暑地の華やかさが同居し、小路を巡る散策やカフェでのひと休みも楽しい。見どころは、ロンバルディア様式とルネッサンス様式の調和が美しいドゥオーモ。とりわけ彫刻により装飾されたファサード、内部のタペストリー、彫刻は必見だ。隣接して13世紀のブロレット(旧市庁舎)Brolettoやコムーネの塔Torre del Comuneは重厚な雰囲気だ。

コモ湖への行き方

fs線でミラノ中央駅からBasel、Zurich行きなどでコモ・サンジョヴァンニComo S.Giovanni駅までECで49分、Rで36分(直通)。ミラノのポルタ・ガリバルディ駅からはChiasso行きのS11線利用で約1時間。1時間に1便程度の運行。駅から町へは約800m。駅前の公園を下り、交差点Piazza Cacciatori d'Alpiを左に進むと湖。湖を左に見、湖沿いに300mも進むと町の中心だ。ミラノの地下鉄カドルナ駅の私鉄ノルド線Ferrovia Nordでコモ湖岸のComo Nord Lago駅まで約1時間。駅は町の中心に近い。30分に1便程度の運行。

湖の遊覧情報

コモ湖、マッジョーレ湖、ガルダ湖の遊覧船の時刻表、料金などは

URL www.navigazionelaghi.it

ロンバルディア州のバス、鉄道などの情報は

URL www.trasporti.regione.lombardia.it で検索可。

※湖水地方のうちマッジョーレ湖はピエモンテ州

コモ湖の遊覧船情報

コモは南の起点で、カヴール広場にある船着場から北のコーリコCólicoまで、水中翼船や遊覧船が毎日7便。ベッラージオBellagioまでは毎日9～15便。朝の9:00から19:00まで運航している。

Navigazione sul Lago di Como

住 Via per Cernobbio 18

☎ 031-800-551801(free)

料 1日周遊パス(コモ←→ベッラージオ乗り放題€23.30)

コモのⓘIAT

住 Piazza Cavour 17
(湖を背に広場の右側)

☎ 031-269712

開 9:00～13:00
14:00～17:00

休 ㊏㊐

コモのトイレ事情

ケーブルカー乗り場、Largo Nord駅、fs駅にトイレ発見。

●ケーブルカーFunicolare

住 Piazza De Gasperi 4

☎ 031-303608

開 6/10～9/10　6:00～24:00
9/11～6/9　6:00～22:30

料 山頂往復€5.50
片道€3

※30分間隔の運行。乗り場は、遊覧船乗り場から湖沿いに北へ約300m

●ドゥオーモ

開 7:30～19:30(㊐㊗21:30)

●ヴィッラ・オルモ
住 Via Cantoni
☎ 031-252443
開 庭園のみ 夏季7:30～23:00
冬季7:30～19:00
※内部は催事のみオープン(休㊊)

●ヴォルタ博物館
住 Viale Marconi
☎ 031-574705
開 10:00～18:00
休 ㊊、1/1、1/6、12/8、12/25、12/26
料 €4
※'16年10月現在、工事中のため1階のみの見学で料€2

遊覧船に乗る前には、ケーブルカーで市街を見下ろすブルナーテ山Brunateに登ってみよう。「アルプスのテラス」といわれるとおり、アルプスの高峰からロンバルディア平野、コモ湖の深い紺をたたえた水と絶景が広がる。やや町から離れるが、ネオ・クラッシック様式の豪奢(ごうしゃ)なヴィッラ・オルモVilla Olmoや電池の発明者ヴォルタの発明品を展示したヴォルタ博物館Tempio Voltiano周辺からも、コモのすばらしい風景が楽しめる。

ネオ・クラッシック様式のヴィッラ・オルモ

Ristorante & Hotel コモのレストラン&ホテル

高級ホテルやレストランはカヴール広場を中心とする旧市街に集中している。経済的なホテルを探すなら、やや歩くことになる。バス路線も充実しているので心配はない。

イ・ティグリ・イン・セオリア
I Tigli in Theoria
P.305 A2

洗練の南イタリア料理
魚料理が中心のエレガントなレストラン。シチリアで水揚げされた新鮮な魚がテーブルに並ぶ。ミシュランの1つ星。ランチには手頃な定食がある。
要予約

住 Via B.Giovini 41
☎ 031-301334
営 12:30～14:30、19:30～22:30
休 ㊊、㊐夜
予 €60～120
C A.D.J.M.V.

オステリア・ランゴロ・デル・シレンツィオ
Osteria L'Angolo del Silenzio
P.305 B2

料金も魅力的
古くから続くオステリア。海と山の幸を使った伝統的料理が味わえる。チーズとサラミの品揃えも充実。夜遅くまで営業しているのも便利。

住 Viale Lecco 25
☎ 031-3372157
営 12:00～15:00、19:00～22:30
休 ㊊、1/10～1/17、8/10～8/24
予 €34～56(コペルト€2)、定食€22(昼のみ)、€42
C A.D.J.M.V.

★★★★ メトロポール・エ・スイス
Metropole e Suisse
P.305 A1・2

コモを代表する
湖に面して建つ、歴史ある館のホテル。洗練されたエレガントな雰囲気。ただし、読者投稿に古さは否めないとある。湖に面したレストランも併設。
読者割引 10%
Low 1/1～3/31、11/1～12/31
URL www.hotelmetropolesuisse.com

住 Piazza Cavour 19
☎ 031-269444
Fax 031-300808
SS SB €75/150 TS TB €110/200
室 71室 朝食込み W-F
休 12/10～1/10
C A.D.J.M.V.
交 カヴール広場の一角

★★★ パーク・ホテル
Park Hotel
P.305 A1

立地のよい
fs駅の北側に位置し、駅にも湖にもほど近くて便利。居心地のよい、家族経営のホテル。
HPに割引情報あり
Low 10/1～3/31
URL www.parkhotelcomo.it(割引情報あり)

住 Viale Fratelli Rosselli 20
☎ 031-572615
Fax 031-574302
SS €65/105 TS TB €85/150
3B €105/179
室 41室 朝食込み W-F
休 12～2月
C A.D.M.V. 交 fs駅の北400m

ヴィラ・オルモ
Ostello della Gioventù Villa Olmo
P.305 A1外

駅から約1km
YH 受付時間16:00～23:30、門限24:00。YH会員のみ。6泊まで。貸自転車、ランドリーサービスあり。
✉自転車を借りられます。美しい湖畔を爽快に走るのは最高に気持ちいい! (北海道 石川耕資)['16]
URL www.ostellocomo.it

住 Via Bellinzona 2
☎ Fax 031-573800
料 朝食込み
D €20
S €22 レストラン併設 W-F
休 11/15～3/1 C J.M.V.
交 駅からバスNo.1、6、11でVilla Olmo下車。徒歩ならば20～25分

※コモの滞在税 4/1～9/30にYH、キャンプ€0.50 ★€0.75 ★★€1 ★★★€2 ★★★★～★★★★★€2.50 10/1～3/31は半額 4泊まで 14歳以下免除

ボッロメオ家ゆかりの島々を訪ねて

マッジョーレ湖　Lago Maggiore
ラーゴ マッジョーレ

ベッラ島　階段状の美しいボッロメオ宮殿の庭

マッジョーレ湖は、イタリアの湖のなかでも最も有名だ。特にボッロメオ家所有であった3つの島はぜひ訪ねてみたい。**ベッラ島**Isola Bellaは3つのなかで必訪の島。17世紀の**ボッロメオ家の宮殿と庭**Palazzo e Giardino Borromeoは息をのむほどの豪華さだ。庭園はバロック様式で、超豪華な物。珍しい木々や植物の手入れがよく行き届き幾何学的におもしろく刈り込まれていて、庭に立てば夢幻の世界に引きずり込まれそう。特に湖を巡るボートから眺める夕暮れの庭園は絶景。

ペスカトーリ島Isola dei Pescatori／Isola Superioreは「漁師の島」の意味で、狭い島には漁師の古ぼけた家々が建ち並び情緒がある。「母なる島」の意味をもつ**マードレ島**Isola Madreにも、18世紀の宮殿と庭がある。イタリア一の高さを誇るヤシの木があり、庭には放し飼いにされたクジャクやキジが遊んでいる。

マッジョーレ湖の中心

■ストレーザ　Stresa

ストレーザのマルコーニ広場

湖水地方きっての高級リゾート地。町の後方には小高い丘が迫り、マッジョーレ湖に面して町は細長く広がる。湖畔には、伝統と格式を誇るイタリアを代表するリゾートホテルが並ぶ。気候も穏やかで、緑と花にあふれた町だ。町の人々も裕福で、避暑客の優雅な生活が垣間見られる町。

マッジョーレ湖への行き方
下記ストレーザが最寄り駅。駅からはローマ通りVia Romaを下り、湖に面したマルコーニ広場Piazza Marconi(駅から約500m)から遊覧船が運航。

●ボッロメオ家の宮殿と庭
住 Isola Bella
☎ 0323-30556
開 2017年3/24～10/22
9:00～17:30
休 上記期間内無休
料 €16
(マードレ島との共通券€21)

マッジョーレ湖の遊覧船情報

ストレーザStresaとバヴェーノBavenoの町から3島を巡る遊覧船が出航している。3島すべてを回ると半日がかり。経済的に島巡りをしたい人は、周遊切符ではなく往復切符を買うほうが安上がり。お金に余裕のある人、または5人くらいならモーターボートを借りてもよい。

遊覧船の運航は朝7時から19時頃まで。日中はほぼ30分ごとに運航。
ストレーザ→ベッラ島　約10分　ストレーザ→マードレ島　約35分
1日周遊券　ストレーザ→ベッラ島→ペスカトーリ島→バヴェーノ→パッランツァに利用可
€16.90

✉ 4月はツバキが満開
マードレ島はツバキCamelia Japonicaが咲き乱れ、庭園には純白のクジャクが放し飼いにされており、羽をいっぱいに広げると風景と相まってまさに豪華絢爛。フランス人の観光客がクジャクに「メルシー」と言いながらシャッターを押していましたが、私も同感でした。　(天田良隆　'12)

✉ ツアーでミラノから
ZANI Viaggi主催のマッジョーレ湖バスツアーに参加して出かけました。1人€80。ベッラ島、ペスカトーリ島、ストレーザを訪れ、手軽に美しい景観を楽しめました。　(東京都　60代　'12)

ストレーザへの行き方
fs線でミラノ中央駅からGeneve行きなどのECやRで約1時間。6分～1時間に1便程度。

●郵便番号　28838

ストレーザのⓘIAT
住 Piazza Marconi 16
☎ 0323-30150
開 10:00～12:30
15:00～18:30
休 ⓑ、1/1、12/25

Ristorante & Hotel

ストレーザのレストラン&ホテル

湖の近くには高級ホテルばかりだが、駅周辺には手頃な宿もある。

ピエモンテーゼ Piemontese
P.307 B2

エレガントな雰囲気
優雅な中庭があり、夏にはオープンエアで伝統的なピエモンテ料理が味わえる。船着場にも近く、観光途中に利用するのにも便利。ワインも充実。

住 Via Mazzini 25
☎ 0323-30235
営 12:30～14:30、19:30～22:30
休 ㈪、12～1月
料 €35～75、定食€28、36
C A.M.V.

ヴィコレット Vicoletto
P.307 B2

地元の人に人気
カドルナ広場近く好立地。アットホームな店内と、かわいいテラス席が地元の人から愛されているお店。人気の魚介パスタを筆頭に、肉料理やリゾットなど、メニューが充実している。できれば予約

住 Vicolo del Pocivo 3
☎ 03-23932102
営 12:00～14:00、18:30～22:00
休 ㈭、1/15～2/29、11月の一週間
料 €28～45
C A.M.V.

★★★★ ラ・パルマ La Palma
P.307 A2

眺めもすばらしい
エレガントな調度やサービスもよく、ボッロメオ島を望む屋上やプールからの眺めもすばらしい。温水プールやサウナも完備。
読者割引 5%
URL www.hlapalma.it

住 Lungolago Umberto I 33
☎ 0323-32401
Fax 0323-933930
SS €130/160
TB €200/350
JS €360/500
室 118室　朝食込み W-F
C A.D.J.M.

★★ アルベルゴ・モン・トック Albergo Mon Toc
P.307 B1

ハーフ・ペンショーネがおすすめ
fs駅から500m、湖に300mと便利で、部屋も快適。2食付きにするほうがお得。家庭的で味もよく外で食べるよりよい。
URL www.hotelmontoc.com
読者割引 3泊5%、5泊7%、7泊10%

住 Viale Duchessa di Genova 69
☎ 0323-30282
Fax 0323-933860
SS T €65　TS €90
室 15室　朝食込み　夕食€20位 W-F
休 11月、1月　C M.V.

※ストレーザの滞在税　4/1～10/31に★～★★€1　★★★€1.50　★★★★€2.50　★★★★★€3.50　最長3泊、18歳以下免除

オルタ湖への行き方

ミラノ中央駅から約40分のノヴァーラNovaraで乗り換え。オルタOrta-Miasinoまでは約1時間44分～3時間5分。乗り換えのいい便が少ないので注意。ミラノ中央駅11:18発のRV＋Rなら所要1時間44分で最速('16)。

fsオルタ駅からサン・ジュリオの町まで徒歩で約30分。駅近くから町、町からサクロ・モンテへは列車型のミニバスが運行。いずれも所要5～6分、料金片道€2.50、往復€4。
営 9:00～17:30(5/1～9/30は19:00)、11/1～2/28は㈯㈰㈷のみ。約15分間隔の運行。

ミニバス＝トレニーノTreninoの情報は URL www.treninodiorta.it

ストレーザからは3/12～9/13に1日3便S.A.F.社のプルマンが運行。
URL www.safduemila.com

オルタ・サン・ジュリオのⓘ
住 Via Panoramica
☎ 0322-905163
開 夏季 9:30～13:30
14:00～17:00
冬季10:00～13:00
14:00～16:00
休 夏季㈫、冬季㈪㈫

●教会(バジリカ)
開 夏季9:00～19:00
冬季9:30～12:00、14:00～17:00
休 ㈪午前

●サクロ・モンテ
開 夏季9:30～18:00
冬季9:30～12:00、14:00～17:00

緑の山々に包まれた小さな宝石

オルタ湖 Lago d' Orta ラーゴ ドルタ

オルタ湖とサン・ジュリオ島

イタリアの湖水地方にある湖で最小の物。湖の周りは小高い丘に囲まれていて、岸伝いにオルタの小さな町が広がる。オルタの中心は、美しい別荘や庭園のある落ち着いたたたずまいを見せる、**オルタ・サン・ジュリオ**Orta San Giulio。湖の西の**サクロ・モンテ**Sacro Monte (401m)に登ると湖の全景が見渡せる。ここには1591年から1770年にかけて建てられた20ほどの礼拝堂が残る。2008年に世界遺産に登録された(町からは歩いて45分ほど。悪天候の場合は閉鎖)。

オルタ湖の真ん中には**サン・ジュリオ島**Isola di San Giulioがあり、4世紀にサン・ジュリオが建てたといわれる教会が建つ。教会内部はすばらしいフレスコ画で覆われている。黒大理石の説教壇も興味深い。島へは、町からボート(料往復€4.50)が出ている。

明るく開放的なリゾートが点在する

ガルダ湖 Lago di Garda
ラーゴ ディ ガルダ

オリーブ林のなか、すばらしい眺望が広がるローマ時代の遺跡

イタリア最大のガルダ湖は、南北に約52km、東西の一番広い部分は17.5km。ヴェローナからプルマンで行くのがおもしろい。高い梢の並木道を40～50分走ると、エメラルド色のガルダ湖が目の前に広がる。

マッジョーレ湖やコモ湖と違う自然美が特徴的なガルダ湖。それをひと口でいえば、明るい地中海風というところか。湖畔に茂るのは、オリーブ、レモン、ライム、ヤシや月桂樹など。紀元前の詩人や画家から、現代のアーティストまで、ガルダ湖が虜(とりこ)にした人の数は知れない。

スカラ家の城塞からのガルダ湖の眺めがすばらしい

湖水巡りは、南岸にあるデセンツァーノ・デル・ガルダDesenzano d. Gardaから出発したい。シルミオーネSirmioneに寄り、サロSalóやガルドーネ・リヴィエラGardone Rivieraに立ち寄り、リモーネ・スル・ガルダLimone s. Garda、リーヴァ・デル・ガルダRiva d. Gardaまで約4時間の船旅を楽しもう。瀟洒なリゾート地のガルドーネ・リヴィエラ。リモーネは、レモンやオリーブ畑に囲まれた、素朴な自然が残る村だ。ガルダ湖の東岸にもマルチェージネMalcésineやブレンツォーネBrenzoneなどの美しいリゾート地がある。特にマルチェージネには、ヴェローナを治めたスカラ家の城がある。村自体は中世の雰囲気を残す漁港だが、建物なども明るい南欧的な色彩で楽しい。ここからは標高1748mのモンテ・バルドMonte Baldoに登ることもできる。頂上までは登山電車が運行している。

ガルダ湖の遊覧船情報

デセンツァーノ・デル・ガルダとリーヴァを往復するもの。所要約2時間30分(水中翼船)～4時間で1日約4～5便。

ガルダ湖への行き方

最寄駅はデセンツァーノ-シルミオーネDesenzano del Garda-Sirmione。ミラノ中央駅からヴェネツィア行きなどのFRECCIA BIANCAで約1時間、Rで1時間25分。ヴェローナから約30分。10分～1時間に1便程度の運行。

プルマンも便利

ヴェローナとブレーシャからはプルマン(SAIA社、所要約1時間20分)も運行。約1時間に1便、切符€4。

駅からガルダ湖へ

駅から湖方向へ別荘地帯を15分ほど歩くと、船着場に到着する。バスならNo.2(月)～(土)に約30分ごと、切符€1)で約10分。遊覧船で20分位でシルミオーネ。船は1日10～12便ある。眺めも絶景、夏はきれいな湖畔で泳ぐことも可。

●郵便番号 25015

デセンツァーノ・デル・ガルダのⓘIAT

住 Via Porto Vecchio 34
☎ 030-3748726
営 夏季10:00～19:00
冬季10:00～12:30
14:00～17:00
休 10～5月の(日)

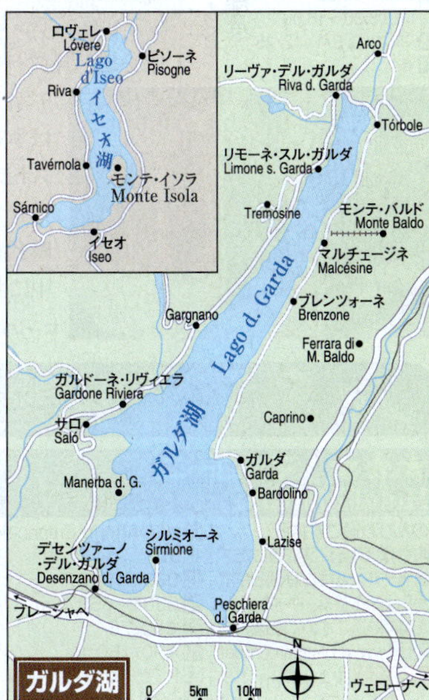

ガルダ湖の玄関口
デセンツァーノ・デル・ガルダ

デセンツァーノからガルダ湖を眺める

ガルダ湖の南西にあり、ミラノ、ヴェネツィアからの列車が停まるため、湖を訪ねる際の玄関口となる。町の中心へは約1kmで、駅からは市内行きとシルミオーネ行きのバスが発着している。見どころは湖の周辺に集中している。16世紀のドゥオーモ内Chiesa Parrochialeのティエポロの『最後の晩餐』Ultima Cenaは必見。このすぐ近くにⓘもある。やや北側には1世紀に遡るローマ時代の**別荘**Villa Romanaがあり、床モザイクがたいへん美しい。駅から町へ向かう途中、丘の上に立つデセンツァーノ城周辺からは美しい町並みと湖が一望できる。

城壁と水に囲まれた人気のスポット
シルミオーネ　Sirmione

スカラ家の城塞

ガルダ湖の南の湖畔から4km。北に向かって湖に突き出している細長い岬の突端にある町。この湖の半島は、周囲を水に囲まれた別天地。落ち着いた町並みに、**スカラ家の城塞**Rocca Scaligeraが映える。シルミオーネはテルメ(温泉保養所)としても有名で、ローマ時代からの有名な保養地。耳鼻科の病に効能があり、古代から人気のあったイタリア温泉のひとつ。橋を渡って城門内に入ると、旧市街は歩行者天国になっている。メインストリートには、レストランやしゃれたブティックが建ち並び、買い物にも最適な町。旧市街から500mほど坂を上ると、ローマ時代の**遺跡**Grotte di Catullo(グロッテ ディ カトゥッロ)がある。オリーブ林の中にある遺跡からの、湖の眺めもすばらしい。

ローマ時代の柱廊が残る

●ドゥオーモ内 Chiesa Parrochiale
開 8:00～12:00
15:30～19:00

●ローマ時代の別荘
住 Via degli Scavi
開 3～10月 8:30～19:00
11～2月 8:30～17:00
休 ㊊、1/1、5/1、12/25
料 €2

●デセンツァーノ城
開 4～5月、10月、11～3月の㊏㊐
10:00～12:30
15:00～18:00
6～9月
9:30～12:00
16:30～19:30
休 ㊊
料 €3
内部の見学は不可。

シルミオーネへの行き方

プルマン利用で、ヴェローナ(SAIA社、所要約60分、€3.50)とブレーシャ(SAIA社、所要約80分、€4)からバスが頻繁に往復。日帰りも容易。

シルミオーネのⓘIAT
住 Viale Marconi 4/6
☎ 030-916114
開 9:00～12:30
15:00～18:00(夏季18:30)
休 11～3月の㊐、㊗、㊏午後

●スカラ家の城塞
住 Piazza Castello 1
☎ 030-916468
開 8:30～19:00
㊐㊗8:30～13:00
休 ㊊、1/1、5/1、12/25
料 €4

Hotel シルミオーネのホテル

★★★ マルコーニ Hotel Marconi

のんびり過ごすなら
町のほぼ中心、湖に面したプチホテル。小さな庭園と客室からは湖を望み、ゆったりとした時間を過ごすのに最適。
URL www.hotelmarconi.net
読者割引 ウェルカム・ドリンクをサービス
住 Via Vittorio Emanuele II 51
☎ 030-916007
Fax 030-916587
SS €50/75
TB €90/150
室 23室　朝食込み W-Fi
休 12月～2月　C A.M.V.

★★★ ラ・パウル La Paül

湖に面した庭がかわいい
湖のほとりに建つ、緑に包まれたプチ・ホテル。落ち着いたインテリアで、湖に開けたバルコニー付きの部屋もある。
High 5/16～9/24
URL www.hotellapaul.it
読者割引 ハイシーズンに5%、ローシーズンに10%
住 Via XXV Aprile 32
☎ 030-916077
Fax 030-9905505
TS €90/130
TS €110/170(眺望よし)
室 37室　朝食込み W-Fi
休 11/1～3/31　C A.M.V.

シルミオーネの滞在税　★～★★★€0.80　★★★★€1　★★★★★€1.80　★★★★★★€2.50　13歳以下免除
SB シャワーまたはバス付きシングル料金　TS シャワー付きツイン料金　TB シャワーまたはバス付きツイン料金

ヴェッキア広場の噴水

Bergamo ベルガモ

●郵便番号　24100

ベルガモへの行き方

fs線でミラノ中央駅からベルガモ行きのR利用で約50分。1時間に1便程度の運行。

ベルガモはふたつの顔をもつ町だ。標高336mの小高い丘にあるベルガモ・アルタAltaは中世そのままに時が止まってしまっているが、丘の麓の町ベルガモ・バッサBassaは、近代的でスマートな都会だ。一体どちらが、ベルガモの本当の顔なんだろう。

中世からルネッサンス期を通じて、アルタには数々の美しい建築物が建てられた。自治都市の繁栄を誇ったのは13世紀まで。ミラノとヴェネツィアという強国に挟まれたベルガモは、大国のはざまで揺れた。しかし、こと芸術となると、ベルガモは独自のルネッサンスを開花させた。ベルガモの顔コッレオーニ礼拝堂は、ロンバルディア・ルネッサンスの傑作との誉れ高いが、ミラノにも、ヴェネツィアにもない独自の物だ。正面の列柱や彫刻の気品とあでやかさには圧倒される。

またこの町は、17世紀にヨーロッパ中に広まった仮面劇コンメーディア・デラルテCommedia dell' Arteの故郷だ。

ベルガモの歩き方

駅前からバス1/Aまたは1番に乗ってアルタを目指そう。途中でケーブルカーに乗り換えれば終点がアルタ。そのままバスの終点で下車し、城壁を抜けてもアルタの町がすぐに広がる。まずは見どころが集中しているヴェッキア広場へ。続いて、自然が残る坂道を下ってカッラーラ絵画館へ。時間があれば、活気あるバッサの町並みも散策してみよう。

●ベルガモの歩き方

ラジョーネ宮(ヴェッキア広場) P.312
↓
コッレオーニ礼拝堂 P.312
↓
S.M.マッジョーレ教会 P.312
↓
カッラーラ絵画館 P.313

●ベルガモ・アルタの❶
住 Via Gombito 13
☎ 035-242226
開 9:00～17:30
休 無休　地 P.311 A1

●ベルガモ・バッサの❶
住 Viale Papa Giovanni XXIII 57
☎ 035-210204
開 ㊊～㊍　9:00～12:30
　　　　　14:00～17:30
休 1/1、12/25　地 地図外
※駅を出て正面の大通りを約100m、右側。バスターミナル内

アルタへのバス
上記バッサの❶前の大通りにバス停がある。切符は駅の売店や❶の建物内のタバッキで。バス1番、1/A番で。途中のPorta S.Niccoloでフニコラーレ(切符は共通)に乗り換えてもよいし、バスの終点がアルタ。
料 1回券 €1.30(75分有効)
　1日券 €3.50

●コッレオーニ礼拝堂
住 Piazza Duomo
☎ 035-210061
開 11～2月　9:00～12:30
　　　　　14:00～16:30
　3～10月　9:00～12:30
　　　　　14:00～18:30
休 ㊊、1/1、12/25
料 無料

●S.M.マッジョーレ教会
住 Piazza Duomo 3
☎ 035-223327
開 4～10月　9:00～12:30
　　　　　14:30～18:00
　11～3月　9:00～12:30
　　　　　14:30～17:00
　㊐㊗　9:00～13:00
　　　　　15:00～18:00
※宗教行事(ミサ平日7:45、10:00、㊐㊗11:00、12:00)の際は見学不可。平日7:45～のミサ後、～9:00まで休場。

便利なベルガモカード
Bergamo Card
市内のバス、ケーブルカー、ベルガモ空港へのバス、市内の主要美術館が無料、特別展や商店などで割引が受けられるカード。1枚で大人1人と子供(11歳以下)1人の利用可。購入は駅のタバッキ、フニコラーレの駅、ラジョーネ宮、バッサの❶などで。24時間€10、48時間€15。

✉ マルペンサ空港・ベルガモ間のエアポートバス
バス停の表示がなく、わかりにくい場所からの発着。市内からバス停まではタクシーで、バッサから€10、アルタから€15を頼もう。空港まで約2時間。ベルガモから6:45～17:45まで8便、㊏㊐㊗は3便。
URL www.orioshuttle.com
(和歌山県　吉田和子　'15)

ベルガモの見どころ

伸びやかな中世の広場に建つ　MAP P.311 A1

ラジョーネ宮 ★

Palazzo della Ragione　パラッツォ デッラ ラジョーネ

広場に続く屋根付きの、中世ムードあふれる階段を上ると、12世紀には議会場だったという大広間に出る。保存状態はあまりよくないが、ブラマンテのフレスコ画が、広場の壁に残る。今は、ベルガモの市民のために、展覧会などが開催される場所になっている。

ラジョーネ宮と市の塔

ティエポロのフレスコ画で飾られた　MAP P.311 A1

コッレオーニ礼拝堂 ★★★

Cappella Colleoni　カッペッラ コッレオーニ

ラジョーネ宮の裏側に建つ、ロンバルディア・ルネッサンスの傑作。落ち着いた色彩の大理石のはめ込み模様と彫刻が華麗な正面を形作っている。礼拝堂は、ヴェネツィアの傭兵隊長コッレオーニにささげられた物。コッレオーニは、ベルガモの領主だが、ルネッサンス時のイタリアでは小国の領主は、しばしば大国ヴェネツィアなどの傭兵隊長となって、自分の軍隊を指揮していた。

内部にはティエポロのすばらしいフレスコ画が残る。保存もよく、見上げていると、天国にでもいる気分になってくる。

コッレオーニ礼拝堂

バラ色の大理石が彩る　MAP P.311 A・B1

サンタ・マリア・マッジョーレ教会 ★★

Santa Maria Maggiore　サンタ マリア マッジョーレ

礼拝堂の並びにある、12世紀のロマネスク様式の教会。外観は14世紀、15世紀と手が加えられ、内部は16世紀末～17世紀初頭のバロック様式となっていて、さまざまな様式がミックスされた興味深い物。フィレンツェとベルギーのアントワープの芸術家の手になる華麗なタペストリーは必見。礼拝堂を飾る、戦場を描いた、4枚の寄せ木細工も見逃さないように。

この一角には、バラ色の大理石でできた、八角形のかわいらしい洗礼堂Battisteroもある。

充実した数多のコレクションを誇る　MAP P.311 A2

カッラーラ絵画館　★★★

Pinacoteca dell' Accademia Carrara　ピナコテーカ デッラッカデミア カッラーラ

北イタリア絵画の宝庫、カッラーラ絵画館

18世紀末に、ジャコモ・カッラーラ公が開いた物。とびきりの名作はないが、なかなかの佳作揃い。地方美術館としては、イタリアでも最も優れた物のひとつ。ピサネッロの描いた『エステ家のリオネッロの肖像』やベッリーニの『聖母子』、マンテーニャ、ティエポロやそのほかヴェネツィア派の絵画など。ロンバルディア派の『タロット・カード』がおもしろい。

ベルガモ派と呼ばれる、L.ロット作『聖カテリーナのけがれなき結婚』

●カッラーラ絵画館
住 Piazza Giacomo Carrara 82/a
☎ 035-234396
開 10:00～19:00
休 ㈪、1/1、5/1、12/25
料 €10
※入場は閉場1時間前まで
※駅前からはバス7番(平日のみ)

緑の丘にヴィッラが点在する　MAP P.311 A1 外

サン・ヴィジリオの丘　★

Colle San Vigilio　コッレ サン ヴィジリオ

アルタの町からさらに坂道を上り、城壁を抜けると見晴らしのよいコッレ・アペルト広場Ple. colle Apertoに出る。この先にさらに上に向かうケーブルカー乗り場がある。ケーブルカーに乗れば約5分でサン・ヴィジリオの丘に到着する。ベルガモの町が一望できる。ケーブルカーの終点には見晴らしのよいレストラン兼カフェがある。

美しい別荘地、ヴィジリオの丘

Ristorante & Hotel　ベルガモのレストラン&ホテル

食べ物が安いのはバッサだが、アルタにもおいしいトラットリアやリストランテが密集している。しかし、値段はやや高め。アルタのヴェッキア広場に近いコッレオーニ通りやゴンビト通りには、パン屋さんやお菓子屋さんが軒を並べている。ホテルはバッサの町に集中している。

サンタンブルース　Sant'Ambröeus　P.311 A1

アルタの町のおすすめ
アルタの中心のヴェッキア広場にあり、夏は開放的なテラスでの食事が楽しい。アンティーク家具が置かれた店内の雰囲気もよく、ベルガモ料理が味わえる。

住 Piazza Vecchia 2
☎ 035-237494
営 12:00～14:30、19:00～22:30
休 ㈬、冬季の㈰夜、1月
予 €35～60(コペルト€4)、定食€35
C A.M.V.

ロステリア・ディ・ヴァレンティ　L'Osteria di Valenti　P.311 B1外

サービスもいい!
駅前の大通りを少し入ったところにある、地元の人に人気のトラットリア。ミラノ風カツレツやビステッカ・アッラ・フィオレンティーナなどの肉料理が充実。安くておいしい。できれば予約

住 Via Guglielmo D'Alzano 4
☎ 035-243017
営 10:00～15:00、19:00～23:00
休 ㈯昼、㈰
予 €25～40　C M.V.
交 G.マッテオッティ広場から徒歩5～6分

★★★★ エヌ・エイチ・ベルガモ　Hotel NH Bergamo　P.311 B1外

便利で快適
✉イタリアのチェーンホテル。モダンで快適なホテル。種類豊富な朝食、手頃な定食がある。夕食にも満足しました。スーパーが隣にあり、目抜き通りへもすぐ。
(東京都　ゴルフ　'09)['16]

URL www.nh-hotels.com
住 Via Paleocapa 1/G
☎ 035-2271811
Fax 035-2271812
SS €71/366　TS €90/375
室 88室　朝食€25 W-F
C A.D.J.M.V.
交 駅から徒歩5分

オステッロ・ディ・ベルガモ　Ostello di Bergamo　P.311 B1外

眺めのよいユース
YH 清潔で、バルコニーからの町の風景も最高。誰でも利用可。受け付け14:00～23:00、門限24:00。
URL www.ostellodibergamo.it
住 Via Galileo Ferraris 1
☎ Fax 035-361724

D €18/20　SS €35/40
ファミリールーム1人€22～25
朝食込み、夕食€11 W-F
C M.V.
交 駅から徒歩5分のポルタ・ヌォーヴァからバス6番でL.Da Vinci下車。アルタからはバス3番(直通)で。

※ベルガモの滞在税　YH €0.40　★€1　★★€1.70　★★★€2.50　★★★★€3.50　★★★★★€3.50　最長10泊、16歳以下免除

Brescia
ブレーシャ

世界遺産

●郵便番号　25100

世界遺産

ロンゴバルド族の繁栄（568～774年）を伝える地
「サン・サルヴァトーレ-サンタ・ジュリア修道院の複合建築」
登録年2011年　文化遺産

ブレーシャへの行き方

fs線でミラノ中央駅からヴェネツィア行きのFRECCIABIANCAで46分、ブレーシャ、ヴェローナ行きなどのRで1時間8分。ヴェローナから35～47分。

地下鉄運行開始

ブレーシャに着いて驚きました。地下鉄ができていました。快適できれいで町の豊かさを実感しました。駅から中心街への往復に利用できます。

（埼玉県　根元一雄　'16）

バス・地下鉄の切符

料 1回券　€1.60（90分間有効）

インフォ・ポイント

駅前のi

住 Piazzale Stazione
☎ 030-3061240
開 9:00～19:00
地 P.314 B1

ロトンダ近くのi

住 Via Trieste 1/Piazza Paolo VIとの角
☎ 030-3061226
開 9:00～19:00
地 P.314 AB2

●ブレーシャの歩き方

ロッジア　P.315
↓
旧・新ドゥオーモ　P.315
↓
サンタ・ジュリア博物館　P.316
↓
トジオ・マルティネンゴ市立絵画館　P.316

サンタ・ジュリア博物館の『翼を持つ勝利の女神』

ブレーシャは、噴水の多い町だ。イタリアの広場は、中央に噴水を配した物が多いが、ここ、ブレーシャの噴水は、16世紀から有名だ。16世紀のある旅人は、「この町はたくさんの美しい噴水に満ちていて、地上の楽園のような所だ」と旅の便りに、書き送っている。

その美しき噴水は今も当時のままだが、現在この町は、ミラノに次ぐロンバルディア第2の都会に発展した。

ブレーシャの歩き方

駅は、見どころの集まる**ドゥオーモ広場**Piazza del Duomoや**ロッジア広場**Piazza della Loggiaから1.5kmぐらい離れているので、駅を出て右に進み、地下鉄で1駅のヴィットリア駅下車が便利。

まず、ローマ時代の中心だったのは**ムゼイ通り**Via dei Musei。中世を代表するのは、**ドゥオーモ広場**。ルネッサンス期の気分を味わいたいなら、**ロッジア広場**Piazza della Loggiaへ向かおう。ここは、現代のブレーシャの中心でもある。**ポルティチ**Porticiと呼ばれる、アーケードのある通りで、高級なショッピング街だ。そして、バロックを代表するのが、**新ドゥオーモ**だ。

ブレーシャの見どころ

ブレーシャを代表する壮大な建築 MAP P.314 A1

ロッジア ★★
Loggia　ロッジア

ロッジア

パッラーディオら、3人の建築家の合作による15世紀の華麗な建物。モンテ・ディ・ピエタ、モンテ・ベッキオというふたつのロンバルディア、ルネッサンス様式の建物に囲まれている。宮殿の向かいには、ふたつの彫像が時を告げる**天文時計塔**Torre dell' Orologioがあり愛らしい。

町の中心広場に建つ新旧ドゥオーモ MAP P.314 A2

ロトンダ(旧ドゥオーモ)とドゥオーモ ★★
Rotonda(Duomo Vecchio) e Duomo　ロトンダ(ドゥオーモ ヴェッキオ) エ ドゥオーモ

ロトンダは12世紀に、イタリア内外で活躍したコマチーニの巨匠組合が建てた物。内部はぐるりと回廊が巡り、下部に礼拝席、地下にクリプタが広がっている。内陣前には紀元前1世紀頃の浴場の遺構のモザイクが残っている。

右がロトンダ、左がドゥオーモ。広場ではガーデニングショーが開催

高いクーポラがそびえるドゥオーモは、17世紀初期に建てられた。右の第1礼拝堂、ヴァンティーニの祭壇Altare del Vantiniにはモレットによる『**イサクの犠牲**』。19世紀のオルガン、パウロ6世の記念碑など数々の美術品で飾られている。

町を望む、中世の城へ

ムゼイ通りから、「城Castello」の矢印に従って、階段と坂道を上がると、丘の頂に城がある。イタリアでも屈指の大きさを誇る城塞で、空堀、跳ね橋などが中世そのままに残され、内部にはこの町の伝統を誇る武器博物館がおかれている。周囲には公園が整備され、城や公園からはブレーシャの町並みが一望できる。

●城塞博物館
Musei del Castello
開 ㊍㊎ 9:00～16:00
㊏㊐10:00～17:00
休 ㊊、12/24、12/25、12/31
料 €5
地 P.314 A2

城への坂道も風情がある

●ロトンダ(旧ドゥオーモ)
住 Piazza Paolo Ⅵ
開 9:00～12:00
15:00～18:00

●ドゥオーモ
住 Piazza Paolo Ⅵ
☎ 030-42714
開 7:10～19:00
※左の建物は、自由都市の頃の集会堂ブロレットBroletto

ブレーシャの世界遺産　サンタ・ジュリア博物館

世界遺産として登録されたのは、『**サン・サルヴァトーレ-サンタ・ジュリア修道院の複合建築**Il Complesso Monastico San Salvatore-Santa Giulia』。これは、後のロンゴバルド王国のデジデリオ王が公爵の時代(753年)に建立したサン・サルヴァトーレ教会を礎に、大規模の増改築が施されたかつての修道院。現在はサンタ・ジュリア博物館になっており、1万4000㎡の広さを誇る。

ロンゴバルド芸術の空間が広がる、サン・サルヴァトーレ教会内部

なかでも**サン・サルヴァトーレ教会**は後期ロンゴバルドの建築としてとりわけ重要な物。内部は柱廊で3分割され、この柱頭飾りやアーチに刻まれた紋様は、ロンゴバルド芸術の最も保存状態のよい物とされている。また、1階の展示室「**中世後期ロンゴバルドとカロリング**」L'età altomedioevale Longobardi e Carolingiでは、墓から出土した武具、日常品、装飾品、『**孔雀のレリーフ**』をはじめとする洗練された彫刻など、さまざまなロンゴバルド美術を見ることができる。

繊細なロンゴバルド彫刻『孔雀のレリーフ』

●サンタ・ジュリア博物館
住 Via Musei 81/b
☎ 030-2977834
開 6/16～9/30　10:30～19:00
10/1～6/15　9:30～17:30
休 ㊗以外の㊊、12/24、12/25、12/31
料 €10、考古学公園との共通券€15(当日のみ有効)、14～18歳、65歳以上€5.50、共通券€10
※切符売り場は閉館1時間前まで

『デジデリオ王の十字架』

●考古学公園
住 Via Musei 55
☎ 030-2977833
開 6/16～9/30　10:30～19:00
10/1～6/15　9:30～17:30
休 10/1～6/15の㊊(㊗を除く)
料 €8、14～18歳、65歳以上€4.50、サンタ・ジュリア博物館との共通券€15
※神殿の外観は切符がなくても見学可。入場する場合は、最初に左側の至聖所から。文化財保護のため、係員がその都度扉を開けてくれる。

古代からの歴史を伝える広大な博物館　MAP P.314 A2

サンタ・ジュリア博物館 世界遺産 ★★★

Museo di Santa Giulia　ムゼオ ディ サンタ ジュリア

広大な敷地に建てられた見事な博物館だ

古代ローマから続く、この町の歴史と美術が結集した必見の博物館。広く入り組んだ建物は、ローマ時代の遺構の上に建てられた9世紀のサン・サルヴァトーレ教会、ロマネスク様式のサンタ・マリア・イン・ソライオ教会などをまとめたかつての修道院だ。

見逃せないのは、1世紀の『翼を持つ勝利の女神』La Vittoria、大理石板に刻まれた『孔雀のレリーフ』La lastra con pavone、『デジデリオ王の十字架』La Croce di Desiderio、『マルティネンゴの霊廟』Il Mausoleo Martinengoなど。このほか、『デジデリオ王の十字架』が飾られたサンタ・マリア・イン・ソライオ教会の壁面いっぱいの16世紀のフレスコ画や地下のローマ・モザイク、ルネッサンス期のキオストロなど、いたるところに美があふれている。

古代のブレーシャの姿をヴィヴィッドに伝える　MAP P.314 A2

考古学公園 ★★

BRIXIA.Parco Archeologico di Brescia Romana　ブリクシア パルコ アルケオロジコ ディ ブレーシャ ロマーナ

ローマ期のブレーシャの姿を今に伝える

サンタ・ジュリア博物館の西側、古代ブレーシャの遺構が残る公園。高い基盤に列柱が載る神殿Capitoriumtが印象的な姿を見せ、左に共和国時代の至聖所Santuario Repubblico、右奥にローマ劇場Teatro Romanoが続いている。至聖所の地下には紀元前1世紀の鮮やかなフレスコ画が残り、神殿はオリジナルの姿を伝えている。

Ristorante & Hotel　ブレーシャのレストラン&ホテル

ヴィットリア広場やロッジアのある界隈は、この町らしい落ち着いた町並みが広がる。一方、駅前はかなり雑多な雰囲気。町の雰囲気を楽しむか便利さを選ぶかでホテルを選ぼう。レストランなどの飲食店は、ロッジアからムゼイ通りとその1本北側に集中している。

★★★★ NHブレーシャ
Hotel NH Brescia　P.314 B1

駅そばの近代的ホテル
駅から100mにある、近代的なチェーンホテル。モダンな内装と過不足ない設備やサービスが居心地がよい。郷土料理が楽しめるレストランも併設。
URL www.nh-hotels.com

住 Viale della Stazione 15
☎ 030-44221
Fax 030-44224
SS €72/319
TS €80/329
室 87室　朝食込み W-F
C A.D.J.M.V.

★★★ オロロッジョ
Albergo Orologio　P.314 A2

食事をするにも便利
ブレーシャの中心地、ロッジア広場近くの伝統あるホテル。見どころへのアクセスがよく、素朴であたたかな雰囲気の内装で人気。全室改装済みで美しい。
URL www.albergoorologio.it

住 Via Cesare Beccaria 17
☎ 030-3755411
Fax 030-5533121
SS €54/259
TS €84/300
室 16室　朝食込み W-F
C A.M.V.

SS シャワー付きシングル料金　TS シャワー付きツイン料金　3S シャワー付きトリプル料金

Cremona クレモナ

ロンバルディアの南、ミラノから南東に80kmほどに位置するクレモナは、人口7万強の小都市。16～18世紀には、ヴァイオリンの名器、**ストラディヴァリウス**や**アマティ**を生み、今も、世界的な演奏家のためにヴァイオリンを作り続けている工房がある。ルネッサンスからバロックへの道を開いた作曲家**モンテヴェルディ**の生まれた町でもある。彼のミサ曲やマドリガルは、クレモナの暮れかけた夏空のように穏やかだ。

豪壮なトラッツォ

クレモナの歩き方

町の中心になるドゥオーモがある**コムーネ広場**Piazza del Comuneは自由都市としての隆盛を誇ったクレモナらしくイタリアでも有数の美しさを誇っている。駅は、町の北の外れにあり、コムーネ広場までは南へ徒歩で20分ほどで着く。町は今も中世の趣がそのまま残っており、静かなたたずまいと落ち着いた雰囲気に気持ちが安らぐ。

コムーネ広場にあるドゥオーモDuomoはロマネスク・ロンバルディア様式の傑作として名高い。たくさんの列柱に囲まれた正面、石のライオンに守られた柱廊などは小さな町に不釣り合いなくらいに豪勢だ。付属の鐘楼はトラッツォTorrazzoと呼ばれ、高さが111mありイタリア一の高さだ。

●郵便番号 26100

クレモナへの行き方

fs線でミラノ中央駅（ランブラーテ駅からも乗車可）からクレモナまたはマントヴァ行きのR利用で所要1時間～2時間（一部要乗り換え）。

クレモナのⓘIAT

住 Piazza del Comune 5
☎ 0372-407081
開 9:30～13:00
13:30～16:30
㊏10:00～13:00
14:00～17:00
㊐10:00～13:00
休 ㊋㊍㊐㊗午後、1/1、12/25
地 P.317 B2

バスの切符

料 1回券 €1.30(90分間有効)
車内購入€2.60
1日券 €2.80
※町の中心へは徒歩で10～20分程度。バスならB番（Barriera Po行き）で5分程度

●トラッツォ

住 Piazza del Comune
開 10:30～12:00
15:30～17:30
㊐㊗10:00～12:30
15:00～17:00
休 12～2月の㊊、復活祭の㊐、8/15、12/24～1月第1㊐
料 €5(Sala Orologio Astronomicoを含む)、洗礼堂との共通券€6
地 P.317 B2
※入場は閉場30分前まで

●クレモナの歩き方

コムーネ広場 P.317
↓
ドゥオーモ&トラッツォ P.317
↓
ヴァイオリン博物館 P.318
↓
市立博物館 P.318

●ドゥオーモ
住 Piazza del Comune
開 8:00～12:00
15:30～19:00
㊐㊗ 7:30～12:30
15:00～19:00
地 P.317 B2
※ミサ(8:00、9:30、11:00、18:00)の間は拝観不可

●市立博物館
住 Via Ugolani Dati 4
Palazzo Affaitati
☎ 0372-407770
開 10:00～17:00
休 ㊊(復活祭の翌㊊を除く)、1/1、5/1、12/25
料 €7、3館共通券€16(市立博物館、バイオリン博物館、考古学博物館Museo Archeologicoに共通)
地 P.317 A1
※毎月第1㊐は無料

●バイオリン博物館
Museo del Violino
住 Piazza Marconi 5
☎ 0372-801801
開 10:00～18:00
休 ㊊、1/1、12/25
料 €10、学生、65歳以上€7
地 P.317 B1
URL www.museodelviolino.org
※歴史的バイオリンによる短時間のパフォーマンスあり。主に㊏㊐12:00～実施。URLにスケジュールあり。料金€7。

クレモナの名物、トッローネ

イタリアのクリスマスからお正月に欠かせない伝統菓子の**トッローネ**Torrone。アーモンド・ヌガーの一種で、その生まれ故郷がクレモナ。1836年創業の**老舗スペルラーリ**(住 Via Solferino 25)へ。

ドゥオーモ

コムーネ広場南側のアルテ館には2013年にバイオリン博物館がオープン。貴重なバイオリンが展示され、その歴史、発展の様子を知ることができる。工房も再現され、併設の小ホールAuditoriumではコンサートも開かれるので、旅程と合えば鑑賞してみるのも一興だ。

コムーネ広場の❶そばからローマ広場方向へ延びるソルフェリーニ通りVia Solferiniを通って、市立博物館へ向かおう。この通りには、名産のモスタルダMostarda di Cremona(果物のシロップ漬け)やトローネTorrone(アーモンドヌガー)を売る老舗があり、ウインドーを眺めるのも楽しい。

北西へ500mほど進むと**市立博物館**Museo Civico Ala Ponzaがあり、15～16世紀のクレモナ派(カンピ一族など)をはじめ質・量が充実している。展示品で見逃せないのがカラヴァッジョの『聖フランチェスコの瞑想』San Francesco in meditazioneや野菜で肖像画を描いたアルチンボルドの『野菜売り』L'ortolanoなど。

クレモナ派の傑作が揃う市立博物館

ガリバルディ通り53番地のストラディヴァリのかつての住まいを通りから眺めたり、サンタ・マルゲリータ教会のリュートを持つ天使のフレスコ画を見るのもこの町らしい楽しみ方だ。

ストラディヴァリの住んだ家

Ristorante & Hotel　クレモナのレストラン&ホテル

ラ・ソスタ Osteria La Sosta　P.317 B2

クレモナ料理を味わうなら

中心街にある、伝統的なクレモナ料理を味わえる一軒。自家製のタリアテッレや1600年代のルセットを再現したトルテッリをはじめ、冬にはボッリート・ミストのワゴンも登場。特産のチーズ、サラミなどの品揃えも充実。**要予約**

住 Via Sicardo 9
☎ 0372-456656
営 12:15～14:00、19:30～22:00
休 ㊐夜、㊊、8月の3週間
予 €30～42(コペルト€3)
C A.D.M.V.
交 ドゥオーモから50m

★★★★ ホテル・インペーロ Hotel Impero　P.317 B1

スタッフが親切

町の中心にあり、観光に便利な立地。古いパラッツォを改装した、どこか懐かしい雰囲気のホテル。最上階からはトラッツォやコムーネ広場を見下ろすことができる。
URL www.cremonahotels.it

住 Piazza della Pace 21
☎ 0372-413013
Fax 0372-457295
SB €65/155
TS TB €80/155
室 53室　朝食込み W-Fi
C A.D.J.M.V.

SB シャワーまたはバス付きシングル料金　TB シャワーまたはバス付きツイン料金　3B シャワーまたはバス付きトリプル料金

Mantova マントヴァ

マンテーニャが描いた『結婚の間』、ゴンザーガ一族が描かれる。イザベッラとマンテーニャの間では激しい芸術論争がなされたとか

北イタリア・ルネッサンスの中心となったマントヴァ。その芸術的隆盛は、隣国フェッラーラから嫁いだイザベッラ・デステによってなされたという。彼女は「教養高い、マントヴァ侯爵夫人」として、イタリアのみならずヨーロッパの宮廷人からも尊敬され、法王までもが彼女には一目置いたといわれる。マントヴァでは、イザベッラの芸術にかけた"心根"にも触れてみたい。

●郵便番号　26100

世界遺産

マントヴァとサッビオネータ
登録年2008年　文化遺産

マントヴァへの行き方

fs線でミラノ中央駅（ランブラーテ駅、ロゴレード駅からも乗車可）からマントヴァ行きのR利用で所要約1時間50分。ヴェローナからはボローニャ行きのRで45分。

マントヴァの歩き方

三方を湖に囲まれた、小さいながらも芸術の町として栄えた見どころの多い町。ヴェルディのオペラ「リゴレット」の舞台の町として、イタリア人、ドイツ人観光客の多い町だ。駅前を左側に出て、右折し、比較的新しい商店街を行くと広い通りヴィットリオ・エマヌエーレ2世大通りCorso Vittorio Emanuele Ⅱに出る。そこを左にずっと歩いていくと、**エルベ広場**Piazza delle Erbe、その先に**ドゥカーレ宮殿**Palazzo Ducale、**ドゥオーモがあるソルデッロ広場**Piazza Sordelloに出る。町の中心、エルベ広場までは駅から徒歩で10分ほど。

湖に囲まれたマントヴァの町

●マントヴァの歩き方

エルベ広場 P.320
↓
ドゥカーレ宮殿 P.320
↓
ドゥオーモ(ソルデッロ広場) P.319
↓
テ離宮 P.321

マントヴァのⓘIAT
住 Piazza Mantegna 6
☎ 0376-432432
開 10:00～13:00
14:00～16:00
㊎㊏㊐㊗9:00～19:00
休 1/1、3/18、12/25、12/26
地 P.319 B2
※ホテル予約も可

町の中心までのバス
鉄道駅からドゥカーレ宮殿まではバス4C、4S、4Tで約10分、テ離宮まではバスNo.CC＝循環Circolareで10～20分。約15分間隔の運行。

バスの切符
料 1回券　€1.40（75分間有効）
※車内購入€2、1日券€3.50

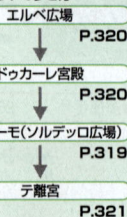

サンタンドレア教会

●ドゥカーレ宮殿
住 Piazza Sordello 40
☎ 0376-2411897（予約）
開 8:15～19:15
※入場18:20まで
休 ㊊、1/1、5/1、12/25
料 €12
※3～5月、9月「結婚の間」の見学は、事前予約が必要の場合あり（予約料€1）。URL www.ducalemantova.orgからも予約可。「結婚の間」は1日1500人、1回25人の見学。

マントヴァ・サッビオネータ・カード Mantova Sabbioneta Card
ドゥカーレ宮殿、テ離宮、サッビオネータの見どころを含め8ヵ所の見どころの共通券€20(12～18歳€8)、72時間有効。貸自転車、サッビオネータへのバスも無料になる。購入は各見どころ、リゴレットの家のⓘ、駅前のバスの切符売り場、サッビオネータのⓘなどで。URL www.mantovacard.it

マントヴァはすべて徒歩で回れる町。赤い瓦、黄土色の壁、落ち着いた中世の町並み、丸い石ころが靴底に痛いローマ時代からの道。小さな都市のよさが実感できる。昔は本土との間に大きな運河があり、出島の町であった名残とか、道路の下に川が流れ、路地の間に川が現れたり、消えたりしている。歩くと発見のある町、それが、マントヴァだ。

マントヴァの見どころ

ふたつの見どころが集まったにぎやかな市場 MAP P.319 A・B2

エルベ広場 ★★
Piazza delle Erbe ピアッツァ デッレ エルベ

草(エルベ)の広場は、毎日活気づく町の顔。野菜や果物の市が大パラソルの下で開かれている。ここでの見どころはふたつの教会。

市の立つエルベ広場

サンタンドレア教会Sant' Andreaは、大きな円蓋、高い鐘楼をもつ教会。古典的なルネッサンス建築の、調和の取れた美しい大きな教会である。礼拝堂には、この町生まれのマンテーニャMantegnaの墓がある。**サン・ロレンツォ聖堂**Rotonda di S. Lorenzoはエルベ広場の横、ラジョーネ宮の隣にある。小さなれんが造りのロマネスクの円堂。内部は驚くほどシンプルで神聖な雰囲気。

マントヴァのシンボル MAP P.319 A2

ドゥカーレ宮殿 ★★★
Palazzo Ducale パラッツォ ドゥカーレ

こぢんまりとしたマントヴァに似つかわしくないほど豪奢なゴンザーガ家の宮殿。宮殿、城、サンタ・バルバラ教会の3つからなり、合計で500近い部屋があり、すべてを見るには1ヵ月必要とか。多くの名画（ティントレット、グレコ、ルーヴェンスなど）がある**美術館**Galleriaや、ラファエッロのデザインといわれる立派な、**タペストリーの間**、ヴェルサイユのような**鏡の間**、星座が描かれた**宇宙の間**、小さく作られた**小人の間**などがある。

有名なマンテーニャの壁画は城の「**結婚の間**」Camera degli Sposi（→P.319）にある。窓から見る中庭がそのつど違って、この宮殿の複雑な建て方を物語っている。イザベッラ・デステにふさわしい宮殿である。

部屋から部屋に移る廊下にはゴンザーガ家の代々の人物のフレスコ画が描かれ、中世へのタイムトリップが楽しめる。

広いドゥカーレ宮殿にある庭園も開放されている

エステ家の夏の離宮 MAP P.319 B1 外

テ離宮 ★★

Palazzo Te パラッツォ テ

ジュリオ・ロマーノの設計。イザベッラ・デステの子、フェデリーコが人妻の愛人、ラ・ボスケッタのために造ったといわれる。夏の宮殿にふさわしく、のびのびした庭園。華やかな内部は装飾過多でグロテスクともいわれる。華やかな「宴会ホール」、だまし絵的手法がおもしろい「馬の間」Sala dei Cavalliと「巨人の間」Sala dei Gigantiが有名。また、建物の一角では現代美術と古代エジプト美術の展示を行っている。

ジュリオ・ロマーノの描いた「巨人の間」

夏の離宮、テ離宮もルネッサンス作品の宝庫

●テ離宮
住 Viale Te
☎ 0376-323266
開 9:00(月13:00)～19:30
※切符売り場は閉館1時間前まで
休 月午前、12/25
料 €12、12～18歳・学生€4、65歳以上€8
※毎週月と毎月第1日は無料
※駅、旧市街から約1km、徒歩圏内。バスならCCを利用。

Ristorante & Hotel マントヴァのレストラン&ホテル

レストランは駅周辺にはない。エルベ広場には飲食店が勢揃いしている。手頃なホテルが駅前に数軒ある。高級ホテルはエルベ広場近くの中心街にある。

イル・チーニョ・デイ・マルティーニ Il Cigno dei Martini P.319 A1

マントヴァ料理が楽しめる
マントヴァで一番という評判だったIl Cignoが、時代に応えて、ややカジュアルに生まれ変わった。1500年代の建物で、ルネッサンスの時代の作り方に基づいた郷土料理を楽しめる。要予約

住 Piazza Carlo d' Arco 1
☎ 0376-327101
営 12:15～13:45、19:30～21:30
休 月、火、12/31～1/5、8月
予 €45～70（サービス料€6）
C A.D.M.V.

チェントロ・ランピーニ Centro Rampini P.319 B2

郷土料理を味わう
1981年から続く家族経営の伝統的なマントヴァ料理のレストラン。季節ごとに変わるメニュー、すべて手作りの自慢のデザート、こだわりのカフェが人気の理由。立地もよく、町の人や観光客に人気の一軒。

住 Piazza delle Erbe 11
☎ 0376-366349
営 12:00～14:30、19:30～22:00
休 月
予 €30～50
C M.V.

★★★ ビアンキ・スタツィオーネ Albergo Bianchi Stazione P.319 B1

修道院を改装したホテル
鉄道駅の目の前、中距離バスのターミナルからすぐ。1500年代の修道院を改装し約100年も続くホテル。部屋はモダンで広く、清潔。
Low 1～2月、7～8月
URL www.albergobianchi.com

住 Piazza Don Leoni 24
☎ 0376-326465
Fax 0376-321504
SS SB €65/77 TS TB €79/94
JS €119/129(ファミリー)
室 49室 朝食込み W-F
休 12/24～12/26
C A.D.M.V.

★★★★ カーサ・ポーリ Hotel Casa Poli P.319 B2外

人気上昇中
現代的に洗練されたモダン感覚のホテル。客室はフローリングにシンプル・モダンな家具、素材を重視したリネン類、広いバスルームでリラックスできる。
URL www.hotelcasapoli.it

住 Corso Garibaldi 32
☎ 0376-288170
Fax 0376-362766
SS €110(ツインのシングルユース)
TS TB €140
室 34室 朝食込み W-F
C A.D.M.V.

★★★ エー・ビー・シー・スーペリオール Hotel A.B.C.Superior P.319 B1

中庭やバールあり
駅前広場にあるホテル。見かけは小さいが、部屋数は多い。ベランダ付きの部屋もあり、建物のところどころに古いフレスコ画が残され、全体にアンティークな雰囲気。

URL www.hotelabcmantova.it
住 Piazza Don Leoni 25
☎ 0376-322329
Fax 0376-310303
SS €71/160 TS €80/170
3S €111/230
室 31室 朝食込み W-F
C M.V.

SS シャワー付きシングル料金 SB シャワーまたはバス付きシングル料金 TS シャワー付きツイン料金 TB シャワーまたはバス付きツイン料金 JS ジュニアスイート

世界遺産
マントヴァとサッビオネータ
登録年2008年　文化遺産

サッビオネータへの行き方

マントヴァ駅前の広場Piazza Don LeoniからAPAM社のバス17番Mantova-Sabbioneta-Viadana行きに乗車し、所要約50分～1時間、Via Villa Pasquali, Bar Stazione下車。空場を抜けると町が広がる。

バスの切符はマントヴァ駅前のバス案内所（駅を出た左側、線路沿い）で購入。往復分の切符を購入し往復のバスの時間を確認してから出かけよう。バスは平日のみ1日約10便（切符€3.30）。

夏季のみ直通の特別便（1日3便、㊐㊗2便。所要45分、料€8）の運行あり。

'16年夏季のスケジュールはマントヴァ発6:27、8:25、11:25、12:20、13:35、14:25、16:25、17:35、18:30、19:03。サッビオネータのバールチェントラーレ前停留所発6:35、7:03、8:33、10:29、11:33、12:34、14:04、14:54、16:36、17:40、18:54。
URL www.apam.it

サッビオネータのⓘ Pro Loco
住 Piazza d'Armi 1（庭園宮殿1階）
☎ 0375-52039
開 9:30～13:00
14:30～18:30（冬季17:00）
休 ㊊（㊗を除く）
地 P.322 A2

●庭園宮殿　●ドゥカーレ宮殿
●古代劇場　●シナゴーグ
開 9:30～13:00
14:30～18:30（冬季～17:00）
料 1ヵ所券€5、4ヵ所共通券€12
切符はⓘで販売。ガイド付きツアーはイタリア語のみ。

ルネッサンスの面影を探しに

サッビオネータ 世界遺産

Sabbioneta　サッビオネータ

マントヴァから約30km、六角形の城壁に囲まれたサッビオネータ。ゴンザーガ家のヴェスパシアーノ王子（1532～1591年）が治めた、ルネッサンスの理想都市。王子は自らが思い描く理想の宮殿を建て、さらに星型の城壁の中に真っすぐに直交する道路と中心広場、劇場、菩提寺などを次々に築いていった。君主の英明さゆえ、また後期ルネッサンスの理想都市として、「ルネッサンスの小さなアテネ」と賞賛されたという。

美しい古代劇場の内部

ドゥカーレ宮殿「鷲の間」

現在の町は、ルネッサンスの夢のなかでまどろみを続けるように静かな田舎町。2時間もあれば見て回れる。

サッビオネータの見どころ

ⓘのある庭園宮殿で切符を購入してから歩きはじめよう。**庭園宮殿**Palazzo del Giardinoは王子の郊外の邸宅として建設された物で、居室にはカンピとジュリオ・ロマーノの弟子によるフレスコ画や漆喰細工で飾られている。特に2階の「三美神の間」Camerino delle Grazieや96mもの長い「芸術のギャラリー」Galleria d'Arteは当時の豪華な装飾を感じさせる。庭園宮殿から「骨董の回廊」Galleria degli Antichiを抜けて左に進み、右に曲がると**古代劇場**Teatro all'Anticaだ。V.スカモッツィの傑作のひとつで1590年に建設された。遠近法を考えた内部は、小さいながらダイナミックな空間。壁面上部、舞台をのぞき込むように描かれたカップルのだまし絵が愛らしい。さらに進むと**ドゥカーレ宮殿**Palazzo Ducaleだ。ゴンザーガ一族の木製騎馬像や紋章、B.カンピらのフレスコ画で飾られている。宮殿前の広場から真っすぐ延びる道路も印象的だ。

庭園宮殿外観と庭園

民衆への宗教メッセージ

ピエモンテ州とロンバルディア州の
サクロ・モンテ
登録年2003年　文化遺産　世界遺産

サクロ・モンテ

Sacro Monte(複 :*Sacri Monti*)

広大な森の中に点在する礼拝堂にキリストの受難の生涯が表現されているサクロ・モンテ。ピエモンテ州とロンバルディア州の山あいを中心に9ヵ所（P.308オルタ湖も）が世界遺産に登録されている。そのなかで、最も歴史が古く、規模の大きいのが**ヴァラッロ・セジア**Varallo Segia。45の礼拝堂が緑のなかに点在する。とりわけ見逃せないのは、35**「キリストの死刑判決」**、38**「磔刑」**など。奥行のあるフレスコ画と彩色された等身大の彫像が並ぶ様子は、壮大な群像劇を見るかのような迫力だ。細部には、この地のアルチザン（職人）の伝統と技術が見られ、民衆芸術の結実の場ともいえる。

エルサレムやパレスチナへの聖地巡礼に代わるものとして1491年、カイミ修道士によって建設に着手されたサクロ・モンテ。宗教改革の時代には民衆への宗教メッセージを伝える場だった。傑作とされる38「磔刑」は聖堂近くにある

霧に煙る山上のサクロ・モンテ。標高608mの高台に位置するため、平地より気温は低い。上に羽織る物を持っていこう

ヴァラッロ・セジアのサクロ・モンテへの行き方

fs線ノヴァーラNovara駅前からBaranzelli社のプルマンが運行。ノヴァーラ駅からROMAGNANO行きでRomagnano Posta（所要約1時間）でVarallo行きに乗り換えて約50分。20分～3時間間隔で運行。駅（廃駅）近くに到着。ノヴァーラへはミラノ中央駅からFRECCIABIANCAで約40分、RVで1時間15分。駅からは町を抜けてロープウエイFunivia乗り場へ向かおう。駅から徒歩で20～30分。ロープウエイ（往復€4、約70秒。乗り場でサクロ・モンテの地図を入手しておこう）を降りて、坂を下った入口Ingressoから番号順(1～45)に見学しよう。見学には2～3時間は必要。ミラノの地下鉄1線ランプニャーノのバスターミナルからはプルマンが運行（約2時間30分）、ミラノ発8:25、ヴァラッロ発18:25利用で日帰り可能。時刻表は URL www.baranzelli.itで。

アルブラ線／ベルニナ線とその景観

レーティッシュ鉄道
アルブラ線／ベルニナ線とその景観
登録年2008年　文化遺産　世界遺産

レーティッシュ鉄道

Rhaetian Railway in the Albula / Bernina Landscape

スイス最大の私鉄会社レーティッシュ鉄道のトゥズィス（スイス）からサンモリッツを結ぶアルブラ線とサンモリッツからイタリアのティラーノまでを結ぶベルニナ線。約100年の歴史と伝統、そして周辺に広がる景観が世界遺産に登録された。登録範囲はスイスとイタリアにわたり、イタリア領はベルニナ線の南端の短い区間だ。

ベルニナ線は1910年に開通した**アルプスを南北に縦断する絶景の鉄道路線**。通常のレールを用い、アルプスの最高地点を走る列車としてその高い技術は、後に続く鉄道計画のモデルになったといわれている。4000m級のベルニナ山群や氷河がきらめくアルプス、そしてのどかな緑の谷へと2253mから429mまでの高低差を走り抜ける。

駅のすぐ目の前に氷河が流れ落ちる谷を見ることができる絶景の駅、アルプ・グリュム。たとえ時間がなくても、この次の駅オスピッツォ・ベルニナまではティラーノから往復しておきたい

レーティッシュ鉄道への行き方

ティラーノTiranoへはミラノ中央駅からR利用で2時間30分。

ティラーノとサンモリッツ間は所要約2時間30分。夏季は1～2時間に1便程度の運行。季節運行や特定日のみの運行も多いので、日帰りする場合は事前に帰路の時刻表の確認を（パスポート必携）。通常列車のほか、天井までをガラスで覆ったパノラマ車両も運行している。出発日限定でベルガモ、ミラノからの日帰りツアーあり。料 €69(通常車両、2等)～。URL www.zaniviaggi.it などで。

左がイタリアのティラーノ駅。右の建物はスイスのティラーノ駅。ホームに入るとそこはもうスイス領の扱いだ

内陸でありながら、イタリア中から新鮮な魚介が集まってくる食通の町

■ロンバルディア州の料理

北イタリアの各州がそうであるように、ここでも乾燥パスタよりも手打ちパスタやポレンタ、米料理が好まれる。ブレーシャの町のラビオリCassoeulaはソーセージとパンとチーズの詰め物をしたパスタ。このブレーシャやマントヴァ周辺はカボチャの産地であり、裏ごししたカボチャを詰めたパスタ料理のTortelli di Zuccaや、裏ごししたカボチャと小麦粉で作った団子状のパスタGnocchi di Zuccaも有名。

経済の中心地ミラノは、食通の都。イタリアで初めてファストフードの洗礼を受け、かつては新イタリア料理といわれるNUOVA CUCINAの潮流を生み、今もイタリア料理を牽引する。その半面、肥沃な土地から生まれた豊かな材料を生かした伝統的料理も根強く残っている。

ポー川流域で取れた米を使ったRisottoやトウモロコシの粉から作られるPolentaはその代表選手。ポレンタは肉や魚料理の付け合わせにしたり、パンのように食べたり、揚げたり、ラザニア風に調理したりとバラエティーに富んでいる。ミラノのおすすめ料理は、骨の髄のゼラチン質まで味わう子牛の骨付きすね肉の煮込みOssobucoとサフラン風味のリゾットRisotto alla Milanese。土地の代表的ワインOltrepò Pavese Barveraの重厚なブーケとともに味わってみたい。このミラノの代表的料理OssobucoはRisotto alla Milaneseと一緒に食すのが一般的なので、1皿目、2皿目が同時に食べられる合理的な料理でもある。

ミラノ名物コトレッタ・アッラ・ミラネーゼ

もうひとつ忘れてはならないのが、Cotoletta alla Milanese。お皿からはみ出しそうに大きい子牛のカツレツは、今ではイタリア全土で食べられるポピュラーな料理だ。これには発泡性ワインOltrepò Pavese Pinot Spumanteの切れ味のよさを合わせたい。

ミラノっ子の大好きなパニーノ

手軽にミラノを味わうなら、**パニーノ**Panino（複数形がパニーニpanini）にトライ。ミラノには専門店がいくつもあり、多種多様の種類があり作り立てをサービスしてくれる。ミラノっ子のパニーノに対する愛着とこだわりは驚くほどだ。

チーズでは、青カビチーズとして名高いGorgonzolaはミラノ近郊、同名の村で生まれた。そして、世界中に有名なクリスマス菓子Panettoneもミラノが発祥の地。今では、ミラノ近郊の近代的な大工場で生産され、イタリア各地はもとより、世界各国へ輸出される。

ロンバルディア州のワインで近年注目を集めるのが**フランチャコルタ**Franciacorta。州東部、イゼオ湖の南で造られる高級発泡性ワインだ。

ミラノは、内陸の都市ながらイタリア一の巨大な魚市場を抱え、全イタリアから新鮮な魚が集まることでも有名。ミラノの町には魚専門のレストランが多く、食通たちを楽しませている。

ミラノの野菜専門レストランのひと皿

おみやげ情報

●ワイン●

フランチャコルタ
Franciacorta ★★★
DOCG・白・辛口（発泡性）

オルトレポー・パヴェーゼ Oltrepò Pavese ★★★
DOC・赤、白・辛口、甘口（発泡性）

ヴァルテッリーナ Valtellina ★★★
DOC・赤・辛口

●みやげ物●

パネットーネ Panettone
イタリアのクリスマスケーキでミラノ名物

アレッシ Alessi **のキッチン用品**
独創的なデザインとカラフルな色使いが魅力

高峰連なるコルティナ・ダンペッツォ遠望

北部3州

Veneto, Trentino-Alto Adige, Friuli-Venezia Giulia

水の都ヴェネツィアが州都のヴェネト州は、ポー川の流域に広がる農業の盛んな州。歴史的、芸術的に価値のある美しい町を多く抱えている。トレンティーノ・アルト アディジェ州は山々に囲まれ、ドロミテをはじめとしてスキー場も多く、ウインタースポーツが楽しめる。オーストリアと国境を接しているため、文化的にオーストリアの影響が色濃い。州都はトレント。北イタリアで最も東に位置し、スロヴェニアとオーストリアに接するフリウリ・ヴェネツィア ジュリア州は、文化的にも東欧の影響を受けてきた。美しい海岸線と砂浜が人々を引き付けている。トリエステが州都。

■北部3州に関するより詳しい情報は、
『地球の歩き方Ⓐ11ミラノ　ヴェネツィアと湖水地方』をご覧ください。

Padova
パドヴァ

●郵便番号　35100

パドヴァへの行き方

fs線でミラノ中央駅からヴェネツィア行きのFRECCIABIANCAで2時間7分。ヴェローナからFRECCIABIANCAで42分、RVで58分、Rで1時間21分。ヴェネツィアS.L駅からFRECCIABIANCA、RVで約25分、Rで約50分。駅は町の北端にあり、中心まではトラムやバスNo.3、8、10、12、18などで。徒歩で約20分。

パドヴァ駅のⓘ

住 Piazzale Stazione Ferroviaria 13/A
☎ 049-2010080
営 9:00～19:00
　㊐10:00～16:00
休 1/1、12/25　地 P.326 A
※駅構内、駅に向かって正面左側

カフェ・ペドロッキ近くのⓘ

住 Vicolo Pedrocchi
☎ 049-2010080
営 9:00～19:00
休 ㊐㊗　地 P.326 A

バスの切符

■1回券　€1.30（75分有効）

サント広場のⓘ（季節営業）

開 ㊊～㊐9:00～17:00

駅から中心街へ

駅周辺は多人種が行き交い雑多な雰囲気があるが、橋を越えるあたりから雰囲気が変わり、洗練された商店が続き徒歩での移動が楽しい。町の中心へは徒歩15～20分。交通機関を利用する場合はトラム（Guizza,Capolinea Sud行き）が便利。駅前始発でエレミターニ教会、サンタントニオ聖堂、プラート・デッラ・ヴァッレなどに停車。

✉ スクロヴェーニ礼拝堂予約なしでもOK

予約せずに行きましたが、10分後のグループにすぐに入れました。礼拝堂だけなら€8。荷物は持ち込めないので、クロークに預けます。貴重品などを持ち込みたい人には専用の袋をくれます。（氏々　'14）

プラート・デッラ・ヴァッレとサンタ・ジュスティーナ教会

ヴェネツィアという世界的な観光地の陰で忘れられがちなパドヴァの町。中世から続く**柱廊**（ポルティコ）の町並みやブレンタ運河に囲まれた緑の公園は、眠りの世界のなかで訪れる者を待つかのような静かなたたずまいだ。

パドヴァの歴史は古く、ローマ時代に遡る。当時より産業が発達した経済的に豊かな町で、ローマに次ぐ**"富裕の町"**と呼ばれた。13世紀の自由都市の時代を経て、15世紀からはヴェネツィア共和国の支配下に入った。

パドヴァの人のことを、イタリアのほかの町の人は**"大学者のパドヴァ人 gran dottore（グラン ドットーレ）"**という呼称で呼ぶ。これはひとえに、13世紀にボローニャ大学を飛び出した教授、学生らによって創立されたパドヴァ大学の伝統と名声からだ。パドヴァ大学はヴェネツィア共和国の唯一の大学として手厚い保護を受けるとともに、自由で世俗的な雰囲気のなか、医学や自然科学の研究ではヨーロッパ随一の名声を獲得していた。コペルニクスやW.ハーバーが学び、ガリレオ・ガリレイやダンテ、ペトラルカが講義し、世界初の円形階段状の解剖学教室が創設された。その伝統は今に残り、パドヴァといえば**"大学者の町"**ということをイタリア人は確信しているようだ。

パドヴァの歩き方

パドヴァの❶は駅構内にあって便利。ホテルの予約もOKだ。

見どころは、市の中心に集中しているので、荷物さえなければ徒歩が一番。ポルティコ（柱廊）の続く歩道を歩いていると、一瞬中世に迷い込んだような幻想にとらわれる。パドヴァの人々は、老朽化した建物が解体、再建される際には、必ず同じ建材を使ってポルティコを造ってきた。市民たちの町の美しさを保つための執念には驚かされる。まずは町一番の見どころ、**スクロヴェーニ礼拝堂**Cappella d. Scrovegniへ。さらに、ポルティコを渡り歩くと、**エルベ広場**Piazza delle Erbeに到着する。

広場の前の大きな体育館のような建物が**サローネ**Saloneと呼ばれる**ラジョーネ宮**Palazzo della Ragione。この建物の反対側が**フルッタ（果物）広場**Piazza della Frutta。広場の西側には**シニョーリ広場**Piazza dei Signoriがある。ここに建つルネッサンス様式の建物は、かつての**ヴェネツィア共和国の総督官邸**Palazzo del Capitanio（パラッツォ デル カピターニオ）。建物のレリーフや前に建つ柱塔（コロンナ）の上には、ヴェネツィア共和国の象徴**"翼のあるライオン像"**が飾られている。中央入口の上の大きな**天文時計**は、15世紀初頭の物。イタリア最古の時計といわれる。

エルベ広場の東にあるのが有名な**パドヴァ大学** Il Bo（イル ボー）。ガリレオの講義した教壇のある**大ホール**Aula Magna（アウラ マーニャ）と有名な**解剖学教室**Teatro Anatomico（テアトロ アナトーミコ）はガイド付きでも見学できる。大学の北側にあるのが**カヴール広場**Piazza Cavour。ここには、19世紀からの伝統を誇る有名な**カフェ・ペドロッキ**Caffè Pedrocchiがある。

エルベ広場から南東、徒歩で10分ほどの所に**サント広場**がある。パドヴァの観光ハイライトは、何といっても、**サンタントニオ聖堂**Basilica di S. Antonio。正面向かって左側の台座に乗った騎馬像は、ルネッサンスを代表する彫刻家**ドナテッロ**Donatelloの作品。**ガッタメラータ（とら猫）**の愛称で呼ばれた、ヴェネツィアの傭兵隊長ナルニの勇姿だ。

シニョーリ広場の時計塔

近郊へのバスの便

パドヴァの近郊へのバス路線の発達はめざましい。ヴィチェンツァやヴェローナなどからはバスも便利だ。ヴェネツィアからは約55分。鉄道駅そばに近郊へのプルマンBUSITALIA社のターミナルがある。

BUSITALIA NORD社
URL www.fsbusitalia.it
地 P.326 A

●パドヴァ大学大ホール アウラ・マーニャの見学（ガイド付き）
3/1～10/30の
㊊㊌㊍㊎15:15、16:15、17:15
㊋㊍　9:15、10:15、11:15
11/1～2/28の
㊊㊌㊎15:15、16:15
㊋㊍㊏10:15、11:15
休 ㊐㊗　料 €5

●パドヴァの歩き方
スクロヴェーニ礼拝堂 P.328
↓
市立博物館 P.328
↓
エルベ広場 P.327
↓
ラジョーネ宮 P.329
↓
サンタントニオ聖堂 P.329
↓
植物園 P.330

北部3州 ◆パドヴァ

ヨーロッパ最古の植物園

パドヴァ植物園

1545年にパドヴァ大学付属の薬草園としてスタートしたもので、当時パドヴァ大学は医学、薬学の分野で名高く、研究の場として開設された。ヨーロッパ最古の植物園でイタリアをはじめヨーロッパ、南洋の植物までが揃い、希少植物も少なくない。図書館、大学の植物コレクション部門も併設され、円を4分割したレイアウトはほぼ当時のまま。2014年、ガラス張りの近代的な温室が新設された。静かで落ち着いた園内は散策するだけでも楽しい。特に注目したいのは1585年に植樹された棕櫚（しゅろ）の木。別名、ゲーテの棕櫚（しゅろ）と呼ばれ、1786年にここを訪ねたゲーテをひきつけ、そして今も緑の葉をそよがせている。

●植物園（登録年1997年　文化遺産）
住 Via Ortobotanico 15　☎ 049-8273939
開 4/1～9/30　9:00～19:00
10月 9:00～18:00　11/1～3/31 9:00～17:00
休 6/1～3/31の㊊、1/1、12/25
料 €10、学生€5、65歳以上€8　地 P.326 B

パドヴァの見どころ

ジョットのフレスコ画が壁面を飾る MAP P.326 A

スクロヴェーニ礼拝堂 ★★★

Cappella degli Scrovegni　カッペッラ デッリ スクロヴェーニ

駅からポポロ通りを真っすぐ500mほど歩き、運河を越えると左側に緑の深い公園が見える。その一角に小さな礼拝堂がある。ここには、美術ファンに必見のジョットGiottoの最高傑作が残されている。天井から壁面まで、彼のフレスコ画で埋め尽くされており、聖母とキリストの生涯が38面にわたって描かれている。1304年から3年がかりの作品。アッシジの聖フランチェスコ教会に残る初期の作品に比べると、円熟した技量が感じられる。なかでも有名なのは、ユダがキリストのほおに口づけをしようとしている描写。切符売り場は、市立博物館内。

ジョット作『最後の審判』は入口の壁に描かれる

パドヴァ、ヴェネツィア派の絵画が充実 MAP P.326 A

市立博物館 ★★

Museo Civico　ムゼオ チヴィコ

建物は、かつてはアウグスティーノ会の修道院。ルネッサンス期には、マンテーニャに代表されるパドヴァ派の画家を生み、また、フィリッポ・リッピやジョット、ドナテッロらの巨匠が来訪して活動した町なので、充実したコレクションがある。ジョットの『十字架刑』Crocifisso（クローチフィッソ）、グアルティエーロの『武器を持つ天使』Angeli Armati（アンジェリ アルマーティ）は必見。1300〜1700年代のヴェネツィア派の絵画も充実している。

●スクロヴェーニ礼拝堂／市立博物館

住 Palazzo Eremitani 8
☎ 049-2010020
開 礼拝堂　9:00〜19:00
　博物館　9:00〜19:00
休 博物館のみ㊊、復活祭、1/1、12/25、12/26
料 €13(2館＋ズッカーマン宮の共通券)
　㊊は礼拝堂のみ€8
※3/25〜11/6は22:00(入場21:20)までの開館延長あり

スクロヴェーニ礼拝堂は要予約

原則として3日以上前に予約が必要。予約は下記ウェブサイトまたはコールセンターへ。
URL www.cappelladegliscrovegni.it
コールセンターCall Center
☎ 049-2010020
(受付㊊〜㊎9:00〜19:00、㊏〜18:00)
料 予約料　€1

ウェブサイトからはクレジットカードでの支払い可。コールセンターは96時間前までクレジットカードでの支払い可、それ以降は銀行振込や郵便振込などでの送金の必要あり。

当日は見学時間の1時間前に切符売り場で切符を受け取り、5分前には礼拝堂入口の係員に切符を提示する。最大25人までのグループで見学。文化財保護のため、「温度調整室」で約15分待機し、その後の15〜20分間が見学時間。「予約不要」との投稿あり。

✉ その場で購入が簡単で便利

駅の❶でスクロヴェーニ礼拝堂について聞くと、「ここで予約できるわ。でも、行って見たら」と言われました。直接切符販売窓口へ行くと、「すぐ入れます」ということでした。直近の入場状況しかわからないようで、当日でもすぐの見学でなければ❶で予約しなければならないということでした。直接切符窓口へ行くのがおすすめです。15〜20分ごとの入場のためか特別な混雑は見られませんでした。
(東京都　多麻梅子　'16)

✉ スクロヴェーニ礼拝堂の予約(→P.330)

ネット予約は？

ネットで予約を取るのはとても厄介。結局、現地入りしてからホテルのフロントでやってもらいました。ホテルの人も「とても複雑だ」と言っていました。掲載の電話はいつも留守電でこれも利用できませんでした。指定時間に遅刻はできませんし、集合は時間も早い(団体は45分前)。でも、切符の交換は前日にすることができ、当日は10分前の到着で十分でした。こんなに苦労しても見る価値は十分にありました。　(埼玉県　まり　'16)

熱心に祈る信者で埋まる聖地 MAP P.326 B

サンタントニオ聖堂 ★★★

Basilica di S. Antonio バジリカ ディ サンタントニオ

聖堂と「ガッタメラータ騎馬像」

ポルトガル生まれのフランシスコ派の僧で、パドヴァ近くで1231年に生涯を終えた聖アントニオにささげられた教会。8つのドームと鐘楼からなり、ロマネスク、ゴシック、ビザンチンなどの様式がミックスされた大寺院で、エキゾチズムのあふれる外観となっている。天井が高く、広い内部は明るく、全体が金色に輝くようで、「天国のよう」とも形容される。とりわけ目を引く**主祭壇のドナテッロのブロンズのレリーフ**をはじめ、ジュースト・デ・メナブオニ、サンソヴィーノ、ティントレットら、13〜20世紀の各時代の一流の芸術家の作品があふれている。左身廊**サント礼拝堂**には、**聖アントニオの墓**があり、壁面には荘厳な美しさで彼の生涯が描かれている。

ここは、イタリアでも重要な巡礼地であり、熱心な信者が多いので、迷惑にならないように。教会の横には、**サン・ジョルジョ礼拝堂**Oratorio San Giorgioがあり、内部にはアルティキエーロによるフレスコ画の連作がある。これに付属する**サント信者会**Scuola del Santoには聖アントニオの生涯を描いたティエポロのフレスコ画が残っている。

サン・ジョルジョ礼拝堂

パドヴァ繁栄のシンボル MAP P.326 A

ラジョーネ宮(サローネ) ★★

Palazzo della Ragione (Salone) パラッツォ デッラ ラジョーネ(サローネ)

中世の自由都市の時代には裁判所がおかれ、当時のこの町の繁栄を物語る豪奢な建物。1218〜19年に建設され、1306年に現在のようにポルティコとアーチのあるロッジア(屋根のあるテラス)と、インドの建築法から学んだという丸く傾斜のついた屋根に大胆な改築が行われた。内部2階には、78m×27m、高さ27mの世界最大という**大サロン＝サローネ**がある。壁面上部には、占星、宗教、学芸、日々の仕事という15世紀のフレスコ画の連作が描かれている。また、1466年に造られたという巨大な木製の馬像には誰もが驚かされるはず。

エルベ広場に建つ、ラジョーネ宮

●サンタントニオ聖堂
住 Piazza del Santo
☎ 049-8242811
開 6:20〜18:45(夏季〜19:45)
※服装チェックが厳しい。ノースリーブ、半ズボンなどは不可

お得な共通カード

パドヴァ・カード
Padova Card
対象：スクロヴェーニ礼拝堂、市立博物館、ラジョーネ宮(催事は除外)、サン・ロッコ祈祷堂Oratorio S. Rocco、サン・ミケーレ祈祷堂Oratorio S. Michele、カフェ・ペドロッキ2階などが無料。このほか、パドヴァおよび近郊各見どころ、B&B、ツアーなどでも割引あり。このほか、APS社市内バスやAPS社駐車場、貸自転車が無料。1枚で大人1人と子供(14歳以下)が利用可。
料 €16(48時間、㊎の購入は週末㊎㊏㊐の利用可)
€21(72時間券)
販売場所：ⓘや各見どころの切符売り場、駅や駐車場のAPS社の窓口など。
URL www.padovacard.it

●サン・ジョルジョ礼拝堂
●サント信者会
開 通年午前 9:00〜12:30
3/31〜10/27 14:30〜19:00
10/28〜3/30 14:30〜17:00
料 €3(サント信者会との共通券€5)
地 P.326 B

楽しい町歩き
ブランド店が並ぶショッピングストリート、細い小路が中世さながらの界隈、緑があふれる開放的なプラート・デッラ・ヴァッレと、この町はさまざまな顔を見せてくれます。ゆったりのんびり過ごしたい町でした。
(東京都　柴犬大好き　'16)

●ラジョーネ宮
住 Piazza delle Erbe
入口はエルベ広場の階段
Gradinata Piazza Erbe
☎ 049-8205006
開 2/1〜10/31 9:00〜19:00
11/1〜1/31 9:00〜18:00
休 ㊊、1/1、5/1、12/25、12/26
料 €6(催事により€8〜10)

スクロヴェーニ礼拝堂の予約

レンタカーでの移動だったため、あえて予約をしませんでした。市立博物館の切符窓口へ行くと、予約はカフェ・ペドロッキそばのいくつもの店舗がはいった複合施設の1階中央の❶と教わりました(市立博物館から約100m、徒歩約5分)。入口が小さいので、通り過ぎに注意！夕方に訪ねましたが、「今日、明日は満杯」と言われ、「キャンセルは?」と聞くと、その日の20:20に予約ができ、切符€13で購入。指定時間の20分前に集合場所の市立博物館でデイパックを預け、予約の名前を確認できたグループで隣の礼拝堂へ移動(徒歩3分)。私たちが訪れた時期は22:00までの開館でした。(長野県　亀後三四郎　'16)

その他の見どころ

その他の見どころとしては、スクロヴェーニ礼拝堂の近くにあるエレミターニ教会Eremitaniには、尽大な戦禍から市民の手で復元された、マンテーニャの壁画が残る。またサント広場の南には、ヨーロッパ最古といわれる植物園Orto Botanico(→P.327)や19世紀の広場で、中央に堀に囲まれた公園のあるプラート・デッラ・ヴァッレPrato della Valleがある。この広場に向かって建つ、サンタ・ジュスティーナ教会Santa Giustinaには、ヴェロネーゼの絵画が残る。

市民の手で復元された壁画『聖クリストフォロの殉教』(一部)

珍しい水生植物のある植物園

Ristorante & Hotel　パドヴァのレストラン&ホテル

学生の多い町なので、サンドイッチやピッツァなどの軽食店などには事欠かない。フルッタ広場やエルベ広場周辺は、各種食べ物屋の集中界わい。サント広場周辺には、手頃な宿が多い。ヴェネツィアへ30分という場所柄、ヴェネツィア観光を目当てにパドヴァに宿を取る人も多いので、夏場は早めに宿を確保しよう。

ベッレ・パルティ　Belle Parti　P.326 A

美食の館

町の中心にある、グルメに愛される店。店内はエレガントで重厚。魚、肉とも最高の素材で、おいしい季節の料理が楽しめる。スタッフも親切。歴史ある名店としても有名。要予約

住 Via Belle Parti 11
☎ 049-8751822
営 12:30～15:00、19:00～24:00
休 日
予 €45～90、定食€30(ランチのみ)、€60
C A.D.M.V.

ラ・パヴァナ　La Pavana　P.326 A

駅近のおすすめ店

雑多な人が多いパドヴァ駅近くで、地元の人でいっぱいの店。前菜、パスタ、メイン料理の種類が多く、おいしく安い。ピッツァもあるので、時間をかけずに食事もできる。

住 Via Trieste, 2
☎ 049-8759994
営 12:00～15:00、18:30～24:00
休 水
予 €20～30
C M.V.

★★★★ グランディタリア　Hotel Grand'Italia　P.326 A

駅近くで便利

エレガントなアールヌーボー建築のパラッツォを改装したホテル。古いスタッコ装飾などを残しながら、客室は明るくモダン。朝食も充実。

URL www.hotelgranditalia.it
住 Corso del Popolo 81
☎ 049-8761111
Fax 049-8750850
SB €60/165
TB €80/230
室 61室　朝食込み W-F
C A.D.J.M.V.

★★★★ ドナテッロ　Hotel Donatello　P.326 B

聖地の中心にある

客室からはサンタントニオ聖堂が望める、居心地のよいホテル。併設レストランのテラスでの食事が気持ちよい。無料ガレージあり。

URL www.hoteldonatello.net
住 Via del Santo 102
☎ 049-8750634
Fax 049-8750829
SS €78/100
TS TB €102/135
室 40室　朝食込み W-F
休 12/20～1/6　C A.D.J.M.V.
交 駅からバス8番またはトラムでS. Antonio下車

★★ ベルッディ37　Belludi 37　P.326 B

モダンで快適

サンタントニオ聖堂近くの便利なロケーション。センスのよいモダンな客室は過ごしやすいとファンが多い。スタッフも親切で、2つ星ながら満足度が高い。自転車のレンタルあり。

URL www.belludi37.it
住 Via L. Beato Belludi, 37
☎ 049-665633
Fax 049-658685
SS €77/90
TS €108/225
室 17室　朝食込み W-F
C A.M.V.

チェントロ・オスピタリア・チッタ・パドヴァ　Centro Ospitalià Città di Padova　P.326 B

YH 明るく近代的なYH

受付15:30～23:00、門限23:30。連泊15泊まで。予約はメールで。

e-mail ostellopadova@gmail.com

駅からは、No.3、8、12、18、24のバスに乗り、プラートの近くのVia Cavalletto下車。

URL www.ostellopadova.it
住 Via A. Aleardi 30
☎ Fax 049-8752219
料 D €19　4S €92
朝食込み W-F
C M.V.
休 12/23～1/5

※パドヴァの滞在税　★€0.95　★★€1.40　★★★€1.90　★★★★～★★★★★€2.85

Vicenza
ヴィチェンツァ

世界遺産

パドヴァの北西30kmにあるヴィチェンツァは、"パッラーディオの町"という異名をもつ。天才的なルネッサンスの建築家アンドレア・パッラーディオAndrea Palladioの造った宮殿が、この人口12万弱の小都市にあふれている。中世から富裕な市民の住んだヴィチェンツァならではの光景だが、ヴェネツィアに負けてはならじと、パッラーディオとその弟子たちは宮殿造りに精魂を傾けた。パッラーディオはローマで古代建築を学び、正面に列柱を使った建築スタイルは、パッラーディアン様式と呼ばれ、イタリアを訪れたイギリスの建築家イニゴウ・ジョーンズによって広く英国内でも人気を博した。そのほかフランスや明治期の日本の建築にもパッラーディアン様式の影響を見ることができる。

ルネッサンス期の優雅さと、躍動感あふれる彼の宮殿群は、あまたのイタリアの都市のなかで、ヴィチェンツァを愛らしくかつ上品な町に仕立てている。

ヴィチェンツァの歩き方

鉄道駅は町の南側にあり、交通の要であるマッテオッティ広場Piazza Matteottiまでは少し距離があるのでバス利用が便利だ。歩いても10分ほど。駅前のViale Romaを進み、公園が見えたら右折し、町一番の大通りアンドレア・パッラーディオ大通りCorso Andrea Palladioを抜けた所がマッテオッティ広場だ。広場の角には、パッラーディオの設計した宮殿を改造したキエリカーティ絵画館Pinacoteca di Palazzo Chiericatiがある。広場の北側の角には、すばらしく優雅な彫像が飾られた緑の庭をもつ、オリンピコ劇場Teatro Olimpicoがある。

再び広場に出て、大通りを200mほど進み左折すると、観光の中心シニョーリ広場Piazza dei Signoriに行き着く。時計塔Torre Bissaraやバジリカ Basilicaなど見どころがめじろ押し。その後は、アンドレア・パッラーディオ通りに散らばる、パッラーディオと彼の弟子たちが設計した宮殿を見ながら、通りをゆっくり散歩しよう。ヴィチェンツァは半日あれば十分楽しめる、こぢんまりとした町。

ⓘはオリンピコ劇場の手前、マッテオッティ広場にある。

●郵便番号　36100

世界遺産

ヴィチェンツァ市街とヴェネト州のパッラーディオのヴィッラ
登録年1994/1996年
文化遺産

ヴィチェンツァへの行き方

パドヴァとヴェローナのほぼ中ほどに位置している。fs線でミラノ中央駅からヴェネツィア行きのFRECCIABIANCAで1時間49分。ヴェローナからFRECCIABIANCAで24分、RVで39分、Rで54分。ヴェネツィアからFRECCIABIANCAで43分、RVで45分、Rで約1時間15分。パドヴァから15～28分。

バスの切符

料 1枚　€1.30(90分有効)
鉄道駅からマッテオッティ広場までバスNo.1、2、5、7で。

ヴィチェンツァのⓘIAT

住 Piazza Matteotti 12
☎ 0444-320854
営 9:00～17:30
地 P.331 A

シニョーリ広場のⓘ

住 Piazza dei Signori 8
☎ 0444-544122
地 P.331 A
※'16年10月現在、閉鎖中

●ヴィチェンツァの歩き方

アンドレア・パッラーディオ大通りとポルティ通り P.333
↓
キエリカーティ絵画館 P.332
↓
オリンピコ劇場 P.332
↓
シニョーリ広場(バジリカ、ヴェネツィア共和国総督官邸) P.332

ヴィチェンツァの見どころ

パッラーディオの力量の光る見事な舞台 MAP P.331 A

オリンピコ劇場 ★★
Teatro Olimpico テアトロ オリンピコ

オリンピコ劇場内部

古代円形劇場を模した、パッラーディオ晩年(1580年)の建築で弟子のスカモッツィが完成させた。木と漆喰を使った小さな舞台は、遠近法とだまし絵が巧みに用いられて大きな広がりを感じさせる。音響効果もよく、案内人の声も朗々と聞こえて見事だ。

●オリンピコ劇場
住 Piazza Matteotti
☎ 0444-222800
開 9:00~17:00(7/5~9/11頃18:00)
休 月、1/1、12/25
料 €11(共通券あり)

共通入場券
ビリエット・ウニコ・カード・ムゼイ
Biglietto Unico Card Musei
オリンピコ劇場、キエリカーティ絵画館、パッラーディオ博物館、考古学博物館などに共通€15。7日間有効。オリンピコ劇場前のⓘなどで販売

堂々とたたずむ絵画館 MAP P.331 A

キエリカーティ絵画館 ★
Pinacoteca di Palazzo Chiericati ピナコテーカ ディ パラッツォ キエリカーティ

ここもパッラーディオの設計した宮殿で、一部が改築されて絵画館に用いられている。ヴェネツィア派やフランドル派の絵画が多く収集されている。フランドル派のメムリング作『キリストの磔刑(たっけい)』Crocifissione(クローチフィッシオーネ)は見事。ベッリーニの『キリストの洗礼』Battesimo di Cristo(バッテジモ ディ クリスト)、ヴェロネーゼの『三賢王の訪問』Adorazione dei Magi(アドラツィオーネ デイ マージ)なども必見。この町で活躍したカルパッチョの作品も展示されている。

パッラーディオの初期の傑作のキエリカーティ宮

●キエリカーティ絵画館
住 Piazza Matteotti 37
☎ 0444-222811
開 9:00~17:00(7/5~9/11頃18:00)
休 月
料 €5(共通券あり)
※切符売り場はオリンピコ劇場前のⓘ

パッラーディオ博物館
Palladio Museum
住 Contrà Porti 11
Palazzo Barbarano
☎ 0444-323014
開 10:00~18:00
休 月
料 €6
地 P.331 A
偉大なる建築家パッラーディオを知る博物館。彼の手による大邸宅に、彼の生涯をはじめ、その建築技法を図版や模型、マルチメディアにより紹介。
(→P.333、アンドレア・パッラーディオ大通り参照)

シニョーリ広場

パッラーディオならではの空間 MAP P.331 A

バジリカ ★★
Basilica バジリカ

パッラーディオの代表作。ヴェネツィアのサン・マルコ広場に似た2本の円柱で飾られた細長いシニョーリ広場に建つ。ドーリス式とイオニア式の白い回廊が重なり、力強さと優美さを感じさせる。堂々としたたたずまいは、パッラーディオ円熟期の技量を実感させてくれる。貴族や商人の集会場として使われていた。

広場の横には、12世紀の櫓(やぐら)である、時計塔Torre Bissaraが建つ。見上げると目がくらむような高さで、針のような時計台と呼ばれている。

バジリカと時計塔

●バジリカ
住 Piazza dei Signori
☎ 0444-323681
※開 休 料は催事により異なる。主に催事のみに公開。公開状況はURLで確認可。
URL www.basilicapalladiana.vi.it

シニョーリ広場の円柱

パッラーディオの未完の作品 MAP P.331 A

ヴェネツィア共和国総督官邸 ★

Loggia del Capitaniato ロッジア デル カピターニアート

バジリカの向かいにある地味な建物。かつてのヴェネツィア共和国の総督の宮殿。3つのアーチをもつ美しいスタッコ装飾の建物でパッラーディオの設計だが、未完のまま。石段に腰かけて広場を眺めるのも一興だ。

柱頭とスタッコ装飾に注目
ヴェネツィア共和国総督官邸

壮大な建物群が並ぶ MAP P.331 A

A.パッラーディオ大通りとポルティ通り ★

Corso Andrea Palladio & Contrà Porti コルソ アンドレア パッラーディオ&コントラ ポルティ

町を東西に走るアンドレア・パッラーディオ大通りと、この通りの中ほどを北に走るポルティ通りは、パッラーディオとその弟子スカモッツィの設計によって建てられた壮大な建物が両脇に並んでいる。パッラーディオ大通りの98番地には、スカモッツィの傑作で市庁舎のトリッシーノ・バストン館palazzo Trissino Baston。ポルティ通り11番地のバルバラーノ館palazzo Barbaranoには、パッラーディオ博物館がおかれている。対面のティエーネ館palazzo Thieneはパッラーディオの傑作だ。

パッラーディオ博物館のおかれる
バルバラーノ館

パッラーディオの傑作「ラ・ロトンダ」へ

外観、内部ともにパッラーディアン様式の特徴が見られる。パッラーディオの建物の内部に入れる機会は少ないので、時間が合えば訪ねてみよう。

ラ・ロトンダ Villa Capra Valmarana "La Rotonda"
外観(庭園)のみ
開 ㊋㊍㊎㊐のみ
3月中旬～11月中旬
10:00～12:00、15:00～18:00
11月中旬～3月中旬
10:00～12:30、14:30～17:00
休 ㊊、1/1、12/25 料 €5
内部+外観
開 上記時間の㊌㊏のみ
料 外観のみ€5、外観+内部€10
交 ヴィチェンツァ駅前からバス8番で、10～15分。バスは30分～1時間に1便程度。

Ristorante & Hotel ヴィチェンツァのレストラン&ホテル

ヴィチェンツァ市内には、ホテルの数が限られているので、町なかに宿を取る場合は、早めの到着を。町の東側、パドヴァ方面への道路沿いに3～4つ星ホテルがある。

アリ・スキオッピ Agli Schioppi P.331 B

雰囲気、味もよい
19世紀の館を昔ながらに装飾した一風変わった店内もおもしろい。季節感と土地の味わいを大切にした料理が味わえる。ワインも充実。
できれば予約

住 Contrà Piazza del Castello 26/28
☎ 0444-543701
営 12:00～14:00、19:00～22:00 休 ㊐夜、㊊、8/10～8/25頃
予 €40～50 (コペルト€2.50) C A.M.V.

ポンテ・デッレ・ベレ Ponte delle Bele P.331 A

郷土料理も充実
サルヴィ公園近く、チロル風の木作りのインテリアが印象的なレストラン。ヴィチェンツァの郷土料理と南チロルの料理が手頃な料金で味わえる。自家製デザートも好評。

住 Contrà Ponte delle Bele 5
☎ 0444-320647
営 12:00～14:15、19:00～22:00 休 ㊐夜、8月2週間
予 €30～40(コペルト€2) 定食€30、32
C A.D.J.M.V.

★★★★ カンポ・マルツィオ Hotel Campo Marzio P.331 B

駅からも徒歩圏
駅から町へと続く大通りに面し、周囲には公園が広がる。内部は明るくモダンな雰囲気。客室は、ビジネスマン向けの物からスタイリッシュな部屋までさまざま。駐車場無料。
Low 1～3月、7、8月、11/1～12/30

URL www.hotelcampomarzio.com
住 Viale Roma 21
☎ 0444-545700
Fax 0444-320495
SS €65/125
TS TB €94/148
室 35室 朝食込み W-F
C A.M.V. 交 駅の北側

★★ ドゥエ・モーリ Hotel Due Mori P.331 A

手頃な値段で安心
バジリカのあるシニョーリ広場の西側、一本入った通りにある。この値段なら納得のホテル。ホテル前に同系列のDipendenza Due Moriがオープン。バス付きの客室もありグレードアップ。
URL www.hotelduemori.com

住 Contrà Do Rode 24/26
☎ 0444-321886
Fax 0444-326127
SS €53
T €65
TS €90
室 30室 朝食€7 W-F
C M.V.

※ヴィチェンツァの滞在税 1泊料金で区分け、～€15 €0.50、€15.01～25 €1、€25.01～80 €1.50、€80～ €2、14歳以下免除

Verona
ヴェローナ

世界遺産

●郵便番号　37100

世界遺産

ヴェローナ
登録年2000年　文化遺産

『ロミオとジュリエット』のイメージがあちこちに残る町、夏の野外オペラの町。ヴェローナは、アルプスに源を発したアディジェ川が町の中央をS字型に流れる落ち着いた古都。北イタリアの要衝として、ゲーテの『イタリア紀行』にも登場するこの町は、北はアルプス、南はローマ、西はジェノヴァ、東はアクイレイアを結ぶ3本の道路の交差する町であった。困難なアルプス越えをして、イタリアに憧れてやって来た旅人を優しく迎え入れたのは、今も変わらない落ち着いた町並みだったに違いない。

バラ色の落ち着いた町並みが続く、ヴェローナ
（ランベルティの塔からの眺め）

ヴェローナの歩き方

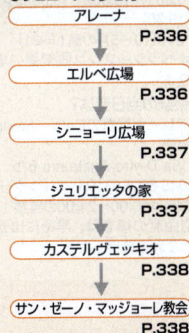

ブラ広場と噴水

中央駅はポルタ・ヌオーヴァ駅Stazione Porta Nuovaで町の南側に位置している。駅から町の中心ブラ広場Piazza Bràまでは1.5kmの距離。歩いて20分ほどだが、車の多い道なのでバスNo.11、12、13（㊐㊗と夜間は、No.91、92）に乗るのがよい。ただし循環バスなので行き先を確認しよう。ヌオーヴァ門をくぐり大通りを進めば突き当たりの芝生の公園に映える大噴水が目に飛び込んでくる。この広場を中心に半径700mほどの所に主要な見どころが集中しているので、そこだけ見るなら半日で十分な町だ。ブラ広場の南側、市庁舎そばにⓘがある。

■必ず訪ねてみたいふたつの広場

ブラ広場の前にそびえるのは、ローマ時代の円形劇場アレーナ、ヴェローナの顔である。広場の一角には**市庁舎**Gran Guardia Nuovaが18世紀のネオ・クラシック様式の堂々とした姿を見せている。アレーナから北東に走る、**マッツィーニ通り**Via Mazziniの散歩を楽しみながら**エルベ広場**Piazza delle Erbeに向かおう。マッツィーニ通りはヴェローナきっての繁華街。イタリアンカラーの色彩のあふれるブティックや宝石店など、眺めるだけでも十分楽しい。ブラ広場からなら10分ほどでエルベ広場に到着。細長いだ円形の広場には午前中、毎日市が立ち、ヴェローナ市民の社交場となっている。

広場の南東を走る**カッペッロ通り**Via Cappelloを50mほど歩くと左側に、"ロミオとジュリエット"のヒロイン、**ジュリエッタの家**Casa di Giuliettaがある。エルベ広場と建物を挟んで向かい合わせにある**シニョーリ広場**Piazza dei Signoriは、雰囲気がまったく違う広場だ。中央には物思いにふける**ダンテの像**がある、落ち着いた静かな広場になっている。

マッツィーニ通りとアレーナ

さて次はアディジェ川沿いの**古城**Castelvecchioへ急ごう。広場からボルサーリ門大通りCorso Porta Borsariを南西に進むと**カヴール大通り**Corso Cavourに出る。ここは、中世のヴェローナのメインストリート。堂々とした建物の並ぶ川沿いの道の散歩を楽しみたい。

ヴェローナへの行き方

ミラノとヴェネツィアのほぼ中央に位置するヴェローナには、ミラノ中央駅からfs線のFRECCIA BIANCAで1時間23分、Rで1時間55分。ボローニャからはFRECCIARGENTOで52分、Rで約1時間22分。

ブラ広場のⓘIAT

住 Via degli Alpini 9
☎ 045-8068680
開 9:00〜19:00
㊐㊗10:00〜18:00
地 P.334 B2

ヴェローナ空港のⓘ

住 空港到着ターミナル
☎ Fax 045-8619163
'16年10月現在、閉鎖中

ホテル紹介のⓘ

Cooperativa Albergatori Veronese
☎ 045-8009844
Fax 045-8009372
開 10:00〜18:00
休 ㊐
URL www.veronabooking.com
※空港到着ターミナル

バスの切符

■1枚 €1.30(90分有効)
車内購入 €2
■10枚綴り €11.70(90分有効)
■1日券 €4
※駅から市内のブラ広場までは約1.5km。バスならNo.11、12、13で5分。徒歩なら約20分

●ヴェローナの歩き方

- アレーナ P.336
- ↓ エルベ広場 P.336
- ↓ シニョーリ広場 P.337
- ↓ ジュリエッタの家 P.337
- ↓ カステルヴェッキオ P.338
- ↓ サン・ゼーノ・マッジョーレ教会 P.338

お得情報

10〜5月の毎月第1日曜は、カステルヴェッキオ、テアトロ・ロマーノ、ジュリエッタの墓、アレーナが入場料€1となる。この期間に滞在する人は上手にプランニングして節約しよう。

※入場割引

一部の見どころで割引が受けられる。8〜14歳、14〜30歳の学生、60歳以上が対象。該当見どころに割引券と表示。

ヴェローナの見どころ

ヴェローナのシンボル　MAP P.334 B2

アレーナ(円形闘技場)　★★

Arena/Anfiteatro Romano　アレーナ／アンフィテアトロ ロマーノ

1世紀の建築で、ほぼ完全な形で残されている貴重な物だ。長さ152m、幅128m、高さ30m、1万8000人の席が用意されているという途方もない大きさ。毎年6月下旬から8月にかけて、ここで開かれる野外オペラ祭は有名。

夏のオペラは世界的に有名

野外オペラの舞台は迫力満点。夏のアレーナ

屋台の並ぶにぎやかな市場　MAP P.334 A2

エルベ広場　★★

Piazza delle Erbe　ピアッツァ デッレ エルベ

広場を覆う白いパラソルの下の屋台には果物、野菜、花などがところ狭しと並べられ、にぎやかな市場が広がっている。ローマ時代にはフォロ・ロマーノと呼ばれ、市民が裁判や政治集会を行った公共広場だったという。

広場中央には14世紀に造られた、「ヴェローナのマドンナ」Madonna di Veronaと呼ばれる愛らしい噴水がある。広場を取り囲む建物はいずれも中世からルネッサンス期にかけて建てられた豪壮な館や塔。

野菜(エルベ)が売られていたことから名がついた

お得な共通カード

ヴェローナ・カード
Verona Card

アレーナ、ランベルティの塔、ジュリエッタの家、ジュリエッタの墓、テアトロ・ロマーノ、カステルヴェッキオ、サン・ゼーノ、ドゥオーモなどの主要見どころ17ヵ所を網羅した共通券。
24時間券 €18　48時間券 €22
各見どころで販売。入場の際には係員に提示し、カードにチェックを受ける。

✉ ヴェローナ空港へのバス

fsヴェローナ駅から空港まで所要約15分。切符€6は駅構内のタバッキで販売。切符は購入後75分以内に使用すること。毎時10、30、50分発で、乗り場は北側出口を出た所(タバッキの裏)で、駅前の広いバス乗り場ではありません。　(兵庫県　結城正雄　'13)

✉ 混雑を避けるなら

ジュリエッタの像は、写真や願い事をする人でいつも行列です。早朝なら人もまばらでゆっくりジュリエッタと撮影できました。
(かぴ　'15)

アレーナではヴェローナ・カードで切符窓口とは別の窓口で入場手続きができます。私たちはこの方法で長蛇の列を回避できました。　(かぴ　'15)

●アレーナ
住 Piazza Brà
☎ 045-8003204
開 8:30 (㊊13:30)～18:30 (閉場19:30)
料 €10(10～5月の第1㊐€1)
※オペラシーズンは開変更の場合あり

音楽祭の当日券は?
アレーナ翼壁のEnte　Arenaで販売。
住 Via Dietro Anfiteatro 6/b
☎ 045-8005151(コールセンター)
公演日は10:00～21:00の営業
※自由席の場合は、早めに出かけて席を確保しよう。

アレーナ音楽祭

席は演目により7～11種類あり、よい席から①～の順。公演により区分に変更あり。
①Poltronissima Gold　€189～226
②Poltronissima　€158～195
③Poltrona　€131～148
④Poltroncina Centrale di Gradinata　€107～123
⑤Poltroncina di Gradinata　€87～92
⑥Gradinata Settori D/E　€28.50～30
⑦Gradinata Settori C/F　€24～25
①～③が椅子席(①②は舞台正面)、④⑤は座席指定の階段席。⑥⑦は指定範囲のある階段の自由席。開演は20:45～21:00で、終演は翌1:00頃。バールがあり、また幕間には売り子がパンフレットや飲み物を販売して歩く。階段席は冷える場合があるので、敷く物(有料で座布団の貸し出しあり)や羽織る物があるといい。また、日本語のオペラガイドで事前にストーリーを予習し、オペラグラスや双眼鏡、ペンライトなどあると、より楽しめる。['16]
■'17年アレーナ音楽祭の演目はP.601参照
URL www.arena.it(予約可)

美しい静寂の広場　MAP P.334 A2

シニョーリ広場 ★

Piazza dei Signori　ピアッツァ デイ シニョーリ

シニョーリ広場の中央に建つのはダンテの像

広場の左側には初期ルネッサンス様式の美しいコンシリオの回廊Loggia del Consiglioとヴェローナの名門スカラ家の館Palazzo di Cangrandeが建ち並ぶ。この館には、ジョットもダンテも招待されたという。右側には市庁舎Palazzo del Comune（ラジョーネ宮ともいう）。中庭と階段は必見の美しさだ。また、右の市庁舎に付属するランベルティの塔Torre dei Lambertiへは上ることもできる。塔上からの広場とヴェローナ市街の眺望を楽しもう。

壮大かつ豪華な墓　MAP P.334 A2

スカラ家の廟（びょう） ★★

Arche Scaligere　アルケ スカリジェーレ

墓を囲んでいる鉄格子の模様は、スカラ家の家紋。スカリジェーレ＝スカラ（階段）の名のとおり、四弁の花の中央には階段のようにゴシック様式の尖塔が配置されている。

ツタのからまるロマンティックな館　MAP P.334 A2

ジュリエッタの家 ★★

Casa di Giulietta　カーサ ディ ジュリエッタ

シェイクスピアの悲劇「ロミオとジュリエット」の舞台となったヴェローナには、ふたりの存在を強く実感させる館が残っている。このジュリエッタの家は、一般に公開されており、建物内部の見学も可能だ。中には映画で使われたベッドやシーンの写真なども展示され、有名なバルコニーに出ることもできる。

ジュリエッタの家のバルコニー

実際のところ、シェイクスピアはヴェローナを訪れたことがなく、彼の作品中のふたりは創作された人物だが、有名なバルコニーに立ち、人が途切れた静かな中庭を見下ろすと、自分が芝居の主人公のような気分になるから不思議だ。

●ランベルティの塔
住 Via della Costa 1
（入口はシニョーリ広場側）
☎ 045-9273027
開 11:00～18:00　㊏㊐19:00
料 ㊊€5、他の日は現代美術館との共通券€8、割引券€5
地 P.334 A2
※切符売り場は閉場45分前まで。ヴェローナ・カードでのエレベーターの利用不可

ランベルティの塔に上ろう

●スカラ家の廟
開 10:00～13:00
15:00～18:00
休 ㊊
料 €1
※年間を通じ、柵の外側からの外観見学は可能。

カングランデ1世を頂に置くスカラ家の廟

●ジュリエッタの家
バルコニーを見上げる観光客が一年中絶えない。
住 Via Cappello 23
☎ 045-8034303
開 8:30～19:30
㊊13:30～19:30
料 €6、割引券€4.50（ジュリエッタの墓との共通券€7）
※切符売り場18:45まで

ジュリエッタ像の今…！
右胸に触ると幸福になるといわれていますが、本物のジュリエッタ像は多くの人が胸を触りすぎて穴が開き、現在では修復され館内に保管されています。外の銅像は新しい物とか。たくさんの人が幸せを願ったのですね。
（神奈川県　ひまわり　'14）

●カステルヴェッキオ（市立美術館）
住 Corso Castelvecchio 2
☎ 045-8062611
開 8:30～19:30
㊊13:30～19:30
料 €6、割引券€4.50
※切符売り場18:45まで

教会巡りの共通カード
主要教会に共通のカードPercorso di Visita delle Chiese Storicheも販売中。対象はサン・ゼーノ・マッジョーレ、サンタナスターシア、サン・フェルモ、ドゥオーモ。各教会の1回券€2.50が4教会共通で€6、有効1日。

ワイン祭りVinitalyの際は注意
ヴェローナでは毎年春～初夏に、世界的なワインの見本市が開かれる。この期間は関係者の予約でホテルはいっぱい。当日の宿泊はかなり難しい。
※2017年4/9～4/12

バスを使うなら
カステルヴェッキオからサン・ゼーノ・マッジョーレへはバスNo.31、32、33が便利。
サン・ゼーノから駅へ行くには、教会近くの広場からバスに乗り、カステルヴェッキオで乗り換える（No.7、9以外のどれでも）。

●S.Z.マッジョーレ教会
開 3～10月　8:30～18:00
㊐㊗　12:30～18:00
11～2月　10:00～13:00
13:30～17:00
㊐㊗　12:30～17:00
料 €2.50

●テアトロ・ロマーノ（考古学博物館）
住 Rigaste Redentore 2
☎ 045-8000360
開 8:30～19:30
㊊13:30～19:30
料 €4.50
地 P.334 A2
※切符売り場18:45まで

すてき！スカリジェロ橋！
まるで要塞のようなスカリジェロ橋はヴェローナの人気観光スポットでした。私のおすすめは早朝と夜。朝霧の中、人影の少ない橋はおとぎ話に出てくるようでした。夜のライトアップも美しかったです。（かぴ　'15）

●ジュリエッタの墓
住 Via del Pontiere 35/ Via Shakespeare
☎ 045-8000361
開 8:30～19:30
㊊13:45～19:30
料 €4.50、割引券€3（フレスコ画博物館と共通）
地 P.334 B2
※切符売り場18:45まで

橋と城の雄大な眺望が広がる　MAP P.334 A・B1

カステルヴェッキオとスカリジェロ橋 ★★

Castelvecchio e Ponte Scaligero　カステルヴェッキオ エ ポンテ スカリジェーロ

要塞としての役割をもった城

ヴェローナの領主であったスカラ家の権威を象徴する城。14世紀、カングランデ2世の命により築城された物。アディジェ川に面して立つ城の姿は雄大。城の内部は市立美術館Civico Museo d'Arteになっており、ピサネッロ、マンテーニャなどの作品がゆったりと展示されている。

城から延びた橋がスカリジェロ橋で、14世紀の物だが、第2次世界大戦中に爆破され、その後市民の力により再建された。

アディジェ川に架かるスカリジェロ橋

堂々たるロマネスク教会　MAP P.334 A1

サン・ゼーノ・マッジョーレ教会 ★★

San Zeno Maggiore　サン ゼーノ マッジョーレ

ロマネスク様式のバラ窓が美しいサン・ゼーノ・マッジョーレ教会

イタリア屈指のロマネスク様式の教会。ブロンズ製の浮き彫りのある正面扉は11～12世紀の物で必見。町の守護聖人である聖ゼーノの生涯を刻んだもの。扉の上を飾るバラ窓もこの教会独自の物。内部主祭壇には、マンテーニャの三幅対祭壇画『聖母と諸聖人』がある。

マンテーニャの傑作『聖母と諸聖人』

その他の見どころ

今でも町の人たちの演劇発表会に使われるローマ劇場のテアトロ・ロマーノTeatro Romanoには考古学博物館がおかれる。そのほかにもフレスコ画博物館として新装オープンしたジュリエッタの墓Tomba di Giuliettaなどを訪ねたい。

ジュリエッタの墓の置かれるカプチン派修道院は現在フレスコ画博物館になっている

Ristorante ヴェローナのレストラン

ラ・フォンタニーナ
Osteria la Fontanina P.334 A2

ミシュランの1つ星
中心からは少々遠いけれど、足を延ばす価値のあるサービス、味、雰囲気。ヴェローナ料理がお得意。ローマ劇場の東側、橋を渡ったら、川から真っすぐ延びる通りの右側。 要予約

住 Portichetti Fontanelle 3
☎ 045-913305
営 19:30～22:00
休 ㊐、8/15頃の2週間
予 €60～100（コペルト€5、10%)、定食€100
C A.J.M.V.

オステリア・アル・ドゥーカ
Osteria al Duca P.334 A2

地元の人でにぎわう
ロメオの家の隣にあり、昼食時は地元の人でにぎわっている。ヴェローナ名物の馬肉CavalloやロバAsino料理に挑戦してみよう。ヴェローナ料理の店。
日本語メニュー

住 Via Arche Scaligere 2
☎ 045-594474
営 12:00～14:30、18:30～22:30
休 ㊐、㊋昼、6/10～6/25
予 €32～45(コペルト€2)、定食€18
C A.M.V.

ブレーク
Brek P.334 B2

中心街の手軽なセルフ
✉ アレーナのあるブラ広場にはおしゃれなカフェやレストランが並びますが、どこもお高め。そんなときに重宝するセルフレストランです。
（埼玉県　みっち～　'07)['16]
✉ ブラ広場に面したテラス席もいいです。寒い季節は2階の窓際がおすすめ。12:30頃まではお客も少なくゆっくり食事できました。
（埼玉県　埼玉のタマ　'09)['16]
住 Piazza Brà 20
☎ 045-8004561
営 11:30～15:00、18:30～22:00
休 無休　料 €8～18
C A.M.V.　交 ブラ広場の一角

Hotel ヴェローナのホテル

5つ星から2つ星まで、ヴェローナのホテルの数は多いが、中心は3つ星のこぢんまりした宿だ。どこも部屋数はさほど多くないので、夏のアレーナでのオペラの時期は予約が必要。

★★★★ グランド・ホテル
Grand Hotel P.334 B1

アンティークの調度がすてき
緑あふれる庭園も気持ちよいホテル。イタリア人の商用客の利用も多い。
読者割引 2泊以上15%（コード：GLBTR17）
High 音楽祭、見本市の期間
URL www.grandhotel.vr.it

住 Corso Porta Nuova 105
☎ 045-595600
Fax 045-596385
SB €142/197　T TS €177/280
TB €233/440
室 62室　朝食込み W-F
C A.D.J.M.V.　交 駅から徒歩10分ほど。バスならNo.11、12

★★★★ フィレンツェ
Hotel Firenze P.334 B1

駅にも見どころへも近い
駅や見どころへも近く、観光に便利な立地。近年改装が施された客室はそれぞれインテリアが異なり、いずれも明るく広々としている。スタッフも親切。
URL www.hotelfirenzeverona.it

住 Corso Porta Nuova 88
☎ 045-8011510
Fax 045-8030374
SS €100/158
TS €108/230
室 49室　朝食込み W-F
C A.D.J.M.V.

★★★ ボローニャ
Bologna P.334 A2

レストラン併設で便利
アレーナの近くにある、伝統的なホテル。内部は機能的で快適。駅からはNo.11、12、13のバスで。ビュッフェの朝食がよい。
Low 11/1～3/31
URL www.hotelbologna.vr.it

住 Piazzetta Scalette Rubiani 3
☎ 045-8006830
Fax 045-8010602
SS €88/300
TB €100/340
室 32室　朝食込み W-F
C A.M.V.

★★ トルコロ
Torcolo P.334 A・B2

手頃な値段がうれしい
✉ アレーナまで5分ほどで野外オペラ鑑賞にはぴったり。朝食メニューも豊富で満足！ オープンテラスで楽しみました。部屋にポットもありお茶を飲めたのも◎。
（神奈川県　ひまわり　'14)
読者割引 3泊以上で5%

URL www.hoteltorcolo.it
住 Vicolo Listone 3
☎ 045-8007512
Fax 045-8004058
SS €60/118　TB €75/168
室 19室　朝食€8～14 W-F
休 1/8～1/17、クリスマスの直前の1週間　C A.D.J.M.V.

プロテツィオーネ・デッラ・ジョーヴァネ
ACISJF Protezione della Giovane P.334 A2

YH **女の子なら安心の宿で**
カトリック国際協会の運営で、ユース並みの料金で、部屋は広くてきれい。宿の人も優しい感じでよい。女性のみ利用可。受付は9:00～20:00(門限23:00)、オペラの時は門限は終了時刻まで延長。エルベ広場から5～6分。
URL www.protezionedellagiovane.it
住 Via Pigna 7
☎ 045-596880　Fax 045-8005449
料 D €22　S €33/40
TB 1人€27/33(朝食なし)
C M.V. W-F

ヴィッラ・フランチェスカッティ
Ostello della Gioventù "Villa Francescatti" P.334 A2

YH **オペラに行くときは門限延長**
ローマ劇場の近く。美しく清潔なホステル。受付6:00～24:00(門限24:30)。5泊まで。予約はinfo@villafrancescatti.itへ。年齢性別の制限なし。駅からバス73番Piazza Isola行きで終点下車。㊐㊗、夜間は91番San Michele行きでPiazza Isola下車。教会を越えて左折した坂の上。W-F
URL www.ostelloverona.it
住 Salita Fontana del Ferro 15
☎ 045-590360　Fax 045-8009127
料 D €18 朝食込み、ファミリールーム1人€20、夕食€8（グループのみ。18:00までに要予約）C 不可

※ヴェローナの滞在税　★€0.50　★★€1　★★★€1.50　★★★★€2　★★★★★€3

バッサーノ・デル・グラッパ

●郵便番号　36061

バッサーノ・デル・グラッパへの行き方

fs線でパドヴァからバッサーノ・デル・グラッパ行きの直通で約1時間(一部乗り換えあり)。1時間に1便程度の運行。プルマンでパドヴァから(CTM社)約1時間、ヴィチェンツァから(FTV社)1時間。
FTV社　URL www.ftv.vi.it

バッサーノのⒾIAT
住 Piazza Garibaldi 34
☎ 0424-519917
営 9:00〜19:00
　㊐10:30〜13:00
　　16:00〜18:00
休 ㊊午前、1/1、復活祭の㊐、12/25

●市立博物館
住 Piazza Garibaldi
☎ 0424-522235
開 9:00〜19:00
休 ㊊、1/1、復活祭の㊐、12/25
料 €5(ストゥルム邸との共通券€7)　地 P.340 2

●グラッパ博物館
Poli Museo della Grappa
住 Ponte Vecchio
☎ 0424-524426
開 9:00〜19:30
※ポーリ社の博物館（ショールーム）。入場無料。試飲€1

●ストゥルム邸(陶器博物館)
住 Via Ferracina
☎ 0424-524933
開 9:00〜13:00
　15:00〜18:00
　㊐10:30〜13:00
　　15:00〜18:00
※休 料 は市立博物館と同じ
地 P.340 1

Ⓡカルデリーノ
Cardellino dal 1861
壁にかかった古い鍋、この地特有の木の格子棚などで飾られた店内で伝統的郷土料理が味わえる。
住 Via Bellavitis 17
☎ 0424-220144
営 12:00〜14:00、18:30〜22:00
休 ㊍　予 €25〜35(コペルト€2.50)、定食€30、35
C A.D.J.M.V.　地 P.340 1

バッサーノ・デル・グラッパは、アルプスからのおいしい空気に満ちた小さな町だ。町の近郊(32km)にはグラッパ山Monte Grappaがそびえ、町の中心をブレンタ川Brentaが流れる。赤いれんが屋根の家々の窓にはゼラニウムが咲き誇り、酒屋さんのディスプレイは、この地のお酒グラッパGrappa一色。グラッパ焼という色彩の美しい陶器も有名で、水差しやワインのデキャンタなど欲しくなってしまう物ばかり。人口4万ほどのこの町、都会の喧騒に疲れたら訪ねたい。

ブレンタ川とアルピーニ橋との調和が美しい古都

バッサーノ・デル・グラッパの歩き方

鉄道駅は町の東側にあり、駅前がバスターミナル。市内や近郊へのバス路線が充実している。Ⓘは町の中心のガリバルディ広場の市立博物館入口そばにある。

さて、バッサーノの町では小さな路地を縫っての散歩を楽しんだり、川沿いの道で気持ちよい風に吹かれたりしたいもの。

町の一番の見どころは、**コペルト橋**Ponte Coperto（別名ヴェッキオ橋Ponte Vecchio）。イタリア一有名な13世紀からの屋根の付いた木造の橋だったが、第2次世界大戦の際に爆破され、その後かけ替えられた。オリジナルと同じ昔風の木の橋は、徒歩でしか渡れない。ここからのブレンタ川の眺めは、まさしく絵のようで、今までのイタリアの町とはひと味違う趣だ。この橋の東側にはポーリ社のグラッパ博物館、橋のたもとにはナルディーニ社のグラッペリアGrapperia（グラッパのバール）がある。製造法や古い機器の展示などもあり、この町の伝統を感じられる場で名産品を味わってみるのも一興だ。

市立博物館Museo Civicoには、この町出身で別名バッサーノと呼ばれる**ヤコポ・ダ・ポンテ**の傑作がある。また、**ストゥルム邸**Palazzo Sturmでは数々のグラッパ焼を展示。

Trento トレント

ブオンコンシリオ城

町の西側をアディジェ川が流れ、町の東側には、ブオンコンシリオ城の雄姿がそびえるトレントは、トレンティーノ・アルト アディジェ州の州都であり、1545～63年に開かれたトレント公会議で歴史上知られた町。この会議は、ルターやカルヴィンの率いた宗教改革運動を食い止めるため、カソリックの勢力を結集しようと開かれたもの。当時のカソリック勢力の強大さを誇示するために造られたブオンコンシリオ城の大きさに、圧倒されるだろう。

トレントの歩き方

鉄道駅は町の北側、アディジェ川の東側にある。駅の東、500mほどの所に、ブオンコンシリオ城、駅の南500mほどの所にドゥオーモがあり徒歩で十分の町。町の中心**ドゥオーモ広場**Piazza del Duomoには、バロック様式の**ネプチューンの噴水**があり、市民たちの憩いの場となっている。**ドゥオーモ**Duomoは、ロンバルディア・ロマネスク様式。内部の**礼拝堂**Cappella del Crocifissoにある大きな木製のキリスト像の前で、公会議の決定の布告がなされた。ドゥオーモ広場に立つ**プレトリオ宮殿**Palazzo Pretorioは、現在、**司教区博物館**Museo Diocesano(ムゼオ ディオチェザーノ) Tridentino(トリデンティーノ)になっている。内部には、公会議の様子を描いた絵や7枚のすばらしいルネッサンス期の**タペストリー**があり、必見。

ドゥオーモ広場の
ネプチューンの噴水

町の東側にそびえる**ブオンコンシリオ城**Castello del Buonconsiglioは、現在、地方美術館になっている。左側の建物は、13世紀の**カステルヴェッキオ(旧城)**、真ん中は16世紀のルネッサンス様式の**マーニョ宮殿**Magno Palazzo。城の南に位置する**アクィラの塔**Torre Aquilaのフレスコ画の連作「**12の月**」には14世紀末頃の生活が詩情豊かに描かれている。

●郵便番号 38100

トレントへの行き方

fs線でヴェローナ・ポルタ・ヌオーヴァ駅からFRECCIARGENTOで54分、RV、Rで1時間2分～1時間21分。ボルツァーノから30分～55分。

トレントのⓘAPT

住 Via Manci 2
☎ 0461-216000
開 9:00～19:00 地 P.341 B

●司教区博物館

住 Piazza Duomo 18
プレトリオ宮殿内
☎ 0461-234419
開 夏季10:00～13:00
14:00～18:00
冬季 9:30～12:30
14:00～17:30
休 ㊋、1/1、1/6、復活祭の㊐、6/26、8/15、12/25
料 €5 地 P.341 B

プレトリオ宮殿

●ブオンコンシリオ城

住 Via Bernardo Clesio 5
☎ 0461-233770
開 夏季10:00～18:00
冬季 9:30～17:00
休 ㊊(8月は除く)、1/1、12/25
料 €10(アクィラの塔は€2追加、要予約) 地 P.341 A

2日滞在なら経済的!?

Museum Pass Trentoroveretoは交通機関(バス、ケーブルカー、貸し自転車も含む)、美術・博物館が無料になるカード。48時間券€22。購入は見どころやⓘで。

Ristorante & Hotel トレントのレストラン&ホテル

スクリーニョ・デル・ドゥオーモ Scrigno del Duomo P.341 B

ワインバー併設

1階のワインバーではワインと軽い食事が楽しめ、2階はレストラン。季節の土地の味わいを大切にしたメニューは20日程度で変わる。チーズやサラミも充実の品揃え。

住 Piazza Duomo 29
☎ 0461-220030
営 11:00〜14:30、18:00〜23:00
予 €35〜60、定食€35〜60
C A.D.J.M.V.

カンティノータ Cantinota P.341 A

手軽に土地の料理を

町の中心にある、60年続く土地の伝統的料理が味わえる店。16世紀の酒蔵を改装した店内には、ピアノバーやエノテカ、ターヴォラ・カルダ、ディスコもあり、手頃に食事したいときにも便利。

住 Via San Marco 22/24
☎ 0461-238527
営 12:00〜15:00、19:00〜23:00
休 ㊍
予 €20〜60(コペルト€3)、定食€25(ワイン1杯付き)
C A.D.M.V.

★★★★ アクイラ・ドーロ Hotel Aquila d'Oro P.341 B

便利で清潔

ドゥオーモ広場の北側にあり、便利。清潔。朝食込み、シャワーまたはバス付き。駅からは、バスNo.Aで2つ目の停留所下車。

読者割引 3泊以上10%
Low 1、2、8、11月

URL www.aquiladoro.it
住 Via Belenzani 76
☎ Fax 0461-986282
SS €80/120
TS TB €130/200
SU €190/250
室 19室　朝食込み W-Fi
C A.J.M.V.

オステッロ・ディ・トレント・ジョーヴァネ・エウローパ Ostello di Trento Giovane Europa P.341 A

YH 便利で経済的

駅とバスターミナルに近く、中心街へも徒歩10分程度。明るく近代的なYH。広々としたサロンやカフェテリアやレストラン、セルフランドリーもある。

URL www.gayaproject.it

住 Via Torre vanga 11
☎ 0461-263484
Fax 0461-222517
SS €28/30　TS €45/50
4S €72/85
D €16〜18　朝食€3、夕食€12
室 1〜6人部屋　32室

イタリア美術史

Arte rinascimentale-2 ルネッサンス美術-2

ティツィアーノ『聖愛と俗愛』

トスカーナ以外の地方では、レオナルドの影響を深く受けたコッレッジョCorreggio (1489〜1534)がエミリア地方で活躍し、一方、16世紀のヴェネツィアはジョルジョーネGiorgione、ティツィアーノ、ティントレット、ヴェロネーゼを擁して美術界の主流を占める。ジョルジョーネ(1476、78頃〜1510)はこの世紀のヴェネツィア絵画の方向を決定した画家として重要で、死後、ティツィアーノ・ヴェチェリオTiziano Vecellio (1489頃〜1576)がその芸術を吸収し、人間と自然の調和世界を鮮やかな色調で表現。とりわけ色彩表現に優れ、『聖愛と俗愛』Amore sacro e profano(ローマ、ボルゲーゼ美術館→P.84)、『聖母被昇天』Assunta (ヴェネツィア、サンタ・マリア・グロリオーサ・デイ・フラーリ聖堂→P.238)、『ウルビーノのヴィーナス』Venere di Urbino(フィレンツェ、ウフィーツィ美術館→P.151)、そして絶筆の『ピエタ』Pietà(ヴェネツィア、アカデミア美術館→P.235)では劇的性格とともに色彩も燃えるような輝きを帯びる。

ティツィアーノに学んだティントレットTintoretto (1518〜1594)はヴェネツィアの伝統にトスカーナ地方のマニエリスムを融合させる。短縮法を強調した『囚人を救出する聖マルコ』San Marco che salva i Prigionieri (ヴェネツィア、アカデミア美術館→P.235)、均衡と調和の『キリストの磔刑』Crocifisso (ヴェネツィア、スクオーラ・ディ・サン・ロッコ=サン・ロッコ信者会→P.238)などが代表作。彼と同時代のパオロ・ヴェロネーゼPaolo Veronese (1528〜1588)は、仰視的な構図を多用し、青い空を背景とする明るい画面を作り上げている(『レヴィ家の晩餐』Banchetto dei Levi、ヴェネツィア、アカデミア美術館→P.235)。

16世紀後半の建築ではヴェネト地方で活躍したアンドレア・パッラーディオAndrea Palladio (1508〜1580)、彫刻ではベンヴェヌート・チェッリーニBenvenuto Cellini (1500〜1571)、ジャンボローニャGianbologna (1529〜1598)、絵画ではポントルモPontormo(1494〜1556または、57)、ブロンジーノBronzino (1503〜1572)らのマニエリスムの旗手が出ている。　(望月一史)

※トレントの滞在税　YH、B&Bなど€0.70　★★★〜★★★★★€1.50 10泊まで
SS シャワーまたはバス付きシングル料金　TS シャワー付きツイン料金　TB シャワーまたはバス付きツイン料金　SU スイート

Bolzano ボルツァーノ

中世ドイツの詩人ヴァルター像のあるヴァルター広場

アルト・アディジェ地方Alto Adigeの州都。オーストリアに近い（国境から50km）ので、チロル風の雰囲気がある町だ。町の人々は、イタリア語と同様にドイツ語を話す。

ドロミテ溪谷への入口にあたるボルツァーノから、ドロミテの中心地コルティナ・ダンペッツォのバス旅行を楽しみたい。100kmあまりのドロミテ街道は、かつてのイタリアとオーストリアを結んだ通商路。街道沿いの周辺の小さな村々の生活風景や大自然の光景がひどく新鮮だ。

ボルツァーノの歩き方

駅から緑の公園を抜けた、ドゥオーモを囲むヴァルター広場Piazza Waltherが町の中心。ドゥオーモは、色タイルの屋根がドイツ的な、ロマネスク・ゴシック様式。中世の家々が並ぶ**ポルティチ通り**Via dei Porticiや果物や野菜の市の立つ**エルベ広場**Piazza delle Erbeを抜けての散歩を楽しもう。イタリアに慣れた目にはオーストリア的な町並みが新鮮に映るはずだ。約5000年前のアイスマンのミイラには、考古学博物館で出合える。

色とりどりの果物や野菜の並ぶエルベ広場

●郵便番号 39100

ボルツァーノへの行き方

fs線でヴェローナ・ポルタ・ヌオーヴァ駅からFRECCIARGENTO、ECで1時間29分、RV、Rで1時間40分〜2時間13分。

ボルツァーノのⓘAST

住 Via Alto Adige 60
☎ 0471-307000
営 9:00〜19:00
　㊏9:30〜18:00
休 11月〜2月の㊐㊗（クリスマスマーケット期間は除く）
地 P.343 B1・2
URL www.bolzano-bozen.it（日本語あり）

荷物預け

fs駅構内とプルマンのターミナルにある。

バスターミナル

ドロミテの町へ向かうプルマンのターミナルは、fs駅を出て左、緑の公園を抜けるとすぐ。ここで、事前にバスの路線や時刻表をチェックしよう。バスは駅前からも乗車可。

州内の移動と観光に便利なモバイルカード Mobilcard Alto Adige/SUDTIROL

州内の列車（トレントまでのR、RVなど）、バス、プルマン（コルティナ・ダンペッツォなどへ）、ボルツァーノからのロープウエイなどが乗り放題になるカード。美術・博物館もセットとなったMuseumobil Cardもある。ⓘやプルマンの切符窓口などで。
交通機関：1日券€15、3日券€23、7日券€28（14歳以下のJunior券は半額）
交通機関＋美術・博物館：3日券€30、7日券€34（14歳以下のJunior券は半額）

✉ 足を延ばして

ボルツァーノ駅を出て右に進み、ロープウエイに乗ると、ブドウ畑を眼下に1220mのBerborzen/Soprabolzanoへ一気に昇れます。さらに目の前から発車するチンチン電車に乗るとKlobenstein/Collalboまで南チロルの美しい車窓風景を楽しむことができます。このルートから遠くにドロミテ山塊を望むことができます。（白石達也　'10）

アイスマンのミステリー

発見者や研究者、カメラマンなど、アイスマンに関わった人々が'93年～'06年にかけて、相次いで7人も亡くなったことから、一時は「アイスマンの呪い」と騒がれた。たたりを恐れ、オーストリアとイタリア国境の発見場所に戻すべきだとの声もあったが、今も氷河が再現された冷凍庫のような展示室に保管され、見学者は小窓からのぞくことができる。

●考古学博物館
住 Via del Museo 43
☎ 0471-320100
営 10:00～18:00
休 ㊊（7、8月と12月を除く）、1/1、5/1、12/25
料 €9
※入館は閉館30分前まで

タルヴェラ橋へ

考古学博物館の西側には、タルヴェラ橋が架かり、周囲は緑の遊歩道として整備されている。季節の花々と緑が美しい。

●ロンコロ城
住 Via Sarentino
☎ 0471-980200
開 10:00～18:00(入場17:30まで)
休 ㊊、1/1、12/24、12/25、12/31
料 €8

タルヴェラ橋から北へ2.5km。町からは30分ごとの無料のミニバスNavettaで約10分（ヴァルター広場の❶近くから発車。冬季は運休）。市バスなら㊊～㊏12番、㊐14番で（切符€1.50）。遊歩道なので、季節がよければ徒歩やレンタ・サイクルでも楽しい。

ボルツァーノの見どころ

アイスマンから古代を知る　MAP P.343 A1

考古学博物館 ★★

Museo Archeologico dell'Alto Adige　ムゼオ アルケオロジコ デッラルト アディジェ

旧石器時代から10世紀頃までのアルト・アディジェ州の発掘品を展示。特に名高いのは、1991年にシミラウム氷河から発見された凍結ミイラのオーツィOetzi/エッツィÖtzi。別名アイスマンと呼ばれ、猟師の姿をし、背中に傷があることから、狩りの途中誤って仲間の弓矢を受けたとか、戦いで死亡したともいわれている。約5300年前に死亡し、そのまま氷河に閉じ込められたため、その姿、持ち物がよく保存されている。当時の様子もビデオで再現され、紀元前の様子をよく知ることができる。

アイスマン見学の人が絶えない考古学博物館

緑のなかの古城　MAP 地図外

ロンコロ城 ★

Castel Roncolo　カステル ロンコロ

町から約2.5km、サレンティーナ渓谷Val Sarentinaの緑の高台に勇姿を見せる。13世紀に建てられ、19世紀に再建されたもの。内部には14～15世紀の騎士物語のフレスコ画が残っている。

緑のなかに立つロンコロ城

Ristorante & Hotel　ボルツァーノのレストラン&ホテル

フォッペン&コー　Hopfen & Co.　P.343 A·B1

地下に醸造所あり
エルベ広場の脇にある気取らない雰囲気のボルツァーノらしいビッレリア。自家製の生のビールが楽しめる。夏は開放的な道沿いのテーブル席でビールを飲む人や食事をする人でいつもにぎやか。店内は落ち着いた民俗風なインテリア。
住 Piazza dell'Erbe 17
☎ 0471-300788
営 10:00～24:00
休 一部の㊗
予 €20～50(コペルト€1)、定食€20、30
C A.M.V.

★★★★ ルナ・モントシャイン　Parkhotel Luna-Mondschein　P.343 A2

庭園でリラックス
木々に囲まれた気持ちのよい庭園があり、くつろぎのひとときや朝食に最適。客室内は重厚な雰囲気で広くて快適。レストラン併設。
Low 1～3月
URL www.hotel-luna.it
住 Via Piave 15
☎ 0471-975642
Fax 0471-975577
SB €106/137
TB €148/197　JS €222
室 78室　朝食込み W-F
C M.V.
交 駅から500m

★★★ レジーナ　Regina　P.343 B2

駅前の手頃なホテル
鉄道駅のほぼ正面に位置し、移動にも観光にも便利な立地。室内は広く、窓は二重窓なので、騒音や寒さも入らず快適。
読者割引 直接予約の3泊以上で10%
URL www.hotelreginabz.it
住 Via Renon 1
☎ 0471-972195
Fax 0471-978944
SS €80/90
TS €120/150
室 37室　朝食込み W-F
C A.J.M.V.
休 12/23～12/25

オステッロ・ディ・ボルツァーノ　Ostello della Gioventu di Bolzano　P.343 A2外

YH ✉きれいでおすすめ。シャワー・トイレ付きの個室もあります。ここから一番近いロープウェイで上る、ソプラ・ボルツァーノ・レオンからはすばらしい絶景が望めます。（岐阜県　まこっちゃん　'06)['16]
URL www.youthhostel.bz
住 Via Renon 23
☎ 0471-300865
Fax 0471-300858
SS €23.50/25.50　SS €32/34
受付8:00～翌4:00（門限）
室 28室　81床　朝食込み W-F
C A.D.J.M.V.　休 1/29～2/13、12/23～12/27　交 駅から徒歩3分

※ボルツァーノの滞在税　YH €0.70　B&B ★€0.80　★★～★★★€1　★★★★～★★★★★€1.30　宿泊施設により5～7泊
SS シャワー付きシングル料金　TS シャワー付きツイン料金　TB シャワーまたはバス付きツイン料金　3S シャワー付きトリプル料金
JS ジュニアスイート

悠久の歴史を刻む、3000m級の山々

ドロミテ山塊
登録年2009年　自然遺産
世界遺産

ドロミテ山塊

The Dolomites / Le Dolomiti

ラテマール山と針葉樹林のコントラストが美しいカレッツァ湖

ドロミテ街道の名所
ボルドイ峠(2239m)も
観光ブームですっかり開けた

　イタリアの北東、3000m級の山々が連なるドロミテ山塊。赤茶色の独特な岩肌を見せ、垂直に切り立った山々が続く。日暮れ時には、山々は夕日に照らされて赤く染まり、その風景は息をのむほどに感動的。

　ドロミテの西の拠点は**ボルツァーノ**、東が**コルティナ・ダンペッツォ**。この間を**ドロミテ街道**が通じている。ドロミテ山塊の旅はプルマンやバスを利用。まずは、このふたつの町のどちらかでバスなどの交通手段の情報を集めて出かけよう。また、観光シーズンは短く、6月下旬から9月上旬頃。

　峡谷を流れ落ちる清冽(せいれつ)な川、山と森に囲まれた美しい湖、夏でも雪をかぶる氷河、カウベルが響く牧草の広がる丘……と、さまざまな顔を見せるドロミテの自然。ときにはホテルのベランダから雄大な山々を眺め、あるときはロープウエイやリフトに乗ってオーストリア・アルプスまでも見渡せるパノラマを楽しみながらのトレッキングなど、自分流にこの自然美を満喫しよう。

標高2447mのファルツァレーゴ峠。チンクエ・トッレ(5つの頂)や遠くにはマルモダーラ山を望む

後方にクリスタッロ山とトファーネ山を抱くコルティナの町。旧ポコロ展望台より望む

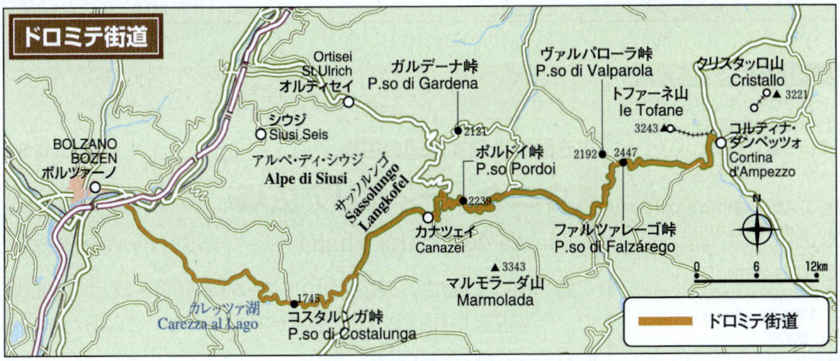

Trieste
トリエステ

●郵便番号　　34100

イタリアの東端、スロヴェニアとの国境にほど近いトリエステ。古代ローマ時代に源を発するこの町は、中世には海洋都市ヴェネツィアの支配下におかれた。その後オーストリアとの統合、国連の管理下におかれるなど、めまぐるしい変遷を遂げ、1954年にイタリア領として復帰した。町はオーストリアの影響を受け、バロック、ネオ・クラシックなどの堂々とした建物が並ぶ。そして広い通りの走る町を抜ければ、白いヨットが風を受けて疾走する紺碧(こんぺき)の海が待っている。

特殊な地理的条件と複雑な歴史的背景のせいで、人種も言語も多様なトリエステは、一種独特の雰囲気をもつ町になっている。町の中心は船会社や政庁舎が並ぶ、海沿いの**ウニタ・ディタリア広場**。中央駅からは約1km。バスNo.8、30、24で約5分。

高台から望む、トリエステの町

トリエステへの行き方

fs線でヴェネツィアS.L.駅からR、RV利用で2時間5分～3時間。

駅から歩いても楽しいが、見どころへは市バスも運行。

トリエステの🅘Info Point

住 Via dell'Orologio 1
(ウニタ・ディタリア広場との角)
☎ 040-3478312
開 夏季9:00～19:00
冬季9:00～18:00
休 一部の㊗
地 P.346 B1

トリエステの見どころ

古き面影を残す海辺の広場　MAP P.346 B1

ウニタ・ディタリア広場　★

Piazza dell' Unità d'Italia　ピアッツァ デッルニタ ディタリア

港に面して広がる広場。かつてこの町の経済・政治の中心地で、今も古きよき面影を残す建物が並んでいる。このあたりの海沿いの道は絶好の散歩道である。

バラ窓とモザイクが美しい　MAP P.346 B2

サン・ジュスト聖堂 ★★
Basilica di San Giusto　バジリカ ディ サン ジュスト

サン・ジュスト聖堂

ウニタ・ディタリア広場から海に背を向け、長い階段と坂道を上ると到着。古代ローマ時代商業取引や裁判の法廷として使用された、バジリカの遺構の上に建てられた教会。正面はゴシックの円花窓とロマネスク様式で飾られ、内部には、12、13世紀のモザイク、11世紀のフレスコ画などが残っている。

広場からは海と町が一望できる。広場横の城Castello dei S. Giusto(カステッロ ディ サン ジュスト)からは、よりひらけた風景が眺められる。内部には武器庫Armeriaがおかれ古武器を展示。中庭から階段を下りると（16世紀の堡塁(ほうるい)地下）にはテルジェスティーノ石碑博物館Lapidario Tergestinoがある。

エレガントな白亜の城

ミラマーレ城 ★★
Castello di Miramare　カスッテロ ディ ミラマーレ

白亜のミラマーレ城

海に面した崖の上にある白亜の古城。オーストリアの皇太子F.マクシミリアン大公の城で、エレガント。内部は歴史博物館Museo Storicoで、王族由来の品々や豪華な調度を見ることができる。夏季にはコンサートなどの催事も行われる。

●サン・ジュスト聖堂
住 Piazza della Cattedrale 3
☎ 040-309666
開 夏季 7:30〜19:30
　冬季 8:00〜12:00
　　15:30〜19:30

●サン・ジュスト城
開 10:00〜19:00（冬季18:00）
料 共通券€6
※駅からバスNo.24で

●ミラマーレ城
住 Viale Miramare
☎ 040-22413
開 9:00〜19:00（庭園は冬季〜15:00）
休 1/1、12/25　料 €8
※庭園のみは無料
※中央駅から通年No.6のバス（約25分間隔）で約10分。バス停Bivio下車し徒歩約15分。夏季はNo.36も運行。切符€1.35（60分有効）。

✉ ミラマーレ城へ
エリザベートの城には城主の生活感が漂い、白い城と青い海のコントラストがとても印象的でした。
（奈良県　杉本秀子）

お得な共通カード

フリウリ・ヴェネツィア・ジュリア・カード FVG Card Friuli Venezia Giulia Card
トリエステをはじめ世界遺産のアクイレイアのバジリカなどのほとんどの入場料などが無料になるカード。種類は3種類あり、州内の各ⓘで販売。

48時間券	48ore	€18
72時間券	72ore	€21
1週間券	1Settimana	€29

Ristorante & Hotel　トリエステのレストラン&ホテル

ダ・ペーピ Buffet Da Pepi　P.346 B2
町の名物店
ブッフェBuffetとは、トリエステ独特の朝から晩まで通しで営業している気軽な食堂のこと。町でも古いこの店は1897年創業。豚肉ひとすじで、店内ではゆでた豚肉を切り分ける姿も見られる。ひととおり味わうなら盛り合わせ＝ミストMistoを。日本語メニュー
住 Via C.di Risparmio 3
☎ 040-366858
営 8:30〜22:00
休 ㊐、7月下旬2週間
予 €15〜28（コペルト€1.50）、定食€18　C A.D.J.M.V.

★★★★ ドゥーキ・ダオスタ Duchi d'Aosta　P.346 B1
町の栄華を伝える
古きよき時代を伝える白亜の宮殿にあるホテル。クラシックな雰囲気の客室の設備は近代的で全室にジャクージ設置。
URL www.magesta.com
住 Piazza Unità d'Itaria 2
☎ 040-7600011
Fax 040-366092
SB €120/230
TB €145/320
室 53室　朝食込み W-F
C A.D.M.V.
交 イタリア統一広場の一角

★★★ コロンビア Hotel Colombia　P.346 A2
fs駅近くで便利
駅から約300m、現代美術の飾られたロビーはモダンな雰囲気。客室はカントリー風からモダンなテイストまでいろいろで、それぞれ雰囲気が異なる。ジャグージ付きの部屋もあり。
URL www.hotelcolombia.it
住 Via della Geppa 18
☎ 040-369191
Fax 040-369644
SS SB €58/130
TS TB €80/170
室 40室　朝食込み W-F
C A.D.M.V.

アッフィッタカメラ・ベルツィ AFFITTACAMERA Berzi Patrick　P.346 A2
経済的で清潔
✉ⓘで経済的な所を紹介してもらいました。1泊ツイン（トイレ・バス共同）で€50でした。町の中心にあり、明るく清潔な雰囲気。C不可。
（京都府　とっちゃん　'12）['16]
※アッフィッタカメラは「部屋貸し」のことで、朝食なしのB&Bスタイル。
URL www.affitacamereberzi.it
住 Via Roma 13（2階）
☎ 040-636249/333-5892636
ST €30〜　TS €50〜
3S €65〜　室 5室 W-F
交 駅から500m。バスなら30番で

S シャワー共同シングル料金　SS シャワー付きシングル料金　3S シャワー付きトリプル料金　4S シャワー付き4人部屋料金　T シャワー共同ツイン料金　D ドミトリー料金　SB シャワーまたはバス付きシングル料金　TS シャワー付きツイン料金　TB シャワーまたはバス付きツイン料金　3B シャワーまたはバス付きトリプル料金

華やかに飾られた魚介類

海と山の恵みが盛り沢山。おいしいワインとポレンタが欠かせない脇役

■北部3州の料理

●ヴェネト州

この地方の料理は海と陸の産物の絶妙なハーモニーが生み出したのだ。またおいしいワインの産地としても有名だ。

ヴェローナ周辺は**Valpolicella**や**Soave**などのワインの産地であるし、やや北のバッサーノ・デル・グラッパあたりでは白の辛口発泡性ワイン**Prosecco**を産出する。この町は名前どおり火酒ともいうべきアルコール度の高い“**グラッパGrappa**”の産地でもある。

水の都ヴェネツィアを抱えるヴェネト州といえば魚介料理。今や古典ともいえるアンティパストの**Granseola alla Veneziana**は赤くおいしそうにゆでたカニ料理。甲羅にほぐした身を入れ、オリーブ油、塩、レモン、パセリで味つけした物。海の幸とパダナ平野の米の傑作は**Risotto Nero**、イカスミのリゾット。鮮やかな緑のグリーンピースと米のスープ**Risi e Bisi**も有名。魚料理には白ワイン**Soave**を。

初夏にBassano del Grappaの近くを旅したらぜひ試してみたいのが**Asparagi alla Bassanese**。白アスパラガスのゆで卵添えという単純なひと皿、でも缶詰のアスパラなんて味がない!! と思ってしまうほどのおいしさだ。これには、格付けはテーブルワインだが香り高く飲みやすい白ワイン**Breganze Bianco**を合わせよう。山あいのこの町のもうひとつの名物は**Bigoli**。ソバ粉で作った黒っぽい手打ちスパゲティ。近くの山で捕れた野禽類を煮込んだソースをかけて食べることが多い。ルビーの色のワイン**Valpolicella**がよく合う。

シャコのスパゲティ

●トレンティーノ・アルト アディジェ州

イタリア領チロルと呼ばれるトレンティーノ地方には、パスタ料理の伝統はない。寒村で採れたトウモロコシの粉から作った**ポレンタPolenta**や大麦のスープがここの主食代わりであった。大麦のスープGrestensuppeは、胡椒とオリーブ油で香りをつけて食べる一品である。これには、若いうちに飲む澄んだ色の赤ワインMeranese di Collinaがよく合う。もうひとつ代表的なここの産物は、**風乾牛肉の薄切りのSpeck**だ。この地独特の黒パンに挟んで食べてもいいし、前菜としても格別のうまさだ。

●フリウリ・ヴェネツィア ジュリア州

フリウリ・ヴェネツィア ジュリアの寒く乾燥した風土からは、イタリア一と折り紙付きの**サン・ダニエレの生ハムProsciutto di San Daniele**が生まれる。豚の爪先まで付いてバンジョーを思わせる形のこのハムは、イタリア各地の高級レストランでもお目にかかる。まろやかな味と香りはまさに生ハムの王者。これには白ワイン**Friulano**を合わせたい。

オーストリアのKnödelとほぼ同じニョッキGnocchiもトレンティーノ地方同様よく食卓に上る。しなやかで香り高いMerlotがよく合う。

アドリア海産の海老とポレンタ

おみやげ情報

●ワイン●

プロセッコ・ディ・コネリアーノ
Prosecco di Conegliano ★★
DOC・白・半甘口・発泡性(辛口)

トーカイ Tocai ★★★
DOC・白

●みやげ物●

グラッパ Grappa
バッサーノ・デル・グラッパで作られる蒸留酒

トレンティーノ地方のチロル風民芸品
木彫り彫刻、手芸用チロリアンテープ、民俗衣装

ジェノヴァとリグーリア州

Genova & Liguria

風光明媚なチンクエテッレ

リグーリア海に面して、フランスまで細長く延びるリグーリア州。州の後方には、アルプス山脈とアペニン山脈によって造られた渓谷地帯が続く。この一帯は、オリーブ栽培の盛んな農村地帯。一方、海岸地帯は、イタリアン・リヴィエラと呼ばれるリゾート地。ジェノヴァを境に、西リヴィエラには音楽祭で有名なサンレモがあり、東リヴィエラには静かなリゾート、ポルトフィーノや世界遺産のチンクエテッレなどがある。州都ジェノヴァは、ヴェネツィアやピサと並んで、中世には海運王国として権勢を誇った町で、現在でもイタリア最大の港湾都市である。

Genova
ジェノヴァ

世界遺産

●郵便番号　16100

ミラノの南145km、リグーリア海と緑の丘に挟まれ、海岸線に沿うように広がるジェノヴァ。海洋貿易で栄え、ヴェネツィアとともに二大海洋共和国として覇(は)を争った。この町が全盛期を迎えた16～17世紀には、豪壮な館が競うように築かれた。現在も町の東側に残り、その栄華を伝えている。

港町らしい細く薄暗い坂道、華麗な邸宅群、大型客船が寄航する港には広々とした開放的なプロムナードなど、ジェノヴァはいくつもの顔を見せる。

海の博物館からの眺望

大型客船も入港するヴェッキオ港

ジェノヴァの歩き方

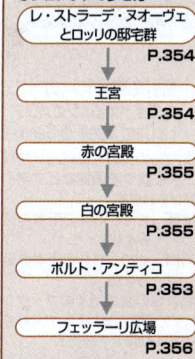

Genova～という駅は20以上あるが、幹線上の駅は町の西側のプリンチペ駅と東側のブリニョーレ駅。路線や列車の種類によりプリンチペ駅、ブリニョーレ駅の両方、あるいはいずれかのみに停車するものがあるので、下車駅が決まっている場合は乗車前に確認をしておこう。プリンチペ駅とブリニョーレ駅は鉄道（地下鉄と共用）で約6分で結ばれている。ジェノヴァの中心は**フェッラーリ広場**Piazza De Ferrari。この広場へはブリニョーレ駅からが近く、広場の周辺に見どころも多い。とりわけ北側コルヴェット広場北西の約1.5kmにわたるガリバルディ通り、カイローリ通り、バルビ通り、サン・ルーカ通りなどを総称して**ストラーデ・ヌオーヴェ**Strade Nuoveと呼ばれ、ここに点在する**邸宅群（ロッリ）**が「世界遺産」に登録されている。堂々たる邸宅のたたずまいを見上げ、開かれた中庭や大玄関をのぞきながらの散策が楽しい。ヌンツィアータ広場Piazza della Nunziataからプリンチペ駅を結ぶ500mほどの通りは、薄暗いがジェノヴァの繁栄の跡がしのばれる。堂々たる王宮や大学宮殿がこの通りにある。

ストラーデ・ヌオーヴェの「赤の宮殿」や「トゥルシ宮」などでは、天気がよければ案内係の先導で屋上のテラスへと上がることができ、すばらしい眺望を楽しむことができる。水族館や海の博物館、観光ガレー船がおかれた**ポルト・アンティコ**Porto Anticoも観光地として注目を集める界隈なので、時間が許せば散策してみよう。また、ヴェッキオ港（旧港）からはチンクエテッレへの観光船も出港している。

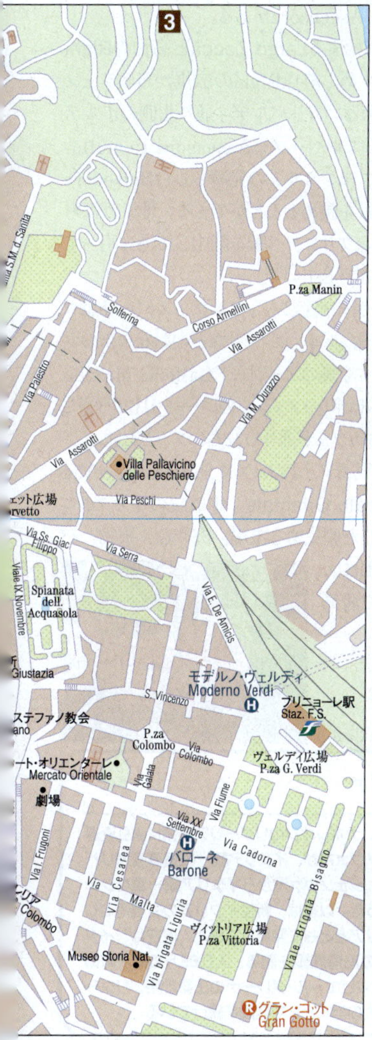

世界遺産

レ・ストラーデ・ヌオーヴェとロッリの邸宅群
登録年2006年　文化遺産

ジェノヴァへの行き方

fs線利用でミラノ中央駅からICで約1時間30分、RVで1時間44分～1時間53分。トリノのP.ヌオーヴァ駅からICで約1時間58分、RVで2時間。プリンチペ駅とブリニョーレ駅は鉄道（地下鉄）で結ばれ約6分。

空港からはVOLABUSが、プリンチペ駅、フェラーリ広場を経由して、ブリニョーレ駅まで運行、所要約30分。空港発5:15～22:10、30分～1時間ごとの運行。切符€6は車内購入可。URL からの購入で割引あり。ブリニョーレ駅から旧港へはバス13番で約15分程度。
URL www.amt.genova.it

●ジェノヴァの歩き方

レ・ストラーデ・ヌオーヴェとロッリの邸宅群 P.354
↓
王宮 P.354
↓
赤の宮殿 P.355
↓
白の宮殿 P.355
↓
ポルト・アンティコ P.353
↓
フェッラーリ広場 P.356

プリンチペ駅からフェッラーリ広場まで地下鉄が便利

プリンチペ駅からフェッラーリ広場までは地下鉄が便利。1回券€1.50で6分で到着。
（東京都　Kana　'13）
※バスなら35番で約10分。

Information

ℹメインオフィス
住 Via Garibaldi 12r
☎ 010-5572903
開 9:00〜18:20
地 P.350 A2
※赤の宮殿そば

旧港(水族館近くの)ℹ
住 Via al Porto Antico 2
☎ 010-5572903
開 4〜9月　9:00〜18:20
10〜3月　9:00〜17:50
休 1/1、12/25
地 P.350 A2

コロンボ空港のℹ
☎ 010-5572903
開 9:00〜22:20(30分の休憩あり)
地 地図外

バスの切符
料 1回券€1.50(100分間有効)
1日券€4.50

ケーブルカー(リーギRighi線)／ケーブルカー(サンタンナS. Anna線)
バスの切符と共通

ジェノヴァ湾クルーズ
海からジェノヴァの町並みを眺めるツアー。このほか、イルカや花火(期間限定)を見に行くツアーなど各種あり。出発は水族館横の埠頭から。
旧港クルーズ(所要1時間10分)
出発　㊊〜㊎14:15、17:20
㊏㊐㊗14:00*、15:20*、17:00
料 €6
問い合わせ
Consorzio Liguriab Via Mare
URL www.liguriaviamare.it

✉ **割引共通切符ラ・カード・ムゼイ・ディ・ジェノヴァ La Card Musei di Genova**
市内26の美術・博物館が無料で、水族館や映画館などで割引が受けられます。
24時間　€12、バスの乗車券込み€15
48時間　€20、バスの乗車券込み€25
私は白の宮殿近くのブックショップで購入しました。ガリバルディ通りのℹでも販売。
(金魚　'10)['16]

●ジェノヴァの観光案内所　赤の宮殿近くにℹメインオフィス、ポルト・アンティコ(旧港)の水族館近くと空港にブースがある。係員は親切で各種の資料が揃っている。

新市街の中心ブリニョーレ駅前

●郵便局　中央郵便局はフェッラーリ広場を下ったところ。プリンチペ駅にも郵便局がある。

●駅の荷物預け　7:00〜23:00に使用可能。5時間で€6、6〜12時間+€0.80/h、13時間以上+€0.40/h。

●市内の交通　前が海、後ろが山という地形のため、交通機関としては地下鉄とバスのほかに町の北側の高台に登る足として**ケーブルカー**Funicolareと**エレベーター**Ascensoreがある。

なかでも、カイローリ通りが始まる**Largo Zecca**(ラルゴ ゼッカ)と高台の**Righi**(リーギ)をつなぐケーブルカーがおすすめ。終点Righiの広場からはジェノヴァ市街や港のパノラマが望める。ガリバルディ通り北側のポルテッロ広場Piazza Portelloからエレベーター Ascensore Portello-Castellettoを利用して上がる、モンタルドの見晴らし台Belvedere Montaldoからもすばらしい風景を眺めることができる。地下鉄は町の郊外チェルトーザCertosaからプリンチペ駅を経由して港に沿って新市街のフェッラーリ広場まで運行している。

●ショッピング　ジェノヴァ一番の高級ショッピング・ストリートはローマ通りVia Roma。フェラガモ、ルイ・ヴィトンなどのおなじみのブランドショップが軒を連ねる。すぐ裏のアーケードGalleria Mazziniもノスタルジックで楽しい雰囲気。町のメイン・ストリート9月20日通りVia XX Settembreには商店やカフェが通りの左右にズラリと並ぶ。

食料を調達したい人が必訪なのはVia XX SettembreとVia Colomboの間にある市場**Mercato Orientale**(メルカート オリエンターレ)。修道院のキオストロを利用して1899年にオープンした歴史ある市場。肉や魚、果物、パン、雑貨などたいていの物が手に入る。港町ジェノヴァならではの活気を肌で感じることができる。

メルカート・オリエンターレをのぞいてみよう

歴史　●地中海の王者　ジェノヴァ

ジェノヴァは、紀元前にローマと南仏を結ぶ**アウレリア街道**Via Aureliaが建設されてから、交易地として発展してきた。しかし、第1の黄金期は、ヴェネツィア同様に、**十字軍遠征の頃からルネッサンス期まで**。強大な商戦隊や軍艦を所有し、ジェノヴァ共和国として、アマルフィ、ピサを向こうに回し、地中海の王者として君臨した。地理的な優位性もあり、強大な海軍国として発展した。次の黄金期は、1850年代。ナポレオンのリグーリア占領により衰退した**ジェノヴァ**だが、イタリア統一の指導者ガリバルディは、ジェノヴァ港からイタリア統一軍をシチリアに送った。以後は、新生イタリアの主要港として、イタリアとともに発展してきた。現在は、イタリア**第一の港湾施設**を誇る、人口65万の町。町の西側はサン・ピエール・ダレーナの工業地帯。リグーリア州最大の都市として発展を続けている。

ジェノヴァの見どころ

ポルト・アンティコ付近の見どころ

ガレー船の近くはすてきな散歩道

開発が進むポルト・アンティコ★★は潮風が気持ちよい散歩道として整備されている。人気の高い水族館、海の博物館、海の上の温室、観光用ガレー船などがあり、観光スポットとしても欠かせない場所だ。ただし、路地は港町ならではの雰囲気があるので、女性はひとりで路地に入るのは避けよう。

ヴェッキオ港のガレー船近くから、港クルーズやチンクエテッレへの遊覧船が出ている。

行列のできる巨大水族館　MAP P.350 A1・2

ジェノヴァ水族館 ★★★

Acquario di Genova　アクアリオ ディ ジェノヴァ

水族館は
ポルト・アンティコにある

1992年コロンブス生誕500年を記念して開館した、ヨーロッパ最大の近代的な水族館で、入館待ちの行列ができるほどの人気。

40を超える大型水槽には世界中の海洋生物が展示され、さながら水中で全世界を旅するよう。趣向を凝らした展示方法も人気で、いつも家族連れでにぎわう。

移民、造船、海洋…、海にまつわる博物館　MAP P.350 A1

ガラータ海の博物館 ★★

Galata-Museo del Mare　ガラータ ムゼオ デル マーレ

新名所になった
海の博物館

水族館のすぐ近く、かつての造船場に面して建つ、大きなガラス張りの4階建て。海とともに生きたジェノヴァ500年の歴史が凝縮した博物館だ。3階Terzo Pianoから見学を始めよう。3階：19世紀の移民の際の手続き、移民船や移民風景を再現。2・1階：航海術をはじめ難破や嵐のドキュメント、ガレー船の歴史やその構造、ジェノヴァの海洋の歴史、地下1階：この町で生まれた冒険家C.コロンブスの航海の歴史や17世紀の長さ40mのガレー船、武具を展示。屋上テラスから海と市街の眺めもすばらしい。すぐ近くの海に浮かぶ潜水艦S518 Nazario Sauroの見学は貴重な体験だ。

コロンブスの船模型

●ジェノヴァ水族館

住 Ponte Spinola, Area Porto Antico
☎ 010-2345678
開 夏季8:30～22:30
　冬季9:30～18:00
※季節、曜日により開の変更あり
※切符売り場は閉場1時間半～2時間前まで
料 €25、4～12歳€15、65歳以上€21
※詳しい開や割引切符の購入は
URL www.acquariodigenova.it
※ブリニョーレ駅からバスNo.12、13。または地下鉄でSan Giorgio下車。

旧港の見どころ共通券

水族館、潜水艦、ガラータ海の博物館、海の上の温室、パノラマエレベーターなどの共通券€49、4～12歳€29、65歳以上€40

✉ 寄り道注意

ジェノヴァ水族館からプリンチペ駅へ向かう港沿いの道やスピノーラ宮殿周辺は、人通りの多い通りから1本小道に入ると、あやしげな人たちがたむろするカオスでした。ひとり歩き、特に女性は危険だと感じました。細い路地の続く旧市街では、冒険心を抑えて大きな道を歩きましょう。
（北海道　Norico　'07）

一番危ないのは、プリンチペ駅からバルビ通りより海側の路地。夕方には商売女性がいっぱい立つあたりです。
（大阪府　T.H.　'12年7月）

●ガラータ海の博物館

住 Galata De Mari 1
☎ 010-2345666
開 3～10月　10:00～19:30
　11～2月　10:00～18:00
　土日祝　10:00～19:30
休 11～2月の月
料 €12(＋潜水艦見学　€17)
　4～12歳　€7(€12)
　65歳以上　€10(€15)
※入場は閉場1時間前まで

✉ 楽しい博物館

入館の際にもらうパスポートのバーコードを移民窓口などにある差込口に入れると、画面の係員が手続きをしてくれ、再現された移民船に乗ってアメリカへ入管するまでが体験できます。ガレー船の一部に入れたり、潜水艦見学もできます。海好きはもちろん、子供も大人も楽しめる博物館です。　（東京都　勇気丸　'14）

港に浮かぶ潜水艦

世界遺産のロッリの邸宅群＝ジェノヴァ貴族の館の特徴

16～17世紀、貴族が贅を尽くし、ジェノヴァに集まった一流の職人や芸術家の手により生まれた貴族の館。内部はジェノヴァ風後期バロックと呼ばれるロココ風に華やかに装飾されている。花や草をモチーフにし、壁や天井が金色に塗られた唐草模様で飾られているのが特徴だ。

また、建築様式としては、室外と室内があたかもつながっているかのように、ロッジアや階上庭園Giardino Pensile、眺望のよいテラスを設けているのも目を引く特徴のひとつだ。

おすすめワイン屋さん

コロンビア広場の近く。ワインがところ狭しと並んでいます。店員も流暢ではないものの英語で丁寧に接してくれます。レストラン通いに飽きたらホテルでワインを。

ストリエ・ディ・ヴィーノ
Storie di Vino
住 Via Gelata 110r
☎ 010-5888037
開 ㊊ 16:00～19:30
㊋～㊏ 8:30～13:00
16:00～20:00
URL www.Storiedivino.com
(Kaorinita '14)

●王宮
住 Via Balbi 10
☎ 010-2710211
開 ㊋～㊏ 9:00～19:00
㊐㊗ 13:30～19:00
休 ㊊、1/1、5/1、12/25
料 €4、18～25歳€2(スピノーラ宮殿との共通券€6.50)
※切符売り場は2階。約20分ごとのガイド付き見学

パノラマを楽しもう

スピノーラ宮、赤の宮殿などでは、屋根の上に張り出したような屋上テラスに出ることができる。海と山を背景にジェノヴァの町を見下ろし、すばらしい眺めが楽しめる。係員が鍵を開けて案内してくれる。雨や風の強い日は危険なため、閉鎖となる。

ストラーデ・ヌオーヴェ付近の見どころ

1576年、ジェノヴァでは貴族の館を賓客のもてなし場(ゲストハウス)として利用することを法律で定めた。この貴族の邸宅リストは**ロッリ**Rolliと呼ばれ、これに登録された豪壮な邸宅群が**ストラーデ・ヌオーヴェ**★★★に並ぶ。ストラーデ・ヌオーヴェとはコルベット広場から北西に約1.5km、南に600mに及ぶ、ガリバルディ通り、バルビ通り、カイローリ通り、ロメッリーニ通り、サン・ルーカ通りなどの総称だ。ゆったりとした坂道の左右にバロックやルネッサンス様式の邸宅が並ぶ。ファサードはスタッコ(漆喰細工)や掻き画、彫像などで飾られ、この町の栄華をとどめている。ほとんどの邸宅が現在も銀行やオフィスなどに利用されているため、見学は外観のみ。

ガリバルディ通り

美しい邸宅が続く

美しいロッリの中庭の天井

18世紀貴族の館の典型 MAP P.350 A1

王宮 ★★★

Plazzo Reale/Galleria di Palazzo Reale パラッツォ レアーレ/ガッレリア ディ パラッツォ レアーレ

17世紀に建築が着手されたバルビ家の大邸宅。1830年頃に、サルデーニャ王のサヴォイア家の住まいとなったため、王宮と呼ばれている。

スタッコ(漆喰細工)やフレスコ画で装飾された華麗な室内が広がり、とりわけ名高いのが「鏡の間」La Galleria degli Specchi。

玉座が置かれた「謁見の間」Sala delle Udienzeにはヴァン・ダイクによる堂々とした『カテリーナ・バルビ・ドゥラッツォの肖像』、「王の寝室」には『磔刑(たっけい)』が飾られている。

イタリア国王サヴォイア家の住居

遊び心あふれるフレスコが飾る　MAP P.350 A2

赤の宮殿 ★★

Musei di Strada Nuova Palazzo Rosso/Palazzo di Ridolfo e Gio Francesco Brignole Sale

ムゼイ ディ ストラーダ ヌオーヴァ パラッツォ ロッソ/パラッツォ ディ リドルフォ エ ジオ フランチェスコ ブリニョーレ サーレ

赤の宮殿の名称がうなずける

17世紀後半、ブリニョーレ・サーレ家の兄弟により建築された館で、1874年に邸宅とコレクションが市に寄贈された。

1階には、ヴェロネーゼの『**ホロフェルヌスの頭を持つユディット**』Giuditta con la testa di Oloferne、グエルキーノの『**クレオパトラの死**』Morte di Cleopatra、デューラーの『**若者の肖像**』Ritratto di Giovaneなど。

中2階には、ヴァン・ダイクがジェノヴァ滞在中に描いたという貴族の肖像が並ぶ。

大階段が印象的　MAP P.350 A2

白の宮殿 ★★

Musei di Strada Nuova Palazzo Bianco/Palazzo di Luca Grimani

ムゼイ ディ ストラーダ ヌオーヴァ パラッツォ ビアンコ/パラッツォ ディ ルーカ グリマーニ

16世紀に建築され、18世紀に現在見られるバロック風のファサードやトゥルシ宮とつながる中庭が造られた。19世紀後半に市に寄贈され、建物の一部は市庁舎として使用されている。玄関を入ると左右に彫像を従えた大階段、その先に広い中庭が広がる。

見学は3階から。17～18世紀のジェノヴァ派とフランドル派の絵画が充実。ハンス・メムリング『**祝福を受けるキリスト**』Cristo Benedicente、ルーベンスの『**ヴィーナスとマルス**』Venere e Marteなど。

パガニーニの遺品を展示　MAP P.350 A2

ドーリア・トゥルシ宮 ★

Palazzo Doria Tursi/Palazzo di Nicolo Grimaldi

パラッツォ ドーリア トゥルシ/パラッツォ ディ ニコロ グリマルディ

現在は市庁舎として利用されており、見学のための入口は白の宮殿の最上階から続いている。ジェノヴァの風景画、かつては薬として使われていた香草や香辛料を入れたジェノヴァとリグーリア州産のマヨルカ焼きの壷、ストラーデ・ディ・ヌオーヴェのジオラマなどを展示。音楽ファンには必見のパガニーニが愛用したバイオリン、**グァルネリ**Guarneri del Gesùや**カノン**Cannoneをはじめ、彼の遺品を展示。

トゥルシ宮のロッジア

ストラーダ・ヌオーヴァ美術館
Musei di Strada Nuova
●赤の宮殿／●白の宮殿／●トゥルシ宮

住 Via Garibaldi
☎ 010-2759187
開 4～9月　9:00～19:00
　㊏㊐　10:00～19:30
　第1・4㊎　9:00～21:00
　10～3月　9:00～18:30
　㊏㊐　9:30～18:30
休 ㊊㊗
料 共通券€9、65歳以上€7(赤の宮殿、白の宮殿、トゥルシ宮に共通。2つの宮殿の間のブックショップで販売。有効1日。)
地 P.350 A2
※トゥルシ宮へは白の宮殿の屋上から続いている。
※最上階の展望台は係員付きでのみ行くことができる。風が強い日や悪天候の際は閉鎖。ストラーダ・ヌオーヴァ美術館は荷物は地下などのクローク(ロッカー)に預ける。

白亜の宮殿

パガニーニ愛用のグァルネリ

16世紀に建てられた現在の市庁舎

●スピノーラ宮殿
国立絵画館
住 Piazza Pellicceria 1
☎ 010-2705300
開 ㊋〜㊏ 8:30〜19:30
㊐㊗ 13:30〜19:30
休 ㊊、1/1、5/1、12/25
料 €4(王宮との共通券€6.50)
※入口は中庭を入った右側

✉「赤・白宮殿」探訪
私が行った1月は日曜にもかかわらず、訪れる人は2〜3人で完全な貸切状態。館内の係員が付きっきりで親切に案内してくれました。屋上までのエレベーターにも付き添われ、その見事なパノラマに歓声を上げてしまいました。雪山と青い海、家々のコントラストがすばらしい風景を作り出していました。じっくり見ると2〜3時間はかかる見応えのある美術館でした。 (東京都 蘭泉 '09)

●S.ロレンツォ教会宝物殿
住 Piazza S. Lorenzo
☎ 010-2471831
開 9:00〜12:00
15:00〜18:00
休 ㊐㊗
料 €4.50
地 P.350 B2

サン・ロレンツォ教会

●コロンブスの家
住 Porta Soprana
☎ 010-2465346
開 6〜8月 11:00〜18:00
4・5、9・10月 11:00〜17:00
11〜3月 11:00〜15:00
料 €3、18歳以下無料

コロンブスの家

貴族の生活を感じさせる16世紀の小館 MAP P.350 A2

スピノーラ宮殿 ★★

Palazzo Spinola/Galleria Nazionale di Palazzo Spinola
パラッツォ スピノーラ/ガッレリア ナツィオナーレ ディ パラッツォ スピノーラ

外観・内部ともにロココ風に装飾され、1階の大広間Saloneの天井には、この館の最初の主であるグリマルディ家の栄光をたたえるフレスコ画が描かれている。2階はとりわけ華やかな空間。3階のアントネッロ・ダ・メッシーナによる『この人を見よ』Ecco Homoはこの美術館の傑作。4階からエレベーターで眺望のよいテラスへ行くことができる。

エレガントなスピノーラ宮殿

フェッラーリ広場付近の見どころ

フェッラーリ広場の噴水

貴族の館の並ぶ、ガリバルディ通りが中世の高級住宅街とするならば、このあたりはさしずめ官庁街だった所。現在でも市の中心。**ドゥカーレ宮殿**Palazzo Ducaleは、都市国家ジェノヴァの総督の公邸だった所。すぐ西側には、**サン・ロレンツォ教会(ドゥオーモ)**San Lorenzoの雄姿。黒と白の大理石の正面(ファサード)は、ゴシック様式だ。キリストが最後の晩餐に使ったといわれる聖杯(サクロ カティーノ)Sacro Catinoが左奥のモダンな造りの宝物殿に収められている。

各時代の様式美が集中 MAP P.350 B2

サン・マッテオ広場 ★★

Piazza San Matteo ピアッツァ サン マッテオ

ドゥカーレ宮殿の南側にある小さな広場だがジェノヴァの名門、ドーリア家の建物が集まっている所。12〜15世紀に建てられた宮殿は4つあり、各時代の様式を象徴して興味深い。写真のブランカ・ドーリア宮殿は13世紀の建築。この向かいがサン・マッテオ教会S.Matteo。ここには海の王者といわれたアンドレア・ドーリアが眠る。

ブランカ・ドーリア宮殿(左)とサン・マッテオ教会

コロンブスが暮らした MAP P.350 B2

コロンブスの家 ★

Casa di Colombo カーサ ディ コロンボ

ツタのからまる小さな家。コロンブスが少年時代を過ごしたこの場所に、18世紀に復元された物。

コルヴェット広場付近の見どころ

コルヴェット広場の北西側には、小高い公園ヴィレッタ・ディ・ネグロVilletta di Negroがあり、うっそうとした緑が広がる。

充実した東洋美術コレクション MAP P.350 A2

キオッソーネ東洋美術館 ★

Museo d'Arte Orientale(E. Chiossone) ムゼオ ダルテ オリエンターレ(E.キオッソーネ)

日本の古美術
コレクションが見事

ヴィレッタ・ディ・ネグロの頂きにあり、**日本の古美術や11〜19世紀の日本絵画や日本、中国、タイの仏像、日本の武具、陶磁器、漆器類、衣装類のコレクションが、吹き抜けになった7階に分かれたフロアに展示。3000点を超す版画など**、画家キオッソーネが、明治時代に日本に滞在したときに集めた物。掛軸・屏風などの展示方法が日本と違っていておもしろい。また、どれも保存状態がよいことに驚かされる。

●キオッソーネ東洋美術館
住 Villetta di Negro, Piazzale Mazzini 4
☎ 010-542285
開 4月〜10月 9:00〜19:00
㊏㊐10:00〜19:30
11月〜3月 9:00〜18:30
㊏㊐ 9:30〜18:30
休 ㊊㊗
料 €5、65歳以上€3
※プリンチペ駅からはバス35番

✉ キオッソーネ美術館への行き方

美術館への道は地図を見てもわかりにくく、正面がどちら向きかもわかりません。コルヴェット広場から北西方向を見ると、円柱のG.Mazziniの記念碑が見えます。この脇を回り込んだ先に道があります。左上を登ると美術館の正面に出ます。美術館には車ではアプローチできません。
（愛知県　中村宏雄　'15）

Ristorante ジェノヴァのレストラン

充実した軽食を出すバールや高級店など、さまざまなタイプの店が充実しているジェノヴァ。郷土料理を出す店が多いのも旅行者にはうれしい。駅や大きな広場周辺などに店が多い。

グラン・ゴット Gran Gotto P.351 B3

洗練された郷土料理なら
ジェノヴァの伝統的な料理を料理人のセンスで現代的で創造的なものに仕上げている。おすすめは魚料理。現代美術が飾られた店内はギャラリーの風情。
要予約

住 Viale Brigata Bisagno 69/r
☎ 010-564344
営 12:00〜14:30、19:00〜22:00
休 ㊏昼、㊐
予 €40〜70(コペルト€3)、定食€24(平日昼のみ)、€45
C A.M.V.

イル・マリン Il Marin P.350 B2

海を眺めながら
水族館の近く、ポルト・アンティコにあるイータリーの最上階のガラス張りのレストラン。買い物や観光途中に便利な立地で、窓の外に広がる海を感じながらの食事が楽しい。郷土料理を中心とした料理が楽しめる。

住 Eataly内,Porto Antico,
☎ 010-8698722
営 10:00〜22:30
休 1/1、12/25
予 €60〜70、定食€34、54、62、80
C A.J.M.V.

ルーポ・アンティーカ Lupo Antica Trattoria P.350 A1

懐かしい雰囲気で味わう
プリンチペ駅近く、大通りから小路を少し下った所にある、ジェノヴァの古い民家の雰囲気を残したトラットリア。自家製のペースト・ジェノヴェーゼをはじめ、こだわりの郷土料理が楽しめる。

住 Via Monachette 20r
☎ 010-267036
営 12:30〜15:00、19:00〜23:00
休 ㊌、7/20〜8/10
予 €35〜(コペルト€1)、定食€22(平日昼のみ)、42
C A.D.J.M.V.

ヴィーコ・パッラ Antica Osteria di Vico Palla P.350 B1

旧港近く、歴史あるオステリア
旧港、水族館近くの埠頭にある、歴史ある家族経営のレストラン。伝統的な郷土料理を中心に新鮮な魚料理が味わえる。魚介のフリットFritturaなどがおすすめ。

住 Vico Palla 15/r
☎ 010-2466575
営 12:00〜15:00、19:15〜22:45
休 ㊊
予 €25〜50 (コペルト€2)、定食€33
C A.J.M.V.

ジェノヴァのB級グルメ

ジェノヴァ名物の**ファリナータ**Farinataは、エジプト(ヒヨコ)豆の粉を水で溶いて薄く焼いた物。おすすめは、**アンティーカ・シャマッダ**AnticaSciamadda(住 Via San Giorgio 14r ☎ 010-2468516 営 10:00〜14:30、17:30〜19:30 休 ㊐、7月中旬〜8月 地 P.350 B2) 揚げ物なら、オリーブ油で揚げた新鮮な魚介類がレストランに勝るとも劣らない**アンティーカ・フリッジトリア・カレーガ**Antica Friggitoria Carega(住 Via di Sottoripa113r 営 8:00〜20:00 休 ㊐㊊ 地 P.350 A2)

揚げ物店にて

Hotel ジェノヴァのホテル

ジェノヴァには、経済的なホテルやペンショーネがめじろ押し。町のいたるところに、経済的なホテルが点在している。夜遅く駅に着いても、駅近くにもペンショーネが密集しているので安心。一番安い地域は旧市街地の港近くだが、女性のひとり旅の場合は避けたほうがよい。

プリンチペ駅付近と旧市街

★★★★★ グランドホテル・サヴォイア G.H.Savoia P.350 A1

町の歴史を伝える
プリンチペ駅前にある1897年創業のこの町を代表するホテル。ジェノヴァらしいインテリアの客室や創業当時のたたずまいを残した重厚なバーでこの町の歴史に思いをはせたい。ジェノヴァ湾を見下ろすテラスからの眺めもすばらしい。レストラン併設。

URL www.grandhotelsavoiagenova.it
住 Via Arsenale di Terra 5
☎ 010-27721
Fax 010-2772825
SB €115/480
TB €129/860
室 117室　朝食込み W-F
C A.D.J.M.V.

★★★★ NHマリーナ NH Marina P.350 A1

海に囲まれて
水族館や海の博物館のすぐ近く、ポルト・アンティコの埠頭に立つ。朝食室やバルコニー付きの部屋からはヨットハーバーやかつての造船場の風景が広がり、ジェノヴァに来たことを実感させてくれる。部屋は近代的で清潔。郷土料理が楽しめるレストラン併設。

URL www.nh-hotels.com
住 Molo Ponte Calvi 5
☎ 010-25391
Fax 010-2511320
SB €119/395
TB €132/480
室 133室　朝食込み W-F
C A.D.J.M.V.

B&B ロカンダ・パラッツォ・チカーラ Locanda Palazzo Cicala P.350 B2

町の中心に位置する
1500年代の歴史あるパラッツォを改装。かつてのたたずまいを残した広々とした室内と高い天井の客室に、現代的なインテリアがマッチして、おしゃれな雰囲気。
読者割引 11/1～3/31の週末を含む3泊以上で(除外期間あり)

URL www.palazzocicala.it
e-mail info@palazzocicala.it
住 Piazza S.Lorenzo 16
☎ 010-2518824
SB €89/119　TB €109/159
室 10室　朝食込み W-F
C A.D.J.M.V.

★★★ ヌオーヴォ・ノルド Hotel Nuova Nordo P.350 A1

王宮そば、静かで清潔
1800年代の館にあり、内部は改装されたばかり。モダンな客室は広めで清潔、二重窓で騒音の心配もない。プリンチペ駅から約500m、王宮近く。
URL www.hotelnuovonord.com

住 Via Balbi 155r
☎ 010-2464470
Fax 010-2727265
SS €57/107
TS €67/125
室 19室　朝食€5 W-F
C A.D.M.V.

★★ バルビ Balbi Family Hotel P.350 A1

経済性に感激
部屋は広い。値段の割によい。ジェノヴァ駅から、目抜き通りを少々歩いた左側に看板あり。
読者割引 URLの直接予約のうえ、現金払いで8%
High 3/20～11/3
URL www.hotelbalbi.com

住 Via Balbi 21/3 int3
☎ 010-2759288
SS €50/70
TS €60/80
3S €90/120
室 12室　朝食込み W-F
休 12/20～12/26
C M.V.

オステッロ・ペル・ラ・ジョベントゥ・ジェノヴァ Ostello per la Gioventù Genova 地図外

YH **眺めのよいユース**
高台の林の中にあるユースで、大規模で近代的で清潔。受付時間14:30～24:00。
✉プリンチペ駅からはバス35番でヌンツィアータ広場へ行き、40番に乗り換えて。ブリニューレ駅からは40番。
(石川県　川島喜清　'08)['16]

URL www.ostellogenova.it
住 Passo G. Constanzi 10
☎ Fax 010-2422457
D €17　S €25　SS €28
T €38.50　TS €43
3S €66　朝食€2.20 W-F
C M.V.

ブリニョーレ駅付近

★★★★ モデルノ・ヴェルディ Moderno Verdi P.351 B3

駅前で快適・便利
ブリニョーレ駅前にあり、イタリア人ビジネスマンの利用も多い。1920年代の建物を改装した室内はエレガント。レストランを併設(夜のみ)。
URL www.modernoverdi.it

住 Piazza G.Verdi 5
☎ 010-5532104
Fax 010-581562
SB €85/210
TB €90/290
室 87室　朝食込み W-F
C A.D.J.M.V.

★ バローネ Hotel Barone P.351 B3

ブリニョーレ駅近く
きれいな部屋のこぢんまりしたホテル。ブリニョーレ駅から400m、地下鉄デ・フェラーリ駅から約60m。ショッピングにも便利な立地。
読者割引 ローシーズン3泊以上で10%(税を除く)

URL www.hotelbaronegenova.it
住 Via XX Settembre 2/23
☎ Fax 010-587578/530047
SS €40/55　TS €55/70
3S €72/90
4S €88/100
室 12室 W-F
C A.D.M.V.

※ジェノヴァの滞在税　YH€1　★～★★★€1　★★★★€2　★★★★★€3　最長8泊、14歳以下免除

自然と歴史が育んだ海岸線

チンクエテッレ 世界遺産 Cinqueterre チンクエテッレ

トレッキングロードからヴェルナッツァ遠望

チンクエテッレとは、リヴィエラの終点ラ・スペツィアの西にほぼ等間隔で並んだかつての**5つの漁村の総称**だ。ジェノヴァ寄りから、モンテロッソ・アル・マーレ、ヴェルナッツァ、コルニーリア、マナローラ、リオマッジョーレと続く。さらに西側のポルトヴェーネレとパルマリア島を含めてユネスコの世界遺産に登録されている。

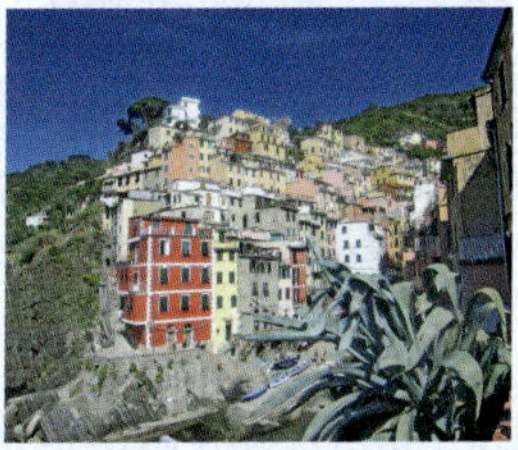
船が停泊できるリオマッジョーレ

この一帯は、交通手段を船に限られた時代が長かったため、時の流れに置き去られたようなひなびた集落が残り、独自の文化が育まれたという。切り立った丘には何世紀にもわたり人の手により、セメントなどの接合剤を使わない石組みが組まれその総延長は7000kmにも及ぶ。気の遠くなるような忍耐強い人々の営みは、海へと続く段々畑に整然とブドウ畑が広がる風景を作り出した。

ジェノヴァ湾を行き交う船

美しい自然と景観、そして特産の甘口ワイン、シャッケートラSciacchetraが旅人を遠い昔の世界に誘ってくれる。

世界遺産

ポルトヴェーネレ、チンクエテッレと島々
登録年1997年　文化遺産

チンクエテッレへの行き方

ラ・スペツィアからチンクエテッレ間は各駅停車の列車が頻繁に出ている。町と町の間隔は約5分。時間的には一番便利。

船はラ・スペツィア（→P.365）、ジェノヴァ（→P.350）などから出航。チンクエテッレ間の船は夏季に1～2時間に1便運行。この船便と列車を組み合わせれば1日ですべての町を訪れることができる。

チンクエテッレ周遊はどこから?

大きな町は西のジェノヴァ、東のラ・スペツィアだ。鉄道のFRECCIABIANCAやICはこのふたつの町に停車。町の規模も大きいので、ホテル探しも簡単だ。日帰りで楽しむならジェノヴァでもよいが、ポルトヴェーネレへ足を延ばし、チンクエテッレの町々を訪ねるにはラ・スペツィアが便利だ。海や山の景観を身近に楽しみたい場合はチンクエテッレの各町でホテルを探そう。どの集落もホテルの数は多くないので、夏のハイシーズンには早めの予約がベターだ。また、近年はB&Bも増加中なので、午前中早めに到着して❶や町の張り紙を見て探してみるのもいい。

特産の甘口ワイン、シャッケートラ

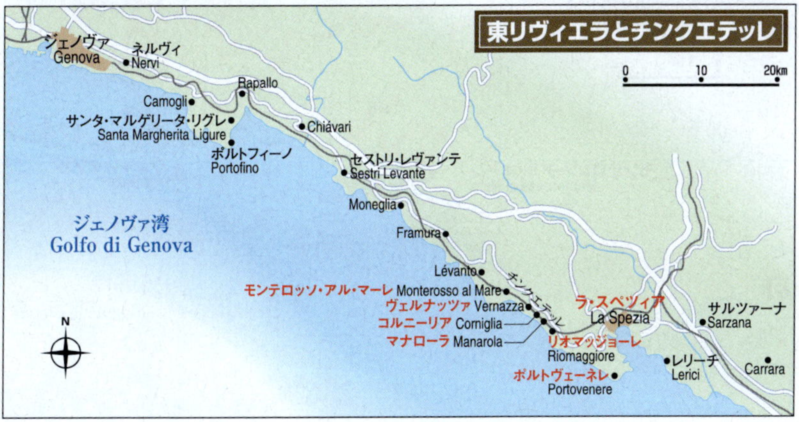

モンテロッソ・アル・マーレのⓘ
Pro Loco
住 Via Fegina 38
☎ 0187-817506
開 9:00〜19:00
※駅舎内にもⓘを設置（改札を出た海岸沿い）

モンテロッソ・アル・マーレの船着場
駅を背に左へ進み、トンネルを越えた湾の右側。手前に切符売り場あり。

ジェノヴァから船でチンクエテッレへ
7〜8月の日にち限定（主に㊐）でジェノヴァからフェリーがモンテロッソ・アル・マーレまたは、ポルトヴェーネレへ運航している。
ジェノヴァ旧港9:45出航でモンテロッソ・アル・マーレ着11:30。
料 €40、5〜14歳€20
問い合わせ Liguria Via Mare組合
URL www.liguriaviamare.it
☎ 010-265712
乗船：ジェノヴァ水族館横

モンテロッソ・アル・マーレ Monterosso al Mare

チンクエテッレで一番大きな集落。駅を出るとすぐに目の前に海が広がる。遊歩道の下では、大きな岩に波が砕け、砂浜では人々が波と戯れる。砂浜に張り出したテラスで海を眺めながらゆっくり過ごすのも旅の思い出だ。

駅のそばに広がる海水浴場

町は駅を出ると左右に広がり、左のトンネルを越えた集落は昔の漁村の面影を残し、細い路地が続いている。右側はホテルやレストラン、みやげ物屋などが続く。

いざ、チンクエテッレの村々へ

Hotel モンテロッソ・アル・マーレのホテル

海や散歩道の美しいチンクエテッレは、少ない荷物で身軽に訪れたい。そのためには、モンテロッソ・アル・マーレに宿を取るのがおすすめ。

★★★ パスクアーレ Hotel Pasquale

海に近いホテル
ホテルからの眺めは最高。シーズン中は、1階にあるレストランの3食付きで泊まれる。冷房付き。駅を出たら左に約600m。
読者割引 歩き方提示のうえ、現金払いで1泊€15引き

URL www.pasini.com
住 Via Fegina 4/8
☎ 0187-817477
Fax 0187-817056
SS €80/150 TS €135/220
3S €180/320
室 15室 朝食込み W-F
休 11/10〜3/1 C M.V.

★★★ ヴィッラ・ステーノ Villa Steno

静かなホテル
ほとんどの部屋には、海の見える小さなバルコニーが付いている。車の騒音なんて絶対に聞こえてこない。のんびりできる家庭的なホテル。
読者割引 本書提示のうえ、現金払いで1室1泊€15引き

URL www.villasteno.com
住 Via Roma 109
☎ 0187-817028
Fax 0187-817354
SS €135
TB €200 朝食込み W-F
休 11/15〜3/1
C M.V.

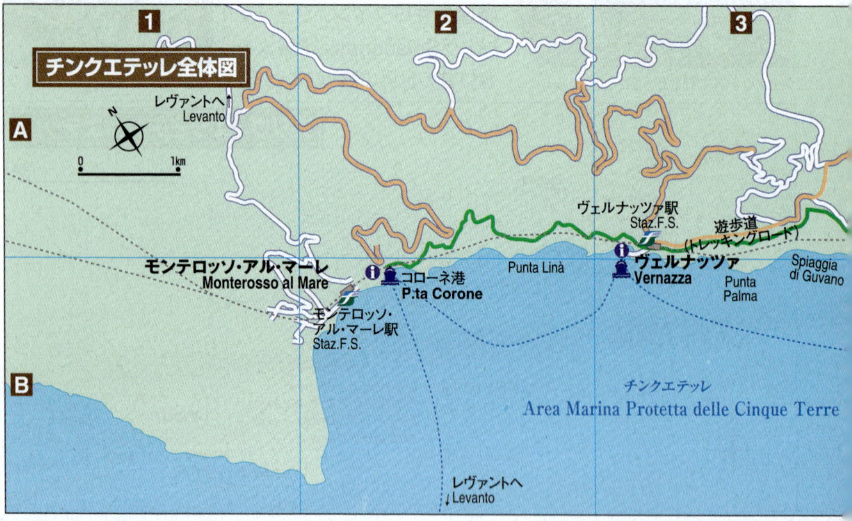

ヴェルナッツァ　Vernazza

中世の雰囲気を残すヴェルナッツァの夕暮れ

海から望むヴェルナッツァの光景

高台から眺めるヴェルナッツァの美しさはまるで1枚の絵のよう。小さな湾には船が浮かび、その周囲にはピンクに彩られた家々が並ぶ。中世の面影を残す石畳の路地、柱廊、階段に導かれる高台には、中世の城砦で11世紀に再建された塔がそびえる。穏やかな湾には13世紀のジェノヴァ・ロマネスクの教会S. Margherita di Antiochiaが建ち、周囲には飲食店が並ぶ。日光浴する人たちがカラフルな色彩を添え、リゾート気分満点な村。

ヴェルナッツァに上陸

駅からすぐに海へと続くメインストリートが始まるので、時間に余裕のない人はここを訪ねよう。

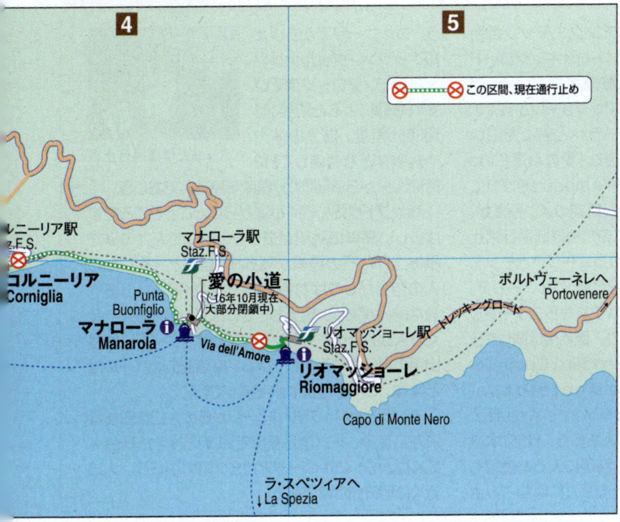

チンクエテッレのトレッキング・ルート

チンクエテッレを歩くルートはいくつかあり、ⓘでは簡単な地図を配布している。ちなみに、ⓘの資料ではモンテロッソ・アル・マーレからリオマッジョーレ間は約４時間30分。リオマッジョーレから高台の町で景色の美しいポルトヴェーネレ間は約４時間30分。尾根づたいにモンテロッソ・アル・マーレからポルトヴェーネレへ抜けるコースは10時間30分。本格的にトレッキングを楽しみたい向きは、詳しい地図と装備を忘れずに。

トレッキングロードは有料（チンクエテッレ・カードのみで単独券はない）。各ルート入口に切符売り場あり。

「愛の小道」情報

リオマッジョーレからマナローラまでのいわゆる「愛の小道」と、マナローラからコルニーリアにいたる海沿いの道は、私が訪れたときには道が崩落していて通れませんでした。われわれはマナローラからコルニーリアまで、ヴォラストラVolastraという集落を経由して山の道を抜けました。この付近のハイキングを予定される方は、チンクエテッレ国立公園のホームページURL www.parconazionale5terre.itから詳細の入手を。英語ではtrekking paths、イタリア語ではsentieri e trekkingで新情報を確認してください。

（愛知県　中村宏雄　'13）['16]

ジェノヴァから日帰りの際の注意点

ジェノヴァからリオマッジョーレへの直行便は少なく、帰りの便も乗り換えが必要（ICは除く）。マナローラからレヴァント方面行きも1時間に1便しかありませんでした。駅のⓘで時刻表を調べてもらって計画を立てるのが時間を有効に使えます。

（京都府　山田ゆかり　'16　12月）

時刻表は事前に入手を

チンクエテッレの各駅停車の列車の時刻表は大きな時刻表には載っていないので、事前に調べておくと重宝します。（旅行家　'15）
URL www.cinqueterre.eu.com/en/cinque-terre-timetableで検索可。

「愛の小道」最新情報

2015年4月に2年ぶりに一部再開された。マナローラ駅からリオマッジョーレ方面途中のバールBar di Via dell'Amoreまでの約200mのみ。高台の小道から海と岩礁を見渡すことができるので、トレッキングする時間がない人にはかえって行きやすい!?　['16]

コルニーリア Corniglia

高台の町コルニーリア

船の寄航しない浜はとっても静か

チンクエテッレで唯一海から行くことができない集落。船が寄航できない集落は険しい崖とブドウ畑の上に広がる。駅からは長くややきつい階段（377段）を上がるかミニバスを利用する。つづら折りの階段の途中から眺める海は、格別な美しさ。村の入口、ミニバスの終点に立つのが14世紀のSan Pietro教会。集落は細い路地が迷路のようで、祈祷所（きとう）Oratorio dei Disciplinatiや断崖の下に白波を上げる海岸へと続いている。

2016年現在、トレッキングルートはここからモンテロッソ・アル・マーレへ続いている。教会を背に右に舗装道路を上ると切符売り場と登り口がある。

ミニバス乗り場

駅を出て、左へ。坂道の途中にバス停がある。

チンクエテッレ・カード Cinque Terre Card

チンクエテッレとそのトレッキングロードを歩くときに便利なカード。カードは3種類。

①ミニバス、トレッキングロードへの入場券、Wi-Fi が無料
1日券€7.50(4～18歳€4.50)
2日券€14.50(4～18歳€7.20)
ファミリー券（大人＋12歳以下の子供2人）
1日券€19.60　2日券€31.50

②①＋レヴァントからラ・スペツィアまでの列車の切符込み（2等利用、期間内無制限に利用可）
1日券€16(4～18歳€7.30)
2日券€29
3日券€41
ファミリー券　1日券€42

※購入は駅やⓘなどのチンクエテッレの窓口、トレッキングロード入口の切符売り場で。

URL www.cinqueterre.eu.com

トレッキングロードには標識が完備

愛の小道　Via dell' Amore ヴィア デッラモーレとトレッキングロード

しっかりとした靴で！

まだほぼ通行止め

チンクエテッレ各所にはトレッキングロードが整備されている。リオマッジョーレからマナローラへと続く海沿いの道は「愛の小道」Via dell'Amoreと呼ばれて有名だ。舗装されて歩きやすく、眺望のよい所だが、2016年10月現在も、土砂崩れのためほぼ通行禁止（→P.361）。ここから続く、コルニーリアとモンテロッソ・アル・マーレ間は通行可能。コルニーリア、モンテロッソ・アル・マーレいずれからスタートしてもやや長い階段の上りがあり、難易度は同じくらい。総計約7km。各所にあるSentiero Corniglia-VernazzaやSentiero Monterosso-Vernazza No.592 "Sentiere Verde-Azzurro"の標識を目印に進もう。歩く人も多く、ほぼ1本道なので迷う心配は少ないが、集落に入ると幾重もの道が続くので、心配なら近くの人に尋ねてみよう。コルニーリアからヴェルナッツァ、ヴェルナッツァからモンテロッソまでいずれもⓘによると所要1時間30分程度。自分の体力や経験などを考慮して計2時間30分から3時間30分程度を見込んでおこう。

森やブドウ畑に続く小道からはところどころすばらしい海岸の眺望が広がり、かつて人力のみで積み上げた石の垣根が見られ、自然と共存した先人の苦労がしのばれる。すれ違いが難しい小道や急な階段があり、足元もときにはザレ場が続く。多くの人はトレッキングシューズにザック、手には登山用のポールを手にしている。集落間にはバールなどはないので、軽食や水を持って行こう。

モンテロッソ・アル・マーレからの入口は駅を背に左に進み、トンネルを出て海岸を越えた高台へ続く道から。コルニーリアからは町の項参照。入口近くに切符売り場がある。

マナローラ　Manarola

古い漁村の
雰囲気の
マナローラの村

みやげ物屋の並ぶ短い目抜き通りを抜けて海岸線へ出ると、かつての漁村の雰囲気がよく残っている。トレッキングロードから遠望する湾越しの眺めがよい。クリスマス時期には集落全体が「世界で一番大きいプレゼーピオ（キリスト生誕の様子を表したジオラマ）Il più grande presepe nel mondo」と称されるイルミネーションで飾られることでも知られている。

リオマッジョーレ　Riomaggiore

船着場からの
眺めが
すばらしい
リオマッジョーレ

観光船が入る岩礁が張り出した船着場は波が打ちつける大きな岩に囲まれ、ドラマチックな雰囲気。船を利用せずとも、ぜひ船着場まで足を延ばしてみよう。海辺にはアーチを描く古い建物、高台にはピンクや黄色の色とりどりの家々が並ぶ。小さな集落ながら、坂道を上り下りする高低差で変わる風景を楽しもう。

老若男女に人気の
トレッキングロード

✉ 遊覧船の時刻表

一応時刻表はありますが、夏は大勢の人が乗り降りするため、遅れが出ます。時刻表はあまりアテにせず、船着場へ向かうのが最善の方法です。2階のテラス席からの眺めは最高で潮風や太陽が気持ちよかった。
（東京都　右京　'14）

ここからは鉄道も利用しよう！

リオマッジョーレに上陸する

チンクエテッレ遊覧船情報

ラ・スペツィアからポルトヴェーネレ、チンクエテッレの集落への遊覧船が運航している。運航時期は復活祭から11月初旬のみ、夏季は9:15～17:20の間ほぼ1時間に1便（11:00～14:00代は2～3時間に1便）運航している。上手に利用すれば1日ですべての集落を訪ねることも可能だ。ただし、コルニーリアには停船しない。

時刻表一例

ラ・スペツィア9:15→ポルトヴェーネレ10:00→リオマッジョーレ10:35→マナローラ10:50→ヴェルナッツァ11:05→モンテロッソ11:20

料 1日券(乗り降り自由)　€30
午後券(1ヵ所1時間のみ下船可)　€23
片道(乗り降り自由)　€24
片道（リオマッジョーレまたはマナローラまで）€15

問合せ　Consorzio Marittimo Turistico
住 Via Don Minzoni 13(ラ・スペツィア)
☎ 0187-732987
URL www.navigazionegolfodeipoeti.it　['16]

ゆるやかな時が流れるリゾート

ポルトヴェーネレ 世界遺産

Portovenere ポルトヴェーネレ

ポルトヴェーネレの絶景

ラ・スペツィア湾を形作る半島の突端に位置する。イタリア語で「女神の港」と名づけられ、リグーリア海で最もロマンティックな場所とも呼ばれ、バイロンが愛した地でもある。

海のすぐ脇に遊歩道が広がり、松の木が木陰を作る広場にはレストランやカフェが軒を並べる。涼しい潮風が吹きぬけ、観光客がのんびり散歩するリゾートだ。

バスの終点から海を左に見て海岸線を進むと、高台に**サン・ピエトロ教会**が建つ。この手前右の岩礁は、**バイロンの洞窟**Grotta di Byronと呼ばれ、穏やかな入江が続いている。

サン・ピエトロ教会は、初期キリスト教時代の遺跡の上に13世紀にジェノヴァ風ゴシック様式で建てかえられた物。階段を上ったロッジアからはメスコ岬までのチンクエテッレの絶景が広がる。遠くにはカッラーラの山々が白く煙り、エメラルドグリーンの海と岩礁、そして眼の前には緑のパルマリア島が浮かぶ。教会から続く細い路地を進むと、12世紀のゴシック・ロマネスク様式のサン・ロレンツォ教会へと続く。ここから左へ折れて高台へ進むと**城**Castelloへといたる。12世紀にリグーリア海の東の戦略拠点とするため、ここを獲得したジェノヴァ人が築いた城塞を17世紀に改築した物。ここからの海の眺めもすばらしい。建物が左右に迫る、**カルッジョ**Carrugioと呼ばれる、旧市街の細い路地を気ままに散策するのも楽しい。

ポルトヴェーネレへの行き方

ラ・スペツィア(Viale Garibaldiなどのバス停)からバス11/P番で終点下車。所要約30分、15〜30分間隔の運行。切符€2.50(1回乗り)。切符は新聞売り場やタバッキで販売。途中、車窓からは眼下に、緑の入江にヨットハーバーなどが広がり、美しい風景も楽しめる。

船(復活祭〜11月初旬のみの運行)を利用する場合は、チンクエテッレの遊覧船に乗ろう(→P.363)。ラ・スペツィアの港(Passeggiata Marin)から所要約30分(1日3〜4便)。片道€6、往復€10。

ポルトヴェーネレのi
Pro Loco
住 Piazza Bastrei 7
☎ 0187-790691
開 10:00〜12:00
15:00〜19:00(冬季18:00)
休 冬季の㊌

Ⓡトラットリア・ラ・マリーナ
Trattoria La Marina
海風を受けてリゾート気分
ポルトヴェーネレの港とパルマリア島の緑が目前に広がる眺めのよいレストラン。魚料理が充実しており、サービスもよい。バス停にも近く、旅の途中の利用に便利。
住 Piazza Marina 6
(ポルトヴェーネレ)
☎ 0187-790686
営 12:00〜15:00、19:00〜22:30
休 ㊍ 予 €20〜40
C A.D.J.M.V.

バイロンの洞窟を海から眺める

パルマリア島巡り

ポルトヴェーネレの港からは地続きと思えるほど近いパルマリア島。特別な見どころはなく、夏は自然なままの海水浴場として愛されている。このパルマリア島、ティーノ島、ティネット島の3つの島の周囲を巡る観光船が夏季に運航している。

険しい岩礁と緑が濃い島影に隠れたバイロンの洞窟や青の洞窟、かつての採石場跡、灯台、修道院跡などを見ることができる。

運航は3〜11月頃のみで所要約40分、料金€12。夏季は8:50、10:00、11:00、12:00、14:00、15:00発。10人以下の場合は運休の場合あり。

島巡りが楽しい

乗り場は、バス停の道路下、海岸沿いに切符売り場のボックスあり。同じ場所からチンクエテッレ巡りの遊覧船も出航する。

遊覧船でパルマリア島の海水浴場での途中下船もできる。また、海水浴のためにパルマリア島のみへ行きたい場合は埠頭からモーターボート(料金：往復€4)が利用できる。 ['16]

チンクエテッレ巡りの基地に

ラ・スペツィア

La Spezia

ラ スペツィア

城からの港の眺め

トスカーナを目前に控えるラ・スペツィアは、海軍基地、商業港、工業都市として発展している。

fs駅周辺は古い面影を残し、町をほぼ東西に貫通するカヴール通りCorso Cavourは、市場が開かれ、カフェが並ぶショッピングストリート。カヴール通りから海沿いに真っ直ぐ延びるのがイタリア大通りViale Italia。松や夾竹桃(きょうちくとう)が木陰を作り、ブランド店も多い高級感あふれる通りだ。この先の**海岸通りの遊歩道**Passeggiata C.Morinからチンクエテッレやポルトヴェーネレ行きの**遊覧船が出航**する。

カフェが並ぶ広場の一角にある**サンタ・マリア・アッスンタ教会**Santa Maria Assuntaにはロッビアの彩色テラコッタ像がある。丘の上の**サン・ジョルジョ城**Castello San Giorgioには考古学博物館がおかれている。ここからの眺めがすばらしい。

ラ・スペツィアへの行き方

ローマ・テルミニ駅からジェノヴァ行きのFRECCIABIANCA（直通）で2時間56分～3時間40分、ICで3時間58分。ミラノ中央駅からラ・スペツィア行きなどのICで3時間11分。ジェノヴァからピサ行きなどのFRECCIABIANCAで約1時間10分、ICで1時間13分～1時間34分、Rで約2時間。ピサからRで約1時間20分。

ラ・スペツィア駅のⓘIAT

開 9:00～13:00
※駅構内

●サン・ジョルジョ城

住 Via XXVII Marzo
☎ 0187-751142
開 夏季10:30～16:30
　月10:30～13:30
　冬季 9:30～12:30
　　14:00～17:00
　月 9:30～12:30
休 月午後、火、1/1、12/24、12/25
料 €5.50
地 P.365 A2

おすすめB&B

シティ・レストCity Rest

駅から徒歩2分。広くて清潔で朝食込みでツイン1泊€50でした。
住 Via Pietro Paleocapa 4, LA SPEZIA
URL www.cityrest.it
（旅行家 '15）

チンクエテッレ遊覧の船はここからが便利

Hotel ラ・スペツィアのホテル

★★★ フィレンツェ&コンティネンターレ Firenze&Continentale

P.365 A1

駅近くで便利

駅のすぐ近くにあり、チンクエテッレ巡りの拠点として便利なホテル、20世紀初頭に建てられたパラッツォにあり、サロンやバール、客室も当時の雰囲気を残しクラシックな雰囲気。

URL www.hotelfirenzecontinentale.it
住 Via Paleocapa 7
☎ 0187-713210
Fax 0187-714930
SS €60/156　TS €72/170
室 68室　朝食込み W-F
C A.D.J.M.V.

★★★★ レ・ヴィッレ・ルレー Le Ville Relais

地図外

海と町を見下ろす

町と湾を見下ろす高台に建つ、18世紀の典型的なリグーリアの家屋を現代的に改装したホテル。客室は明るく、テラスからはすばらしい風景が広がる。

URL www.levillerelais.it
住 Salita al Piano 18/19
☎ 0187-735299
Fax 0187-015041
SB €90/170　TB €105/230
室 12室　朝食込み W-F
C A.D.J.M.V.　休 11/1～2/28
交 駅からシャトルバス（€10、要予約）あり

※ラ・スペツィアの滞在税　1人1泊€1.50　5泊まで。1/15～2/15、12歳以下除外

香草、オリーブ油、各種野菜と水揚げされた新鮮な魚介が主役

ジェノヴァ名物のスナック。後方がファリナータ

■リグーリア州の料理

フランスの一大リゾート、コートダジュールに続くリヴィエラ海岸に位置するこの州は、光に恵まれ、温暖な気候でオリーブ油の大産地でもある。またかつてこの地を航行する船は、港から漂ってくる香草の香りで陸に近づいたことを知ったといわれるほどの香草の産地でもある。ここの料理はオリーブ油と香草をふんだんに使った物で、南イタリアに見られるような素朴な野菜料理も多い。また、中世にはヴェネツィアと覇を競ったジェノヴァ港を抱えるこの地には、中近東、ギリシアからもたらされた料理も多い。

ジェノヴァはB級グルメも充実。店頭に並ぶ揚げたての魚介類

まずパスタ料理では**Trenette al Pesto**、スパゲッティを押しつぶした形のパスタを、バジリコ、松の実、オリーブ油、ペコリーノチーズで作ったソースであえた物である。バジリコの香りが食欲をそそる。これに合わせたら最高のワインといわれるのが**辛口白ワインLumassina**だ。リグーリアの海の幸を味わうのなら**トマト風味の魚介スープBuridda**（または**Ciuppin**とも呼ばれている）。これには、荒海を見下ろす断崖で育ったブドウから造られる**白ワインCinqueterre**がおすすめだ。魚料理ではもう一品。本来はクリスマスの精進料理だったが今ではジェノヴァの名物料理と呼ばれる、**Cappon Magro**は、カキや伊勢エビなど12種以上の野菜や魚介類をひと皿に盛り合わせた大ごちそうだ。これにはエレガントな**白ワインVermentino**を合わせたい。

ジェノヴァの総菜屋で必ず見かけるのが、**Cima**と**Torta Pasqualina**。**Cima Fredda alla Genovese**は、袋状に開けた子牛の胸の肉に、胸腺、タン、パルミジャーノチーズ、パン粉、ゆで卵などを詰めて、ブイヨンの中で煮た物。冷えてから薄切りにして食す。**Torta Pasqualina**は本来は名前どおりの春の復活祭のパイ。今では、春ならCarciofi（アーティチョーク）やBietoleという青菜の野菜入り、秋にはキノコ入りで一年中食べられる。そして、生命の復活を意味する卵はこのパイには絶対欠かせず、切り口から見えるゆで卵の黄色が鮮やか。

リグーリアの前菜

町のいたるところで見られるジェノヴァ名物のスナックは、エジプト（ヒヨコ）豆の粉で作った黄色い大きな**パンケーキ風のFarinata**と ピッツァの生地を天板に伸ばして焼いた**Focaccia**。ほかの地域の物に比べてとっても柔らかく香りがよい。

充実したリグーリア州の市場

おみやげ情報

●ワイン●

チンクエテッレ Cinqueterre ★★
DOC・白・辛口
パッシートpassitoは、シャッケートラSciacchetrà ★★★と呼ばれ甘口の極上ワイン

ヴェルメンティーノ Vermentino ★★
DOC・白、若飲み
リヴィエラの魚介料理に最も合う白

●みやげ物●

各種ハーブ製品
■サン・ジョルジョ San Giorgio 住 Via Luccoli 47
香草で知られるジェノヴァで100年以上続く老舗

ペースト・ジェノヴェーゼ
バジリコ、松の実、チーズ、オリーブオイルで作った緑色の香り高いパスタソース。イタリア中で購入できるが、ぜひ本場の味を

活気のあるボローニャの市場

ボローニャと エミリア・ロマーニャ州

Bologna & Emilia-Romagna

州の中央を貫通するエミリア街道を中心に、古代から交通の要衝として発達した州。エトルリアの遺品からビザンチン、ロマネスク、ゴシック、ルネッサンスと各時代のさまざまな美術品がよく保存された町が州内には点在する。ロンバルディア州との境を流れるポー川流域は豊かな穀倉地帯で、小麦やブドウ栽培、牛や豚の飼育が盛ん。パルマの生ハムとチーズは、世界的にその名を知られている。交通、産業の中心であり、農産物の集散地である州都ボローニャは、ヨーロッパ最古の大学があることで有名だ。

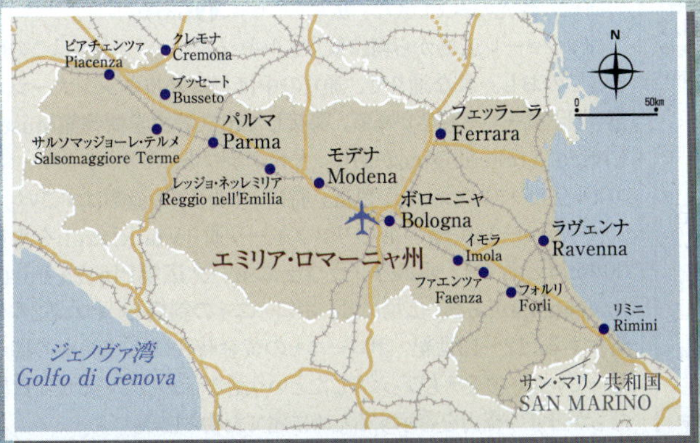

Bologna

ボローニャ

●郵便番号　40100

ボローニャへの行き方

ボローニャ中央駅はfs線ミラノ・ローマの幹線上にあり、交通の要。フィレンツェ・S.M.ノヴェッラ駅からFRECCIAROSSAで35分、ICで1時間21分、R+RV（PRATO乗り換え）で約1時間10分。ミラノ中央駅からFRECCIAROSSAで約1時間、FRECCIABIANCAで約2時間、ICで2時間44分、RVで2時間53分。

市バスの切符

■1回券　€1.30（75分間有効。時間内でも乗り換えの際は毎回改札機に通す）車内購入€1.50。

■1日券　€5

空港から町へ

空港バスAEROBUS BLQが7:00～21:00台は11分間隔で運行、空港発5:30～24:15、駅発5:00～23:35、所要約30分。空港から中心街を経由、駅に行く便のほか、見本市の期間には見本市までの直通便もある。切符€6（75分有効。時間内なら市内バスの利用可）は車内で購入。

URL www.aerobus.bo.it

●ボローニャの歩き方

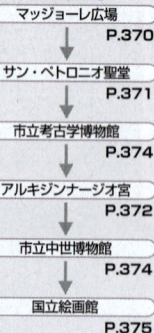

マッジョーレ広場　P.370
↓
サン・ペトロニオ聖堂　P.371
↓
市立考古学博物館　P.374
↓
アルキジンナージオ宮　P.372
↓
市立中世博物館　P.374
↓
国立絵画館　P.375

屋根瓦の赤やオレンジが映える町ボローニャ

ミラノから約200km。赤いれんが色に染まる「芸術の町、ボローニャ」は、今も中世、ルネッサンス、バロック時代の息吹がそこここに感じられる古都だ。高い甍（いらか）の豪壮な館が軒を連ね、通りにはポルティコ（柱廊）がどこまでも続く。

現在のボローニャはイタリアを牽引する重要な経済都市であり、絵本、靴、美容器具をはじめとする国際見本市が開かれることでも有名だ。ビジネス都市として近代的な顔を見せる反面、ほかのイタリアの町に比べて昔ながらの市場や個人商店のにぎわいに驚かされる。エコロジー、地産地消という、ボローニャ人の堅実な暮らしぶりがうかがえる町である。活動的で先進的な人々のいとなみとよく保存された中世の町並みが、イタリアのほかの町にはない一種独特の景観と雰囲気を作り上げている。

ボローニャの歩き方

ボローニャ中央駅は市の北側にある。観光の中心マッジョーレ広場へは駅前から延びるインディペンデンツァ通りを真っすぐ約1km。バスならNo.25、30などで5～10分だ。マッジョーレ広場周辺にボローニャの見どころが集中している。観光に半日しか割けないならこの周辺の観光のみでOKだ。広場の一角にⓘもある。

マッジョーレ広場から南に続くアルキジンナージオ通りはこの町きってのおしゃれな通りで、通りの中ほどに**アルキジンナージオ宮**＝旧ボローニャ大学がある。隣接して**市立考古学博物館**Museo Civico Archeologicoがあり、古代エジプト、ギリシア、ローマ、エトルリアのコレクションが豊富。特にエトルリアの壺類はすごい。

マッジョーレ広場の前のリッツォーリ通りVia Rizzoliを東に300mほど行くと、**ポルタ・ラヴェニャーナ広場**Piazza Porta Ravegnanaがある。広場には、**ボローニャの斜塔**といわれる2本の塔がある。12～13世紀、ボローニャの黄金時代には、200本の塔が建っていて、ダンテもびっくりしたという話が伝わっているが、貴族たちが自分の権力を誇示するために建てた物らしい。

このあたり一帯は、ボローニャでも特に中世風の雰囲気が感じられる場所だ。斜塔の南側の**メルカンツィア広場**Piazza della Mercanziaにある、商人組合の建物のポルティコやゴシック建築の織りなす光と影に、中世都市ボローニャの空気が漂っている。

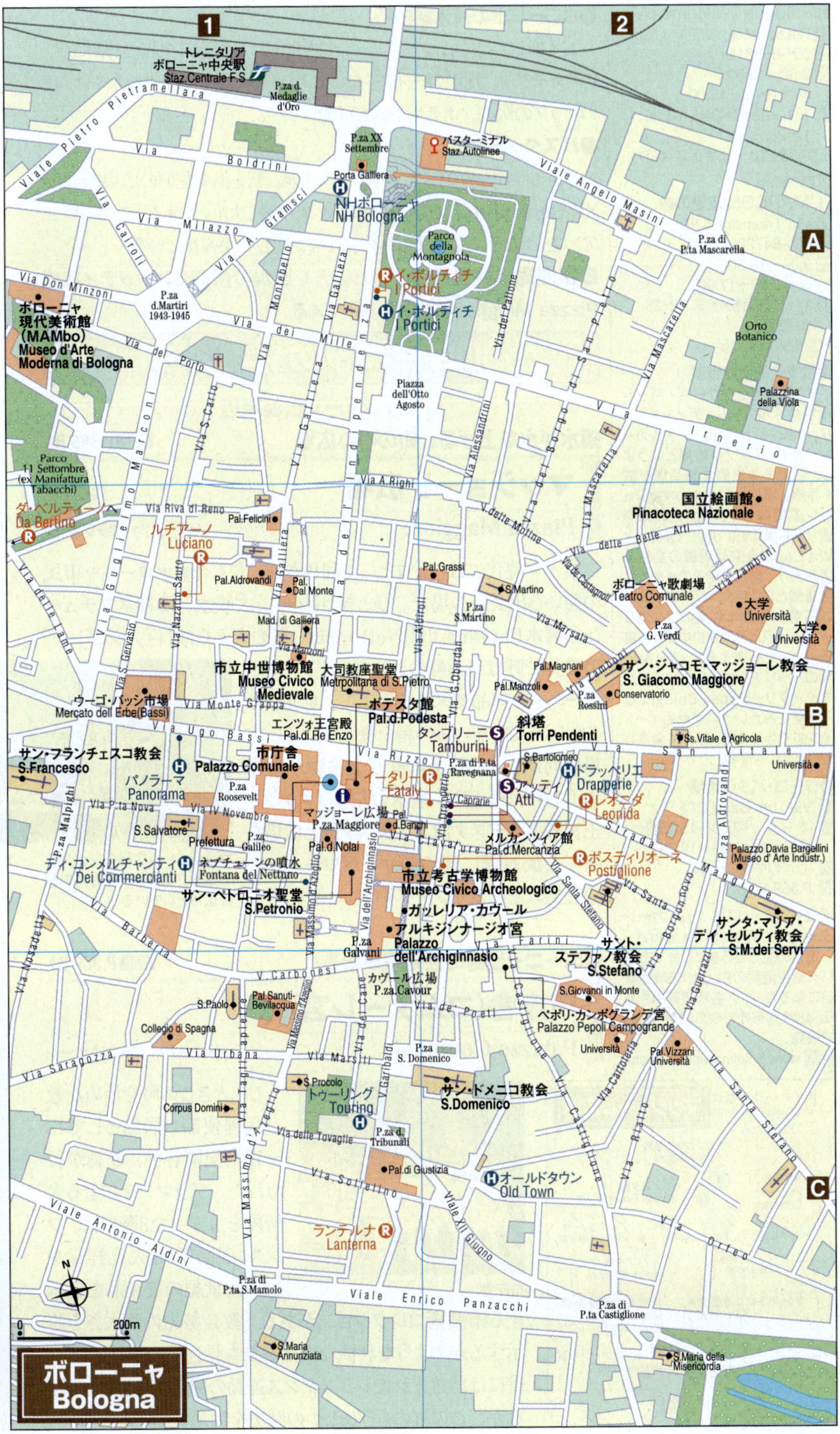
ボローニャ
Bologna
トレニタリア
ボローニャ中央駅
Staz.Centrale F.S
P.za d. Medaglie d'Oro
Viale Pietramellara
Via Boldrini
P.za XX Settembre
Porta Galliera
バスターミナル
Staz.Autolinee
NHボローニャ
NH Bologna
Parco della Montagnola
Viale Angelo Masini
P.za di P.ta Mascarella
Via Milazzo
Via Gramsci
Via Carracci
Via Don Minzoni
ボローニャ
現代美術館
(MAMbo)
Museo d'Arte
Moderna di Bologna
P.za d.Martiri 1943-1945
Via dei Mille
Via de' Porto
イ・ポルティチ
I Portici
Via Galliera
Via Montebello
Via del Pallone
Orto Botanico
Via Mascarella
Piazza dell'Otto Agosto
Via dell'Indipendenza
Via Irnerio
Palazzina della Viola
Parco 11 Settembre (ex Manifattura Tabacchi)
Via Guglielmo Marconi
Via S.Carlo
Via Alessandrini
Via del Borgo di San Pietro
Via A.Righi
国立絵画館
Pinacoteca Nazionale
ダ・ベルティーノへ
Da Bertino
Via Riva di Reno
Pal.Felicini
ルチアーノ
Luciano
V.delle Moline
Via delle Belle Arti
Via Zamboni
Via delle Lame
Pal.Aldrovandi
Pal. Dal Monte
Pal.Grassi
S.Martino
P.za S.Martino
Via de Castagnoli
ボローニャ歌劇場
Teatro Comunale
大学
Università
P.za G. Verdi
Via Marsala
Mad. di Galliera
Via Nazario Sauro
Via S.Gervasio
Via Manzoni
市立中世博物館
Museo Civico Medievale
大司教座聖堂
Metropolitana di S.Pietro
Via Altabella
Via G.Oberdan
Pal.Magnani
サン・ジャコモ・マッジョーレ教会
S. Giacomo Maggiore
Conservatorio
P.za Rossini
Pal.Manzoli
ウーゴ・バッシ市場
Mercato dell'Erbe(Bassi)
Via Monte Grappa
ポデスタ館
Pal.d.Podesta
エンツォ王宮殿
Pal.di Re Enzo
斜塔
Torri Pendenti
タンブリーニ
Tamburini
Via Ugo Bassi
Via Rizzoli
Ss.Vitale e Agricola
Via San Vitale
サン・フランチェスコ教会
S.Francesco
市庁舎
Palazzo Comunale
P.za di P.ta Ravegnana
S.Bartolomeo
ドラッペリエ
Drapperie
Università
パノラーマ
Panorama
P.za Roosevelt
イータリー
Eataly
アッティ
Atti
V.Caprarie
レオニダ
Leonida
Via P.ta Nova
Via IV Novembre
マッジョーレ広場
P.za Maggiore
Pal. d.Banchi
Strada Maggiore
Via Aldrovandi
S.Salvatore
Prefettura
P.za Galileo
Pal.d.Nolai
Via Clavature
メルカンツィア館
Pal.d.Mercanzia
Palazzo Davia Bargellini
(Museo d' Arte Industr.)
Via P.za Malpighi
ディ・コンメルチャンティ
Dei Commercianti
ネプチューンの噴水
Fontana del Nettuno
ポスティリオーネ
Postiglione
市立考古学博物館
Museo Civico Archeologico
Via Santo Stefano
サン・ペトロニオ聖堂
S.Petronio
ガッレリア・カヴール
アルキジンナージオ宮
Palazzo
dell'Archiginnasio
Via Borgonuovo
サンタ・マリア・
デイ・セルヴィ教会
S.M.dei Servi
Via Barberia
Via Nosadella
P.za Galvani
Via Farini
サント・
ステファノ教会
S.Stefano
Via Guerrazzi
V. Carbonesi
カヴール広場
P.za Cavour
S.Giovanni in Monte
S.Paolo
Pal.Sanuti-Bevilacqua
Via de' Poeti
ペポリ・カンポグランデ宮
Palazzo Pepoli Campogrande
Collegio di Spagna
Via Massimo d'Azeglio
Università
Pal.Vizzani
Università
Via Saragozza
Via Urbana
Via Tagliapietre
Via Marsili
P.za S. Domenico
Via Castiglione
Via Cartoleria
S.Procolo
トゥーリング
Touring
V. Garibaldi
サン・ドメニコ教会
S.Domenico
Corpus Domini
Via delle Tovaglie
P.za d. Tribunali
Via Rialto
Pal.di Giustizia
Via Solferino
オールドタウン
Old Town
Viale XII Giugno
Via Santa Stefano
Viale Antonio Aldini
ランテルナ
Lanterna
Via Orfeo
N
0
200m
P.za di P.ta S.Mamolo
Viale Enrico Panzacchi
P.za di P.ta Castiglione
S.Maria Annunziata
S.Maria della Misericordia
1
2
A
B
C

Information

ℹBologna Welcome IAT
住 Piazza Maggiore 1
☎ 051-6583111
開 9:00～19:00
㊐㊗10:00～17:00
休 1/1、復活祭の㊐、12/25、12/26
地 P.369 B1　※ポデスタ館内

ボローニャ G. MARCONI空港のℹ
住 Via Triumvirato 84
☎ 051-6472201
開 9:00～19:30
㊐㊗9:00～17:00
休 1/1、復活祭の㊐、12/25、12/26
※空港内到着ロビー

食欲をそそる散歩道

市場見学ならウーゴ・バッシ市場やメルカート・ディ・メッゾMercato di Mezzoへ。メルカート・ディ・メッゾは市場というより、活気ある生鮮食料品店が続く界隈。場所は町の中心マッジョーレ広場のすぐ東側。この市場通りから続くVia degli OreficiとVia Caprarieには老舗の食料品店があり、創業当時そのままの古色蒼然とした店先のディスプレイは圧巻。1932年創業のタンブリーニTamburini、1880年からお菓子やパンを製造するアッティAtti、今のイタリアの食トレンドがわかるイータリーEataly Bolognaなどを見てみたい。いずれもイートインもできるので、手早く食事したいときにも便利。

●ウーゴ・バッシ市場
住 Via Ugo Bassi 27
開 ㊊～㊏　7:00～13:15
㊊㊋㊌㊎17:00～19:30
休 ㊍㊏の午後、㊐㊗
地 P.369 B1

ボローニャ・ウエルカム・カード Bologna Welcome Card

市営の見どころをはじめ、市内バスや空港間のBLQが48時間無料になるカード。各所で割引もあり。48時間有効で€20。ℹやURLで販売。
URL www.bolognawelcome.com

●ボローニャの観光案内所

メインオフィスは、マッジョーレ広場に面した**ポデスタ館**の1階にあり、広くてモダン。地図の配布をはじめ、共通券やおしゃれでおみやげ向きのグッズの販売、ホテル予約も可能。

●バスターミナル

駅正面は市バスが発着するターミナル。駅を出て左側の広場Piazza XX Settembre にあるのがプルマンのターミナル。ミラノ、フィレンツェ、アンコーナなど、主要都市へのプルマン便もたくさん出ている。

●郵便局　郵便局は、マッジョーレ広場の南側ミンゲッティ広場Piazza Minghettiの北側に面してある。

ボローニャの見どころ

マッジョーレ広場周辺

噴水が水を上げる、町の中心広場　MAP P.369 B1

マッジョーレ広場 ★★
Piazza Maggiore　ピアッツァ マッジョーレ

ローマ時代にはフォロとして利用され、昔も今もボローニャ市民の憩いと出会いの場だ。ひときわ目を引く大噴水、**海神ネプチューンの噴水**Fontana del Nettunoは、町の人からは「巨人ジガンテ」の愛称で呼ばれる町のシンボル。ジャンボローニャの作品でスキを手にし、足元には4人の半人半鳥の海の精を従えている。広場に向かって右にある重厚な建物が市庁舎（コムナーレ宮）、噴水の左にはエンツォ王宮殿とボデスタ館。ボデスタ館と広場を隔てた反対側に建つのが、ボローニャの守護聖人を祀るサン・ペトロニオ聖堂だ。

マッジョーレ広場のジガンテの噴水。ポデスタ宮殿内のℹは広々としている

ボローニャ出身の芸術家が彩る　MAP P.369 B1

市庁舎（コムナーレ宮） ★★
Palazzo Comunale　パラッツォ コムナーレ

市庁舎

ひとときこの町を治めた教皇代理使節の居館として13～15世紀に着手、改築が行われた。ブラマンテによる大階段を上がった3階には、フレスコ画が彩る大礼拝堂や14～19世紀の美術品を展示する**市美術コレクション**がある。教会勢力の強大さを誇示するかのような壮麗な内部装飾も見逃せない。建物外壁にはめ込まれたレジスタンス運動の犠牲者2000人の写真が、この町のもうひとつの歴史を物語っている。

大美術館を思わせる聖堂　MAP P.369 B1

サン・ペトロニオ聖堂　★★★

Basilica di San Petronio　バジリカ ディ サン ペトロニオ

サン・ペトロニオ聖堂内部

ゴシック様式の聖堂で、14世紀から17世紀にかけて建設され、今も未完成。奥行132m、横58m、高さ44mの堂々たる聖堂で、5世紀にこの町の司教であり、後に守護聖人となったサン・ペトロニオにささげられた。中央入口の周りを飾る彫刻は、初期ルネッサンスの傑作のひとつ。『聖母とキリスト』を中央に、左右に『聖ペトロニオ』と『聖アンブロージョ』が守っている。シエナのヤコポ・デッラ・クエルチャによる15世紀中頃の作品で、彼は12年の歳月をかけて彫ったといわれる。

聖堂内部は修復が続くが、左側廊には15世紀のボローニャの有力家系**ボログニーニ家の礼拝堂**(左側廊4番目)があり、全面をジョヴァンニ・ダ・モデナによる『東方三博士の礼拝』、『サン・ペトロニオの生涯』、『天国と地獄』のフレスコ画で飾られ圧巻の空間だ。

隣のサン・セバスティアーノ礼拝堂にはロレンツォ・コスタ、左入口から8つ目のサン・ロッコ礼拝堂にはパルミジャニーノなど、数多(あまた)の芸術家の作品が残る。床面に引かれた線は、17世紀の**大型日時計La Meridiana**で、冬至と夏至、黄道十二宮が描かれている。主祭壇左奥の博物館には、14世紀からの聖堂建設の貴重なデッサンやさまざまな宝物を展示。

町の歴史が息づくふたつの宮殿　MAP P.369 B1

ポデスタ館とエンツォ王宮殿　★

Palazzo del Podestà e Palazzo di Re Enzo　パラッツォ デル ポデスタ エ パラッツォ ディ レ エンツォ

これらの宮殿には、ボローニャの歴史が息づいている。中世自由都市ボローニャは、独立と自治のため、しばしば戦いを余儀なくされた。**神聖ローマ帝国皇帝フレデリック2世**との間のフォッサルタの戦いでボローニャは勝利を治め、**皇帝の息子エンツォ**を捕虜とした。エンツォは、その死までの23年間を幽閉され、エンツォ王宮殿で暮らした。

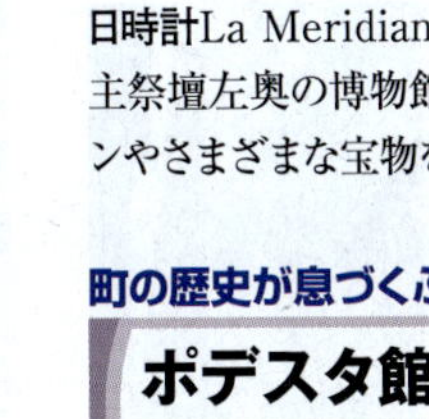

自由都市ボローニャの証、ポデスタ館

ポデスタ館は、神聖ローマ帝国皇帝の任命した都市長官の住まいだった所。フレデリック1世の任命によってやって来た長官をボローニャの市民が1164年に追い出し、ここに自由都市ボローニャが誕生した。市民は首長(カピターレ)を選出し、以後はそのオフィスとして機能した場所。マッジョーレ広場から見る正面は、ルネッサンス時代の物で、柱廊は必見。

未完成のままのサン・ペトロニオ聖堂を眺めながら広場のカフェでひと休み

ミサの時間は静粛に

聖堂、教会などでミサや宗教行事の際は、観光客の入場制限の場合あり。

●サン・ペトロニオ聖堂

住 Piazza Maggiore
☎ 051-6480611
開 8:00〜18:30(冬季18:00)
※大型リュックの持ち込み、肌を出した服装不可

54mのテラスへ

開 10:00〜13:00
　15:00〜18:00
住 €3

聖堂の後陣、ガルバーニ広場に面したテラスへ上がり、パノラマを楽しむことができる。案内のガイド付きで所要約30分。

●ボログニーニ家(三博士の礼拝)礼拝堂
Cappella dei Bolognini/Cappella dei Re Magi

開 9:00〜13:00
　15:00〜18:00
　2月は㊎のみ公開
※切符売り場は閉場20分前まで
料 €2(オーディオガイド込み)

●市美術コレクション
Collezioni Comunali d'Arte

住 Piazza Maggiore 6
　Palazzo d'Accursio内
☎ 051-2193998
開 9:00〜18:30
　㊏㊐㊗10:00〜18:30
休 ㊊、1/1、5/1、12/25
料 €5、65歳以上€3
※モランディ美術館は'16年10月現在、現代美術館(→P.375)に移転中

●旧ボローニャ大学（アルキジンナージオ宮）
住 Piazza Galvani 1
☎ 051-276811
開 ㊊～㊎10:00～18:00
㊏ 10:00～19:00
㊐㊗ 10:00～14:00
休 一部の㊗ 料 €3

解剖学大階段教室のみ有料

アシネッリの塔から

途中狭いところがありますが、上からの風景は絶景でした。上る価値大です。こんなすてきな町が世界遺産になっていないのが不思議でした。 （Yoko群馬 '13）

●ボローニャの斜塔（アシネッリの塔）
住 Piazza di Porta Ravegnana
開 4～9月 9:00～19:00
10月 9:00～18:00
11/1～3/31 9:00～17:00
料 €3

●ボローニャの斜塔（ガリセンダの塔）
ガリセンダの塔は入場不可
地 P.369 B2

●ボローニャ歌劇場（テアトロ・コムナーレ）
住 Largo Respighi 1
☎ 051-529019（切符売り場）
URL www.comunalebologna.it（予約可）
開 上演当日は開演2時間前から開演1時間後まで。㊐は開演1時間前まで
地 P.369 B2

ボローニャ歌劇場

世界初の人体解剖室のある MAP P.369 B1

アルキジンナージオ宮 ★★

Palazzo dell' Archiginnasio パラッツォ デッラ ルキジンナージオ

アルキジンナージオ宮は、1803年までのボローニャ大学。11世紀に創立された、ヨーロッパ最古の大学で、ヨーロッパ各地からの学究がボローニャに集まった。自由な空気こそが学問の発展を促すが、自由都市ボローニャの大学では、教会の反対をものともせず、世界初の人体解剖が行われたという。その解剖学大階段教室Teatro Anatomico（テアトロ アナトーミコ）がここに残されている。17世紀に建築され、床、壁、天井が木で装飾された室内はまるで小劇場のよう。中央の解剖台や教壇脇の「皮をはがされた人Spellati」の2体の彫像が厳かな雰囲気だ。

美しい中庭の周囲と2階の廊下の壁には、ここに学んだ学生や学者の紋章がぎっしりと並んでいて、その数の多さが歴史の重みを感じさせる。

ポルタ・ラヴェニャーナ広場付近

ボローニャのシンボル MAP P.369 B2

ボローニャの斜塔 ★

Torri Pendenti トッリ ペンデンティ

並んで建つ2本の塔は、それぞれ12世紀、ともに皇帝派（ギベリン）だった貴族の物。中世のイタリアを二分した、皇帝派（ギベリン）対教皇派（ゲルフ）の争いは、どれだけ高い砦＝塔を造るかにあった。

ガリセンダ(左)とアシネッリ(右)の塔

高い塔が、アシネッリの塔Torre degli Asinelli (97m) 最上階まで498段の階段で上れる。狭くて擦り減った木の急階段はかなり怖いが、上からはボローニャ市街のパノラマが楽しめる。晴れた日には、遠くアルプスまで望むことができる。低いガリセンダの塔Torre Garisenda(48m)は、傾き過ぎたので、少し削ったとか。

歴史 ●進取の気風に富む自由都市 ボローニャ

町の歴史は紀元前10世紀に遡り、エトルリア文明、ローマ帝国の洗礼を受け、中世には教会勢力により都市の再生が図られた。

ローマの道のひとつ、エミリア街道Via Emiliaの中心都市として5世紀まで繁栄は続いた。11世紀には自治都市コムーネが形成され、この頃ヨーロッパ最古の大学が創設された。全ヨーロッパから学者や学生が集まり、文化、学問の中心地となり、経済も発展。

イタリア半島が皇帝派（ギベリン）と教皇派（ゲルフ）に二分された中世期には、ボローニャはゲルフ派の都市として有名だった。12世紀の自由都市（コムーネ）の成立後は、ヨーロッパで初めて農奴を廃止するなど、進取の気風に富んでいた。しかし、町が繁栄を極めた13～14世紀以降は、宗教対立、貴族政治の失敗などが重なり再び教会領となった。1798年のナポレオン入城、オーストリア支配を経て、1860年にイタリア王国に統一された。

小美術館の趣 MAP P.369 C2

サン・ドメニコ教会 ★★

San Domenico　サン ドメニコ

傑作の残る
サン・ドメニコ教会

ドメニコ会の創設者でボローニャで亡くなったサン・ドメニコを祀る教会。右側中ほどがサン・ドメニコの礼拝堂で、ここに彼の墓がある。墓は、N.ピサーノやその弟子であったカンビオ、N.ダ・バーリらにより制作され、聖人の物語が刻まれている。石棺右の『燭台を持つ天使』は若き日のミケランジェロによる佳品だ。正面、後陣のドームにはグイド・レーニの『聖ドミニクスの栄光』、主祭壇先の右側の礼拝堂にはフィリッピーノ・リッピによる聖幼子から指輪を贈られる『聖カテリーナの結婚』のフレスコ画がある。

美術品の宝庫 MAP P.369 B2

サン・ジャコモ・マッジョーレ教会 ★★

San Giacomo Maggiore　サン ジョコモ マッジョーレ

華やかな教会内部

この町で最も美術品で彩られた13世紀の教会。35の礼拝堂が並び、カラッチ、ヴェネツィアーノらの作品で飾られている。とりわけ名高いのが、主祭壇奥左のベンティヴォーリオ礼拝堂Cappella Bentivoglioで正面はフランチェスコ・フランチャの『聖母と聖人』、左右にはロレンツォ・コスタによる『ベンティヴォーリオの聖母』(右)、『死と生の凱旋』(左)。この礼拝堂のほぼ対面の墓碑はクエルチャの最晩年の作品。

ほぼ隣接するサンタ・チェチリア祈祷堂Oratorio di S.Ceciliaには、音楽の聖人である聖チェチリアの生涯を描いたフレスコ画が壁面いっぱいに描かれている。

そのほかの教会

サント・ステーファノ教会群の前の広場はボローニャ市民の憩いの場所

チマブーエの『荘厳の聖母』Maestà(マエスタ)が飾られたサンタ・マリア・デイ・セルヴィ教会。4世紀に着手され、その後「聖なるエルサレムの地」のシンボルとして複数の教会とふたつの中庭をひとつにしたサント・ステファノ教会群では、ロンゴバルドからロマネスク、ルネッサンスへの様式美の変遷とあつい信仰を見ることができる。

●サン・ドメニコ教会
住 Piazza San Domenico 13
☎ 051-640041
開 9:00～12:00
15:30～18:00
㊏ 9:00～12:00
15:30～17:00
㊐15:30～17:00

『聖ドミニクスの栄光』

●サン・ジャコモ・マッジョーレ教会
住 Piazza Rossini
☎ 051-6480611
開 7:30(㊐8:30)～12:30
15:30～18:30
※入口はVia Zamboni

『死と生の凱旋』

●サンタ・マリア・デイ・セルヴィ教会
住 Piazetta dei Servi/
Strada Maggiore
☎ 051-6480611
開 通年午前 7:30～12:30
夏季16:00～20:00
冬季15:30～19:00

●サント・ステファノ教会
住 Via S. Stefano 24
☎ 051-6480611
開 8:00～19:00

チマブーエ作、『荘厳の聖母』

●市立中世博物館
住 Via Manzoni 4
☎ 051-2193916
開 9:00～15:00
　土日祝10:00～18:30
　12/24、12/31　9:00～14:00
休 月、1/1、5/1、12/25
料 €5

✉ 荷物預け情報

駅構内1番線の横にKi Pointという荷物預けがあります。最初の5時間まで€5、その後は1時間ごとに€0.9でした。日曜日もやっています。　(TURI　'14)

ボローニャ市民のボランティアが熱心な美しい博物館

●市立考古学博物館
住 Via dell'Archiginnasio 2
☎ 051-2757211
開 9:00～15:00
　土日祝10:00～18:30
休 月、1/1、5/1、12/25
料 €5

『アテナ・レムニアの頭部』が美しい

✉ 新ボローニャ駅

ボローニャ中央駅の地下4階(-5 piano)にFRECCIAROSSA専用ホーム(16～19番線)があります。従来の地上ホームからは10分程度かかりますので、要注意です。コンコース下(地下1階)のトイレは有料ですが、新ホームのひとつ上の地下3階のトイレは無料でした。(かつかつ　'13)

待ち時間を過ごすならフレッチャの発着する地下3階がおすすめです。広々としていて、列車案内板、ベンチやトイレもあり。構内に親切そうにスーツケースをもってくれる人がいますが、きっぱり断らないと後で、チップを要求されます。　(Makiko　'16)

訪ねてみたい ボローニャの美術館と博物館

学者の町ボローニャの歴史を知る　MAP P.369 B1

市立中世博物館 ★★★

Museo Civico Medievale　ムゼオ チヴィコ メディエヴァーレ

15世紀のルネッサンス様式の貴族の館にあり、考古学出土品から15世紀頃までの幅広い収蔵品が並ぶ。第7室マノン・ダ・シエナの**『ボニファキウス8世像』**Bonifacio Ⅷは銅とブロンズ、金による大きな物。9室には小品ジョヴァンニ・ダ・バルドッチョの**『殉教者』**S.Pietro Martire、11室クエルチャの**『三翼の祭壇、聖母子』**Trittico con Madonna col Bambinoは1435～1438年のクエルチャ最後のボローニャ滞在中に制作された物で、若きミケランジェロに影響を与えた作品。15室ジャンボローニャによるネプチューン、メルキュールなど、マッジョーレ広場の彫像の習作。1階には多くの**「学者たちの墓碑」**が展示され、講義に耳を傾ける学生の姿が刻まれている。大学教授たちの当時の影響力を感じるとともに、学生たちの姿がほほ笑ましい。3階にはガラスや象牙の小品を展示。

学生の姿が刻まれた大学教授の墓碑

古代ギリシアからボローニャまで広範囲の収蔵品を誇る　MAP P.369 B1

市立考古学博物館 ★★

Museo Civico Archeologico　ムゼオ チヴィコ アルケオロジコ

15世紀の病院だった館を利用し、大学や個人コレクションをもとに1881年に開館。地下エジプトコレクションには、ホレンヘブ王の墓からの『農耕場面のレリーフ』、『ファラオの像』、ミイラ、石碑など。1階:切符売り場右にボローニャで発掘された『ネロ帝像』Nerone。中庭には紀元前1～紀元2世紀の石碑。ここから2階へ続き、広い展示室には先史時代からエトルリア、古代ギリシアなどの陶器が中心に並ぶ。ボローニャのネクロポリで発掘された、動物をモチーフにした**水差し**Askos Benacci(紀元前8世紀)、農耕場面などが刻まれた**青銅製の壺**Situla di Certosa(紀元前6世紀)はとりわけ貴重な物。奥のⅣ室の**『アテナ・レムニアの頭部』**Atena Lemniaは紀元前5世紀のブロンズ像の摸刻ながら、当時から名高い物と伝えられている。

展示方法も楽しく、館内も美しい博物館

ボローニャ派絵画を展示 MAP P.369 B2

国立絵画館 ★★★

Pinacoteca Nazionale ピナコテーカ ナツィオナーレ

国立絵画館には
大型のバロック絵画が

17世紀のイエスズ会修道院を利用し、絵画館と美術学校がおかれている。13〜18世紀のボローニャ派およびイタリア絵画を展示。ジョットの祭壇画『聖母子』Madonna in trono col Bambino、ラファエッロ『聖チェチリアと聖人』S.Cecilia con S.Paolo, S.Giovanni Evangelista、ペルジーノ『栄光の聖母子』Madonna col Bambino in Gloria、アンニバーレ・カラッチ『聖ルドヴィーコの聖母』Madonna di S.Ludovico、グイドレーニ『えい児虐殺』Strage degli Innocentiなどの傑作が並ぶ。「ペストの祭壇画」Pala della Pesteには塔のある当時の町並みが描かれていて興味深い。

絵画館入口近くの外壁には、この地で生まれたカラッチ一族3人の彫像がある。彼らはボローニャ派を代表する画家であり、この町に美術学校を設立し、グイドレーニら多くの後進の画家を育てた。

●国立絵画館
住 Via delle Belle Arti 56
☎ 051-4209411
開 ㊋㊌ 9:00〜13:30
㊍〜㊐㊗14:00〜19:00
休 ㊊(㊗を除く)、夏季の㊍、1/1、5/1、12/25
料 €6(ペポリ・カンポグランデ宮との共通券)
※切符売り場は閉場30分前まで。
※毎月第1㊐、3/8は女性無料

●ペポリ・カンポグランデ宮
Palazzo Pepoli Campogrande
住 Via Castiglione 7
開 ㊋㊌ 14:00〜19:00
㊍〜㊐ 9:00〜13:30
㊐㊗ 9:00〜13:00
地 P.369 C2
※国立絵画館の分館

兄弟といとこのカラッチ一族

「今」の美術を知るなら MAP P.369 A1

ボローニャ現代美術館 ★

MAMbo(Museo d'Arte Moderna di Bologna) マンボ(ムゼオ ダルテ モデルナ ディ ボローニャ)

かつてのパン工場を利用した近代的な複合建築で白とガラスが多用された広い内部はまさに現代美術の工場のよう。永久展示のほか、意欲的な企画展も随時開催されている。2016年10月現在、市庁舎内の市美術コレクション(→P.370)におかれていたモランディ美術館が移転中。約85点が展示されている。

斬新な美術館入口に
期待が高まる

●ボローニャ現代美術館
住 Via Don Minzoni 14
☎ 051-6496611
開 10:00〜19:00
休 ㊊
料 €6、65歳以上€4
※毎月第1㊐無料
地 P369 A1

ワインはランブルスコ!

レストランでワインを飲むなら、この地の名産のランブルスコ(赤の微発泡ワイン)を。暑い日は絶対のおすすめです。注文すると、ウエイトレスさんが「この上なくうれしい」と言っていました。ボローニャの人にとって誇りを感じているワインです。 (にゃん '16)

最高級ショッピング街ガッレリア・カヴールGalleria Cavour

ウインドーショッピングをしながら、ポルティコを歩くのも、この町の楽しみのひとつ。おしゃれな旬の商品を探すなら、サン・ペトロニオ聖堂から南に平行して延びる2本の通りVia d'AzeglioとVia dell'Archiginnasioへ。このふたつが突き当たるVia L. Fariniはとりわけ高級店が並ぶ。華麗に彩色されたポルティコの美しさも町一番。買い物に興味がなくても、ポルティコを見に行ってみよう。

この通りに面して建つのが、現代のポルティコとも呼べるショッピング・アーケードの**ガッレリア・カヴール**。明るく近代的なガッレリアには、グッチ、ボッテーガ・ヴェネタ、フェンディ、プラダ、ブルガリ、エンポリオ・アルマーニなどのイタリアブランドからヴィトンなどが並ぶ。ちなみに、日本でもおなじみの高級ランジェリーのラ・ペルラはボローニャ生まれ。もちろん、ここに店舗を構えている。

ガッレリア・カヴール
URL www.galleriacavour.net
営 10:00〜13:00、15:30〜19:30頃(一部店舗昼休みなし) 休 ㊐㊗ 地 P.369 B1

Ristorante ボローニャのレストラン

美食の都として知られたボローニャ。手打ちパスタや乳製品を使ったちょっと濃厚な味わいが特徴だ。町の中心には、おいしいリストランテやトラットリアがめじろ押し。1人前€30～50も出せば、ステキなディナーが楽しめる。食通の都ボローニャでは少し豪華にやりましょう。

美食の伝統を感じたかったら、マッジョーレ広場すぐ東側のVia dei Oreficiあたりに出かけてみよう。老舗の食料品が並び、ディスプレイを見ているだけでも楽しい。店内で簡単な食事も可。

イ・ポルティチ
Ristorante I Portici

P.369 A1

ミシュランの1つ星

同名ホテル（P.377）内、かつての劇場を改装したモダンで洗練されたレストラン。エミリア地方とシェフの出身地カンパニアのふたつの料理のフュージョンで現代人の嗜好にマッチした味わいとスタイルで人気が高い。

要予約

住 Via Indipendenza 69
☎ 051-4218562
営 19:30～22:30
休 ㊐㊊、12月下旬～1月の2週間、8月の3週間
予 €70～100（コペルト€4）、定食€110(肉)、€74(魚)
C A.D.J.M.V.

レオニダ
Trattoria Leonida

P.369 B2

雰囲気のよい小路に建つ

斜塔からマッジョーレ通りを150mほど歩いた右側の小さな路地に面して建つトラットリア。伝統的なボローニャ料理の店。雰囲気、味もよいが、店内は狭いので、早めに出かけるか、予約をしよう。

日本語メニュー　できれば予約

住 Vicolo Alemagna 2/b
☎ 051-239742
営 12:30～14:30、19:30～23:00
休 ㊐(見本市の期間は除く)、8月
予 €25～45（コペルト€3）、定食€38
C A.J.M.V.

タベルナ・デル・ポスティリオーネ
Taverna del Postiglione

P.369 B2

伝統的な郷土料理

メルカート・ディ・メッゾの北側、町の中心に位置する土地の人の利用も多いトラットリア。古い邸宅を改装した店内は落ち着いた雰囲気で伝統的な郷土料理が味わえる。自家製のデザートやこの町ならではのパンもおいしい。

住 Via Marchesana 6/E
☎ 051-263052
営 12:30～14:30、19:30～23:30
休 ㊐、8月
予 €30～45(コペルト€3)
C M.V.

ロステリア・ルチアーノ
Rosteria Luciano

P.369 B1

地元の人が集まる

フンギとタルトゥーフォ（トリフ）のサラダは絶品。トルテッリの スープTortellini in Brodoやボローニャ風フリット（揚げ物）盛り合わせFritto Misto alla Bologneseがお店のおすすめ。マッジョーレ広場からは徒歩約10分。

日本語メニュー　できれば予約

住 Via Nazario Sauro 19
☎ 051-231249
営 12:00～14:30、18:45～翌1:00
休 ㊌　予 €25～45(コペルト€3)　C A.M.V.

ランテルナ
Osteria della Lanterna

P.369 C1

古いボローニャの雰囲気を

1933年から続く、家族経営のレストラン兼オステリア。どこか懐かしい雰囲気のなか、郷土料理が楽しめる。23:00以降はワインと軽い食事だけでもOK。

できれば予約

住 Via Savenella 9A
☎ 051-0495238
営 19:00～23:00(㊎㊏～翌1:00)
休 ㊐
予 €25～45(コペルト€3)
C A.D.J.M.V.

ダ・ベルティーノ
Da Bertino

P.369 B1外

家庭料理を味わうなら

気取らない雰囲気の昔ながらのトラットリア。ローストやボッリート・ミストも目の前で切り分けてくれ、手軽にボローニャの家庭料理が楽しめる。

日本語メニュー

✉庶民的だが味もよく、ボローニャではお値頃店。（ミナ '05）[16]

住 Via delle Lame 55
☎ 051-522230
営 12:15～14:30、19:15～22:30
休 ㊐、8月、1/1、12/25、12/26
予 €25～40(コペルト€2.70)、定食€40　C M.V

イータリー・ボローニャ
Eataly Bologna

P.369 B2

いつでもOK、食料品も調達可

日本でもおなじみ、グルメご用達のイータリー。広い店舗にはバール、トラットリア、ワインとビールのバー、本屋そして、食料品まで揃い、いつでも利用できて便利。

住 Via degli Orefici 19
☎ 051-0952820
営 8:00～24:00、㊐10:00～24:00
休 一部の㊗
予 食事€15～
C A.D.J.M.V.

Hotel ボローニャのホテル

ボローニャは見本市の町。この期間のホテルは割高。駅前周辺には近代的なホテルが多いが、このあたりの値段は少し高めなので、ネット予約を上手に利用しよう。町の中心を離れるほど経済的なホテルを見つけやすい。なお、規模の大きい見本市が開催されるのは、3～5月、9～11月。この期間はほとんどのホテルでハイシーズン料金が適用される。予約も取りにくくなるので、早めの手配がベターだ。

★★★★ イ・ポルティチ Hotel I Portici
P.369 A1

駅にも近い
1800年代のパラッツォを現代風に全面改装したホテル。客室は現代風、アールヌーヴォー風などさまざまなインテリア。いずれも明るく、あたたかな雰囲気でまとめられている。ミシュランの1つ星レストラン併設。
URL www.iporticihotel.com

住 Via Indipendenza 69
☎ 051-42185
Fax 051-4218550
SS €80/700
TS €110/750
室 30室　朝食€15 W-F
休 12月下旬～1月の2週間、8月の3週間　C A.D.J.M.V.

★★★★ デイ・コンメルチャンティ Hotel Dei Commercianti
P.369 B1

中世の館を改装したホテル
サン・ペトロニオ聖堂の真横にある12世紀の建物がホテルになっている。ロケーションもよく、快適。個人のPCでのインターネット無料、無料貸し自転車あり。駅からはバス25番でS.Pietro下車、空港からはBLQでRizzoli下車。
URL www.bolognarthotels.it

住 Via dei Pignattari 11
☎ 051-7457511
Fax 051-7457522
SS SB €98/370
TS TB €120/410
SU €222/610
室 34室　朝食込み W-F
C A.D.J.M.V.

★★★★ NHボローニャ NH Bologna de la Gare
P.369 A1

駅にも近い
客室はタイプにより、モダンとクラシックな雰囲気でまとめられ、上階の部屋は明るく広々とした印象。古さは否めないが料金と便利さで納得。
URL www.nh-hotels.it

住 Piazza XX Settembre 2
☎ 051-281611
Fax 051-249764
TS €90/320
室 156室　朝食込み W-F
C A.D.J.M.V.

★★★ トゥーリング Hotel Touring
P.369 C1

眺めのよいホテル
マッジョーレ広場の南側、サン・ドメニコ教会のすぐ近く。町の中心で眺めもよく、無料貸自転車もある。値段も低めでおすすめ。駅からバスNo.3、Aなどで Piazza Tribunali下車。
Low 1～3月、8、12月

読者割引 10%
URL www.hoteltouring.it
住 Via de'Mattuiani 1/2
☎ 051-584305
Fax 051-334763
SS SB €70/140　TS TB €99/285
3B €149/569　室 36室　朝食込み W-F　C A.D.J.M.V.

★★★ ドラッペリエ Albergo delle Drapperie
P.369 B2

市場の真ん中のプチホテル
マッジョーレ広場近く、食料品街のメルカート・ディ・メッゾの中にあるプチホテル。1800年代から宿泊所として利用されていた建物を、昔ながらのロカンダの風情を残しモダンに改装。どこか懐かしい雰囲気。エレベーターはない。

URL www.albergodrapperie.com
住 Via delle Drapperie 5
☎ 051-223955
Fax 051-238732
SS €63/120　TS €86/150
室 21室　朝食€5 W-F
C M.V.

★ パノラーマ Hotel Panorama
P.369 B1

眺めのよい部屋もある
最上階にあるので日当たりがよく、部屋によっては町の背後の丘陵が望める。室内は広く、エアコン完備。インターネット5時間無料。マッジョーレ広場から300m。駅からはNo.25のバスで4つ目で下車。

URL www.hotelpanoramabologna.it
住 Via Giovanni Livraghi 1
☎ 051-221802
Fax 051-266360
S €40/80
T €60/80
TS €80
室 7室 W-F　C J.M.V.

ボローニャ・オールドタウン B&B Bologna Old Town
P.369 C2

経済的でおすすめ
✉シャワー、トイレ共同。部屋は広くて清潔。従業員は親切で英語も上手。Wi-Fiあり。駅から徒歩なら20分ですが、バスもあり、市内観光には便利な立地。（東京都　田沼利則　'13)['16]
読者割引 直接予約でbooking.comの料金から8%

URL www.bolognaoldtown.com
住 Via Alfonso Rubbiani 2
☎ 338-8664262
S €35/58　T €45/65
朝食込み W-F
C M.V.　交 駅からバスNo.30でTribunale下車

ドゥエ・トッリ-サン・シスト Ostello Bologna"Due Torri-San Sisto"
地図外

YH 近代的なYH
緑のなか、静かな環境にある近代的なYH。町から約6km。受付14:00～、通年営業。ランドリー、レンタサイクル、駐車場あり。
URL www.hihostels.com
住 Via Viadagola 5
☎ 051-501810

D 朝食込み　€14/21 W-F
S €23/24　SS €26/36
T €42/46　TS €46/52
C M.V.　交 駅から南に5分程のPiazza Otto Agosto近くのVia IrnerioからNo.93のバスで。20:00まではバスNo.93（㊐㊗運休）で。20:25～00:44はバスNo.21/bが駅前から運行。

※ボローニャの滞在税　1泊料金で区分け€30.99以下 €1.50　€31～70.99 €2　€71～120.99 €3　€121以上 €5　14歳以下免除
※2017年改定の場合あり

Modena
世界遺産 モデナ

●郵便番号　41100

世界遺産

モデナのドゥオーモ、ギルランディーナの塔、グランデ広場
登録年1997年　文化遺産

モデナへの行き方

fs線でミラノ中央駅からバーリ、アンコーナ、ローマ行きなどのFRECCIABIANCAで1時間38分、ICで約2時間、RVで約2時間10分。ボローニャ中央駅からRV、Rで22〜35分。

グランデ広場とドゥオーモとギルランディーナの塔

先史時代に歴史を遡り、ローマ人の居住、自治都市としての発展、宗教抗争と、モデナの町はボローニャとよく似た歴史をたどりながらも、ふたつの町はライバルであった。13世紀後半にエステ家が治めたフェッラーラに併合され、その後フェッラーラを追われたエステ家がこの町に逃げ延びた。以来、公国の首都となり、エステ家により整備が図られ、現在の美しい町並みが生まれた。グランデ広場を中心にポルティコ(柱廊)と家並みが迷路のように続く、愛らしい古都だ。

モデナの歩き方

駅からグランデ広場へは約1km。駅前からバスNo.7、11が結んでいる。徒歩でも10〜15分で到着だ。ⓘはグランデ広場の一角にある。石畳の落ち着いたグランデ広場の奥に建つのがドゥオーモ、その背後やや斜めに建つのが優美な鐘楼ギルランディーナで、市民の塔とも呼ばれている。東には時計塔が正面を飾る市庁舎、南には屋台の立つ小さな広場が広がる。この広場から見えるのはドゥオーモの側面、脇を抜けて正面へ回ろう。

広場の手前を走るエミリア通りを左（西）300mにあるムゼイ宮殿にはエステ家の至宝を集めたエステンセ美術館がある。逆の北東側にはエステ家の居城だったドゥカーレ宮殿が建つ。

駅から旧市街へのバス
NO.4 Lattina、NO.7Gottardi、NO.11Zodiaco行きに乗車（バスの切符€1.20）。徒歩でも10〜15分程度。

落ち着いた古都、モデナ

モデナのⓘIAT
住 Piazza Grande 14
☎ 059-2032660
開 9:00〜13:30
14:30〜18:00
月 14:30〜18:00
日祝 9:30〜13:30
14:30〜18:00
休 1/1、1/31、復活祭の日、8/15、12/25、12/26
地 P.378 B1

モデナの見どころ

エステ家の至宝が凝縮 MAP P.378 B1

エステンセ美術館 ★★

Galleria Estense(Palazzo dei Musei) ガッレリア エステンセ(パラッツォ デイ ムゼイ)

エレガントなエステンセ美術館

町の西側に建つ古びた大きな館が美術の館Palazzo dei Museiだ。

最上階にエステンセ美術館がおかれ、規模は大きくないが、「イタリアで最も美しい美術館」と称されている。

エステ家のもとに集ったピサネッロ、コスメ・トゥーラ、ベッリーニ親子の作品をはじめ、エステ家の美意識のもとに集められたコレクションが並ぶ。とりわけ目を引く、威風堂々とした『エステ家のフランチェスコ1世の彫像』はバロックの巨匠G.L.ベルニーニの傑作で、この美術館を代表する一品だ。

●エステンセ美術館（ムゼイ宮殿内）
住 Largo Porta S. Agostino 337 (Palazzo dei Musei内)
☎ 059-4395711
開 8:30〜19:30
日月14:00〜19:00
休 一部の日、1/1、5/1、12/25
料 €4

エステ家の居城 MAP P.378 A2

ドゥカーレ宮殿 ★

Palazzo Ducale パラッツォ ドゥカーレ

豪奢なドゥカーレ宮殿

1634年に改築され、約2世紀にわたってエステ家の居城となった壮大かつ豪奢（ごうしゃ）な館だ。

門からも眺められる名誉の中庭Cortile d'Onoreから大階段が続き、壮麗な大広間、エステ家の人々の肖像画やフレスコ画で飾られた居室部分へと続く。とりわけ見事な「金の間」Salottino d'Oroは1831年の蜂起に際し、フランチェスコ1世が首謀者の死刑を認める署名をした場所だ。

●ドゥカーレ宮殿
現在、内部は陸軍士官学校のため、指定日のみガイド付き見学が可能。ⓘで要予約（☎059-2032660）。
※土日の11:10に実施予定
料 €8

エステ家の庭園だった市民公園

世界遺産　モデナ・ドゥオーモ案内 世界遺産

ドゥオーモとギルランディーナの塔 Duomo/Torre Ghirlandina

1099年、建築家ランフランコと彫刻家ヴィリジェルモのもと建築が開始され、12世紀に完成。**ロマネスク様式の傑作**と称されている。印象的なバラ窓のファサードの上部にキリスト像を頂き、正面扉の脇を2頭のライオンが支えている。正面、側面ともに旧約聖書などをモチーフにしたヴィリジェルモの作で、ロマネスク彫刻の代表作。

じっくり鑑賞したいファサード

厳かな内部は、円柱とアーチで仕切られた3廊式で、内陣（正面）が一段高くなった構造だ。内陣を支える柱の上部（ポンティーレ）にはアンセルモ・ダ・カンピオーネによる「弟子の足を洗うキリスト」、「最後の晩餐」などのレリーフが刻まれている。半地下のクリプタに置かれた石棺「聖ゲミニアヌス（サン・ジェミニアーノ）の墓」は町の人々の信仰のよりどころだ。

ポンティーレに注目

ドゥオーモのすぐ脇の**ドゥオーモ博物館**Museo del Duomoは、ドゥオーモを飾った彫刻のオリジナルや聖具などを展示している。

ドゥオーモと一体のように見える塔（鐘楼）がギルランディーナ。1169年に5階建ての**市民の塔**として建てられ、城門の開閉を知らせたり、見張りの塔の役目を果たしていた。その後、ドゥオーモの完成から約200年を経た1319年に円柱と尖塔部分が足され、現在見られる（87m）の姿となった。空に高く伸びる尖塔に繊細なアーチと紋様がレース細工のように刻まれた白大理石の美しい塔だ。内部は入場可。

中世から市民の生活を見守ってきたギルランディーナの塔

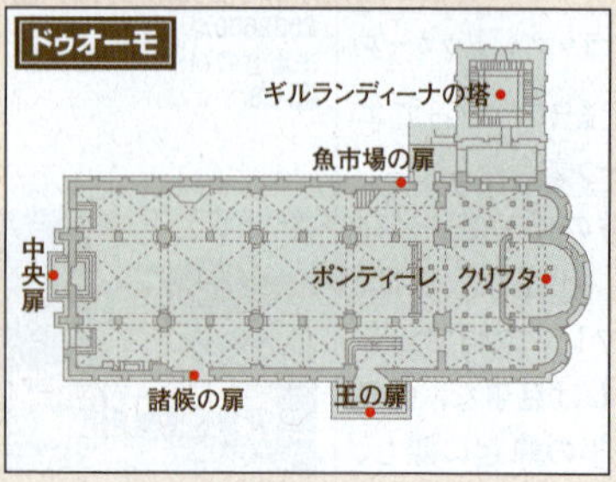

ここに注目!!

ドゥオーモ壁面には数々のロマネスク独特のレリーフが刻まれている。そのどこかユーモラスな造形と物語を眺めてみよう。

中央扉上部『創世記』 Storia della Gensi

正面左上から右へと物語が進む。左上：神は天地創造を告げ、最初にアダム、そしてイブが誕生。イブに誘われ、禁じられた善悪の知識（リンゴ）の実をふたりは食す。扉左：禁断の果実を口にしたふたりは、後悔の念をもちつつもエデンの園から追放され、労働を強いられることになる。扉右：ふたりの子供であるカインは農夫、アベルは羊飼い。それぞれ自分の収穫を神にささげる。アベルの供え物である羊は喜ばれたものの、麦を無視されたカインはアベルに嫉妬して殺害。神はカインに「兄弟はどこに？」と尋ねられる。右上：カインと思われる男は弓で射られる。神は地上の人々の悪行を見てこれを洪水で滅ぼそうと、ノアの方舟の建設を命じる。方舟が舟形ではなく、ドゥオーモを思わせるのは、教会が救済のシンボルだから。洪水は止み、ノアの息子たちは外へ。

ユーモラスなアダムとイブ

諸候の扉 Portale dei Principi

アラベスク状の紋様が刻まれた扉口上部には6枚のパネルがある。これはモデナの守護聖人サン・ジェミニアーノの生涯を描いた物。

馬に乗り、船に乗り換え、エルサレムを目指して巡礼の旅に出たサン・ジェミニアーノ。王の娘の悪魔払いを行うと、娘の頭上から悪魔が追い出され、王と王妃は聖人に褒美に金の杯を与えた。モデナに戻った聖人の埋葬の場面。このレリーフの上には、石工、鍛冶屋、リュート弾きが刻まれている。

聖人の生涯が精巧に描かれる

魚市場の扉 Portale della Pescheria

「アーサー王円卓の騎士たち」のレリーフ。扉口には右側には下から上へ1月から6月、左側下から上へ7月から12月の農作業などのエピソードが刻まれている。

小麦の収穫のエピソード

●ドゥオーモ

開 ㊊　7:00～12:30、15:30～19:00
　㊋～㊐7:00～19:00
※宗教儀式の最中は拝観不可

●ギルランディーナの塔

開 ㊋～㊎9:30～13:00、14:30～17:00(4～9月 15:00～19:00)
　㊏㊐㊗9:30～17:30(4～9月 19:00)
休 ㊊、1/1、復活祭の㊐、12/25　料 €3

フェラーリ誕生の地 MAP P.378 A2

エンツォ・フェラーリ生家博物館 ★

Museo Casa Enzo Ferrari ムゼオ カーサ エンツォ フェラーリ

フェラーリを展示するモダンな建物

モデナ駅へ近づくとfs線の車内からも見える、フェラーリらしい黄色の屋根のモダンな建物。敷地に2棟あり、近代的な建物でフェラーリを展示。もうひとつにフェラーリの創始者のエンツォ・フェラーリの生家が再現されている。若き日のエンツォはこの家を売って最初のスポーツカーを手に入れ、その後この地を買い戻した。最初に手にした1930年代のスポーツカーからF1のマシーンまで約20台を展示。カフェやショップも併設。敷地内からマラネッロのフェラーリ博物館へのミニバスも運行。

●エンツォ・フェラーリ生家博物館
住 Via Paolo Ferrari 85
☎ 0536-949713
開 4/1〜10/31 9:30〜19:00
11/1〜3/31 9:30〜18:00
休 1/1、12/25
料 €15、マラネッロとの共通券€26。URLに予約割引切符あり
※駅から徒歩約15分

マラネッロへのシャトルバス
博物館の駐車場内（博物館玄関側）から発車。ミニバス(バン)はモデナ駅→生家博物館→マラネッロのフェラーリ博物館（より大規模な博物館）と回り、帰路は同様逆ルート。往復€12
生家発（モデナ駅前は5〜15分前発。生家からマラネッロまで約45分。）季節により1時間〜1時間30分ごとの運行。詳細及び予約はURLで。
URL www.museo.ferrari.com

Ristorante & Hotel モデナのレストラン&ホテル

モデナはホテルとレストランの質、数ともにかなり充実している。ただし、経済的なホテルは少ない。特にシングルの部屋は少なめなので、節約するなら早めに行動しよう。また、この町も美食の町として知られ、ミシュランの星付きレストランが数軒あり、上質な味わいが楽しめる。都市部に比べ、料金もやや手頃なのはうれしい。

オステリア・フランチェスカーナ Osteria Francescana P.378 B1

グルメ注目のレストラン
土地の産物を使った独創的な料理が楽しめる、モダンでエレガントな店。大胆かつ繊細な味わいと飾りつけに驚きがあふれている。グルメ注目の一軒。ミシュランの3つ星。 要予約

住 Via Stella 22
☎ 059-223912
営 12:30〜13:30、20:00〜21:30
休 ㊐、㊊、8月の2週間、1/2〜1/12頃
予 €150〜250（コペルト€5）、€110、140、195
C A.D.M.V.

ホステリア・ジュスティ Hosteria Giusti P.378 B2

必ず予約して出かけよう
町の中心、ヨーロッパ最古のサラミ屋に続く、古きよき伝統を感じさせる一軒。洗練された郷土料理が味わえる。サラミ類やワインの品揃えも見事だ。 要予約

住 Vicolo Squallore 46
☎ 059-222533
営 12:30〜14:00
休 ㊐㊊㊗、8月、12月〜1月中旬
予 €70〜100、定食€74
C A.J.M.V.

アルディーナ Aldina P.378 B1

骨太な郷土料理
町の中心グランデ広場の南側に広がる市場近くにあり、平日は昼のみの営業。自家製パスタや豚のスネ肉のグリルStincoなど骨太な料理が味わえる。

住 Via L.Albinelli 40
☎ 059-236106
営 ㊊〜㊍12:30〜14:30、㊎㊏20:00〜22:30
休 ㊐、8月
予 €20〜30（コペルト€2）、定食€38
C 不可

★★★★ カナルグランデ Hotel Canalgrande P.378 B1

ゆったりとした滞在に
ドゥオーモなどへも近く、観光にも便利な立地。広い庭園に緑が広がるクラシックでエレガントなホテル。レストラン併設。
URL www.canalgrandehotel.it

住 Corso Canalgrande 6
☎ 059-217160
Fax 059-221674
SS €69/135
TS TB €89/180
JS €144/220
室 68室 朝食込み W-F
C A.D.J.M.V.

★★★ リベルタ Hotel Libertà P.378 B1

家族連れにも商用にも
町の中心、小さな路地に位置する歴史ある館を改装したホテル。近代的な設備とあたたかみのあるインテリアがくつろいだ気分にさせてくれる。朝食も充実。
URL www.hotelliberta.it

住 Via Blasia 10
☎ 059-22365
Fax 059-222502
SB €79/130
TB €98/220
室 51室 朝食込み W-F
C A.D.J.M.V.

サン・フィリッポ・ネーリ Ostello della Gioventù San Filippo Neri P.378 A2

YH **町なかで便利**
駅にも見どころへも近く便利な立地。インターネット接続、コインランドリー、無料の貸自転車などサービスも充実。受付14:00〜、門限なし。
URL www.ostellomodena.it

e-mail info@ostellomodena.it
住 Via Sant'orsola 48/52
☎ Fax 059-234598
室 70ベッド
D €19（2〜3人部屋）
S SS €28/38
3S €60 4S €80 W-F
C D.M.V.

※モデナの滞在税 YH、B&B、★€0.50 ★★€1 ★★★€2 ★★★★€3 ★★★★★€4 12歳以下免除

Parma
パルマ

●郵便番号　43100

パルマへの行き方

fs線でミラノ中央駅からバーリ、アンコーナ、ローマ行きなどのFRECCIABIANCAで1時間9分、ICで1時間19分～1時間28分、RVで1時間34分～1時間39分。ボローニャ中央駅からRVで55分～1時間11分、Rで約1時間10分。

パルマのⓘIAT
住 Piazza Garibaldi 1
☎ 0521-218889
開 9:00～19:00
休 1/1、12/25
地 P.382 B1·2

芸術都市、パルマ

パルミジャーノ（パルメザンチーズ）と生ハムの町。オペラの殿堂、テアトロ・レージョと大指揮者トスカニーニの故郷。そして、スタンダールの小説『パルムの僧院』の舞台となった町パルマは、まさに"食と芸術の町"だ。

自由都市としての繁栄を誇った中世から、16世紀にはファルネーゼ家のおひざもと、公国の首都として、ルネッサンスの花が咲いた。スペインのブルボン朝の支配下（18世紀）には、国立絵画館などの収集が充実し、19世紀には、ナポレオンの妃でオーストリア皇帝の王女であったマリア・ルイーザが統治し、テアトロ・レージョが建てられた。長い歴史を通じて、さまざまな文化が融合し、際立った個性をもった町パルマが誕生した。これらの芸術品の数々が、パルマをイタリアでも指折りの芸術の都としている。

パルマの歩き方

パルマ駅は町の北側に位置している。駅周辺は新市街、パルマらしい趣のある旧市街はドゥオーモあたりから南側だ。駅を背に正面に延びるどの道を通ってもかつての領主の居城であり、現在は国立絵画館などがおかれているピロッタ宮殿へ行くことができる。中心街までは徒歩で10分程度だ。まず、国立絵画館を見学してから、東側のドゥオーモや洗礼堂へ向かおう。小さな町なので、足早に外観を見るだけなら半日、じっくりと見学するなら1日は欲しい。

バラ色に輝く MAP P.382 B2

ドゥオーモ ★★★

Duomo/Cattedrale ドゥオーモ／カテドラーレ

コレッジョの『聖母被昇天』

淡いバラ色に輝くドゥオーモは12世紀のロンバルディア・ロマネスク様式でイタリア・ロマネスクの傑作のひとつ。背後にゴシック様式の高い鐘楼がそびえ、ファサードの左右の柱を2頭のライオン像が守り、扉口を縁取るアーチには12ヵ月を表したレリーフが刻まれている。

内部は3廊式で、堂内全体を華やかなフレスコ画が飾り、その正面（後陣）のクーポラのフレスコ画はバロック絵画の先駆者であり、パルマ派の巨匠コレッジョによる『聖母被昇天』Santa Maria Assunta。その下、右壁面にはアンテラミによる見事な大理石の浮彫『十字架降下』がある。主祭壇左からはクリプタへと通じている。

ロマネスク彫刻で飾られた MAP P.382 B2

洗礼堂 ★★

Battistero バッティステッロ

バラ色の洗礼堂

ドゥオーモに隣接する洗礼堂は、パルマで活躍した建築家であり彫刻家であるアンテラミにより12世紀末に建設がはじめられたロマネスク・ゴシック様式。八角形6層のユニークな形の外壁面はヴェローナのバラ色の大理石で造られた。内部に残るアンテラミらによる彫刻がイタリア・ロマネスクの特徴をよく表している。外壁のロマネスク彫刻は繊細で興味深い。

内部は円柱と半円アーチで分割され、フレスコ画が描かれ、ロッジアの「月」、「四季」、「星座宮」のレリーフは必見。

ドゥオーモ広場、
ドゥオーモ（左）と洗礼堂（右）

●ドゥオーモ
住 Piazza del Duomo
☎ 0521-235886
開 10:00～18:30

パルマの食料品店

生ハムやパルミジャーノチーズで有名なパルマ。ハムやチーズがズラリと並ぶ食料品店の店頭は圧巻だ。これらは店内でも熟成され、店員さんたちがていねいに扱う姿はまさに手塩にかけるという言葉がピッタリ。品揃えが豊富で町の人の評判が高いのが**ガリバルディ** Garibaldi（住 Via Garibaldi 42 ☎ 0521-235606 営 8:00～20:00 休 ㊐㊗ 地 P.382 A2）や**ラ・ヴェルディ** La Verdi（住 Via Garibaldi 69/a ☎ 0521-208100 営 8:00～13:15、16:00～19:45 休 ㊐ 地 P.382 A2）。いずれも駅近く。ガリバルディは高級総菜もあり、奥にレストランが続いている。

●洗礼堂
住 Piazza del Duomo
開 10:00～18:30
料 €8、65歳以上€6

洗礼堂の内部

●テアトロ・レージョ
住 Via Garibaldi 16
☎ 0521-039393
開 上演日、リハーサル日を除く㊋～㊏の10:00～12:30、15:30～17:30にガイド付きで見学可。事前予約がベター
休 ㊊㊗ 料 €4、18歳～30歳、65歳以上€2（トスカニーニの生家、音楽の家Casa della Musicaなどと共通） 地 P.382 B1

コレッジョの美術館　MAP P.382 B2

サン・ジョヴァンニ・エヴァンジェリスタ教会 ★★

San Giovanni Evangelista　サン ジョヴァンニ エヴァンジェリスタ

美しいファサードと17世紀の鐘楼

大聖堂の右奥に進むとある、ルネッサンス様式の教会。内部はコレッジョの華やかなフレスコ画で飾られ、まさに彼の美術館のよう。クーポラには幻想的な『聖ヨハネの幻視（キリストの昇天）』Transito di S.Giovanni、それを支える4隅のペンデンティブには『福音史家と教会博士』など。聖具室(主祭壇左)扉の上には『若きヨハネ』。

見逃せないコレッジョとパルミジャニーノ　MAP P.382 A1

国立絵画館 ★★★

Galleria Nazionale　ガッレリア ナツィオナーレ

ファルネーゼ劇場

かつてのファルネーゼ家の居城内にある。ファルネーゼ劇場はヨーロッパ最古の劇場のひとつ。絵画館にはこの町の宝である、この地で生まれたマニエリスムの巨匠パルミジャニーノの『トルコの女奴隷』Schiava turca、この町に愛され活躍したコレッジョの『聖ヒエロニムスのマドンナ』Madonna di S.Girolamoをはじめとするふたりの多くの作品を展示。彼らの作品は入口近くの展示室にまとめて置かれている。

ルネッサンス期の装飾豊かな生活　MAP P.382 B2

サン・パオロの部屋 ★

Camera di S.Paolo　カメラ ディ サン パオロ

かつての女子修道院に付属する院長の私邸。つつましやかな邸内の天井の円蓋は16分割され、傘のようなドームにはあたかも蔓棚(つるだな)がたれ、そこに愛らしい天使と神々が描かれている。まさに、物語のなかに迷い込んだかのよう。コレッジョの描いたルネッサンスの富裕階級文化の傑作。

その他の見どころ　音楽の町パルマ

町の西側にはパルマで生まれ育まれたトスカニーニの生家Museo Casa Natale A.Toscaniniがあり、また郊外のラ・ヴィレッタの墓地には名バイオリニストのパガニーニが眠る。意欲的な演目で知られるネオ・クラシック様式のテアトロ・レージョTeatro Regioにも注目したい。

●サン・ジョヴァンニ・エヴァンジェリスタ教会
住 Piazzale S.Giovanni 1
開 8:30～11:45、15:00～17:30
㊐㊗15:00～17:30

●国立絵画館／ファルネーゼ劇場
住 Palazzo della Pilotta内
☎ 0521-233309
開 8:30～19:00
㊐㊗8:30～14:00
第1㊐13:30～19:00(無料)
休 ㊊、1/1、5/1、12/25
料 絵画館と劇場、考古学博物館の共通券€10
※14:00～は一部公開で料€5

パルミジャニーノの『トルコの女奴隷』

●サン・パオロの部屋
住 Via Melloni 3
☎ 0521-533221
開 8:30～14:00
㊏8:30～18:00
7～8月の㊏8:30～14:00
休 ㊊㊗　料 €2　※第1㊐無料

愛らしい物語の部屋

●トスカニーニの生家
住 Borgo Rodolfo Tanzi 13
☎ 0521-285499
開 9:00～13:00
14:00～18:00
㊋ 9:00～13:00
㊐10:00～18:00
休 ㊊、㊋午後、夏季㊏午後、7～8月、1/1、12/25
料 無料　地 P.382 B1　地図外

●パガニーニの墓
住 Cimitero della Villetta
☎ 0521-946042
開 8:00～13:00、14:00～18:00
地 地図外　※バスならNo.1で

Ristorante & Hotel　パルマのレストラン&ホテル

パリッツィ Parizzi
P.382 B2

ホテルも併設、ミシュランの1つ星
1948年創業、長くミシュランの1つ星を維持する家族経営の一軒。モダンな店内では郷土料理をベースにした創造的料理が味わえる。近年、ホテルを併設、料理教室のスペースもオープン(要相談、8人まで)。おすすめは、パルミジャーノのトルテッリTortelli alla Parmigiana、小牛の煮込みVitello Grassatoなど。ワインも充実の品揃え。駅からはバスNo.4、5、7で。

要予約
住 Strada della Repubblica 71
☎ 0521-285952
営 12:30～14:30、19:30～22:00
休 ㊐、8月
予 €60～90、定食€70
C A.D.M.V.

イル・トロヴァトーレ Il Trovatore
P.382 A2

居心地のいい
✉ サービス満点のレストランです。駅から真っすぐ延びるVia G. Verdiを行き、4本目のVia Affoを左折してすぐ。
(築上郡　新海秀一)
✉ 確かにサービス満点。魚料理も凝っていて美味。フルコースで約€50でした。
(東京都　石原礼子　'08)['16]

要予約
住 Via Affo 2/a
☎ 0521-236905
営 12:30～14:30、19:30～22:30
休 ㊐、8/10～8/30、12/23～12/26
予 €36～55(コペルト€3)、定食€30
C A.D.M.V.

オステリア・デル・トレンタセイ Osteria del 36
P.382 B2

伝統料理を
どこか懐かしいような雰囲気のなか、郷土料理が楽しめる。各種の手打ちパスタや骨太な肉料理、生ハムなどのサラミ類(揚げパン風のものTorta Frittaを添えるのがこの地の伝統的スタイル)がおすすめ。

できれば予約
住 Via Saffi 26/a
☎ 0521-287061
営 12:30～14:30、20:00～22:30
休 ㊐、7/15～8/20
予 €25～55
C A.D.M.V.

ガッロ・ドーロ Gallo d'oro
P.382 B2

郷土料理が充実
天井から生ハムやサラミが下がる、この町の典型的なトラットリア。生ハムをはじめ各種のハムやサラミ、詰め物をしたパスタなどが充実している。町の中心に位置しているので、観光途中の利用も便利。

住 Borgo della Salina 3
☎ 0521-208846
営 12:00～14:30、19:30～23:00
休 一部の㊗
予 €25くらい
C A.D.J.M.V.

★★★★ スタンダール Stendhal
P.382 A2

見どころや駅にも近くて便利
フランスのチェーンホテル、メルキュールの一軒。改装された1階はモダン、上階はクラシックな雰囲気。客室は明るく広々としている。朝食も充実。

URL www.hotelstendhal.it
住 Piazzetta Bodoni 3
☎ 0521-208057
SB €76/205
TB €94/310
室 63室　朝食€12 W-Fi
C A.D.J.M.V.
交 駅から500m

★★★★ サヴォイ Hotel SAVOY
P.382 A2

家庭的で快適
静かで、部屋もたいへん清潔、カード式オートロックで安全。ビュッフェ式の朝食も充実している。家族経営のホテルで、納得のプライス。駅から5分、300m。
✉ 部屋はやや狭いですが、設備が新しく、リーズナブル。
(匿名希望　'10)['16]

URL www.savoyparma.it
住 Via Venti Settembre 3
☎ 0521-1856334
SS €80/100
TS €100/150
室 27室　朝食込み W-Fi
休 8/10～8/20
C A.D.J.M.V.

★★★★ NH パルマ NH Parma
P.382 A2外

駅近くで便利
パルマ駅から100mほど。シンプルでモダンな客室は清潔で過ごしやすい。アメニティーやWi-Fiのアクセスも充実。フィットネスセンターの利用も可。

住 Via Paolo Borsellino, 31
☎ 0521-792811
SB €76/255
TB €84/280
室 120室　朝食込み W-Fi
C A.M.V.

★★★ ブレンタ Albergo Brenta
P.382 A2

手頃な値段の3つ星ホテル
駅から300mほどの、手頃な値段に満足のいくホテル。受付の人の笑顔がいい。駅前のVia G. Verdiを真っすぐ行き、3本目のBorghesi通りを左折。
読者割引 2泊以上でSS€50、TS€75

URL www.hotelbrenta.it
住 Via G. B. Borghesi 12
☎ 0521-208093
Fax 0521-208094
SS €55
TS €85
室 15室　朝食€5 W-Fi
C A.D.M.V.

オステッロ・ルチアーノ・フェッラリス Ostello Luciano Ferraris
地図外

YH 明るく近代的なYH
近代的なYH。セルフランドリー、貸し自転車(1日€5)、インターネットポイントなど設備も充実。駅から北に約2km、環状道路の外側に位置。駅からは2、7番Nord行きのバスでCentro Torri下車、Via San Leonardoを渡ると左に見える。チェックイン14:00～、チェックアウト～9:30。

URL www.ostelloparma.it
住 Via San Leonardo 86
☎ 0521-1917547
Fax 0521-1917548
D €20.50　SS €30.50
TS €45　3S €66　4S €86
室 20室83床　朝食€3 W-Fi
休 12/24～1/2　C M.V.

※パルマの滞在税　YH、B&B、★～★★€0.50　★★★€1　★★★★€2
T シャワー共同ツイン料金　SS シャワー付きシングル料金　TS シャワー付きツイン料金　D ドミトリー料金　SB シャワーまたはバス付きシングル料金　TB シャワーまたはバス付きツイン料金

●郵便番号　29100

ピアチェンツァへの行き方

fs線でミラノ中央駅からバーリ、アンコーナ、ローマ行きなどのFRECCIABIANCAで43分、ICで48～58分、RVで52分、Rで50～58分。ボローニャ中央駅からFRECCIABIANCAで1時間17分、RVで1時間32分～1時間56分。

ピアチェンツァのⓘIAT

住 Piazza dei Cavalli 10
☎ 0523-492001
開 3/15～6/30、8/8～9/30、12/8～12/24
9:00～13:00、15:00～18:00
その他の期間
10:00～12:00、15:30～17:30
通年㊐、復活祭の翌㊊、4/25、5/1、7/4、8/15、12/8
9:30～12:30、15:00～18:00
休 ㊐午後、㊊、1/1、復活祭の㊐、12/25、12/31　地 P.386 B1

●ドゥオーモ

開 8:00～12:00、16:00～19:00
地 P.386 B1

●ファルネーゼ宮博物館

住 Piazza Cittadella 29
Farnese宮内
開 10:00～13:00
15:00～18:00
(㊎㊏㊐19:00)
休 ㊊㊗　料 €6　地 P.386 A1

旧市庁舎前の騎馬像
(アレッサンドロ・ファルネーゼ)

れんが色に染まる美しき町

ピアチェンツァ

Piacenza　ピアチェンツァ

落ち着いた中世都市

ポー川とともに繁栄した町ピアチェンツァ。12世紀には自由都市となり、ポー川沿いの海運基地としての利用価値から、近隣の諸勢力の間で、ピアチェンツァの運命は揺れ動いたという。16世紀からの300年間は、パルマのファルネーゼ家の支配が続いた。旧市街は厚い城壁と砦に囲まれ、細い街路が巡らされ、中世都市の雰囲気を今に伝えている。人口は10万強。ⓘはコムーネ広場近く、旧市庁舎=イル・ゴティコIl Goticoの近くにある。

ピアチェンツァの見どころ

旧市庁舎(イル・ゴティコ)

町の中心のカヴァッリ広場Piazza dei Cavalliには**旧市庁舎**Palazzo del Comuneが建っている。別名Il Gotico=ゴシックと呼ばれるとおり、ロンバルディア・ゴシック様式の傑作で赤れんがと大理石の堂々とした物。広場にはファルネーゼ家の**2体の騎馬像**が構えている。左側は、スペインのフェリーペ2世の傭兵隊長を務めた、**アレッサンドロ・ファルネーゼ**。右側は、**ラヌース1世**。ともに17世紀のバロック様式の彫像だ。

ドゥオーモDuomoは、ロンバルディア・ロマネスク様式の12世紀の物。左側の鐘楼には、**ガッビア**Gabbiaと呼ばれる鉄の檻(おり)があり、犯罪者は裸にされ、檻(おり)に入れられ、人々のヤジや嘲笑を受けたという。

そのほかには、今はファルネーゼ宮博物館Museo di Palazzo Farneseになっているルネッサンス様式の壮大な宮殿、**ファルネーゼ宮殿**が必見。内部には市立博物館と絵画館などがおかれている。

バラ窓の美しい
ロマネスク様式の
ドゥオーモ

Repubblica di San Marino

サン・マリノ

世界遺産

ロープウエイでサン・マリノに入るのが楽しい

リミニの南24kmにあるサン・マリノ共和国。エミリア・ロマーニャ州とマルケ州に囲まれ、面積61km²、人口3万2000人、世界で5番目に小さい国家であり、最も古い共和国だ。丘陵地帯が広がる国土のほぼ中央に標高750mの**ティターノ山**がそびえ、その周囲に旧市街が広がる。アドリア海から直線で約10km。晴れた日には高台から、緑の平原と海を望むことができる。涼やかな風が吹き抜ける、石畳の坂道にはみやげ物屋が軒を連ね、どこか懐かしい雰囲気だ。

●郵便番号　47890

世界遺産

歴史地区とティターノ山
登録年2008年　文化遺産

サン・マリノへの行き方

リミニRiminiが玄関口。fs線でボローニャ中央駅からアンコーナAncona、レッチェLecce行きなどのFRECCIABIANCAで52分、FRECCIAROSSAで57分、ICで1時間8分、RVで1時間26分～1時間55分、Rで1時間28分～2時間21分。リミニ駅前からBonellibus社のプルマンバスで50分。(片道€5)。

バスは城門下の広場Piazzale Calcigni(P1A)に到着し、同じ場所から発車する。広場のエレベーターまたは階段で上れば城門は目の前。

✉私は、行きも帰りも直接運転手さんから切符を購入しました。バス停は、駅を出ると目の前にバーガーキングがあるので、そこまで道を渡り、右に100mほど行くとあります。　(長野県　Izumi　'16)

バス時刻表

夏季'16年6/7～9/14

リミニ発

全日6:45、8:00、9:15、10:30、11:45、13:00、14:15、15:30、16:45、18:00、19:15、20:30

サン・マリノ発

全日6:45、8:00、9:15、10:30、11:45、13:00、14:15、15:30、16:45、18:00、19:15、20:30

冬季'16年9/15～'17年6/7

リミニ発

平日8:10、9:25、10:40、11:55、13:10、14:25、15:40、16:55、18:10、19:25

㊐㊗8:10、9:25、10:40、12:15、14:25、15:40、16:55、18:10

サン・マリノ発

平日6:45*、8:00、9:15、10:30、11:45、13:00、14:15、15:30、16:45、18:00、19:15

㊐㊗8:00、9:15、10:30、12:15、14:15、15:30、16:45、18:00

*は発車地は旧駅Ex Stazione

Bonellibus

URL www.bonellibus.com

☎ 0541-662069

サン・マリノのⓘ
住 Contrada Omagnano 20
☎ 0549-882914
開 ㊊～㊎　8:30～18:00
　㊏㊐　9:00～13:30
　　14:00～18:00
地 P.387 A1
※リベルタ広場手前、右側。政庁の一部にある。
※入国記念ビザもこのオフィスで発行している。切手風の印紙代金込みで€5。切手やコインも販売。営もⓘと同じ

●ロープウエイFunivia
サン・マリノ－ボルゴ・マッジョーレ
■運行 :7:50～翌1:00(7～8月)(冬季～18:30) 季節により時間変更あり。注意。
料 片道　€2.80、往復　€4.50

ロッカ・グアイタ、チェスタの塔、プッブリコ宮、サン・フランチェスコ絵画館、国立博物館に共通
開 6月中旬～9月中旬
　8:00～20:00
　9月中旬～6月中旬
　9:00～17:00
休 1/1、11/2午後、12/25
料 1ヵ所券　€3＋€1.50*
　5ヵ所共通券 Biglietto multi-museo　€9＋€1.50*(10日間有効)／€1.50*は入場カードを返却すると返金
地 P.387
※切符売り場は閉場30分前まで

旅をスムーズに
リミニで帰りのバス便を調べておくと時間のロスが少ない。また、次の目的地によっては、列車は1時間以上の待ち時間があるので、これも事前に調べておこう。リミニは海水浴場のため特に夏季㊏㊐の列車は時間帯により満席で当日券の購入ができないことがあるので、移動距離が長い場合は早めの予約を。

✉ 旅の記念に入国ビザ
入国記念ビザ€5は高い気がしましたが、きれいな印紙とスタンプをパスポートに押してもらい、なかなかよい記念になりました。切手とコインはⓘではなく、コインはみやげ物屋、切手は絵はがきを販売しているおみやげ屋やタバッキで。ポストはⓘの近くにありました。　(東京都　にゃん　'12)

絶景かな!

サン・マリノの歩き方

リミニからのバスは税関で一時停車。ここからふたつの町を経て、ティターノ山麓の町ボルゴ・マッジョーレへ着く。ここでロープウエイに乗り換えて町へ向かえば、すばらしいパノラマが楽しめる。ロープウエイは町の北側に到着する。

そのままバスで行き、終点の広場で下車すれば旧市街もすぐ。城門を抜けて町へ入ろう。城壁で囲まれた町は小さく、見どころもこの中にあるので、迷子になる心配はない。サン・フランチェスコ門から入ってすぐ右に見えるのがサン・フランチェスコ絵画館だ。まずは、坂を上って町の中心の**リベルタ広場**へ向かおう。広場手前の坂道右側にⓘがある。見晴らしのよい美しい広場の正面には、衛兵が見守る**政庁**が建つ。夏季なら30分から1時間おきに行われる**衛兵交代**も眺めてみよう。

広場南に広がるのが旧市街だ。この旧市街を抜けて、塔を目指そう。塔は北から**ロッカ・グアイタ、チェスタの塔、ロッカ・モンターレ**と並んでいる。チェスタの塔手前の見晴らし台からは、切り立った崖の上に建つロッカ・グアイタの全貌を見ることができる。晴れていれば平原の先に青い海、背後にはアペニン山脈の大パノラマが広がる。これらの要塞は、サン・マリノ共和国のシンボルであり、国旗のモチーフにもなっている。

サン・マリノの見どころ

衛兵が見守る、眺めのよい広場　MAP P.387 A1

リベルタ広場　★★
Piazza della Libertà　ピアッツァ デッラ リベルタ

政庁のあるリベルタ広場

政庁Palazzo Pubblicoが建つ、いつもにぎやかで眺めのよい広場。政庁は14世紀のオリジナルを模して19世紀に再建されたネオ・ゴシック様式。この建物の前で、衛兵交代が行われる。1754年に生まれたという衛兵の儀式、衛兵交代Cambio della Guardiaは6～9月の毎日9:30～13:30、14:30～18:30に30分～1時間おきに見ることができる。4月1日と10月1日の執政就任式と9月3日の共和国創立記念日には、伝統装束によるさらに華やかな儀式が行われる。

政庁を守る衛兵

サン・マリノのシンボル MAP P.387 A・B2

要塞 ★★★

Rocca ロッカ

城壁と小道を歩き要塞へ

要塞はティターノ山の尾根の3つの頂に位置し、城壁と小道で下の町と結ばれている。町の中心に近い方(北)から、**ロッカ・グアイタ**Rocca Guaita、**チェスタの塔**La Cesta、**ロッカ・モンターレ**Montaleと呼ばれる。ロッカ・グアイタ(標高738m)は最初に着手された物で、11世紀以降修復が施されている。刑務所として使われた時代もあった。チェスタの塔(749m)は、2番目に着手され、13世紀に再建された物で、ティターノ山の一番高い頂に建っている。ロッカ・モンターレは13世紀の見張りの塔で20世紀に建て直された物。マラテスタ軍との戦いでは重要な役割を果たした。すばらしいパノラマが広がる。

共和国の歴史の一端に触れる MAP P.387 A1

国立博物館

Museo di Stato ムゼオ ディ スタート

サン・マリノ共和国の歴史と関係の深い品々を展示。新石器時代からの考古学分野と14〜19世紀の絵画などを展示。

✉ サン・マリノへのプルマンバス

リミニの観光案内所(駅を出て左)で大きい荷物を預かってくれ、サン・マリノ行きのバスの切符も購入できます。出発前にバス停に手売りで販売に来ますが、その方はⓘの方です。サン・マリノの終点まででなく、途中のロープウエイ駅でバスの乗り降りができますが、帰りは始発からの乗車をおすすめします。季節によっては満席となり、立っている人や通路に座っている人もいました。リミニまで約1時間、山道を走ります。

(Ananas '16)

ⓘはロープウエイ乗り場の広場の母子像に面した建物内にあります。日本語のパンフレットも準備されていてありがたかったです。

(長野県 Izumi '16)

ロッカ・グアイタの要塞

Ristorante & Hotel サン・マリノのレストラン&ホテル

ホテルの数は少ないが、ツアー客はだいたいリミニやラヴェンナに宿を取るので、個人旅行者には案外穴場だ。観光に便利な旧市街のホテルをご紹介。

リーギ
Ristorante Righi/Osteria Righino P.387 A1

ふたつの店、どっちを選ぶ

町の中心のリベルタ広場にテーブルを広げるのは郷土料理のオステリア・リギーノ、2階はミシュランの1つ星でエレガントな雰囲気のなか独創的料理が味わえるリストランテ・リーギ。食べたい料理や予算、時間に合わせて選べるのがうれしい。

住 Piazza della Libertà 10
☎ 0549-991196
営 12:30〜15:00、19:30〜22:00
休 1/7〜1/28、㊐夜、㊊
予 リストランテ€50、定食€40、75
C D.M.V.

リストランテ・テラッツァ・ティターノ
Ristorante Terrazza Titano P.387 A1

眺めのいいレストラン

下記ホテル内のレストラン。手頃な定食もおすすめ。歴史あるインテリアもすてき。

✉ 思ったよりもずっとおいしいイタリア料理が味わえました。お値段もgood!

(ピッピ '08)['16]

要予約
住 Contrada del Collegio 31
☎ 0549-991007
営 12:00〜14:30、19:00〜22:00
休 12/23〜12/28、1/6〜2/15
予 €20〜50 定食€19、24
C A.M.V.

★★★★ ティターノ
Titano P.387 A1

100年以上の歴史をもつ格式あるホテル・レストラン

創業1894年、それなりのプライドはあるが決して気取らないホスピタリティあふれるホテル。

URL www.hoteltitano.com
住 Contrada del Collegio 31
☎ 0549-991007
Fax 0549-991375
SS SB €55.20/139
TS TB €73.60/224
室 45室 ビュッフェの朝食込み W-F
休 12/23〜12/28、1/6〜2/15
C A.M.V.

★★ ラ・ロッカ
Hotel La Rocca P.387 A1・2

眺めのよさに定評あり

✉ 1泊朝食込みで€35、専用バスルーム、バルコニー付きで部屋も広くて清潔。パノラマが圧巻。レストランでは宿泊者は10%の割引もあり、コスパよし! 従業員も親切でフレンドリー。

(長野県 Izumi '16)

URL laroccasanmarino.com
住 Via Salita alla Rocca 35/37
☎ 0549-991166
SS €35〜80
TS €85〜120
室 12室 朝食込み W-F
C M.V.

※サン・マリノの滞在税 客室料金の3%
SB シャワーまたはバス付きシングル料金 TB シャワーまたはバス付きツイン料金 JS ジュニアスイート

Ferrara

フェッラーラ

世界遺産

●郵便番号　44100

世界遺産

フェッラーラ、ルネッサンス期の市街とポー川のデルタ地帯
登録年1995/1996年
文化遺産

正面右側はアーケードになっているカテドラーレ

ルネッサンスの時代にはフィレンツェと並び称された、フェッラーラ。この時代、エステ家の宮廷文化が花開き、イタリア中から数多（あまた）の芸術家が集った。1492年、エステ家のエルコレ1世は「理想都市」を目指し、ピアジオ・ロッセッティに命じて町を拡張。都市概念に基づいた町は、今も美しい町並みを残し、「ルネッサンスの町」として世界遺産に登録された。

「理想都市」として整備された町の北側は石畳の広い歩道に緑の木立、そして高い屋根の豪壮な館が続く。一方、南側に進むと細い路地が迷路のように続き、傾いたポルティコが遠い中世の残り香を運んでくれる。

ふたつの顔をもつフェッラーラ。これもまた、エステ家がこの町に残した偉大なる遺産である。

フェッラーラの歩き方

駅は町の西側にある。駅のすぐ横に高層住宅、前にはビル。中世の町というイメージは駅付近にはないが、駅の左に延びた公園の、どの道を通っても**大通り**Viale Cavourに出る。街灯がずっと続くその通りを行くと、赤いれんがの堂々とした**エステンセ城**が見える。駅から徒歩20分。バスはNo.1、6、9で約10～15分。すぐ隣に市庁舎、その対面にはカテドラーレが建つ。このあたりまで来ると、この地で生まれた**サヴォナローラ**、ここから嫁いだ**イザベッラ**、この地に眠る**ルクレツィア**が見たであろう風景と重なる。カテドラーレの前には、**サヴォナローラの像**。北イタリア的なバルコニーをもつファサードのカテドラーレとその横に続く15世紀の2階建て商店街は、建物の壁を利用していておもしろい。ここも徒歩で回る町である。

観光案内所ⓘは、エステンセ城内の中庭奥にある。

フェッラーラの見どころ

町を望む堂々たる城塞 MAP P.390 A2

エステンセ城 ★★★

Castello Estense カステッロ エステンセ

豪壮なエステンセ城

エステ家のニッコロ2世が1385年に建設に着手。建設当初は敵からの防御を目的としていたが、完成時の16世紀には、優美な中庭や大理石のテラス、フレスコ画で装飾された広間が続く一族の豪壮な居城となった。水堀が周囲を囲む城の4隅には塔がおかれ、跳ね橋を渡って入る。

1階は台所、塔への階段、牢獄などがある。塔へはややきつい階段が続くが、周囲を一周すると360度の眺望が広がる。

2階からはエステ家の華やかな居室が続く。いずれも天井装飾がすばらしい。置かれた鏡で見てみよう。光あふれるテラスは侯爵夫人たちの憩いの場だった「ロッジアとオレンジの間」、美しい16世紀のフレスコ画が飾る「**オーロラ(曙)の間**」は一番の見どころ。天井の中央に「時間」の寓意画、その下から時計回りに「曙」「昼」「夕暮れ」「夜」と続く。「遊戯の大広間」にはアルフォンソ2世の好みにより、古代競技のシーンが描かれている。

都市計画の美しい家並み。城からの眺望

フェッラーラへの行き方

ボローニャとヴェネツィアの間に位置している。fs線でボローニャ中央駅からヴェネツィア行きのRVで約30分、Rで46～52分。ヴェネツィア・メストレ駅からFRECCIABIANCAで52分、RVで約1時間15分、Rで1時間50分～2時間。

フェッラーラのⓘIAT
住 Largo Castello
(エステンセ城内)
☎ 0532-209370
開 9:00～18:00
㊐㊗9:30～17:30
休 12/25
地 P.390 A2

市バスの切符
■1回券€1.30(75分間有効)
※時間内でもバスを乗り換えた場合は打刻する必要あり
■1日券€3.50

●エステンセ城
住 Largo Castello
☎ 0532-299233
開 9:30～17:30
休 10～2月の㊊、12/25
料 €8、25歳以下65歳以上€6
塔€2
※切符売り場は16:45まで

知ってる?
「エステ家の悲劇」

1階の牢獄は天井が低く、かなりの閉塞感だ。そのなかのひとつ「ウーゴとパリジーナの牢獄」Prigioni di Ugo e Parisinaはニッコロ3世の2番目の妻だったパリジーナ・マラテスタと恋に落ちたその義理の息子が幽閉され、とがめを受けた場所。ふたりは打ち首となってその生涯を終えたが、彼女が20歳、彼が19歳だったという。

●フェッラーラの歩き方

エステンセ城 P.391
↓
カテドラーレ P.392
↓
カテドラーレ美術館 P.392
↓
スキファノイア宮殿 P.393
↓
コスタビーリ宮 P.393
↓
ディアマンティ宮殿 P.394

●カテドラーレ
住 Piazza Cattedrale
☎ 0532-207449
開 7:30～12:00
15:00～18:30
㊐㊗ 7:30～12:30
15:30～19:00

カテドラーレのファサード

サン・ジョルジョって誰?
聖ゲオルギウスとも呼ばれている。町を恐怖に陥れ、数々の生贄を平らげた竜はついに王女を生贄に要求。その竜を退治した話で知られる戦士の守護聖人。フェッラーラの守護聖人でもある。

●カテドラーレ美術館
住 Via San Romano
☎ 0532-244949
開 9:30～13:00
15:00～18:00
休 ㊊、1/1、1/6、復活祭の㊐、11/1、12/25、12/26
料 €6、65歳以上、大学生€3、18歳以下無料

静かな時の流れる美術館

●コルプス・ドミニ修道院
住 Via Pergolato 4
☎ 0532-207825
開 15:30～17:30
休 ㊏㊐㊗　料 喜捨

コルプス・ドミニ修道院

フェッラーラの守護神を祀る MAP P.390 A2

カテドラーレ ★★★

Cattedrale カテドラーレ

フェッラーラの守護聖人、サン・ジョルジョを祀り、12～14世紀のロマネスクの堅牢さとゴシックのエレガントさを併せもつ。2頭のライオンがバルコニーを支えるファサード(正面)の上部の三角破風には「最後の審判」、その下には町の守護聖人サン・ジョルジョ(聖ゲオルギウス)が刻まれている。正面右には町の創建者「フェッラーラのマドンナ」(ローマ時代の物)が鎮座している。内部はゴシックのフレスコ画で飾られ、時を経てもエステ家らしい華やかさで彩られている。主祭壇右には、ドメニコ・パリスによる15世紀の「サン・マウレリオ」、「サン・ジョルジョ」像がある。

カテドラーレ内部

カテドラーレの宝物を展示 MAP P.390 A2

カテドラーレ美術館 ★★

Museo della Cattedrale ムゼオ デル カテドラーレ

カテドラーレのやや南側、小さなサン・ロマーノ教会内にある。

見学は2階からだが、傑作が集中しているのは、1階中庭奥の展示室。1400年代のフェッラーラを代表する画家コスメ・トゥーラの傑作『サン・ジョルジョと竜』San Giorgio e il Drago、ヤコポ・デル・クエルチャの『ザクロの聖母』Madonna della Melagranaをはじめ、かつてのカテドラーレを飾った『12ヵ月の扉の彫刻』Porta dei Mesiもここに展示されている。無名のフェッラーラのマエストロの物だが、見事に季節の一場面を切り取ったゴシックならではの写実性がすばらしい。このほか、16世紀のタペストリーなどを展示。

『ザクロの聖母』

町の統治者エステ家の墓所 MAP P.390 B2

コルプス・ドミニ修道院 ★

Monastero del Corpus Domini モナステロ デル コルプス ドミニ

ロメイの家のすぐそばにある、エステ家の墓所。最後にアルフォンソ・デステに嫁ぎ、この地で生を終えたルクレツィア・ボルジアもここに眠る。外観は修道院らしい質素なれんが造りの建物だが、イタリアの各地の名家の墓所と同じく、内部は大理石を使った豪華な墓地である。

美しく飾られたエステ家の別荘 MAP P.390 B2

スキファノイア宮殿 ★★★

Palazzo Schifanoia パラッツォ スキファノイア

かつてのエステ家の別荘で現在は**市立ラピダリオ美術館** Civico Lapidario。一番奥の「**12ヵ月の間**」には、フランチェスコ・デル・コッサとコスメ・トゥーラらが壁いっぱいにフレスコ画を描き、まだ彩色濃く残っている（10〜2月欠損）。

美しいルネッサンス絵巻

広い壁面を縦に12分割し、さらに横に3分割して各月が描かれている。上段：「神の世界」。各月を司る異教の神が凱旋車に乗り、周囲には神話や日常生活のシーン。中段：「12宮(星座のシンボル)」。下段：「人間界」。神に影響される人々と宮廷の季節ごとの生活。注文主であるボルソ・デステは栄光の智として描かれ、占星学を科学として楽しんだエステ家宮廷の趣味が色濃い。町の人一番の、お気に入りの見どころ。

幾重にもアーチを描く中庭は必見 MAP P.390 B2

コスタビーリ宮 ★

Palazzo Costabili di Ludovico il Moro パラッツォ コスタビーリ ディ ルドヴィーコ イル モーロ

内部は、ガローファロ(ベンベヌート・ティージ)によるフレスコ画で飾られている。また考古学博物館としての収蔵品も充実しており、紀元前5〜6世紀の金の指輪やネックレス、琥珀(こはく)コレクション、ギリシア・エトルリアの彩色陶器など、見応えがある。宮殿および中庭も、ルネッサンス様式の逸品であるとされ、特に中庭の美しさは有名である。

中世が息づく MAP P.390 B2

ヴォルテ通り ★

Via delle Volte ヴィア デッレ ヴォルテ

町の南側にある小路で、かつてはこの通りのすぐ脇をポー川が流れていた。狭い小路を見上げると、通りを挟んだ建物をアーチ状の屋根付きの渡り廊下が結び、それが幾重にも続く、珍しい風景が広がる。中世の主要道路のひとつで、その面影を今もよく残している。都市計画された町を見た目にはどこか新鮮。

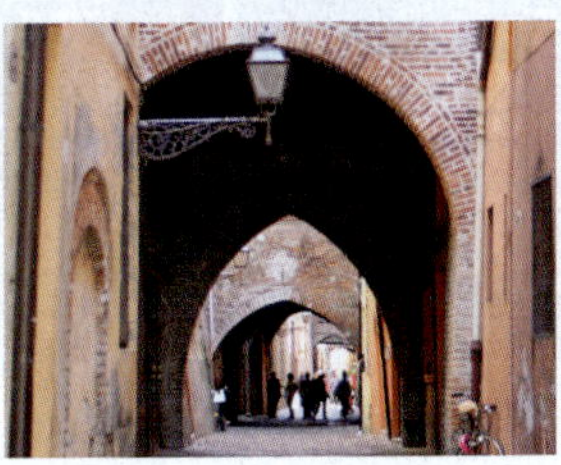

頭上に家を結ぶ渡り廊下が通る

お得な共通入場券

MYFE-Ferrara tourist card
ほぼすべての美術・博物館や見どころが無料。滞在税が免除され、コムナーレ劇場などのコンサート、タクシーなどでも割引を受けられる。
購入はエステンセ城、カテドラーレ美術館などの切符売り場で。
2日券 €10
3日券 €12
6日券 €18
問い合わせ☎0532-224949

●スキファノイア宮殿 市立ラピダリオ美術館
住 Via Scandiana 23
☎ 0532-244949
開 9:30〜18:00
休 ㊊
料 €3、65歳以上€2、18歳以下無料

●コスタビーリ宮 (国立考古学博物館)
住 Via XX Settembre 124
☎ 0532-66299
開 9:30〜17:00
休 ㊊、1/1、5/1、12/25
料 €6、18〜25歳€3、18歳以下無料
※第1㊐無料

二層の列柱のアーチが美しいコスタビーリ宮

✉ **フェッラーラの荷物預け**
fs駅前から3Cのバスで7〜10分。ディアマンテ宮殿近くのバス停下車。バスで来た道を50mほど戻ったバス停と反対側にあるStudent's Hostel Estenseで預かってくれます。1個1時間€1(割引の可能性あり)
URL www.ostelloferrara.it
住 Corso Biagio Rossetti 24
☎ 0532-201158
(大阪府 チャオK.K '11)

✉ **夜のフェッラーラ観光**
夜になるとエステンセ城、カテドラーレなど町中がライトアップされ、幻想的で本当に美しい。なかでも、ヴォルテ通りは息をのむほどでした。ただ、人通りがまったくなくて少し怖かった。
(HIROKI-H '12)

●国立絵画館
（ディアマンティ宮殿内）
住 Corso Ercole I d'Este 21
☎ 0532-244949
開 火水　8:30～14:00
木　8:30～19:00
金～日 13:30～19:00
休 月、1/1、5/1、12/25
料 €4
※第1日無料

カットされたダイヤをはめ込んだようなディアマンティ宮殿

四角錐に刻まれた外観が目を引く　MAP P.390 A2

ディアマンティ宮殿 ★

Palazzo dei Diamanti　パラッツォ デイ ディアマンティ

都市計画を推進したエルコレ1世が拡張・整備した新市街の中心軸のエルコレ1世通りに建つ。1万2500個の大理石で造られたファサードが、太陽にキラキラ光るのが、まさにダイヤモンドのようなので、この名があるという。内部はフェッラーラ派の作品を揃えた**国立絵画館**Pinacoteca Nazionaleとなっている。

必見はコスメ・トゥーラの（入口からふたつ目の展示室）の**『聖マウレリオの殉教』**Martirio di San Maurelio、**『聖マウレリオの審判』**Giudizio di San Maurelio。ふたつの円形画はかつて祭壇のプレデッラ（裾絵）だった物。すぐ近くにおかれた彼の工房による**『天文の女神ウラニア』**La Musa Urania、**『天の女神ヘラ』**La Musa Eratoは憂いと不機嫌さを特徴的に描く、彼の個性が感じられる。多数のガローファロの作品をはじめ、カルパッチョなどを展示。

Ristorante & Hotel　フェッラーラのレストラン&ホテル

パスタの「きしめん」フェットチーネは、北イタリアではタリアテッレと呼ばれ、フェッラーラで生まれたとされている。エステ家に嫁いできたルクレツィア・ボルジアは髪を結わず金髪を流すのを好んだので、婚礼の宴のためにこの金髪のような形と色をしたフェットチーネが考案されたといわれている。

ドン・ジョヴァンニ　Don Giovanni　P.390 A2

野菜にこだわる名店
自家農園の野菜や季節の素材を生かし、伝統的煮込み料理から洗練された魚料理まで味わえる。ミシュランの1つ星。隣接する同経営のカジュアルなラ・ボルサもおすすめ。 要予約

住 Corso Ercole I d'Este 1（建物内中庭）
☎ 0532-243363
営 12:30～14:30、19:30～22:30　休 日夜、月、8/1～8/20頃　予 €60～100（コペルト€5）、定食€55、75　C A.M.V.

アル・ブリンディシ　Al Brindisi　P.390 A2

ヨーロッパ最古の店
1435年にはすでに存在したという歴史あるエノテカ。気取らない雰囲気のなか、昔ながらの伝統的料理が味わえる。料理と数種のグラスワインがセットになった定食もおすすめ。

住 Via degli Adelardi 11
☎ 0532-473744
営 11:00～24:00
休 月、1月の下旬10日間
予 €18～50（コペルト€2）、定食€15～50
C A.D.M.V.

★★★★ フェッラーラ　Hotel Ferrara　P.390 A2

エステンセ城が望める
カステッロの入口脇にあるガラスを多用したモダンな外観のホテル。1900年代初頭の建物を利用した内部はクラシックと現代が溶け合い、落ち着いた雰囲気。郷土料理が楽しめるレストラン併設。
URL www.hotelferrara.com

住 Largo Castello 36
☎ 0532-205048
Fax 0532-242372
SB €71/143
TB €89.10/208
室 58室　朝食込み W-F
C A.D.J.M.V.

★★★ デ・プラーティ　Hotel De Prati　P.390 A2

静かなプチホテル
カステッロからディアマンテ宮へ向かう通りから小路に入った所にある静かで愛らしいプチホテル。古きよき伝統と懐かしい雰囲気がいっぱい。
読者割引 3泊以上で右記URLからの直接予約で10%

URL www.hoteldeprati.com
住 Via Padiglioni 5
☎ 0532-241905
Fax 0532-241966
SS €60/85　TS €85/120
JS €120/140
室 16室　朝食込み W-F
休 12/21～12/28　C A.D.J.M.V.

★ アルベルゴ・アルティスティ　Albergo Artisti　P.390 B2

節約旅行者にうれしい
安いわりに清潔で、節約旅行者におすすめ。町を見下ろすバルコニー付きの部屋もあり。無料の貸し自転車あり。カテドラーレ近くのVia S. Romanoを下った所。駅からバスNo.2、3Cで。

読者割引 3泊以上で S €25 T €45 TS €55に
URL www.albergoartisti.it
住 Via della Vittoria 66
☎ 0532-761038
S €28　T €50　TS €60
室 20室　朝食なし W-F
C 不可

※フェッラーラの滞在税　YH€0.50　★€1　B&B、★★€1.50　★★★€2　★★★★€2.50　★★★★★€3　18歳以下免除

Ravenna
ラヴェンナ

世界遺産

サン・ヴィターレ聖堂後陣のモザイク

モザイク美術の宝庫ラヴェンナは、ヴェネツィアの南、約150kmに位置する、人口16万弱の町。アドリア海に面した、ビザンチン美術の花咲いた古都である。漆黒の夜空に満天の星が煌(きら)めくような荘厳なモザイクは古代から多くの人を魅了し、ダンテもダヌンツィオもその美しさを詩に歌った。イタリア観光のメインルートから外れているが、ビザンチン美術に興味のある人には、ラヴェンナを抜きにしてはモザイクを語れないほどに重要な町。ヨーロッパに残る最も完成された**ビザンチン文化**(モザイク)は町のあちこちに残っている。

●郵便番号　48100

世界遺産

ラヴェンナの初期キリスト教建築群
登録年1996年　文化遺産

ラヴェンナへの行き方

fs線でボローニャからラヴェンナ、アンコーナ行きのRVで約1時間、R(直通)で59分～1時間24分。直通は15分～1時間に約1便。FerraraまたはFaenzaで要乗り換えでRV、R(またはバスの代行)で1時間31分～2時間11分。

●ラヴェンナの歩き方

サン・ヴィターレ聖堂 P.397
↓
ガッラ・プラチーディアの廟 P.397
↓
ネオニアーノ洗礼堂 P.398
↓
サンタポッリナーレ・イン・クラッセ聖堂 P.398

中心街のⓘIAT
住 Piazza Caduti per La Libertà 2
☎ 0544-35404
開 4/1～10/31 8:30～19:00
　日祝 9:30～17:30
　11/2～3/31 8:30～18:00
　日祝 10:00～16:00
休 無休 地 P.395 B1

テオドリック王の廟近くのⓘ
住 Via delle Industrie 14
☎ 0544-451539
開 4～9月 9:30～12:30
　15:30～18:30
　10～3月 9:30～15:30
休 1/1、12/25
地 P.395 A2

●ダンテの墓
住 Via Dante Alighieri
☎ 0544-30252
開 夏季10:00～20:00
　冬季10:00～16:00
休 1/1、12/25
地 P.395 B1

●サンタポッリナーレ・ヌオーヴォ聖堂
住 Via di Roma
☎ 0544-541688
開 4/1～9/30 9:00～19:00
　10月、3月 9:30～17:30
　11/1～2/28 10:00～17:00
休 1/1、12/25
料 共通券 €9.50
地 P.395 B2

ラヴェンナの歩き方

向かって左側に『22人の聖女たち』右側に『26人の殉教者』が描かれる、サンタポッリナーレ・ヌオーヴォ聖堂内部

ラヴェンナの鉄道駅は、町の東側のファリーニ広場Piazza Fariniにある。駅前から街路樹の美しい大通りViale Fariniを500mほど西に歩くと、町の中心**ポポロ広場**Piazza del Popoloに突き当たる。この一角に8本の花崗岩の柱で支えられた**ヴェネツィア小宮殿**Palazzetto Venezianoがある。15世紀の建築だが、柱頭は6世紀の物。ラヴェンナを支配したゴート族のテオドリック王のモノグラムが刻まれている。宮殿右側の建物がラヴェンナの**市庁舎**。広場にそびえる2本の円柱には、ラヴェンナの守護聖人、聖アポッリナーレと聖ヴィターレの像が置かれ、町を見下ろしている。

ラヴェンナの見どころは、このポポロ広場周辺500m四方の所に集中しているので徒歩で十分だ。ラヴェンナ観光のハイライト、モザイク鑑賞のためにまず訪れたいのは、**サン・ヴィターレ聖堂**と同じ敷地内にある**ガッラ・プラチーディアの廟**。ポポロ広場から北に走る11月4日通りVia IV Novembreを行き、突き当たりの広場を左折し、最初の直交する道を北に行くと、サン・ヴィターレ通りVia S. Vitaleにぶつかる。これを左折すると教会の建物が見える。

この町はフィレンツェを追われた**ダンテ**の終焉(しゅうえん)の地として知られるが、彼はこの地で書き上げた『**神曲**』のなかで、町の宝であるモザイクを称賛し、「**色彩のシンフォニー**」と記した。サン・フランチェスコ教会の**ダンテの墓**には灯明が絶えることがないが、この油はダンテを追放したフィレンツェから奉納され続けているという。

もうひとつの観光ポイントは、駅への帰路に寄りたい**サンタポッリナーレ・ヌオーヴォ聖堂**Basilica di S. Apollinare Nuovo。起源は古く、6世紀の初めにゴート族の王、テオドリックによって王宮教会として建てられた。内部は簡素だがコリント式の柱の上部をびっしり飾る**モザイク**がすばらしい。左側は**東方三賢王と22人の聖女たちが聖母子に貢物をささげる図**。右側は**貢物を手にした26人の殉教者が、テオドリック王の宮殿からキリストのもとに向かう図**。聖人の威厳と存在感には、見る者も緊張を強いられる。

歴史

●ローマ時代からの歴史を紡ぐ町

ラヴェンナが歴史上、脚光を浴びるようになったのは、402年。ローマ帝国が東西に分裂した後、北方からのゴート人の侵略に対抗するため、西ローマ帝国のホノリウス帝がラヴェンナに都を移してからだ。ラヴェンナはポー川流域の沼沢地に、地中に多くの杭を打ち込んで造られた町であった。

ホノリウス帝と彼の妹、ガッラ・プラチーディアが町の基礎を築いたが、その後の東ゴートの王らもこの都づくりに参加した。540年には、コンスタンチノープルに都を定めていたビザンチン帝国の手でゴートの王が追放され、名帝**ユスティニアヌス**の保護の下、繁栄が続いた。

ラヴェンナの見どころ

壮大な空間に圧倒的モザイクが輝く　MAP P.395 A1

サン・ヴィターレ聖堂 ★★★

Basilica di San Vitale　バジリカ ディ サン ヴィターレ

後陣左には、『アブラハムのもてなしとイサクの犠牲』

サン・ヴィターレ聖堂は、548年建立の古い歴史をもつ八角形の建物。外観はシンプルだが、内部のモザイクの装飾には圧倒される。とりわけ主祭壇左側の壁面上部に描かれた**『ユスティニアヌス帝が宮廷人を従えた図』**とその向かいの**『テオドラ妃と随臣・侍女たちの図』**は、金色のバックに鮮やかなコントラストで見事のひと言に尽きる。聖書のエピソードやキリスト像の間には、自然の景観や動物などがほどよく配置され、調和の取れた美しさは時が経つのを忘れさせる。

傑作『テオドラ妃と随臣・侍女たちの図』

サン・ヴィターレ聖堂に隣接して**国立博物館**Museo Nazionaleがあり、東方の影響を受けたビザンチン文化にふさわしいイコンや象牙、織物、ビザンチンの浮き彫りなどのコレクションがある。

モザイクで包まれた小さな廟　MAP P.395 A1

ガッラ・プラチーディアの廟 ★★★

Mausoleo di Galla Placidia　マウソレオ ディ ガッラ プラチーディア

5世紀の半ばにホノリウス帝の妹で、皇帝とともにラヴェンナの基礎を作ったガッラ・プラチーディアによって建てられた、こぢんまりとした十字架型の建物。ここのモザイクは色調のバラエティに富んでいることで有名。絶妙な構図の**『よき羊飼いの図』**や**『水盤から水をのむ白い鳩の図』**は名高い。

『よき羊飼いの図』

丸天井は、満天の星を思わせる深い青に金色の石片が埋められ、窓から差し込むやわらかい光線によって、この世の物とは思えぬほどの世界が広がる。

サン・ヴィターレ聖堂

お得な共通入場券

共通券Biglietto Unico Cumulativo

①**Ravenna Visit Card**
サン・ヴィターレ聖堂、ガッラ・プラチーディアの廟、サンタポッリナーレ・ヌオーヴォ聖堂、ネオニアーノ洗礼堂と大司教博物館との共通券€9.50、7日間有効。

②**Romagna Visit Card**
国立博物館、サンタポッリナーレ・イン・クラッセ聖堂の共通券€9.50。さらにテオドリック王の廟をプラスで€12。1年間有効。

✉ 共通券売り場はどこ？

サン・ヴィターレ聖堂手前のVia Argentarioにブックショップがあり、そのなかに切符売り場があります。ブックショップは広々としており、モザイクに関するグッズが充実しています。（AIDA　'15）
各見どころにも切符売り場が併設され、共通券も購入可。
（東京都　日名子　'16）

●国立博物館
住 Via Fiandrini
☎ 0544-543711
開 8:30～19:30
休 ㊊、1/5、5/1、12/25
料 €8
※切符売り場はVia S.Vitale 17

●サン・ヴィターレ聖堂
ガッラ・プラチーディアの廟
住 Via San Vitale 17
☎ 0554-215193
開 4/1～9/30　9:00～19:00
10月、3月　9:00～17:30
11/1～2/28　9:30～17:00
休 1/1、12/25
料 共通券€9.50
※㊐10:00～12:00はミサのため拝観不可
※3/1～6/15はガッラ・プラチーディアの見学には共通券に€2の追加料金が必要。同期間の団体見学は予約義務

外観は簡素なガッラ・プラチーディアの廟

●ネオニアーノ洗礼堂
住 Piazza Duomo/
Piazza Arcivescovado
☎ 0544-541688
●大司教博物館と
サンタンドレア礼拝堂
住 Piazza Arcivescovado
☎ 0544-541688
開 4/1～9/30　9:00～19:00
10月、3月　9:30～17:30
11/1～2/28　10:00～17:00
休 1/1、12/25
料 共通券　€9.50
●サンタポッリナーレ・イン・
クラッセ聖堂
住 Via Romea Sud. Classe
☎ 0544-473569
開 夏季8:30～19:30
冬季8:30～17:00
休 1/1、5/1、12/25
料 €6.50
駅前から道を渡ったバス停から4番のバスで。所要約15分、切符€1.30、60分有効(車内購入€2)、平日約20分間隔の運行、㊐㊗1時間間隔。帰路の最終は平日19:30頃、㊐㊗19:00頃。
※バスの切符は駅内のバス案内所や構内のバールで往復分の購入を。

クラッセ聖堂へ行くなら

町から約15分、大きな聖堂が見えたら次のバス停で下車。帰りは聖堂を出て右に曲がるとバス停があります。実はラヴェンナのひとつ先の駅(アンコーナ方面)がクラッセ駅です。ラヴェンナからリミニなどへ向かう場合は列車利用が便利です。
(在英国　美術史博士)['16]
fs線でラヴェンナ駅からリミニ方面へ1駅で所要約5分。切符往復€1.50×2はラヴェンナで購入しておきましょう。駅は無人で現地での情報入手は無理。駅からはリミニ方向へ進むと、聖堂裏手に出ます。
(岐阜県　千葉慎一　'15)
自然豊かな風景のなかにあるすばらしい聖堂です。わざわざ行く価値ありです。(Makiko　'16)

印象的な十二使徒が見守る

MAP P.395 B1

ネオニアーノ洗礼堂／大司教博物館 ★★

Battistero Neoniano　バッティステロ ネオニアーノ
Museo Arcivescovile　ムゼオ アルチヴェスコヴィーレ

ポポロ広場の南西にある八角形の5世紀の建物。円天井の、強烈な色彩を大胆に使ったモザイクは圧巻。キリストの洗礼と十二使徒がモチーフになっている。近接するドゥオーモDuomoは18世紀の建立。大司教博物館にある、マクシミアヌスの司教座は象牙の浮き彫り椅子で6世紀の物で、ビザンチン工芸を代表する作品として有名。ブルーの天井にはめこまれた金色の十字架や聖人を描いた、大司教博物館内のサンタンドレア礼拝堂のモザイクも必見。小さいがラヴェンナでも指折りの美しさを持った作品。

円天井のモザイクが圧巻

緑に包まれ清澄な時の流れる

MAP P.395 B2外

サンタポッリナーレ・イン・クラッセ聖堂 ★★★

Basilica di Sant' Apollinare in Classe　バジリカ ディ サンタポッリナーレ イン クラッセ

町の南5kmの野原のなかにある。6世紀半ばに建てられ、ラヴェンナのビザンチン教会建築として最も見事な物。内陣を飾る『聖アポッリナーレと十二使徒を表す羊』のモザイクは、素朴な構図ながら鮮やかな色彩がみずみずしい。

聖堂内部も美しい

後陣には、聖アポッリナーレと12人の信者たちの象徴である羊が描かれる

初期キリスト教期の芸術、モザイク

ラヴェンナのモザイクが作られた6世紀の中頃は、イタリア半島にキリスト教が布教された時期と異なるが、モザイクのテーマも聖書の中のエピソードや教会ゆかりの聖人の業績が中心になっている。ギリシアやトルコで数多く見られるビザンチン文化が、ラヴェンナで見事な開花を見せたのはちょっと不思議だが、東ローマ帝国の影響を受けたラヴェンナの歴史をみれば、あながちおかしくもない。ラヴェンナのビザンチン文化はここからヴェネツィア、ローマ、シチリアへと受け継がれていったが、石片(テッセラ)を埋めて作るという特徴を生かしきった力強い美しさで、ラヴェンナの右に出るモザイクはない。

今、かつての宮殿は残されていないが、小さなこの町にはビザンチンの教会がびっしり詰まっている。ビザンチン様式の教会は、外側は簡素で見落としてしまいがちだが、内部のモザイクのカラフルな豪華さには圧倒されること間違いない。

いにしえをしのぶ堂々たるたたずまい MAP P.395 A2

テオドリック王の廟 ★
Mausoleo di Teodorico　マウソレオ ディ テオドリコ

テオドリック王の廟

520年頃テオドリック王が建造した要塞のような霊廟（れいびょう）。直径11mのドームはイストリア産の一枚岩から彫り出されている。内部はまったく飾り気がなく、ロマネスクの水盤が棺として置かれている。

●テオドリック王の廟
住 Via delle Industrie 14
☎ 0544-684020
開 夏季8:30～18:30
冬季8:30～16:00
休 1/1、12/25
料 €4

✉ ラヴェンナ観光
モザイク画は本当に美しかった!! 小さな町なので、早足なら半日の観光で十分だと思います。サン・マリノやフェッラーラとセットにするとよいのでは?
(HIROKI-H '12)

Ristorante & Hotel ラヴェンナのレストラン&ホテル

駅近くは、少し雑然とした雰囲気だが、ポポロ広場周辺まで歩くと雰囲気が一変。レストランやカフェは旧市街で探せる。駅近くのホテル2軒はよい。レストランはできれば予約が望ましい。

アル・ガッロ 1909
Antica Trattoria al Gallo 1909 P.395 A1外

町一番の歴史ある店
国立博物館から西へ約400m。1909年から続く家族経営のエレガントな店。野菜をふんだんに使った郷土料理がお得意。季節にはトリフ料理も味わえる。町の人に大人気の店。 できれば予約

住 Via Maggiore 87
☎ 0544-213775
営 12:15～14:30、19:15～22:00
休 ㊐夜、㊊㊋、復活祭、クリスマス
予 €25～45(コペルト€3)、定食€40 C A.M.V.

ラ・ガルデラ
La Gardèla P.395 A1

郷土料理を味わうなら
ゆったりとしたクラシックな雰囲気でエミリア・ロマーニャ料理が味わえる一軒。町の中心に位置し、観光の途中に利用するのにも最適。地元の人に愛されてきた店。
できれば予約

住 Via Ponte Marino 3
☎ 0544-217147
営 12:00～15:00、19:00～24:00
休 ㊍、1/20～1/30、6/20～6/30
予 €18～35
C A.D.M.V.

ラ・カ・デ・ヴァン
La Cà de Van P.395 B1

天井の美しい歴史ある店
✉ ワインバーとレストランが一緒になっていて、ワインバーで30分ほど立ち飲みをした後にレストランに案内してくれました。ロマーニャ・ワインの品揃えが豊富で、食事もサービスもよく、値段も手頃でした。
(在ジュネーブ コウイチロウ '15)['16]

できれば予約
住 Via Corrado Ricci 24
☎ 0544-30163
営 11:00～14:15、18:30～23:00
休 ㊊
予 €20～45
C A.M.V.

★★★★ NHラヴェンナ
NH Ravenna P.395 A2

安心のチェーンホテル
駅正面の大通りを200mほど進んだ右側。観光にも便利な立地。明るい室内はシンプルだが、設備は使い勝手がよい。レストラン併設。
URL www.nh-hotels.com

住 Piazza Mameli 1
☎ 0544-35762
Fax 0544-216055
SS €66.60/185
TS €84/240
室 80室 朝食込み W-F
C A.D.J.M.V.

★★★ イタリア
Italia P.395 B2

fs駅そばで便利
駅から約200m、郷土料理が味わえるレストランも併設されている便利なホテル。近年の改装で、より機能的に。無料の駐車場あり。
URL www.hitalia.it

住 Viale Pallavicini 4/6
☎ 0544-212363
Fax 0544-217004
SS €64/110
TS €94/160
室 44室 朝食込み W-F
C A.D.J.M.V.

★★★ チェントラーレ・バイロン
Hotel Centrale-Byron P.395 B1

町の中心、観光に最適
ポポロ広場の北側にある、こぢんまりとした落ち着いたホテル。主要な見どころにも近い。
URL www.hotelbyron.com

住 Via Ⅳ Novembre 14
☎ 0544-212225
Fax 0544-34114
SS €60/80 TS €72/90
TB €85/110 3B €100/130
室 52室 朝食込み W-F
休 1月中旬～2月
C A.D.J.M.V.

オステッロ・ダンテ
Ostello Dante 地図外

YH 家族連れにもおすすめ
近代的なユース。門限23:30、近くにスーパーもある。受付時間14:30～23:00、門限23:30。各部屋は2～6人用。駅からバスNo.1または70で。
URL www.hostelravenna.com

住 Via A. Nicolodi 12
☎Fax 0544-421164
床 110ベッド
D €20/22 S €28
SS €28/29 TS 1人€26～28 朝食込み W-F
休 11/1～3/1
C J.M.V.

※ラヴェンナの滞在税 YH€1～2 ★～★★€1 B&B、★★★€2 ★★★★€3 ★★★★★€4 7泊まで

生ハム、パルミジャーノ、バルサミコ イタリア一、おいしいものが揃う州

パルミジャーノ・レッジャーノの生産地帯であることを示す看板

■エミリア・ロマーニャ州の料理

美食の町として名高いエミリア・ロマーニャ地方、おなじみのパルメザンチーズ、パルマの生ハムをはじめ、おいしい物がめじろ押しだ。

手打ちパスタがよく食べられるが、特に肉やソーセージ、生ハムの詰め物をした**指輪型のパスタTortellini**は有名だ。ミートソースやクリームであえたり、スープの浮き実にもしたりする。

パルマの生ハムのくせのない味は果物とも合う。メロンやイチジクとともに味わう

イタリア各地でお目にかかる、グローブほどもある大きな子牛の薄切りカツレツに生ハム、パルメザンチーズをのせた**Cotolette alla Bolognese**もここから生まれた物だ。辛口で調和のよい**赤ワインSan Giovese**を合わせてみたい。この地を代表する料理といえば、大きな塊の牛、子牛、豚、鶏、ソーセージなどをボイルした**ボッリート・ミストBollito Misto**だ。メニューにダル・カレッロ**dal carrello**とあれば、テーブルに大きなワゴンが運ばれ、目の前で切り分けてくれるのも楽しい。付け合わせには**モスタルダMostarda**（辛子のきいた果物の砂糖漬け）と**グリーン・ソースSalsa Verde**が決まりだ。

各種の手打ちパスタが並ぶメルカートが楽しい

おみやげ情報

●ワイン●

アルバーナ・ディ・ロマーニャ
Albana di Romagna ★★★
DOCG・白・辛口・甘口
甘口Amabileはデザートワインとして良品。甘口ワインのパッシートPassitoは秀逸の一品

ランブルスコ Lambrusco ★★
DOC・赤・ロゼ・辛口・半甘口・若飲み
半甘口は、赤いコカコーラの異称を取るが、おすすめは、辛口の赤

●みやげ物●

パルミジャーノ Parmigiano Reggiano
現地では、工場脇の直販所で入手したい

アンティークの絵入り書籍
日本に帰って額に入れて飾ろう。各町のアンティーク店などで、ページ単位で購入可

そして、イタリアのクリスマスや正月料理に欠かせないものが当地特産の**豚の足に詰め物をしたソーセージZampone**だ。ジャガイモのピューレやお金がたまるようにと縁起を担いでお金の形をしたレンズ豆**Lenticchie**を付け合わせる。日本のおせち料理のいわれを思い出すような一品だ。

さて、『デカメロン』の作者ボッカチオも書き残したという古い歴史をもつ**パルメザンチーズParmigiano Reggiano**についてひと言。台所のハズバンドなどと呼ばれ、イタリアの家庭ではパスタに肉料理にと欠かせない物である。

濃厚でリッチな味わいのエミリア・ロマーニャのパスタ

ワインのつまみにも最適だし、熟成の若い物はパンに挟んで食べてもオツなものだ。これは小さな物でも20kgを超すという大型のチーズで**最低2年の熟成**が義務付けられている。この味と香りはまさにイタリア料理の重大なエッセンスだが、その秘密は原料の牛乳にある。この名前を付けられるチーズは、4～11月に放牧して**緑の牧草を食べた牛のミルクからのみ作られた物**なのだ。同様のチーズである**Grana**はこの時期以外にできた物として、厳密に区分されている。

糸杉とブドウ畑が広がるトスカーナ州

トスカーナ州
Toscana

中部2州
Umbria e Marche

穏やかな丘陵地帯に広がる小麦畑、点在する糸杉の並木、丘の上の城郭都市と、どこを訪れてもとびきり美しいトスカーナ州。小さな町や村すべてが、数世紀前の繁栄の姿をそのままにとどめて旅人たちを迎え入れる。

ウンブリアは、イタリアのほぼ真ん中に位置する緑豊かな州。外国人大学で知られる州都ペルージャ、聖フランチェスコの町アッシジ、ドゥオーモの美しいオルヴィエートなどがあり、エトルリアの遺跡や中世の町並みがよく残っている州だ。

ルネッサンス期に、洗練された宮廷感覚でヨーロッパ中に名をはせ、またラファエッロ誕生の地でもあるウルビーノがあるのはマルケ州。州都アンコーナは重要な港湾都市である。

■トスカーナ州とその周辺に関するより詳しい情報は、『地球の歩き方Ⓐ12 フィレンツェとトスカーナ』をご覧ください。

Pisa

ピサ

世界遺産

緑の芝生と大理石の建築群が映えるドゥオーモ広場

●郵便番号　56100

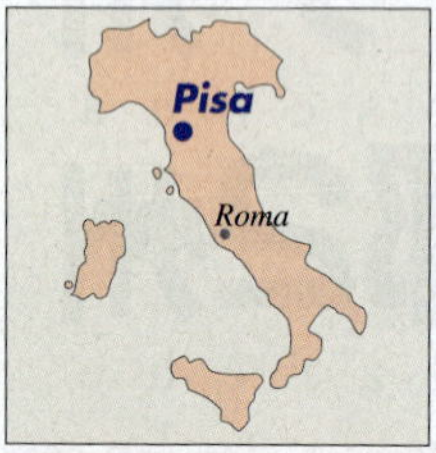

世界遺産

ピサのドゥオーモ広場
登録年1987年　文化遺産

ピサへの行き方

fs線でフィレンツェS.M.N.駅からピサ中央駅Pisa CentraleまでRで49分～1時間17分。10～15分に1便程度の運行。バスはLAZZI社利用で約2時間～3時間。

駅前広場からバスLAM ROSSAなどで斜塔のあるドゥオーモ広場へ。切符は往復分をあらかじめ購入のこと。

フィレンツェS.M.ノヴェッラ駅での乗車ホーム

S.M.N.駅では1～4番(通常のホーム奥)、または5～7番からの発車。

RとRVの切符

'16年夏からRとRVの切符は日にち指定が必要となった。前日などに切符購入する場合は注意を。打刻機に通すこともお忘れなく。

ドゥオーモ広場のi

住 Piazza Duomo 7
☎ 050-550100
開 9:00～17:30
地 P.403 A1
※各種市内ツアー実施
荷物預けあり。1個/1日€3～4
ビデオガイド(日本語あり、1時間30分)€5
ビデオガイド+見どころ共通切符あり
市バスの切符販売
※夏季の夜間開場、入場無料日(カンポサント11/1、11/2) などの情報は URL www.opapisa.it

市バスの切符

■70分券　€1.20
■120分券　€1.60
■240分券　€1.90
■1日券　€3.70
※車内購入は1回券€2

斜塔の町として、あまりにも有名だ。この斜塔、実は1173年の建設当時から地盤沈下のため毎年傾斜し続けていた。いつ倒れるかと、世界中の心配と好奇の的。実際、塔は身体が傾いてしまいそうな迫力で迫ってくる。広々とした緑の芝生の上に立ち、陽気な観光客が足を踏んばり、両手で斜塔を支えるポーズで、記念写真を撮っている。

ここでは斜塔ばかりがクローズアップされるが、かつては地中海の大海運国としてジェノヴァやヴェネツィアとその覇を競っていた町だ。当時は、近隣のルッカ、ピストイア、アレッツォなどを支配下におき、勇敢なピサの海の男たちは外国へも乗り出していったのだった。しかし13世紀末には、近隣の競争相手のジェノヴァやフィレンツェに圧倒され、ついにはフィレンツェ大公国の支配の下におかれることになった。当時のピサ大学で医学を学ぶガリレオが、斜塔で「落下の法則」の実験をし、ドゥオーモにつり下げられたランプから「振り子の等時性」を発見したというのは、あまりにも有名なエピソードだ(実際は違うらしいが)。それ以来、ピサ大学は、イタリア有数の科学と数学の伝統を誇っている。

ピサの歩き方

見どころは、アルノ川沿いにある**サン・マッテオ国立美術館**を除いて、すべて斜塔のある**ドゥオーモ(ミラーコリ)広場**に集中しているのでわかりやすい。駅の横のバスターミナルを起点にドゥオーモ広場へ向かおう。約2kmの道のり。徒歩の場合は、駅前広場から、V.エマヌエーレ2世広場を抜け、**クリスピ通り**Via F. Crispiを800mほど歩くと、橋の手前右側に名前のとおり何本も針(スピーナ)を立てたような小さな教会サンタ・マリア・デッラ・スピーナ教会が見えてくる。それを右に見て、アルノ川を渡ったら、植物園の緑を右に見て、**ローマ通り**Via Romaを1kmも行けば着く。徒歩で約30分の道のりだ。駅前広場からバスを利用すれば10～15分で到着だ。

ピサの斜塔、頂上まで登ってみよう

みやげ物屋が軒を連ねているドゥオーモ広場で、右側に傾いた

A11 ルッカへ
A12 ヴィアレッジョ、ジェノヴァへ
1
2
A
B
C
コンテッサ・マティルデ通り
Via Contessa Matilde
P.le Griffi
Via C. Cammeo
Via Niccolini
カンポサント
Camposanto
切符売り場
洗礼堂
Battistero
ドゥオーモ
Duomo
斜塔（鐘楼）
Torre Pendente(Campanile)
ドゥオーモ/ミラーコリ広場
P.za del Duomo/
P.za dei Miracoli
ドゥオーモ付属美術館
Museo dell'Opera del Duomo
P.za Manin
P.ta S. Maria
切符売り場
シノピエ美術館
Museo delle Sinopie
切符売り場
サンタ・キアーラ病院
ボナンノ・ピサーノ通り
Via Bonanno Pisano
ガリバルディ競技場
Campo Sportivo Garibaldi
Via di S. Stefano
Via Luigi Bianchi
Via Lucchese
国道12号線 S12
P.ta a Lucca
マッフィ通り Via Card. Maffi
Pal. Arcivescovile
ローマ時代の浴場跡
V. Fedeli
サン・ゼノ通り V. S. Zeno
V. Capponi
V. S. Giuseppe
V. S. Caterina
サンタ・カテリーナ教会
S. Caterina
P.za Martiri d. Libertà
カルドゥッチ通り V. Carducci
Via d. Faggiola
V. Martiri
植物園
Via Roma
オステリア・デイ・ミッレ
Osteria dei Mille
V. d. Mille
Via S. Maria
大学病院
Via Salvi
Pal. dell'Orologio
カヴァリエーリ宮
Pal. dei Cavalieri
Via Consoli d. mare
Via S. Lorenzo
カヴァリエーリ広場
P.za dei Cavalieri
サント・ステーファノ騎士教会
S. Stefano dei Cavalieri
V. Fucini
サン・フランチェスコ教会
S. Francesco
Via Derna
自然史博物館
V. Volta
ガリレオ研究所
サンタ・マリア通り
V. Paoli
V. S. Frediano
V. Dini
ラ・クレシッドラ
La Clessidra
サン・フランチェスコ通り
V. Sighieri
Via Risorgimento
S. Frediano
V. Tavoleria
P.za Dante
大学
V. 29 Maggio
オステリア・デイ・カヴァリエーリ
Osteria dei Cavalieri
Borgo Stretto
サン・ミケーレ・イン・ボルゴ教会
S. Michele in Borgo
S. Paolo all'Orto
Via Trieste
V. Trento
S. Nicola
P.za Carrara
Pal. Upezzinghi
Pal. Agostini
P.za Garibaldi
V. Cavour
V. Palestro
P.za d. Repubblica
裁判所
Via E. Fermi
旧王宮博物館
Lungarno Pacinotti
パチノッティ通り
P.za Solferino
Via Volturno
P.za Cairoli
メディチェオ通り
Lungarno Mediceo
メッツォ橋
P.te di Mezzo
P.za XX Settembre
サンタ・マリア・デッラ・スピーナ教会
S. Maria della Spina
Pal. Gambacorti（市役所）
Logge di Banchi
アルノ川 Arno
Pal. Toscanelli
P.za Mazzini
ソルフェリーノ橋
P.te Solferino
ガレー船造船所跡
古代船博物館
Lungarno Simonelli
Lung. Gambacorti
P.za Saffi
Via S. Antonio
V. Nunziatina
Via S. Martino
S. Sepolcro
サン・マッテオ国立美術館へ
V. Mario
Via G. Mazzini
Lungarno Sonnino
クリスピ通り
Via S. Paolo
Lungarno Galilei
ACI
Via P. Gori
V. d. Tinta
サン・パオロ・ア・リーパ・ダルノ教会
S. Paolo a Ripa d' Arno
Via Fr. Crispi
Corso Italia
S. Maria del Carmine
サン・マルティーノ教会
S. Martino
P.ta a Mare
Via F. Niosi
V. Manzoni
V. D'Azeglio
Via Sancasciani
V. Ceci
Via G. Bovio
V. Romiti
イタリア通り
Via F. Turati
Via G. Bruno
V. Zerboglio
V. Lavagna
G.マッツィーニ最期の家
LAZZI
P.za S. Antonio
ビクシオ通り
V. N. Bixio
P.za Toniolo
サン・ガッロ稜堡
ACIT
P.za Vittorio Emanuele II
バッティスティ通り
V. Cesare Battisti
県庁
V. le B. Croce
P.za Guerrazzi
ボナイーニ通り
V.le F. Bonaini
Viale Gramsci
V. Puccini
テルミヌス&プラザ
Terminus&Plaza
NH ピサ
NH Pisa
P.za Stazione
ドゥオーモ広場行バス乗り場
Via d. Spina
Via A. Vespucci
Via Fratti
V. Da Buti
カッターネオ通り V. C. Cattaneo
N
200m
トレニタリア ピサ中央駅
Staz. Pisa Centrale
バス切符券売機
Via Corridoni
フィレンツェへ S67
ローマへ S1
へ4km
ピサ
Pisa

ドゥオーモ広場への行き方
中央駅前のNHホテル前からバスLAM ROSSAのTorre-S. Jacopo行きでVia Cammeo/Piazza Maninで下車。平日約10分ごと、㊐㊗約25分ごとの運行。No.4ならPiazza Arcivescovile下車。夜間便No.21の場合はLAM ROSSAと同じ停留所下車。いずれも所要10～15分。ROSSAは循環路線で空港、中央駅、ドゥオーモ広場を結んでいる。逆方向に乗らないようにご注意を。

ドゥオーモ広場周辺の共通入場券
4種類あり、洗礼堂、カンポサント(納骨堂)、ドゥオーモ付属博物館('16年11月現在、修復のため休館中)、シノピエ美術館から選択。
■1ヵ所券　€5(ドゥオーモは除く)
■2ヵ所券　€7(10)
■3ヵ所券　€8(15)
切符の購入は各見どころではなく、シノピエ美術館、斜塔北側の斜塔切符売り場で。( )内は本来の料金。'16年11月現在、割引料金を提示。

切符売り場

開 4～9月	8:00～19:30
6/16	8:30～17:00
6/17～8/31	8:30～21:30
10月	8:30～18:30
11月・2月	9:15～17:15
11/1	9:00～17:30
12月～1月	9:30～16:30
12/21～1/6	9:30～18:30
3月	8:30～17:30
3/23～3/29	8:30～18:30

●斜塔
住 Piazza del Duomo 17
☎ 050-560547

開 4～9月	9:00～20:00
6/16	8:30～17:30
6/17～8/31	8:30～22:00
10月	9:00～19:00
11月・2月	9:45～17:15
11/1	9:00～18:00
12月～1月	10:00～17:00
12/21～1/6	9:00～19:00
3月	9:00～18:00
3/23～3/29	9:00～19:00

※入場は閉場30分前まで
料 €18(予約料込み)
休 無休
予約申し込みは、URL www.opapisa.itで。希望日の20～1日前までの受け付け。当日券はドゥオーモ広場、斜塔近くのOpera Primaziale Pisanaでも販売。なるべく早めに、購入しよう。
※見学は1回40人まで、ガイド付きで所要約35分。階段251段で頂上のテラスまで行くことができる。8歳以下の見学不可。カメラなどを除き、荷物はクロークに預けなくてはならないので、指定時間前に集合場所へ。

建物が、有名なピサの斜塔。そのすぐ左に大きく白く建つのがドゥオーモ、つづいて、円型の建物が洗礼堂だ。この広場奥が、芝生の美しい納骨堂カンポサントだ。広場に面したみやげ物屋の並ぶ通りには、フレスコ画の下絵であるシノピアを収めた珍しいシノピエ美術館Museo delle Sinopieもある。ドゥオーモ広場の次に目指すはサン・マッテオ国立美術館だ。ここには古い歴史の面影の残る、カヴァリエーリ広場を抜けていくことをおすすめしたい。ドゥオーモ広場の斜塔を左に見てVia S. Mariaを進んで、途中からVia dei Milleを左(東)に入るとカヴァリエーリ広場だ(約7～800m)。ピサの歴史の中心ともいえるこのあたりには、美しい16、17世紀の建物が当時さながらに残されている。ここから中世の雰囲気の残るストレット通りBorgo Strettoを抜けて、メディチェオ通り沿いにあるサン・マッテオ国立美術館をめざそう。

カヴァリエーリ広場に建つ、カヴァリエーリ宮

ピサの見どころ

ピサのシンボル　MAP P.403 A1

斜塔(鐘楼) ★★★
Torre Pendente (Campanile)　トッレ ペンデンテ(カンパニーレ)

白大理石の美しい柱列で囲まれた斜塔は、ドゥオーモの付属鐘楼として、この町生まれの建築家ボナンノ・ピサーノの手により1173年に着工された。傾いたこの塔の高さは北側で55.22m、南側で54.52mとその差は70cmだ。手すりもない傾いた塔を、251段の階段で屋上まで登ると、スリルのあとにすばらしいピサの風景が見渡せる。周囲の緑の芝生と光輝くドゥオーモや洗礼堂のコントラストもすばらしく、遠くにはピサの町並みが続く。倒壊を防ぐ工事が長期にわたって続けられていたが、2001年12月より再公開された。

白く輝く壮大な聖堂　MAP P.403 A1

ドゥオーモ ★★
Duomo/Cattedrale　ドゥオーモ/カテドラーレ

ピサ・ロマネスク様式の最高傑作。1068年から50年の歳月をかけて建てられ、柱列の並ぶ白大理石の大伽藍(だいがらん)は周りの風景に調和して輝き、美しい。

正面は4層の柱列で飾られ、正面や入口の扉には、ロマネスクの像が並びすばらしい。特に、現在の入口となっているボナンノ・ピサーノの扉は、イタリア・ロマネスク彫刻の代表作といわれている。奥行き100mの内部は白と黒の縞(しま)模様で飾られ、壮大で明るい。随所に東方文化の足跡が見られ、海港としてのピサの歴史がしのばれる。目指すは、ジョヴァンニ・ピサーノによる説教壇Pulpitoだ。6本の柱と、彫刻で飾られた5本の支柱で支えられ、中央には信仰・希望・慈愛を表現した彫刻がある。劇的な構成と人体のゴシック的表現は圧巻だ。

もうひとつ忘れてはならないのが、この説教壇近くに天井からつり下げられたブロンズのランプだ。揺れ動くこのランプからガリレオは「振り子の法則」を発見したということになっているが、実際には法則の発見はランプができるより前のことであった。

ピサ・ロマネスク様式のファサードが見事なドゥオーモ

美しい宝石箱 MAP P.403 A1

洗礼堂(バッティステロ) ★★

Battistero バッティステロ

12世紀半ばから、14世紀にかけて建造された物だ。中に入って、すぐに目につく、お風呂を思わせる大きな洗礼槽は、体を水につける浸礼のための物だ。ここのハイライトは、ニコラ・ピサーノによる説教壇Pulpitoと、この空間の音響効果のすばらしさだ。ときには堂内の番人が、歌ったり手を打ってみせてくれることもある。

美しい宝石箱、洗礼堂

緑に包まれる墓地 MAP P.403 A1

カンポサント(納骨堂) ★★

Camposanto カンポサント

大理石の高い壁で囲まれた納骨堂。回廊に囲まれた広い中庭があり、周りの木立の影を映して美しい。展示品は町の歴史を物語る品々から、14、15世紀のフレスコ画までとさまざまだが、見逃せないのがフレスコ画『死の凱旋』Trionfo della Morteだ。3つの棺と楽しげな貴族の対比は「いつか死ぬことを忘れるな」という教訓とか。

トスカーナ、ピサ派を収集展示 MAP P.403 B2外

サン・マッテオ国立美術館 ★★

Museo Nazionale di San Matteo ムゼオ ナツィオナーレ ディ サン マッテオ

かつてのS.マッテオ修道院を美術館にしたもの。ジョット派、マサッチョ、フラ・アンジェリコなど12〜15世紀のトスカーナ絵画やピサ派の彫刻のコレクションで知られている。

●ドゥオーモ
住 Piazza del Duomo
☎ 050-560547
開 4〜9月 10:00〜20:00
10月 10:00〜19:00
10/27〜10/31 9:00〜18:00
11月〜2月 10:00〜12:45
14:00〜17:00
11/1 13:00〜16:30
3月 10:00〜18:00
3/23〜3/29 9:00〜19:00
料 無料(切符売り場で切符を入手する必要あり。1枚で2人まで入場可。斜塔の切符提示でも入場可)

洗礼堂の音響パフォーマンス
※毎時00分と30分にエコーパフォーマンスあり

✉ S.ロッサーレ駅から
ピサ中央駅から大混雑のバスでドゥオーモ広場へ移動するのが一般的ですが、Pisa San Rossare駅下車が安全で便利です。ピサ中央駅から各駅停車(R=Regionale)のLa Spezia行きに乗り換え、1駅約5分で到着。斜塔まで徒歩5分。Rは15〜30分間隔の運行。以前は無人駅でしたが、現在は駅舎もでき、切符も買えます。(takk '16)

●洗礼堂/ドゥオーモ付属美術館/シノピエ美術館
住 Piazza del Duomo
☎ 050-560547
開 4〜9月 8:00〜20:00
6/17〜8/31 8:00〜22:00
10月 9:00〜19:00
10/27〜11/1 9:00〜18:00
11月、2月 10:00〜17:00
12月、1月 10:00〜17:00
12/21〜1/6 9:00〜18:00
3月 9:00〜18:00
3/23〜3/29 9:00〜19:00
休 1/1、12/25
料 共通入場券

●カンポサント
開休料 洗礼堂と同じ

●S.マッテオ国立美術館
住 Piazza San Matteo Soarta 1
☎ 050-541865
開 8:30〜19:00(日祝13:30)
休 月、1/1、5/1、12/25
料 €5(特別展の場合€8)

Ristorante & Hotel

ピサのレストラン&ホテル

一大観光都市、ピサ。ドゥオーモ広場前には、手頃な値段で利用できる飲食店がズラリと並び観光客でいつも大にぎわいだ。町の人やここで学ぶ学生たちが手頃な味わいを求めるのは、(駅方向から) メッツォ橋を渡ったBorgo Strettoと大学に挟まれた、小さな市場の立つ周辺。小さなトラットリアや揚げ物の店が並ぶ。駅周辺にはレストランは少ない。

オステリア・デイ・カヴァリエーリ
Osteria dei Cavalieri

P.403 B2

トスカーナの山と海の幸を満載
古い館を改装した雰囲気あるレストラン。土地で取れた海の幸と山の幸が存分に味わえる。昼はひと皿に前菜、プリモ、セコンドを盛り合わせたPiatti Uniciの手頃な定食あり。

できれば予約

住 Via S. Frediano 16
☎ 050-580858
営 12:30〜14:00、19:45〜22:00
休 ㊏昼、㊐㊗、8月3週間、12/24〜12/26、12/31〜1/1
予 €30〜50(コペルト€2.50)、定食€32(肉)、€33(魚)、€28(野菜)
C A.J.M.V.

ラ・クレシッドラ
La Clessidra

P.403 B2

魚介類を食べるなら
地元客や観光客でにぎわう魚介類に定評のあるお店。常時各種あるカルパッチョが人気。地元産のワインが充実でおすすめ。よい季節には中庭席もよい。ピッツァもある。

住 Via del Castelletto 26/30
☎ 050-540160
営 19:30〜22:30 (予約でランチも可)
休 ㊐、1/1〜1/8、8/5〜8/30
予 €30〜50(10%)、定食€35　C A.D.M.V.

オステリア・デイ・ミッレ
Osteria dei Mille

P.403 A1

トスカーナの気取らない味を
トスカーナの味わいを大切にした小さな一軒。特産のサラミやチーズ、ビステッカ・フィオレンティーナをはじめ、季節にはポルチーニや猪Cinghialeがメニューに並ぶ。

住 Via dei Mille 30/32
☎ 050-556263
営 12:00〜15:00、19:00〜23:00
休 ㊍
予 €15〜50(コペルト€2)、定食€25
C A.D.J.M.V.

★★★★ NH ピサ
NH Pisa

P.403 C2

駅前で便利
ピサ駅前の便利な立地のモダンでおしゃれなホテル。併設レストランは駅前周辺に飲食店の少ないピサでは、町の人の利用も多い。伝統的料理が味わえる。

URL www.nh-hotels.com

住 Piazza Stazione 2
☎ 050-43290
Fax 050-502242
SS €63.20/139
TB €79.20/220
室 98室　朝食込み W-F
C A.D.J.M.V.
交 駅前広場

★★★ テルミヌス&プラザ
Terminus &Plaza

P.403 C2

静かで落ち着いた
駅からほど近いながら静かな界隈で、ビジネス客の利用が多い、落ち着いたホテル。ビュッフェの朝食が好評。

読者割引 10%
High 4/1〜6/30、9/1〜11/1
URL www.hotelterminusplaza.it

住 Via C.Colombo 45
☎ 050-500303
Fax 050-500553
SB €58/70　TB €72/92
3B €87/114
室 50室　朝食込み W-F
休 1/5〜2/5　C A.D.J.M.V.
交 ピサ駅から約100m

ピサで大スリ集団出没と列車内トラブル

混んだ車内と気をそらす手口
斜塔からの帰り道、Piazza Maninのバス停からLAM Rossaのバスに乗車。車内は大混雑。スリに合うことを恐れ、友人とお互いにかばんを挟むように向き合って立っていました。私の前に立っていた赤ん坊を抱えた女性の仲間と思われる女性3人が大声で話し始めました。その会話に気を取られていた1〜2分の間に私のかばんの中から財布だけを盗られ、チャックは元通りに閉められていました。その女性たちは突然下車。その行動がとても不自然だったので、財布を盗られたことに気づきました。
(大阪府　こたろー　'13年2月)

ピサへ
フィレンツェからピサへ行くため、切符を買って打刻機を探していました。発車の時間が迫っていたので、かなり焦っていたのですが、そのとき黒めの男性が近づいてきて何かを言っていました。電車に乗ってからも「席は自由だ」などと言っていつまでも離れず、席に座るとチップを要求してきました。友人が€1.50、僕が€0.50払うと、€5を要求してきました。「高い!!」と反論してしばらくやりとりしていると発車前に出て行きました。適当なことを言って発車までやり過ごせばいいです。(初海外　関西　'14)

意外で大胆なスリ
旅行会社のツアーで、33名と添乗員と一緒に住宅街を歩いていたところ、3人組の女性に遭遇。ひとりが被害者の視界を遮り、両端のふたりが被害者の腕をバンザイさせる体制にして押さえつけ、その隙にかばんの中から財布を盗ろうとしました。
(東京都　山本愛子　'13)
「斜塔へ向かう小路で近寄ってくる、中年女性の物売りや物乞いが危ない」という投稿もある(編集部)。

※ピサの滞在税　キャンプなど ★€1　★★〜★★★€1.50　★★★★〜★★★★★€2　ハイシーズン(4/2〜11/4頃)に5泊まで、ローシーズン(11/5〜3/24頃)に3泊まで。

法王ピウス2世の理想都市

ピエンツァとオルチャの谷 世界遺産

Pienza / Val d'Orcia ピエンツァ/ヴァル・ドルチャ

アルベルティの影響が見られるファサード

15世紀、法王ピウス2世PioⅡは衰退した故郷をルネッサンス様式の町並みに統一しようと計画。建築家ベルナルド・ロッセリーノとともに15世紀のフィレンツェ風の町造りを開始した。約3年の間に町の核となる**ピウス2世広場**Piazza PioⅡ、**大聖堂**Cattedrale、**ピッコローミニ宮**Palazzo Piccolominiなどを次々に建設し、町の名前も自分の名を取ってピエンツァと改名したのだった。

ピッコローミニ宮と井戸

法王のこのプランはイタリアにおける最初の都市計画となった。中心となるピウス2世広場を中心に、空間的な広がりや周囲の風景までも考えた町並みは、後年ほかの都市計画にも影響を与えた。

東西400mほどの箱庭のような小さな町の背後には、「世界遺産」の**オルチャの谷**とアッソ渓谷が広がる。季節には麦畑が一面に波打つ美しい谷の風景はトスカーナきっての絶景でもある。城壁に沿って造られた**カステッロ通り**Via del Castelloやピッコローミニ宮の上階などから眺めてみよう。

オルチャの谷の眺め

●郵便番号 53026

世界遺産

ピエンツァの歴史地区
登録年1996年 文化遺産
オルチャの谷
登録年2004年 文化遺産

ピエンツァへの行き方

シエナのfs駅前またはグラムシ広場のバスターミナルからTRA.IN/SIENAMOBILITA社のピエンツァまたはモンテプルチャーノ行きのプルマン利用で1時間15分～1時間30分。平日のみ約4便(€5.50)。ピエンツァでは郵便局前の停留所下車。心配なら運転手さんにピエンツァで降りることを告げて教えてもらおう。緑が広がる庭園の先に城門とⓘがあり、城門を入ると町が広がっている。

ピエンツァのⓘ

住 Piazza Dante Alighieri 18
☎ 0578-748359
開 10:00～13:00、15:00～18:30
休 無休 地 P.407 A1

●ピッコローミニ宮

住 Corso Rossellino
☎ 0577-286300
開 3/15～10/15 10:00～13:00
14:00～18:30
10/16～3/14 10:00～13:00
14:00～16:30
1/1、12/25 14:00～18:00
休 ㈪、1/7～2/14、11/16～11/30
料 €7 地 P.407 B1

●大聖堂

開 7:00～13:00
15:00～19:00 地 P.407 B1

チーズの町

羊のチーズ「ペコリーノ・ディ・ピエンツァ」で有名です。旧市街の門をくぐるとその香りに包まれます。Trattoria Fiorella(住 Via Condotti 1)はピウス2世の馬小屋を改装したお店で、自家製のパスタは味も量も大満足。3種類の熟成期間の違うペコリーノチーズの盛り合わせは、ここでしか味わえないおいしさでした。(かぴ '15)

眺めのよいカステッロ通り

Siena
シエナ

世界遺産

●郵便番号　53100

世界遺産

シエナの歴史地区
登録年1995年　文化遺産

シエナへの行き方

シエナはfs線の主要幹線から外れているため、鉄道利用は実際の距離より時間がかかる。ローマからはChiusi-Chianciano TermeやGrosseto乗り換えで3時間～4時間30分。フィレンツェからRの直通で約1時間30分。バス利用では、フィレンツェからSITA社の快速バスRapideで約1時間15分(片道€7.80)。グラムシ広場のバスターミナルに到着(地下に切符売り場、荷物預け、有料トイレあり)。

駅から町へのエスカレーター

駅から町へはエスカレーターが運行。徒歩での移動に便利(→P.411)。

シエナのⓘAPT

住 Piazza Duomo 7
Santa Maria della Scala
Palazzo Squarcialupi内
☎ 0577-280551
開 9:00～18:00
休 1/1、12/25
地 P.409 B1

●シエナの歩き方
カンポ広場
ガイアの泉　P.408
●プップリコ宮　P.410
マンジャの塔　P.410
市立美術館　P.410
ドゥオーモ　P.410
ドゥオーモ付属美術館　P.411
国立絵画館　P.411

美しいルネッサンス空間、ピッコローミニ家図書館

古都を見下ろすマンジャの塔

フィレンツェと並び称される、トスカーナの古都シエナ。糸杉とブドウ畑に囲まれた古いたたずまいを残す町。まさに絵の具のSienna色とは、この町の色だ。幾重にも交差する細い路地や階段を歩いていると、まるで中世に迷い込んだよう。

シエナの歩き方

フィレンツェからブドウ畑の丘を抜け、シエナに着いたら、目指すは町の中心にある世界一美しい**カンポ広場**Piazza del Campoだ。町を囲む城壁の外にある鉄道駅からは約2kmの距離でバスの便もある。バスターミナルからは、坂道の**テルミニ通り**Vie dei Terminiを500mも行けば広場だ。シエナの町の見どころは、このカンポ広場周辺とその西200mほどにある**ドゥオーモとふたつの美術館**だ。

ガイアの泉(コピー)

緩やかなスロープを描く独創的な扇形の**カンポ広場**。広場の中央にあるのが、**ガイアの泉（噴水）**(現在のものはコピー。実物はS.M.スカラ救済院に展示)。広場を見下ろし天を突くれんが造りの鐘楼が、**マンジャの塔**Torre del Mangiaだ。塔の下には**広場(カンポ)の礼拝堂**Cappella di Piazzaがある。このふたつを抱えて堂々と建っているのが**プッブリコ宮**だ。透かし模様細工のすばらしい鉄柵で囲まれ、14世紀の影像も一部残るルネッサンス様式の物。内部には、シモーネ・マルティーニをはじめとする**シエナ派**の一大コレクションがある。ここの3階や、マンジャの塔から眺めるシエナの町並みと、優しいトスカーナの風景は圧巻だ。

さて、カンポ広場を一周したら、次は**ドゥオーモ**を目指そう。パリオがはためく中世情緒あふれる**チッタ通り**Via di Cittàを抜け**ペッレグリーニ通り**Via dei Pellegriniを100mも行けば、白と濃緑色とピンクの大理石の縞模様で飾られた豪壮なドゥオーモだ。3000m²の床いっぱいにモザイク装飾が施され、ここに費やされた400人もの芸術家のエネルギーが発散されていそうで私たちを圧倒する。**ドゥオーモ右側にあるのが、ドゥオーモ付属美術館**。ドゥオーモを出て、左に200mほど行くと左側に**国立絵画館**があり、フィレンツェに対抗して花開いた**シエナ派絵画**の大コレクションが待っている。

シエナ
Siena
1
2
A
B
C
N
0
100
200m
トレニタリア シエナ駅へ
A1 フィレンツェ
P.ta Camollia
Ostello "Guidoriccio" へ2.3km
S2 モンテリッジョーニへ15km
ポッジボンシ、フィレンツェ、ピサ
A1
マッツィーニ通り
Viale Sardegna
Via N. Bixio
V.le G. Mazzini
Via di Camollia
Via di Campansi
V.le Don Giovanni Minzoni
Via Simone Martini
S408 A1 アレッツォ
V.le Memmi
Via Duccio
Fontegiusta
V.B. di Montluc
Barriera S. Lorenzo
V.G. Garibaldi
V.D. Beccafumi
Via Simone Martini
オヴィーレの泉
P.ta Ovile
サーレ広場
P.za del Sale
V.le Diaz
裁判所
V.le R. Franci
La Lizza
Via del Pian d'Ovile
ヌオーヴァの泉
Via Baldassarre Peruzzi
NHエクセルシオール
NH Excelsior
V.le C. Maccari
V.d. Montanini
V.d. Stufasecca
V.V. Alfieri
V.d. Orti
サン・フランチェスコ教会
S. Francesco
P.za S. Francesco
Oratorio di S. Bernardino
メディチの要塞
(国立エノテーカ)
グラムシ広場
P.za A. Gramsci
カンノン・ドーロ
Cannon d'Oro
サリンベーニ宮
Pal. Salimbeni
V.le XXV Aprile
市立スタジアム
Stadio Comunale Artemio Franchi
Viale Federico Tozzi
P.za Matteotti
S.M.d. Nevi
Pal. Tantucci
S. Pietro Ovile
S. Maria di Provenzano
Pal. Spannocchi
V.d. Rossi
V.le dei Mille
ホテル予約センター
V. Curtatone
P.za Provenzano Salvani
A1 S73 アレッツォ
カーサ・ディ・サンタ・カテリーナ
Casa di S. Caterina
V.d. Sapienza
考古学博物館
V.d. Terme
V.d. Termini
バンキ・ディ・ソプラ通り
V. Banchi di Sopra
エトルリア
Etruria
V.S. Bandini
P.za Domenico
Via Camporegio
V. Galluzza
V.S. Caterina
サン・ドメニコ教会
S. Domenico
聖カテリーナの家
大学
ブランダの泉
V. di Fontebranda
商人のロッジア
Loggia della Mercanzia
V. Banchi di Sotto
ピッコローミニ宮(国立古文書館)
Pal. Piccolomini(Archivio di Stato)
フォッローニカの泉
P.ta Fontebranda
V. Esterna di Fontebranda
V. Diacceto
V. Pellegrini
カンポ広場
P.za del Campo
レ・ロッジェ
Le logge
法王のロッジア
サン・マルティーノ教会
S. Spirito
A1 S73 アレッツォ
マッサ・マリッティマ、グロッセート
サン・ガルガーノへ33km
ドゥオーモ
Duomo
Pal. del Magnifico
洗礼堂
プッブリコ宮/市庁舎
(市立美術館)
Pal. Pubblico(Museo Civico)
V.d. Porrione
V. di Pantaneto
V.d. Pispini
V. dell'Oliviera
大司教館
ドゥオーモ付属美術館
Museo dell'Opera Metropolitana
警察
V.d. Città
パペイ
Papei
V.S. Martino
アンティカ・トッレ
Antica Torre
県庁
P.za d. Mercato
V. di Salicotto
V. Roma
S.M. スカラ救済院
S.M. della Scala
ドゥオーモ広場
P.za d. Duomo
チッタ通り
Pal. Piccolomini d. Papesse
キージ・サラチーニ宮
(キジアーナ音楽院)
Pal. Chigi Saracini
V. Sole
V. Cantine
Casato di Sotto
Via G. Duprè
V.d. Fosso di S. Ansano
P.za Postierla
国立絵画館
Pinacoteca Nazionale
V.S. Pietro
P.za A. Manzoni
サンタ・マリア・デイ・セルヴィ教会
S. Maria dei Servi
サン・ジュゼッペ
San Giuseppe
V. Stalloreggi
Casato di Sotto
モンテオリヴェート・マッジョーレへ36km
ロマーナ門へ330m
モンテプルチャーノ、ローマ
V.S. Mascagni
サンタゴスティーノ教会
S. Agostino
V. Pendola
V. Sarrocchi
V. Cerchia
P.ta Laterina
ラヴィッツァ
Palazzo Ravizza
Piano d. Mantellini
Pal. Pollini
S. M. del Carmine
植物園
Via P.A. Mattioli
Via di Fontanella
V.d. Scuole
V. Diana
V. di S. Marco
Via d. Sperandie
S2 モンテリッジョーニ
P.ta Tufi
V.d. Tufi
P.ta S. Marco

シエナの見どころ

シエナのシンボル

MAP P.409 B2

プッブリコ宮(市庁舎) ★★★

Palazzo Pubblico (Palazzo Comunale) パラッツォ プッブリコ(パラッツォ コムナーレ)

プッブリコ宮とマンジャの塔

美しい扇状のカンポ広場に建つ、ゴシック様式の公共建築の代表例として名高いプッブリコ宮。建物左側にあるのが**マンジャの塔**Torre del Mangia。高さ102mのれんが造りの塔で、内庭に面した入口から階段で上まで上ることができる。マンジャとは中世の鐘つきの頭領の名前だという。

宮殿下には(カンポ)**広場の礼拝堂**Cappella della Piazzaがある。これは14世紀に蔓延(まんえん)したペストの終焉(しゅうえん)に感謝して建てられた物だ。

宮殿内の2階は市立博物館となっている。**市立美術館**Museo Civicoで見逃せないのは、2階入口右側を入った**世界地図の間**Sala del Mappamondo(サラ デル マッパモンド)のフレスコ画**『荘厳の聖母』**Maestà(マエスタ)だ。**シモーネ・マルティーニ**の作。聖母が天使に囲まれた構図の何とも優しい気分にさせられる絵だ。次は**平和の間**Sala della Pace。かつては市政の中心だった所なので、A.ロレンツェッティによる善政と悪政を寓意的に扱ったフレスコ画**『善政の効果』**Effetti del Buon Governo(エフェッティ デル ブォン ゴヴェルノ)、**『悪政の効果』**Effetti del Mal Governo(エフェッティ デル マル ゴヴェルノ)があるのがおもしろい。ほかには中世のコイン、陶器、彫刻などを展示。ここの3階からはシエナ市街が一望できる。

シエナ派の巨匠、シモーネ・マルティーニ作『荘厳の聖母』

あでやかなたたずまいの聖堂

MAP P.409 B1

ドゥオーモ ★★★

Duomo/Cattedrale ドゥオーモ／カテドラーレ

外壁を飾る大理石の縞模様と、上部の円花窓を囲む40もの聖人たちの像はあでやかで、言葉を失うほどだ。

このドゥオーモは12世紀に起工され、完成したのが14世紀末と長い歳月が投ぜられた物。内部に入ると、**床面**(期間限定の公開)は色と線のひとつの大芸術空間をつくっている。56の宗教場面が、大理石の象嵌(ぞうがん)で表現されている。あまりのスケールの大きさに、立っていては、部分しか見られず、できれば天井に上ってみたいと思うほどだ。

イタリアン・ゴシックの代表的な建築物、ドゥオーモ

●市立美術館(プッブリコ宮)
住 Piazza del Campo 1
☎ 0577-41169
開 3/16～10/31　10:00～19:00
11/1～3/15　10:00～18:00
1/1　12:00～18:00
休 12/25
料 €9(マンジャの塔、S.M.スカラ救済院との共通券€20)

●マンジャの塔
開 3/1～10/15　10:00～19:00
10/16～2/28　10:00～16:00
1/1　12:00～16:00
休 12/25、8/16(パリオ)
料 €10(共通券€20)
地 P.409 B2
※雨天や荒天時は閉鎖
※切符売り場は閉場45分前まで
※共通券は最初にマンジャの塔へ入場のこと

●ドゥオーモ、ピッコロミーニ図書館、ドゥオーモ博物館、クリプタ、洗礼堂
住 Piazza S. Giovanni
開 3/1～11/1　10:30～19:00
ドゥオーモのみ㊐㊗　13:30～18:30
11/2～12/25、1/11～2/28　10:30～17:30
ドゥオーモのみ㊐㊗　13:30～17:30
12/26～1/10　10:30～18:00
ドゥオーモのみ㊐㊗　13:30～17:30
ドゥオーモのみ通年㊐㊗前日　10:30～17:30
ドゥオーモ博物館3月のみ　13:30～17:30
料 共通券
1/11～2/28　€8
3/1～6/28、8/1～8/17、10/27～10/31　€13
6/29～7/31、8/18～10/26　€15
シングル券
ドゥオーモ／ピッコロミーニ図書館　€4
床の公開Scopertaura Pavimentoの期間(6/29～7/31、8/18～10/26)　€7
ドゥオーモ博物館　€7
クリプタ€8　洗礼堂€4

床以外に忘れてならないのが、内陣左側にあるピサーノとその息子らによる**八角形の説教壇**Pulpito ottagonale（プルピト オッタゴナレ）と**ピッコローミニ家の図書室**Libreria Piccolomini（リブレリーア ピッコローミニ）だ。図書室はルネッサンス様式で、美しいフレスコ画で飾られている。すばらしい装飾を施した15世紀の聖歌本や中央の三美神の小彫刻は必見だ。

洗礼堂Battistero di S. Giovanniは、ドゥオーモ後陣部の地下にあるが、入口はちょうどドゥオーモの裏側。見逃せないのが洗礼堂中央にある15世紀の**洗礼盤**Fonte Battesimale（フォンテ バッテシマーレ）と、ドナテッロやギベルティらによるその周辺を飾る金張りのブロンズ像だ。

大作『マエスタ』は必見　MAP P.409 B1

ドゥオーモ付属美術館 ★★

Museo dell' Opera Metropolitana　ムゼオ デッロペーラ メトロポリターナ

ドゥオーモと関係深い美術品の展示場だ。

1階はジョヴァンニ・ピサーノなどのゴシック彫刻、2階に絵画を展示。見逃せないのは、ドゥッチョの代表作**『荘厳の聖母』**Maestà（マエスタ）だ。このマエスタとは中央の**『マドンナの戴冠』**をはじめとする一連の大作の総称だ。展望台Panorama dal Facciatoneからの眺めもよい。

ドゥオーモ付属美術館も収蔵品もすばらしい

シエナ派絵画の集大成　MAP P.409 C1

国立絵画館 ★★

Pinacoteca Nazionale　ピナコテーカ ナツィオナーレ

シエナ派の12世紀後半から16世紀の作品をほぼ網羅した、一大コレクションを誇っている。2階と3階に分かれているが、年代順に見学するためには、3階の右側から始めよう。

まずは第2室12～13世紀の十字架像、第4室ドゥッチョとその一派、第6室シモーネ・マルティーニの作品、第7室アンブロージョ・ロレンツェッティの『受胎告知』、第11室タデオ・ディ・バルトーロの『受胎告知』、第12室ジョヴァンニ・ディ・パオロの『十字架のキリスト』、第14室マテオ・ジョヴァンニの『聖母子』。2階では、第32室ソドマの『キリストの苦しみ』、ベッカフーミの『地獄のキリスト』などは見ておきたい。

国立絵画館入口

✉ 市立美術館へ

3階に展示室はなく、バルコニーだけが開放されています。
（兵庫県　小林正和　'16）

シエナ駅から町へのバス

シエナ駅前のショッピングセンターPorta　Sienaの地下2階にバス停がある（駅を背にした正面左側にエレベーターあり）。切符（€1.20、60分有効。車内購入€2）は駅の新聞売り場などで販売。旧市街へは3、9、10番などで、所要5～7分。バスは中心街へは入らないので、サーレ広場Piazza del Sale（地 P.409 A1）（進行方向左の小さな広場にピッコロ・ホテル・イル・パリオの看板が見える。また、多くの人が下車する）で降りよう。サーレ広場から駅へはバス17、77番が駅前に停車する。グラムシ広場からはバス9番で。

✉ エスカレーターのすすめ

目的地がグラムシ広場付近か荷物が少ないのであれば、駅からバスに乗るよりも公共エスカレーターを利用したほうが便利だと思います。エスカレーターは、駅前ショッピングモールの最上階より、市の北部カモッリア門の外まで延びています。エスカレーターを降りて左手に5分ほど歩くとカモッリア門です。　（灘の生一本　'14）

●国立絵画館

住 Via S. Pietro 29
Palazzo Buonsignori内
☎ 0577-286143
開 ㊋～㊏　8:15～19:15
㊊、㊐、㊗、12/1 9:00～13:00
休 1/1、5/1、12/25
料 €4
※入館には要身分証明書

パリオ　Palio

7月2日と8月16日にカンポ広場で催される世界的な伝統行事。きらびやかな中世装束のパレードに続いて行われる、裸馬の競馬がハイライトだ。熱狂する人々の興奮のるつぼとなる。ときには落馬による死者を出すこともあるが、裸馬にまたがり、町の旗（パリオ）を振りかざし突進する競技は、まさにヒーローのための一大ドラマだ。

✉ お昼頃にカンポ広場へ出かけ、1列目をキープすることができました。16:00頃からパレードが始まり、この頃から身動きができないほどの混雑になります。スタンド席の切符は2～3月には販売されるそうで、当日はすでに完売。間際では買えないようです。ちなみに、料金は日本円換算で1万円くらいだそうです。　(gattina)['16]

Ristorante & Hotel

シエナのレストラン&ホテル

カンポ広場には手軽に食事のできるセルフサービスレストランのチャオCiaoやピッツェリアがプッブリコ宮側にあり、伝統的なリストランテ、クラシックなカフェなども並んでいる。

時間が許せば、何日でも滞在したい魅力あふれる、古都シエナ。夏のパリオ祭7/2、8/16あたりは、特に混雑する。

サン・ジュゼッペ La Taverna di San Giuseppe

P.409 C2

上質な郷土料理を

古い大きなテーブルが置かれ、昔ながらのタヴェルナの雰囲気とモダンなテイストがミックスされた店内は町の人と観光客でいつもいっぱい。上質な郷土料理が味わえる。トリュフをはじめ季節の茸を使ったパスタやキアーナ牛のグリルなどがおすすめで、自家製のデザートも人気。日によっては2回転することもあるので予約を。 要予約

住 Via G.Duprè 132
☎ 0577-42286
営 12:00〜14:30、19:00〜22:00
休 ㊐、1月と7月の2週間
予 €45〜60(10%) C A.D.M.V.
交 カンポ広場から徒歩5分

オステリア・レ・ロッジェ Osteria Le logge

P.409 B2

夏はテラス席が気持ちいい

カンポ広場の東側にあり、夏は小路にテーブルが並ぶ。1800年代末の建物を改装した店内はアンティークな雰囲気でまとめられている。シエナ料理のほか、手打ちパスタやチーズが充実。

できれば予約
住 Via del Porrione 33
☎ 0577-48013
営 12:00〜14:30、19:00〜22:30 休 ㊐、1/8〜1/19、1/29〜2/12
予 €50〜65(10%)
C A.D.J.M.V.

アンティカ・トラットリア・パペイ Antica Trattoria Papei

P.409 B2

トスカーナ料理が充実

カンポ広場、プッブリコ宮の裏手にあるお手頃価格で料理も充実している1軒。シエナ料理の店。夏はマンジャの塔を眺められる外のテーブルで食事するのも楽しい。

要予約

住 Piazza del Mercato 6
☎ 0577-280894
営 12:00〜15:30、18:30〜22:45
休 なし
予 €30〜50(コペルト€2)、定食€25、30
C A.J.M.V.

★★★★ NHエクセルシオール NH Excelsior

P.409 B1

居心地のよいホテル

ビジネス客の利用が多く、落ち着いた雰囲気。ロビーや客室はモダンにまとめられ、使い勝手もよい。郷土料理が味わえるレストランが併設されているのも便利。

URL wwwnh-hotels.it.
住 Piazza della Lizza 1
☎ 0577-382111
SB €76/240
TB €84/350
室 129室 朝食込み W-F
C A.D.J.M.V.
交 グラムシ広場前

★★★ パラッツォ・ラヴィッツァ Palazzo Ravizza

P.409 C1

庭園が魅力

町の南側、トスカーナの丘を見下ろす高台に建つ17世紀の邸宅を利用したホテル。長い歴史を感じさせる、エレガントで落ち着いたたずまいと緑あふれる広い庭園が魅力的。

読者割引 10日以上で10%

URL www.palazzoravizza.it
住 Piano dei Mantellini 34
☎ 0577-280462
Fax 0577-221597
SS SB €85/160 TS TB €85/315
室 39室 朝食込み W-F
休 1/3〜2/28 C A.D.J.M.V.
交 カンポ広場から徒歩10分

★★★ アンティカ・トッレ Hotel Antica Torre

P.409 B2

中世の塔を改装した

カンポ広場から、Via di Pantanetoを下り映画館を過ぎたら左折し、最初の角を右に入った左にある。中世の塔の館を改装したホテル。駅からタクシーで。'11年改装済。

URL www.anticatorresiena.it
住 Via di Fieravecchia 7
☎ Fax 0577-222255
SS TS €50〜(泊数によって異なる)
室 8室 朝食込み W-F
C A.D.M.V.

★★ カンノン・ドーロ Albergo Cannon d'Oro

P.409 B1

雰囲気のよい宿

バスターミナルから近いし、駅からはバスNo.7などで。奥まった所に入口があるが、雰囲気もよく、騒音もない。

読者割引 10%
Low 11〜3月(クリスマス〜新年を除く)

URL www.cannondoro.com
住 Via d. Montanini 28
☎ 0577-44321
Fax 0577-280868
SS €55/95
TS €75/110
室 30室 朝食込み W-F
C A.D.M.V.

★★ ピッコロ・ホテル・エトルリア Piccolo Hotel Etruria

P.409 B2

価値ある2つ星ホテル

町の中心へも近く、部屋もきれいで、シャワーやトイレも機能的。冷房完備。リーズナブルな一軒。障害者用エスカレーターあり。バスターミナルから約500m。

読者割引 3泊以上で5%

URL www.hoteletruria.com
住 Via delle Donzelle 3
☎ 0577-288088
Fax 0577-288461
S €35/50 SS €40/60
TS €50/100 朝食€7.50
W-F 休 クリスマス期間
C A.M.V.

サントゥアリオ・カーサ・ディ・サンタ・カテリーナ・アルマ・ドムス Santuario Casa di S.Caterina Alma Domus

P.409 B1

眺めのよい宗教施設

宗教団体の運営でS.ドメニコ教会近く。窓からの眺めは最高。冷房完備。受け入れ制限なし。受付時間14:00〜23:30。駅からNo.3、9、10のバスで。

URL www.hotelalmadomus.it

住 Via Camporegio 37
☎ 0577-44177
Fax 0577-47601
SS €30/55 TS €50/121
3S €95/125
4S €100/150
朝食込み W-F
休 1/10〜2/6 C M.V.

※シエナの滞在税 期間 ①2/28または2/29〜10/31と②11/1〜3/1に分かれ YH、キャンプ ①€1.50 ②€1 ★〜★★★★ ①€2.50 ②€1.50 ★★★★★と歴史的ホテル ①€5 ②€3 6泊まで、12歳未満免除。

イタリア美術史

Arte gotica
ゴシック美術

サンタ・クローチェ聖堂

北方起源のゴシック様式はすでに12世紀からイタリアに浸透しており、13〜14世紀にはイタリア的なゴシックとして結実する。フィレンツェの**サンタ・マリア・デル・フィオーレ大聖堂**Santa Maria del Fiore (→P.147)、**サンタ・クローチェ聖堂**Santa Croce (→P.160)、**シエナ大聖堂**Duomo di Siena (→P.410)、パドヴァの**サンタントニオ聖堂**Sant'Antonio (→P.329)、アッシジの**サン・フランチェスコ聖堂**San Francesco(→P.421)などの宗教建築と並んで、この時代の特徴は、世俗建築が大いに隆盛したことである。

イタリアの各地の都市は大小を問わず「市庁舎」をもち、地方によってその名称が異なる。北部では〈**ブロレット**Broletto〉〈**アレンガリオ**Arengario〉〈**ラジョーネ**Ragione〉中部では〈**コムーネ**Comune〉〈**シニョーリア**Signoria〉〈**ポーポロ**Popolo〉〈**プリオーリ**Priori〉〈**コンソリ**Consoli〉〈**ポデスタ**Podestà〉〈**カピターノ**Capitano〉という具合である。いずれも市の中心である大広場に面して建てられている。代表的なものには**コモ**(→P.305)、**ブレーシャ**(→P.315)、**ピアチェンツァ**(→P.386)**の市庁舎**、**フィレンツェの〈シニョリーア**(→P.149)**〉**、**シエナの〈プッブリコ宮**Palazzo Pubblico (→P.410)**〉**、ほかに**ペルージャ**、**グッビオ**、**トーディ**、**ヴィテルボ**がある。また軍事建築もこの時代に発展し、ローマの**カステル・サンタンジェロ**Castel Sant'Angelo (→P.93)、**トッレ・デッレ・ミリツィア**、南イタリアの**カステル・デル・モンテ**Castel del Monte、ナポリの**カステッロ・ヌォーヴォ(ヌオーヴォ城)**Castello Nuovo (→P.270)が挙げられよう。

彫刻では、**ニコラ・ピサーノ**Nicola Pisano(ピサの洗礼堂説教壇)、**ジョヴァンニ・ピサーノ**Giovanni Pisano (ピサ大聖堂説教壇、シエナ大聖堂正面彫刻、ペルージャの大噴水)のほかに、**アルノルフォ・ディ・カンビオ**Arnolfo di Cambio、**ティーノ・ディ・カマイーノ**Tino di Camainoが活躍、フィレンツェでは**アンドレア・ピサーノ**Andrea Pisanoが洗礼堂南扉の彫刻を手がけ、**アンドレア・オルカーニャ**Andrea Orcagnaは**オルサンミケーレ聖堂壁龕**Tabernacolo di Orsanmichele(→P.149)を制作。

シエナ、パラッツォ・プッブリコ

14世紀の絵画は、根強く残っていたビザンチン様式を放棄し、イタリア独自の絵画様式を形成する。**ピエトロ・カヴァッリーニ**Pietro Cavallini、**チマブーエ**Cimabue、**ドゥッチョ・ディ・ブオニンセーニャ**Duccio di Buoninsegnaなどを継承し、偉大な巨匠**ジョット・ディ・ボンドーネ**Giotto di Bondoneはルネッサンスの先駆といえる人物像を描き、絵画を革新する。主要作品はアッシジ(**サン・フランチェスコ聖堂**(→P.421))、パドヴァ(**スクロヴェーニ礼拝堂**Cappella Scrovegni (→P.328))、フィレンツェ(**鐘塔** (→P.148))にある。シエナではドゥッチョの弟子**シモーネ・マルティーニ**Simone Martiniが宮廷的な華麗な絵画を描き、ピサ、オルヴィエート、アッシジに作品がある。一方**ロレンツェッティ兄弟**Lorenzetti (ピエトロとアンブロージョ)はシエナ派の雅とフィレンツェの力強さを融合した(**アンブロージョ**Ambrogioの『善政』『悪政』、シエナ、パラッツォ・プッブリコPalazzo Pubblico)。

(望月一史)

シモーネ・マルティーニの傑作『受胎告知』

San Gimignano
サン・ジミニャーノ

世界遺産

●郵便番号　53037

世界遺産

サン・ジミニャーノの歴史地区
登録年1990年　文化遺産

サン・ジミニャーノへの行き方

フィレンツェからfs線利用でポッジボンシPoggibonsi下車（約1時間）、バスに乗り換えて約20分（€2.50）、バス利用の場合は、フィレンツェからSITAまたはSIENA MOBILITÀ/TIEMME社のプルマンでポッジボンシ経由シエナ行きに乗り、ポッジボンシ乗り換えで所要約1時間15分～2時間30分（€6.80）。シエナからSIENA MOBILITÀ/TRA.IN社のバスが平日約20便、㊐㊗9便運行、所要約1時間20分（€6）。

乗り換え地、ポッジボンシへは列車利用も便利

フィレンツェ→ポッジボンシ間の列車は所要約1時間。1時間に1～2便で直通はほぼ毎時10分の発車。フィレンツェからのプルマンもポッジボンシ駅前でサン・ジミニャーノ行きに乗り換えるので、鉄道パスなどを持っている場合は列車利用がいい。

フィレンツェ、シエナからのプルマンも同場所で乗り換え。小さな駅前はバスターミナルになっている。乗り継ぎのプルマンは停車していることが多いので、切符は最初にサン・ジミニャーノまで、または往復分を購入しておくと便利。いずれのバスも㊐㊗はかなりの減便での運行。

サン・ジミニャーノからの帰りのバス停は、下車したバス停の右側の通り沿いにある。

サン・ジミニャーノの
ℹPro-Loco

住 Piazza del Duomo 1
☎ 0577-940008
開 通年午前　10:00～13:00
3/1～10/31　15:00～19:00
11/1～12/31　14:00～18:00
1/1～2/28　14:00～17:00
休 1/1、12/25　地 P.414 A

「美しき塔の町」と呼ばれるサン・ジミニャーノ。中世情緒あふれる町並みとそこにそびえる塔の群れは、まさに一枚の絵だ。

塔の町サン・ジミニャーノ

この美しい塔も、13～14世紀には法王派と皇帝派の間の血なまぐさい戦の場となり、次いで、町の貴族たちの富と権力の虚栄のシンボルとして空に高く高く伸びていったのだった。

最盛期には70を超えた塔も今は14となり、人間臭い歴史のドラマも忘れたかのように、寂寞（せきばく）の中にある。

サン・ジミニャーノの歩き方

さて、このロマンティックな町にはバスで到着だ。バス停の前にある**サン・ジョヴァンニ門**をくぐれば、石畳の町が始まる。町は、南北1km、東西500mほどの大きさで、周りを城壁が取り囲んでいる。門から町を二分して南北に走る通りの**サン・ジョヴァンニ通り**Via San Giovanniとそれに続く**サン・マッテオ通り**Via San Matteoに沿って、町の見どころは続くので、のんびり散歩気分で歩き始めよう。美しいヴィラと塔の並ぶ町の中心**チステルナ広場**Piazza della Cisternaに到着。広場の中央には、かつてはこの町の重要な水源だった**井戸（チステルナ）**がある。広場の西側から、隣接した広場が7つの塔に囲まれた**ドゥオーモ広場**Piazza del Duomoだ。階段を少し上った高台にあるのが**参事会教会／ドゥオーモ**、その左側、高さ54mの四角い塔があるのが**ポポロ宮**Palazzo del Popolo、そして、広場を挟んでドゥオーモと向き合って建つのが13世紀に建てられた**ポデスタ宮**Palazzo del Podestà

ギルランダイオ作『聖女フィーナの生涯』

だ。参事会教会／ドゥオーモ内の**サンタ・フィーナ礼拝堂**Cappella di Santa Finaの**ギルランダイオ**による**フレスコ画**は必見だ。町の守護聖女**サンタ・フィーナ**（別名スミレの聖女）が15歳で天に召された日に、この町の塔に黄色いスミレの花が咲き乱れたという伝説のある彼女の生涯を描いた物だ。

市立美術館の入っているポポロ宮

さて、次はいかにもこの町らしい優雅なたたずまいを残した**ポポロ宮**へ足を向けよう。くすんだような黄色の建物に、焦げ茶色の屋根、そしてゼラニウムの赤、ここでは、14世紀から時が止まっているかのようだ。また、この塔から眺める町並みは、さらにその気分を盛り上げてくれる。ダンテが演説したという2階の**ダンテの間**Sala di Danteは、14世紀のシエナ派による**フレスコ画**で飾られている。3階の市立美術館Musei e Pinacoteca Civicaにはフィリッピーノ・リッピによる**『受胎告知』**がある。

さらに北へ200mほどサン・マッテオ通りを進めば、城壁に突き当たるが、それを右に折れると**ベノッツォ・ゴッツォリのフレスコ画**がすばらしい、**サンタゴスティーノ教会**S. Agostinoだ。15世紀、フィレンツェ派の師といわれた、遠近法を巧みに取り入れた、色鮮やかなフレスコ画は一見の価値がある。

この町に来て絶対忘れてはならないのが、ここの特産の黄金色の辛口**白ワイン**、Vernaccia di San Gimignano（ヴェルナッチャ・ディ・サン・ジミニャーノ）だ。

町に並ぶ、酒屋や酒蔵では特産ワインの販売や試飲もさせてくれるのでぜひ試してみたいものだ。夏の夕暮れに飲む冷えた白ワインは、この町さえ色あせるおいしさだ。

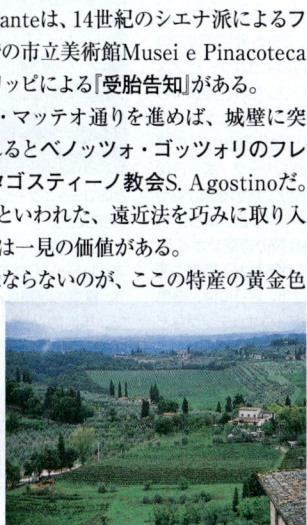

城壁からトスカーナの風景を楽しもう

お得な共通入場券

Museo Civico、Torre Grossaなど、主要7ヵ所の見どころの共通券
料 €6（特別展の場合€7.50）
6～18歳、65歳以上€5（€6.50）
※入場は閉館20分前まで

●参事会教会／ドゥオーモ
●サンタ・フィーナ礼拝堂
☎ 0577-940152
開 4/1～10/31 10:00～19:00
㊐㊗12:30～19:00
2/1～3/31、11/1～11/15、12/1～1/15 10:00～16:30
㊐㊗12:30～16:30
休 11/16～11/30、1/16～1/31、1/1、1/31、カーニバル期間の㊐、3/12、8月の第1㊐、12/25
※ミサなど宗教行事の際は拝観不可
料 €4（18歳以下€2）
地 P.414 A

●市立美術館（ポポロ宮）
☎ 0577-940348
開 4/1～10/15 9:30～18:30
10/16～10/31 9:30～17:00
11/1～12/24、1/2～2/28 11:00～17:00
12/26～12/31 10:30～17:00
3月 10:30～17:30
1/1 12:30～17:00
休 12/25
料 €6 隣接の塔Torre Grossaとの共通入場券。塔の開は市立美術館と同じ 地 P.414 A

ワインツアーDegusta con Noi Strada del Vino, Vernaccia di San Gimignano

ヴェルナッチャ・ディ・サン・ジミニャーノのブドウ畑やカンティナを訪ねた後、ワインやグラッパなどの試飲をするツアー。実施日㊋㊍17:00（前日の18:00までの申し込み）で、所要2時間。英、仏、独語での通訳あり。ドゥオーモ広場からミニバスを利用。料金 1人 €20。申し込みは❶で。

✉ プルマンの切符は事前に用意

シエナのバスターミナル地下の切符売り場でサン・ジミニャーノ行きの切符を購入する際に、サン・ジミニャーノ→フィレンツェ行きも購入しておくといいです。サン・ジミニャーノでは❶でしか、フィレンツェ行きの切符を売っておらず、❶が閉館の場合もあります。
（大阪府 オーマ、オーパ '09）['16]

●サン・ジミニャーノの歩き方

チステルナ広場 P.414
ドゥオーモ広場 P.414
↓ 参事会教会
ポポロ宮（市立美術館）
サンタゴスティーノ教会 P.415

Ristorante & Hotel

サン・ジミニャーノのレストラン&ホテル

ドランド Dorandò

P.414 A

トスカーナ料理の古典を

ドゥオーモ広場から一歩入った小路にある店。町一番の店として名高い。昔のレシピで作ったトスカーナ料理の原型にありつける。席数は35席と少ない。

できれば予約

住 Vicolo dell' Oro 2
☎ 0577-941862
営 12:00〜14:30
19:00〜21:30
休 冬季の㊊、11/15〜12/25
予 €40〜55、定食€50
C A.J.M.V.

★★★★ ヴィッラ・サンパオロ Villa Sanpaolo Hotel

P.414 A外

静かで美しいホテル

丘の上からの景色がすばらしいと評判のレストランやスパが充実。美しいトスカーナの風景を一望。建物自体は古いが内装は新しくモダン。

Low 1/8〜5/1、11/3〜12/27
URL www.villasanpaolo.com

住 Strada Provinciale per Certaldo
☎ 0577-955100
Fax 0577-955113
SB €135/255
TB €171/345
室 78室　朝食込み W-Fi
C A.M.V

★★★ ラ・チステルナ Hotel La Cisterna

P.414 B

ツタのからまるホテル

ホテル代の安い田舎では、ちょっと奮発。眺望絶景のルネッサンスの館でくつろぐひとときは、旅のよい想い出。レストラン併設。

読者割引 3泊以上8%
URL www.hotelcisterna.it

住 P.za della Cisterna 23
☎ 0577-940328
Fax 0577-942080
SB €65/80
TB €100/140
室 48室　朝食込み W-Fi
C A.D.J.M.V.

★★★ ベル・ソッジョルノ Hotel Bel Soggiorno

P.414 B

眺望のよいホテル

バスターミナルからも近い。バルコニーからは、穏やかな田園風景が望める。ルネッサンス風にまとめられた落ち着いた雰囲気。レストラン併設。

URL www.hotelbelsoggiorno.it
住 Via S. Giovanni 91

☎ 0577-940375
Fax 0577-907521
SB €70/98
TB €80/98
JS €130/140
室 21室　朝食込み W-Fi
休 11〜2月
C A.D.J.M.V.

★★★ レオン・ビアンコ Leon Bianco

P.414 A

中世のたたずまいが残る

町の中心、チステルナ広場にある、11世紀の貴族の館を改装したホテル。当時の雰囲気を保存すべく改装され、町の雰囲気とともに思い出に残りそう。

URL www.leonbianco.com
住 Piazza del Cisterna 13

☎ 0577-941294
Fax 0577-942123
SS €62.90/94
TS €85/110
TB €105/135
室 26室　朝食込み W-Fi
休 1/6〜2/14、11/15〜12/28
C A.D.J.M.V.

カーサ・デ・ポテンティ Casa de'Potenti

P.414 A

手頃な宿泊施設

1300年代のパラッツォを改装した宿泊施設で城壁に付随している唯一のホテル。部屋はきれいで、シャワーやトイレも清潔。プライベートの駐車場あり。

URL www.casadeipotenti.com

住 Piazza delle Erbe 10
☎ 3271833950
TB €113
3B €147
朝食込み W-Fi
C A.M.V.

アグリトゥーリズモを体験してみよう

日本人旅行者にも注目されているのが"アグリトゥーリズモ"、直訳すれば"農家を利用した観光"である。これは、農家の空き室を改造して旅行者に手頃な値段で提供する物で、当然ホテルのようなサービスは期待できないが、静かでのんびりした滞在を楽しむことができる。タイプは、部屋だけの物とキッチン付きアパートのふたつに分かれるが、部屋だけの場合でも、あらかじめ言っておけばハーフ・ボード(2食付き)やフル・ボード(3食付き)で食事をまかなってくれることも多い。また、多くの場合、彼らは現役の農家なので、自炊客にも自家製の野菜やオイル、ワインなどを原価で提供してくれるなど、農家に滞在するメリットを十分に生かせる。さらには、乗馬や釣り、テニス、プール、バード・ウオッチングなどを楽しめる工夫がされている所も多い。

しかし日本人旅行者にとっては、利用するのにいくつかの問題点があることも事実だ。まず、アグリトゥーリズモで部屋やアパートを提供する農家はまず100パーセント郊外にあるので、利用者は車を持っていることが前提になる。また、部屋の掃除やリネン類の交換などの手間を省くためにも、滞在は最低2〜7日からという所が多い。そして、農家の人々

とのコミュニケーションはほとんどイタリア語のみということだ。

だが、車でトスカーナやウンブリアを旅するなら、アグリトゥーリズモの利用を考えてみるとよいだろう。言葉の問題など、心があれば何とか通じるものだ。各地のツーリスト・インフォメーションでも近郊のアグリトゥーリズモ実施農家のリストの提供や紹介もしてくれる。

中世の貴族の館を改装した、ちょっと贅沢なアグリトゥーリズモ

※サン・ジミニャーノの滞在税　期間　3/1〜10/31に、キャンプ€0.50　★€.75　★★ B&B アグリトゥーリズモ€1.50　★★★ €2　★★★★€2.50　★★★★★€3　10泊まで、10歳未満免除 T シャワー共同ツイン料金 SB シャワーまたはバス付きシングル料金 TB シャワーまたはバス付きツイン料金 JS ジュニアスイート

美食の伝統が息づくトスカーナ
山の幸、海の幸、ワインも充実

■トスカーナ州の料理

フランス料理の源となったイタリア料理をかの地に伝えたフィレンツェのメディチ家。豊かなアペニン山脈と美しきティレニア海からの自然の産物に富んだトスカーナの町々には今も美食の伝統が残る。かつて海洋都市として栄えたピサをはじめとする海辺の町では新鮮な魚が食欲をそそり、山あいの町々では香り高き**ポルチーニ茸、トリフ、オリーブ油**が生まれる。キアーナ峡谷で産する**キアーナ牛**のうまさは、フィレンツェ風ビフテキとして世界的に有名であるが、今ではその味ゆえにアメリカへも運ばれグルメたちを喜ばせている。

キャンティクラシコ地区の標識ガッロネーロ

そして、世界中で最も有名なイタリアワイン、**キャンティ**もここで生まれるのだ。なかでも**黒鶏ガッロネーロ**のマークの付いたキャンティ・クラシコは、フィレンツェ〜シエナ間に古くからある由緒あるブドウ園から作られた物と、品質も折り紙付きである。トスカーナでは多くのイタリア最高級格付け**D.O.C.G.**ワインが産出され、ワイン愛好家の憧れの地である。**D.O.C.G.**ワインは、**Brunello di Montalcino**、**Vino Nobile di Montepulciano**、**Chianti**、**Carmignano**など。白ワインでは、中世の面影を残す塔の町サン・ジミニャーノの**Vernaccia di San Gimignano**がそうだ。また、スーパートスカンズと呼ばれる、**Sassicaia**、**Tignanello**などの超高級プレミアムワインの産地でもある。

ティレニア海の漁港リヴォルノでは、実だくさんの**魚介スープCacciucco**が有名だ。料理名にCが5つあることから、5種類以上の魚介類を使うのが決まり。

銘醸ワインも1杯から味わえる

古都シエナの周辺は**イノシシ**を

生ハムや特産のサラミの盛り合わせを注文しよう！

はじめとする**ジビエ類やハム、サラミ、ソーセージ**の一大産地だ。イノシシは生ハム**Prosciutto di Cinghiale**をはじめ、ミンチにして作ったソースを幅広のパスタとあえた**Pappardelle al Cinghiale**としてよく食べられる。シエナ風ペンネと名前がついた**Penne alla Senese**はソーセージや生ハム、クルミなどで作ったソースをペンネにからませた物。名物パスタの**ピチPici**は日本のウドンのように小麦粉と水で作られた素朴な味わい。香り高いポルチーニ茸と特産の香草Nepitellaと合わせて調理されることが多い。

シエナのお菓子といえば中世からの伝統を受け継いだ**Panforte**。アーモンド、砂糖漬け果物、各種香料の入ったかなり濃厚な味わいだ。優しい口当たりが好みなら、粉砂糖をまぶしたアーモンド菓子の**Ricciarelli**がおすすめ。いずれも、この町のお菓子屋やバールの店先で必ず見られる。

手作りのパスタが好まれる

おみやげ情報

●ワイン●

ブルネッロ・ディ・モンタルチーノ
Brunello di Montalcino ★★★　DOCG・赤・辛口

ヴィーノ・ノービレ・ディ・モンテプルチャーノ
Vino Nobile di Montepulciano ★★★ DOCG・赤・辛口

ヴィン・サント Vin Santo ★★★
琥珀色・(辛口・中辛口)甘口・デザートワイン

●みやげ物●

アラバスター Alabastro(雪花石膏)の置物、アクセサリーなどの加工品

ビスコッティ・ディ・プラート Biscotti di Prato
ヴィン・サントに付けて食べるハードビスケット

イタリア美術史

Arte rinascimentale-1
ルネッサンス美術-1

ルネッサンスの15世紀は、1401年のフィレンツェの**洗礼堂第2青銅扉**コンクールから始まる。**ロレンツォ・ギベルティ**Lorenzo Ghiberti、**フィリッポ・ブルネッレスキ**F.Brunelleschiなど多数の彫刻家が、聖書の「イサクの犠牲」Sacrificio di Isaccoの場面を競って制作した。両者とも人文主義的教養を身に付けてはいるが、新しい造形空間を構築したブルネッレスキの作品があまりにも革新的であったため、ゴシックの名残の見られるギベルティの作品が優勝した。彼はこの青銅扉制作に生涯の大半を費やし、のちにミケランジェロが**〈天国の扉Porta del Paradiso〉**と称えるほどの傑作をなす。

ブルネッレスキ作「フィレンツェ大聖堂」ドーム

一方ブルネッレスキは建築に専念し、**サンタ・マリア・デル・フィオーレ大聖堂ドーム**Cupola di S.Maria del Fiore（→P.147）をはじめ、**オスペダーレ・デリ・インノチェンティ**、**サン・ロレンツォ聖堂**San Lorenzo（→P.156）、ならびに同聖堂旧聖器室、パッツイ家礼拝堂などを手がけ、ルネッサンス建築の創始者となる。建築家、芸術理論家として知られる**レオン・バッティスタ・アルベルティ**L.B.Albertiは、リミニの**テンピオ・マラテスティアーノ**Tempio Malatestiano、マントヴァの**サンタンドレア聖堂**Sant'Andreaを設計。**ドナート・ブラマンテ**D.Bramante（1444～1514）は、ミラノの**サンタ・マリア・デッレ・グラツィエ聖堂**Santa Maria delle Grazie（→P.204）、ローマのサン・ピエトロ・イン・モントリオ聖堂およびヴァチカンの**サン・ピエトロ大聖堂**San Pietro in Montorio（→P.92）のプランで知られている。ほかにメディチ宮を設計した**ミケロッツォ**（1396～1472）、**メディチ家別荘の作者ジュリアーノ・ダ・サンガッロ**G.da. Sangallo(1445～1516)がいる。

ブラマンテ作『サンタ・マリア・デッレ・グラツィエ聖堂』の後陣内部

15世紀彫刻の先駆者には**〈国際ゴシック様式Gotico internazionale〉**に抗した**ヤコポ・デッラ・クエルチャ**Jacopo della Quercia（1371頃～1438）がおり、シエナの**「フォンテ・ガイア」**Fonte Gaia、ボローニャの**サン・ペトロニオ聖堂**San Petronio（→P.371）の浮彫がある。ブルネッレスキとともにローマで古典の研究をした**ドナテッロ**Donatello（1386～1466）は、劇的でリアリスティックな表現の**「ダヴィデ像」**Davide、**「聖ゲオルギウス像」**San Giorgio（両者ともフィレンツェ、バルジェッロ美術館（→P.152））、**「聖母子像」**（パドヴァ、サンタントニオ聖堂）、**「ガッタメラータ騎馬像」**Il Gattamelata(→P.329)(パドヴァ)などを制作し、ルネッサンス彫刻に革新をもたらした。一方、**ルーカ・デッラ・ロッビア**Luca della Robbia（1400頃～1482）は甘く感傷的な**聖母子像**、**童子像**を**マヨリカ焼**で多数制作。ドナテッロの追随者としては、**デシデリオ・ダ・セッティニャーノ**Desiderio da Settignano（1428頃～1464）、**ミーノ・ダ・フィエーゾレ**Mino da Fiesole（1429～1484）、**アントニオ・デル・ポッライオーロ**Antonio del Pollaiuolo（1431～1498）がいる。レオナルドの師**ヴェッロッキオ**Verrocchio（1435～1488）の有名な**「海豚（いるか）を抱く小童」**Putto col delfino（フィレンツェ、パラッツォ・ヴェッキオ（→P.150））には彼の洗練された芸術が見て取れ、**「コッレオーニ騎馬像」**Bartolomeo Colleoni（→P.237）（ヴェネツィア）は力強い。15世紀の絵画は当初**〈国際ゴシック様式〉**の影響が大きく、**ジェンティーレ・ダ・ファブリアーノ**Gentille da Fabriano（1370頃～1427）の**「東方三博士の礼拝」**Adorazione dei Magi（フィレンツェ、ウフィーツィ美術館）、**ピサネッロ**Pisanello（1395～1455頃まで消息あり）の**「聖ゲオルギウスの出発」**Partenza

ピサネッロ作『聖ゲオルギウスの出発』

di San Giorgio（ヴェローナ、カステルヴェッキオ美術館）から**フラ・アンジェリコ**Fra Angelico（1400頃〜1455）の**「受胎告知」**Annunciazione（フィレンツェ、サン・マルコ美術館）、**マゾリーノ・ダ・パニカーレ**Masolino da Panicale（1383?〜1440頃）の**「ヘロデ大王の饗宴」**Il Banchetto di Erode（カスティリオーネ・オローナ洗礼堂）などがそれである。そしてこのような状況下でルネッサンス絵画を確立したのが**マザッチョ**Masaccio（1401〜1428)であった。わずか27歳で夭逝したマザッチョはブルネッレスキ、ドナテッロの革新を絵画に生かし、厳しい造形性をもった人物を具体的な空間に配し、リアリティーを追求（**「聖三位一体」**Trinitàサンタ・マリア・ノヴェッラ聖堂、**「貢の銭」**Il tributoカルミネ聖堂ブランカッチ礼拝堂（→P.155）、いずれもフィレンツェ）。

マザッチョに続く15世紀前半の画家には、遠近法を追求した**パオロ・ウッチェッロ**Paolo Uccello（1396、97〜1475）、美しい光の階調の**ドメニコ・ヴェネツィアーノ**Domenico Veneziano（1461没）、写実的把握に優れた**アンドレア・デル・カスターニョ**Andrea del Castagno(1421〜1457)がいる。

15世紀後半にモニュメンタルな様式をつくり上げた**ピエロ・デッラ・フランチェスカ**Piero della Francesca（1410、20〜1492）は清朗、明晰な**「聖十字架伝説」**Leggenda della croce壁画連作（アレッツォ、サン・フランチェスコ聖堂）を制作。フラ・アンジェリコの弟子**ベノッツォ・ゴッツォリ**Benozzo Gozzoli（1421頃〜1497）は華麗な宮廷趣味を描き、**フィリッポ・リッピ**Filippo Lippi（1406頃〜1469）は抒情主義的な画面をものにし、さらに弟子のボッティチェッリが描線の魅惑をいっそう精妙にする。**サンドロ・ボッティチェッリ**Sandro Botticelli(1445頃〜1510)はメディチ・サークルの新プラトン主義の影響を受け**「プリマヴェーラ」**La Primavera(春)、**「ヴィーナスの誕生」**La Nascità di Venere（いずれもフィレンツェ、ウフィーツィ美術館（→P.151））などを描く。15世紀フィレンツェ派の写実主義の前後を飾るのは**ドメニコ・ギルランダイオ**Domenico Ghirlandaio（1449〜1494）である。また裸体の写実的表現に強い関心を寄せた**ルーカ・シニョレッリ**Luca Signorelli（1492〜1502）はオルヴィエート大聖堂（→P.429)に壁画連作を残す。

トスカーナ地方以外ではウンブリア地方の**ペルジーノ**Perugino（1450頃〜1523）、ヴェネト地方のパドヴァでは**アンドレア・マンテーニャ**Andrea Mantegna（1431頃〜1506）が北イタリアでルネッサンス絵画の課題を本格的に追求（**「死せるキリスト」**Cristo mortoミラノ、ブレーラ美術館（→P.200））。また、ヴェネツィア派の形成に決定的な影響を与えたのは**アントネッロ・ダ・メッシーナ**Antonello da Messina（1430頃〜1497）で、フランドルの油彩技法をこの町に伝えたといわれる。**ジョヴァンニ・ベッリーニ**Giovanni Bellini（1430頃〜1516）は激情的な写実主義（**「ピエタ」**Pietà、ミラノ、ブレーラ美術館（→P.200））から極めて詩的な抒情性をもつ表現に移行し、以後のヴェネツィア派に深い影響を与える。（望月一史）

ピエロ・デッラ・フランチェスカ作『聖十字架伝説』の描かれたサン・フランチェスコ教会

Assisi

アッシジ

世界遺産

●郵便番号　06081

世界遺産

サン・フランチェスコ聖堂とその他のフランチェスコ会ゆかりの地
登録年2000年　文化遺産

アッシジへの行き方

fs線でローマ・テルミニ駅からアッシジ行きのRVで2時間11分（乗り換えなし。1日3便）。フィレンツェまたはアンコーナ行きのIC、RV、Rなどで、フォリーニョFolignoまたはオルテOrteなどで乗り換えて2時間15分～2時間55分。フィレンツェS.M.N.駅からはRVで約2時間30分（乗り換えなし）、このほかアレッツォArezzoまたはテロントラ-コルトーナTerontola-Cortona、一部はさらにペルージャPerugiaで乗り換えのRV、R、ICは、2時間30分から3時間10分。駅前からバスに乗り、丘を上るとマッテオッティ広場Piazza G. Matteotti(終点)に到着。ここはペルージャやフォリーニョ行きのバスも発着する。フィレンツェ、ペルージャやローマ方面行きの中・遠距離バスはサン・ピエトロ広場Largo S. Pietro／ウニタ・ディタリア広場Piazza Unità d' Italiaより発着する。

アッシジのℹ

住 Piazza del Comune 22
☎ 075-8138680
開 8:00～14:00
15:00～18:00
夏季㊐　10:00～19:00
冬季㊐㊗　9:00～17:00
休 1/1、12/25　地 P.422 A2

●アッシジの歩き方
コムーネ広場 P.420
↓
サン・フランチェスコ聖堂 P.421
↓
サンタ・キアーラ聖堂 P.422
↓
カルチェリの庵 P.423

ウンブリアの緑と真っ白な聖堂の調和が美しい

オリーブの丘の上、周囲に広がる緑の平野を見下ろすアッシジ。12世紀の**清貧の聖者フランチェスコの町**である。この町の豪商の息子として生まれ、放蕩無頼（ほうとうぶらい）の生活を送っていた彼を、一転敬虔な宗教の世界へ誘ったのはこの**豊かな自然**である。オリーブと杉木立のうっそうとした緑のなか、小鳥はさえずり、人々は世界中から聖者の面影を求め今も集う。ジョットの描いた「小鳥に説教する聖フランチェスコ」をまさに具現している町なのである。

アッシジの歩き方

コムーネ広場が町の中心

町の中心は**コムーネ広場**Piazza del Comune。ここにℹもある。この広場の向かいには、ローマ時代の小さな**ミネルヴァ神殿**Tempio di Minervaも残っている。

ここから約600m西へ進めば聖フランチェスコの墓や彼を題材にした壁画で有名な**サン・フランチェスコ聖堂**Basilica di San Francescoがある。

サン・フランチェスコ聖堂の下の教会入口。ここから参拝(見学)を始める

町の丘の頂には中世の**大城塞**Rocca Maggioreがあり、ここから望む、アッシジの町とそれを取り囲む平野の眺めは一見に値する。コムーネ広場まで戻れば、愛らしい**サンタ・キアーラ聖堂**Basilica di Santa Chiaraも近くだ。ここからさらにヌオーヴァ門Porta Nuovaを抜け南へ2.5㎞も下ると、緑の田園風景のなかに聖フランチェスコと聖キアーラの精神を伝える**サン・ダミアーノ修道院**Convento di San Damianoがある。緑のなか、サン・フランチェスコはここで神の声を聞いたという。この地で彼の精神を感じてみよう。入口にはタクシーが客待ちしているので、歩き疲れたら利用しよう。

展望台が完備され、大パノラマが楽しめる大城塞

町は城壁に囲まれ、細く曲がりくねった石畳の坂道が続く。そこには中世の面影と門前町特有の慎み深さとにぎやかさが混在する。ここでは道に迷うのも忘れてゆっくり散策したいものである。

サン・フランチェスコ通りは、アッシジならではの巡礼者のための通り

アッシジの見どころ

フレスコ画の傑作で埋め尽くされた MAP P.422 A1

サン・フランチェスコ聖堂 ★★★

Basilica di San Francesco バジリカ ディ サン フランチェスコ

上下2層になった聖堂。1230年に完成した下の教会は天井が低く壮厳で、シモーネ・マルティーニによる『聖マルティーノの生涯』La Vita di San Martinoや、チマブーエによる『聖母と天使と聖フランチェスコ』Madonna con Angeli e San Francescoなど優れた中世絵画がある。さらに階段を下ると聖フランチェスコの墓がある地下室だ。この教会前の広場にはいくつものアーチの続く回廊が巡らされ、この町らしい独特の雰囲気を醸し出している。

1253年に完成した上の教会は、明るく趣が異なる。ここはジョットのフレスコ画美術館である。『小鳥に説教する聖フランチェスコ』をはじめ、彼の生涯のエピソードが28場面に描かれている。

ジョット作『小鳥に説教する聖フランチェスコ』

上部聖堂の美しいキオストロ

バスの切符

駅から町へのバスLinea Cは約30分間隔の運行。バスの切符は€1.30（車内購入€1.50。おつりがないように用意を）。

●サン・フランチェスコ聖堂

☎ 075-819001

開 下部聖堂
3/25〜10/28頃　6:00〜18:45
10/29〜3/24頃　6:00〜18:00
上部聖堂
3/25〜10/28頃　8:30〜18:45
10/29〜3/24頃　8:30〜18:00
※㊐午前と宗教祭日は観光客の拝観不可。

✉ 入場前に

セキュリティチェックがあります。内部では「静粛に」と何度もアナウンスされていました。
（埼玉県　正武統子　'16）

✉ おみやげは？

トリュフの産地としても有名です。オリーブオイルにトリュフの風味をつけたトリュフオイルはほとんどの食材店にあって、日本よりかなり安く購入できました。おみやげにも最適。　（かび　'15）

✉ カレンディ・マッジョ

毎年5月の第1㊍㊎㊏に春祭りのカレンディ・マッジョが15時から18時までコムーネ広場を中心に開催されます。広場へは入場券が必要で、前売り、当日売りを購入します。期間中はほかの場所でも随時イベントがあるようで、町中が中世の衣装を着た人でいっぱいになります。快く一緒に写真撮影にも応じてもらいました。町中が中世一色になる楽しいお祭りです。　（埼玉県　石山祐　'13）
※'17年は5/4〜5/6の予定

●「聖フランチェスコの生涯」を描いたフレスコ画

上部聖堂の３つの壁面には右奥から入口、入口左から左奥への順序で聖フランチェスコのエピソードが28場面に渡って描かれ、順にたどっていくと彼の生涯が理解できる。彼の精神を感じながら、見ていこう。ちなみに、一番有名な『小鳥に説教する聖フランチェスコ』は入口上部にある。

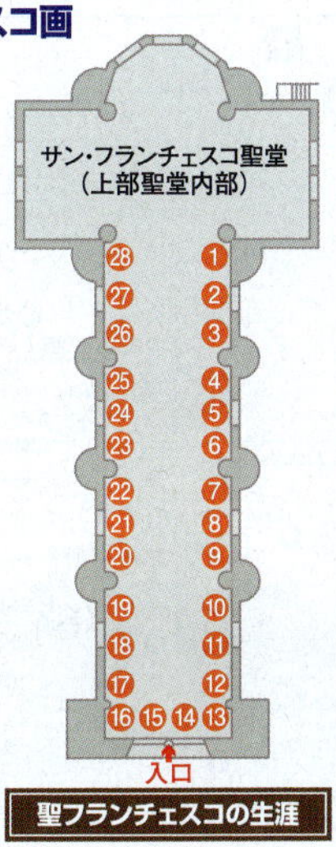

- ❶弱き者から尊敬を受ける聖フランチェスコ
- ❷マントを差出す聖フランチェスコ
- ❸武具で飾られた宮殿の夢
- ❹十字架からの声を聞く聖フランチェスコ
- ❺世俗に別れを告げる聖フランチェスコ
- ❻法王インノケンティウス3世の夢に現われた聖フランチェスコ
- ❼法王からの会則の承認
- ❽火の車の幻（預言者エリアの再現）
- ❾天国での座席の示し
- ❿アレッツォの町の悪魔払い
- ⓫イスラム教徒との火中対戦
- ⓬聖フランチェスコの脱魂
- ⓭グレッチョの馬小屋
- ⓮湧き水の奇跡
- ⓯小鳥に説教する聖フランチェスコ
- ⓰騎士の死
- ⓱法王と枢機卿の前での説教
- ⓲聖アントニオの前に現われた聖フランチェスコ
- ⓳ベルナ山での聖痕
- ⓴聖フランチェスコの死
- ㉑修道士と司教に天国への旅立ちを告げる
- ㉒聖痕の確認
- ㉓サンタ・キアーラ会の修道女の悲しみ
- ㉔聖フランチェスコの列聖式
- ㉕法王の前に現われる
- ㉖奇跡の治癒
- ㉗夫人の懺悔
- ㉘異端者の釈放

聖フランチェスコの生涯

ローマからのプルマンバス
ローマ・ティブルティーナ駅前のバスターミナルからペルージャ経由で、1日2便運行。切符€18.50。
URL www.sulga.it

✉ アッシジへのバス
ローマ・ティブルティーナ駅前のバスターミナルではさまざまな路線があり会社も様々。私はSulga社の切符売り場もバス停も見つけられませんでした。
（東京都　Miki　'15）
Sulga社の切符は車内またはネットから購入可。ティブルティーナではLargo G.MazzoniのTicket Busで販売。（'16）

●サンタ・キアーラ聖堂
☎ 0758-12282
開 3/25～10/28頃　6:30～12:00
14:00～19:00
10/29～3/24頃　6:30～12:00
14:00～18:00

●ロッカ・マッジョーレ
住 Piazza delle Libertà Comunali
☎ 3283-833372
開 1～2月、11/16～12/31
10:00～16:30
3月上旬　10:00～17:30
3月下旬　10:00～18:00
4月、9/16～9/30
10:00～19:00
5月、9/1～9/15
10:00～19:30
6～8月　10:00～20:00
10月　10:00～18:30
11/1～11/15　10:00～17:00
料 €5.50
休 1/1、12/25
※サン・ルフィーノ大聖堂広場手前を左に坂を上がる。城砦入口まで、さらに城砦内も階段が続く。荒天の際は閉場の場合あり。

サンタ・キアーラ聖堂

聖女キアーラをしのぶ　MAP P.423 B3

サンタ・キアーラ聖堂 ★★

Basilica di Santa Chiara　バジリカ ディ サンタ キアーラ

白とピンクの大理石で造られたこぢんまりしたゴシックの聖堂。聖フランチェスコの忠実な弟子であった聖キアーラにささげられた物である。内部地下室には、彼女の遺体をはじめ遺品の数々が収められている。翼廊の描かれたフレスコ画『聖女キアーラの生涯』は印象的な作品だ。

大パノラマがすばらしい　MAP P.422 A2

ロッカ・マッジョーレ（大城塞） ★★

Rocca Maggiore　ロッカ マッジョーレ

町を見下ろす高台にある。城砦の歴史はローマ時代にさかのぼり、現在見られるのは14世紀に枢機卿アルボルノッツにより建てられたもの。ふたつの塔や塔をつなぐ通路など、要塞のなかを歩くのはアドベンチャー気分だ。塔の最上階の展望台からは360度のすばらしいパノラマが広がる。

木立の中の聖なる地　MAP P.423 B3外

サン・ダミアーノ修道院 ★★

Convento di San Damiano　コンベント ディ サン ダミアーノ

小さな礼拝堂は、花が絶えることがない。左は聖キアーラ創設の修道院

聖フランチェスコがこの地で、修道生活への召し出しを請う神の声を聞き、再生を祈った場所。彼の第一の信奉者であった聖キアーラが暮らし、信仰生活を送った所でもある。ここに建つサン・ダミアーノ教会は、質素なたたずまいであるが、そこには今も彼らの精神が宿っている。

聖フランチェスコの精神を具現する　MAP P.423 A3外

カルチェリの庵（いおり） ★★

Eremo delle Carceri　エレーモ デッレ カルチェリ

庵の前庭にある、聖人の祈りで湧き出たという井戸

広大な緑の広がる隠遁（いんとん）と瞑想の場。僧院は14世紀に建てられた物で、内部には驚くほど小さく粗末な聖フランチェスコの寝室が残されている。建物の前にある井戸は、聖フランチェスコの祈りによって湧き出たと伝えられている。

僧院から道を下ると、広大な森が広がり、聖フランチェスコやその信者が祈りの場としていた、いくつもの洞窟が点在している。

うっそうとした緑のなか、風の音と鳥のさえずりだけに身を任せ、自然と神と対話することは大きな喜びであったに違いない。宗教とは無縁な我々も、ひととき聖フランチェスコの精神を感じられる場だ。

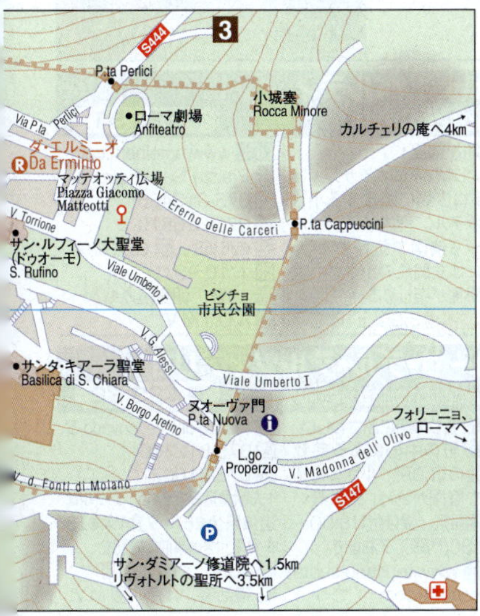

聖フランチェスコたちの祈りの場は今も森閑とした静けさに包まれる、カルチェリの庵

●サン・ダミアーノ修道院
住 ヌオーヴァ門Porta Nuovaから歩いて15分
☎ 0758-12273
開 夏季 7:00〜12:30
　14:00〜19:00
　冬季 7:00〜12:30
　15:00〜18:00
※Porta Nuovaから徒歩約15分

●カルチェリの庵
☎ 0758-12301
開 夏季 6:30〜19:00
　冬季 6:30〜18:00
※ガイド付き見学9:00〜12:00、14:30〜18:00(冬季17:00)
Porta Cappucciniから徒歩約1時間

おすすめの宿

カーサ・マリア
Casa Maria
丘の中腹にある修道院経営のペンション。3食付きのフルボードでもお手頃価格。
(静岡県　加藤清子　'14)
☎ 075-812267
e-mail casamaria.assi@yahoo.it
住 suore Francescane Missionarie d'Assisi, Via S Francesco 13
地 P.422 A1

観光に便利なバス停

ヌオーヴァ門のバス停が便利です！ コムーネ広場からはサンタ・キアーラ聖堂へ向かう道を歩き、3つ目の門をくぐった所です。コムーネ広場の噴水から徒歩10分ほどのわかりやすい道です。
(kurumi　'14)

列車でローマからアッシジへ

ローマ・テルミニ駅からアッシジへ出かけました。時刻になっても行き先案内板にホームの表示がされず、ハラハラしました。アッシジ行きの列車は2Eホームからの発車でした。このホームは1・2番線の奥、はるかかなたにあります。車両も短いので、座席があるか心配で思いっきり走りました。
(愛知県　シャンプー　'10)
ペルージャなどの近郊線も同じホームからの発車です。1番線の先頭からは400mほどの距離があります。
(編集部)

Ristorante & Hotel

アッシジのレストラン&ホテル

世界的な観光地としては、宿泊代や飲食代などの物価は安い印象だ。宗教団体運営の宿泊施設も多く、女性には強い味方。しかし、5月上旬中世の華麗な衣装をつけて行われるカレンディ・マッジョの祭りの頃や復活祭、そして8月には予約さえも難しくなる。宿が見つからないときや、より安い宿（ユースなど）を探すには、近隣のFolignoやPerugiaへ行くとよい。バスで10～30分程度の距離だ。

ブーカ・ディ・サン・フランチェスコ Buca di S. Francesco

P.422 B2

格式があってもフレンドリー
中世の風情にあふれる、田舎風の重厚な雰囲気。20年以上続く家族経営の老舗で一味違うウンブリア料理が堪能できる。ウンブリアのワインの品揃えが豊富。英語OK。
できれば予約

住 Via Eugenio Brizzi 1
☎ 075-812204
営 12:00～15:00、19:00～22:00
休 月、1/15～2/15、7/1～7/15
予 €20～50(コペルト€2.50)
C A.D.J.M.V.

ダ・エルミニオ Da Erminio

P.423 A3

ウンブリアの味を
地方からのファンも多いというアッシジでも評判の郷土料理の店。客席すぐのストーブで焼かれる肉料理の香りが食欲をそそる。店内はこぢんまりとしていてアットホーム。仕入れによってはイノシシやウサギ料理がある日も。

住 Via Montecavallo, 19
☎ 075-812506
営 12:00～14:00、19:00～21:00
休 木
予 €18～38
C A.M.V.

イル・フラントイオ Il Frantoio

P.422 B1

ウンブリア料理が楽しめる
アッシジらしい雰囲気と夏には戸外で食事ができるのがうれしい。トリフを使ったウンブリア料理や日替わりの自家製ケーキがおすすめ。英語OK。特に冬季は予約が望ましい。できれば予約

住 Via Fontebella 25
☎ 075-812242
営 12:00～14:00、19:00～21:30
予 €20～60、定食€20、24、26
C M.V.

★★★ ウンブラ Hotel Umbra

P.422 A2

アッシジでも有名なプチホテル
テラスから町が見下ろせて気持ちがよい。朝食はビュッフェで充実している。夏には屋外レストランも開く、ちょっとおしゃれなホテル。静かな環境にある。
Low 7、8、11月
URL www.hotelumbra.it

住 Vicolo degli Archi 6
☎ 075-812240
Fax 075-813653
SS €77/95 TS €110/120
3B €150/195
室 24室 朝食込み W-F
休 12～3月
C A.J.M.V.

★★★★ フォンテベッラ Fontebella

P.422 B1

食住接近で便利
サン・フランチェスコ教会へ向かう坂道の途中にあり、場所によっては眺めが楽しめる。隣接のレストラン、イル・フラントイオは同じ経営。
URL www.fontebella.com

住 Via Fontebella 25
☎ 075-812883
Fax 075-812341
SS €64/110
SB €74/145
TS TB €89/220(谷の眺望よし)
室 43室 朝食込み W-F
C M.V.

★★ ベルティ Hotel Berti

P.422 B1

立地が最高!
バスの停車するサン・ピエトロ広場に隣接する小さなホテル。室内はシンプルながら清潔で気持ちよい。夏には玄関前の小さな中庭で朝食が楽しめる。
読者割引 3泊以上10%

URL www.hotelberti.com
住 Piazza San Pietro 24
☎ 075-813466
Fax 075-816870
SB €36/58 TB €53.60/95
休 1/10～3/1
室 10室 朝食込み W-F
C A.D.J.M.V.

★★ ソーレ Hotel Sole

P.422 A2

✉清潔で居心地がよい
サンタ・キアーラ聖堂から歩いて5分の所にある居心地のよいホテル。駅からバスに乗り、Porta Nuovaか終点のPiazza Matteotti下車。経済的で雰囲気のあるホテルです。
（東京都　津崎園子）['16]
Low 11/1～3/31

URL www.assisihotelsole.com
住 Corso G. Mazzini 35
☎ 075-812373
Fax 075-813706
SS SB €30/40
TS TB €55/65
室 36室 朝食€5 W-F
C A.D.J.M.V.

カーサ・デル・テルツィアリオ Casa del Terziario Accoglienza Santa Elisabetta d'Ungheria

P.423 B2

YH 祈りの町にふさわしい
町の中心にある宗教施設の宿泊所。小さな礼拝堂や庭園があり、落ち着いた雰囲気。受け付け8:00～22:30(門限)、7泊まで。
URL www.terziario-santaelisabetta.com

住 Piazza del Vescovado 5
☎ 075-812366
Fax 075-816377
1人朝食込みで€42(シングルは追加料金€5) 夕食1人€13
※食事付きは事前に確認を
室 40床 朝食€5 W-F
休 復活祭、11月 C M.V.

Perugia ペルージャ

プリオーリ宮と噴水

ウンブリアの州都ペルージャは、エトルリア時代に源を発する丘の上の町だ。いたるところに古代ローマ以前の美術、史跡が残る一方、外国人のためのイタリア語講座がペルージャ大学に設けられているため、国際色にもあふれている。また夏にはジャズフェスティバルが催され、夜遅くまで広場は若者の熱気で包まれる。中世の町並みに生きいきとした現代感覚がマッチした町である。

ペルージャの歩き方

迷路のようなペルージャの町

町の中心は11月4日広場Piazza Ⅳ Novembre。ニコラ・ピサーノの手による町のシンボルである大噴水Fontana Maggiore(フォンタナ マッジョーレ)や、大聖堂、ゴシック建築のプリオーリ宮が広場に並び、いつも人通りが絶えない。さらに進むとコッレージョ・デル・カンビオがある。このあたりは下り坂の細い路地が迷路のように走っている。だが迷っても心配はない。坂を上れば必ず11月4日広場に戻れる。

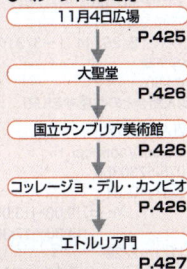

●郵便番号　06100

ペルージャへの行き方

fs線でローマ・テルミニ駅からペルージャ行きのRVで約2時間34分(乗り換えなし)。フィレンツェまたはアンコーナ行きのFR、FA、IC、RV、Rなどで、フォリーニョFoligno乗り換えで2時間～3時間30分。フィレンツェS.M.N.駅からはICで1時間34分、RVで約2時間(乗り換えなし、一部バスFreccialink)、IC、RVとRはテロントラ-コルトーナTerontola-Cortonaで乗り換えて、2時間～2時間36分。鉄道駅から町までは約1km。ローマ、アッシジ、グッビオ、スポレート行きのプルマンのターミナルはパルティジャーニ広場Piazza Partigiani。
※ペルージャ～駅というのが複数あるが、町へはペルージャPerugia下車。

駅から旧市街へ

fs駅からはミニ・メトロ(乗り場は駅を左に出て約300m)を利用し、終点Pincetteで下車し、エスカレーター(スカーラ・モービレ)を利用してマッテオッティ広場へ。ミニ・メトロは約4分間隔の運行。終電は21:05、㊐㊗20:45。
ミニ・メトロ(1両編成の無人ケーブルカー)もバスも切符は共通。

ペルージャのⓘIAT

住 Piazza Matteotti 18
Loggia dei Lanari
☎ 075-5736458
開 9:00～19:00
休 1/1、12/25、12/31
地 P.425 A

●ペルージャの歩き方

11月4日広場 P.425
↓
大聖堂 P.426
↓
国立ウンブリア美術館 P.426
↓
コッレージョ・デル・カンビオ P.426
↓
エトルリア門 P.427

バスの切符

料 €1.50(70分有効)
※駅前から町の中心のイタリア広場まで約15分

ペルージャの見どころ

町の人々の信仰の中心 MAP P.425 A

大聖堂 ★★

Cattedrale カテドラーレ

町の守護聖人サン・ロレンツォを祀るゴシックの教会。付属の美術館には、ルカ・シニョレッリの『玉座の聖母』などがある。

粗石が印象的な大聖堂の外壁

イタリアでも屈指の美術館 MAP P.425 A

国立ウンブリア美術館 ★★★

Galleria Nazionale dell' Umbria ガッレリア ナツィオナーレ デッルンブリア

プリオーリ宮Palazzo dei Priori内にあるウンブリア派の絵画などを展示した美術館。ウンブリアが生んだ画家ペルジーノPerugino（ラファエッロの師）、ピントゥリッキオPinturicchioやピエロ・デッラ・フランチェスカPiero della Francescaの作品が有名。豊かな情感あふれるウンブリア絵画の数々をゆっくり鑑賞できる。

ウンブリア絵画を代表する画家ピエロ・デッラ・フランチェスカ作『サンタントニオ祭壇画』は美術館の至宝

プリオーリ宮にある国立ウンブリア美術館

見事な寄せ木細工とフレスコ画を飾る MAP P.425 A

コッレージョ・デル・カンビオ ★★

Collegio del Cambio コッレージョ デル カンビオ

プリオーリ宮内にある建物。15世紀には両替商の本部がおかれた。内部は、ひとつの手工芸品ともいうべき精密で美しい寄せ木細工と、ペルジーノとその弟子たちによる壁画で飾られている。15世紀にマイアーノが彫った『正義の像』も必見。

ペルジーノ作『羊飼いの礼拝』

●大聖堂
開 7:30～12:30
15:30～18:45
㊐㊗ 8:00～13:00
16:00～19:30

●国立ウンブリア美術館（プリオーリ宮内）
住 Corso Vannucci 19
☎ 075-5721009（切符売り場）
開 8:30～19:30
4～10月の㊊12:00～19:30
休 11～3月の㊊、1/1、5/1、12/25
料 €8
※切符売り場は18:30まで
※第1㊐は無料

ミニメトロ 終点ひとつ手前が便利

終点一つ手前Cupaで下車し、エスカレーターでマッテオッティ広場へ向かうのが便利。ミニメトロはかわいい楽しい乗り物でした。間違えて、反対の終点に行ってしまったら、ショッピングセンターがありました。
（東京都　Seiko　'16）

ミニメトロは無人のため、情報は乗車前に取得を。
（兵庫県　古川昌子　'16）

ペルージャのミニ・メトロ

●コッレージョ・デル・カンビオ
住 Corso Vannucci 25
☎ 075-5728599
開 9:00～12:30
14:30～17:30
㊐㊗ 9:00～13:00
休 1/1、12/25、11/1～3/31の㊊午後
料 €4.50
※商人組合との共通券€5.50

●商人組合の間
住 Corso Vannucci 15
☎ 075-5730366
開 3/1～10/31
㊋～㊏ 9:00～13:00
14:30～17:30
11/1～2/28
㊋㊍㊎ 8:00～14:00
㊌㊏ 8:00～16:30
通年　㊐㊗ 9:00～13:00
休 ㊊、1/1、12/25
料 €1.50（コッレージョ・デル・カンビオとの共通券€5.50）

寄せ木細工が目を見張る MAP P.425 A

商人組合の間 ★★

Collegio della Mercanzia コッレージョ デッラ メルカンツィア

同じくプリオーリ宮内にある（入口は別）。同業者組合のなかでも、当時一番の富と権力を誇った「商人組合」がおかれていた場所で、壁や天井一面が15世紀の北方ヨーロッパの精巧な寄せ木細工で覆われ、厳かで豪華な雰囲気。

2000年余りの時を刻む MAP P.425 A

アウグストゥスの門(エトルリア門) ★

Arco d' Augusto (Arco Etrusco) アルコ ダウグスト(アルコ エトルスコ)

2300年以上の時を刻むエトルリア門

ドゥオーモの北200mにあるエトルリア人による紀元前3～2世紀の巨大な城門。その後紀元60年にローマ人により上部のアーチが付け足され、16世紀にも修復の手が加えられた。今も人々の生活に溶け込んでいる。

お得な共通入場券

Card Perugia Città Museo
カード・ペルージャ・チッタ・ムゼオ

公証人の間（プリオーリ宮）、サン・セヴェーロ教会、国立ウンブリア美術館、コッレージョ・デル・カンビオ、国立ウンブリア考古学博物館などペルージャの多くの美術・博物館に入場可のほか、駐車場、シティーツアー（4～11月）、映画館、商店、レストランなどでも割引の受けられるカード。見どころや一部のホテルなどで販売。

Card A/F 料€13
5つの美術・博物館に入場可。48時間有効。

Card U 料€10
5つの美術・博物館に入場可。(学生のみ、要学生証)1ヵ月間有効

URL www.perugiacittamuseo.it

✉ どの駅から

以前の投稿でペルージャPonte S.Giovanni駅からローカル線に乗り換えてS.Anna駅で下車が便利とありましたが、Fontivegge駅で下車してミニメトロでPincetto駅まで行くのが町中にすぐに出られます。（東京都　Miki　'16）

Ristorante & Hotel　ペルージャのレストラン&ホテル

ラ・タヴェルナ　La Taverna　P.425 B

肉料理がおいしい
1988年から続く、町の人おすすめの店。店内は重厚な雰囲気で夏は店前のテラス席が気持ちよい。サービスもよく、洗練された郷土料理が味わえる。ワインやデザートも充実。夏季は要予約

住 Via delle Streghe 8
☎ 075-5724128
営 12:30～14:30、17:30～22:30
休 なし
予 €35～55(コペルト€2)、定食€55
C A.M.V.

ピッツェリア・メディテラーネア　Pizzeria Mediterranea　P.425 A

ピッツァを食べるなら
釜焼きのナポリピッツァの店。小さくシンプルな店構えながら、雰囲気、サービスもよく、行列ができる人気店。メニューはピッツァ(€5～6)とデザートと飲み物のみ。

住 Piazza Piccinino11/12
☎ 075-5724021
営 12:30～14:30、19:30～23:00
休 一部の祝
予 €10～15（コペルト€1.10)
C J.M.V.

★★★★★L　ブルファーニ・パレス　Brufani Palace　P.425 B

町一番の格式
町の中心、イタリア広場に堂々と建つ。町の歴史を凝縮したようなエレガントで重厚な雰囲気にあふれ、レストラン併設。
✉ 眺望がすばらしかった。ビュッフェの朝食も充実。
（東京都　Seiko　'16）

URL www.brufanipalace.com
住 Piazza Italia 12
☎ 075-5732541
Fax 075-5720210
SB €120/356
TB €135/593
室 94室　朝食込み W-F
C A.D.J.M.V.

★★★★　サンガッロ・パレス　Sangallo Palace Hotel　P.425 B

眺めのよいホテル
建物、室内ともにルネッサンスの雰囲気がいっぱいのホテル。客室は広く、使い勝手がよくまとめられている。
読者割引 3泊以上で10%(祝を除く)
Low 1/1～3/30、7/21～8/31、11/1～12/28

URL www.sangallo.it
住 Via L. Masi 9
☎ 0755-730202
Fax 0755-730068
SS SB €80/99
TS TB €109/139
室 52室　朝食込み W-F
C A.D.J.M.V.

★★★　フォルトゥーナ　Hotel Fortuna　P.425 B

家族経営で居心地よし
町の中心イタリア広場Piazza Italia近く。13世紀の館を改装した便利できれいな造り。冷房完備。親切な家族経営で居心地もよい。
Low 1/7～3/20、7/18～9/4、11/2～12/29

URL www.umbriahotels.com
住 Via Bonazzi 19
☎ 075-5722845
Fax 075-5735040
SS €69/88
TS TB €77/128、€123/147
室 45室　朝食込み W-F
C A.D.M.V.

★★　シーニャ　Hotel Signa　P.425 B南外

バスターミナル近くの静かな宿
パルティジャーニ広場から徒歩10分、サン・ピエトロ門の少し手前で右折。中庭付きの静かな宿。冷房完備、部屋からの眺望よし。
Low 1/6～2/28、11/3～12/8
URL www.hotelsigna.it

住 Via del Grillo 9
☎ Fax 075-5724180
SS €38/61
TS €49.40/75
3B €66.40/92
室 22室　朝食€7 W-F
休 12/9～12/27
C M.V.

※ペルージャの滞在税　★€0.5　★★€1　★★★€1.50　★★★★€2　★★★★★€2.50、10泊まで、14歳以下免除

Orvieto
オルヴィエート

●郵便番号　05018

オルヴィエートへの行き方

fs線でローマ・テルミニ駅からフィレンツェ行きなどのICで1時間5分〜1時間13分、RVで1時間13分〜1時間20分。フィレンツェS.M.N.駅からRV(乗り換えなし)で2時間11分〜2時間24分。

駅から旧市街へ

駅前からミニバス2番がカヘン広場を経て、ドゥオーモ広場、市庁舎前へ。または駅前のケーブルカー乗り場からケーブルカー(7:20〜20:30)に乗車。終点のカヘン広場からドゥオーモまで、道なりに徒歩10〜15分。ドゥオーモへ向かうカヴール通りCorso Cavourは特産の陶器やワインを売る店が並び、眺めながら歩くのが楽しい。バスの切符(ケーブルカーと共通)€1.30(1回券、90分有効) ※車内購入€2

オルヴィエートのi

住 Piazza del Duomo 24
☎ 0763-341772
開 8:15〜13:50
16:00〜19:00
㊏㊐㊗10:00〜13:00
15:00〜18:00
休 12/25　地 P.428 1

✉ オルヴィエート 地下洞窟ツアー

約1時間で地下洞窟を回ります。ツアー参加以外では見学できません。出発時間によって受付時間が決まっているので、町に到着したらまずiで出発時間を確認するのがいいです。洞窟はいくつもの階層に分かれた巨大な物で方向がわからないほどでした。ガイドさんからは地下洞窟の歴史や当時の生活ぶりの説明があり、オリーブを絞る石臼や鳩小屋など、今でも通用しそうな道具も残っていて感動しました。　(millescena　'10)

お得な共通券

カルタ・オルヴィエート・ウニカ Carta Orvieto Unica

サン・ブリツィオ礼拝堂、ファイナ考古学博物館、モーロの塔Torre del Moro、地下の洞窟公園Underground Parco delle Grotte、ケーブルカーとミニバスの駅までの往復券、フィエラ広場の5時間駐車券に使える。

料 €20(学生、65歳以上€17)
※上記i脇の切符売り場や各見どころ、Piazza della Pace(ケーブルカーそばの駐車場)などで販売

ローマの北120kmにあるオルヴィエートの町へは、古代ローマの道のひとつであるカッシア街道から入りたい。木立の中の曲がりくねった道のりを行くと、急に視界が開け、平野の中にぽっこり盛り上がったオルヴィエートの町が現れてくる。オルヴィエートのドラマチックな地形を知るためには、特におすすめのコースだ。

オルヴィエートの歴史は古く、紀元前、古代ローマ以前のエトルリア時代に遡る。13〜14世紀には多くの法王の隠れ里として、黄金時代を築いた。

オルヴィエートの歩き方

駅前からケーブルカーで丘の上まで行き、ミニバスや徒歩で町の中心のドゥオーモ広場Piazza del Duomoに到着する。

町は端から端まで歩いても2kmに満たない小さなもの。町の中心は、壮麗なドゥオーモ。人口2万の町には不釣り合いなほどの華麗さを誇る。そのほかの見どころとしては、**クアルティエーレ・ヴェッキオ**Quartiere Vecchioと呼ばれる町の西側に広がる中世の面影を残す一帯。そぞろ歩きを楽しみたい。**ポポロ宮**Palazzo del Popoloは、ロマネスク・ゴシック様式の建物でバルコニーのある正面が美しい。今は2階が博物館になっている**法王の宮殿**Palazzo dei Papiは、この町が法王領であったことの証だ。もうひとつ忘れてはならないのが特産の**白ワイン**。ローマっ子のお気に入りのオルヴィエートの白は、中部イタリアで生産される、最高ワインのひとつ。ドゥオーモ周辺には、みやげ物屋を兼ねたワイン屋が軒を連ねているので、試飲してみよう。

自治都市時代の隊長の館、ポポロ宮

オルヴィエートの見どころ

燦然と輝く町のシンボル　MAP P.428 1

ドゥオーモ(カテドラーレ) ★★★

Duomo / Cattedrale　ドゥオーモ／カテドラーレ

イタリア・ゴシック建築を代表するドゥオーモ

13世紀の終わりに着手され、16世紀になっても完成しなかったというドゥオーモは、延べ33人の建築家、152人の彫刻家、68人の画家、90人のモザイク師の手が加えられたという。実際、空高くそびえる塔と太陽に燦然(さんぜん)と輝く鮮やかなモザイクで飾られていた正面(ファサード)は、いつまでも見飽きない。内部のサン・ブリツィオ礼拝堂にはフラ・アンジェリコやミケランジェロの前兆ともいわれたルカ・シニョレッリの手による、みずみずしい魂だけに描けるようなフレスコ画がある。

●ドゥオーモ
●サン・ブリツィオ礼拝堂
住 Piazza del Duomo
☎ 0763-342477
開 4～9月 9:30～19:00
10・3月 9:30～18:00
11～2月 9:30～13:00
14:30～17:00
4～10月の㊐㊗
13:00～17:30
11～3月の㊐㊗
14:30～16:30
※宗教行事の際は観光客の入場不可。
料 €3

水源確保のため法王が掘らせた　MAP P.428 2

サン・パトリツィオの井戸 ★

Pozzo di San Patrizio　ポッツォ ディ サン パトリツィオ

法王が掘らせたサン・パトリツィオの井戸

メディチ家出身の法王クレメンテ7世の命によって造られた井戸。凝灰岩をくり抜いた深さ62mの井戸へは、248段のらせん階段で下りることができる。この階段、下りる人と上る人がすれ違わないようになっているのが不思議。

●サン・パトリツィオの井戸
住 Viale Sangallo
☎ 0763-343768
開 5～8月 9:00～19:45
3、4、9、10月 9:00～18:45
11～2月 10:00～16:45
料 €5(学生、60歳以上€3.50)

おすすめの町

のどかで人も優しく、中世の町並みの散策も楽しいし、高台からの景色もすごくよくて感激です。小路には陶器のお店が並びおみやげ選びも楽しい。ローマからfs線Rの2等で片道€7程度。手軽な日帰り旅行におすすめです。

(三嶋綾子 '12)

ドゥオーモ内、聖歌隊席の左側にあるコルポラーレ礼拝堂にはボルセーナの奇跡が起こったときに付いたキリストの御血の聖布があります。

(和歌山県 田本奉崇 '13)

Ristorante オルヴィエートのレストラン

イ・セッテ・コンソリ
I Sette Consoli　P.428 1・2

静かで緑あふれる中庭で

旧市街のメインストリートの奥、小さな入口からは想像できないが、緑あふれる中庭が広がるエレガントな店。土地の味わいを現代風にアレンジした料理が味わえる。自家製デザートもおすすめ。

要予約

住 Piazza Sant'Angelo 1/A
☎ 0763-343911
営 12:30～15:00、19:30～22:00
休 ㊌、㊐夜
予 €48～58(コペルト€3)、定食€42
C A.D.M.V.

デル・モーロ
Trattoria del Moro Aronne　P.428 1

オルヴィエートのワインを!

ポポロ宮の南側。家族経営で60年続く、手頃な値段でウンブリアの郷土料理が楽しめる雰囲気のよい店。お店のおすすめは、イノシシのパッパルデッレPappardelle Cinghiale。食べやすいウンブリアの味だ。ワインも地元ならではのおいしさ。

住 Via San Leonardo 7
☎ 0763-342763
営 12:30～15:00、19:30～22:30
休 ㊋、7/1～7/10
予 €18～35(コペルト€2)
C A.J.M.V.

Urbino
ウルビーノ

世界遺産

●郵便番号　61029

世界遺産
ウルビーノの歴史地区
登録年1998年　文化遺産

ウルビーノへの行き方

ボローニャとアンコーナを結ぶ幹線上にある駅、ペーザロPesaroが最寄り駅。ペーザロ→ウルビーノ間の直通列車はない。fs線でボローニャからアンコーナ行きなどのFRECCIABIANCAでペーザロまで1時間14分～1時間26分、RVで約2時間。リミニから約30分。ペーザロ駅前からウルビーノ行きのバス46番をADRIABUS社が運行。Rapida(所要40～50分、切符€3.70)、Speedy(約1時間15分、切符€3.40)の2種類が運行。サンタ・ルチア門近くのSanta Lucia Parkに到着する。便はそれぞれ平日1時間に1便、㊐㊗2～3時間に1便程度。

ペーザロ駅を出て右に進むとバスターミナルがある。切符はバスターミナルのバール、キオスクなどで販売。ウルビーノではバスターミナルやタバッキで。車内の切符自販機は硬貨のみ利用可。切符は乗車前の購入が安心。

ラファエッロRaffaelloやルネッサンスの偉大な建築家**ブラマンテ**Bramanteを生んだ町ウルビーノ。この古都は12世紀から、**モンテフェルトロ家**Montefeltroという公爵家によって治められていた。15世紀、**フェデリコ公**とその子**グイドゥバルド**の時代には、善政と学芸保護政策の下にすばらしいルネッサンス文化の華が咲いた。

ウルビーノの宮廷の名残は、現在美術館となっている**ドゥカーレ宮殿**のあちこちに見られる。その美しさのあまりに「**神の建築**」と称賛された宮殿には、ヨーロッパ中の学者、思想家、芸術家が集まった。洗練されたマナーのウルビーノの宮廷からは、ヨーロッパ宮廷および上流社会の礼儀作法が生まれたといわれている。

パノラマ通りから眺めたウルビーノの町

ウルビーノの見どころ

壮大・華麗な宮殿　MAP P.430 B

ドゥカーレ宮殿　★★★
Palazzo Ducale　パラッツォ ドゥカーレ

この地の領主、モンテフェルトロ家の宮殿だった物。15世紀のルネッサンス様式だが、2本の円柱状の塔が一隅を飾り、ゴシックの名残も見られる。茶褐色の落ち着いた風情をもった宮殿は当時の姿そのままに訪れる者を魅了している。

2本の塔が脇を飾るドゥカーレ宮殿

眺望絶佳のストリート　MAP P.430 A

パノラマ通り　★★
Strada Panoramica　ストラーダ パノラミカ

ウルビーノの全景を眺めるなら、ローマ広場Piazzale Romaからパノラマ通りを歩いてみたい。町と向き合う丘の上までの400～500mの散歩を楽しむと、すばらしい風景が目の前に広がる。標高500mのウルビーノの町は、イタリアの"古き美しき町"のたたずまいを完璧なまでに保っている。

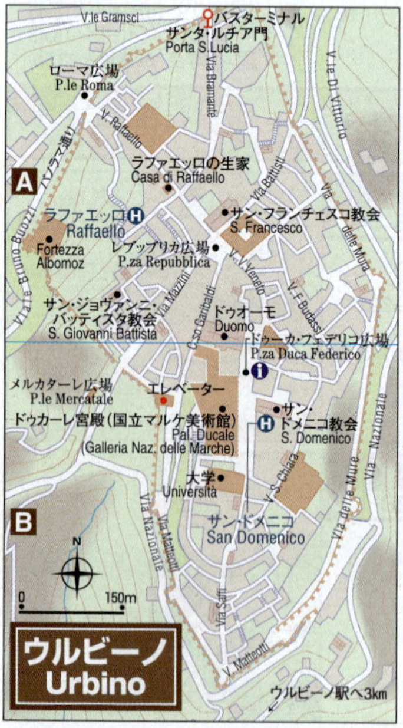

絵画史上の傑作を展示 MAP P.430 B

国立マルケ美術館 ★★★

Galleria Nazionale delle Marche ガッレリア ナツィオナーレ デッレ マルケ

ドゥカーレ宮殿内は、美術館になっている。この地で生まれたラファエッロRaffaelloの描いた**タペストリーの下絵素描や肖像画**が残る。そのほかには、ルネッサンス期にこの町を訪れた巨匠**ピエロ・デッラ・フランチェスカPiero della Francescaの作品**(第15室)やボッティ**チェッリBotticelliの描いた寄せ木細工の下絵**が、名君フェデリコ公の書斎を飾っている。

ピエロ・デッラ・フランチェスカ作『セニガッリアの聖母』

ルネッサンスの天才の生家 MAP P.430 A

ラファエッロの生家 ★

Casa Natale di Raffaello カーサ ナターレ ディ ラファエッロ

宮殿の北には、この町生まれのルネッサンスを代表する画家ラファエッロの生家がある。14歳まで過ごした家の壁には、この天才の最初の作品と思われる**"聖母子像"**が残されている。

簡素なラファエッロの生家

ウルビーノのⓘIAT
住 Piazza Rinascimento 1
☎ 0722-2613
開 9:00～13:00
火金のみ14:30～17:30も
休 土日祝
地 P.430 A

●ドゥカーレ宮殿(国立マルケ美術館)
住 Piazza Duca Federico 107
☎ 0722-2760
開 8:30～19:15(入場18:15まで)
月8:30～14:00(入場13:00まで)
休 1/1、12/25
料 €6.50
※毎月第1日無料

●ラファエッロの生家
住 Via Raffaello 57
☎ 0722-320105
開 9:00～19:00
日10:00～13:00
15:00～18:00
休 冬季日午後、祝、12/25、1/1
料 €3.50

ウルビーノへ

サンタ・ルチア門のバスターミナルが下車・乗車地になりました。バスターミナルは10階建てくらいの大きなショッピングセンター1階で、エレベーターで最上階まで行くとサンタ・ルチア門が目の前です。途中にあるスーパーのCO-OPは大きいです。

ペーザロの駅を出てすぐ左に荷物預けがあります。荷物を預け、バスの時間に合わせて、ペーザロ観光をすることも可能です。
(Ananas '16)

Hotel ウルビーノのホテル

小さな町なので、ホテルも小規模で数もそれほど多くない。学生向きの簡単に食事のできる店が多い。ウルビーノ公も食したスナックCresce Sfogliate (ピアディーナ=薄焼きパンの一種)にトライ。バールやパン屋で売っているし、専門店もある。

★★★★ サン・ドメニコ
Albergo San Domenico P.430 B

かつての修道院ホテル
ドゥカーレ宮殿の前、15世紀の修道院を改装したホテル。静かで、落ち着いた客室には19世紀の家具が置かれ、エレガントな雰囲気。

URL www.viphotels.it
住 Piazza Rinascimento 3
☎ 0722-2626
Fax 0722-2727
SS €90/138
TS TB €145/240
室 31室 朝食€11 W-F
C A.D.M.V.

★★★ ラファエッロ
Hotel Raffaello P.430 A

ドゥカーレ宮殿を望む
サン・ジョヴァンニ教会脇、ラファエッロの生家にもほど近く、静かで落ち着いた小さなホテル。部屋は快適で清潔。窓からの眺望もよい。
読者割引 3泊以上10%
URL www.albergoraffaello.com

住 Via Santa Margherita 40
☎ 0722-4784
Fax 0722-328540
SS SB €40/80
TS €70/120
TB €70/200
室 14室 朝食€7.50 W-F
C M.V.

※ウルビーノの滞在税 ★€1 ★★€1.30 ★★★、B&B€1.50 ★★★★€2 ★★★★★€2.50、12歳以下免除
SB シャワーまたはバス付きシングル料金 TB シャワーまたはバス付きツイン料金 3B シャワーまたはバス付きトリプル料金

子豚の丸焼きから
アドリア海の幸までもが楽しめる

■中部ウンブリア州とマルケ州の料理

イタリアの中部地方の料理には、どこも緑深い山あいの産物を生かした物が多い。**マルケ州**では、この山の恵みとともにアドリア海からの豊富な海の幸が食卓に上る。

ウンブリア州などの山岳地帯では**子豚の丸焼きPorchetta**(ポルケッタ)がお祭りのときの一番のごちそうである。町角に簡単なカウンターを並べ、薄切りにした物をパンに挟んで売っている。皮がパリパリと香ばしく、肉汁たっぷりの焼きたての味は格別だ。

ブルスケッタやポルケッタをモダンにアレンジした前菜（ペルージャにて）

●ウンブリア州の料理

トリフを散らしたカルパッチョ

ウンブリア州の名産品のひとつが**トリフ**Tartufo（タルトゥーフォ）。今では季節を問わず、パスタやリゾットにあるいは肉料理にと使われる。これには、ウンブリア一有名な口当たりのよいまろやかな**白ワイン Orvieto**(オルヴィエート)がよく合う。3～10月には**鳩Palomba**(パロンバ)もよく食べられる。ローストして、それにワイン、ケッパー、生ハム、サルビアなどで作ったソースをかけた**Palomba alla Ghitta**(パロンバ アッラ ギッタ)が有名。これには腰の強いワイン**Castello di Montoro**(カステッロ ディ モントーロ)がよい組み合わせだ。

●マルケ州の料理

アドリア海の**海の幸**と**山の幸**が一緒に楽しめる。白トリフをはじめ、**きのこ、サラミ、ソーセージ**、伝統的な製法を守ったチーズなどが産出される。前菜には大きなオリーブの中に肉類の詰め物をしてフライにした**Olive all'Ascolana**(オリーヴェ アッラスコラーナ)が人気。山あいの特産品イノシシ肉のサラミやブルスケッタも登場する。魚料理は何といっても**Brodetto**(ブローデット)。イタリアの各地で見かけるトマト味の実だくさんの魚介スープだが、このあたりではこう名前を変える。小型のイカの中にチーズ、パン粉、卵などの詰め物をし、ゆっくり煮込んだのが**Calamaretti Ripieni**(カラマレッティ リピエーニ)。香ばしいニンニクの香りが食欲をそそる。魚料理には、ちょっぴり苦味のある後味が心地よい**辛口の白Verdicchio dei Castelli di Jesi**(ヴェルディッキオ デイ カステッリ ディ イエージ)なんかぴったりだ。肉料理はポルケッタのほか、詰め物をした**うさぎのローストConiglio Farcito**(コニッリオ ファルチート)やウサギをポルケッタと同じように焼いた**Coniglio in Porchetta**(コニーリョ イン ポルケッタ)などがごちそうだ。天然発泡性赤ワイン**Vernaccia di Serrapetrana**(ヴェルナッチャ ディ セッラペトラーナ)やルビー色でフレッシュな口当たりの**Rosso Piceno**(ロッソ ピチェーノ)などがおすすめ。

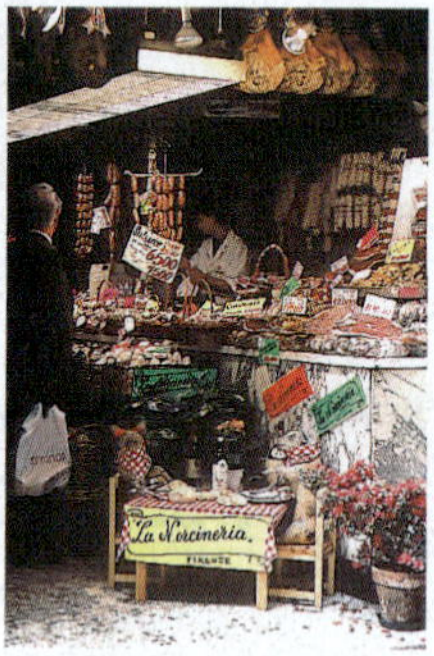

中部地方のサルメリアにて

中部地方の名物、ポルケッタの屋台

おみやげ情報

●ワイン●

オルヴィエート・クラシコ
Orvieto Classico ★★★
DOC・白・辛口、中甘口

ロッソ・コーネロ Rosso Conero ★★★
DOC・赤・辛口

●みやげ物●

伝統工芸の絵付け陶器
美しい彩色陶器の絵皿や水差しなど

トリフ Tartufo **の加工品**
瓶詰のほか、パンに塗ると前菜に最適な、バターやオリーブ油と合わせたトリフペーストなど

には海辺でまどろみたい、南イタリアの休日

カンパニア州
Campania

南部3州
&Puglia, Basilicata, Calabria

ナポリ湾を囲む肥沃な土地には、麻、たばこやオリーブ、ブドウの畑が広がっている。ヴェスーヴィオがそびえ、麓にポンペイの遺跡が広がる魅力的な風景は、古代への夢をかきたてる。「青の洞窟」で有名なカプリ島やソレントの美しさにはため息が出る。

強烈な太陽と澄んだ海が、旅人を迎えてくれる南イタリア。貧の南イタリアといわれるが、内陸部に一歩踏み込むと実感させられる。大地は乾燥し、赤茶けた山には牛や羊を連れた牧人たちの姿。

しかし、近年は南イタリアにも工業やリゾート開発が育ち始めている。

■カンパニア州と南部3州に関するより詳しい情報は、『地球の歩き方Ⓐ13南イタリアとマルタ』をご覧ください。

ナポリ周辺、「古代の夢」巡り

人間臭さ、生活感あふれる古代遺跡を訪ねて

輝く風光と温暖な気候のもと、古代ギリシアの植民都市として発達したナポリ周辺には、古代のロマンがぎっしり詰まっている。紀元1世紀のある日、一瞬にして死の灰に覆われてしまった町、ポンペイ、エルコラーノ。ヨーロッパーの保存状態を誇るペストゥムのギリシア神殿などを訪ねてみよう。

ヴェスーヴィオ火山を背景にしたジュピター神殿

●郵便番号　80045

世界遺産

ポンペイ、エルコラーノ、トッレ・アンヌンツィアータの考古学地域
登録年1997年　文化遺産

ポンペイへの行き方

fs線ナポリ中央駅構内から続くヴェスーヴィオ周遊鉄道Ferrovia Circumvesuvianaのナポリ・ポルタ・ガリバルディ駅からソレント行きでポンペイ・ヴィッラ・デイ・ミステリ駅まで25〜40分(切符€2.90)。fs線でナポリ中央駅からラメツィア・テルメ、レッジョ・ディ・カラーブリア行きなどのRで30〜40分(切符€2.60)。なお、ポンペイには複数の駅があるので注意。新市街に近いのが、fs線ポンペイ駅。このやや北西(奥)にあるのが、周遊鉄道のポンペイ駅。これらの駅から遺跡へは、野外劇場そばのPiazza Anfiteatroにある入口からの入場が便利。

遺跡見学のみなら、周遊鉄道のヴィッラ・デイ・ミステリVilla dei Misteri(スカーヴィScavi)駅下車が便利。駅前すぐが、遺跡の入口だ。

一瞬にして火山灰に包まれた古代都市

ポンペイ 世界遺産

Pompei　ポンペイ

エルコラーノと同じく、約1900年前のヴェスーヴィオ火山の大噴火により一瞬にして、死の灰に閉ざされた町だ。道には、水を運んだ鉛管や、轍(わだち)、道路標識などが当時のまま残る。カウンターのある居酒屋の店先には、はちみつやワインを入れたかめが並び、その横には、小銭を大きさごとに入れた、小さな穴が開いていたりと、知れば知るほど、想像力をかきたてられる場所だ。

遺跡は広く、標識はあるものの迷いやすいので、まずは切符売り場で配布している地図をもらってから歩き始めよう。

夏の見学には帽子を忘れずに。フォロにて

入口のマリーナ門を入ると、右側には当時の法廷の役割を果たしたBasilica。左には、48本のイオニア式円柱の並ぶアポロ神殿Tempio di Apollo。さらに坂を上ると、古代の社会生活の中心地Foroだ。この北、ヴェスーヴィオ火山に臨んで建っているのが、ジュピター神殿Tempio di Giove。

モザイクの傑作が飾られていた牧神の家

北には、悲劇詩人の家Casa del Poeta Tragico。「猛犬に注意」と書いてある。床モザイクの犬に注目。さらに進むとナポリの考古学博物館展示のモザイクや牧神の像が飾られていたポンペイ最大の貴族の館**牧神の家**Casa del Fauno。像のコピーが飾られ、自然のなかで今も牧神は踊っている。

その先には**ヴェッティの家**Casa dei Vetti(2016年夏修復中)、入口右側の壁や寝室には、ポルノまがいの描写があるので有名だが、実は当時の魔除けのお守り。風情のある中庭同様見逃せないのが、**ポンペイの赤**と呼ばれる独特の赤茶けた色調のフレスコ画や黒地の装飾帯で仕切り神話などのテーマで描かれた**第4様式のフレスコ画**。**スタビアーネ浴場**Terme Stabianeはポンペイに残る3つの浴場のうち、最も保存状態のよい物だ。浴室は、男女別々に左右に配され、床は二重構造で蒸気で一定の室温が保たれていた。この浴場の通りVia dell'Abbondanzaは、かつてポンペイの商業の中心地であった。遺跡内に約90もあったといわれる**テルモポリオ**Thermopolium(居酒屋)が多い。

紀元前2世紀に増築されたスタビアーネ浴場

最大規模のララーリオのテルモポリオ

ヴェスーヴィオ周遊鉄道の駅

ナポリ中央駅構内または正面からエスカレーターや階段で下った地下に駅がある。改札手前に切符売り場と周遊鉄道ⓘもある。夏季の海水浴客による混雑を避けるなら、ひとつ先の始発駅へ移動して乗り込むのもいい。夏季ならカンパニア・エクスプレス(→P.263)の利用がおすすめ。

カンパニア・エクスプレスに乗ったよ

運行開始の時と'16年の夏に乗車しました。ナポリの周遊鉄道のⓘ窓口で切符を購入(カード利用不可)し、指定時間に窓口近くで待っていると係員がホームまで案内してくれます。前回は新しくてとてもきれいな車両でしたが、今回はかなり古い車両。係員に確認したところ、「今はこんな車両」ということでした。ポンペイまで約30分、ソレントまで50分弱ということでしたが、かなり遅れました。ただ、乗客はまばらで、悪評高い周遊鉄道の混雑は確実に回避できます。切符は帰りの便も時間指定で購入しますが、窓口での変更も不要で、そのまま違う時間の列車に乗車できました。往復切符は往路と帰路は別の日でも利用可。
(東京都　MCI　'16)

新市街のⓘ

住 Via Sacra 1
☎ 081-8507255
開 8:00〜15:30　休 ㊐

遺跡見学のコツ

遺跡は広く、道は昔のままにデコボコしている。歩きやすい靴で出かけよう。照り返しが強い夏は帽子とサングラスもあるといい。ヴェスーヴィオ火山と遺跡の眺めがよいフォロ近くに、レストランやバール、トイレなどもあるので、疲れたら利用しよう。

●ポンペイの遺跡

☎ 081-8575347
開 4/1〜10/31
　9:00〜19:30(入場18:00まで)
　11/1〜3/31
　9:00〜17:00(入場15:30まで)
休 1/1、5/1、12/25
料 €13(エルコラーノの遺跡を含む5カ所共通券€22、3日間有効)
地 P.434
※入場無料の第1㊐8:30、12:30、14:30、(18:00夏季)の入場。1日1万5000人までの入場制限あり。

知ってる!?

神殿が並ぶフォロ周辺には、遺跡からの発掘品が並ぶ簡単な展示スペース(かつての穀物倉庫)がある。目を引く石膏の人型は、生きたまま火山灰にとじこめられた人たちのもの。今にも断末魔の声が聞こえて来そうなほどリアルだ。

ポンペイでアルテ・カードの購入は?

遺跡の切符売り場横のブックショップで販売。

✉ 遺跡にて

遺跡内は飲み物の値段が通常の3倍。遺跡内は日陰が少なく、6月でもかなり暑く、見学には2～3時間はかかりますので、遺跡に入る前に飲み物の購入を。

(Hero '13)

ミステリ駅近くの入口を入り、フォロを左折して進むと軽食や飲み物を販売する簡素なレストランがあります。そこの2階のトイレは無料で使用可。駅のトイレは€0.25の硬貨がないと利用できません。

(アッコ '12)

✉ 早め入場がおすすめ

8:30の開場直後に入場しました。先に入っている人はほとんどおらず、ゆっくりと見学できました。その後、続々とほかのお客さんが来たので早めの行動がおすすめです。 (RRB '13)

そして、この南には、今でも夏の夜にはオペラやバレエの催される**大劇場**Teatro Grandeや**オデオン座**Odeon, Teatro Piccoloがある。時間があればスタビアーネ浴場から500m東にある、1万2000人収容の**円形闘技場**(アンフィテアトロ)Anfiteatroや**大体育場**(パレストラ グランデ)Palestra Grandeを訪れよう。

最後に、ポンペイ遺跡一番の見どころ、**秘儀荘**(ヴィッラ デイ ミステリ)Villa dei Misteriを忘れてはならない。遺跡西側のエルコラーノ門から、お墓の並ぶセポルクリ通りVia dei Sepolcriを進むと秘儀荘だ。

大小60の部屋からなる大邸宅で、大広間の壁一面に描かれた等身大の人物の、怯えるかのような顔立ちと、「ポンペイの赤」のバックが神秘的な雰囲気を盛り上げている。

「ポンペイの赤」で描かれた秘儀荘の壁画

Ristorante & Hotel ポンペイのレストラン&ホテル

ナポリを離れ、静かな町でゆっくりと宿を取りたいと思う向きには、ポンペイの新市街の宿がおすすめだ。ポンペイ・スカーヴィ駅から遺跡横のドゥオーモに向かう通りにはペンショーネがめじろ押し。

プレジデント President

ミシュランの1つ星

fs駅を出て、教会広場の手前を左に曲がってすぐの広場にある。魚介類が中心の店で、カキとエビのフェットチーネ、伊勢エビのワイン蒸しなどがお店のおすすめ。夏は屋外での食事も気持ちいい。

要予約 日本語メニュー

住 Piazza Schettini 12
☎ 081-8507245
営 12:00～15:30、19:00～24:00
休 1/7～1/27
予 €45～55
C A.D.M.V.

ツィ・カテリーナ Zi Caterina

町の人がいっぱい

下記ホテルフォーラムの近く。地元の人にも人気のあるピッツェリア兼レストラン。中央には、海の幸や前菜がズラリと並び、奥の窯でピッツァが焼かれる。お店の名物というレモンとチーズのピッツァは、不思議な味わい。

住 Via Roma 20
☎ 081-8507447
営 12:00～14:30、19:00～23:00
休 ㊋
予 €18～60(コペルト€1.50)
C J.M.V.

★★★★ フォーラム Hotel Forum

朝食のフレッシュジュースがgood

fs駅を出て、教会広場を抜け、メインストリートを200mも歩くと左にある。新市街の中心地で、便利。ホテルは奥まっているので騒音はない。部屋は清潔で、朝食もよい。

読者割引 10%とポンペイのみやげ物
URL www.hotelforum.it

住 Via Roma 99/101
☎ 081-8501170
Fax 081-8506132
SS SB €64/150
TS TB €90/200
JS €150/500
室 19室 朝食込み W-F
C A.D.J.M.V.

★★★★ アムレート Hotel Amleto

ポンペイ気分に浸れる

遺跡近くのエレガントなホテル。ポンペイ様式にまとめられた室内は明るく、床にはモザイクが施され、らせん階段やアンティーク家具が飾る。

URL www.hotelamleto.it

住 Via Bartolo Longo 10
☎ 081-8631004
Fax 081-8635585
SS €60/105 TS €80/120
室 23室 朝食込み W-F
C A.D.M.V.
交 新市街の中心広場、ドゥオーモに向かって左の角

★★★ デッリ・アミチ Hotel degli Amici

レンタカー派に

ポンペイ市街入口に位置し、高速出口に近く、無料の駐車場完備でレンタカー派に便利。庭園つきの一軒家で家族経営のホテル。落ち着いた雰囲気で清潔、居心地がいい。郷土料理が味わえるレストラン併設。

URL www.hoteldegliamici.it
住 Via Plinio93-95
☎ 081-8598798
SS €70 TS €90
3S €110 4S €130
室 15室 朝食込み W-F
C A.D.M.V.

S シャワー共同シングル料金 SS シャワー付きシングル料金 SB シャワーまたはバス付きシングル料金 TS シャワー付きツイン料金 TB シャワーまたはバス付きツイン料金 3S シャワー付きトリプル料金 3B シャワーまたはバス付きトリプル料金 JS ジュニアスイート

豊かな生活がしのばれる遺跡

エルコラーノ 世界遺産 ★★

Ercolano エルコラーノ

後方に見える新市街との対比が
おもしろいエルコラーノ

ナポリとポンペイの中間に位置し、ポンペイとともに79年のヴェスーヴィオ火山の噴火で、一瞬にして埋まった町。ポンペイが、商業都市として1万6000の人口を抱え活況を呈していたのに比べ、ここは人口5000ほどの港町で、富裕な貴族たちが保養地として愛した地という。喧騒の町を抜け、遺跡の入口からの坂道を下ると、緑濃い松の木陰からは、碧(あお)い海がきらめき貴族たちが愛でたと同じであろうすがすがしい光景が広がる。

ポンペイに比べ規模は小さいが、そのぶん、より身近にかつての生活を感じることができる。とりわけ流れ込んだ火砕流は一瞬にして、町を覆い尽くしたため、パン屋、穀物店の跡はもとより、家の骨組みやテーブルやベッドの木材が炭化して、そのままの姿を今に残しているのが興味深い。

色彩豊かなネプチューンのモザイク

遺跡は3本の大きな通りにより分割されている。見どころは、**フォロの浴場**Terme del Foro（入口右側の円天井の脱衣所の床にはトリトーンが海の生き物に囲まれたモザイク）、**サムニテスの家**Casa Sannitica（カーサ サンニティカ）、**ネプチューンとアンピトリティスの家**Casa di Nettuno e Anfitrite（カーサ ディ ネットゥーノ エ アンフィトリーテ）（奥の色彩豊かで、優美なネプチューンのモザイクは必見）、食堂、寝室などの壁画が美しい**大玄関の家**Casa del Gran Portale、ポンペイの赤で描かれたダイナミックな壁画の残る**アウグスターレのコレギウム**Collegio degli Augustali、**体操場**Palestroなど。ナポリ湾を望むテラスには当時のままにテーブルが置かれている。**鹿の家**Casa dei Cerviでは、この町の生活の心地よさが十分に感じられる。壁には黒地の壁画が一部残るだけだが、床面のモザイクがすばらしい。鹿の家とは、猟犬に追われる鹿の彫刻が、ここから発掘されたため。

かつての商家。オリーブオイルなどを売っていたとか

世界遺産

ポンペイ、エルコラーノ、トッレ・アンヌンツィアータの考古学地域
登録年1997年　文化遺産

エルコラーノへの行き方

fs線ナポリ中央駅構内から続くヴェスーヴィオ周遊鉄道Ferrovia Circumvesuvianaのナポリ・ポルタ・ガリバルディ駅からトッレ・アンヌンツィアータまたはソレント行きでエルコラーノ駅まで約20分（€2.20）。ポンペイからはトッレ・アンヌンツィアータ乗り換えで約20分。周遊鉄道でエルコラーノとつく駅はErcolano ScaviとErcolano Miglio D'Oroのふたつある。遺跡へはErcolano Scavi（スカーヴィ）で下車。

●エルコラーノの遺跡
☎ 081-8575347
開 4/1～10/31
8:30～19:30（入場18:00まで）
11/1～3/31
8:30～17:00（入場15:30まで）
※駅前の道を真っすぐ500m下った突き当たり
休 1/1、5/1、12/25　料 €11
※第1㊐は無料

エルコラーノのℹ
住 Via Ⅳ Novembre 82
※駅前の道を100mほど下った右
☎ 081-7881243
開 8:30～13:30
休 ㊏㊐㊗

✉ エルコラーノ遺跡へ
駅を出ると、タクシーの呼び込みがおり、「遺跡の入口が3km先に変更になった」と乗車をすすめてきました。ところが、記載どおり、緩い坂を500mほど下った所に入口はありました。惑わされないでネ。
（千葉県　吉田伴子　'11）

世界遺産

チレント、ディアーナ渓谷国立公園とペストゥムとヴェリアの考古学地域およびパドゥーラ修道院
登録年1998年　文化遺産

ペストゥムへの行き方

fs線ナポリ中央駅からサレルノ経由のラメツィア・テルメ、レッジョ・ディ・カラーブリア行きなどのRで1時間11分〜1時間15分。ペストゥムに停車する列車は、Rのみで1時間に1便程度。駅はほぼ無人なので、出発地で往復分を購入しておこう。

駅を降りたら、正面の農道を真っすぐ1kmほど進む。大通りに突き当たったら、右に進むと博物館や神殿の入口がある。このあたりが一番にぎやか。ホテルは、海岸近くに多いが駅からのバスの便はない。ホテルは、大通りを左に行き、神殿沿いに右に曲がり、1kmほど行くと何軒かある。YHもこの先にある。駅前には、バスもタクシーもないので、宿泊するならホテルに送迎を頼んでおくのがベター。

サレルノのバスターミナルからCSTP社のプルマン（€3.30）が平日のみ1時間に1本程度運行しており、遺跡近くに停車する。

ナポリからの日帰り

ナポリ中央駅からペストゥムに停車する列車は1時間に1本程度。ただし9、10、11時台の運行はない。行きはナポリ発8:55発（10:06着）または12:25発（13:41着）で、帰りはペストゥム発14:02発（15:25着）、15:00発（16:23着）、16:26発（17:40着）、18:03発（19:20着）。時間は現地やfsのウェブサイトで確認を。　['16]

ペストゥムのⓘAAST

住 Via Magna Grecia 887
☎ 0828-811016
開　9:00〜13:00
　　14:00〜19:00

切符は往復購入を

切符は乗車駅で往復分の購入を。ペストゥム駅は無人で購入できない。ペストゥムでは遺跡前のみやげ物屋で販売している。

緑の草原に建つ荘厳な神殿群

ペストゥム／パエストゥム　世界遺産　★★★

Paestum　ペストゥム／パエストゥム

緑の草原に残るギリシア遺構、ペストゥム全景

美しいギリシア神殿の残る町。紀元前に、ギリシアの植民地として建設され、3世紀にはローマ人の侵攻、次いで洪水、マラリヤ、最後はサラセン人の侵入で廃虚と化した。その後18世紀の道路工事の際に偶然発見された。

広い遺跡は、今も修復が続いているが、巨大な神殿が3つ、その間にフォロForo、**円形闘技場**Anfiteatro、**運動場**Gymnasium、**浴場**Termeなどが点在している。特別な表示はないが、古代の生活をしのびながら緑の多い遺跡を歩くのは気持ちよい。神殿は南からバジリカ**Basilica**（紀元前6世紀の物で最古、先が細くなってふっくらと豊かさを感じさせる50本の列柱が並んでいる）、中央に**ネプチューン神殿**Tempio di Nettuno、北に**ケレス神殿**Tempio di Cerereとなっている。柱の形などから時代の移り変わりを見て取れる。全体の姿が現れているのは、紀元前5世紀の物というドーリス式のネプチューン神殿で、保存状態もよく壮大華麗。

保存状態のよいネプチューン神殿

ケレス神殿

遺跡から大通りを渡ると、発掘品を展示した**国立考古学博物館**Museo Archeologico Nazionaleがある。明るい展示室には、神殿やセレ川近くの遺跡から発掘された発掘品が並び、ギリシア植民都市を知るうえで貴重な場だ。特に名高い展示品を挙げてみよう。

飛び込みの絵が不思議

古代至聖所の宝物庫「テサウロス」Tesaurosを取り巻いていた紀元前6世紀前半の33枚のメトープMetope（壁面装飾）には、「ヘラクレスの功業」La Fatiche d'Ercole、「ポロスとケンタウロスの戦い」Lotte di Folo e dei Centauriなどのエピソードが躍動感あふれる姿で描かれている。また、石棺内部に描かれた紀元前5世紀頃の貴重なフレスコ画も鮮やかだ。横たわった人々が杯を上げ、楽器を手にした宴の場面は、故人を送る葬礼絵画の典型的な構図だ。とりわけ有名な紀元前5世紀頃の「**飛び込み男の墓**」Tomba del Tuffatoreは、まさに彼岸への旅立ちを表現している。

このほか、持ち手に手の紋様が施された紀元前4世紀頃のブロンズ製の壷Hydrie、紀元前520～510年頃のアッティカ様式の黒絵の壷、紀元前6世紀末のケレス神殿のイオニア式の柱頭、同時代に奉納された、彩色の「ゼウスまたはポセイドン像」Statua di Zeus/Poseidonなど。蜂蜜を満たして蝋（ろう）で封印されまま発掘された壷などは、2000年近くの歳月を経ているとは思えないほどの、高い保存技術と生活感が感じられる。

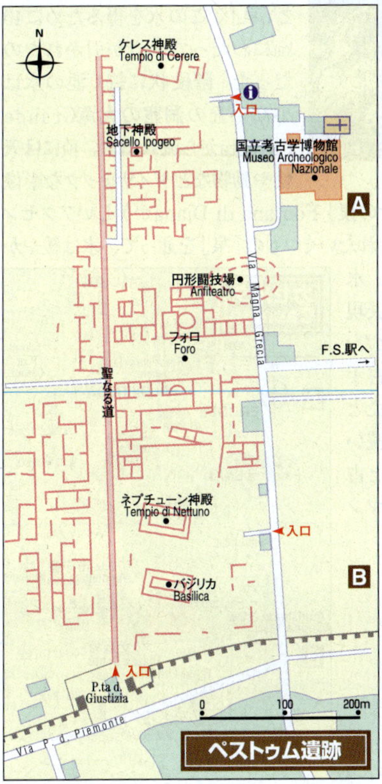

ペストゥムはモッツァレッラ・チーズの生産地として名高く、水牛の飼育が盛んに行われている。海岸へ向う放牧地では、ときには水牛の姿を見ることができる。

●ペストゥムの遺跡
開 8:30～19:30（入館18:50まで）
料 国立博物館との共通券€9

●国立考古学博物館
開 8:30～19:30（入館18:50まで）
第1・第3㊊8:30～13:40（入館13:00まで）
休 1/1、5/1、12/25
料 遺跡との共通券€9（特別展の場合€12）
※遺跡中央の出入口から大通りを横切った右側
地 P.439 A

黒絵式の壷

世界遺産

カゼルタの18世紀王宮、庭園、ヴァンヴィテッリの水道橋、サン・レウチョの複合建築
登録年1997年　文化遺産

カゼルタへの行き方

ナポリへ通勤・通学する人が多いので、交通機関は各種ある。通勤・通学時間帯は運行本数が多い。fs線、地下鉄ともに8:30～12:00頃まで運行がなく、㊐㊗は大幅な減便となるので注意を。

ナポリ中央駅からfs線のCaserta、Benevento行きなどのRで所要約40分。約30分に1便程度の運行。ただし、9:00～11:00台はほぼ運行なし。

ナポリ中央駅から地下鉄ノルド・エスト線Metro Campania Nord Estで所要約30分。20分に1便の運行。

ナポリ中央駅前のガリバルディ広場からATC社のプルマンが運行、所要約50分。平日約1時間間隔(約10便)、㊐㊗2便。

バスはカゼルタ駅地下のターミナルへ到着する。王宮はカゼルタ駅から真っすぐ約500m。王宮に入った左側が切符売り場。

カゼルタのⓘ
住 Palazzo Reale 王宮内
☎ 0823-550011
営 8:30～17:00
休 ㊏㊐

●王宮
住 Viale Douhet 22
☎ 0823-277111
休 ㊋、1/1、復活祭の翌㊊、5/1、12/25
開 王宮　8:30～19:30
(切符売り場18:45まで)
庭園
1、2、11、12月　8:30～14:30
3月　8:30～16:00
4～9月　8:30～18:00
10月　8:30～16:30
※イギリス庭園は最終入場の1時間前まで。'16年10月現在、イギリス庭園は一部見学不可
料 王宮＋庭園　€12

広大な庭園を楽しむには

ⓘ近くには、トイレ、バール、セルフサービスレストランがある。

王宮庭園内はミニバス(往復切符€2.50は車内で購入)が運行。王宮を背にした右側からイギリス庭園入口まで運行。途中停車はしない。自転車のレンタル(1時間料€4)もあり、観光馬車(コースにより1人€5～10、1台4人まで)も走っている。

日曜や祝日はピクニックを兼ねた子供連れでにぎわいを見せる。おやつを持って出かけて、周囲の緑と水の流れを楽しもう。

緑のなかに映える壮大な王宮と水の饗宴

カゼルタ 世界遺産
Caserta

カゼルタ

ナポリの北約30km、丘の麓に18世紀ナポリ王国・ブルボン家のカルロス7世とその息子カルロ3世が築いた**宮殿**レッジャReggiaが堂々とたたずむ。フランスのベルサイユ宮殿を参考に建築家L.ヴァンヴィテッリとその息子が手がけた物。宮殿は縦247m、横184mという巨大さを誇り、その裏手には3kmにわたる遊歩道を中心に広大な庭園が広がっている。

宮殿から3kmにわたって延びる庭園は見事

1200もの部屋があるという宮殿は、一部が公開されている。ライオンが左右に置かれた**大階段**Scalone d'Onoreは、広々と高く威風堂々たるたたずまいで、クーポラのバルコニーでは、王や賓客が訪れた際には音楽が奏でられたという。シャンデリアが飾られ、ロココ様式の華やかな装飾が施された新旧の**王の居室**Appartamento Realeには、玉座の間、寝室、浴室などが続く。窓から眺める庭園もすばらしい。

ヴィーナスとアドニスの泉

王宮庭園の見どころは、「池」と「泉」。この水を得るために40kmにわたって水道が引かれたのだった。階段状に続く池の水は小高い丘の**洞窟の大滝**Grande Cascataから流れ出す。頂には天使や動物などダイナミックな彫像で飾られた「**ディアナの泉**」Fontana di Dianaが美しいアクセントとなり、彫像で飾られたいくつもの「泉」を通って、水は緩やかな傾斜を流れ落ちる。水の力とその美しさが表現され、圧倒されるほどだ。「ディアナの泉」の右手からは、当時流行したというイギリス庭園が続いている。南国の植物と古代遺跡が配され、ロマンティックな趣だ。

豪快な大滝

古代と中世が息づく高台の町

ベネヴェント 世界遺産

Benevento ベネヴェント

ベネヴェントの起源は古く、紀元前8世紀に遡る。古代ローマの帝政時代にはイタリアを南北に結んだアッピア街道の恩恵に浴し、今も、ほぼ完璧に残る凱旋門など数々の壮麗な建築物が建てられた。中世にはこのアッピア街道を通り、**ロンゴバルド族**が南に歩を進め、571年にはここに公国を築き、再び繁栄を収めた。

保存状態のよいトラヤヌス帝の凱旋門

駅から町へはバス1、11番で。高台の旧市街の入口に建つのが**トラヤヌス帝の凱旋門**Arco di Traiano。114年にアッピア街道の完成を祝って建てられた物。ガリバルディ通りCorso Garibaldiに建つのがサンタ・ソフィア教会。その裏手に、サンニオ博物館がある。

サンタ・ソフィア教会S.Sofiaは、より複雑なロンゴバルド建築の特色がよく保存された建物のひとつ。760年頃にベネヴェント公爵のアルキ(アリキス)2世の個人的な礼拝堂として、また国の聖所として建築された。薄暗い内部には、高いクーポラを支えるように、アーチを描く列柱が中央に六角形、さらに同心で十角形を描く。祭壇後ろには、キリストの生涯を描いた絵の断片が残り、右は福音書の場面、左は聖ザッカリアの生涯を描いた物。

8世紀の創建

サンニオ博物館Museo del Sannioは先史時代からのこの地の歴史を伝える博物館。紀元前8〜3世紀のギリシア植民地時代の色絵壷、イシデ神殿からのエジプト彫刻、トライアーノ帝と妻の彫像などが続き、展示室の最後にまとめてロンゴバルドの展示がある。レリーフ彫刻、剣や槍、防具などの武具、金、銀、動物の骨から作られた首飾りや止め具などのアクセサリー、ロンゴバルド王国とその王女の造幣局が作ったという金貨などを展示。見学コースの最後になっている**キオストロ**は、ロマネスクの時代に再建された物だが、47本の柱の1本として同じ物がなく、柱基、柱頭飾りにロンゴバルドらしい彫刻が刻まれている。

充実した収集を誇るサンニオ博物館

力強さと大らかさが、ロンゴバルド芸術の特徴だ

世界遺産

イタリアのロンゴバルド族の繁栄を伝える地
「サンタ・ソフィア教会の複合建築」
登録年2011年　文化遺産

ベネヴェントへの行き方

ナポリ中央駅からfs線のRで、1時間30分〜1時間50分（約1時間に1便）、地下鉄ノルド・エスト線で約1時間20分（約1時間〜3時間に1便）。fs線、地下鉄ともに8:30〜12:00頃まで運行がないので注意を。ベネヴェントでのfs線とノルド・エスト線の駅は同じ、町へはバス1、11番で約10分(切符€1、90分有効)。

EAVBUS社のプルマンで、ナポリ中央駅前のマクドナルド前から約1時間30分（ほぼ1時間に1便。㊐㊗は1〜6時間に1便）。プルマンは町の北側のターミナル発着で、町の中心に近くて便利。切符はターミナルのバールなどで販売。

EAVBUS
URL www.eavbus.it
☎ 800053939

●ベネヴェントのⓘEPT
住 Via Nicola Sala 31
☎ 0824-319911
開 9:00〜13:30
15:00〜16:00
休 ㊏㊐㊗

●ガリバルディ通りのⓘ
住 Corso Garibaldi, Palazzo Paolo V
☎ 3665072074
開 8:30〜14:00
14:30〜16:00
㊏㊐㊗10:00〜13:00
16:00〜19:00

●サンタ・ソフィア教会
住 Piazza S.Sofia
☎ 0824-21206
開 通年 8:00〜12:00
夏季16:30〜20:00
冬季16:00〜19:00

●サンニオ博物館
住 Piazza S.Sofia
☎ 0824-774763
開 9:00〜19:00
休 ㊊
料 €4、キオストロのみ€2

ナポリからの「恋と夢と太陽の島」巡り

紺碧の海、輝く太陽、緑の島影にロマンを求めて

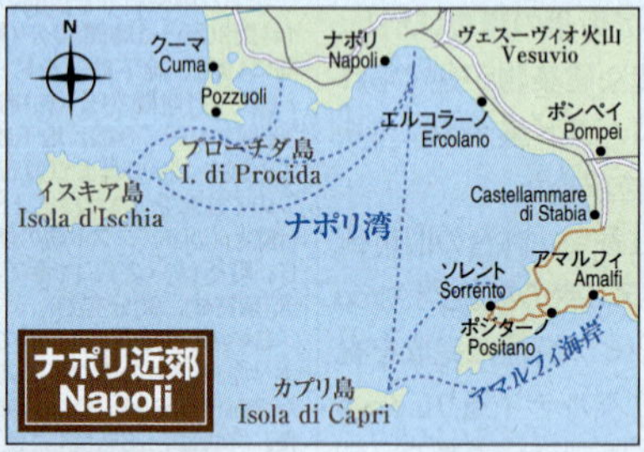

夢の島カプリと緑のイスキア。温暖な気候、咲き乱れる花々、湧き出る温泉、美しい海岸線と古代から人々を魅了してやまないこの地は、今も世界中の憧れの保養地。さぁ、海の泡から生まれたヴィーナスを探しに出かけよう。

●郵便番号　80071

カプリ島への行き方

ナポリからフェリーで1時間20分、水中翼船で45分。数社の船が運航しているので、往復切符を購入した際には、乗る船に注意。夏季は、カプリ、イスキア、アマルフィ、サレルノ、ポジターノなどの各港より船がある。

カプリの🅘AACST
住 Piazza Umberto I
☎ 081-8370686
開 8:00～15:45
休 11～3月の㊐㊗
地 P.443
※マリーナ・グランデにもある

アナカプリの🅘
住 Via G. Orlandi 59/a
☎ 081-8371524
開 夏季8:30～20:30、㊐㊗
冬季9:00～15:00
休 冬季㊐㊗
地 P.443

カプリ島への船の時刻表は
URL www.capritourism.com
で検索可

ナポリ→カプリ島へ料金
フェリーTraghetto
€11.30～16.50
水中翼船Aliscafo/Jet
€17.60～20.50

ぬれてもいい服装で
小船が揺れるため、かなりの確率で体に波がかかります。また、船内もぬれている場合が多いため、洋服をぬらしたくない場合はレジャーシートや大型のナイロンシートの持参を。　(Emi　'12)

皇帝をも魅了した夢の島

カプリ島

Isola di Capri　イソラ ディ カプリ

輝く太陽の下、美しい海岸線が広がるカプリ島。古代ローマの皇帝たち（アウグストゥスやティベリウス）に愛され、多くの芸術家がその美しさに感嘆の声を上げた。

手漕ぎボートに乗り換え、青の洞窟へ。入るときにはスリル満点。

さて、船がマリーナ・グランデ港に着いたら、この島の一番の見どころである**青の洞窟**Grotta Azzurra（グロッタ アッズッラ）へ向かう船に乗ろう。何しろ、午前中に行くのが太陽光線の関係でベターなのだ。洞窟までの船旅、ボートに乗り換えてからのスリリングさ、そして透き通るような青に輝く洞窟と、一番の思い出になるはずだ。マリーナ・グランデ港から島巡りの乗合バスに乗って島を一周し、その景勝美を楽しむのもよい。

島の中心は、ケーブルカーやバスで上った高台のカプリだ。白壁の続く小道を上り、到着する**ウンベルト1世広場**Piazza Umberto I は、カフェのパラソルとテーブルが並び、リゾート気分がいっぱいだ。ここからは島のパノラマを楽しみに、カメレッレ通りVia Camerelleを通って**トラガラの見晴らし台**Belvedere di Tragara

ウンベルト1世広場の時計台に🅘がある

アウグスト公園の展望台からの眺め

へ。途中のアウグスト公園Giardini d'Augustoからはトラガラ岬の眺めがよい。この下は、マリーナ・ピッコラMarina Piccolaで、海水浴に最適のスポット。もとの道に戻り、ティベリオ通りVia Tiberioを1.5kmも行くと、ティベリウス帝の別荘のヴィッラ・ジョヴィスVilla Jovisだ。海に面した皇帝の部屋などの跡が残り、ティベリウス帝も愛(め)でたであろうすばらしい眺めが広がる。再びカプリに戻ったら、西側のアナカプリに向かおう。約2kmの道のりだがバスが便利だ。ここからリフトに乗って、ソラーロ山に登れば、この島一番の高みからカプリ島を見下ろすことができる。ここから続くアナカプリの町並みは、多くの作家が書き残したとおり、明るく洗練された陽気さに包まれている。リフト乗り場を左折して小路を進むと、ヴィッラ・サン・ミケーレVilla San Micheleがあり、古代彫刻などのコレクションがある。

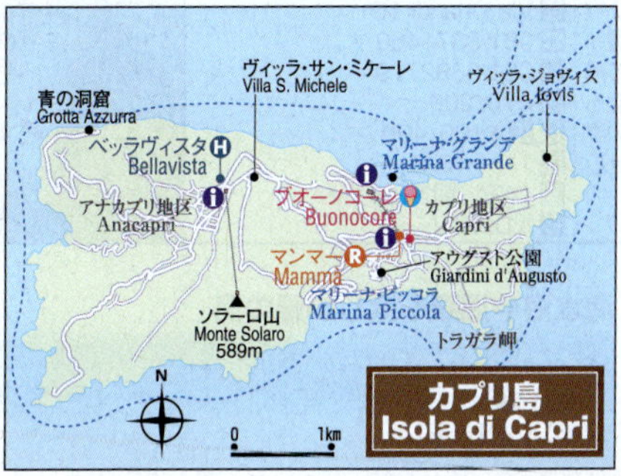

港からのタクシー

タクシーはウンベルト広場の少し手前までしか入れません。島内は石畳で歩きにくいうえ、坂や階段が多いので、荷物を持っての移動は大変です。ホテルへはトランクの配送サービスが便利です。タクシー降り場に荷台付きのミニカーが待機していて、トランク1個€4で運んでくれます。　(内山奈美　'11)

公共交通情報

■バス　1回券　€1.80
60分券　€2.70
1日券　€8.60
■ケーブルカーFunicolare
1時間に4本(1~2月は運休)
片道　€1.80
■リフトSeggiovia
開 5~10月　9:30~17:00
11~2月　10:30~15:30
3・4月　9:30~16:30
料 片道€8、往復€11
山頂まで13分

本誌記載の青の洞窟の料金は、カプリのⓘが公表するもの。チップについては強制されるものではないが、弾めば歌が付く場合もある。チップを要求する場合があるようだが、せいぜい1人€1~3くらいが相場とのこと。　(編集部)

青の洞窟情報

青の洞窟は入口が狭く、大潮や波のある日は船が出ない。青の洞窟へはマリーナ・グランデから海路(グループ・ツアー)、バスで陸路から行くこともできる。洞窟への船のツアーはGruppo Motoscafisti社とLaser Capri社、Capricruise社が運航。このほか、島を一周したり、島の周囲に小島のように点在する岩礁を巡るツアーもある。マリーナ・グランデの船着場で「グロッタ」、「ジーロ」と客引きをしているので迷うことはない。洞窟へは、モーターボートから手漕ぎボートに乗り換え、全員があおむけの体勢になり、船頭がチェーンをたぐって入る。モーターボートでは波しぶきも浴びるので、ぬれてもいい格好で出かけよう。青の洞窟の内部は、光の関係で午前中のほうがきれいといわれている。

開　夏季　8:30~日没1時間前、㊐㊗9:00~日没1時間前
冬季　9:00~日没1時間前

■海路

①青の洞窟だけ行くツアー
Escursione alla Grotta Azzurra Via Mare
中型のモーターボートで洞窟前に行き、手漕ぎボートに乗り換える。所要約1時間30分。料金€14~15(洞窟へのボート代、入場料別途)

②青の洞窟とカプリ島を一周するツアー
Giro dell'Isola
所要約2時間。①の後、カプリ島を一周。季節によっては泳ぐ時間もある。料金:€18(洞窟へのボート代、入場料別途)
※洞窟へのボート代€9・入場料€4で計€13

■陸路

アナカプリ(Piazza Vittoriaからひとつ先のVia Filietto)から青の洞窟行きのバスで所要約15分。徒歩なら約1時間。岩場の階段を下ると、洞窟へのボートが客待ちしている。洞窟へはボート代、入場料が必要。悪天候や大潮などで港からのツアーが出ない日はボートも運休。

幻想的な青の洞窟

Ristorante & Hotel カプリ島のレストラン&ホテル

島の情緒を味わうなら、ゆっくり数日は滞在したい。多くのホテルは小規模かつ長期滞在客が多いので、シングルや1泊程度では宿を探すのは少々難しい。また、ほとんどのホテルは春から秋までの季節営業。

マンマー Mammà

P.443

眺望と味を楽しむ

ウンベルト広場ⓘを背にした右の階段を上った、細い路地にある。リゾート感満点の店内からは海と集落を見下ろすすばらしい眺めが広がる。料理は郷土料理をアレンジした創作料理。ミシュランの1つ星。

住 Via Madre Serafina 6
☎ 081-8377472
営 12:30～15:30、19:30～翌1:00
休 11/1～3/25（クリスマス期間を除く） 予 €60～90(10%)、定食€45
C A.D.M.

B ブオーノコーレ Pasticceria Gelateria R. Buonocore

P.443

おすすめジェラート

ジェラートは焼きたてのコーンに入れてくれて、おいしさ2倍。カプリの中心、フェラガモとホテル・ラ・パルマとの間。あたりに漂う香ばしい香りが目印。ジェラートのほか、食事もできる。テイク・アウトも可。

住 Via Vitt. Emanuele 35
☎ 081-8377826
営 8:00～22:00（8/1～9/15は翌2:00）
休 11/6～3/14　夏季以外の㊋
予 ジェラート€2.50～、パスタ€8～　C D.J.M.V.

★★★ ベッラヴィスタ Bellavista

P.443

自然があふれる静かなアナカプリ

部屋は広く、バス・トイレ付き。部屋からは海が眺められ、緑濃い庭のある静かなホテル。アナカプリのⓘから北へ約500m。レストラン併設。料理の素材やワインもすべて自家製のこだわり。

URL www.bellavistacapri.com

住 Via Orlandi 10
☎ 081-8371463
Fax 081-8382719
SB €70/200
TS TB €100/400
休 11/1～3/31
室 14室　朝食込み W-F
C A.D.J.M.V.

イスキア島のⓘ

住 Banchina di Porto Salvo
☎ 081-5074231
開 8:00～15:45
　㊐㊗ 9:00～13:00
　　15:00～20:00
休 ㊏

●アラゴンの城

住 Ischia Ponte
　Rocca del Castello
開 9:30～日没
休 無休
料 €10、10～14歳€6（エレベーター使用、武器博物館含む）

島内のバス切符

90分券 90minutes	€1.90
車内購入	€2.50
1日券(6:00～翌6:00)	€6

島の特産の陶器

海水浴や温泉も楽しい緑の島

イスキア島

Isola d'Ischia　イソラ ディスキア

かつて古代ローマのアウグストゥス帝の所有していた島。島の最高峰エポーメオ山（788m）山麓には、古代ローマ人が植え付けたブドウ畑が広がり、今もワインの産地になっている。

イスキア港の脇にはアラゴンの城Castello Aragonese（カステッロ アラゴネーゼ）が建ち、眺めがすばらしい。とりたてて見どころはないが、島一周の観光や、島の特産品の焼き物を見たり、海水浴や温泉につかったりしてゆっくり過ごそう。ここは、誰もがゆったり気持ちよく過ごすために訪れるリゾート地だから、スピード旅行は禁物だ。

イスキアの最大名所である城から旧市街を望む

アマルフィ海岸を周遊する

中世の海洋国と美しい海岸線を訪ねて

町からすぐにビーチの広がるアマルフィ

南国情緒そのままにレモンやオレンジがたわわに実り、連なる丘ではオリーブの木々が緑灰色の葉を風にそよがせる。碧(あお)い海を見下ろし、太陽に白く輝くヴィッラ（別荘）群。碧(あお)い海と空、輝く太陽と地上の楽園と錯覚するアマルフィの海辺。

アマルフィの海岸線巡りは、中世の海洋王国サレルノを出発し、ナポリ湾を望む西側のソレントまで約50kmの道のりだ。

アマルフィ海岸Costiera Amalfitana(コスティエーラ アマルフィターナ)とは……

ナポリから南へ50km、ティレニア海に延びる半島がアマルフィ海岸。ローマ帝国の時代から愛されてきた、温暖で風光明媚な地。ブーゲンビリアや夾竹桃(きょうちくとう)の花が咲き、山あいにはレモンやオレンジが実る。青い海から続く斜面には、太陽に反射して白く輝く家並みが重なり合う。海からの光景はまさに絵画的な美しさと言えよう。アマルフィ海岸巡りの玄関口は、サレルノとソレント。サレルノへはナポリからfs線利用で1時間、ソレントへはナポリからヴェスーヴィオ周遊鉄道で1時間、ポンペイから30分だ（→P.263、435）。船ならナポリのベヴェレッロ港からソレントまで約1時間30分。

世界遺産

アマルフィ海岸
登録年1997年　文化遺産

アマルフィ海岸への行き方

サレルノ駅前または海岸通りからSITA社のプルマンに乗りこもう。

バスはサレルノからは、アマルフィ海岸の美しい村々を抜け、アマルフィの港沿いのバスターミナルのPiazza Flavio Gioiaに到着する。アマルフィからはエメラルドの洞窟のあるコンカ・デイ・マリーニを経て、ポジターノ、ソレントへ向かう。

サレルノからアマルフィまで約1時間、ポジターノまで2時間弱、ソレントまで約3時間。バスは頻繁にある（30分に1本くらい）が、日・祝日はかなり少なくなるので注意。

バスの検札は厳しく、必ず車掌が乗り込んでくる。切符は目的地まで購入し、往復する場合は帰路の分も最初に買っておこう。またはアマルフィ海岸24時間券や3日券の利用が便利。乗車したら、必ず自動刻印機に通して、日付と時間を刻印しておこう。

乗り合いの船もサレルノ～アマルフィ～ポジターノ～カプリの間を運航している。海岸線の美しさを楽しむには、一度は船も利用したい。

海岸巡りに便利な各種切符
Unico Costiera

サレルノからソレントまでのプルマン、バス、周遊鉄道に乗り降り自由。

24時間券　€8
3日券　€18
※3日券は最終日24:00まで。

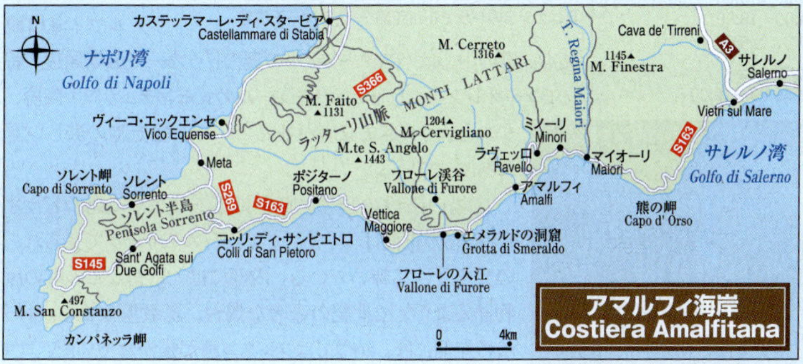

アマルフィ海岸
Costiera Amalfitana

サレルノへの行き方

fs線でナポリ中央駅からサレルノ、ラメツィア・テルメ行きなどのFRECCIABIANCAで約30分、ICで35分、RV、Rで40分〜1時間。

SITA社のバスターミナル Autostazione
住 Via Vinciprova
☎ 089-3866711
※プルマンは行き先により乗り場が違うので注意。アマルフィ、ポジターノ、ポンペイ行きなどは駅前広場から。ペストゥム行きは駅前から港に向かい、突き当たりの海岸通りLungomareにある。

サレルノのEPT ℹ
住 Lungomare Trieste 7
☎ 089-231432
開 9:00〜13:00
16:00〜19:00
休 ㊐㊗

●ドゥオーモ
☎ 089-231387
開 8:30〜20:00
㊐㊗ 8:30〜13:00
16:00〜20:00

✉ 駅の荷物預け

サレルノ駅にコインロッカーはありませんが、駅正面を入った右の旅行会社の奥で荷物を預かってくれます。1時間€2。要パスポート。（まるぶん '12）

✉ タクシーで

アマルフィー海岸へは空港バス、鉄道などいろいろありますが、ナポリの空港からホテルまでチャータータクシーで1万9000円くらいでした。とても楽なのでおすすめです。（輿暁 '16）

アマルフィへの行き方

サレルノからSITA社のバスで所要1時間。

アマルフィのℹ
住 Corso delle Repubbliche Marinare 27
☎ 089-871107
開 9:00〜13:00
14:00〜18:00
休 ㊐㊗、㊏午後

●ドゥオーモ
開 通年9:00〜19:00

静かな時が流れる天国の回廊

緑の遊歩道が続く、一大海洋王国

サレルノ

Salerno サレルノ

中世には、ピサ、ヴェネツィア、ジェノヴァと並ぶ一大海洋都市だった。バスや列車の時間があれば、駅前から真っすぐ500mの港での日光浴もいいかもしれない。この港の東からは、町の中心に向かってヤシの木の続く、**海岸沿いの遊歩道**Lungomare Trieste（ルンゴマーレ トリエステ）が延びている。サレルノ湾の美しい海を眺めたら、奥の路地の**メルカンティ通り**Via Mercantiへ入ろう。かつての旧市街の趣を残すこの通りは、狭い路地に活気があふれ、南イタリア独特の雰囲気がいっぱいだ。さらに奥には、11世紀のアラブ・ノルマン様式の**ドゥオーモ**Duomoがある。聖マタイにささげられた聖堂で、その遺体が地下の聖堂に安置されている。**説教壇**Pulpitoの12世紀の美しいモザイクも見逃せない。

歴史あるメルカンティ通り

観光の拠点となる美しき町

アマルフィ

Amalfi アマルフィ

夏はカフェのパラソルが花開く、ドゥオーモ広場

海洋共和国として、ローマ帝国滅亡後も、地中海に君臨したアマルフィ共和国の古都。今は、海岸線の遊歩道を人々がゆったり散歩するリゾートであり、アマルフィ海岸観光の拠点。町の中心はバスターミナルの奥の**ドゥオーモ広場周辺**。特産のレモンやオレンジ、レモンのリキュールのレモンチェッロ、陶器、お菓子など、さまざまな店が並んでいて、観光地の楽しい雰囲気にあふれている。

広場の階段の頂に、町を見下ろすように建つ**ドゥオーモ**Duomoの正面は、さまざまな色石のモザイクで飾られ、太陽の光を受けて輝いている。内部には、富裕なこの町の歴史を物語るような12世紀の豪奢（ごうしゃ）な燭台、説教壇がある。ドゥオーモの左側には、かつてはフレスコ画が描かれていた、ロマネスク風の**天国の回廊**Chiostro del Paradiso（キオストロ デル パラディーゾ）がある。

シンプルな構造のかつての大聖堂

その右側から十字架上のキリストの聖堂Basilica del Crocifissoと呼ばれるかつての大聖堂が続き、共和国の富と繁栄を示す宝物を展示。ここから現在のドゥオーモ、さらに**教会地下礼拝堂**La Criptaへも続いている。

時間があれば、ドゥオーモの脇を抜けて坂道を上がってみよう。白い壁に細い路地が続く、南イタリアらしい光景が広がる。さらに坂道を進むと、15世紀にはその名を知られた**アマルフィ紙の博物館**Museo della Cartaがある。アラブ圏との交易により中国から紙が伝えられ、その製造が始まった。紙製造に重要な役割を果たした渓谷からの水が今も流れている。

アマルフィ紙をおみやげに!

●天国の回廊
開 9:00〜18:00
料 €3(博物館、クリプタと共通)
休 12/25、1/7〜2/28

12月交通事情

アマルフィは12月24日の午後から次々と店が閉まりだし25、26日と休みの店が多いです。そしてポジターノやソレント、サレルノ行きの路線バスは24日までは通常運転、25、26日はほぼ運休。船は12月いっぱい休みでした。
(ペコリーノチーズ '13)

海岸巡りの拠点に便利

バスターミナルの広場の前には、船やバスの切符を扱う旅行社(荷物預けも可能)がある。バスの時刻表が張ってある隣のバールでも購入可。サレルノ、ポジターノ、カプリ、イスキアへの船は広場前の埠頭から発着、埠頭に切符売り場あり。船の問い合わせは、Coop. S. Andrea ☎089-8713190へ。

Ristorante & Hotel アマルフィのレストラン&ホテル

手頃なホテルは、ポジターノに向かう道沿いにもあるが、町からはやや離れている。下記のホテル・ルナ・コンヴェントを越えれば、隣のアトラーニの町が近く、手頃なホテルやレストランもある。アマルフィ市街にも、新しいホテルやB&Bが増加中。

ラ・カラヴェッラ La Caravella dal 1959

歴史ある名店

町の中心、11世紀のドージェの館にあり、店内には1800年代からの陶器や絵画が飾られ美術館のよう。1966年からミシュランの1つ星に輝く名店。創造的な郷土料理が味わえる。要予約

住 Via Matteo Camera 12
☎ 089-871029
営 12:00〜14:30、19:00〜23:00
休 ㊋、1月、11月
予 €80〜120、定食€50(平日昼のみ)、€100
C A.M.V.

マリーナ・グランデ Marina Grande Ristorante Lounge Bar Marina Grande

ビーチを眺めながら

ビーチに面した眺めのよいおしゃれな雰囲気のレストラン。開放的なランチ、ロマンティックな夜もおすすめ。昼定食は日替わりで、1皿にサラダ、パスタ、魚料理などを盛り合わせ、デザート付きでお値ごろ。観光途中のランチにおすすめ。

住 Viale delle Regioni 4
☎ 089-871129
営 12:00〜15:00、18:30〜22:00
休 11〜3月、㊋(7〜8月は除く)
予 €35〜80(コペルト€3)

★★★★ ルナ・コンヴェント Luna Convento

かつての修道院

町のはずれ、サラセンの塔のすぐ左にあり、エレベーターでホテルに上がる。12世紀のカプチン派の修道院を利用したホテルで、昔のままの回廊にはレモンの木があったりと雰囲気満点。湾を見下ろす絶好のロケーション。

URL www.lunahotel.it
住 Via P. Comite 33
☎ 089-871002
Fax 089-871333
SB €190/290 TB €220/340
休 1/4〜2/28
室 45室 朝食込み
C A.M.V.

★★★ ランティコ・コンヴィット L'Antico Convitto

便利でフレンドリー

ドゥオーモ前の道を進んだ右の小路奥、いくつかのホテルやB&Bが入った建物内にある。シンプルだが居心地のよい空間が広がる。屋上テラスがあり、朝食や日光浴も可。スタッフもフレンドリー。入口手前にスーパーがあって便利。

URL www.anticoconvitto.com
住 Via Salita dei Curiali 4
☎ 089-8718490
Fax 089-94931159
SB €60/150(ツインのシングルユース)
TB €80/170 JS €90/220
室 16室 朝食込み W-F
C A.D.M.V.

★★★ アルベルゴ・リドマーレ Albergo Lidomare

バスターミナルのすぐそば

ソレントへと向かう国道沿いにあり、入口は国道とは反対側。建物は古いが、内装は新しい。全室冷房付き、バス付きにはジャクージが付いた部屋もある。
読者割引 3%
URL www.lidomare.it

住 Largo Piccolomini 9
☎ 089-871332
Fax 089-871394
SS €55/65
TS TB €90/145 朝食込み W-F
C A.J.M.V.

★★ アスカリナテッラ A'Scalinatella

アトラーニのホテル

アマルフィからサレルノ方面へ歩き、トンネルの手前を下るとある。清潔で格安、海もすぐそば。サレルノ、ソレントからバスSITA社で、Atrani下車。
読者割引 1週間から
High 1/1〜1/5、復活祭の週、6/1〜10/31、12/23〜12/31

URL www.hostelscalinatella.com
住 Piazza Umberto I 5/6(ATRANI)
☎ 089-871492
Fax 089-871930
S €45/60 SS €60/80
T €70/90 TS €85/120
学生用ドミトリーは€35/50 夏は早めの予約を W-F C J.M.V.

※アマルフィの滞在税 ★〜★★★€1.50 ★★★★€3 ★★★★★€5 4泊以降半額 10歳以下免除
SS シャワー付きシングル料金 SB シャワーまたはバス付きシングル料金 TS シャワー付きツイン料金 TB シャワーまたはバス付きツイン料金

ラヴェッロへの行き方

アマルフィ（バスターミナルの道路寄り）からSITA社のオレンジ色のバスが、スカラScalaの町を経由し、1時間に1本、所要約30分。

ラヴェッロのⓘ
住 Via Roma 18bis
☎ 089-857096
開 9:00〜13:00
14:00〜18:00
休 1/1、5/1、12/25

●ドゥオーモ
開 9:00〜12:00
17:30〜19:00

●ドゥオーモ博物館
開 9:00〜19:00(冬季18:00)
料 €3

●ヴィッラ・チンブローネ
☎ 089-858072
開 夏季 9:00〜20:00
冬季 9:00〜日没
料 €7

●ヴィッラ・ルーフォロ
☎ 089-857621
開 夏季 9:00〜21:00
冬季 9:00〜日没
料 €5

✉ アマルフィ海岸のバス

バスの時間はあまりアテになりません。時刻表では30分に1便の運行でしたが、1時間以上バス停で待ちました。来るバスも満員のため、10人程度しか乗れず、乗れない人もいました。また、アマルフィ海岸はカーブが連続し、バスはかなりの速度で飛ばすので、満員の車内で立っているのは大変そうでした。そんな場合はバスの起点になっているアマルフィで別のバスに乗り換えるのがよさそうです。ポジターノとアマルフィの絶景を楽しみに行きましたが、夏は海水浴シーズンのため有料のパラソルがところ狭しと立ち並び、思い描いていた風景とは大きく異なりました。映画や写真の雰囲気ある海岸の風景が目当てならば夏は避けたほうがよさそうです。　(RRB '13)

アマルフィ海岸の天然のバルコニー

ラヴェッロ

Ravello　ラヴェッロ

ヴィッラ・ルーフォラのバルコニーからは、海岸線を一望するパノラマ

アマルフィ海岸の高台に海を見下ろす町。町の中心のドゥオーモ前の広場にはバールのテーブルが並び、人々がくつろいでいる。海沿いのどこか華やかさを感じさせる町からここに来ると、のんびりとした南イタリアを実感できる。

さて、バスを降りて、トンネルを抜け、すぐ左がヴィッラ・ルーフォロVilla Rufoloだ。ここの庭園から張り出したバルコニーからは海岸の東側が遠くまで見渡せて、まさに絶景。ここを訪れたワーグナーはその美しさに感動し、「これこそパルシファルにあるクリングゾルの神秘の庭だ」と叫んだという。後年、そのイメージからあの歌劇『パルシファル』が生み出されたのだ。毎年7月には、この絶景をバックにワーグナー音楽祭が催される。その右側のドゥオーモDuomoは、11世紀後半に建てられた物で、ブロンズの扉や説教壇Pulpito、付属博物館を訪ねる人が多い。その広場の左のVia S. Francescoの細い石畳の道を1kmも上ると、ヴィッラ・チンブローネVilla Cimbroneだ。ヴィッラ・チンブローネへ向かう道には、近在の名産の色鮮やかな焼き物を並べるみやげ物屋や、クラシックが流れ、眺めと雰囲気のよいカフェ、ブドウ畑があり、楽しい散歩道となっている。ヴィッラ・チンブローネも張り出したテラスからの海の眺めがすばらしい。どちらのヴィッラも館内は公開されないものの、緑と花のあふれる手入れの行き届いた庭園と眺望を愛(め)でる絶好のスポットになっている。

説教壇の美しいモザイクの柱

胸像が続く
ヴィッラ・チンブローネのテラス

Ristorante & Hotel　ラヴェッロのレストラン&ホテル

サルヴァトーレ Salvatore

眺めのよいレストラン
アマルフィ海岸を見下ろしながら、地元の料理に舌鼓を打つ。ここまで来たならそんな贅沢もしてみたい。魚料理がおすすめ。ホテルも併設。㊐㊗ 要予約

住 Via Boccaccio 2/ Via della Repubbliche 2
☎ 089-857227
営 12:30〜15:00、19:15〜22:00
休 ㊊、11〜12月
予 €40〜60
C M.V.

★★★★ ヴィッラ・マリーア Villa Maria

眺めが最高
広い部屋の天井は高く、大きな窓からの眺めは最高。レストランも最上級。
URL www.villamaria.it

住 Via S. Chiara 2
☎ 089-857255
Fax 089-857071
SB €170/230
TB €180/310
室 23室　朝食込み
C A.J.M.V.

※ラヴェッロの滞在税　B&B€1　★〜★★€1　★★★€2　★★★★€3　★★★★★€4　4〜9月、他の時期は50〜70%に減額　最長5泊、15歳以下免除

白く輝く路地がミステリアス

ポジターノ

Positano ポジターノ

高台から海へと色とりどりの家が続く、ポジターノ。海路ならでは風景が美しい

小説や映画の舞台となっている華やかなリゾート。白い家々が重なるように断崖に建つ光景は、まさに絵はがきのような美しさ。この風景を十分に楽しむには、海から訪れることをおすすめしたい。この町の歴史はローマ時代に遡り、9～11世紀にはアマルフィ共和国の一部として繁栄し、16～17世紀には絹や香辛料の交易でより栄えた。特別な見どころはないが、**白い細い路地**に並ぶカラフルなリゾートウェアを売る店やおみやげ屋を眺めて歩くのも楽しい。高台のスポンダへと向かう通りからは町と海のすばらしい眺望が楽しめる。

路地のそぞろ歩きが楽しい

15世紀から続く、陶器の町

ヴィエトリ・スル・マーレ

Vietri sul Mare ヴィエトリ スル マーレ

庶民的なヴィエトリ・スル・マーレの町並み

バスを降りて町に入ると、すぐに海を見下ろす見晴らし台のある小さな広場が広がる。石畳が続く小さな町は、どこかのんびりして、人々の暮らしが身近に感じられる。ここは、観光地というよりも、**陶器の生産地**として名高い。路地の左右には陶器店が軒を連ね、建物の外壁、ドゥオーモのクーポラ、階段などいたるところが陶器や陶板タイルで飾られている。お気に入りを探してそぞろ歩くのが楽しい町だ。

名産の絵タイルや小皿、水差しなど。南イタリアの旅の思い出グッズが見つかる

ポジターノへの行き方

SITA社のバスでサレルノから約2時間、アマルフィから約40分。船利用でサレルノからは約1時間30分、アマルフィから約30分。

ポジターノのⓘ

住 Via Regina Giovanna 13
☎ 089-875067
開 4～9月　8:30～20:00
　10～3月　9:00～17:30
休 10～3月の㊐

SITA社のバス停

海辺沿いに広がる町の階段道を上がり、正面にタバッキのある車の通る道を右に進み、国道とぶつかる所にある。海岸から約1km。

✉ ポジターノのバス停

下のバス停で降りても、海まではかなり下ります。上のバス停は景色もよくないので、下車は無意味。　(石川県　川畠喜清　'14)

ソレントからSITA社のバスで約40分です。バス停は町の上と下の2ヵ所。上のバス停（Chiesa Nuova）で下車し、海岸に下りて行くとよい眺めが楽しめます。帰りは下のバス停（Sponda／上記記載のバス停）で乗車するのがベター。(埼玉県　evergreen)['16]

船でポジターノへ

サレルノから所要70分、料金€12、アマルフィから所要25分、料金€8。
サレルノ発8:40、9:40、11:40、14:10
アマルフィ発9:20、10:30、11:30、12:30、14:00、15:00
予約、時刻表は
URL www.travelmar.it
サレルノでは駅前を進んだ港から、アマルフィではプルマンバスの発着する港からの出航。

ヴィエトリ・スル・マーレへの行き方

サレルノ駅前からSITA社または市バスで約20分。バス停は町の外側にふたつあり、バスは町の中へは入らない。ふたつのバス停はさほど離れていないが、サレルノからはヴィエトリ・スル・マーレの最初のバス停下車が便利。

店舗に描かれたタイル画を眺めて歩くだけでも楽しい、ヴィエトリ・スル・マーレ

ソレントへの行き方

fs線ナポリ中央駅構内から続くヴェスーヴィオ周遊鉄道Ferrovia Circumvesuvianaのナポリ・ポルタ・ガリバルディ駅からソレント行きで約1時間10分。ナポリからなら水中翼船などで水路を行くのもよい(所要35分)。ソレントを経由し、船はカプリ、イスキアへ向かう。サレルノからはSITA社のバスが運行。アマルフィ経由で2時間30分～3時間。

便利なエレベーター

市民公園には港へ降りるエレベーターが新設され、港や海岸へのアクセスが便利になった。片道€1、往復€1.80。

ソレントのⓘ

住 Via L. De Maio 35
☎ 081-8074033
開 夏季9:00～19:00
㊐ 9:00～13:00
冬季8:30～16:00
休 冬季の㊏㊐㊗

●テッラノーヴァ博物館

住 Via Correale 50
☎ 081-8781846
開 9:30～18:30
通年㊐㊗9:30～13:30
休 ㊊ 料 €8

アマルフィ海岸へのアクセス

サレルノよりソレントからがおすすめです。途中で景観の美しいポジターノを通りますし、ソレントも見どころが多いです。バスの座席はもちろん海側となる右側へ。ただし、車酔いする方は注意! バスはほかの車が道を譲るくらい曲がりくねった細い道を飛ばします。
(大樹 '12)

眺望絶佳のリゾート

ソレント

Sorrento ソレント

夏は海水浴場として、冬は避寒地として有名なこの町は、しゃれたカフェや観光客向けの愛らしい幌馬車が目につき、リゾート気分がいっぱい。とりわけ**タッソ広場**Piazza Tassoあたりが一番にぎやかだ。まずは、この広場から北に300m歩き、海に面した**市民公園**Villa Comunaleへ向かおう。眼下には、色とりどりのパラソルの並ぶ海水浴場、湾の右側にはヴェスーヴィオ火山。左側遠くには、プローチダの島影が望めるすばらしい見晴らしだ。公園を出たら、ほぼ正面奥の**旧市街**Via S.Cesareoへ入ってみよう。小さな商店が続き、いつもにぎやかだ。再びタッソ広場を目指し、Corso Italiaを歩きVia Capassoを左折する。その道沿いに建つ18世紀のヴィッラが**テッラノーヴァ博物館**Museo Correale di Terranova。この地を治めた貴族の邸宅を利用し一族のコレクションを展示しており、この町の豊かな歴史を感じさせる場だ。博物館に付属した**展望台**(庭園を300mほど進む)からはすばらしいパノラマが広がる。

にぎやかなタッソ広場周辺

展望台からのパノラマ

Ristorante & Hotel ソレントのレストラン&ホテル

✻ イル・ブーコ Il Buco

ミシュランの1つ星

町の中心、かつての修道院を改装したエレガントなレストラン。創造的なソレント料理とあたたかいサービスが思い出に残る1軒。
夜は 要予約
URL www.ilbucoristorante.it

住 2'rampa Marina piccola 5/ Piazza S.Antonio
☎ 081-8782354
営 12:30～14:30、19:30～22:30
休 ㊌、12/30～2/10
予 €75～100(コペルト€3)、定食€55(昼のみ)～120
C A.D.M.V.

★★★★ ローヤル Grand Hotel Royal

ソレントのいち押し

駅から徒歩5～6分、ラウロ広場Piazza A. Lauroを抜けるとすぐ。プールサイドや専用ビーチでのんびり休息できる。部屋からは海も眺められる。High 5/1～9/30、12/28～12/31

URL www.royalsorrento.com
住 Via Correale 42
☎ 081-8073434
Fax 081-8772905
SB €104/518 TB €173/1208
室 95室 朝食込み W-F
休 11～3月
C A.D.J.M.V.

★★★ セッティモ・チエーロ Hotel Settimo Cielo

美しい海が見える

町の中心からソレント岬のほうに歩いて約15分。フロント階が一番上で地下に3フロア。部屋のほとんどは海向き。宿泊数条件あり。
URL www.hotelsettimocielo.com

住 Via Capo 27
☎ 081-8781012
Fax 081-8073290
T TS €99/150
室 41室 朝食込み W-F
休 1～3月
C A.D.J.M.V.

ウリッセ・デラックス・ホステル Ulisse Delux Hostel

YH タッソ広場から800m、マリーナ・グランデから300mにある近代的な明るいユース。24時間受付可、1年を通じて営業。温水プール、バール、自転車のレンタル、ランドリーなどもあり。

URL www.ulissedeluxe.com
住 Via del Mare 22
☎ 081-8774753
Fax 081-8774093
D €20/41
TB €59/161
朝食€7 W-F
C A.D.J.M.V.

※ソレントの滞在税 YH ★～★★★€3 ★★★★～★★★★★€4 最長7泊、18歳以下免除

トマト、パスタ、チーズ、ワイン……
シンプルで味わい深いイタリア料理が大集合

南イタリアの食卓を彩るオリーブとモッツァレッラチーズ

■カンパニア州の料理

豊かな太陽の恵みを受け輝く地カンパニア。その大地は色鮮やかな野菜を生み、ティレニア海からはムール貝、アサリ、イワシが水揚げされる。旅行中しばしば水牛の放牧風景を見かけたものだったが、この乳から作る**モッツァレッラチーズ**もここの特産。ナポリが生んだピッツァには欠かせない物である。そのほかの各種チーズ作りも盛んである。また、カンパニアをはじめ南イタリアで、**スパゲッティ、マカロニ**をはじめとする**乾燥パスタ**が生まれたというのも有名な話。かつてナポリから船出したイタリア移民たちによって、世界中に運ばれ、今やイタリアの食の代名詞となったパスタ。この地が有数の小麦産地であり、乾燥した気候がパスタ作りに適していたからであるが、むしろひと皿で満腹感を得られる料理を必要とした、かつての貧しさゆえの産物ともいわれている。

手打ちパスタと魚介類のトマトソースあえ

さて、パスタにトマトソースをからめただけのシンプルな**Spaghetti al Pomodoro**（スパゲッティ アルポモドーロ）のうまさもこの地ならではだが、アサリやムール貝を使った魚介類のパスタもよい。イスキア島に**娼婦のスパゲッティSpaghetti alla Puttanesca**（スパゲッティ アッラ プッタネスカ）という驚くべきネーミングの料理がある。トマト、胡椒、ケッパー、オリーブで味付けしたスパゲッティだ。魅惑的な味ゆえというよりも、家にいられない忙しい娼婦が考えたスピード料理だとか。これにはやはり、この島生まれの辛口で香り高い白ワイン**Biancolella**（ビアンコレッラ）がおすすめだ。このお隣のカプリ島でも、この島の名をつけた赤・白ワインを産出する。海を渡ると**ヴェスーヴィオ風フシーリFusilli alla Vesuviana**（フシーリ アッラ ヴェスヴィアーナ）がお待ちかね。フシーリとはねじり型のパスタだが、これをトマトソース、モッツァレッラチーズ、ペコリーノチーズであえ、ちょっぴりオーブンで焼いた物。アツアツの香ばしいチーズの香りがいっそう食欲をそそる。これには、ヴェスーヴィオ火山の周辺で産出する**「キリストの涙」**と名づけられた**Lacryma Cristi**（ラクリーマ クリスティ）のロゼRosatoがよく合う。放牧の盛んな内陸部では山羊や子羊もよく食べられる。ローストもよいがイルピニアの町の名物料理、山羊をワインとビネガーで煮込んだ**Capretto in Agrodolce**（カプレット イン アグロドルチェ）も試してみたい。これにはイタリアワインの中で熟成に最適といわれる辛口の赤**Taurasi**（タウラージ）がおすすめだ。ここでは、チーズも忘れてはならない物。**Mozzarella**（モッツァレッラ）は本来は水牛の乳で作った超フレッシュチーズ。新鮮な物は硬めで歯触りもよい。薄切りをトマトと交互に並べ、バジリコを飾りオリーブ油をかけて食べる**Caprese**（カプレーゼ）はイタリアならではの味。**Provolone**（プロヴォローネ）はハードタイプでそのままデザートによし。**Scamorza**（スカモルツァ）や**Caciocavallo**（カッチオカヴァッロ）は炭火やフライパンで焼いて食べる。

この地の特産、レモンチェッロ（右）と、クレーマ・ディ・リモーニ（左）。お酒の弱い人にはクレーマ・ディ・リモーニがおすすめ

おみやげ情報

●ワイン●

グレコ・ディ・トゥーフォ Greco di Tufo ★★★
DOC・白・辛口(発泡性)

タウラージ Taurasi ★★★
DOC・赤・辛口

●みやげ物●

レモンチェッロ Lemoncello／Limoncello
レモンのリキュール

はちみつ Miele
柑橘類の花から集めたものなら最高

陶器(マヨルカ焼) ceramica
アマルフィ海岸には名高い産地がいくつもある

Bari
バーリ

アドリア海に面した港町、バーリ

ミラノを出発した列車＝フレッチャビアンカはボローニャを通過し、アドリア海沿いへと出る。リミニから一路、アドリア海の海辺をギリギリに南イタリアの玄関、バーリへと向かう。夏のアドリア海は、キャンピングや海水浴の家族連れでにぎわっている。赤茶けた畑には、ジャガイモが植えられ、ヒマワリの花畑やオリーブの林が続く。海沿いに松林が続くようになると、バーリも近い。このあたりの畑は真っ赤に熟れたトマト一色だ。どこまでも続く真っ赤な畑は壮観。イタリアのトマト、サン・マルツァーノ種は細長くラグビーボールみたいだ。サン・マルツァーノの畑が見え始めたら本当の南イタリア。この先には、世界遺産として名高い、円錐(えんすい)形のトゥルッリが続くアルベロベッロや洞窟住居のサッシの丘が広がるマテーラが続いている。

さあ、バーリに到着。南の太陽を浴びて育ったトマトソースのパスタで腹ごしらえだ。

バーリの歩き方

バーリには、ふたつの町がある。ひとつは、プーリア州の首都として南イタリア最大の商工業都市である**新市街**。ナポレオンの義弟であった啓蒙思想家のミュラによって、都市計画に基づいて造られた町だ。道路は広く、碁盤の目のように交差している。

バーリのもうひとつの町は、北側に広がる**旧市街**だ。小高い丘の町である旧市街の坂道には、民家が建て込み迷路のようだ。旧市街の中心には**カテドラーレCattedrale**が、北側には町の守護聖人を祀る**サン・ニコラ教会San Nicola**がある。東側の**城Castello**はノルマンの王フリードリッヒ2世の手により建設された。

●郵便番号　70100

バーリへの行き方

fs線でローマ・テルミニ駅からレッチェ行きなどでバーリ中央駅Bari CentraleまでFRECCIARGENTOで約4時間。ICで6時間32分。ナポリからはベネヴェントまたはカゼルタなどで乗り換えが必要。RとFRECCIARGENTOで約3時間50分、ICとRで6時間21分。R、fsバス、FRECCIABIANCAの乗り継ぎで6時間3分～6時間12分。

バーリからナポリへ

ナポリへのプルマンは鉄道駅の南側（裏手）の小さな広場Largo Sorrentinoから平日5:25、7:30、9:15、10:55、13:00(7/15～9/15のみ)、18:25の発車。所要約3時間～3時間30分。切符は駅前通り（バーリ中央駅南東側）沿いのATS社の切符売り場（住 Via G.Capruzzi 224/C-226）で。バスは広場に発車直前にやってくる。さまざまなルートのバスがあるので間違えないように。ナポリでの終点は中央駅横のターミナル。バスは冷房付き、2階建てで快適。

●Marino社
☎ 080-3112335
URL www.marinobus.it
料 €10～16

ナポリからバーリへ

バーリ行きのプルマンは中央駅（に向かって）右の駐車場奥から発車。バスターミナルとなっており、乗り場手前右の建物内に切符売り場もあり。バーリ行き9:10、13:15、15:30、17:00、19:00発。　['16]

ナポリへはプルマンがおすすめ

バーリ→ナポリのバス7:30発は切符€9.99でした。便により料金が変動します。ダイヤも正確で乗り換えなしなので、列車よりおすすめです。
（兵庫県　片倉康彰　'16）

●バーリの観光案内所

ⓘは、駅前のアルド・モーロ広場右奥。中央駅前のアルド・モーロ広場の駅近くにもⓘブースがある。

プーリア州の要、バーリ中央駅

南イタリアの交通の要、バーリ

●空港

町から約9kmに位置し、ミラノやローマ、ボローニャをはじめ、ヨーロッパの各地を空路で結ぶのが**バーリ・バレーゼ空港**Aeroporto Bari Barese。

●空港から市内へ

鉄道、バス(2種)が結んでいる。鉄道は**バーリ・ノルド線**、所要18分、切符€5。**ナヴェッタ**Navetta (空港バス) は所要30分 (中央駅前に到着、市内2ヵ所にも停車)、切符€4は車内で購入。このほか**市バス**16番(切符€1、車内購入€1.50)も運行。

●鉄道

トレニタリアのバーリ中央駅と隣接して各線の鉄道駅がある。アルベロベッロへ向かう私鉄**スッド・エスト線**Sud-estは、バーリ中央駅奥にホームがある。中央駅を背にした左に空港と市内、さらに世界遺産のカステル・デル・モンテの最寄り駅バルレッタBarlettaを結ぶ**バーリ・ノルド線**Bari Nord／Ferrotramviariaの近代的な駅、さらにその少し先1階にバールの入った建物の2階からはマテーラへ向かう**アップロ・ルカーネ線**Appulo Lucaneが運行。ブリンディシ、レッチェへ向かう私鉄のガルガーニャ線も運行。

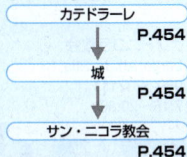

左がバーリ・ノルド線の建物。右はマテーラ行きのアップロ・ルカーネ線の入口

●長距離バスPullman

アルベロベッロやマテーラなど私鉄と重複して走るプルマンのほか、ナポリなどとを結んでいる。主に中央駅南(裏側)の小さな広場からの発着。

●船

フェリーなどの大型船や観光船は旧市街の先の港からの出航。アルバニア、クロアチア、モンテネグロ、ギリシャなどと結んでいる。行き先により乗船地は異なるので、港の地図や運航状況はURL www.aplevante.orgで確認を。

●バーリの歩き方

カテドラーレ
P.454
↓
城
P.454
↓
サン・ニコラ教会
P.454

バーリのⓘPugliaTurismo

住 Piazza Aldo Moro 33/a
☎ 080-5242244
開 8:00〜14:00
休 ㊏㊐ 地 P.452 B

駅前広場のⓘブース

住 Piazza Aldo Moro
☎ 080-9909341
開 9:00〜13:00
15:00〜19:00
㊐9:00〜13:00
休 ㊐午後、㊗
※駅を背に、広場右側
※荷物預けは駅舎東側、ホームに面してある。

空港・市内間のアクセス

■鉄道

空港発5:26〜23:38、バーリ発5:09〜22:00、5〜20分間隔の運行。空港からはバーリ行き、逆方向のバルレッタ行きの両方面が運行しているので行き先を確認して乗り込もう。

URL www.ferrovienordbarese.it

■空港バス・ナベッタ

空港発5:35〜24:10、中央駅前発5:10〜20:30。

URL www.autoservizitempesta.it

■市バス(16番)、切符€1

URL www.amtab.it

鉄道 URL から時刻表・料金の検索可

■空港、バルレッタへ
Ferrotramviaria社
URL ww.ferrovienordbarese.it

■マテーラへ
Ferrovie Appulo Lucane社

途中のアルタムーラで車両の切り離しがあるので、先方の車両に乗り込もう。マテーラまで€4.90。バーリ駅では上下車の際は改札機に切符を入れる必要がある。特に帰路に切符はなくさないように。

URL www.ferrovieappulolucane.it

■アルベロベッロへ
Ferrovie del Sud Est社
URL www.fsonline.it

アルベロベッロへ

アルベロベッロへ向かうSud-est線のホームは駅正面からは一番奥。地下道を抜けfs線の10番線の奥。地下道のひとつは10番線に通じていないので、注意しよう。また、㊐㊗は1日4便程度とかなり少なく、バスの代行運転となり、各駅前からの発車。バスの切符は事前購入のこと。パス類は使えない。

バーリの見どころ

サンタクロースゆかりの教会 MAP P.452 A

サン・ニコラ教会 ★★★

San Nicola　サン ニコラ

カテドラーレの北にある、バーリの守護聖人サン・ニコラを祀る教会。サン・ニコラとはあのサンタクロースの伝説を生んだ聖人のこと。12世紀建造のプーリア・ロマネスク様式で、"旧市街の心"とたたえられる教会。市立博物館から続いている。

●サン・ニコラ教会
住 Largo Abate Elia 13
☎ 080-5737111
開 7:15～20:30

サンタクロース(サン・ニコラ)を祀る教会

バラ窓が飾る、ロマネスク教会 MAP P.452 A

カテドラーレ ★★

Cattedrale　カテドラーレ

プーリア・ロマネスクの典型。大きなバラ窓が特徴的な堂々とした教会。11世紀前半に建造された。バーリが十字軍遠征の中心都市であった頃に建てられた物。

●カテドラーレ
住 Piazza d. Odogitria
☎ 080-5210605
開 8:00～12:30
16:00～19:30
㊐㊗ 9:00～12:30
17:00～20:30

統治の時代をしのぶ MAP P.452 A

城 ★★

Castello Normanno Svevo　カステッロ

カテドラーレの西にある、ノルマンの時代(11世紀)に造られた城。フリードリッヒ2世の統治下（13世紀）に再建された物。さらに、16世紀には、堡塁(ほうるい)と本丸が付け加えられた。内部にはカテドラーレのファサードを飾った彫像などが展示されている。

●城
住 Piazza FedericoⅡdi Svevia
☎ 080-5286210
開 8:30～19:30(入場18:30まで)
休 ㊌、1/1、5/1、12/26
料 €3

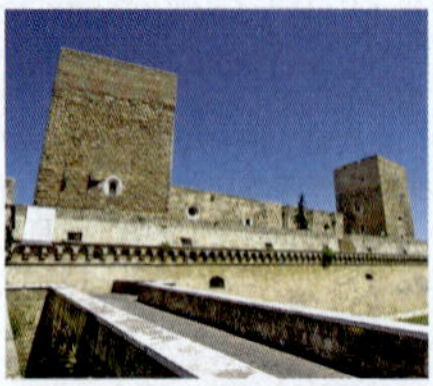

フリードリヒ2世の築いた塔が残る

Ristorante & Hotel バーリのレストラン&ホテル

ラ・ピニャータ La Pignata P.452 A

種類豊富な前菜を

ホテル・ボストンの裏、大通りに面して建つ、高級店。クラシックな雰囲気の魚介類中心の店。プーリアならではの前菜は食べきれないほど種類も量も豊富で、おすすめ。日本語メニュー

住 Corso Vittorio Emanuele Ⅱ 173
☎ 080-5232481
営 12:30～15:00、19:30～23:30　休 ㊊、8月
予 €30～60（コペルト€3）、定食€40
C M.V.　交 駅から約1km

イル・ブーコ Il Buco P.452 A

旧市街で庶民料理を

旧市街の入口に位置する庶民的な店。メニューはなく、口頭で料理を説明してくれ、カウンターに並んだ前菜と日替わりの肉と魚料理がある。町の人のおすすめは、馬肉のロールをトマトで煮込んだブラジオーレ。あったら注文してみよう。できれば予約

住 Largo Chiurlia 12
☎ 3391578848
営 13:15～15:00、20:00～23:00
休 ㊐夜、㊊、8/10～8/20頃
予 €16～31、定食€25
C 不可　交 旧市街入口

★★★★ パレス Palace P.452 A

食事がおすすめ！

バーリ旧市街の観光スポットに近く、駅へも荷物がなければ徒歩圏。屋上のレストランからは、町が一望できる。改装済みのモダンな客室が快適。

URL www.palacehotel-bari.com/

住 Via Francesco Lombardi 13
☎ 080-5216551
SB €75/140
TB €96/184
室 195室　朝食込み W-Fi
C A.D.J.M.V.

★★★ ボストン Hotel Boston P.452 B

ゆったり過ごしたい人に

南イタリアの喧騒のなかでは、快適なモダンホテル。レストランや商店が多い界わいで便利。目の前にはスーパーあり。

URL www.bostonbari.it
住 Via Piccinni 155

☎ 080-5216633
Fax 080-5246802
SS SB €79/145
TS TB €100/185
室 69室　朝食込み W-Fi
C A.D.M.V.

S シャワー共同シングル料金　SS シャワー付きシングル料金　SB シャワーまたはバス付きシングル料金　T シャワー共同ツイン料金
TS シャワー付きツイン料金　TB シャワーまたはバス付きツイン料金

Lecce
レッチェ

サンタ・クローチェ聖堂と県庁

ブロンズの光に満たされた町、バロックのフィレンツェと呼ばれるレッチェは、南イタリアの数多くの都市のなかで、最も麗しい町だ。バロック様式独特の浮き彫りが飾られた教会や家々で埋め尽くされた旧市街を歩いていると、息苦しくなるほどだ。旧市街の建物は一様にブロンズ色をしており、「ブロンズの光に満たされた町」と称されたわけもわかる。

レッチェは、紀元前12世紀からの歴史をもつ町で、ローマ時代にも、**アッピア街道**の終点ブリンディシと**トラヤヌス街道**で結ばれ、商業都市として栄えていた。ノルマン王朝の支配下の15世紀には、南イタリアきっての芸術都市として、文化人や芸術家が集まる町でもあった。今に残るバロックの建物の数々は、16～17世紀にかけて、スペインのカルロ5世により造られた。

レッチェの歩き方

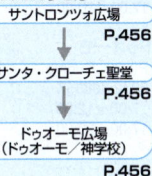

鉄道駅は、町の南西にある。町の中心サントロンツォ広場Piazza S. Oronzoまではバスがあるが、徒歩のほうがレッチェの町の雰囲気に浸れる。歩く場合は、旧市街の迷路のような道を行くのだが、いたるところにバロックの建物や装飾があり、それらをゆっくり楽しむのがレッチェの歩き方だ。

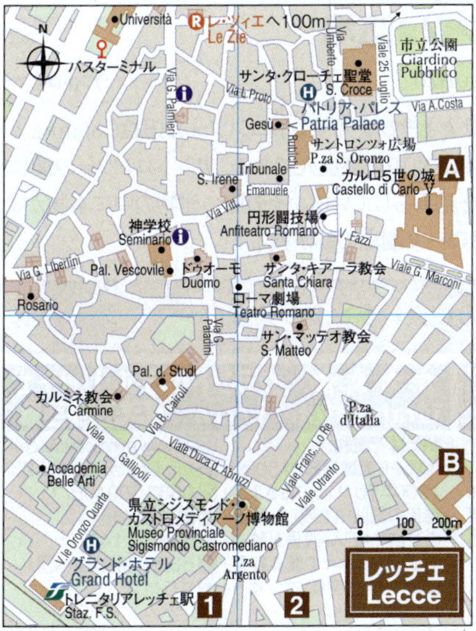

サントロンツォ広場に到着したら小休止。一角にはしゃれたバールやお菓子屋などが多い。最大の見どころサンタ・クローチェ聖堂は、ここから200mほどだ。

●郵便番号　73100

レッチェへの行き方

fs線でバーリ中央駅からレッチェ行きのFRECCIABIANCA、FRECCIARGENTOで約1時間20分、ICで約1時間50分、Rで1時間30分～1時間56分。ターラントからのプルマンもある。

●レッチェの歩き方

サントロンツォ広場 P.456
↓
サンタ・クローチェ聖堂 P.456
↓
ドゥオーモ広場（ドゥオーモ／神学校） P.456

レッチェのⓘ

住 Piazza Duomo 2
☎ 0832-521877
開 9:30～13:30
15:30～19:30
土日祝10:00～13:30
15:30～19:00
地 P.455 A

✉ 長い昼休みにご注意

宿泊するなら問題はありませんが、日帰りや立ち寄る程度なら夕方からがおすすめです。お店の昼休みが13:00～17:00（または18:00）と長いためです。また、サンタ・クローチェ聖堂のライトアップもきれいなのでおすすめ。駅の手荷物預けは駅を出て右側にあります。開 5:15～13:10、15:00～22:30

ここでも長い昼休みにご注意を。
（静岡県　coca）

レッチェのホテル事情

節約旅行者は、❶でペンショーネ(B&B)を紹介してもらおう。リッチ派には、サンタ・クローチェ聖堂の前にある5つ星のパトリア・パレスが値頃感がありおすすめ。

Ⓗパトリア・パレスPatria Palace
住 Piazzetta G.Riccardi 13
☎ 0832-245111
Fax 0832-245002
SB €110/165
TB €130/290
室 67室　朝食込み W-Fi
URL www.patriapalacelecce.com
地 P.455 A

●S.クローチェ聖堂
住 Via Umberto I 3
☎ 0832-241957
開 9:00～12:00
17:00～20:00

●ドゥオーモ
住 Piazza Duomo
☎ 0832-308557
開 7:00～12:00
17:00～20:00

サントロンツォ広場の円柱

レッチェの見どころ

バロックの町、レッチェのシンボル　MAP P.455 A

サンタ・クローチェ聖堂 ★★★

Santa Croce　サンタ クローチェ

レッチェ・バロックの傑作サンタ・クローチェ聖堂

レッチェのバロック様式を代表する建築。正面(ファサード)には、これでもか、これでもかといった調子でバロックの装飾が施されている。丸い花窓の周りを、バロック模様の花が取り囲み、左右を聖人が守る。

黄褐色の石に浮き彫りでバロック模様が施されているが、この石はレッチェ近郊産とのこと。"ブロンズの光に満たされた町"というレッチェの呼称は、この建物の色に由来する。

バロックで飾られた美しい広場　MAP P.455 A

ドゥオーモ広場 ★★

Piazza del Duomo　ピアッツァ デル ドゥオーモ

正面に立つと圧巻のドゥオーモ

バロック様式の建物が広い広場を取り囲む、南イタリア屈指の美しい広場。正面にドゥオーモDuomo、左には高さ70mの鐘楼、右には司教の家Episcopioと神学校Seminarioと続く。神学校の中庭にある井戸もバロックの浮き彫りで覆われていて重厚。

町の守護聖人が見守る　MAP P.455 A

サントロンツォ広場 ★

Piazza S. Oronzo　ピアッツァ サントロンツォ

広場の中心に堂々とそびえるサントロンツォの円柱Colonna di S. Oronzoの上では、町の守護聖人である、サントロンツォの像(コピー)が堂々と町を見下ろしている。その脇の建物の中に本物がある。広場の南にはローマ劇場の跡が残る。

Ristorante & Hotel　レッチェのレストラン&ホテル

カーサレッチャ・レ・ツィエ
Trattoria Casareccia Le Zie　P.455 A2外

シニョーラが親切
地方料理を少しずつ味わいたいなら野菜中心の前菜、プリモ、セコンド、フルーツ、自家製レモンチェッロ、ビスケット、ワイン、アクア付きの定食(€35)を。地元の人でいっぱい。要予約

住 Via C.Costadura 19
☎ 0832-245178
営 12:30～14:30, 19:45～22:30
休 12/24～1/6、復活祭期間、8月下旬～9月初旬の2週間
予 €30～35(コペルト€2)
C A.D.J.M.V.

★★★★ グランド・ホテル・レッチェ
Grand Hotel Lecce　P.455 B1

駅そばで便利
fs駅から大通りを約150m。1900年代はじめの古きよき時代の雰囲気を残し、最近の改装で新しい設備が整ったホテル。木々の繁る庭園にはプールも完備され、ゆっくり滞在したい。

URL www.grandhoteldilecce.it
住 Via Oronzo Quarta 28
☎ 0832-309405
SS SB €46/85
TS TB €54/140
室 53室　朝食込み W-Fi
C A.D.M.V.

※レッチェの滞在税　B&B€0.75　★€0.50　★★€0.75　★★★€1　★★★★€1.25　★★★★★€1.50　最長7泊、12歳以下、67歳以上免除

白く輝くトゥルッリの町

アルベロベッロ 世界遺産

Alberobello　アルベロベッロ

トゥルッリの町を歩く

高い円錐（えんすい）形の屋根を持つトゥルッリTrulliがあることで有名な町。トゥルッリは、この地方独特の住居だが、真っ白に塗られた壁と円い屋根を持ち、おとぎ話の家のようだ。強烈なプーリア地方の太陽の下で、白い家はキラキラ輝き、白雪姫と7人の小人が登場してきても不思議でないようなメルヘンの雰囲気を漂わせている。

世界遺産

アルベロベッロのトゥルッリ
登録年1996年　文化遺産

アルベロベッロへの行き方

バーリ中央駅から私鉄Sud-est線マルティーナ・フランカMartina Francaまたはターラント行きで約1時間30分（切符€4.90）。1～2時間約1便。バーリ中央駅の正面入口から入ると一番奥のホームに私鉄の切符売り場がある。この線はユーレイルパスは使用できず、知らずに乗ると罰金を取られるので、切符を必ず購入しよう。

駅からトゥルッリ集落のあるアルベロベッロの町へは、駅前の道を真っすぐ。少し歩くと店やバールのある通りに出る。町までは500mほど。

Sud-est線時刻表
URL www.fseonline.it

アルベロベッロのⓘ

住 Via Monte Nero 3
☎ 080-4322060
開 ㊎㊏㊐10:30～12:30
　　15:30～17:30
休 ㊊～㊍、1/1、5/1、12/25
地 P.457 B2

車窓からのトゥルッリ

Sud-est線アルベロベッロの2駅くらい手前から、畑の中に作業小屋のように使われているトゥルッリを見ることができます。何となくポツンとあるところが素朴でカワイイ。自然のなかのトゥルッリはアルベロベッロでは目にすることができないので、写真を撮りたい人には車窓からの撮影がおすすめです。ただし、トゥルッリが見えたからといって「着いた!」と勘違いして下車しないでくださいネ。
（東京都　KYO　'05）

バーリ・アルベロベッロ間途中下車

バーリからsud-est線でアルベロベッロへ行く途中（所要約1時間）のGrotte di Castellana駅にCastellana Grotteという鍾乳洞があります。ガイド付きで見学でき、1時間コースと2時間コースがあります。大規模な鍾乳洞で見応えがあり、入口の空洞部分の天井には小さな穴が開いており、そこから差し込む光がとても美しいです。見学には昼休みがありますので、朝アルベロベッロへ行って帰りに鍾乳洞へ行くか、またその逆がおすすめです。
（大阪府　フェデラー　'09）

鍾乳洞の正式名称はGrotte di Castellanaです。最寄り駅も同名です。間違えて隣の駅で下車してしまい、行けませんでした。地元の人に、「見学ツアー30分前に行くべき」とアドバイスされました。（兵庫県　片倉康彰　'16）

トゥルッリの、サンタントニオ教会

トゥルッリとは?

その歴史は古く、有史以前からの建築技法を受け継ぐ物だという説もある。

構造は、モルタルなどの接合剤を用いずに石を重ね、屋根も平らな石を積み上げただけ。簡素な構造のため本来の住居として見なされなかったトゥルッリは、領主が好きなときに壊して小作人を追い出すことができたから好都合だったとか、あるいは税の徴収人が来たときには屋根をはずして家への課税を逃れる農民の功利手段だったといわれている。

構造はシンプルながら機能的。壁は二重構造になっているため、冬は暖かく、夏は涼しい。屋根には雨水導入口が設けられ、雨水は地下の井戸に蓄えられる仕組みだ。扉や廊下はなく、部屋はカーテンなどで仕切るのが一般的だ。

みやげ物屋やレストランなどで、手軽にトゥルッリの内部を見ることができる。

早朝がおすすめ

Sud-est線は単線区間が多く、反対列車待ちでダイヤの乱れあり。バーリからは途中のPutignanoで乗り換えの場合があります。駅からトゥルッリ地区まで上りの坂道なので荷物があると10分ほどかかります。日が昇ってすぐだと、みやげもの屋も閉まっていて、静かなトゥルッリの町並みが撮影できておすすめです。

(兵庫県　片倉康彰　'16)

幻想的な風景に反し、
みやげ物屋が続く町並みはとてもフレンドリー

駅からの道を500mほど進むとポポロ広場Piazza del Popoloだ。この広場の先の教会のテラスからは、丘の斜面を埋め尽くす白いトゥルッリの集落が一望できる。集落は旧市街の東西に広がり、西側がリオーネ・モンティRione Monti地区で約1000のトゥルッリにみやげ物屋などが並ぶ、にぎやかな商業地区。東側は約400のトゥルッリが集中するアイア・ピッコラAia Piccola地区で、その多くは今も住居として使われている。みやげ物屋やレストランとして転用されているので、利用がてら内部を見せてもらうのも可能だ。町の北側には珍しい2階建てのトゥルッロ・ソヴラーノTrullo Sovranoがあり、18世紀当時の裕福な生活を見ることができる。

ただ、町全体はもうすっかり観光の町となってしまい、トゥルッリの前にはおみやげ物が山と積まれ売られている。生活のなかで生きいきしたトゥルッリを見たいのなら、沿線を走るSud-est線の車窓風景を楽しみたい。オリーブの木々の間に見える真っ白なトゥルッリと、そこで生活する人々との光景は南イタリアの自然のなかでしっくりしている。

高台から眺めるトゥルッリ群は圧巻

トゥルッリ断面図

(単数形でトゥルッロTrullo)

A.小尖塔
B.屋根の閉じ目
C.環状屋根
D.中空層
E.半円筒天井(ヴォールト)
F.井戸への雨水導入口
G.入口
H.屋根裏部屋(物置や寝室)
I.アルコーブ(壁の切り込み)
J.井戸

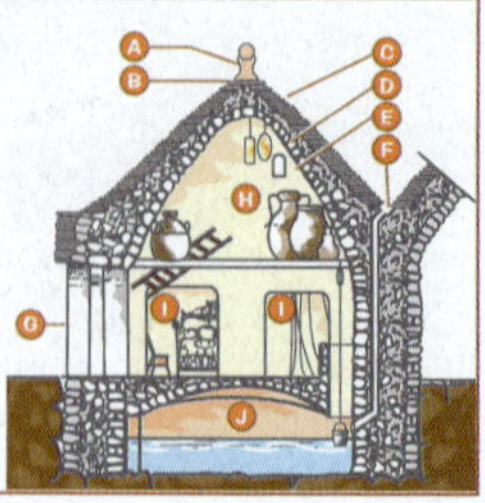

トゥルッリの起源は明らかでないが、中近東からギリシアを渡って伝えられたのではないかとも考えられている。スレート屋根にはシンボル化した魚とか鳥とか心臓、またはギリシア語で神を表す文字などが描かれている。この地方にしかないトゥルッリ、南イタリアに行ったら絶対見てみたい。

●トゥルッロ・ソヴラーノ
住 Piazza Sacramento 10
☎ 080-4326030
開 10:00～18:00
料 €2
※希望者には英語による約15分のガイド可。
地 P.457 A1

フォトジェニックな町並みは、誰でもが名カメラマン

屋根に描かれた文字はいまだすべては解明されていない

Ristorante & Hotel　アルベロベッロのレストラン&ホテル

トゥルッロ・ドーロ Trullo D'oro
P.457 A1

トゥルッリで土地の味わいを

古いトゥルッリをレストランに改装した一軒。いくつかある同様のレストランの中でもおすすめ。フレッシュ・パスタや郷土料理、土地のワインも充実。

要予約

住 Via Felice Cavallotti 27
☎ 080-4321820
営 12:00～15:00、19:00～23:00
休 ㊊、1/8～1/22
予 €20～45（コペルト€3）、定食€40、50
C A.D.J.M.V.

アラトロ L' Aratro
P.457 B1

ワインの品揃えがよい

ソムリエのオーナー、ドメニコ氏もおすすめのアニェッロ（子羊の肉）は香ばしくて定評の一品。情緒ある小さなトゥルッリでの食事が体験できる。

日本語メニュー　要予約

住 Via Monte San Michele 25/29
☎ 080-4322789
営 12:00～15:00、19:30～22:30
休 無休
予 €16～40（コペルト€2.50）、定食€25
C A.D.J.M.V.
交 マルテロッタ広場Largo Martellotta から2分

★★★★ アストリア Hotel Astoria
P.457 A2

駅に近くて便利

駅から近く、モダンなインテリアと機能性がともなっている。カード式の鍵になっていて、50%の部屋にはバスタブが付いている。ゆったりと落ち着けるホテル。エアコン、ミニバー、TV、ドライヤー付き。駐車場あり。

URL www.astoriaweb.it
住 Viale Bari 11
☎ 080-4323320
Fax 080-4321290
SB €43/125
TB €67/180
室 59室　朝食€8 W-F
C A.M.V.　交 駅から2分

★★★ トゥルッリデア Trullidea Resort
地図外

トゥルッリのホテル

駅から歩いて10分ほどの繁華街にあるトゥルッリの宿。コテージ式の宿なので、3人以上だとキッチンの利用も可。朝食は、宿の近くのレストランで。

High 8月、復活祭、クリスマス

URL www.trullidea.it
住 Via Monte S.Gabriele 14
☎ Fax 080-4323860
SS €74/89
TS €100/120
室 23室　朝食込み W-F
C A.D.M.V.

※アルベロベッロの滞在税　B&B、★～★★★€0.8　★★★★～★★★★★€1　最長3泊、12歳以下免除

Matera
マテーラ

世界遺産

●郵便番号　75100

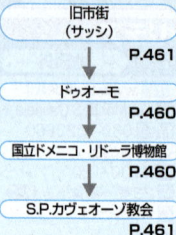

世界遺産

マテーラのサッシ
登録年1993年　文化遺産

マテーラへの行き方

バーリ中央駅から私鉄Appulo Lucane線のMatera Sud行きでマテーラ中央駅まで1時間25分～1時間50分、一部アルタムーラAltamuraで乗り換えが必要。平日は40分～2時間に1便程度の運行。㊐㊗はバス便のみ。
Appulo Lucane線時刻表
URL www.fal-srl.it

マテーラのⓘAPT
住 Via De Viti De Marco 9
☎ 0835-331983
開 9:00～13:30
　㊊㊍は16:30～18:30も
休 ㊏㊐㊗
地 P.460 B1　※駅前広場

✉ サッシ住居を訪ねて

イドリス教会の直下、サッソ・カヴェオーゾ地区にかつてのサッソ住宅を再現した資料館。1700年初期に造られた典型的なサッソで、人畜同居であった室内には当時使用された家具、食器、農耕機具を展示。1956年までは住居として使われていたそうです。日本語ガイドあり。
開 9:30～20:30(冬季17:30)　料 €2
●ヴィコ・ソリタリオのグロッタの家 Casa Grotta di Vico Solitarioの資料館
住 Sasso Caveoso Vicinato di vico Solitario 11
（在フランス　根岸信彰）['16]

●マテーラの歩き方

旧市街（サッシ）　P.461
↓
ドゥオーモ　P.460
↓
国立ドメニコ・リドーラ博物館　P.460
↓
S.P.カヴェオーゾ教会　P.461

どこか白日夢を見ている気分になるサッシ群

マテーラは**サッシSassi（洞窟住居）の町**だ。町の後方の山や、**旧市街**Città Vecchiaには、今にも崩れそうなサッシが数えきれないほどびっしりだ。そのサッシの形にしろ、雰囲気にしろ、見た者にだけ伝わる怨念のようなものが感じ取れてしまう。

サッシには、戦後の農地解放前の小作農民が住んでいた。当時は電気も水道もなく、貧しい、現代の文明から取り残された人々の住居であったという。まぶしい南イタリアの太陽の下、サッシ群は白日夢を楽しむかのように、今は静かにたたずんでいる。

マテーラの歩き方

列車の着くマテーラ中央駅は地下駅。地上に出ると、そこは町の中心にあるマッテオッティ広場Piazza Matteottiだ。さあ、このユニークな町を歩き始めよう。

駅からサッシ街までは約1km。まずはヴィットリオ・ヴェネト広場のテラスから眼下に広がるサッシの町並みを眺め、階段でサッシへ下りてみよう。Via Fiorentiniから洞窟教会のひとつである、マドンナ・デッレ・ヴィルトゥと、サン・ニコラ・デイ・グレチ教会の大きな複合建築を目指すと、道なりにVia Madonna delle Virtù（パノラマ通り）となり、この通りからはサッシが重なり合う町並みや対岸の丘に点在するサッシなど、この町らしい風景を楽しむことができる。

博物館に残る
ギリシア人の陶器

カテドラーレCattedraleは13世紀のプーリア・ロマネスク様式。13世紀は、マテーラのある**バジリカータ州**(かつてはルカーニア地方といった)に少しだけ歴史の光が当たった時期。神聖ローマ帝国のフリードリッヒ2世がこの地方を愛したため、短期間、文化・芸術の花が咲き、このカテドラーレもその当時をしのばせる。**国立ドメニコ・リドーラ博物館**Museo Nazionale Domenico Ridolaには、ギリシア人の住んでいた紀元前800年頃の陶器などを展示。

ほかには、**サンタ・マリア・デ・イドリス教会**S. Maria de Idrisや**サンタ・ルチア・アッレ・マルヴェ教会**Santa Lucia alle Malveなどの**洞窟教会**が必見。11世紀の頃イスラム教徒の迫害を受けたトルコの僧により造られた物で、サッシの教会版といったところだ。

迷路のような道が続くサッシだが、迷子になる心配はない。迷ったら、高台を目指せば新市街へと運んでくれる。

洞窟教会として有名な
S.M.デ・イドリス教会

イドリス教会から
パノラマ通り方面の眺め

バーリ空港からのバス

バーリ空港からマテーラ駅前Piazza Moroへバスが運行。空港発24:30、9:15、14:40、15:45、19:15。マテーラ発4:55、10:45、13:00、17:10、20:35、所要1時間15分、切符は車内購入€4.50。

URL www.cotrab.eu

●カテドラーレ

開 夏季9:00〜19:00
冬季9:00〜16:00

※オーディオガイド€2(日本語あり)

●マドンナ・デッレ・ヴィルトゥ・エ・サン・ニコラ・デイ・グレーチ Madonna delle Virtú e San Nicola dei Greci

住 Rioni Sassi
☎ 377-4448885
開 6〜9月 10:00〜20:00
10月 10:00〜18:00
11〜3月 10:00〜13:30
3月の㊏㊐ 15:00〜18:00も
4〜5月 10:00〜13:30
15:00〜18:00
料 €5

●サンタ・マリア・デ・イドリス-サン・ジョヴァンニ・イン・モンテローネ
●サンタ・ルチア・アッレ・マルヴェ
●サン・ピエトロ・バリザーノ

開 4/1〜11/1 10:00〜19:00
11/2〜3/31 10:00〜14:00
休 12/25
料 3ヵ所共通券€6、2ヵ所券€5、1ヵ所券€3

●国立ドメニコ・リドーラ博物館

住 Via Ridola 24
☎ 0835-310058
開 9:00〜20:00
㊊14:00〜20:00
休 ㊊午前、1/1、12/25
料 €2.50 地 P.460 B2
※第1㊐無料

Ristorante & Hotel マテーラのレストラン&ホテル

トラットリア・ルカーナ Trattoria Lucana P.460 B1

便利な立地

町の中心にあって便利。野菜を使った農夫風前菜Antipasto Contadinoやミックス・ミートのグリルSpedino di Carne Mistoなどがおすすめ。

日本語メニュー

住 Via Lucana 48
☎ 0835-336117
営 12:30〜15:00
19:30〜22:30
休 冬季の㊐、7/15〜7/25
予 €25〜35(コペルト€2)、定食€35
C A.D.J.M.V.

★★★★★ パラッツォ・ガティーニ Palazzo Gattini P.460 B2

領主の館ホテル

旧市街の高台に建つ、かつてこの地を治めたガティーニ家の館を利用したホテル。部屋は優雅で洗練され、地元産の食材を使った朝食が最高だ。

URL www.palazzogattini.it

住 Piazza Duomo, 13
☎ 0835-334358
Fax 0835-240100
SB €180/700
TB €200/760
室 20室 朝食込み W-F
C A.D.J.M.V.

★★★ サッシ・ホテル Sassi Hotel P.460 B2

サッシを改装したホテル

サッソ・バリアーノ地区にある18世紀のサッシを改装したホテル。窓からは幻想的なサッシの風景が眺められる。夜のサッシは印象的だ。

URL www.hotelsassi.it
読者割引 3泊以上で15%

住 Via San Giovanni Vecchio 89
☎ 0835-331009
Fax 085-333733
SS €60/70
TS TB €80/130
室 32室 朝食込み W-F
C A.D.J.M.V.

★★ アルベルゴ・ローマ Albergo Roma P.460 B1

経済的なホテル

駅前の広場から一番左の道を行って少し下ると左側。看板があるのですぐわかる。駅から近い。マテーラのなかで一番手頃なホテルだが、清潔で親切。

読者割引 3泊で10%

URL www.albergoroma-matera.it
住 Via Roma 62
☎ Fax 0835-333912
SS €40/50
TS €58/70 3S €70/90
室 11室 朝食込み W-F
C A.D.M.V.

※マテーラの滞在税 ★〜★★★€1 ★★★★〜★★★★★€2 2泊まで、14歳以下免除

南イタリア、その他の町

紺碧の海と古代文明の足跡を訪ねて

イタリア半島の先端、アドリア海とティレニア海に挟まれて、美しい海岸線が続くプーリア州やカラーブリア州。どこまでも続く砂浜やオリーブの巨木の連なる独特な風景が広がり、森林地帯は野生のキノコの宝庫。秋には錦繍(きんしゅう)に森は輝く。また、古代遺跡も多く、考古学ファンには興味深いデスティネーションだ。

ターラントへの行き方

fs線でバーリ中央駅からターラント、ブリンディシ行きなどのRで約1時間20分。30分～1時間に約1便。

バーリとは、私鉄のSud-est線(所要約3時間。1日3便、マルティーナ・フランカMartina Francaで要乗り換え)でも結ばれている。

新市街へは、駅よりバスNo.1、2、3、8などでおよそ10分（€1）。徒歩なら20分くらい。

ターラントのℹAPT
住 P.za Castello Castello Aragonese内
☎ 334-2844098
開 10:00～13:00 15:00～20:00
休 1/1、12/25

●ドゥオーモ
住 Via Duomo
☎ 099-4709611
開 8:00～12:00 16:30～19:30

●国立考古学博物館MARTA
住 Via Cavour 10
☎ 099-4532112
開 8:30～19:30
休 1/1、5/1、12/25
料 €5　※第1㊐無料

アラゴン城
☎ 099-7753438
開 13:30、15:00にガイド付き見学 所要1時間～1時間30分
料 無料
※新市街に入る橋の手前。旧市街側に入口あり

✉ 気持ちいい港町

バーリからfs線で日帰りで出かけました。駅前周辺はやや雑多な雰囲気でしたが、ドゥオーモでは華やかな象嵌細工に圧倒されました。新市街は海の風景と調和した楽しいプロムナードが広がり、新装なった国立考古学博物館は見応え十分!! 港で水揚げされたばかりの魚介料理もお手頃価格で美味。短い滞在を満喫しました。
（東京都　MCI　'16）

紀元前8世紀に遡る、ギリシア植民地

ターラント

Taranto　ターラント

ターラントの町の起源は古く、ローマの海の神ネプチューンが活躍した紀元前8世紀に遡るといわれる。マーニャ・グレーチャMagna Grecia(大ギリシア)の時代にはギリシアの植民都市として30万もの人々が住んだ。当時のターラントは母国ギリシア、アテネとの貿易港であり、近隣の豊富な農作物の集散地であり、高い知性をもった哲学者たちの移り住んだ土地であった。

軍の施設ながらガイド付きで見学のできるアラゴン城

旧市街は旧ターラントとも呼ばれ、ギリシアの植民都市であった頃の中心地。島を抜けて、ジレヴォレ橋を渡ると新市街に出る。旧市街のフォンターナ広場に近いマーレ・ピッコロ沿いでは、早朝屋台の魚市が立ち活気に満ちている。島の真ん中にあるドゥオーモは、バロック様式を正面(ファサード)に持ち人々の信仰のよりどころとなっている。

2016年、美しく生まれ変わり展示方法がすばらしいMARTA

新市街は活発な商業地区。マーレ・グランデ沿いのヴィットリオ・エマヌエーレ3世(テルツォ)通りはヤシと夾竹桃(きょうちくとう)の植えられた美しい海辺の散歩道Lungomareとなっている。市立公園にもテラスが造られ、ここからのマーレ・ピッコロの眺めもよい。

見事な金細工。MARTAにて

公園の近くには国立考古学博物館MARTAがあり、ターラントを支配したギリシアとそれに続くローマの遺品が展示され、南イタリア屈指の収集を誇る。

アッピア旧街道の終着地

ブリンディシ

Brindisi ブリンディシ

「長靴のかかと」の町、ブリンディシ。古代ローマ時代にはアッピア街道の終点であり、中世には十字軍を送り出す港であった。

復元された
アッピア街道の記念柱

長い歴史が刻まれた美しい旧市街、港町らしい雰囲気の新市街、陽光輝く**海岸の散歩道**が相まって独特の美しい風景を作り出している。まずは、入江に延びる海岸の遊歩道をゆっくりと散策したい。この遊歩道沿い、階段上にあるのが、アッピア旧街道の終点を示す**古代ローマの円柱**Colonne Romane。オリジナルは**コルテ・ダッシージ宮**Palazzo Corte d' Assisiで間近に見ることができる。円柱から近い、**ドゥオーモ広場**Piazza del Duomoにある**県立リベッツォ考古学博物館**には、独自の文字をもっていた先住民族メッサビ人の石碑をはじめ、紀元前6〜3世紀の近郊からの発掘品を展示。

シチリア島の島影が身近に迫る海峡の町

レッジョ・ディ・カラーブリア

Reggio di Calabria レッジョ ディ カラーブリア

長靴の形のイタリアの爪先がカラーブリア地方。その爪先の目と鼻の先はシチリア島。レッジョ・ディ・カラーブリアの町はメッシーナ海峡を挟んで、シチリア島と向き合った町だ。

レッジョ・ディ・カラーブリアの
メインストリート、コルソ・ガリバルディ

見どころは、真っ白な大きい**ドゥオーモ**Duomo。信仰深い南イタリアの人たちのよりどころとして、ドゥオーモは人々の生活の場にもなっている。ステンドグラスの光の優しい内部は必見。

次に目指すのは**国立博物館**Museo Nazionale。ここには、カラーブリア州で発掘されたギリシア時代の仮面像やハト、イチジク、ブドウなどのテラコッタ（素焼き）などがある。どれも興味深い物ばかりだが、特に有名なのは、1972年、イオニア海から引き揚げられたギリシア時代のブロンズ像2体だ。Bronzi di Riace（ブロンズィ ディ リアーチェ）と呼ばれる、美しいギリシア時代の男性像は一見の価値がある。紀元前5世紀ギリシアの植民都市としてカラーブリアが栄えた頃の物で、人間のあるべき姿のように、筋肉と引き締まった肉体をもつブロンズ像は、世界的な芸術品のひとつに数えられている。博物館でじっくり時を過ごしたあとは、**海辺の遊歩道**Lungomare（ルンゴマーレ）の散歩を楽しもう。

ブリンディシへの行き方

fs線でバーリ中央駅からレッチェ行きのFRECCIARGENTO、FRECCIABIANCAで約50分、Rで1時間4分〜1時間20分。レッチェからは約30分。

ブリンディシの🛈

住 Viale Regina Margherita 43
☎ 0831-523072
開 ㊊10:00〜18:00
　㊋〜㊐8:00〜20:00
休 一部の㊗

●県立リベッツォ考古学博物館
Museo Archeologico Provinciale Ribezzo

住 Piazza del Duomo
☎ 0831-565501
開 8:00〜14:00
休 ㊐
料 €5
※㊋午後は閉館の場合あり

●コルテ・ダッシージ
Palazzo Corte d'Assisi

開 7:30〜21:00
休 一部の㊗
料 無料

レッジョ・ディ・カラーブリアへの行き方

fs線でナポリ中央駅またはナポリ・ガリバルディ駅からレッジョ・ディ・カラーブリア中央駅までFRECCIABIANCAで約4時間30分、ICで約5時間。

R.di カラーブリアの🛈APT

住 Via Venezia 1
☎ 0965-21010
開 8:00〜20:00
休 ㊐

●国立博物館

住 Piazza De Nava 26
☎ 0965-812255
開 9:00〜20:00(入場19:30)
休 ㊊、1/1、5/1、12/25
料 €8
※リアーチェのある展示室への入室は１回20人まで。プレ・フィルター室で20分リアーチェに関するビデオを視聴後、フィルター室で3分。展示室での見学は20分間。9:10から毎時10、30、50分にスタートする。

力強いリアーチェのブロンズ像

豊富な野菜と豚肉料理
唐辛子の辛さが味のアクセント

■南部3州(プーリア州、バジリカータ州、カラーブリア州)

●プーリア州の料理

さて、まずはプーリア州から。オリーブ油と香草の香り高い料理が多く、パスタをあえるミートソースにもナスなどの野菜を加えたりする。手作りパスタでは耳たぶの型をしたOrecchietteや帆立貝の形をしたCavatieddiがよく見られる。子羊料理もよく食卓に上る。ローストした子羊をグリーンオリーブと野生の小玉ねぎとともに紙に包んで焼いたAgnello al Cartoccio。またターラント、バーリの港ではおいしい魚も水揚げされるし、ターラントではムール貝の養殖も盛んだ。ムール貝をオリーブ油、レモン、パセリで調理したのがCozze alla Leccese。単純な料理だが本来のうま味がよく出ている。カキの香草焼きOstriche alla Tarantinaもぜひ試してみたい。海辺の町ではカキやウニの貝類をはじめ、生の魚介類を食べるのもこの州の特徴のひとつだ。機会があれば生crudoにもトライしてみよう。辛口の白ワインMartina FrancaやLocorotondoがよき相棒だ。

トマトと赤唐辛子で飾られたバーリの八百屋さん

●バジリカータ州の料理

豚の飼育の盛んなバジリカータではソーセージ作りが盛んに行われる。また暑い土地柄、辛い料理も好まれDiavolicchio(悪魔)と呼ばれる燃えるように辛い唐辛子も料理によく使われる。ソーセージにこの唐辛子を入れたのがLunganighe。何しろオイル漬けの唐辛子をポリポリ食べながらワインを傾ける土地柄、少々の辛さは何でもないのだ。肉料理は豚肉のほかに子羊もよく食べられ、**野菜と子羊のシチュー**はPignata、くせの少ない子羊の内臓とハム、ワイン、チーズと煮込んだのがCazzmarr。どちらも5〜6年の熟成を経た**赤ワイン**のAglianicoがよく合う。

バジリカータの燃えるように赤い唐辛子

マテーラの食前酒のおつまみに欠かせない赤唐辛子Peperoni Cruschi。辛みはなく、クリスピー

●カラーブリア州の料理

3州の最後は、長靴の爪先部分のカラーブリア州。ここも野菜をふんだんに使った料理と唐辛子の辛さが特徴的だ。そして手作りのパスタ。この地の古い言い伝えによると、「花嫁たるもの、少なくとも15種類の手作りパスタを知らねばならない」といわれているとか。カラーブリアの娘さんたちは、きっと母の味を受け継いでお料理上手になってお嫁に行くのだろう。

お祭りの日の大ごちそうパスタはありったけの材料で作った**ラザーニア**Sagnechie。これにはカラーブリア有数の**赤ワイン**Savutoを合わせようか。豚肉とトマトとピーマンの煮込みMursiellu alla CatanzareseにもSavutoがよく合う。そして美しいカラーブリアの海で取れるマグロをワインビネガーで煮込んだAlalonga in Agrodolceには、ロゼワインのCerasuolo di Scillaがよく合う。

色鮮やかな南イタリアの果実

おみやげ情報

●ワイン●

ロコロトンド Locorotondo ★
DOC・白(発泡性)

チロ Cirò ★★★
DOC・赤、白・辛口、甘口(発泡性)

●みやげ物●

ハンドメイドのパスタ、オレッキエッテ Orecchiette
民芸品(アルベロベッロの人形や手織り木綿など)

華やかな高級リゾート、タオルミーナ遠望

シチリア州

Sicilia

長靴に蹴飛ばされたような形でイタリアの爪先に浮かぶシチリア島は、地中海で最も大きな島。東北部にあるエトナ山（3323m）を最高峰として、全体に山がちで岩が多く土地は痩せている。冬でも温暖な気候を生かし、柑橘類の栽培などの農業がおもな産業となっているほか、漁業も盛ん。シラクーサなど東部では工業化が進んでいる。

地中海の要衝であるため、さまざまな民族の支配を受けてきたこの島には、ギリシア、ローマ、ビザンチン、アラブ、ノルマン、ドイツ、フランス、スペインなどの文化的影響が色濃い遺跡や、珍しい風習が今も残る。アグリジェントのギリシア神殿、アラブ・ノルマンの教会が残るパレルモなどをまず訪れたい。また、周辺の海で取れる魚介類を使った珍しいシチリア料理に、舌鼓を打つのも旅の楽しみだ。

■シチリアに関するより詳しい情報は、
『地球の歩き方Ⓐ13　南イタリアとマルタ』をご覧ください。

地中海文明の交差点シチリア

イスラム文化とキリスト教文化の融合した島

ノルマン王宮内、パラティーナ礼拝堂のモザイク。黄金色の空間

太陽とオリーブの島、アーモンドの白い花が咲き誇り、オレンジの実る島という美しい形容詞で呼ばれてきたシチリア。

東に**ギリシア、フェニキア**、南に**カルタゴ、アラブ世界**を控えたシチリアは**地中海文明の十字路**に位置している。最初にこの島を支配したのは、都市国家造りのために、ギリシア本土からやって来た**古代ギリシア人**だった。**マーニャ・グレーチャ**(大ギリシア)の一部を形作る都市国家がシチリアの各所に築かれた。

次にやって来たのは**カルタゴ人**。そして**ローマ人**。8世紀には北アフリカの**アラブ人**。アラブ人はシチリアにアーモンドとオレンジを持ち込んだといわれている。

11世紀には、十字軍のノルマンディー騎士団を構成する**ノルマン人**(北の人の意味)がやってきてシチリア王国を創り、**ノルマン、ビザンチン、イスラム**の三様式の共存を唱えた。次にシチリアを支配したのは、何とドイツのホーエンシュタウフェン家であり、**ハインリッヒ6世**から**フリードリッヒ2世**に王位が継承された。

さて、フリードリッヒ2世は、ドイツ国王とシチリア国王を兼ね、神聖ローマ帝国の皇帝であったがパレルモに居を定めた。彼の統治下、**パレルモの黄金時代**が訪れる。アラブ人もノルマン人もパレルモに都を定めたが、この時期のパレルモは、今までの都とはひと味もふた味も違っていた。ヨーロッパ中から詩人や音楽家が集まり文化の花が咲く一方、官僚制を整え裁判権を集中させ、政治的にも安定した。自ら詩作も楽しんだフリードリッヒは、近隣の地アフリカの国々とも友好関係を維持し、首都パレルモには王宮を中心とした国際的な文化が開花した。

そして、**フランスのアンジュー家**の支配に続き、13世紀から19世紀の間は、**アラゴンをはじめスペイン**の圧政下にあった。スペイン支配の下では、一種の植民地として、財政的な収奪が行われ、農民たちの反乱や蜂起は力で抑えられた。強権的なこの支配に対抗するため、今日の**マフィア**の伝統や組織が生まれたといわれる。さまざまな支配の下で、力強く育った**シチリア人**は、逆境に強く、頑固な性格をもっている。イタリアの北と南で人種が異なるのはよくいわれることだが、シチリア人は、そのどちらにも属さない独特の性格をもった人々でもある。

この島で育まれた**シチリア人の魂**を肌で感じる旅をしてみたい。

アラブ・ノルマン様式のエレミティ教会

シチリア島の情報

●鉄道　ローマやナポリからの列車は、シチリアの玄関口**メッシーナ海峡**を渡る。列車は長靴の爪先に当たるカラーブリア州の**ヴィッラ・サン・ジョヴァンニ駅**Villa San Giovanniで、2〜3両ずつ切り離され（鉄道ファンは必見）、連絡船に積み込まれる。対岸の**メッシーナ港駅**Messina Marittimaまでは約40分。そこで切り離された列車の連結作業が終わると、**メッシーナ中央駅**Messina Centraleに向かう。

メッシーナへ向かうフェリー

ここで列車は、北海岸方面（パレルモ）と東海岸方面（タオルミーナ、カターニア、シラクーサ）に分かれる。メッシーナ〜パレルモ（3〜4時間）、メッシーナからタオルミーナ（35分〜1時間15分）、メッシーナ〜カターニア（1時間20分〜2時間）、メッシーナ〜シラクーサ（2時間30分〜4時間）の道のり。

シチリア西部にはマーニャ・グレーチャの遺跡が残る

主要幹線から外れる、内陸部のエンナや南海岸のアグリジェント、西海岸のトラーパニ、マルサーラに鉄道で行く場合には周到な下調べが必要。

●プルマン（長距離バス）

高速道路が整備され、主要幹線道路が海岸線をぐるりと囲んでいるシチリア島では、プルマンの旅がおすすめだ。特に内陸部を横断する場合などは、R（レッジョナーレ）の各駅停車に比べて数段速いプルマンの旅になる。特に、標高が1000m近いエンナの町周辺をバスで走るのは何とも言えない絶景だ。

パレルモ中央駅前、G.チェーザレ広場

個人旅行の楽しさは半減するかもしれないが、シチリアを効率よく回るには、各旅行社がアレンジしているバスツアーに参加するとよい。パレルモから出発してアグリジェント→ピアッツァ・アルメリーナ→シラクーサ→タオルミーナ→チェファルなどを回りパレルモに帰る。プルマンでなければ行けない（鉄道がない）見どころが、この間に盛り込まれているので、とても便利だ。

●飛行機　イタリアの主要都市から、国内便がパレルモ、カターニア間を飛んでいる。ローマから約1時間、ミラノから約1時間30分。短時間に長距離移動したい人に。

山が迫るパレルモの空港

荒涼としたシチリアを走るプルマン

パレルモ空港からほかの町へのプルマン

アグリジェントへ
LICATA/SAL社
㊊〜㊏11:00、14:00、19:45発
所要2時間30分
料 €12.60
※逆コースも運行
URL www.autolineesal.it

✉ ナポリからタオルミーナ鉄道の旅

ナポリ中央駅からタオルミーナまでを列車で移動。6時間半の長旅でしたが、1等車の安全でゆったりとした座席で海を眺めながらの旅は楽しかった。
（匿名希望　'13）

メーターがない!? シチリアのタクシー

南イタリアやシチリアでは、町によっては車体にタクシーの表示があってもメーターが付いていない場合もある。最初に料金交渉をして乗り込もう。不安なら、ホテルの人などに料金交渉をしてもらうといい。また、白タク（無認可タクシー）が多く、空港や大きな駅では客引きも盛んだ。長距離を乗る場合は必ず、しっかり事前に交渉しよう。カターニア空港やパレルモの空港から町へはプルマンやバスなどが頻繁に走っており、町のバスターミナルからは各地へのプルマンが運行している。多少の時間はかかるが、プルマン利用なら料金トラブルは防げる。

Palermo

世界遺産 パレルモ

●郵便番号　90100

シチリア島の中心、パレルモを、ゲーテは**「世界で最も美しいイスラムの都市」**とたたえた。赤い円屋根とアラブ風の回廊に、南欧の美しい植物を植えた庭をもつエレミティ教会を見れば、その言葉も納得できる。何しろシチリアでは、**「パレルモはフィレンツェを10集めた価値のある町」**といわれている。しかし、この町がより魅力的なのは、ここに住む人たちのおかげだ。洗練とか愛想のよさとかいう、ソフィスティケートされた人種ではないが、彼らは実に親切だ。直線的で骨太の親切とでも表現しようか。

メルカートで売られている“サボテンの実”(9〜10月)

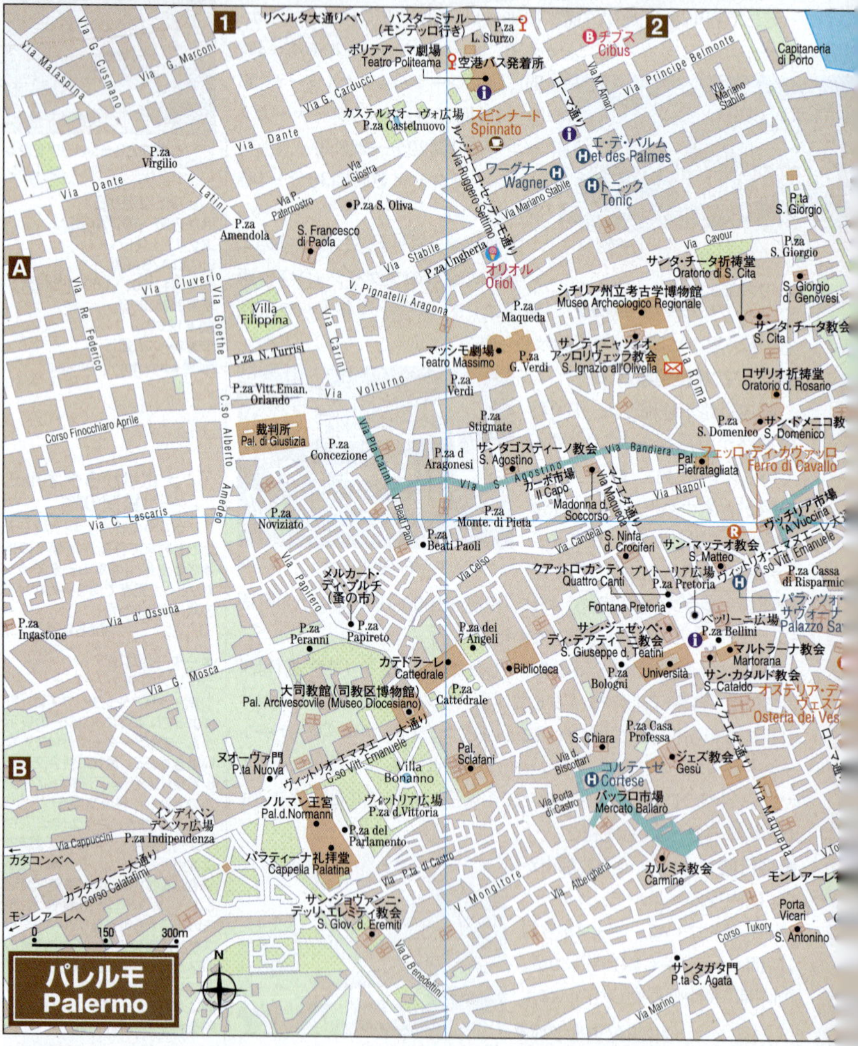

パレルモの歩き方

パレルモの中央駅は町の南側に位置している。人口は68万の大都市。町は新旧の市街に二分される。鉄道駅から延びる**ローマ通り**Via Romaと**マクエダ通り**Via Maquedaの周辺は**旧市街**。庶民的な活気あふれる界隈だが、スラム化とはいえないまでも雑然とした雰囲気が漂う。しかし、パレルモの見どころは、すべて旧市街に集中している。**マッシモ劇場**Teatro Massimo、考古学博物館から北へ300mほど向かった**ポリテアーマ劇場**Teatro Politeama**周辺は新市街**。**リベルタ大通り**Viale della Libertàを挟んで高級アクセサリーやブティック、しゃれたカフェやレストランが軒を連ね、駅周辺と同じ町とは思えない風情だ。洗練された町並みは、北イタリアの町の雰囲気に近い。

さて、パレルモで見るべき物はふたつ。庶民のパレルモを代表する**クアットロ・カンティ**Quattro Canti**周辺の旧市街**と、町のいたるところに散らばる**アラブ・ノルマンの遺品**(2015年に世界遺産に登録)だ。町は中心を2本のバス路線が走りわかりやすい。駅から新市街のポリテアーマ劇場までは2kmほど。駅のバス停からバス(No.101、102、107など)が出ているので新市街に行く場合は利用しよう。旧市街周辺の散策なら徒歩で十分。急ぎの場合は、午前中ノルマン王宮のパラティーナ礼拝堂のモザイクやエレミティ教会など、アラブ・ノルマンの教会を見学し、午後は旧市街を散歩。パレルモ庶民の活気に接するためにメルカートをのぞき、食料を調達したり、スナックをつまんだりするのが楽しい。

旧市街のア・ヴッチリアの市場にて

パレルモへの行き方

トリノ、ミラノ、ヴェネツィア、ローマなどからの直通列車がある。ローマからは1日に約8便。多くはテルミニ駅発だが、ティブルティーナ、オスティエンセの駅発もある。所要約11～12時間。ナポリ中央駅からは、9～10時間。時間を節約したい人には、やはり飛行機が便利。ローマからは約1時間だ。

パレルモ空港から市街へのアクセス

空港から市街へは約30km。プルマンと鉄道が運行している。

プルマン

空港発5:00～24:30の間、約30分間隔の運行、所要30～40分。料金€6.30、往復€11。

空港を出た右側に停車しているプルマン。手前に切符売り場がある。ポリテアーマ劇場近くのカステルヌオーヴォ広場に停車し、旧市街を通らずに海岸通りを通ってfsパレルモ中央駅西口が終点。

市内からの切符は車内で購入。オンライン予約可。

●Prestia e comandè社
URL www.prestiaecomande.it

※空港・市内間の列車Trinacria Expressは'16年10月現在、工事のため運休中。

市バスの切符

1回券	€1.40(90分有効)
車内購入	€1.80
1日券	€3.50
AMAT社	free 848-800817

●パレルモの歩き方

クアットロ・カンティ P.471
↓
ベッリーニ広場(2つの教会) P.471
↓
ノルマン王宮(パラティーナ礼拝堂) P.472
↓
カテドラーレ P.473
↓
シチリア州立美術館 P.473
↓
シチリア州立考古学博物館 P.474

パレルモの🅘
住 ポリテアーマ劇場1階
(Via E.Amari側)
営 ㊊～㊎ 8:30～13:30

ベッリーニ広場の🅘
☎ 091-7408021
営 ㊊～㊍ 8:00～20:00
㊎ 8:30～18:30
㊐ 9:30～18:30

長距離バス／プルマン

切符はバターミナルの切符売り場で購入。アグリジェント行きは車内で販売。

ローマ行きなど長距離バスは週1～3便の運行。

サイスSAIS社
☎ 091-6166028
URL www.saistrasporti.it
行き先 カターニア、エンナ、ピアッツァ・アルメリーナ

セジェスタ社、インターバス社、エトナ・トラスポルティ社、シチリーバス社と共通
☎ 06-164160(コールセンター)
URL www.buscenter.it

インターバスInterbus社
URL www.interbus.it
切符売り場
① 住 Piazza Cairoli (中央駅前広場奥)
② 住 Via Turati 3 (ポリテアーマ劇場そば)
開 6:00(㊐㊗6:30)～20:15
行き先 シラクーサ、トラーパニ、ローマ

クッファロCUFFARO社
☎ 091-6161510
URL www.cuffaro.info
行き先 アグリジェント
※プルマンの路線によっては同日のみに往復割引を適用する場合もあるので、購入時に確認を。
※到着はすべて駅前広場。

パレルモからカターニア、シラクーサへは列車で

2015年4月、パレルモとカターニアを結ぶ高速道路A19の一部が土砂崩れで高架橋が傾いたため通行止めとなった。バスは迂回して山道を通行するため、通常3時間のところが4時間以上となり、便も減少傾向にある。同じ道を通る、シラクーサへも同様だ。A19はしばらく復旧の見込みはない。列車利用がおすすめ。 ('15年11月)

'16年11月に迂回路が完成してやや時間短縮。パレルモ・シラクーサ間は約3時間30分。

■船会社
ティレニアTirrenia汽船
住 Calata Marina d'Italia(港)
☎ 892-123、344-0920924
※ナポリ→パレルモ1人€59.10～

フェリー各社の総合サイト
URL www.ferriesonline.com

●パレルモの観光案内所

🅘は空港Aeroporto Punta Raisi/Falcone-Borsellinoにある。メインオフィスはポリテアーマ劇場1階に移転中('16年10月現在)。このほか、駅前広場、プレトーリア広場など市内各所に緑色のキオスク風のブースが設けられ、地図の配布や観光の相談に応じてくれる。

●市内のバス

市バスAMAT社の路線は充実しており、2両連結バスや小型の電気バスも運行。モンレアーレやモンデッロなどの郊外とも結ばれている。

観光に便利な路線

●**No.101**：ローマ通り↔ポリテアーマ劇場↔リベルタ通り↔デ・ガスペリ広場↔リベルタ通り↔ポリテアーマ劇場↔ルッジェーロ・セッティモ通り↔クアットロ・カンティ↔マクエダ通り↔中央駅

●**No.105**：カラタフィーミ通り↔インディペンデンツァ広場↔ヌオーヴァ門↔V.エマヌエーレ大通り↔ノルマン王宮↔カテドラーレ↔クアットロ・カンティ↔マリーナ広場

●**No.107**：ローマ通り↔ポリテアーマ劇場↔リベルタ通り↔デ・ガスペリ広場↔ポリテアーマ劇場↔ローマ通り↔ヴッチリア市場↔中央駅

●**No.109**：トゥコリ大通りCorso Tukory↔バッラロ市場↔サンタガタ門↔S.G.デッリ・エレミティ教会↔ノルマン王宮↔インディペンデンツァ広場

●**No.389**：インディペンデンツァ広場(No.109)↔カラタフィーミ通り(No.105)↔モンレアーレ

●**No.603、806**：モンデッロへ

新市街の東にあるマリッティマ駅からは各地のフェリーが発着する

●バスターミナル

パレルモ中央駅の奥左(東側)のカイロリ広場Piazza Cairoliにあり、乗り場手前に切符売場、待合室がある。主にSAIS(SEGESTA、INTERBUS)社のプルマンが利用。アグリジェント行きのCUFFARO社は駅近くのVia P.Balsamoからの発着だ。日帰りする場合は、帰りの便の時刻表もチェックしておこう。1/1、復活祭の㊐と翌㊊、5/1、8/15、12/25はほぼ全面運休なので、この日の移動は慎重に。

✉フェリーでナポリへ

港のメインゲートから入ってすぐ右側の駐車場の向こうが切符売り場。ここでネットで予約しておいた予約書を切符に代えてもらって乗船。乗船は出港の約1時間前から。乗ってすぐにエスカレーターやホテルのようにフロントもあり、ここで部屋の鍵をもらいます。レストランやバールも揃っていてなかなか快適でした。私たちはシャワー、トイレ付き、2段ベッドが2セットの1部屋を2人で予約。料金はインサイド・キャビン、1等が2人で€157.32でした。

(大分県 F.N. '11)['16]

パレルモの見どころ

クアットロ・カンティ付近

彫刻で飾られた四つ角 MAP P.468 B2

クアットロ・カンティ ★★

Quattro Canti　クアットロ カンティ

野外彫刻展示場のような、クアットロ・カンティ

クアットロ・カンティとは"4つ辻"の意味。Maqueda(マクエダ)通りとV. Emanuele(エマヌエーレ)大通りが交差する角の建物は、シチリアン・バロック様式の彫刻で飾られている。曲線を描く家の壁は、町の守護聖人、スペインの王様、四季を表す噴水の彫像で飾られている。

ダイナミックな空間が広がる MAP P.468 B2

プレトーリア広場 ★★

Piazza Pretoria　ピアッツァ プレトーリア

階段状の大きなプレトーリアの噴水Fontana Pretoriaが中心にある広場。16世紀のトスカーナの彫刻家によって造られた豪華な噴水はすばらしい。周囲を取り巻く裸体の彫像の数は30を下らない。地元の人の話では、このヌードの彫刻のために「恥の広場」(Piazza Vergogna)とも呼ばれたりするとのこと。

彫像がエレガントなプレトーリア広場

パレルモならではの景観 MAP P.468 B2

ベッリーニ広場 ★★

Piazza Bellini　ピアッツァ ベッリーニ

プレトーリア広場の南にあるアラブ風とノルマン風の雰囲気の残る広場。パルレモを代表するふたつの教会が並んで建っている。ひとつは、バロック様式の正面(ファサード)をもつマルトラーナ教会Martorana。隣接するサン・カタルド教会San Cataldoも同じく12世紀の物だが、こちらはまったく異なるスタイルをもった教会だ。教会の屋根に並ぶ、真っ赤な3つのドームに注意を払ってほしい。これはドームや幾何学的なデザインがアラブ風で、ノルマン人の教会建築の手法に多大な影響を与えた。

このような教会は、回教徒がキリスト教の教会の建築に手を貸したことから生まれた物。パレルモ風としか表現できないユニークなものなのでお見逃しなく。

マルトラーナ教会(左)とサン・カタルド教会

パレルモの見どころの閉場日

㊗とあるのは、1/1〜1/6、復活祭の翌㊐、4/25、5/1、6/2、8/15、11/1、12/25、12/26を含む。

伝統芸能を鑑賞しよう

●国際マリオネット博物館 Museo Internazionale delle Marionette

シチリアをはじめ、イタリアの伝統的な人形を道具立てとともに展示。また、公演も行われるので一緒に楽しむのもいい。

住 Piazzetta A.Pasqualino 5
☎ 091-328060
開 夏季10:00〜19:00
冬季 9:00〜13:00
14:30〜19:00
休 ㊐㊗
料 ガイド付き見学(英語)€4、＋公演(約50分)€5
地 P.469 A3
※見学はガイド付きのみ。イタリア語€3

●マルトラーナ教会

住 Piazza Bellini 3
☎ 345-8288231
開 9:30〜13:00
15:30〜17:30
㊐㊗9:30〜10:30
地 P.468 B2

マルトラーナ教会の古いモザイク

●サン・カタルド教会

住 Piazza Bellini 3
☎ 091-6161692
開 9:45〜13:00
15:30〜17:30
㊐ 9:00〜10:30
11:45〜13:00
㊗10:30〜12:30
料 €2 地 P.468 B2

シチリア州議会がおかれているノルマン王宮。「王族の間」は曜日限定

●ノルマン王宮
パラティーナ礼拝堂
住 Piazza Indipendenza
☎ 091-6262833
開 8:15〜17:40
（入場17:00まで）
日祝8:15〜13:00
（入場12:15まで）
休 王宮　火〜木
礼拝堂　復活祭の翌月、1/1、12/25
料 月金土日祝　共通券€8.50
火水木　礼拝堂のみ€7
短パン、タンクトップなど肌の露出が多い服装での入場不可。入口でセキュリティチェックあり。
パラティーナ礼拝堂は自由見学。混雑時は入場制限あり。パラティーナ礼拝堂の見学後、階段で3階に上がる。扉前で待っていると、係員がルッジェーロ王の間や議会堂Sala d'Ercoleなどを案内してくれる。3階のみ、ガイド付き見学。3階は議会堂として現在も使用されているため、議会のない日（月金土日）のみ見学可能。
パラティーナ礼拝堂は9:45〜11:15はミサのため入場不可の場合あり。

神々しく輝く礼拝堂内部

空港からのタクシー

運転手が「だいたい料金€50」ということだったで、乗り込みましたが、請求されたのは+€10の€60でした。安く見積もって乗せたかったのでしょうが、下車する際にはひと悶着ありました。メーターも取り外し可能な物で、なんかうさんくさい感じでした。一方、町中で利用した際は、メーターがあるにもかかわらず定額。ところが、運転手が私たちの指示した場所を誤解して、遠回りしたのに定額で済みました。（東京都　雷女　'15）

マッシモ劇場

ヨーロッパ有数の美しいオペラの殿堂。ガイド付き見学（火〜日9:30〜16:30に1時間ごと）のみ。所要30分、€8。
演目情報や予約は
URL www.teatromassimo.it

ノルマン王宮付近

華やかなモザイクで飾られた

MAP P.468 B1

ノルマン王宮 世界遺産 ★

Palazzo dei Normanni　パラッツォ デイ ノルマンニ

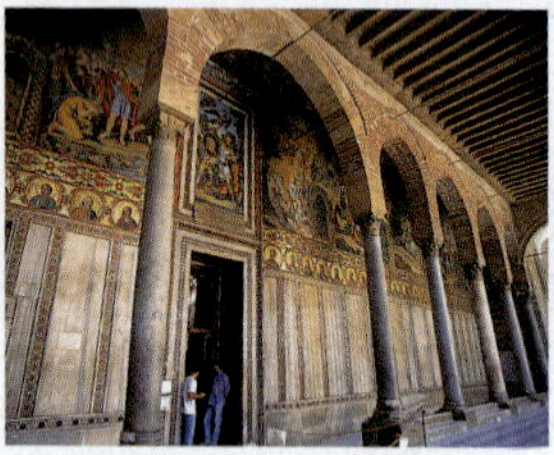

回廊の16世紀のモザイクも見事

11世紀にアラブ人が築いた城壁の上に、12世紀にノルマン人が拡張、増改築したアラブ・ノルマン様式の王宮。16世紀に再び改装が施された。現在もシチリア州議会場として使われているため、見学はガイド付きのみで実施。ノルマン王たちの居室部分の中でも、一見の価値があるのは**ルッジェーロ王の間**Sala di re Ruggero。寝室だったこの部屋の壁画は、狩猟場面や植物などの華やかなモザイクで飾られている。

見事なモザイクが圧巻

MAP P.468 B1

パラティーナ礼拝堂 世界遺産 ★★★

Cappella Palatina　カッペッラ パラティーナ

金色のモザイクに息をのむ内部

ノルマン王宮の2階に位置し、ノルマン王のルッジェーロ2世が1132年から8年の歳月をかけて造った礼拝堂。王宮の玄関を入り、右側の広い階段を上がった突き当たりの部屋。**壁、祭壇**のすべてが、金色を主体としたモザイクで飾られている。ラヴェンナのモザイクにもひけをとらないすばらしさ。**天井と柱の模様にアラブ風の影響が残る**。玉座の上のモザイクは、14世紀に作られた『**聖ペテロと聖パウロを従えた玉座のキリスト**』、内陣（クーポラ）上には12世紀の『**天使に囲まれた全知全能の神キリスト**』。その下には「ダヴィデ」、「ソロモン」、「ザカリア」、「洗礼者ヨハネ」。聖書の世界が金色を主体に色鮮やかに描かれ、心奪われる空間だ。アラブ・ビザンチン風の**床モザイク**、イスラムの職人による**鍾乳石模様の天井**など各文明の融合がすばらしい。短パン、タンクトップなどでは拝観できないので注意すること。

側廊のモザイクには、聖人の生活が描かれる

赤いドームが印象的 MAP P.468 B1

サン・ジョヴァンニ・デッリ・エレミティ教会 世界遺産 ★★

San Giovanni degli Eremiti　サン ジョバンニ デッリ エレミーティ

南国ムードの小回廊から
ドームを眺める

ルッジェーロ2世が1142年に建立した教会。アラブ・ノルマン様式の赤いドームとシュロが、非イタリア的な空間を造り出している。

回廊の柱が囲む中庭も、自然な造作で美しい。現在は教会としての役目を終え、内部はがらんとしている。

パレルモの歴代王を祀る MAP P.468 B1・2

カテドラーレ 世界遺産 ★★

Cattedrale　カテドラーレ

広々とした広場に建つカテドラーレ

12世紀末建築のシチリアン・ノルマン様式の大きな教会。ふたつのゴシック式のアーチが、大聖堂と鐘楼をつないでいる。中央の丸屋根と建物の上部を飾る細かな彫刻が珍しい。何度も改築や増築が行われたため、オリジナルの姿はわかりにくい。

内部(入口すぐ左側)の第1、第2礼拝堂は、**皇帝と王の霊廟**(れいびょう)でアラゴン家のコスタンツァ2世をはじめとする王族の豪華な墓が飾り天蓋の下に並んでいる。宝物庫Tesoroには、**金色に輝くコスタンツァ2世の王冠**や式典の聖具、金細工などを展示。さらに階下には、納骨堂Criptaがあり、ローマ時代の石棺などを見ることができる。

その他の地区

独自の文化・芸術を展示 MAP P.469 B3

シチリア州立美術館 ★★

Galleria Regionale della Sicilia　ガッレーリア レジョナーレ デッラ シチリア

15世紀に建てられた、アバテッリス宮殿Palazzo Abatellis内にある美術館。宮殿の小さなゴシック風の窓やエレガントな玄関にも注目。この美術館で必見なのは、**15世紀のフレスコ画『死の凱旋』**。作者は不詳だが並み並みならぬ技量を感じさせる大作。保存状態もよく、淡い夢見るような色彩は、パレルモのルネッサンスの特異性を感じさせる。ほかにも、シチリアの画家**アントネッロ・ダ・メッシーナ**A. da Messinaの4枚の傑作が残る。特に**『受胎告知のマリア』**Annunziata(アンヌンツィアータ)は必見。中庭も美しい。

メッシーナ作
『受胎告知のマリア』

●S.G.デッリ・エレミティ教会
住 Via dei Benedettini
☎ 091-6515019
開 ㊋～㊏9:00～19:00
　㊐㊊㊗9:00～13:30
料 €6

●カテドラーレ
住 Corso V. Emanuele
☎ 091-334373
開 7:00～19:00
　㊐㊗ 8:00～13:00
　　16:00～19:00
料 宝物庫、霊廟・クリプタの共通券 €3
※霊廟のみ€1.50

新古典様式の内部

●シチリア州立美術館
住 Via Alloro 4
☎ 091-6230011
開 9:00～18:30
　㊏㊐9:00～13:00
休 ㊐㊊㊗
料 €8
※入場は閉館1時間前まで。第1㊐無料。

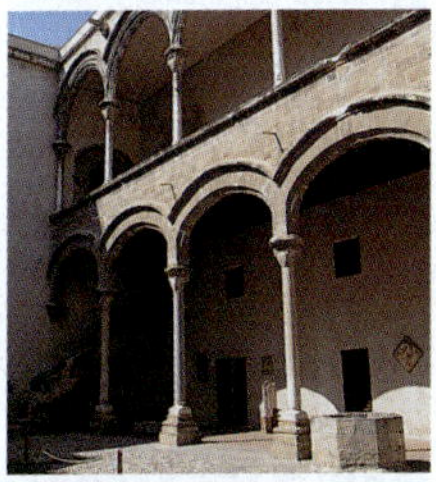
エレガントな逸品揃いの美術館

ヴッチリア市場
'A Vucciria
狭い路地の左右に商店がぎっしり並び、のぞく価値ありの市場。
地 P.468 A・B2

✉ 買い物するなら
ローマ通りもおもしろいが特におすすめのポイントはない。市場ならヴッチリア市場よりバッラロ市場(地 P.468 B2)のほうが活気もありおもしろい。
(埼玉県　森美佐子)

●シチリア州立考古学博物館
住 Piazza Olivella 24
☎ 091-6116806
開 ㊋～㊍ 9:30～13:30
14:30～17:30
㊎㊏㊐ 9:30～17:30
休 ㊊㊗
※'16年10月現在、見学は1階Piano Terraのみ。入場無料

かつての修道院が州立考古学博物館に

●カプチン派のカタコンベ
住 Piazza Cappuccini 1
☎ 091-6524156
開 9:00～13:00
15:00～18:00
休 10～3月の㊐午前 料 €3
✉Piazza Indipendenzaからバス372番で、バス停6個目近辺にあります。 (tonnyan '12)

モンレアーレへの行き方

109番のバスで駅前からPiazza Indipendenzaへ、389番に乗りかえて所要約30分。12:00～15:00は便が極端に少なくなるので注意。冬季の平日は約25分間隔、夏季や㊐㊗は1時間に1便程度。

●モンレアーレのi
Comune Monreale
住 Piazza Guglielmo 1
☎ 091-6466070
開 9:00～13:00
㊋～㊍15:00～17:00
休 ㊐㊗

●ドゥオーモ
住 Piazza Duomo
☎ 091-6404413
開 8:30～12:30
14:30（冬季15:30）～17:00
㊐㊗ 8:30～10:00
14:30～17:00
料 無料、屋上テラスと礼拝堂€4

●サンタ・マリア・ラ・ヌオーヴァの回廊付き中庭
Chiostro Monreale di Santa Maria La Nuova
住 Piazza Guglielmo il Buono
☎ 091-6404403
開 ㊊～㊏9:00～18:30
㊐㊗ 9:00～13:00
休 ㊐㊗午後 料 €6

✉ **プルマンが便利**

パレルモ駅前（Via Lincoln）からAST社が1時間～1時間30分間隔で直通のプルマンを運行。
（千葉県 吉田伴子 '11）['16]

古代ギリシアをしのぶ、心地よい博物館 MAP P.468 A2

シチリア州立考古学博物館 ★★★

Museo Archeologico Regionale ムゼオ アルケオロジコ レジョナーレ

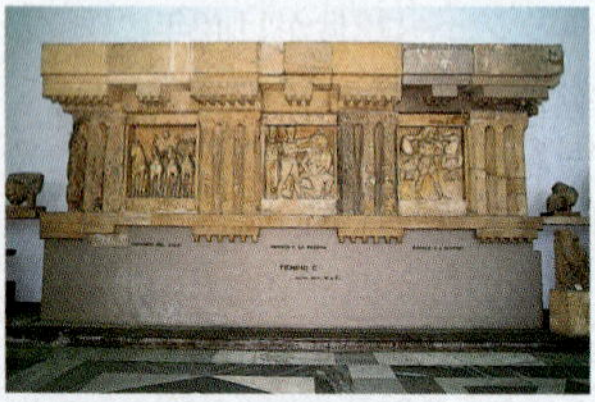

セリヌンテの神殿遺跡の出土品

イタリア中から出土した古代ギリシア関係の遺品が集められている。特にセリヌンテのギリシア神殿から出土した古代ギリシアの美術品に注目したい。シラクーサで発掘された青銅の『牡羊像』L'Ariete（ラリエーテ）は必見。ここの建物はかつての修道院を改造した物。回廊に並べられた石棺をじっくり眺めたりパピルスの茂る噴水のある中庭で休息したりと、気持ちよい時間がもてる博物館だ。

8000体のミイラが見守る MAP P.468 B1外

カプチン派のカタコンベ ★

Catacombe dei Cappuccini カタコンベ デイ カップチーニ

カタコンベ内部

17世紀から19世紀までの約8000体の遺体が晴れ着をまとい、左右200m、2段になって保存され、その様子は圧巻。保存状態はよく、髪やひげのあるものも。とりわけ、幼女ロザリアのミイラは、まるで眠っているかのようだ。

パレルモ郊外の見どころ

見事なモザイクに圧倒される

モンレアーレ 世界遺産

Monreale モンレアーレ

ドゥオーモ内部を飾るモザイク

パレルモ市街から南西8kmのカプート山の中腹には、ノルマン・アラブ様式の見事なドゥオーモで有名なモンレアーレがある。1174年からたった2年で完成された聖堂内部は、輝く黄金のモザイクで覆われている。旧約聖書の場面、イエスの生涯などの美しさは息をのむほどだが、内陣の大きなキリスト像が何といっても圧倒的だ。テラスTerrazza（テラッツァ）からの眺めは絶景。また、付属の回廊付き中庭Chiostro（キオストロ）は、回教寺院の中庭風の雰囲気があり必見。

キオストロ（回廊付き中庭）には静かな時が流れる

Ristorante パレルモのレストラン・カフェ

シチリアの中心パレルモには、さまざまな店がひしめきあっている。活気にあふれ、一種独特の雰囲気のあるヴッチリアの市場の臓物料理、気持ちよい屋外のテラスのピッツェリア、そしてろうそくのともる高級店。カフェも立ち食いのお店も充実している。A級グルメもB級グルメも楽しめる町だ。

オステリア・デイ・ヴェスプリ
Osteria dei Vespri
P.468 B2

洗練のシチリア料理
ヴィスコンティの「山猫」のワンシーンにも登場したという由緒ある館の一角にあるエノテカ兼レストラン。シンプルな店内ではシチリア料理をアレンジした、目にも舌にも独創的な料理が味わえる。要予約
✉ 料理はとても洗練されていておいしく、滞在中に2度行きました。サービスも問題ありません。（栃木県　弾丸ツーリスト '14）
URL www.osteriadeivespri.it
住 Piazza Croce dei Vespri 6
☎ 091-6171631
営 13:00～15:00、20:00～23:00
休 ㊐　予 €30～85(コペルト€4)、定食€25～(昼)、€60～　C A.D.J.M.V.
交 クアットロ・カンティから徒歩5分

フェッロ・ディ・カヴァッロ
Ferro di Cavallo
P.468 B2

地元の人で大にぎわい
1944年創業の家族経営のパレルモ料理が味わえるトラットリア。前菜、プリモが€4～、セコンド€8という料金と家庭的な味わいが人気で、いつも地元の人で大にぎわい。開店まもなくに出かけるのがおすすめ。
住 Via Venezia 20
☎ 091-331835
営 10:00～15:30、19:30～23:30
休 ㊐、㊊㊋夜(8月を除く)
予 €10～20(コペルト€2)、定食€19
C A.D.M.V.
交 サン・ドメニコ教会から200m

B リスト・チブス
Risto Cibus
P.468 A2

モダンなセルフ
新市街の町の中心にある、エノテカ兼ガストロノミア兼セルフレストラン。明るくモダンな雰囲気でサラリーマンや女性の人気が高い。店内(半地下)のカウンターには野菜、肉、魚、スナック、デザートまで並び、指差しで注文OK。ピッツァはその場で焼いてくれる。テーブル席があり、ゆったりと食事できる。ワインや食料品も充実しているので、食後のおみやげ探しもおすすめ。
住 Via Enrico Amari 79
☎ 091-323062
営 8:30～23:00　休 一部の㊗
予 €10～　C A.D.M.V.
交 カステルヌオーヴォ広場から徒歩1分

B アンティーカ・フォカッチェリア・サン・フランチェスコ(軽食)
Antica Focacceria San Francesco
P.468 B2

手軽なスナックを
1834年創業の歴史ある店。ここの名物はモツのスライス煮込みとチーズを挟んだフォカッチャ・マリタータFocaccia Maritata。ほかにもアランチーニなどのスナックが豊富でテイクアウトもできる。2階はおしゃれなレストラン(夜20:00～)。
住 Via Alessandro Paternostro 58
☎ 091-320264
営 11:00～23:00
休 ㊋(6～9月を除く)、1月
予 €5～、定食€18
C A.D.M.V.
交 サン・フランチェスコ・ダッシジ教会前

アンティーコ・カフェ・スピンナート
Antico Caffè Spinnato
P.468 A2

高級感あふれるカフェ
ナッツでコーティングされたカップCoppa Realeに好みのアイスクリームを盛り合わせてもらえばボリューム満点。また店内で売っているシチリアらしいお菓子の詰め合わせなどはおみやげにも最適。
住 Via Principe del Belmonte 107/115
☎ 091-329220
営 7:00～翌1:00
休 12/25
予 €5～　C A.D.M.V.
交 考古学博物館から北へ200m

オリオル(ジェラート)
Gelateria Oriol
P.468 A2

人気のジェラテリア
夏は狭い店内からはみ出すほどお客が並ぶ人気のジェラテリア。ボリュームたっぷりのブリオッシュにはさんだシチリア名物のジェラート(€2.40)をお試しあれ。冬季はチョコレートも店頭に並ぶ。
住 Piazza Ungheria 6～10
☎ 3381320772
営 夏季 9:00～翌1:00
㊊9:00～21:00、
冬季10:00～19:00
休 2月　予 €2～　C 不可
交 ポリテアーマ劇場から徒歩3分

Hotel

パレルモのホテル

パレルモで経済的な宿を探すのは、そう難しくない。イタリアのほかの都市と比較しても、宿は安め。新市街入口のカステルヌオーヴォ広場近くには、中・高級ホテルが点在し、空港へのプルマンが発着し便利だ。旧市街のベッリーニ広場周辺も中・高級ホテルが多く、駅までは徒歩圏だ。

★★★★★L グランド・ホテル・ワーグナー
Grand Hotel Wagner

P.468 A2

重厚で優雅な雰囲気
20世紀初めの貴族の大パラッツォを改装したホテル。ロビーやバーはスタッコ細工やフレスコ画で飾られ、古きよき時代を感じさせる重厚なクラシックスタイル。バーのシャンデリアは映画「山猫」の舞踏会シーンで使われたもの。朝食も充実。

URL www.grandhotelwagner.it
住 Via Wagner 2
☎ 091-336572
Fax 091-335627
SB €90/150 TB €126/185
室 61室 朝食込み W-F
C A.D.M.V.
交 ポリテアーマ広場から徒歩3分

★★★★ グランド・ホテル・エ・デ・パルム
Grand Hotel et des Palmes

P.468 A2

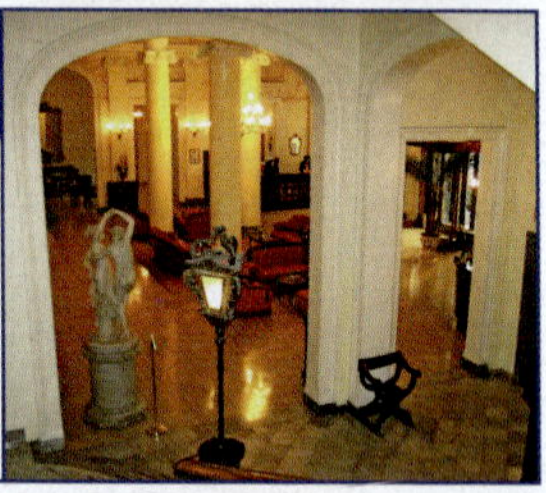

クラシックな雰囲気
豪華な大理石のロビーにはシャンデリアがきらめき、重厚感あるバー、明るい朝食ルームなど、古きよき時代の雰囲気にあふれるホテル。
✉ 外観はかなり古いですが、カノーヴァの彫刻や豪華なシャンデリア、ワーグナーが愛用したピアノなどが置かれ、クラシックな雰囲気がいっぱいのホテルでした。
（東京都 Sogno '09)['16]

URL www.grandhotel-et-des-palmes.com
住 Via Roma 398
☎ 091-6028111 Fax 091-331545
SB €74/149 TB €86/164 室 98室
朝食込み W-F C A.D.J.M.V.

★★★ トニック
Hotel Tonic

P.468 A2

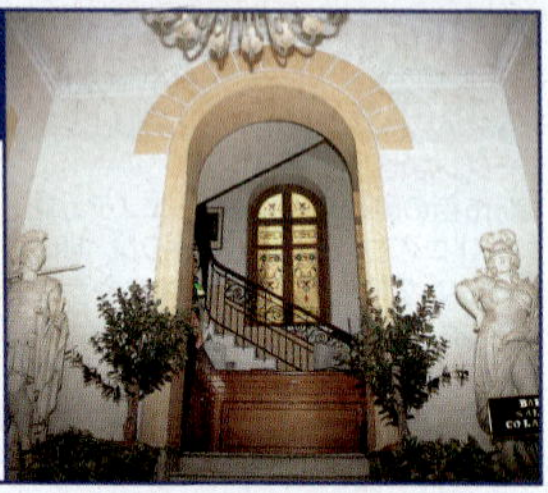

便利な立地
港や空港からのバスの停車するカステルヌオーヴォ広場からも近く、観光やショッピングにも便利な立地。こぢんまりした外観ながら、客室は広くて清潔。ホテルの人も感じよく、親切。
URL www.hoteltonic.it
読者割引 HPから直接予約で15%(割引コードDIAMOND)

住 Via Mariano Stabile 126
☎ 091-581754
Fax 091-585560
SS €50/90 TS €60/100
室 39室 朝食込み W-F
C A.D.M.V.
交 マッシモ劇場から5分

★★ コルテーゼ
Hotel Cortese

P.468 B2

静かで清潔
バッラロ広場のすぐ近く。市場に近くて便利だが、ホテルの周囲は静か。室内は清潔でエアコンも完備。長く続く家族経営らしい落ち着いたホテル。フロントは2階にある。
読者割引 ハイシーズン10%

High 4/1～9/30頃
URL www.hotelcortese.info
住 Via Scarparelli 16
☎ Fax 091-331722
S €25/30 SS €30/38
T €44/50 TS €52/59
3S €75/80 室 27室 朝食込み W-F C A.M.V.

★★ ヴィッラ・アルキラーフィ
Hotel Villa Archirafi

P.469 B3

2つ星では感動もの
駅から約500m。すぐ近くに植物園が広がり海にも近い。外見はいまひとつだけれど、中はきれいで清潔。長期滞在用のキッチン付アパートもあり。エアコン付き。
読者割引 2泊で10%、3泊以上15%

URL www.villaarchirafi.com
住 Via Lincoln 30
☎ Fax 091-6168827
SS €50
TS €75
室 50室 朝食込み W-F
C A.D.M.V.

★ カヴール
Albergo Cavour

P.468 B3

駅チカ、便利で快適
空港からのバスも停車する中央駅そばにあり、便利。古さは感じるものの客室は広くて清潔。朝食は部屋に運んでくれる。
URL www.albergocavour.com
住 Via Alessandro Manzini 11、5Piano(6階)
☎ Fax 091-6162759
S €30
SS €40
T €45
TS €55
朝食€3 W-F
C D.M.V.

B&Bパラッツォ・サヴォーナ
B&B Palazzo Savona

P.468 B2

観光に便利なB&B
✉ 部屋は広くて冷暖房、TV完備。バス、トイレは共用ですが、きれいです。
（千葉県 トモ '07)['16]
到着時、前払い。レセプション8:30～13:30、17:30～21:00。
URL www.palazzosavona.com

住 Via degli Schioppettieri 8
☎ 091-6114731
S €30～
T €38～
3 €55～
D €15.50/19
室 10室 朝食€3 W-F
C M.V. 予約はネットで。

※パレルモの滞在税 YH★€0.50 ★★€1 ★★★€1.50 ★★★★€2 ★★★★★€3 ★★★★★L€4 4泊まで 11歳以下免除

美しいパノラマが広がるタオルミーナからの眺め

Taormina タオルミーナ

●郵便番号　98039

メッシーナとカターニアのちょうど真ん中に位置するタオルミーナは、シチリアで最も知られたリゾートの町。標高206mの高台にあるため、前には美しいイオニア海を見晴らせ、背後には雄大なエトナ山を望めるというすばらしいパノラマが自慢。年間を通して楽しめるが、やはり春から秋にかけてがベストシーズン。イタリア人のハネムーナーの多い町。何日か滞在して、ただのんびり過ごしたい。

タオルミーナの歩き方

鉄道駅は町の南、海岸近くにあるので、駅前からはバスに乗る。町の入口は、東側にある**メッシーナ門**Porta Messina。ここから西側の**カターニア門**Porta Cataniaまで続く**ウンベルト1世大通り**Corso Umberto Ⅰがメイン・ストリートだ。通りの中ほどには、**展望台**になっている**4月9日広場**Piazza Ⅸ Aprileが、カターニア門寄りのドゥオーモ広場Piazza del Duomoには、町のシンボルである「女ケンタウロス像」の彫刻が付いた**噴水**とこぢんまりした**大聖堂**がある。夕方や夜など、店のウインドーをのぞきながらこの通りをそぞろ歩いたり、広場のベンチから海をぼんやり眺めたりするのも楽しい。

静かな冬の4月9日広場

タオルミーナへの行き方

fs線でメッシーナ中央駅からカターニア、シラクーサ行きなどの RVやRで38分〜1時間8分。カターニアからはRで36分〜約1時間。プルマン（長距離バス）の場合はメッシーナから1時間20分〜1時間56分（INTERBUS社、1日5便、㊐㊗1便）、カターニアからは1時間10分〜2時間15分（INTERBUS社、1日10便、㊐㊗5便）、山の上にある町の近くのバスターミナルまで行くので便利。fs駅からはバスで町へ向かう。

カターニアからの交通

カターニアからのプルマンは町のターミナル（中央駅そば）からINTERBUS/ETNA TRASPORTI社が頻繁に運行するほか、カターニア空港発8:45〜19:45の間、2時間から4時間間隔で運行（所要約1時間半）。カターニア空港から（タクシー片道€65程度）、またはタオルミーナでタクシーを利用する場合は、メーターがないので事前に料金の交渉を。

バスの切符

1回券　€1.80

タオルミーナのⓘAAST
住 Piazza S. Caterina
(Palazzo Corvaja内)
☎ 0942-23243
開 8:30〜14:15
15:30〜18:45
休 ㊏、㊐㊗ 地 P.477 A1

●ギリシア劇場

開 5〜8月	9:00〜19:00
4月、9/1〜9/15	9:00〜18:30
9/16〜9/30	9:00〜18:00
10/1〜10/15、3/16〜3/31	9:00〜17:30
10/16〜10/31、3/1〜3/15	9:00〜17:00
11/1〜2/15	9:00〜16:00
2/16〜2/28	9:00〜16:30

料 €8 地 P.477 A2

●城塞(カステッロ)
☎ 0942-393707
地 P.477 A1

●ロープウエイ
開 ㊊8:45〜20:00
㊋〜㊏7:45〜20:00
料 片道€3 往復€6
地 P.477 A1·2

✉ 現地予約のレンタカー事情

タオルミーナのホテルでレンタカーを手配してもらったところ、1週間前からの予約でAT車はフィアットの1台のみ。保険込みで1日€65。すでに15万キロ走行していて驚いたが走りには問題ありませんでした。 (匿名希望 '13)

イソラ・ベッラへの行き方

ロープウエイまたはバスで。ロープウエイの駅はバスターミナルとメッシーナ門の間にある。バスの場合は、ターミナルからASM社のバス(所要約10分、料金片道€1)で。

健脚派はL.ピランデッロ通りVia L. Pirandelloの展望台Belvedereから細い脇道に入り、坂道と階段を下るとマッツァーロの海岸へ出る。

城塞への行き方

カステルモーラ行きのバスで。徒歩の場合はチルコンヴァッラツィオーネ通りVia Circonvallazioneからつづら折りの急な階段を上る。

カステルモーラ Castelmola

町から約5km、狭い道路の先にカステルモーラの集落がある。標高529m、石灰岩の断崖の上に築かれた中世の町で、すばらしい眺望が広がる。

カステルモーラへの行き方

駅もしくはPiazzale PirandelloのバスターミナルからINTERBUS/SAIS社のバス(所要約15分、料金片道€1.90)で。1日4〜9便。帰りの時間も確認しておこう!
地 P.477 A1 外

さて、タオルミーナの一番の見どころは**ギリシア劇場**Teatro Greco(Teatro Antico Taormina)。メッシーナ門を入ってすぐのエマヌエーレ広場Piazza Vittorio Emanueleから左に延びる緩やかな坂道を、みやげ物屋を眺めつつ行くと、突き当たりが入口だ。シラクーサの物に次いでシチリアで2番目に大きなこの劇場は、紀元前3世紀に建造され、その後ローマ人により手が加えられた。美しい空と海とエトナ山を背景にした舞台では、夏の間、演劇、バレエ、コンサートなどさまざまな催しが行われ、今も盛んに使われている。

町の南側の崖の上にあるのは**市民公園**Villa Comunale。ブーゲンビリアやオレンジの木など、エキゾチックな植物が茂る公園のテラスからは、美しい海が見下ろせる。

カステルモーラの村

町の北側の一段と高いMonte Tauro山頂には、中世の城塞(カステッロ) Castelloが建っている。高台にある中世の町カステルモーラCastelmola行きのバスに乗ってもよいが、チルコンヴァッラツィオーネ通りVia Circonvallazioneからつづら折りの急な階段を苦労して上ったあとに眼前に開けるパノラマは、息をのむすばらしさで疲れも吹っ飛ぶ。天気がよければ、煙を吐くエトナ山の姿が広大な裾野まで見られるはずだ。向かい側に見えるカステルモーラも美しい。

カステッロからのパノラマ

イソラ・ベッラ Isola Bella

海辺のリゾート地は、町からバスで10分ほど下った所。**マッツァーロ海岸**Lido di Mazzaroには、高級ホテルが並び、ホテルのプライベートビーチでゆったりとくつろぐ客は皆、長期滞在者。ゆったりと命の洗濯をしに訪れるイタリア人が絶えない。ここと高台の町とは、ロープウエイで行き来できる。上の駅は、バスターミナルとメッシーナ門の中間、Via Luigi PirandelloのEssoガソリンスタンドの向かい側にある。

『グラン・ブルー』の舞台、イソラ・ベッラ

タオルミーナとマッツァーロの町を結ぶロープウエイ

夏場であれば、タオルミーナから近郊へのバスツアーが設定されており、半日から1日かけてエトナ山にガイド付きで登ることもできるので、❶や町なかにたくさんある旅行会社で聞いてみるとよい。

タオルミーナの❶は、V.エマヌエーレ広場に面したコルヴァヤ館の中にある。きれいなオフィスで働くスタッフは、親切でホテル選びの相談にも乗ってくれる。

シチリアで2番目に大きいギリシア劇場。眼下の海が絶景

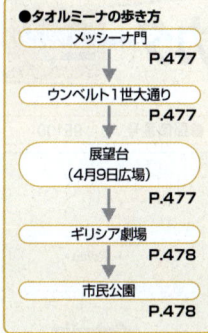

●タオルミーナの歩き方

メッシーナ門 P.477
↓
ウンベルト1世大通り P.477
↓
展望台（4月9日広場） P.477
↓
ギリシア劇場 P.478
↓
市民公園 P.478

Ristorante & Hotel タオルミーナのレストラン&ホテル

夏場は非常に混むので、予約なしで宿を取るのは難しい。また、冬は閉めてしまうホテルもけっこうあるので注意すること。高級なリゾート気分を満喫したいなら、4〜5つ星ホテルのレストランもいい。

マッフェイズ Maffei's P.477 A1

味・サービスとも最高

ドゥオーモ近く（中央のメインストリートを少し下る）。値段は高いが、おいしい。マグロのカルパッチョやマグロのシチリア風などがおすすめ。テラス席がおすすめ。

要予約 日本語メニュー

住 Via San Domenico de Guzman 1
☎ 0942-24055
営 12:00〜15:00、18:30〜24:00
休 1/6〜3/1
予 €35〜80（コペルト€5）、定食€60
C A.D.M.V.

★★★★★ NHコレクション・タオルミーナ NH Collection Taormina P.477 A1

明るくセンスよいホテル

海を一望できるプールや屋上テラス、寛げるスパなど施設が充実。オーガニックにこだわった朝食も人気のひとつ。ハネームーナーにもおすすめ。

URL www.nh-collection.com/hotel/nh-collection-taormina
住 Via Circonvallazione 11
☎ 09426-25202
SB €127/500
TB €143/859
室 63室　朝食込み W-F
C A.D.J.M.V.

★★ コンドール Condor P.477 A1外

街の北側、高台にある

テラスからは海と町を見下ろす、すばらしい景色が広がる。眺望のよいテラスでの朝食も思い出に残るはず。

読者割引 3泊以上で5%、5泊以上で8%

URL www.condorhotel.com
住 Via Dietro Cappuccini 25
☎ 0942-23124
Fax 0942-625726
SS €60/90　TS €80/130、€90/160（海側）　3S €90/100
室 12室　朝食込み W-F
休 1/1〜3/15、11/2〜12/31
C A.D.M.V.

★ ヴィッラ・アストリア Pensione Villa Astoria P477 A2

経済的で便利な立地

バスターミナルの前で便利な立地。安くて、きれいで、窓からの眺めもよく、庭もある。駐車場（€12）あり。海を眺められるバルコニー付きの部屋もある。

High 5〜6月、10〜11月

URL www.villastoriataormina.com
住 Via L. Pirandello 38
☎ 0942-23943
Fax 0942-629422
SS €60/75
TS €73/110
室 7室　朝食込み
休 11/5〜3/20
C D.M.V.

ジャルディーニ・ナクソスのホテル

タオルミーナから約5km、バスで約10分でジャルディーニ・ナクソスGiardini-Naxosの町へ到着。観光客でにぎわうタオルミーナに比べ、落ち着いていて、治安もよく、ホテルやレストランも手頃で充実している。

★★★ アラテーナ・ロック Arathena Rocks 地図外

シチリア気分に浸れる

海岸通りの喧騒からは、遠く離れ静か。海とプールに囲まれ、シチリアの民芸家具の客室と古きよき時代の香をとどめるサロンなど、雰囲気満点。食事付きのハーフ・ペンショーネが一般的。

URL www.hotelarathena.it
住 Via Calcide Eubea 55
☎ 0942-51349
Fax 0942-51690
SS €40/100　TB €60/220（2食付のハーフペンショーネ1人€75〜80） W-F
休 11月〜復活祭
C A.J.M.V.

★★ ヴィッラ・モーラ Hotel Villa Mora 地図外

シチリア家具にうっとり

アンティーク好きのオーナーが経営するプチホテル。清潔な室内には電話、TV、扇風機が設置。

読者割引 3泊以上で10%（8月を除く）

URL www.hotelvillamora.com
住 Via Naxos 47
☎ Fax 0942-51839
SS €39/55　TS €60/118、€80/130（バルコニー付）
室 19室　朝食込み W-F
休 10/29〜4/12
C A.M.V.
交 駅からタクシーで7分

※タオルミーナの滞在税　B&B、★〜★★€1　★★★€1.50　★★★★€2　★★★★★€2.50　最長10泊、12歳以下免除

※ジャルディーニ・ナクソスの滞在税　B&B、★〜★★★€0.50　★★★★〜★★★★★€1　最長5泊、10歳以下免除　課税期間8〜9月

Catania カターニア

世界遺産

●郵便番号　95100

2013年に世界遺産に登録されたエトナ山を、カターニアの町から望む

ガリバルディ門の時計に刻まれた「私は私の灰から美しく再生した」という誇り高きモットーの似合う町カターニアは、たび重なるエトナ山の噴火に苦しめられた町であった。過去9回もの破壊と再建を繰り返しながら、パレルモに次ぐシチリア第2の都市となった。古い遺跡や数多くのバロック建築が残り、作曲家ベッリーニVincenzo Belliniや作家ヴェルガGiovanni Vergaの生まれた文化の町でもある。

カターニアへの行き方

fs線でカターニア中央駅まで、メッシーナからRVやRで1時間20分〜2時間、シラクーサからIC、Rで約1時間〜1時間20分、パレルモからRV（直通）で約2時間50分（約2時間に1便）、プルマン利用なら、アグリジェントからも3時間ほどで着く。（→P.470）

空港から市内へ

カターニア（Fontanarossa Giovanni Eredia）空港からALIBUS No.457やNo.24で。約20分間隔の運行、所要約15分、料金€1。

●SAIS社オフィス

住 Via d' Amico181
☎ 095-536168
（中央駅前バスターミナル前）

市内バスの切符

1回券　€1（90分有効）
1日券　€2.50
※駅前からドゥオーモ広場へはバスNo.457で。

カターニアの歩き方

鉄道駅は、町の東1kmの海沿いにある。町の中心部へは、バスか徒歩（約20分）。

この町では、パレルモ同様シチリアの華やかな面に目を向けたい。ドゥオーモ広場から北に延びるエトネア通りVia Etneaを歩きウインドーショッピングを楽しんだり、手入れの行き届いたベッリーニ公園Villa Belliniでのんびりしたり、しゃれたカフェでエスプレッソを注文し、道行く人々を見物してみたい。

カターニア生まれの作曲家ベッリーニの像（Piazza Stesicoroにて）

なお、ベッリーニ劇場の西側あたりはあまり治安がよくないので、夜など出歩かないこと。

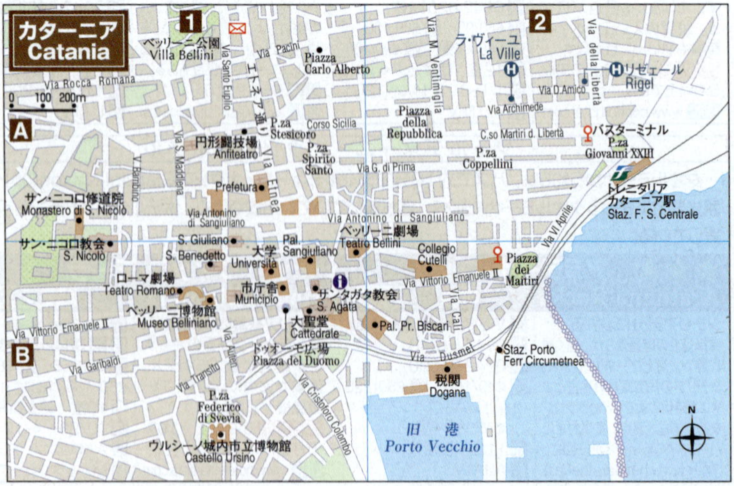

カターニアの見どころ

手入れの行き届いたベッリーニ公園

この地生まれの作曲家ベッリーニV. Belliniを記念した建物などが町にはあふれている。**ベッリーニ公園**Villa Belliniは、亜熱帯の植物が美しい広大な庭園。パピルスの生える泉をかたどった池は詩情豊かで、隅々に芸術性を感じさせる公園だ。**ベッリーニ博物館**Museo Bellinianoはベッリーニの生家を改造して彼に関する資料を展示している。**ベッリーニ劇場**Teatro Belliniは19世紀建造のオペラ劇場で、重厚な造りの建物で、ベッリーニ広場の一角にある。

G.B.ヴァッカリーニ作のファサード

また、かつてはギリシア劇場であった、**ローマ劇場**Teatro Romanoや**円形闘技場**Anfiteatroの古い遺跡も残っている。ローマ劇場は紀元前415年に造られ、ローマ時代に改修されたもので、7000人収容の堂々とした物。

そのほかには、バロック様式の**大聖堂**Cattedraleや**象の噴水**と市庁舎のある**ドゥオーモ広場**Piazza del Duomo、13世紀にローマ時代の遺跡の上に神聖ローマ皇帝の命で造られた**ウルシーノ城**Castello Ursino（内部は市立博物館）など。町一番の繁華街**エトネア通り**Via Etneaには高級ブティックやカフェが軒を連ねる。

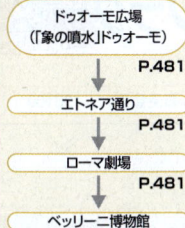

フリードリッヒ建造の城

●カターニアの歩き方

ドゥオーモ広場（「象の噴水」ドゥオーモ） P.481
↓
エトネア通り P.481
↓
ローマ劇場 P.481
↓
ベッリーニ博物館 P.481

●ⓘInfo Point
住 Via Etnea 63/65, Palazzo Minoriti内
☎ 095-4014070
開 9:00〜13:00
㊍15:00〜17:00も
休 ㊐㊗　地 P.480 B1

●空港のⓘ
開 ㊊〜㊏8:00〜19:15
休 ㊐㊗

●ベッリーニ博物館
住 Piazza S. Francesco d'Assisi 3
☎ 095-7150535
開 ㊊〜㊏9:00〜19:00
㊐　9:00〜13:00
休 一部の㊗　料 €5
地 P.480 B1

●大聖堂
開 7:30〜12:00
16:00〜19:00
地 P.480 B1

●ウルシーノ城内市立博物館
住 Piazza Federico di Svevia
☎ 095-345830
開 9:00〜19:00
㊐9:00〜13:00
休 ㊗　料 €8　地 P.480 B1

知ってた!? お得な往復料金

カターニア近郊で往復プルマンバスを利用。切符購入に往復利用の旨を伝えると片道料金の約1.5倍程で節約になります。
（匿名希望　'13）['16]

カターニア周辺以外でも往復割引を行っている会社あり。切符購入時にひと声かけて確認を。

Hotel カターニアのホテル

★★★ ラ・ヴィーユ La Ville　P.480 A2

ゆったりとした滞在に

中央駅とバスターミナルにも近い。路地にある歴史ある館を改装したエレガントなホテル。サロンや客室はアンティーク家具で飾られ、古きよき雰囲気にあふれる。

URL www.rhlaville.it
住 Via Monteverdi 15
☎ Fax 095-7465230
SB €45/70
TB €60/185
室 14室　朝食込み W-F
C A.D.J.M.V.
交 中央駅から徒歩5分

★★★ リゼェール・ホテル Rigel Hotel　P.480 A2

移動に便利

中央駅そばのバスターミナルのすぐそば。プルマン利用にも便利。室内はあたたかみのあるインテリアで落ち着いた雰囲気で清潔。エレベーターはないので、重い荷物に注意。

読者割引 3泊以上で10%
URL www.hotelrigelcatania.it
住 Viale Libertà 63
☎ 095-534911
Fax 095-2830030
SS €45/55　TS €75/85
3S €85/95　朝食込み W-F
室 13室　C A.D.J.M.V.
交 中央駅から徒歩2分

※カターニア滞在税　B&B、★〜★★€1　★★★€1.50　★★★★〜★★★★★€2.50　最長3泊、18歳以下免除

Siracusa

シラクーサ

世界遺産

すべてのギリシア都市のなかで、最も大きく、最も美しいとたたえられたこの町は、「アルキメデスの原理」で有名なギリシアの数学者アルキメデス(紀元前287？～212)の生まれた所。

全シチリアに影響を与えるだけの力をもった町に発展したシラクーサだが、ここではアテネのような民主主義は育たず、僭主(せんしゅ)ディオニュシオスの専制政治の下に人々は暮らすようになった。

やがて、ローマの支配に続き、聖パオロの布教でキリスト教都市になるが、9世紀にアラブ人に征服された。

●郵便番号　96100

世界遺産

シラクーサとパンタリカのネクロポリ
登録年2005年　文化遺産

シラクーサへの行き方

fs線でメッシーナ中央駅からシラクーサ行きのICで2時間34分、RVで2時間24分～2時間42分、Rで約3時間10分、カターニアからIC、Rで1時間～1時間20分。アグリジェントからはカターニアなどで乗り換え、Rで約5時間40分～7時間20分（スピードが遅く、便数も少ない、要乗り換え）。アグリジェントからはプルマンが便利。4時間15分で着く。パレルモからも内陸部の高速道路を抜けてプルマン（INTERBUS社）で約3時間20分(1日3便)。(→P.470)

プルマン・ターミナル

プルマンはfs線シラクーサ駅前のVia Rubinoのターミナルに到着。ターミナルからオルティージャ島へはミニバス20番が30分ごとの運行（1回券切符€0.90）。市内バスの切符は駅外のバールやタバッキなどで、パレルモ行きなどのINTERBUS社の切符はターミナル内の切符売り場で販売。

ℹServizio Turistico Regionale
住 Via d. Maestranza 33
☎ 0931-464255
開 8:00～13:45
　㊌ 8:30～13:45
　　14:45～17:45
休 ㊏㊐㊗
地 P.483 B2

緑いっぱいの考古学地区

シラクーサの歩き方

マドンナ・デッレ・ラクリメ聖所記念堂は、新市街のシンボル

シラクーサへのプルマンはパレルモ、カターニアを結ぶINTERBUS社、ノート、カターニアを結ぶAST社が運行しており、fs線中央駅前のルビーノ通りVia Rubinoのバスターミナルが終始点。ここからオルティージャ島の入口までミニバスが運行している。徒歩でも20分程度。シラクーサの見どころは、ギリシア・ローマ時代の遺跡が残る**ネアポリス考古学公園**Parco(パルコ) Archeologico(アルケオロジコ) della(デッラ) Neapolis(ネアポリス)と、橋でつながれた**オルティージャ島**に広がる**旧市街**Città(チッタ) Vecchia(ヴェッキア)の2ヵ所に固まっている。鉄道駅の東側には、新市街が広がり、北側にネアポリス考古学公園、南東に旧市街が位置している。どこに出るにも徒歩で十分。特にオルティージャ島の細い路地を歩くのは楽しい。オルティージャ島入口近く、アポロ神殿から海沿いの一帯では平日の午前中に活気あふれる生鮮市場が店開きする。島の西側のフォロ・イタリコは緑のプロムナード。映画「マレーナ」の撮影にも使われた場所。夏の夜は涼を求める町の人たちでにぎわいを見せる。

シラクーサの見どころ

ネアポリス考古学公園

ギリシア・ローマ時代の遺跡が広々とした公園の中に点在する。近くには遊園地もあり市民の憩いの場になっている。必見なのは、ギリシア劇場、天国の石切り場、円形闘技場だが、そのほかヒエロン2世の祭壇Ara(アーラ) di(ディ) Ierone(イエローネ)　Ⅱ(セコンド)、ネクロポリNecropoli dei Grotticelliなどがある(ネアポリス考古学公園、ギリシア劇場の共通券€10)。

夏季週末はギリシア劇場は催事のため入場は16:00～17:00頃までのことが多い。切符にスタンプをもらえば翌日の午前に見学できるが、なるべく早めに見学してしまうのがベターだ。

巨大な古代劇場

MAP P.483 A1

ギリシア劇場 ★★★

Teatro Greco テアトロ グレコ

紀元前5世紀のシラクーサ全盛期の物。直径130mという大きな物で、保存状態も非常によい。半円形のギリシア劇場はどこからでも舞台が見渡せ、現代でも優れた劇場だと納得できる。5月と6月（隔年）には本格的なギリシア劇が上演される。劇場の背後の小高い丘は、ギリシア人たちのお墓になっている。古代の人は死んでも劇を観る楽しみを失いたくなかったからとか。

●ネアポリス考古学公園
☎ 0931-65068
開 8:30～日没2時間前
夏季18:00、冬季15:30頃
料 €10(共通券あり)
地 P.483 A1

世界最大の古代劇場

●シラクーサの歩き方

ネアポリス考古学公園
(ギリシア劇場
天国の石切り場)
P.482
↓
州立パオロ・
オルシ考古学博物館
P.484
↓
ドゥオーモ
P.484
↓
アレトゥーザの泉
P.485
↓
ベッローモ宮州立美術館
P.485

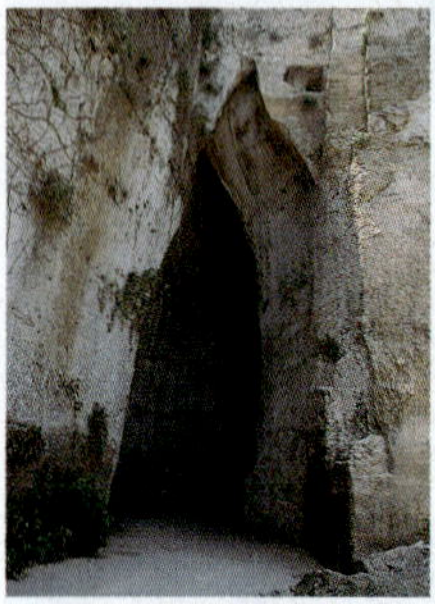

形も言い伝えもおもしろい
「ディオニュシオスの耳」

●州立パオロ・オルシ考古学博物館
住 Viale Teocrito 66
☎ 0931-464022
開 9:00～18:00
　㊐㊗9:00～13:00
休 ㊊
料 €8

●ドゥオーモ
開 9:00～18:00
料 €2

●サンタ・ルチア教会
開 11:00～16:00
休 ㊊

バロック様式で重厚なドゥオーモ

往時をしのぶ、洞窟公園 MAP P.483 A1

天国の石切り場 ★★

Latomia del Paradiso ラトミーア デル パラディーソ

ギリシア時代、神殿や旧市街の住居を建てるために採石した所。現在はレモンの林となっているが、1693年の大地震の前には巨大な岩が天を突き、岩の天蓋ができていたという。これを見たナポリで活躍した画家カラヴァッジョが**"天国の石切り場"**と名づけたといわれる。ここで必見なのは、**ディオニュシオスの耳**Orecchio di Dionisio(オレッキオ ディ ディオニージョ)と名づけられた、シラクーサの僭主(せんしゅ)ディオニュシオスが牢獄として使ったといわれる洞窟。音響効果がたいへんよい、高さ36mの耳の形をした洞窟は、ギリシア劇場の上に造られた墓とつながっている。僭主は、ここに幽閉した政治犯の囚人たちの話を盗み聞きしたり、彼らに"神の声"のようにして自分の考えを伝え、洗脳したという。その隣にあるのは、**コルダーリ(縄ない職人)の洞窟**Grotta dei Cordari。

歴史を系統的に理解できる MAP P.483 A2

州立パオロ・オルシ考古学博物館 ★★

Museo Archeologico Regionale Paolo Orsi ムゼオ アルケオロジコ レジョナーレ パオロ オルシ

サン・ジョヴァンニ・エヴァンジェリスタ教会の近くにあるこの博物館は、モダンな建築そのものもなかなか魅力的。館内には、先史時代から紀元前7世紀までの出土品が系統立てて展示され、ギリシア都市であった頃の数々の遺品が興味深い。**アフロディーテのヴィーナス**Venere Anadiomene(ヴェーネレ アナディオメーネ)のふくよかな彫刻が、一番の目玉となっている。

旧市街

ひととき、中世にタイムスリップ MAP P.483 B2

ドゥオーモとサンタ・ルチア教会 ★★

Duomo e Santa Lucia ドゥオーモ／サンタ・ルチア

ドゥオーモは旧市街の中心にあり、7世紀の建造。かつてのギリシア神殿の柱を使って同じ場所に建てられた。正面(ファサード)のバロック様式は重厚で必見。ドゥオーモ広場に立つと一瞬中世にタイムスリップした気分になる。広場に面した建物はバロック様式だが、装飾が少なくシンプルな印象を与える。

カラヴァッジョ作
『聖ルチアの埋葬』

ドゥオーモ広場の南側に立つのがサンタ・ルチア教会。主祭壇を飾るのは、シラクーサに逗留した晩年のカラヴァッジョによる**『聖ルチアの埋葬』**Seppellimento di S. Lucia。横たわる聖ルチアを囲み、墓堀人と死を悼む人々の姿が劇的に描かれている。

シチリアゆかりの美術を展示　MAP P.483 B2

ベッローモ宮州立美術館 ★

Galleria Regionale di Palazzo Bellomo　ガッレリア レジョナーレ ディ パラッツォ ベッローモ

趣のあるベッローモ宮にある美しい美術館

趣のあるカタロニア様式の残る、13世紀建造の美しい宮殿にある美術館。中世から現代までの絵画と彫刻を中心に展示している。収蔵品のなかでよく知られているのは、アントネッロ・ダ・メッシーナの『受胎告知』Annunciazione（アンヌンチャツィオーネ）など。

悠久の時を知るパピルスが茂る　MAP P.483 B2

アレトゥーザの泉 ★

Fonte Aretusa　フォンテ アレトゥーザ

旧市街の西側の海沿いにある小さな淡水の池。池にはパピルスが自生し、白鳥が泳ぐ。この泉には、ニンフのアレトゥーザが川の神アルフェウスに追われて泉になったという伝説がある。泉の脇から海岸通りへ下りることもできる。

●ベッローモ宮州立美術館
住 Via Capodieci 14
開 9:00〜18:30(日〜13:00)
休 月　料 €8(共通券あり)

美しいシラクーサ

海を身近に感じられる、歴史ある美しい町です。ドゥオーモ前の広場や海岸通りは映画「マレーナ」の舞台となった所。甘酸っぱくてほろ苦いこの映画はイタリアの歴史の一コマを教えてくれます。カラヴァッジョの『聖ルチアの埋葬』は、ドゥオーモ南側のサンタ・ルチア教会で展示されています。
(東京都　モニカ　'09)['16]

ドゥオーモ広場へ

イタリアでも有数の美しい広場だと思います。広場南側にひっそりとサンタ・ルチア教会があります。内部は簡素ですが、『聖ルチアの埋葬』は、死を悼む人たちが劇的に描かれていて感動しました。　(東京都　杏子　'15)

アレトゥーザの泉

Ristorante & Hotel　シラクーサのレストラン&ホテル

中・高級ホテルは新市街地の北東に点在。手頃な値段の3つ星から2つ星のホテルや、B&Bはオルティージャ島に点在する。シラクーサはシチリアきっての食通の町として有名。

ダルセーナ
Ristorante Darsena Da Ianuzzo　P.483 B2

地元では有名な店
お店に活気があり食材も新鮮。値段もリーズナブル。オルティージャ島への橋近く。魚料理が中心。ビュッフェの前菜やウニのスパゲティはお店の人のおすすめ。

住 Riva Garibaldi 6
☎ 0931-61522、66104
営 12:00〜15:00、19:00〜23:00
休 月
予 €35〜55(コペルト€2)
C A.D.J.M.V.

レジーナ・ルチア
Ristorante Regina Lucia　P.483 B2

オルティージャ島の中心、ドゥオーモ広場にある。夏は広場のテーブルで美しい広場を見ながらの食事もいい。店内はエレガントな雰囲気。郷土料理をひとひねりした料理が味わえる。

住 Piazza Duomo 6
☎ 093-122509
営 12:30〜14:00、19:45〜23:00
休 火、11月の15日間
予 €60くらい(コペルト€3)、定食€60
C D.M.V.

★★★★★ グランド・ホテル・オルティージャ
Grand Hotel Ortigia　P.483 B2

雰囲気・サービスともよい
海沿いに建つ、町一番の伝統ホテル。最新式の設備に親切なスタッフ、廊下にはオレンジの篭。美しい海を見ながらの朝食もグッド。シラクーサの駅より2km。
URL www.grandhotelortigia.it

住 Viale Mazzini 12
☎ 0931-464600
Fax 0931-464611
SS SB €100/155(海側)
TS TB €124/289(海側)
JS €200/300(海側、デラックス)　室 58室　朝食込み W-F
C A.D.J.M.V.

★★★ グラン・ブレターニャ
Hotel Gran Bretagna　P.483 B2

かわいらしいホテル
旧市街にあるチャーミングでロケーションのよいホテル。地下の食堂には遺跡が残る。フレスコ画が描かれた部屋もある。全室エアコン、ミニバー、TV付き。
URL www.hotelgranbretagna.it

住 Via Savoia 21
☎ 0931-68765
Fax 0931-209836
SS €68/100
TS €85/120
SU €100/200
室 16室　朝食込み W-F
休 1〜2月　C M.V.

SS シャワー付きシングル料金　SB シャワーまたはバス付きシングル料金　TS シャワー付きツイン料金　TB シャワーまたはバス付きツイン料金
3B シャワーまたはバス付きトリプル料金　SU スイート

Agrigento
アグリジェント

世界遺産

●郵便番号　92100

世界遺産

アグリジェントの考古学地域
登録年1997年　文化遺産

アグリジェントへの行き方

fs線でアグリジェント中央駅(またはBassa)まで、カターニアからR、RVで約3時間30分～5時間20分(要乗り換え)。パレルモ中央駅からRで2時間11分、1時間に1便程度の運行(€9)。プルマンはCUFFARO社の運行で所要約2時間(片道€9、往復€14.20)。平日8便、㊏6便、㊐㊗3便。

※'13年fs線の新線敷設も終了し、パレルモ中央駅からはほぼ毎時43分発['16]。fs線の利用も便利になった。アグリジェントではプルマンのターミナルと鉄道駅はほぼ同じ。いずれも遺跡へは市内バスなどでの移動が必要。

ⒾAASTメインオフィス
住 Via Empedocle 73
☎ 0922-20391
開 8:00～14:30
休 ㊏㊐㊗
地 P.486 A
※予算や希望に応じてホテルを紹介してくれる

●アグリジェントの歩き方

神殿の谷(各神殿)　P.487
↓
州立考古学博物館　P.488
↓
ヘレニズム期・ローマ期地区　P.488

アグリジェントのシンボル、ディオスクロイ神殿と遺跡群

ギリシアの大叙情詩人ピンダロスが"世界で最も美しい"とうたい上げた町、アグリジェント。今もギリシアの遺跡は、町の南部に当時の姿そのままに残る。

"神殿の谷"と呼ばれ、20あまりの神殿が残る一帯にいたる道の両脇には、春にはアーモンドの白い花が、真夏には夾竹桃(きょうちくとう)の真っ赤な花が咲き誇り旅人を迎えてくれるだろう。花々に囲まれてプロムナードを歩いていると、一瞬ギリシアにいるような錯覚に陥ってしまうに違いない。

アグリジェントの歩き方

駅は新市街の南にあり、駅前広場の脇の階段を上がると新市街だ。神殿の谷へは、駅前から出ているNo.1、2、3など(多数の便あり)のバスで向かおう。

神殿の谷は、町の中心から3kmほどの、なだらかな傾斜が続いている所。日没の頃、神殿の谷から町の方角を眺めると、黒いシルエットの中に町が浮かび上がり実に美しい。神殿の脇にはオリーブや夾竹桃が枝を伸ばすものの、夏の日差しは厳しい。帽子や日焼け止め、水などを準備して歩こう。

Ⓘは、駅前の広場Piazza Marconiから左にある広場Piazzale A. Moroへ500mほど進んだ左側にある。見やすい地図やパンフレットなどがもらえる。

アグリジェントの見どころ

古代ギリシアを今に伝える　MAP P.486 B

神殿の谷 ★★★

Valle dei Templi　ヴァッレ デイ テンプリ

アグリジェントのシンボル

コンコルディア神殿　Tempio della Concordia ★★★

シチリア最大の
コンコルディア神殿とオリーブの木

紀元前450〜440年に建てられたドーリス式の神殿で、シチリア最大の物(42×19.7m)。保存状態もよく、ギリシア神殿としては、アテネのパルテノンに次いで完全な物。6世紀にキリスト教教会として利用されていたが、それが逆にこの異教の神殿を良好な状態で残すこととなった。

巨大な列柱の神殿跡

エルコレ(ヘラクレス)神殿　Tempio di Ercole ★★

紀元前520年に建てられた、アグリジェント最古の初期ドーリス式神殿。ほかの神殿と同様、かつての地震で崩れてしまっていたが、英国人考古学者ハードキャッスル卿が8本の柱を復元した。すぐ近くには、「テローネの墓」Tomba di Teroneと呼ばれる、カルタゴ軍と戦ったローマ兵の記念碑が建っている。

また、エルコレ神殿とコンコルディア神殿の間には、古代の壁に造られたキリスト教時代の墓(ネクローポリ)Necropoliが多く見られる。

アグリジェント最古の
エルコレ神殿

ほぼ完全な姿で残る優美な神殿

ジュノーネ・ラチニア(ヘラ)神殿　Tempio di Giunone Lacinia ★★

東の端にあるこの神殿は、紀元前460〜440年に建てられた。34本の柱のうち25本がほぼ完全な姿で残っており、後期ドーリス式の洗練されたスタイルを見ることができる。

ジュノーネ・ラチニア神殿

●神殿の谷
☎ 0922-26191
開 8:30〜19:00
休 無休
料 €10（考古学博物館との共通券€13.50）
※切符売り場は閉場30分前まで。
第1㊐無料

「神殿の谷」は共通券

神殿の谷のジョーヴェ・オリンピコ神殿、ディオスクロイ神殿、ヘレニズム期・ローマ期地区は共通券€10。神殿の谷と国立考古学博物館の共通券€13.50。

神殿の谷は道路を隔て2ヵ所に分かれている。切符は共通。トイレは駐車場の向かいから入る公園内、坂を上った左側に設置。

✉ 夜景も眺めよう

アグリジェントの神殿の谷は昼よりもライトアップされた夜間が幻想的で思い出に残りました。高台からぜひ眺めてみてください。
(広島県　大石正臣)

✉ パレルモからアグリジェントへ

パレルモからアグリジェントへ日帰りで出かけました。プルマンの車内は行き(午前)も帰り(午後)も日差しがきついので、日差しを避けるためには進行方向右側の席に座ることをおすすめします。カーテンを閉める必要がなく、シチリアの台地を車窓から楽しめます。

プルマンはCuffaro社で往復€14.20。切符は車内購入です。私は€50札しか持ち合わせがなかったのですが、切符を販売する運転手に「細かいのない?」と言われました。なるべく小銭を用意して乗りたいと思いました。
(Yuichi　'10)['16]

✉ 神殿の谷へはバスで

アグリジェントでは運悪くバスのストに遭遇してしまいました。やむなく歩いたものの、日陰が少ない蛇行する道のりは真夏で辛かったばかりではなく、1時間以上もかかりました。帰りはスト解除で駅まで10分の道のりでした。
(Yuichi '10)

ディオスクロイ神殿

●州立考古学博物館
住 Contrada San Nicola
☎ 0922-401565
開 月日祝9:00～13:00
火～土9:00～19:00
料 €8(神殿の谷との共通券€13.50)
※入館は閉館30分前まで。
第1日無料

巨大なテラモーネ

●ヘレニズム期・ローマ期地区
開 8:30～19:00
料 神殿の谷と共通

巨大な石像が支えた神殿

ジョーヴェ・オリンピコ(ジュピター)神殿 Tempio di Giove Olimpico ★

地震により神殿は崩壊してしまい、石積みの跡が残っている。横たわる7.75mの巨大な人像柱Telamoneが目を引くが、これは神殿を支えていた柱のひとつをコピーした物。オリジナルは州立考古学博物館にある。

カルタゴにより完全破壊された

ディオスクロイ(カストール・ポルックス)神殿 Tempio dei Dioscuri(di Castore e Polluce) ★★

紀元前5世紀の神殿の跡。カルタゴ軍により完全に破壊されてしまったが、この地点で見つかった断片を用いて1832年にごく一部だけ復元された。オリジナルの白い漆喰(しっくい)が残っている。

古代シチリアの文化を展示 MAP P.486 B

州立考古学博物館 ★★

Museo Archeologico Regionale ムゼオ アルケオロジコ レジョナーレ

町と神殿群の間にある、シチリアで第2の規模の博物館。アグリジェントをはじめ、中部から出土した陶器のコレクションがすばらしい。ジョーヴェ・オリンピコ神殿にあったTelamone(テラモーネ)のオリジナルは圧倒的な迫力。横にほかのテラモーネの頭部が展示されているが、左から「アジア」「アフリカ」「ヨーロッパ」を表しているのだそうだ。モザイク、仮面、石棺などもある。

博物館の隣には、紀元前1世紀のファラリーデの小礼拝堂Oratorio di Falaride(オラトリオ ディ ファラリーデ)と呼ばれる、元来はヘレニズム期の小さな神殿と推測される物がある。また、市民会議が行われた3000人収容の小円形劇場Comitium(コミティウム)跡、神殿群がよく見渡せる13世紀のサン・ニコラ教会San Nicolaがあるので、寄ってみるとよい。

古代ローマの町をしのぶ MAP P.486 B

ヘレニズム期・ローマ期地区 ★

Quartiere Ellenistico-Romano クアルティエーレ エッレニスティコ ロマーノ

考古学博物館のすぐ近く。4本の大通りが走るこの遺構を見ると、紀元前4～3世紀頃のローマの町がどういう造りになっていたかがよくわかる。価値の高いモザイクの床は、覆いの下に保護されている。

ローマ期地区

アグリジェントのレストラン&ホテル

デイ・テンプリ Dei Templi P.486 B

眺望と料理を楽しむ

神殿の谷を見下ろす場所に建つレストラン。散策で疲れた昼どきには、最適。眺めも味もよい。シチリア料理の魚が充実。 要予約

住 Via Panoramica dei Templi 15
☎ 0922-403110
営 12:30～15:00、19:30～23:00
休 ㊐
予 €25～40(コペルト€2)
C A.D.M.V.
交 神殿の谷のすぐ東側

★★★★★ ヴィッラ・アテナ Villa Athena P.486 B

神殿を目と鼻の先におく

抜群のロケーションのホテル。映画俳優や著名人も多数訪れた。15の部屋がコンコルディア神殿の方向に面しており、夜はライトアップされた神殿を部屋から眺められる。駅からバス1、2、3番で。

URL www.hotelvillaathena.it
住 Via Pass.ta Archeologica 33
☎ 0922-596288
Fax 0922-402180
TB €130/400
室 29室　朝食込み W-F
C D.J.M.V.

★★★★ コッレヴェルデ・パーク・ホテル Colleverde Park Hotel P.486 B

眺望と美しい庭園

神殿の谷のすぐ前にあるホテル。少々高いが、神殿がよく眺められる美しい庭園とテラスがあるし、部屋からの眺めもよい。レストランも併設、€20程度。

URL www.colleverdehotel.it
住 Via Panoramica dei Templi
☎ 0922-29555
Fax 0922-29012
TS TB €68/145
3B €95/174
室 48室　朝食込み W-F
C A.D.J.M.V.

★★ ベルヴェデーレ Belvedere P.486 A

庭園から眺めを楽しもう

簡素ながら、清潔であたたかい雰囲気のホテル。高台に建ち、広いテラスの庭園からの眺めもいい。バスターミナルからも駅からも約100m。マルコーニ広場裏側の坂道を上った右側。

URL www.hotelbelvedere.com
住 Via San Vito 20
☎ Fax 0922-20051
S €35～
SS €52～
T €48～
TS €70
室 14室　朝食€3 W-F
C 不可

SS シャワー付きシングル料金　SB シャワーまたはバス付きシングル料金　T シャワー共同ツイン料金　TS シャワー付きツイン料金　TB シャワーまたはバス付きツイン料金　3B シャワーまたはバス付きトリプル料金　SU スイート料金

イタリア美術史

Arte greca　ギリシア美術

コンコルディア神殿

古代ローマ帝国は古代地中海文明を統合し、西洋文化の基盤を形成したわけであるが、この壮大な規模のローマ文化ももとはといえば、ローマ地方やイタリア半島に栄えた先住民族の文化を背景にしている。なかでも南イタリア、シチリア島のギリシア植民都市とエトルリアのふたつの文化が大きな役割を果たしている。

E神殿(セリヌンテ)

ギリシア劇場(シラクーサ)

●ギリシア植民都市 Magna Grecia

紀元前8世紀以降、半島南部とシチリア島の海岸沿いの地域にギリシア人が植民都市を建設し、マグナ・グレキア(大ギリシア)と呼ばれる。各都市は地中海貿易を通して繁栄し、ギリシア本土の都市をしのぐほどであった。都市の勢力を誇示する象徴的で同時にモニュメンタルな宗教建築が次々と建てられ、紀元前6世紀にはドーリス式とイオニア式の二大建築様式が流入する。シチリアのギリシア神殿の特徴は、縦長のプランで内部空間の構造が本土とは異なることと、正面を強調したモニュメンタル性である。セリヌンテSelinunteの神殿群は、前室、神室、アデュトンという構造をもつ縦長のプランで、正面は前柱式によって際立っている。広大な空間への志向とイオニア式プランをドーリス式の構造で処理した典型例。ほかにアグリジェント(コンコルディア神殿Tempio della Concordia、紀元前5世紀)、ナポリ近郊のパエストゥムPaestum (ヘラ神殿Ⅱ Tempio di HeraⅡ、紀元前5世紀) (→P.438) に代表例があり、シラクーサにはギリシア世界最大の野外劇場が現存。

(望月一史)

アラブ・アフリカの洗礼を受けた青海原と熱き大地の料理

■シチリア州の料理

　レモン、オレンジがたわわに実り、初夏にはその花々の香りが島を包むシチリア。輝く太陽を存分に受けた野菜やエメラルド色の地中海の産物を巧みに料理した物が多い。また、アラブ文化の中継地となったこの島では北アフリカ料理のCùscus（クスクス）やアラブ特有の香辛料の利いた料理も郷土料理として根付いている。燃えるような太陽を浴びてアルコール度の高い優れたワインも生まれる。

鮮やかなフルッタ・デッラ・マルトラーナ

　まずはシチリアっ子の大好きなおやつ、オレンジ（Arancia（アランチャ））のような大きなライスコロッケArancini（アランチーニ）だ。トマト味やチーズ味で中にはグリンピースやひき肉が入っている。若い子たちは朝からパクついている。パスタで忘れられないのがPasta con le sarde（パスタ コン レ サルデ）。イワシ、松の実、オリーブ油と、甘い芳香をもつ野生のウイキョウ（Finocchio（フィノッキオ））で作ったソースでマカロニをあえた物だ。黒ずんだソースはちょっぴり異様だが、味のほうはシチリアっ子が胸を張るうまさである。これにはエレガントな味わいの白ワインEtna Bianco（エトナ ビアンコ）がよきパートナーだ。野菜料理ではナスやズッキーニ、大きなピーマン（peperoni（ペペローニ））などをトマトとともに蒸し煮にしたCaponata（カポナータ）が有名だ。これには繊細な香りと豊かでまろやかな風味のCerasuolo di Vittoria（チェラスオーロ ディ ヴィットーリア）が合う。マグロTonno（トンノ）やメカジキPesce Spada（ペーシェ スパーダ）の産地であるシチリアでは、新鮮なとれたてをグリルしたり、ワインで煮たり、香辛料を巧みに使って料理される。ワインはRincione Bianco（リンチオーネ ビアンコ）（白）などよい組み合わせだ。肉料理では**牛肉のカツレツCotoletta alla Siciliana**（コトレッタ アッラ シチリアーナ）やシチリアからアメリカに移民した人々によって伝えられた**ミートボールPolpettine**（ポルペッティーネ）もよく目にする。肉料理には赤ワインの**Corvo Rosso**（コルヴォ ロッソ）もよい。

カジキマグロの
インヴォルティーノの炭火焼き

　さてアラブ料理の代表**クスクスCùscus**はトラーパニ地方では今やすっかりおふくろの味として定着。魚のスープで硬質のセモリナ粉の粒状のパスタをふっくらと蒸し、その上に魚や魚のスープをかけて食べるという物だ。これには黄金色に輝く白ワインRapitalà（ラピタラ）を合わせたい。

　お菓子や果物もおいしい物がいっぱいだ。血のように果肉の赤い**冬のオレンジArancia Sanguinella**（アランチャ サングイネッラ）や、**サボテンの実Fichi d'India**（フィーキ ディンディア）も珍しい。お菓子屋のショーケースでは、果物そっくりの形と鮮やかな色が美しい**マジパンのお菓子Frutta della Martorana**（フルッタ デッラ マルトラーナ）が目を奪う。ほかにもアーモンドやその粉を使ったクッキーや、リコッタチーズや砂糖漬けの果物を詰めた**筒状のお菓子Cannolo**（カンノーロ）もおいしい。

　最後に、世界に知られているイタリアのデザートワイン、**マルサーラMarsala**（マルサーラ）はこの島の西端マルサーラで産出される。その芳醇なブーケと豊かな風味を楽しむためには、Marsala Superiore（マルサーラ スペリオーレ）や、さらに古いMarsala Vergine（マルサーラ ヴェルジネ）を味わってみることをおすすめする。

おみやげ情報

●ワイン●

エトナ Etna ★★
DOC・赤・ロゼ・白
エトナ山の斜面で生産される。赤はコクとバランスがとれ、白ははっきりした味

マルサーラ Marsala ★★★
DOC・コハク色・辛口、半甘口、甘口、（酒精強化）
辛口は食前酒に。甘口はデザートワイン。SuperioreやVergineなどの年代物はすばらしい

●みやげ物●

操り人形 Marionette
シチリアの伝統的な登場人物が作品になっている

陶器（マヨルカ焼） Ceramica
カルタジローネの製品は高級品

サルデーニャ州

Sardegna

サルデーニャは、ほぼ４つの地域に分けられる。島最大のカンピダノ平野は南のカリアリから西のオリスターノまで続くが、この南西部は気候も温和で、麦や野菜、オリーブの取れる富裕な地である。ヌーオロを中心とした内陸部は“陰の国”と呼ばれ、ここに住む女性は黒っぽい衣装を身に着け、羊の放牧で生計を立てる人が多い。この地には、ヌラーゲという名の砦が残り、サルデーニャらしい伝統が残っている。

一方、島の北部一帯は世界にも名立たる一大リゾート地だ。西海岸のサッサリやアルゲーロには、海を隔てて一番近い国スペインの影響が残り、カタルーニャ風のゴシック建築やカタラン語（スペイン北東部のカタルーニャ地方の言葉）を話す人々が住む。

古代からの歴史を紡ぐ、
石の砦「ヌラーゲ」

イタリアの秘境 サルデーニャ

悠久の歴史と独自の文化を誇る美しき別天地

サッサリの民族衣装

サルデーニャ島は、シチリアに次ぐ地中海第2の大きさを誇る島。島の歴史は古く、島に伝わる伝説によれば、地球が混沌(こんとん)とした形も定まらない泥沼だった頃、神が泥の中に足を踏み入れて、その足跡を残したのがサルデーニャだという。紀元前にこの島を訪れたフェニキア人もギリシア人も、この島のことを足跡(サラデ)とかサンダル(サンダリオタ)と呼んだという。

現実のサルデーニャは、白く輝く砂浜に、6月には泳げる暖かいエメラルド色の海をもつ地上の別天地だ。美しいサンゴの岩礁が続く海辺に寝そべっていると、時の流れをひととき忘れてしまいそうになる。その名もエメラルド海岸Costa Smeralda(コスタ スメラルダ)と名づけられた島一番の観光地には超高級なリゾートホテルが並び、ヨーロッパのセレブ達が贅沢の限りのバカンスを謳歌する。

一方内陸部へ足を踏み入れると、険しい山が続き、羊がひっそりと草をはんでいる。かつて“陰の国”と呼ばれた内陸部、女性たちの多くがいまだ黒装束だったりする。その中に交じって、赤や黄色の豪華な伝統的な衣装の女性もチラホラ。サルデーニャの内陸部では、いまだに民族衣装が生活のなかで生きている。男たちは一様に背が低く、黒髪で、がっちりしていて、およそ本土で見かけたイタリア人らしくない。その眼光は鋭く、どこか警戒する心を忘れていない人々のようだ。人当たりのよいイタリア人を見慣れた目には一種独特な人々と映った。

アルゲーロ近く、ポルティチョロの入江

ヌラーゲの島

サルデーニャの内陸部を旅していると、ヌラーゲNuragheと呼ばれる石の砦が見られる。古代サルデーニャ人が地中海の外敵の襲撃などを防ぐために築いた円形の石塁兼住居である。形は半球形の小さな物から円筒のような大きな物までさまざま。島に7000も残るといわれるヌラーゲは、侵略に対して常に戦い続けてきたサルデーニャの人々のシンボルのようだ。

多くの異民族に支配されながらも、この島を完全に支配し、制圧した支配者はいない。異民族に屈しないことではイタリアで最も強い人々、それがサルデーニャ人の顔でもある。

このサルデーニャ人の不屈の精神は、本土イタリアに優秀な人々を送り続けた。イタリア共産党の指導者グラムシや、ノーベル文学賞を受けたグラツィア・デレッダなど。彼女は、サルデーニャの人物や風景をリアルに描くことで、自分の故郷へのイタリア文明の侵入に対して反抗した。

サルデーニャの歩き方

サルデーニャへは海路か空路を利用して入ることになる。時間がかかっても経済性を追求するなら船、効率よく移動するなら飛行機だ。夏季はイタリア各地の港や空港から頻繁に便が出ているので、上手に利用しよう。

ティレニア汽船は、ローマの北80kmほどの所にある**チヴィタヴェッキア**Civitavecchiaからは、島の北の玄関**オルビア**Olbiaまで、所要約8時間で、毎日運航している。島の南の玄関口、**カリアリ**Cagliariまでは、14時間30分～15時間30分で、毎日運航。ほかにも、ジェノヴァ、ナポリ、パレルモなどからの船旅が楽しめる。

アルゲーロのフェルティリア空港

飛行機でサルデーニャ島入りするのがたいへん便利だ。島には**カリアリ**、**オルビア**、**アルゲーロ**Alghero、**アルバタックス**Arbataxと4ヵ所に空港があり、ミラノ、ローマ、トリノ、ヴェネツィア、ピサなどからALITALIA、Ryanair社などが、毎日運航している。所要時間45分～1時間で本土とサルデーニャを結んでいる。

島内の交通機関は、いまだ十分に発達しているとはいえない。**イタリア鉄道(fs)**は、オルビア、サッサリ、オリスターノとカリアリの間を結ぶ縦断幹線が中心で、ほかの小さな町へは、**バスか私鉄(F.d.S.=ARST社など)**を利用するしか方法がない。バスは**ARST社**が島のほぼ全域にバス網を張り巡らせている。このほか、カリアリ、オルビア間やマッダレーナ諸島はTURMOTRAVEL社、アルゲーロ空港からカリアリ、オリスターノ間はLOGUDORO社がプルマンを運行。いずれにしても、サルデーニャの町々を結ぶバスは朝の5～7時に運行されると昼過ぎまでは便がないことが多い。日程に余裕をみたプラン作りが望まれるサルデーニャの旅である。

バス網は充実している

効率よくサルデーニャ島を回るなら、やはりレンタカーが便利。島内の道路はよく整備され、大都市のような混雑もないので、比較的安心して運転できる。ただ、高速道路は少なく、海岸線や山間部の道が多いので時間に比べ距離を稼げない。ゆったりとした時間配分でドライブしよう。

各空港にはレンタカーのブースが

フェリー各社の総合サイト
URL www.ferriesonline.com
☎ 050-754492
※イタリア国外からの航路、国内航路のフェリー各社の情報
URL www.traghetti.com
※おもにイタリア国内のフェリー会社の情報

フェリー各社
ティレニア汽船
URL www.tirrenia.com
モビー・ライン社
URL www.moby.it
☎ 199303040 (イタリア国内フリーダイヤル)
URLから時刻表、料金の検索、切符の購入可。イタリア各地の旅行会社でも購入できる。

サルデーニャの公共交通
路線、時刻表、料金などをURLから検索可
ARST社
URL www.arst.sardegna.it
☎ 800-865042
TURMOTRAVEL社
URL www.gruppoturmotravel.com
☎ 0789-21487
※カリアリからオルビア、マッダレーナなどへ
LOGUDORO社
URL www.logudorotours.it
☎ 079-3961035

サルデーニャ島のシンボル、サルデーニャの旗

Cagliari
カリアリ

街路樹の花が美しい初夏の下町、チッタ・バッサ

●郵便番号　09100

島の南部に位置する州都でサルデーニャ最大の町。最も都会的な商工業都市でもある。

大木が茂る駅前広場には民芸品や日用品の市場が広がり、活気がある。駅前から続く大通りにはデパートやカフェが並び、正面には港が望める。見どころは、丘の上の旧市街に集中している。

カリアリへの行き方

カリアリはサルデーニャの南の玄関口。船便はチヴィタヴェッキア（所要14時間30分～15時間30分）、ナポリ（13時間30分～16時間）、パレルモ（12時間～14時間30分）から運航している。

オルビアから南下する場合はfs線R利用で3時間11分～3時間27分（一部MacomerやOzieri Chilivaniで要乗り換え）。ジェノヴァからの船の到着するポルト・トッレスPorto Torres（所要10時間）からはRで3時間20分～5時間。

空港から町へはfs線を利用。空港到着ロビーに隣接する空港駅Stazione Cagliari-Elmasからカリアリ駅まで所要9～12分。切符€1.30は自販機で購入。列車はカリアリ駅行きだけでなくオルビア、サッサリ行きなども運行。行き先を確認して乗り込もう。カリアリ駅行きは15～40分に1便程度。

カリアリのⓘAAST

住 Via Roma 145
☎ 070-6778173
開 4～10月　9:00～20:00
　 11～3月　10:00～13:00
　 　　　　　14:00～17:00
休 ㊐午後、㊗　地 P.494 B1

バスの切符

1枚　€1.20（90分有効）
2時間券　€2
1日券(24:00まで)　€3

かつての牢獄、
パンクラーツィオの塔

カリアリの歩き方

海を目前に高台のカステッロCastello地区と下町のチッタ・バッサCittà Bassaがまるで舞台風景のように広がるカリアリの町。まずは、町の全体像を知るために高台に上がってみよう。テラッツァ・ウンベルトTerrazza Umbertoはスペイン軍の砦の上に19世紀に築かれた物。大理石の長い階段が見晴らし台へと続き、広々とした海と町のパノラマが広がる。

町が一望できる
テラッツァ・ウンベルト

ここから古い路地をほぼ真っすぐ進むと、ロマネスク様式の**ドゥオーモ**Duomoを経て、**サン・パンクラーツィオの塔**Torre di San Pancrazioだ。この塔はサルデーニャがピサの支配を受けた14世紀に建てられた牢獄。この先の右側に**国立考古学博物館**Museo Archeologico Nazionaleがある。考古学博物館には、サルデーニャの先住民族が築いたヌラーゲNuragheの模型やそこからの発掘品を展示しており、必見の場所。聖職者の像をはじめとするブロンズ像、宝飾品、黒絵壷、古代ローマのガラスなど、当時の高い文明を知ることができる。

ヌラーゲから発掘されたブロンズ像が興味深い

国立考古学博物館からさらに進むと、左にローマ時代の**円形闘技場**Anfiteatro Romanoが見えてくる。岩場をえぐるように作られた、サルデーニャ最大の物だ。

時間が許せば、駅前からバスPQ、PF番のバスで**ポエットの浜**Spiaggia del Poettoへ足を延ばしてみよう。バスの車窓から砂浜や塩田、遠くにフラミンゴの姿が眺められる。夏は人気の海水浴場だ。

催しに使われるローマ時代の円形闘技場

旧市街に忽然と現れるドゥオーモ

●国立考古学博物館
住 Cittadella dei Misei, Piazza Arsenale 1
☎ 070-655911
開 9:00～20:00
休 ㊊、1/1、12/25
料 €5
地 P.494 A2
※切符売り場は19:15まで

ポエットの浜へ

ポエットの浜行きのバスは駅前の❶裏手から約25分ごとの発車。乗車10分程度で海が見えてくる。さらに終点まで約20分、ほぼ海沿いを走る。バスはそのまま駅前まで戻る。途中下車する場合は、往復分の切符を事前に購入を。

バスの切符売り場は、バスターミナル右側、マクドナルドの奥。

夏にはすてきな海水浴場、ポエットの浜

サルデーニャの民族衣装

民族衣装を保存するためにクラブが作られている

町のなかで日常着として民族衣装を身に着けている人の姿は少なくなった。しかし、祭りの際の絢爛（けんらん）豪華さは今も昔も変わらない。カリアリの聖エフィジオ祭り(5月)、サッサリのカヴァルカータ・サルダ祭り(5月)、ヌーオロの贖（あがな）い主の祭り(8月)などの大きな祭りはまるで絵巻物のような美しさだ。これらの大きな祭りでなくとも、年に2000もの祭りがあるというサルデーニャ島では民族衣装の人々を目にする幸運に恵まれている。町(村)祭りなどでは、周辺の町々の有志たちが作る民族衣装クラブのような存在が目を楽しませてくれる。小学生から若者まで揃い、晴れ着と見物客にちょっと緊張した子供たちの姿は日本の七五三を思い起こさせる。博物館の重厚で贅を尽くした民族衣装とはやや異なるが、やはり目を引く鮮やかさだ。

祭りの日、民族衣装で着飾った子供たち

Ristorante & Hotel カリアリのレストラン&ホテル

カリアリには経済的な宿が多い。しかし、9月の新学期から6月中旬までは、島中から集まった学生に占領され、7月中旬から9月いっぱいは観光客が集中しているので、なるべく予約を入れるか、着いたら早めの時間に宿探しを始めたい。

レストランは、リナシェンテの裏手、サルデーニャ通りVia Sardegna周辺に集中している。レストランのオープンは遅めなので、20:00過ぎ頃にそのあたりを歩いて、気に入った店に入るのもいい。

フローラ Flora

P.494 B1

名物料理を味わうなら

ガレが飾られた、モダンな店内は洗練された雰囲気。夏は緑いっぱいの中庭での食事も楽しい。アラゴスタ（伊勢エビ）をはじめ、魚介類を使ったさまざまなサルデーニャ料理が味わえる。4つ星ホテルURL www.hotelfloracagliari.itも併設。できれば予約

住 Via Sassari 45/47
☎ 070-664735
営 13:00～15:00、20:00～23:00
休 ㊐
予 €30～50、定食€35～40
C A.D.M.V.

ダ・セラフィーノ Da Serafino

P.494 B2

いつも地元の人でいっぱい

昼間は界隈で働く人でいつも満席状態。店内は明るく、サービス係も親切。カラスミとボンゴレのパスタSpaghetti Vongole e Bottargaや地魚のフリット・ミストFritto Misto del Golfなどおすすめ。庶民的なサルデーニャ料理が味わえる。できれば予約

住 Via Lepanto 6
☎ 070-651795
営 12:00～15:00、20:00～23:00
休 ㊎、8/15～9/3、12/24～1/3
予 €20～35（コペルト€1.50）、定食€15、25
C A.M.V.

ルイージ・ポマータ Luigi Pomata

P.494 B2

魚介類が充実

レストランと手ごろなビストロ、さらに寿司バーを併設。生カキをはじめ、魚介類が充実。土地の素材を生かした創作料理が味わえる。夜は要予約

住 Viale Regina Margherita 14
☎ 070-672058
営 13:00～15:00、20:00～23:00
休 ㊐　予 €35～70、定食€15(平日昼のみ)、
C A.D.M.V

ラ・ステッラ・マリーナ・ディ・モンテクリスト La Stella Marina di Montecristo

P.494 B2

気取らないトラットリア

気取らない雰囲気の魚料理が中心のトラットリア。ほんのり暗い店内の独特の雰囲気と€25の定食のみなので、最初は戸惑うが、サービス係も親切でくつろげる。できれば予約

住 Via Sardegna 140
☎ 070-666692
営 12:30～15:00、20:00～23:00
休 ㊐、8/14～8/20頃
予 定食€25
C M.V.

★★ ブンデス・ジャック・ヴィットリア Hotel AeR Bundes Jack Vittoria

P.494 B2

居心地抜群の親日ホテル

広くて清潔な部屋、従業員も親切で、居心地がいい。建物入口、フロアの入口、部屋と三重ロックで安全。港の真っ正面で駅、バスターミナルにも近い。ホテルは2階だが、同系列でやや手頃なB&B Vittoriaが3階にある。

読者割引 本書提示で10%

High 5/1～9/15
URL www.hotelbjvittoria.it
住 Via Roma 75
☎ Fax 070-667970
S €54/64　SS €62/72
SB €64/74　T €82/92
TS €90/100　TB €94/104
3B €118/120　朝食€7　C M.V. W-F

★★★★ レジーナ・マルゲリータ Hotel Regina Margherita

P.494 B2

町一番の高級ホテル

4つ星ホテルのなかでは、駅から700mと一番近くて便利。テラッツァ・ウンベルト（展望台）の近く。フロントは、全員英語が通じる。URL www.hotelreginamargherita.com

住 Viale R. Margherita 44
☎ 070-670342
Fax 070-668325
SS €85/95
TS TB €110/130
室 99室　朝食込み W-F
C A.J.M.V.

★★★ イタリア Hotel Italia

P.494 B1

駅近くで便利

カリアリーの繁華街、ローマ通りの裏手に位置し、駅やバスターミナルにも近くて便利。レストラン街にも近い。室内は簡素だが、過不足ない設備。全室冷房つき。URL www.hotelitaliacagliari.com

住 Via Sardegna 31
☎ 070-660410
Fax 070-650240
SS €60/120
TS TB €73/200
3S €108/165
室 108室　朝食込み W-F
C A.D.J.M.V.

S シャワー共同シングル料金　SS シャワー付きシングル料金　T シャワー共同 ツイン料金　TS シャワー付きツイン料金　SB シャワーまたはバス付きシングル料金　TB シャワーまたはバス付きツイン料金　3S シャワー付きトリプル料金　SU スイート

サルデーニャの先史時代を知る遺跡 MAP P.491

ヌラーゲ・スゥ・ヌラクシ 世界遺産

Nuraghe su Nuraxi　　ヌラーゲ スゥ ヌラクシ

サルデーニャ民族のシンボル、ヌラーゲ

先住サルデーニャ民族の巨石文化ヌラーゲNuraghe。サルデーニャには7000ものヌラーゲが残るといわれているが、このヌラーゲ・スゥ・ヌラクシは1950年代まで地下に埋もれていたため、良好な保存状態を誇っている。

遠くからは石の小山のように見えるヌラーゲだが、巨石を接合剤なしに積み上げた物。一番古い塔は紀元前15世紀の物で、紀元前6世紀頃まで建築が続けられ、紀元前7世紀には破壊されたものの、その後古代ローマ人が住んだという。

ガイド付き見学が原則

迷路のような内部

4つの隅塔と防壁が城砦を形作り、その下には住居が形成されていた。カパンナと呼ばれる住居は7つの室からなる16戸で形成され、屋根や壁は山から運んだ板や草で覆われていたという。内部にはかまどや小麦をひいた跡、聖なる儀式に使った水盤などが残されている。

見学には身軽な服装が必要だ

ヒンヤリとしたヌラーゲ内部は、迷路のように通路が巡らされ、外観よりも広々としている。天井までの高さは20mに及び、石の表面も滑らかだ。一部2階と3階建てで、一番大きな首長の部屋は会議が行われた場所。この入口は防御の人間が隠れるように立つ場所も設けられている。壁には食品を保存したといわれるニッチがあり、井戸も掘られていて、古代文明が近しい物に感じられる。

見学ルートの最後、「塔の見晴らし台」からは、緩やかな緑が広がる風景を遠くまで見渡すことができる。

3階部分より塔の内部を

世界遺産

バルミニのスゥ・ヌラクシ
登録年1997年

ヌラーゲ・スゥ・ヌラクシへの行き方

バルミニBarminiが最寄りの大きな町。ただ、町からのバス便はない。カリアリのバスターミナル(ⓘそば、切符売り場はマクドナルド奥。)からARST社のプルマンで約1時間30分。バス停から(進行方向)左の道を約1kmで進むと、左にヌラーゲが見えてくる。

カリアリからの行き方

往路:カリアリのバスターミナルからバス501番で14:05発、バルミニ着15:25。

帰路:上記同様のバスでバルミニ発14:30でカリアリ着16:10。ただし、ヌラーゲ見学の時間はない。もうひとつの方法は、バス9001番でバルミニ発17:44、サンルイ着18:39。バス122番でサンルイ発19:00、カリアリ着20:17。またはバス127番でサンルイ19:50発、カリアリ着21:10。いずれも平日のみの運行。

バスの切符は24時間券Biglietto giornaliero (Tratta tariffaria 7)で€8.90。

※バルミニのバス停からヌラーゲへはBar Centraleの横を進み、徒歩で約15分。見学はガイド付きなので、早めの切符購入で時間を無駄にしないように。帰りのバス停は下車したバス停の反対側。現地で再度帰りの便を確認してから出かけよう。

●ヌラーゲ・スゥ・ヌラクシ

開 12～2月　9:00～16:00
3月　9:00～16:30
4月　9:00～18:00
5～8月　9:00～19:00
9月　9:00～18:30
10～11月　9:00～16:30

料 €10

※30分ごとのガイド付きツアー。所要1時間～1時間30分

バルミニのホテル、レストラン

バルミニのバス停横のバールBar Centraleの上階がホテル。ヌラーゲ近くにはバール、レストラン、ホテルが1軒ずつある。

Alghero
アルゲーロ

●郵便番号　07041

アルゲーロへの行き方

　サッサリ（→P.502）から私鉄F.d.S線利用で30～50分（30分～2時間に1便程度。この線はユーレイルパスやトレニタリアパスは使えないので注意。サッサリからプルマン（F.d.S.、ARST）のほうが平野部を走り、風景はよい。所要約1時間。
　アルゲーロ空港から町へのバスはARST社が運行。所要25～30分。空港発5:20～23:00、市内（F.d.S.駅前）発6:36～22:36の約1時間間隔の運行。切符€1.20は自販機、バールやタバッキで。車内購入€2。

アルゲーロのⓘAST

住 Piazza Portaterra 9
☎ 079-979054
開 8:00～20:00
　㊐10:00～13:00
休 12/25
地 P.498 B2
※空港にもあり

プルマンのバスターミナルと切符売り場 Giuseppe Manno

住 Via Catalogna
☎ 079-950179
※市民公園脇

市内バスの切符

1枚	€1（90分有効）
車内購入	€1.50
1日券	€2.50

✉ アルゲーロ空港から市内へ

　空港から市内行きのバスは1時間間隔で最終は23:00発。切符€1は空港内の切符自販機で購入のこと。帰路は市民公園北側のバス案内所であらかじめ購入を。
（爽暁　'16）

細い路地の散歩が楽しい

　サルデーニャ島の美しい西海岸の湾に突き出た、アルゲーロの町。カタロニア時代の植民地として発達し、現在も当時の城壁が町を取り囲んでいる。
　スペインのカタラン語が話される町として有名。14世紀にスペインのアラゴン家の率いるカタラン人によって占拠されて以来、“小さなバルセロナ”と呼ばれた。今も、細い路地が続く町並みや教会、塔などは異国風を感じさせ、食卓にはパエリヤが上る。サルデーニャのなかでもスペイン・カタロニアの影響を色濃く感じさせる町だ。
　最近では、アルゲーロの町は海岸線に沿って新市街が広がり、マリン・リゾートとしての顔を見せている。

手仕事のおみやげが町のいたるところに

リゾート開発の進んだ北部の海岸地域

アルゲーロの歩き方

旧市街をとり囲むカタロニアの城壁の一部

見どころは、**カタロニアの城壁**Mura Catalane。旧市街の海岸線を取り囲み、要所には見張りの塔が残っている。マッダレーナの要塞の西には旧市街に入るためのマーレ(海)の門。港を守るいくつもの塔の、南東に位置する**スペローネの塔**は、1364年にはすでに存在していた物。新市街との境界上にも、14世紀のふたつの塔が町を見下ろしている。

マッダレーナの塔の見える海岸通り

カテドラーレ内部には、カタラン時代の後期ゴシックの後陣が残る。**サン・フランチェスコ教会**は、14世紀創建で、その後ルネッサンス様式に建て替えられたが、一部にゴシック様式を残している。

興味深いのは**旧市街**Città Vecchiaの狭い通り。旧市街は古い町並みが続き、港からはネプチューンの洞窟への船も出る。バス(プルマン)は市民公園脇のバスターミナルに到着する。新市街は港から続く、海岸線沿いや、市民公園の東に広がる。海水浴場やホテル、ピッツェリアなども多い。駅は町の東側、内陸に約1kmほど入った場所にある。駅から旧市街へは徒歩20～30分。バスは、No.AF、AP、新市街からはNo. AOが約30分に1本ある。

特産のサンゴをおみやげに

ネプチューンの洞窟への船乗り場

散歩をしたり、通りに並ぶサンゴの専門店でショッピングを楽しみたい。指輪なら1000円ぐらいからあり、値段は日本の半額以下。サルデーニャ産のサンゴが格安で手に入る町だ。

近くの見どころとしては、船で行く**ネプチューンの洞窟**Grotta di Nettunoや**緑の洞窟**Grotta Verdeなど。いずれも海の浸食によってできた物。

空港近くにはこの島で一番広い**ネクロポリ**Necropoli di Anghelu Ruju、コンテ湾近くには**ヌラーゲ**Complesso Nuragico di Palmaveraがあり、島の歴史を知るためにも訪れたい。どちらも町から約10km。

夏には音楽会も開かれる。ネプチューンの洞窟の内部

✉ ネプチューンの洞窟へ

10:00発のクルーズでグロッタまで30分。鍾乳洞に入る前に現金で入場料€13を支払います。クルーズ代€16は港で乗船時に支払います。所要約2時間。

(和歌山県　吉田和子　'15)

3月までは船でネプチューンの洞窟へは行けません。バスは早朝の1便のみなので、ご注意を。

(興暁　'16)

噂にたがわず階段からの断崖と海は絶景です。

(愛知県　匿名希望　'13)

ネプチューンの洞窟に到着

●ネプチューンの洞窟
Grotta di Nettuno

住 Località Capo Caccia
☎ 079-946540
開 4～9月　9:00～18:00
10月　9:00～17:00
11月～3月　10:00～15:00
料 €13

見学は徒歩によるガイド付き(英・独・仏・伊語) 毎時出発。観光船で直接洞窟に行く方法とバスを利用して約800段の階段を下りて行く方法がある。

洞窟への行き方

■バス：Via P. CatalognaからFdS社のバス9321番Capo Caccia行きで所要50分。片道€2.50。通年9:15発のみ、7/1～8/31は15:10、17:10も。帰路は12:00発。7/1～8/31は16:05、18:05も。　['16]

■船：港からFrecce delle Grotte社の船での洞窟見学時間込みで所要2時間45分(4/1～10/31の10:45～17:45に1時間ごとの運航12:45を除く)。€15～16(入場料別)ガイドは英、仏、伊。

緑の洞窟

※16年10月現在、見学不可。

ヌラーゲ・パルマヴェーラ

開 4～10月　9:00～19:00
11月～2月　10:00～14:00
3月　9:30～16:30
料 €3.50

※ARST社のバスで約30分(切符€1.50)。平日のみ1日12便の運行。

Ristorante & Hotel

アルゲーロのレストラン&ホテル

アルゲーロのレストランの多くは、旧市街Centro Storicoに集中しているので、旧市街を散策しながら気に入った店を探すのが楽しい。本書で紹介のレストランもすべて旧市街にある。

一方ホテルでは、旧市街にあるのは1軒のみ。プールや庭園などを併設するリゾートホテルは、北に延びるガリバルディ通りの先、リド地区に多い。荷物を持って歩くには少し距離があるが、美しい海岸線が魅力的な地域で、数日滞在するのならおすすめ。荷物がなければ、旧市街からは徒歩圏。

アル・トゥグーリ Al Tuguri

P.498 B1

味も雰囲気も当地ならでは

旧市街。海が望めるレストラン。新鮮な魚介類をサルデーニャ風に料理して食べさせてくれる。特に名物のロブスターを味わってみたい。昔ながらのアルゲーロらしい内装もよい思い出になりそう。

要予約

住 Via Maiorca 113
☎ 079-976772
営 12:30〜14:00、19:30〜22:00
休 ㊐、11〜2月
予 €35〜50、定食€48
C A.M.V.

カサブランカ Casablanca

P.498 B1

地元で人気の店

✉ ホテルの人が、ここがうまいと紹介してくれた。週末の夜には、店内も屋外も座る場所がないほどの人気店。値段も手頃。アサリとムール貝のスープが素朴でおいしい。
（東京都　Kasai　'12)['16]

住 Via Principe Umberto 76
☎ 079-983353
営 12:30〜14:30、19:00〜23:00
休 ㊊昼、㊐
予 €25〜35
C M.V.

アル・レフェットリオ Al Refettorio

P498 B1

海の幸とワインが楽しめる

町の中心の小路にあり、厳選されたワインと料理が味わえる店。生のカキやエビ、アルゲーロ風パエリアPaella algheresseや ムール貝の蒸し煮Zuppa cozzeがおすすめ。

住 Vicolo Adami 47
☎ 079-9731126
営 12:00〜15:00、19:30〜22:30
休 ㊋(夏季を除く)
予 €25〜40
C M.V.

★★★★★ カルロ・クイント Carlos V

P.498 B1外

海沿いのリゾートホテル

町から徒歩10分程度だが、海が一望でき、庭園やプールもある。ゆったり滞在するのに最適なホテル。レストラン併設。

High 6/20〜9/15
URL www.gioricohotels.it

住 Lungomare Valencia 24
☎ 079-9720600
Fax 079-9731605
SB €90/240
TB €143/350、167/367（シービュー）
室 179室　朝食込み W-Fi
C A.D.M.V.

★★★ フロリダ Florida

P.498 A2外

リゾート気分に浸るなら

新市街の海岸通り沿いに建つ、近代的なホテル。部屋からは砂浜が望め、庭園のプールサイドにはサンデッキが並んで開放的なリゾート気分がいっぱい。宿泊者専用レストランあり。

High 6/1〜9/15
読者割引 右記料金は割引価格

URL www.hotelfloridaalghero.com
住 Via Lido 15
☎ 079-950500
Fax 079-985424
SS €61/88　TS €98/158
室 73室　朝食込み W-Fi
休 10/15〜4/15
C A.D.M.V.

★★★ サン・フランチェスコ Hotel San Francesco

P.498 B1

修道院に宿泊

✉ アルゲーロの旧市街に建つ、サン・フランチェスコ教会付属のかつての修道院の回廊に並ぶ個室がホテルに転用されている。すがすがしく、厳かな時間を回廊で過ごし、思い出に残る滞在になった。
（東京都　Kasai　'12)['16]

URL www.sanfrancescohotel.com
住 Via Ambrogio Machin 2
☎ Fax 079-980330
SS €48/63
TS €82/101
3S €100/135
室 20室　朝食込み

※アルゲーロの滞在税　★〜★★★€1　★★★★〜★★★★★€2

SS シャワー付きシングル料金　SB シャワーまたはバス付きシングル料金　TS シャワー付きツイン料金　TB シャワーまたはバス付きツイン料金

東海岸の一大リゾート地区

オルビアとエメラルド海岸

Olbia & Costa Smeralda　オルビア&コスタ・スメラルダ

クルーザーの停泊するポルト・チェルヴォ

故ダイアナ妃をはじめ、芸能人やセリエAの選手などヨーロッパ・セレブに人気の高い**エメラルド海岸Costa Smeralda**。島の北東部、カプレーラ島を望む入江からオルビアの北に広がる海岸線だ。中心地は**ポルト・チェルヴォPorto Cervo**で、高級ブティックが並び、港には豪華ヨットが浮かぶ。このあたりの高級ホテルは1人1泊30万円も珍しくはない。セキュリティは厳重で、庶民がセレブの姿を目にすることはない。この厳重さがセレブを引き付ける魅力でもある。

広い敷地の高級ホテル

さて、エメラルド海岸で比較的安い宿が多いのが**オルビアOlbia**。オルビアは、東海岸の深い入江であるオルビア湾にあり、イタリア本土からは直線距離で最も近い。チヴィタヴェッキアとの間をフェリーが結んでおり、多くの長距離バスがサルデーニャの各地を結んでいる。ここから庶民的な海水浴場へはバスで簡単にアクセスできる。また、**オレンジ湾Golfo Aranci**行きの列車で行くマリネッラMarinellaやカーラ・サビーナCala Sabinaの砂浜も美しいが、こちらはほぼ無人駅。海水浴場としては整備されていない。飲み物や食料を持ち、帰りの列車の時間を確認してから出かけよう。

オルビア駅

ゴルフォ・アランチからの車窓のビーチ

✉ 空港↔市内間のバス

バス2番または10番で30分弱。空港ではターミナルを背に右前方のバス乗り場から。市内からはPiazza Regina Margherita、Corso Umberto I、Via Romaなど主要道路沿いにバス停あり。
（広島県　北村小百合　'16）

✉ 市外へのバス乗り場

バス乗り場はCorso Vittorio Venetoにあり、切符はarstのステッカーのあるカフェで購入。
（広島県　北村小百合　'16）

オルビアのホテル

H カヴール
Hotel Cavour★★★
明るくて清潔
オルビアの駅やバスターミナルからも近い経済的なホテル。サルデーニャらしい白を基調にした館内には絵画が飾られエレガントな雰囲気。ホテルの人も感じがよい。

URL hotelcavourolbia.it
住 Via Cavour 22
☎ 078-9204033
SS €41/73
TS €61/106
室 21室　朝食込み W-F
C M.V.

✉ マッダレーナ諸島で海水浴

エメラルド海岸近くのパラウの港からフェリーでレンタカーごとマッダレーナ島へ渡りカプレーラ島のビーチへ行きました。8月にもかかわらず海水は冷たかったのですが、海岸はとてもきれいで、日本では経験できない景色が広がっていました。ただ、駐車場はなく道路に駐車は可能ですが、遅くなるとスペースがありません。港にレンタサイクルがあるので、これを利用したほうが便利かも知れません。レストランや売店なども少ないので、クーラーボックスで飲食物を持参することをおすすめします。
（hyshhime　'14）

オルビアOlbiaからのプルマン

古代カルタゴ起源の町といわれるオルビアだが、取り立てて見どころなどはない近代的な町。ただ、オルビアは、サルデーニャのなかでは手頃なホテルが集中しており、交通網もここを中心に島の各地に張り巡らされているので、この町をサルデーニャ島観光の拠点にするのもいい。ゴルフォ・アランチやエメラルド海岸の主要な町。西側のサッサリ、アルゲーロ。内陸部の町ヌーオロにも、1回の乗り換えで行くことができるので、各町への日帰りも可能。

各町へのバス停は、オルビア駅の南を走るCorso Vittoria Veneto(駅から100mほど)にあり、チケットは乗り場近くのバールでも販売されている。

各地へのバス停

島北部の中心都市

サッサリ

Sassari サッサリ

アラゴン風ゴシック様式のドゥオーモ

中世に源を発する、活気あるサルデーニャ第2の都市。丘に広がる坂道の多い町は、旧市街と新市街に二分される。昔ながらの町並みが続く旧市街は旅人の郷愁を誘う。一方、新市街はしゃれたカフェや堂々とした建物が続き、都会的な雰囲気が漂う。新旧のコントラストが鮮やかだ。

町一番の見どころはドゥオーモDuomo。多くの様式が混在した独特な物。13世紀、ロマネスクの鐘楼に、ゴシック様式の内部、正面はスペイン・バロック様式の17世紀という具合で、複雑な装飾の彫像で飾られている。

町の中心、イタリア広場

町の南の新市街にある**サンナ国立博物館**Museo Nazionale G. A. Sannaは、考古学部門とサルデーニャの民族衣装や織物などが展示された民族学部門に分かれている。とりわけ、ヌラーゲの時代などの生活を描いたイラストは興味深い。

丸天井の円形式のヌラーゲが展示され、ヌラーゲ文化部門が充実

プルマンはARST社がカリアリ、ヌオーロ、オリスターノ、オルビアなどを結んでいる。TURMOTRAVEL社はオルビアへ1日2便の運行。

サッサリへの行き方

サルデーニャの西の玄関口、ポルト・トッレスPorto Tórresにジェノヴァからの船が毎日入る(所要10時間30分～13時間30分)。

ポルト・トッレスからfs線のRで15分(2～3時間に1便程度)。

サッサリのⓘ

住 Via Sebastiano Setta 13
☎ 0792-008072
営 9:00～13:30
15:00～18:00
㊏9:00～13:30
休 ㊐㊊

●サンナ国立博物館

住 Via Roma 64
☎ 079-272203
開 9:00～20:00
㊐㊗9:00～14:00
第1㊐9:00～20:00
休 ㊊、1/1、5/1、12/25
料 €3
※第1㊐、および18歳以下無料
地 P.502 B2

サッサリ発のプルマン情報

ARST社
カリアリ行き14:20
所要3時間40分
ヌオーロ行き
6:50(平日のみ)、9:30(平日のみ)、10:00(祝日のみ)、11:45(平日のみ)、14:00、15:50、19:30
所要1時間45分～2時間20分
乗り場はVia Padre Zirano
(P.503 A1外) ['16]
切符はサッサリ駅などで。
URL www.arst.sardegna.it

レストラン&ホテル

Ⓡジャマラント Giamaranto

洗練された魚介料理を

海の幸を中心とした新鮮な土地の素材を使った、洗練された郷土料理が味わえる。店内もおしゃれな雰囲気。

住 Via Alghero 69/A
☎ 079-274598
営 13:00～15:00、20:00～23:00
休 ㊐、8月、12/24～1/7
予 €30～40(コペルト€2)
C M.V.
地 P.502 B2外

Ⓗレオナルド・ダ・ヴィンチ Hotel Leonardo da Vinci

★★★

観光、散策にも便利

サンナ国立博物館近く、使い勝手のよい設備など満足できる。駅からバスNo.8で。

URL www.leonardodavincihotel.it
住 Via Roma 79
☎ 079-280744
Fax 079-2857233
SB €55/90
TB €70/130
室 116室 朝食込み W-Fi
C A.D.M.V.
地 P.502 B2

ラ・バルバジアを代表する町

ヌーオロ

Núoro ヌーオロ

民族衣装

サルデーニャの内陸部を代表する町。ラ・バルバジア（野蛮人の地）と呼ばれ、古来、強固な人々の住んだ山岳都市の中心。周辺は標高2000m級のジェンナルジェント山塊で囲まれ、今なお深く森林が生い茂って、人の侵入を拒否している。周囲に広がるマキmaquisと呼ばれる荒れ地は、伝統的に島の掟を破った者が逃げ込む土地とされていた。

国立考古学博物館

町の見どころは、サルデーニャ生活・民俗伝統博物館Museo della Vita e delle Tradizioni Popolari Sarde。ここには、サルデーニャの各地方の民族衣装や、祭りの様子、かつての山岳地域の人々の暮しの様子がわかる居間などが展示されている。

祭りの様子も展示される

特に女性の婚礼の衣装が多いが、山岳民族独特の細かい工夫がなされ、アクセサリー類のオリジナリティには驚く。女性の胸（＝豊作を意味する）や羊飼いたちの利用した楊枝（ようじ）などがデザイン化されて、銀細工の美しいアクセサリーになっている。ドゥオーモ近くの国立考古学博物館には、新石器時代からヌラーゲの時代にいたる、ヌーオロ一帯の発掘品が展示され興味深い。

市庁舎から東に500mほどの閑静な界隈に、ノーベル賞作家のグラツィア・デレッダGrazia Deleddaの家（記念館）なども残る。

ヌーオロへの行き方

オルビアからARST社のプルマンで所要1時間40分～3時間、1日約7便の運行。オルビアの空港からもARST社のバスが運行。

プルマン、バスの問い合わせ
ARST社
URL www.arst.sardegna.it
住 Via la Marmora 10
☎ 0784-30115

ヌーオロのℹEPT
住 Piazza Italia 7
☎ 0784-238878
開 8:30～14:00
㊋15:30～19:00も
休 ㊏㊐㊗
地 P.503 A1

●サルデーニャ生活・民俗伝統博物館
住 Via A. Mereu 56
☎ 0784-257035
開 10/1～6/14 9:00～13:00
15:00～17:00
6/15～9/30 9:00～20:00
休 ㊊(6/15～9/30を除く)
料 無料
地 P.503 B2

●国立考古学博物館
住 Via Mannu 1
☎ 0784-31688
開 9:00～13:30
㊋㊍15:00～17:00も
休 ㊐㊊㊗
料 €2、18歳以下、65歳以上€1
地 P.503 A2

訪ねてみよう! 国立考古学博物館

ドゥオーモ近くに'02年にオープンした博物館です。地質学関係、先史時代、石器時代、初期鉄器時代、ヌラーゲ、青銅期時代の展示物が整理されて並んでいます。ヌラーゲで発掘された、青銅製小型の人物像や動物像がすばらしいです。ラ・バルバジア地方の古代文化を理解するためには見学することをおすすめします。
（東京都　小原理一郎　'06）

Ⓗグリッロ
Hotel Ristorante Grillo
★★★
手頃なホテル・レストラン
郷土料理が味わえるレストランもある3つ星ホテルで、レストランの少ないヌーオロでは、便利、そして、値段も手頃。
URL www.grillohotel.it
住 Via Monsignor Melas 14
☎ 0784-38668
SS €58/80
TS €78/120
室 45室　朝食込み W-F
料 レストラン：€15～30(コペルト€1.50)、定食€20
C A.D.M.V.
地 P.503 B2

豊富な海と山の幸を生かす サルデーニャ独自の料理法

■サルデーニャ州の料理

サルデーニャ特産のニョッキ、マッロレッドウス

有史以前の遺跡ヌラーゲの点在する山腹でのんびり草をはむ羊や牛の群れ。ゆったりと時の流れるこの地の料理には、昔ながらの伝統が残っている。かつてスペイン支配におかれたこの島の人々は、スペイン語に似た方言を話すし、料理にもスペインの影響が見られる。

まずこの地で目を引くのが、薄い**丸型の無発酵パンCarta di Musica**だ。ちょっぴり頼りなげなパンだが、サルデーニャの食卓には欠かせない物。商店ではクルクルと丸めて手渡してくれる。セモリナ粉で作った**小さなニョッキMalloreddus**は、スペインのオリジナルパスタ。ミートソースやトマトソースであえ、サルデーニャ特産の**羊のチーズPecorino**をかけて食べる。輝くロゼ色のワイン**Cannonau di Sardegna Rosato**を合わせたい。山あいでは野禽類、子豚、羊、そして臓物料理がよく食べられる。乳離れする前の子豚を野外で焼いた**Porceddu**や、子牛の臓物を1m以上もある長い串に巻き付けて焼いた**Cordula**は特別の日の大ごちそうだ。子羊をトマトとウイキョウで煮込んだ**Agnello con finocchietti**はレストランでもよく見かける。これには、熱きワイン**Cannonau di Sardegna**を。

薄く香ばしいパン、カラサウCarasau

おみやげ情報

●ワイン●

カンノナウ・ディ・サルデーニャ
Cannonau di Sardegna ★★
DOC・赤(ロゼ)・辛口
カンノナウ種のブドウから造るサルデーニャを代表する赤ワイン。力強い

ナスコ・ディ・カリアリ Nasco di Cagliari ★★
DOC・白・辛口、甘口(酒精強化)
サルデーニャ特産の軽い苦味と高アルコール度の白ワイン

●みやげ物●

民芸品の宝庫といえる
サルデーニャ風 バスケット
タペストリー Tela da Muro
金・銀・サンゴ細工

サルデーニャのカラスミ(ボッタルガ)は、薄く切って前菜として食べられる

さてサルデーニャは海の幸もおいしい物ばかり。やや小型ながらまさしく海の女王ともいえる味わいを持つ**伊勢エビAragosta**。サラダでもグリルでもお好み次第。これにはさわやかな辛口で、魚料理に合う**白ワインVermentino di Sardegna**が最高の組み合わせ。サルデーニャの最高の珍味は日本のカラスミに似た**Bottarga**。薄切りにして前菜として、またサラダやパスタにも使われる。これには30年の熟成にも十分耐えるといわれる、重厚な**白ワインVernaccia di Oristano Superiore**が最高。

お菓子は色とりどりの砂糖でコーティングしてあり、見ているだけでも楽しい。パイ生地にチーズを詰めて揚げ、はちみつをかけた素朴なお**菓子Sebadas**も有名だ。これには、**甘口ワインMoscato di Sardegna**を。

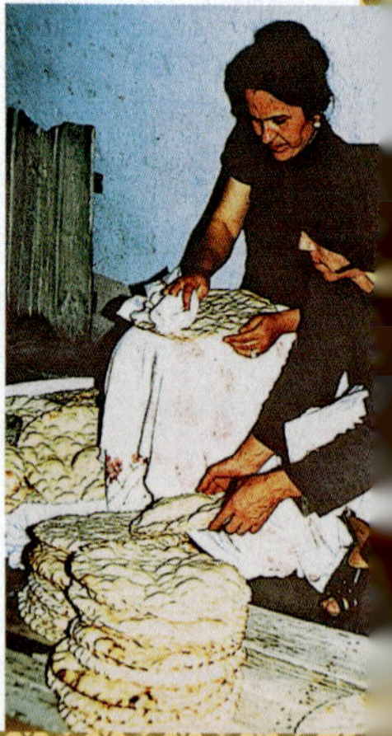

伝統的なサルデーニャのパン(カルタ・ディ・ムージカ)作り

イタリア総合案内

旅の準備と技術

旅の必需品を総点検

事前に申請や手続きが必要な、海外旅行に欠かせないパスポート、会員証、保険などについて考えてみよう。

パスポート（旅券）

政府から発給された国際的な身分証明証がパスポート。日本からの出国、他国へ入国するために必要な物だ。パスポートは有効期間が5年（濃紺）と10年（エンジ）の2種類がある。パスポートの申請から取得までは1～2週間かかる。直前に慌てないよう、早めに取得しておこう。

※イタリア入国の際には、パスポートの有効残存期間が90日以上必要。

◆申請場所

住民登録をしてある各都道府県庁の旅券課またはパスポートセンター。

◆必要書類

一般旅券発給申請書（旅券申請窓口で配布）、戸籍抄本または謄本、住民票(住基ネット利用者は不用)、顔写真、本人確認用書類など。

◆受領方法

パスポート名義の本人が申請窓口で受け取る。

詳細は、パスポートアンサーや地元のパスポートセンターなどで確認を。

ビ　ザ

日本のパスポート所持者は、イタリアでの90日以内の滞在には不要。ただし、原則として有効残存期間が90日以上あること。予防接種も必要ない。仕事などでイタリアに91日以上滞在する場合は、ビザと滞在登録が必要。ビザの取得はイタリア大使館、領事館で。滞在登録は到着後現地で。

滞　在　登　録

イタリアに91日以上滞在する場合は、目的地に到着後8日以内に地方警察Questura（クエストゥーラ）で滞在登録をしなければならない。

ローマのクエストゥーラは共和国広場近く

国際学生証 ISIC International Student Identity Card

国際的に学割が利用できるのが国際学生証。数は多くないが、一部の博物館、美術館などの見どころや劇場などで、入場料が割引や無料になる。種類は、学生Studentと生徒Scholarの2種で、対象、有効期限が異なる。申請は、主要大学の生協などで。

外務省パスポートA to Z

URL www.mofa.go.jp/mofaj/toko/passport

旅券発給手数料

10年旅券　1万6000円
5年旅券　1万1000円（12歳未満は6000円）

収入印紙や現金（各自治体により異なる）で納付。旅券受け取り窓口近くに売り場がある。

パスポートやカードのサイン

パスポート申請の際に記入する「所持人自署」。日本の印鑑代わりとなる大切な物。ローマ字でも、漢字表記でもよい。漢字だと、外国では真似されにくいので安心感がある。また、クレジットカード利用時には、カードの裏面同様のサインが要求されるので、サインはひとつに統一しておくと迷わない。

イタリア大使館

住 〒108-8302
東京都港区三田2-5-4
☎ 03-3453-5291
営 ビザ関係業務
㊊～㊎9:30～11:30
※ビザの書式や情報はURLで入手可能
URL www.ambtokyo.esteri.it/Ambasciata_Tokyo

見どころの割引

'16年現在、イタリアの見どころの一部では学生やシルバー割引などを実施している。ただし、EU諸国の人のみを対象としていることもあるので、現地切符売り場や下記のウエブサイトでチェックしてみよう。

■国際学生証ISIC
URL www.univcoop.or.jp（日本語）
URL www.isic.org
トップページから国際学生証の割引サービスの検索可能。

国際青年旅行証 IYTCカード

学生でなくても、26歳未満なら取得できるカード。国際学生証と同様の特典を受けられる。申請は大学生協、東京都ＹＨ協会などで。

国際ユース ホステル会員証

海外のYHユースホステルを利用する際に必要な物。直接イタリアのYHでも作成できる場合もあるが、原則として自国で作成することになっている。人気の高いYHでは国際YH会員証の呈示がないと宿泊できない場合もあるので、事前に準備しておこう。会員証の申請は、日本ＹＨ協会、全国のYH協会、大学生協などで。

中世の塔がユースホステルに

国外運転免許証 International Driving Permit

イタリアでレンタカーを利用する人は必要だ。その際には、日本の免許証の呈示も求められることもあるので一緒に持っていこう。レンタカー会社によっては年令や運転歴によって貸し出し制限があるので注意。申請は住民登録がしてある都道府県の公安委員会。

そのほか

パスポートのコピー。パスポートの盗難の危険を避けるため、ローマなどの一部の銀行ではコピーで両替を受け付ける所もある。クレジットカード利用の際に、身分証明書の呈示を求められることもある。また、イタリアでは60歳または65歳以上でシルバー割引を実施している見どころもあるので、パスポートのコピーを持っているとよい。

また、紛失や盗難に備えて、クレジットカードの番号、有効期限、緊急連絡先などを控えて、航空券E-チケット（旅程表）のコピーとともに別に保管しておくといざというときに心強い。

海外旅行傷害保険

必要に応じて、傷害死亡、後遺症、傷害治療費用の基本契約のみにするか、盗難に対する携行品保険や救援者費用保険などの特約までを含めるか検討しよう。保険の掛け金は旅行期間と補償金額によって変動する。申し込みは、各地の保険会社、旅行会社、各空港内保険カウンター、ウェブ（→P.573）などで。

年齢確認できるものを

美術・博物館などの見どころ、時にはプルマン・バスの切符売り場でも65歳以上や学生で割引を受けられる所があります。年齢証明ができるものがあるといいです。子供なら、顔を見ただけで割引してくれますが、大人は証明書の提示が厳格です。日本の学生証でも割引が受けられる場合もありました。（東京都　家族3人　'16）

IYTCカードの申請先

※申請は各地のYH協会や大学生協などで。

URL www.isicjapan.jp

URL からオンライン申し込み、発行場所の検索可。

※ISIC、IYTCカードはいずれも発行手数料￥1750。

日本ユースホステル協会

住 〒151-0052
東京都渋谷区代々木
神園町3-1
国立オリンピック記念
青少年総合センター
センター棟3階

☎ 03-5738-0546

URL www.jyh.or.jp（会員登録可）

各県のYH協会などでも入会手続き可。

国外運転免許証の情報 警視庁

URL www.keishicho.metro.tokyo.jp

国外運転免許証の有効期間は発給日より1年間

海外でも便利なJCBカード

JCBカードを持っていれば、おトクで快適な海外旅行が楽しめる。世界60ヵ所に設置された海外サービス窓口「JCBプラザ」に行けば、現地のレストラン予約や観光についての相談が日本語でできる。さらにクレジットカードの紛失や盗難時のサポート、海外専用緊急再発行カードの受け取りサービスもあって安心。また、地域別のMAP付きオリジナルガイド「JCB優待ガイド」やウェブ上でレストランを無料で予約できる「たびらば（旅LOVER）」も見逃せない。
詳細はホームページで。
URL www.jcb.jp

Soldi per Viaggio

お金は何で持っていくか

自分の旅のスタイルにマッチした通貨、方法の選び方。旅に必要なお金をどういう形で持っていくか検討してみよう。

現　金

家から空港までの往復の交通費などには日本円がいるし、少額のユーロはイタリアに着いた瞬間から必要だ。現地の空港や駅の両替所に行列するのが嫌な人は日本で購入できる（三菱東京UFJ銀行やその系列のトラベルコーナーのほか、各取り扱い銀行、郵便局、空港内の両替所など）。ただし、紛失や盗難に遭ったらアウト。日本円はどこでも両替できるし、商店によっては支払いにも使える場合もある。

クレジットカード

いちいち両替の必要がなく、現金を持ち歩かなくてもよいのがクレジットカード。イタリアでも多くのホテルやレストラン、商店で利用できる（ただし、経済的なホテルやレストラン、少額の買い物などでは使えないことがある）。レンタカーやホテルの予約時にも、呈示を求められ、一種の支払い能力の証明ともなっているので持っていると安心だ。しかし、クレジットカードの種類によってはほとんど通用しない可能性もあるし、ときとして読み取り不能の場合もあるので、できれば複数の国際カードを持っていこう。

トラベルプリペイドカード

トラベルプリペイドカードは、外貨両替の手間や不安を解消してくれる便利なカードのひとつだ。多くの通貨で国内での外貨両替よりレートがよく、カード作成時に審査がない。出発前にコンビニATMなどで円をチャージし（預け入れ）、その範囲内で渡航先のATMで現地通貨の引き出しができる。各種手数料が別途かかるが、使い過ぎや多額の現金を持ち歩く不安もない。

●クレディセゾン発行「NEO MONEY ネオ・マネー」
URL www.neomoney.jp
●アプラス発行「GAICA ガイカ」
URL www.gaica.jp
●マスターカードプリペイドマネージメントサービシーズジャパン発行「CASH PASSPORT キャッシュパスポート」
URL www.jpcashpassport.jp
●マネーパートナーズ発行「Manepa Card マネパカード」
URL card.manepa.jp

デビットカード

使用方法は、クレジットカードと同じだが、支払いは後払いではなく発行銀行の預金口座から原則即時引き落としとなる。

口座の残高以上は使えないので、予算管理にも便利。ATMで現地通貨も引き出し可能だ。デビットカードは、JCB、VISAなどの国際ブランドで、複数の金融機関がカードを発行している。

URL www.jcb.jp/products/jcbdebit
URL www.visa.co.jp/debit

ユーロ現金の入手先

ユーロの現金は銀行、郵便局、トラベルコーナー、成田・関空の空港内両替所などで。

三菱東京UFJ銀行

すべての支店で両替が可能ではないので、まずは URL やフリーダイヤルで最寄りの「トラベルコーナー」などの情報を入手しよう。
☎0120-860777
URL www.bk.mufg.jp

両替機よりATM機が主流

両替機は空港など限られた場所に置かれている。ATM機はどんな田舎にもあり、最近は両替機よりもATM機が主流。キャッシングができるカードを持っていると、急に現金が必要になっても困らない。ぜひ1枚、できればカードが使用不能になったときのために複数枚のクレジットカードまたはデビット、トラベルプリペイドカードを持っていこう。もちろん、紛失や盗難防止のため、カードを分散して持つことも忘れずに。

キャッシングや買い物の際には暗証番号の打ち込みが必要なので、確認しておこう。

カードでキャッシング

利率や手数料が気になるカードでのキャッシング。通常はその日の円貨換算レートに、3～5%程度の上乗せと出金手数料105円が加算される。両替の煩わしさや現金を持ち歩く不安を考えれば、カードでのキャッシングは便利で安全。カードの種類によって、利率は変わるので気になるようなら、事前にチェックしてみよう。

おもなクレジットカード

URLから、各種取り扱いカード、入会申し込み、トラブルの対処法などがわかる

■アメリカン・エキスプレス
URL www.americanexpress.com
■ダイナースカード
URL www.diners.co.jp
■JCBカード
URL www.jcb.co.jp
■VISA
URL www.visa.co.jp
■Masterカード
URL www.mastercard.co.jp

日本で情報を入手する

旅の楽しみのひとつは、出発までの浮き立つ気分でのプランニング。訪れる町々へ思いをはせるひとときは格別だ。必要かつ快適で楽しい旅行のための情報収集のできる機関を紹介。

ENITイタリア政府観光局

イタリア各地の旅の情報を提供しており、インフォメーション担当スタッフが電話／ファックスで質問に応じてくれるが、あまり細かい情報は現地から届いていないこともあるので、直接イタリアで入手すること。紙資料の送付受付は、基本的に総合案内のみ。各地の資料は、各観光局のサイトからダウンロードする必要があるが、一部の資料は観光局サイト内でもダウンロードが可能（詳細は観光局サイトを確認）。個別地域の紙資料が日本に届いた際は、その都度、観光局サイトまたはフェイスブックで公開される。同封する返信用封筒や切手料金も資料ごとに案内される。

イタリア政府観光局ENIT
住 〒108-8302
東京都港区三田2-5-4
（イタリア大使館内）
☎ 03-3451-2721
開 月～金 9:30～17:30
休 土日祝（大使館閉館日に準ずる）、年末年始
URL visitaly.jp
URL www.facebook.com/Italia.jp
※訪問は事前予約、及び入館には顔写真付き身分証明書が必要

イタリア文化会館

イタリアの芸術、言語、文学、文化などを日本に紹介するための機関。付属の図書館は一般公開されている。

またイタリア留学に関する問い合わせにも応じている。何を学びたいのかを具体的に記した手紙に返信用切手を同封して会館宛てに送れば返事をくれる。ただし、イタリアの専門学校は10月、公立学校は11月の開講なので、年内の留学を希望する人は6月中に手続きを終えておくのが望ましい。

イタリア文化会館
住 〒102-0074
東京都千代田区
九段南2-1-30
☎ 03-3264-6011
開 月～金10:00～13:00
月水 14:00～18:30
火木金14:00～18:00
休 土日祝、年末年始、5月の連休頃、7月末～8月
URL www.iictokyo.esteri.it

✉ 旅のお金はどう選ぶ①（→P.533）

両替は最初に手数料の確認を

両替手数料が非常に高額です。最初9万円の両替の際に8～9%、2回目4万円を両替した際は19%の手数料を取られました。まずは手数料の確認を。

（京都府　水島彰宏　'10）

ナポリ中央駅の両替所にて

日本円と前回の旅で余った少額のドル紙幣の両替を頼みました。明細を見ると、1通貨につき€4.90引かれ、計€10ほど受取額が少なくなっていました。ドルを渡したことで、手数料の方が多くなり、日本円だけを渡すより受取額が少なくなっていたのです。英語で「これは何か?」と尋ねても「yes!,yes!」と、答えるだけ。結局「表示してあるので私たちに問題はない。サインしろ」と言ってきました。受取額が少なくなるなら、最初に言ってほしいものです。結局「マネージャーを呼べ」のひとことでキャンセルできました。こんな不親切な両替所に遭遇するなら、日本で両替していくのもいいかも。

（illy　'11）

ローマ・テルミニ駅の両替所

緊急に両替が必要になり、夜遅かったため仕方なくテルミニ駅の両替所を利用。円高なので、多少のコミッションを取られてもレートはそう悪くないだろうと日本円を出すと、最初は英語で話していた窓口の人が数字だけイタリア語になりました。受け取った金額は思っていたよりも少なく、数10%のコミッションを取られ、実質€1=¥150のレートでした。駅や空港の両替は高いと聞いていましたが、まさかここまでとは……。両替は余裕をもってレートを比較して場所を選ぶか、キャッシングがおすすめです。

（スノボ　'12）

暗証番号は何桁!?

出発前はキャッシングするつもりでしたが、現地でATM機が使えませんでした。予備費を持参したので事なきを得ましたが、高い両替手数料を支払わなくてはならず、気分のよいものではありませんでした。私のカードの暗証番号は4桁なのですが、イタリアのATMが5桁を要求したため利用できなかったのです。どうして?

（埼玉県　匿名希望　'10）

イタリアではATMはBANCO MATバンコマットと呼ばれています。機械によっては5桁の暗証番号の入力を要求しますが、4桁の入力後enterを押せば、次へ進むことができます。

（編集部　'11）

ユーロまたは円建てどっち?

某有名店で買い物をし、支払いはクレジットカード。ユーロと円払いが選べ、その日の固定ルートで支払いました。ところが、届いた明細を見るとユーロで支払った方がずっと安いことが判明しました。為替により日々異なると思いますが、有利な買い物を。

（神奈川県　ミラネロ　'10）

ほかにも「ユーロ建てが有利」との投稿あり。

旅のモデルテーマの提案

魅力的な町々が連なるイタリア。ローマ、フィレンツェ、ミラノ、ヴェネツィア、ナポリといった大観光都市のみならず、心に触れる小都市が各地に点在している。洗練された文化と歴史を誇る北イタリア、美しい自然のなかで中世が息づく中部イタリア、輝く太陽の下、個性あふれる南イタリア。まずは旅のスタイルや興味に合わせてじっくりと計画を練ってみよう。ここでは、本書で扱うテーマに沿った旅を提案してみた。

イタリア・ハイライト

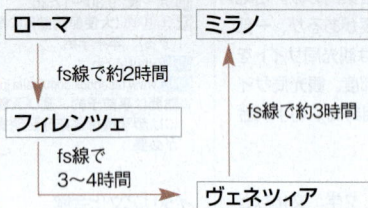

ローマ
↓ fs線で約2時間
フィレンツェ
↓ fs線で3〜4時間
ヴェネツィア
↓ fs線で約3時間
ミラノ

旅のポイント 初めてイタリアを訪れる人におすすめのルート。各都市に最低でも2〜3泊して、じっくりとイタリアの魅力を実感しよう。バロックの町ローマ、ルネッサンスのフィレンツェ、ゴンドラが運河を行く水の都ヴェネツィア、そしてファッションの都ミラノ……とさまざまな顔を見せてくれる。お気に入りの町に出合ったら、再訪を。

世界遺産巡り

イタリア全土で50以上の数を数える世界遺産。一度の旅ですべてを訪ねるのは1ヵ月あっても足りない。地域や期間を分けてプランニングするのが疲れないコツだ。

●北部

ミラノ
↓ fs線で約2時間
モデナ
↓ fs線でボローニャ乗り換えで約1時間
フェッラーラ
↓ fs線で約1時間
ラヴェンナ
↓
フェッラーラ
↓ fs線で約50分
パドヴァ
↓ fs線で約1時間
ヴェローナ
↓ fs線で約40分
ヴィチェンツァ
↓ fs線で約20分
パドヴァ
↓ fs線で約30分
ヴェネツィア

●中部

ローマ
↓ fs線で約1時間30分
フィレンツェ
↓ fs線またはプルマンでポッジボンシ乗り換えで約1時間30分
サン・ジミニャーノ
↓ プルマンで約40分
シエナ
↓ プルマンで約1時間30分（平日のみ）
ピエンツァ
↓
シエナ
↓ fs線でエンポリ乗り換えで約1時間45分
ピサ

旅のポイント 中部イタリアでは、プルマン（長距離バス）が移動の足となる。プルマンは頻繁にあり、町の中心に到着することが多いので便利だ。列車とはまた異なる車窓からの風景も楽しい。プルマンは平日と日曜・祝日の運行便数は異なるので、事前に帰りの時刻表をチェックして出かけよう。

旅のポイント fs線のミラノ・ヴェネツィア線は幹線鉄道で便も多い。この線上のブレーシャ、ヴェローナ、ヴィチェンツァ、パドヴァ、ヴェネツィアは距離的にもさほど離れていない。経済的に旅行するなら、ヴェネツィア観光の宿をどこに取るかがポイント。

●南部

ローマ
↓ fs線で1～2時間
ナポリ
↓ fs線または周遊鉄道で20～40分
ポンペイ
↓ fs線またはプルマン利用で40分～1時間
カゼルタ
↓ fs線で50分～1時間30分
サレルノ
↑ プルマンで約1時間10分
アマルフィ海岸
↑ プルマンで約1時間50分
サレルノ
↑ プルマンで約30分
ペストゥム
→ サレルノ
↓ fs線でターラント乗り換えで5～6時間
バーリ
↓ スッド・エスト線で約1時間40分
アルベロベッロ
↓
バーリ
↓ カラブロ・アップロ・ルカーネ線で約1時間30分
マテーラ

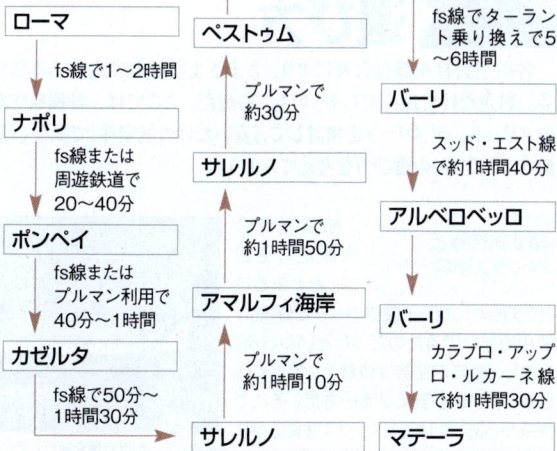

旅のポイント

アマルフィ海岸はプルマンに乗り続ければサレルノからソレントまで約3時間の道のりだ。ただ、1日で通り過ぎてしまうのはもったいない。何泊かして小さな町を楽しみながら進むのがおすすめ。バーリ以南は交通の便があまりよくないので、ゆったりとしたプランニングが必要だ。

●オペラ鑑賞

冬―イタリア3大歌劇場と話題の劇場
ミラノ：スカラ座
ローマ：オペラ座
ナポリ：サン・カルロ劇場
ボローニャ：市立(コムナーレ)歌劇場
ヴェネツィア：フェニーチェ歌劇場

夏―ヴェローナ：アレーナ音楽祭
フィレンツェ：5月音楽祭
ローマ：カラカラ浴場などの野外オペラ
ペーザロ：ロッシーニ・オペラ・フェスティバル
スポレート：音楽祭

旅のポイント

冬が本格的なオペラシーズンだが、夏でもヴェローナの野外オペラをはじめ、星空の下でのオペラなどが各地で上演される。著名音楽家や会場にこだわらなければ、音楽会はいたるところで開かれ、気軽に楽しめる。冬のオペラシーズンだけでなく、春から夏までコンサートやバレエが多く上演されているので、観劇の機会は多い。劇場初心者や子供連れには華やかでわかりやすく、料金もオペラよりやや手頃な古典バレエがおすすめ。いずれもマチネは少なく、閉幕はかなり遅い時間になるので旅行メンバーの年齢や宿泊場所にも考慮したい。人気の高い大劇場や有名出演者の演目は、早めに切符の手配を。

イタリア各地のおもな伝統行事

1/6	ナヴォーナ広場のおもちゃ市(ローマ)	5月の最終日曜日	石弓競技(グッビオ)、飾り馬車行列(タオルミーナ)
2～3月	カーニバル(ヴェネツィア、ヴィアレッジョなど)、復活祭前の金曜日　ヴェネルディ・サント(ターラント、トラーパニ)	5月/6月	中世4大海運共和国レガッタ(ヴェネツィア、ピサ、ジェノヴァ、アマルフィの持ち回り)
3月末～4月末(年により変わる)	花火の山車の爆破(フィレンツェ)	6/24、28	古式サッカー試合(フィレンツェ)
5月上旬	カレンディマッジョ(アッシジ)	復活祭から60日目	花祭り(ジェンツァーノ)
5/1～4	聖エフィジオ祭(カリアリ)	7/2、8/16	パリオ(シエナ)
5/15	ロウソク祭(グッビオ)	9月の第1日曜日	歴史的レガッタ(ヴェネツィア)、サラセン人の槍試合(アレッツォ)

地球の歩き方T&Eおすすめのルート例はこちら→ URL tabiplaza.arukikata.com/theme/train/italy.html

La Strada per Italia

イタリアへの道

賢い航空券の選び方

各航空会社や旅行会社により、さまざまな料金設定がある航空券。料金だけで選んでしまうのも、心配だ。ここでは、各種航空券のメリット、デメリットを検討して、『安いだけの航空券』ではなく『価値ある航空券』の選び方を考えてみよう。

格安航空券とペックス運賃

航空運賃の大改定の意図は、とどまることを知らない格安航空券の存在と値段に、歯止めをかけるためだったといわれる。しかし、格安航空券は依然としてなくならず、ますます安くなる一方だ。そこで従来からあったIATAペックス運賃はかなり値下がりし、新しく設定されたゾーンペックス運賃は、格安航空券に次いで安いチケットとして人気上昇中だ。

イタリアへの直行便を運行しているアリタリア-イタリア航空

ペックス運賃とは？

ズバリ!! これは正規の割引運賃のこと。航空会社やどの旅行会社においても購入でき、規定が一定している点で安心できる物だ。

具体的にいうと、一定のゾーン内で各航空会社ごとに独自に価格設定ができるのが、**ゾーンペックス運賃**。ヨーロッパ行きの有効期間は3ヵ月、追加料金を払えば2回まで途中降機でき、片道を別の航空会社の便に変更も可能。予約時に座席指定もでき、格安航空券のように空港でチケットを受け取るのではなく、事前に航空券が発券される。値段のほうも、ピーク時以外なら、格安航空券の値段に限りなく近づいた。

一方、**IATAペックス運賃**は、国際航空運送協会が設定する全航空会社共通の運賃で、下がったとはいえ、まだかなり高い。ゾーンペックスより高い分、上記の利用条件に加え、さらにルート選択の幅が広く使い勝手はよい。

ただし、どちらのペックス運賃も、発券後の予約の変更はできない。キャンセル料は格安航空券よりも安い。

格安航空券とは

格安航空券にも実は**2種類**がある。ひとつは、ヨーロッパ系のアリタリア、ルフトハンザ、英国航空などに日航、全日空を加えた、俗に言う「**ヨーロッパ・日系キャリア**」の物。ヨーロッパまで、今の相場で6～30万円ぐらい。ふたつめは、アエロフロート、大韓航空、シンガポール航空、パキスタン航空、エジプト航空などの航空会社、いわゆる「**アジア系キャリア**」の物。だいたい、5～25万円ぐらいだ。

たった1日で大きな損得

ご多分にもれず、航空券も需要と供給のバランスの世界。休暇の始まる7月20日、12月下旬などからは、必ず料金が高くなる。だから、ちょっと無理をしてでも出発を繰り上げるのが節約するコツだ。またツアーや格安航空券の場合は締め切りや売り切れも多いので早めに行動を開始しよう。

空港へは何時間前に到着?

チェックインは一般的に、国際線がフライトの2時間前、国内線が1時間前。ただし、世界情勢の変化により重量制限や手荷物制限('06年11/6より液体類は1種類につき100mℓ以内、透明ビニール袋に入れる、など→P.514)の厳格化などで、チェックインはもとより、免税手続き、出入国審査も以前より時間がかかるようになってきた。予期せぬ交通トラブルやアクシデントに備えて、余裕をもって出かけよう。

リコンファームについて

航空会社の多くはリコンファーム(予約の再確認)が不要。購入時に確認を。

Information

航空会社連絡先

ウエブサイトではスケジュールやマイレージ、機内サービスなどの情報を収集することができる。

- アリタリア-イタリア航空
  ☎03-3568-1411(コールセンター)
  URL www.alitalia.com/jp
- 日本航空　☎0570-025-031
  URL www.jal.co.jp
- 全日本空輸　☎0570-029-767
  URL www.ana.co.jp
- KLMオランダ航空
  ☎03-5767-4149
  URL www.klm.com
- ルフトハンザ・ドイツ航空
  📞 0120-051-844
  URL www.lufthansa.com
- アエロフロート・ロシア航空
  ☎0053-116-0728
  URL www.aeroflot.ru
- 大韓航空　☎0088-212001
  URL www.koreanair.com

搭乗手続きは、出発2時間前が原則だが、最近は早めが有利だ

「ヨーロッパ・日系キャリア」の格安航空券は、コンソリデーターという組織が航空会社から団体席を往復で買い取って、旅行会社に分配し、それを代理店が個人単位で売っている物だ。したがって、料金は格安の団体料金だが、日程と目的地はかなり自由に選択できる。つまり、ヨーロッパ・日系キャリアの格安航空券はツアーの航空券と同様の物と考えればよい。目的地はヨーロッパ主要20都市くらいに限定され、期間も7日以上～37日間以内の範囲に決められている。

空港内のバス移動の楽しみ。タラップを上る

これに対して「アジア系キャリア」の格安航空券は、航空会社が代理店を通じて、初めから安い値段で渡す個人チケットだ。したがって、この格安航空券が最も正規料金チケットのもつ権利や条件に近いといえる。帰国の際の予約を現地で変更することもできるし、予約を入れずにオープンで行って、帰りは現地で自由に予約を入れることもできる。チケットの有効期間も数ヵ月から1年、とずっと制約が緩い。しかし、正規料金の個人チケットとの違いは、運休などの場合、ほかの会社に**振り替えができない**（航空券に“Not Endorsement”とある）点や、**ルート変更ができない**（航空券に“Not Reroutable”とある）という点にある。これは、正規の運賃に比較して**3分の1以下**になってしまう格安航空券の宿命と考えるべきだろう。

以上のような分類だった格安航空券だが、今ではゾーンペックス運賃をディスカウントした物が売られている。従来の格安航空券は、本来パック旅行用の個人包括旅行（IIT）運賃をディスカウントしたもので、「2泊以上の宿泊と何らかの地上手配」を込みで売らなければならない物だが、現実には航空券のみのエアオンリーで売られている。ゾーンペックス運賃は初めからエアオンリーだが、ペックスならではのメリットを生かしつつ、ディスカウントされたチケットも出回っているので、今後の航空券購入にあたっても検討してみたい。

空港内では
バス移動の場合もある

どこの航空会社を選ぶのか？

さて、実際どこの航空会社を利用すればよいか？　それは各自が何を優先させるかによる。寄り道せずにとにかく真っすぐイタリアに入りたいのなら、直行便がおすすめ。アリタリア-イタリア航空が直行で、ローマ、ミラノへ飛んでいる。アリタリア-イタリア航空は成田から毎日運航。アリタリア-イタリア航空利用の場合、直行便利用でイタリアまで約12時間。成田を14：00に出発するとローマには19：00に到着だ。

また、**乗り継ぎ**でかまわないなら、キャリアはいくらでもある。ヨーロッパ系の航空会社なら、ヨーロッパ主要都市でストップオーバーできるうまみがある。それ以外の航空会社は、時間がかかるが安いのが利点だ。

重量制限に注意

アリタリア-イタリア航空では、'13年5月よりチェックインバゲージの規定が重量制から個数制に改定された。日本↔イタリア便では1個当たりの3辺の合計が（高さ＋長さ＋幅）203cm以下、重さ23kg以下で、エコノミークラスは2個、ビジネスクラス32kg以下を2個。

機内持ち込みは、身の回りの品（杖、コート、免税店の買い物袋、ノートパソコン、アタッシュケース）を除き、1個8kg（長さ55cm、幅25cm、高さ35cm）まで。

超過した場合は、チェックインカウンターで、荷物の入れ換えや追加料金を求められることも少なくないので、荷物はコンパクトにまとめよう。

多くの航空会社で、制限を超える重さに厳しくなり、超過分は課金する傾向になっているので、利用航空会社のホームページなどで出発前に確認を。

イタリア入国時の免税限度枠

下記のとおり、個人使用に限りイタリア国内に無税で持ち込める。

●酒類（17歳以上）ワイン4ℓ、ビール16ℓ、22度以下のアルコール飲料1ℓまたは22度以下のアルコール飲料2ℓ。

●たばこ（17歳以上）紙巻たばこ200本、または細葉巻（各最大3gまで）100本、または葉巻50本、または刻みたばこ250g

このほか、カメラやビデオ機材、コンピューター、時計などは購入証明の呈示、個人的荷物は総額€430を超えないなどと規定がある。税関で尋ねられることは少ないが、もし聞かれたら「個人用の身の回り品Effetti personaliエフェッティ・ペルソナーリ」と答えよう。常識の範囲ならOKだろう。

新品の高価な品を持ち込む場合は、心配なら領収書などを持参しよう。

エコノミー席が2クラスに分かれた、アリタリア-イタリア航空

イタリア国内は各社が運行

イタリアの国内線には主要都市を結ぶ、アリタリア-イタリア航空Alitalia（AZ）、メリディアーナ航空Meridiana、エアードロミテAir Dolomitiなど各社が運行している。航空会社によりミラノ発でもマルペンサ空港、リナーテ空港発のものがあるので、自分の旅のルートに合わせて選ぼう。

ストップオーバーを利用

イタリア国内を飛行機で移動する予定なら、イタリア国内に飛行路線をもっている航空会社を選ぶのが得策。格安航空券を除き、一般的には2フライト無料でつけられるストップオーバーのシステムがある。路線がない場合でも、正規料金より割安で利用できることもあるので購入時に聞いてみよう。ストップオーバーを利用する場合は発券時にルートや日時を確定していなければならない。

旅のルートによっては、まず日本・イタリア往復の格安航空券を購入し、別にロー・コスト・キャリアLCCの航空券を目的地まで購入すれば手間がかかっても安上がりの場合もある。ただし、かなりの制約があるのも事実。

イタリアのLCC（ロー・コスト・キャリア）

日本同様、イタリアでも格安な料金で人気が高い。イタリア国内で利用できるのはアリタリア-イタリア航空の国内線、ライアンエアー、イージージェット、メリディアーナ航空など。空港は、ミラノならマルペンサやリナーテのほか、ベルガモのオリオ・アル・セリオ空港Orio al Serio、ローマはフィウミチーノのほかチャンピーノ空港Ciampino、ヴェネツィアはマルコ・ポーロ空港のほかトレヴィーゾ空港など、郊外の空港を利用する場合が多い。LCC利用者の増加とともに、各空港と市内を結ぶプルマン便などが整備されているので、移動に問題はない。利用空港のホームページなどを見てアクセスを確認しておくと安心だ。

切符はネットでのクレジットカード決済が普通。切符の購入は早いほど、料金は安いのが一般的。スポット的に購入日、利用日限定のキャンペーンもあったりする。ただ、表示料金は安いものの、ボーディングパスのプリントアウト、オンライン・チェックインなどを忘れると高額な料金を請求され、優先搭乗、受託手荷物なども別料金となる。また、機内持ち込み手荷物の制限も厳格。各社により、規定や料金が異なるので、損をしないためには購入前によく読んでおくのが肝要だ。日本の旅行会社でも格安航空を手配してくれるところもあるので、相談してみるのも一考だ。

最近よく聞く「e-チケット」とは？

e-チケットとは、従来の航空券に記載されている内容を、航空会社のシステム内に記録させた、**エレクトロニック・チケット**（電子航空券）という新しいタイプの航空券の略称。「チケットがない、または存在しない」のではなく、「航空会社がチケットを預かっている」と考えればよい。e-チケットだと、チケットを盗まれたり、紛失したりする事はあり得ないので安心。**旅程表**のみが発行されるので、旅程表を忘れずに携帯しよう。

機内持ち込み手荷物の規則

あらゆる液体物（歯磨き、ジェルおよびエアゾールを含む）は100ml以下の容器に入れ、再封可能な容量1000ml（20cm×20cm）以下の透明プラスチック製袋（ジップロックなど）に余裕をもって入れる。袋は1人1つまで。ただし、医薬品、乳幼児食品（ミルク、離乳食）などは除外されるが、処方箋の写し、乳幼児の同伴など適切な証拠の提示を求められる。

機内持ち込み手荷物については、利用航空会社や国土交通省航空局のホームページを参考に。

URL www.mlit.go.jp/koku

同日乗り換えの場合は、機内手荷物制限にご注意

化粧品などの液体物は、最初からスーツケースなどに入れてチェックインしてしまえば問題はない。制限対象となるのは、上記のとおり機内持ち込みをする物。また、チェックイン後に免税店で購入した酒類や化粧品は、そのまま持ち込むことができる。

ただし、乗り換えをする場合は、免税店で購入した物も含めて、経由地で100mlを超える物は廃棄、100ml以下の場合はパッケージを開けて再封可能な袋に入れることが求められる。アジア、ヨーロッパ各地やミラノ、ローマなどで同日に乗り換えを予定している人は注意しよう。免税品については、経由地により、やや異なることがあるので、購入前に免税店で確認しよう。

帰国便も同様なので、日本への直行便以外を利用する人はご注意を。

海外格安航空券比較サイト

URL www.tour.ne.jp/w_air/
URL www.skygate.co.jp

格安航空の総合サイト

URL www.edreams.it
URL www.bravofly.com

ライアンエアー
URL www.ryanair.com
イージージェット
URL www.easyjet.com
メリディアーナ航空
URL www.meridiana.it
※URL はイタリア語。一部英語あり。

Romaへ

レオナルド・ダ・ヴィンチ空港と入国手続き

日本から直接ローマに到着するには、アリタリア航空の直行便が一番早くて、約12時間。モスクワ経由の便で約15～16時間。南回りだと18時間のフライトで永遠の都ローマに到着する。飛行機の窓から紺碧のティレニア海とイタリア特有の唐傘松の木立を眼下にすると、間もなくイタリアーの天才の名を冠したローマの国際空港**フィウミチーノ空港**(レオナルド・ダ・ヴィンチ空港)に到着する。まずは人混みに交じって列に並んで**入国手続きImmigrazione**だ。90日以内の観光旅行ならばビザ(査証)は不要。その後、人の流れに従うとターンテーブルのあるエリアに到着する。ここにはトイレ、両替所、ATMなどがある。ユーロの持ち合わせがない場合はここで両替しておこう。カートはカートプールの機械に€2を投入して引き出して利用する。自分の利用したフライトが表示されたターンテーブルから荷物を引き取って進むと出口そばに**税関Dogana**がある。これを越えれば、到着の人を待つ広いロビーだ。このフロアーにはレンタカー事務所、❶、各種売店、バールなどが並ぶ。ローマ市内へ鉄道で向かう場合は、税関を出てすぐ右側のエレベーターに乗り、連絡通路を標識に従って進むとfs線のフィウミチーノ駅だ。または、空港出口を出て道路を渡るとエレベーターがあるので、これを利用してもいい。この出口にはタクシー乗り場もある。市内へは定額制(→P.57)なので、最初に確認を。

荷物の取り間違えに注意！

バスを利用する場合は、税関出口を背に右に進もう。標識に従って建物内部を行ってもいいし、建物沿いに歩道を進んでも同じ。建物を越えた先にあるバスの駐車場がバスターミナル。切符は切符売り場やバスの入口近くの係員から購入。鉄道よりも時間はかかるが、経済的。(ローマ市内へのアクセス→P.50)

Milanoへ

マルペンサ空港から市内へ

空港から市内へはバスや列車が運行されている。中央駅へはシャトルバスが便利。乗り場は空港建物を出たほぼ正面、運転手から切符を購入できる。

'10年よりマルペンサ・エクスプレスがミラノ中央駅へ乗り入れており、ミラノはもとよりほかの町へfs線を利用して移動する場合は便利。ミラノ中央駅を経て、地下鉄カドルナ駅(私鉄ミラノ・ノルド駅)が終点。パス類の使用不可。空港駅はターミナル1の地下にある。(ミラノ市内へのアクセスは→P.184)

マルペンサ・エクスプレスは時間が読めるので安心

空港は広い

ミラノのマルペンサ空港もローマのレオナルド・ダ・ヴィンチ空港も大拡張・改装工事が行われ、現在も一部で工事が続いている。いずれの空港も広く、一部ではターミナル内の移動にモノレールが利用されている。国際線から国内線へ移動する場合は、途中でパスポートコントロール、手荷物検査があり、端から端まで移動するのに徒歩で10～20分程度かかる。乗り継ぎの場合は早めに行動を。

✉ 出入国の注意

成田からオランダ・アムステルダム経由でローマに行きました。アムステルダムでの乗継時にはまずオランダに入国。ローマに到着後は預けた荷物を受け取るだけで入国審査はありません。帰りもほぼ同様。これはEU圏のシェンゲン協定によるものですが、EU圏初旅行の私たちは間違えてEUパスポートの出口から荷物を受け取らずに出てしまったりして少し苦労しました。旅の限られた時間を有効に使うためにもEU圏のルールを知っておくことが大事と感じました。（山梨県　DL　'14）

✉ 私も入国審査なし

ローマ・フィウミチーノ空港では、入国審査なし。私はミュンヘンからの乗り継ぎ便で入国したからでしょうか？　ミュンヘンでは簡単なパスポートチェックがありました。（ののこ　'14）

イタリアへの通貨の持ち込み・持ち出し制限

ユーロ、外貨ともに1万ユーロ相当額以上(トラベラーズチェック、有価証券を含む)のEU圏内への持ち込み、持ち出しには申告が必要。

申告を怠った場合は、所持金の没収や処罰の対象となる場合ある。申告は税関や申請所Controllo Valutaで。

日本からの持ち出し・持ち込み制限

現金、トラベラーズチェックなどで合計100万円以上、金の地金などで1kgを超えての国外への持ち出し、あるいは日本国内への持ち込みの場合は、「支払い手段などの携帯　輸出・輸入届出書」が必要。書類は、出国の際はパスポートコントロール手前で、入国(帰国)の際は航空機内で配布されるので、必要な人は記入しておこう。忘れたり、虚偽申告の場合は、罰則の規定あり。

Viaggio in Treno

イタリア鉄道の旅

トレニタリアTRENITALIA（fs線）の路線は、イタリア全土1万6000kmに張り巡らされている。遅れるとか、スト（ショーペロSciopero）が多いとかの悪名高いトレニタリアだが、実際は、ほとんど時刻表どおりに運行されている。

このTRENITALIA（fs線）でユーレイルグローバルパスをはじめとするパス類が使用可能。ポンペイへ行くヴェスーヴィオ周遊鉄道とアルベロベッロのトゥルッリ地帯を走るスッド・エスト線、ミラノからコモ、マルペンサ空港へいく北ミラノ鉄道線などではパス類は利用できない。

列車の種類と料金

トレニタリアの列車は大きく分けて長距離部門と地域運輸部門に分けられる。長距離部門の列車は、高速列車であるフレッチャロッサFR=Frecciarossa、フレッチャルジェント=Frecciargento、長距離列車のフレッチャビアンカFB=Frecciabianca、インテルシティIC=Intercity、夜行列車のインテルシティノッテICN=Intercity Notteがある。これらの列車は乗車券と指定券がひとつになった包括運賃チケットでの利用となるため全席指定制。

ユーレイルイタリアパスなど鉄道パスを使って利用する場合、予約と追加料金が必要となる。追加料金はFR、FA、FBは€10、ICは€3、ECは€3〜10である。鉄道パスを持って、これらの列車に予約なしで乗り込むと車内検札の際に、通常の追加料金とは別に、€8の料金が徴収される。予約の変更等は駅窓口で可能である。

地域運輸部門の列車は、普通列車のレッジョナーレR=Regionaleと快速列車のレッジョナーレ・ヴェローチェRV=Regionale Veloceがある。これらの列車は予約不要な列車なので、鉄道パスのみで利用可能である。乗車券を購入し、RやRVを利用する場合は、乗車前にホームにある自動検札機（→P.523）で、乗車券に刻印をすること。

FR「フレッチャロッサ」

トレニタリアの時刻表などの検索サイト

URL www.trenitalia.com
www.trenitalia.jp（日本語）

主要列車は全席指定

RV（レッジョナーレ・ヴェローチェ）、R（レッジョナーレ）を除き、ほぼすべての列車で座席指定制となった。指定以外の列車（該当路線の切符はあっても予約なし）に乗り込むと車内検札の際に€8の料金が徴収される。予約変更は簡単で無料なので、早めに駅窓口や係員に相談しよう。

各種列車のパス追加料金

鉄道パス所有の場合。
距離、等級に関わらず一律

FR、FA（AV）	€10
FB	€10
EC	€3〜10
IC	€3

変更・返金不可の場合あり　割引切符の購入前に

トレニタリア、イタロともに各種の割引切符を販売している。ネットや現地の窓口で購入できる（早期購入、枚数制限、列車指定などあり）。ただし、切符によっては変更・返金ができない物があるので、旅の予定が不確定の場合は注意しよう。

トレニタリアの場合切符は3種類、**SUPER ECONOMY**は変更・返金不可。**ECONOMY**、MINIは列車の発車前なら変更可（要手数料）、返金不可。**BASE**、変更は列車の発車前なら無料。発車後でも少額の手数料で変更、返金可。

イタリアの高速列車

トレニタリアの高速列車は、最高速度によってふたつの種類に分けられる。

フレッチャロッサFRECCIAROSSA(FR)

「赤い矢」の意味で最高速度300km/hのETR400（フレッチャロッサ1000）ETR500による運行。トリノ〜ミラノ〜ボローニャ〜フィレンツェ〜ローマ〜ナポリ〜サレルノ間などで運行。4クラス制での運行をしている。

フレッチャルジェントFRECCIARGENTO(FA)

「銀の矢」の意味で最高速度250km/hのETR485、ETR600による運行。ヴェネツィア〜フィレンツェ〜ローマ〜ナポリ〜サレルノ、ローマ〜カゼルタ〜バーリ〜レッチェ、ローマ〜ナポリ〜レッジョ・ディ・カラーブリア間で運行。

フレッチャビアンカFRECCIABIANCA(FB)

以前はエウロスターシティ（ESC）の種別であった長距離列車。最高速度は200km/h。フレッチャロッサなどの高速列車が運行していない区間で運行している。ミラノ〜ヴェネツィア間、ミラノ〜アンコーナ〜バーリ〜レッチェ間で運行している。

イタロ .italo

2012年4月に登場したNTV社の高速列車。ミラノ〜ボローニャ〜フィレンツェ〜ローマ〜ナポリ間などで運行。トレニタリアとは別会社のため、鉄道パスで利用はできない。下記のサイトで時刻検索、料金検索、チケット購入が可能。

URL www.italotreno.it

イタリアの高速列車、フレッチャロッサの車内

切符は事前にネットで

11月のフィレンツェ→ローマfs線のFAの切符を9月にネットで購入しました。たぶん早割りで切符€19+手数料で4400円でした。ユーロに換算するとそのときのレートで計約€29。イタリア到着時にローマの駅窓口で購入したフィレンツェ行きの切符は€43。断然ネットで早めの購入がお得です。（大阪府　ハル　'14）

直前予約は割高

4ヵ月前と1日前では料金が倍ほど違うことがあります。確実な旅行なら早めの購入をおすすめします。（埼玉県　Kimy　'15）

早期予約のデメリット

鉄道切符は早めの購入が割安という情報に従い、4ヵ月前の発売開始日に購入しました。1～2ヵ月後確認のためサイトを開いてみると、列車が変更になって予約した列車がなくなっていたり、空席も出てきたりしていたので、気合を入れ過ぎて購入しなくてもよいと思いました。（東京都　利佳　'16）

切符は早めに、まとめて事前購入

その1　事前に利用分を購入しておきましょう。ローマのテルミニ駅、フィレンツェのS.M.ノヴェッラ駅も係員のいる窓口はいつも大行列。当日行って買うのでは、予定の列車に間に合いません。（群馬県　あやこ　'10）

その2　ミラノ→ヴェネツィア→ボローニャ→フィレンツェ→ローマ→ナポリ（日帰り）と旅行しました。到着翌日の午前にミラノ中央駅ですべての切符を購入しようとしましたが、長蛇の列で断念。自動券売機でヴェネツィアまでの切符を購入。ヴェネツィアではサンタ・ルチア駅近くに宿泊していたので、夕食前に出かけると5分程度の行列でした。乗車日と行き先、おおよその発車時間、希望の席（図解でOK。窓側対面とか並び席など）を書いておいたメモを見せて簡単にすべての列車の予約ができました。窓口の人は「これは最新のきれいな列車ヨ」などと説明もしてくれました。旅の最初は早い時間の出発も気にならなかったのですが、だんだん疲れてくると「もう少し遅い時間でもいいや」という気分になりました。そんなときは、朝食前の散歩に駅まで出かけ、FRやFAが発車するホーム前などにあるFRやFA専用の移動式カウンターで発車時間の変更をしてもらいました。無料でとても簡単でした。ナポリからの日帰りの時間は遅くに設定していたのですが、これも変更してもらい早めにホテルへ戻ることができました。ただし、無料で何度も変更ができるのはベース料金のみで、エコノミー料金の場合は手数料がかかるようです。私たちはパス所有なので、ベース料金と同じ条件でした。（神奈川県　藤山李子　'13）

列車の発着駅に注意

トレニタリアtrenitaliaからのネット予約時にはよく駅名を確認しましょう。私は、ヴェネツィアとフィレンツェで移動を余儀なくされました。（奈良県　miyan5　'12）

発着駅名に注意

フィレンツェからローマへFRECCIAROSSAで移動しました。切符に書かれた到着時間より5分ほど前に停車した駅で下車してしまいました。それまでどこにも停まらなかったので、テルミニ駅だと思い込んでしまったのです。下車する人は少なかったですが……。こんなこともあるので下車駅の確認は大切です。（大阪府　ハル　'14）

フレッチャの車内のディスプレイには停車駅の表示があります。（編集部）

大きな都市では複数の駅があり、列車の種類により停車駅が異なる場合もあります。購入時には都市名だけではなく、駅名の確認を。

fs自動券売機アレコレ

その1　券売機のすすめ　駅の切符売り場の窓口はいつもかなりの混雑。コンコースやホームには英語表示可能の券売機があり、待ち時間なしで切符が購入できます。現金はもちろんカードも使用可能。（RRB　'13）

その2　英語地名にとまどい　英語表示があり、とても便利ですが、駅名表示がイタリア語と英語で微妙に異なり、始めは少しとまどいました。一例としてミラノ中央駅はイタリア語ではMilano Centrale英語ではMilan Main Stationです。（山梨県　匿名希望　'13）

その3　時刻表はどうする?　テルミニ駅で電車の時刻表のパンフレットを探しましたがみつかりませんでした。そこで、自動券売機で調べ、それを写真に撮って利用しました。（岡山県　三村由香梨　'14）

その4　時刻表検索　自動券売機で時刻表の検索ができます。座席指定の切符を購入した場合は切符に発車時刻が印字されます。また、券売機を使いカードで支払いをした場合、カードの控えは出てきません。控えが出てこないと慌てないでネ。（神奈川県　Emi　'09）

その5　Fs線券売機利用のアドバイス　P.524～の券売機の利用法で⑦で**All the Solutions**を押すと、すべての結果が出ます。というのも初期設定で出てくる結果はFA特急などの「おすすめの結果」しか出ないからです。ミラノ中央駅からヴェネツィア・サンタ・ルチア駅までの切符を購入しようとしたのですが、FAは2等でも€38.75（所要2時間30分程度）と学生には高い！　しかし、All the Solutionsを押すと、鈍行R（所要4時間30分で料金€19.75）が出てきて、半額程度で購入できました。所要時間は倍近くかかってしまいますが、うち1時間はヴェローナ・ポルタ・ヌオーヴァ駅での乗り換え待ち時間だったので、駆け足でアレーナと市庁舎の観光もできました。私的にはおすすめです。（埼玉県　ぎーたか　'14）

券売機から割引切符の購入

現地の駅員さんに教えてもらいました。券売機でも切符を購入する際、「PROMO」ボタンを押すと割引切符を簡単に購入できます。残席があればお買い得。P.525の⑧の切符の種類の画面にあります。（あなご　'16）

✉ 列車の種類と速さは同一!?

列車の種類が同じなら目的地への所要時間はほぼ同じと考えていました。ところが、時間帯によってかなり違い、近距離ならRで移動してもＩＣとそう変わらない場合がありました。より効率的に移動するなら、fs線のURLで時刻表を検索すると、料金と各列車の所要時間が表示されますヨ。

（東京都　鉄子未満　'09)['16]

●時刻表の読み方

駅構内に張ってある、出発**Partenza**の黄色の時刻表や鉄道❶に置かれた、配布用の鉄道の時刻表なども参照に利用列車を選ぼう。また、切符売り場の窓口でも、相談に乗ってくれる。

時刻表は、イタリアの多くの都市を旅行するなら、駅の売店などで販売している**イタリア鉄道fsの時刻表In Treno Tutt'Italia ORARIO**などを購入して利用しよう。

ローマ・フィレンツェ間の時刻表を例に取って読み方を解説しよう。

主要駅で配付される高速列車の時刻表

Km		VE354	20608	9712	VE360	VE356	9792	2096	9464	5492	9714	1700	2098
		2 10 11	2 12	R	13	11	R	14 12	R	2	R	4	
Km	Provenienza	■	■	■	■	■	■	■	Roma	■	■	■	■
0	**Venezia S. Lucia**	·	08.41	**08.50**	·	·	© **09.50**	·	·	× 10.00	**10.50**	† 11.03	× 11.03
7	Venezia P.Marghera	·	|	|	·	·	|	·	·	|	|	|	|
9	**Venezia Mestre** a	·	08.53	▸**09.00**	·	·	▸**10.00**	·	·	10.11	▸**11.00**	11.14	11.14
	Venezia Mestre	·	08.55	▸**09.02**	·	·	▸**10.02**	·	·	10.13	▸**11.02**	11.16	11.16
18	Mira-Mirano	·	09.03	·	·	·	·	·	·	10.22	·	|	|
22	Dolo	·	09.08	·	·	·	·	·	·	10.27	·	|	|
26	Vigonza-Pianiga	·	09.13	·	·	·	·	·	·	10.32	·	|	|
32	Ponte di Brenta	·	09.19	·	·	·	·	·	·	10.37	·	|	|
37	**Padova** a	·	09.28	**09.15**	·	·	**10.15**	·	·	10.49	**11.15**	11.37	11.37
	Padova 55-226-230-M35	f 09.10	09.30	**09.17**	× f 09.51	× f 09.55	**10.17**	·	·	10.58	**11.17**	11.39	11.39
47	Mestrino	·	09.38	|	i 10.15	·	|	·	·	11.06	|	|	|
53	Grisignano di Zocco	·	09.44	|	j 10.24	·	|	·	·	11.11	|	|	|
60	Lerino	·	09.50	|	k 10.35	·	|	·	·	11.18	|	|	|
68	**Vicenza** a	09.50	09.57	**09.33**	× l 10.50	× 10.35	**10.33**	·	·	11.25	**11.33**	11.59	11.59
	Vicenza 215-216	09.50	09.59	**09.35**	·	·	**10.35**	·	·	11.27	**11.35**	12.01	12.01
75	Altavilla-Tavernelle	·	|	|	·	·	|	·	·	11.38	|	|	|
84	Montebello	·	|	|	·	·	|	·	·	11.46	|	|	|
90	Lonigo	·	|	|	·	·	|	·	·	11.52	|	|	|
95	S. Bonifacio	·	10.14	|	·	·	|	·	·	11.59	|	12.24	12.24
104	Caldiero	·	|	|	·	·	|	·	·	12.06	|	|	|
110	S. Martino Buonalbergo	·	|	|	·	·	|	·	·	12.12	|	|	|
116	Verona Porta Vescovo	·	10.28	|	·	·	|	·	·	12.18	|	12.36	12.36
120	**Verona P.N.** 202-204 a	10.35	10.36	**10.00**	·	·	© **11.00**	·	·	× 12.24	**12.00**	† 12.41	× 12.41
	Verona P.N. 50	***11.15***	***11.15***	F ·	·	·	F ***11.15***	·	F ·	***13.15***	× F ***12.09***	***13.15***	***13.15***
	Bolzano Bozen a	***12.48***	***12.48***	R ·	·	·	R ***12.48***	·	R ·	***14.48***	× R ***14.22***	***14.48***	***14.48***
120	**Verona P.N.**	·	·	E **10.02**	·	·	© E **11.02**	12.06	E **12.15**	·	E **12.02**	† 12.43	× 12.43
137	Castelnuovo del Garda	·	·	C |	·	·	C |	|	C |	·	C |	|	|
142	Peschiera d.Garda	·	·	C |	·	·	C **11.17**	12.21	C |	·	C |	12.56	12.56
156	Desenzano-Sirmione	·	·	I **10.22**	·	·	I |	|	I |	·	I **12.22**	13.06	13.06
160	Lonato	·	·	A |	·	·	A |	|	A |	·	A |	|	|
167	Ponte S. Marco-Calcinato	·	·	B |	·	·	B |	|	R |	·	B |	|	|
184	**Brescia** a	·	·	I **10.37**	·	·	I **11.37**	12.43	G **12.50**	·	I **12.37**	13.25	13.25
	Brescia 194-196	·	·	A **10.39**	·	·	A **11.39**	12.45	E ·	·	A **12.39**	13.27	13.27
195	Ospitaletto-Travagliato	·	·	N |	·	·	N |	|	N ·	·	N |	|	|
201	**Rovato** 186	·	·	C |	·	·	C |	12.56	T ·	·	C |	13.37	13.37
207	Chiari	·	·	A |	·	·	A |	13.02	O ·	·	A |	13.43	13.43
214	Calcio	·	·	|	·	·	|	13.08	·	·	|	|	|
221	Romano	·	·	|	·	·	|	13.14	·	·	|	13.51	13.51
225	Morengo-Bariano	·	·	|	·	·	|	13.19	·	·	|	|	|
230	Vidalengo	·	·	|	·	·	|	13.24	·	·	|	|	|
234	**Treviglio** 185-190-M10	·	·	|	·	·	|	13.30	·	·	|	14.02	14.02
240	Cassano d'Adda	·	·	·	·	·	·	|	·	·	·	·	|
242	Trecella	·	·	·	·	·	·	|	·	·	·	·	·
244	Pozzuolo Martesana	·	·	·	·	·	·	|	·	·	·	·	|
247	Melzo	·	·	·	·	·	·	|	·	·	·	·	·
251	Vignate	·	·	·	·	·	·	|	·	·	·	·	|
254	Pioltello-Limito	·	·	|	·	·	|	13.45	·	·	|	14.15	14.15
-	**Milano Lambrate**	·	·	|	·	·	|	13.53	·	·	|	14.28	14.28
-	**Milano Greco Pirelli** a	·	·	·	·	·	·	·	·	·	·	·	·
-	**Milano Porta Garibaldi** a	·	·	·	·	·	·	·	·	·	·	·	·
267	**Milano Centrale** a	·	·	**11.25**	·	·	© **12.25**	14.00	·	·	**13.25**	† 14.35	× 14.35
	Milano Centrale 27	·	·	·	·	·	***13.10***	·	·	·	***14.10***	***15.10***	***15.10***
	Como S. Giovanni a	·	·	·	·	·	***13.48***	·	·	·	***14.43***	***15.43***	***15.43***
	Chiasso a	·	·	·	·	·	***13.55***	·	·	·	***14.49***	***15.49***	***15.49***
	Milano Centrale 11	·	·	***11.40***	·	·	***13.18***	***14.18***	·	·	***14.05***	***15.18***	***15.18***
	Torino Porta Nuova a	·	·	***13.20***	·	·	***15.10***	***16.10***	·	·	***15.05***	***17.10***	***17.10***
	Milano Centrale 26	·	·	***12.25***	·	·	***13.10***	Ⓐ ***14.25***	·	·	Ⓐ ***14.25***	***15.05***	***15.05***
	Pavia a	·	·	***12.57***	·	·	***13.33***	***14.57***	·	·	***14.57***	***15.31***	***15.31***
	Genova P. Principe a	·	·	***14.15***	·	·	***14.40***	Ⓐ ***16.14***	·	·	Ⓐ ***16.14***	***16.42***	***16.42***
	Destinazione	■	■	■	■	■	■	■	■	■	■	■	■

12

Venezia -Padova -Vicenza -Verona -Brescia -Treviglio -Milano

◎ **RELAZIONE METROPOLITANA Venezia S.L. - Padova q.M35, Treviglio - Milano q.M10.**

f Fermata a: P.le esterno stazione FS corsia 1.

i Fermata a: Centro ferm. SITA

j Fermata a: Centro fermata SITA

k Fermata a: Torri di Quartesolo centro fer

l Fermata a: Autostazione FTV

4 Non sono ammesse le comitive con biglietto scontato.

10 Si effettua dal lunedì al venerdì fino al 5/7; nei lavorativi escluso il sabato dal 12/9.

11 Diretta via autostrada.

12 Si effettua la domenica fino al 14/7 e dal 25/8 al 15/9.

13 Ai viaggiatori in possesso di biglietti Trenitalia non e` consentita la salita/discesa nelle fermate diverse da quelle indicate nel presente orario.

14 Treno con servizio di trasporto biciclette al seguito del viaggiatore dal martedì alla domenica fino al 9/8 e dal 11/8 al 22/9.

15 Servizio di Trenord. Per informazioni: CONTACT CENTER tel.800 500 005; www.trenord.it.

①テーブル番号（路線図との対照番号）
②行先、路線
③列車番号
④列車の種類
- ***FR/FrR*** フレッチャロッサ
- ***FA/FrA*** フレッチャルジェント
- ***FB/FrB*** フレッチャビアンカ
- ***EC*** エウロシティ
- ***EN*** エウロナイト
- ***IC*** インテルシティ
- ***ICN*** インテルシティ・ノッテ
- ***RV*** レッジョナーレ・ヴェローチェ
- ***R*** レッジョナーレ

⑤連結している車両の種類ほか
- ♿ 車椅子用車両
- ✕ 食堂車
- ☕ 簡易（バール）食堂車
- 🚲 自転車用車両
- 12 1･2等車両
- 2 2等車両のみ
- R 任意予約
- Ⓡ 予約義務
- 38 注釈参照
- 寝台車
- クシェット
- ⚒ 平日のみの運行

⑥駅名
⑦到着時間
⑧発車時間
⑨距離
⑩始発駅
⑪掲載ページ以降の終点

駅の窓口で

列車の情報を得られ、もちろん切符の購入ができる。切符は駅の窓口のほか、fsマークのある旅行会社、駅構内の自動券売機で可能。

ミラノ、ローマ、ヴェネツィア、フィレンツェ、ナポリなどの大きな駅では切符売り場に番号札の発券機がある。番号札は**案内Informazioni**、**高速列車FRECCIA**、**国内線Nazionale(R各駅停車)**などと分かれているので、希望の札を取り、電光掲示板に自分の番号とカウンターNo.が表示されるのを待とう。表示されたら、該当の窓口へ。窓口では、乗車日と到着または発着のだいたいの時間を告げると該当の列車をいくつか教えてくれ、ときにはモニター画面を見せてくれるので、そこから希望の列車を選ぼう。席の希望も聞いてくれる。特に、複数で座席を指定する場合は窓口での購入がおすすめだ。自動券売機は便利だが、複数で座席を取る場合、ときとして離れてしまうことも少なくない。窓口なら、希望の席が取れない場合は別の列車を提示してくれる。

地方都市の駅の場合は、窓口に並んで順番を待とう。窓口では、切符の変更や座席変更なども可能(ベース料金なら無料)だ。

切符を買うときは、行き先、人数、おおよその出発時間を告げればよい。しかし、言葉が心配なわれわれとしては、事前に**列車の種類**、**列車番号**、**出発日時**、**行き先**、**客車**の**等級**、**往復**か**片道**か、を紙に書いて窓口で示そう。

●改札と検札

大きな駅では改札が設けられ、切符がないとホームへの入場ができない。駅によってはフレッチャの列車のみ、ホーム手前に設けられている。改札とはいえ、係員に切符を提示するだけでいい。切符が有効かをチェックするのみだ。

イタロの券売機も充実のローマ・テルミニ駅

座席指定のないRやRVの場合は乗車前に必ず自動検札機に通して打刻をしておこう。

車内では必ず検札が回って来るので、切符は必ず乗車前に購入しておこう。切符不所持や乗車前の打刻を忘れた場合は、通常料金のほか罰金として€50(後日支払いの場合は最高€200)、予約が必要な列車ならさらに追加料金€8が請求される。

✉ わかりづらい車両表示

ヴェネツィア→フィレンツェはFA、フィレンツェ→ローマはFRに乗車しました。列車の出発ホームは出発時間の20分ほど前にならないと表示されませんでした。ただ、10分もあれば荷物があっても余裕で座席に着けるので焦らずに済みました。ヴェネツィア(始発)では1号車から入線、フィレンツェ(ミラノ発)では最終号車からの入線で、自分の号車の位置や席の向きは乗ってみないとわからないのが実情です。どちらも1等車に乗車しましたが、飲み物とスナック、新聞のサービスがありました。荷物置き場は入口と車内中ほどにありました。発車の合図がないので、気づいたら動いていました。乗り心地は新幹線並みに快適でした。

(めーぷる　'14)

荷物置き場の位置は車両により異なります。また、大きな駅では、ホームの頭上に車両位置の電光表示があります。

(編集部　'16)

ⓘの窓口での イタリア語ひとくちガイド

「明日の午後のフィレンツェ行きの列車を知りたいのですが」
Vorrei sapere l'orario dei treni per Firenze di domani pomeriggio.

「紙に書いてください。」
Potrebbe scriverlo.

「予約は必要ですか?」
Bisogna prenotare？

■切符購入メモの利用方法

右記の切符購入メモを利用して、切符の購入(予約)の希望を紙に書いて窓口で見せよう。

窓口では、口頭で「切符(と予約)お願いします」とひとこと。
"Biglietto (e prenotazione), per favore."

パスや切符を持っている場合は、パスなどを示して「パス(切符)を持っています。席の予約だけをお願いします」と伝えよう
"Ho il pass(biglietto), Solo prenotazione, per favore."

※列車番号が不明の場合は記入しなくても大丈夫。

席が売り切れの場合でも、記入した発車時間を目安に前後の列車を教えてくれることが多い。切符を手にしたら、間違いがないかその場でチェックしよう。

■切符購入メモ

■Per l'acquisto di Biglietto(切符購入)

出発日(日/月/年)　Giorno(日) Mese(月) Anno(年)
Giorno di Partenza:　/　/

列車番号
Numero del Treno:

発車時間
Ora di Partenza:

乗車駅　**降車駅**
Da:　A:

切符の種類　**利用クラス**
Tipo di Biglietto: □Andata片道 □Andata e Ritorno往復　Classe: Prima Classe 1等車 Seconda Classe 2等車

切符の枚数　大人　子供
Numero di Biglietti: Adulti　Ragazzi

ネットでの鉄道切符の購入方法

URL www.trenitalia.comで英語を選択。Tickets欄に乗車・降車駅、乗車日時を入力すると、時刻表一覧、所要時間、列車の種類、料金（1・2等）が表示される。さらに進むとプロモーション料金、席などを選べるので、希望の物を選択。IDとパスワードを入力するとメールで返信があるので、これにクレジットカード情報などを入力して購入終了。確認メールはプリントアウトして持参しよう。一部の割引切符は現地で発券の必要な物もある。

fs線の予約変更

旅行中に予定が変わったら、駅の窓口へ。BASE券なら無料で変更が可能。FRやFAの場合は、AV発着ホームにあるデスクで簡単にできる。ネットで切符購入後にネットで変更する場合は購入時のID、パスワードが必要なので覚えておこう。

列車の種類を間違えずに乗車を

行き先と発車時刻だけを確認して乗車して、指定席を探したものの、見つからなかった。車掌さんに聞くと、乗った列車は各駅停車Rで、乗りたかった特急ではなかった。列車の種類FRECCIAROSSA＝特急などは車体に大きく書かれています。特急列車や一部のRVでは携帯電話の充電が可能でした。

（HIROKI-H　'12）

実践！現地での切符の買い方

まずは、日にちと希望出発(または到着)時間をだいたい決めておこう。列車や行き先、時間帯によっては、満席の場合もあるので、多少の余裕をもったプランニングがよい。

●時刻表調べ

方法は、①駅や❶で調べる。各駅の切符販売窓口で調べてくれる。駅の窓口なら、そのまま切符を購入することが可能だ。

②駅構内の時刻表、または市販の時刻表で調べる。この場合は、注釈に運行期間、曜日などが書かれているので、これをチェックするのを忘れないようにしよう。

③パソコンで調べる。宿泊ホテルのフロントに頼めば、該当列車の時刻表をプリントアウトしてくれる。自分で調べる場合は、URL www.trenitalia.com（英語あり）に、出発地、到着地、希望日、時間を入力すればOK。出発・到着時間、所要時間、列車の種類、料金などが即座に表示される。

●切符の購入

切符の購入は、駅の窓口やfs線の切符取り扱い旅行会社、fs線の切符の自動券売機（→P.524）でできる。切符は乗車日の4ヵ月前から購入可能なので、窓口に並ぶ時間を節約するなら、旅行期間中の切符を一度に予約・購入をしてしまうのがよい。

大きな駅では、窓口は**切符Biglietto**、**予約Prenotazione**、**国内線Nazionale**、**国際線Internazionale**、**高速列車FRECCIA**と分かれているので、該当する窓口へ並ぼう。間違いのないよう、時刻表をプリントアウトした物や必要事項を書いたメモを持っていると安心だ。また、切符購入後はその場で切符に間違いがないかを確認しておこう。

上記③ならそのまま画面表示を進み、クレジットカードで切符の購入、座席予約も可能だ。

切符の読み方

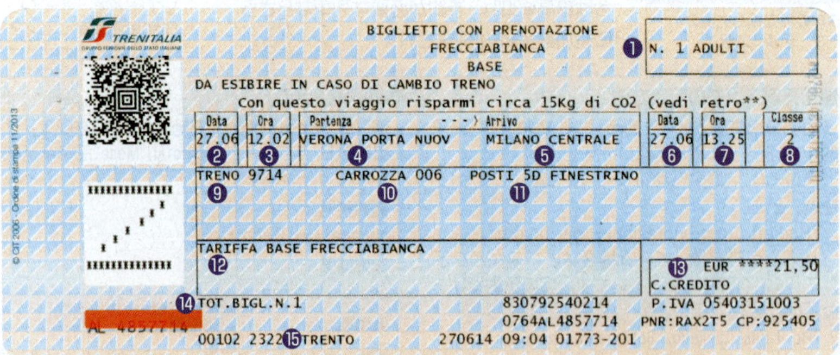

❶乗車人数（Adulti：大人、Ragazzi：子供）　❷乗車日　❸発車時間　❹乗車駅　❺下車駅　❻下車日　❼到着時間　❽客車の種類（1等、2等）　❾列車番号　❿号車　⓫座席番号（Finestrino：窓側 Corridoio：通路側）　⓬備考欄（これはフレッチャビアンカのベース料金と記載）　⓭料金　⓮総切符枚数　⓯発行駅・日時

列車の乗り方

まず、目的の列車が何番線の**ホームBinario**（ビナリオ）に入るか、駅構内の時刻表や行き先掲示板で確認しよう。

ホーム変更される場合も多いので心配なら、列車が入線するまでホーム手前で待つのもいい。ホームへ移動した場合はアナウンスに注意しよう。言葉がわからない場合は、周囲の人の動きを観察し、多くの人が移動を開始したら、近くの人に聞いたり、行き先案内板を確認して乗り遅れないようにしよう。

RやRVの時間指定のない切符や空港線切符は、乗車前に必ず**自動検札機Obbliteratrice**（オッブリテラトリーチェ）に切符を入れて日時を刻印しよう。これを忘れると、切符を持っていても罰金だ。FRECCIAROSSAなど時刻が表示されている物は刻印不要。

R、RVはほぼすべて自由席、好きな席に座ろう。R、RV以外は座席指定制のため、切符に指定された1・2等、号車を確認し、該当車両に乗り込み、指定された席に着こう。1等車両は先頭または後尾に連結されている。ただし、ホームに入線した先頭車両が1号車とは限らないのが厄介なところ。ホームによっては車両位置を示す案内板が設置されているので参考にしよう。駅アナウンスで1等車両の位置が知らされる場合もある。

主要幹線では検札が必ずある

下車する場合は、自動扉の場合と、自分で開ける物がある。ノブの近くに開け方が解説してあり、ノブを下げるか、緑のボタンを押すのが一般的だ。心配なら、近くの人に聞いてみよう。

車両は全車禁煙だ。

列車案内板の読み方

駅構内には列車の行き先、種類、発車ホーム、遅れなどを表示する案内板がある。列車の運行状況により最新の情報が掲示されるので、乗車前には必ず確認しよう。到着と発車が左右または上下に分かれて表示されているので、乗車する際はPartenza（出発）の項目を見よう。

列車案内板のキーワード

Partenza …………発車　Arrivi…………到着　Ind.sussidiarie…………補足
例：（Firenze -Bolognaフィレンツェ-ボローニャ線）、
（Prenotazione Obbligatoria予約義務）などの表示あり

Classifica …………列車分類
例：（FRECCIAROSSAフレッチャロッサ）（ICインテルシティ）など

Orario…………
（発車または到着）時間

Ora Effetiva…………
実際の時間
例：30'rit.は30分遅れの意味
（rit.=ritardo=遅れ、遅延）

Binario……………
（発車または到着）ホーム

美しいミラノ中央駅の列車乗り場

打刻を忘れずに

発車の10分前くらいに発車ホームが表示されました。時間になって表示されなくても、5～10分遅れで出発するので焦らず切符に打刻しておきましょう。打刻を忘れると罰金です。ちなみにピサ、ミラノ間は罰金€40でした。（埼玉たけ '13）

打刻はRやRVのみ。座席指定のFR、FBなどは不要。（編集部）

土曜日はお得に移動 2×1 SABATO TRENITALIA

土曜日の利用に限り、2人分の切符で1人分無料になるサービスを実施。Rと寝台車を除いて、フレッチャやIC、1・2等に適用される。切符料金は基本のベース。乗車日の2日前までに購入を。

列車発着の掲示板はいつ変わる?

発車ホームが表示される発着掲示板。ときとしてお目当ての列車のホームがいつまでも掲示されず、ヤキモキすることがある。最低10分前には表示されることになっている。

列車案内版の列車種別表示

トレニタリアの高速列車フレッチャロッサ（FR）やフレッチャルジェント（FA）は、以前はアルタヴェロチタ（AV）という種別であった。種別名称が変更されても、駅の列車案内板では古いままの表示が残っていることがある。FRやFAでは、AVやESという表示がされていることもあるので、列車案内板で列車を確認する際は、ご注意を。

割引切符とスマホ

イタリア鉄道のホームページからオンラインで購入しました。2週間前でも定価の半額程度の割引切符が残っていて、お得に旅行できました。また、オンライン購入ではe-チケットのため購入後にメールで送付されるPDFの切符の印刷ができなくても、検札時にスマートフォンで表示すれば問題はありませんでした。PCRとCPという切符番号さえわかればよいということでした。また、車内ではWi-Fiが利用でき、アカウントの取得にクレジットカードで1セントの決済が必要ですが、移動中に観光情報をチェックできるので、とても重宝しました。（RRB '13）

FBフレッチャビアンカやICなどはWebで購入し、Webで購入できない普通列車R、RVは駅の券売機で購入しました。Webも券売機も英語があります。Webで購入した場合はメールに添付されてくるPDFを印刷して車掌さんに提示すればOK。FBやIC（座席予約した場合）は検札機に通す必要はありません。

（匿名希望 '14）

駅でのお楽しみ

駅構内で見かける飲み物などの自販機の「Self Bar」。LAVAZZA社のエスプレッソマシンもあり、エスプレッソ€0.70、カプチーノ€0.80などで味もいいです。

（東京都 田沼利則 '13）

食べ物を購入した場合、品物が出ず現金も戻らなかったとの投稿あり。少額コインの利用を。（編集部）

公式ポーター

駅での荷物運びは公式のポーター（緑色の制服またはOFFICIAL PORTERと表示のあるベストを着用）がいる。1個€10。

●パス類各種

イタリアを含め、ほかのヨーロッパ諸国も旅するなら、**ユーレイルグローバルパス、ユーレイルセレクトパス**が便利。イタリアだけを旅行するなら、**ユーレイルイタリアパス**があり、ユーレイルよりさらにお手頃価格がうれしい。

パスを持っていてもAVには予約が必要だ

●ユーレイルパス各種

ユーレイルグローバルパス
Eurail Global Pass
日本で購入可

イタリアをはじめヨーロッパ28ヵ国の国鉄もしくは代表的な鉄道会社で利用できる鉄道パス。基本は1等のみの設定（ユースパスは2等あり）。有効期間が15日間、21日間、1ヵ月間、2ヵ月間、3ヵ月間の連続利用タイプと利用開始日から1ヵ月間の有効期間内で5日、7日分および2ヵ月間の有効期間内で10日、15日分の鉄道利用日を選べるフレキシータイプの2種類がある。イタリアでは、トレニタリア(fs)の路線で利用できる。

ユーレイル加盟国は、**イタリア、フランス、スイス、オーストリア、ドイツ、スペイン、ポルトガル、ギリシャ、ベルギー、オランダ、ルクセンブルク、デンマーク、スウェーデン、フィンランド、ノルウェー、アイルランド、ハンガリー、ルーマニア、クロアチア、スロヴェニア、チェコ、スロヴァキア**、ポーランド、**セルビア、モンテネグロ**、ボスニア・ヘルツェゴビナ、**ブルガリア、トルコ**の28ヵ国（太字がユーレイルセレクトパス適用範囲）。

ユーレイルセレクトパス
Eurail Select Pass
日本で購入可

イタリアを含め隣接する4ヵ国の鉄道利用に便利なのが、ユーレイルセレクトパス。ヨーロッパ28ヵ国の中から、隣接している3〜4ヵ国の国鉄もしくは代表的な鉄道会社で利用可。基本は1等のみの設定（ユースパスは2等あり）。利用開始日から2ヵ月間の有効期間内で5、6、8、10日の鉄道利用日が選べるフレキシータイプ。イタリアでは、トレニタリア(fs)の列車で利用できる。

迷惑ポーターと自販機前の怪しい人物

駅や空港でスーツケースを持ってくれたり、ホームまで案内してくれる人物がいるが、これは後で料金を請求されるので注意しよう。近年、切符を持っていないとホームへ入場することができなくなったのでかなり少なくなったが、通路で待ち構えていたり、思いがけない場所にも現れる。

また、鉄道や地下鉄の切符の自動販売機前で親切そうに使い方を説明してくる者もいる。これも後でチップを要求されたり、つり銭を盗られたりするので注意しよう。ここ1〜2年は自販機の周囲には監視カメラが設置されたり、鉄道係員やガードマンが配置されて、この被害も少なくなった模様だ。日中は自販機の近くには係員がいることが多いので、操作方法がわからない場合は、係員（赤いベストなどを着用）に教えてもらおう。

ユーレイルイタリアパス
Eurail Italia Pass
日本で購入可

トレニタリア(fs)の列車で利用できる鉄道パス。イタリアだけの鉄道利用ならこれが便利。1等と2等の設定。利用開始日から1ヵ月間の有効期間内で3、4、5、8日分の鉄道利用日が選べるフレキシータイプ。

これらの鉄道パスでは、RVやRには追加料金なしで利用できる。ただし包括運賃制(全席指定制)のFR、FA、FB、IC、夜行列車のICNなどは、別途指定券が必要。鉄道パスにはそれぞれ割引料金の設定があり、12歳～25歳にはユースパス、2名以上のグループにはセーバーパスが割安だ。

ミラノに入るためには、マルペンサエクスプレスも便利。ただし、ユーレイルパスは使えない

● 鉄道割引

割引切符の情報はURL www.trenitalia.comのSavings and Promotions/Promozione e Offerteの項目(英語あり)で検索および購入が可能。季節限定のプロモーション、早期割引などがある。一部枚数限定や列車の時間帯指定などがあるが、最大60%引きとなる場合もある。URLからのチケットレス、自動券売機のみの発券など制限がある物もある。

フレッチャロッサの食堂車

ユーレイルグローバルパスや国別パスなど、鉄道パスに関するお問い合わせは

地球の歩き方　旅プラザ新宿
URL http://rail.arukikata.com
☎03-5362-7300

2016年夏からRとRV切符の変更

2016年8月1日より、RおよびRVの切符は購入当日(23:59まで)のみ有効。または乗車日を指定して切符を購入することとなった。切符は検札機での刻印から4時間有効。切符の変更は前日までは自動券売機、切符売り場で無料。

✉ 列車内で

1等に座っていると、物乞いらしき女性がお金を要求してきました。かなりしつこかったのですが、ひたすら「No!」という と立ち去りました。1等という安心感と旅の疲れから仮眠しようとしたところだったのですが、あらためて油断してはいけないと思いました。また、席に「子供がふたりいます。家、仕事なし、家族のためにお金を」と書かれた紙を置いて、お金を要求する人物もいました。無視が一番です。彼は、すべての紙を回収して出ていきました。
(神奈川県　N.Y.　'16)

鉄道とパス利用のルール

R(レッジョナーレ)などの予約不要の切符を購入した場合は、乗車前にホームの入口などにある自動検札機Obliteratriceに切符を入れて、日付と時間を必ず刻印すること。これを忘れると、切符を持っていても、罰則として違反金を取られてしまう。検札は必ず回ってくるし、車掌さんのチェックは厳しいから注意しよう。

各種パスは、パスの種類によって使用前の手続きが異なるので、持っているパスの説明書きをよく読んでおこう。ちなみに、ユーレイルグローバルパスは使用前に駅の窓口(大きな駅にはユーレイルのステッカーを貼った専用窓口がある)で、乗車開始日と最終日を記入してもらい、確認のスタンプを押して(ヴァリデーション)もらう。この際には、パスポートが必要だ。未記入だったりスタンプがないと、罰金を取られる。

好きな日を選んで乗れるユーレイルセレクトパス、ユーレイルイタリアパスなどの場合は、上記のヴァリデーションをしたうえで乗車前に自分でボールペンなどで日付を書き込むこと。鉛筆書きや書き忘れは罰金を取られるので注意。

また、日本での発券時にヴァリデーションを済ませることもできる。

自動検札機(オッブリテラトリーチェ)で必ず刻印を。古い型の黄色もあり。

簡単になった、イタリア鉄道 TRENITALIA自動券売機を使いこなそう！

駅の窓口はどこも長蛇の列。鉄道の切符は、英語表示がわかりやすい自動券売機で購入してみよう。新しくなった券売機は使い方も簡単。カード利用がおすすめだ。

イタリア鉄道 自動券売機の使い方

1

①この表示が、**スタート**。
下の言語から、**英語**を選ぼう。タッチパネルなので指先で触ればOK。
ちなみに、言語は、イタリア語、英語、ドイツ語、フランス語、スペイン語から選べる。

2

②英語を選ぶと、この表示に切り替わる。
左上の**BUY YOUR TICKET**を選ぶ。
上に赤い文字で、NO CASH / CARDSとあるので、この機種では現金は使えない。現金で利用する場合は、CASHと表示された機種を選ぼう。

3

※③**目的地を選ぶ**。
主要な都市は右側に表示される。
右にない目的地は、アルファベットで入れる。
Arrival Station:は、目的(到着)の駅の意味。
上に書かれたDeparture Station:出発駅はRoma Termini

4
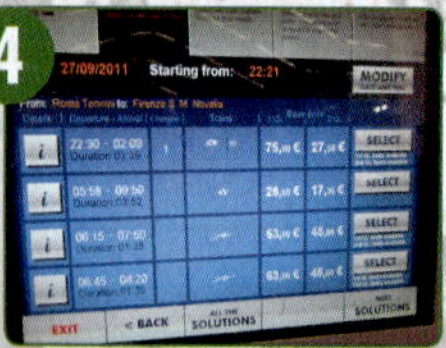

※④目的地を選ぶと、この購入時点からすぐに乗れる列車の表示が出る。
ちなみに、9月27日22:21に券売機を利用している。
日にちを決めて**予約をしたい場合**には、右上の**MODIFY DATE AND TIME**を選ぶ。

5

※⑤9月27日に利用しているので、9月の残りの日にちが表示される。
10月分を購入したいときには、SEPTEMBERの右側の矢印をタッチ。

6
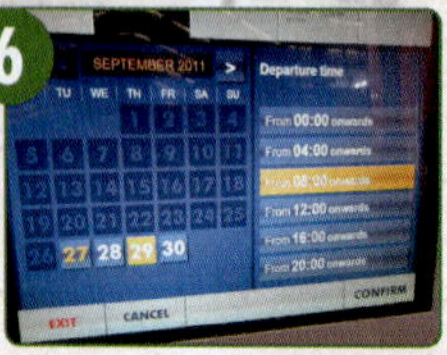

⑥9月29日の切符を購入したい場合には、29の表示を押す。
また、右側の出発時刻Departure timeの下の表示で、**希望の時間を選択**。
朝の8時以降に出発したい場合には、From 08:00 onwardsをタッチ。

※機種によっては画面が異なる場合があるが内容は同じ

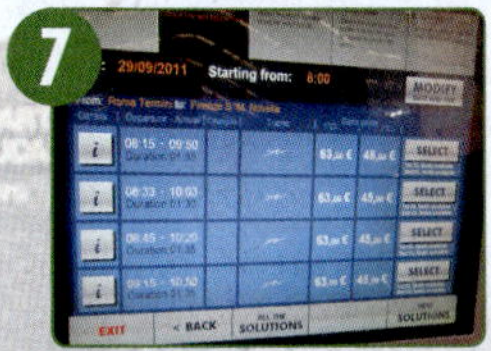

⑦8時からの列車の時刻表が表示される。
一番上の段の列車を参考に解説。
Departure-Arrival（出発-到着）は、08:15-09:50と表示される。
Duration:01:35は、所要時間。Trainsは、列車の種類を表示。
1等1CLか2等2CLを選択する。

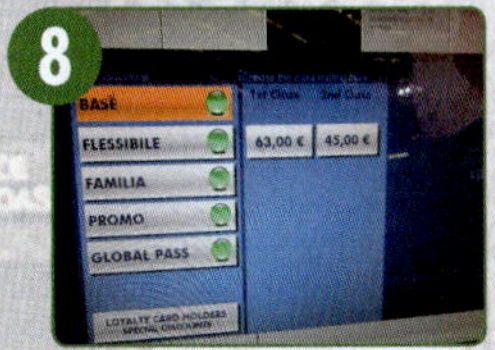

⑧日本人の私たちが切符を購入する場合には、**BASE**を選ぶ。
この中には、予約に必要な予約代金も含まれる。イタリア鉄道の場合、ほとんどの列車で予約が義務付けられている(→p.516)
ユーレイルパスなどを所持している場合には、予約の追加料金のみを払うので、**GLOBAL PASS**を選択する。

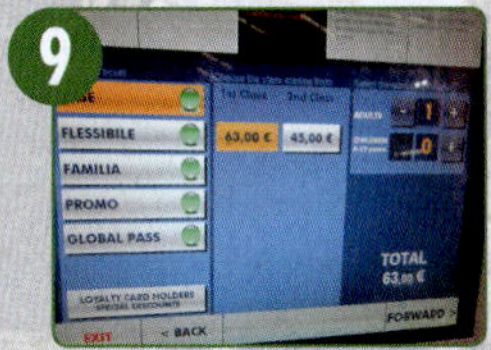

⑨ちなみに、1等料金を選択すると、右側にADULTS大人の1等料金、1人分が表示される。必要に応じて+プラス、−マイナスを使って該当人数に合わせる。

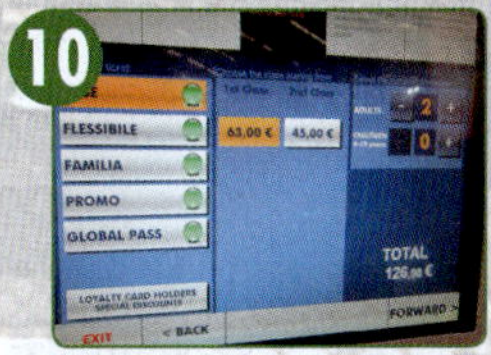

⑩ 1 等料金2人分、€126が表示される。

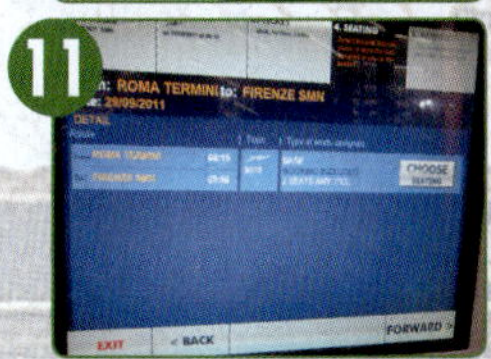

⑪座席の希望がある場合には、下のFORWARDを押して、座席を選ぼう。
切符の詳細が表示されるので、確認後、**CHOOSE SEATING**をタッチ。

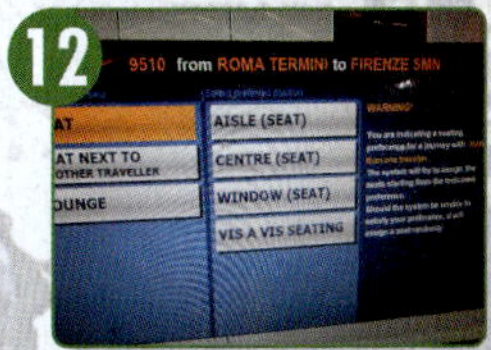

⑫SEAT RESERVATION（座席予約）の表示が出たら**SEAT**を押すと、
AISLE（通路側）、CENTER(中央)、WINDOW(窓側)と表示されるので好みの席を選ぼう。

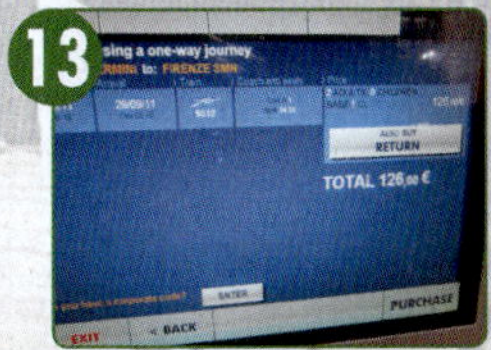

⑬出発日時、列車、座席、人数、1・2等、料金を確認して、支払いをする。
下の**PURCHASE**をタッチすると、支払い画面が表示される。
確認して、変更箇所がある場合には、RETURNまたはBACKを押してやりなおそう。

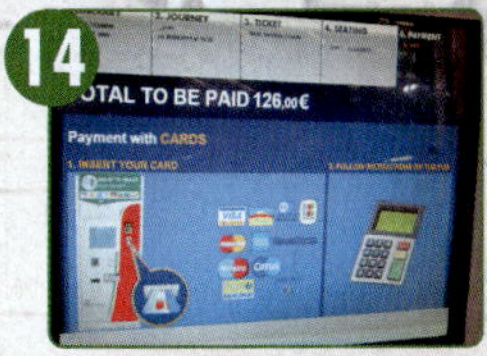

⑭利用できるカードは、券売機に表示されている。
カードを挿入口から差し込むと、プリントされた切符が出てきて購入は完了する。
最後に切符の内容をチェックして購入終了!!

Viaggio in Auto
ドライブの旅

ドロミテの山岳ドライブがおもしろい

覚えておきたい交通用語

SENSO UNICO	一方通行
DIVIETO DI ACCESSO	進入禁止
LAVORI IN CORSO	道路工事中
PASSAGIO A LIVELLO	踏切注意
DIVIETO DI SORPASSO	追越し禁止
SOSTA VIETATA	駐車禁止
PERICOLO	危険
RALLENTARE	スピード落とせ
CURVA PERICOLOSA	カーブ注意

どこまでも続くなだらかな丘にそよぐ麦畑、羊や牛の大群、太陽に向かって精いっぱい咲くヒマワリ畑の黄色、レモン畑と海の間を縫う絶壁の上の道路……。車窓からはイタリアの大自然のパノラマが広がる。

鉄道やバス路線の発達したイタリアだが、小さな村を訪ねる場合などには便が日に2便という場合も少なくない。短い滞在で、効率よく周遊したい場合にはレンタカーが便利だ。ただ、レンタカー代とガソリン代は安くないので、経済性を追求する向きにはおすすめできない。

日本での予約（レンタカー）

日本ハーツ
☎0120-489882
URL www.hertz.com
エイビスレンタカー
☎0120-311911
URL www.avis-japan.com

レンタカー

レンタカーは現地での申し込みが可能だが、身元照会に時間がかかるし、希望の車種をすぐに配車してもらうのも難しい。日本で予約しておくと、割引などのサービスもあるし、受付、配車もスムーズにいくのでおすすめだ。利用の際は日本の自動車免許証も持参のこと。

大手の会社の貸し出し条件は、

1. **支払いはクレジットカード**
2. **21～25歳以上（会社により異なる）で、運転歴が1年以上（年齢の上限を設定している場合もあるので事前確認を）**
3. **国際免許証を持っていること**

駐車場の利用方法

駐車場にはいろいろある。係員がいて料金を徴収する所、日本の駐車場のように入口でバーが開いて駐車券を受け取り、最後に機械または窓口で精算する所。窓口で精算した場合は、その切符を機械に入れる。また、これも日本と同様に、パーキングメーターで時間分のチケットを買い、車のダッシュボードなど外から見える場所に提示しておくもの。パーキングメーターは硬貨が主流。また、田舎ではパーキングメーターではなく、最寄りの商店や新聞売り場などでチケットを購入しなければならない所もある。パーキングメーターでチケットを購入する場合は予定時間を見越してそのぶんを買わなければならない。時間を過ぎると違反切符を切られ、警察など指定場所に出向いて支払う必要がある。これは結構厳しく交通警察や係員が巡回している。駐車料金は日本に比べて安く、時間帯や曜日により同一の場所でも有料と無料の場合があり、時間制限がある場合もある。駐車スペースのすぐ近くには駐車可能時間、料金などが表記されている。よくわからない場合は、まず周りの人に尋ねたり、近くの車のダッシュボードあたりを見てみよう。駐車場は町の中心から離れるほど安い傾向があるので、見どころのすぐ脇に乗り入れるよりも、少し歩くくらいのほうが町を楽しめる。

カーナビ

ナビは車に搭載されたもの（主にハイグレード車）と単品レンタルのものがあり、レンタカー申し込み時に一緒に申し込む。案内言語は日本語でないことを承知しておこう。スマホを利用する場合は、確実に利用するためには日本からWi-Fiルーターを持参するのが安心。まずは地図で大まかなルートを確認しておくのがベター。

単品レンタルのカーナビの場合、イタリアでは降車時には取り外して保管するのが一般的。

✉ 進入禁止区域ZTLに注意

近年、イタリアでは旧市街地での進入禁止地域**ZTL**=Zona Traffico Limitatoでのカメラでの取り締まりが厳しくなっています。これは住民やタクシー以外の車が進入した場合、罰金を科せられるもので半年～1年後に通知が郵送されてきてビックリ。ZTLは**赤い丸印の標識**が目印ですが、気づかず進入したり一方通行でやむなく通過した場合でも記録され、ひどい時は同じ場所で2回カウントされます。ホテルでの宿泊者は免除されますので、旧市街のホテルへレンタカーで乗りつけるときは、必ずプレート番号をフロントに申し出て免除手続きをしてもらいましょう。　（レオ　'15）

ドライブ事情

高速道路での追い越し

イタリアの高速道路アウトストラーダAutostradaは日本やアメリカに比べ車線幅が狭く、カーブに見合った勾配があまりないので、追い越しや追い抜きの場合は十分気を付ける必要があります。特にカーブでトラックを追い越したり追い抜いたりする場合は、感覚が狂いやすいので避けたほうが無難。追い越し、追い抜きはあくまでも直線で。

制限速度

イタリア半島を縦横に走る道路は大きく3種類に分けられていて、各道路ごとに異なる制限速度が設けられている。

どの車線を走行するの？

2車線の場合は右側が走行車線、左が追い越し車線。一番右の狭い部分は日本同様緊急避難用で走行禁止。3車線の場合は、左から乗用車の追い越し車線、真ん中が乗用車の通常走行および、バスとトラックの追い越し車線、右はバスとトラックの走行車線だ。

地名をメモしておこう

日本人にとって注意しなければならないのが地名だ。目的地に向かう通過地点の地名はあらかじめメモしておくと安心だ。San～、Monte～、Villa～、Castello～などの地名はいたるところにあり間違えやすい。

道路地図

レンタカーを借りると、付近一帯を掲載した地図をくれる。ただ、これが希望の場所を網羅しているとは限らないので、やはり書店などで地図を求めよう。ACI（Automobile Club d'Italia）やde AGOSTINI、Michelinなどの発行の物が定評がある。

緊急時

レンタカー利用の場合は、緊急連絡先に連絡する。アウトストラーダでは、2kmごとに緊急通報のSOSボックスが備えられている。上のボタンが故障用、下が緊急用だ。通報すると近くのセンターから緊急車が来る。

ガソリンの入れ方

レンタカー利用で走行距離がさほどでなければ、最初の満タンで十分の場合もある。ガソリンを入れる場合はまず、ガソリン車かディーゼル車かを確認。イタリア語でガソリンはBenzinaベンズィーナ、ディーゼル油はGasolioガソリオ。英語でガソリンなどと言うと、大変なことになりかねない。蓋の裏側には指定燃料が刻印してあるが、間違える店員がいないとも限らない。見届けておくのが賢明だ。

地図は大事

イタリアでは何度かドライブを経験しています。今は便利なアプリもありますが、ドライブには全体を見られる地図がやっぱり必要です。ドライブを予定している場合は、イタリアに到着したらまずは本屋へ行きましょう。ミラノ中央駅やローマ・テルミニ駅構内の本屋は品揃えもいいです。だいたいガイドブックがある場所にイタリア全土の地図が地域ごとに揃っています。私的にはTouring Club Italianoの物がおすすめ。
（東京都　Chizu　'14）

道路の種類と制限速度

道路の種類	制限速度
アウトストラーダ（有料自動車道）	130km/h
スーパーストラーダ（幹線国道）	110km/h
ストラーダ・オルディナーレ（一般道）	90km/h

運転速度は速いよ！

平均運転速度は速く、一般道で60～80km/h、高速で130～160km/hくらい。ミラーに見えたかと思ったとたん追い越していく速い車もいるので、速い車には素直に道を譲りましょう。そういう「譲り合い」は日本よりよっぽどマナーがいいです。
（埼玉県　木下清美）

イタリアドライブの楽しさのひとつ。クラシックカーに遭遇する機会が多い

緊急時の連絡先

- 車が故障した場合の緊急呼び出しは、ACI☎803116へ
- レンタカーなら緊急連絡先を忘れずにメモしておこう。

メモ：

※JAF会員であれば、ACI会員に準じたサービスを受けられる

URL www.jaf.or.jp

ガソリン代は高い

高速料金は安いのに、ガソリン代は日本並み。1リットル€1.70～1.80くらい。経済性を考えれば、コンパクト・カーがおすすめ。車の燃費はかなりいいようだ。また、レンタカーを返却する際は、満タンで返すのが原則。忘れると、ガソリン代のほか手数料として€13程度が別にかかる。

駐車違反の取り締まりは頻繁にあるので注意

無人のガソリンスタンド

20：00時以降は、ほぼ無人スタンドのみの営業となる。紙幣やクレジットカードCCを受け付け、指定額に見合った量が給油される。紙幣やCC投入口は給油機の近くか、まとめて専用機がある。まず、紙幣やCCを入れ、表示金額を確認して、目的の燃料ボタンを押す。次に給油機からホースを外し、ホースの先端を車のタンクの口に入れてホースのハンドルを引き続ける。所定の量が入れば給油は自動的にストップする。タンクの蓋を忘れずに締めて終了。操作方法は難しくないが、機械の故障も少なくないので注意。

1日の走行距離の目安が立つ旅行中のドライブは、昼間に有人スタンドで給油するのがおすすめだ。

駐　車

町なかでは駐車可Ⓟの表示のない場所には駐車しないこと。パーキングメーターがある場合は、日本同様指定の硬貨を投入して、レシートを外から見える所に提示。係員のいる所もある。駐車違反は約€40の罰金だ。

スピード違反と飲酒運転

イタリアでの高速運転は快適とはいえ、スピード違反は厳しい。ネズミ取りも多いので注意しよう。スピード違反はアウトストラーダでは140～150kmで約€30の罰金、以降180kmで約€50の罰金に免許没収と処罰は厳しい。酔っぱらい運転も認められず、一斉取り締まりもある。

✉ ドライブのコツ

オートマ車も増えて、レンタカーの利用が便利になりました。やっぱり燃費がよく、料金の安い小型車がリーズナブル。この場合は、スーツケースは入らないと思ったほうがよいでしょう。そこで、一度ホテルにチェックインしてそこで必要な物だけを出し、残りの荷物はスーツケースごとホテルに預けてドライブに出ましょう。ボストンバッグなら、楽にトランクに積み込めますし、駐車の際も外からは見えません。車を離れるときに車内に貴重品を置かないのが鉄則ですから、不要なトラブルを避けることもできます。イタリアは公共交通料金が安いですから、特別なルートだけレンタカーを利用して、思い出作りをするのがいいと思います。　（東京都　姫太郎　'07）

✉ トラブルとその伝え方

バッテリーが上がって車がまったく動かなくなってしまいました。キーを抜くときに、ロック解除ボタンだと思った物がパーキングランプのスイッチで、日中だったため気づかないまま一晩駐車してしまい、バッテリーが上がってしまったのでした。翌日、エンジンがかからず、当初はどうしてよいかも見当がつきませんでした。そこで、借りたハーツのキーに書いてあった緊急連絡先に電話。これはフリーダイヤルで24時間の受け付け。お客さま番号、トラブルの内容、車種、停車場所を告げて救援を待ちました。すぐに救援も来てくれ、バッテリーの交換をしてくれました。

さて、私はホテルから離れた路上駐車で、近くに電話もなく、まずは電話を探し、続いて電話をしたものの、お客さま番号というのが理解できずに弱りました。さらに、通りの名前、番地もはっきり伝えなくてはなりません。ホテルの近くなら、ホテルの人に理由を説明して電話をしてもらうのが話が通じやすいでしょう。

今回の一番の教訓は、各部の操作要領をよく確認しておくことです。　（福岡県　新海秀一）

✉ 高速道路の料金所

料金所は3種類あり、①TELEPASS（日本のETCと同じ、レンタカーでは利用不可）、②CARTE/VIA CARD/SELF SERVICE（クレジットカード払い）、③CASH（現金マークまたは無表示）。私は②のレーンに入ったものの、機械が壊れていて利用できずバックするハメに。イタリア人に聞いたところ彼らも機械を信用しておらず現金払いの人が多いとか。③がいつも混んでいて、有人と機械の所があります。ちなみにローマ・フィレンツェ間の高速料金は€16.50。　（匿名匿住所　'11）

8月、ヴェネツィアからナポリまでレンタカーで縦断。高速道路アウトストラーダは路面整備もよく130km/hで飛ばす車が多かったです。高速に入るときはゲートでチケットを受け取り（有人と機械発行あり）ます。私も②で苦労しました。③の有人ゲートに行くのが無難のよう。レンタカーはほとんどがマニュアル車です。ホテルの車寄せには左回りで入りましょう。　（久保芳弘　'11）

総合インフォメーション
電話／郵便／行事／etc...

電　話

公衆電話は、**硬貨**、**テレフォンカード**が使えるが、新機種はテレフォンカードのみの場合も多い。長距離電話で硬貨を使う場合はあらかじめ多めに入れ、電話を切ったあと、返却ボタンを押すと残りの硬貨が戻ってくる。コレクトコールならば日本語で直接申し込めるKDDIの**ジャパンダイレクト**(800-172242)が便利。公衆電話からだと基本通話料金€0.10が必要で、通話後硬貨は返却されるが、テレフォンカードの場合は戻ってこない。

ただ場所によっては騒音がひどい場所も少なくない。

ホテルの客室から電話するのも便利。ただし、ホテルによっては高い手数料がかかる場合がある。心配なら、客室の電話でも使えるプリペイドカードを購入して利用しよう。

新型の公衆電話も登場

●プリペイドカード

現地でもイタリアの各社が販売している。日本国内の空港やコンビニエンスストアであらかじめ購入し、現地で利用する物としては、KDDI（スーパーワールドカード）、NTTコミュニケーションズ（ワールドプリペイドカード）がある。

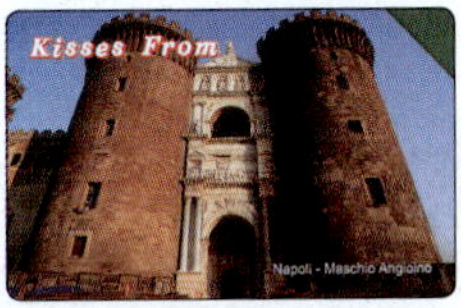

テレコムイタリアのテレフォンカード角を切り取って使う

●経済的なプリペイドカード

公衆電話やホテルの客室からも利用できるプリペイド式の国際電話専用カードCard Carta Telefonica Prepagata Internazionaleをタバッキやキオスクなどで販売している。通話の前にカードに記載された無料通話ダイヤルへ電話し、続いてカードのスクラッチ部分の数字を入力し、通話するカード。手順は自動音声案内でアナウンスされるが、イタリア語のみの場合もあるので、不明な点はホテルのフロントなどで尋ねてみよう。通常料金よりも格安で利用できる。

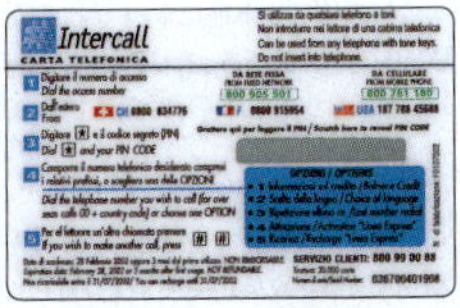

€5程度からある
プリペイドのテレフォンカード

●インターネット

多くのホテルで無線LAN（Wi-Fi）によるインターネット接続が可能。無線LAN対応のPC、スマートフォン、タブレットを持参すればメールの送受信やインターネットができる。無料の場合が多いが、有料の場合もあるので、利用する場合はホテル予約前に確認しておこう。

ホテルによっては設置されているPCが自由に利用できる場合もある

キオスク（駅の売店）で購入できる

日本での国際電話の問い合わせ先

■KDDI　☎0057(無料)
■NTTコミュニケーションズ
☎0120-506506(無料)
■ソフトバンク
☎0120-03-0061(無料)
■au
☎0077-7-111(無料)
■NTTドコモ
☎0120-800-000(無料)
■ソフトバンク　☎157
（ソフトバンクの携帯から無料）

海外で携帯電話を利用するには

利用方法やサービス内容など詳しい情報は、各携帯電話会社に問い合わせてみよう。
〈料金や通話エリアの詳細〉
■au
URL www.au.kddi.com/
■NTTドコモ
URL www.nttdocomo.co.jp/
■ソフトバンク
URL mb.softbank.jp/mb/

携帯電話を紛失した際の、イタリア（海外）からの連絡先（利用停止の手続き。全社24時間対応）

au
（国際電話識別番号00）+81+3+6670-6944 ※1
NTTドコモ
（国際電話識別番号00）+81+3+6832-6600 ※2
ソフトバンク
（国際電話識別番号00）+81-92-687-0025
※1 auの携帯から無料、一般電話からは有料。
※2 NTTドコモの携帯から無料、一般電話からは有料。

国際電話ならプリペイドカードを

スクラッチ式のプリペイドカードを購入しましょう。タバッキなどで購入し、使い方がわからなかったらホテルのフロントで尋ねましょう。€5の物で、日本へ何度もかけられました。クレジットカード（CC）を利用して公衆電話から日本と約10分の通話で5000円以上の請求が来ました。クレジットカードで電話するのは避けるのが賢明です。
（三重県　一番星　'10）

✉ 切手はどこで??

ミラノで切手を購入しようとしましたが観光スポットのタバッキ、中央駅のタバッキ、Hudson News(以前の投稿で切手ありの情報あり)のどこでも売っていなかった。結局、中央駅の郵便局で支払いズミのスタンプを押したのみで切手はなし。ちなみに1週間弱で東京に到着。中央駅の警官に聞くと「タバッキへ」と言われ、タバッキでは「売ってないから、郵便局へ」とのことでした。

（TJ. Han　'16）

欧州ヤマト運輸(株)ローマ三越オフィス

住 Via Nazionale 259
☎ 06-48907218
（日本語専用）
営 10:45～19:15
休 ㊗
URL www.yamatoeurope.com/japanese/
※梱包材の販売や持ち込み割引あり。手続きには要パスポート

「別送品」の免税範囲やより詳しい手続きは

URL www.customs.go.jp

が、日本語対応になっていないことが多い。

●Wi-Fi

カフェやバール、市バスや一部のバスターミナル、テルミニ駅や列車内などでも無料Wi-Fiが利用可能。Wi-Fi表示があったらトライしてみよう。カフェなどでは、パスワード入力の必要な場合はレシートに記載してあったり、直接お店の人に聞く必要がある場合も。

町なかではローマ県の運営するProvincia Wi-Fiが便利。URL //provinciadiroma.publiciwifi.it/owums/account/signup（英語）から事前登録（クレジットカードから€0.50の登録料が必要）すると無制限で町なかのホットスポットで利用可能。また、日本の国際空港で海外用モバイルWi-Fiルーターを借りる方法もある。

●宅配便

おみやげや増えた荷物は宅配便で日本へ送ることができる。旅行者が自分宛てに荷物を送る場合は一定の免税が受けられる「**別送品**」扱いで、日本入国の際に「**別送品申告書**」の提出が必要。機内で申告書をもらって記入し、税関に提出しよう。宅配便は重量25kgまで、大きさは縦・横・高さの合計が160cmまで。ローマから10kgで€150程度（サーチャージ、通貨変動による毎月の変動あり）。地域や品物によっては、別送手数料、遠方集荷料、梱包料などが別途必要。

ローマでは、ローマ三越内のヤマト運輸で取り扱い。

Information

イタリアでスマホ、ネットを使うには

まずは、ホテルなどのネットサービス（有料または無料）、Wi-Fiスポット（インターネットアクセスポイント。無料）を活用する方法がある。イタリアでは、主要ホテルや町なかにWi-Fiスポットがあるので、宿泊ホテルでの利用可否やどこにWi-Fiスポットがあるかなどの情報を事前にネットなどで調べておくとよいだろう。ただしWi-Fiスポットでは、通信速度が不安定だったり、繋がらない場合があったり、利用できる場所が限定されたりするというデメリットもある。ストレスなくスマホやネットを使おうとするなら、以下のような方法も検討したい。

❊各携帯電話会社の「パケット定額」

1日当たりの料金が定額となるもので、NTTドコモなど各社がサービスを提供している。

いつも利用しているスマホを利用できる。また、海外旅行期間を通してではなく、任意の1日だけ決められたデータ通信量を利用することのできるサービスもあるので、ほかの通信手段がない場合の緊急用としても利用できる。なお、「パケット定額」の対象外となる国や地域があり、そうした場所でのデータ通信は、費用が高額となる場合があるので、注意が必要だ。

❊海外用モバイルWi-Fiルーターをレンタル

イタリアで利用できる「Wi-Fiルーター」をレンタルする方法がある。定額料金で利用できるもので、「グローバルWiFi（URL http://townwifi.com/）」など各社が提供している。Wi-Fiルーターとは、現地でもスマホやタブレット、PCなどでネットを利用するための機器のことをいい、事前に予約しておいて、空港などで受け取る。利用料金が安く、ルーター1台で複数の機器と接続できる（同行者とシェアできる）ほか、いつでもどこでも、移動しながらでも快適にネットを利用できるとして、利用者が増えている。

ルーターは空港などで受け取る

ほかにも、いろいろな方法があるので、詳しい情報は「地球の歩き方」ホームページで確認してほしい。

URL http://www.arukikata.co.jp/net/

郵便

大都市の中央郵便局Posta Centraleは、月曜から金曜までの8:00頃から19:00頃まで営業している。土曜は13:15まで。日曜・祝日は休み。その他の支局は、月曜から金曜は14:00頃まで、土曜は休み。切手は郵便局のほかタバッキでも販売。

●日本宛郵便物

宛名は日本語で記入すればOK。宛先の国名Japan/Giapponeは欧文で記入しよう。

赤か黄色の郵便ポストにはふたつの投函口があり、左側が「市内宛」per la città、右側が「他地域宛」per tutte le altre destinazioniになっているので、日本への郵便は右側の口へ。

2015～2016年の「慈悲の聖年」の記念切手

小包は、郵便局により取り扱いの有無や重量が異なり、また窓口時間が短いので、最初にホテルなどで確認してから出かけよう。箱に詰めた場合は、ガムテープでしっかり封印をしよう。小包用の各種のダンボール箱は、小包取り扱い局で販売している。航空便の日本への所要日数は7日前後。

美術館・博物館など

国立の施設の休館日は原則として月曜および国定祝日。開館時間は、9:00～14:00という所もあるが、19:00頃まで開館する所も増えてきた。屋外のモニュメントなどは9:00～日没1時間前までが普通。ただし、開館時間はよく変更になるので、現地で確認するのが望ましい。午前中ならまず開いているので見学のスケジュールは午前に組むとよい。

人気の美術館や博物館は予約制のところが多い。時間を有効に使うためにも予約を！　ローマ・ボルゲーゼ美術館にて

航空便は ポスタ・プリオリタリア Posta Prioritaria

より速く、簡単、経済的にと、登場した新システム。必要な切手と専用シール（エティケッタ・ブルーetichetta blue）を貼るかPosta Prioritariaと書けばOK。イタリア国内で翌日、ヨーロッパなら3日、日本へ1週間前後で到着する。

日本向け航空郵便料金
Posta Prioritaria

はがき	€2.20
封書（20gまで）	€2.20
封書（21g～50g）	€3.70

✉ 新郵便サービス

GPSという民間の配達会社をピサで見かけたので利用してみました。ローマ市内を含め専用ポストに投函する必要があり、届くまで3週間かかりました。料金は、ほぼ通常の郵便局と同じ、切手らしきものに消印なし。旅の記念にならないので、利用価値はあまりないかも。
（京都府　岩崎幸平　'15）

みやげもの屋で絵はがき買い、一緒に日本へ送るための切手も購入しました。しかし、切手は偽物で、楽しい思い出を書いたせっかくの絵はがきが台無しになり、嫌な思いをしました。
（ユカ　'15）

上記のGPSのことと思われます。専用のボックスに投函しなくてなりませんので、購入の際などに確認を。（編集部）

✉ ヴァティカンから

ヴァティカン博物館出口付近にあるヴァティカン郵便局は切手の品数が豊富でした。ローマやヴァティカンから手紙を送ると東京へは2週間強かかりました。
（東京都　ドラゴン　'15）

郵便局でのひと口ガイド

●切手	francobollo	(i)	フランコボッロ	(リ)
●はがき	cartolina	(e)	カルトリーナ	(ネ)
●手紙	lettera	(e)	レッテラ	(レ)
●航空書簡	aerogramma	(e)	アエログランマ	(メ)
●速達	espresso	(i)	エスプレッソ	(シ)
●小包	pacco	(pacchi)	パッコ	(パッキ)
●航空便	per via aerea		ペル・ヴィア・アエレア	
●船便	per via mare		ペル・ヴィア・マーレ	

（　）内の語尾または全体は複数形

「このはがき（手紙）の日本宛航空便の切手が欲しいのですが」

ヴォレイ　ウン　フランコボッロ　ペル　イル　ジャポーネ　ヴィア　エアレア　ペル　クゥエスタ　カルトリーナ　（レッテラ）
"Vorrei un francobollo per il Giappone via aerea per questa cartolina (lettera)."

日本へのはがきと封書（20gまで）は、ポスタ・プリオリタリア利用で€2.20

両替について

両替所でのひとこと会話

■「どこで円を両替できますか?」
ドーヴェ ポッソ カンビアーレ リ イェン ジャッポネースィ
Dove posso cambiare gli yen giapponesi?

■「この円(ドル)を両替したいのですが」
ヴォレイ カンビアーレ クゥエスティ エン(ドーラリ)
Vorrei cambiare questi yen (dollari).

■「今日の為替レートはどうなっていますか」
クゥアレ エ イル カンビオ ディ オッジ
Quale è il cambio di oggi?

ATMブースの利用法

24時間利用できるATMは道路に面して設置してあることがほとんどだ。しかし、カード被害などから利用者を守るため、ブース形式の物もある。常に扉が閉められており、クレジットカードなどを扉のノブ近くにあるカード挿入口に入れると、扉が開く仕組み。

日本同様、イタリアもクレジットカードの普及とキャッシング網の広がりは急ピッチ。今や両替所は空港や大規模の駅、一大観光都市にほぼ集中している感がある。とはいえ、イタリアに降り立った途端必要なのが現地通貨のユーロだ。両替について考えてみよう。

両替はどこで?

空港からのバスをはじめ、地下鉄、入場料、バールでの支払いなど、こまごまとした支払いに現金が必要だ。

両替は銀行、両替所、郵便局、旅行会社、ホテルなどで行っている。入口などに大きく両替カンビオCAMBIOと表示してあるので、すぐにわかるはずだ。

有利に両替するなら

両替レートはほぼ毎日変わり、これに加え両替手数料が取られることがほとんど。窓口や店頭に両替レートが掲示されているので、両替前に必ずチェックしよう。日本円からユーロに両替する場合は、buying rateが高い所が有利。手数料comissionもかなりの割合になるので確かめよう。

両替率は店や町により異なり、同じ銀行でも支店により違う。有利に両替するなら、いろいろ見て比較検討しよう。両替所と銀行のレートは競争原理が働いている町なかではさほど差がない場合が多いが、空港などは町なかに比べて両替率は悪い。ホテルのフロントでの両替もかなり率が悪いと心得よう。

空港の両替所。レートはあまりよくないのが普通なので、少額の両替を

営業時間

空港の両替所はほぼフライトに合わせて営業している。町なかの両替所は一般商店並みに9：00〜19：00頃の営業だ。銀行は月曜から金曜までの8：30〜13：30、15：00〜16：00頃。

両替レート表の読み方

縦にズラリと国別の通貨が並び、その横に次の項目に分かれてレートが書いてある。

buying rate ………… 購入レート
selling rate ………… 販売レート
cash ……………………………… 現金
T/C…………トラベラーズチェック
comission ………………… 手数料

円(YENまたはJPYと表記)の現金cashを両替する場合は、その両替所の購入レートbuying rateを見る。この購入レートが高いほうが、両替が有利というわけだ。ただ、このレートがよくても、手数料comissionが高ければ、有利とはいえない。また、no comissionと表記しながら、実際両替するとサービス料servizioをとる悪質な所もある。心配なら、“No comission?, No extra charge?” と尋ねてみよう。

普通は、手数料を取らない所よりは手数料を取る所のレートがよい。たくさん両替すれば有利ということだ。とはいえ、一度に高額の両替をするのは無謀。両替金額と手数料を考慮して計算しよう。

銀行の入口は、厳重な自動ドアにより管理されている

銀行 Banca／バンカ

銀行の営業時間は、月曜から金曜のおおむね8：30～13：30、15：00～16：00となっている。しかし祝日の前などには、半祝日semi festiviとして、昼前で終わってしまうことがある。

ユーロの現金引き出し

クレジットカードやデビットカード、トラベルプリペイドカードを使って現地でユーロを引き出せる。24時間利用可能な自動現金預払機ATM/CDは空港、駅をはじめ、銀行など町のいたるところにある。カードのマークの印があれば利用できる。

クレジットカードの場合はまずカードを作成し、キャッシング利用および暗証番号の登録が必要。カードにより利用限度額があるので確認しておこう。

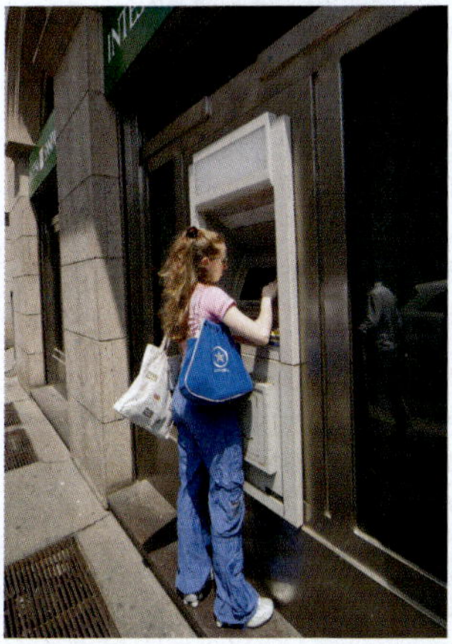

ATMの利用は
人通りの多い道に面した
銀行を使おう

銀行への入店

銀行は警備が厳しい。まず二重の自動扉を開けてひとりずつ入り、一瞬扉内に隔離され、外扉が閉まったのが確認されると、内扉横のロックが解除されて銀行内部に入れる仕組みだ。銀行の入口にはロッカーがある所も多くあり、その場合は貴重品以外はロッカーに預ける。アラームが鳴った場合は、警備員の指示に従おう。

また、地方都市では外貨の取扱銀行が限られ、すべての銀行で両替ができるわけではないので注意。

いつもチェックしよう

レストランはもちろんのこと、スーパーでもおつりとレシートの確認をおすすめします。けっこう間違っていました。スーパーではひとつの品を2度も計算されていました。エコバックもあるといいです。多くの店で袋代をとられ、スーパーで1枚€0.03～0.05、書店では1枚€0.50でした。
（東京都　クッキングサラダ　'14）

有名見どころ付近は高い!

ローマでは有名見どころ近くの飲食店は高いです。ヴァティカンを出てすぐのカフェはカプチーノとサンドイッチで€13。メニューにもショーケースにも値段表示がなかったので、ヤバイかなと思いましたが、ローマの有名見どころ近くは総じてこんな模様でした。（yummy　'14）

旅のお金はどう選ぶ②（→P.509）

キャッシングが便利で安全

現金は盗難の心配がありますし、両替には無駄な時間が取られたり、ときとして率の悪さに憤慨することもあります。

キャッシングは両替率も安定していますし、おかしな手数料を取られることもないので安心して使えます。旅行は、数万円の円とカードだけで十分だと思います。ATM機はどこでも24時間利用可能。ホテルやレストランの支払いをカードですれば、さほど現金の必要性はありません。ただ、旅行直前に航空券などの大きな買い物をした場合や旅先で大きな買い物を予定している場合は、限度額の確認をしておくことをおすすめします。

1回の引き出し額は€30～250程度の設定です。
（東京都　山水澄子）

どこでユーロを調達!?

イタリア中どこでもATMがあり、そこでお金を用意するのが賢明です。両替所では恐ろしく高い手数料を取られます。手数料15～20%なんて所もあります。ATMでのキャッシングならば3%程度の手数料です。どうしても円からユーロへ両替したい場合は、出発前に日本の金券ショップなど、レートがよく、お札の単位が選べる場所で両替していくのがベストだと思います。私はそこで€5、€10などの細かいお金を多めに用意しました。
（速水理史　'12）

両替は絶対日本で！

ミラノ空港内の荷物受取所の横の両替所で両替しました。係りの人がていねいに対応していたので大丈夫だと思いました。多めの金額を両替したせいと思っても納得できないくらい手数料を取られてしまいました。なんと手数料3万円！　後日フィレンツェのヴェッキオ宮近くで手数料無料の両替所を見かけがっかり。日本で両替するべきだと痛感しました。
（兵庫県　エスペランサ　'15）

為替レートが€1=￥123のとき、成田空港で￥127、イタリア国内で￥135でした。日本での両替がおすすめ。€10や€5の紙幣を中心に両替してもらうと、バールなどの支払いに便利かつ、つり銭ごまかしのリスクを減らせます。（兵庫県　片倉康彰　'16）

旅行前に暗証番号の登録と確認を

クレジットカードを利用する際に暗証番号PIN CODEの打ち込みを求められる。旅行前に暗証番号の登録や確認を。暗証番号の入力ができない場合は、パスポートなどの身分証明書の呈示が必要な場合あり。

現地のATM利用法

登録などは必要なく一般的なクレジットカードを現地の銀行のATMに入れれば簡単に引き出しができる。必要なのはパスワード（PIN NUMBER）だけ。駅ビルのクレジットカードでも使用できました。
（三浦仁　'14）

ATMでのキャッシングは両替よりも便利ですが、たまに使い方が違うのか、うまく引き出せないことがありました。クレジットカードは2枚は用意し、旅行前に暗証番号を確認しておくといいです。　（ローマの旅人　'13）

ATM機の使い方

クレジットカードや銀行カードを使って現地でユーロを引き出してみよう。日本でカードを作る際に、暗証番号の登録、またカードによっては引き出し額の設定が必要だ。

機械は各種あるが、おおむね以下の通り。数字脇のボタンは

赤:キャンセル　黄:訂正　緑:確認

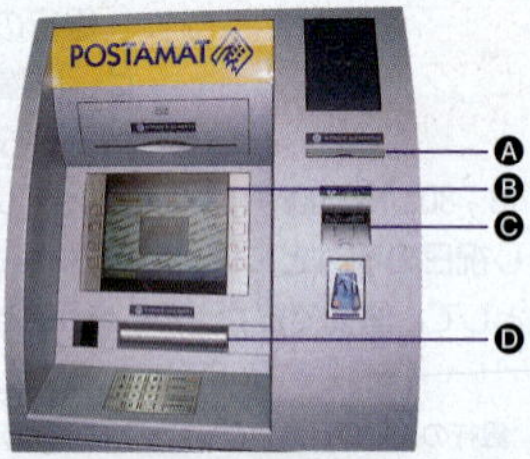

Ⓐレシート受取口　Ⓑタッチ画面
Ⓒカード挿入口　Ⓓ現金受取口

現金はすばやく取る

❶ATM機にクレジットカードのマークまたはカードによっては裏面のCIRRUS、PLUSの印があるかを確認。
❷カードを入れる。
❸画面にタッチして各言語（伊・英・仏・独）からガイダンスの言語を選択。
❹暗証番号を入力し、緑のボタンを押す。
❺画面にタッチして希望金額を選ぶ。レシートを希望する旨の表示にYESまたはNOをタッチ。
❻現金の受取口が開いたら、30秒以内に取り出す。

巧妙な手口に注意！ カード被害

イタリアの各地にはBANCOMATと呼ばれるATMがあります。このATM機で悪質かつ巧妙なやり方で多額の現金を盗られた例を報告します。

某外資系の銀行カードからATMで現金を下ろして歩き始めたところ、ひとりの男が近付いてきて、「まだ€20も残っていたよ」と英語で声をかけられました。「まだ、残っているかもしれないから、確認したほうがいいよ」と、親切に言い、手にしていた€20もこちらに渡してきました。ATMに再び戻り、カードを入れて、PIN code（暗証番号）を押すと、通常は表示されない暗証番号が画面に表れ、その男に番号を見られてしまいました。事前に何かの細工がされていたのだと思います。さらに、カード自体がATMから出てこなくなりました。うろたえてキャンセルボタンを押しても、何の反応もありません。男は、自分のカードを入れて見せ、「俺のは大丈夫だ」などと言い残し去って行きました。犯人のこの男が私のカードを下に隠して持ち去ったのか、コピーしたのかは判然としません。すぐに日本の銀行に電話をしてカード利用をストップしたものの、5～10分の間に50万円近い現金が引き出されてしまいました。

このほか、ATMに小型カメラを取り付けて暗証番号を盗み見て、カード本体もスキミングなどでコピーして現金を引き出される被害もあります。

ATMを利用する際は、昼間に警備員のいる銀行やカードを入れて入室する個室ブースの所が安全だと思います。この事件では銀行は何も補償してくれませんでしたし、クレジットカードもキャッシングを利用した場合は補償はないそうです。変な男の口車に乗らないことが一番ですが、自分でも口座残高を少なくしておくとか、キャッシングなら限度額を少額に変更しておくなどの自衛策も必要かもしれません。

（在ローマ　M.S　'04）

私はフィレンツェのピッティ宮前の広場向かいにあるBanca Firenze のATM（ここだけなぜか落書きがあって汚かった）で暗証番号を打ち込んだ瞬間に、浅黒い肌をした女性が困った顔をして、左から「この機械壊れているよ」と話しかけてきました。そして、右から彼女の旦那らしき人物が「自分もおろせなかったんだ」と札入れとカードをふってみせてきました。この「カード被害情報」を読んでいたので、すぐに頭に警笛が鳴り、ATMのトランザクションの最中に話しかけてくる人物は、「間違いなくサギか泥棒!!」と思いました。

その瞬間、どちらかがキャンセルボタンを押し、すかさず左から女が落書きを指さして「ホラ、壊れていると書いてあるでしょう」と気をそらせ、次に男が自分の札入れをATMのカード挿入口にかざして、すっと差し抜いたのです。あの札入れの裏には、絶対に私のカードがあると確信した、なぜか冷静な私は、よけようとする男の手首をしっかりつかみ、「You took my card! What are you doing!!??」と怒鳴りつつ、手首をひねると札入れの裏にやっぱり私のカードがありました。奪い返して、ゼーゼーしてる間に、ふたりは慌てることもなく、その場を去って行きました。

日本と違ってワイドオープンのATMがほとんどなので、回りをチェックしながら利用しましょう。

（東京都　mochi　'07）

Albergo in Italia
ホテルに関するすべて

NEW ホテル予約の技を学ぼう！

全世界の文化財の40%をもっている国イタリアは、観光が外貨稼ぎの上位を占めるという観光立国。また、普通の生活をしているイタリア人なら夏休みに最低2～3週間のバカンスを過ごすというお国柄だ。いきおい宿泊施設は充実している。世界のお金持ちの憧れの的である、古きよき昔を伝える最高級ホテルから、若者向けの経済的なドミトリーまでと、宿の層の厚さでイタリアの右に出る国は少ない。

予約方法に変化が!!

数年前までは旅の途中で飛び込み、または電話、FAXの直接予約でホテルをとる、という手法がメインだった。しかし現在ではインターネットでのオンライン予約が主流になり、手持ちのパソコンやスマートフォンなどで気軽にたくさんの情報や写真が比較検討できるようになった。クラシックな邸宅を改装したホテルから、モダンでおしゃれなホテルまで、好みのホテルは選び放題！お気に入りのホテルに出合えれば旅はいっそう楽しくなる。

イタリアの宿泊施設

ホテルのカテゴリー

イタリア語でホテルは、アルベルゴAlbergo、しかしホテルHotelを名乗る宿も多い。こうした宿の多くは、州または各地の観光協会によって星5つから星1つまでの5段階のランクに分けられ、各ランクごとに料金の上限と下限が設けられていたが、ヨーロッパ統合を機にこの料金帯の設定は廃止されることになった。カテゴリーは残ったが、これはそれぞれのホテルの設備のレベルを示すものにとどまり、料金の目安ではなくなった。

花で飾られた山岳地方の3つ星ホテル

カテゴリーはホテルの大きさや部屋数ではなく設備を基準に決められ、★★★★★Lはデラックス、★★★★は1級、★★★は2級、★★が3級、★が4級となっている。また、料金にはIVAと呼ばれる税金がすでに含まれているのが一般的だ。

個人旅行者は4～3つ星あたりを中心に

イタリアのデラックス（ルッソクラス、5つ星L）ホテルは**ヨーロッパの格式と伝統を誇る**、クラシックで落ち着いた雰囲気の物が多い。4つ星のホテルは豪華ではないが、快適な設備と居心地のよさを売り物にし、**クラシックタイプの宿**と**アメリカンタイプの近代的な宿**とがある。最も層が厚く、その分選択肢もさまざまなのが3つ星のクラスで、**必要な設備と機能性を備え**、部屋のタイプもシャワー付きのシングルからバス付きトリプルまで、人数と予算に応じて選べることが多い。2つ星や1つ星ホテルは造りも規模も質素で、値段が安いだけに、多くを望むことはできないが、探せばけっこう快適な部屋を見つけることも可能だ。

2011年より滞在税導入

ローマ、フィレンツェ、ヴェネツィアをはじめ自治体により宿泊の際に滞在税がかかる。詳細は各町のホテルページを参照。

ホテルでも早割り

ホテル（多くが3つ星以上）によっては、早め（3ヵ月前くらいから）の予約で30%程度の割引をしている場合がある。各ホテルのホームページに掲載されているので、早めに調べてみよう。利用条件は、連泊、予約変更不可、予約確定時点でカード決済など、いろいろあるのでこれも必ずチェック。

プラグ変換アダプターを持参しよう

イタリアの電圧は220V、50Hz。日本からの電化製品はそのまま使えない。変圧器とプラグ変換アダプターが必要だ。

ドライヤーなどは、デパートなどの旅行用品売り場で販売している電圧の切り替えが自動的にできる物が便利。プラグ変換アダプターは必須。

イタリアのコンセントにはCタイプ（丸い２本）のプラグ変換アダプターが必要だ（→P.12）。

✉ アパートメントを利用しよう

ヨーロッパ旅行の際は、同じ料金で比較したらホテルより安く、広く、清潔なアパートメントを利用します。洗濯機はたいてい付いてるし、ワインオープナーやレンジがあるところも多く、スーパーで買ったワインや総菜などもゆったり楽しめます。ローマではたくさんの選択肢があり、私は URL www.romanreference.comのサイトを利用しました。

（東京都　モビ　'13）

クラシックタイプの3つ星ホテルの室内

私営YH

ローマやフィレンツェなど大きな町には私営YHも多く、こちらは単にHostelホステルと呼ばれることが多い。下記はイタリアの多数の私営YHと手頃なホテルとB&Bを掲載するサイト。

URL www.italian-hostels.com
URL www.hostels.com

写真や料金、評価なども掲載され、ネットから予約が可能。その際、デポジットとしてカードで料金の10%が引き落とされ、宿泊料に充当される。

アグリトゥーリズモのサイト

Turismo Verde
URL www.turismoverde.it
Agriturismo
URL www.agriturismo.com
※アグリトゥーリズモの団体はいくつかある。イタリア全土のアグリトゥーリズモについて、情報と各アグリトゥーリズモのリンクとが、州別に掲載されている

イタリアYH協会

Associazione Italiana Alberghi per la Gioventù
受付窓口
住 Via Nicotera 1（ローマ）
☎ 06-4871152
URL www.aighostels.it
※各地のYH情報の入手や予約も可。共和国広場近く

日本ユースホステル協会

住 〒151-0052
東京都渋谷区代々木神園町3-1
国立オリンピック記念青少年総合センター
センター棟3階
☎ 03-5738-0546
URL www.jyh.or.jp
※海外オンライン予約可

とりあえずは直接予約！

最近大人気というYHが気になり、ネットで検索。しかしどの予約サイトで調べても満室表示。どういうことかと直接YHのHPを見てみたらあっさり予約できました。どうやらお安めの宿は予約サイトを通さないほうが予約がとりやすく、価格も安い！　よく考えたら納得ですよね。
（東京都　タラバガニ '15）

レジデンス・ホテルや話題のアグリトゥーリズモ

ペンショーネや**ロカンダ**もほぼこの5つのカテゴリーの中に分類されているが、ペンショーネPensioneは家庭的な規模のこぢんまりした宿、ロカンダLocandaはさらに経済的な宿泊所だと考えればよい。このふたつをあわせてベッド&ブレックファストBed & Breakfast（B&B）と呼ぶことも多い。**B&B**は家族経営の小規模な宿。チェックイン時に玄関と部屋の鍵を受け取り、スタッフが常駐することは少ない。朝食は事前に用意されていることが多い。1週間以上の長期滞在なら**レジデンス・ホテルResidence Turistico**も楽しい。キッチンや調理用具が完備され、イタリアに暮らす気分で滞在できる。最近イタリアでも人気のある、**アグリトゥーリズモAgriturismo**の農家滞在（民宿）もほぼ3日以上の滞在から楽しめる。

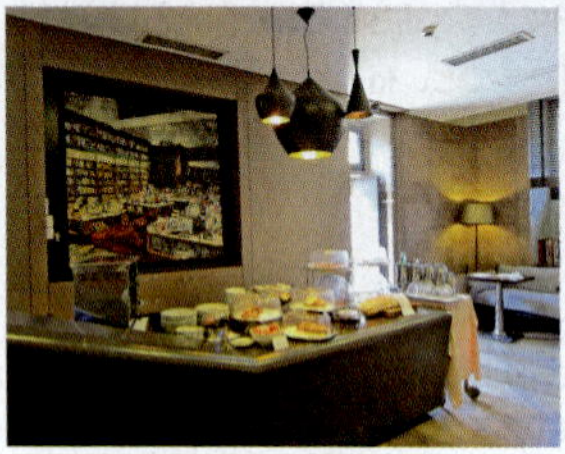

レジデンス・ホテルの朝食室。キッチン付きでもホテル風の朝食が取れる所が多い

近頃のユースホステル

イタリア全土に約100軒もあるユースホステル／オステッロ・デッラ・ジョヴェントゥOstello della Gioventù。利用価値は大きい。

大きな部屋にずらりと並んだ2段ベッド……とプライバシーがなくて落ち着かない。そんなことが昔話のように、**最近のYHは設備が充実**している。1～4人で利用できる個室（トイレやシャワー付きも）、食堂、談話室も完備。洗濯機と乾燥機もあるので頭を悩ます旅の汚れ物も一気に解消。

ユース好きの大人も多いヨーロッパ（ヴェネツィアのYH）

予約はそれほど必要ではないが、多くのYHではネット予約を行っている。YHを利用する際には会員証が必要。YH会員証は現地で作成可の場合もあるが、原則は自国で作成することになっている。手数料が必要。

会員証の提示が厳格

若い人のために

以上のほかには、ボローニャ、フィレンツェ、ミラノ、ローマなどには**学生用宿舎カーサ・デッロ・ストゥデンテ Casa dello Studente**などがある。

女性のためには、**宗教団体の施設ペンショナート Pensionato**があり、3～4人のドミトリー形式で、年齢制限や門限もあるが、ひとり旅の女性には強い味方となる（本書でもできるだけ掲載したが、現地のⓘでも紹介してくれる）。また、川や海沿い、山あいには、**キャンプ場カンペッジョ Campeggio**も整備されている。

ミラノ中央駅近くの人気のホステル

「地球の歩き方」おすすめ！　得するホテル予約

ホテルの予約

ネットを上手に活用しよう

旅の印象を左右するホテル。出発前に日本でじっくり選びたいもの。数ある**ホテル予約サイト**はたくさんのホテルを一度に見られ、日本語で概要を知ることができ、予約、決済までできるので便利で簡単。クレジットカードさえあれば、ほんの数分で予約が完了する。

◉まずは、ホテル探し

まずは日本語で予約できる適当な予約サイト(P.537 ソデ)を開いて、**希望地**、**宿泊日**、**人数**などを入力してみよう。膨大な量のホテルが表示されるので、**ホテルのカテゴリー**、**予算**、**ロケーション**、**設備**などで絞り込み、さらに利用した人のコメント(ユーザー評価、クチコミ)を参考に自分にあったホテルをいくつか見つけよう。

本書では、駅に近い利便性のあるホテル、特色のあるホテル、などを紹介しているので参考にしよう。

◉料金よりロケーションに注目

予約サイトではホテルのランクや料金に目が行き、それで比較しがちだが、ロケーションにより価格差が生じる。郊外ならかなり格上のホテルでも値頃感があるが、観光途中にホテルに戻るのは難しいし、慣れない交通手段を使うのが煩わしいと思うなら、やはり**主要駅の近く**や**見どころの近く**に宿をとるのが便利だ。ホテル予約サイトではその町独自の地域名で表示されることが多く、日本人にはあまりなじみがないので、場所の確認は重要だ。

ここで「地球の歩き方」の出番。該当都市の地図を開いて、位置と交通機関をチェックしよう。鉄道駅や地下鉄駅の近くと表示されても、大都市では鉄道駅がいくつもあるし、観光地からかなり離れた場所は見どころへの移動時間がかかるし、飲食店が少なかったりして不便だ。

◉比較が大事

自分の希望が具体化して、いくつか目ぼしいホテルが見つかったら、**ホテル比較サイト**(トリバゴURL www.trivago.jpやホテル価格チェッカーURL ホテル価格.comなど)や**口コミサイト**などで**料金**、**内容**を比較してみよう。いちばんスタンダードな部屋の料金が表示され、500円から5000円程度の幅がほとんど。最安値を選ぶのが人情だが、表示料金のみの支払いで済まない場合があるのが厄介なところ。ここでもうひと手間が必要だ。

◉予約画面まで進んでみよう

サイトの予約画面に進むと、さらにログインするために、名前、パスワードの入力などが必要で、比較検討するだけなのに面倒な気がするが、**最後に表示される料金**が**最初の料金**と異なることがあるので重要だ。手数料、税金などと表示され、エクストラの料金が加算される場合がある。そのサイトの独自のものだが、同じサイトでもすべてのホテル、期日で同一でないこともあるので、マメにしてみることが後で後悔しないためにも

✉ ホテル選び

イタリアは石畳の道が多く、ヴェネツィアはさらに階段も多いので大きなスーツケースは苦労します。特に非力な女性はホテル選びに「位置」は重要です。また、YHはエレベーターがない所が多かったです。夏だったので、経済的な宿でエアコンがない場合は窓を開けていないと寝られず、窓を開けていると蚊が入ってくるので、虫除けスプレーなどがあるといいです。小さな懐中電灯と騒音に備えて耳栓があると便利。
(愛知県　ヒロコ414　'13)

✉ 蚊対策は必須!?

スーパーでVAPE(日本のベープ。イタリアではヴァーペと発音)の蚊取りマットを見つけました。これで安眠できました。ホテルでは部屋に置いてあったり貸してくれる所もあるので、必要なら頼んでみよう。日本から虫除けスプレーとかゆみ止めも持参するのがベストです。
(かぴ　'15)

✉ シーズンによって料金差が大きいヴェネツィアのYH

オステッロ・ヴェネツィアはドミトリーで、1人1泊土曜€40、日曜€20、月曜€19。土曜は高くてちょっと後悔しました。節約するなら、まずはスケジュール管理を。(埼玉県　匿名希望　'14)

日本語でイタリアのホテル・ホステル検索と予約が可能なウエブサイト

地球の歩き方 海外ホテル予約
URL hotel.arukikata.com

ブッキング・ドット・コム
URL www.booking.com
予約がしやすく、料金が現地払いのホテル予約サイト。

エクスペディア
URL www.expedia.co.jp
米国に本社がある世界最大級のホテル予約サイト。

ホテリスタ
URL www.hotelista.jp
口コミ情報やユーザー投稿写真が多い。旧アップルワールド

ヴェネレ・ドット・コム
URL www.venere.com
ヨーロッパのホテル中心。イタリアの小さな町のホテル情報もある。

ホステルワールド
URL www.japanese.hostelworld.com
ホステルのドミトリーや、格安ホテルの手配が可能。経済的に旅したい人におすすめ。

大事。比較サイトで高めの料金設定でも、手数料がかからない場合はそちらのほうが安い場合もある。

もうひとつチェックしたいのが、**予約条件(キャンセル)について**。格安プランは申し込みとともにクレジットカードで決済され、返金されない「ノー・リファウンド」のことが多いし、予約取り消しができても宿泊日の2週間前など決められていることがほとんど。**「早期割引」**として、割引率が高いのは確かだが、一度でもキャンセルしたら、格安プランを申し込んでも元の木阿弥だ。

●「あと○室」に惑わされない

予約サイトでは「残り○室」などと表示される場合があるが、「泊まれない!!」などとあせる必要はない。ホテルは客室の何割かを予約サイトに向けているので、他の予約サイト、ホテルのホームページでなら予約できる可能性は高い。

●旅行日程を検討

格安プランを利用する場合は、キャンセルを避けるためにも旅行日程がはっきりしていることが前提だ。また、ホテルは宿泊時期や曜日によって料金が異なることも承知しておこう。観光に最適なシーズンには料金は高めに設定されているし、ビジネス客の多い都市(ミラノなど)では、平日は高めで金曜～日曜の宿泊はやや安め、逆にイタリア人に人気の都市は週末が高めということもある。また、大きな行事(見本市、お祭り、大規模なコンサートなど)がある場合も料金は高めだ。旅程が未確定なら、日をずらせば最安値で利用できる場合もあるので検討の価値あり。

●ホテルのホームページをチェック

ホテルが絞り込まれたら、その**ホテル独自のホームページ**で料金、部屋の種類(広さ、サービス)などを比較してみよう。部屋のタイプがより具体的に表示されるので、選択肢の幅が広く、料金による部屋の差もわかるので、納得して部屋選びができ、自分の旅を作る実感が高まるはず。

また、**連泊割引**などもあるので、こちらもチェック。さらに**キャンセル**や**支払い方法**もチェック。キャンセルについては24～48時間前まで無料が多く、比較的緩やかだが、ここでも「早期割引」予約の場合は、予約時に即決済・変更不可の場合が多い。

ホテルのサイトと予約サイト、どちらがお得!?

予約サイトでもホテルのホームページからでも、**予約即決済の場合**は、為替レートで料金が異なる。早期割引で予約したものの、旅行期間中に円高傾向になれば現地での支払いが得だし、その逆もある。支払い通貨として円とユーロが選べる場合もあるが、それも同様だ。

●予約サイトのメリット、デメリット

日本語で比較・検討、予約までできるのがうれしい利点。予約サイトによっては予約をすると**割引クーポン**が発行され、次回利用できる特典がある場合もある。8～10%程度の割引なので、やや高めのホテルならかなりお得感がある。ただし、利用できるのは1万円以上のホテルなどの下限設定がある。

✉ 手数料無料って本当!?

ホテル予約サイトでは、手数料無料といいますが、ここで予約するとTAXが10%程度加算されます。滞在税は別途支払う必要があるので、これはなんでしょうか？ いわゆる手数料??

(東京都 辛口花子 '13)

料金は何種類?

予約サイト、ホテルのホームページのどちらでも客室料金が何種類か表示される場合がある。通常料金として、①変更やキャンセルが可能のもの。②長期滞在割引(ホテルによっては2泊程度から)、③予約即決済、予約変更不可のものがある。③の場合、いかなる理由でも返金されないので注意しよう。

✉ ネットで予約 キャンセル無料期間に注意

ホテル予約はネットを利用しています。URLからホテルの雰囲気もわかり、手続きもとても簡単で、すぐに結果がわかるので安心です。ただ、宿泊日はしっかり確定してから予約をしましょう。ローマの2つ星ホテルを予約した際、予約確認書と一緒に送られて来たキャンセルの決まりには、無料キャンセルは1週間前までとありました。これは予約してみないとわからないことなのですが、最近はキャンセルについてずいぶん厳しくなった、と思います。

また、予約ホームからの予約で、最後に「予約されました」と表示され、他に何も届かないこともありました。少し不安でしたが、ちゃんとお部屋は用意してありました。

ネット上での予約方法もホテルにより、さまざまです。別のホテルとは予約確認まで2回のメールのやりとりが必要なこともありました。でも、電話やFAXよりもとても簡単で便利です。お試しあれ。

(東京都 心配過敏症 '07)

デメリットは、**お仕着せ感**が強いこと。部屋の利用人数で料金は決まっているので、部屋を選ぶことはできないし、ふたりで1室利用の場合はベッドがツインなのかダブルなのかは申し込み時点では不明。最後のメッセージ欄に希望を書いておいても、その通りになるかはホテルに直接問い合わせるか、チェックインするまでわからない。

また、**手数料**、**税金**などという名目で説明不十分な料金が加算されたり、サイトではキャンセル料無料としながら、ホテル側のキャンセル料として請求される場合もある。サイト予約でトラブルが生じるのは、キャンセルや予約変更の場合が多いので、安易なスケジュールの変更は避けるのが賢明だ。また為替相場の変動で予約したものをキャンセルして新たに予約をとった場合などは、確実にキャンセルとなっているかを確認しておこう。

◉ホテルのホームページから予約のメリット、デメリット

予約のみ日本語OKの場合があるが、デメリットは日本語表示のホームページが少ないこと。ただ、英語表示でも料金と部屋のタイプを確認して申し込むだけなので、さほど不自由はないはず。メリットは部屋を選んで**納得して予約**できること。ベッドのタイプはもちろんのこと、部屋の向きや静かな部屋などのリクエストにもできるだけ添ってくれるはずだ。また、直接予約に対するサービスがある場合もある（駐車場やフィットネスが無料、レイトチェックアウト、ウエルカムドリンクなど）。キャンセルの規定も緩やかだ。直接予約の場合は「地球の歩き方」の割引も利用できるので、メッセージ欄などにその旨を書き込んでおこう（ただし、ホテルのホームページから予約サイトに移動する場合は不可。その場合はメールで予約をしよう）。予約即決済でなければ、チェックアウト時に支払いなので、安心できる。

実際に予約してみよう

◉ホテル予約サイトからの予約

ホテル予約サイトは各種あり、ホテルを世界的に網羅し、国、地域などを絞り込んで好みを見つける。日本語で、ホテルの説明、予約、決済までできるのがありがたい。ただ、サイトにより、手数料、支払い時期、支払い通貨（円またはユーロ）、予約変更の可否、無料の予約変更期間など詳細は異なる。まずは、予約サイトを開けてみよう。

❶都市の特定

イタリア、ローマなどと入力。または地図をクリック。

❷時期の特定をし、宿泊人数を入力

チェックイン、チェックアウトをカレンダーから選択し、宿泊人数を入れよう。

❸ホテルの絞り込み

❶、❷を入力すると、その時期に宿泊可能なホテルが写真とともにその詳細、料金、泊まった人の評価、人気の高低などが表示される。自分の望む順に並び換えもできるし、さらにホテルのランクを示す星の数、評価、料金、地域、施設（Wi-Fi、スパ、フィットネスジム）など希望するものをリストボックスから選べば、この時点でかなりの数が絞り込まれる。

円orユーロ、どっちが有利!?

予約サイトでの円表示は問題ないが、一部のホテルのホームページからの円支払いは不利との投稿あり。€→円→€の一部をホテル独自のレートで計算している模様で、円が一般的なレートより悪く計算されている。

✉ ホテルのアメニティ・グッズについて

今回は2〜4つ星ホテルに宿泊しました。シャンプーはボディシャンプーとの兼用の物がほとんどで、歯ブラシはどこにもありませんでした。ドライヤーは使い勝手の善し悪しはあるものの、どこでもバスルームに備え付けてありました。
（埼玉県　荒谷真澄　'06）

Codice Promozioniってなに?

チェーンホテルなどのサイトでよく表記されているCodice Promozioniはプロモーション No.のことでホテル顧客に配られるカードなどに記載されているもの。顧客割引などが表示される。本書でも読者割引を受ける際には、一部のホテルで必要。
入力しなくても次へ進める。

✉ 違いを実感

ホテル予約サイトで予約しました。女ふたり旅でしたが、ほとんどのホテルでダブルベッドの部屋を割り当てられてしまいました。「ツインに換えて」と頼んでも、「予約にはそんなことは書いてない」と冷たく言われてしまいました。

ホテル独自のホームページから予約したチェーンホテルでは予約確認書を持って行ったつもりが、予約途中のもので予約が入っていませんでした。でも、対応はよく、すぐに部屋は確保でき、ランクアップもしてくれて快適でした。ホテル予約サイトと独自のホームページからの予約では違うんだなァと思いました。
（埼玉県　佐山由紀子　'13）

❹ホテルを選択

まずは各ホテルの詳細を眺めてみよう。日ごとの料金（朝食込み、または含まず）、部屋の内容や設備（広さ、ノン・スモーキングルーム、エアコン、TV、セーフティボックス、インターネット接続、バスタブ、アメニティなど）がわかる。これで納得したら❺へ進もう。

❺予約画面へ

部屋数と人数のみが表示されることが多く、さらにスーペリア、スタンダードの部屋タイプ、眺望などで異なる料金が示される場合がある。この際、ベッドのタイプも確認しよう。一般的に2名なら、キングサイズ（ダブルベッド）と表示される。ダブルまたはツインどちらかを選びたい場合は別項でリクエストしておくといい。

予約に進むと、

- 名前　● 電話番号
- クレジットカードの番号　● 有効期限
- セキュリティコード（カード裏面の署名欄、または表面にある番号）
- カード所持人名　● メール番号

などが要求される。

❻予約確定

サイトの利用規約に承諾しないと、予約確定画面へは進めない。それほど重要ということ。利用規約には、決済時期、返金の可否、予約変更やキャンセルについて書かれているので、よく読んでおこう。

最後にメッセージ欄があるので、到着時間が遅くなる場合やベビーベッドなどの貸し出し、静かな部屋を希望するならその旨を書いておこう。また、2人部屋としてリクエストした場合、ベッドはキングサイズ、ダブルまたはツインと表示されることが多く、申込み時点では確定できない。ホテルに到着時点で部屋割りが済んでいて特に遅い時間に到着した場合は変更ができない場合がある。友人同士などでツインを望むなら、リクエストしておくといい。

❼予約確認書の受領

予約後は、予約の詳細が書かれた確認メールが送られてくるので、これをプリントアウトして、旅行の際に持っていこう。確認メールが届かない場合は予約が完了していないので、サイトで予約確認をするかホテルへ問い合わせよう。

◉ホテル独自のホームページから予約

本誌掲載のホテルや予約サイトなどで見つけたホテルを自分で予約してみよう。URLは本誌に掲載されているし、ホテル名、都市名を入力すれば検索するのも簡単だ。

多くの場合、国旗のマークなどが並び、イタリア語、英語のほか、近年は日本語も選ぶことができるものも増えてきた。また、予約フォームのみ日本語が用意されている場合もある。

ホームページを開くと以下のような項目が並んでいるので、開いてみよう。※イタリア語／英語

- **Informazione / Information/About us**　（総合案内）
- **Posizione / Location/Map**　（場所）
- **Servizio / Service**　（サービス）
- **Photo/Facilities / Rooms/Virtual Tour/Photo Gallery**　（客室や

どっちがお得??

仕事がら自分でネット予約していろいろな所に宿泊します。また、同一のホテルに泊まることも多いです。今まで、直接予約でランクアップや同じ料金でもよい部屋が利用できていました。「どっちがお得?」と、ホテルで聞いても「直接予約して!」と言われたことがたびたびありました。

ところが、'15年くらいからいくつかのホテルで直接予約をしたのに、それまでの滞在とは異なるランクの下の部屋に入れられたり、直接予約の方が割高な料金を表示していることに気づいてしまいました。チェーンホテルや老舗と呼ぶべき伝統的ホテルは直接予約がベターですが、評価の定まらない（高級、経済的にかかわらず）あるいは従業員対応にホスピタリティーが感じられないようなホテル（レセプションが事務的でも、部屋やサービスはよいところ、値段で納得のところはあります）は予約サイトからがベターのように感じます。口コミサイトへの書き込みを気にして、書き込んでくれる可能性が高い予約サイト利用者に便宜を図っているのかな？　なんて詮索してしまいました。だから、直接予約が有利とは一概にいえません。これは、これからも検証してみます ヨ!!

（東京都　いつかアマン　'16）

'16年の夏の旅行では、予約サイトからホテルを予約しました。2ヵ所でランクアップをしてくれ、快適でした。ただ、1つのホテルではチェック・アウト時に「Tripadviserに投稿してネ」と言われ、もう一方はメールで投稿を何度も促されました。こちらは、投稿すれば割引のクーポンも発行してくれると連絡がありました。利用者すべてにランクアップのサービスは無理だと思うので、ピン・ポイント的こんなこともあるのだと思いました。ホテルの一つはチェーンホテル、もうひとつは大型ホテルで、快適でリーズナブルでしたが、特に売りになる個性はないホテルでした。

（東京都　いつかアマンⅡ　'16夏）

施設を写真で紹介）

- Tariffe / Rate/Price （料金）
- Prenotazione / Reservation （予約）などの項目が並んでいて、ホテルの概要を知ることができる。
- Offerte Speciali/Promozioni / Special Offers とあれば、特別料金が表示されるので、ここものぞいてみよう。

まずは予約用カレンダーでチェックインとチェックアウトの日付、人数を入力し、空室の有無と料金を確認しよう。チェックアウトのカレンダーがなく、○Nottiとあれば宿泊数のことなので数を入れよう。すると、部屋のタイプと料金が表示される。単に宿泊料金の総計が示される場合と日ごとに異なる料金が表示され、その総計が表示される場合がある。また、朝食が含まれているかいないかで料金が異なる場合もある。宿泊希望日に特に高い料金が表示されていたなら、その日を避けてもう一度検索してみてもいい。その場合は新たに条件を入力して再検索Ricercaなどで検索してみよう。

気に入ったら予約Prenotazione/Reservationを選んで予約しよう。予約ページに進む前に、キャンセルや支払いの説明Condizioni di cancellazione e pagamentoが出るので読んでおこう（ホテルによっては予約終了後のキャンセルについて説明がある場合もある）。

○ホームページの予約ページのおもな項目 ※イタリア語／英語

Nome / Name 名
Cognome / Last name 姓
Indirizzo / Address 住所
Cap / Zip 郵便番号
Nazione / Nation 国
Telefono / Telephone 電話番号
Indirizzo e-mail / e-mail address e-mail
以下はカレンダーやリストボックスからの選択の場合が多い
Data di Arrivo / Arrival date 到着日
Data di partenza / Departure Date 出発日
Numero di camera / Number of rooms 部屋数
Numero di persone(adulti) / Number of Persons 人数
Numero di bambini / Number of Children 子供の人数
クレジットカードの情報も同時に求められることが多い
Carta di credito / Credit card クレジットカード（種類）
Numero di carta di credito / Account number 番号
Valido a tutto(Scadenza) / Expiration date 有効期限
Intestatario / Name on card 所持人
さらにリクエストしたいことがあれば
Commenti/Messaggi/Richiest speciali / Message/Special requestの欄に記入しよう。送信はInvia / Send。
キャンセルはReimposta(Cancellazione) / Reset(Cancel)だ。

必要事項を入力すると予約は完了。自動応答システムで予約確認書が瞬時に送付されることが多い。予約応答システムでなくても、1日程度で返信される。返信がない場合はホテルへ確認しよう。宿泊日や料金が載った予約確認書はプリントアウトして持参しよう。

✉ チェーンホテルは狙い目

イタリアではさまざまなタイプのホテルが選べますが、時期によっては4つ星クラスの大型ホテルにかなり手頃な料金で泊まることができます。チェーンホテル（Star、NH、UNAなど）は予約の際に一度はのぞいて見る価値ありです。画一的でつまらないという人もいるかも知れませんが、立地、客室、サービスなどは一定条件を満たしているので、経済的なプランがあればおすすめです。
（埼玉県　佐山由紀子　'13）

✉ 連泊で快適旅行

私たちは同じホテルに連泊して各地に足を延ばしました。荷物も少なくなり、移動もラクラクでした。また、トランクを持たず、登山用のリュックを利用したので列車からの乗り降りなども楽でした。
（静岡県　プレーゴ　'06）

ホテル予約事務所

●ベストウエスタンホテルズ
☎0120-56-3200
URL www.bestwestern.jp

●ヒルトン・リザベーションズ・ワールドワイド
☎03-6679-7700
URL www.hilton.co.jp

●スターウッド・ホテル&リゾート・ワールドワイド
（シェラトン、ウェスティン、メリディアン、セント・レージスなど）
URL www.starwoodhotels.com

ちょっと違うイタリア滞在はいかが？

イタリア人の先生の家に滞在しながら、絵画、建築、音楽、料理などと語学を一緒に学べるティーチャーズ・ホームレッスン。マン・ツー・マンでレッスンが受けられる。今はイタリア料理を学ぶコースが一番人気だとか。1週間単位で申し込め、友達同士や夫婦での参加も可能。詳細は東京／大阪／名古屋の窓口まで。
『成功する留学』
URL www.studyabroad.co.jp

ホテルの朝食

イタリア人の朝食はカフェラッテと、コルネットと呼ばれる甘いパンやビスケットなどが基本。経済的なホテルやB&Bなどはほぼこんなメニューなので、タップリ朝食を取りたい人には物足りないかもしれない。

3つ星クラス以上のホテルはビュッフェの場合も多い。この場合は各種パン、飲み物、果物、ヨーグルト、ハム、チーズ、お菓子と充実している。

水が高い!

レストランでは水は有料ですし、バールでも高いときがありました。特にヴェネツィアでは500mℓが€2以上でした。スーパーを見つけられるまで水代がバカになりませんでした。ちなみにサン・マルコ広場の鐘楼の入口にある自販機は1本€1でした。　(こころ　'13)

コーラも高い

コーラが高くてビックリ。どこでも大体€6.50（約900円）。ちなみにコーヒーは€1から。(ののこ　'14)

タクシーは小銭を用意

なぜかタクシーではおつりをもらいそびれることが多かったです。€5の料金に€10を出して€0.50しかおつりをくれない人もいました。イタリア語がわからないのであきらめましたが、それ以降は小銭を用意して自衛しました。　(大阪府　鬼姉　'04)

メーター表示以外に荷物代などを請求される場合もあります。料金を不審に思ったら、尋ねてみましょう。　(編集部)

クレームの伝え方

ローマのホテルでは、スタンドはつかない、冷蔵庫も壊れていて冷えないと散々。こんなときのクレームの伝え方を教えて。(神奈川県　湯川章子)

いろいろありますが、「調子が悪い。ノン・フンツィオーナ Non funziona」、「壊れている。グアスト guasto」。名詞や動詞をつけなくても、問題の物を指さして告げれば通じます。　(編集部)

◉FAXで予約

ホームページでの予約(→P.540)を参照して、必要事項(クレジットカード情報は不要) を書き込みFAXを送付しよう。宿泊予定日の1ヵ月程度前には送付しておこう。人気の宿はハイシーズンには3ヵ月前でも予約でいっぱいの場合もある。当日~2日程度で回答が送られてくる。部屋の料金、朝食の有無などのほかに、予約確定のために必要なクレジットカードの情報が求められ、期間内(ホテルにより異なり、一般的に24~48時間以内)に予約確認をしないと無効などと表記されている。予約する場合は期間内に。回答がない場合は再度問い合わせよう。

現地で探す

宿泊当日に現地でホテルを探す場合は、なるべく早い時間に目的地に着くようにしよう。「地球の歩き方」を見て、直接訪ねるのもいいし、❶で希望のホテル(地域、ランク、料金など)を告げて紹介してもらうのもいい。❶によっては、電話で予約してくれる所もある。

直接訪ねる場合は、**料金**(朝食の有無、wi-fiが無料か有料か、滞在税など) の確認をしたら**部屋**を見せてもらえば納得のホテル選びができるはずだ。気になる人はお湯の出や騒音などをチェックしておこう。

イタリア ホテル事情

お風呂について

日本人旅行者が不満をもらすことが多いのがお風呂。イタリア語で**シャワー付きはコン・ドッチャ con doccia、バスタブ付きはコン・バーニョ con bagno**と呼ぶが、コン・バーニョとあっても、シャワーしか付いていないことも多い。イタリアでは、どちらも同じという考え方なので、料金もほぼ同じだ。**バスタブ付きの部屋を希望するならコン・ヴァスカ con vasca**と告げたほうが確実だ。予約するときも、バスタブ付きの部屋を希望する人は必ず、念を押すこと。

4つ星ホテルのシャワーとバスタブ

ただし、経済的なホテルでバスタブ付きの部屋を探すのはほとんど無理と覚えておこう。経済的なホテルでは、お風呂はほとんどなく、共同でシャワーを利用することになる。シャワー代は有料の場合と宿泊料に含まれる(無料)場合があるので、確認すること。共同の場合や給湯設備が古い場合は、お湯が途中で水に変わってしまうこともあるので、そんな場合はほかの人がお湯を使わない早朝や夕方早くが狙い目だ。もちろん、お湯を無駄にしない心がけも忘れずに。

バスタブ付きを希望する場合には、予約時に確認しておこう

ひとり旅の女性に

女性のひとり旅と見ると、必要以上に親しげな態度にでる宿の主人や従業員もときおり見かける。こんな場合は毅然とした態度で応対し、しつこいときは無視するのが一番だ。ドアには鍵をかけ、室内に人を入れないこと。言葉が通じなくても、嫌なことには、曖昧に笑ったりしないで、ハッキリ拒絶の態度を示すことが大切だ。

ホテルのトイレとビデ

ホテルの部屋にはトイレのほか、普通ビデが付いている。ビデは水と温水の出る蛇口や噴水のような噴き出し口が付き、横と中央あたりに排水口がある物。トイレと形がやや似ているので間違えないように。形状はやや似ているが、トイレは蓋が付いていて、ビデには蓋がない。ビデは温水洗浄器のように、お尻などを洗ったり、温水をためて足を洗うのに使ったりする。ビデの横には、専用タオルが置いてあることが多い。

ビデ(左)とトイレ(右)

WI-FI事情

チェックイン時にフロントで、パスワードを渡してくれる

イタリアではほぼすべてのホテルやYHで利用できる。客室を含むホテル内すべて(電波状態は異なる場合多し)で利用できることが多いが、利用エリアがレセプション周辺やロビーだけに限られる場合もある。多くのホテルやYHでは無料で、パスワードはチェックイン時に渡されることが多い。4つ星以上の場合は有料のことがあり、その場合はレセプションで申し込みをする必要がある。料金は時間制、日ごとの場合などいろいろなので、使用前に確認しておこう。

変換プラグ、事前にチェック

最近の携帯電話やデジカメは変圧器が内蔵されているので、海外旅行の際も変換プラグだけを用意すればOKです。私はホームセンターで安い変換プラグを購入して持参したのですが、このプラグが持参した機器に差し込めず使用不能でした。幸い、空港で購入したドライヤーに付属されたプラグを利用できて困りませんでしたが、出発前に確認が必要です。
(長野県　ラムネ　'10)

レストランの会計時

レストランによってはサービス料を取っているにもかかわらず、クレジットカードの支払いの際、「カードでの支払いの際はチップをこちらにご記入ください」と書かれた別の紙を一緒に持ってくることがあります。支払う必要はないので、支払い明細にきちんと目を通してからサインすること。
(匿名匿住所　'11)

チップについて

ヨーロッパでもチップの習慣は薄れていると思います。イタリアのレストランではまったく支払いませんでした。請求書のほとんどがサービス料として10%を請求していたからでした。ホテルでもベッドメーキングに払ったことはありません。
(イシン　'14)

サービス料をとるところは少ないが、コペルト(席料)を取るところは多い。(編集部　'15)

キャンセルについての注意点

メールやFAXで宿泊予約を入れると、ノーショー(無断キャンセル)に備え、クレジットカードの番号と有効期限を聞かれる。さらに、予約の確認後にホテルのキャンセルなどの決まりや予約番号が通知される場合もあるので、よく読んでおこう。

予約のキャンセルは一般的に宿泊予定日の72~24時間前まで(1週間前というのもある)。予約番号があれば、それを告げればよりスムーズだ。無断キャンセルした場合は、通知したクレジットカードから1泊分を引かれ、それ以降の予約もすべてキャンセルされるのが普通。クレジットカードの番号を求められなかった場合も、キャンセルする場合は早めに連絡すること。旅行会社やレップ(予約事務所)を介した場合は、直接の電話連絡ではなく予約した会社やレップを経由しないと、キャンセルとみなされない場合もあるので注意。

チェックインは14:00~15:00頃からが一般的。早めに到着しても空き室次第で案内してくれる。

mangiare! Italia

食のイタリア

●イタリア料理って？

イタリア料理は素材を生かしたヘルシーメニュー。さまざまなアンティパスト（前菜）がテーブルの上に並び、あなたをお出迎え。ゆでたてのパスタがテーブルに運ばれたら歯応えのあるal dente（アル デンテ）のうちに、気取りなんか忘れて、ワイン片手に陽気にBuon Appetito!（ブォン アッペティート）"（いただきまーす！）。こんな気軽な雰囲気がイタリア料理の一番の魅力だ。

さて「**イタリアにはイタリア料理はない。あるのは郷土料理だけ**」とよくいわれる。これほど料理に郷土色が濃いのは、1861年の国家統一がなされるまで国土がたくさんの皇国、王領に分割されていたためいやがうえにも郷土意識が高められたからともいわれる。そんな彼らにとって一番の贅沢は、その土地で取れた旬の物を食べること。今では、イタリアのグルメたちは、春には柔らかい**白アスパラガス**を食べにBassano del Grappa（バッサーノ デル グラッパ）へ、秋にはイタリアの松茸とも呼ばれる肉厚の**ポルチーニ茸**を求めて**トスカーナ**へ、秋から冬にかけては香り豊かな**トリフ**を賞味しにAlba（アルバ）へと出かけていく。

季節の野菜を大切にする
イタリアは日本と似ている

●料理の味付けはマンマの愛情

味にうるさいこんなグルメたちの極めつけは "**おふくろの味**"。高級レストランに足しげく通う何不自由ない紳士たちでさえ、うっとり目を細め「**マンマの味は世界一**」と言ってはばからない。マンマが日曜日に作ってくれた手打ちのパスタFettuccine（フェットゥチーネ）とそのSugo（スーゴ）（ミートソース）のおいしさから始まって、冬に備える保存食作りにいたるまでしゃべりまくる。

結局のところマンマの味は、家の畑で太陽をタップリ浴びた野菜とその庭をかけ回って育った鶏やウサギ、はたまた猟の獲物を愛情込めて料理した物。ホスピタリティあふれる食卓がイタリアにはまだまだ残っているのがうれしい。

ヴェネツィアの居酒屋、バカリ

海の幸がおいしい
ヴェネツィアの前菜

●イタリアを知るために、イタリア料理を食べよう

さて、お郷土（くに）料理を食べ始める前にもうひと言。一般に**北**イタリアではフランス料理に近く、**バター、生クリーム**を多く用い、**南**に行くにつれて、**トマト、オリーブ油**がたくさん使われている、といわれている。それは、オリーブ栽培の北限がガルダ湖で、ポー川流域のパダナ平野はイタリア有数の畜牛、乳牛の産地であるからと地理的にも説明がつく。同様に国境をフランス、スイス、オーストリア、スロヴェニアなどに接したイタリアでは各国料理の影響も忘れることができない。北ではスロヴェニアのGulash（グーラシュ）（パプリカ風味の牛肉の煮込み）、ドイツ、オーストリアのお菓子Strüdel（ストゥルーデル）（りんごパイ）、南のシチリアではアラブ料理のCùscus（クスクス）と挙げていけばきりがないほど。

まさに「**食は文化なり**」。イタリア料理を食べる、知るということは、イタリアの風土、文化、歴史に触れるということなのだ。

旅の途中ホスピタリティあふれる食卓で、陽気なイタリア人に囲まれて食事を満喫したら、それは、もうイタリアの真髄に触れたも同然といえるだろう（各地方の料理については、各章の「州の料理」に詳しく述べてある）。

グルメの憧れ、アルバの
白トリフをかけたひと皿

イタリアワインの魅力

歴史の古いイタリアワイン

古代ギリシア人がワインの国「エノトリア」と呼んだイタリア。この国のワインの歴史は古い。共和制時代の雄弁家キケロも皇帝カエサルもワインを楽しんだ。ヴェスーヴィオ火山の噴火により一夜にして死の町と化したポンペイの遺跡にも、西暦79年のあの日そのままに今もワインの壺が並んでいる。かつて古代ローマの兵士たちは、戦場へ武器とともにブドウの苗を携えて出かけ、領土を拡大するごとにその土地に苗を植えたという。イタリアから欧州各地へブドウ苗とワイン造りが伝播していったのだった。

イタリアー の銘醸ワインを生む、ピエモンテ州の丘陵

地方ごとに個性のあるイタリアワイン

さて南北に細長いイタリアでは、自然環境もさまざまだ。北イタリアの厳しい自然の中では、世界でも有数の品質を誇る濃厚な**赤ワイン**やイタリア産シャンパンの**スプマンテ**などが生まれる。中部の糸杉の木立の続く緩やかな丘陵に一面に広がるブドウ畑からは、生気あふれるしなやかな**キャンティワイン**。こぼれるばかりの太陽の恵みを受けアルコール度の高いたくましいワインを生む南イタリアの風土、バラエティあふれ、個性豊かなワインが勢揃いするイタリアでぜひこの魅力に触れてほしい。ワイン王国のイタリアのこと、日本で買うよりずいぶん安いのもうれしい。

イタリアワインの等級

イタリアワインの等級は、**テーブルワインVino da Tavola、生産地表示典型ワインI.G.T.、統制原産地呼称D.O.C.ワイン、統制保証原産地呼称D.O.C.G.ワイン**の4つに分けられラベルに表示されている。これはあくまでも**格付け分類上**のことである。テーブルワインでありながら、桁外れの値段と高い評価を得ているティニャネッロやソライアなどが存在するのもイタリアらしい(現在はD.O.C.に昇格)。

イタリアを代表するD.O.C.G.ワイン

さて、200種以上もある**統制原産地呼称D.O.C.ワイン**(<u>D</u>enominazione di <u>O</u>rigine <u>C</u>ontrollata) とは、厳密に境界を画された生産地域を故郷とし、ブドウの種類をはじめ最低アルコール含有量、製造法、貯蔵法、味覚上の特徴などに関する法定特別製造基準にかなったものである。さらに品質の高いのが**統制保証原産地呼称D.O.C.G.ワイン** (<u>D</u>enominazione di <u>O</u>rigine <u>C</u>ontrollata e <u>G</u>arantita)である。

この認定基準と製品検査はさらに厳しく、検査に合格した物はD.O.C.ワイン同様、品質保護のための各ワイン協会のマークと国の検査済みのラベルが貼られている。現在このカテゴリーに属する物は、ピエモンテ州産の赤ワイン**バローロBarolo**、**バルバレスコBarbaresco**、エミリア・ロマーニャ州産の白ワインアルバーナ・ディ・ロマーニャAlbana di Romagna、トスカーナ州の赤ワインキャンティChianti、ヴィーノ・ノ

ワイン注文の仕方 その土地のワインがおすすめ!

レストランによってワインの品揃えはさまざま。店の格によって、分厚いワインリストにイタリアのみならず世界中の名醸ワインがズラリと並ぶ店から、紙1枚だけのところまである。高級店でもその土地のワインは手頃な物が揃っていることが多い。旅人としては土地のワインを味わってみたい。

ワインはボトル、1/2ボトル、グラス、カラファの単位で注文する。

○**ボトル1本**は「ウナ・ボッテリア」una botteglia

一般的な注文法。選べるワインの種類、価格の幅も広い。

○**1/2本**は「メッザ・ボッテリア」mezza bottegli a

1/2のボトルを出荷しているワイナリーは少ないので、種類の選択肢は多くないが、量と値段で納得。おいてない店もある。

○**グラス**は「ウン・ビッキエーレ」un bicchiere又は「ウン・カリチェ」un calice

赤・白各2種類くらいの品揃え。赤か白どちらかという選択肢。グラスワインをおいていない店もある。

○量で注文**カラファ**

注文するとカラファに指定量が入ってくる。1ℓ=「ウン・リットル」、1/2ℓ=「メッゾ・リットル」、1/4ℓ=「ウン・クワルト」、土地のワインが中心。気取らないトラットリアなどで。

○**飲んだだけ**

ハウスワインvino della casaがボトルの場合、「飲んだだけ」請求される場合がある。この場合は半分飲んだら、ボトル代の半分よりやや多めに請求されるのが一般的。

土地のワインはお値頃価格

オレンジのスプレムータ

●バールのメニュー

〈Bevande（ベヴァンデ） 飲み物〉

- Caffè（カフェ）……エスプレッソコーヒー
- Cappuccino（カップチーノ）……カプチーノ
- Caffè e latte（カフェ エ ラッテ）……カフェラッテ
- Latte（ラッテ）……………………ミルク
- Thè（テ）………………………紅茶
- Camomilla（カモミッラ）……カモミール茶
- Aranciata（アランチャータ）……………… 炭酸入りオレンジジュース
- Cola（コーラ）……………………コーラ
- Frullato（フルッラート）………ミルクセーキ
- Succo di Frutta（スッコ ディ フルッタ）…………… ネクター風のフルーツジュース
- Spremuta（スプレムータ）・フレッシュジュース
- Acqua Minerale（アックア ミネラーレ）………… ミネラルウオーター
- Gelato（ジェラート）………アイスクリーム
- Granita（グラニータ）……………………… フラッペ／シャーベット

〈Alcolico（アルコーリコ） アルコール飲料〉

〈Aperitivo（アペリティーヴォ） 食前酒〉

- Spritz……………スプリッツ （プロセッコ＋アペロール）
- Campari…………カンパリ
- Cinzano…………チンザノ
- Martini………マルティーニ

〈Digestivo（ディジェスティーヴォ） 食後酒〉

- Amaro……………アマーロ
- Grappa……………グラッパ
- Sambuca………サンブーカ
- Brandy…………ブランデー
- Whisky…………ウイスキー

〈軽食〉

- Tramezzino（トラメッツィーノ）……サンドイッチ
- Panino（パニーノ）……………………… 丸型パンのサンドイッチ

ービレ・ディ・モンテプルチャーノVino Nobile di Montepulciano、ブルネッロ・ディ・モンタルチーノBrunello di Montalcinoなどがある。こうした優れたワインは、ぜひイタリアで味わってみたいものだ。

とりわけ熟成に耐えたワインならば、驚くほどの芳醇さで魅了してくれることであろう。

町のエノテカで
土地のおすすめワインを調達！

●イタリアの食べ物屋とメニュー

●安上がり旅行者の味方、食料品屋 ジェネーリ アリメンターリ Generi Alimentari

パン、ハム、チーズ、お菓子にワインと食べ物なら何でも揃う。ピクニック気分で公園でお弁当を広げたいときや、宿で簡単に食べたいときに便利。パテや高級総菜を扱うDelicatessen（デリカテッセン）も北イタリアには多い。ただし、魚介類のサラダや上等なパテを注文すると、ときにはトラットリアで食事するより高くつく。

店に入ると白衣を着た元気な店員が忙しくハムやチーズを切っている。ショーケースの中の値札に書かれているl'etto（エット）とは100g、al chilo（アル キーロ）とは1kgあたりのことで、このどちらかの値段が表示されている。注文はl'ettoエット単位で。ちなみに50gはMezzo etto（メッゾ エット）だ。パンもピッツァも量り売りで、目の前で大きさを適当に示して切ってくれる。小型のパンならば1個単位で売ってくれる。ローマではRosetta（ロゼッタ）という中が空洞のパンを食べることが多い。店ではこのパンにハムやサラミ、チーズを挟んで、簡単なスナックPanino（パニーノ）を作ってくれる。香ばしい焼きたてのパンやピッツァに挟んだ新鮮なハムやチーズのおいしさは格別。これは、午前中のおやつとしてイタリア人もよく利用する。

サラミを挟んだPanino（パニーノ）が欲しければ"Vorrei（ヴォレイ） un（ウン） Panino（パニーノ） con（コン） salame（サラーメ）"と注文しよう。薄切りサラミがタップリ挟まれて1個300円もあれば十分だ。このほか、豚のダイス状の脂やピスタチオの入った超特大ソフトソーセージのMortadella（モルタデッラ）、本場イタリアの生ハム、Prosciutto（プロシュット） crudo（クルード）、普通の加熱したハムのProsciutto（プロシュット） cotto（コット）などが人気もの。

チーズFormaggio（フォルマッジョ）では、クリーミーで食べやすいBel（ベル） paese（パエーゼ）、新鮮さが売り物のMozzarella（モッツァレッラ）、ちょっぴり固めでまろやかな風味のProvolone（プロヴォローネ）から、外国産のチーズまで勢揃い。チーズのなかには、辛口Piccante（ピッカンテ）と甘口Dolce（ドルチェ）とふたつのタイプに分かれた物があるので、風味のきつい物を好む人はPiccante、穏やかなほうがよければDolceを選ぼう。

さて、買い物をするとその食品の各カウンターごとにレシートをくれるので、それを持ってレジで精算し支払う。

●立ち飲みバールと、座ってゆっくり飲める サラ・ダ・テ、カフェ Sala da thè, Caffè & Bar

1日に何回もコーヒーを楽しむイタリア人にとって、息抜きの場、社交の場として欠かせないBar（バール）。友達同士おしゃべりしながら店に入り、コーヒーやお酒をグッとあおったかと思うとすぐに出て行ってしまう。彼らにとってバールは**飲むだけの場**。そして**ゆっくり座っておしゃべりしながらお茶やコーヒーを楽しむ場が、Sala da thèやCaffè**。町のいたるところにあるバールBarは、だいたい店構えもシンプル。サラ・ダ・テやカフェは豪華な雰囲気が売り物だが、もちろん立ち飲み用のカウンターもある。立ち飲みの場合は、どこも値段的には差がないのでゴージャスな雰囲気のお店がおすすめ。座った場合は、普通のバールで、立ち飲みの2倍強、ゴージャスな雰囲気のお店では4倍くらい取られる。もちろんレジの横にふたつの値段が表記してあるので、気になったらまずは確かめてから。

屋外のテラス席が楽しい

立ち飲みの場合、レジのある店ではまずレジで注文し、**そのレシートScontrino**(スコントリーノ)をもらい、カウンターでそれを出して注文する。このとき、**€0.2〜0.5程度をチップ**としてレシートの上に置いて注文する人も多いが、チップの有無で注文の品が早く出てくるといったことはないようだ(もちろん笑顔のサービスはあるけれど)。座った場合はテーブルに注文を取りにくるので、注文の品を持ってきたときか、帰り際に支払う。気持ちよくお茶を飲めたら、チップを置くのが普通。

さて、メニュー解説といこう。**エスプレッソコーヒー**はイタリアでは単に**カフェ**。小さなカップに3分の1くらい(約30cc)、きめ細かに泡立った濃厚なコーヒーが出てくる。これにたっぷりお砂糖を入れてミルクなしで飲むのがイタリア人のやり方。カップの底によどんだ砂糖をスプーンですくってなめちゃう人もいるくらい。**カプチーノ**は、蒸気でプシュプシュと温め泡立った牛乳入りコーヒー。ときには上にココアの粉がかけてある。**カフェラッテ**は**イタリア版カフェ・オ・レ**。**カモミッラ**は、イタリア人常用のハーブティー。ちょっとした頭痛、腹痛、安眠に効果的とか。旅に不足しがちなビタミンを補うには**スプレムータ**がおすすめ。注文すると目の前で果物を搾ってくれる。**オレンジ**はArancia(アランチャ)、**レモン**はLimone(リモーネ)、**グレープフルーツ**はPompelmo(ポンペルモ)。つまり**フレッシュレモンジュース**はSpremuta di Limone(スプレムータ ディ リモーネ)と注文する。オレンジやレモンの産地を南部に控えるイタリアならではの味と手頃な値段がうれしい。**ミネラルウオーター**は**ガス入りcon Gas**(コン ガス)と**ガスなしsenza Gas**(センツァ ガス)の2種類ある。ただ、Acqua Minerale(アックア ミネラーレ)(ミネラルウオーター)と注文すると、ガス入りが出てくることが多い。

アルコール類は日本でおなじみの物も多いが、アーティチョークで作られた**チナール**やブドウの搾りかすを発酵、蒸留させたアルコール度40°の**グラッパ**、香草の香り強く甘い**サンブーカ**など、イタリア特産のお酒をぜひ試してみたい。

最後にひと言。イタリア人は猫舌なのか、アツアツな飲み物が好きな日本人には、ときどき注文の品がぬるく感じられることがある。そこで、アツアツの一杯を望む人は**熱々の"Bollente!"**(ボレンテ)と注文してみよう(エスプレッソコーヒーは無理だけど)。

食料調達にはスーパーも利用しよう

日本同様、個人の食料品屋は少なくなり、スーパーが増加中のイタリア。ほとんどの店舗にはお総菜売り場があり、前菜、パスタ、肉、魚料理、ハム、チーズ、ピッツァなどが並んでいる。利用の仕方はP.546の食料品屋とほぼ同じ。ホテルで食べたいときやスナックを探すのに便利。(→P.560)

ほんの少しの量がイタリア風のカフェ

こだわりコーヒー話

コーヒーにこだわるイタリア人。泡立った濃厚なコーヒーを最高とする彼らでも、いろいろなヴァリエーションを楽しむ。いつもよりさらに濃いコーヒーを望むときにはCaffè Ristrettoカフェ・リストレット、薄い物はCaffè Lungoカフェ・ルンゴ(またはaltoアルト)。ちなみに、アメリカンコーヒーはCaffè Americanoカフェ・アメリカーノだ。食後のコーヒーにはリキュール入りのCaffè Correttoカフェ・コッレットを飲むことも多い。濃いコーヒーと豊かなリキュールの香りが、満腹の胃を穏やかにしてくれる。寒いときなど元気の出る一杯だ。

さて、コーヒーCaffèとミルクLatteラッテの相性も抜群だ。まずはMacchiatoマッキャートという単語を覚えておこう。本来「汚れた」とか、「染みの付いた」の意味だが、Caffè Macchiatoカフェ・マッキャートは少量のミルク入りコーヒー。一方Latte Macchiatoラッテ・マッキャートは少量のコーヒー入りのミルク。ちなみにカフェ・エ・ラッテとラッテ・マッキャートの違いはコーヒーの量の違いにあるが、なぜかラッテ・マッキャートはコップに入って出てくることが多い。

ヘルシーで洗練されている
ローマのピッツァ

●ピッツェリアのメニュー

Pizza Margherita
トマトとモッツァレッラチーズだけの上品な味

Pizza con Funghi
トマトとチーズのピッツァにマッシュルームの薄切りのせ

Pizza con Funghi e Prosciutto
上のピッツァに生ハムをのせた物

Pizza Napoletana
トマトとモッツァレッラのチーズにアンチョヴィー風味

Pizza Marinara
トマトソースにオレガノ風味

Pizza con Peperoni
甘くて肉厚の赤や黄色のピーマンのせ

Pizza Quattro Stagioni
四季のピッツァ。4つに分かれた4種類の味が楽しめる

Pizza Capricciosa
気まぐれの意。さまざまな具がのっている

Pizza fritte
揚げピッツァ。チーズやハムなどを包んで油で揚げた物

Calzone
ピッツァの生地にトマトソースやチーズなどを包み込んで焼いた物

Crostino
いわゆるチーズトースト。モッツァレッラチーズとアンチョヴィーや生ハムのハーモニーが最高においしい

Bruschetta
ガーリックトースト

Bruschetta al pomodoro
ガーリックトーストのフレッシュトマトのせ

●ピッツェリア　Pizzeria

イタリアの食の代名詞ともいえるピッツァ。本場ではピザと呼ばずピッツァと発音するのでご注意を。このピッツァ屋Pizzeriaはふたつのタイプに分かれている。al TaglioとかRusticaと表示されている立ち食い専門の量り売りの店と、テーブル席でサービスし、本格的な薪を燃やすかまどで焼き上げる店だ。

前者は午前中から営業し、店のカウンターには四角い大きなさまざまな種類のピッツァが並んでいる。目の前のピッツァを指させば、適当な大きさに切ってくれる。おいしいお店は、チーズが糸を引くアツアツのピッツァをほお張る人でいつも混雑している。

老舗ピッツェリアの店頭で売られるピッツァは€1。安くておいしい!!　ナポリにて

一方、本格的なピッツァ屋は夜だけ営業する店が多い。というのも、イタリア人にとってピッツァは夜の軽い食事代わりの物だからだ。トラットリアやリストランテでもピッツァを扱う店も多いが、やはり夜だけが多い。また、ピッツェリアと名乗っていても、パスタ類や簡単な肉・魚料理が食べられる店も多い。ピッツァを扱っている店では、ピッツァだけ注文してもおかしくないので、食欲のないときや節約旅行者には強い味方だ。

さて、若者でにぎわうお店がおいしいピッツァ屋。こんな店を見つけたら、テーブルに並んでいるアンティパスト（前菜）やオリーブを頼んで、ビールやワインを飲みながらピッツァの焼き上がりを待とう。ぜひ試してほしいのがBruschettaというガーリックトースト。塩とニンニクとオリーブの雫ともいうべき良質のヴァージンオイルで味付けした物だ。このおいしさはイタリアならでは。これに新鮮なトマトのみじん切りを載せたのがBruschetta al pomodoro。食欲増進剤になること請け合いだ。

ピッツァ屋のメニューはだいたい左記のとおり。Calzoneとcrostino、pizza fritteは量り売りの店ではほとんどおいていない。

●大衆食堂風のターヴォラ・カルダ、ロスティッチェリア、カフェッテリア Tavola Calda、Rosticceria、Caffetteria

ヴェネツィア名物、立ち飲み居酒屋バカリ。
テーブル席ならゆったりできる

簡単な食事のできる店。カウンター形式、もしくはささやかなテーブルのある店だ。ここでは、料理はすでに調理されてカウンターに並んでいる。指さして注文すれば言葉の心配もいらない。注文の品のレシートを持ってカウンターで支払うか、カフェッテリアならば列の最後で精算する。

料理は、ピッツァやお米のコロッケArancini（アランチーニ）や各種パスタ、鶏・牛肉のローストやローストポテト、サラダなどの簡単な物が多い。もちろん冷めた料理はオーブンか電子レンジで温めてくれる。Tavola Calda（ターヴォラ カルダ）やRosticceria（ロスティッチェリア）では持ち帰りもできる。

お気に入りの一皿のみでOK。EATALY（ローマ）で

●ゆっくり食事を楽しむリストランテ、トラットリア、オステリア Ristorante、Trattoria、Osteria

ゆっくり食事を楽しむつもりならば、これらの店へ。リストランテは高級レストラン。トラットリアは家庭料理が主体の大衆的な店。そしてオステリアは居酒屋、といわれているが厳密な区分はない。まずは、目指す店の前に立って客層や店の雰囲気を眺め、メニューが張ってあればそれを見ると、だいたいの見当はつくものだ（各都市ガイドの末に載せたレストランガイドはこちらの主観により、味・値段・雰囲気でやや高級と思われる店はその名称にかかわらずリストランテとした）。

（メニュー→P.552）

見事なデザートが高級リストランテの証（あかし）

上記のほかには、生ビールと簡単なつまみを出すBirreria（ビッレリア）、世界中に進出するマクドナルドをはじめとしたファストフードの店、駅の構内や大きな町の中心街にあるSelfservice（セルフサービス）などがあるので、お腹のすき具合、経済状態、食事時間の有無によって上手に使い分けよう。

エレガントな1つ星リストランテの店内

食事注文の今昔

一昔前は、レストランに行ってひと皿だけ食べるというのはマナー違反でした。よく食べるイタリア人からしたら、「日本人はこれしか食べられないの?」または、「ひと皿だけ食べて帰られちゃうと商売にならないよ!」ってことだったの?　しかしイタリアの食事事情も変わり、今はひと皿だけでもOK。

ただ観光客の多い店ではコペルト&サービス料が取られることも。そのかわり前菜又はパスタとメインなどの2皿とデザートを食べると、サービス料を取らなかったり、コペルトなしのサービスがあったりすることも。

✉ 極意！コペルトから店を見る。

日本で馴染みのない言葉、コペルト（席料）。でもこれは要するに「お通し代」です。何も出ないことが多いけど……。高級店から下町の経済的なお店までそれぞれ€0.50～5/人くらい取るみたい。なんだか敷居が高そうなお店?と思ったらコペルトをチェックしてみよう!意外とリラックスして行けるお店かも知れません。その逆もあるので注意!よい目安になると思います。

（東京都　タラバガニ　'15）

✉ サービス料？コペルト？

基本的にコペルトやサービス料はメニューに表記されています。店の表にあるメニューに書いてあるのが普通だけれども、たまにすごく小さい字で書いてあってわからないことも。そしてサービス料（15%のことも!）とコペルトの両方を取るお店もあります。そんなサービス代が高いお店では、注文はひと皿でも気にしないで大丈夫なようです。基本的に観光客相手のお店なのかな。ちゃんとおいしいけどね。（神奈川県　葡萄　'15）

イタリアのビール

イタリアでの食事のお供はワインという人も、「とりあえずビール」が恋しい。イタリア語でビールはビッラBirra。生ビールはビッラ・スピーナBirra alla spina。イタリアの瓶入りビールで一般的なのは、青いリボンという名のナストロ・アズーロNastro Azzurroやひげのおじさんがラベルに描かれたモレッティMoretti、ローマ生まれのペローニPeroniなど。ただ、日本でもおなじみのハイネケンしかおいてないお店もある。

日本人は「シェア」と認識!?

いろんな料理を味わってみたい日本人。一方、ひと皿を断固ひとりで食べきるイタリア人。しばらく前まではひと皿をシェアすることなど考えられなかったが、昨今はかなりフレキシブル。

日本人の多い店では、何にも言わなくても、取り皿を持ってきてくれる場合もあるし、パスタやピッツァなどは最初に半分にしてテーブルに運んでくれる場合もある。

最初に「分けて食べたい Vorrei dividere……」と告げておくといい。取り皿を持ってきてもらったら、帰りはチップ(€1～)を置いておこう。

ただ、高級店ではシェアできるのはパスタのみ（料金は半分よりやや高め）の場合もある。美しく飾られたプレゼンテーションも含めてのひと皿なので、半分は断られることも。

自由に注文OK!?

ガイドブックにはコースの説明や順番がよく書かれていますが、地元の人や旅行者はパスタやピッツァのみの注文で、飲み物もミネラルウオーターだけという人たちをよく見かけました。メニューの注文はけっこう自由です。　(yummy　'14)

ローマの名物パスタ、トンナレッリをあえる

●レストランの楽しみ方

●イタリアを知るためにはおいしい物を食べるのが一番

イタリアに着いたら観光地巡りもそこそこに、早速、味探訪に出かけよう。この国を知るにはおいしい料理を食べるだけで十分だ。そこには、この国の歴史も風土もそして国民性さえも、すべて表れているのだ。にぎやかな下町のトラットリアでは庶民の生活が、ゴージャスなリストランテでは日本では想像もつかないようなお金持ちの暮らしのひとコマがのぞき見られるのだ。

●予約をすれば食事の楽しみも倍増

宿の近くで普通に食事したいときには、とにかく地元の人で混雑した店に入れば問題はない。目指す店があるのなら、まずは店に予約の電話を入れよう。高級リストランテや、クリスマスや正月の混み合う季節には忘れてはならないこと。高級店では英語も通じるので心配ないがイタリア語で「今晩8時に4人の席を予約したい」とは“Vorrei prenotare per quattro persone per le otto di stasera”と言う。quattroは4（人）、ottoは8（時）、staseraは今晩、この下線部分を変えればいつでも使える。ちなみにふたりは due 、3人はtre、7時はsette、明日の晩はdomani sera、明後日はdopodomani。

そして予定の時間に店に到着したら、「私は○○です。予約してあります」“Mi chiamo○○, ho gia prenotato”。

カメリエーレ（給仕係）が「何人ですか？」“Quanto persone sono ?”などと聞いてくるので、「4人です」“Siamo quattro”と答えるか指で示せば十分だ。ほとんどの店では英語も十分に通じる。実際お店の格が上がるにつれて店もサービスする人間も洗練され、言葉も堪能のよう。

●“スペチャーリ”とひと言叫んでみよう

さて席に着いてメニューを開いたら、書かれた物を指さして注文すればよいのだが、それも味気ない。そこでその店の特別料理とかシェフのおすすめ料理を聞いてみよう。

「シェフのおすすめ料理は？」
“Che cosa consiglia ?”
「この店の特別料理は？」
“Quale è la specialità di questo ristorante?”

すると適当にメニューを指して説明してくれるし、わからない顔をしているとキッチンから現物を持ってきて見せてくれたりする。

このとき、嫌な顔せずメニューについて説明してくれる店は、サービスは及第、味のほうも満足いくと思われる。外人だと思って面倒臭そうにした店ならば、味もサービスもたぶん低級、サービスもおいしさのうちだと思う人ならすぐに席を立ってしまうところだ。

さて、料理の次はワインだ。ワインリストからお目当てのワインを探すのも楽しいが、店のカラファ入りのハウスワインでもおいしい。プライドをもつ店では、自信をもってハウスワインを選んでいるのでおいしい物も多いし、ときにはリストランテ自家特製ワインなんてこともあって楽しい。ただし、観光地のレストランでは並級ワインをカラファに注ぐだけの店もあるのでご注意を。

●お勘定お願いします

夜も更けて席を離れる前にはお勘定だ。サービスしてくれたカメリエーレ氏を呼んで「**お勘定お願いします**」“Il conto, per favore”と頼もう。さて、伝票が運ばれてきたら、決して恥ずかしがらずに食べた物と料金のチェックをする。ときには間違いもあるのでよく注意しよう。料理以外に含まれるのは、Copertoと呼ばれる**席料**と多くの場合**サービス料**Servizioである(2016年現在、廃止の傾向にあるが、町によりかなり違う)。サービス料が含まれていない場合は10〜20%のチップを置くといわれているが、あなたの気分次第。最高の気分ならチップもそれなりに、残念ながら不満足の場合は何も残しておかなくてよいと思う。

こうしてすてきな食事が終わったら、店の人たちに夜ならば“Buonasera”とか昼間なら“Buongiorno”とあいさつして店を出よう。

●イタリア料理のフルコースにトライ!

①前菜　Antipasto

冷菜が多く、「生ハムとメロン」や魚介類のサラダ、趣向を凝らした野菜料理など、盛りだくさんの品揃えだ。

②第1皿　Primo Piatto

乾燥パスタから手打ち麺、米料理のリゾット、スープ類までを含む。

③第2皿　Secondo Piatto

肉・魚料理。キノコのポルチーニ茸の料理はここに含むことが多い。

④付け合わせ　Contorno

野菜サラダや温野菜。

⑤チーズ　Formaggio

⑥デザート果物　Frutta、お菓子　Dolce

⑦コーヒー／食後酒

この順序にメニューから料理を選べば問題はないが、胃袋がいつもこれだけの量に応じられるとは限らない。日本人はパスタ類だけを食べて終わりにしたい場合もあるが、ある程度のお店では1皿目だけで終わるのはエチケット違反だ。これだけを頭に入れておけば、何も迷うことはない。イタリア人のなかにも肉か魚料理に付け合わせの野菜料理だけで済ませる人もいる。またパスタ類を食べてから2皿目に前菜を食べても嫌な顔をされることもそれほどない。パスタ類を食べたいが、食べると2皿目が食べられない人は1皿目を半分Mezzoと頼むのもよいだろう。

また、**セットメニュー**としてMenu Turisticoというのが観光地のレストランでは目につく。これは、席料、サービス料、1皿目、2皿目、付け合わせ、デザート、ときには飲み物をセットにしたメニューである。店によって€10程度からあり安いが、メニューにバリエーションがなくお仕着せなので満足感に乏しいときもある。

デザート、**コーヒー**を終えれば、これから**食後酒** Digestivoだ。食後酒片手に夜の更けるのを忘れて話に熱中するイタリア人をレストランではたくさん見かける。食後酒は消化を助けるもの。強いリキュールが勢揃いし、薬効性の香草風味や果実風味とタイプもさまざまで楽しい。

最新食事情

レストランでの注文の仕方は前菜(アンティパスト)かパスタ、セコンドとして肉か魚料理、付け合わせに野菜料理、そしてデザートというのがこれまでの伝統だった。

しかし、このところの健康志向の高まりか、イタリア人の間でも料理選びに変化が生じてきた。前菜はタップリの野菜サラダ、パスタはパスし、セコンドは軽めの料理、デザートはフレッシュな果物といった具合だ。

各地に増えたセルフやパスタ専門店のみならず、これはかなりの高級店でも見かけられる光景。メニューを眺めてみても、サラダが付け合わせの項のほかに、前菜の項にお値段もそれなりになって並んでいる。前菜のサラダは中身や盛りつけが付け合わせの物とは異なり、やや高級感がある。

カフェなどでも魚介やチーズのタップリ入った野菜サラダひと皿とパンと飲み物という昼食を取る人がミラノなどでは目につく。

以前と同様に注文すると「食べ切れませんよ。これとこれでいいでしょう」と、カメリエーレがアドバイスしてくれることも再三だった。

もちろん、食に喜びを見いだすイタリアのこと。前菜やプリモを2〜3種類並べ、よく食べ飲む、饗宴とも呼べるシーンも目にする。しかし、無理なくそのときどきの健康状態に合わせてメニューを選ぶ選択肢が増えてきたことも事実だ。

高級店でのお楽しみは
アミューズ・グール

趣向の凝らされた
華やかな前菜

●リストランテのメニュー

〈antipasto〉（アンティパスト）　前菜

プレゼンテーションが美しい
1つ星レストランの前菜

- prosciutto e melone / fichi（プロシュット エ メローネ／フィーキ）……生ハムとメロン／イチジク
- antipasto misto all'Italiana（アンティパスト ミスト アッリータリアーナ）……イタリア風前菜（ハム、サラミが主体）の盛り合わせ
- insalata di mare（インサラータ ディ マーレ）……ゆでた魚介類をオリーブ油・レモン汁であえたサラダ
- salmone e crostini（サルモーネ エ クロスティーニ）……スモークサーモンのバタートースト添え
- cocktail di gamberetti（コクテイル ディ ガンベレッティ）……小エビのカクテル
- antipasto assortito（アンティパスト アッソルティート）……お好みの前菜盛り合わせ
- antipasto di mare（アンティパスト ディ マーレ）……魚介類のサラダ、貝類の香ばしいグリル・トマトソース風味などの前菜
- cozze e vongole alla marinara（コッツェ エ ヴォンゴレ アッラ マリナーラ）……ムール貝とアサリのトマト風味
- cozze al gratin（コッツェ アル グラティン）……ムール貝のニンニク風味のグラタン
- zuppa di cozze（ズッパ ディ コッツェ）……ムール貝のトマト風味のスープ

〈primo piatto〉（プリーモ ピアット）　第1皿

- spaghetti alla pescatora（スパゲッティ アッラ ペスカトーラ）……魚介類のスパゲッティ
- spaghetti alle vongole veraci（スパゲッティ アッレ ヴォンゴレ ヴェラーチ）……アサリのスパゲッティ。トマトソース風味はrosso（ロッソ）／トマトなしはbianco（ビアンコ）と呼ぶ
- spaghetti al pomodoro（スパゲッティ アル ポモドーロ）……トマトソースのスパゲッティ
- spaghetti alle bolognese（スパゲッティ アッレ ボロネーゼ）……ミートソースのスパゲッティ
- bucatini all'amatriciana（ブカティーニ アッラマトリチアーナ）……塩漬け豚と唐辛子、ペコリーノチーズの利いたトマト風味。ブカティーニとはやや太めで穴の空いたスパゲッティ
- spaghetti aglio, olio e peperoncino（スパゲッティ アーリオ オーリオ エ ペペロンチーノ）……唐辛子、ニンニク、オリーブ油のみで味つけしたスパゲッティ
- spaghetti alla carbonara（スパゲッティ アッラ カルボナーラ）……たっぷりのパルミジャーノチーズと卵、塩漬け豚で味つけしたクリーミーなひと皿

一味違う本場のアサリの
スパゲッティ

- gnocchi alla romana（ニョッキ アッラ ロマーナ）……セモリナ粉を牛乳で煮、さらにパルミジャーノチーズをかけて焼いたニョッキ
- gnocchi di patate（ニョッキ ディ パターテ）……ゆでたじゃがいもをつぶし、卵、チーズなどを加え小さな団子状にし、ゆでた物。トマトソースやサルビア風味のバター、ゴルゴンゾーラチーズであえることが多い
- fettuccine（フェットゥッチーネ）……卵のたっぷり入った手打ち麺。切った幅により名称が変わる。これは幅約1cm
- tortellini（トルテッリーニ）……手打ちパスタにミンチした肉類を詰め、小さなリング状にしたパスタ
- ravioli（ラヴィオリ）……手打ちパスタにミンチした肉類を詰めた、やや大型のパスタ
- lasagna（ラザーニャ）……ラザーニア

各種あるパスタを
食べ比べよう

高級店のスープには趣向を凝らしたものが多い。「カキの冷製スープ、ミント風味」は夏らしい一品

risotto alla pescatora（リゾット アッラ ペスカトーラ）……魚介類のリゾット（米料理、見た目には日本のおじやに似ているがお米は少し歯ごたえを残して煮るのがイタリア風）

risotto al pomodoro（リゾット アル ポモドーロ）……トマト味のリゾット

zuppa di pesce（ズッパ ディ ペーシェ）……魚介類のトマト風味スープ、さしずめイタリア風ブイヤベース〈店によっては前菜または１皿目、２皿目、として書かれていて、いつ食べても問題のない魚介料理〉

〈zuppe e minestre〉（ズッペ エ ミネストレ）　スープ類（primo（プリーモ）と一緒に書かれている場合もある）

stracciatella（ストラッチャテッラ）……かき玉風のコンソメスープ

minestra（ミネストラ）……小粒パスタ入りのコンソメスープ

zuppa di verdura（ズッパ ディ ヴェルドゥーラ）……ニンジン、ジャガイモ、ズッキーニなどの各野菜入りスープ

minestrone（ミネストローネ）……パスタまたはお米の入った野菜スープ

tortellini in brodo（トルテッリーニ イン ブロード）……肉詰めパスタのトルテリーニ入りコンソメスープ

〈secondo piatto〉（セコンド ピアット）　第２皿

肉類

cotoletta alla milanese（コトレッタ アッラ ミラネーゼ）……薄切り子牛肉のカツレツ

cotoletta alla bolognese（コトレッタ アッラ ボロネーゼ）……上記のカツに生ハム、チーズ、トマトソースをのせオーブンで軽く焼いた物

scaloppine al vino bianco（スカロッピーネ アル ヴィーノ ビアンコ）……子牛のワイン風味ソテー

saltimbocca alla romana（サルティンボッカ アッラ ロマーナ）……子牛肉にサルビア（セージ）、生ハムを重ねた白ワイン風味ソテー

osso bucco（オッソ ブッコ）……子牛のすねの輪切り肉のトマト煮。骨の骨髄のゼラチン質も食べる

lombatina（ロンバティーナ）……子牛のサーロインステーキ

carpaccio（カルパッチョ）……カルパッチョ（生牛肉の極薄スライス　サラダ添え）

tagliata di manzo（タリアータ ディ マンツォ）……タリアータ（牛肉グリルのスライス　サラダ添え）

bistecca（ビステッカ）……ビーフステーキ

bistecca alla fiorentina（ビステッカ アッラ フィオレンティーナ）……１皿最低500gはあるＴボーンステーキ

bistecca alla pizzaiola（ビステッカ アッラ ピッツァイオーラ）……オレガノ入りトマトソースで味つけしたビフテキ

filetto di manzo al pepeverde（フィレット ディ マンツォ アル ペペベェルデ）……牛フィレ肉のグリーン胡椒と生クリームソース

petto di pollo dorato（ペット ディ ポッロ ドラート）……鶏胸肉のピカタ

braciola（ブラチョーラ）……豚ロースのステーキ、オレガノ、ニンニク風味

Coniglio alla cacciatora（コニッリオ アッラ カッチャトーラ）……ウサギのオレガノ、ワイン風味の煮込み

trippa alla romana（トリッパ アッラ ロマーナ）……ちょっぴり唐辛子の利いた子牛胃袋のトマト味煮込み

fegato alla veneziana（フェーガト アッラ ヴェネツィアーナ）……子牛レバーとたっぷりの玉ねぎ入りソテー

rognone al cognac（ロニョーネ アル コニャック）……子牛の腎臓のコニャック風味

fritto misto all'italiana（フリット ミスト アッリタリアーナ）……子牛の胸腺、脳みそ、アーティチョークなどのフリットの盛り合わせ

●リストランテのメニュー

魚介類

sogliola alla mugnaia（ソリオラ アッラ ムニアイア）……舌平目のムニエル

spigola bollita（スピゴラ ボッリータ）……ゆでたスズキにレモン汁やマヨネーズをかけた一品

orata（オラータ）……タイの一種

spiedino di mazzancolle（スピエディーノ ディ マッツァンコッレ）……車海老の串刺しグリル（注：マッツァンコッレはローマ方言）

scampi alla griglia（スカンピ アッラ グリーリア）……はさみの付いたアカザエビのグリル

fritto di calamari e gamberetti（フリット ディ カラマーリ エ ガンベレッティ）……小エビとイカのフリット

繊細な仕上がりの
魚介料理

〈contorno〉（コントルノ）　付け合わせ

insalata mista（インサラータ ミスタ）……ミックスサラダ

fagioli bianchi（ファジオーリ）……ゆでた白インゲン豆のオリーブ油風味

spinaci a piacere（スピナッチ ア ピアチェーレ）……ほうれん草のお好み料理 バターソテーal burro（アル ブッロ）やニンニクと唐辛子、オリーブ油で炒めたin padella（イン パデッラ）、レモン汁をかけたal limone（アル リモーネ）が一般的

patate fritte（パターテ フリッテ）……フライドポテト

patate al forno（パターテ アル フォルノ）……ローストポテト

peperonata（ペペロナータ）……イタリア風ラタトゥイユ、赤や黄色のピーマン、ズッキーニ、なすなどのトマト煮

地の魚を味わえるのが嬉しい、
ナポリのひと皿

〈frutta〉（フルッタ）　果物

frutta di stagione（フルッタ ディ スタジオーネ）……季節の果物

macedonia di frutta al maraschino（マチェドーニア ディ フルッタ アル マラスキーノ）……マラスキーノ酒風味のフルーツポンチ

〈dolce e gelato〉（ドルチェ エ ジェラート）　お菓子とアイスクリーム

dolci della casa（ドルチ デッラ カーサ）……自家製デザート

creme caramelle（クレーム カラメル）……プリン

zuppa inglese（ズッパ イングレーゼ）……たっぷりクリームのかかった、リキュールまたはレモン汁入りのシロップを含ませたスポンジケーキ

crostata（クロスタータ）……ビスケット生地にジャムを塗り焼いたタルト

torta di ricotta（トルタ ディ リコッタ）……砂糖漬け果物入りリコッタチーズのタルト

gelato misto（ジェラート ミスト）……ミックスアイスクリーム

フランス料理の影響がみられる
美しいデザート

肉と魚のメニュー早わかり

肉類[carne（カルネ）]の種類

牛 manzo/bue（マンツォ/ブエ）	子牛 vitello（ヴィテッロ）
鶏 pollo（ポッロ）	豚 maiale（マイアーレ）
子羊 agnello/abbacchio（アニエッロ/アバッキオ）	野ウサギ lepre（レプレ）
飼いウサギ coniglio（コニッリオ）	イノシシ cinghiale（チンギアーレ）
生ハム prosciutto crudo（プロシュート クルード）	ウズラ quaglia（クアリア）
(生)ソーセージ salsiccia（サルシッチャ）	レバー fegato（フェーガト）

魚類[pesce（ペッシェ）]の種類

伊勢エビ aragosta（アラゴスタ）	車エビ gambero（ガンベロ）
小エビ gamberetti（ガンベレッティ）	鯛 dentice/orata（デェンティチェ/オラータ）
スズキ spigola/branzino（スピーゴラ/ブランズィーノ）	マグロ tonno（トンノ）
カジキマグロ pesce spada（ペッシェ スパーダ）	ムール貝 cozze（コッツェ）
イワシ sarde/acciuga（サルデ/アッチューガ）	アサリ vongole（ヴォンゴレ）
イカ seppie/calamari（セッピエ/カラマーリ）	タコ polpo（ポルポ）

Hai Fatto La Buona Spesa?
イタリア・ショッピングの極意

●まずは「ブォンジョルノ」でごあいさつ

イタリアでは気持ちよく買い物するために、お店に入るときはごあいさつがルール。昼間なら“Buongiorno（ブォンジョルノ）”午後は“Buonasera（ブォナセーラ）”。ブランド店では英語が通じるし、サイズや色などの簡単な単語なら日本語が通じる場合もある。楽しく店員さんとコミュニケーションしながら買い物するなら、やっぱり言葉は大切。日本で勉強しておこう。さて、お店に入って見ているだけなら、商品に手を出さず、声をかけられたら、「見ているだけ」「これを見せて」などはっきり意思表示を。煮え切らない態度の日本の女性に、内心怒っている店員さんもいるという風の噂もあり。もちろん、お店を出るときは、買い物をしても欲しい物がなくても、やっぱり同様に“Buongiorno”“Buonasera”で、ごあいさつを。

あいさつをしよう！

●1対1の対面販売が主流

イタリアは日本と違って、自由に商品に触れられるデパートのような近代的かつ大型店舗は少ない。今も対面販売が歴然と存在している。普通の商店もブランド店でも、自分で勝手に商品に触ったり、バッグの中に手を入れて値札を探して値段を調べたりするのはご法度。値札を出そうとガサガサやっていると、「お客様、おやめください」なんてきついアッパーカットが飛んでくる。

●店員さんはお見事なプロ

体や足を見ただけで、ピッタリのサイズを持ってきてくれる店員さんも多く、その技量には脱帽。そんな人なら自分に似合うものをアドバイスしてくれるし、コーディネートもすてきで、簡単に似合うイタリアンファッションをゲットできてしまう。店員さんを信頼してみよう。もちろん、支払いはあなただから、納得した物を。商品知識も豊富なので、新商品やレア物情報も聞き出せるかも。それには好印象も大切。

●お直しするなら、早めに買い物

イタリアサイズがピッタリという人は多くないかも。裾上げなどなら数日あればできるし、やっぱり安い。日本で直すと微妙にラインが違う場合もあるから、店員さんにジャストサイズを確認してもらって、お直しもしてしまおう。これには最低3日くらいかかるので、観光の前、初日にショッピングもいいかも。

●買った荷物を預けて身軽に

ショッピングストリートには、お目当てのお店がめじろ押し。まだまだ買い物したかったら、買った商品は預けて次のお店へ。荷物はホテルへデリバリーしてくれる場合もあるけど、イタリアではまだ少ない。荷物には名前を書いて保管してくれる。買い物が終わったら、全部集めて、タクシーでホテルへゴー。特に、ブランドの袋はお金を持っている証拠だし、ブランド店とはいえ店内で店員さんに荷物に注意と言われるご時世。お買い物に夢中になるときや、ゆったりとしたソファに座ってくつろいでお連れを待っている間も、やっぱり荷物は少なめが鉄則。

●絶対タックスフリーを活用（→P.557）

EU以外に住む外国人観光客の特権のタックスフリー。加盟店で税金込み154.94ユーロ以上の買い物をすれば、税金分として総額の実質13～14%が戻ってくるというありがたい制度。ぜひ利用しよう。

●修理のために領収書をキープ

現地調達した愛しいブランドバッグなどが壊れたりしても、まだまだ修理して使いたい。そんなとき、日本の正規のお店に持ち込むと、領収書や保証書（時計など）の呈示を求められることが多い。後々のため、これらの書類は取っておこう。

●コピー商品の持ち込み禁止

ミラノなどの大都市では、大きな袋を持った他国からのお兄さんたちが、路上にあの人気商品を並べて、工場直売といって売っている。確かに安いけど、知的財産権を侵害するコピー商品の日本への持ち込みは禁止。カラビニエーリ（おまわりさんの1種）の巡回で、場所を変えるところを見ると、イタリアでもかなりヤバイ品物。

※コピー商品のバッグについては、ヴェネツィアでは「知らずに買っても€1万の罰金」というチラシが配布されています。絶対に手を出さないように！

（編集部 '16）

タックスフリーの返金手続きカウンター

サルディSaldi バーゲンセールについて

●時期は不定期

バーゲンの時期は冬と夏で、開始日は自治体によって決められている。冬は1月上旬、夏は7月上旬の土曜に始まるのが一般的。ただし、毎年微妙に変化する。今や一年中バーゲンの張り紙をしている店もあるし、一般商店では、夏は6月から、冬はクリスマス前から始める店もある。この季節になると、ブランド店で店員さんに時期を尋ねるシニョーラが現われたりするが、店員さんは顔を真っ赤にして「お教えできません」と対抗する。そんな話に耳を傾けてみると、どんな商品が出ないか(!?)は教えてくれたりする。

●人気のショップまずは行列覚悟

バーゲンのその日になると、どこからか人が現れ、列ができる。まずは10分〜1時間は覚悟して列に並んで待とう。店内の客の出入りを調整して、門番が少人数ずつ店内に入れてくれる。この場合、一応整然とした列ができる。また、店によっては整理券を配り、時間を見計らって番号を呼び、客を入れる所もある。この場合は列は団子状なので、列が整然としてないようなときは、前の方に並んでいる人に聞いてみよう。

ブランドによっては、バーゲン初日に新聞広告でバーゲンを告知する場合もある。気になる人は、チェックしてみよう。

バーゲンの時期には大きな張り紙が

●素早く店員さんをゲット

さて、店内に入ったら、目指す商品をゲット。といきたいが、前述のごとく勝手な振る舞いはご法度。商品より、自分を担当してくれる店員さんをゲットするのが、賢いやり方。店員さんはひとりか1グループ（お友達同志など）を担当する。だから、いくら暇そうにしていても、接客中の場合は、声をかけても相手にしてもらえない。バーゲンの商品は数は多くないので、いいなと思った物も早い者勝ち。そのためには、店員さんに商品を見せてもらって、素早くキープ。でも、日本のバーゲンの要領で、買わない商品をいくつもキープするのは論外、絶対ご法度。とはいえ、一応順番だから勝手に横入りはできない。早くお相手してもらいたかったら、顔を覚えてもらうほどの顧客にならなきゃ無理？

ブランド店も年に2回のバーゲンをする

●自分のサイズは的確に把握

イタリアの店員さんの、サイズをピッタリ当てる技は、バーゲン時にはほとんど活用されない。少ない商品からお目当てを素早く見つけ出すためには、自分のサイズを把握しておくこと。メーカーによって、微妙にサイズが異なるのは当然だが、近いサイズで試せばすぐにジャストサイズがわかる。まずはイタリアサイズを把握してから出かけよう。靴は幅もサイズがあることも、お忘れなく。今までの経験上、婦人靴ならたいてい大きいサイズ（25cm以上？）か小さいサイズ（22cm以下？＝メーカーによるが、これ以上小さいと無情にも「子供の靴屋に行け」と言われることあり）が残っているよう。でも、バーゲンでなくても、日本人に人気の店では合いそうな物はサイズ切れが続出だから、足に合ったらお買い得かも。

●バーゲンには何が出るか

すごくポピュラーな人気商品で、一時期のそのお店の代表作といえるような物や、クルーズ・ラインなどは出ないと思って正解。バーゲン商品となるのは、季節商品。夏なら、明るい色のバッグ、靴、衣服など。スカーフなどもあるが、定番品は少なく、流行を意識した物や店によってはＢ級品。でも、気に入ったら、値段で納得。割引率は30〜50%くらい。

バーゲン商品は取り置きや購入品預けはできないことがほとんど。荷物が増えたら、ホテルに戻ろう。

タックスフリー（免税）ショッピング

●ショッピングの楽しみがますます充実

加盟店が増え、適用額も引き下げられて、より身近で便利になったタックスフリーショッピング。

このシステムを利用する場合はパスポート番号が必要となるので、番号をあらかじめ控えておくか、盗難防止のためにコピーを持っているとよい。

対象

欧州連合(EU)以外の国を居住地とする人が個人使用のために品物を購入し、未使用の状態で個人荷物とともにイタリアから持ち出す場合に、IVA(税金)の払い戻しを受けられる。

適用最小限度

1店についての購入額の合計がIVA（税金）込みで154.94ユーロ以上。

買い物時の手順

(1) TAX-FREE取り扱い免税ショッピング加盟店で買い物をする。

(2) 支払いの際、パスポート番号を告げ、免税伝票を発行してもらう。このチェック（1枚か2枚、型式も店舗により異なる)はレシートとともに出国時まで保管しておく。

出国時の手順

出国時には、税関Dogana（ドガーナ）の専用カウンターで税関スタンプを受けないと、免税払い戻しが受けられないので、空港には早めに出かけよう。イタリア出国後、ほかのEU国内を経由する場合は、最後の訪問国で同様の手続きをすることになる。

1)購入品をトランクに入れた場合

航空会社のチェックインカウンターで搭乗手続きをし、搭乗券(ボーディングパス)を受け取り、トランクに日本行き（もしくはEU圏外の目的地）のタグを貼ってもらう。このトランクを税関オフィスまたは窓口（出発ロビーのパスポートコントロール手前にある）に運び、免税伝票、パスポート、搭乗券を呈示し、スタンプをもらう（この時、購入品確認のためにトランクを開けさせられる場合も）。再び、チェックインカウンターに戻り、トランクを預けて、搭乗手続きを完了させる。

手続きの手順はフィレンツェでは先に税関スタンプをもらう。また、税関そばにチェックイン済みの荷物を流すターンテーブルがあってチェックインカウンターに戻る必要がないなど、空港により異なる場合もある。

※ミラノ・マルペンサ空港は税関印不要

イタリアでの購入品を受託荷物にした（トランクに入れた）場合に限り、税関審査は不要になった。出発ロビーArea12にあるタックスフリーの該当会社の免税払い戻しカウンターで手続きするだけ。その場で現金の受け取りまたはカードへの入金手続きができる。手続きには他の空港同様に、免税伝票、パスポート、E-チケット（控え）が必要。E-チケットはスマホでの呈示でも可。

2)購入品を手荷物として機内に持ち込む場合

チェックインカウンターですべての搭乗手続きを終え、パスポートコントロールを通過後、出国ロビー側の税関に行き、手荷物として持っている購入品を見せて、スタンプをもらう。手荷物用税関は、ローマのフィウミチーノ空港、ミラノのマルペンサ空港ともに日本便へのゲートに向かうサテライトの手前、払い戻しカウンターそば。

払い戻し

1)現金の払い戻し

税関でスタンプをもらった免税伝票と購入店のレシートを、空港免税店内の「免税現金払い戻しCash Refund」カウンターに提出し、払い戻しを受ける。払い戻し専用デスクは、出国ロビーの税関近くにまとまっておかれている。

2)現金以外の払い戻し

免税伝票の裏に記載されている「非現金」払い戻し＝クレジットカードを指定し、店内で渡された所定の封筒に入れて、各取扱いの事務局へ郵送する。この場合は、90日以内に書類が事務局に届かなければ無効となるので注意。クレジットカードのない場合や振り替え不能の場合は円建て小切手が自宅に郵送される。

会社によっては現金の払い戻しを行わず、クレジットカードなどへの入金のみの場合もある。書類裏面を読み、また郵送用封筒と書類は会社を間違えて入れないように。手続きなどは、各社共通。

以上の手順、場所などは、変更が少なくない ので、早めに出かけて空港で確認を。

（2016年秋現在）

覚えておきたい イタリア**買い物術**

●商店の営業日と営業時間

ローマやミラノなど都市部の中心地区では、10:00〜19:30頃まで、日曜も休まずノンストップで営業する店が増えてきた。特に、ブランド店や大型商業施設（デパートやスーパーを含む）などでは顕著。ただ、地方都市や個人商店、またはブランドによっては営業日は**月曜から土曜まで**、休日と休日に挟まれた日は、橋ponteを架けるとして閉める店も多い。営業時間は夏と冬とで若干違うがだいたい**夏季は10：00〜13：00と16：00〜20：00、冬季の午後は15：30〜19：30**だと思えばよい。**日曜と祝日は休み**、そのほかにも夏の間は土曜の午後、冬には月曜の午前は閉められていることが多い。

また、多くの商店は7月から9月にかけてまとまった**バカンス休暇**を取るので、この時期には、お目当ての店が休みでガッカリ、などということもままある。

●必需品の買い方

よい物、気に入った物があったら買う、というみやげ物とは違って、旅行中に必要な品物は不自由なく調達できるようでありたい。必需品にもいろいろあるが、自分が必要としている物はわかっているのだから、それとおぼしき店を見つけたら入っていって**"Avete（アヴェーテ）～?"「～はありますか?」**と聞こう。食品ならひとめでわかる専門小売店のほかに**Supermercato（スーペルメルカート）（スーパー）**、**Alimentari（アリメンターリ）（食料品店）**、薬品・生理用品なら**Farmacia（ファルマチア）（薬局**。ただし後者は大型スーパーにも置いてある）、文具（**文房具店**）は**Cartoleria（カルトレリア）**、書籍（**書店**）は**Libreria（リブレリア）**、日用雑貨は大型スーパーの**〈ウピムUPIM〉**や**〈スタンダSTANDA/オヴィエッセOviesse〉**で手に入る。品物の名前がイタリア語でわかっていないと話が通じないこともある（特に小さな町などでは）から、旅の会話集や小辞典ぐらいの物を持っていると役に立つ。だが、ダメもとで英語でトライ！と、店の人とアレコレやりとりをしながら店内に目を配れば、欲しい物が見つかることもある。

目を見張るパスタの種類

そうなれば、あとはそれを指して示せばよいのだから話はグンと楽になる。また、かなり小さな町でも、食品と一緒に日用雑貨を置いてある個人スーパーがあるので、こういう店を見つけたら、棚をよく見て回り、必要な品をなるべくまとめて購入してしまうのも手だ。

●衣料品や革製品などの買い方

いわゆる日用品、生活用品と違って単価が比較的高く、"選んで買う"物については、ウインドーに並んだ商品のなかに気に入った物や自分の希望に近いものがあったとか、あらかじめ色・形・大きさ・価格などにはっきりしたイメージを持っているというほうが買い物がスムーズに運ぶ。目指す品やイメージなしに店に入ると、店員が「どんな物をお探しですか？」とか「お手伝いいたしましょうか？」と言って近づいてきたとき、返答に詰まってしまう。買いたい物が曖昧で、**単に"冷やかし"で店に入るという習慣はイタリアにはあまりない**からだ。

さて、ここで特に触れておきたいのは、最近特に不評を買っている**日本人の買い物マナー**だ。あいさつもなしに店に入ってきて、店員に断りなく棚やディスプレイ用の商品に触り、困った店の人が「何かお探しですか？」と尋ねても完全無視。ブラウスやセーターを20着も勝手に広げたあげくに何も買わずに無言で出ていった、なんていうのはザラ。世界に知られた日本人の礼儀正しさは急速に地に落ちつつあるようだ。とはいえ、最近のアジア系の観光客の無頼ぶりに、各ブランド店が眉をひそめているので、日本人は再評価されている。

まずはウインドーショッピング

●店で快適に買い物をするために

それでは気分よく買い物をするにはどんな点に気をつければよいのだろう。日用品、高級品、みやげ物を問わず、店で買い物をするときの基本ルールをいくつか並べてみた。

1. まず、**あいさつをする**こと。たとえ残りのやりとりは英語に頼るとしても、あいさつだけはイタリア語のほうが効果は100倍。カタコトでもその土地の言葉を使おうとする旅人に悪い気持ちをもつ人などいないのは当然。こうして相手と最初に距離が縮まったところで、自分がどんな物を探しているのか言おう。自分の希望の物、探している物が見つからなければ遠慮なくそう言って、**礼を述べて店を出る**こと。

2. 衣料品など、きちんと並べられている品物については、**手に取って見たければ、ひと言店員に断ろう**。試着してみたいときのために、自分の大まかなサイズを知っておくのも大切。もし、「これといって買いたい物はないけれど、せっかく有名な○○の店の前を通りかかったのだからどんな様子かのぞいてみたい」という場合でも、ひと言**「ちょっと見てもいいですか?」“Potrei vedere un pò?”**（ポトゥレイ ヴェデーレ ウン ポ）と店の人に断るのと断らないのでは、ひどく違った受け止め方をされる。

一方、店の側は客の希望に合った、あるいはより近い品を提供するのが仕事なのだから、愛想がひどく悪かったり、不親切だったりしたらこちらから願い下げて別の店に行ったほうがよい。快適な買い物は、売り手と買い手との互いの立場が尊重されて、初めて可能なのだから。

日本／イタリアのサイズ比較表

婦人服	日本	3	5	7	9	11	13	15
	イタリア	34	36	38	40	42	44	46
紳士靴	日本	24½	25	25½	26	26½	27	27½
	イタリア	39	40	41	42	43	44	45
婦人靴	日本	22	22½	23	23½	24	24½	25
	イタリア	35	35½	36	36½	37	37½	38

*男性のワイシャツのサイズ表示は日本と同じ。*メーカーによってかなりの差があるので、靴などは必ず試してから買うこと。また、小さいメーカーだとサイズの種類が少ないこともある。

イタリアンサイズを把握しておこう

●支払いに際して

イタリアでは、いったんレジで打ってしまった売り上げは、まず返金不可能だと思って、買う前には品物の出来や価格をよくチェックしたい。レジでは、支払いは現金なのかカードなのかを言えばよい。カードは多くの店で利用でき、おつりの面倒もなくて便利だが、あとで覚えのない金額が引き落とされたりしないように、ピンコード入力や**サインをする前にはもう一度、書かれた金額を確認する**のを忘れないようにしよう。ユーロで支払う場合は、なるべくおつりが少なくて済むようにし、また**おつりをもらう場合**には、買った品物の値段に足し算をしてお金を置いていく**イタリア式のやり方に慣れる**ことだ（例えば25ユーロの買い物をして100ユーロの紙幣で払うと、最初に5ユーロ、次に10ユーロ、最後に50ユーロといった順でコインや札が目の前に出てくる）。

カードやおつりは店を出る前にきちんとしまい、財布を安全な場所に入れるのは当然のこと。また、**レシート**は宿に帰るまでキープしておくように。

●バーゲンと値引き

イタリアでもよい品は決して安くはない。そこで賢い消費者の大きな味方となるのが年に2回のバーゲン（サルディSaldi）だ。冬は1月6日のエピファニア（主顕節）の祝日のあとと相場が決まっていたが、年々早まり冬は1/2頃から、夏は7月の第1土曜頃から始まることもある。バーゲン期間（特に開始日）は各自治体により決められ、ほぼ厳密に守られ、イタリア中で異なる。期間は店により1週間～1ヵ月程度で各店さまざまだ。バーゲンの期間はいつもの商品が30～50%引きぐらいで手に入ることもザラなので、値の張る品を購入しようとするイタリア人もこのチャンスを待っている。

ディスカウント（スコントsconto）に関してだが、観光客相手のみやげ物屋を除いて、普段の値引きに応じてくれる店はあまりない。しかしなかには、皮革製品などある程度まとまった数を買うと割引値段にしてくれる店もないわけではない。しかしこれもあまり大きな店ではなく、自分の所で製品を作って売っているような小規模な店に多い。また、極端に安い品物は、見た目はよくてもすぐに壊れたり、雨に当たると色落ちしたり、といったことも多いので、値段をまけてもらうのもよいけれど、まずは品物の質を見極めよう。

さて、値切ってみるのが当たり前なのが広場などで開かれる**青空市**や**のみの市**、そしてどこの観光地にもあるみやげ物屋。数がまとまったりすれば、たいていは少しまけてもらえる。

イタリアのスーパーマーケットでお買い物をしよう!

●スーパーマーケットに寄ってみよう

明るく近代的なスーパーが急増中のイタリア。旅の途中、ちょっと切れた品を探したり、食べ物を調達するのに便利。おみやげ探しにも最適だ。何より、言葉の心配もなく、好きな物をポンポンとカゴに入れればいいだけなのも楽しい。イタリア人の生の生活を体験できるスーパーに出かけてみよう。

スーパーの店頭で配布される特売のチラシ

●まずはカゴを手に

日本と同様、まずは入口付近に置いてあるカゴを手にしよう。大型カートは何台もチェーンにつながれている場合もあるが、これは€1コインなどを入れると外れる仕組み。買い物のあと、もとの場所に戻してチェーンでほかのカートとつなぐとコインが戻ってくるシステムだ。

スーパーの総菜売り場は充実している

●果物は手袋で

パックされた果物や野菜はあるものの、バラ売りが主流だ。まずは付近に置いてある使い捨ての手袋をはめよう。好みの果物を自分で1個単位で選び、袋に入れ、秤(はかり)にかける。陳列台には種類ごとに番号が振られている。果物などを秤に載せてその番号を押すと、自動で種類、重さ、値段が印刷されたシールが出てくるのでこれを袋に貼ろう。イタリアでも季節や種類によっては輸入品が多い。横に書かれた原産地名のチェックもお忘れなく。

初夏ならチェリーやアプリコット、冬ならオレンジや小型のマンダリンがおすすめ。

サラダ用のカット野菜も売られているが、ドレッシングなどは付いていない。サラダが欲しい場合は、総菜売り場のパックになった物がお手軽だ。

●総菜売り場では番号札を

日本との一番の違いを感じるのが総菜売り場。ショーケースの中には、すぐに食卓に並べられる種類豊富な前菜やハム、チーズなどが並んで食欲をそそる。店員が客の好みに応じて切って量ってくれる。まずは番号札を取ろう。番になると、番号が呼ばれるし頭上の電光掲示板にも番号が表示される。言葉ができなくても、指さしとボディランゲージで結構通じる。ちなみに100gはun etto(ウン エット)、ひとり分はun porzione(ウン ポルツィオーネ)、半分はmezzo(メッゾ)。

焼きたてパンもここに置いてある。お店によっては電子レンジやオーブンで料理を温めてくれることもある。

●食事にするなら

パンとチーズとハムが一番簡単な食事スタイル。栄養が気になったら、野菜の前菜やサラダもカゴに入れよう。

生ハムはプロシュート・クルードProsciutto Crudo。パルマParmaやサン・ダニエレSan Danieleなど産地ごとの味と形の違いをチェックとしてみるのもおもしろい。一番食べやすいのが(加熱)ハムのプロシュート・コットProsciutto Cottoだ。日本の物とは比べものにならないほど、滑らかで脂肪も甘い。おなじみのサラミSalameは部位や作り方でコッパCoppa、クラテッロCulatelloなどと分けられ、トスカーナToscanaなど地方の特色の出ている物もある。庶民的なモルタデッラMortadellaは、産地以外レストランではあまり目にできないので、味わってみるのもいい。ハムやサラミは切り口を見れば、味が想像できて選びやすい。チーズはテーブルチーズとして一般的なのがやや硬質のフォンティーナFontina、柔らかめのベル・パエーゼBel Paese、溶けるように柔らかいストラッキーノStracchinoなど。店によっては、ブリーBrieなどフランスチーズも充実している。

●じっくりお買い物!?

日本と比べたりしながら、いろいろ物色して歩くのも楽しい。都市部のスーパーでは冷凍食品売り場の充実度には目を見張るものがあるし、お菓子売り場の袋詰めの商品は日本よりちょっとさびしいかも……。その反面、朝食やおやつ用のスポンジケーキ類やクッキーなどの焼き菓子の品揃えとパッケージの大きさには驚かされるはず。

日本にない品を探すのが楽しい!

●おみやげはナニ?

手頃で実用的なおみやげを探すのもいい。バスグッズやキッチングッズ、文房具などにイタリアらしい物が見つかるはずだ。

食料品なら、おみやげの定番のチョコレート、日持ちする硬質チーズ、瓶詰めの各種のパスタソース（日本ではちょっと珍しいトリフやクルミソースもいい）。復活祭間近ならコロンバや卵形のチョコ、クリスマスならパネトーネなど季節ならではのお菓子も楽しい。すぐに帰国するなら、真空パックされた生パスタも新鮮なまま日本で楽しむことも可能だ。インスタントのパスタやリゾットの種類も豊富だ。パスタに欠かせないパルミジャーノ・レッジャーノParmigiano Reggiano はブロック状の真空パックになった物がおすすめだ。同様のチーズで手頃なのがグラーナ・パダーナGrana Padana。予算が厳しければ、こちらをどうぞ。

ハムやサラミなどの豚肉加工品をはじめ肉類全て日本への持ち込みが禁止されているので、おみやげには避けよう。

●お会計

日本同様レジに並ぼう。順番がきたら、前の人の買い物の間に仕切り板を置き、早めにカゴやカートから商品を出して、レジ台に載せよう。レジ台がベルトコンベヤーのように動いて商品がキャッシャーの前に届く仕組みだ。精算の最後に袋の有無を聞かれるので、必要なら入れてもらおう。袋Sacchettoサッケットは少額ながら有料だ。レジを通った商品はかなり乱暴に後ろに流される。精算後、自分で袋に詰めておしまい。小規模のスーパーを除き、ほとんどの所でクレジットカードが利用できる。

●イタリアのスーパー事情

イタリア語でスーパーマーケットはSupermercatoスーペルメルカート。看板にSupermercatoとあっても、ときには日本のコンビニ程度の広さで、品揃えは田舎の雑貨屋さん程度ということもある。イタリアで知られたスーパーはエッセルンガEsselunga、スタンダStanda、デスパールDespar、ジエッセGS、ズマSma、コープCoopなど。これらの看板を見かけたら入ってみよう。店内は明るく、旅行中の必需品やおみやげ探しには事欠かないはずだ。本当の大型店は郊外に位置していることがほとんどなので、車がないと出かけるのは難しい。

町や場所によってはスーパーの入口にロッカー（無料）が設置されている場合がある。日本なら買い物を一時保管する所だが、イタリアでは万引き防止のために入店するときに大きな袋などを預けるために利用される。入口のガードマンなどに指示されるので、そのときは従おう。

色彩やかな果物が並ぶスーパー

Chiacchieriamo insieme!

旅のイタリア語

日本人には聞き取りやすく、発音しやすいイタリア語。何日か滞在しているうちに、自然に「こんにちはBuongiornoブォンジョルノ」などと、簡単な言葉が口から出てくるはず。この会話集からイタリア語のフレーズを使うときは、ゆっくり書いてあるとおりに発音してみよう。駅などで、日にちや枚数などを指定するような場合は、間違いのないようフレーズを紙に書いて渡すのもひとつの方法だ。そして、「すみません」、「ありがとう」の言葉と笑顔を忘れずに。

アペリティーヴォ(食前酒)と豪華なおつまみ

基礎編

あいさつ

チャオ! やあ! じゃ、またね!	チャオ!	Ciao!
こんにちは!	ブォンジョルノ!	Buongiorno!
こんばんは!	ブォナセーラ!	Buonasera!
おやすみなさい!	ブォナノッテ!	Buonanotte!
さようなら!	アッリヴェデルチ!	Arrivederci!

呼び掛け

すみません!	スクーズィ!	Scusi!
		(人を呼び止めて何か尋ねるときなど)
すみません!	パルドン!	Pardon!
		(「失礼!」「ごめんなさい!」の意味で)
すみません!	ペルメッソ!	Permesso!
		(混んだ車内や人混みで「通してください」というとき)
ちょっとお聞きしたいのですが!	センタ!	Senta!

敬　称

男性に対して	シニョーレ (シニョーリ)	Signore (複Signori)
既婚女性に対して	シニョーラ (シニョーレ)	Signora (複Signore)
未婚女性に対して	シニョリーナ (シニョリーネ)	Signorina (複Signorine)

※姓名や肩書などの前に付ける敬称だが、単独でも呼びかけに使うことができる。

依頼と感謝

すみませんが……	ペルファヴォーレ	Per favore
ありがとう!	グラツィエ!	Grazie!
どうもありがとう!	グラツィエ ミッレ!	Grazie mille!
どういたしまして!	ディ ニエンテ!	Di niente!
どうぞ／どういたしまして	プレーゴ	Prego

謝罪と返事

すみません!	ミ スクーズィ!	Mi scusi!
		失礼! ごめんなさい!(あやまるとき)
何でもありませんよ	ノン ファ ニエンテ	Non fa niente.

〈はい〉と〈いいえ〉

はい／ええ	スィ	Si.
はい、ありがとう	スィ グラツィエ	Si, grazie.
いいえ	ノ	No.
いいえ、けっこうです	ノ グラツィエ	No, grazie.

～したい

ヴォレイ
Vorrei～(私は)～が欲しい(～がしたい)のですが。

英語の "I would like～" にあたる表現で、そのあとにbiglietto(切符)、gelato(アイスクリーム)、camera(部屋)などがくれば「～が欲しい」という意味になり、andare(行く)、prenotare(予約する)、cambiare(替える)などがくれば「～がしたい」という表現になる。

切符を1枚ください。
ヴォレイウン ビリエット
Vorrei un biglietto.

アイスクリームをひとつください。
ヴォレイ ウン ジェラート
Vorrei un gelato.

1部屋予約したいのですが。
ヴォレイ プレノターレ ウナ カメラ
Vorrei prenotare una camera.

～できる?

ポッソ
Posso～?(私は)～できますか(してもよいですか)?

英語の"Can I～?"にあたる表現

クレジットカードで払えますか?
ポッソ パガーレ コン ラ カルタ ディ クレディト
Posso pagare con la carta di credito?

応用編

ホテルで

シャワー(付き／なし)の(ツイン／シングル)が欲しいのですが。	ヴォレイ ウナ カメラ ドッピア シンゴラ コン センツァドッチャ Vorrei una camera(doppia／singola)(con／senza)doccia.
1泊いくらですか?	クアント コスタ ペル ウナ ノッテ Quanto costa per una notte?
朝食は込みですか?	インクルーザ ラ コラツィオーネ Inclusa la colazione?
(静かな／もっと安い)部屋はありますか?	アヴェーテ ウナ カメラ トランクィッラ メノ カーラ Avete una camera(tranquilla／meno cara)?
部屋を見せてくれますか?	ポッソ ヴェデーレ ラ カメラ Posso vedere la camera?
(3晩／1週間)泊まりたいのですが。	ヴォレイ リマネーレ トレ ノッティ ウナ セッティマーナ Vorrei rimanere(3 notti／una settimana).
ＯＫです。この部屋をお願いします。	ヴァ ベーネ プレンド クエスタ カメラ Va bene. Prendo questa camera.

インフォメーションで

町の地図が欲しいのですが。	スクーズィ ヴォレイ ウナ マッパ デッラ チッタ Scusi, vorrei una mappa della città.
ツインの部屋を5泊取りたいのですが。	スクーズィ ヴォレイ ウナ カメラ ドッピア ペル チンクエ ノッティ Scusi, vorrei una camera doppia per 5 notti.
催し物のインフォメーションが欲しいのですが。	ヴォレイ デッレ インフォルマツィオーニ デッリ スペッターコリ Vorrei delle informazioni degli spettacoli.
ミラノの美術館のリストが欲しいのですが。	ヴォレイ ウナ リスタ デイ ムゼイ ディ ミラノ Vorrei una lista dei musei di Milano.

観光

切符売り場はどこですか?	ドーヴェ ラ ビリエッテリーア Dov'è la biglietteria?
あなたが列の最後ですか?	レイ エ ルルティモ デッラ フィーラ Lei è l'ultimo della fila?
学生割引はありますか?	チ ソーノ リドゥツィオーニ ペル ストゥデンティ Ci sono riduzioni per studenti?
無料パンフレットはありますか?	エ ポッシービレ アヴェーレ ウン デプリアン グラトゥーイト È possibile avere un dèpliant gratuito?
館内の案内図はありますか?	チェ ウナ ピアンティーナ デッリンテルノ エディフィーチョ C'è una piantina dell'interno edificio?
オーディオガイドを貸してください。	ヴォレイ ウナウディオグイーダ ペル ファヴォーレ Vorrei un'audioguida, per favore.
日本語のものをお願いします。	イン ジャッポネーゼ ペル ファヴォーレ In giapponese, per favore.
使い方を教えてください。	コメ スィ ウーザ Come si usa?
(ガイドブックなどを指さして)これはどこにありますか?	ドーヴェ スィ トローヴァ クエスト Dove si trova questo?

出発前にイタリア語会話の練習をしよう!!

「地球の歩き方」ホームページでは、旅に役立つイタリア語会話の文例を"ネイティブの発音"で聞くことができる。「ゆっくり」「ふつう」の再生スピードがあるので初心者でも安心。
URL www.arukikata.co.jp/tabikaiwa

ここで写真を撮っていいですか？ — エ ポッシービレ ファーレ ウナ フォート
È possibile fare una foto?

トイレはどこですか？ — ドーヴェイル バーニョ トイレット
Dov'è il bagno(toilet)?

食　事

今晩2人で予約したいのですが。 — ヴォレイ プレノターレ ペル ドゥエ ペルソーネ ペル スタセーラ
Vorrei prenotare per 2 persone per stasera.

私たちは4名ですが、空いているテーブルはありますか？ — シアーモ イン クァットロ アヴェーテ ウナ ターヴォラ リーベラ
Siamo in quattro avete una tavola libera?

今晩20:00に2名で予約をしておいたのですが。 — アッビアーモ プレノタート ペル ドゥエ ペルソーネ アッレ オット
Abbiamo prenotato per 2 persone alle 8.

両替、銀行

こんにちは。3万円を両替したいのですが。 — ブォンジョルノ ヴォレイ カンビアーレ トレンタ ミラ イエン
Buongiorno. Vorrei cambiare 30 mila yen.

円がいくらか(レートが)わかりますか？ — ポッソ サペーレ クアント ファ ロ イエン
Posso sapere quanto fa lo yen?

ここではクレジットカードでキャッシュサービスが受けられますか？ — スィ ポッソーノ リティラーレ コンタンティ コン ラ カルタ ディ クレディト
Si Possono ritirare contanti con la carta di credito?

パスポートを見せてください。 — イル パッサポルト ペル ファヴォーレ
Il passaporto, per favore.

ヴェネツィアではどこに滞在していますか？ — ドーヴェ アビタ ア ヴェネツィア
Dove abita a Venezia?

あなたのサインをお願いします。 — ラ スア フィルマ ペル ファヴォーレ
La sua firma, per favore.

郵便局／電話局

この(手紙／はがき)の切手が欲しいのですが。 — ヴォレイ フランコボッリ ペル クエスタ レッテラ カルトリーナ
Vorrei francobolli per questa (lettera／cartolina).

この小包を日本に送りたいのですが。 — ヴォレイ スペディーレ クエスト パッコ イン ジャッポーネ
Vorrei spedire questo pacco in Giappone.

2.30ユーロの切手を10枚欲しいのですが。 — ヴォレイ ディエチ フランコボッリ ダ ドゥエ エウロ トレンタ
Vorrei 10 francobolli da €2.30.

日本に電話したいのですが。 — ヴォレイ テレフォナーレ イン ジャッポーネ
Vorrei telefonare in Giappone.

いくら払えばよいですか？ — クアント パーゴ
Quanto pago?

基本単語

月

1月	gennaio	ジェンナイオ
2月	febbraio	フェッブライオ
3月	marzo	マルツォ
4月	aprile	アプリーレ
5月	maggio	マッジョ
6月	giugno	ジューニョ
7月	luglio	ルーリオ
8月	agosto	アゴスト
9月	settembre	セッテンブレ
10月	ottobre	オットーブレ
11月	novembre	ノヴェンブレ
12月	dicembre	ディチェンブレ

曜日

日曜	domenica	ドメーニカ
月曜	lunedi	ルネディ
火曜	martedi	マルテディ
水曜	mercoledi	メルコレディ
木曜	giovedi	ジョヴェディ
金曜	venerdi	ヴェネルディ
土曜	sabato	サーバト

今日	oggi	オッジ
明日	domani	ドマーニ
昨日	ieri	イエーリ

健　康

一番近い薬局はどこですか？
ドーヴェ ラ ファルマチーア　ピュウ ヴィチーナ
Dov'è la farmacia　più vicina?

何か風邪薬が欲しいのですが。
ヴォレイ　クアルケ　メディチーナ ペル イル ラフレッドーレ
Vorrei qualche medicina per　il　raffreddore.

(頭／胃／歯／おなか)が痛いのです。
オ　マル ディ テスタ　ストマコ　デンティ パンチャ
Ho mal di (testa／stomaco／denti／pancia).

熱があります。／寒気がします。／下痢しています。
オ フェッブレ　オ　フレッド　オ ディアッレーア
Ho febbre.／Ho freddo.／Ho diarrea.

具合がよくありません。医者を呼んでください。
スト マーレ　ミ キアーミ ウン　メディコ　ペル ファヴォーレ
Sto male. Mi chiami un medico, per favore.

英語を話す医者に診てもらいたいのですが。
ヴォレイ ウン メディコ　ケ　パルラ イングレーゼ
Vorrei un medico che parla inglese.

移　動

ミラノまで２等の往復を１枚ください。
ヴォレイ ウン ビリエット ディ　セコンダ　クラッセ アンダータ エ リトルノ ペル ミラノ
Vorrei un biglietto di seconda classe andata e ritorno per Milano.

インテルシティの座席をふたつ予約したいのですが。
ヴォレイ　プレノターレ ドゥエ ポスティ スッリンテルシティ
Vorrei prenotare due　posti　sull'Intercity.

いつまで有効ですか？
フィーノ　ア　クアンド　エ　ヴァリド
Fino　a　quando è　valido?

※列車に乗り込んだら、座席に着いたり、コンパートメントに入る際に先客がいたら必ずあいさつをしよう。降りるときにも同様に。

こんにちは。この席は空いていますか？
ブォンジョルノ　エ　リーベロ クエスト ポスト
Buongiorno. È　libero questo posto?

この列車はミラノに行きますか？
クエスト　トレーノ ヴァ ア　ミラノ
Questo treno　va　a Milano?

トラブル・事故

助けて！　泥棒！
アユート　アル　ラードロ
Aiuto！ Al　ladro!

すぐに警察を呼んでください。
ミ　キアーミ　スビト　ラ ポリツィーア ペル ファヴォーレ
Mi chiami subito la polizia,　per favore.

(財布／パスポート)を盗まれました。
ミ　アンノ　ルバート イル　ポルタフォーリオ　イル パッサポルト
Mi hanno rubato (il　portafoglio／ il　passaporto).

誰か英語を話す人はいますか？
チェ　クアルクーノ　ケ　パルラ　イングレーゼ
C'è　qualcuno che parla inglese?

交通事故に遭いました。警察を呼んでください。
オ　アヴート　ウニンチデンテ　ミ　キアーミ ラ ポリツィーア ペル　ファヴォーレ
Ho avuto un'incidente. Mi chiami la polizia, per favore.

救急車を呼んでください。
キアーミ　ウナ アンブランツァ　ペル ファヴォーレ
Chiami un' ambulanza, per favore.

ユーロの読み方

ユーロは小数点以下２位までが使われる。ユーロの下の単位は¢＝セント(イタリア語では、チェンテージモcentesimo、一般的には複数形のチェンテージミcentesimiとして使う)。€1 (1ユーロ)が100¢ (100チェンテージミ)だ。2016年11月現在€１は122円前後なので1¢は約1.2円。

例えば、€20.18を日本語でイタリア的に読むと、「にじゅう. (ビルゴラ)・じゅうはち ユーロ」または「にじゅうユーロ、じゅうはちチェンテージミ」と読む。途中に. 小数点(ビルゴラ)が入っているが、これは読まないことが多い。また、小数点以下でも日本語のように「いち・はち」とは読まない。

€20.18はヴェンティ・ディチョット・ユーロまたはヴェンティ・ユーロ・ディチョット・チェンテージミなどと読まれる。

これは便利！

ショッピングのための イタリア語

Quanto costa?

まとまっての購入なら、「おまけして?」
ウン ポ ディ スコント ペル ファヴォーレ
Un po' di sconto, per favore?を使ってみよう

買い物の会話 ①

これを試着したいのですが。	ヴォレイ プロヴァーレ クエスト Vorrei provare questo.
あなたのサイズはいくつですか？	ケ ターリア ア Che taglia ha?
この服に合うジャケットを探しているのですが。	チェルコ ウナ ジャッカ ケ ヴァーダ ベーネ コン クエスト ヴェスティート Cerco una giacca che vada bene con questo vestito.
これは好みではありません。	クエスト ノン ミ ピアーチェ Questo non mi piace.
派手(地味)すぎます。	エ トロッポ ヴィストーゾ ソブリオ È troppo vistoso(sobrio).
別のを見せてください。	メ ネ ファッチャ ヴェデーレ ウナルトロ Me ne faccia vedere un'altro.
いくらですか？	クアント コスタ Quanto costa ?

基本単語

靴

紳士靴	scarpe da uomo	スカルペ ダ ウオーモ
婦人靴	scarpe da donna	スカルペ ダ ドンナ
サンダル	sandali	サンダリ

靴の部分

ヒール	tacco(複tacchi)	タッコ(タッキ)
高い	tacchi alti	タッキ アルティ
低い	tacchi bassi	タッキ バッシ
靴底	suola	スオーラ
甲	tomaia	トマイア
幅	larghezza	ラルゲッツァ
きつい	stringe / stretta	ストリンジェ／ストレッタ
ゆるい	larga	ラルガ
留め金	fibbie per sandali	フィッビエ ペル サンダリ

数字

0	zero	ゼーロ
1	un、uno、una、un'	ウン、ウーノ、ウーナ、ウン
2	due	ドゥエ
3	tre	トレ
4	quattro	クワットロ
5	cinque	チンクエ
6	sei	セイ
7	sette	セッテ
8	otto	オット
9	nove	ノーヴェ
10	dieci	ディエチ
11	undici	ウンディチ
12	dodici	ドディチ
13	tredici	トレディチ
14	quattordici	クワットルディチ
15	quindici	クインディチ
16	sedici	セディチ
17	diciassette	ディチャセッテ
18	diciotto	ディチョット
19	diciannove	ディチャノーヴェ
20	venti	ヴェンティ
100	cento	チェント
1000	mille	ミッレ
2000	duemila	ドゥエミーラ
1万	diecimila	ディエチミーラ
10万	centomila	チェントミーラ

買い物の会話 ❷

もっと安いのを見せてください。
メ ネ ファッチャ ヴェデーレ ウノ メーノ カーロ
Me ne faccia vedere uno meno caro.

高すぎます。
エ トロッポ カーロ
È troppo caro.

ちょっと考えてみます。
ヴォレイ ペンサルチ ウン ポ
Vorrei pensarci un po'.

商品を触るときにはひと声かけよう

〈ズボンやスカート、袖が〉長(短)すぎます。
ソーノ トロッポ ルンギ コルティ
Sono troppo lunghi(corti).

この部分を短くできますか?
スィ ポトゥレッベ アッコルチャーレ クエスタ パルテ
Si potrebbe accorciare questa parte.

どのくらい(時間が)かかりますか?
クアント テンポ チ ブゥオレ
Quanto tempo ci vuole ?

これをください。
プレンド クエスト(ア)
Prendo questo/a.

衣料品の種類

上着	giacca	ジャッカ
スカート	gonna	ゴンナ
ズボン	pantaloni	パンタローニ
シャツ	camicia	カミーチャ
ブラウス	camicetta	カミチェッタ
ネクタイ	cravatta	クラヴァッタ
スカーフ	foulard / sciarpa	フラー/シャルパ
セーター	maglia	マーリア

衣料品の素材

木綿	cotone	コトーネ
絹	seta	セータ
麻	lino	リーノ
毛	lana	ラーナ
皮革	pelle	ペッレ

皮革製品の種類

手袋	guanti	グアンティ
書類かばん	portadocumenti	ポルタドクメンティ
ベルト	cintura	チントゥーラ
財布	portafoglio	ポルタフォーリオ
小銭入れ	portamonete	ポルタモネーテ

皮革製品の素材

ヤギ	capra	カプラ
キッド(小ヤギ)	capretto	カプレット
羊	pecora	ペーコラ
カーフ(小牛)	vitello	ヴィテッロ

色の種類

白	bianco	ビアンコ
黒	nero	ネーロ
茶	marrone	マローネ
ベージュ	beige	ベージュ
ピンク	rosa	ローザ
緑	verde	ヴェルデ

紫	violetto	ヴィオレット
赤	rosso	ロッソ
青	blu	ブルー
紺	blu scuro	ブルー スクーロ
グレー	grigio	グリージョ
黄	giallo	ジャッロ

これは便利！

町歩きのための イタリア語

Vorrei andare a～

ゴンドラで町巡り、ヴェネツィアにて

道を尋ねる

～へ行きたいのですが。	ヴォレイ アンダーレ ア Vorrei andare a～.
地図上で教えてください。	ミ インディーキ イル ペルコルソ スッラ ピアンティーナ Mi indichi il percorso sulla piantina.
歩いて行けますか？	チ スィ プオー アンダーレ ア ピエディ Ci si può andare a piedi？
歩いてどのくらいかかりますか？	クアント テンポ チィ ヴゥオレ ア ピエディ Quanto tempo ci vuole a piedi？

バスの中で

このバスは～へ行きますか。	クエスタウトブス ヴァ ア Quest'autobus va a ～.
私は～へ行きたいのですが、降りる場所を教えてください。	ヴォレイ アンダーレ ア ミ ディーカ ドーヴェ デーヴォ シェンデレ Vorrei andare a～, mi dica, dove devo scendere.

タクシーの中で

～ホテルまで行ってください。	ミ ポルティ アッロテル Mi porti all'Hotel～.
～まで、だいたいいくらくらいですか？	クアント コスタ ピュウ オ メーノ フィーノ ア Quanto costa più o meno fino a～？

基本単語

駅	stazione	スタツィオーネ
列車	treno	トレーノ
旅行案内所	ufficio di informazioni turistiche	ウフィッチョ ディ インフォルマツィオーニ トゥーリスティケ
教会	chiesa	キエーザ
広場	piazza	ピアッツァ
公園	giardino / parco	ジャルディーノ／パルコ
橋	ponte	ポンテ
交差点	crocevia / incrocio	クローチェヴィア／インクローチョ
停留所	fermata	フェルマータ
始発駅・終点	capolinea	カポリーネア
バス	autobus / bus	アウトブス／ブス
プルマン	pullman	プッルマン
プルマン(長距離バス)ターミナル	autostazione	アウトスタツィオーネ
地下鉄	metropolitana	メトロポリターナ
タクシー	tassi / taxi	タッシー／タクシー
タクシー乗り場	posteggio dei tassi	ポステッジョ デイ タッシー

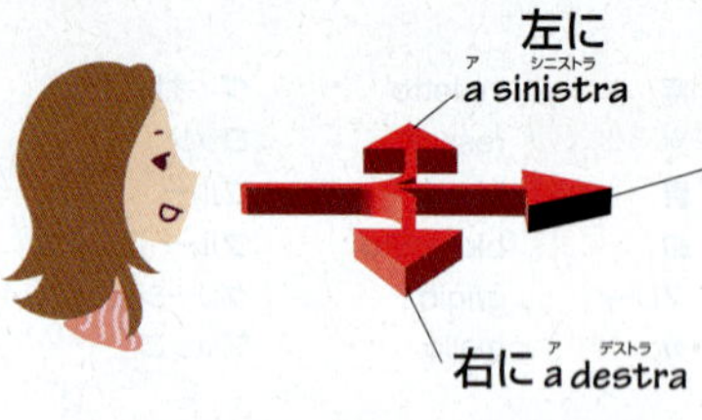

遠い ロンターノ lontano

近い ヴィチーノ vicino

In Caso di Emergenza
安全快適な旅のために
先輩に学ぶ旅のトラブル対処法

敵の手口を知れば トラブル半減

編集部に寄せられた、2016年までの旅のトラブルについての投稿をご紹介。これを読んで、敵の手口を知って奴らを撃退しよう。イタリア語に「ずる賢い＝Furbo」という言葉がある。日本では、「ずる賢い」というと腹黒い悪徳商人を連想したりしてよい意味はないけれど、イタリアでは「賢く、抜け目なく生きる」ということも意味し、ときにはホメ言葉として使われるという。かつて、「どうして？」とイタリア人に尋ねたところ、「だまされるほうが悪いのさ」と言っていた。こんなお国柄、「だまされないぞ」と暗示をかけ強気でいけばきっと大丈夫。旅の先輩の投稿を読んで、「行くのをやめた！」なんて言いださないでください。トラブルを披露してくれたあとで、ほとんどの人がまたイタリアを訪れたいと書き添えてありました。チャーミングな人、町、食べ物……ちょっとのトラブルに負けない大きな魅力があなたを待っているのですから。

Case study ● ROMA

両替にご用心

ローマの両替所でのことです。レートもよく、手数料なしで好条件なのですが、窓口の男が明らかにゴマかしをやります。両替金を、小額の紙幣ばかりでよこすので、不自然に思い、カウンターから離れず、焦るなと言い聞かせながら数えると、やはり足りない。「足りない」と突っ返すと、全額をよこしました。

教　訓　❶渡されるべき金額と両替金が合っているのを確かめるまで、窓口を離れない。
❷間違っていたら何度でもやり直させる。両替はどこでもできるのだからと自分に言い聞かせ、絶対妥協しないこと。　（在アメリカ　Tadashi H.）
❸現金は係の目前で1枚1枚数えて、相手に確認させながら渡す。　（千葉県　アケミの夫）

つり銭に注意

路上で1本€2のペットボトルを買い、€10札を出しおつりを何気なく受け取ったものの、後でおつりが€6しかないことに気づいて反省しました。それからおつりはすぐに確認することにしました。レストランや空港内の売店でもおつりが足りないことがあり抗議すると「ア〜、間違えちゃった〜」と、あっけらかんと足りない分を寄こして来ました。おつりを間違えたというより、日本人はおつりを確認しないことが多く、ごまかせると思っている輩がずいぶんいるような印象でした。　（みばーば　'09）

フォロ・ロマーノの切符売り場、フィウミチーノ駅でもおつりをごまかされました。後ろの人が待っていても気にせず、その場でおつりを確認しましょう。

（神奈川県　ミラネロ　'10）

スリの被害

子連れスリの多発地帯

ローマで子連れのスリ集団などを多く目にした地帯は、❶ローマ三越近くのレプッブリカ広場周辺　❷コロッセオからチルコ・マッシモの間のサン・グレゴリオ通り　❸カラカラ浴場近辺　❹バルベリーニ駅からトレヴィの泉間のトリトーネ通り　❺テルミニ駅前から独立広場の間のE.デ・ニコラ通り　❻ヴェネツィア広場からコロッセオまでのフォーリ・インペリアーリ通り　❼S.M.マッジョーレ大聖堂からテルミニ駅までのカヴール通り　（佐賀県　山口達也）

●**手口**　ダンボール紙、雑誌や新聞、上着などを手に近寄ってくる。持っている雑誌などで手元を隠してバッグやポケットから財布などを盗む。赤ちゃんや赤ちゃんの人形、赤ちゃんに見せかけた布を前にして、手元を隠している。ときにはオッパイを出して授乳中の場合もある。

交通機関でのスリ多発地帯

❶バスNo.64内　❷ヴェネツィア広場からテルミニ駅間のバス　❸地下鉄A線スパーニャ（スペイン階段）からテルミニ駅間　❹地下鉄B線テルミニからコロッセオ、チルコ・マッシモ駅間　❺バスNo.64バス停付近　❻空港行きのレオナルド・エクスプレス乗り場と発車前の車内、列車の発車前。　（愛知県　水谷隆治）

ローマの地下鉄で

サンドイッチスリに注意！

●**事例その1**

地下鉄に乗り込もうとしたとき、突然若い娘が私の前に割り込み乗車。失礼な奴だ、と思いつつも私が電車に乗り込むと、さほどの混雑でもないのに行く手を阻まれました。相手が若い娘のため、押し込むのに少々ためらっていると幸い後ろから押されて乗車できました。何気なく足元を見ると、左のポケットに後ろから手が差し込まれているではありませんか！大声をあげながら後ろを振り向くと、先ほど私を後ろから押した妊婦が。大声をあげた私と妊婦に車内の人々が注目しているなか、妊婦は腹を指さし許してくれと懇願していました。次の駅でふたりはそそくさと下車しましたが、男性の心理まで研究しているとは驚きです。　（匿名希望　'14）

●事例その2

スパーニャ駅からテルミニ駅へ向かう際、スパーニャ駅で地下鉄に乗るときに、スリに遭いました。スリ集団は小学校高学年〜中学生の女の子の集団でした。「歩き方」に子供とありましたが、これほどの子供とは考えていませんでした。私たちが空いている先頭車両を選んで乗ろうとしたときに、離れた場所から走りこんで来て意図的に混雑状況を作り出し、ドサクサに紛れてかばんのファスナーを開けようとしました。私たちは両手で相手の手をブロックして、被害を防ぎました。彼女たちは私たちが地下鉄に乗る前から、目を付けていたと感じました。私たち、日本人（東洋人）は、スリに狙われていることを自覚すべきだと思いました。（静岡県　山本好一　'14）

●事例その3

新傾向、暴力的なスリ

女子大生2人がA線オッタヴィアーノ駅でスリに遭いました。15歳くらいの少女2人組が駅のホームで人を物色、彼女たちがターゲットに。彼女たちはそれに気づいて逃げるように、到着した地下鉄の奥に乗り込みましが、2人組のスリも走って乗り込み、大学生の足に足をかけ、腕を回し、首を絞めるような体勢をとって片方の手でバッグを開けて財布を盗ったそうです。スリは年々暴力的になる傾向があるようです。駅などでは周囲に気をつけ、少年少女や子供であっても「あれ?見られてる?」と思ったら、警戒して行動を。次の地下鉄に乗る、いったんその場を離れるなど対策を練りましょう。（なみ兵　'15）

対策

❶貴重品は取り出しにくい場所に入れる。
❷高価な財布、たくさんの現金や自動車免許証などは持ち歩かない。
❸クレジットカードの番号は控え、無料通話の連絡先は財布とは別にしておく。（東京都　西村妙子）
❹勝手に体に触る人間はおかしいと思う。危険を感じたら、相手に怒りを表現する。（編集部）
❺私が治安のよくない国を旅する際に行っていることです。①財布やポシェットなどは持ち歩かない。②必要最低限のカードを裸で隠し持つ。③現金は最低限、なくなれば現地のATMでその都度入手。④違和感のない服装を心がける。⑤カメラなどの荷物は現地のスーパーの袋に入れる。（匿名希望　'14）
❻混雑した乗り物を避け、地下鉄なら混雑していない車両（先頭か最後尾）に乗ると、スリには遭遇しませんでした。（イシン　'14）
❼大切な物は、主人は服の下のハラマキ状のバッグ、私のショルダーにはいつもナスかんをつけておきました。列車内で自分の席の背もたれ下に荷物を入れられない場合は自転車のチェーンをつけておきました。（三重県　豊田明美　'13）

親切がアダ、「写真スリ」

卒業旅行で友人ふたりとヨーロッパ旅行をしました。ローマ・コロッセオでのことです。全体が見渡せる場所で友人と少し離れて写真を撮っていると、ひとりのバックパッカーらしき男の人に「写真をお願いします」と言われ、1枚撮ると、さらに「もう1枚……」ということを言ってきました。写真に集中していると、背後で誰かの気配を感じ、カバンを見るとチャックを半分ほど開けられていました。

幸い、貴重品は服の中のシークレットポーチに入れておいたので被害はありませんでした。写真を依頼した人物とスリを働こうとした人物はグルになっていたと思われます。スリは本当に油断したときに近づいて来ます。必ず大切な物は身に着けておきましょう。（大阪府　H.S　'12）

※「真実の口」でも同様被害の投稿あり。

キャッチ・バー

夕食後、ホテルに帰る途中の道で感じのよい初老の男性に道を聞かれました。スイス人の旅行者だと言い、1杯奢るから飲みに行かないかと誘われました。店に入るとクラブのような店で少したつと女性が横に座りました。30分後に店を出ようとするとお会計はなんと日本円で7万円以上。私はビール1本、女性はシャンパンのようなものとチョコを食べていたくらいです。男性に払ってくれるのか聞いても、「女性の分は自分で払え」と言われました。€100は払ってしまいましたが、「カードはあるだろう」と言われ、「ホテルにある」と答えると、ホテルに車で連れて行くということになりました。テルミニ駅周辺まで行きましたが、車のなかで「ホテルの場所がわからない」といい続けると、彼らも諦めて解放されました。支払いが発生することには値段を明確に把握すること、少しでも怪しいと思ったらすぐ逃げる、そしてなによりもついて行かないことが大事です。（さく　'14）

対策

❶見ず知らずの人、路上で話しかけてくる人間、とりわけ親しげに寄ってくる人物には要注意。
❷人を見かけで判断しない（身なりや感じがよい人が善人とは限らない）。
❸注文はメニューを見てから。女性がつく場合も含め、テーブルチャージも確認。
❹支払いに不審な点がある場合は説明を求める。納得できない場合は警察を呼んでもらう。警察が来ないうちは支払わないと告げる（支払ってしまってから警察に届けても、捜査はしてくれない）。（神奈川県　匿名希望　'98）
※ただし、支払わないときは力ずくで支払わせるのが彼らのやり方。まずは絶対近づかないこと

Case study ● FIRENZE

臭い液体

サンタ・マリア・ノヴェッラ駅は、不法滞在の外国人の溜まり場です。スーツケースを持った旅行客を狙っているようです。主人はかなり大きなスーツケース、私は小さな手提げ袋を手に歩いていました。おそらく駅前から目をつけられたのか、ウニタ・イタリア広場からパンツァーニ通りへ入り、地図を見ながらホテルを探しているときのこと。人混みがすごくて気づかなかったのですが、ふたりとも洋服に黄色の液体をかけられ、外国人から"Excuse me!"という仕草で「背中に何かついていますよ」と知らされました。そのときは怖くてふたりで立ち止まることなく逃げ出したので、被害はありませんでした。この黄色の液体はすごい悪臭で、洗っても落ちませんでした。

対策
❶不法滞在者を見たら、近づかない。
❷話しかけられても無視。
❸液体をかけられても、そのままにして、すぐにその場を立ち去る。（神奈川県　もろQ　'07）

ジェラートのぼったくり

フィレンツェのシニョリーア広場角のきちんとした店だったので、ビックリしたが、人種を見て値段を言っているようだった。値段の表示がないので、前に並んだ人の値段でこのくらいだろうと思っていてやられました。ここでは先にジェラートを受け取ってから奥のレジで支払うシステム。私たちの前のイタリア人は€5、私たちは1スクープで€10を請求されました。注文する前に値段を確認するのを忘れずに。　（兵庫県　中谷佳代子　'11）
※通常、ジェラートの値段はカップやコーンで表示され、先払いで、そのレシートを出して（料金内で）種類を選びます。特に料金表示のない店では最初に値段の確認を。ジェラート被害の投稿はフィレンツェで多い。

Case study ● MILANO

ミラノのスリ手口

混み合う店内でのスリ

夏のセールで混雑している靴屋さんでのこと。靴を試しているほんの4～5分の間に財布をスラれました。長期の海外勤務のなかでも初めての経験でとてもショックでした。場所は女性専門の靴店で店内はほぼ全員女性、財布を取った犯人もショッピングの場に違和感のない女性に違いありません。靴や服を試している間も、貴重品はしっかり管理しましょう。　（Chocolat　'11）

ミラノ中央駅でエスカレーターに乗っていると後ろから近づいてきた男にリュックを開けられました。エスカレーターを利用する際や人込みでリュックは前掛けに。　（愛媛県　スカルノ　'14）

ミラノ中央駅エレベーターでの新手口

スロープ状のエスカレーターを利用しようとしていたところ、若い女性が夫のトランクに手を添え、「重い荷物はエレベーターで」と言ってきたので、エレベーターまで移動しました。するとふたりのおばさんも乗り込んできてボタンをいろいろ押し、なかなか動かない。すると、バッグに違和感!　ファスナーが少し開いていました。女性をにらむと最初の女性、続いておばさんたちも降りて行きました。列車内で確認すると夫のバッグも開けられ、一番上にあった薬を入れた布袋がなくなっていました。重いトランクを持った日本人を狙った所業でしょうか。　（だっち　'15）

Case study ● VENEZIA

無料ガラス工場見学のワナ

ムラーノ島のガラス工場へ行き、高い買い物をしました。宿泊ホテルで「サービスの一環です。ガラスの制作過程とショールームが見学できます。楽しいですよ」と言われ、疑うことなく出かけました。まずは恰幅のよい紳士が出て来て、日本の一流デパートなどでも販売していること、工場直営なので安い、20年間の保証付きなどと、説明しました。私たちが迷っていると、今度は一見誠実そうな日本人の販売員と変わりました。その人は「ワイングラスはセット売りなので、バラ売りはできません。でも、ちょうどセット崩れがあります」などと、上手に購買意欲をそそります。そして、現地通貨ではなく、すべて円換算で値段を言うので、何となく安いような気がしてしまったのです。結局買ってしまったのですが、翌日、本島のほかのお店をのぞいて見ると、ずっと安いし、バラ売りが普通でした。帰国後受け取った商品も、金箔は剥げ、選んだ商品とは違っていたようでした。旅行会社で予約したホテル、そのホテルの紹介、そして、それなりの店の規模、親切な応対と、悪質な詐欺行為と理解するには難しい状況です。　（匿名希望）

教訓
❶ヴェネツィアン・グラスは手頃な値段からある。❷買うのは最終日までに決めればよい。いくら欲しくても焦らないと、肝に銘じる。❸工房、アーティストを選ばなければ、どこでも同じような物を見つけられる。❹お金を持たずに、ウインドーショッピングして目を養う。
（東京都　職業上匿名希望）

レストランでのトラブル

ヴェネツィアで「日本人にNo.1パスタはこれだ」と言われ注文すると1万円くらいのパスタが用意されます。特にオマールエビのパスタは高額なので、値段を見てから注文を。
（埼玉たけ '13）

教訓 値段のない物は必ず確認してから注文し、店の人に言われるままに注文しない。頼んでいない物はハッキリ断る。支払いの際は、食べた物の値段と合計が正しいか確認する。クレジットカードを利用した場合は、控えは保管し、帰国後請求がきたら正しいかチェックすること。間違いがある場合はカード会社へ連絡を。

Case study ● 駅や列車内で

鉄道駅や地下鉄駅で

ローマ・テルミニ駅の切符の自動販売機の近くでいかにもボランティア・スタッフのように「お手伝いしましょうか?」と英語で声をかけてくる者がいますが、あとで、お金を請求されます。無視すれば諦めて去って行きますが、私の観察によると手伝ってもらうと最終的に€5程度を支払わざるを得なくなるようでした。　（ミチコッシー '15）

私は、自販機近くで小学低学年くらいの子供に「おつりをください」としがみつかれました。　（アキ '15）

ミラノ中央駅では、地下鉄の切符自販機の使い方を説明しようとする人が何人もいるので、しっかり追い払いましょう。私たちは断ったものの、それでも近づいて来て、せかすようにあれこれ説明してきました。無視したものの、自販機のつり銭受けにコインがはねてしまい、床に落ちたコインを足で踏んで盗み、代わりに少額のコインを床に落としてこちらの目をくらます、という小細工までされてしまいました。
（濱のコンシェルジュ '15）

駅構内、列車内お手伝いサギ

スーツケースを持っているときに

マルペンサ空港から列車のマルペンサ・エクスプレスを利用して中央駅まで行く際に、スリに遭いました。スーツケースふたつを持ち両手がふさがれ、気持ちがスーツケースばかりに行っていたのが、狙われた原因だと思います。列車に乗車する際、スーツケースを持ち上げてくれた2人組が犯人で、車両にも協力者がいたように思います。バッグは斜め掛けにし、財布にもチェーンをつけていましたが、バッグを開け、チェーンを切って財布を盗む、その間数秒のことでプロの仕業でしょう。最初はスリに遭ったことすら気づかず、知らない人に自分の財布を「落ちていた」と渡されて、現金がなくなっていたことが判明しました。成田で両替したユーロ全額を盗まれてしまいました。幸い財布とカード類は戻ってきましたが、旅行初日にこのような被害に遭うのは、ショックで悔しい!!

中央駅に到着して両替したくても、ホテルではできず、銀行もしまっている時間。カードでキャッシングしたら、機械故障で現金は出て来ず、カードも戻らず。この日は土曜だったので、月曜の朝一番にカードを返却してもらいました。イタリア渡航は5回目ですが、こんなトラブル続きは初めてでした。　（シャロン '15）

移動のためスーツケースを持って階段を上ろうとしたところ、若い女性が「Lift here!」と呼ぶので、友人とエレベーターに乗り込みました。そのときさらに2人が乗り込んで来て、「Up Stears?」とか言いながらもなかなかボタンを押しません。ふと見ると、私のバッグの上に上着がかぶせてあり、何気なく上着をめくるとバッグのファスナーが半分開き、パスポートと財布が半分出ていました。「どうして…?」と思ったものの、ハッと盗られるところだと気づくと、3人の女性が緊張気味に私の顔を見ていました。

すぐにエレベーターを飛び降りましたが、危ないところでした。3人のうち最初に声をかけてきたのは、妊娠7〜8ヵ月の妊婦で、私の友人に「私は安全」みたいなことを言ったようです。頼んでもいないのに助けようとする人には注意しましょう。ちなみに親切な人は最初に「ヘルプが必要ですか?You may need my help?」と聞いてくれました。　（愛知県　モコちゃん '15）

対策 切符の買い方は隣で切符を買っていたイタリア人らしきサラリーマン風の人が自分で買うところを見せて教えてくれました。駅では迷ったり手間取っていたりしていると狙われやすいようです。話しかけられたら、きっぱり断りましょう。　（初海外　関西 '14）

Case study ● 町角で

ニセ警官

ローマ・テルミニ駅近くのホテルでの朝食後、散歩を楽しんでいると、私たちを追い抜いたひとりの男が写真を撮ってくれと話しかけてきました。息子が1枚撮ると、もう1枚と言いました。景色もよくないここで「ナゼ?」と思っていると、2人組のガッチリとした若い男が「警察だ」と言って、写真を頼んできた男にパスポートを見せろと言ってきました。また「麻薬の取り締まりをしているので、お金(札)も見せろ」と言ってきました。写真を撮ってと言っていた自称ポーランド人が見せると、札にペンライトをあて、彼にもう行ってよし。そして、私たちにどこから来たのかと聞き、パスポートと紙幣の提示を求めました。袋に入れていた紙幣1万円札5枚、€100札を見せると、袋に手を入れてパラパラとさせただけで、麻薬の検査をするのかと思っていたのにそのまま終了。安心していると、息子が「ニセ警官かも!?」と言い出したので、ホテルに戻って確認すると、1万円と€100札の1枚ずつしか残っていませんでした。　(香新　'14)

Case study ● そのほかのこと

レストランでのトラブル

ローマ、ナヴォーナ広場のレストランでのこと。€8のワインを2杯注文したのに会計時€24請求されました。間違いを指摘しても、私が注文したのは€12だと一点張り。マネージャーを呼んで、説明したところ訂正してくれました。このレストランは年配の母に片言の日本語で声をかけて入店させ、さらにお勘定書きを持ってきた際には「チップは含まれていません」と言ってきました。観光地にありがちですが、簡単に言いくるめられず、チップも払う必要がないことを承知しておきましょう。

(さんふてくす　'15)

ミサンガ売りと花売りなど

ミサンガ売りはどこにでもいますが、最近は警戒されて腕に巻けなくなったのか、人の頭や肩にのせて「金を寄こせ」と言って来ました。横や背後からいきなり迫ってくるので注意を。もし、されたら無視しましょう。　(アキ　'15)

私も腕に巻かれて多額のお金を払っているのを目撃しました。また、バラの花を女性に渡し、お金を要求する人もいます。女性はバラの花をもらうとうれしいので、ついもらってしまい、結局花を押し付けられて€20を支払っていました。女性の心理をついたひどい手口だなと思いました。　(東京都　キリン　'15)

ミラノ・ドゥオーモ広場のハトのえさも「フリー」と言って渡してくる人がいますが、これもあとからお金を請求されます。観光地の「フリー」には注意を。

(愛媛県　スカルノ　'14)

募金サギ

フィレンツェのストロッツィ広場を歩いていると若い女性から日本語で「日本人ですか?　エイズ撲滅の署名をお願いします」と声をかけられました。署名だけならと思い、署名すると「募金€10をお願いします。」と言われました。よく見ると私の前に署名した人は皆日本人。そして署名欄の横に金額を書くところがあり、€10などと募金額が書いてありました。何とか払わず立ち去ることができましたが、ほかの広場でも同様の光景を目撃しました。　(中井亜樹　'12)

朝、ヴェネツィアのアカデミア橋付近で若い女性に麻薬撲滅の署名を頼まれました。署名すると募金を頼まれ、募金リストを見るとどれも高額。私も少し募金してしまいました。その後、話しかけてきた現地の女性によると、彼らは警察が来るとすぐ姿を消す、不法な行為をしているとのことでした。　(まるしん　'13)

女性のひとり旅

ホテルでのこと。浅黒い肌の従業員が、なれなれしく、何とビールを持って部屋までやって来ました。ホテルの従業員だから大丈夫かと思い、一緒に飲んでいましたが、何気なく髪や体に触ってきました。キッパリ拒否しましたが、嫌な思いをしました。

フィレンツェからピサへ向かう車内では、ヘンな男の人に狙われました。ズーッと私の顔をのぞき込むようにしていたので耐え切れず、次の駅で下車し、後続の列車を待つことにしました。どんなに暑くても女のひとり旅では肌を露出した服装は避けるべきだと思いました。　(福岡県　とっぴ　'07)

対策

❶甘い顔や曖昧な態度を見せず、嫌なことは最初にキッパリと断ること。
❷肌の露出が多い服装は信頼するエスコートの男性がいるときのみと心得よう。

最後に

各町ごとに区分してありますが、トラブルは町を問いません。いつでもどこでも「自分のことは自分で守る」をモットーに賢く楽しく旅してください。　(編集部)

病気とトラブル

病気・けが

完全にオフの日も加えたゆとりのある旅の計画を立てることが病気予防の第一歩だ。これは健康維持の面からだけでなく、最初に立てた計画に余裕がなくなってしまった際の予備日としても意味がある。例えば、あいにくの天気の一日、雨をおして町中を歩き回るかわりに、ホテルの住人になりきって、それまでの旅の印象をまとめたり、手紙を書いたり、読書をしたりしてみるのはどうだろう。長い旅が終わってみると不思議とそんな一日がよい思い出として残ったりするもの。

また、旅の疲れは体と精神の両面からくるので、自分の調子をよく知ることが大切だ。同行者のいる旅行では疲れたと思っても言いだしにくい、ということもあろうが、早めに休んで回復することが、結局は旅仲間のためにもなる。**「この辺で1日休もうよ」と無理なく言えるくらいの旅仲間**でないと、ストレスがたまって体調を崩す原因にもなりかねない。パートナー選びも"よい旅"の重要な要素だ。

予防でもうひとつ、食事の取り方には気をつけたい。イタリア料理は食欲を誘うし、見た目に反して消化もよい物が多いのだが、問題は量にある。あれもこれも食べたいからといって、毎回前菜からデザートまで取っていたのではカロリーもオーバーするし、消化器官に負担がかかってしまう。これにワインも加われば、胃のほうは間違いなく普段以上に働くことになる。これを旅の間中繰り返していたら、よほどタフな人でない限り胃腸の疲れを感じるだろう。アドバイスとしては、まず**自分の適量をわきまえること**。胃が疲れてきたと思ったら、昼食を中心にして夜は軽く済ませるとか、市場でフルーツなどを調達するとか、濃いエスプレッソ・コーヒーの量を控える、といった工夫をしよう。

最後に、十分な睡眠が取れないと疲れが蓄積する原因となるので、**ホテルの部屋選びは慎重に**して、よく眠れる環境を確保しよう。

以下は、不幸にしてもし病気になったりけがをしたりしたときの対処の仕方について。

薬で治す

イタリアでは医薬品のほとんど（特に効き目のある物は）は医師の処方箋がないと売ってもらえないので、風邪薬、胃腸薬、頭痛薬などは**普段使い慣れている物を日本から持参**したほうがよい。イタリア国内で薬を購入する場合は、できるだけ大きい薬局（英語が通じることが多い）に行き、**自分の症状をよく説明する**こと。薬によっては用法・用量の説明がイタリア語のみの物もあるので、**購入時に薬局の人によく教えてもらおう**。また、一般にヨーロッパやアメリカの薬は日本人には強過ぎる傾向があるので、分量は控え目に、飲み過ぎないよう十分注意したい。

薬局の営業時間は一般商店と同じだが、緊急の場合に備えて夜間や日曜・祝日も開いている店が、ある程度の規模の町ならほぼ確実にある。

医者にかかる

症状が重かったり、薬を飲んでも回復の徴候がない場合には医者にかかったほうがよい。ホテルのフロントかツーリスト・インフォメーションなどに頼んで英語の話せる医者を紹介してもらうのがよいだろう。必要なら処方箋も書いてもらおう。

救急車を呼ぶ

事故やけがのほか、虫垂炎などのケースには救急車を呼ぶことになる。このような事態に周囲のイタリア人の協力が得られないことはまずないから、「救急車を呼んでください」**"Chiami un'autoambulanza, per favore.／キアーミ・ウナウトアンブランツァ・ペル・ファヴォーレ"**と近くにいる人に頼めばよい。また、各町のインフォメーションでもらえる総合案内のパンフレットには、必ずといってよいほど**「役に立つ番号」Numeri Utili**として、救急車や救急病院の電話番号が掲載されているので参考にしたい。

トラブル

旅先でのトラブルほど嫌なものはない。せっかくの楽しい旅が台無しにならないよう、これもせっせと予防に努めよう。

トラブルには事故、犯罪、所持品紛失などがあるが、不可避的な事故や事件でない限り、多くは旅行者の注意いかんで十分に避けられるものだ。

事故

旅行の最中に交通事故や大きな事件などに巻き込まれたら、不用意に動かず、現場の処理官の指示に従おう。ひとり旅の最中で事故などに遭い、自分では身動きが取れないような場合には在ローマの日本大使館か在ミラノの日本総領事館に連絡してもらい、日本の留守宅への通報も含めて協力を依頼したほうがよい。連絡のないのを心配した家族が捜索願いを出して、かえって事が複雑になってしまうのを避けるためだ。長期入院などとなれば、一時的にはかなりの出費となることもある（たとえあとで保険から払われるにしても）ので、いずれにしても日本公館とは早めのコンタクトが必要。

在イタリア日本大使館
URL www.it.emb-japan.go.jp

在イタリア日本大使館（ローマ）
Ambasciata del Giappone
☎ 06-487991　Fax 06-4873316
住 Via Quintino Sella 60, Roma　地 P.43 A3

日本総領事館（ミラノ）
Consolato Generale del Giappone
☎ 02-6241141　Fax 02-6597201
住 Via privata C. Mangili 2/4, Milano　地 P.191 B3

トラブルに遭ってしまったら

十分に注意していても、不幸にもトラブルに巻き込まれてしまうこともある。こんなときには、素早く気持ちを切り替えて、前向きに次の行動を起こそう。盗難に遭っても、換金の難しい物は近くのゴミ箱に捨ててあることもあるので、注意深く付近を歩いてみるのもよい。しかし、まずは所定の手続きを急ごう。また、紛失や盗難などに備え、パスポート番号、発行日、E-チケットのコピー、クレジットカード番号、緊急連絡先などを書き留めて保管しておこう。

「盗難証明書」の発行

パスポート、航空券、旅行荷物などが被害に遭ったら、警察に届け出て「盗難証明書Denuncia di Furto(デヌンチャ ディ フルト)」を作成してもらおう。これは、なくなった物を探してもらう手続きというよりも、保険請求のための手続きのひとつだ。証明書の発行は**中央警察Questura Centrale**／クエストゥーラ・チェントラーレの外国人向け窓口のほか、駅で被害に遭った場合は駅の警察で発行してくれる場合もある。ホテルや近くにいる警官に最寄りの作成場所を尋ねよう。やや時間はかかるが、英語の話せる係官もいるし、日本語の書式もあるのでそれほど難しくない。

パスポートの紛失・盗難

パスポートをなくした場合は旅行を中止しなければならない。旅行を続けるには、**日本大使館や総領事館**でパスポートを取り直すこととなる。日本に帰国する場合でも、「帰国のための渡航書」が必要となる。パスポートの発給には1～3日かかる。帰国のための渡航書は同日の発行(日本の祝日に注意)。

必要な書類は、日本大使館や総領事館に用意してあるが、このほか、**◆日本国籍を証明する書類(戸籍謄本または抄本)と写真2枚(4.5×3.5cm)が必要**なので、万一に備えて用意しておこう。地元警察発行の盗難証明書は、どのような状況でなくしたかによって必要か否かあるようなので、在イタリア日本大使館で尋ねること。また、受付時間なども確認してから出かけよう。

航空券の紛失・盗難

現在は、航空券はE-チケット(→P.514)として管理されているので、紛失や盗難の心配はない。しかし、E-チケットの控えは入国審査のときに呈示しなければならない場合もあるので、旅の途中で紛失してしまったら、航空会社から控えを再発行してもらっておいたほうがよい。控えのコピーを複数準備しておき、別々の場所に保管しておけば安心だ。

クレジットカードの紛失・盗難

盗まれて、すぐ使われることが多いので、当該カードを無効にし、再発行の手続きをするために最寄りの連絡事務所にすぐ連絡する。盗まれたカードが使われた場合は、基本的に保険で補てんされるが、迅速に連絡しよう。普通、24時間体制で受け付けている。旅行前にカード番号と有効期限を控えておこう。

クレジット会社の緊急連絡先

- アメリカン・エキスプレス ☎800-871-981
- ダイナースカード
  ※コレクトコール(例：KDDI 800-172242など)を利用
  ☎00-81-3-6770-2796
- JCBカード ☎800-780285
- VISA ☎800-784253
- 三井住友カード ☎00-800-12121212
- MasterCard ☎800-870866
- 《セゾン》カード ☎800-878280

☎800～はイタリア国内無料通話ダイヤル
☎は、提携カードにより異なることがあります。
出発前に確認を。

落とし物

気づいたときに、落としたと思われる場所へ引き返してみよう。クレジットカードの入った財布も拾われて、助かったケースもある。交通機関の中では、見つかることは少ないが、駅の**遺失物預かり所Ufficio Oggetti Smarriti**(ウフィッチョ オジェッティ スマッリーティ)尋ねてみよう。

緊急番号	警察113	消防115	救急118

Ritorniamo a Casa

帰国手続き

楽しい旅も終わりに近づいてきた。さぁ、帰国の際に必要な手続きを確認しておこう。

WEBでのチェックイン

旅行先でもネット接続が可能であれば、チェックインを済ませておくといい。現在は多くの航空会社が、WEBチェックインを行っている。

チェックインに必要な手続きは簡単だ。まずは搭乗予定の航空会社のサイトから、e-チケットの予約番号または航空券番号と名前を入力してログイン。あとは画面の案内に従いながらパスポート情報の入力や座席指定などを行う。プリンターがあればその場で航空券を出力できるし、なければ空港の自動チェックイン機またはカウンターで航空券を発券することができる。事前にチェックインしておけば、空港のチェックインの行列に並ぶ必要がないし、希望の座席を押さえることも可能になる。出発の30時間〜24時間前から受付開始となることが多いので、事前に確認しておき、早めに手続きしよう。

空港へ

出発する都市によって交通機関は異なるが、リムジンバスや電車を利用する場合は、時刻表を調べよう。空港到着2時間前を目安に、繁忙期や格安チケットを利用する人、タックスフリーの手続きがある人はもう少し早めに到着したい。早朝出発で、タクシーを利用する場合は前日までにホテルのフロントでタクシーを予約しておこう。

出国手続き

日本での出国手続きと同様だ。まずは航空会社のカウンターで搭乗手続きだ。E-チケットとパスポートを呈示しよう。手続き後、搭乗券を受け取ったら手荷物検査、ボディチェック、出国審査へと進むと出国ロビーへと到着する。出発の30分前になったら、搭乗ゲートに向かおう。それまでは免税店やバールなどで最後の時間を過ごそう。

タックスフリーの払い戻し

タックスフリー利用者でミラノのマルペンサ空港、ローマのフィウミチーノ空港から帰国の場合は、搭乗手続き後に税関（ミラノではイタリアでの購入品に限り免除）で航空券とパスポート、免税伝票を呈示してスタンプをもらおう。その後、出国ロビーにある、タックスフリーの各会社のカウンターに並んで、払い戻しを受けよう。アジアへ航空便が集中する時間は、税関や払い戻しカウンターが混み合うことも少なくないので、時間に余裕をもとう(→P.557)。

リコンファーム

現在は多くの航空会社がリコンファーム（予約再確認）の手続きを不要としている。一部の航空会社はまだリコンファームを必要としているので、現地に到着する前に確認しておこう。

各航空会社連絡先

(→P512)参照

✉ 飛行機のチェックイン

宿泊先の無料Wi-Fiを利用して前日にチェックインを済ませ、当日は空港の自動チェックイン機で発券しました。自動チェックイン機はタッチパネルで日本語もあるのでチェックインや発券だけでなく、搭乗ゲートや時刻の確認にも便利です。昨今はウェブチェックインが主流です。時間短縮になり、気分的にも余裕をもって空港に行けるのでおすすめです。

（ローマの旅人 '13）

出発の前に

機内持ち込み手荷物の規則（→P.514）、通貨の持ち込み・持ち出し制限（→P.515）などを確認しておこう。

余ったユーロはどうする？

少額なら、空港内で使い切ってしまおう。欲しい物があってユーロが足りなくても、円やクレジットカードと合わせて支払いができる。買い物では使い切れない場合は、両替をしよう。日本へ帰ってからの両替は率が悪くておすすめできない。余った小銭は、募金箱へ。

最近のセキュリティチェック

多くの空港でインラインスクリーニングシステムが導入されている。従来はチェックイン前にセキュリティチェックを通す必要があった荷物を、航空機まで流している間に自動的にセキュリティチェックを行うもの。これで、チェックイン前のセキュリティチェックで列を作ることもなくなった。

預ける荷物には、ライターなどの危険物は入れないこと。不審物があった場合は、搭乗ゲートで荷物の確認が行われる。また未現像のフィルムは手荷物のほうがベターだ。

機内で

無税・課税にかかわらず、「携帯品・別送品申告書」の提出が必要。書類は機内で配布されるので、必要事項を記入し、税関審査まで持っておこう。

■日本へ到着。人の流れに沿って歩くと、間もなく入国審査カウンターだ。

入国審査

パスポートを呈示しよう。

↓

手荷物受け取り

便名を確認して、ターンテーブルで荷物が出てくるのを待とう。

↓

税関検査

免税範囲を超えていない場合は免税の「緑の検査台」、超えていたり、不明の場合は「赤の検査台」に並び、「携帯品・別送品　申告書」を提出しよう。

↓

到着ロビー

税関検査から、流れに従って進むと到着ロビーだ。各交通機関のカウンターで時刻を確認して、自宅へ。

免税範囲(成人ひとり当たり)

品名		数量または価格	備考
酒類		3本	1本760ml程度の物
たばこ	「紙巻きたばこ」のみの場合	200本	①日本に居住している人は、「日本製たばこ」「外国製たばこ」それぞれ200本まで免税。②外国居住者が輸入するたばこについては、外国製、日本製それぞれ400本まで免税。
たばこ	「葉巻きたばこ」のみの場合	50本	
たばこ	そのほかの場合	250g	
香水		2オンス	1オンスは約28cc（オーデコロン、オードトワレは含まれない）。
そのほかの品目	1品目ごとの海外市価の合計額が1万円以下の物	全量	例えば、1コ1000円のチョコレート9コや1本5000円のネクタイ2本は免税。また、この場合には1万円以下の物は免税額20万円の計算に含める必要はない。
そのほかの品目	そのほかの物	20万円(海外市価の合計)	①合計額が20万円を超える場合には、20万円以内に納まる品物が免税になり、その残りの品物に課税される。②1個で20万円を超える品物、例えば、25万円のバッグは25万円の全額について課税される。

日本に持ち込めないモノ

細かな決まりはあるが、一般的なイタリアからの旅行者がウッカリしそうなモノは、生ハムやサラミなどの豚肉加工品、バッグなどのコピー商品だ。

✉日本への持ち込み禁止は豚肉加工品だけでなく、肉製品全般です。（匿名匿住所　'11）

税金って高いの？

免税範囲を超えてもワインなら1本150円、ウイスキーで375円。たばこは1本6.5円だ。

忘れずに機内で

'07年夏より、無税・課税にかかわらず、「携帯品・別送品申告書」の提出が必要となった。書類は機内で配布されるので、必要事項を記入し、税関審査まで持っておこう。1家族1枚で可。

免税範囲、輸入規制品などの問い合わせ 成田税関支署(相談官)

☎0476-34-2128
URL www.customs.go.jp

検疫

動物（ハムやソーセージ類などの肉製品を含む）や植物（果物、野菜、種）などは、税関検査の前に、所定の証明書類や検査が必要。実際のところ、日本向け輸出許可取得済の肉製品みやげはほとんどないのでソーセージやハムなどは日本に持ち込めないと考えたほうがよい。

問い合わせは、

■動物検疫所成田支所
☎0476-32-6664
URL www.maff.go.jp/aqs
■横浜植物防疫所成田支所
☎0476-34-2352

重い荷物は宅配？

空港から手ブラで家に帰りたい人には、「手荷物宅配サービス」が便利。手荷物の大きさ、重さ、送り先で料金は異なる。例えば、スーツケース1個で成田から関東地方への発送で約2000円。手荷物宅配業者は各社が到着ロビーにカウンターを設けている。

旅の伝言板

イタリアを旅した「歩き方」読者の声をご紹介。楽しい旅のご参考に。

シーズン別イタリア旅情報

入場無料日を上手に利用しよう

2014年から毎月第1日曜は国立の美術・博物館、遺跡などは無料入場。フィレンツェのウッフィツィ美術館、ヴェネツィアのアカデミア美術館、ミラノのブレラ絵画館、ローマのコロッセオ（除外日あり）、ポンペイ遺跡など有名な見どころが多いので、ぜひこの特典を利用しよう。

また、3/11は女性の日Festa della Donnaで、美術館や博物館をはじめ、商店、タクシーなどで女性のみのサービスを実施している場合がある。

美術・博物館では特別展Mostra Speciale開催時には入場料が€1～3程度値上げされる。（編集部）

イタリアの祝日と旅の予定

日曜でも開いているレストランや商店も増えてきましたが、とりわけ重要な祝日は市内バスなどの交通機関、商店、レストランなどはほとんどが休業します。レストランなどは12/25や12/31は（やや割高な）特別ディナーのみという場合もあります。いずれも予約が必要な場合が多いようです。

1/1、復活祭の日曜、8/15、12/25は、見どころ、商店、交通機関はほぼ休みと思っておいたほうがよいでしょう。特に地方都市は顕著です。徒歩圏の観光かホテルでの休息に充てるのがよいでしょう。ただし、fs線は休日ダイヤで運行していますので、切符を予約の上、長距離移動もいいかもしれません。ただし、到着した町での交通機関は停まっていることを考慮してホテルを予約しておくことが必要です。（在ローマ　クオカ　'06）

8/15は祝日のため、見どころもお店も閉まっています。そこでバスツアーに参加。ツアーなら交通機関の心配もありません。（東京都　遠藤親子　'12）

旅のアドバイス

天候いろいろ

12月に旅行しました。私の体感温度ではローマは同時期の東京、フィレンツェは関東中部、ナポリは九州くらい。冬は日没が早いので歩き回れる時間がかぎられますが、クリスマスの後でも町のイルミネーションや教会のプレゼーピオも飾られているのできれいです。クリスマスのお祝いは1月6日まで続きます。一方、夏はサマータイムと相まって21:00頃まで明るく歩き回れます。

冬のトスカーナ州は霧が多く、滞在した3日間毎日午前中は霧が出ました。午後には陽も出て暖かくなりました。（群馬県　Yoko　'15）

天気予報の見方

個人旅行では天気次第で行き先を変更できます。天気予報のチェックはインターネットではmeteo.itで。ホテルの部屋のTVでも可能です。リモコンのTEXTボタンを押すと文字放送画面が現れます。700と3桁の数字を入力すると天気予報の画面に変わります。702はミラノ、トリノ、ボローニャ、704はローマ、ナポリ、ピサ、フィレンツェ等々、順送りで全土の主要都市がカバーされます。基本用語はSereno晴れ pioggia雨　nuvoloso曇り　coperto全天曇り　nevica（neve）雪　nebbia霧　parzialmente所により　vento風（takk　'16）

予算と両替

トイレチップは€0.50のところが多くありました。500mlのミネラルウォーターは観光地では€1～2が多かったです。イタリアのレジ袋は破れやすいのでエコバッグがあると便利。ウッフィツィ美術館近くの両替屋で「1万円€74」という看板がありました。怪しいと思いましたが大丈夫でした。フィレンツェは他の都市よりレートがいいと感じました。ポンペイの遺跡は春でもサングラス、帽子は必携です。（長野県　中学生・上野智子　'16）

イタリア人気質

イタリア人に質問をすると、自分の知らないことでも自信満々で答えてくれ、悪気はないのだけれど間違っていることが多かったです。バス停の位置を尋ねても、「あっちだ」、「こっちだ」と連れまわされ、結局最初の場所に戻ってしまったり……。

また、田舎ほど笑顔で旅行者を歓迎してくれる気がしました。ぜひ、田舎に行かれることをおすすめします。（神奈川県　貫禄　'16）

イタリアはスリが多いとかだます人がいるとかの話をたくさん聞いていたのですごく用心していましたが、今回そういうことはまったくありませんでした。何十人もの人に道を教えてもらい（こちらが困っているの見て声をかけてくれることがけっこうありました）ましたが、皆親切でわかりやすい所まで案内してくれたり、同方向へ行くからと何10分も歩いて連れて行ってくれた人も何人もいました。田舎でも大都市でも同様でした。私も、日本で困っている外国人を見かけたら、恩返ししたいと思いました。（埼玉県　まり　'16）

新観光スポット ローマ皇帝ドミティアヌスの坂道 Rampa di Domiziano

2015年10月に公開が始まりました。フォロ・ロマーノからパラティーノ丘へ続く屋根つきの傾斜路です。1世紀に造られたもので、オリジナルは全長300m、6つの曲がり角でつながる7つの登り坂がパラティーノの丘の頂上まで続いていたそう。4世紀に起きた地震で坂の半分が崩落し、現在は全長170m、4つの坂が残っています。坂から壁を経て高い天井まで古代ローマ時代の建物の基本構造がそのまま残っており、とても美しいです。曲がり角からふと皇帝が姿を現しそうで、はるか遠い古代ローマへと思いをはせることができます。（在ローマ　ローマ大好き　'16）

エスカレーターは右・左?

エスカレーターに立つときは右側に寄り、左側は開けておくのが基本です。ローマのバスなどを運行するATAC発行の小冊子にしっかり掲載されているマナーです。知っていると、安心です。
（ローマ在住　'16）

トイレ情報

デパートなどには必ずトイレがあります。ミラノのドゥオーモ近く、フィレンツェの共和国広場にあるラ・リナシェンテにはそれぞれ4階にありました。ローマ三越はトイレ、休憩スペース、wi-fiも使えて、ショッピングの合間に休息するのがおすすめです。
（埼玉県　地球の人　'14）

持っていくと便利な物

①靴下貼付用カイロ(冬なら)
②耳栓
同室の人のイビキも飛行機内の安眠もこれでOK。ただし、非常ベルが鳴ったらすぐに反応してネ。
③ビタミン剤
ビタミンBとCがおすすめ。
④方位磁石
わかりづらい道も、地図と磁石があれば安心です。特にヴェネツィアでは重宝しました。（静岡県　KIKI　'04）
⑤ナイフ
スーパーなどでオレンジなどが安く手に入ります。フライトの際はスーツケースなど機内預け荷物に入れておきましょう。（大阪府　野田さやか　'05）
⑥多めの化粧水、ハンドクリーム、折畳み傘
（岡山県　M.U　'05）
⑦ティッシュ
イタリアでは日本のようなティッシュは売っていません。（長野県　篠崎邦夫　'05）
⑧100円ショップで売っている自転車用のチェーンの鍵
列車内やホテルでチェックアウト後の荷物預けの際に、他の荷物にくくりつけておけば安心です。
（埼玉県　荒谷真澄　'06）
⑨小型の懐中電灯(マグライト)
初日のホテルで明け方停電になり、部屋は真っ暗。カーテンを開けようとしましたが、電動のため開けることはできませんでした。懐中電灯があれば慌てずにすみます。（東京都　旅好熊　'07）
⑩入浴剤
エコノミーなホテルにはバスタブがないことが多い。それでビデにお湯をため、入浴剤を入れて足湯をしたら、翌日の疲れ具合が全然違いました。
⑪コンビニの小分けドレッシング
旅行中は野菜不足になるので、スーパーでサラダや野菜を買って食べました。小分けのドレッシングを見つけるのは難しいので、とても役に立ちました。
⑫小分け柔軟剤
石灰分のせいか、一度洗濯したらゴワゴワになってしまいました。（ローマの旅人　'11）
⑬目薬
肌の乾燥対策はぬかりなかったのですが、コンタクトのドライアイまでは思いいたらず、目薬を忘れてしまいました。（ktm　'11）
⑭小さな目覚まし時計
4つ星ホテルに宿泊しましたが、時計のある部屋はありませんでした。TVでの時刻表示も少ないようでした。
⑮ボックスティッシュ
⑯虫除けスプレーとかゆみ止め　（ナオキ　'11）
⑰100円ショップで購入した健康サンダルを持っていきました。部屋で過ごすときやお風呂上がりにとても快適でした。帰りは捨ててもいいし……。(リラの花　'10)
⑱2012年4月は雨が多く、風も強くて傘より合羽が便利でした。特に「青の洞窟」では、ツアーの皆さんに羨ましがられました。（北海道　関谷雅子　'12）
⑲ユーロの小銭
到着早々、ミラノ・マルペンサ空港で水を購入したかったのですが、自販機はコインまたは€5の紙幣しか使えなかった。（金森貴子　'12）
⑳トイレットペーパーとウェットティッシュ
美術・博物館のトイレでは便座がない所、トイレットペーパーがない所もありました。小分けにしたトイレットペーパーとウェットティッシュ(食事の際、おしぼりは出ないので)を持っていって正解でした。
（こころ　'13）
㉑魔法瓶
8月は暑く、すぐにのどが渇きました。魔法瓶があるといつも冷たい水が飲めます。
（愛知県　ヒロコ414　'13）
㉒ボディタオル
各地の大型ホテルに宿泊しましたが、フェイスタオルがパイル地でなく、体を洗うのに不便しました。ボディタオルの持参を。（広島レモン　'16）

お得に旅するために

スーパーを活用

学生の自由旅行なので、お金はそんなにない!!ということで、ランチは少しよい物を食べ、夜はスーパーでお総菜、チーズ、生ハム、ビール、ワインなどを購入しました。経済的ですし、何より地元の人がふだん

食べている物を買うことで「現地」を楽しめました。
（岡山県　三村由香梨　'14）

ヴェネツィア情報（→P.221）

カーニバルを楽しむなら

旅行がカーニバルにぶつかり楽しい思い出となりました。運よく本島のホテルが取れましたが、やはり高かったです。季節柄か部屋には仮面が置かれ、「どうぞ、ご自由にお使いください」とあったのも思いがけないサービスでした。祭りの最中にもかかわらず、日没後はぐっと人が減りますが、灯火のなか仮装した人が闊歩していて異国情緒たっぷりでした。この時期ヴェネツィアを訪ねるなら、少々高くても本島での宿泊をおすすめします。
（愛知県　nero　'08）

ヴェネツィアのアクアアルタ回避方法

その1

サン・マルコ広場には簡易橋が架けられていましたが、幅が狭く、すれちがうのがやっと。広場を抜けると橋はなくなり、足元はビチョビチョ。いたるところで底板のついたビニール袋（簡易長靴）が売っていますが、かなり割高。日本からゴミ袋を2枚持参し、足にかぶせて輪ゴムで留めれば十分対応できます。不格好ですが、不快な思いをするよりましです。
（奈良県　学生マギー　'10）

その2

私は可愛いプリントの長靴を購入しました。この季節は、駅近くの靴屋さんやリアルト橋近くのデパートのコインにいろいろ揃っていました。
（東京都　自称雨ガール　'09）
※1日中続くことはなく、午後には水は引きます。

ローマ情報（→P.33）

朝ジョグのすすめ

ローマ旧市街の地図を見ると、中心部から直線で半径2キロ圏内にほぼすべての観光スポットがあります。電車や大型バスは迷路のようなローマ市街の細い路地には入って行けず、結局観光バスなどを利用すると結構歩くことに。私はローマを短期間で満喫するために、滞在ホテルの2キロ圏内を毎日早朝にジョギングして地理と距離感を覚えました！短期間で健康、観光、そして探索を体感できて一石三鳥です。

歴史ある建物はみな同じに見え、目印になる高層ビルもないため、慣れるには時間が必要です。徒歩での観光は地図とにらめっこですが、通りの名前はだいたいどこにでも記されているし建物のかどには必ずあります。事前に目的地の位置関係を調べ、現地で距離感がわかれば1日で贅沢な観光ができますね。
（RomaRun　'14）

ヴァティカン・ツアーの勧誘に注意

サン・ピエトロ大聖堂やヴァティカン博物館近くにはツアーを勧誘する人間がたくさんいます。mayo toursという写真付き身分証明書をつけたインド系販売員がヴァティカン博物館+システィーナ礼拝堂+サン・ピエトロ大聖堂のツアー（英語）を勧誘して来ました。私は日本からヴァティカン博物館+システィーナ礼拝堂をネットで予約済みでしたが、システィーナ礼拝堂から『最後の審判』を背に右側の出口から出れば、直接大聖堂にいけるのを知らず…。（「歩き方」には書いてありました。事前に読んでおけばだまされなかったのに……。）「サン・ピエトロ大聖堂へは長い行列に並ばなくては入場できない」とウソを言われ、行列を避けるため、その場で€20を支払ってツアーに参加することにしました。お客が30人以上集まるまで1時間以上待たされ、ヴァティカン博物館へ入場すると受付近くでレプリカを見せながら約1時間説明をされ（本物を鑑賞する時間を奪われました）。結局、見学を始められたのは14:00(ちなみに私の予約時間は11:00～)。システィーナ礼拝堂の前でツアーは一時解散され、「大聖堂側で再集合」と言われ、集まると「システィーナ礼拝堂の右側から出なさい」と指示されただけ。初めて行った人は絶対「出口」と書いてある方へ行ってしまいます。私も「出口」の方へ進み、最後に「右側へ」進めばいいのだろうと考えていましたが、大聖堂側へは出られずヴァティカン博物館の出口へ出てしまいました。あわてて戻ろうとしましたが逆行は不可。最初からスタートして同じ経路でシスティーナ礼拝堂へ行く気力・体力もなく断念しました。すぐに朝勧誘された場所に戻り、同じ身分証明書をつけた販売員に抗議をすると、そのようなツアーはしていないと言われました。領収書を見ると別のROMA ROUND TOURSという会社のものでした。苦情を避けるため別会社にしているのか、朝のガイドが別会社のツアーを売っていただけなのか判然としませんが、ツアー参加は時間の浪費だけです。**システィーナ礼拝堂からの出口を間違えなければ大聖堂へ直接行けます**。ツアーの勧誘にはくれぐれもだまされないでください。
（yshuk0130　'15）

人気の高い「青の洞窟」情報（→P.443）

余裕をもって出かけよう

ケーブルカーと路線バス2本を乗り継いで行きましたが、大混雑ですぐには乗れず、1～2本見送るために待ち時間がありました。運行本数は20分に1便程度の時間帯もあるので、ハイシーズンは待ち時間に余裕をもったほうがよいと思いました。グランデ港からアナカプリへの直通バスは、40分に1便と少ないうえ、ミニバスの定員はどんなに詰め込んでも30人程度のため、乗れる人は限られていました。直通のメリットはありますが、「乗れたらラッキー」くらいの気持ちでいるのがいいです。

夏は20:00頃まで明るいですが、カプリ→ナポリの船は19:00過ぎには終わってしまうため、島外から午後にカプリ島へ行くのは厳しいと思いました。ナポリ13:15発の高速船でカプリ島へ渡り、14:00過ぎに島へ到着しましたが、青の洞窟だけの観光で、カプリ18:45発の船にやっと間に合うくらい時間がかりました。

青の洞窟へは地上から行きましたが、①待ち時間が少ない(8/15頃の15:00頃で約45分)、②地上で待てる、③地上から小舟に乗れるというメリットがあります。②は船酔いを避けられますし、③は揺れる海上での小船への移動は、小柄な人や高齢者には大変そうに見えました。（RRB '13）

事前予約がベター

青の洞窟へは港から**モーターボート**、その後**手こぎボート**に乗り換えます。しかし、青の洞窟へ入る手こぎボートの順番待ちのためモーターボートで1～2時間待つこともあります。そこで事前予約の上、朝一番のツアーに参加することをおすすめします。ナポリ8:05発の高速船でカプリへ。カプリ島に着いたら係員に青の洞窟ツアーの事前予約のバウチャーを提示すればすぐに青の洞窟ツアーに参加できます。それでもボートの上で15分程度待ちましたが、いいほうだと思います。ツアーは事前予約で€2安くなります、指定日から3日間有効ですので、仮に悪天候でも繰り越せるようです。（だっちゃん '15）

小銭を用意

ボートの船頭はチップをねだると悪評がありますが、入場料とボート代のおつりも「すぐに返して」と言ったのに、最後まで返しませんでした。洞窟見学後、1人€5以上のチップを要求します。小額紙幣を準備し、おつりがないようにするのがいいです。（ゆきママ '14）

心配なら電話確認を

ナポリからカプリ島へ「青の洞窟」見たさに出かけましたが、その日は高波のため洞窟への船は出ないということでした。高波のため、島へのフェリーは大揺れして船酔いにかかり、さらに青の洞窟も見れないと知りがっかりしました。次の日も挑戦しよう!! と意気込みましたが、あの大揺れのフェリーにもう一度乗る気はしませんでした。そこで、洞窟へ行く船の切符売り場で電話番号を教えてもらい、次の日の朝ホテルのレセプションで船が出航するか確認してもらうことができました。青の洞窟が目当ての方は、出発前に電話での確認がベターです。（東京都 kazu '09）

青の洞窟への船の運航会社(→P.443)

Gruppo Motoscafisti社：
☎ 081-8377714/081-8375646

Laser Capri社：
☎ 081-8375208

エミリア・ロマーニャ州情報(→P.367)

ワインと美食&世界遺産の旅

エミリア・ロマーニャ州の拠点として最適なボローニャに6泊、ラヴェンナ1泊、パルマ3泊。ボローニャからラヴェンナ、サン・マリノ&リミニ、フェッラーラへ、パルマ拠点でピアチェンツァ、モデナに足を延ばしました。各町は中世の町並みが残り、ブラブラ町歩きをすると、13～16世紀に同化できてタイムスリップした感じでした。旅のアドバイスです。

①**ボローニャ**拠点ならサン・マリノ&リミニは日帰りが可能。fs線で8:00ボローニャ発、リミニ着9:08。バスはリミニ駅前発9:25で約50分で到着。バスはサン・マリノでは旧市街の入口、Porta San Francescoの一段下の広場が発着場。ボルゴ・マッジョーレからのケーブルカーはPublic Palace近くに発着場があります。往復で経路を変えるときはバスの乗降場所に注意を。

帰路はサン・マリノ13:00発のバスに乗り、リミニのアウグストゥス門Arco d'Augustoで下車し、リミニを散策。東西南北1kmほどの町で東西南北の4隅にアウグストゥス門、ティベリウス橋、円形闘技場跡、南にアーチ形の遺跡Porta Montanaraがあります。町中のPiazza Ferrariには市立博物館Museo della Cittàがあり、古いリミニの発掘現場が保存されています。リミニはアドリア海に面した町なので、町中でも海鮮のうまいレストランがあります。私たちはAntico Drogheria Spazi(住 Piazza Cavour 5)で大満足のランチを楽しみました。

②**モデナ**は小さな町で散策には最適サイズでした。バルサミコ酢が有名なのでおみやげにとお店を探しましたがなかなか見つからずEnogastronomia (Via Ferrini 75)でようやくゲット。熟成5年、10年、20年、30年の4タイプで、ちなみに30年ものは100ccで€110でした。

③**ピアチェンツァ**では町中のカフェでワインをテイスティング。周辺のワインでGatturnio、Barbera、Ortrugoなどを試しました。

④**パルマ**は町全体が美しく、そしておいしい雰囲気に満ちています。何をどこで食べてもおいしかったです。ワインはLambrusco。発泡性のコクのあるワインですが、会社により味が異なり、比べるのも楽しいです。サン・ジョヴェーゼもおすすめ。（岐阜県 千葉慎一 '15）

レッジョ・エミリアに泊まったよ

モデナ泊のつもりがイベント前夜とかでホテルは満室。ホテルの人に「レッジョに行けば安くみつかるよ」と教えてもらいました。列車で10～15分。レッジョもすてきな町でした。

ホテル・サン・マルコ
Hotel San Marco ★★★
住 Piazzale G.Marcobni 1
☎ 0522-435364
URL www.hotelsanmarco-re.it

レッジョ・エミリア駅前に1軒あるホテル。広いシングルルーム、バス付、朝食込みで€55でした。とっても満足のホテルでした。市街にも徒歩5分程度です。（和歌山県　吉田和子　'15）

チンクエテッレ情報（→P.359）

宿泊のすすめ

船や電車でさっと回ることもできますが、それではチンクエテッレのよさが実感できないかもしれません。どこかの町で1泊して、時間とともに移り変わる美しい景色や、観光客が少なくなった本来の静かなたたずまいを楽しむことをおすすめします。コルニーリアは高台にあり、唯一遊覧船が停まらない村ですが、とても感じのいい場所です。道が狭いので、ピークシーズンは観光客の少ない午前中に訪れるのがおすすめです。（匿名希望　'14）

バジリカータ州情報（→P.460）

マテーラのティモーネ展望台

サッシ地区の対岸、グラビナ渓谷をはさんだ丘の上にサッシ地区を一望できる展望台があります。サッシ地区全体が見渡せる絶景が広がります。サン・ピエトロ・カヴェオーゾ教会から渓谷沿いの通りを北にしばらく歩いたところにある駐車場の脇に渓谷へ下りる階段があり、そこから遊歩道を行きます。片道1時間程度です。途中の遊歩道からの眺めもすばらしいです。（匿名希望　'16）

美食とワインの旅

ヨーロッパ最大規模の市場へ

カリアリ（→P.494）のサン・ベネデット市場へ行きました。1階には新鮮な魚介類が並んでいます。生の岩カキを、その場で開けてレモンをかけてもらいました。1個€1の破格値でプリプリしておいしかった。真空パックのカラスミも空港の1/3程度の価格で購入できます。2階はチーズ、ワインが充実しています。（オストリケ　'15）

最高の生ハムを食べに

イタリアで一番おいしいと言われるサン・ダニエレの生ハムを食べに、**サン・ダニエレ村**に行ってきました。アクセスはウーディネ駅前のバスターミナルから路線バスで約45分。村にはレストランやトラットリアがいくつもありましたが、選んだのは生ハム製造工場直営のProsciutificio Artigianale Rino Bagatto（住 Via Cesare Battisti 26）。生ハムとチーズのセットとワインを注文。生ハムにも霜降りのようなものがあるのだと知り、あまりのおいしさに唸りました。チーズとワインもすばらしく、がんばって訪ねた甲斐がありました。（SR400　'16）

ウーディネUdineへは、ヴェネツィアからfs線利用で約2時間。美しい古都です。より詳しい情報は地球の歩き方Ⓐ⑪「ミラノ ヴェネツィアと湖水地方」を参照に。

バローロでワイナリー見学

トリノ（→P.284）からバローロのワイナリー見学へ行きました。バローロはイタリアで最も高級なワインのひとつですが、ツアーがあまりないため個人で出かけました。まずトリノからfs線でアルバAlbaへ（所要1時間30分、切符€9）。そこからタクシーでバローロ村へは約15分、€10でした。運転手に聞いたワイナリーMarchesidi Barolo（住 Via Roma 1）へ。村の中心から徒歩5分の所にあります。見学は英語かイタリア語のガイド付きで、地下セラーなどを30分で回り、料金は€12（テイスティング3杯付き）。人口700人のバローロ村は美しい所でした。（匿名希望　'13）

私のレコメンド

風情ある海辺の町アルゲーロ（→P.498）

初めてのサルデーニャで、どの都市を選ぶか迷いました。利用するLCCの航空便の発着時間帯がよかったこと、海辺の古い町が希望で、アルゲーロを選んで正解でした。

家族経営のお好み食堂La Nouveau Gourmand（住 Asfodelo 39/45）がおすすめ。見て選べ、量も好きにできます。ミートボール、パプリカの炒め物、ペンネで€9.50。テイクアウトしました。

（和歌山県　吉田和子　'15）

猫好きにおすすめ、天空の町カルカータ

ローマ近郊、絶壁に立つ小さな村**カルカータ**Calcataは、チヴィタ・ディ・ヴァニョレージョと同様にジブリの「天空の町ラピュタ」のモデルになったともいわれています。町並みにも中世の面影が残っています。

村には猫が多く、猫をデザインしたグッズを売っている店も目につき、猫好きには癒されるスポットです。行き方はローマのポポロ広場近くのフラミニオ駅からRoma Nord線に乗り、Saxa Rubra駅（約15分、切符€1.50）で下車。そこからCOTRAL社のプルマンバスMazzano Romano/Calcata行きでカルカータ旧市街で下車（約45分、€2.80）。Saxa Rubra12:15発のプルマン・バスに乗り、カルカータでゆっくりお昼を食べ、散歩をし、カフェでお茶を飲んで16:25発のバスで戻りました。プルマンバスは㊊〜㊏は1日9便、㊐㊗2便。

プルマンバスの時刻表はURL www.cotralspa.itで確認を。（すずらん '16）

おすすめ移動手段…鉄道

イタロ.italo(→P.516)いろいろ

イタロの切符はCLUB=特等、PRIMA=1等、SMART=2等の3種類でそれぞれにベース、エコノミー、ローコストの3価格があり、計9つの価格建て。翌日の切符を購入しようとしたところ、SMARTのローコストは売り切れ。ローマ・フィレンツェ間がPRIMAのエコノミーが€78でSMARTのベース料金€86より安くPRIMAに乗ることができました。PRIMAでは、乗務員が乗車口で迎えてくれるほか、fs線の1等と同様に無料の飲み物とクッキーが出ました。ちなみに3ヵ月間の料金を見ると、ローコストではベースの半額のものもありました。（アウグストゥスの甥 '15）

ミラノからフィレンツェへの移動の際、憧れのイタロに乗ろうとミラノ中央駅のイタロ窓口で切符を購入。若い係員に2等スマート席を頼みましたが、切符の金額を見ると、想定の2倍!! どうして高いのか聞くと、ペラペラとまくし立てられて理解できません。すでにカードで支払った後だったので、仕方がないとあきらめました。もう一度確認すると、なんと一番高い1等のクラブシートになっていました。慣れない外国人旅行者に不親切だなと思いました。それから以降はすべてfs線を利用しました。年配の職員が多かったですが、こちらのほうが安心して購入できました。イタロのイメージダウンでした。（宮崎県 おばさん2 '16）

通じるかどうか不安なときは、あらかじめ欲しい切符の詳細を紙に書いて渡す、支払いの前に値段の確認をするなどの自衛策もときには必要。

お買物情報

プラダアウトレットへ(→P.176)

ツアーもありますが、数量限定の財布（2万円以下）を狙うなら、開店前に行くべき。（奈良県 さち '11）

フィレンツェから車で約1時間。交通の便が悪いのでタクシーで乗り付ける人も多数。プラダの倉庫の片隅にあり、ものすごい品数、種類です。メンズ・レディースのなんでもありますよ。そして安い！ 個人的にはザ・モールの比ではありませんでした！（にゃん。 '15）

モンテバルキの駅にタクシーあり（定額€12)、バンのタクシーで乗り合いが経済的(1台€18、6人まで)。

タックスフリーはどこでもOK!?

1月末のセールシーズンに旅行しました。店頭やレジに「TAX REFUND」の表記がないショップでもタックスフリーを取り扱っていました。男性の高級シャツが日本よりかなり安価で購入でき、非常に満足でした。€150程度のまとまった買い物をする場合は、最初にタックスフリーについて聞いてみるといいです。（R400 '14）

そのほかの情報

滞在プランはゆったりと

列車にも飛行機にもいえることですが遅延は頻繁に起こります。1週間のイタリア旅行で予定をぎっしり入れていましたが、飛行機が5時間遅延したことから移動先で観光がまったくできないままの帰国となってしまいました。特にイタリアでは時間に余裕をもって計画を立てたほうがよいです。また、個人旅行で絶対に見たい物は後回しにしないことも重要！（Hero '13）

楽しかったシニア女性ひとり旅

イタリア旅行に行く前には、皆から「大丈夫!?」、「危険な所なのに!」と口々に言われ、覚悟してシニア女ひとり旅をしました。特に危ないという場面に遭うこともありませんでした。朝6:00、まだ暗いうちにホテルを出て駅へ向かうことがありましたが、怖い思いもしませんでした。シチリアの人は親切でしたし、ナポリやローマのトラブルについて「地球の歩き方」が書いていることはちょっと書き過ぎだと思いました。69歳の私がひとりでも出歩けました。どうぞ若い人もシニアもイタリアへ出かけてください。（東京都 シニア女一人旅 '12）

レストランで失敗しないために

ツーリストメニューを3回注文しましたが、そのうち2回は子羊、羊のあとに知らない単語がありました。いずれもレバーとか胃のようでした。定食を注文するときは要注意。嫌いなものがある場合は、その単語を覚えておくといいかも。（石川県 川畠喜清 '14）

最新の安全情報をゲット

『たびレジ』とは?

外務省の運営するサイトで、在外公館などから緊急情報を受け取れる海外旅行登録システム。メール登録すると、滞在先の最新の安全情報や緊急事態発生の連絡、いざという時の緊急連絡などが受け取れる。登録はURL www.ezairyu.mofa.go.jp/tabireg

Campanilismo

Amore per il proprio campanile

イタリアという国

　ほんの150年ほど前のイタリアは、独自の文化をもった都市国家の集まった国だった。都市ごとの教会にある鐘（カンパニーレ）の音は、その町に住む人にしかわからないという意味の、**カンパニリズモ**は、日本語にすれば**愛郷心**という意味になる。小国割拠の続いたイタリアだったから、地方ごとの**愛郷心**は拡大され、地方ごとの対抗心が生まれ今に続いている。

　日曜日、イタリア各地のサッカー場で現代のカンパニリズモは発散される。トリノっ子は地元チームのユヴェントゥスを、ミラノっ子はわれらがチームであるミランを応援し、サッカー場は熱狂の渦に包まれる。ほとんど狂気の世界。彼らがチーム＝自分の町に寄せる思いを、自国イタリアに少しでも分けるならば、イタリア経済ももっと成長すると思うのだけれど……。

アルプスの南斜面が広がる北イタリア山岳地帯。チェルヴィーノ（マッターホルン）の雄姿も眺められる

南イタリアきってのリゾート。「帰れソレント」と歌われるナポリ近くのソレントの港

イタリアの地形

半島の国イタリアは、日本のおよそ80%の面積をもつ。

イタリアの国土は、**大陸部、半島部と点在する島々**の3つの部分に分けられる。一般に北イタリアとは、この大陸部のことをいう。一方、半島部を南北に分ける、中部と南部の境界ははっきりしない。歴史的な背景の違いから、旧ナポリ王国領の諸州を南イタリア、トスカーナ州と旧教皇国家領の諸州が中部イタリアと呼ばれる。ローマを囲むラツィオ州は、どちらかといえば南部的な色彩が濃い。中央をアペニン山脈が走り、国土の90%は山間部と、イタリアは日本によく似た地形的な特徴をもっている。

20の州(レジョーネ)に分けられたイタリア

本書では便宜上、イタリアを14の章に分けたが、行政上の区分としては20の州に分けられている。緑濃いアルプス山中の農業地帯**ヴァッレ・ダオスタ州**、ポー川流域の広大なパダナ平野を有する穀倉地帯の**ピエモンテ州**と**ロンバルディア州**。オーストリアと国境を接し、チロル地方の影響も色濃い**トレンティーノ・アルト アディジェ州**、水の都ヴェネツィアを有する**ヴェネト州**、オーストリアとスロヴェニアがお隣の**フリウリ・ヴェネツィア ジュリア州**、リヴィエラ海岸をもつ**リグーリア州**。これら7つの州が北イタリアと呼ばれる。

ミラノやフィレンツェからも近く、北イタリアの人々が週末を楽しむ、リグーリアの海

緑のウンブリア州。丘陵地帯にはブドウ畑が広がる中部イタリア

農業が盛んで、食べ物がおいしい**エミリア・ロマーニャ州**、ルネッサンスの発祥地**トスカーナ州**、長靴型半島のふくらはぎに位置する**マルケ州**、緑濃い**ウンブリア州**、中部アペニン山脈の懐に抱かれた**アブルッツォ州**と**モリーゼ州**、首都ローマを抱く**ラツィオ州**が中部イタリアに区分される。

このあたりまでくると、オリーブとトマト畑が広がり始めるのが、ナポリのある**カンパニア州**、カランキと呼ばれる丘陵が広がる**バジリカータ州**、長靴のかかとにあたる**プーリア州**、つま先にあたる**カラーブリア州**が南イタリアと呼ばれる。これに、地中海最大の島**シチリア島(州)**と**サルデーニャ島(州)**を加えて、イタリアの20州が勢揃いする。各州は独自の文化を誇るので、イタリアの州の特徴を理解しておくことは、旅をひと味違う物にしてくれる。

サボテンと強烈な南イタリアの日差しが特徴的なシチリア島

イタリアの気候

日本と同様に国土が南北に長く、温暖で四季がはっきりとしたイタリア。東京とローマの気温は、ほぼ同じ。日本と異なるのは、緯度が高く、夏は20:00頃まで明るいこと。また、湿度が低く、夏の日中でも石造りの建物や日陰に入ると涼しく、夜間は肌寒さを感じさせる。夜間は1枚羽織る物があると便利だ。日本のように梅雨はないものの、秋と春先にかけては雨が多い。山がちなイタリアでは標高が上がると、平野部との温度差が大きいことも服装計画を立てる際には留意したい。

レモンやオレンジの実る南には常夏のイメージをもつ人も少なくないが、シチリアでも数年に一度は雪が降ることもある。南イタリアとはいえ、冬はコート必携だ。

イタリアの四季

春

花々がいっせいに咲き、春の訪れを祝う祭りも各地で催される。5月頃からは気の早い北からの旅行者が海水浴を楽しみ始める。北のアルプス山脈やイタリア半島中央を走るアペニン山脈では暖かな日差しのなか、スキーシーズン真っ盛りだ。

アッシジ：若葉のなかを行く

夏

日中の太陽は厳しいものの、空は高く青く、海の色も美しく輝く。天候が安定しているこの季節は自然のなかで過ごすのが楽しい。バカンスシーズンを迎え、町には観光客が増え、イタリア人の姿は少なくなり、滞在型のリゾートはにぎわいを見せる。

南イタリアの海辺にて

秋

錦繍に色づく山々やブドウ畑の景観も心に残る季節。各地ではワインをはじめとする農産物や料理などの感謝祭も開かれる。日中は過ごしやすいものの、朝晩の雨や冷え込みが季節の変わり目を感じさせる。

トスカーナの秋を温泉で

冬

北部では寒さは厳しいものの、中・南部では雨も少なく安定した季節。澄んだ空気のなか、海岸線や雪を頂いた山々の景観も美しい。夕暮れは早くなるものの、本格的なオペラシーズンが開幕する。

真っ赤な冬のオレンジを味わおう

代表的都市の最高・最低気温と降水量

ミラノ

晩秋から冬にかけては朝と夜に霧に包まれることがあり、冬季は冷え込む。夏は日差しは強いものの、日本のような暑苦しさは感じない。春・秋は東京とさほど変わらない服装でOK。

月	1	2	3	4	5	6	7	8	9	10	11	12
最高気温(℃)	4	8	14	19	22	27	29	28	25	18	11	5
最低気温(℃)	2	0	4	8	12	16	18	17	14	9	4	0
降水量(㎜)	62	54	72	82	70	68	47	57	66	75	90	71

ヴェネツィア

春と秋に雨が多い。夏は雨は少ないものの、運河沿いのため蒸し暑いと感じることもある。冬から春先に出現するアクア・アルタ（高潮）はときとして路地をふさぐほどになる。午後には水が引くが、この時期に旅行するなら、万一に備えて濡れてもよい靴があると便利。冬はかなり冷え込む。

月	1	2	3	4	5	6	7	8	9	10	11	12
最高気温(℃)	6	8	12	17	22	25	28	28	26	18	12	8
最低気温(℃)	1	1	5	10	14	18	20	20	17	11	6	3
降水量(㎜)	58	39	74	77	72	73	37	48	71	66	75	54

フィレンツェ

夏はやや暑く、冬も冷え込む。春先や秋にはやや雨が多い。ただ、雨は朝と夕方が多く、一日中降ることは少ない。雪の降ることは少ない。

月	1	2	3	4	5	6	7	8	9	10	11	12
最高気温(℃)	9	2	16	20	24	29	32	31	28	21	14	10
最低気温(℃)	2	2	5	8	12	15	17	17	15	11	6	3
降水量(㎜)	61	68	65	74	62	49	23	38	54	96	107	72

ローマ

気温は東京とほぼ同じ。夏の日差しは厳しいが湿度が少ないぶんだけ過ごしやすい。年間を通じ、早朝や夜間はやや冷え込む。秋から冬にかけての朝晩は雨が多い。雪が降ることは少ない。

月	1	2	3	4	5	6	7	8	9	10	11	12
最高気温(℃)	12	14	16	20	23	28	31	31	28	23	17	14
最低気温(℃)	4	4	6	8	13	15	18	18	16	12	8	5
降水量(㎜)	72	87	79	62	57	38	6	23	66	123	121	92

ナポリ

温度、降水量ともにローマとさほど変わらないが、花の時期は早く、体に感じる温度はより温暖。冬の海はやや荒れ、カプリなどの島へ向かう船はときにはかなり揺れることもある。

月	1	2	3	4	5	6	7	8	9	10	11	12
最高気温(℃)	12	13	16	19	23	27	30	30	28	22	17	14
最低気温(℃)	6	6	8	10	14	17	19	19	17	13	9	7
降水量(㎜)	87	77	76	55	37	33	14	16	56	102	135	105

パレルモ

夏の日差しは力強さを感じさせるものの、気温はローマとほぼ変わりない。冬でも最低気温は8℃前後で温暖。海岸沿いの地域では冬は風が強い。

月	1	2	3	4	5	6	7	8	9	10	11	12
最高気温(℃)	14	16	17	19	28	28	30	30	28	24	19	16
最低気温(℃)	8	9	10	12	15	19	22	22	20	16	13	10
降水量(㎜)	141	129	89	65	32	16	6	29	54	123	99	179

カリアリ

夏には雨はほとんど降らず、年間を通じても雨は少ない。冬は暖かく、夏も厳しい暑さを感じさせず、1年を通じて温暖で過ごしやすい。

月	1	2	3	4	5	6	7	8	9	10	11	12
最高気温(℃)	14	14	17	19	22	27	30	30	27	23	19	17
最低気温(℃)	6	6	7	10	13	13	14	20	18	14	10	7
降水量(㎜)	54	59	50	43	39	5	3	10	32	53	57	74

The World Heritage / Patrimonio Mondiale

ユネスコ世界遺産

「世界遺産」とは、永遠に残したいと思う文化と自然のこと。その認定には、「世界の文化遺産および自然遺産の保護に関する条約（以下、世界遺産条約）」を批准している国が申請し、厳しい審査を経て、ユネスコが「世界遺産リスト」に登録して、初めて認められる。「世界遺産条約」の目的は、普遍的な価値を有するかけがえのない人類の遺産である文化財や自然を、破壊から守り、保護し、次世代に残していくために世界中の人々の国際協力を推進すること。

2016年秋現在、イタリア（ヴァティカン市国、サン・マリノ共和国を含む）における「世界遺産」のうち自然遺産はエオリエ諸島とドロミテ渓谷、サン・ジョルジョ山、エトナ山の4ヵ所で、ほとんどが文化遺産で全52ヵ所（登録延長はひとつとして数えた）。（　）内は登録年。日本ユネスコ協会連盟の資料に基づき、名称は英文で表示した。

●**Rock Drawings in Valcamonica**（1979年）
カモニカ渓谷の岩石画（ブレーシャ県）

紀元前8000年に遡るという線刻画。ローマ侵略後忽然と姿を消した文明はミステリアス

●**Church and Dominican Convent of Santa Maria delle Grazie with "The Last Supper" by Leonardo da Vinci**（1980年）
ミラノ、サンタ・マリア・デッレ・グラツィエ教会および修道院とレオナルド・ダ・ヴィンチによる「最後の晩餐」 →P.203

●**Historic Centre of Florence**（1982年）
フィレンツェの歴史地区 →P.147

●**Venice and its Lagoon**（1987年）
ヴェネツィアとラグーン（潟） →P.229

●**Piazza del Duomo, Pisa**（1987年）
ピサのドゥオーモ広場
→P.404

「奇跡の広場」とも呼ばれるピサのドゥオーモ広場。800年にわたって傾き続けた斜塔は今も健在

●**Historic Centre of San Gimignano**（1990年）
サン・ジミニャーノの歴史地区 →P.414

「塔の町」と呼ばれるサン・ジミニャーノ。富の象徴であった塔はかつては70を数えた

●**I Sassi di Matera**（1993年）
マテーラのサッシ（洞窟住居）群 →P.460、P.24

●**City of Vicenza and the Palladian Villas of the Veneto**（1994／1996年）
ヴィチェンツァ市街とヴェネト州のパッラーディオのヴィッラ →P.332

●**Historic Centre of Rome, the Properties of the Holy See in that City Enjoying Extraterritorial Rights and San Paolo Fuori le Mura**（1980／1990年）
ローマの歴史的地区、およびヴァティカン市国とサン・パオロ・フオーリ・レ・ムーラ →P.61

●**Historic Centre of Siena**（1995年）
シエナの歴史地区 →P.410

シエナの中心、カンポ広場に建つプッブリコ宮殿とマンジャの塔。扇形で緩やかな傾斜が広がる広場は観光客の憩いの場

●**Historic Centre of Naples**（1995年）
ナポリの歴史地区 →P.269

●**Crespi d' Adda**（1995年）
クレスピ・ダッダの町（ベルガモ近郊）

労働者のユートピアとして誕生したクレスピ・ダッダ。工場群や住居が緑のなか整然と並ぶ

●Ferrara, City of the Renaissance and its Pò Delta (1995／1999年)
フェッラーラ、ルネッサンス期の市街とポー川のデルタ地帯 →P.391

●Early Christian Monuments of Ravenna (1996年)
ラヴェンナの初期キリスト教建築群 →P.397、P.27

●Historic Centre of the City of Pienza (1996年)
ピエンツァの歴史地区(トスカーナ州) →P.407

●The trulli of Alberobello (1996年)
アルベロベッロのトゥルッリ →P.457

アルベロベッロのトゥルッリの町を歩く

●Castel del Monte (1996年)
カステル・デル・モンテ(バーリ近郊)

皇帝フリードリッヒ2世により13世紀に建造されたモンテ城。当時の粋を結集したこだわりの八角形に注目

●18th-Century Royal Palace at Caserta with the Park, the Acqueduct of Vanvitelli and the San Leucio Complex (1997年)
カゼルタの18世紀王宮、庭園、ヴァンヴィテッリの水道橋、サン・レウチョの複合建築(ナポリ近郊) →P.440

ヴェルサイユ宮殿に対抗すべく建造されたカゼルタの王宮。水の流れを効果的に利用した複合建築だ

●Residences of the Royal House of Savoy (1997年)
サヴォイア王家住居(トリノ) →P.290

ヴェナリーアの王宮、庭園側からの眺め。ゾーンによって芝生、バラ園、果樹、菜園、池、運河などが広がる

●Botanical Garden(Orto Botanico), Padova (1997年)
植物園(パドヴァ) →P.327

●Cathedral, Torre Civica and Piazza Grande, Modena (1997年)
モデナの聖堂、市民の塔、グランデ広場 →P.380

●Archaeological Areas of Pompei, Ercolano, and Torre Annunziata (1997年)
ポンペイ、エルコラーノ、トッレ・アンヌンツィアータの考古学地域 →P.434

●Su Nuraxi di Barumini (1997年)
バルミニのスゥ・ヌラクシ(サルデーニャ島バルミニ) →P.497

●Portovenere, Cinque Terre, and the Islands (1997年)
ポルトヴェーネレ、チンクエテッレと島々(リグーリア州ラ・スペツィア県) →P.359

●Costiera Amalfitana (1997年)
アマルフィ海岸 →P.445

訪れる者を魅了する、歴史と自然に彩られたアマルフィ海岸、ポジターノの眺め

●**Archaeological Area of Agrigento** (1997年)
アグリジェントの考古学地域 →P.487

●**Villa Romana del Casale** (1997年)
カサーレのヴィッラ・ロマーナ
(シチリア・エンナ近郊)

古代ローマ貴族の別荘の床面に残る壮大なモザイク画。古代ローマ人の生活を活写している

●**Cilento and Vallo di Diana National Park with the Archaeological sites of Paestum and Velia, and the Certosa di Padula** (1998年)
チレント、ディアーナ渓谷国立公園とパエストゥムとヴェリアの考古学地域およびパドゥーラ修道院 →P.438

●**Archaeological Area and the Patriarchal Basilica of Aquileia** (1998年)
アクイレイアの遺跡とバジリカ

アクイレイアのバジリカ。初期キリスト教を伝える、ヨーロッパ最大の美しいモザイク画が残る

●**Historic Centre of Urbino** (1998年)
ウルビーノの歴史地区 →P.430

ルネッサンス時代の面影を色濃く残すウルビーノ。「理想都市」と呼ばれ、多くの芸術家が集った

●**Villa Adriana** (1999年)
ヴィッラ・アドリアーナ(ローマ・ティヴォリ) →P.104

●**Assisi, the Basilica of San Francesco and Other Franciscan Sites Herculaneum** (2000年)
アッシジ、サン・フランチェスコ聖堂とその他のフランチェスコ会ゆかりの地 →P.421

●**Isole Eolie** (2000年)
エオリエ諸島

火山性のエオリエ諸島では各地で温泉が湧き出る。硫黄の匂いが強い泥温泉も観光客に人気

●**City of Verona** (2000年)
ヴェローナ →P.334

●**Villa d' Este** (2001年)
ヴィッラ・デステ(ローマ・ティヴォリ) →P.102

●**Late Baroque Towns of the Val di Noto** (2002年)
ノート渓谷の後期バロック都市
(シチリア島南東部)

●**Sacri Monti of Piedmont and Lombardy** (2003年)
ピエモンテとロンバルディア州の聖地サクロ・モンテ →P.323

イタリアで最初で最大のヴァラッロのサクロ・モンテ

●**Val d' Orcia** (2004年)
オルチャの谷(シエナ近郊) →P.407

Etruscan Necropolises of Cerveteri and Tarquinia
(2004年)
チェルヴェテリとタルクィニアの
エトルリア遺跡 →P.105、P.106

Syracuse and the Rocky Necropolis of Pantalica
(2005年)
シラクーサとパンタリカのネクロポリ →P.482

Le Strade Nuove and The system of Palazzi dei Rolli (2006年)
レ・ストラーデ・ヌオーヴェとロッリの
邸宅群(ジェノヴァ) →P.354

Mantua and Sabbioneta (2008年)
マントヴァとサッビオネータ →P.319、P.322

Rhaetian Railway in the Albula / Bernina Landscape (2008年)
レーティッシュ鉄道
アルブラ線／ベルニナ線とその景観 →P.323

San Marino Historic Center and Mount Titano
(2008年)
サン・マリノ共和国歴史地区とティターノ山
→P.388

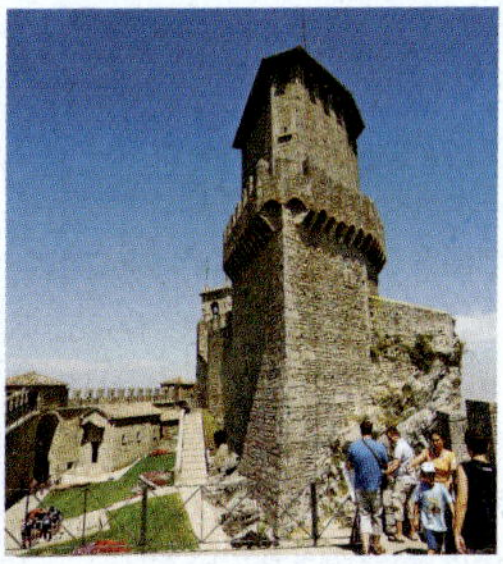
要塞で守られた
山岳都市、
サン・マリノ共和国

The Dolomites (2009年)
ドロミテ →P.345、P.15

Monte San Giorgio (2010年)
サン・ジョルジョ山(ルガーノ湖南)

The Longobards in Italy, Place of power (2011年)
ロンゴバルド族の繁栄(568～774年)を伝える地(チヴィダーレ・デル・フリウリ、ブレーシャ、カステルセプリオ・トルバ、スポレート、カンペッロ・スル・クリトゥンノ、ベネヴェント、モンテ・サンタンジェロの計7ヵ所) →P.315、P441

Prehistoric Pile dwellings around Alps (2011年)
アルプス山脈周辺の先史時代の湖上家屋遺跡(北イタリア、スイス、オーストリアなどにまたがる共同登録で全111ヵ所。イタリア19ヵ所)

Medici Villas and Garden in Tuscany (2013年)
トスカーナ州のメディチ家のヴィッラと庭園
(12のヴィッラとふたつの庭園) →P.154

『メディチー族の栄華』が描かれたペトライアのヴィッラ(別荘)

Mount Etna (2013年)
エトナ山(シチリア州)

The Vineyard Landscape of Piedmont: Langhe-Roero and Monferrato (2014年)
ピエモンテのブドウ畑の景観:ランゲ・ロエロ、モンフェッラート

一面のブドウ畑が続くピエモンテの丘陵地帯

Palermo arabo-normanna e le cattedrali di Cefalù e Monreale (2015年)
パレルモのアラブ・ノルマン様式建築群と
チェファルー、モンレアーレの大聖堂 →P.468

内部のモザイクと回廊も見事なチェファルーの大聖堂

ドロミテ、カモニカ渓谷、クレスピ・ダッダ、アクイレイアは地球の歩き方「A11 **ミラノ、ヴェネツィアと湖水地方**」、カステル・デル・モンテ、カサーレ、エオリエ諸島、シラクーサ、ノート、エトナ山、パレルモ、チェファルー、モンレアーレは「A13 **南イタリアとマルタ**」の各都市編を参考に。

イタリア美術の流れ

望月一史

現代の芸術あるいは広く文化に目をやると、デザイン、ファッションをはじめ絵画、彫刻、建築、映画、写真などの視覚芸術の分野でイタリアの活動がめざましい。

伝統的に芸術の国として知られているイタリアだが、なぜ現代でも次々と優れた芸術家を生み出すのであろうか。またこの創造力の源泉は何か。ルネッサンス以降、広い意味での創造力をイタリア語で「ファンタジーアfantasia」というが、ここでは、現代イタリアの「ファンタジーア」の背景とその源をたどってイタリア美術の歴史をひもとき、古代ローマからバロックまでを概観してみよう。

イタリア美術の特質

イタリア美術の特質は何よりもまずその〈**地中海的性格**〉と、「眼に見えるものしか信じない」(A・モラヴィア)というその〈**視覚性**〉にある。地中海の要衝を占めるイタリアは、その歴史的・地理的環境から古代世界の東西を結ぶ役割を果たし、ギリシアをはじめとする東方世界の進んだ文化を統合して独自の古代文化をつくり上げ、それを西方世界に伝えている。このように地中海世界が世界文明の中心であった古代から新大陸発見の16世紀まで、イタリアは常に世界文化に中心的地位を占めていたのである。

古代ローマ Romana

イタリア半島を最初に**統一**したのは**古代ローマ帝国**であった。高度な文化をもった先住民族の**エトルリア人**、南部とシチリア島の**ギリシア植民地都市(大ギリシア)**を紀元前3世紀までに**征服**し、**紀元前2世紀**には**ギリシア本土**をも征服してローマはその領土を**地中海世界全域**に広げ、ギリシア文明を中心とする古代地中海文化のすべてを統合する。

エトルリアの美術品
『ブロンズの戦士』

ローマ美術が独自の様式を確立するのもこの頃であった。それまでは、芸術的にはエトルリアとギリシアの影響下にあり、地中海世界を制覇するため国力を外国に向け、芸術には無関心というより、質実剛健な気風を尊ぶ、軍人・政治家のローマ市民には値しないものとしてむしろ退けられた。ただ、**土木建築**のみはその公共的性格と軍事技術として尊重され、紀元前312年には軍事道路として早くも**「アッピア街道Via Appia」**が建設されている。

だが、芸術は歴史を眼に見えるものとするならば教育的効果をもち、そしてエトルリア美術のように現世の出来事を表現するのであれば、ローマ軍の数々の戦闘や勝利も表現でき、彫刻は、皇帝をはじめとする著名人や有力市民の功績を後世に残すことができる。

こうして、**1世紀のアウグストゥス帝の治世**には芸術の効用を認め、**ギリシア古典期の芸術**を**公式の芸術**として採用することになる。おびただしい数のギリシア、ヘレニズムの彫刻作品がコピーされ、公共の場所以外に、個人の邸宅や別荘が無数の作品で飾りたてられる。現在も美術館で当時のコピーを眼にする機会が多いのもこのためである。

妃のリヴィアが作らせた『プリマ・ポルタのアウグストゥス像』

また、政治的統治力を視覚化するため、数多くの皇帝像が制作され、帝国の全土に配置される。**「プリマ・ポルタのアウグストゥス像」(1世紀、ヴァティカーノ美術館蔵)**はこの種の皇帝像の典型といえる。

ローマ式の大建造物は、直線を主とするギリシア建築とは異なり**アーチ**を主とする**曲線が基本**である。そして、大理石ではなく、**石造や煉瓦造のコンクリート建築**を主体として、外装の装飾を視覚的なものにしている。**ローマ帝国の首都（メトロポリス）**として**ローマ**は統治の中心およびシンボルであり、**広場、円柱、凱旋門、浴場、図書館**などを備えた総合的な都市計画がなされる。

この時代の絵画は、**ポンペイの遺跡**に見られるように**大邸宅、別荘を飾る壁画、モザイク**が制作され、ギリシア絵画のコピーも存在し、ギリシア絵画の作品が現存しない今となっては貴重な作例である。

初期キリスト教時代 Paleocristiana

ローマ時代も末期、**313年にコンスタンティヌス大帝がキリスト教を公認**するにともない、オリエントとヘレニズムの要素を消化した**キリスト教的ローマ美術**が形成される。建築は、公共の集会堂であった**バジリカBasilica**が**教会堂**の、神殿や墓廟として用いられた**円堂**が**洗礼堂**の範例となり、キリスト教建築の伝統的な**二大形式**となった。こうした聖堂の内部は壮麗な**モザイク**や**壁画**で飾られ、**彫刻**も聖堂の扉や石棺を飾る。神という、本来眼に見えない不可視のものを視覚化する際に、ヘレニズムの伝統を生かして新しい宗教図像をつくり上げ、古典古代の豊かな伝統を継承する。

ビザンチン Bizantino

しかし、やがて新しいローマである**コンスタンティノポリス（ビザンチン帝国）**に中心が移り、イタリアは蛮族の侵入を受けて西ローマ帝国が滅亡(475年)するが、当時の最も優れた芸術が**ラヴェンナ**に現存する。

ロマネスク Romanico

7世紀から11世紀までの混乱期を経て、**11世紀頃**ローマ時代以来のイタリア各地の**都市が復興**し、新しい階層である**商人、職人**などの**都市住民が新たな文化の担い手**となる。これらの都市には神聖ローマ帝国の強権は及ばず、**自治都市コムーネComune**として市民は自立の意識をもち、同時にローマ人の子孫としての誇りを抱いていた。こうして**ローマ的芸術**すなわち**ロマネスクRomanico**が成立する。ロマネスク芸術の中心は、コムーネの精神的中心である全市民を収容する**カテドラル（大聖堂）**であった。**ミラノのサンタンブロージョ聖堂Sant' Ambrogio**（850年建立、9～12

サンタンブロージョ聖堂

パレルモの宮廷礼拝堂、パラティーナ礼拝堂内部

世紀改造)は、イタリアの**ロマネスク聖堂の原型**で、宗教と政治の役割が一体化した中世教会堂の典型である。また、北イタリア、ロンバルディア地方の工人が**ロンバルド様式**をヨーロッパ各地に広めている。**彫刻**では生気あふれる量感をもった**ボナンノ・ピサーノBonanno Pisano**が活躍している。

一方、**ヴェネツィアはビザンチンの影響**が色濃く、**サン・マルコ大聖堂San Marco**が1094年に完成。**南イタリアやシチリア島**には、**アラブ様式にノルマン・ビザンチンの様式**が混淆(こんこう)した独特な芸術が開花し、**パレルモの宮廷礼拝堂Cappella Palatina**、**モンレアーレ聖堂Cattedrale di Monreale**のような華麗なモザイク装飾で埋め尽くされた作品を生む。

ゴシック Gotico

ヨーロッパに対するビザンチンとアラブの勢力が弱まり、各国の産業、貿易がいっそう活発となって、**富の蓄積**と**市民の興隆**、**都市の繁栄**のなかで、初めて**西欧固有の文化**が形成される。この**12世紀から14世紀の市民文化をゴシックGotico**と呼ぶ。

ゴシックは**リブ・ヴォールト**を特徴とする**フランスの聖堂建築が起源**で、シトー会修道院によって全ヨーロッパに広まる。だが、イタリアのゴシック式聖堂は、霊の昇華を象徴するフランスやドイツの垂直方向にそびえる聖堂とは異なり、むしろ**調和を目的**として建てられている。**フィレンツェのサンタ・クローチェ聖堂Santa Croce**、**オルヴィエート大聖堂Duomo di Orvieto**がイタリア・ゴシック建築の代表例で、**ミラノの大聖堂Duomo**はアルプス以北の工人の手になる**北方ゴシックの様式**を示している。

また、**13世紀**はイタリア美術固有の様式が確立し始めた時期で、**彫刻**では**ニコラ・ピサーノNicola Pisano**、**ジョヴァンニ・ピサーノGiovanni Pisano**が古典的造形をもつゴシックの劇的な世界を築き上げる。**絵画**では**チマブーエCimabue**、**ドゥッチョ・ディ・ブオニンセーニャDuccio di Buoninsegna**がビザンチン的なものをゴシック的なものに変える。だが、**ジョットGiotto**が14世紀初頭に北イタリアの**パドヴァ**で、**スクロヴェーニ礼拝堂Cappella di Scrovegni**の**「キリスト伝」**において、自らの意志で空間にしっかりと立つ人物を描き出した。ルネッサンスRinascimentoの美術はここから始まると言ってよいかもしれない。

スクロヴェーニ礼拝堂に残るジョットの「キリスト伝」のなかの傑作『ユダの接吻』

ルネッサンス Rinascimentale

一般に、**建築家ブルネッレスキBrunelleschi**の古代研究に基づいた、**フィレンツェのサンタ・マリーア・デル・フィオーレ大聖堂Santa Maria del Fiore**のドーム起工の**1420年から1500年**までを**初期**、**1500年～1520、30年**を**盛期**とし、**初期はフィレンツェ**、**盛期はローマ**が芸術活動の主要な場であった。

人間の発見の時代といわれる**ルネッサンス**は、**自然**と**古代**をふたつの柱とする人文主義的な造形活動で、芸術論理が著され、解剖学や生理学に基づく**人体比例法、幾何学的遠近法**が科学的に研究され、自然のうちなる法則を究めようとする。なかでも**絵画**は時代をリードする芸術として、**マザッチョ**、**ピエロ・デッラ・フランチェスカ**、**レオナルド**などが熱心に研究し、**建築**では先に挙げた**ブルネッレスキ**が**パッツィ家礼拝堂Cappella dei Pazzi**などに古典的比例を回復し、**レオン・バッティスタ・アルベルティ**はルネッサンス建築様式を体系化した『**建築書**』を著す。**彫刻**では**ドナテッロ**が古代彫刻を研究し、力強い形態を表現。一方、国際ゴシックの優美な形式は、**フラ・アンジェリコ**、**ボッティチェッリ**に受け継がれた。**レオナルド・ダ・ヴィンチ**は「**最後の晩餐**」によって人間心理までを追求し、形式と精神の完璧な表現という古代以来かつてなかった両者の統一を達成した。

ドナテッロの表現した『ダヴィデ』

ティツィアーノ作
『サン・ジョヴァンニ・バッティスタ』

しかし、**16世紀**になると**ルネッサンスの中心はローマ**に移り、**ラファエッロ**は**教皇ユリウス2世**の〈**ローマ復興**〉という壮大な理念を担い、調和ある古典美術を体現した。**ミケランジェロ**は危機に向かうイタリアの時代精神を反映して、**システィーナ礼拝堂の大壁画『最後の審判』**では世界の終末の恐ろしい光景を描き、その無数の**人体像**は**超人的な比例**と動きをもち、マニエリスム様式やバロック様式の先駆をなす。

一方、**ヴェネツィア**は東方貿易で栄える都市国家として、**ジョヴァンニ・ベッリーニ**、**ジョルジョーネ**、**ティツィアーノ**などを生み、油彩画の可能性を拡大し、豊かな色彩の**ヴェネツィア画派**を形成する。

マニエリスム Manierismo

16世紀後半は、ルネッサンスが達成した古典的美の世界が空洞化する過程である。この危機を代表する人物が**ミケランジェロ**をはじめとする**ポントルモ**、**ロッソ**、**パルミジャニーノ**、**ティントレット**、**ジャンボローニャ**などの**マニエリスム芸術**で、蛇状曲線を多用し、奇想に満ちた象徴的表現を用いて、内的な情念を表現しようとした、極めて主知的な芸術であった。

バロック Barocca

宗教改革の時代にこれに対抗して開かれたトレント公会議(1545〜63)以後、ローマ教会は民衆教化の手段として**新たな宗教芸術の育成**に努める。**アンニーバレ・カッラッチの古典主義**、**カラヴァッジョのリアリズム**が**初期バロック**と呼ばれるが、盛期**バロック**の**彫刻家**、**建築家**、**都市プランナー**の**ジャン・ロレンツォ・ベルニーニ**が、ダイナミックで演劇的ないわゆる**バロック様式**を生み出す。同じく**建築家**の**ボッロミーニ**、**グアリーニ**もカトリック権力の誇示や情念の表現を求めて古典様式を**バロック化**する。**画家**では**ピエトロ・ダ・コルトーナ**、**アンドレア・ポッツォ**が天国を想わせる幻視的な天井画を描く。

イタリア

オペラへの招待

山﨑岩男

イタリアオペラの魅力は、それはもう何てったってその**“声”**にあります。イタリア人の食べているものが、いいからなのか何だかは知らないけれど、その澄んだ張りのある声といったら何ものにも替えられません。オペラの楽しみ方といったら普通、ストーリーを追うことやら背景のセットを見ることやら、衣装を見ることやらいろいろあると思いますが、イタリアオペラの場合、すべての中心は**“声”**であるといってよく、相当ひどい舞台でも、歌い手がよけりゃ何とか満足してしまうものだと思うのです。しかしこういった見方がもっと極端になってしまった時代もあって、そんな時代には、たしかに歌い手の歌唱力は物すごく高かったのですが、舞台の上が、牛みたいな身体で「演技ほとんどなし」の巨体に占領されてしまったんだそうです。幸い現在では、そこまで極端な好みの人がいなくなったので、何とかバランスは取れているようですが。ともあれ、イタリアでオペラを見るのなら、**“声”**が聴けて、そして、今の時代だったら、**“演技”**もプラスされた優れた歌手のステージを見たいものです。

スカラ座の演目案内

単に**カンタンテ（歌手）**と呼ばれる人よりも、**インテルプレタトーレ（表現者）**と呼ばれる人が、どうもそういった人を指すようです。せっかくですから、公演の切符を入手する前に、劇場の近くのBarにでも行って自分の聴こうとする音楽会のパンフレットに並ぶ歌手の名前を指しながら、**“通”達の評価を仰いでみる**なんてのはいかがですか？　けっこう英語が話せる人がいますし、きっと何かを教えてくれるはずです。

イタリアオペラの殿堂、スカラ座（ミラノ）

切符の買い方と席の種類

オペラのシーズンは通常10月頃に始まり、翌年の6月頃までです。シーズン開幕の少し前に劇場に行ってみると、その年の一連の出し物を紹介したパンフレットが出ています。**公演の日時、切符の価格**やバールで聞いておいた**出演者のこと**を確かめて、ついでに**切符の発売日**を係の人に口頭で確かめておくといいでしょう。プログラムの変更とかは、よくあることです。人気の高い催しなどは、あらかじめ抽選をする劇場などもあります。次に劇場の設備の説明をしましょう。

券を買う場所は「ビリエッテリア」Bigliletteria といいます。先ほどいいましたパンフレットとかはここにあります。たいていイタリアの商店街と同じく**10:10頃開いて**お昼休みを十分にとり、また**15:00か16:00頃開く**ようです。劇場内部へは席の等級により入口が違う場合が多く、だいたい劇場の真正面から入ると、そのまま1階席の**プラテアPlatea**に入るようになっています。この席は、料金も一番高く、シーズンの初日のみならず、貴婦人や紳士を多く見かける場所です。さて1階でもちょっと高めの場所に、**4〜6人がけの箱の席**がプラテアを囲むように並んでいます。これは**パルコPalco**といいます。パルコの上は**ガレリアGalleria**になっていて、**上に行くほど、値段は安くなります。その上の天井桟敷はロッジョーネLoggione**といいます。ここはひと回りずっとベンチ型の椅子です。隣の人とくっついて座らなくてはならないため、少々窮屈ですが、慣れたら気楽で常連の友達もできます。

劇場もひとつの芸術品

ところで、イタリアの劇場といえば、何といっても有名なのが**ミラノのスカラ座**。「スカラ」とは階段のことで、昔、「階段の聖母」寺院のあった場所に建てられたことにちなんだ名前だそうです。1778年に始まり、ヴェルディの**「オテロ」**や**「ファルスタフ」**、プッチーニの**「蝶々夫人」「トゥーランドット」**など、数々の有名なオペラがここで初演されました。指揮者の**アルトゥーロ・トスカニーニ**が、主導権を握ってからここスカラ座は欧州の音楽の最も重要な存在になりました。劇場に付属する**スカラ座博物館**には、歴代のスカラ座の名歌手たちや指揮者の遺品や、ポスター、ブロマイドなどのほか、資料が数多く、一見の価値があります。

ボローニャ歌劇場もイタリアを代表する劇場

さて、**フィレンツェの劇場テアトロコムナーレ**は、1960年完成と新しく、スカラ座やほかの歌劇場などのような馬蹄型の劇場ではありません。毎年5月の**「フィレンツェ5月音楽祭」**は有名で、毎回かなり斬新な演出が試みられます。**ヴェネツィアのフェニーチェ劇場**は、1500人収容のホールで少し小さめですが、音響はよく、美術的にも非常に高く評価されています。ロッシーニをはじめとする多くの有名作曲家の作品が初演された劇場です。さて、このほかにもイタリアの地方には、すばらしい劇場がたくさんあります。新しいものでは**トリノのヌオーヴォ・レジォ劇場**。**ナポリのサン・カルロ劇場**は歴史も古く特に有名です。野外の劇場では、**ヴェローナのアレーナ**が2万5000人収容と最も大きく、またシーズン中のプログラムも派手ですが、このほかの中小野外劇場のなかにもよいものは多いようです。

私のお気に入りは、フィレンツェの郊外（バスで15分ぐらい）にある**フィエゾレの劇場**で、山の斜面をうまく利用して造られた、ギリシア起源の劇場です。山の麓の夜景を借景とした美しいステージと、谷から吹き上がる風を利用して音を客席に行き渡らせる合理的な音響の方法は、効果百倍といえますし、また、山頂にあるこの町の、澄みきった空気は、演奏会の心地よい余韻を我々に残してくれます。

野外オペラの魅力

さて室内のシーズンが終わる頃、同時に**野外オペラシーズン**が始まります。おもに観光客目当ての公演ですが、満天の星空の下、夜風を浴びての夏のオペラ見物はまた格別です。**ヴェローナ**などでは、演奏開始前に観客のともすキャンドルが美しく、オペラの上演をも含めたひとつのセレモニーのようです。室内同様、初日には、かなりの豪華メンバーの演奏が聴けます。野外では場所によって風が吹いてくると演奏がよく聴こえない所さえあります。また風や雨などの自然の妨害をもろに受けて中止ということもあり、こういったときは、5分でも演奏が開始されていれば、切符は払い戻しせず、ひどい目に遭いますのでご注意を！

夜のとばりが下り始めるとオペラが開幕する（ヴェローナ）

さて野外であれば、場所はどこであれ、エジプトが舞台のドラマ**「アイーダ」**は楽しめます。独唱重唱はもちろん、大コーラスあり、バレエありと盛りだくさんのうえ、星空の下で聴くわけですから、臨場感はいやがおうにも高まります。

野外にはハプニングも多く、停電になったり、風で大きなセットが倒れたり、劇場に住み着く猫が、舞台上の「アイーダ」のエジプトにお出ましになったりと、大変ですがこれもご愛嬌と許せちゃうのが、野外のお祭り的な雰囲気なのです。このほかにも夏季シーズンには、町の広場などにも仮設スタジアムが造られて、オペラが上演されることもあり、広告に注意したり、問い合わせをまめにしてみると思わぬ掘り出し物があります。

おもな作曲家と代表的な作品

C.モンテヴェルディ（1567〜1643）の**「オルフェオ」**は、現存するオペラのなかでは、ドラマチックな表現力をもった最古の作品といえると思います。ギリシア悲劇の「オルフェウス」を題材としたものですが、独唱による表現力の広さを生かした、当時としては画期的なオペラです。現在では上演されることが珍しくなりましたが、もし機会があれば、古代の時の流れに接してみてはいかがでしょう。

イタリアを代表する作曲家、
ジョセッペ・ヴェルディ

さて次なるは、オペラブッファの頂点を築き上げた、**G.ロッシーニ**（1792〜1868）であります。**「セビリアの理髪師」**はあまりにも有名で、日本でもおなじみの作品ですが、このオペラにはロッシーニ独特の、聴く人を、びっくりさせるような"ロッシーニ・クレッシェンド"や、軽業を思わせる"コロラトゥーラ"（旋律を素早く操る技術）がいたるところにちりばめられ、ストーリーがたいへんドラマチックに彩られています。ほか、彼の作品では**「アルジェのイタリア女」「シンデレラ」「婚約手形」**などが有名で、いずれ劣らぬオペラブッファの珠玉です。

G.ドニゼッティ（1797〜1848）もまた、**「ドン・パスクワーレ」「愛の妙薬」**など、喜歌劇の優れた作品を残しましたが、彼の書いた悲劇**「ランメルモールのルチア」**は、敵対するふたつの家の若者たちの悲劇的な愛を、甘美な旋律によって描いた名作で、現在、最も上演回数の多い作品のひとつといえます。

さて、次はいよいよ、**G.ヴェルディ**（1813〜1901）です。彼のオペラは全部で26曲ですが、だいたいその傾向から初期、中期、後期の３つに分類できるようです。初期の作品で有名といったらやはり**「ナブッコ」**です。これは旧約聖書に登場するバビロニアの王、ネブカドネザルの物語で、なかで歌われる合唱「行けわが思いよ黄金の翼にのって」は、イタリア国歌になるのでは、と思われたほど、皆に好んで歌われ、現在も、演奏会などでこの曲だけが取り出されて歌われることがよくあります。中期の名作といえば**「リゴレット」**。ユゴーの戯曲に題材を得たこの物語は、美しい娘をもった醜い道化師リゴレットが、娘をかどわかしたマントヴァ公に復讐（ふくしゅう）しようとするが、誤ってそれをやめさせようとした娘を死に追いやってしまうといった悲劇で、劇と音楽の一致という点で一段と充実が図られています。後期では、やはり**「アイーダ」**でしょう。スエズ運河開通記念に建てられた劇場のために書かれたこのオペラは、まさに大スペクタルで、凱旋の場の壮麗さは他に比類のないものといえます。

さてこの「アイーダ」を見てオペラ作曲家になる決心をした**G.プッチーニ**（1858〜1924）の作品でまず挙げたいのは**「ラ・ボエーム」**です。ボヘミアンたちの貧しくもひたむきな生き方と、ミミとロドルフォの悲恋が叙情的な美しい旋律で描かれています。他に**「トスカ」「マノン・レスコー」**など名作の多い彼ですが、なかでも目をひくのは、異国のドラマを扱った**「蝶々夫人」「トゥーランドット」「西部の娘」**です。これらの曲には、ドラマの舞台となる土地の民謡などを巧みな旋律に組み込んで、すばらしい効果を挙げています。

ヴェルディは、ピアチェンツァとポー川の間の小さな雑貨屋の息子として生まれた。ヴェルディの生家は、ロンコレ・ヴェルディにある

最新オペラ情報

※以下の公演日程は変更の場合もあります。

イタリアを訪れる音楽ファンのために、2016～2017年の主要劇場でのスケジュールをご紹介。日本では劇場と縁のない人も、本場の舞台に接すればきっとファンになってしまうでしょう。なお、その場合はより楽しむために、あらすじなどを日本で予習していくことをおすすめします。

ヴェローナ　第95回アレーナ音楽祭

Arena Opera Festival 2017

- **オペラ「ナブッコ Nabucco」**
  作曲：G.ヴェルディ
  '17年6月23日、29日
  7月7日、12日、15日、18日
  8月4日、9日、12日、18日、23日、26日
- **オペラ「アイーダ-フラ・デルス・バウス版 Aida-Fura dels Baus」**
  作曲：G.ヴェルディ
  '17年6月24日、30日
  7月5日、9日、11日、16日、20日、23日
- **オペラ「リゴレット Rigoletto」**
  作曲：G.ヴェルディ
  '17年7月1日、6日、14日、19日、27日
- **オペラ「蝶々夫人 Madama Butterfly」**
  作曲：G.プッチーニ
  '17年7月8日、13日、22日、29日
  8月11日、19日
- **オペラ「アイーダ1913年版 Aida-1913 historical stage design」**
  '17年7月28日
  8月3日、6日、8日、13日、16日、20日、24日、27日
- **「トスカ Tosca」**
  作曲：G.プッチーニ
  '17年8月5日、10日、17日、22日、25日
- **コンサート「P.ドミンゴ・ガラ Gala with Placido Domingo」**
  '17年7月21日
- **コンサート「ベートーヴェン交響曲第4番ガラ Gala Ⅳ Symphony Beethoven」**
  '17年8月15日

音響的にも優れた屋外オペラ会場、アレーナ

ミラノ　スカラ座

- **オペラ「蝶々夫人 Madama Butterfly」**
  作曲：G.プッチーニ
  '16年12月7日、10日、13日、16日、18日、23日
  '17年1月3日、8日
- **オペラ「ドン・カルロ Don Carlo」**
  作曲：G.ヴェルディ
  '17年1月17日、22日、26日、29日
  2月1日、4日、8日、12日
- **オペラ「ファルスタッフ Falstaff」**
  作曲：G.ヴェルディ
  '17年2月2日、5日、7日、10日、15日、17日、19日、21日
- **オペラ「椿姫 La Traviata」**
  作曲：G.ヴェルディ
  '17年2月28日
  3月3日、5日、9日、11日、14日
- **オペラ「ニュルンベルグのマイスタージンガー Die Meistersinger von Nürnberg」**
  作曲：R.ワーグナー
  '17年3月16日、19日、23日、26日、30日
  4月2日、5日
- **オペラ「アンナ・ボレーナ Anna Bolena」**
  作曲：G.ドニゼッティ
  '17年3月31日
  4月4日、8日、11日、14日、20日、23日
- **オペラ「泥棒かささぎ La gazza ladra」**
  作曲：G.ロッシーニ
  '17年4月12日、15日、18日、22日、26日、29日
  5月2日、5日、7日
- **オペラ「ドン・ジョヴァンニ Don Giovanni」**
  作曲：W. A.モーツァルト
  '17年5月6日、9日、12日、14日、17日、19日、28日、31日
  6月3日、6日
- **オペラ「ラ・ボエーム La bohème」**
  作曲：G.プッチーニ
  '17年6月7日、10日、13日、15日、20日、30日
  7月5日、10日、14日
- **オペラ「後宮からの誘拐 Die Entführung aus dem Serail」**
  作曲：W. A.モーツァルト
  '17年6月17日、19日、21日、27日、29日
  7月1日
- **オペラ「タメルラーノ Tamerlano」**
  作曲：G. F.ヘンデル
  '17年9月12日、19日、22日、25日、27日、30日
  10月4日
- **オペラ「魔弾の射手 Der Freischütz」**
  作曲：C. M.ウェーバー
  '17年10月10日、13日、17日、20日、23日、26日、30日
  11月2日
- **オペラ「ナブッコ Nabucco」**
  作曲：G.ヴェルディ
  '17年10月24日、27日、31日
  11月4日、7日、11日、16日、19日
- **オペラ「Ti vedo, te sento, mi perdo」**
  作曲：Salvatore Sciarrino
  '17年11月14日、17日、18日、21日、24日、26日

※'16年12/17～'17年10/18までバレエ、'17年1/20、1/21のR.ムーティ率いるシカゴ交響楽団をはじめ、コンサートなどを通年で上演

数々の著名なオペラが初演された、ミラノ・スカラ座

※現地、または直接の切符入手法は、各町の項を参照してください

イタリア・サッカー事情 Serie A

イタリアのサッカー1部リーグが「セリエA（アー）」。ホームアウェイ2試合ずつの計38試合を戦い、下位チームは2部リーグのセリエBに入れ替えられるという厳しいもの。

試合は原則として、9月から翌年5月末までの日曜日に行われるが、ヨーロッパ・カップなどのほかの試合や天候により月曜や金曜、水曜に変更される場合もあるので注意。また、各開催日の2試合が土曜に開催される。試合開始時間は通常、15:00または18:00、2010年より日曜12:30も加わった。ナイターは20:45から。時間は変更の場合もあり。

詳しい試合の組み合わせ、試合時間については、スポーツ紙(ピンク色などの新聞)や下記チケット売り場や❶で確認を。チケットは、前日までは市内の窓口、当日はスタジアムで販売するのが一般的。切符購入と入場の際には身分証明書(パスポートなど)の呈示を求められる。

また、一部のチームではウェブサイトからチケットやグッズの販売も行っている。

主要スタジアム・ガイド《　》内は都市名

ラツィオ/ローマ LAZIO/AS ROMA《ローマ》

ホームスタジアム：Foro Italico内のスタディオ・オリンピコStadio Olimpico（住Via Foro Italico ☎06-36851）

行き方：地下鉄A線フラミニオFlaminio駅で下車し、No.2のトラムで約15分、終点下車。地下鉄A線オッタヴィアーノOttaviano駅そばのVia BalettaからNo.32のバスでForo Italico下車。テルミニからは、No.910のバスで終点P.za Manziniで下車し、徒歩

チケット売り場：各オフィシャルショップで。Lazio Style 1900（住Via Guglielmo Calderini 66/C、スタディアムから川（北西）方向に500m、切符販売時間10:00〜13:30、14:30〜19:00）など。

AS ローマ（住Piazza Colonna 360 切符販売時間10:00〜18:00、㊐10:00〜13:00)など。

ACミラン/インテル AC MILAN/INTER《ミラノ》

ホームスタジアム：サン・シーロS. Siro／ジョセッペ・メアッツァGiuseppe Meazza

行き方：地下鉄M5線の終始点駅のサン・シーロ・スタディオ駅SAN SIRO Stadio下車すぐ。SAN SIROとつく駅はふたつあり、ひとつ前の駅SAN SIRO Ippodromoは競馬場。または、ドゥオーモ広場横のVia G. Mazziniからトラム No.16 San Siro行きで約30分、終点下車

ACミランのチケット売り場：インテーザ銀行Banca Intesa Sanpaolo（住Via Verdi 8 営8:45〜13:45、14:45〜15:45 休㊏㊐㊗）他、各支店、Milan store（住Piazza XXIV Maggio ☎02-89422711）

インテルのチケット売り場：ポポラーレ・ディ・ミラノ銀行Banca Popolare di Milano（住Piazza Meda 4 営8:45〜13:45、14:45〜15:45 休㊏㊐㊗）地下鉄M1線San Babila下車、および各支店

ユヴェントス/トリノ JUVENTUS/Torino《トリノ》

ユヴェントス

ホームスタジアム：ユヴェントス・スタディアムJuventus Stadium（住Corso Grande Torino 50）

行き方：ポルタ・ヌオーヴァまたはポルタ・スーザ駅から地下鉄でFerni行きに乗り、ベルニーニBernini下車。ミニバス9番（試合日のみ運行）、または62、72、72/、75番で。

チケット売り場：スタジアム内の切符売り場またはチーム公式サイトで

トリノ

ホームスタジアム：スタディオ・オリンピコStadio Olimpico（住Via Filadelfia 88 ☎011-44211）

行き方：市内よりトラムNo.9またはバスNo.72で

チケット売り場：スタジアム内の切符売り場またはチーム公式サイトで

フィオレンティーナ FIORENTINA《フィレンツェ》

ホームスタジアム：スタディオ・アルテミオ・フランキStadio Artemio Franchi（住Viale Manfredo Fanti 4 ☎055-503011）

行き方：S.M.ノヴェッラ駅前からバスNo.17、20など。試合当日はNo.52、54で。fs線カンポ・ディ・マルタ駅から徒歩5分。

チケット売り場：中央郵便局脇のChiosco degli Sportivi(→P.160 住Via Anselmi 営㊋〜㊏ 10:00〜14:00、15:30〜19:30、㊐(試合日のみ) 10:00〜)

スタジアム北東側のFiorentina Point（住Viale Manfredo Fanti 85/A 営9:30〜13:00、14:30〜18:30)など。

読者からのサッカー情報

■切符の購入

ジェノア対ミランなど、過去に大事件のあったカードの場合、そのホームタウンの居住者でないと買えない場合があります。また、シーズンの初めや情勢によって規制が厳しくなり、試合によってはツーリストが切符を購入できない場合があります。

ワールドカップ予選や親善試合などのイタリア代表戦を観戦する場合はチケットワンURL www.ticketone.itのサイトで事前購入がおすすめ。英語版もあり。手続き後は予約番号が書かれているページを印刷して、当日スタジアム近くに設置される専用ボックスに提出すれば切符を受け取れます。現地で購入したい場合は、ホテルなどでチケットワンの窓口を探してもらってアタックしてみましょう。窓口購入の際もパスポートが必要。私は女性割引でお得に購入。

どうしても観戦したい試合がある場合は、日本の代理店を利用して事前に購入することをおすすめします。シーズン後半、順位に関係ある試合などはスタジアムによってはソールドアウトもあります。かつてのようにダフ屋は存在しないので、この場合は観戦の可能性はほぼゼロです。

観戦できる可能性の高いスタジアムはやはりミラノのサン・シーロ。ここは非常に大きなスタジアムなので、ACミランとインテルのダービー以外はまず満員になることはないと思います。　（チャム　'10）

2014年3/27のインテル対ウディネーゼ戦（サン・シーロ）の切符は、ドゥオーモと地下鉄を結ぶ地下街にあるマリポサMARIPOSAで購入。親切に座席の相談にのってくれ、無事にチケットをゲットできました。　（東京都　スップリ　'14）

■ミラノ現地での切符受け取り

ミラノ開催の切符を現地受け取りにする場合、チケットビスTicketbisなどの取次店によってはロットLotto駅からサン・シーロとは逆に約2キロほどのメールボックスまで取りに行くことになる可能性があります。　（静岡県　トリトン　'14）

MARIPOSA DUOMO
住 Galleria S.Radegonda　☎ 02-8057937

全国の切符売り場

リス Ricevitore Lis Lottomatica

URL www.liticket.it（各売り場で販売する試合、地図なども検索可。オンライン購入も可）

サッカーくじ（トトカルチョ）の販売所。ここでも試合の切符を販売。イタリア中に約1000軒、どこにでもあるので、旅の予定に合わせて購入するのに便利。

このほか、試合や席は限定されるが、イタリア各地にあるチケットショップのボックス・オフィスBox Office、オルビスOlbisでも販売。

■切符購入の際はパスポート必携

市内の切符売り場だけでなく、サン・シーロで切符購入の際も、パスポートの呈示を求められます。　（つとむ　'14）

■ダフ屋に注意

切符の購入と入場にはパスポートの呈示が求められ、切符所持人と名前が一致していないと入場できない。切符は正規の購入を。

■チケットの名義変更！

サン・シーロで切符を出資者から購入した場合、入場口で切符の他に切符の名義変更を証明する「Cambio Nominativo」を持参しないと入場できないようです。　（静岡県　トリトン　'14）

■セキュリティチェックは?

切符は友人が事前に現地で購入してくれました。購入時にはパスポートの顔写真、番号などが必要で、入場のセキュリティチェックも厳格です。おみやげは€5～10のくらいのマフラータオルがおすすめです。　（宮城県　まるちゃん　'15）

■フィレンツェ、アルテミオ・フランキへ

バス17番はBとCに分かれていました。電車利用の方が楽かも。この場合は、S.M.N.駅からレッジョナーレ=Rに乗り、1つ目のマルタ駅で下車し、鉄橋をアルノ川と反対方向に進みます。徒歩の場合は市内から30～40分。　（東京都　女性ひとり旅　'14）

■飲み物に注意!!

入場の際、ペットボトルを持っていると、なぜか「フタ」だけ没収され、中身の始末に困りました。　（東京都　スップリ　'14）

覚えておきたいイタリア語

サッカーの試合	partita di calcio（パルティータ ディ カルチョ）
切符	biglietto（ビリエット）
切符売り場	biglietteria/botteghino（ビリエッテリア／ボッテギーノ）
メインスタンド	tribuna（トゥリブーナ）
バックスタンド	gradinata（グラディナータ）
ゴール裏スタンド	curva（クルヴァ）
コーナー寄り	laterale（ラテラーレ）
中央寄り	centrale（チェントラーレ）
前段	avanti（アヴァンティ）
後段	dietro（ディエトロ）
入場ゲート	ingresso/entrata/cancello（イングレッソ エントラータ カンチェッロ）
列	fila（フィーラ）
席	posto（ポスト）

※席の呼び方は各スタジアムごとに異なります。購入前にスタジアムの見取り図などで席の確認を。

イタリア・スキー情報

雄大な風景とよくグルーミングされたゲレンデがイタリア・スキーの魅力

夏でも雪を抱く、イタリアンアルプスの氷河から、南のシチリア島まで、スキー場が連なるイタリア。観光と合わせて楽しむのもよいが、雪景色のなか優雅なバカンス(=セッティマーナ・ビアンカSettimana Biancaと呼ばれる白い1週間)は一生の思い出になるはず。

イタリアを代表するスキーリゾートをご紹介。**広大なゲレンデ**では10kmを超える**ロングクルーズ**は当たり前、よく整備されたゲレンデは快適で、中級以上のスキーヤーなら存分に楽しめる。ホテルや山小屋の**食事が充実**しているのもイタリアならではのお楽しみだ。

楽しい イタリア・スキー

華やかなスキーリゾートを楽しむなら、コルティナとクールマイユールがおすすめ。町にはブランドショップや高級スキーウェアのブティック、おしゃれな雑貨店やカフェなどが並び、アフタースキーの町歩きが楽しい。チェルヴィニアの町は小規模ながら、スイスに比べて経済的。ホテルは2食(朝・夕食)付きのプランがベター。日替わりの料理がサービスされ、野菜料理も豊富で飽きることはないし、毎日のレストラン選びに頭を悩ますことも、寒い外へ出ることもないので快適だ。ゲレンデの山小屋での食事も本格的。イタリアの暖かい太陽を浴びながらテラスでのひとときは最高!

チェルヴィニアからの国境越えとなる場合は、必ず早めにイタリア領(町へアクセスできるゲレンデ)へ戻ろう。スキーでは簡単に移動できるが、ロープウエイなどの終了後はタクシーになる。峠をぐるりと回るため、時間がかかり料金も高額(スイス・ツェルマットからチェルヴィニアへは約€300だそう)。フランス・シャモニーからクールマイユールへはバス便あり。(東京都　自称評論家　'16)

コルティナ・ダンペッツォ
Cortina d'Ampezzo ▶P.16

イタリアを代表する高級リゾート。冬季の華やかな雰囲気はこの町ならでは。パスが共通の**ドロミテ・スーパー・スキー・エリア**には高峰が連なり、ゲレンデも広大。12のエリアに分かれ、総滑走距離は1200km!　1週間いてもすべてのエリアを滑り切るのは難しい。日本でも人気のセッラ山塊を周遊する**セッラ・ロンダ**もこのエリアに含まれる(車での移動が必要)。コルティナの町からは、ファローリア、クリスタッロ、トファーナ(2016～2017スキーシーズンには架け替え工事終了の見込み)のスキー場へのアクセスが簡単なのがうれしい。

ファローリア山からクリスタッロ山へと滑り込め、広大なエリアに簡単にアクセスできるのが魅力

スキー&ウェアと荷物

ヨーロッパ線では多くの航空会社の**受託荷物の制限**が23kg×2個なので、スキーを持って行っても追加料金の心配は少ない。スキーやスキーブーツは現地(宿泊ホテルやスキーショップなど)でのレンタルが可能。ウェアもレンタルできるが、どこでも可能というわけではない。必要なら、宿泊ホテルに問い合わせよう。小柄な日本人の場合、いずれもあまり選択肢がない。

ヘルメットがないと、14歳以下は滑走禁止。日本に比べ、技量にかかわらず飛ばす人が多いので、大人もあると安心だ。

チェルヴィニア *Breuil-Cervinia* ▶P.301

よく整備されたゲレンデの横には開放的な非圧雪エリアが広がり、パウダージャンキーも満足

チェルヴィーノ(マッターホルン)を挟んで、スイスのツェルマットと背中合わせ。総滑走距離350km。スイスとの**国境を越え**て、登山列車に乗車したり、ヨーロッパ最高峰から氷河を滑ったりと、イタリア側からの日帰りも、スキーを使えば容易に楽しめる。標高差2000mを一気に下るイタリア側のゲレンデは、横幅が広く、雪質もよくて快適なクルージングが楽しい。雄大なチェルヴィニアを眺めながら滑れるのが魅力。

クールマイユール *Courmayeur* ▶P.298

フランスとスイスに接した、イタリア最高峰のモンテ・ビアンコ(モンブラン)の麓に広がるスキー場。町から眺められるゲレンデの総滑走距離は約100km。身近で眺める大きなモンブランに感動するはずだ。コルティナと並ぶ高級スキーリゾートとしても知られ、散策も楽しい。さらに最新ロープウエイでエルブロンネールに上がれば、イタリア・フランス側のふたつの氷河滑降が可能だ(ただし、氷河横断や階段移動があり、細心の注意が必要)。

クレバスが口を開ける大氷河からのロングランは上級者向き

ボルミオ *Bórmio*

小さな子供や日光浴だけを楽しむ人も多い。誰でも楽しめるスキー場

ミラノっ子の手軽なスキーリゾート。ワールドカップも開催されるスキー場で、山頂のボルミオ3000はその名のとおり標高3000m。町との標高差1780mで総滑走距離100km。ボルミオ2000の初心者用エリアにはスノーエスカレーターも設置され、戸外のカフェなどの設備も充実しているので、キッズ同伴でも楽しめる。

スキー場へのアクセス

プルマンバスなどの情報は各町を参照。タクシーはホテルや❶で紹介してくれる。人数や荷物の量によって車の大きさが変わり、料金も異なる。

チェルヴィニアへの場合

タクシー利用

マルペンサ空港から1〜3人乗りで€260、4〜8人で€340が公式料金。ホテルに依頼すると、用具とスーツケースを考慮して2人利用でも4〜8人乗りをすすめられて€310。期日が迫り、運転手とのメールでの直接交渉で現金払いで€260。運転手が空港出口まで迎えに来てくれ、ベンツのバン(4〜8人用)で約2時間で到着。

シャトル・バス

通常運行のミラノ・ランプニャーノからのプルマンやシャティヨンまでのfs線もあるが、ミラノで1泊する必要があり、また大きな荷物を持っての移動は大変。

2015年12/15〜2016年4/10は㊏㊐到着でシャトル・バスAirport Shuttle Serviceが運行。マルペンサ発11:00、13:00、16:00、19:00発で1人€40〜50。1人荷物2個の持ち込み制限あり。問い合わせは❶

e-mail info@breuil-cervinia.it

※ほかのスキーエリアへの行き方は各町の行き方を参照。
シャトル・バスやタクシーは直接❶に問い合わせてみよう。

ボルミオへの行き方

ミラノ中央駅からfs線R利用でティラーノTirano駅まで約2時間30分。ティラーノ駅裏からプルマンバスで所要1時間。バスターミナルからゲレンデへは徒歩約10分。ミラノのホテルに荷物を預けて、2泊程度で楽しむのに最適。パスはサンタ・カテリーナやリヴィーニョと共通(バスでの移動が必要、バス代はパスに込み)。

レンタルショップはロープウエイの駅のそばや上駅にある。

宿泊予約と空港からの移動

ハイシーズン(クリスマス〜新年、復活祭の休暇期間)の予約は、前年の秋頃から入り始めるという。町によっては週末のイン・アウトの予約で、それに合わせてミラノ・マルペンサ空港などからのシャトル・バスが運行されることが多い。日本から出かける場合は、公共交通で到着当日にスキー場に到着するのは難しい。その場合は航空機到着地のホテルで1泊して公共交通を利用するか、タクシーを利用するしかないので、経済性を追求するには、出発日の選定も大切。

早めの予約の場合、1週間程度でないと、予約不可とされる場合があるが、シーズンに入ると、空き室状況により、2〜3泊の予約も取るところも多い。

建築・美術用語

アーキトレーブ　角柱・付け柱・円柱の上に乗った梁。

アーケード　角柱や円柱に乗ったアーチ形の構造物。

アーチ　石やれんがを放射状に積んで半円にした構造物。上部がとがっているのが、尖頭アーチ。

ヴォールト(穹窿)　半円筒形や、交差した半円筒形に石やれんがを積んだ曲面天井。

エクセドラ　壁面から半円形に引っ込んだ部分。

エトルリア美術　現在のトスカーナ地方から興ったエトルリア人による紀元前7～3世紀の美術。初期の物はギリシアの強い影響を受けているが、後にはリアリスティックな表現を生み出して、ローマ美術に引き継がれた。

オーダー　ギリシアの神殿建築から生まれた円柱とその上に載る部分の様式のことで、下記の3つのほかにトスカーナ式とコンポジット式がある。柱頭を見れば区別できる。

ドーリス式：杯型

イオニア式：両端が下向きの渦巻き型

コリント式：重なったアカンサスの葉型

回廊(キオストロ)　教会本堂に隣接した修道院の中庭を囲む廊下。

ギリシア十字形　十字部分のそれぞれの長さが等しい形。

クーポラ(円蓋)　半球状の天井または屋根。

クリプタ　教会の床下の地下または半地下に造られた聖堂・礼拝堂・埋葬所で、通常はヴォールト天井をもつ。

外陣　教会堂の内部で、身廊と側廊からなる部分。信者が礼拝する空間。

単廊式：側廊がまったくない物

三廊式：身廊の両側に側廊がひとつずつ

五廊式：身廊の両側に側廊がふたつずつ

後陣(アプシス)　内陣の奥にあり、平面が半円形で天井が4分の1球形になった部分。

格天井　骨組みによって区分された窪み(格間)のある天井。

国際ゴシック様式　おもに絵画と彫刻の分野で1400年前後にヨーロッパ中を支配した、宮廷風の優雅さと美しい色彩の洗練された様式。

ゴシック様式　天に高く屹立する多数の尖塔が特徴の教会建築を中心とした12～14世紀の様式。絵画では、チマブーエに続きジョットが、感情表現や空間表現に新たな境地を拓いた。シエナ派は独自の優美なスタイルをつくり上げた。

コズマーティ様式(コズマ風)　大理石やガラスなどを用いた幾何学模様で教会を装飾する12～13世紀の様式。コズマとは当時ローマで活躍した、モザイク技術に長けた一族の名前。

三角破風　切妻屋根の両端部分や窓の上の三角形の壁。

シノピア　赤い顔料による、フレスコ画の下絵。複数はシノピエ。

身廊　バジリカ式教会堂の中心軸となる空間。

スコラ・カントルム　聖歌隊席。

スタッコ(装飾漆喰)　石膏を混ぜて塗る壁面や天井の仕上げ材料。さまざまの模様や像を彫刻する。

聖具室(聖器室)　教会の内陣に続く、聖具保管所および聖職者の更衣室。

前室(ナルテックス)　初期キリスト教会の本堂正面を入った玄関部。

前柱廊(ポルティコ)　建物正面に造られた、柱で支えられた吹き放ちの玄関部。

側廊　バジリカ式教会堂の身廊を挟む両側の空間。

大聖堂(ドゥオーモ)　司教座(cattedra)のある位の高い教会堂。その町で一番重要な教会。カッテドラーレ。

束ね柱　中心となる柱の周囲に細い柱を数本束ねた形の柱。

多翼祭壇画　多数のパネルに描かれた絵を組み合わせてひとつにした祭壇画。

タンパン(テュンパノン、ティンパヌム)　中央入口の上部にあるアーチ形(または三角形)の部分。

付け柱(柱形、片蓋柱)　壁から浅く突き出たように見える角柱。

テラコッタ　粘土を焼いて作った、建築用装飾や塑像。通常は素焼きの物を指す。

天蓋(バルダッキーノ)　柱で四隅を支えられた、祭壇を覆う装飾的な覆い。

テンペラ　全卵や卵黄、にかわなどと顔料を混ぜて造った絵の具。それによる画法、絵画。

トラス　各部材を接合して、三角形の集合形態に組み立てた構造。

ドラム　垂直状態の円筒形の構造物。

内陣　教会堂の内部で、外陣と後陣の間の部分。主祭壇がおかれる神聖な所。

ネオ・クラシック様式　新古典様式。18世紀後半から19世紀前半に流行。グレコ・ローマンを理想とした統一性・調和・明確さを特徴とする。

ネクロポリス　古代の死者の埋葬地。墳墓群。

軒蛇腹　建物の最上部で前方に張り出した帯状の装飾部分。

狭間(メトープ)　フリーズ上部に四角い空間を挟んで交互に並ぶ装飾石板。

グエルフィ狭間：教皇派に属することを示し、石板は四角。

ギベッリーニ狭間：皇帝派に属することを示し、石板はツバメの尾型。

バジリカ様式　教会堂の建築様式で長方形の短辺の一方を正面入口とし、もう一方に後陣を半円形に張り出させた物が基本形。

パラッツォ　宮殿、大規模な邸宅、公共建築物。

バラ窓　ゴシックの聖堂に多く見られる、バラの花のような円形の窓。

バロック様式　劇的な効果を狙った豪華で動きのある17世紀の様式。

ピサ様式　建築におけるロマネスク-ゴシック様式の一タイプ。ファサードでは何層もの小さいアーケードが軽やかな装飾性を示し、内部は色大理石の象嵌細工などが施されている。

ビザンチン様式　4～11世紀、東西ローマ帝国で発達した様式で、その建築は外観は地味だが内部は豪華なモザイクや浅浮彫りで飾られている。プランとしてはバジリカ様式、集中式、ギリシア十字形が特徴。

ファサード　建物の正面部分。

フォロ　古代ローマの都市にあった公共広場。商取引、裁判、集会などに使われた。

フリーズ　建物外壁の装飾帯。彫刻のある小壁面。

プラン　建築物の見取り図、平面図、設計図。

フレスコ　壁に塗った漆喰が乾かないうちに絵を描く技法。絵の具が染み込んで固定するために退色しにくい。

壁龕(ニッチ)　壁をくり抜いて作った窪み。彫像などを置いて飾るための空間。

ペンデンティブ　平面が正方形をなす建物の上部にクーポラを載せるために造られた、四隅の球面三角形。

ポルタイユ　正面入口を囲む部分。

歩廊　教会やパラッツォなどの建築で、床を石・瓦で仕上げた廊下。回廊。

マニエリズム　16世紀初頭にイタリアで生まれた技巧的でアカデミックな作風。

メダイヨン　建築物に付けられた楕円または円形の装飾。

モザイク　大理石や彩色されたガラスの小片を寄せ集めて絵や模様を描く技法。

翼廊　教会堂内部で、外陣と直交する内陣の一部。

ラテン十字形　直交する十字の一方が長い形。

ランタン　クーポラの頂上部に付けられた、採光のための小さな構造物。

ルネッサンス様式　調和のある古代建築を理想とした15～16世紀の様式。明快でボリューム感のある外観をもち、内部はフレスコ画などで飾られた。絵画・彫刻においても、同じ理想のもとに感情表現・技法ともにおおいに発展し、その中心はフィレンツェだった。

ロッジア　教会建築・世俗建築で、建物本体と屋外をつなぐアーケードを備えた通廊。単独の建造物としてのロッジアもある。開廊。

ロマネスク様式　11～12世紀に広くヨーロッパで普及した様式で、建築では正面は小アーケードで飾られローマなどでは内部にコスマーティ様式の装飾が施された。

索　引

INDICE GENERALE

5大都市索引

ア

カ

サ

地方都市索引

写真提供：スカラ
P.63、P.72上、P.73上、P.76下、P.78下、P.81中、P.83右中、P.84下、P.85下、P.95下、P.96上、P.96下、P.97、P.101中右、P.106下、P.107下、P.109上、P.151中、P.153下、P.155中、P.156下、P.157中、P.157右上、P.158上、P.158下、P.162下、P.163、P.200左下、P.200中左、P.201右上、P.203下、P.237中左、P.238上左、P.239中左、P.243、P.244、P.270中、P.313右、P.319上、P.328、P.342、P.384左上、P.393上、P.410中、P.413下、P.415上、P.419上、P.419下、P.421左、P.426中右、P.426下、P.431上、P.436上

2016年12月現在

地球の歩き方
シリーズ年度一覧

地球の歩き方ガイドブックは1～2年で改訂されます。改訂時には価格が変わることがあります。表示価格は本体価格(税別)です。
●最新情報は、ホームページでもご覧いただけます。URL www.diamond.co.jp/arukikata/

地球の歩き方　ガイドブック

A　ヨーロッパ

A01	ヨーロッパ	2016～2017	¥1800
A02	イギリス	2016～2017	¥1700
A03	ロンドン	2016～2017	¥1600
A04	湖水地方＆スコットランド	2016～2017	¥1700
A05	アイルランド	2015～2016	¥1700
A06	フランス	2017～2018	¥1700
A07	パリ＆近郊の町	2016～2017	¥1700
A08	南仏プロヴァンス コート・ダジュール＆モナコ	2016～2017	¥1600
A09	イタリア	2017～2018	¥1700
A10	ローマ	2017～2018	¥1600
A11	ミラノ、ヴェネツィアと湖水地方	2016～2017	¥1600
A12	フィレンツェとトスカーナ	2015～2016	¥1600
A13	南イタリアとマルタ	2016～2017	¥1700
A14	ドイツ	2016～2017	¥1700
A15	南ドイツ フランクフルト ミュンヘン ロマンティック街道 古城街道	2015～2016	¥1600
A16	ベルリンと北ドイツ ハンブルク・ドレスデン・ライプツィヒ	2016～2017	¥1700
A17	ウィーンとオーストリア	2017～2018	¥1700
A18	スイス	2016～2017	¥1700
A19	オランダ ベルギー ルクセンブルク	2016～2017	¥1600
A20	スペイン	2016～2017	¥1700
A21	マドリッドアンダルシア＆鉄道とバスで行く世界遺産	2015～2016	¥1600
A22	バルセロナ＆近郊の町とイビサ島・マヨルカ島	2016～2017	¥1600
A23	ポルトガル	2016～2017	¥1600
A24	ギリシアとエーゲ海の島々＆キプロス	2017～2018	¥1700
A25	中欧	2015～2016	¥1800
A26	チェコ ポーランド スロヴァキア	2016～2017	¥1700
A27	ハンガリー	2015～2016	¥1600
A28	ブルガリア ルーマニア	2015～2016	¥1700
A29	北欧	2016～2017	¥1700
A30	バルトの国々	2015～2016	¥1700
A31	ロシア	2016～2017	¥1900
A32	シベリア＆シベリア鉄道とサハリン	2017～2018	¥1800
A34	クロアチア／スロヴェニア	2016～2017	¥1600

B　南北アメリカ

B01	アメリカ	2016～2017	¥1800
B02	アメリカ西海岸	2017～2018	¥1700
B03	ロスアンゼルス	2016～2017	¥1700
B04	サンフランシスコとシリコンバレー	2016～2017	¥1700
B05	シアトル＆ポートランド	2017～2018	¥1700
B06	ニューヨーク	2016～2017	¥1750
B07	ボストン	2016～2017	¥1800
B08	ワシントンD.C.	2015～2016	¥1700
B09	ラスベガス セドナ＆グランドキャニオンと大西部	2016～2017	¥1700
B10	フロリダ	2017～2018	¥1700
B11	シカゴ	2016～2017	¥1700
B12	アメリカ南部	2016～2017	¥1800
B13	アメリカの国立公園	2015～2016	¥1800
B15	アラスカ	2017～2018	¥1700
B16	カナダ	2016～2017	¥1700
B17	カナダ西部	2015～2016	¥1600
B18	カナダ東部	2016～2017	¥1600
B19	メキシコ	2017～2018	¥1800
B20	中米	2016～2017	¥1900
B21	ブラジル　ベネズエラ	2016～2017	¥2000
B22	アルゼンチン　チリ	2016～2017	¥2000
B23	ペルー ボリビア エクアドル コロンビア	2016～2017	¥2000
B24	キューバ＆カリブの島々	2017～2018	¥1850
B25	アメリカ・ドライブ	2017～2018	¥1700

C　太平洋／インド洋の島々＆オセアニア

C01	ハワイI オアフ島＆ホノルル	2016～2017	¥1700
C02	ハワイII ハワイ島 マウイ島 カウアイ島 モロカイ島 ラナイ島	2015～2016	¥1600
C03	サイパン	2016～2017	¥1400
C04	グアム	2017～2018	¥1400
C05	タヒチ／イースター島／クック諸島	2016～2017	¥1700
C06	フィジー サモア トンガ ツバル	2017～2018	¥1700
C07	ニューカレドニア／バヌアツ	2017～2018	¥1700
C08	モルディブ	2016～2017	¥1700
C10	ニュージーランド	2017～2018	¥1700
C11	オーストラリア	2016～2017	¥1800
C12	ゴールドコースト＆ケアンズ	2016～2017	¥1700
C13	シドニー＆メルボルン	2016～2017	¥1600

D　アジア

D01	中国	2016～2017	¥1800
D02	上海 杭州 蘇州	2016～2017	¥1700
D03	北京	2016～2017	¥1600
D04	大連 瀋陽 ハルビン 中国東北地方の自然と文化	2017～2018	¥1700
D05	広州 アモイ 桂林 珠江デルタと華南地方	2017～2018	¥1700
D06	成都 九寨溝 麗江 四川 雲南 貴州の自然と民族	2016～2017	¥1700
D07	西安 敦煌 ウルムチ シルクロードと中国西北部	2016～2017	¥1700
D08	チベット	2016～2017	¥1900
D09	香港 マカオ 深圳	2016～2017	¥1700
D10	台湾	2016～2017	¥1700
D11	台北	2017～2018	¥1500
D12	韓国	2017～2018	¥1700
D13	ソウル	2016～2017	¥1500
D14	モンゴル	2015～2016	¥1800
D15	中央アジア サマルカンドとシルクロードの国々	2015～2016	¥1900
D16	東南アジア	2016～2017	¥170
D17	タイ	2016～2017	¥170
D18	バンコク	2016～2017	¥160
D19	マレーシア　ブルネイ	2017～2018	¥170
D20	シンガポール	2017～2018	¥150
D21	ベトナム	2016～2017	¥170
D22	アンコール・ワットとカンボジア	2017～2018	¥170
D23	ラオス	2016～2017	¥180
D24	ミャンマー	2016～2017	¥190
D25	インドネシア	2017～2018	¥170
D26	バリ島	2016～2017	¥170
D27	フィリピン マニラ セブ	2017～2018	¥170
D28	インド	2016～2017	¥180
D29	ネパールとヒマラヤトレッキング	2016～2017	¥190
D30	スリランカ	2016～2017	¥17
D31	ブータン	2016～2017	¥18
D32	パキスタン	2007～2008	¥17
D33	マカオ	2016～2017	¥16
D34	釜山・慶州	2015～2016	¥14
D35	バングラデシュ	2015～2016	¥19
D36	南インド	2016～2017	¥17

E　中近東 アフリカ

E01	ドバイとアラビア半島の国々	2016～2017	¥19
E02	エジプト	2014～2015	¥17
E03	イスタンブールとトルコの大地	2016～2017	¥18
E04	ペトラ遺跡とヨルダン	2017～2018	¥18
E05	イスラエル	2015～2016	¥18
E06	イラン	2017～2018	¥20
E07	モロッコ	2014～2015	¥18
E08	チュニジア	2015～2016	¥1
E09	東アフリカ ウガンダ・エチオピア・ケニア・タンザニア・ルワンダ	2016～2017	¥1
E10	南アフリカ	2016～2017	¥1
E11	リビア	2010～2011	¥2
E12	マダガスカル モーリシャス セイシェル	2015～2016	¥1

女子旅応援ガイド　aruco

1	パリ	'16～'17	¥1200
2	ソウル	'16～'17	¥1200
3	台北	'16～'17	¥1200
4	トルコ	'14～'15	¥1200
5	インド	'14～'15	¥1200
6	ロンドン	'16～'17	¥1200
7	香港	'15～16	¥1200
8	エジプト		¥1200
9	ニューヨーク	'15～16	¥1200
10	ホーチミン ダナン ホイアン	'17～18	¥1200
11	ホノルル	'16～'17	¥1200
12	バリ島	'16～'17	¥1200
13	上海		¥1200
14	モロッコ	'14～'15	¥1200
15	チェコ	'16～'17	¥1200
16	ベルギー	'16～'17	¥1200
17	ウィーン	'17～'18	¥1200
18	イタリア	'16～'17	¥1200
19	スリランカ	'15～16	¥1200
20	クロアチア	'14～'15	¥1200
21	スペイン	'17～18	¥1200
22	シンガポール	'16～'17	¥1200
23	バンコク	'15～16	¥1200
24	グアム	'17～'18	¥1200
25	オーストラリア	'16～'17	¥1200
26	フィンランド	'15～16	¥1200
27	アンコール・ワット	'15～16	¥1200
28	ドイツ	'15～16	¥1200
29	ハノイ	'17～'18	¥1200
30	台湾	'17～'18	¥1200

地球の歩き方　Resort Style

R01	ホノルル＆オアフ島	¥1500
R02	ハワイ島	¥1500
R03	マウイ島	¥1500
R04	カウアイ島	¥1500
R05	こどもと行くハワイ	¥1400
R06	ハワイ ドライブ・マップ	¥1800
R07	ハワイ　バスの旅＆レンタルサイクル※	¥1100
R08	グアム※	¥1500
R09	こどもと行くグアム	¥1400
R10	パラオ※	¥1600
R11	世界のダイビング完全ガイド 地球の潜り方	¥1800
R12	プーケット サムイ島 ピピ島	¥1
R13	ペナン ランカウイ クアラルンプール※	¥1
R14	バリ島※	¥1
R15	セブ＆ボラカイ※	¥1
R16	テーマパークinオーランド	¥1
R17	カンクン リビエラ・マヤ コスメル※	¥1
R18	ケアンズとグレートバリアリーフ※	¥1

※は旧リゾートシリーズで発刊中

地球の歩き方　Plat

- 01 パリ ￥1200
- 02 ニューヨーク ￥1200
- 03 台北 ￥1000
- 04 ロンドン ￥1200
- 05 グアム ￥1000
- 06 ドイツ ￥1200
- 07 ベトナム ￥1000
- 08 スペイン ￥1200
- 09 バンコク ￥1000
- 10 シンガポール ￥1000
- 11 アイスランド ￥1400
- 12 ホノルル ￥1000

地球の歩き方　BY TRAIN

- 1 ヨーロッパ鉄道の旅 ￥1700
- 3 ドイツ&オーストリア鉄道の旅 ￥1800
- ヨーロッパ鉄道時刻表 2016年夏号 ￥2200

地球の歩き方　トラベル会話

- 1 米語＋英語 ￥952
- 2 フランス語＋英語 ￥1143
- 3 ドイツ語＋英語 ￥1143
- 4 イタリア語＋英語 ￥1143
- 5 スペイン語＋英語 ￥1143
- 6 韓国語＋英語 ￥1143
- 7 タイ語＋英語 ￥1143
- 8 ヨーロッパ5ヵ国語 ￥1143
- 9 インドネシア語＋英語 ￥1143
- 10 中国語＋英語 ￥1143
- 11 広東語＋英語 ￥1143
- 12 ポルトガル語(ブラジル語)＋英語 ￥1143

地球の歩き方　成功する留学

- アメリカ留学 ￥1900
- イギリス・アイルランド留学 ￥1900
- アメリカ大学・大学院留学 ￥2500
- カナダ留学 ￥1600
- ワーキングホリデー完ペキガイド ￥1600
- オーストラリア・ニュージーランド留学 ￥1600
- 成功するアメリカ大学留学術 世界に飛びだそう! 目指せ！グローバル人材 ￥1429
- 中・高校生の留学 ￥1500

地球の歩き方　BOOKS

●中学受験・教育関連の本

- 中学受験　お母さんが教える国語 ￥1800
- 中学受験　お母さんが教える国語 親子で成績を上げる魔法のアイデア ￥1300
- こんなハズじゃなかった中学受験 ￥1500
- 中学受験　なぜ、あの子は逆転合格できたのか? ￥1500
- 中学受験　叫ばせて！ ￥952
- 学受験 わが子を算数嫌いにさせない家庭学習の進め方 ￥1429
- 学受験 小6になってグンと伸びる子、ガクンと落ちる子 ￥1500
- 学受験 偏差値が届かなくても受かる子、充分でも落ちる子 ￥1500
- 学受験 名門中学の子どもたちは 校で何を学んでいるのか ￥1650
- じめての中学受験　第一志望合格の めにやってよかった5つのこと ￥1500
- 学受験 進路で迷ったら中高一貫校を選びなさい 年間であなたの子供はこんなに変わる ￥1200
- にリケジョになりたい！と言われたら 系の親に知ってほしい理系女子の世界 ￥1400
- 学受験 親が後悔しない、子供に失 させない進学塾の選び方 ￥1200
- 学受験　第一志望に合格したいな 「社会」の後回しは危険です。 ￥1300
- 受験　わが子を合格させる父親道　ヤル気を引 す「神オヤジ」と子どもをツブす「ダメおやぢ」 ￥1200

●日本を旅する本

- 江戸　歴史事件現場の歩き方 ￥1500
- 縄 南の島の私の隠れ家 ￥1500
- 志穂のかわいい京都＊しあわせさんぽ ￥1429
- いしいご当地スーパーマーケット ￥1600
- 雲の民窯 出西窯の歩み ￥1429
- と建築で巡る 銀座の歩き方 ￥1300
- 都 ひとりを楽しむまち歩き ￥1200
- 函館めぐり クラフト・建築・おいしいもの ￥1300
- うも京都で京づくし ￥1100

●御朱印でめぐる

- でめぐる鎌倉の古寺 三十三観音完全掲載 改訂版 ￥1500
- 印でめぐる京都の古寺 改訂版 ￥1500
- 印でめぐる奈良の古寺 改訂版 ￥1500
- 印でめぐる江戸・東京の古寺 改訂版 ￥1500
- 御朱印でめぐる高野山 ￥1500
- 日本全国 この御朱印が凄い！ 第壱集 増補改訂版 ￥1500
- 日本全国 この御朱印が凄い！ 第弐集 都道府県網羅版 ￥1500
- 御朱印でめぐる全国の神社 ～開運さんぽ～ ￥1300
- 御朱印でめぐる関東の神社 週末開運さんぽ ￥1300
- 御朱印はじめました 関東の神社　週末開運さんぽ ￥1100

●個性ある海外旅行を案内する本

- 世界の高速列車Ⅱ ￥2800
- 世界の鉄道 ￥3500
- 着こなせ! アジアン・ファッション (WE LOVE ASIAN FASHION) ￥1500
- WE LOVE エスニックファッション ストリートブック ￥1500
- エスニックファション シーズンブック ETHNIC FASHION SEASON BOOK ￥1500
- へなちょこ日記 ハワイ嗚咽編 ￥1500
- もっと賢く・お得に・快適に 空の旅を楽しむ100の方法 ￥1200
- ニューヨーク おしゃべりノート ￥1200
- ニューヨークおしゃべりノート2 ￥950
- 台湾おしゃべりノート ￥1200
- ブルックリン・スタイル ニューヨーク新世代 アーティストのこだわりライフ&とっておきアドレス ￥1600
- 絶対トクする! 海外旅行の新常識 ￥1000
- パリの街をメトロでお散歩 ￥1500
- アパルトマンでパリジェンヌ体験 5日間から楽しめる憧れのパリ暮らし ￥1700
- 地球の歩き方フォトブック 世界の絶景アルバム101 南米・カリブの旅 ￥950
- 地球の歩き方フォトブック 旅するフォトグラファーが選ぶスペインの町33 ￥1500
- 宮脇俊三と旅した鉄道風景 ￥2000
- 自分と世界がハッピーになる！ 成功する海外ボランティア21のケース ￥1400
- キレイを叶える♡週末バンコク ￥1500
- 「幸せになる、ハワイのパンケーキ&朝ごはん」 ～オアフ島で食べたい人気の100皿～ ￥1500
- MAKI'S DEAREST HAWAII ～インスタジェニックなハワイ探し～ ￥1400
- 撮り・旅！　地球を撮り歩く旅人たち ￥1600
- 秘密のパリ案内Q77 ￥1500
- 女ふたり 台湾、行ってきた。 ￥1100
- 台北メトロさんぽ MRTを使って、おいしいとかわいいを巡る旅♪ ￥1380
- 美しき秘密のイタリアへ 51の世界遺産と小さな村 ￥1800
- 北欧が好き！ フィンランド・スウェーデン・デンマーク・ノルウェーのすてきな町めぐり ￥1100
- 北欧が好き！2 建築×デザインでめぐるフィンランド・スウェーデン・デンマーク・ノルウェー ￥1100
- 純情ヨーロッパ　呑んで、祈って、脱いでみて ￥1280
- 人情ヨーロッパ　人生、ゆるして、ゆるされて ￥1380

●話題の本

- パラダイス山元の飛行機の乗り方 ￥1300
- パラダイス山元の飛行機のある暮らし ￥1300
- 「世界イケメンハンター」窪咲子の GIRL'S TRAVEL ￥1400
- 香港トラムでぶらり女子旅 ￥1500
- さんぽで感じる村上春樹 ￥1450
- 発達障害グレーゾーン まったり息子の成長日記 ￥1500
- 鳥居りんこの親の介護は知らなきゃバカ見ることだらけ ￥1200
- 旅したからって何が変わるわけでもないけどね…。 旅するハナグマの世界なんとなく旅行記 ￥1200
- 熟年夫婦のスペイン 行き当たりばったり移住記 ￥1350
- 海外VIP1000人を感動させた外資系企業社長の「おもてなし」術 ￥1500
- 理想の旅は自分でつくる！ 失敗しない個人旅行のつくり方 ￥1500
- 日本一小さな航空会社の大きな奇跡の物語 業界の常識を破った天草エアラインの「復活」 ￥1500

地球の歩き方　JAPAN

- 島旅01 五島列島 ￥1500
- 島旅02 奄美大島 ￥1500
- 島旅03 佐渡 ￥1500
- 島旅04 利尻・礼文 ￥1500
- 島旅05 天草 ￥1500
- 島旅06 壱岐 ￥1500
- 島旅07 種子島 ￥1500

地球の歩き方　GEM STONE

- 001 パリの手帖 とっておきの散歩道 ￥1500
- 006 風街道 シルクロードをゆく ￥1500
- 007 クロアチア 世界遺産と島めぐり ￥1500
- 021 ウィーン旧市街 とっておきの散歩道 ￥1500
- 022 北京 古い建てもの見て歩き ￥1500
- 023 増補改訂版 ヴェネツィア カフェ&バーカロでめぐる、14の迷宮路地散歩 ￥1600
- 025 世界遺産 マチュピチュ完全ガイド ￥1500
- 026 魅惑のモロッコ 美食と雑貨と美肌の王国 ￥1500
- 027 メキシコ デザインホテルの旅 ￥1600
- 029 イギリス人は甘いのがお好き プディング&焼き菓子がいっぱいのラブリーな生活 ￥1500
- 030 改訂版 バリ島ウブド 楽園の散歩道 ￥1500
- 031 コッツウォルズ&ロンドンのマーケットめぐり ￥1500
- 032 フィレンツェ美食散歩 おいしいもの探しの四季の旅 ￥1500
- 033 改訂新版 フィンランド かわいいデザインと出会う街歩き ￥1600
- 035 8つのテーマで行く パリ発、日帰り小旅行 ￥1600
- 036 改訂新版 グランドサークル&セドナ アメリカ驚異の大自然を五感で味わう体験ガイド ￥1600
- 037 ベルリンガイドブック 素顔のベルリン増補改訂版 ￥1600
- 038 世界遺産 イースター島完全ガイド ￥1600
- 039 アイスランド 改訂版 地球の鼓動が聞こえる…… ヒーリングアイランドへ ￥1600
- 040 マラッカ ペナン 世界遺産の街を歩く ￥1600
- 041 パプアニューギニア ￥1600
- 044 南アフリカ自然紀行 野生動物とサファリの魅力 ￥1800
- 045 世界遺産 ナスカの地上絵完全ガイド ￥1600
- 046 世界遺産 ガラパゴス諸島完全ガイド ￥1700
- 047 プラハ迷宮の散歩道 改訂版 ￥1600
- 048 デザインとおとぎの国 デンマーク ￥1600
- 050 美しきアルジェリア 7つの世界遺産を巡る旅 ￥1900
- 051 アマルフィ&カプリ島 とっておきの散歩道 ￥1600
- 052 とっておきのポーランド 増補改訂版 ￥1600
- 053 台北近郊 魅力的な町めぐり ￥1500
- 054 グリム童話で旅するドイツ・メルヘン街道 ￥1600
- 056 ラダック ザンスカール トラベルガイド インドの中の小さなチベット ￥1700
- 057 ザルツブルクとチロル アルプスの山と街を歩く ￥1600
- 058 スイス 歩いて楽しむアルプス絶景ルート ￥1500
- 059 天空列車 青海チベット鉄道の旅 ￥1600
- 060 カリフォルニア オーガニックトリップ サンフランシスコ&ワインカントリーのスローライフへ！ ￥1500
- 062 イングランドで一番美しい場所 コッツウォルズ ￥1700
- 063 スイス おトクに楽しむ街歩き ￥1500
- 064 シンガポール 絶品！ ローカルごはん ￥1500
- 065 ローマ美食散歩 永遠の都を食べ歩く ￥1500
- 066 南極大陸 完全旅行ガイド ￥1500

地球の歩き方 MOOK

●海外最新情報が満載されたMOOK本

- 海外1 パリの歩き方[ハンディサイズ] ￥1000
- 海外3 ソウルの歩き方[ハンディサイズ] ￥1000
- 海外4 香港・マカオの歩き方[ハンディサイズ] ￥1000
- 海外6 台湾の歩き方[ハンディサイズ] ￥1000
- 海外8 ホノルルの歩き方[ハンディサイズ] ￥1000
- 海外9 ホノルルショッピング&グルメ[ハンディサイズ] ￥1000
- 海外10 グアムの歩き方[ハンディサイズ] ￥1000
- 海外11 バリ島の歩き方[ハンディサイズ] ￥1000
- 海外13 パリ発、フランス旅vol.2 ￥1380
- ハワイ ランキング&マル得テクニック！ ￥690
- ソウル ランキング&マル得テクニック！ ￥790
- パリ ランキング&マル得テクニック！ ￥790
- 台湾 ランキング&マル得テクニック！ ￥690
- ニューヨーク ランキング&マル得テクニック！ ￥790
- 香港 ランキング&マル得テクニック！ ￥790
- シンガポール ランキング&マル得テクニック！ ￥790
- バンコク ランキング&マル得テクニック！ ￥790
- 海外女子ひとり旅☆パーフェクトガイド ￥890
- ハワイ スーパーマーケットマル得完全ガイド ￥890
- 成功する留学 留学ランキング&テクニック50 ￥700
- 世界のビーチBEST100 ￥890
- クックパッド&地球の歩き方 世界のおいしいおかず ￥790

●国内MOOK

- 沖縄の歩き方[ハンディサイズ] ￥917
- 北海道の歩き方[ハンディサイズ] ￥926
- 東京 ランキング&マル得テクニック！ ￥690
- 沖縄 ランキング&マル得テクニック！ ￥690

ダイヤモンド・セレクト

- 今、こんな旅がしてみたい！ ￥824

あなたの
旅の体験談を
お送り
ください

地球の歩き方　投稿　検索

『地球の歩き方』は、たくさんの旅行者から
ご協力をいただいて、改訂版や新刊を制作しています。
あなたの旅の体験や貴重な情報を、これから旅に出る人たちに分けてあげてください。
なお、お送りいただいたご投稿がガイドブックに掲載された場合は、
初回掲載本を１冊プレゼントします！

ご投稿は次の３つから！

インターネット

URL www.arukikata.co.jp/guidebook/toukou.html
画像も送れるカンタン「投稿フォーム」
※「地球の歩き方　投稿」で検索してもすぐに見つかります

郵便

〒160-0022 東京都新宿区新宿 3-1-13 京王新宿追分ビル５階
株式会社地球の歩き方Ｔ＆Ｅ
「地球の歩き方」サービスデスク「○○○○編」投稿係

ファクス

(03)5362-7891

郵便とファクスの場合

次の情報をお忘れなくお書き添えください！　①ご住所　②氏名　③年齢　④ご職業
⑤お電話番号　⑥E-mail アドレス　⑦対象となるガイドブックのタイトルと年度
⑧ご投稿掲載時のペンネーム　⑨今回のご旅行時期　⑩「地球の歩き方メールマガジン」
配信希望の有無　⑪地球の歩き方グループ各社からの DM 送付希望の有無

ご投稿にあたってのお願い

★ご投稿は、次のような《テーマ》に分けてお書きください。
《新発見》ガイドブック未掲載のレストラン、ホテル、ショップなどのご紹介
《旅の提案》未掲載の町や見どころ、新しいルートや楽しみ方などのご紹介
《アドバイス》自分が工夫したこと、注意したいこと、トラブル情報など
《訂正・反論》掲載されている記事・データの追加修正や更新、異論・反論など
※記入例：「○○編 201X 年度版△△ページ掲載の□□ホテルが移転していました……」

★データはできるだけ正確に。
ホテルやレストランなどの情報は、名称、住所、電話番号、アクセスなどを正確にお書きください。
ウェブサイトの URL や地図などは画像でご投稿いただくのもおすすめです。

★ご自身の体験をお寄せください。
雑誌やインターネット上の情報などの丸写しはせず、実際の体験に基づいた具体的な情報をお待ちしています。

ご確認ください

※採用されたご投稿は、必ずしも該当タイトルに掲載されるわけではありません。関連他タイトルへの掲載もありえます。
※例えば「新しい市内交通パスが発売されている」など、すでに編集部で取材・調査を終えているものと同内容のご投稿をいただいた場合は、ご投稿を採用したとはみなされず掲載本をプレゼントできないケースがあります。
※当社は個人情報を第三者に提供いたしません。また、ご記入いただきましたご自身の情報については、ご投稿内容の確認や掲載本の送付などの用途以外には使用いたしません。
※ご投稿の採用の可否についてのお問い合わせはご遠慮ください。
※原稿は原文を尊重しますが、スペースなどの関係で編集部でリライトする場合があります。
※従来の、巻末に綴じ込んだ「現地最新情報・ご投稿用紙」は廃止させていただきました。

この本を書いてくれた旅人たち

本書は、イタリアとそこに住む人々に魅せられ、かの地に熱き思いを抱き続けている人々の協力のもとに作られました。美術については望月一史先生（武蔵野音楽大学）、ローマ、ヴェネツィア、フィレンツェの歴史は小林勝さん（東京音楽大学）、イタリアオペラについては山﨑岩男さん（尚美学園大学）、によって書かれています。ローマ、フィレンツェ、ナポリ、技術編などは、飯島操（レ・グラツィエ）が、その他の都市については飯島千鶴子（レ・グラツィエ）が担当しました。

今版の改訂では、飯島操、飯島千鶴子、林桃子（レ・グラツィエ）が取材、執筆、データチェックを行いました。

さて皆様、私たちのイタリアへのラブコールを感じていただくことはできましたでしょうか。イタリアは、人間が人間らしく生きることのできる数少ない国のひとつです。ご旅行からお帰りになったら、ぜひご感想をお寄せください。

では"よいご旅行をBuon viaggio!（ヴォン ヴィアッジョ）"

STAFF

制　　作：小山田浩明　Producer：Hiroaki Oyamada
編　　集：飯島千鶴子（レ・グラツィエ）　Editor：Chizuko Iijima（Le Grazie Co., Ltd.）
デザイン：凸版印刷株式会社（TANC）　Design：Toppan Printing Co., Ltd.（TANC）
表　　紙：日出嶋昭男　Cover Design：Akio Hidejima
地　　図：ジェオ、ピーマン　Map：GEO、P・MAN
校　　正：石井千鶴子　Proofreading：Chizuko Ishii

イタリア語監修[Italian Superviser]：Susanna Biganzoli, Stefano Fagioni

Special Thanks to：イタリア政府観光局ENIT、笠井修 Osamu Kasai

読者投稿　〒160-0022　東京都新宿区新宿3-1-13　京王新宿追分ビル5F
株式会社地球の歩き方T&E
「地球の歩き方」サービスデスク「イタリア編」投稿係
FAX.03-5362-7891　URL www.arukikata.co.jp/guidebook/toukou.html

地球の歩き方ホームページ（海外旅行の総合情報）
URL www.arukikata.co.jp

ガイドブック「地球の歩き方」（検索と購入、更新・訂正・サポート情報）
URL www.arukikata.co.jp/guidebook

地球の歩き方 A09 イタリア 2017〜2018年版

1987年　2月10日初版発行
2016年12月30日改訂第28版第1刷発行

Published by Diamond-Big Co., Ltd.
2-9-1, Hatchobori, Chuo-ku, Tokyo 104-0032, JAPAN
TEL.(81-3)3553-6667　(Editorial Section)
TEL.(81-3)3553-6660　FAX.(81-3)3553-6693(Advertising Section)
Advertising Representative: ST WORLD ITALY, TEL: 06-42010950, Email: info@stwitaly.com

著作編集　「地球の歩き方」編集室
発行所　株式会社ダイヤモンド・ビッグ社
〒104-0032　東京都中央区八丁堀2-9-1
編集部 TEL.03-3553-6667　広告部 TEL.03-3553-6660　FAX.03-3553-6693
発売元　株式会社ダイヤモンド社
〒150-8409　東京都渋谷区神宮前6-12-17
販売 TEL.03-5778-7240

印刷製本　凸版印刷株式会社　Printed in Japan

ISBN978-4-478-04991-4